༄༅། །བོད་ལྗོངས་ནང་བསྟན་ལོ་རྒྱུས།

西藏佛教史

克珠群佩◎主编

XZCB 西藏人民出版社

编委会

主　　编　克珠群佩

副 主 编　索南才让

编写人员　克珠群佩　索南才让

宋秀芳　史工会　董莉英

序

陈　兵

近几年来,随着改革开放的深入和佛教的复兴,我国佛学研究日趋繁荣。佛学研究领域最为重要的课题——中国佛教史研究,已深入到地方佛教史的编写,有《江西佛教史》、《甘肃佛教史》等相继出版。现在,这本百万余言的煌煌巨著《西藏佛教史》又与读者见面,为百花盛开的图书大观园里增添了一株雪域奇葩,令人耳目一新。

在中国地方佛教史中,西藏佛教史可谓是最为重要的。众所周知,西藏是世界三大语系佛教之一——藏语系佛教的中心。佛教自松赞干布时代传入吐蕃,至今已有近1400年的悠久历史。佛教并非西藏土产。当西藏经济文化发展到一定阶段,需要宗教文化滋养之时,在印度和汉地早已成熟的佛教,便被迎请入雪域。高踞世界屋脊的西藏民众,先天赋有俯瞰四野、接纳先进的开阔胸襟。经过与本土的宗教——苯教几番斗争,遭受朗达玛灭佛之挫折,佛教在雪域终于扎下深根,遍地开花,结出累累硕果。佛教在历史上曾经成为西藏的灵魂与主宰,曾经长期取得政教合一的尊荣地位,获得绝大部分民众的信仰。佛教对西藏的政治、经济、文化发展,以及藏民族性格的铸成,起了非常重要的作用。佛教从思想到仪式,渗透了西藏社会生活的方方面面。佛教与西藏、藏族和藏文化密不可分。要了解西藏,了解藏族,就必须了解藏传佛教。

在长期流传中,佛教适应西藏本土社会文化,形成了独特的风格。在教义方面,西藏佛教主要保存和发扬了印度晚期成熟的大乘、密乘佛学,吸取了汉传佛教的部分内容,熔铸成庞大的藏传佛学体系。其大藏经蕴藏之富,与汉文大藏经可并称双璧;而保存了汉文大藏经所缺译的数百种印度显密经论,乃极为宝贵、有待开采的文化矿藏。西藏佛教祖师大德们在研习、发挥、实践印度佛学方面,表现出卓越的智慧。他们像汉地诸宗祖师一样,总持全体印度佛学,判释抉择,发挥组织,建立一宗之学,形成各具特色的五大派诸小派。西藏佛教大德学风严谨,广学多闻,善于运用因明论辩阐析佛学义理,并极善著述。西藏出过很多学通三藏、著作等身的大师,他们的著作不仅阐发佛教内容,而且广涉医药、工巧、声韵、天文历算、因明、戏剧等大小五明。他们还十分重视教史僧传的编写。

西藏佛教大德更以苦修实证而著称，出过卓弥、玛尔巴、米拉日巴、热琼巴、岗波巴、琼波南交、玛久拉仲、堆松钦巴、向蔡巴、藏巴嘉热、郭仓巴、隆钦饶绛巴等大成就者，积淀了大量真修实证的经验。在西藏这样一个地旷人稀、生存条件险恶、经济落后的高原地区，能产生出令举世瞩目的高度发达的佛教文化，结出奇异的智慧硕果，实在是人类文化史上的一大奇迹。它给人类文明的发展提供了深刻的启示。

在教制方面，西藏佛教继承、发展印度超戒寺的僧团建制和佛教教育体制，形成了完善的僧阶、寺院管理、佛学教育制度和独特的活佛转世制度；适应本土条件，对印度佛教的戒律作了取舍，并有农禅、商禅结合的优良传统。西藏佛教以我国西藏为中心，传入其他藏区、蒙古地区、汉族地区以及外蒙古、俄罗斯、不丹、锡金、尼泊尔等地，近30年来又西传欧美，赢得不少西方人士的信仰，具有相当大的国际影响。

长期以来，佛教在塑造西藏人民的精神境界、促进西藏的统一和政治、经济、文化的发展，乃至促进西藏与内地的亲和关系、促进民族大团结方面，无疑起过不可忽视的积极作用。佛教在后来也许有阻滞西藏社会发展的消极作用，但西藏政治经济之滞后，乃多种条件所决定，不应仅责咎于佛教。任何思想文化体系存在若久，都难免衰老迟滞，皆需应时契机变革自身。面临飞速发展的信息时代，古老的西藏佛教自当本着佛法契机的原则，面向全球，面向未来，调适传统的教义教制，改革不适应新时代的内容。近几十年来，西藏佛教界在这一方面已作了许多努力。

关于西藏佛教史的研究，已有王森、王辅仁等前辈的著作问世。这部《西藏佛教史》，以中国通史、西藏地方史为大背景，对佛教在西藏流传的进程作了理性的总结，论述了各教派的教义教制，揭示了佛教与西藏社会、政治、经济、文化、民俗等的密切关系。特别值得重视的是，该书的主编克珠群佩、副主编索南才让皆是藏族中青年学者，通达藏、汉文字。他们凝多年心血集体完成的这部巨著，对了解西藏佛教，处理好西藏佛教问题和西藏传统文化与现代化的关系问题；对加强祖国统一、民族团结，促进西藏佛教的现代调适和自身建设等方面，都有重要的参考价值和现实意义。我相信，这部大作将会被广大读者所喜爱，并受到学术界的好评。

2008年10月于四川大学

绪论　西藏佛教道次第概述

克珠群佩

西藏佛教以其庞大的思想体系，丰富的文化内涵，独特的宗教形式，严密的组织结构，受到世人瞩目。活佛转世制度、政教合一制度、无上瑜伽密法、佛苯相融所带来的庞杂的神灵系统，以及名目繁多、丰富多彩的宗教仪轨和自成体系、各具特色的众多教派，都构成了西藏佛教与众不同的鲜明特征。而见行修方面的井然次第，是西藏佛教最根本、最本质、最内在且最起决定作用的特点，也是西藏佛教深受当今信徒青睐和欢迎的根本原因。

在见地方面，西藏佛教各个教派所共同追求的最终目的是大乘佛教中观见。然而，每个教派都强调从小乘佛教理论学起，甚至主张首先掌握印度各外道的哲学思想，其目的就是一步一个脚印地提高和升华自我，最终达到精通离常断二边见的中观胜见，进而悟道成佛的目的。如涉猎诸外道主张的目的就是让人们清晰地认识到其思想非究竟，依外道学修得不到解脱，引导人们步入佛门，并且获得“不怕不识货，就怕货比货”的效果；学习小乘佛教二派乃至大乘佛教唯识同样也不是终极目标，而是为了趋入中观见地所作的准备。

在修行方面，不管是显教抑或是密教，都非常强调次第，在修行过程中，丝毫不能躐等越级。这种注重次第的特点，早在吐蕃时期就形成了。众所周知，792 年至 794 年间，吐蕃展开了以摩诃衍那为代表的汉地禅宗顿悟派同以莲花戒为首的印度佛教渐悟派之间的争论，决定了西藏佛教强调修习次第的特点。[①] 显教修行方面，西藏佛教各个教派都有自己的殊胜法门，但都严格要求修行者，必须从小乘佛教的出离心开始学修，没有出离心就没有菩提心，没有菩提心就无以转识成智，转凡成圣。不管是阿底峡的《菩提道炬论》，还是宗喀巴的《菩提道次第广论》、塔波拉杰的《解脱道庄严论》、白珠·晋美曲吉旺布的《大圆满前行导文》，都是学修显密的次第理论专著。在密教修行方面，对次第的要求更严格，前行和正修是两个主要次第，事部、行部、瑜伽部、无上瑜伽部是修行密法的基本次第，其中还有生起次第、圆满次第，有相瑜伽、无相瑜伽等各个层面的次第。

---

① 详见本书第二章第一节。

一、西藏佛教见地方面的学习次第

众所周知，西藏佛教是大乘佛教，而且各个教派都推崇大乘中观见，但是西藏佛教各流派都强调从小乘佛教学起，甚至主张接触印度诸外道的哲学思想，用后一派思想来否定前一派思想，使学人的认识逐步得到升华。在佛教创立前后，印度各地外道流派繁多，思想活跃，影响很大。其见地划分起来可概括为常见与断见两种。持断见的有顺世外道。顺世外道又分有专以坐禅修定为主的禅定派和专以推理辩论为主的推理派。顺世外道不承认有前后世，不承认有业果，他们诽谤解脱和一切智者等等。在诸外道中以此见为最恶劣。

持常见的有数论派、大梵派、遍入天派、伺察派、大自在天派、胜论派、正理派、离系派等共八派。此八派承认一切法常住不灭。数论派有二派，一派承认诸法惟由自性而生的，是无数论派；一派承认因果本性虽一，但由于大自在天神力加持，而有各种形相变化的，是有数论派，提倡通晓自性、大、慢等二十五谛即得解脱之说。大梵派以大梵天为导师，又分声论派、吠陀派、秘密派三派。他们认为一切世间情器皆是大梵天创造的，主张只有吠陀经典才是正量。遍入天派以遍入天为导师，承认生死轮回是有边际穷尽的。伺察派说我为觉知之体，是属有情，非属无知，是神我自性，常恒之体，独立实在，无方分时分。又说无有一切智者，因为所知境界是无有边际的。主张凭借祭祀仪轨，能得梵天一类果位，认为没有永息众苦的解脱可得。大自在天派、胜论派、正理派三派都许自在天为其导师，承认自在天为全智者，一切情器世间皆由欲界自在天心意所造。离系派又称裸形派，该派将一切所知境统摄为命、漏、律仪、老、缚、业、罪、福和解脱等九句义，倡言树木等有心，提出一切导师佛并非全知等说法。说求解脱者须修裸形、不语、依五火等苦行，使往昔所造之孽皆得消尽。

那么为什么佛门弟子在学习佛教正见之前首先要接触这些形形色色、五花八门的外道思想呢？土观·洛桑却吉尼玛说："若能善知那些外道宗派所说常断之理，同时又了解能破彼理的诸轨辙典籍中广为讲述的正理，那么就能对于正确的自宗和导师，可以由正道理门引生不退信解。……此外还能够破除他们所说的苦恼无因、或执不共因生、或非道而计为道、非解脱而计为解脱，如是等等的颠倒分别。又可坏灭由于前世曾闻顺世外道等恶宗谬论和由谬论势力所留下的习气种子，还可能破除未来世将起诸种邪见，能急速薰生真实正见习气。"①可见，对于佛门弟子来说，学习外道并不是相信它，而是为了清清楚楚、干干净净地把外道的哲学思想和理论观点从自己的思想深处驱出，进而牢固地树立佛教内道观念。有破才有立，有否定才能肯定。那么用怎样的佛学思想来否定外道

---

① 土观·洛桑却吉尼玛著，刘立千译：《土观宗派源流》西藏人民出版社，1989年版第10页。

邪见呢？大乘思想与外道理论相距甚远，因此，西藏佛教要求修行者掌握小乘佛教思想，用小乘佛教缘起中道理论来破外道常断二边见，也为下一步学习掌握大乘佛教思想打下扎实的基础。而且，这种由浅入深，循序渐进的学习方法也符合人类认识过程和思想发展规律，因此，西藏佛教各个教派都一直遵循着这种学习途径。

佛教各宗派都承认缘起之理，无不相同，但其见行修果各方面仍有明显的区别。小乘二派和大乘唯识、中观自续诸派虽然不承认像外道所计离开蕴而外还有一个神我或灵魂等，但是承认安立，即蕴是我。小乘说一切有部之一类正量部承许蕴和合为我，迦湿弥罗有部及经部立识相续为补特迦罗我，承认有前识和后识相续不断的心；唯识派立阿赖耶识为补特迦罗我，说阿赖耶识能持一切种子，亘通三世，作为宇宙万有的所依，是依他起性，不是自性有；中观自续派立意识为补特迦罗我，承认一切法是分别假名安立，无有自性。但假名必有所依，说一切法要通过意识（即第六识）显现安立作为一切所依。承认自相有，但认为自相亦是缘生法，不是实有。

宇宙万有既然是缘聚即有，缘散即无，那么根据什么来任持业果和联系前后三世呢？这是佛教各宗派所不同的关键所在。小乘要承认色心极微元素是实体作为所依，或认为色（物质）、受（感受）、想（思维）、行（造作）、识（认识了别）五蕴和合是流转生死的业果所依，属于实有论者。大乘唯识承认七识阿赖耶识亘通三世，作为所依，亦属有论者。中观自续派承认有意识作为所依，属于自相有论者。于是，他们提出谛实有、真正有、胜义有、真性有、自相有、自体有、实物有等概念。而中观应成派不承认上面各宗派所立之论，他们只承认诸法是名言有，名言之下不别立所依，如果立一所依，势必破坏缘起理论，因为缘起的条件聚合是相依相持而有，没有一个条件能独立存在和单独起作用，所以提出万法缘聚而生，缘散而灭，无自性可言。这就是中观应成派的“缘起性空”理论，万法缘起有自性空。就这样，西藏佛教徒一生的学修要经过外道诸宗—佛教小乘有部—小乘经部—大乘唯识—大乘中观自续—大乘中观应成这样几步。从外道常断见到小乘有部的唯物论，到大乘唯识的万法唯心论，最后到中观应成派的缘起性空论，一步一个脚印地提高，循序渐进地升华。

二、西藏佛教显教的修习道次第

在论述显密修习道次第之前，先必须了解“止观”修习方法，因为止观修是一切禅定之基础，是定学的核心，是整个佛教中身心兼修的一个最上乘的教法。《知识总汇》中说：“诸声闻、菩萨和如来的一切世出世间法都是止住修和观察修的结果。”[①]宗喀巴大师在《菩提道次第广论》中说：“如是次第修止观法，是依大小何乘，显密何教而说耶？曰，此是

---

① 工珠·云丹嘉措：《知识总汇》，民族出版社，1982年，第111页。

三乘与四宗所共，亦是密教下三部所共有。”这就是说，不管是声闻乘、缘觉乘、菩萨乘，不管是中观宗、唯识宗、经部宗、有部宗，还是密教之事部、行部、瑜伽部，都不能离此止观法。

那么，究竟什么叫止观呢？“止，停止义。停止谛理不动也。此就能止得名。又止息义。止息妄念也。此就能观得名。观，观达之义。观智通达，契会真如也。此就能观得名。又贯穿之义。智慧之利用推析烦恼而殄灭之也”。[①] 这是辞书上的解释。传统佛教对止观的基本解释是：“止者，外国名奢摩他，此翻名止。守心，住缘，离于散动，故名为止。止心不乱，故复名定。观者，外国名毗婆舍那，此翻名观。于法推求、简择名观。观达，名慧。”[②]通俗地讲，止就是止息一切后天的世俗妄念，使心高度集中在某一处，专注于某一境，达到湛湛寂寂，一念不生，为的是更好地显现先天的清净本元心。这里所说的心并不是指人体腔内五脏六腑之肉团心，而是“万法唯心所作”之心，指人的意识、心灵、精神、思维。修止的目的就是止住后天的种种妄念，使心专注于一境而不散乱。观，就是通过观想来破除烦恼妄见，而且通过修炼使心灵离开后天的烦扰，进入先天的定静后，再对宇宙万事万物（包括人自身的心理生理）进行推求、简择、照察、观想，从中获得种种真谛，产生种种智慧，对于一切达到历历明明，万象森然。

那么，止观二法关系如何呢？宗喀巴大师说：“何故随修止观一种不为完足，必须双修耶？曰：譬如夜间燃灯观画，要灯明无风吹动，方能明见诸像。若灯不明或有风动，则必不能明见诸色。如是观甚深义，亦须了解真实义之无倒智慧，与心要住于所缘而不动，方能明见真实义。若但有心不散动之不分别定，而无通达真理之慧，则于三摩地任何熏修，终必不能通达真理。若仅了解无我之见，而无心一境性之定，亦不能见真理。故须双修止观。”[③]止观所修方便而言，止属于空门真如门，观属于有门生灭门；就所修之次第而言，止在前，观在后。但是，在实际修炼中，必须止观双修，或根据情况加强某一方面修炼。如宗喀巴大师云：“若观修太多，住分减少，便当多作止修，恢复住分。若因止修太多，不乐观察，及不趣观察内心自然而落住分，则当多作观修。止观平均而修，其力量大，当如是行。”[④]这里清楚地告诉人们，修习止观并不是一成不变的，而是根据修习中出现的不同情况，有针对性地加强某一方面的修习。要做到相辅相成，不一不异，相济互融。止观不仅限于传统的静坐默想，而是要体现在日常生活的一切方面，即在日常生活的住、行、坐、卧等四威仪中也要有止有观，随时随地做到止观双修。止观是个矛盾统一体，与之相应的概念还有定与慧、禅与智、寂与照、静与虑等。止观学说，在汉传佛教天台宗中得到了充分的发挥。[⑤]

学修佛法总摄于闻思修，如果光有闻思而没有修，闻思作得再深刻也只能成为精神

---

① ［隋］慧远：《大乘义章》卷十《止、观、舍义》。
② 参见宗喀巴：《菩提道次第广论》，青海民族出版社，1985 年。
③ 参见宗喀巴：《菩提道次第广论》，青海民族出版社，1985 年。
④ 参见克珠群佩：《佛教止观法略述》，《西藏研究》1990 年第 9 期。
⑤ 参见克珠群佩：《佛教止观法略述》，《西藏研究》1990 年第 9 期。

束缚，而永远得不到解脱。显教修法以修心为主，达到“明心见性”，“见性成佛”的目的。西藏佛教在修显教方面也有严格的规定，有井然的次第，也要按照前行和正修的先后次序循序渐进地修。前行修强调五个要素。第一，要持守别解脱戒（西藏佛教从吐蕃时期就规定传授小乘佛教戒律，各教派都严格遵守着这个规定，直到宗喀巴时期才广泛传授大乘佛教戒律。），舍去身口意三门的一切恶行，然后听闻一切正法教诫，对所闻教法作如理思维，并依靠思维所得智慧专心修习。闻的结果会获得名言智慧，思的结果会获得名意两方面智慧，修的结果会获得真意智慧。

第二，不管是在家信徒，还是僧尼，要让身心远离亲友相聚处，这样才能生起闻思修智慧。即所谓“山岭寂静之圣地，一切行为皆是善”。

第三，要断除世间八法，因为心住世间八法，不能生殊胜正道，如《劝诫友书》中云：世间利与衰、苦与乐、毁与誉、称与讥等不是我们所思念，要舍弃之。

第四，要乐于住顺缘的十二杜多功德中，以但一座食、次第乞食、不作余食三杜多来对治贪恋食物；以但持粪扫衣、但持三衣、但持毳衣来对治贪恋衣物；以处阿练若、常住树下、常住冢间来对治贪恋住处；以常期端坐、随处坐、常露地坐来对治贪恋卧具。

第五，要舍弃正命之违缘的诈现威仪、谄媚奉承、旁敲侧击、巧取讹索和赠微博厚的五邪命生活。

为了清楚醒目，正修分两个方面叙述。

（一）小乘佛教声闻独觉修习道次第

声闻乘道次第分为七种，即小资粮道修四念住；中资粮道修四正断；大资粮道修四神足；加行道修暖、顶、五根、忍；世第一法修五力；见道修七觉支；修道修八正道。具体修习次第是：声闻初业人所缘境是修身受四心法，对治一切贪欲要修自他身体和感受都观想为白骨，消除贪念后逐次修思维苦乐不苦不乐三种感受都作痛苦想，像水树一样无意义想。然后把心思放在内外气息上，消除分别意识，思维心续虽是世俗义，但再作观察成为刹那变化的胜义，这时要思维一切思想意识所摄内外法的自我为无我、无常、如幻。要如理了解自他身心的性相是无常、痛苦、空性、无我等，懂得身不净、觉痛苦、心无常、法无我。如此，在小资粮道上修不净观及念住于呼吸呼出，使身心适合于修止，以便将来修观。这是第一步。

第二步是四种顺抉择分修习次第。用信根相信一切真理为所知和所断而修习；用精进根为证悟真理的空性而乐于修习；用念根不忘真理之空性诸所缘而修习；用禅定根专心致志地修习；用智慧根分别抉择真理的别相而修习。这样修习的结果是迅速获得见道，成办修道。

第三步是见道修习次第。见道所修是依七觉支为所缘来证悟四圣谛实意。以念觉支把苦谛作为思维对象来寻思离苦境；把集谛作为思维对象来寻思离欲境；把灭谛作为思维对象来寻思显灭境、把道谛作为思维对象来寻思修道境。其余择法觉支、精进觉支、喜觉支、安觉支、舍觉支、定觉支等修法亦如是。这样修习的结果是，不忘见道所缘的念、抉择法之真实意的智慧，乐于善道的精进、有益于身心的无漏喜、自心成办事业的安、专心一意的定、沉掉平等的舍。

第四步是修道的修习次第。修道所修是正见、正思维、正修、正业、正命、正勤、正念、正定等八正道。八正道双分为四支，正见为偏立支，正思维为悟支，正语、正业、正命为信支，正勤、正念、正定为不共对治支。修八正道的结果是断除应断之一切。

独觉乘修习道次第与声闻乘修习道次第大同小异，故从略。

(二)大乘般若波罗蜜多修习道次第

修大乘之人必须是大乘种姓觉醒，具备世俗和胜义二菩提心学处者。虽然许多佛经都说如来之性遍及一切众生，提出众生皆具成佛之因佛性。但小乘种姓被烦恼障所蔽，是成佛之远种姓，因为他们最终也将成佛。而大乘种姓已涤除所知、烦恼二障，但也有觉醒与否两个方面。也就是说，有的虽是大乘种姓，但尚未觉醒，成为下等士夫。大乘前行修习除了具备以上所述前行五个要素外，还要修习慈、悲、喜、舍四无量心。住于大乘资粮道，尚未到加行道的初业人，要发愿获得菩提，要持守清规戒律，封闭诸感官门，知量食食，上夜下夜勤修瑜伽而不卧，正知取舍，乐于善道，所处清净，广作闻思，知廉知耻。

正修次第如下：首先修诸行无常，诸法无我，有漏皆苦，涅槃寂静等四法印；要修顺解脱五分；修佛、法、僧、戒律、布施、身、死、生、吸入吸出等随念；接着修九不净观，作八种上士寻思。除了修习本身有井然次第外，修定中和出定后也有修习次第。不共殊胜大乘修甚深禅定时其所修见地为中观见。出定后要思维身如幻，觉如梦，心如虚空，法如云，而且要在声闻乘时所发愿那样次第修习四念住、四正断、四神足、五根、五力、七觉支、八圣道等三十七菩提道品。

三、西藏佛教密教修习道次第

西藏佛教密教修习道次第分为续部经典为主的道次第和教授（或云口诀）为主的道次第。

续部经典为主的道次第主要指事部、行部、瑜伽部、无上瑜伽部等四瑜伽，其中无上瑜伽部是西藏佛教各教派都推崇和追求的最高密法，分生起次第和圆满次第，有大威德、集密、胜乐、喜金刚、时轮金刚等本尊法。生起次第是寻思次第，是不真实的瑜伽，其修习次第总分为前行、正行、结行仪轨三大部分。圆满次第是非寻思次第，是真实的瑜伽。一般要求先修生起次第，后修圆满次第，以起到靠前一个瑜伽产生后一个瑜伽的作用。但也有生起次第和圆满次第同时修的，如大成就者海生和无敌月等前座修生起次第，后座修圆满次第。这是中根人的修法。续部经典为主的道次第修法，在西藏佛教各派修法一样，只是所修的本尊法有所侧重。西藏佛教各派在修口诀为主的密法方面有各自的殊胜教法，也体现了各教派的特点。下面我们分别介绍西藏佛教各教派的教授修习道次第。

（一）噶当派的修习道次第

《菩提道炬论》是噶当派始祖著名印度佛学大师阿底峡所著的有关修习道次第专著，统摄显密二教。在阿底峡进藏当时西藏佛教界的修习道次第非常混乱，教理不系统，修持不规范。有的僧人重显轻密，偏向戒律，诋毁密教；有的僧人重密轻显，轻视戒律，对佛教教义，尤其是对续部密义任意发挥。针对这些情况，阿底峡尊者撰写《菩提道炬论》，并要求修行者以此为准，进行显密修行，纯化佛教。“因此出现了行迹内外清净，犹如莲苞纯洁这样住持觉沃噶当派大德充满了卫藏全境”。[①]

《菩提道炬论》把学佛的人分为三类；一类叫做“下士”，这类人不希求解脱世间痛苦，只求今生今世的“利乐”，称为“人天乘”；第二类叫做“中士”，这类人只追求个人解脱世间流转轮回之苦，称为“小乘”；第三类叫做“上士”，这类人不仅自求解脱，并愿普度众生，称为“大乘”。人既分为三类，修习次第也分为三道，即“下士道”、“中士道”、“上士道”，合称为“三士道”。“下士道”要求行人发愿心，皈依佛、法、僧三宝，做止恶修善，积德积福。这就《菩提道炬论》所说的“下士勤方便，恒求自身乐”。而“中士道”所修的内容是戒、定、慧三学，以求获得解脱，达到涅槃。这就是《菩提道炬论》中所说的“中士求灭苦，非乐苦依故”。“上士道”要求行人发菩提心，勤修“六波罗蜜多”，既度己，又度人。这就是《菩提道炬论》中所说的“上士恒勤求，自苦他安乐，及他苦永灭，以他为己故”。受阿底峡《菩提道炬论》影响，噶当派道次第专著层出不穷。最著名的有《青色小册》、《喻法论》、《道次第广论》、《教次第广论》等。

另外还有《七义修心》、《要门八坐法》、《修心日光论》等修心法门。[②]

（二）宁玛派的修习道次第

宁玛派虽然称为古老派，其许多教法也是莲花生、无垢友、贝若杂纳等吐蕃时期的著名佛学家传下来的，但作为一个教派在 11 世纪中期才形成。宁玛派把佛教大小乘各宗派思想和教法进行归类划分，根据人们的根器和修行所要达到的境界，从显教到密教评划为三根九乘，把人划分为低根、中根、锐根三种，把法划分为声闻、独觉、菩萨、事部、行部、瑜伽部、生起瑜伽（父续玛哈瑜伽）、圆满次第（母续阿努瑜伽）和大圆满（阿底瑜伽）等九乘。这是对佛教全部思想的划分和概括总结，也是修行佛法的道次第。其中前三乘反映的是显教思想，是化身释迦牟尼对根器较低的徒众所说，故称“共三乘”。次三乘，亦叫“外三乘”，是报身佛金刚萨埵所说，属于初级密法，适合于中根器的人修习。最后三乘，亦称“内三乘”，是法身普贤佛所说，适合锐根人修习。宁玛派把它们当作最高法门，修习此三乘密法的人必须是受过灌顶，具有一定佛学基础知识的人，一般人难以修成，也

---

① 土观·洛桑却吉尼玛著，刘立千译：《土观宗派源流》，第 49 页。

② 详见本书第五章第一节。

不允许修炼。当然，由于宁玛派的特殊性，对于修学者并没有严格要求，甚至有一部分人从一开始就修炼这种密法。

“声闻乘”是九乘的第一乘，被看成是最低佛法。“声闻”是听闻佛陀言教的觉悟者，他们受佛陀言教，学习“四圣谛”，以达到自身解脱为目的，证得补特迦罗无我，求证阿罗汉果位，最终达到“灭身灭智”的无余涅槃。“独觉乘”亦叫“缘觉乘”，该乘观悟十二因缘之理，以求轮回解脱。此乘在声闻乘补特迦罗知我的基础上，进而多加强证修内外能所执，在认识上有所提高，但是仍然不具备利他之心，得不到圆满果位。“菩萨乘”是大乘显教，修此乘之人根器较声闻、独觉人锐利，其最大特点是慈悲为怀，追求佛果。此乘坚持人无我和法无我，行六度，不仅自利，而且利他，修证三十七菩提道品。菩萨乘包括大乘佛教唯识和中观宗。“事部”是外三乘的初乘，也是密教最低法门，以修身、语为主，通过辩论、诵讲等方式净语，修炼本尊身，争取在十六生之前修得佛果。“行部”通过洗浴洁净等方式，清洁身、语、意三门，观修本尊，希望能在七生中获得解脱。“瑜伽部”以修心为主，见行相助，用五现证法证悟我与本尊如同兄弟朋友，希望能在三生中于密严刹土得到解脱。事、行、瑜伽外三乘比共三乘有方便多、根器利等特点，却低于内三乘。密教内三乘相当于密教四部中的无上瑜伽部，宁玛派把它分成无上父续、无上母续和无二续。无上父续即“玛哈瑜伽”，又叫“方便父续”，“生起瑜伽”。修行者受灌顶后，通过有寻有伺定、无寻有伺定和无寻无伺定修炼明空光明智慧。无上母续，即“阿努瑜伽”，又称“智慧母续”，宁玛派把它看成是界大乐瑜伽续，专门阐述空点。接受内、外、秘 36 种灌顶后，修炼增长乐空智的方便道，然后再修炼脉、明点、气瑜伽，证达大乐光明智慧，在即生求证大乐身。无二续，即“阿底瑜伽”，也叫“大圆满阿底瑜伽”和“无二续口诀阿底瑜伽”，是宁玛派的最高法门，倡导以进入无生的自性或普遍心证达诸法本空。在《知识总汇》中说：“宁玛派的三瑜伽（即指内三乘）有无数个修习次第，但最根本只有有相和无相两种。”①这就是说，不管是无上父续、无上母续，还是无二续，都要先修有相瑜伽，再修无相瑜伽，这是大次第中的小次第。还有根据行人的根器不同，有顿修和渐修。总之，宁玛派把整个佛教划分为 9 个方面，称为“九乘”，这“九乘”犹如 9 级台阶，是行人登上佛法之顶的梯子，是学修大小乘显密教法的次第，每一乘又有许多次第，如无上母续“阿努瑜伽”有方便修和智慧修二道，无二续“阿底瑜伽”包括心部、界部和口诀部。②

白珠·晋美曲吉旺布（1808—1887 年）所著的《大圆满前行导文》又称为《普贤上师言教》，是宁玛派一部重要的道次第著作。全书共分 4 个部分：共同外前行、不共内前行、近道往生次第、导文概要。第一部分共分暇满人身难得、轮回过患、业果、解脱之功德、依止善知识等 6 章。第二部分也有 6 章，分别为皈依、发菩提心、金刚萨埵修诵、曼扎、舍身积福、上师瑜伽。第三部分介绍了法身往生、受用身往生、化身往生、超度亡者的往生、具备三想之往生。《大圆满前行导文》是流行甚广，颇受欢迎的一部实修教科书。③

---

① 工珠·云丹嘉措：《知识总汇》，第 276 页。

② 详见本书第七章第一节。

③ 白珠·晋美曲旺：《大圆满前行导文》，四川民族出版社，1989 年。

（三）萨迦派的道次第

萨迦派的最大特点是理论庞杂，思想繁琐，不仅坚持“万法唯识”，而且主张“缘起性空”，以印度著名密教大师毗哇巴所传的“道果教授”为核心教法，把它建立在阿赖耶识（七识）基础上，认为生死涅槃无别。在显教方面随龙树派教授而修。根据“首应破非福，中则破我执，后破一切见，知此为智者”的教授，分三种次第而修。即最初通过修生死过患、暇满人身难得、业果、慈悲等来破除十恶，证人天善道；中间破我执，证悟空性；最后破一切见，证人法无我义。最后破一切见又分为断实执戏论和断无实执戏论两方面。

《金刚偈》也叫《金刚句》，系由毗哇巴所作的道果教授的修习道次第教科书，卓弥·释迎益希翻译成藏文传入西藏后，一直以口耳相传的形式流传。后由康巴阿僧进行整理记录，取名《秘籍》并作了注释。到了萨迦第三祖扎巴坚参时把以前的所有注释整理成册。

《金刚句》把一切道区分为共同道、世间道和出世间道三部分。其中共同道有七种：1.三相道，即不净相、觉受相、清净相。不净相又有三种，即思轮回苦、思暇满人身难得、思业报因果；2.三续道，即总位因本续、身方便续、大手印果续；3.四量道，即上师量、经受量、论著量、教理量，或觉受量、师决量、圣教量、传记量；4.六要道，也叫六教诫道，即除定毒、学甘露、决断、除见毒、受甘露、决定；5.四耳传道，即主戒、摄受、师要、敬信；6.五缘起道，即外、内、秘密、真性、究竟；7.三十偏滞方智拥护道，其中偏方便边护仪八道，偏智慧边护仪八道，共同护仪十四道。

世间道包括初界集时道、中界集时道、后界集时道。其中初界集时道修资粮道和四神足；中界集时道修加行道念处；后界集时道修加行道、世第一法和四正断。

出世间道主要讲述十三地，第一地至第六地摄于见道位和修道位，修七觉支。从第七地至第十地摄于修道位，修信、精进、念、定、慧等五根。第十一地和十二地亦摄于修道位，主修信力、精进力、念力、定力和慧力等五力。当修行到十二地半时，已到了五道之究竟道，即无修道。唯识派认为，它是大乘佛教修行的最高果位，到达此位者已经断除了各种烦恼障碍，且能令众有情悟证唯识相、性。萨迦派则认为，修行进入第十二地半时才达到了无修道位，至此，修行尚未结束，而要进一步修习八圣道，以通向十三地，证达金刚持地。

（四）噶举派的修习道次第

《解脱道庄严论》是塔波拉杰的重要论著，全名为《正法如意末尼解脱大宝庄严大乘道次第》，又有译为《道次第解脱庄严论》。阿芒·贡却坚赞说：“塔波拉杰开始是噶当派，后成为米拉日巴尊者之徒弟，将噶当和噶举两派见地融合起来修持，并写了论修习次第的书《道次第解脱庄严论》。”[①]《土观宗派源流》等典籍也有类似的说法。其实《解脱道庄

---

① 转引自班班多杰：《西藏佛教思想史纲》，上海三联书店，1992年，第246页。

严论》不是噶当和噶举二派理论见地和修习方法的简单融合，而是塔波拉杰通过学习和修持噶当派的《道次第》和噶举派的《大手印》法后，对二派的理论和实践方法进行深入研究的基础上撰写的，是一部高度概括和总结两派思想的学术著作。它不仅提出了宗教实践的方法和途径，是指导后人修持心性的教科书，而且也是噶举派的思想理论基础，在噶举派形成和发展过程中起到承上启下的作用。

《解脱道庄严论》共分二十一章，第一章开示因如来藏，提出了人人皆具佛性，众生皆有成佛之因的命题。第二章开示所依人身，众生虽具成佛之因，但六道中唯有人可能成佛，因为人具备人身这个成佛之宝。第三章开示如何依止善知识的方法。人具备了成佛之因如来藏，又有成佛之主体身宝，但欲成就佛道，还需要外因善知识，佛法是药，善知识是医生，行人是病人。第四章开示有为法无常。即使你具有佛性、人身和善知识，具备了成办佛道的所有条件，但如果贪恋世间，也难办佛道，因此须要认识有为法无常，消除贪恋执著。第五章开示轮回之苦。不仅有为法无常，而且只要在六道轮回中，就有无穷的痛苦。第六章开示业果。轮回之苦，皆以有漏业而来。故应修善戒恶。第七章开示慈和悲。贪求寂灭乐是小乘所为，亦是《菩提道炬论》中所述中士所求，修习慈悲可对治贪恋寂灭乐的过患，使小乘趣向大乘，使中士步入上士道。第八章开示皈依受戒。第九章开示总摄菩提心。第十章开示发菩提心学处。第十一章开示六度之安立。第十二章至十七章分别开示布施、忍辱、戒律、精进、禅定、智慧等六度。第十八章开示道之安立，详细阐释资粮道、加行道、见道、修道、无修道等五道。第十九道开示地之安立，阐释初业地、胜解行地、菩萨十地和佛地共十三地。第二十章开示圆满佛果。第二十一章开示佛之事业。①

噶举派有《大手印》和《那若六法》，其中解脱道《大手印》又有显密之分，显教大手印主修心性，强调止观并重，定慧双修，证心之空分、佛之法身；密教大手印心身同修，乐空、明空同证，即身成就佛之三身。密教大手印共分四个层次，称“四瑜伽”，每一瑜伽又分三品，凡十二阶，每一阶的境界，都有明确的衡量标准。四瑜伽十二品，品品皆有六条检验标准：一、是否见体性？二、力圆否？三、于妄念上是否显定？四、生功德未？五、是否播色身种子？六、于世俗谛上是否决信？每条标准，又有其觉受与证的严格规定。四瑜伽十二品，还配以修道证果之次第，一般三品专注瑜伽属胜解行地，相当于资粮道和加行道，下品离戏瑜伽相当于见道，入菩萨初地欢喜地，中品离戏瑜伽当二至五地，上品离戏瑜伽当六地，下品一味瑜伽入七地超二乘，中品一味瑜伽当八地，上品一味瑜伽当九地，下品和中品无修瑜伽当十地，上品无修瑜伽当十一普光明地而成佛，为大手印之最极果地。②

（五）觉囊派的修习道次第

觉囊派是西藏佛教史上比较独特的一个宗派，是西藏佛教各教派中唯一一家倡导中观“他空见”的宗派，其主要密法为《时轮》，具体修习次第总括为“六支瑜伽”。“六支瑜

---

① 参见塔波拉杰著：《解脱道庄严论》，四川民族出版社 1990 年版。

② 详见本书第十四章第二节。

伽”,又叫“六加行法”,是时轮金刚乘法修炼气息的六种方法和次第,指收摄、禅定、运气、持风、随念、三摩地,每一支都有一定的修炼特点。

收摄,其修炼方法分昼瑜伽和夜瑜伽两种,夜瑜伽主要于暗室修行。具体的修炼立法为两足结金刚跏趺,双手握拳置于大腿,脊椎伸直,喉咽俯垂,舌抵上颚,双眼微闭,意念专注顶髻。然后三除浊气,保持自然,消除心中的一切杂念,专心修行。昼瑜伽的坐法和夜瑜伽相同,一般在室外天空晴朗、无云无风时修炼。身体竖直,眼睛避开日光,睁大专注蓝天,消除一切思想杂念。

禅定,也叫“静虑”,或“思虑”。共有四种修习方法,其中“智慧支”的修炼方法是,让心专注一境,通过智慧消除一切戏论,明观空色自性法身。其余三支是从智慧渐生的常有的寻思、远离性相的伺察和身心生起喜乐感受以及修行对境有境无混合之乐。

运气,也叫“行风”,分语要和心要两种修炼法。语要修炼,维持外气之时,肛门紧闭,猛力引下泻气至脐轮,上气信受“嗡”字,直至腹部,下气舒通。如果有不适之感,再进行小呼吸,趁呼吸之时气受“吽”字。然后,徐徐放开,信受“啊”字,按同一种方法反复修炼,气就会疏通。心要修炼方法,信受戒、定、慧三学,通过智慧自证。

持风,也叫“持气”,通过运气修炼,气脉畅通,在脉上完成宝瓶气。为了完成心轮、喉轮、额轮、顶轮宝瓶气,先成就脐轮五气,修炼心、气、中脉中之明点,使其坚固。为使进一步发挥气脉的功能,用长“吽”猛力提高下泻气,短“吽”上吸气,连续引气向下。然后,气平行通过大腿,从足肘前骨引出,再以反持气的方式,念诵长“吽”引出,信守二门,猛力将气扬举。如果在此基础上继续修炼,左右命气、上行气、下泻气合和,即是运气。如果气融入住中脉,叫“持气”。

随念,又译“作念”。有修行四要点。首先让身体直立,下气合力增长,最后全身紧缩,猛力抖动。然后,猛力除命气,引下泻气到左右中三脉处,连续六次,身体如前紧缩抖动。之后,抻手,手指分开,向左右转动,后颈竖直,头弯曲,使手及手指有力,等等。全部动作结束后,身体各要点连续作七次宝瓶气,逐渐和外气融为一体。

三摩地,系梵文,意为“等持”,通过它的修炼引发不变大乐,现证十二种形相和十三种喜乐,结界净气转移贪恋,净脉转移气。净精液能净治心力,舍弃轮回生死身,获得不死金刚身;净经血,舍弃生死之语,获得金刚之语;净气,舍弃生死轮回之意,获得金刚之意,最后成为大金刚持,成就圆满佛身。[①]

(六)格鲁派的道次第

格鲁派是西藏佛教各宗派中形成时间最晚,影响最大的一个教派。其道次第理论亦是集大成者。在显教方面,宗喀巴·洛桑扎巴直接师承于噶当派,最早造了道次第传承启白《开胜道门》,尔后造了《三士道次第》广略两种。宗喀巴大弟子克珠杰·格列白桑说:“关于吉祥阿底峡尊者的道次第教授方面,教典派与教授派诸大善知识所作的大大小

① 工珠·云丹嘉措:《知识总汇》,第429—453页。

小教授著作为数不少，即大菩萨博多瓦、京俄瓦、却喀巴等前后的讲述亦是很多，大善知识康巴隆巴的后学大善知识卓隆巴亦造有广略《教次第论》。此诸论典，……符合大经论之旨趣，并以诸圣哲所传授而为庄严，是引导生智者欢喜之希有津梁；但宗喀巴大师所造的《菩提道次第》广略论乃是普摄一切经论的密意和疏解，作为一补特迦罗成佛之助缘，道体圆满，数量决定，次序井然。其观修的次第，于现在相续心中即可得到证验。此道的总纲和各支分，过去藏土，从未有人道及。对此不共殊胜无上之理趣，若以无谬正智，善为观察，则必能生起定解。”①

《菩提道次第广论》和《密宗道次第广论》是宗喀巴在总结前人学术成果的基础上完成的，集西藏佛教学术之大成，代表宗喀巴对佛教的完整看法的思想体系。其中《菩提道次第广论》成书于 1402 年，在体例上完全按照阿底峡的《菩提道炬论》，并参考了莲花戒的《修习次第论》、卓隆巴·洛追琼乃的《教次第广论》与《道次第广论》等。论证方面以“出离心”、“菩提心”、“清净见”为要点，深刻阐述了从初发心到证得无上菩提之间的修习次第、修学方法，反映了宗喀巴先显后密、止观双运、戒定慧三学并重的修习次第和缘起性空的理论思想。全书共有九个部分组成：书首礼赞、示教序言、如何以真实教授引导弟子、下士及共同道次第、中士及共同道次第、上士道次第之修愿心及菩萨行总学处、上士道次第之菩萨行学处—禅定之性止住修、上士道次第之菩萨行学处—智慧之性观察修、后记。重点阐述了三士道次第及止观修法。②

《密宗道次第广论》成书于 1406 年，是宗喀巴在绛巴林寺时受帕珠摄政京俄·索朗桑布的劝请而造的。全书分为两部分，第一部分讲述学习佛法如何得到解脱；第二部分是本书的重点，讲述入修密法的不同法门，即修习次第方法、仪轨等。在探讨密法或金刚乘密法的起源之前，概述了佛教、大乘佛教般若乘和金刚乘之间异同以及密教的特点。该书共 22 卷，按照事续、行续、瑜伽续、无上瑜伽续的生起次第和圆满次第顺序进行论述，由浅入深，从低级向高级深入。③ 另外，宗喀巴还撰写有《集密圆满次第五次第明炬论释》、《广略大圆满次第论》、《圆满次第隐义开正眼见》等密教道次第方面著作。《土观宗派源流》云：“上面所说二次第的甚深扼要之处是什么？在生起次第中，从观修智慧地起到曼陀罗收摄之间所有观想，诸大成就解释续部密意的修行方法，其妙意究竟，往昔藏中大德，大多没有达到，尤其是在圆满次第中，从身远离起到现无学双运身之间，这些道的每一次第，亦有甚多不共妙解，特别是从四空的风心，修成幻身，最为希有无上，……这些都是在玛尔巴、桂译师、萨迦诸祖、布顿大师等的著作中，都未曾说到，何况其他的人。”④

西藏佛教各教派都非常重视道次第，学修要求很严格，学修道次第著作亦汗牛充栋，我们只是企图介绍西藏佛教道次第论之概貌，就这样，仍有挂一漏万，不当之处亦很多，敬请方家指教。

---

① 土观·洛桑却吉尼玛著，刘立千译：《土观宗派源流》，第 151 页。

② 宗喀巴：《菩提道次第广论》。

③ 参见宗喀巴著，法尊译：《密宗道次第广论》，上海佛学书局，1993 年。

④ 土观·洛桑却古尼玛著，刘立千译：《土观宗派源流》，第 153—151 页。

目　　录

序 …………………………………………………………………………………… 陈兵(1)
绪论　西藏佛教道次第概述 ………………………………………………… 克珠群佩(1)

第一章　佛教在吐蕃的早期传播

第一节　佛教传入前吐蕃周边地区的宗教信仰状况 …………………… (1)
一、公元5世纪及稍后时期的印度佛教 ………………………………………… (1)
二、公元5世纪到6世纪的汉地佛教 …………………………………………… (3)
三、公元5世纪到6世纪我国西域地区的佛教 ………………………………… (7)
第二节　松赞干布时期佛教传入吐蕃及其发展 ………………………… (9)
一、松赞干布时代吐蕃社会政治经济发展概况 ……………………………… (9)
二、松赞干布时代的吐蕃佛教 ………………………………………………… (10)
第三节　芒松芒赞到赤德祖赞时期的吐蕃佛教 ………………………… (31)
一、芒松芒赞与都松芒波杰时期吐蕃佛教的相对沉寂 ……………………… (31)
二、赤德祖赞时期吐蕃佛教的复苏 …………………………………………… (34)

第二章　吐蕃佛教的鼎盛与繁荣

第一节　赤松德赞时期吐蕃佛教的曲折发展 ……………………………… (42)
一、佛教与苯教的首次公开冲突 ……………………………………………… (42)
二、秉承先祖倡佛政策,迎请外僧入蕃弘法 ………………………………… (46)
三、佛教与苯教的第二次冲突 ………………………………………………… (50)
四、桑耶寺的建立及其艺术风格 ……………………………………………… (52)
五、"七觉士"出家与吐蕃僧伽组织的出现 …………………………………… (55)
六、赤松德赞颁布兴佛诏书及佛教在吐蕃的广泛传播 ……………………… (59)

七、禅宗传入吐蕃与顿渐之争 …………………………………………………………（62）
第二节　牟尼赞普的倡佛措施 …………………………………………………………（68）
一、围绕赤松德赞的超荐仪式而展开的佛苯斗争 ………………………………………（68）
二、三藏法会的建立与三均贫富 …………………………………………………………（70）
第三节　赤德松赞时期的吐蕃佛教 ……………………………………………………（72）
一、娘·定艾增鼎力护政 …………………………………………………………………（72）
二、甲德噶琼寺的建立与噶琼祖拉康碑 …………………………………………………（74）
三、赤德松赞时期的吐蕃译经 ……………………………………………………………（77）
四、赤德松赞优抚僧人、提倡佛教的政策 ………………………………………………（78）

第三章　吐蕃佛教发展的登峰造极与迅疾衰落

第一节　赤热巴巾时期吐蕃佛教登峰造极的发展 ……………………………………（80）
一、请僧践发与僧人执政 …………………………………………………………………（80）
二、广建寺院与完善僧伽组织 ……………………………………………………………（82）
三、韦·达纳坚反佛势力的再度崛起 ……………………………………………………（83）
第二节　朗达玛时期的灭佛运动及其影响 ……………………………………………（84）
一、反佛势力的得势与朗达玛时期的灭佛原因 …………………………………………（84）
二、朗达玛时期的吐蕃灭佛运动 …………………………………………………………（86）
三、佛教势力对灭佛运动的抵抗与朗达玛被弑 …………………………………………（87）
四、灭佛运动对吐蕃社会与宗教的影响 …………………………………………………（89）

第四章　噶当派的创立及其历史沿革

第一节　阿底峡进藏前后的西藏佛教 …………………………………………………（92）
一、社会转型与后弘期佛教 ………………………………………………………………（92）
二、卫藏地区的佛教 ………………………………………………………………………（93）
三、西部阿里的佛教 ………………………………………………………………………（95）
四、其他地区的佛教 ………………………………………………………………………（97）
第二节　阿底峡对西藏佛教复兴的贡献 ………………………………………………（97）
一、阿底峡在印度的活动 …………………………………………………………………（97）
二、阿底峡进藏经过 ………………………………………………………………………（99）
三、阿底峡的《菩提道炬论》 ……………………………………………………………（100）
四、阿底峡的主要弟子 ……………………………………………………………………（102）
第三节　噶当派的创立及传承 …………………………………………………………（104）

一、仲敦巴与热振寺传承 …… (104)
二、普穷哇与教诫派传承 …… (106)
三、博多哇与教典派传承 …… (106)
四、京俄巴与教授派传承 …… (109)
五、其他传承 …… (111)

第五章　噶当派的思想特点及主要寺院

第一节　噶当派的思想特点 …… (116)
一、教典派的思想特点 …… (116)
二、教授派的思想特点 …… (118)
三、教诫派的思想特点 …… (119)
第二节　噶当派对西藏佛教其他教派的影响 …… (121)
一、噶当派与地方政府的关系 …… (121)
二、噶当派对噶举派的影响 …… (122)
三、噶当派对萨迦派的影响 …… (123)
四、噶当派对格鲁派的影响 …… (124)
第三节　噶当派的主要寺院 …… (126)
一、托林寺 …… (126)
二、热振寺 …… (128)
三、其他寺院 …… (134)

第六章　宁玛派的创立及大圆满法的译传

第一节　宁玛派的创立及早期发展 …… (143)
一、“三素尔”和宁玛派的正式创立 …… (143)
二、宁玛派的早期发展 …… (146)
第二节　绒·曲桑和隆庆饶绛巴对宁玛派的特殊贡献 …… (153)
一、绒·曲桑和大圆满绒派 …… (153)
二、隆庆饶绛巴·智美欧色 …… (154)
第三节　大圆满法的兴起和译传 …… (156)
一、大圆满法的兴起 …… (156)
二、大圆满法的译传 …… (158)
三、大圆满法的内容和修持 …… (165)
第四节　伏藏的形成与传播 …… (172)

一、伏藏形成的时间和原因 …………………………………………………………… (172)
二、著名掘藏师及其所掘伏藏 ………………………………………………………… (173)

第七章　宁玛派的佛学思想及寺院组织

第一节　宁玛派的佛学思想 ………………………………………………………… (183)
一、三根九乘的判教理论 ……………………………………………………………… (183)
二、大圆满空性说 ……………………………………………………………………… (189)
第二节　宁玛派的寺院和宗教活动 ……………………………………………… (190)
一、主要寺院的历史沿革 ……………………………………………………………… (190)
二、学经特点及教学内容 ……………………………………………………………… (194)
三、宗教礼仪和神 ……………………………………………………………………… (196)

第八章　萨迦派的创立及发展

第一节　萨迦派的创立和兴旺 …………………………………………………… (200)
一、贡却杰波与萨迦派的创立 ………………………………………………………… (200)
二、萨迦五祖与萨迦派的兴旺 ………………………………………………………… (202)
第二节　萨迦派的全盛和家族分裂 ……………………………………………… (209)
一、萨迦派的鼎盛 ……………………………………………………………………… (209)
二、四大拉章 …………………………………………………………………………… (211)
第三节　萨迦派宗教活动的恢复和萨迦派与中央政府的关系 ………………… (218)
一、萨迦派宗教活动的恢复 …………………………………………………………… (218)
二、萨迦派与中央政府的关系 ………………………………………………………… (225)

第九章　萨迦派的佛学思想和寺院组织

第一节　道果教法的传承 ………………………………………………………… (228)
一、道果及道果九道 …………………………………………………………………… (228)
二、毗哇巴和道果教授传承 …………………………………………………………… (231)
三、道果教法的流派 …………………………………………………………………… (233)
第二节　卓弥·释迦益希及其所传道果教授 …………………………………… (235)
一、卓弥·释迦益希的生平 …………………………………………………………… (235)
二、卓弥·释迦益希的译籍 …………………………………………………………… (236)
三、卓弥·释迦益希所传的道果教授 ………………………………………………… (237)

四、卓弥·释迦益希的门徒 …………………………………………………………（239）
第三节 《金刚偈》与萨迦派的佛学思想 ……………………………………………（240）
一、《金刚偈》及其思想 …………………………………………………………………（240）
二、萨迦派的哲学思想 …………………………………………………………………（241）
第四节 萨迦派的寺院组成和宗教礼仪 ……………………………………………（243）
一、萨迦寺及其组织机构 ………………………………………………………………（243）
二、寺院分布及宗教礼仪 ………………………………………………………………（248）
三、萨迦派的寺院经济 …………………………………………………………………（254）

第十章 塔波噶举派的创立与发展

第一节 塔波噶举派的渊源 …………………………………………………………（256）
一、四大语旨教授付法传 ………………………………………………………………（256）
二、谛洛巴和那若巴 ……………………………………………………………………（260）
第二节 塔波噶举派在西藏的早期传播及其特点 …………………………………（262）
一、玛尔巴与塔波噶举派在西藏的早期传播 …………………………………………（262）
二、米拉日巴及其宗教实践 ……………………………………………………………（264）
三、塔波噶举派早期的特点 ……………………………………………………………（266）
第三节 塔波噶举派的创立和发展 …………………………………………………（269）
一、塔波噶举派的创立 …………………………………………………………………（269）
二、塔波噶举派的发展 …………………………………………………………………（271）

第十一章 塔波噶举派的四大派系

第一节 噶玛噶举派 …………………………………………………………………（276）
一、黑帽系 ………………………………………………………………………………（276）
二、红帽系 ………………………………………………………………………………（291）
三、其他活佛系统 ………………………………………………………………………（295）
第二节 蔡巴噶举派 …………………………………………………………………（298）
一、蔡巴噶举派的创建 …………………………………………………………………（298）
二、蔡巴噶举派的发展 …………………………………………………………………（299）
三、蔡巴噶举派衰落的原因 ……………………………………………………………（300）
第三节 拔绒噶举派 …………………………………………………………………（301）
一、达玛旺久与拔绒噶举派的创立 ……………………………………………………（301）
二、拔绒噶举派的主寺 …………………………………………………………………（302）

第四节　帕珠噶举派 …………………………………………………… (303)
一、多吉杰布与帕珠噶举派的创建 ………………………………………… (303)
二、朗氏家族与帕珠噶举派的发展 ………………………………………… (304)
三、仁蚌家族的兴起与帕珠派的衰落 ……………………………………… (307)

第十二章　帕珠噶举派的八小派系

第一节　直贡噶举派 …………………………………………………… (310)
一、直贡派的创立与发展 …………………………………………………… (310)
二、直贡派的几度兴衰 ……………………………………………………… (314)
三、直贡派的衰落 …………………………………………………………… (319)
第二节　达隆噶举派 …………………………………………………… (321)
一、达隆噶举派的兴建 ……………………………………………………… (321)
二、达隆噶举派的发展 ……………………………………………………… (323)
三、噶斯家族的迁徙与达隆政教实体 ……………………………………… (325)
四、达隆寺的内讧与达隆派的衰落 ………………………………………… (328)
五、达隆"玛塘"寺系统 …………………………………………………… (329)
第三节　主巴噶举派 …………………………………………………… (330)
一、中主巴 …………………………………………………………………… (330)
二、上主巴 …………………………………………………………………… (332)
三、下主巴 …………………………………………………………………… (332)
第四节　绰浦噶举派 …………………………………………………… (333)
一、绰浦噶举派的创建 ……………………………………………………… (333)
二、绰浦噶举派的发展 ……………………………………………………… (334)
第五节　雅桑、修赛、叶巴、玛仓噶举派 ……………………………… (334)
一、雅桑噶举派 ……………………………………………………………… (334)
二、修赛、叶巴、玛仓噶举派 ……………………………………………… (335)
三、塔波噶举派的晚期特点 ………………………………………………… (335)

第十三章　香巴噶举派和珀东派

第一节　香巴噶举派 …………………………………………………… (337)
一、香巴噶举派的创建和发展 ……………………………………………… (337)
二、唐东杰布事略 …………………………………………………………… (339)
第二节　珀东派 ………………………………………………………… (340)

一、珀东·乔来朗杰与珀东派 …………………………………………………………… (340)
二、桑定多吉帕母女活佛系统 …………………………………………………………… (343)

第十四章　噶举派的教义教法及其主要寺院

第一节　《解脱道庄严论》及其思想特点 ………………………………………… (349)
一、《解脱道庄严论》概述 ………………………………………………………………… (349)
二、《解脱道庄严论》的主要内容 ………………………………………………………… (350)
第二节　大手印 ……………………………………………………………………………… (354)
一、大手印传承……………………………………………………………………………… (354)
二、显教大手印……………………………………………………………………………… (355)
三、密教大手印……………………………………………………………………………… (356)
四、大手印四瑜伽…………………………………………………………………………… (356)
五、大手印典籍……………………………………………………………………………… (359)
第三节　那若六法 …………………………………………………………………………… (360)
一、藏密脉、风、明点简介 ………………………………………………………………… (360)
二、那若六法的基本情况 …………………………………………………………………… (362)
三、那若六法的具体内容 …………………………………………………………………… (363)
第四节　噶举派寺院 ………………………………………………………………………… (369)
一、噶举派寺院分布及寺院组织 …………………………………………………………… (369)
二、噶举派的主要寺院 ……………………………………………………………………… (371)

第十五章　觉囊派及其教理特点

第一节　觉囊派的创立及其历史沿革 ……………………………………………………… (378)
一、觉囊派创立之前的情形 ………………………………………………………………… (378)
二、觉囊派的创立及早期发展 ……………………………………………………………… (381)
第二节　觉囊派在西藏的后期发展 ………………………………………………………… (391)
一、觉囊派中衰的原因 ……………………………………………………………………… (391)
二、多罗那他与觉囊派的再兴 ……………………………………………………………… (393)
三、觉囊派在西藏的消亡 …………………………………………………………………… (396)
第三节　觉囊派的教理特点与宗教活动 …………………………………………………… (397)
一、《时轮根本略续》和六支瑜伽 ………………………………………………………… (397)
二、中观“他空”见…………………………………………………………………………… (400)
三、寺院组织和宗教活动 …………………………………………………………………… (403)

第十六章　息结、觉域和夏鲁派

第一节　息结派 …………………………………………………………………………（406）
一、当巴桑结与息结派的创立 ………………………………………………………（406）
二、息结派的传承关系 ………………………………………………………………（408）
三、息结派的特点………………………………………………………………………（417）
第二节　觉域派 …………………………………………………………………………（418）
一、觉域派的起源………………………………………………………………………（418）
二、觉域派的传承………………………………………………………………………（418）
三、觉域派的教法特点 ………………………………………………………………（423）
第三节　夏鲁派 …………………………………………………………………………（424）
一、夏鲁寺的建立………………………………………………………………………（424）
二、布顿与夏鲁派的形成 ……………………………………………………………（425）

第十七章　格鲁派的创立与早期发展

第一节　格鲁派的创立与西藏各地的传播 ………………………………………（429）
一、宗喀巴与格鲁派的创立 …………………………………………………………（429）
二、格鲁派在西藏各地的传播 ………………………………………………………（436）
三、根敦嘉措与格鲁派活佛转世制度 ………………………………………………（442）
第二节　格鲁派在蒙古等地区的传播 ……………………………………………（443）
一、索朗嘉措与俺答汗建立联系 ……………………………………………………（443）
二、达赖喇嘛活佛系统的建立 ………………………………………………………（444）
三、格鲁派在甘青康地区和蒙古地区的传播………………………………………（445）
四、班禅活佛系统的建立 ……………………………………………………………（447）
五、四世达赖喇嘛云丹嘉措 …………………………………………………………（449）

第十八章　格鲁派的兴盛时期

第一节　五世达赖喇嘛的认定与甘丹颇章政权的建立 …………………………（452）
一、五世达赖喇嘛的认定 ……………………………………………………………（452）
二、甘丹颇章政权的建立 ……………………………………………………………（454）
第二节　格鲁派寺院集团与清朝中央政权的联系 ………………………………（456）
一、清朝政府册封五世达赖喇嘛 ……………………………………………………（456）

二、格鲁派的发展措施 …………………………………………………………………… (459)
三、真假六世达赖喇嘛 …………………………………………………………………… (464)
第三节　七世达赖喇嘛总理西藏政教事务 ……………………………………………… (473)
一、七世达赖喇嘛格桑嘉措的早年活动 ………………………………………………… (473)
二、七世达赖喇嘛总理政教事务 ………………………………………………………… (480)
三、摄政制度的建立 ……………………………………………………………………… (485)
第四节　六世班禅与八世达赖喇嘛的生平事迹 ………………………………………… (486)
一、六世班禅巴丹益希的政教业绩 ……………………………………………………… (486)
二、八世达赖喇嘛强白嘉措的政教活动 ………………………………………………… (492)
三、金瓶掣签制度的建立与实施 ………………………………………………………… (495)
第五节　九至十二世达赖喇嘛 …………………………………………………………… (497)
一、第九世达赖喇嘛隆朵嘉措 …………………………………………………………… (497)
二、第十世达赖喇嘛崔臣嘉措 …………………………………………………………… (498)
三、第十一世达赖喇嘛克珠嘉措 ………………………………………………………… (500)
四、第十二世达赖喇嘛赤烈嘉措 ………………………………………………………… (502)

第十九章　格鲁派稳步发展时期

第一节　十三世达赖喇嘛 ………………………………………………………………… (504)
一、十三世达赖喇嘛的认定、坐床和宗教活动 ………………………………………… (504)
二、外寇入侵及西藏僧俗民众的抗敌斗争 ……………………………………………… (508)
三、十三世达赖喇嘛东行 ………………………………………………………………… (512)
第二节　辛亥革命前后十三世达赖喇嘛的主要活动和影响 …………………………… (517)
一、十三世达赖喇嘛出走印度及其原因 ………………………………………………… (517)
二、以达赖喇嘛为首的噶厦地方政府与中央政府的关系 ……………………………… (522)
三、十三世达赖喇嘛整顿格鲁派 ………………………………………………………… (528)
四、十四世达赖的寻访、认定、坐床 …………………………………………………… (529)
第三节　九世班禅出走内地 ……………………………………………………………… (531)
一、九世班禅的早期活动 ………………………………………………………………… (531)
二、班禅出走内地及其活动 ……………………………………………………………… (533)
三、班禅返藏 ……………………………………………………………………………… (538)
第四节　其他活佛系统及甘丹赤巴 ……………………………………………………… (540)
一、其他活佛系统 ………………………………………………………………………… (540)
二、甘丹赤巴 ……………………………………………………………………………… (543)
第五节　格鲁派主要寺院 ………………………………………………………………… (551)
一、甘丹寺 ………………………………………………………………………………… (551)

二、哲蚌寺 …………………………………………………………………………（554）
三、色拉寺 …………………………………………………………………………（557）
四、扎什伦布寺……………………………………………………………………（560）
五、昌都强巴林寺 …………………………………………………………………（563）
六、上、下密院 ……………………………………………………………………（565）
七、布达拉宫 ………………………………………………………………………（567）
第六节　格鲁派的佛学思想 …………………………………………………（571）
一、"缘起性空"的宇宙认识论 ……………………………………………………（571）
二、"止观双运"的实践方法 ………………………………………………………（575）

第二十章　西藏佛教的各种制度

第一节　寺院组织制度和学经制度 …………………………………………（579）
一、寺院组织制度…………………………………………………………………（579）
二、学经制度 ………………………………………………………………………（582）
第二节　政教合一制度 ………………………………………………………（586）
一、政教合一制度产生的原因及其雏形…………………………………………（586）
二、政教合一制度的确立与发展 …………………………………………………（589）
三、政教合一制度的完善与衰亡 …………………………………………………（592）
第三节　活佛转世制度 ………………………………………………………（600）
一、活佛转世制度产生的原因 ……………………………………………………（600）
二、活佛转世制度的发展 …………………………………………………………（607）
三、确认转世灵童的传统做法 ……………………………………………………（608）
四、金瓶掣签制及其意义 …………………………………………………………（612）

第二十一章　西藏佛教文化

第一节　西藏佛教与西藏医药学 ……………………………………………（617）
一、藏医药学体系的形成 …………………………………………………………（617）
二、藏医药学的中期发展 …………………………………………………………（621）
三、格鲁派时期的藏医学 …………………………………………………………（624）
四、藏医药学的特点 ………………………………………………………………（627）
第二节　藏传因明 ……………………………………………………………（628）
一、因明论著的译传 ………………………………………………………………（628）
二、藏传因明的形成和发展 ………………………………………………………（630）

三、藏传因明的特点 …………………………………………………………………… (633)
第三节　西藏佛教与天文历算 ……………………………………………………… (634)
一、吐蕃时期的天文历算 …………………………………………………………… (634)
二、佛教与藏族天文历算的密切关系 ……………………………………………… (636)
第四节　西藏佛教史籍 …………………………………………………………… (638)
一、前弘期时期的佛教史籍 ………………………………………………………… (638)
二、后弘期时期的王统、宗教史籍 ………………………………………………… (642)
第五节　西藏佛教文学 …………………………………………………………… (654)
一、作家诗 …………………………………………………………………………… (654)
二、传记文学 ………………………………………………………………………… (658)
三、藏文佛经文学 …………………………………………………………………… (660)
四、佛教对藏族文学的影响 ………………………………………………………… (663)
第六节　西藏佛教艺术 …………………………………………………………… (667)
一、建筑艺术 ………………………………………………………………………… (668)
二、绘画艺术 ………………………………………………………………………… (671)
三、雕塑艺术 ………………………………………………………………………… (675)
四、舞蹈艺术 ………………………………………………………………………… (677)
第七节　大藏经 …………………………………………………………………… (680)
一、大藏经概况 ……………………………………………………………………… (680)
二、大藏经版本 ……………………………………………………………………… (681)

第二十二章　当代西藏佛教概述

第一节　西藏佛教发展的基本概况 ………………………………………………… (685)
第二节　党的宗教政策在西藏的贯彻执行 ………………………………………… (689)
一、和平解放前后的宗教政策 ……………………………………………………… (689)
二、西藏民主改革后的宗教政策 …………………………………………………… (691)
三、十一届三中全会以来的宗教政策 ……………………………………………… (693)
第三节　第十世班禅额尔德尼转世灵童的寻访、认定和寺院爱国主义教育 ……… (696)
一、第十世班禅额尔德尼转世灵童的寻访、认定 ………………………………… (696)
二、寺院爱国主义教育 ……………………………………………………………… (700)

附录一　《菩提道炬论》 …………………………………………………………… (702)
附录二　《缘起赞》 ………………………………………………………………… (705)
附录三　西藏佛教史大事年表 ……………………………………………………… (708)

附录四　主要名词汉藏对照 ……………………………………………………（732）
附录五　主要参考文献 ……………………………………………………………（770）
后　记 ………………………………………………………………………………（780）
修订版后记 …………………………………………………………………………（782）

第一章　佛教在吐蕃的早期传播

佛教是世界三大宗教中在远东地区影响最大的一种宗教。作为四大文明古国的中国,很早就以其独特的文化,对世界产生着巨大的影响。而佛教,也正是因为经过在中国的流播而澜荡出璀璨的光华,四溢开去。西藏自古就是中国领土的重要组成部分,藏民族从来就是中华民族大家族中不可或缺的一员,其别具一格的佛教文化不仅在中国佛教文化中有着不可替代的地位,就是世界范围内至今仍颇受青睐。

就吐蕃王朝而言,佛教的发展经历了早期的传播、中期的繁荣与鼎盛及后期的衰落等几个重要阶段,从而形成了西藏佛教发展的第一轮回。其中早期的传播,我们可以从三个方面予以审视,即佛教传入前吐蕃周边地区的宗教信仰状况;松赞干布时期佛教的传入及发展;芒松芒赞、都松芒波杰时期佛教的相对沉寂和赤德祖赞时期的复苏。

第一节　佛教传入前吐蕃周边地区的宗教信仰状况

一、公元 5 世纪及稍后时期的印度佛教

藏文佛教史籍对佛教最早传入吐蕃的记载,无一例外地肯定在松赞干布的前五辈,即拉脱脱日年赞时期,佛教开始传入吐蕃。传说拉脱脱日年赞 60 岁时,一日正坐在雍布拉康堡寨休息,忽然天空出现五光十色的吉祥彩虹、花雨及天神之乐。日出之时,阳光并至,自天空降落如下宝物:用琉璃写于金纸上的《诸佛菩萨名称经》及《宝箧经》两部如意经卷、佛舍利宝塔、六字真言和教法规则。因拉脱脱日年赞不识文字,难解经文,乃称之为"年波桑哇"(意为"威严神秘",或意译"玄秘神物"),大事供奉。据说由于供奉"年波桑哇",拉脱脱日年赞寿至 66 岁时再生新牙,白发变黑,皱纹消失,容颜柔嫩,如同少年,享年 120 岁。

在承认佛教传入吐蕃开始于拉脱脱日年赞时代的同时,部分藏文史籍对最早的佛教宝物"从天而降"的传说提出质疑。《青史》认为,最早的佛教宝物很可能是印度人带到吐蕃的,因为当时藏文尚未创立,没有人懂得这些东西的内容,于是这些东西被长期保存起

来，而印度人返回印度后，当时吐蕃地区盛行苯教，苯教徒因敬信上天，故谓（神物）从天而降。持相同观点者还有《如意宝树史》等书。这种说法为佛教最早传入吐蕃作出较为合理的解释，应当予以肯定。

那么，这些所谓的天降神物到底是什么东西呢？据专家研究，《诸佛菩萨名称经》及《宝箧经》两部如意经卷都是早期印度佛教的密宗经典；佛舍利宝塔也是印度佛教密宗中的东西，是作为对佛的供养而出现的；"六字真言"即嗡嘛呢叭咪吽，也是印度佛教密宗的"真言宝"，据莲花生解释，常念"六字真言"可以免入地狱，死后也能够进入"极乐世界"；"教法规则"则是印度佛教密宗修习次第的一个法则。这样，我们就可以肯定，早期传入吐蕃的所谓"天降神物"多为印度佛教密宗的东西。这说明在印度佛教向吐蕃的传播过程中，密宗是先导，曾起过不容忽视的作用。

一般藏文文献都认为佛教于拉脱脱日年赞时传入吐蕃。拉脱脱日年赞大约生活在公元5世纪或者稍后一些。因此，对这一时期吐蕃周边地区的宗教信仰，特别是佛教信仰状况的了解十分必要。

众所周知，印度是四大文明古国之一，又是佛教的发源地。公元320年，由旃陀罗笈多一世建立笈多王朝，定都华氏城，领有中印度。旃陀罗笈多辞世后，沙姆陀罗即位（公元330—379年），此为笈多二世。他在位期间，在旃陀罗笈多的基础上，进一步征服印度东部及南部地区。公元380年，笈多三世即位（公元380—414年），复以武力攻略印度西部及北部地区，领有印度平原及旁遮普，使笈多王朝臻于全盛。原处于四分五裂的印度，至此达到了近乎于孔雀王朝时期的统一，其经济与文化的发展也进入鼎盛阶段。公元5世纪末直到公元6世纪初，笈多王朝陆续占领了锡亚尔科特地区和东马尔瓦，甚至中国西域的疏勒、于阗等也纳入其控制范围之内。然而，笈多王朝经历了短暂的鼎盛之后，面临来自北方的白匈奴势力的威胁。自公元5世纪，白匈奴势力（嚈哒）就开始蚕食印度西北部，并占领犍陀罗地区。笈多三世死后，趁笈多王朝内乱，白匈奴势力进一步深入到中印度地区。6世纪初，白匈奴王子摩醯逻矩罗（公元502—542年）成为中印度之王。后印度小邦摩睹婆国的耶输陀尔曼，于公元528年征伐摩醯逻矩罗，故白匈奴势力退至克什米尔一带。中印度才又一次为笈多王朝所控制，并维持到笈多王朝灭亡。

就文化发展而言，笈多王朝可以说是印度佛教逐渐由鼎盛走向衰落的时期，结束了自迦腻色迦王以来的鼎盛格局。与此同时，婆罗门教开始抬头与复兴。婆罗门教是印度一种古老的宗教形式。阿育王以后，随着印度佛教的迅速崛起与如日中天，婆罗门教开始潜入民间。到笈多王朝时期，婆罗门教经过系统整理、修正，结合印度民间普遍信仰的湿婆、维多奴等形式而成为一种新型的宗教，受到印度社会的普遍关注。圣严法师认为，印度婆罗门教的复兴，"这是雅利安民族的文化与印度先到民族（即印度土著居民——引者）的文化之结合"，具有深厚的群众基础，更多地受到印度社会的欢迎。

与此相适应，笈多王朝采取了一系列措施，主要表现在这样几个方面：首先，复兴古典梵语，将古典梵语作为国家公用语文予以推广，以满足婆罗门教发展的现实要求；其次，笈多王朝定婆罗门教为国教，诸王先后信奉婆罗门教，以沙姆陀罗笈多及迦摩罗笈多表现最为突出,先后在中印度举行了长期以来被禁止的婆罗门教祭祀仪式,使印度佛教陷于极度尴尬的处境之中;再次,受到笈多王朝统治者的影响,这一时期发生了印度历史上几次著名的佛教劫难。特别是白匈奴势力摩醯逻矩罗极度仇视佛教,毁灭佛法,其势力所至,佛教凌夷。他在北印度及克什米尔地区毁佛教寺庙达1600多所,许多佛教高僧被杀,佛教法传因此断绝。

面对婆罗门教的复兴,大批佛教僧侣移居印度北部或向西域及东方汉地传教,使这时期的印度佛教迅速向外传播。至此而后的印度佛教更加注重佛理研究,许多印度佛教高僧隐居山林,潜心修行,推动了佛教文化的深入发展。

可以说,公元4世纪到公元6世纪是印度婆罗门教复兴和印度佛教由盛转衰的时期。其原因尽管错综复杂,但就印度佛教与婆罗门教本身相较而言,印度佛教起码有如下不足与缺陷:第一,佛教僧侣入于密教而生活腐败;第二,佛教僧侣热衷于文理的空谈,仅在学术中心之地如那烂陀寺等处发展,荒于对民间的深入普及;第三,佛陀的四谛、八正道之教学,对于一般民众不能即闻即知,也不能即知即行,他们于艰苦生活之下,只盼有一个救世主将他们带往快乐的天堂;第四,佛教四姓平等之说,破坏了婆罗门僧侣的特权。婆罗门教蓄意复兴已达千年之久,便趁佛教败落之机,迎合普通民众的愿望,糅合民间信仰,吸纳佛教哲理,以新的姿态出现①。

总体上看,尽管印度佛教开始由盛转衰,但由于种种原因,并没有立即消失,佛教密宗甚至在这一时期有了相当的发展。此后的印度佛教,仍然在印度存在了五六百年时间。

二、公元5世纪到6世纪的汉地佛教

公元5世纪,中原正值南北朝对峙之际,佛教在这个时期得到突飞猛进的发展。公元420年,东晋将军刘裕废除晋帝,建立宋朝。此后,江南地区政权迭经更替,先后经历了齐、梁、陈几个朝代,直到589年为隋朝统一。宋、齐、梁、陈四朝均定都建业,以长江流域为基地,与北方诸国长期对抗,史称南朝。在黄河流域的北方中国,自西晋灭亡后,先后有匈奴、鲜卑、羯、氐、羌等几个少数民族建立过自己的政权。他们之间连年征战,互相兼并,最后于公元439年为鲜卑的拓跋焘统一。公元493年,魏孝文帝迁都洛阳。公元534年北魏分裂为东魏、西魏。公元550年,东魏为北齐取代。公元577年,西魏为北周取代。公元581年,北周隋国公杨坚灭北周,建立隋朝。公元589年,隋灭南陈,从而结束了长达几百年的南北分裂局面。

南北朝(公元420—589年)时期,是中国佛教全面持续高涨的时期。据唐法琳《辩证论》记载,南朝梁(公元502—556年)共有寺院2846所,僧尼82700人;与东晋相比,寺院增加1000余所,僧尼增加3倍多。《魏书·释老志》记载,北魏太和六年(公元482年)有寺院6478所,僧尼77258人。到延昌中(公元512—516年),寺院增加到13727所,僧尼

① 圣严法师编述:《印度佛教史》,第217—218页,福建莆田广化寺印。

也成倍增加。南北朝时期的佛教发展表现出如下的显著特点：

第一，佛教的发展得到统治阶级的大力扶植，而佛教僧侣给世俗政权以佛教神权的论证，政权与神权得到较为紧密的结合。在这方面，统治阶级和佛教僧侣相互依托，各取所需。统治阶级开始认识到佛教在麻醉群众，维护自身统治方面的作用。南朝宋文帝在与臣下谈论佛教的社会作用时，认为“若使率土之滨，皆纯此教化，则吾坐致太平，夫复何事？”北朝诸帝，除北魏太武帝和北周武帝的短暂时期外，历代统治者无不大肆发展佛教，建立寺院，雕塑佛像，云冈石窟、龙门石窟群的雕凿就是充分的例证。

第二，随着南北朝时期佛教东渐，中国佛教与域外佛教的联系愈加密切，“西行求法”逐渐成为一种运动，对南北朝及以后历史产生了极其深刻的影响。佛教传入中国内地，历来有两条通道：北沿陆上丝绸之路，南沿海上丝绸之路。但南路行者稀疏，鲜为人知。至此，两条路线都明朗起来。从晋到南北朝，自陆路进入中原传法最多的是罽宾僧人，其中著名的译家有僧伽提婆、昙摩耶舍、弗若多罗、卑摩罗叉、佛陀什、昙无谶、佛陀扇多、瞿昙般若流支。其他如来自迦毗罗卫的佛驮跋陀罗，来自兜佉勒的昙摩难提，来自波头摩国的攘那跋陀罗，来自摩伽陀国的阇那耶舍等。经海路进入中国内地的僧尼，发自罽宾、天竺或师子国不等，经南洋群岛或中南半岛的交趾、扶南，抵达广州及青岛。这样，“南海北陆”，在西晋之际基本贯通，形成了一个循环遨游的佛教文化圈。随着佛教的东渐，其缜密的思想与庞杂的体系对中国文化产生了越来越大的影响，中国佛教逐步形成，并以其独特的风貌向西方早期的佛教流行地区发聩。至南北朝时期，这个佛教文化圈的流转速度由于“求法运动”的如火如荼而陡然加快，向更深层次发展。

晋宋之际，西去求法的运动迅速成为一种潮流。智猛于姚秦弘始六年（公元 404 年），率沙门 15 人西入流沙，经于阗过葱岭，至波仑国、罽宾、奇沙国，抵达释迦牟尼的故乡迦毗罗卫。公元 424 年，智猛与昙纂自天竺出发，经高昌回到凉州，主持译经。公元 437 年智猛入蜀，自作传记，述其所游。在智猛带动下，道泰与其师友 29 人，于公元 420 年自高昌出发到天竺求法。同年，法勇（昙无竭）与僧猛等 25 人也西去求经，经龟兹、疏勒，进入罽宾，渡卒头那提河入月氏，抵中天竺，后由南天竺经海路于广州回国。在他们的影响下，西去“求法运动”蔚然成风，最有代表性的人物，北方是宋云、惠生等，南方是法显、智严、宝云等。

“求法运动”不仅在中国历史上产生了较大的影响，对印度的影响也甚为深远。当时的印度统治者室利笈多王，为安置日益增多的中国游僧，在距那烂陀寺东四十里驿处，造密粟伽钵娜寺，作为中国僧侣的集中居处。南北朝时期的“求法运动”是中国佛教文化形成之后与西方佛教文化交流的必然结果，这说明任何文化的交流都不可能是单向的。

第三，南北朝时期中国佛教的迅速发展及西去“求法运动”的蔚然成风，使该时期成为中国佛教史上译者最多、译典最丰的时期。它对丰富中国佛教文化宝库及后世中国佛教译经事业的发展，产生了极其深刻的影响。

自姚秦鸠摩罗什组织大规模译经开始，大江南北译经之风日盛。据《开元释教录》记载，从南朝宋永初元年（公元 420 年）到陈后主祯明三年（公元 589 年）169 年间，南北朝著名译者67人,译经750部,1750卷。这个统计数字是否准确尚待考证,但从当时的译经规模和中国佛教的发展要求看,恐怕这个统计数字略嫌保守些。这一时期,翻译佛教典籍蔚然成风,既是中国佛教发展的必然要求,也与南北朝时期各朝统治者的大力支持不无关系。晋宋之际到南北朝之间,按照地理分布,著名的译经集团有以下4个:

(1)凉州的昙无谶译经集团。自竺法护之后,沿河西走廊建立的诸凉和西秦诸国译事从未间断。道安时列凉土译经59部,共79卷。及至沮渠氏建立北凉(公元401—439年),译事空前发展,形成河西地区译经的第二个高潮,在北凉政权统治的38年,著名译者9人,以昙无谶为代表,共译佛典82部,计311卷。

(2)南朝的佛驮跋跎罗和求那跋陀罗译经集团。公元417年鸠摩罗什卒,同年刘裕攻入长安,原聚集在鸠摩罗什周围的佛教僧侣先后南下,成为刘宋王朝辖下的佛教中坚力量。公元437年,北魏进军姑臧,掀起灭佛浪潮,集中于河西地区的佛教僧侣除部分西行外,绝大多数南下入宋,从而进一步扩大了刘宋王朝的佛教力量。在此形势下,刘宋王朝的佛教事业蓬勃发展,成为南北朝时期诸国中译经最丰、成果卓著的朝代。据《开元录》记载,在南朝刘宋政权统治的近60年(公元420—479年)中,著名佛教译者有22人,以佛驮跋陀罗和求那跋陀罗为代表;所译佛教典籍465部,计717卷。

(3)北朝菩提流支译经集团。自鸠摩罗什死后,北方诸国再无重要译事。北魏孝文帝(公元471—499年)加强了对佛教义学的研讨,宣武帝(公元500—515年)"笃好佛理",孝明帝(公元516—528年)重视发展佛教事业,先后派遣惠生等西去求经,因此北魏辖地的译经事业有一定程度的发展。据《开元录》记载,北魏148年,著名译著者有12人,以北印度人菩提流支为代表,共译经83部,计274卷。

(4)南朝真谛译经集团。刘宋王朝之后,南朝译事相对沉寂,自齐至陈(公元479—589年)的110年中,著名译者有15人,译经92部,计260卷。其中梁陈之际的真谛(公元499—569年)影响极大,他以渊博的佛学知识成为南朝译经史上颇具声誉的人物。据载,真谛在中国23年间,共译经论记传64部,计278卷,足见其所译之丰。正是由于诸朝诸地区译经集团的不懈努力,佛教事业在大江南北产生了重大的影响,出现许多佛教中心,其中北方地区有敦煌、姑臧、长安、洛阳、邺城等,南方地区除建康之外,尚有广州、豫章及沿江地区的江陵、襄阳、庐山等。佛教在更广泛的地区得以深入传播。

第四,晋宋之际开始,中国佛教的发展突飞猛进。由于统治者的扶植利用、西去求法运动的发展和佛教译经事业的大规模展开,佛学理论也有了更加深入的发展。到南北朝时期,先后形成颇具影响的八大佛教学说,为此后佛教在全国的深入发展奠定了较为坚实的理论基础。

由于朝代更迭频繁和佛教发展中的自身流变所致,以及佛教典籍的多渠道、多种类的大批量涌入,到南北朝时期,中国佛教的发展形成多角度、多层次的态势。不同的师承、不同的文化环境、不同的社会背景,使人们对一些有代表性的佛学经典作出不同的研究发挥,进而形成不同的佛学学派。其中,影响较大的学说有如下几种:

一是"三论"学。"三论",指鸠摩罗什所译《中论》《百论》《十二门论》;加上《大智度论》,亦称“四论”。无论“三论”还是“四论”,都是以大乘中观学派的基本思想为主旨,是魏晋以来般若学的变态与延续,是南北朝时期甚为流行的一个佛学派别。陈隋之际的吉藏,更以“三论”命宗。最早研习“三论”的是僧叡、僧肇、昙影等,《肇论》被推为“三论”学的中国经典。后来,“三论”学研究重心转向南朝,智林强调二谛有三宗之不同,周题作《三宗论》,与智林思想相合,二人相得益彰,成为刘宋时期“三论”学思想的重要代表。梁初(公元 502 年),僧朗于南京郊区的摄山栖霞精舍弘扬“三论”,摄山遂成为梁陈二代“三论”学的中心。

二是涅槃学。《大般泥洹经》于公元 418 年在建康译出,立即引起大江南北佛学界的普遍重视。公元 421 年,《大涅槃经》在敦煌译出。随之,研行涅槃思想成为南朝最时髦的佛学思潮。

三是毗昙学。《毗昙》的研究发端于道安。罽宾僧伽提婆受慧远之请,重译《阿毗昙心》和《三法度论》,于公元 397 年进入建康。433 年,僧伽跋摩与宝云又按照慧观要求,重译《杂阿毗昙心》,使《毗昙》成为南北朝时期南朝论师们共习的佛学科目。毗昙学在南朝的代表人物有僧韶(447—504)、法护(439—507)、慧集(456—515)等;北方自道安开辟《毗昙》学基础后,姚秦时昙摩耶舍又译出《舍利弗阿毗昙》,倍受重视,元魏高齐之际,慧嵩颇有影响,足迹遍及江北河南,有“毗昙孔子”之称。

四是成实学。《成实论》的原著者为诃梨跋摩,鸠摩罗什译于长安。由于《成实论》特别否定“心性本净”,强调“心性”是后天形成的,被视为小乘空宗的代表作。长安是《成实论》学的发祥地,其最有影响的代表人物几乎都出自鸠摩罗什门下。其中僧导居寿春,僧嵩住彭城,形成成实学的两大系统。彭城系的僧嵩及其弟子僧渊公开反对《涅槃》佛性,在北朝很有声望。僧渊四大弟子中,有三人为魏主元宏所重。此外,元宏特别提倡《成实论》,对鸠摩罗什、僧嵩等追念不已。僧渊之后,彭城系发生分化,道登等彻底改变了排斥涅槃佛性说的立场,灵珣等转投地论学大师慧光门下,其他信奉成实论师大多脱凡超俗,坚持厌生离世,严峻冷酷的成实学风。南朝成实论开拓者为寿春系的僧导。僧导并学“三论”、《维摩》于刘宋王朝有功,门徒众多。萧齐王朝也非常重视《成实论》,僧钟、慧次、僧柔等成实论大师均受到王室的特别崇敬,萧子良曾召集京师硕学名僧 500 余人,讲说成实,最后集成《抄成实论》9 卷问世。在梁代南朝,成实学的发展略有波折,依从慧次、僧柔等就学《成实论》的僧旻、法云、智藏等梁成实论大师依附梁王朝,成为梁朝显贵。三位大师死后,成实论由于失去梁王朝最高统治者的支持,地位一落千丈。陈代成实学有所谓“新成实论大师”的出现,如智脱(公元 541—607 年)等,但大多数《成实论》大师则“去小从大”,转向三论、涅槃等学派。

五是地论学。北魏永平元年(公元 508 年),宣武帝命菩提流支和勒那摩提并译《十地经论》,四年后译出。菩提流支所译《十地经论》主要在北道流传,勒那摩提所译《十地经论》主要在南道流传,由于译者释解分歧而产生南北二系。北魏宣武帝(公元 500—515 年)曾亲自主持和笔授《十地经论》,使地论学成为继成实学之后北魏至东魏的官学,其中道宠与慧光两人是北魏宏扬地论学的著名僧侣。北道《地论》以道宠为代表。元魏东迁之后，道宏依从菩提流支习《地论》并自行开讲，其"堪可传道"者千有余人，被称为北道系。与北道相比，慧光创始的南道系，名僧辈出，并甚得历朝历代统治者之青睐。慧光早年曾在少林寺修习律学，后参与《地论》翻译，深得《地论》要领。北魏末年重于当朝，至于北齐，复"重之如圣"，其著名弟子十五六人，或宏文理，或广戒律，各得所长。北朝僧官，多出自此系，并成为北朝后期最有权势的佛教力量。

六是摄论学。无着《摄大乘论》初译于北魏，自真谛重译世亲之《摄大乘论释》后，摄论学说开始流行。摄论是瑜伽派唯识学的奠基性著作，着意探讨"心"的性质和"心"生万有的理论机制，以及人的认识过程和据此修持成佛的具体步骤，从而形成一套纷繁复杂的唯心主义思想体系。摄论学亦分为两个系统：一是真谛门下，以智恺、智敫、道尼、曹毗、法泰等为代表；一是地论南道再传，以昙迁、靖嵩、净影、辩相等为代表。

七是律学。戒律是约束佛徒行为和规范僧伽生活的纪律。只有按一定仪式发誓、接受一定戒律的人，才能充当僧侣或居士，也才是真正意义上的佛徒。戒律自三国时传入内地，至南北朝得以大规模地集中译介。因为大乘、小乘等不同别派之间佛教戒律有所区别，著作各异，所译律学也呈现出不同的内容。一般而言，小乘戒律均规定"四波罗夷法"，即以淫、盗、杀、妄语等四种行为为重罪，犯罪予以严厉处分。《大乘菩萨戒》也有"四波罗夷法"，但内容与小乘之"四波罗夷法"完全不同。它不注重所犯罪行的行为后果，着重强调受戒者的犯罪动机，而衡量动机纯正与否的根本标准是对"大乘"的态度；只要勤于"大乘"，就是忠于"本戒"，就可以不受任何约束。正因如此，南北朝之际，"大乘菩萨戒"多授给帝王贵族和居士，一般僧侣中通行小乘戒律。南朝律学以齐、梁之僧祐为代表，每讲戒律，听者常七八百之众，并甚得梁武帝礼遇。"凡僧事硕疑皆敕就审决"。北朝律学以北魏慧光为代表，造《四分律疏》，删《羯磨戒本》，著《仁王七戒》，《僧制》等，在僧侣中广为奉行，并被后人视作律宗的奠基者。

八是禅学。魏晋时期，一般文士重般若轻禅定。晋宋以后，禅智并重开始在僧伽集团中取得主导地位。佛驮跋陀罗、慧严、慧观等传译罽宾达磨多罗和佛大先的五门禅法，力图用"禅"统摄佛教的一切修为，"以禅命宗"，创立禅学。禅学的特点之一，是能以神异惑众。一些著名的禅师，往往能聚拢很多禅僧行止一致，因而在一般群众中具有较大的影响力和感召力，也因此常招致官方的不满甚至迫害。但总体而言，"禅法"仍多被重视，北朝之惠始、佛陀、僧稠等都因善习"禅法"而深得帝王礼遇。南北朝之后，禅法逐渐向南流传，并成为唐代禅宗的先驱。

三、公元5世纪至6世纪我国西域地区的佛教

西域是我国古代史籍常见的地理概念，有广义和狭义两种含义：广义的西域，指玉门关和阳关以西，包括中亚乃至更远的广阔地域；狭义的西域，主要指玉门关和阳关以西，以今新疆地区为主的范围。以天山为界，分为南北两部，南部为塔里木盆地，北部为准噶尔盆地。西汉初年，西域共36国，绝大多数分布在天山以南、塔里木盆地南北边缘的绿洲上，其中鄯善以西，沿塔里木盆地南缘有且末、于阗、莎车等国（南道诸国），盆地北缘有

焉耆、尉犁、龟兹、姑墨、疏勒等国(北道诸国)。自张骞通西域以后,汉同西域的交往频繁起来,汉王朝派到西域去的使臣,每年多达十几批,少则五六批,每批多则几百人,少则百余人。经过他们的努力,由玉门关出西域的路径基本被固定下来:一条经塔里木盆地东端的鄯善,沿昆仑山北麓西行至莎车,称为南道,以南道西出葱岭至中亚的大月氏、安息;另一条经车师前王庭,沿天山南麓西行至疏勒,称为北道,北道西出葱岭,至中亚的大宛、康居、奄蔡等。

公元1世纪中叶,大月氏的贵霜翕侯丘就却占领了罽宾和高附(喀布尔),使这一地区的佛教得以迅速发展。其子阎膏珍以犍陀罗(白沙瓦和拉瓦尔品第地区)为基地,建立了横跨中亚的强大帝国,并加强了与我国西域地区的密切往来。到第三代王迦腻色迦,国势鼎盛,佛教发展到一个新的高度。犍陀罗艺术被充分地应用到佛教建筑之中。贵霜王朝强盛之际,影响曾远及我国西域地区。据《洛阳伽蓝记》和《西域记》等记载,于阗佛教始自随商队而来的罽宾僧毗卢旃。他说服于阗王信奉佛法,建造伽蓝,此即闻名遐迩之"赞摩寺"。公元260年,于阗有大乘经的消息传到洛阳,朱士行遂赴于阗求得《放光般若经》梵书正本90章。在该经被送往洛阳之时,受到于阗小乘学派的强烈反对,他们认为"汉地沙门欲以婆罗门书惑乱正典",要求于阗王禁止传出。后历经波折,才由于阗僧在内地译出。以上情况说明,于阗佛教在公元前即已流行,且小乘佛教受到王室支持;而大乘佛教被视作婆罗门,尚未取得合法的地位。

此外,龟兹是丝绸之路北道的交通要塞,也是大月氏贵霜王朝佛教传入中国的必经之路,同罽宾、疏勒、于阗以及天竺有着颇为频繁的交往。公元3世纪,龟兹僧白延游化洛阳,重译《首楞经》《无量寿》等大乘经典,曾产生较大影响。两晋之交,龟兹人帛尸梨密多罗进入内地,善持咒术,译有《大灌顶经》、《大孔雀王神咒经》等,被视为江东有咒法之始。以此看来,龟兹王室也崇信佛教,且龟兹佛教有浓厚的密教成分。疏勒是葱岭通向龟兹的第一大都,接受佛教的时间理应早于龟兹。《后汉书·西域传》载,元初(公元114—120年)中,疏勒王舅臣盘被涉于月氏;及至疏勒王死,月氏送臣盘归国,立为疏勒王。而据《西域记》载,迦腻色迦王兵威葱岭以东,"河西蕃维畏威送质子",而迦腻色迦王为此质子专门建立伽蓝。有学者认为,此质子即为臣盘。臣盘回国后,不可能不受贵霜王朝重视佛教的影响,特别是他又在伽蓝中长大,从小受到佛教的影响与熏陶,在疏勒推广佛教是理所当然。且据后人历次游历疏勒的记载,此地供养"佛俗床"、"佛钵"、"佛唾壶"、"佛袈裟"等佛祖遗物,明显保留着早期佛教的特色。正因如此,疏勒佛教僧侣多推崇小乘,偶有大乘僧为外来游僧。

南北朝时期,佛教在我国西域地区得到广泛的传播,中原佛教学说与佛教仪轨也对西域地区产生明显的反作用。同时,由于西域地区特殊的历史、地理环境,印度及中亚地区的宗教发展对它不无影响。这样,随着南北朝时期西域地区佛教的深入发展,形成了以于阗、疏勒、龟兹、高昌等为代表的佛教中心。

第二节　松赞干布时期佛教传入吐蕃及其发展

一、松赞干布时代吐蕃社会政治经济发展概况

公元7世纪初，囊日松赞在内乱中被毒死，其子松赞干布即位。松赞干布（公元596—650年），新旧《唐书》作弃宗弄赞（简称弄赞），亦名弃苏农，或号弗夜氏，是吐蕃著名赞普之一。松赞干布从13岁袭父位开始，一生功勋卓著，政绩斐然。

松赞干布即赞普之位后，首先，在诸新臣的支持下，集中全力，挫败叛臣阴谋，平定了旧贵族的叛乱。“对进毒为首人等断然尽行斩灭，令其绝嗣。其后，叛离之民庶复归辖治之下”[①]。其次，为摆脱旧贵族羁绊，巩固和发展新兴的吐蕃奴隶制政权，松赞干布将其统治中心由原来的雅隆河谷迁往拉萨河下游的逻些地区，从而为吐蕃政治、经济、文化的发展开辟了更为广阔的前景。

在平定内乱、安都逻些之后，松赞干布又开始了统一青藏高原的事业，制定了先西北后东方，对周边诸族逐个兼并的军事战略。他先后征服了今西藏北部地区的苏毗、羊同和东部及青海等地的东女、附国、白兰、党项、吐谷浑等羌人部落，消除了来自西方和北方诸民族的威胁，为进一步与唐朝抗衡提供了充分的人力、物力后盾。至此，松赞干布领导下的吐蕃政权“尽收羊同，党项诸羌之地，东与凉、松、茂等州相接，南至婆罗门（印度）……地方万余里，自汉魏以来，西戎之盛，未的有也”[②]。通过松赞干布的东征西伐，新兴的吐蕃奴隶制政权得以建立。

吐蕃奴隶制王朝建立后，经过松赞干布的努力，吐蕃社会的政治、经济、文化事业有了空前的发展。在政治方面，松赞干布励精图治，确立制度，制定法律，建立了奴隶制的国家政权。政治制度上，松赞干布尽量模仿唐朝的典章，把部落联盟与文官制度相结合，设置了各级官府，任命部落头人充任各级官员。据《新唐书·吐蕃传》：“其官有大相曰论茝，副相曰论茝扈莽，各囊一人，亦号大论，小论；都护一人，曰悉编掣逋；又有内大相曰囊论掣逋，亦曰论莽热，副相曰囊论觅零逋，小相曰襄论充，各一人；又有整事大相曰喻寒波掣逋，副整事曰喻寒觅零逋，小整事曰喻寒波充；皆任国事，……”为标识官阶尊卑，又建立了品阶制度，一等为瑟瑟，二等为金，三等为金饰银，四等为银，五等为铜，六等为铁，合称“六告身”。这样既显示出赞普的政治权威，又团结、巩固了原有的部族联盟。行政管辖上，通过一系列战争，松赞干布创造了一套适合于吐蕃社会管理的军事单位与地方行政单位合而为一的军政合一组织，即吐蕃全国分为五个“茹”（藏文“部”的意思）六十一东岱。“茹”相当于唐朝的“道”。其中以逻些小昭寺为中心，即原苏毗的东南部地区为乌茹；以雅隆河谷为中心，原吐蕃人祖居为约茹；以香河流域为中心，即后藏阿里地区称为

---

① 《敦煌本吐蕃历史文书》王尧、陈践译注，民族出版社1980年版（后注均为此版本），第130页。

② 《旧唐书·吐蕃传》。

叶茹；以谢通门一带为中心称为茹拉；原苏毗北境，今藏北、青海地区称为苏毗茹。东岱相当于唐朝的州、县，分别隶属于五茹。象雄地区虽未设茹，但仍下设东岱建制。全蕃范围内共设六十一东岱。此外，藏文史料明确记载吐蕃创立了几套完整的法典，包括《六类大法》、《六决议准则》等等。

由于军政合一，使吐蕃社会的管理具有浓厚的军事色彩，为大规模的军事行动提供了充分的兵员、粮草，保证了战争的顺利进行。此外，为维护新兴奴隶主阶级利益，巩固王权，松赞干布还制定了比较系统的法律制度。据《新唐书·吐蕃传》记载："其刑，虽小罪必抉目，或刖、劓，以皮为鞭笞之。……其狱，窟地深数丈，内囚子中，二三岁乃出。"通过严酷的法律制度，"使善者有所劝，恶者有所戒"①。

松赞干部时期的吐蕃统一，为吐蕃社会生产力的提高创造了有利的条件，使吐蕃社会经济进入一个崭新的历史发展时期。主要表现在：其一，农业生产有较高的水平。主要农作物除青稞、小麦、荞麦、豆类外，培育和引进了一些新的农作物品种。耕作技术普遍采用"二牛抬杠"式犁耕，并比较熟练地掌握了浇灌排涝技术。其二，牧业发展迅速。饲养的牲畜除牦牛、马、羊为主外，猪、狗等也成为极为常见的家畜。放牧方式，除春、夏两季仍保持"逐水草而居"的传统游牧习惯外，开始建立比较固定的冬季牧场，从而增强了畜牧生产能力。由于畜牧业的发展，畜牧税成为吐蕃王朝重要的税收来源，尤以"牛腿税"最为普遍。其三，手工业有大的发展。以冶金技术为例，吐蕃冶金业起源甚早，但直到松赞干布时代才比较熟练地掌握了淬火和磨砺技术。由于淬火与磨砺技术的发展，吐蕃军队拥有了精良的武器，这就为松赞干布时代吐蕃王朝金戈铁马、四方用兵，提供了锐不可当的军事装备条件。其四，社会产品十分丰富。由于剩余产品不断增加，从而使农牧业、手工业产品的交换更为普遍，商品贸易得以迅速发展。为适应这一形势，使吐蕃商品贸易在更加合理有序的条件下进行，松赞干布及时对吐蕃社会固有的经济制度进行改革，统一了整个吐蕃统治区域的度量衡制，为后来吐蕃经济的发展奠定了良好的基础。

二、松赞干布时代的吐蕃佛教

1.尼泊尔尺尊公主和唐文成公主入蕃

松赞干布时代，随着吐蕃奴隶制王朝的建立，吐蕃与周边民族、国家的联系和交往日渐频繁，周边民族、国家对佛教的普遍信仰不可能不对吐蕃社会产生影响。同时，吐蕃奴隶制政权的发展，也需要一种系统、完善的宗教为自己服务。这几种因素，使松赞干布时代的吐蕃佛教有了较为迅速的发展。

佛教正式传入吐蕃，是唐蕃、尼蕃政治、经济、文化交流的直接结果，而尼泊尔尺尊公主和唐文成公主入蕃又是唐蕃、尼蕃政治、经济、文化交流的契机。众所周知，联姻是历史上历代统治者对外政治、经济、文化交往的重要手段，也是对内协调关系、维系统治集团权力平衡的最佳途径。早在松赞干布统一青藏高原的过程中，联姻就起到极其重要的

---

① 《新唐书·吐蕃传》。

作用，特别是与象雄的联姻。

在吐蕃王朝建立之前，象雄是吐蕃的西方大国。其地东与后藏玛庞雍措接壤，西至拉达克，并延伸到巴基斯坦及西域于阗，“东西千里，拥有精兵。”象雄地近西域，商业昌盛，对外交往频繁，文化发达。象雄因其武器精良，兵强马壮，对吐蕃构成极大的威胁，故而引起松赞干布的高度重视。为减少这种威胁，加速吐蕃统一的进程，松赞干布将其妹赛玛噶嫁给象雄王李迷夏，与象雄国结盟，赛玛噶与李迷夏婚后不和，另居别室。松赞干布得知后，责斥赛玛噶“别居一室有碍政事，……令其整治李迷夏之内务并养育子女”①，足见松赞干布嫁其妹于象雄的真正目的。后来，在其妹赛玛噶的配合下，松赞干布发兵象雄，废黜李迷夏，象雄因而归于吐蕃辖下，成为吐蕃王朝的编氓。此外，在征服象雄之后，为拉拢象雄贵族，巩固吐蕃王朝的统治基础，松赞干布继续奉行与象雄联姻的政策，《西藏王臣记》《西藏王统世系明鉴》《贤者喜宴》等许多藏文史籍都记载松赞干布娶有一位象雄妃。

从与象雄联姻的目的，可以推知松赞干布与尼泊尔尺尊公主和唐文成公主联姻的初衷，更多地依然从政治、经济、文化的交往需要出发，而通过尺尊公主、文成公主入蕃，客观上推动了吐蕃地区佛教的发展。

关于尼泊尔尺尊公主，汉文史籍记载极少，主要见于藏文史籍，且多以宗教传说为主。相传圣者观自在菩萨为调伏雪域高原众人，涤净恶趣之地，“其右眼之光射向泥婆罗(即今尼泊尔)，在阔朋露城的王宫之内，投胎于月色梁恰之王妃；其左眼之光射向汉地陕西，投胎于唐太宗之皇后；……其胸部之光射向雅嫩哲堆园，在强巴敏久林宫之内，囊日松赞及其眷属臣工等，被光普照，而光复又收拢，随即投胎于赤萨兑嘎王妃，王妃周身感到前所未有之安乐与舒适，其时，到处充满吉祥象征……阴火牛年十二月，化身法王、泥婆罗尺尊公主及文成公主三人，在彼等之各自宫中同时诞生……”②自然，这段宗教传说的可信价值较低，经不起考证。然而似乎可以说明一点，即松赞干布与尺尊公主、文成公主的联姻有佛教渊源。

为迎请尼泊尔公主，松赞干布召集诸大臣商议策略，决定派吞米桑布扎为前导大臣，率骑士百名，于日出时辰从逻些起程，前往尼泊尔。请婚使团带有数量可观的聘礼，主要有金币一千、金粉一升及镶以珍宝的璎珞宝物等。为保障请婚使命如期完成，使团还带去松赞干布给尼泊尔王的三道谕旨。吞米桑布扎一行抵达尼泊尔后，向尼泊尔王献上聘礼，提出欲纳尺尊公主为吐蕃松赞干布王妃的要求。尼泊尔国王开始没有同意，认为吐蕃乃荒凉地区，不宜作为尼国姻亲。何况，自光护佛以来，尼泊尔国圣教即传承不绝，且有三宝之所依。而吐蕃尚无佛教，如果吐蕃也有佛教宣传，即将尺尊公主予之。吞米桑布扎乃奉第一金匣中的松赞干布谕旨，文曰：“荒凉吐蕃松赞王致书泥婆罗王阁下：汝之南泥婆罗具有佛法。而我则无佛法及供奉之佛像，但我却乐于此事，如能许以公主，我将

① 《敦煌本吐蕃历史文书》，王尧、陈践译注，第145页。

② 巴卧·祖拉陈哇：《贤者喜宴》，黄颢译注，《西藏民族学院学报》1981年第7期。

在一日之内用五千化身建造一百零八幢庙堂，其门均朝向泥婆罗之地。此事岂不极为稀有神奇焉！”①泥婆王接着提出第二个问题，即吐蕃国王能否依止佛教十善之法，如果能依止十善之法，就许以尺尊公主。吞米桑布扎乃奉上装有第二道谕旨的银箧，上言：“吐蕃在一日之内将以五千化身建立十善之法。”②尼泊尔王又提出第三个问题，即尼泊尔自迦叶佛以来沐浴佛光，拥有如同炊烟般的不断享受，吐蕃如能做到这些，可答应嫁以公主。吞米桑布扎乃呈上装有松赞干布第三道谕旨的铜箧，内云：“我用五千化身，在五门的每一处，使之有以千万计的具有色、声、香、味、触等诸种享受；打开一切宝窟，开放诸种商市，使尔南部泥婆罗之全部黄金依存于我之吐蕃。”③接着还对尼泊尔以军事武力相威胁，提出最后通牒：“如仍不许以公主，则将发五万化身军队，令其摧毁泥婆罗，且将公主带来。”④万般无奈之下，尼泊尔王只好答应了松赞干布的要求，将尺尊公主嫁与吐蕃。尼泊尔王答应吐蕃的请婚之后，又答应尺尊公主的要求，将释迦佛不动金刚、慈氏法轮、自成旃檀度母等佛像及其他珍宝共七象驮赐予她。尽管所赐物品是否全部属实尚待证实，但从中能够看出尺尊公主因为出身于佛教气氛异常浓厚的尼泊尔王族，受佛教的影响与熏陶是非常深刻的。在完成请婚使命后，吞米桑布扎一行由尼泊尔返回，于阳木马年抵达吐蕃王宫。

尽管几乎所有藏文典籍对此过程的记载充斥着大量的传说成分，但从当时的历史状况看，并不难于理解。以当时尼泊尔的国力无法与吐蕃王朝抗衡，所以，尼蕃联姻对尼方来说是一种没有选择的选择，只能被动地服从现实。对吐蕃奴隶制政权来说，青藏高原的统一实现后，急需尽快地调整统治集团的内部关系，发展社会生产，繁荣社会文化，而与铸造、雕刻、绘画、建筑等生产工艺具有相当水准、以佛教文化为主要特色的尼泊尔联姻，无疑会给吐蕃带来很多的好处。如此等等，诸多的历史因素促成了尼蕃联姻的实现。

与尼蕃联姻的一帆风顺不同，唐蕃的联姻显得曲折、复杂。松赞干布在戡平内乱、整肃政纪、西灭象雄之后，开始向东部地区拓展势力。生息于河源地区的白兰、白狗、春桑、党项羌政治上隶属当时势力强大的吐谷浑政权。随着吐蕃对河源诸羌的蚕食，吐蕃与吐谷浑的矛盾与冲突愈演愈烈。与此同时，新兴的唐王朝也完成了对中原地区的统一，进一步向西拓展疆域。唐贞观四年（公元630年），取得伊吾士城主的归属，始设西伊州，并因吐谷浑“拘我（指唐）行人鸿胪丞赵德楷。太宗频遣宣谕，使者十余返，竟无悛心”⑤，使唐朝与吐谷浑关系完全恶化。

由于吐谷浑成为唐、蕃双方拓展疆土的同一对象与共同敌人，唐与吐蕃两国自然而然地产生了结盟的要求，于是“贞观八年（公元634年），其赞普弃宗弄赞（即松赞干布）

---

① 巴卧·祖拉陈哇：《贤者喜宴》，黄颢译注，《西藏民族学院学报》1981年第2期。
② 巴卧·祖拉陈哇：《贤者喜宴》，黄颢译注，《西藏民族学院学报》1981年第2期。
③ 巴卧·祖拉陈哇：《贤者喜宴》，黄颢译注，《西藏民族学院学报》1981年第2期。
④ 巴卧·祖拉陈哇：《贤者喜宴》，黄颢译注，《西藏民族学院学报》1981年第2期。
⑤ 《旧唐书》卷198《西戎传·吐谷浑》。

始遣使朝贡"[1],并于当年11月到达唐都长安。松赞干布的结盟要求正中唐太宗李世民下怀,"帝(李世民——引者)遣引人冯德遐往抚慰之。弄见德遐,大悦"[2]。这样,在公元635年,唐蕃双方在祥和的气氛中完成了第一次结盟。是年,唐朝颁诏西征,分兵两路进讨吐谷浑,吐谷浑大败,其可汗优先为国人所杀。与唐朝出兵吐谷浑相策应,"赞普亲出北巡。在北道,即未发一兵抵御,亦未发一兵进击,……首次将吐谷浑人收归辖下"[3]。从此,强盛一时的吐谷浑政权名存实亡,其北部地区由唐朝管辖,南部地区及主要藩属为吐蕃所有。

然而,唐蕃关系的发展并非一帆风顺。随着对吐谷浑的瓜分完毕,唐蕃结盟的政治基础不复存在。唐朝册立吐谷浑质子慕容顺之子诺曷钵为吐谷浑王,赐以鼓纛,派兵护送还国,这意味着唐朝对吐谷浑的政策从敌对转为支持,并于公元636年(贞观十年)以联姻形式嫁弘化公主于吐谷浑,从而唐朝与吐谷浑的臣属关系以和亲的方式固定下来。

几乎与吐谷浑求婚于唐同时,松赞干布在接待唐使冯德遐、缔结同伐吐谷浑的盟约后不久,也曾遣使入朝,"多赍金宝,奉表求婚"[4],但遭到唐朝拒绝。求婚的失败,结束了短暂的唐蕃联盟。于是,吐蕃迁怒于吐谷浑,松赞干布遂率兵进攻吐谷浑,吐谷浑不能支,遁于青海之北,以避其锋,"其国人畜并为吐蕃所掠"[5]。在进攻吐谷浑大获成功后,吐蕃进而攻破党项及白兰诸羌,兵临松州西境,以此要挟唐朝许嫁公主,"若大国不嫁公主与我,即当入寇"[6]。在吐蕃的求婚要求又一次遭到拒绝后,遂发兵进攻松州。唐都督韩威轻骑觇战,为吐蕃所败,边人大扰。

松州的形势,引起唐朝的极大不安。公元639年(贞观十三年),唐朝以吏部尚书侯君集为行军大总管出当弥道,右领军将军执失思力出白兰道,左武卫将军中进达出阔水道,右领军将军刘兰出洮河道,为行军总管,率兵五万开往松州,揭开了唐蕃松州战役的帷幕。松州战役最后以唐朝胜利而告结束,但通过这次战役,唐蕃双方对对方的实力有了一个清晰的了解,从而双方对彼此交往的政策进行了调整。松州战役后,"弄赞大惧,引兵而退,遣使谢罪"[7],并第三次提出请婚要求。通过松州战役,唐朝充分认识到吐蕃的军事实力,终于答应了吐蕃的请婚要求。于是,有了文成公主的入蕃之行。

关于迎娶文成公主的过程,藏文史料记载得十分详细。据载,松赞干布派噶尔东赞率百名使臣,以100枚钱币、7枚金块和一顶琉璃宝盔为聘礼前往唐都长安,于公元641年抵达。到长安后,噶尔呈上聘礼,提出迎娶公主的要求,唐太宗欣然应允。但王子、王后不同意,文成公主本人也不愿入嫁吐蕃。加之当时到长安求婚的,还有大食、突厥、天竺等其他国家使者400多人,竞争十分激烈。无奈之下,唐太宗只好六考婚使。谁在这

---

① 《旧唐书》卷196《吐蕃传上》。

② 《旧唐书》卷196《吐蕃传上》。

③ 《赞普传》六,见《敦煌本吐蕃历史文书》。

④ 《册府元龟》卷978《外臣部·和亲》。

⑤ 《册府元龟》卷978《外臣部·和亲》。

⑥ 《册府元龟》卷978《外臣部·和亲》。

⑦ 《旧唐书》卷196《吐蕃传上》。

些斗智中获胜，即将文成公主嫁与谁。聪敏的噶尔在六次斗智中获胜，战胜所有的求婚使团，完成了松赞干布赋予的求婚使命。

唐太宗在确定文成公主入蕃后，应文成公主的要求，赐予金释迦牟尼神像、18 种工艺书籍、《大医典》、80 部占筮历算法及无数锦缎物品。此外，文成公主还询问吐蕃有无蔓菁、马兰草、虫石子以及刺蘼树等等，得知吐蕃尚无蔓菁，就携上蔓籽种。各种物用一应俱全后，文成公主携侍女 16 名、勇武力士百余人，在江夏王道宗的护送下前往吐蕃。

传说文成公主一路多行善事。在今青海一带，文成公主命人于丹玛青崖之上雕刻释迦牟的 80 寸长石佛像，并于该地捕鹿耕田，建筑水磨，修筑道路。正因为如此，吐蕃辖地四方民众对文成公主的入蕃表示热情的欢迎。据载，在东方迎接的人们，看到文成公主一行渡过纳车堡之河入蕃，便将此地称为嘉莫热卡（意为"公主渡口"）。在南方迎接文成公主的人群，看到文成公主由哲斯卓河谷入蕃，且在冰上插一根银马鞭，犹如一只洁白的海螺。文成公主入蕃宣讲善事，弘扬佛法，即缘于此时。在西方迎接文成公主的人们，看到文成公主自荒原之巅的森林地带入蕃，她走到贝巴才崖时指示随从："在崖石上画以佛及诸徒众"，汉地工匠乃于此地雕塑了依怙神像，遂称此地为帕东纳①。北方迎接文成公主的人群，看到文成公主到达郭拉，并于该地举行迎接神像的诸种仪式，于是称此地为拉苏东，一说此地为"彭域之郭甫"，称之"来苏洽哇"（意为"行佛事"）②。

文成公主一行最后到达卧塘湖畔。当时的卧唐湖畔遍布森林及沙洲，随处可见翠绿的草坪，清澈的泉水自草坪间溢出，风景宜人。文成公主一行到达此地时，载有释迦牟尼佛像的车辆陷于草地的沼泽之中，又有地震接踵而来。文成公主一行所带的全部物件尽倒，大力士接嘎、路嘎两人费尽九牛二虎之力，未能拽出所陷车辆。无奈之下，文成公主摆好"博唐"进行卜算，乃知"世界有四大地区，并知彼具有五种凶地之龙宫，当以释迦牟尼之像镇之"③。于是，在释迦牟尼佛像四方立起四根柱子，悬挂白绸帘幕，由四力士护卫，乃将所陷尊者佛像平安拽出，加以供奉。"博唐"之术由是传入吐蕃，并对以后的西藏社会产生了深刻的影响，特别是天文、历算、堪舆、占卜、宗教、医学诸多方面。据《松赞干布遗训》载："斑斓的五行图表如火之燃烧，文成公主说道：'此五行图表，应让我以此去保护吐蕃'，说罢携取之，文成公主出于悲悯之心遂将此五行图表予以隐藏，由是'克甫孜'（即"博唐"之术——引者）一名遂因之而生。"④

公元 643 年，文成公主到达吐蕃，受到松赞干布君臣及吐蕃广大民众的热烈欢迎。据载，文成公主到达逻些，"在王宫擂起欢乐宴会之大鼓，在神奇之街道上，所有人均盛装向外疾驱，（喧闹）之声犹如地震。公主及臣工眷属人等驾抵王宫之东门。……此后，松赞干布登临欢庆的宝座，为文成公主加冕，封作王后"⑤。此外，文成公主被加以"赞蒙"

---

① 《松赞干布遗训》第 170 页及《嘛呢宝训》第 213 页。此地为"查拉衮波"（意"岩神依怙"）。

② 见《松赞干布遗训》第 169 页、《嘛呢宝训》第 213 页。

③ 巴卧·祖拉陈哇：《贤者喜宴》，黄颢译注，《西藏民族学院学报》1981 年第 2 期。

④ 《松赞干布遗训》，第 152 页。

⑤ 巴卧·祖拉陈哇：《贤者喜宴》，黄颢译注，《西藏民族学院学报》1981 年第 2 期。

称号，地位独尊。松赞干布为她别建宫室，并在红山上"为公主筑一城以夸示后代"①。这就是布达拉宫的最早雏形。宫中的文成公主雕像至今保存完好。自此而后，吐蕃社会中汉文化的影响越来越大，"释毡裘，袭纨绮，渐慕华风"。松赞干布"遣诸豪子弟入国学，习《诗》《书》，又请儒者典书疏"②，从而形成了唐蕃政治、经济、文化交流的第一次高潮。

2.大昭寺、小昭寺的建立及其艺术特色

据载，尺尊公主到达吐蕃后，以龙与夜叉为奴，建造了无与伦比的赤兹红宫。此外，由于松赞干布信奉佛祖，整日于本尊像前供奉、禅坐，既不消遣亦不游幸。为防止敌人袭击，尺尊公主另筑新宫，并以银桥与松赞干布宫室相连。新宫建筑华丽别致，别具一格。据载，新宫围墙以火砖构筑，墙高30板，四门各设碉楼牌坊，门内房屋均有流苏、飞檐，并饰诸种珍宝、银币、牦牛尾丝制缨珞等。新宫东门以外，乃赞普驰马之地，其长900弓，宽18弓，地面铺以木板、火砖，然后以红铜履于其上，周围饰以流苏缨珞，绘以各种吉祥绘画，雕以诸祥浮雕。每当赞普驰马之时，阵阵蹄声随风荡漾，犹如暴风雨中诸物相和，又若铜钹之音交相共鸣，甚为壮观悦耳。新宫之内，设宫室999间，连同宫顶，总为红堡一千间。宫顶均竖以红旗，杂以十杆诸彩枪矛，与诸种丝绸流苏辉映成趣，壮丽非凡。靠近南墙诸宫室，还仿照西域宫堡格局，建筑了高达九层的神岩吉祥无量宫。尺尊公主新宫的建筑，极大地提高了吐蕃王宫的军事防御能力，"虽有一亿军士前来，而五人即可防守"，成为吐蕃时期的重要军事堡垒。更重要的是，新宫的构筑，开吐蕃时期大规模构建宫室之先河，为吐蕃王朝在建筑方面吸收外来文化之始，对后来大昭寺、小昭寺的建筑和佛教的弘传起到了推波助澜的作用。

一日，尺尊公主于新宫银桥之上与松赞干布相会，启奏建筑大昭寺神殿的合适地址。松赞干布答应尺尊公主，可以随心所欲地择地而建。于是，尺尊公主率领众多骑士，役使广大奴隶，在拉东之奈塘、帕热浦及雅隆等水草林木兴盛之地为大昭寺奠基。据说在建筑的过程中，忽于一日夜晚、全部工程被摧毁。无奈之下，尺尊公主"遂向女仆授以金粉一升，派其前往文成公主供奉释迦尊者跟前，……即请求（文成公主）指示建造我的神殿地形"③。应尺尊公主的要求，文成公主摆开"博唐"进行卜算。经过卜算，文成公主将整个吐蕃地区分为四种区域，"那些福德之果小而尚未消灭者，佛将彼等集中，聚拢众多民众，即可形成村镇及城市。权势显赫者，即形成大王之地。隐者聚集之处，当为修道者所居之边僻之地。暂时处于安逸之中者，则在普遍民众之地。上述四种地方，其间王者之地为首屈一指者"④。按照文成公主的勘测卜算结果，吐蕃王土，地处仰卧之岩魔女身上，岩魔女的两臂、两胯、两肘、两膝盖、四肢及头部等等，当需逐一建以镇压之神殿，即使不行，也当施以铁橛弹压；而卧塘湖乃岩魔女之心血命门，乃诸恶趣之源，首当建寺除之。对文成公主的勘测卜算结果，松赞干布非常重视。于是，卧塘湖即成为尺尊公主所建大

① 《旧唐书》卷196《吐蕃传上》。

② 《新唐书》卷216《吐蕃传》。

③ 巴卧·祖拉陈哇：《贤者喜宴》，黄颢译注，《西藏民族学院学报》1981年第2期。

④ 巴卧·祖拉陈哇：《贤者喜宴》，黄颢译注，《西藏民族学院学报》1981年第2期。

昭寺的寺基，后来的小昭寺及昌珠寺等十二镇魔寺的建筑都以文成公主的此次勘测卜算结果为指导。

决定以卧塘湖为大昭寺寺基后，文成公主进一步提出填平卧塘湖的良策，建议从位于今拉萨北部恰拉山与郭拉山之间的彭域地方挖取石料，以白山羊驮土，填平卧塘湖，修筑大昭寺，泯除一切灾害，利益众生。相传由于尺尊公主的侍女将文成公主堪测算的次序弄错、先以山羊驮土填湖，结果湖水浑浊涌出，所填湖面仍不足卧塘湖的千万分之一。松赞干布得知后，利用神变，帮助尺尊公主填平了卧塘湖①。其具体过程较为复杂。首先将拉萨河改道，将湖水引入拉萨河，然后在湖之四周筑以石板，防止拉萨河水返流；接着将石块抛掷湖中，用粗长之柏树、刺藜压于其上作为网络，再填以泥土，使地基转为平整等等。因其工程之大，耗费人力、物力、财力之巨，难于想象，所以一般传说是松赞干布利用神变填平卧塘湖，故而大昭寺亦称四喜神变殿堂。

大昭寺的整个建筑工程由尺尊公主主持施工，松赞干布、文成公主则大力支持和积极协助。为修筑大昭寺，尺尊公主"自泥婆罗召来精于工巧技术的众多工匠"②，还向自己从尼泊尔带来的琉璃宝钵叩求，于钵内流出无量酒食，以之"征调藏地黎庶，悉来服役"③。接着，按照汉地唐朝的佛殿规模与格局，依当时大海中引驶的中等船只的标准为大昭寺奠基。墙基形状为：为将来的僧人建成《毗奈耶经》所说的内殿（清净神殿）和表示三十七道品的三十七格子；为表示利益诸众生需要各类法门之意，寺院外围建成四方形；为考虑苯教徒和雍仲法而建成四角雍仲形；为表示密咒的含义和果佛地，建成忿怒语自在的坛城标准④。

从今天的大昭寺中，仍能看到这种基本形状的部分遗迹。大昭寺的建造，是汉、尼和其他民族劳动人民共同努力和辛勤劳动的结果，也得到吐蕃当地各社会阶层的积极响应与支持，甚至得到传说中的当地神灵的极力护佑。据《西藏王统记》记载：斯时有海龙王如来簿伽焚，身白色，具蛇顶髻，有三眼。忽来王前，献一白色蛇绳。并云："王之神庙若有小千世界间之违缘障碍来时，我愿为护佑，请王为我塑一身像。"龙王庆喜亦来云："王之神庙，若有中千世界间违缘障碍来时，我愿为护佑，请王为我塑一身像。"龙王近喜亦来云："王之神庙有来自大千世界间之洪水灾厄，我愿为护佑，请王为我塑一身像。"又罗刹王十颈楞枷亦来，献王黄金一盆云："王之神庙，设有火大灾厄，愿为护佑，请王为我塑一身像。"而夜叉纳迦俱吠亦来，献金缕衣一袭云："王之神庙，设有四大灾厄，我愿为护佑，请王为我塑一身像。"又摩诃哥罗神亦来云："王之神庙设有边陲之患，或非人侵恼，我愿为护佑，请为我塑一身像。"又吉祥天母亦来，献铁一升云："王之神设有非人或玛摩来作侵害时，我愿为护佑，请王为我塑一身像。"又诸喇嘛亦来云："王之神庙，请依喇嘛之风规而修建之。"又诸咒术师亦来云："王之神庙，请以咒师之风规而修建之。"又诸苯教徒亦来

---

① 巴卧·祖拉陈哇：《贤者喜宴》，黄颢译注，《西藏民族学院学报》1981年第2期。

② 巴卧·祖拉陈哇：《贤者喜宴》，黄颢译注，《西藏民族学院学报》1981年第2期。

③ 索朗坚赞：《西藏王统记》，刘立千译，西藏人民出版社1985年版，第80页。

④ 恰白·次旦平措等：《西藏通史》，陈庆英等译，西藏古籍出版社1996年版（后注均为此版本），第88页。

云:“王之神庙,请以苯教之风规而修建之。”吐蕃庶民亦来云:“王之神庙,请以庶民之风规而修建之。”王极欢愉,悉予允诺。尔时王以酒食,赏赐藏民,恣其满足,然后委以劳役。或令引砖,或令筑土,或为上泥,遂将殿堂下层修造完竣①。

上述藏文史籍多次提到的地方神灵的护佑,其实只是生产力落后的条件下,人们对建造大昭寺的一种美妙善良的愿望与设想。

大昭寺寺门面西,朝向西方的尼泊尔。就其佛殿布局看,其有佛殿及其他诸神殿八座,供奉诸方神灵。寺内东有佛殿三座,中间佛殿为“释尊殿”,供奉释迦牟尼尊者不动佛像,后称“觉卧不动释迦佛像”,周围是八大随佛弟子像(即文殊、金刚手、观世音、地藏、除盖障、虚空藏、弥勒、普贤)和两尊忿怒守土神像。右边佛殿中,供奉以无量光佛(即阿弥陀佛)为主的九尊神像,其周围是跏趺的八大随从菩萨。左边佛殿中,主要供奉尺尊公主自尼泊尔迎来的弥勒法轮像,周围是八大度母像(即救难八度母)。北面佛殿(后称“大悲佛殿”)供奉松赞干布的誓愿缘物十一面观世音菩萨等天成五位一体像,周围是其八大随从弟子像。南面佛殿供奉尼泊尔尺尊公主的圣缘觉卧不动金刚佛像,周围是大千广边等六尊忿怒明王像及布禄金刚、多闻子等八尊像。西边佛殿今称“巴康曲杰拉康”,供奉毗婆尸佛、尸弃佛、毗舍浮佛、拘留孙佛、迦耶迦牟尼佛、迦叶佛、释迦牟尼佛等七尊佛像。揎木门内左右门房中供奉夜叉、龙王及其他诸神像。东南边的角楼为吉祥天女班丹拉姆的神殿。

关于大昭寺的名称,当初填平卧塘湖时,靠山羊驮土,故名“惹萨祖拉康”,意即山羊运土建成的寺院。这在赞普时建立的碑铭中有明确的记载。此外,因大昭寺中供奉着尊者释迦牟尼,为表示对释迦牟尼的敬意,避免直呼其名,藏人又称大昭寺为“觉卧康”。“觉卧”原意为“尊者”,“康”藏语意为房屋,“觉卧康”意即“供奉尊者释迦牟尼的房屋”。“觉卧”一词连读时,其音近似“昭”。大昭寺内供奉之释迦佛,是文成公主所带的12岁身量的佛像,较后小昭寺内由尼泊尔尺尊公主所带8岁身量之释迦佛像为大,故称大昭寺的释迦佛为“大昭”,意为“大尊者”,大昭寺亦以此为名。这样看来,“大昭寺”的名称出现相对较晚。大昭寺最初的名称应该是藏文史籍多次提到的“四喜神变逻婆神殿”。据《贤者喜宴》载:“由于此寺使神、龙、人、夜叉都为之欣喜,故又称之为‘嘎西楚寺’(意为“四喜幻化寺”)。”②此外,据《松赞干布遗训》载:“为符合一般人,则建造如中等船筏一样的四方形地基;为符合世俗则画上了棋盘纹;为与苯教相一致,在内部地基处则画以雍仲万字;为与出家尊者一致,则建造了香室;为与咒师相符,则绘出了忿怒明王的十种忿怒形象之坛城图,并将所有寺院柱子制成橛杵状。”③由此分析,大昭寺最初的建筑格局当为一种集佛教、西藏苯教及西藏地方诸神灵崇拜于一体的综合性宗教神殿。这既是当时吐蕃社会文化现象的必然体现,是松赞干布宗教政策的重要体现,也是佛教文化在西藏得以生存发展的明智抉择。后来,西藏佛教逐渐凌驾于其他宗教之上,取得了统治地位,并

---

① 索朗坚赞:《西藏王统记》,刘立千译,第83—84页。

② 巴卧·祖拉陈哇:《贤者喜宴》,黄颢译注,《西藏民族学院学院》1981年第2期。

③ 《松赞干布遗训》,第186页、187页。

形成具有西藏文化色彩的藏传佛教,“大昭寺”这一称呼得以逐渐流行,其他几种称呼则主要见于藏文史籍之中。

关于建成大昭寺的时间,据《松赞干布遗训》记载,是在松赞干布34岁时,且尺尊公主与文成公主与松赞干布同岁。按照大部分藏文史籍推测,松赞干布应生于藏历火牛年,即公元617年,那么大昭寺的竣工应为公元651年。《王统世系明鉴》则记为松赞干布23岁之时,即公元640年。这与史实相差较大。因为文成公主于公元641年始入蕃,公元643年到达拉萨,而大昭寺的建造是由文成公主堪舆卜算后开始的。《汉藏史集》也曾谈到“其时王年二十二岁,时在阳土狗年”,与《王统世系明鉴》的说法基本相同。然而,这经不起考稽参校。以大昭寺的规模之大,耗费人力、物力、财力之巨,建筑工程之精细、考究,从文成公主到达拉萨时起填湖奠基、动手施工到整个工程,没有多年的时间是不可能的。据此,我们认为,大昭寺的建造开始于公元643年,于公元651年左右竣工完成,耗时8年之久。

大昭寺的建筑布局宏伟壮丽,色彩纷呈,外部装饰更是雕梁画栋、精琢细刻,表现出极高的艺术手法。据史籍记载,大昭寺中殿竣工后,全部中心部位呈蓝色琉璃光彩,绘有青山绿水、鱼虫鸟兽图形。所有柱子均呈金刚橛形,柱、斗拱、梁柱布套等等做工精细,造型多样。上下天窗的所有椽头处,如悬108只白狮子一般。所有墙壁,每隔一段距离即砌有五彩之砖,内外共建五层。盖顶之后,复又砌筑彩砖,故而神殿宛如无量宫一般。神殿之上设有用砖、珍珠、半缨珞和玉石装饰的青蓝色女墙檐,其状甚美,此外尚有栏杆及流苏,所有一切均饰以珍宝。旗之顶饰以伞、幢及牦牛尾拂尘等,其周围均以铁索环绕,上聚钟铃,奏出各种美妙音乐,并以闪烁发光之黄金椎作为装饰。内殿之诸佛像,均用梅檀浆剂,诸种珍宝粉末和丝绸搭配。这均由松赞干布督视,逐一塑造。栋梁之上还绘有对法连环画,梁之顶头绘有论藏连环画,柱子上绘有调伏藏连环画及三藏连环画等等。为宣传诸法,又于挡板、柱椽及各种小梁上,分别绘以故事、谜语及苯教徒骑鹿行空等诸种绘画①。

根据以上资料记载,大昭寺是文成公主堪舆筹建,由尼泊尔尺尊公主具体组织施工,在松赞干布的鼎力帮助和亲自参与下建成的。大昭寺的建筑反映出尼、藏、汉等民族建筑艺术的不同风格,是各民族文化交流与融合的结晶。现据西藏建筑设计院有关人员调查,今大昭寺石墙内还有砖墙,而砖这种材料与制陶术密切相关,这与文成公主所带汉族匠人肯定有着千丝万缕的联系。再者,房屋的木质结构,如多层出昴斗拱、转角斗拱、贴墙斗拱、栏杆样式、托木(雀替)等,都明显受到汉族早期斗拱、雀替的影响。柱头上的飞仙浮雕、单线平涂式壁画,也都与唐代敦煌壁画相似。至于翘角飞檐、金顶等,更是唐代汉式建筑艺术的典型表现。据《贤者喜宴》记载,汉地之“四象”或“四神”早在建造大昭寺之前就传入了吐蕃,对大昭寺的方位布局产生一定的影响。即所谓“东方之白虎为下噶东,南方之青龙为温莫古曲,西方之朱雀为旬地之查玛岱冬,北方之玄武为娘禅帕朋

---

① 巴卧·祖拉陈哇:《贤者喜宴》,黄颢译注,《西藏民族学院学报》1981年第2期。

卡，上述具足四观察是为吉祥"[1]。众所周知，"四象"之说在春秋战国时期已在中原流行。《礼记·曲礼上》云："行，前朱雀而后玄武，左青龙而右白虎。"后来，朱雀、玄武、青龙、白虎分别代表南、北、东、西四个方位。吐蕃的"四象"与汉地的"四象"一脉相承，除北方玄武外，其余与汉地略有不同而已。

平屋转角处的狮首座兽、带翼仙人走兽以及门楣的连幅木刻浮雕，则反映了尼泊尔建筑艺术的影响。据载当时的尼泊尔工匠技艺高明，尤其擅长木刻雕。还在松赞干布与尺尊公主填平卧塘湖、准备兴建大昭寺时，"泥婆罗石匠即自桑浦（在今拉萨南部，地处桑达及伍祥多之间，此地有藏婆帕日山，即今桑浦内邬托寺所在地——引者）运来石块，并对石块进行加工，……遂将卧塘湖填平"[2]。

在建造大昭寺过程中，"对于所出现的具光自成佛像，（松赞干布）命泥婆罗工匠清晰地浮雕出来，遂称此处为察拉赞冬（意为威严神面崖——引者）"[3]。关于尼泊尔雕塑匠的雕塑技艺，《西藏王统记》记载较为系统和详细。松赞干布对尼泊尔塑像师云："汝能塑造一尊所谓如我面容之十一面圣观音像否？"答曰："能造。"至于造像之质料，有蛇心旃檀茎干、迦尸舍旃檀茎、菩提树枝、海洲之茅草、泥莲禅河之沙石和八大阿兰若之泥土等。皆为往昔从天竺（即古印度）取回之各种希奇珍品。将如是物品研磨成粉，合以红牦牛和白山羊之乳，乃成雕塑所用的泥团，遂塑成具光自成之十一面观世音像。除此而外，尼泊尔雕塑匠还"造有菩萨眷属像，如世间自在，喀萨巴哩，怒纹母，度母，具光母，妙音母，甘露漩，吉祥马头等"[4]。

尽管受汉族和尼泊尔建筑风格的影响，大昭寺毕竟以藏族碉房式建筑为主调，是藏族历史上的宏伟工程之一。藏族传统文化，特别是苯教文化为主要代表的西藏传统，对大昭寺的建筑格局起着极其重要的影响。大昭寺建筑庄严肃穆，色彩纷呈，是以作为西藏古代建筑艺术发展的里程碑。

在建造大昭寺的同时，文成公主从汉地召来许多木匠和神像雕塑匠，开始建造小昭寺。按照文成公主的堪舆测算结果，应在龙王宫殿之上建寺，以释迦牟尼的金像镇压之。关于文成公主建立佛殿的缘起，藏文史籍多有提及。据《教法史》载：汉文成公主来到拉萨小昭寺之地时，拖载释迦牟尼佛像的车辆陷进沙滩之中，怎么也拖不出来，因此文成公主摆开"博唐"推算西藏地形，推测出西藏之地形有如岩魔女仰卧的形状。她知道要镇压须得在毒妖龙宫之上面，供放释迦牟尼佛像。于是临时搭台供放佛像，佛像四周建立四根柱子，悬以白色绫幔。尺尊公主担心文成公主比她后来却先建佛殿，遂向松赞干布提出准备修建佛殿的要求。

《贤者喜宴》为上说提供了旁证："在大昭寺地基尚未打好之时，文成公主尚无权建寺。于是，公主即在小昭寺柱子之间插立木柱和垒起草坯，门向东开。最初，门面向西

① 巴卧·祖拉陈哇：《贤者喜宴》，黄颢译注，《西藏民族学院学报》1981 年第 2 期。
② 巴卧·祖拉陈哇：《贤者喜宴》，黄颢译注，《西藏民族学院学报》1981 年第 2 期。
③ 巴卧·祖拉陈哇：《贤者喜宴》，黄颢译注，《西藏民族学院学报》1981 年第 2 期。
④ 索朗坚赞：《西藏王统记》，刘立千译，第 83 页。

开,而后自转向东。继而用砖精心施工构筑。”[①]在大昭寺地基打好之后,小昭寺终于和大昭寺同时破土动工。在建造小昭寺过程中,文成公主不但从汉地召来众多的木工和雕塑匠,而且将许多施工材料从汉地直接运入拉萨。据《松赞干布遗训》载,“(文成公主)五百仆役人等,自汉地运来四根柱子。继而将柱子立起,搭上梁柱,盖上石板,支撑起丝绸围幕,然后在其间以砖砌筑,建为房屋,令门东向”[②]。经过汉、藏、尼泊尔等民族广大劳动人民的辛勤劳动,小昭寺得以和大昭寺同时竣工。

在大昭寺、小昭寺建成后,松赞干布亲自参观了两座佛教殿堂。他对两座佛教殿堂的建筑工艺非常满意,予以赞扬与肯定。据载,松赞干布观瞻大昭寺上殿之后,对尺尊公主言道:你的各种工匠技术很好,几乎和我的幻变工匠没有区别。接着,他又前往由文成公主主持修建的小昭寺参观,对小昭寺的建筑工艺也非常欣赏[③]。此后,松赞干布“对这两座精美寺院进行开光,庆其吉祥天成,如镜中之像众人可睹,其时歌舞、嬉戏等等,吐蕃属民同举喜宴,长达数月之久。当时,松赞干布王吟唱了欢快的歌,……”[④]。

小昭寺建成之后,按照建寺初衷和目的,最早供奉文成公主带入吐蕃的释迦牟尼佛像,周围由八大随从弟子侍奉,但后来,释迦牟尼佛像被迎请到大昭寺,小昭寺的主供佛像成为觉卧不动金刚。就建筑风格而言,小昭寺是一座汉式建筑风格的殿堂,汉式釉子层顶斑斓美丽,熠熠生辉的翅角飞檐,十分壮丽,仿佛仰视天际的猛虎,故名“嘉达惹姆钦祖拉康”(意“汉虎小昭寺”)。《嘛呢宝训》曾对大昭寺和小昭寺作过比较,认为“尺尊公主所建之大昭寺,形如履斗之形;文成公主所建之小昭寺,形如狮子之上颚骨”[⑤],生动形象地描绘出大昭寺与小昭寺不同的艺术风格。由于小昭寺的特殊缘起与独特风格,小昭寺建成以后,除受松赞干布的欣赏和广大藏族民众的青睐以外,也成为以后汉族和尚、僧人等宗教人士在西藏活动与生活的重要场所。后来,随着顿渐之争的白热化及朗达玛灭佛等历史事件的冲击,小昭寺几经兴衰。

3.昌珠寺等十二镇魔寺

按照文成公主当初“博唐”堪舆卜算的思路,大昭寺、小昭寺的同时竣工,能够镇住作为岩魔女诸恶趣之源的卧塘湖一带;但是对岩魔女的两个肩头和两个胯骨(四大关节)、两肘和两膝(四小关节)、两手掌和两脚掌(四大掌),还必须在各处修建佛殿予以镇压。这可以说是松赞干布建造昌珠寺和十二镇魔寺的“理论依据”。据《西藏通史》的观点,实际上松赞干布急需一种更为系统完善的宗教理论为其统治服务,并迅速把这种统治理论在全吐蕃范围内广泛传播,而文成公主提出的十二镇魔寺的位置恰好与吐蕃统治的上、中、下、东、南、北等重点区域相符,因而,大、小昭寺建成之后,在上、中、下、东、南、北各个

---

① 巴卧·祖拉陈哇:《贤者喜宴》,黄颢译注,《西藏民族学院学报》1981年第2期。

② 《松赞干布遗训》,第228页。

③ 巴卧·祖拉陈哇:《贤者喜宴》,黄颢译注,《西藏民族学院学报》1981年第2期。

④ 巴卧·祖拉陈哇:《贤者喜宴》,黄颢译注,《西藏民族学院学报》1981年第2期;索朗坚赞:《西藏王统记》,刘立千译,第88—93页。

⑤ 《嘛呢宝训》,第281页下。

重点区域建立佛寺，传播佛教思想，便成为松赞干布所面临的迫切任务。

为镇压岩魔女的左肩头，松赞干布前往雅隆。雅隆是悉补野家族的发祥地。公元633年，松赞干布将王都从山南秦瓦达则迁至拉萨。他对臣下说：我的祖先拉脱脱日宁协王，曾住在红山（今布达拉山）顶上，我也要履先王遗迹。其实，迁王室至拉萨绝非图个吉利，而是从长远的战略眼光出发的。拉萨有着优越的战略地位。其一，拉萨河谷气候宜人，物产丰富，自然条件方面远比山南优越；其二，山南旧贵族豪酋势力盘根错节，常常威胁王室，迁都拉萨，可以避开旧贵族的掣肘，从而巩固新兴的吐蕃奴隶制政权；其三，苏毗、羊同及其他羌人邻部都地处北方，吐蕃欲北向图之，不宜僻居山南一隅之地。迁都拉萨后，松赞干布励精图治，使吐蕃地区的政治、经济、文化都得到了空前的发展。然而，雅隆地区毕竟是吐蕃王族的发祥地和大后方，对雅隆地区的有效统治及雅隆地区局势的稳定，对吐蕃奴隶制王朝的统治有着举足轻重的影响。正因如此，松赞干布在拉萨建立大、小昭寺之后，没有忘记在自己的故乡建立殿堂，发展佛教。而文成公主确定雅隆地区为岩魔女之左肩，必须建寺予以镇压的卜算，为松赞干布在雅隆河谷一带建立昌珠寺提供了充分的根据。

相传雅隆河谷一带有一个面积不大的湖，湖中有龙居焉。松赞干布设想在此湖干涸后，于其地基上建寺。于是召集臣民，颁布命令；谁能降伏湖中巨龙，即赐予谁双份奖励。重赏之下，必有勇夫。持咒者祖查祖囊与苯教徒蔡米囊查琼查请命降伏此龙。苯教徒蔡米囊查琼查要求先行降伏，如果不行再由持咒者祖查祖囊设法解决。旋即设仪轨而行静定，顷刻之间，只见大鹏翔于湖上，湖水沸腾，一条五首龙蛇自湖中愤怒涌出。蔡米囊查琼查对此无能为力，只好邀持咒者祖查祖囊出马，降伏五首龙蛇。于是，持咒者祖查祖囊设仪轨而入静定，刹那之间，只听一声巨响，天崩地裂，众生惊骇，禽鸟飞翔。继而一形如隼鹰之鸟腾空而起，声如闷雷，健翅如刀，瞬息之间，削断五蛇之头，血染湖泊。不久，湖水干涸，湖迹之上留有宝井一眼，井中藏有帝释天像一尊。松赞干布于此地建造寺庙，因此地乃为五首龙所居，在建造佛殿时，……为龙又建造五类顶之塔，而龙则成神祇。继而称该寺为不变慈悲殿，对此寺复以降龙之鸟命名之，遂称之为昌珠寺（意为鹰龙寺）①。还有一说，即杀掉五首龙蛇的是五名苯教徒蔡米乃查、琼查、久若楚囊及阿亚本波久促和塞促，而由阿亚本波久促和塞促两人化为鹰鸟，杀掉五首龙蛇。由于五名苯教徒在杀掉五首龙蛇中功勋卓著，昌珠寺建成后，松赞干布还邀请蔡米、阿亚本波父子参加了开光仪式②。

昌珠寺建成之后，于该寺供奉世尊无量光佛、十九尊密集佛像、妙吉祥、毗卢遮那、金刚亥母、宝生及释迦牟尼等佛像。此外，据《松赞干布遗训》载，昌珠寺建成后，松赞干布还将其祖先拉脱脱日年赞时自天而降的《诸佛菩萨名称经》《宝箧经》等供奉于昌珠寺内③。而《卫藏道场胜迹志》也指出：约茹之昌珠寺内的主要供物，是松赞干布自索塘贡布

---

① 巴卧·祖拉陈哇：《贤者喜宴》，黄颢译注，《西藏民族学院学报》1981年第2期。
② 《松赞干布遗训》，第253—254页。
③ 《松赞干布遗训》，第253—254页。

日山迎来的五佛石像，开口度母像，六字嘛呢经等①。昌珠寺是作为大昭寺，小昭寺之后，由松赞干布亲自主持、为自己兴建的王者本尊寺院，所以昌珠寺从建寺伊始到工程竣工，松赞干布给予了高度重视。据藏文史籍记载，松赞干布和文成公主在昌珠寺生活了相当长的时间，故而至今留有他们使用过的炉灶等诸多遗物。今昌珠寺所存墙壁上，还有吐蕃时期著名赞普王臣生活的壁画。

建造昌珠寺，可以说凝聚了藏、汉、尼及周边诸民族的共同智慧，对后来西藏地区佛教文化的发展产生了极其重要的影响。据《贤者喜宴》记载，建造昌珠寺的过程中，菩萨等诸佛像系由于阗化身工匠以于阗佛像形制铸造，而有关之饰物则来自尼泊尔。妙吉祥、文殊等佛像，系尼泊尔自成石像②。由于文成公主一度随松赞干布居于昌珠，至今文成公主的塑像仍见于昌珠寺。

还要指出，因为于阗工匠曾参与建造昌珠寺，故而昌珠寺成为当时于阗僧人活动的重要场所。传说松赞干布为使佛教十善之法严厉而牢靠，幻化的监狱恐怖可畏，那些行十恶而不反悔者常被逮捕，由刽子手将头、四肢及手足砍断剁碎，舌头及眼球灌以溶化之铜水，并施以剥皮。结果，砍下的头、四肢及挖出之眼睛堆积如山，令人恐惧战栗。两个持锡杖及乞化钵之于阗僧人曾来到昌珠寺，对上述惨状大惑不解，问道："如是者何物？何人所为？"答曰："此为吐蕃王执行法律。"于阗僧人听后言道："此非妙吉祥圣者，有魔。"言罢而返。当于阗僧人到达拉萨向一苯教徒询问至于阗之路时，苯教徒回答："我是建造吐蕃王神殿的使者，很忙，无暇指路。"说毕扬长而去。于阗僧人后来在堆龙达曲河畔又见到前此情景，旋即折回拉萨，所见与以前毫无二致，又复返回。当到达旬巴唐时，松赞干布获悉这两个于阗僧人的行踪，便向他们说明真相："这些吐蕃人死去，因未曾调伏，那是我做的变幻。"说完，乃作弹指状，监狱及刽子手等等顿时消失。松赞干布的神变，令于阗僧人信服。他们打消返回于阗的念头，留在了吐蕃③。这则传说，多少反映了当时于阗僧人、于阗佛教在昌珠寺的活动。

此外，佛塔的建筑在西藏可以说是由昌珠寺开始的。如前所及，松赞干布在修建昌珠寺时为五首龙蛇建筑五类顶之塔，五首龙蛇因此而成神祇。《松赞干布遗训》则进一步明确指出，在雪域吐蕃，建造佛塔方面，以昌珠寺的五尖塔为早④。

据载，除建造昌珠寺外，传说松赞干布还建造了十二镇魔寺，即为镇压岩魔女的右肩头，在卫茹建噶蔡寺(今墨竹工卡县境)；为镇压岩魔女的右胯骨，于叶茹建藏章寺(地在今南木林县境)；为镇压岩魔女之左胯骨，在茹拉克建仲巴江寺(地在今拉孜县境)，这就是松赞干布时期的所谓四大镇肢寺。为镇压岩魔女右肘，于工布建布曲寺(地在今林芝县境)；为镇压岩魔女左肘，在洛扎建科厅寺(地在今洛扎县境)；为镇压岩魔女右膝，于芒域建强真格杰寺(地在今吉隆县)；为镇压岩魔女左膝，在绛地建扎顿孜寺(地在今仲巴

① 钦则旺布：《卫藏道场圣迹志》，刘立千译注，西藏人民出版社1987年版(后注均为此版本)，第19页。
② 巴卧·祖拉陈哇：《贤者喜宴》，黄颢译注，《西藏民族学院学报》1981年第2期。
③ 巴卧·祖拉陈哇：《贤者喜宴》，黄颢译注，《西藏民族学院学报》1981年第2期。
④ 《松赞干布遗训》，第257页上。

县),这就是松赞干布所建之四大镇节寺。为镇压岩魔女之右手掌,以弭药人(西夏人)做工头,于康地建隆唐卓玛寺(地在今四川省德格县);为镇压岩魔女之左手掌,以吐火罗人为工头,在门域建杰曲寺(地在今不丹境);为镇压岩魔女之右脚心处,以西域胡人为工头,在蔡日建卓玛寺(今日何处,待考);为镇压岩魔女之左脚心处,以尼泊尔人为工头,在绛仓巴建隆嫩寺(今日何处,待考),这就是松赞干布时的四大镇边寺。由这四大镇肢寺、四大肢镇节寺与四大镇边寺,构成了松赞干布时的十二镇魔寺。

除此以外,一些藏文史籍认为,各镇肢寺还设有分寺。据《贤者喜宴》载,噶蔡寺建成后,设分寺赛详格底寺;藏章寺建成后,设分寺格仲寺;仲巴江寺建成时,设分寺哲拉康寺等等。继尺尊公主、文成公主建大昭寺、小昭寺后,松赞干布的诸妃也依次建寺。其中象雄妃黎娣缅建泰甫巴果寺;茹雍妃在查拉路甫雕刻大梵天等神像,当时盐价暴涨,每雕下崖粉一升,其报酬为给盐一升,结果于崖上雕凿成转经堂,并建造米茫财神殿;芒妃墀江建叶尔巴寺;弭药妃在拉萨建卡查寺。至此,松赞干布五妃各建属寺①。一些藏文史籍还记载,根据文成公主当时提出的镇压八地煞的说法,分别于诸方向以圣物镇压之。东方瓦拉准巴山(今达孜县境内),形状像岩魔女之口,示以白海螺镇压;东南方之绛堆赛浦山(达孜县境内)形状像岩魔之阴,示以大自在天像镇压;西南方尤玛夏日山形状像恶魔聚处,示以羯路荼(金翅鸟)镇压;西方辛地之岩形状如魔鬼巡视,山形如岩魔女发辫竖起,示以石塔镇压;北方娘仲与多底之中部山形犹如象群参战,示以石狮子镇压。镇压之石雕像绘画于大昭寺中心佛殿二层之各墙壁上,至今仍清晰可辨,是研究吐蕃时期石刻艺术的重要文物②。据《贤者喜宴》记载,继十二镇魔寺后,松赞干布还建立了九对治寺。即在东方,为镇压及确定日月星辰方位,建立嘎曲寺、罔曲寺、灵曲寺三寺;为镇压南方火,建立囊卓寺、灵塘寺二寺;为镇压西方水,建立古朗寺、兴衮寺二寺;为镇压北方风,建立格日寺、贝日寺。以上合称九对治寺③。部分藏文史籍甚至记载,松赞干布在尼泊尔和汉地分别建立108座佛教寺院。据《贤者喜宴》载:"化身王松赞干布与16名大臣,他们在整个吐蕃地区诸一显示身像,于是在西方泥婆罗地区依次建成108座佛教寺院。为了汉地边卡哨所,而献了(书信),同时,为确使汉地之王允诺,遂在直到汉地五台山之间依次建寺院(神殿)108座,以使汉地宏扬佛教。"④而《汉藏史籍》也认为:"吐蕃之王(松赞干布——引者)与16名大臣一起前往汉地的五台山,为敬献汉地守护神祇、完成迎娶公主时许下的诺言,表示对盟誓的尊重,兴建了许多寺院。十三年中,在吐蕃和汉地修建了108座寺院,最后一座是在热布岗修建的容佐拉康。"⑤上述说法汉文史籍无载,是否属实,有待考稽。

4.吞米桑布扎创造藏文及松赞干布时期的译经事业

---

① 巴卧·祖拉陈哇:《贤者喜宴》,黄颢译注,《西藏民族学院学报》1981年第2期。
② 恰白·次旦平措等:《西藏通史》,陈庆英等译,第90—91页。
③ 巴卧·祖拉陈哇:《贤者喜宴》,黄颢译注,《西藏民族学院学报》1981年第2期。
④ 巴卧·祖拉陈哇:《贤者喜宴》,黄颢译注,《西藏民族学院学报》1981年第2期。
⑤ 达仓宗巴·班觉桑布:《汉藏史集》,陈庆英等译,西藏人民出版社1986年版(后注均为此版本),第100页。

文字是人类生活中相互表达思想感情的语言符号，也是记录人类在同自然界抗争和在社会生活中克服困难、获得胜利的经验结晶。是否拥有本民族语言的文字，是衡量一个民族文明发展程度的重要标志。文字的发展与一个民族政治、经济、文化的发展有着密切的关系。创造与吐蕃社会政治、经济、文化发展相适应的文字，是松赞干布时期吐蕃社会历史发展的必然要求。

早在藏文创立之前，吐蕃就曾和周边其他民族发生联系与交往。但由于没有文字，相互间的交往凭借语言或信物，达其意，通其欲。据藏文文献记载：松赞干布13岁（公元629年）时举行盛大的登基典礼，天竺、唐朝、仲格萨尔（今甘肃河西走廊一带——引者）以及大食等周边诸王遣使祝贺，其中有的献以厚礼；有的致以书信，书信以不同的民族文字书写而成。由于吐蕃没有文字，其答谢方式或捎以口信，或以对方使用的文字由译者表明谢意。对此，松赞干布深感惭愧，认识到：吐蕃没有文字，使许多国政大事难以完成，并成为邻国讥笑的对象，所以对吐蕃而言，必须马上结束使用其他民族语言文字的历史，而创造一种符合吐蕃自己的语言的文字。然而，创造文字的过程历经无数困难与挫折。据《贤者喜宴》记载：松赞干布下决心创造文字后，即派遣众多聪慧的大臣前往印度，但学习文字一事未能如愿以偿。此后，松赞干布复遣16名聪慧大臣，给以黄金，命彼等前往印度学习文字。然而，他们当中的某些人被各处魔鬼所阻，不能前进，其中某些人因耐不住印度酷热的气候而死亡，还有一些人因不通印度语言，难以完成学习任务而折返吐蕃，使松赞干布一次又一次失望①。真正完成松赞干布关于创造藏文计划的，是吞米桑布扎。

关于吞米桑布扎的出生地和父子两人的名字，藏文文献看法不一，至今尚无定论。《贤者喜宴》云：自吞之洛惹喀授赐吞米阿惹迦达之子、聪慧少年吞米桑布扎黄金、财物等，遣其前往天竺（古印度）。并言吞米桑布扎为人精明，心地纯正，思维敏捷，是一个具有多种品德之人②。“吞”地之洛惹喀，位于尼木县。当地至今仍沿用此名，且流传着有关吞米桑布扎的许多历史故事。觉顿·仁青扎西的《新旧字的区别·丁香帐》则说：于此释说新旧字之词，吞弥萨鲍惹是洛聂·囊扎之子阿努，即桑布扎或桑巴扎，是印度语，其住涅地，因其地有一凸地，故名“萨鲍惹”，这是藏语的名称。吞米或图弥的诞生地是（洛卡伦孜宗——山南隆子县）涅地，父亲名叫“囊扎”，其本人名叫“阿努”，或以所在地形命名为“萨鲍惹”，桑布扎或桑巴扎是印度语“学者”的意思。“萨鲍惹”是觉顿大师根据吞米桑布扎的出生地的地形所做的结论。

据载，吞米桑布扎带着松赞干布赏赐的一升金沙和松赞干布王给印度贝金协布纳拉钦王的慰问品，由随从达洛德仲等人陪同前往印度。中途经过尼泊尔时，吞米桑布扎向尼泊尔王奉献了礼品，并于求得医治中暑的良药龙脑、竹黄、旃檀水等，藉此平安到达印度。到达印度后，吞米桑布扎游历了印度大部分地区，对印度的文化有一个较为全面的了解。然后，吞米桑布扎拜南印度精通语言的大学者婆罗门李勤为师，学习各种知识；拜

---

① 巴卧·祖拉陈哇：《贤者喜宴》，黄颢译注，《西藏民族学院学报》1981年第2期。

② 巴卧·祖拉陈哇：《贤者喜宴》，黄颢译注，《西藏民族学院学报》1981年第2期。

懂得诸文字的阿阇黎为师，学习364种文字；又到贤哲雅弥扎的弟子班智达拉巴僧格座前，系统地学习了声明学论著《波尼巴》、《积分论》、《月入戒论》，以及比较容易掌握的《王行论》和比较难懂的《班智达正行颂》、《记论旃檀陀罗尼字经》、正法《观世音菩萨二十一种部经续》。吞米桑布扎在印度历经7年，专心修习，成为一名在当地很有影响的学者。在吞米桑布扎返回吐蕃时，带了几部重要的梵文声明学论著和《宝积陀罗尼经》、《宝箧经》、《观世音菩萨二十一部经续》、《十善经》等。印度王回敬松赞干布的《宝云经》、《正法白莲经》、《无垢宝髻陀罗尼》及白色珠宝等诸多礼品，也由吞米桑布扎一并带回。

吞米桑布扎带着大量物品返回吐蕃后，即奉松赞干布指示，为吐蕃创造文字。据《贤者喜宴》记载，吞米桑布扎模仿纳卡热及迦湿弥罗（即今克什米尔）等文字，在玛荣宫内创制字形，仿照神字连察体作楷体字，以瓦都龙字作草书……。[①] 关于吞米桑布扎创造的藏文，《松赞干布遗训》进一步指出："这些字中，前加字有五：ག ད བ མ འ；后加字有九：ག ང ན མ ར ལ ས（按原文如此），由是前加字及后加字就不致有误。'ཙ'字，是取自久若地区，'ཟ'字则取自萨霍耳地区；'ཞ'字取自象雄；'འ'字取自吐谷浑地区；'ཚ'与'ཛ'二字，系吞米心中所思；下加字及其他支属等均系凭藉智慧制成，于是，乃将天竺之五十字（母）集成吐蕃三十字（母）。"[②]这样，我们看到，吞米桑布扎在创造藏文的过程中，不仅以梵文为蓝本，而且根据当时的吐蕃实际情况，依照不同地区的发音特点，创造了梵文中没有而在吐蕃却非常实用的字母，即从印度梵文的50个元辅音字母中筛选了24个辅音字母，补充以藏文必须的6个字母，另外4个元音符号亦取自梵文。

关于藏文以何为蓝本，近代著名藏族学者更敦群佩《白史》中的说法，颇有见地。他认为，不管怎样，吞米是笈多诸王统治时期前去印度的。令人称奇的是：与吞米同一时代的印度哈喀王和鸠摩罗笈多王（童密）、苏罗亚瓦玛纳（日铠）等时期所创造的，现在印度各地均可见到的铜牌等上面镌刻的文字，与藏文极为相像，从稍远处望去，竟好似一位笔法不很熟练的人书写的藏文，即使未学这种文字的人，也能识读许多[③]。这就为吞米桑布扎以梵文为蓝本创制藏文，提供了极有力的佐证[④]。

由于上述原因，吞米桑布扎创造的藏文具有诸多优点，其主要表现在六个方面：第一，藏文是一种拼音文字，有30个辅音符号和4个元音符号，易读、易记、易懂，音调区分清楚；第二，藏文自创立至今已有1300多年的历史，其间方言发生了各种变化，但现在一些会藏文的人仍能读懂当时撰写的一切文字方面的声明著书；第三，如能了解藏文拼音的拼法，无论哪个民族、哪个国家都有其大致相同的语调，藏文是世界上最早的拼音文字之一；第四，藏文能书写任何一种数量多而意义深远的内容。34个元辅音字母和前后加字、连词、判位词等理论，根据各种应得的拼写，不仅能表示意思，而且有明显的将兄弟民

① 巴卧·祖拉陈哇：《贤者喜宴》，黄颢译注，《西藏民族学院学报》1981年第1期。

② 《松赞干布遗训》，第89页。

③ 《更敦群佩文集精要》，格桑曲批译，周季文校，中国藏学出版社1996年版，第169页。

④ 王忠在《新唐书·吐蕃传》笺证中支持《拉达王统记》译者弗朗克的看法，认为藏文是依我国和阗文改制而成。其根据是"李敬（即李勤——引者）之李即李域的'李'，李域为和阗，藏文与古和阗文最为接近"。可备一说。

族文化与科学高度发达国家的文化译成本民族语言的特点。第五,藏文字形简捷,投笔一次能写出各种字母,中间用分音点隔断,语句不紊乱;第六,有次序和可靠系统的声明学来源。如果了解按照自(能作)、他(所作)、三时及动作、作者、直接实词等理论组合,虽同音不同义,能表示诸多方面,一名多义,一义多名之数难测其深度。若知道按照这种理论组合,作者所想叙述的意思会毫无错误地复活,仿佛展现在眼前的歌舞,非常耀眼①。

由吞米桑布扎创造出来的藏文,得到了包括松赞干布在内的整个吐蕃社会的肯定和褒奖。松赞干布依吞米桑布扎为规范师。在庆祝吞米桑布扎创造藏文成功的盛大庆典上,"吞米将元音配上艰难之音的字型给松赞王,王之面容(露出)欣喜神采,……"②。为表彰吞米桑布扎创造藏文的卓越功勋,使藏文彪炳史册,流传后世,松赞干布除赐予吞米桑布扎大量的礼品外,还将吞米桑布扎所献文字刻于甫东坚果囊多寺的山崖之上。为使更多的吐蕃人掌握藏文,松赞干布除号召学习吞米桑布扎所创制之藏文外,自己还以身作则,刻苦学习藏文,从而使吐蕃上下学习藏文的风气盛极一时③。

藏文的创制,为吐蕃时期的译经事业奠定了坚实的文字基础。部分藏文文献甚至把藏文的创制原因归结为出于译经的需要。据《嘛呢宝训》云:"当前,雪域王国需掌握佛法,然而,学法则需要文字,可是吐蕃尚无文字。"于是由吞米桑布扎为吐蕃创制了文字④。《西藏王臣记》也将藏文的创制与在西藏宏扬佛法联系起来,指出:"观音菩萨人王(松赞干布)想到:在保护众生所应做的一切事情方面,虽然以智慧的太阳彻底消除了隐隐形成的黑暗,但是,为使愚昧的众生之心境与此情况相适应,当以纯洁之政教两法加以护持,对此,文字则是一切功德之根本。……此后,涅地吞米阿努之子桑布扎及随行奴隶人等,携带金粉一升,金钵一个等等……前往圣地印度学习文字。"⑤这种说法虽与创造藏文的真正原因有一定距离,但却从一个侧面说明藏文的创制对吐蕃时期佛教事业的发展,尤其是对吐蕃译经事业的发展所起到的作用。

藏文创制之后,吐蕃地区的译经事业迅速地发展起来。在松赞干布的提倡与亲自组织下,不仅大量派遣吐蕃青年到周边邻国学习包括佛教在内的各种文化,而且还相继从唐朝、印度、尼泊尔、克什米尔、波斯、黎域等地迎请许多班智达(梵语音译,意为学者。古代印度对通过"五明"者的称号)来到吐蕃,帮助吐蕃翻译各种经典,从而开创了吐蕃佛经翻译事业的新纪元。首先,松赞干布派遣藏族青年到当时佛教非常盛行的唐朝学习。据汉文史籍记载,自从文成公主嫁于吐蕃后,松赞干布令国中豪族"释毡裘,袭纨绮,渐慕华风,猜犷日革,至遣子弟入国学而习业焉"⑥。除学习《诗》《书》《礼》《易》等汉族传统文化外,唐朝盛行的崇佛之风深深地影响了吐蕃青年,佛经佛典也是他们学习的重要内容。

---

① 恰白·次旦平措等:《西藏通史》,陈庆英等译,第77—78页。

② 巴卧·祖拉陈哇:《贤者喜宴》,黄颢译注,《西藏民族学院学报》1981年第1期。

③ 巴卧·祖拉陈哇:《贤者喜宴》,黄颢译注,《西藏民族学院学报》1981年第1期。

④ 《嘛呢宝训》,第264页。

⑤ 参见五世达赖喇嘛:《西藏王臣记》,郭和卿译注,民族出版社1983年版,第21页。转引自《贤者喜宴》,《西藏民族学院学报》1981年第1期。

⑥ 《册府元龟》卷978《外臣部·和亲》。

完成学业的吐蕃豪酋子弟回到吐蕃后，其中一部分人参加了汉文佛经的翻译工作。

其次，松赞干布迎请印度、尼泊尔、克什米尔、黎域、波斯、汉地等周边民族的高僧大德到吐蕃来，给他们以丰厚的待遇，让他们和吐蕃人一起携手合作，共同翻译诸种经典。据《贤者喜宴》记载："天竺的阿阇黎古萨热、婆罗门香嘎拉、迦什弥罗之达努、尼婆罗之尸罗曼珠、汉地和尚玛哈德瓦茨（旧译之大寿天和尚）等等，均来至吐蕃。"[①]松赞干布诸班智达及译师授以丝坐垫，其前置以米酒、葡萄酒、青稞酒及食品等各种丰富的饮食。《嘛呢宝训》指出，当时的译经由松赞干布、文成公主及尼泊尔尺尊公主亲为施主，具体是：天竺阿阇黎古萨热的施主是尼泊尔公主尺尊，译师是吞米；婆罗门香嘎拉的施主是松赞干布，译师是达摩廓霞；汉地堪布之施主是文成公主，译师是文成公主本人及拉隆多吉贝；尼泊尔尸罗曼珠的施主是尺尊公主，译师是尺尊公主本人及吞米桑布扎。具体分工为，请天竺阿阇黎古萨热翻译对法藏经部及广中略三种《般若经》；请尼泊尔阿阇黎尸罗曼珠翻译经藏部及《华严经》、《观音经续》等；请婆罗门香嘎拉翻译律部、偈文及密乘事部经续等等；请汉地堪布翻译历算、药物及医疗法等。为鼓励诸译师翻译经典的积极性，松赞干布赐给每人一升金粉及一个曼札。整个译经工作持续13年之久，并始终有序高效地进行。

这里应当指出，松赞干布时期的译经是多方位的。在翻译佛教经典的同时，部分苯教经典也得以翻译。据《嘛呢宝训》载，松赞干布曾让上自公主、王子及内外一切眷属学习《观音六字明经》之法，下至一般凡人学习作为"经咒之穗"的故事及有关佛教知识的谜语。与此同时，又从象雄迎请象雄苯教徒拉岱本，让人们向苯教徒学习。对于病人，可以使之卜卦、祭神、驱鬼，举行诸如此类的苯教活动。此外，据谓象雄之切玛雍仲园内，由象雄学者东图钦与吐蕃学者夏日乌钦将八万四千的象雄文本译成藏文。吐蕃苯教徒琼波达扎屯祖、聂黎许达仁、贝雪昌、久墀祖等四人还被吐蕃王授以金粉，派往象雄学习苯教，后来将苯教之《四大密部》、《大十万部五种》及众多苯教经典带回吐蕃，翻译后献于吐蕃国王，得到国王的嘉奖[②]。这种说法与松赞干布时期的宗教政策及当时吐蕃地区的历史发展情况是基本相符的，应当引起一定的注意。

经过松赞干布、文成公主、尺尊公主的努力，特别是吞米桑布扎等大量吐蕃学者及印度、尼泊尔、克什米尔、黎域、汉地诸方高僧大德的通力合作，松赞干布时期的译经事业取得了一定的成果，许多佛教经典被译成藏文，有力地促进了吐蕃地区佛教事业的发展。据藏文文献记载，松赞干布时期所译经典主要有：《集宝顶经陀罗尼》《月灯经》《宝云经》《十万颂般若经》等等。《遗教广史》所记松赞干布时期所译佛经还包括：《佛说大乘庄严宝王经》《千手千眼观世音陀罗尼》《莲花藏》《十一面观世音经》《十一面观音陀罗尼》《不空羂索经》《后不空羂索经》《殊胜莲华经》《自在轮经》《仪轨咒续》《如意宝珠陀罗尼》《无碍大悲心经》《光明部庄严经》《莲花顶髻续》《观音六字明经》《妙法白莲华经》

① 巴卧·祖拉陈哇：《贤者喜宴》，黄颢译注，《西藏民族学院学报》1981年第1期。

② 《雍仲苯教史》，第48页、129页。转引自《贤者喜宴》，黄颢译注，《西藏民族学院学报》1981年第1期。

《白莲华续》《诸种河流经》《光显经》《百八名经》《遍示佛相经》等21部佛经，这21部佛经除《光明部庄严经》《诸种河流经》《光显经》《遍示佛相经》外，其他均在《甘珠尔经》中有所记载。此外，拉脱脱日年赞时期传入吐蕃、被作为"年波桑哇"供奉的诸种佛经，也全部予以翻译①。所以，吕澂先生在其《西藏佛学原论》中指出：松赞干布时期，"译宝云、宝箧等经，此实为佛学传播之始"②。

综上所述，松赞干布时期的吐蕃译经，使周边民族与地区的文化从四面八方输入并影响吐蕃，对藏族古代政治、经济、历史、哲学、语言、逻辑、医学、宗教、工艺、天文历算等各方面，起到了空前的推动作用，从而形成藏族文化独特的格局与特色。

5.松赞干布制定教法和埋匿伏藏珍宝

通过联姻、建寺、创制文字及翻译佛经等活动，佛教文化在吐蕃得以传播，并形成一定的规模。然而，佛教的传播并非一帆风顺，以苯教和吐蕃其它土著宗教为代表的吐蕃传统文化不时与佛教发生抵触与冲突，在广大群众中间，吐蕃传统文化依然有着深厚的社会基础。

面对这种局面，松赞干布一方面着力协调佛教与吐蕃传统文化的矛盾与冲突，使它们共同为自己的统治服务；另一方面，通过制定教法，执行教法，使教法成为吐蕃社会的普遍行为准则。

首先，松赞干布根据佛教思想和原则，在吐蕃颁行"十善"法。所谓"十善"，即为：一不杀生，二不偷盗，三不邪淫，四不妄语，五不两舌，六不恶口，七不绮语，八不贪欲，九不瞋恨，十不邪见。为使"十善"法在吐蕃切实地得以贯彻，松赞干布不惜依靠强大的国家机器为后盾，残酷地惩罚胆敢以身示法者。据《贤者喜宴》记载，为推行"十善法"，松赞干布"幻化的监狱恐怖可畏，那些不行十善而不反悔者，则被令人畏惧的刽子手逮捕；并将头、四肢及手足砍断剁碎，舌及眼球灌以熔化之铜水，还施以剥皮。砍下的头，四肢和挖出的眼睛等等堆积如山。如此之监狱，令人恐惧战栗。（有关狱中刑法）在逻娑及昌珠等吐蕃地区及王宫均同时存在，……"③《西藏王统记》亦言："尔时王（松赞干布——引者）为使藏民能信守十善法律，又建立森严之法座，将破坏佛教与违反藏律者置之刑戮。"④正如前面所言，松赞干布的这一措施引起两位来吐蕃的于阗僧的强烈不满，他们准备返回于阗。松赞干布得知后，向两位于阗僧人说明真相，声称："我就是具有大慈悲的蕃地之主，从我执掌政权到现在一直利益众生，指引通向解脱的菩提之道，对别人没有给过一个针尖那么大的危害。但是，蕃地之人是神猴与岩魔的后裔，为教化他们，我才化现威猛之相。"接着，他弹响手指，那些尸体顿时像彩虹一样消逝，两个于阗僧于是虔心敬信⑤。从

---

① 巴卧·祖拉陈哇：《贤者喜宴》，黄颢译注，《西藏民族学院学报》1981年第1期。

② 吕澂：《西藏佛学原论》，上海人民出版社1982年版，第21页。

③ 巴卧·祖拉陈哇：《贤者喜宴》，黄颢译注，《西藏民族学院学报》1981年第2期。

④ 索朗坚赞：《西藏王统记》，刘立千译注，第94页。

⑤ 萨迦·索朗坚赞：《王统世系明鉴》，陈庆英、仁庆扎西译注，辽宁人民出版社1985年版（后注均为此版本），第129、132、145页。

这些看似神话的文字，可以见到松赞干布时期佛教的宣传与推广是有相当大的阻力和障碍的。

其次，松赞干布结合当时社会的实际，从佛教的基本思想和原则出发，制定了旨在协调吐蕃社会关系，缓和各种社会矛盾的"十六要律"。其具体内容包括：一要虔信佛教，二要孝顺父母，三要尊敬高德，四要敦睦亲族，五要帮助邻里，六要出言忠信，七要做事谨慎，八要行为笃厚，九要得钱财知足，十要报德报恩，十一要如约还债，十二要斗称公平，十三要不生嫉妒，十四要不听谗言，十五要审慎言语，十六要处事宽厚。通过"十六要律"的实施，逐步形成吐蕃社会的道德行为标准。正因如此，藏文史籍称赞松赞干布的统治，使佛教如太阳升起，各种妙欲受用如雨降临，而松赞干布和支持他的两位推广、传播佛教的汉、尼王妃，被雪域蕃地人们看成是"依靠眷恋的父母，剃度众生的菩萨，又像是满足人们愿望的妙宝，驱除黑暗的明灯，又像是不分亲疏普照大地的太阳月亮。由于国王足智多谋，外无强敌，又由于国王用慈母之恩护佑内部臣民，治下的吐蕃臣民全都享受到富足和欢乐"①。

为使佛教在吐蕃社会世代相传并发扬光大，松赞干布谆谆告诫自己的孙子芒松芒赞说：我使国法变为教律，使佛教弘扬，使蕃土臣民得享安乐。你应该按照教法护持，勿使我的国政衰败②。

当时，以苯教和吐蕃其他土著宗教为代表的传统文化与佛教存在着一定的矛盾与冲突。尽管这种矛盾与冲突因为松赞干布的有效调节而没有酿成吐蕃社会的严重动乱，却自始至终存在着。对于这些矛盾与冲突，藏文史籍记载较多，甚至有的文献把松赞干布的过早去世与其倡佛抑苯联系在一起。据《雍仲苯教目录》记载，由于松赞干布后半生使佛教发展，苯教衰退，故此"赞普寿命亦因之缩短，三十六岁即逝"③。

关于松赞干布的死因、年龄，汉藏史籍多有记载，但说法各异。从藏文史籍看，对松赞干布之死主要有三种说法：第一种以《敦煌本吐蕃历史文书》为代表，简单记载了松赞干布的升遐，没有说明死因；第二种以诸种佛教史为代表，认为松赞干布是和尺尊公主、文成公主一起舍身成佛的，这种说法明显缺乏科学依据；第三种是《雍仲苯教目录》的说法，认为松赞干布之死可能与佛教与苯教的矛盾、冲突有关，抑或松赞干布乃像后来的几个吐蕃赞普一样死于佛苯之争。我们认为，第三种说法最有价值。当然，松赞干布的死因，还有待进一步研究考稽。

关于松赞干布生前埋匿佛教伏藏和财宝的事迹，诸佛教教法史均有涉及。据萨迦·索朗坚赞《西藏王统记》记载，为求珍宝财帛、粮谷金银、紫玉服饰诸种器物如雨降落，为雪域吐蕃民众的万世福利，松赞干布与文成公主一起堪舆地理，准备秘藏佛教经论与诸种器物，其匿藏内容与用途分别为：在瓶子形状的柱子附近秘藏微妙佛经，藉此功德，使

---

① 萨迦·索朗坚赞：《王统世系明鉴》，陈庆英、仁庆扎西译注，辽宁人民出版社 1985 年版（后注均为此版本），第 129、132、145 页。

② 萨迦·索朗坚赞：《王统世系明鉴》，陈庆英，仁庆扎西译注，第 132、145 页。

③ 《雍仲苯教目录》，第 49 页上。

佛教在蕃土之将来如旭日东升，受用无穷；在树叶形状的柱子附近秘藏金银珍宝，藉此功德，令周边各地财富皆集中于卫地中心，悉为吐蕃所用；在蛇头形状之柱子附近埋藏兵器咒符，藉此功德，消除边圉兵患和恶魔叛逆，求得雪域吐蕃的长期安宁；在狮头形状的柱子附近埋藏祈求五畜兴旺之招财文符，藉此功德，使吐蕃民众乳畜繁盛，奶酪酥油丰足；将天界宝石装于凤眼珠匣之内，并用五色彩缎包裹，藏于财神像下，藉此功德，令装饰、衣服、财帛、粮谷，凡所欲者，皆得满足；将珍贵的药材用蛇皮包裹，埋藏在龙王殿下，藉此功德，可使吐蕃年岁丰登、牲畜蕃息、风调雨顺，免受地神恶龙之害；将琉璃宝钵装满各种食品，埋藏在罗刹殿中，藉此功德，既可使所欲之饮食如愿而至，又可使本土幻显神殿在遇到破坏或自然坍塌时，及时得以修缮；将金银诸宝贮于一大铜器中，藏于大曼荼罗坛城之下，藉此功德，使之将来能遇到具足因缘善机之人。此外，还将金银珠宝置于诸种宝器之中，并以诸彩绫罗包裹，分别藏于罗刹殿、龙王殿以及神殿内，藉此功德，可使雪域吐蕃地方光明、雨水适时、五谷丰稔，免除旱灾、霜雹、荒芜、饥馑、瘟疫、边患等诸种难忍苦难之困扰。一切吉祥，万事如意①。通过匿埋伏藏，松赞干布对未来吐蕃社会的佛教发展有了一个较为周全的安排。

为保障佛教在吐蕃地区的长期发展，松赞干布在拉萨乃乌塘亲自为王孙芒松芒赞摩顶祝福，并为其讲解《诸佛菩萨名称经》《白莲华经》《正法月灯经》《观世音成就法》等佛教经典，引导幼小的芒松芒赞学习和了解佛法。松赞干布还将自己的倡佛政策和兴佛思想传授给年幼的芒松芒赞，告诉他礼拜、供养、绕行参拜的方法和日常见闻念诵大昭寺的诸种功德，以佛法护持国政。同时，他告诉芒松芒赞，为使吐蕃中心拉萨地区长治久安，要对外培修河堤、对内供奉神像等。考虑到芒松芒赞年幼无知，松赞干布乃命将所说这些笔录成文，埋藏于罗刹殿中，待到将来芒松芒赞长大成人、执掌国政时，可依据这些方法行事。此外据载，松赞干布还对内外大臣、蕃土男女臣民，凡孩提以上者，皆依次宣说无量世间行事所需之众多训诫，用大悲心的生起次第，使他们皈依六字真言的教法，并由大臣止塞如恭敦笔录成文，以资来日训诫。为使自己所作所为成为后世弘扬佛教的榜样，松赞干布还将自己的生平事迹以传记形式，写了三个不同的本子，裹为三卷，埋于宝瓶柱，以期遇到有缘善机之人。

通过上述匿埋伏藏和训诫王孙、吐蕃内外大臣、蕃土男女臣民等，松赞干布对自己一生的倡佛思想与倡佛措施作了回顾与总结，并对未来吐蕃地区的佛教发展趋势进行了预测。他指出："自我下传五代，将有一个名字中有'赤'和'德'两个字的国王出世，此时将有许多班智达从印度来此，译定一切佛经，建造许多寺院，弘扬佛法，出家之人将以戒定慧三学庄严此地，将有许多穿袈裟的比丘出世，成为我的子孙们供奉的对象，他们的生活将由王室供应，因此一切利乐功德都会产生。"②为了证实自己的预言，松赞干布命噶尔将其刻于铜板之上，埋藏在今桑耶寺附近。

---

① 《国王遗教》(《五部遗教》之一部)，参考索朗坚赞《西藏王统记》，刘立千译注，第97—98页。

② 萨迦·索朗坚赞：《王统世系明鉴》，陈庆英、仁庆扎西译注，第132页。

第三节　芒松芒赞到赤德祖赞时期的吐蕃佛教

一、芒松芒赞与都松芒波杰时期吐蕃佛教的相对沉寂

1.芒松芒赞时期

据藏文史籍记载，文成公主与尺尊公主没有生子，象雄妃黎娣缅、茹雍妃、弭药妃也都没有生养。这样，松赞干布就从堆龙的孟氏家族娶了孟妃赤姜。“与铁蛇年，在扎拉吉祥无量宫中，孟妃生了一个继嗣王统、举世无双的王子，起名贡松贡赞”①。据载，松赞干布曾为孟妃赤姜和王子贡松贡赞，于吐尔巴神山之山谷中建立神殿和佛塔，以供奉王妃与太子的本尊神，并亲自为之开光。

贡松贡赞13岁时，迎娶阿夏（吐谷浑）妃名柯爵茂杰赤迦底侠，简称芒姆杰。他18岁夭折，松赞干布为之安排葬礼，其墓位于祖父囊日伦赞左侧之东喀达，取名贡松贡赞墓。部分藏文史籍认为，贡松贡赞13岁时即继承吐蕃王位，由其父松赞干布监督辅佐执政，在位5年逝世，复由其父松赞干布执政②。但与其他史料参校、特别是与汉文史料参校，我们无法找到贡松贡赞曾经执政的直接证据，加之以其在世年代考虑，当时松赞干布正值年富力强，且吐蕃社会各种事业百废待兴，周边地区尚未确保安定，松赞干布没有提前让位的理由。基于这些原因，就王统继承而言，一般认为松赞干布的直接继位者为其王孙芒松芒赞。

芒松芒赞（汉籍称乞梨拔布）是贡松贡赞的遗腹子。关于他的生年众说纷纭，莫衷一是。更敦群佩《白史》认为，公元650年，藏历金狗年，松赞干布去世后，立芒松芒赞为赞普，当时他年仅4岁。如果按照这种说法，芒松芒赞生于公元646年（火马年），由于年纪甚小，故一切国政均由大臣噶尔东赞掌管，为期长达18年之久。芒松芒赞在位期间，吐蕃佛教发展相对沉寂，藏汉史籍记载极少。包括一些佛教教法史籍。其中值得一提的，主要有两方面内容：一是芒松芒赞敬信三宝，在他执政的15年间以佛法护政；二是传说松赞干布死后，唐军兵临吐蕃。为防止唐军毁坏不动金刚佛像，乃将原来供于小昭寺的释迦牟尼像与供于大昭寺的不动金刚像相互换位，使两尊佛像安然无恙。

据《贤者喜宴》记载，芒松芒赞即位后，“以佛法护政15年，年27岁时死于藏地巴囊岗（今白朗县境内）”③。《新红史》也认为，松赞干布死后，其孙即位，“在逻些建立祭祀先祖等事，崇信三宝。执掌政权15年，27岁时死于藏地”④。但关于芒松芒赞即位后发展

---

① 萨迦·索朗坚赞：《王统世系明鉴》，陈庆英、仁庆扎西译注，第127页。根据其他藏文史料推算贡松贡赞生于公元633年，卒于其父松赞干布之前。

② 参见《王统世系明鉴》《西藏王统记》等藏文史籍。

③ 巴卧·祖拉陈哇：《贤者喜宴》，黄颢译注，《西藏民族学院学报》1981年第3期。

④ 班钦·索南查巴：《新红史》，黄颢译注，西藏人民出版社1985年版，第23页。

佛教的具体措施，史籍阙载。这是由于：其一，芒松芒赞即赞普位时年幼无知，噶尔东赞主持国政。主政前期，唐朝国威远震，此时突厥亦归顺于唐，“（西）面直至大食以下均为唐廷辖土”①。当时唐朝胜利地戡平阿史那贺鲁叛乱，翦灭真珠叶护政权，西突厥两厢、十姓悉收归治下，进而取得了对中亚诸国的主动臣服，建立起昆陵、濛池、月氏三羁縻都护府及若干羁縻州、县，将唐朝的边界一直拓展到乌浒水流域与河中地区，使新兴的吐蕃奴隶制王朝对外开疆拓土遇到强大的阻力。此外，由于松赞干布甫薨，新王幼弱，吐蕃国内乱事迭起，原来已臣属吐蕃的白兰诸羌相继叛乱。这些都促使芒松芒赞执政前期，将吐蕃新兴奴隶制王朝的社会安定作为第一需要。芒松芒赞执政后期，吐蕃社会虽趋于相对稳定，但唐蕃关系却空前紧张，特别是公元658年（唐高宗显庆三年）吐蕃求续和亲遭到唐朝拒绝后，唐蕃双方兵戎相见，一直持续到芒松芒赞去世。唐蕃间的军事战争，使双方自松赞干布以来形成的友好往来关系一度中止。整个蕃土的佛教发展不能不受到军事战争的影响，更何况唐朝及唐蕃双方争夺的西域地区，还是吐蕃佛教传入的重要渠道和源地。

其二，松赞干布时期大规模引进佛教，大力提倡佛教，大肆建立佛教寺庙，大量翻译佛教经典，无疑耗费了吐蕃大批人力、物力和财力。这对一个刚刚建立不久的新兴奴隶制王朝来说，不能不影响到它的综合国力和整个社会关系。何况，佛教作为一种文化，与所有文化形态一样，其吸收、消化、变成本民族文化的一部分，尚需要长期的历史过程。芒松芒赞和都松芒波杰时期可谓是松赞干布时期引进佛教后的吸收、消化阶段，其实还远不止芒松芒赞和都松芒波杰时期。

这里值得一提的是，芒松芒赞时期供于小昭寺的释迦牟尼佛像与供于大昭寺的不动金刚佛像相互移位事件。据《西藏王臣记》《贤者喜宴》《新红史》等藏文史籍记载，唐朝军队曾兵临吐蕃，焚毁布达拉宫。据《西藏王臣记》载，松赞干布死后，其孙芒松芒赞掌管朝政。中原唐朝得知菩萨化身松赞干布王逝世的消息，乃发兵西征。大臣噶尔东赞为报复唐军，率领十万藏兵消灭唐军，噶尔东赞亦死于军中。此后不久，突然听到中原兵马之声，于是将释迦牟尼佛像从小昭寺移出，放入大昭寺南面有镜的门内，并把门用泥封起来，在泥封的壁上绘以文成公主的本尊文殊菩萨像。唐军抵达拉萨，火烧红山宫，进入大昭寺。虽知释迦牟尼佛像所在，但因不敢毁坏文殊菩萨像，而将原来供奉于大昭寺的不动金刚佛像携去。其时，拉萨忿怒明王以两拳相击，做摈除晦气之手印，其胸开裂，放出化身军队，唐军恐惧，纷纷逃逸。于是，不动金刚佛像遗留于东部俄玛唐地方，此地后被称为觉卧吾杰塘（藏语意为“尊者辛苦坎”）②。后来，不动金刚佛像即被供奉于小昭寺中。

关于唐军抵达拉萨、火烧红山宫，从大昭寺搬出不动金刚佛像事，在敦煌等地出土的古藏文文献和早期藏文史籍均无记载，诸种史事记载较为系统周详的汉文史书也未提

---

① 王尧、陈践译注，《敦煌本吐蕃历史文书》，第141页。

② 五世达赖喇嘛：《西藏王臣记》，郭和卿译注，第46页。

及。《西藏王臣记》《贤者喜宴》《新红史》等藏文史籍之所以有这种说法，乃缘自他们粗读汉文史书后的杜撰，此后以讹传讹。据黄颢先生的意见，吐蕃史中记载的“唐军入逻些”，乃藏人将汉文《新唐书·吐蕃传》一段记载译误之过，尔后经吐蕃文人无端杜撰臆测，致使吐蕃逻些曾被唐军攻入之谬说流传。始作俑者，乃《汉藏史集》。该书中有一段翻译《新唐书·吐蕃传》的文字：“吐蕃王芒松（即芒松芒赞）时，唐蕃时和时战，此情多有发生。唐大臣薛仁贵，被授以百万大军，前往逻些之中途。其时，吐蕃禄东赞之长子（即钦陵）为将军，击败全部唐军。”而《新唐书·吐蕃传》原文为：“诏右威卫大将军薛仁贵为逻娑道行军大总管，……出讨吐蕃，并护吐谷浑还国。师凡十余万，至大非川，为钦陵所据，王师败绩。”此事发生在咸亨元年（公元670年），正是吐蕃芒松芒赞在位时期。显然，《新唐书·吐蕃传》所载甚明，薛仁贵为“逻娑道行军大总管”，文中“逻娑道行军大总管”乃一官职名称，而非进军逻娑之意。因此，藏史中关于唐军抵达拉萨之种种记载纯属子虚乌有①。

总之，芒松芒赞在位时，拉萨一度动乱。动乱中，尼泊尔公主尺尊所建立红山宫被大火所焚，仅存一座佛堂，损失相当惨重。与此同时，大昭寺、小昭寺也遭到严重的破坏。在重新修缮大昭寺、小昭寺的时候，原来最早供奉于小昭寺的释迦牟尼佛像与供奉于大昭寺的不动金刚佛像相互易位，这种形式一直延续至今。

2.都松芒波杰时期

都松芒波杰全名“都松芒波杰伦纳墀王”，乃芒松芒赞与没庐氏妃墀玛伦所生之子，676年诞生于拉隆。都松芒波杰诞生的当年冬天，其父芒松芒赞薨逝。按照吐蕃传统习俗，芒松芒赞死后“秘丧三年”，始为都松芒波杰上赞普尊号，由其母墀玛伦摄政。都松芒波杰在位29年，于704年远征南诏途中逝世。他在位期间，吐蕃社会的政治、经济、文化有较大的发展，国力日渐强盛；先后征服周边许多地方，使吐蕃奴隶制政权的统治地区有进一步拓展。据《旧唐书·吐蕃传》载，时吐蕃“东与凉、松、茂等州相接，南至婆罗门，西又攻临龟兹、疏勒等四镇，北抵突厥，地方万余里，自汉魏以来，西戎之盛，未之有也”。由于大规模的开疆拓土，都松芒波杰成为吐蕃历史上颇有作为的一代名王。

然而，诸种藏文史籍和宗教经典中关于都松芒波杰时期吐蕃佛教发展的资料却少之又少，几近于无，从而给人此时佛教在吐蕃陷于沉寂的印象。显然，这是与历史实际不相符的。其原因前面已经做过分析，即与芒松芒赞时期一样，此时佛教在吐蕃的发展仍停留在吸收、消化阶段，故而呈现出表面沉寂的“假象”。

值得一提的是，尽管都松芒波杰时期佛教在吐蕃的发展依旧沉寂，但都松芒波杰通过大规模的开疆拓土，为以后吐蕃与周边民族与地区的政治、经济、文化交流开辟了广阔的前景，也为此后佛教在吐蕃的进一步宏传及吐蕃本土文化全方位、多层次与周边文化交融，提供了前提。因此，我们称芒松芒赞时期、都松芒波杰时期为佛教“相对沉寂”，而非绝对静止。

---

① 班钦·索朗查巴：《新红史》，黄颢译注，第127条注，第158—159页。

二、赤德祖赞时期吐蕃佛教的复苏

1.金城公主入蕃及对吐蕃佛教的影响

赤德祖赞乃都松芒波杰之子，因其胡鬚如老翁，故别号“梅阿聪”（意为胡鬚先祖王）。其生卒年代说法不一。藏文史籍《西藏王统记》《红史》《贤者喜宴》等均记载，赤德祖赞于阳金龙年生于丹噶宫，此阳金龙年即为《敦煌本吐蕃历史文书》中所载之龙年，即公元704年①。刘立千先生的意见与此相左，他认为，《西藏王统记》《红史》《贤者喜宴》等藏文史籍所记的阳金龙年为庚辰年（公元680年），而《敦煌本吐蕃历史文书》中所记之龙年为甲辰年（公元704年），中间相差24年②。这里从第一种说法，即赤德祖赞生于公元704年，于公元754年谢世。赤德祖赞时期，吐蕃佛教在经历芒松芒赞、都松芒波杰两位赞普时期的短期沉寂后，由于赤德祖赞的倡导，特别是随着整个吐蕃内外环境的变化，重新得以复苏与发展。

都松芒波杰向四周大规模开疆拓土，使吐蕃奴隶制王朝的统治范围得到空前扩展，但也加剧了吐蕃奴隶制王朝与周边地区的矛盾和吐蕃奴隶制王朝内部的斗争。都松芒波杰死于征服南诏的军事战争之中。据《敦煌本吐蕃历史文书》记载，公元704年，“吐蕃国中诸豪及泥婆罗等属国叛乱，赞普南征身殁”③。是年，赤德祖赞诞生，因年幼，不视事，由其祖母高太后没庐氏墀玛伦监国主政。墀玛伦以丰富的政治斗争经验和高超的统治手段处惊不乱，于公元705年，“于苯教之那拉山顶杀岱仁巴（农囊扎）等诸叛臣，于邦拉让赞普兄自泥婆罗王位被迫引退”④。为保持吐蕃奴隶制王朝统治集团内部的权力平衡，墀玛伦任命重臣倮达延赞松与大论乞力徐共同外理朝中事务，相互牵掣，以分其势。

此时，唐王朝内外局势也相当复杂。公元705年（神龙元年），武后病笃，唐中宗李显的姐姐太平公主串连李旦、李隆基父子（即睿宗、玄宗）发动宫廷政变，迫使武后退位，还政于中宗李显。中宗亲政以后，首先面临的问题是来自北方强敌东突厥汗国的威胁。为此，“东结好于渤海，西结好于突骑施，北结于黠戛斯，……合汉蕃步骑以攻之”，成为唐王朝权衡当时各种形势之后的明智选择。公元705年7月，都松芒波杰的死讯传至唐朝廷，“帝为之举哀，废朝一日”⑤，表现出旨在与吐蕃结好的政治姿态。翌年，唐朝派遣重臣10人与倮达延为首的吐蕃将相盟誓划界，确定今河源地区及其他地区的唐、蕃疆界，双方达成了初步的政治和解。这为吐蕃再度请婚和金城公主的顺利入蕃，创造了有利的条件。

公元707年（神龙三年）二月，吐蕃派遣以悉腊、尚·赞咄热、没庐·尚钦藏喀切顿等为首的迎婚使团到达长安。据汉文史籍记载，吐蕃方面对此次迎婚极为重视，“先遣使来此迎公主，兼学汉语”。此次迎婚使团和迎娶文成公主时所派使团一样，其中不乏卓越人

---

① 巴卧·祖拉陈哇：《贤者喜宴》，黄颢译注，《西藏民族学院学报》1981年第3期。

② 索朗坚赞：《西藏王统记》，刘立千译注，第203页。

③ 《敦煌本吐蕃历史文书》，王尧、陈践译注，第109页。

④ 《敦煌本吐蕃历史文书》，王尧、陈践译注，第109页。

⑤ 《册府元龟》卷974《外臣部·褒异一》。

才。这对此后的吐蕃译经事业发展，起到了非常重要的作用。以悉腊为例，据《旧唐书·吐蕃传》载："悉腊颇晓书记，先曾迎金城公主至长安，当时朝廷皆称其才辩。"而尚·赞咄热、没庐·尚钦藏喀切顿等亦皆是吐蕃朝中重臣，其中尚·赞咄热为瑟瑟告身，没庐·尚钦藏喀切顿为金告身，足见其地位之高。对吐蕃请婚使团的莅临，唐王朝也非常重视。为厚待吐蕃迎婚使臣，"帝御承天门楼，命有司引见，置酒殿内享之"①。同年四月，唐中宗李显同意吐蕃的请婚要求，"诏以所养嗣雍王守礼女金城公主出降吐蕃赞普"②。

从公元707年吐蕃迎婚使团至长安、唐中宗李显同意请婚要求，到公元710年唐朝正式遣金城公主入蕃的三年中，吐蕃迎婚使团曾三次奔波于唐蕃之间，从而使唐蕃关系得到改善，为金城公主的顺利入蕃以及唐蕃政治、经济、文化的进一步深入交流，创造了良好的政治氛围。据史书记载，吐蕃迎婚使团在长安期间，与唐朝君臣频繁接触，促进了汉藏间的了解和信任。"颇晓书记"的吐蕃使臣在大明殿参与了唐中宗等的柏梁体联句，尚·赞咄热曾以"玉礼由来献寿觞"一句手书赋诗，深得唐朝君臣欣赏。在吐蕃流行一时的马球也深得唐朝君臣的喜爱，唐中宗亲自安排吐蕃使臣于梨园亭观赏马球比赛。不仅如此，经唐皇允准，吐蕃使臣还临时组成一支球队，与唐中宗的侄儿李隆基（即后来的唐玄宗）、虢王李邕、驸马杨慎等人组成的球队进行了比赛。

经过唐蕃双方不懈地努力，公元710年春，在唐骁卫大将军杨矩的护送下，金城公主起程入蕃。金城公主临行之前，唐中宗亲自在始平县为她举行了隆重的送别仪式。据史籍记载，当时，帐幕遍布于"百顷之用"，胡笳鼓乐，声震环野，旌旗翻飞，唐朝君臣与吐蕃使臣共聚一堂，设酒宴为金城公主饯行。宴席间，唐中宗谆谆告诫，殷殷嘱托。不仅如此，为纪念金城公主入蕃这一盛事，唐中宗于始平县大赦全国，"罪死皆免"，且免去始平县百姓徭役一年，还将始平县改为金城县，名其地为凤池乡怆别里。同时，唐中宗赐予金城公主"锦缯别数万，杂使诸公悉从，给龟兹乐"③以及诸种书籍物什。

沿着当年文成公主入蕃的路线，金城公主一行顺利地抵达吐蕃。金城公主入蕃，受到吐蕃赞普赤德祖赞及吐蕃民众的热情迎接。为金城公主入蕃，赤德祖赞专门命人凿石铺路，并于拉萨筑建宫室。为金城公主与唐朝往来方便，赤德祖赞还特请以河源九曲之地为金城公主沐浴之处，得到唐王朝的允诺。同时，唐蕃双方以此为界，于河上架桥，大大便利了唐蕃之间相互往来。

金城公主入蕃，在唐蕃关系发展中产生了巨大的影响，许多藏文史籍中留下了记载。据《拔协》等藏文史籍记载：吐蕃王妃生下俊秀王子降察拉本，于是效法先祖松赞干布，前往唐廷为太子求婚。唐皇征求公主意见，公主用"能见三域三幻化"镜鉴察蕃地后，乃知今生姻缘就在彼处，且见镜中王子容颜姣好，妙如天神，遂欣然从命入蕃。但当金城公主抵达汉藏交界地方时，突然感到胸口疼痛，急忙取神镜观之，见镜中只有一个有胡鬚满面

---

① 《册府元龟》卷979《外臣部·和亲二》；卷974《外臣部·褒异》。

② 《册府元龟》卷979《外臣部·和亲二》；卷974《外臣部·褒异》。

③ 《新唐书·吐蕃传》。

的丑陋老者。原来降察拉本日夜遛马,不幸坠马身亡。公主不禁泪如雨下。不久赤德祖赞遣使前来,讲明王子不幸的遭遇,征求金城公主意见,“王子已死,来去由你而定”。金城公主经过认真考虑,认为“女子主意,唯只一次”,毅然决定嫁给老赞普赤德祖赞。其实,这只是一种民间传说,以赤德祖赞当时的年龄(尽管有着“梅阿聪”的称号),绝对不是一个丑陋老者。传说还远不止这些,藏文史籍中关于赤德祖赞长妃那囊氏与金城公主争赤松德赞为亲生子及赤松德赞宴前认舅等更被演绎得活灵活现。据大部分藏文史籍记载:金城公主入蕃一年后生下王子赤松德赞,但长妃那囊氏没有生养。为与金城公主争宠,那囊氏派人把孩子夺走,双方为此争执不休。赞普及群臣难辨真伪。为鉴别谁是孩子的亲生母亲,派人把孩子包好,放在雅隆旁塘附近的一个石洞里,看谁能辨识出孩子。结果,那囊氏首先粗暴地抢去孩子,然后把他抛到地上;金城公主则怕摔坏孩子,轻轻地把孩子抱起,又小心翼翼地放下,说了声:“你这小冤家!”于是,真相大白。在赤松德赞的开步宴上,赞普让王子把酒献于亲舅,以此确认亲生母亲。那囊氏家族以小儿喜爱的种种物品引诱王子,而王子却把美酒敬与唐朝使臣,并宣称:“我赤松德赞是汉人的外甥,那囊家岂能是我的舅家。”这弄得那囊氏及其家族诸臣非常尴尬。与历史事实参校,这个美丽动听的故事明显是史家杜撰,难以找出可供考稽的直接证据,而《敦煌本吐蕃历史文书》明确记载:“及至兔年(公元738年)……赞蒙金城公主薨逝”①,“及至马年(公元742年)……赞普苏龙猎赞(即赤松德赞)生于札玛。母后芒蒙支薨”②。我们不厌其烦地介绍藏文史籍中关于金城公主的一些传说,除要说明金城公主对唐蕃之间政治、经济、文化交流作出的贡献之外,还想强调指出,自金城公主入蕃开始,唐蕃之间的政治、经济、文化交流进入了一个新的历史时期。唐蕃双方的了解从朦胧变得透明,从不自觉变得更加理性。也正因为这种原因,较之文成公主,金城公主对吐蕃佛教的影响显得更加深远。

首先,金城公主入蕃后,进行了一系列的宗教宣传活动。通过她的努力,佛教在吐蕃有了一定的发展。一些佛教活动开始具有一定规模,汉族地区的部分佛教祭祀仪式及“七期荐亡”仪式开始传入吐蕃。此外,在金城公主的倡导下,吐蕃开始对西域地区的佛教有了接触和了解。许多汉族僧人到达吐蕃,以小昭寺为集中居地,开展宏传佛教的诸种活动。正如德国著名藏学家霍夫曼先生所说的,“……(金城公主)对于佛教做了大量的事情。毫无疑问,由于她的影响,使得中国佛教的代表、汉族艰险‘和尚’又开始在西藏的王室里扮演角色了”③。据藏文文献记载,金城公主进蕃后,始终以其姑母文成公主为榜样,积极从事宏扬佛教的活动。她刚到拉萨,就要求观看当年文成公主供奉过的释迦牟尼佛像。但遍觅小昭寺各处,未见踪迹,复往大昭寺,几经周折,才在墙外之护墙处发现藏匿释迦牟尼金像之门,于是“姑母之释迦佛,其全部容颜得以显现矣!”④当年文成公

① 《敦煌本吐蕃历史文书》,王尧,陈践译注,第116、117页。

② 《敦煌本吐蕃历史文书》,王尧,陈践译注,第116、117页。

③ [德国]霍夫曼:《西藏的宗教》,李有义译,中国社会科学出版社1965年版(后注均同此版本),第23—24页。另参见郭卫平《唐蕃关系中的一盛事》,《西藏民族学院学报》1984年第3期。

④ 巴卧·祖拉陈哇:《贤者喜宴》,黄颢译注,《西藏民族学院学报》1981年第3期。

主将释迦牟尼金像带到吐蕃，置于寺内，并设有具体的朝拜仪式。金城公主重新发现释迦牟尼佛像后，不但重新供奉，而且举行了隆重的朝佛祭祀仪式，使汉地的朝佛祭祀仪式传入吐蕃，吐蕃“从此始建谒佛之供”①。

此外，在金城公主到吐蕃之前，吐蕃地区对死者没有祭祀的风俗。金城公主对此感到极不习惯，她对吐蕃君臣说：“我们汉地佛法宏扬，对死者有七日祭的习惯。吐蕃佛法不昌盛，人死后享受不到祭奠，实在可悲可怜！”由于金城公主的提倡，从此以后，吐蕃地区人死后，立即向神天及死者施以食品，摆设供养，以为祭奠和悼念，从而形成所传的“吐蕃七日祭”②，即今仍在汉族地区盛行的“七期荐亡”。

金城公主不仅在吐蕃积极宏扬汉地佛教，而且使吐蕃对西域佛教僧侣予以接纳，从而对西域佛教有了进一步的接触。据霍夫曼《西藏的宗教》一书所载，于阗的僧侣曾被迫从自己国内逃出，他们先到东部的蔡儿，这里是新疆南部边区，那时为吐蕃所统治。西藏地方不敢接受这样一批外国僧侣，只能上报王室。金城公主为这些逃亡的僧侣向赤德祖赞请求，成功地为这些僧侣求得衣食供养，甚至请他们到西藏本部去。相传至少为这些僧侣建筑了七座寺院，让他们继续过他们的宗教生活。在金城公主的影响下，赤德祖赞命人“自汉地迎请和尚多人，敬请佛法”③，并派人自汉地翻译《金光明最胜大乘经》、《律差别论》等佛教经籍。

金城公主的倡佛活动，无疑为赤德祖赞时期吐蕃佛教的复苏起到了重要的作用。但远不止于此，对整个吐蕃文化的发展来说，金城公主更是功勋卓著。随着金城公主入蕃，大量工匠，杂技、音乐等专门技术人才和各种工技书籍也被带到吐蕃，这就有力地促进了吐蕃文化的繁荣发展。同时，作为唐蕃文化交流的使者，金城公主始终以推动唐蕃文化交流，密切汉藏人民友谊为己任，赢得人们的广泛拥护与爱戴。据传，西藏现存最早的藏医著作《月王药诊》就是金城公主专门组织藏汉族学者翻译她带到吐蕃的汉文医书，吸取西藏民间的医药学经验而撰写成的。这部医学著作比著名的藏文典籍《四部医典》（宇妥·云丹贡布著）早了将近一个世纪，“老宇妥编写的《四部医典》，参考了内地传来的《月王药诊》的精华”④，足见其对西藏医学影响之深。为发展吐蕃文化，金城公主还多次派人到唐朝，把更多的汉文典籍介绍到吐蕃。据载，公元 731 年，金城公主要求唐朝赐吐蕃以《毛诗》《礼记》《左传》《文选》等书，唐朝应允，“以书赐公主”。这些书传入西藏后，先后被译成藏文。受此影响，吐蕃赞普也开始在宫廷中逐步建立起史官修史制度，颁历授时，产生了第一批官修史书。今敦煌出土的古代吐蕃文书和南疆地区出土的吐蕃历史文书，就是这次修史制度的直接产物。

2.赤德祖赞的佛教政策

赤德祖赞执政后，分析了当时吐蕃的内外形势，继承了松赞干布时期“走出去，请进

---

① 巴卧·祖拉陈哇：《贤者喜宴》，黄颢译注，《西藏民族学院学报》1981 年第 3 期。

② 拔·塞囊：《拔协》，佟锦华、黄布凡译注，四川民族出版社 1990 年版，第 4 页。

③ 《青史》（藏文拉萨木刻本），第一帙，第二十叶下。

④ 《汉藏医学源远流长》，载 1984 年 2 月 26 日《西藏日报》。

来”的宏扬佛教政策,使佛教在吐蕃得以迅速发展。据《拔协》记载:赤德祖赞看见了当年由大臣噶尔写于铜板之上、埋藏于钦浦王室仓库之中的松赞干布遗训。遗训中写道:“在我的子孙后代中,有一个叫做‘德’的赞普,在他执政时期,将传来佛教圣法,并有很多人追随如来佛出家为僧。他们光头、赤足、身着袈裟,为数众多,成为神和人的供养处。由此,我等自身及他人可获得今生与来世转生善趣和得到解脱等一切安乐。我祖孙王臣等应在生活上给以供养,政治上给以优遇,并奉之为最高供养处。”①赤德祖赞看到此遗书以后,认为遗训中的“德”指的就是自己,于是以此为依据,在吐蕃开始了宏扬佛法的活动。这主要在以下三个方面:

第一,迎请尼泊尔和印度的高僧入蕃。通过芒松芒赞、都松芒波杰时期的军事征服,吐蕃直接与尼泊尔接壤。据《敦煌本吐蕃历史文书》的记载,尼泊尔一度为吐蕃王朝直接控制,公元705年之前,都松芒波杰之王兄还一度据有尼泊尔王位。众所周知,尼泊尔及其附近区域是佛教的最初发祥地,佛教创始人释迦牟尼就诞生于印度、尼泊尔边境上一块密林地方。佛教兴起后,尼泊尔地区始终是佛教宏传的圣地。对尼泊尔的军事征服,无疑缩短了吐蕃与尼泊尔两种文化之间的距离,使吐蕃奴隶制王朝对尼泊尔地区佛教文化的了解与吸收变得更直接、更便利。同时,通过尼泊尔这个有利据点,吐蕃与印度佛教的接触也更加频繁。赤德祖赞首先派禅呷·木勒果夏和聂·咱纳古玛诺两人到印度迎请高僧。他俩听说印度高僧桑杰桑哇(佛密)和桑杰希哇(佛寂)两位班智达正在冈底斯山修行,于是马不停蹄地折往冈底斯山。到达冈底斯山后,他俩向两位印度高僧表达了赤德祖赞的盛邀之情,但遭到婉言谢绝。为不使赞普失望,两位印度班智达将经藏中的《分别经》《金光明经》《百业经》《密乘事部》及《邬波经》等五种大乘经部送与禅呷·木勒果夏和涅·杂纳估玛惹。他俩返回吐蕃后,将五种大乘经部献于赤德祖赞。赤德祖赞对此极为重视,分别“在拉萨修建了卡尔扎,在扎玛尔修建了枕桑,在钦浦修建了纳热,在扎玛尔修建了呷曲,在桑耶修建了玛撒巩等五座佛堂,作为存放经书的处所”②。为修建这五座佛教寺庙,赤德祖赞调动了整个吐蕃的力量,由尚、论诸要臣亲自主持兴建;为保证工程质量,命令尚、论诸要臣必须集中全部精力。为此,诸尚、论要臣停止了种种嬉戏舞乐,专心致志地投入到建寺工作中。

迎请印度高僧桑杰桑哇、桑杰希哇两位班智达不果,并没有令赤德祖赞灰心。此后,他又多次派遣使者前往印度迎请高僧来吐蕃宏传教旨,尤以公元745年左右派遣以汉人巴德武为首的使团赴印迎请佛教高僧最为有名。据《贤者喜宴》记载,赤德祖赞为弘扬佛法,派遣以汉人巴德武为首的使团携带大量礼品前往印度。途中,洞穴连绵。使团经过“登坡”险道时,天气忽变,连续下了七天七夜大雪,道路被阻,粮草断绝。百般无奈之下,风中有四只鸽子从面前飞过,于是连发四箭,四只鸽子同时应声落地,藉此得以挽救性命。由是引起王子赤松德赞及其五个游伴关于巴德武射杀四只鸽子是不是罪孽,是否有

① 《松赞干布遗训》。

② 拔·塞囊:《拔协》,佟锦华、黄布凡译注,第1—2页。

违佛法的激烈争论[1]。这次由巴德武率领的使团是否最后达到目的,藏汉史料缺载,我们不得而知,但可以肯定:第一次迎请印度高僧的失败并没有令赤德祖赞放弃努力。

第二,西域及今中亚毗邻地区的高僧大德入蕃避难。与西域及今西藏阿里毗连的中亚地区,也曾是佛教盛传的重要地区,更是印度佛教向西域及吐蕃传播的交通要冲。都松芒波杰时期,吐蕃奴隶制王朝通过大规模的军事战争,势力进入南疆地区,龟兹、疏勒、于阗等佛教重镇先后被吐蕃控制。由于当时西域地区佛教已走向衰落,加之各小国之间长年征战,不少佛教僧侣无法在本国立足,纷纷奔赴周围其他国家传教。强盛一时的吐蕃王朝自然成为他们弘传佛教的重要选择。前面提到的于阗僧侣被迫从自己的国内逃出后,到达吐蕃王朝管辖领地。在金城公主的努力下,赤德祖赞恩准这批僧侣进入吐蕃,并为他们提供足够的衣食供养,让他们继续过他们的宗教生活[2]。在西域僧侣大量入蕃的影响之下,与西域毗邻的中亚地区的广大僧侣也纷纷逃往吐蕃,寻求吐蕃王室的支持,并在吐蕃传播佛教。喀什噶尔、费尔干纳、布哈拉、萨乌尔干、多哈尔斯坦等地佛教僧侣与西域佛教僧侣一道前往吐蕃,他们先经过勃律(今吉尔吉斯),然后到达吐蕃辖地。一批批西域佛教僧侣、中亚佛教僧侣的陆续入蕃,有力地促进赤德祖赞时期吐蕃佛教的发展[3]。

第三,汉地佛教僧侣的入蕃传教。与印度、尼泊尔、西域及中亚地区佛教相比,赤德祖赞时期汉地大量佛教僧侣的入蕃具有明显的优势。特别是金城公主入蕃之后,这种优势进一步扩大,不仅使汉地佛教在吐蕃广为流传,而且汉地佛教僧侣的地位也明显高于其他地区,"代表汉地佛教的和尚开始在西藏宫廷中占据重要位置"[4]。其中比较著名的,如巴德武乃唐朝赴蕃使者,到吐蕃后深得赤德祖赞之器重。为取得赤德祖赞的信任,经唐朝皇帝允许,巴德武甚至把自己的亲生儿子贾珠格堪作为礼物,献给赤德祖赞。贾珠格堪成为王子赤松德赞的游伴,和赤松德赞终日生活在一起,对赤松德赞产生了极大的影响。后来,巴德武还作为吐蕃要臣率领使团赴印度迎请印度高僧,足见其在吐蕃王朝中地位之重要。贾珠格堪不负重托,除幼年时期作为赤松德赞的游伴,对赤松德赞产生影响外,成年之后更成为一位佛教高僧。他曾和汉地和尚玛蒂陀及藏人琼波泽、玖波唐祖、久拉门巴等一起,将金城公主带到吐蕃的医书《月王药诊》翻译成藏文。

赤德祖赞不仅鼓励汉族僧侣入蕃布教,而且十分重视派遣吐蕃青年到唐朝学习佛教,将汉地佛教引入吐蕃,其中尤以派遣以桑喜为首的吐蕃青年到唐朝取经最具影响。桑喜是巴德武之子贾珠格堪的别名,由于其父在吐蕃王室的特殊地位及其本身的特殊身份,被赤德祖赞委以遣唐使重任,率领五名吐蕃青年前往唐朝。据《拔协》记载,桑喜一行很早就被精通占卜的唐朝御前大臣布桑旺保卜知,并告皇帝。唐朝皇帝高度重视,立即按照布桑旺保所描述之容貌派使前去迎接,以免路途经受太多的磨难。在唐朝使者引导

---

① 巴卧·祖拉陈哇:《贤者喜宴》,黄颢译注,《西藏民族学院学报》1981年第3期。
② 霍夫曼:《西藏的宗教》,李有义译,第24页。
③ 霍夫曼:《西藏的宗教》,李有义译,第24页。
④ 霍夫曼:《西藏的宗教》,李有义译,第24页。

下，桑喜一行顺利地抵达长安，并得进见唐皇。皇帝非常喜欢桑喜，希望桑喜能留在自己的身边，成为左膀右臂。但桑喜考虑到赤德祖赞交给他的任务是在吐蕃传扬善法，如果留在内地，就没有办法把哪怕是一本佛经献到赞普手中，于是他禀告唐皇："圣上赐我留住中原，我不胜感激之至。但是，吐蕃赞普从前对我下了严厉的命令，我如果不回去，父亲会因此被处死刑，那我会悲痛欲绝的。因此，还是请圣上开恩，让我返回吐蕃。和父亲商量后，我再设法前来做陛下的臣属。"唐皇听后问桑喜有什么要求，桑喜禀道："若蒙赏赐，就请赐给一千部佛经。"于是，唐皇乃赏赐桑喜一千部在蓝纸上写以金字的佛经，并格外赐给桑喜许多其他物品。桑喜起程返蕃，途中邂逅颇具神通的汉族高僧吉雅和尚，得到关于修行经教的教导。当桑喜询问能否与其父相见、能否在吐蕃推行佛法、赤德祖赞父子是否平安时，吉雅和尚运用神通，察知赤德祖赞已死，玛祥等吐蕃反佛势力已在吐蕃推行毁灭佛法的政策；并告诫桑喜返回吐蕃后当以赤松德赞王子侍者身份侍奉王子，伺机使王子对佛教产生信仰，借此大力弘扬佛法。他将三部佛教经典赠予桑喜，此后与桑喜顶礼而别[①]。此外，据载，桑喜在得知玛祥等反佛势力已在吐蕃推行毁灭佛法政策，并焚毁赤德祖赞所建的五座佛堂中的枕桑佛堂时，没有马上返回吐蕃王子身边，而是率领五使者返回汉地，前往山西代县之五台山，"向妙吉祥等全部佛像顶礼，敬献供物，继而同所有佛圣交谈"[②]。桑喜等五使者在五台山逗留期间，对整个五台佛教殿堂建筑格局、佛教仪式留下了深刻的印象，铭记于心，后来应用在吐蕃弘扬佛教的实际中。

总之，在赤德祖赞时期，佛教在吐蕃得以复苏，并发展到一个新的历史阶段。连一向对吐蕃佛教发展极少记载的《敦煌本吐蕃历史文书》也对赤德祖赞时期吐蕃佛教的发展情况作过记载。文书记载：赤德祖赞时期，吐蕃"复得无上正觉佛陀之教法，奉行之，自首邑直至边鄙四境并建寺宇伽蓝，树立教法，一切人众入于慈悲。念处、生死之间得以解脱"[③]。这是《敦煌本吐蕃历史文书》中第一次提到佛教。

① 拔·塞囊：《拔协》，佟锦华、黄布凡译注，第6—9页。
② 巴卧·祖拉陈哇：《贤者喜宴》，黄颢译注，《西藏民族学院学报》1981年第4期。
③ 《敦煌本吐蕃历史文书》，王尧、陈践译注，第144页。

第二章　吐蕃佛教的鼎盛与繁荣

赤松德赞在位期间政绩卓著，吐蕃奴隶制王朝各项事业都得到迅猛发展。他是吐蕃的著名赞普之一。公元754年，赤德祖赞薨逝，年仅13岁的赤松德赞即位。即位之初，他在大囊论协达选、尚琛氏·嘉素谢唐、吉桑嘉贡、尚·东赞、章·嘉扎勒素、韦·赞协多伦、扎·犀扎达察、达扎禄恭等贤明大臣的辅佐下，“羊年（公元755年），以兵力捕获杀死谋害父王之元凶。于每一千户所任命三‘千夫长’职，迁出末氏、朗氏之奴中，令二人偿命。……各季会盟由尚野息于‘惹达·廓’召集之，清点朗氏、末氏获罪谴者之财产”[①]，从而初步平定以末·东赞与朗·弥素为首的吐蕃贵族叛乱，安定了吐蕃局势。第二年（即公元756年），吐蕃王公贵族上赞普为“赤松德赞”尊号，赤松德赞亲政，并诏谕四方属民。

赤松德赞时期，吐蕃的国力进一步增强，达到吐蕃奴隶制王朝发展的鼎盛阶段，其境域“东抵昴宿星升起之有万座门的京师城，南接轸宿升起之地，立碑于恒河之滨，控制世界三分之二地方”[②]。根据更敦群佩先生的考证，在赤松德赞时期，吐蕃不但长期据有南诏并一度攻陷唐都长安，而且印度北部与尼泊尔等地皆置于其治下，有许多触及西部波斯与北方于阗等地的历史遗迹。在征服尼泊尔之后，正如“北边的吐谷浑战败后，便下令吐谷浑民众迁移至‘南门隅’（今山南地区错那县境——引者）地方一样，似乎许多尼泊尔人也被下令迁移到于阗”[③]，如此等等。强大的国力、广袤的疆域为赤松德赞时期佛教在吐蕃的发展，奠定了良好的政治、经济和文化基础。然而，任何事物的发展都不可能一帆风顺。赤松德赞时期，吐蕃佛教的发展可以说一波三折，而正是这曲折复杂的过程，造就了吐蕃佛教走向繁荣与鼎盛的艰难历史，也为佛教的吐蕃化、吐蕃文化的佛教化提供了巨大的机遇，从而使吐蕃佛教由稚嫩走向成熟，由不完善逐步走向完善。

---

① 《敦煌本吐蕃历史文书》，王尧、陈践译注，第119、143、144页。

② 藏文本《贤者喜宴》第377页。转引自《西藏通史》第128页。

③ 《更敦群佩文集精要》，格桑曲批译，周季文校，第140页。

第一节　赤松德赞时期吐蕃佛教的曲折发展

一、佛教与苯教的首次公开冲突

佛教与苯教是两种截然不同的宗教文化形式。但是，很长一段时期，许多佛教殿堂中有诸多的苯教文化夹杂其中，佛教神灵与苯教神灵之间相安无事，漠然共居于一宇。正如霍夫曼先生指出的：在当时苯教与佛教之间还没有公开冲突，实际上，“在松赞干布统治下，很难说已经建立了一种外来的宗教，直到以后的一百年里西藏人民仍然过着他们祖先的宗教生活。不论有多少生动的传说，国王的兴趣很明显的是在政治方面。值得注意的是，国王仅修建寺庙而没有建寺院（有僧人居住者）。在松赞干布以后的两代国王执政期间，印度佛教信仰在西藏并无很大进展，……直到梅阿聪（即赤德祖赞——引者，公元704—755年）时代才真正有了一些宗教历史可记”①。

随着历史的发展，到赤德祖赞时期，金城公主入蕃，以及赤德祖赞重视发展佛教，吐蕃佛教从内容到形式，发生了一定的变化。尤其是汉地、西域、尼泊尔、印度僧侣的大量入蕃，吐蕃不断派遣使者到这些地方迎请佛教高僧大德，使吐蕃社会对佛教的认识上升到一个崭新的层次，对佛教的部分教义也有了一定程度的了解。

以赤松德赞为首的部分吐蕃少年，曾就巴德武赴印度迎请佛教高僧大德途中箭杀四只鸽子度日是否有罪而展开讨论，表明这时吐蕃社会中部分有识之士渴望深入了解佛教的愿望。据《拔协》记载，王子赤松德赞于扎玛地方的池塘边游玩时，听说了巴德武于赴印途中射死四个鸽子的事。他从脚下的烂泥中捉出一些长长的红色虫子，问游伴“如果说巴德武射死四只鸽子有很大罪孽的话，那么，把这虫子全部杀死，罪孽大不大？”琼保·都促认为：“如果这些虫子没有扰害我们而被杀死，罪孽是很大的。如果扰害了我们而杀之，则不但不是罪孽，还有利于牧业饲草的生长。”巴德武的儿子贾珠格堪不同意琼保·都促的意见，他说：“中原有部《平尔加》经典说，如果杀死这些虫子，是极大的罪孽。”这令赤松德赞很感兴趣，他询问贾珠格堪《平尔加》经中都说了些什么。贾珠格堪告诉赤松德赞：“《平尔加》里说的是十善法。”从此，他们便经常谈论“十善法”，其他人也都愿意修习“十善法”。正是由于王子赤松德赞及许多吐蕃人喜欢“十善法”，希望进一步学习“十善法”，赤德祖赞才派桑喜等人“携带信函，到中原去求取汉族经典”，并对他们说：“如果遵令完成使命，定当重赏；如果完不成使命，就要杀头！’”②桑喜等人不负重托，从唐朝求得千部佛经而返。这个记载是否属实并不重要，它起码给我们一个信号，即赤德祖赞时期，吐蕃佛教的发展已超越以往只是建筑佛堂、翻译经典等对佛教文化的外部建

① 霍夫曼：《西藏的宗教》，李有义译，第22—23页。

② 参见拔·塞囊《拔协》，佟锦华，黄布凡译注，第5—6页。

设,而是企图深入佛教文化的内部进行深入细致的了解。赤德祖赞时期吐蕃佛教的发展,正是这种变化的充分反映。

到赤松德赞即位初期,苯教与佛教首次发生了正面的冲突。众所周知,苯教是吐蕃社会中长期存在的一种古老的宗教,具有浓郁的萨满教色彩。长期以来,苯教巫师在吐蕃社会乃至吐蕃王室有着重要的地位。动物祭祀,甚至活人祭祀,是苯教的重要特点之一。据《新唐书·吐蕃传》记载:“赞普与其臣岁一小盟,用羊、犬、猴为牲;三岁一大盟,夜肴诸坛,用人、马、牛、驴为牲。凡牲必折足裂肠,陈于前,使巫告神曰:渝盟者有如牲。”① 唐朝与吐蕃的多次会盟,一直持续此种盟誓仪式。此外,苯教经典“色尔义”曾提供给我们以残酷的人祭仪式。据《西藏的宗教》载,为抢救患病的王子,必须以他的属民举行人祭。经上说:“咒师抓住人的脚,苯波执住他的手。然后‘黑汉达’切开他的胸膛把心掏出来。咒师和苯波把人血与肉抛洒四方。”佛教则是强烈反对杀生的。到赤德祖赞时期,佛教信仰已为吐蕃社会部分人所了解,这样苯教与佛教在宗教禁忌方面的矛盾与冲突在所难免。这里所说的原因,只是导致苯教与佛教冲突的一个方面。其实构成苯教与佛教第一次正面公开冲突的原因是多方面的,其中政治方面的原因也不容忽视。赤德祖赞时期提倡佛教的一系列措施,特别是鼓励外部僧侣入蕃弘法;重视佛教僧侣,尤其是汉地佛教僧侣,在很大程度上触动了吐蕃王朝内部部分权贵的现实利益,无疑引起吐蕃王朝内部及吐蕃社会信奉苯教人士的强烈不满。正如霍夫曼先生所指出的:“佛教僧侣在王廷中的影响不断增长,引起了西藏强有力贵族们的怀疑和恐惧。他们在寻找机会想除掉这些干预者。大约在这些外来僧侣进入三年以后,发生了一次天花瘟疫(公元730—741年)。金城公主就是这次瘟疫的受害者之一。西藏的大臣们公开解释这次瘟疫是古代鬼神愤怒的表示,它们是由佛教僧侣触怒了的。在这种借口下他们把外来人赶走了,僧侣们不得不再一次上路。”②

佛教与苯教首次正面公开冲突,发生在赤德祖赞死后。当时,赤松德赞年幼。握有实权、左右朝政的苯教大臣玛祥·仲巴杰等大贵族势力制造种种借口来反对佛教。仲巴杰说:“王之寿短乃系推行佛法之故,遂不吉祥。所谓后世可获转生,此乃妄语。消除此时之灾,当以苯教行之。”③他们采取了一系列灭佛措施:

其一,玛祥·仲巴杰等举行崇苯灭佛大臣集会,制定了不准推行佛教的“布琼”法典(藏语意为小法律),以此作为反佛崇苯的纲领。规定今后“谁推行佛法,便以其孤身流放边地”④。并将崇佛大臣朗与贝二人定罪,发往吐蕃黑暗(之地)。

其二,以触怒当地神灵为借口,玛祥·仲巴杰等命令印度、尼泊尔、西域诸地外来僧返乡,汉地佛教僧侣也被遣返回朝。据《贤者喜宴》所载,“一位担任香灯师的汉地老和

---

① 《旧唐书·吐蕃传》所载与此略有不同。

② 霍夫曼:《西藏的宗教》,李有义译,第24—25页。

③ 巴卧·祖拉陈哇:《贤者喜宴》,黄颢译注,载《西藏民族学院学报》1981年第4期。

④ 巴卧·祖拉陈哇:《贤者喜宴》,黄颢译注,载《西藏民族学院学报》1981年第4期。

尚,也被驱回汉地”[1]。

其三,小昭寺之金释迦牟尼像乃为汉地佛教的象征,金城公主入蕃后对之加以供奉,并在吐蕃首次推行荐亡灵仪式,使小昭寺成为当时汉地僧侣为首的外僧集聚的重要据点。反佛运动开始后,玛祥·仲巴杰等命人把金释迦牟尼佛像送往汉地。他们先将佛像置于尼绳制作之网中,由300人拖至门口,随后又由4人将佛像弄到卡查冬的对面;但即使1000人仍未能运走佛像,“于是便将神像埋在沙沟之中,并交由巴杰桂安置”[2]。此外,玛祥·仲巴杰等规定:“此后人死,不得举行冥寿之祭,如有履行汉地之佛法者,立即将其孤身发配”,等等[3]。在这种形势下,桑喜等人到汉地取经回蕃后,“不得不将各种汉地(带来的)佛典埋藏于钦浦的荒山缝隙之中”[4],把请来的汉僧送回汉地。

其四,赤德祖赞时期,为供奉桑杰桑哇(佛密)和桑杰希哇(佛寂)僧与吐蕃使者五部佛教经典,分别在拉萨修建了卡尔扎,在扎玛尔修建了枕桑,在钦浦修建了纳热,在扎玛尔修建了呷曲,在桑耶修建了玛撒巩等五座佛堂,作为存放经书的处所[5]。这五处佛堂后来成为这一时期印度佛教宏传的代表。为打击印度佛教势力,玛祥·仲巴杰等命人彻底推翻卡查神殿(即卡尔扎佛堂),毁灭珍桑神殿(即枕桑佛堂),其间之钟送到钦浦之岩石处[6]。

其五,拉萨大昭寺自尺尊公主入蕃以来,是尼泊尔佛教传入吐蕃的象征。在对汉地佛教、印度佛教施行打击的同时,玛祥·仲巴杰命人将拉萨大昭寺改做屠宰作坊。他们“杀了牲畜,剥下鲜血淋淋的皮子搭在佛像上,内脏等挂在佛像手上”[7]。

在玛祥·仲巴杰等反佛势力的沉重打击下,佛教僧侣惨遭摧残与迫害,吐蕃佛教陷于一片悲惨与苍凉之中。“从此,吐蕃被驱入黑暗的深渊”[8]。

赤松德赞成年后,越来越感到以玛祥·仲巴杰为首的反佛势力倒行逆施,把持朝政,严重地束缚了自己的手脚,削弱了吐蕃王权,使赞普的倡佛愿望无法得以实施。据《贤者喜宴》载,赤松德赞长大成人后,见到先祖文书,得知先祖们利用佛教,使属民得以安乐,自己如能使用这些“幸运经典”,则可得到先祖们的种种神变。他于是向桑喜了解赤德祖赞时期所得汉地经典内容。桑喜依照文书,详细地说明了经典的内容,赤松德赞极为振奋地说道:“此经典极佳,我父祖曾躬行了此妙善之法轨,但今日所见世间之善行又如何产生?”桑喜告诉赤松德赞:“即使得到了汉地妙善之佛法,但那些经典进不了王宫之门。”赤松德赞执意要汉地妙善佛法的原理,桑喜只好告以实情。于是,赤松德赞派人匿于隐蔽地点,将藏在钦浦岩中的佛典取回。按照当年吉雅和尚的教诲,首先诵读了《十善经》,

---

① 巴卧·祖拉陈哇:《贤者喜宴》,黄颢译注,载《西藏民族学院学报》1981年第4期。
② 巴卧·祖拉陈哇:《贤者喜宴》,黄颢译注,载《西藏民族学院学报》1981年第4期。
③ 巴卧·祖拉陈哇:《贤者喜宴》,黄颢译注,载《西藏民族学院学报》1981年第4期。
④ 巴卧·祖拉陈哇:《贤者喜宴》,黄颢译注,载《西藏民族学院学报》1981年第4期。
⑤ 拔·塞囊:《拔协》,佟锦华,黄布凡译注,第1—2页。
⑥ 巴卧·祖拉陈哇:《贤者喜宴》,黄颢译注,载《西藏民族学院学报》1981年第4期。
⑦ 拔·塞囊:《拔协》,佟锦华,黄布凡译注,第1—2、9页。
⑧ 巴卧·祖拉陈哇:《贤者喜宴》,黄颢译注,《西藏民族学院学报》1981年第4期。

使赤松德赞领悟了善行,生起了信仰之心;接着诵读了《能断金刚般若波罗蜜多经》,使赤松德赞领会了正确见解,从而生起了大信心;第三步诵读《佛说稻秆经》,使赤松德赞因了解双修,由是笃信佛法①。

对赤松德赞笃信佛法有重大影响的一个人物是拔·塞囊。拔·塞囊从汉族和尚那里获得修行之经教后,暗地里修习。为求得佛典,拔·塞囊希望赴印度、尼泊尔取经。考虑到玛祥·仲巴杰等反佛势力的强大压力,赤松德赞任命拔·塞囊到离尼泊尔、印度不远的芒域那个地方担任卡伦。到达芒域后,拔·塞囊冲破"布琼"法典的规定到达印度,朝拜了大菩提寺和那烂陀寺。后来,在尼泊尔的援助下,"将具有精通(经教)、明悉事理等多种功德之显达热格希达,即吐蕃所称之菩提萨埵(静命——引者)迎到芒域,在那里建造了两座寺院"②。此后不久,菩提萨埵返回尼泊尔。拔·塞囊前往拉萨谒见赤松德赞,向赤松德赞汇报了他在尼泊尔、印度的见闻及迎请菩提萨埵的情况,请求赤松德赞在吐蕃推行佛教。赤松德赞在一个隐蔽地点听取了拔·塞囊的汇报,他恐怕反佛大臣玛祥·仲巴杰等知道后加害拔·塞囊。当时,重新宏传佛教的条件尚未成熟,赤松德赞让拔·塞囊返回芒域隐藏起来,等待机会。

由于兴佛心切,赤松德赞命令桑喜:"你所迎来的全部汉地佛教、芒域的诸佛典等,当由汉人梅果、印度阿年达及精通汉语者加以翻译。"③于是,在桑喜的组织下,三人在海波山的鸟穴将佛典译成藏语。然而,事情终于还是被玛祥·仲巴杰和昂木·达扎禄恭等人知道了,仲巴杰、达扎禄恭非常严厉地说道:"你们三个勤奋人在那里干什么?玛祥的小法有载:人死如果祈做冥福,定予只身流放;不得奉行供养南方泥婆罗之神佛。这样你们没有听到吗?凡所行之诸多事务,如与佛法言论相同者,无需禀告于王,即当埋于沙中!然后依法惩处。这是否还要辩论?"④当时赤松德赞还无能为力,只好以流放的形式,将桑喜派到芒域去做拔·塞囊的助手。

严峻的政治局势,迫使赤松德赞下决心加紧建立吐蕃王权与佛教的联盟,以共同抵御来自吐蕃旧贵族与苯教结成的反佛势力,恢复王朝王权的有力统治。据载,在桑喜被发配芒域不久,赤松德赞与重臣尼雅桑、桂氏·墀桑雅甫拉等全体崇佛大臣集会,商议推行佛法,翦灭玛祥·仲巴杰等反佛联盟事宜。会议上,尼雅桑禀告赤松德赞:"先祖松赞干布因推行佛法,致使吐蕃获得巨大利益。天子之父亦如此行之。但(你)父死后,(佛法)则被舅臣玛祥毁坏。汉地之佛像,(原来)由一骑士可以抱于怀中,但在决定将佛像送回汉地之时,则千人也抬不动。送至芒域之时,由两骡载运之。其时,一些毁坏佛法的舅臣则突然死去。于是上下之信使以及所有相士均说,此系汉地佛像发怒所致。(此事表明),对于佛像及政权不得损害,此事应铭记在心。至于汉地佛像当重新取回,共予供奉。(陛下)如能按往昔天子之父推行佛法那样奉佛,亦可同样地获得好处,虽然如此,但因舅

① 巴卧·祖拉陈哇:《贤者喜宴》,黄颢译注,《西藏民族学院学报》1981 年第 4 期。
② 巴卧·祖拉陈哇:《贤者喜宴》,黄颢译注,《西藏民族学院学报》1981 年第 4 期。
③ 巴卧·祖拉陈哇:《贤者喜宴》,黄颢译注,《西藏民族学院学报》1981 年第 4 期。
④ 巴卧·祖拉陈哇:《贤者喜宴》,黄颢译注,《西藏民族学院学报》1981 年第 4 期。

臣玛祥不好佛法，故此心愿未能实现。”[①]

对于如何翦灭玛祥等反佛势力，大家经过商议后一致认为，不能硬拼，只能智取。于是，由大臣桂氏制定了一个翦灭玛祥·仲巴杰的万全之计，即暗中奖励物品给上下信使、卦师及相士，让他们扬言：赞普的身体遭到大难，此将危及政权，必须在尚论中选派两名地位最高的舅臣活着进入墓穴祈祷。只有这样，赞普的身体和国政方不受损害。这种说法在吐蕃臣民中广为流传。大臣桂氏·墀桑雅甫拉首先挺身而出，说道：“在大王侍者之中，以我为大。子孙亦均善良。在告身职衔上，除了我之外还有谁比我大呢？所以，当由我来做。”玛祥·仲巴杰骑虎难下，遂起身说道：“如果没有大臣比我大者，那么就由身为大臣侍者的我来做！”在谈到以何处作为墓穴时，玛祥·仲巴杰建议将墓穴建于纳囊章布，墓穴内引入流水，以兽角为排水管道，设计了进水及排水设施，并备以食物和其他日用品。桂氏·墀桑雅甫拉与珞德古囊恭商议后，与玛祥·仲巴杰一起进入墓穴。趁玛祥·仲巴杰不备，桂氏迅速逃出墓穴，由珞德古囊恭用巨石堵死墓穴出口，并以兽角管道将水流入墓穴之中。于是，玛祥·仲巴杰被活活淹死在墓穴内。

玛祥·仲巴杰之死，使吐蕃反佛势力失去了依靠。此后，反佛势力的另一代表人物昂木·达扎禄恭被赤松德赞流放北方。佛教与苯教的第一次公开冲突，以苯教的失败而告终。但是，苯教势力并没有因为这次失败而偃旗息鼓。玛祥·仲巴杰死后，王臣贵族伺机反扑，象雄王甚至“集中象雄信奉苯教的十三个千户兵力攻打吐蕃墀松德赞，但遭失败”[②]。其实，第一次佛苯斗争中苯教的失败，只是剥夺了部分信奉苯教的吐蕃王臣贵族的现实权力，并没有从根本上触动苯教在吐蕃长期以来形成的深厚社会基础。当然，第一次佛苯斗争中苯教的失败，使吐蕃王权重新与佛教结合在一起，客观上巩固了王权。

二、秉承先祖倡佛政策，迎请外僧入蕃弘法

1.寂护自尼泊尔初次入蕃与弘法受挫

翦除玛祥·仲巴杰反佛势力之后，赤松德赞立即召集群臣，商议在吐蕃弘扬佛法之事。经过多次研究，并得到群臣拥护，赤松德赞诏令全国：“我的先祖本来奉行佛法，后来被玛祥等尚论破坏了。现在要把汉地的佛像再从芒域请回来供奉，我也要奉行佛法。”[③]接着，赤松德赞与拔·塞囊商议，从印度、尼泊尔等地迎请高僧大德入蕃弘教。从此，汉地、尼泊尔、印度成为赤松德赞迎请佛教高僧、迎取佛教经典的主要区域。

寂护，又称静命，又称菩提萨埵，本名“显达热格希达”，乃印度萨霍尔国（今孟加拉）王子。他是一位精通佛法的高僧，“所有善行，他没有不做的；一切恶行，他没有不戒除的。他敬奉三宝，专做利益众生的事情”[④]。赤松德赞决定弘扬佛法后，拔·塞囊建议赞普迎请正在尼泊尔弘法的寂护。于是，赤松德赞派遣拔·塞囊携带赞普信函前往泥泊

---

① 巴卧·祖拉陈哇：《贤者喜宴》，黄颢译注，《西藏民族学院学报》1981年第4期。

② 《雍仲苯教目录》第51页，转引自黄颢译注《贤者喜宴》摘译，《西藏民族学院学报》1981年第4期注释部分。

③ 拔·塞囊：《拔协》，佟锦华，黄布凡译注，第17页。

④ 拔·塞囊：《拔协》，佟锦华，黄布凡译注，第17页。

尔。在征得尼泊尔国王同意后，拔塞囊和寂护一起返回吐蕃。途中，赞普派桑喜等前往迎接，顺便了解和考察寂护的道行。在克什米尔人阿难陀的帮助下，得知到达拉萨后，寂护得到赤松德赞王的礼遇。赤松德赞向寂护行礼，并供上碎金作为见面礼。在克什米尔人阿难陀(担任翻译)的帮助下，寂护利用四个月的时间，在龙促宫向赤松德赞王宣讲了"十善""十八界""十二缘起"等佛法。不久，即引起苯教势力的反对。他们到处扬言："吐蕃邪恶的鬼神等大为不喜，发水冲了旁塘宫，轰雷击毁拉萨玛保山(即今之布达拉宫)"，"这是赞普奉行佛教的报应！快把阿杂诺雅(即寂护)赶走！"[①]在这种情况之下，寂护无法在吐蕃继续立足，赤松德赞一时也无能为力，只能送寂护返回尼泊尔，等来日条件成熟后再迎请他入蕃弘法。由朗·卓囊诺和塞赞两人护送，寂护返抵尼泊尔。

寂护初次入蕃弘法的失败有客观上的原因，如雷击布达拉宫、水淹旁塘宫、瘟疫、灾荒等等，这不是通过个人努力能够避免的。但从主观上说，寂护本人及其佛学理论本身也有其难以克服的弱点和不足，或者换句话说，寂护没有能力找到佛教文化与吐蕃以苯教为代表的传统文化的结合点和切入点。正如任继愈先生所说："一种新的宗教思想信仰，传到一个陌生的民族中间，并要求取得当地的群众的信任，不是一件容易的事。传教者要迎合当地群众的思想和要求，并且采取一些办法以满足他们的要求。理论在一个民族中实现的程度，决定于理论满足于这个民族的需要的程度。"[②]寂护确实是一位佛教高僧大德，但他只是学者型的宗教活动家，他自己也承认："我一生只专心致力济度众生，故无降伏恶魔之妙力。然若不将幽鬼及妖魔降伏，如何能建佛殿。欲成就此事，须从邬仗那聘请莲花生上师来吐蕃，他不仅能退治生死大海中一切灵鬼罗刹及八种妖，并通一切陀罗尼密法，若能得此知识，一切幽鬼可以退治。"[③]

2.拔·塞囊、桑喜等往汉地取经

寂护初次入蕃弘法的失败，并没有动摇赤松德赞在吐蕃弘扬佛教的意志与决心。在将寂护送回尼泊尔之后，赤松德赞马上委任拔·塞囊为赴汉取经特使，桑喜为总领，章·甲诺勒思为理财官，组成多达30多人的庞大使团，前往汉地取经。

传说当时唐朝皇帝身边精通占卜的人通过卜算，知道拔·塞囊为首的赴唐取经使团将不久抵京，于是画出拔·塞囊和桑喜的肖像，送给皇帝。皇帝为表示对吐蕃取经使团的欢迎，扎起绸轿，驾在马车上，请使者们坐上。长安城内，和尚和信佛的百姓听说吐蕃取经使团经过，都云集观看。人们在房屋、墙头、柱子上都饰满彩绸，焚香奏乐，尽情欢乐，以示欢迎。拔·塞囊见到唐朝皇帝后非常欢喜，提出赤松德赞派遣他出使长安的愿望和目的："别的什么也不要。但是，无论如何请恩赐一位和尚，我们要向他学习经教。"[④]唐朝皇帝准予所请，派人请来一位和尚向吐蕃取经使团讲授佛教经典，拔·塞囊、桑喜、章·甲诺勒思等吐蕃取经使者潜心修习。吐蕃赴唐取经使团学成返回时，唐朝皇帝赐予

---

① 拔·塞囊：《拔协》，佟锦华、黄布凡译注，第17页。

② 任继愈主编：《中国佛教史》第一卷，中国社会科学出版社1981年版，第5页。

③ 弘学主编：《藏传佛教》，四川人民出版社1996年版，第29页。

④ 拔·塞囊：《拔协》，佟锦华、黄布凡译注，第20页。

大量物品。其中赐予拔·塞囊的礼物有:汉地丘纸100秤;丝绸500匹;嵌有颇罗弥的珊瑚及颇罗弥的盘子,各重100两,每种各一;一托长的珍珠豆10串;彩绸、毛呢、盆纱各一匹等等。送给赤松德赞的礼品是:丝绸1000匹;嵌有颇罗弥的帽子及一托长的高脚盘。此外,对其他赴汉取经使臣,也赐予大量的礼品①。带着大量礼品及唐朝皇帝给赤松德赞的信函,拔·塞囊一行顺利地返回拉萨,完成了赴汉地取经使命。

拔·塞囊、桑喜赴汉地取经的成功,为汉地佛教在吐蕃的广泛传播奠定了坚实的基础,也是唐蕃之间政治、经济、文化交流的必然结果。

3.莲花生与寂护联袂入蕃

莲花生,藏文名白玛迥耐,是印度邬仗那(在今巴基斯坦斯瓦特河谷一带)人,因而又被称为邬仗那活佛。莲花生乃寂护的妹夫,是印度佛教密宗的大师。寂护在初次入蕃弘法失败后,认识到仅靠自身的力量,无法应付吐蕃社会各方面的压力。于是,他在回到尼泊尔后力邀莲花生入蕃传教。莲花生是印度佛教密宗大师,印度佛教密宗在形式上和吐蕃苯教有许多相似之处,都以咒术取信于民;但在仪式上比吐蕃苯教更为完善或者说更加繁琐,因而比吐蕃苯教更具说服力。因此,寂护对再度入蕃弘法充满信心。这时,自汉地取经归来的拔·塞囊接到赤松德赞的诏谕,要他再赴尼泊尔迎请寂护。拔·塞囊遵命前往,到达芒域时,正好与入蕃传教的寂护、莲花生及精通占卜的尼泊尔僧侣邂逅。在拔·塞囊的邀请下,寂护、莲花生联袂入蕃弘法。

在前往拉萨的途中,莲花生一路降妖驱魔,显现种种神变,使拔·塞囊等随行人员叹为观止。在达聂姆脱甲那个地方,莲花生告诉随行人员:"明天,河对岸有一个'孤独地狱',我要对它发慈悲。"说罢,他把小船放到河里,朝沃尤那个地方施食并诵念经咒,翻腾起伏的河水顿时变得风平浪静。来到喜古山的芜纳木地,一户叫隆仓的人家正在用大铜锅煎煮驴肉,祭祀念青唐古拉山神。莲花生用脚踢翻铜锅,使念青唐古拉山大怒,掀翻雪山,降落冰雹,电闪雷鸣。接着,莲花生运用法力降伏了念青唐古拉山神。开达山的宁钟地方有一条阻止在吐蕃传扬佛法的凶暴白龙,见莲花生前来,仓皇逃往大海。莲花生决心抓住这条白龙,让它发誓护持佛法,于是修起坛城,接连观想了三天,雪山不再坍塌,地方得到安宁,白龙立誓信奉佛法。莲花生一路上还在玛勒晓山、觉莫隘口、雄巴、聂塘、昂许等许多地方显现神变,降伏外道,最后胜利抵达拉萨②。

到达拉萨后,寂护向赤松德赞汇报了莲花生一路上降妖驱魔、护持佛教的种种神变,谈了如何在吐蕃弘传印度、尼泊尔佛教的具体设想:"被请到这里来的这位白玛迥耐大咒师,法力高强,举世无双。他能驱除和镇伏一切阻挡赞普推行佛法的神、鬼,并以誓言约束他们。同时,赞普要推行佛法,一定还会遇到辩难和反对,特别需要讲论因明学。在这方面,我最精通,可以承担。如果要修建佛寺,观察征兆,推断吉凶,预言佛法能否建立等,那就没有比这个占卜者更精通的了。所以我把他们都领来了。"③莲花生为取得赤松

---

① 巴卧·祖拉陈哇:《贤者喜宴》,黄颢译注,《西藏民族学院学报》1982年第1期。

② 拔·塞囊:《拔协》,佟锦华、黄布凡译注,第21—23、24页。

③ 拔·塞囊:《拔协》,佟锦华、黄布凡译注,第21—23、24页。

德赞的信任，在主持枕桑寺开光仪式时显示神变。举行圆光时，莲花生画了坛城，从寝宫中选出儿童错协年勒巴充当降神者，又让达盆说明圆光结果。他说出了吐蕃所有不驯服的神、龙名字，以及制造旱灾、荒年、瘟疫的12个地方女神等等。次日，莲花生又选出10个出身高贵、父母双全、祖父母健在的吐蕃少年做降神者，再度圆光。结果，四大天王降临，夜叉、火神原形毕现，不驯服的神、龙变成人形。莲花生以威猛震慑，对不驯服的全部施火祭消灭之。如此施行两遍后，莲花生告诉赤松德赞："现在神龙等已立誓护法，但还要施行一遍，才更彻底。今后可以极其顺利地推行佛法，也可按你的愿望修筑寺庙了。"① 之后，莲花生又到苏朴江布园降伏龙王和雅拉香波，使龙王与雅拉香波山神立誓保证护持佛法。

从此，赤松德赞对莲花生为代表的印度佛教密宗有了较为深刻的了解。赤松德赞还接受了莲花生的洗礼，希望以此使自己长寿，王嗣繁衍，国政昌盛。部分藏文资料显示，莲花生在取得赤松德赞的信任后，在吐蕃王朝的最高统治集团中扮演了十分重要的角色。据《拔协》记载，莲花生曾向赞普建议：我可以使你的国土变成良田，把昂许沙滩变成草原和园林，使扎妥、达拉和不索以下原来没有河水的地方变得水源充足，使河滩变成良田，以供奉吐蕃；向巴夏诺尼财神讨取财物，使吐蕃富有而幸福，将世间一切财物都召聚吐蕃；把藏布江当湖泊引入水渠，人能从渠上跳过，等等。为证明自己的想法，莲花生先是观想了一个上午，使龙池中有了水，使扎玛尔拉园变成森林。第二天清晨又禅定观想，使松呷尔地方的旧河道得以延长，出现了泉眼和流水②。

也许正是由于莲花生在赤松德赞心中的崇高威信和在吐蕃最高统治集团中的巨大影响，使吐蕃群臣倍感失落。他们担心莲花生的地位与权力会触及他们的切身利益，"吐蕃如果凭藉做好事的咒师（莲花生）的能力进行统治，那么政权就将被印度夺去"③。此外，部分藏文教法史提到，莲花生还向赤松德赞秘密传授了三部经教，并为其灌顶。作为灌顶的报酬，赤松德赞将王妃益希措杰献给莲花生，从而引起吐蕃众臣更大的不满，他们斥责莲花生"先夺走王妃，现在就真的要夺取政权了"④。于是，众大臣召开御前会议，决定将莲花生遣返回印度。赤松德赞对此虽然很不高兴，但因为是御前小会决定而无法反对，"只好围着大师绕行一周并献上一升黄金，然后派人将莲花生送往印度"⑤。

关于莲花生在吐蕃留居的时间，诸种教法史书说法不一。据觉囊派著名学者多罗那他的论述："轨范师莲花生在吐蕃居住几年？有人说3年，有人说6年，还有人说12年，或18年。《伏藏》中说：莲花生至少在吐蕃住了50年，多数人说百余年。另有众徒认为：莲花生现在仍健在，在一切地方经常显现身相。因此，不管莲花生在吐蕃呆了多少年，根

---

① 拔·塞囊：《拔协》，佟锦华、黄布凡译注，第21—23、24页。
② 拔·塞囊：《拔协》，佟锦华、黄布凡译注，第25—26页。
③ 巴卧·祖拉陈哇：《贤者喜宴》，黄颢译注，《西藏民族学院学报》1982年第1期。
④ 巴卧·祖拉陈哇：《贤者喜宴》，黄颢译注，《西藏民族学院学报》1982年第1期。
⑤ 拔·塞囊：《拔协》，佟锦华、黄布凡译注，第25—26页。

据前后时间排列，上述观点很难成立。因为，把莲花生放在当时一般人能接受的感觉之上。”[①]《莲花生传》根据莲花生在印度、邬仗那等地的活动指出：“《巴协》说莲花生大师在吐蕃中部居住 18 个月；《巴协补遗》也说莲花生在吐蕃居住 18 个月。《拉协》中没有说莲花生在吐蕃居住的确切月数。取《杰协》观点写的古文书中说，莲花生在吐蕃中部札玛居住 18 个月。是故，只有细小的时间差别，主要意思相同。”[②]诸多的说法确实难以适从，特别是在莲花生被神化的情况下，考察他在吐蕃的实际居住时间更是难上加难。不过，只要我们本着历史的本来面目进行考察，结论自然是后一种说法更有意义。我们了解莲花生在吐蕃留居时间的长短，其最终目的还是看他对吐蕃究竟做了些什么，产生了多少影响。

三、佛教与苯教的第二次冲突

寂护与莲花生一起入蕃弘法，是对吐蕃苯教势力所提出的挑战的有力回应。特别是莲花生，一到吐蕃就使用印度佛教密宗中那套类似于苯教巫术的咒法，将原本属于苯教的许多自然神灵一并吸纳到佛教密宗的体系之中，使他们成为佛教的护法神，诸如念青唐古拉山神、雅拉香波神等等。此外，莲花生还尽量利用和仿效苯教驱鬼摄魂、祭祀神灵的宗教仪式，将它与印度佛教密宗中的巫术相结合，使印度佛教密宗在吐蕃的弘传奠定了基础，从而为佛教与苯教之间创造了一种敌对之中相互对话、相互融合与渗透的现实条件。正如班班多杰先生精辟指出的：“莲花生为了确保佛教能在异域的土壤扎下根来，一踏上西藏的土地，就根据西藏思想的实际状况，有针对性地阐发了佛教思想，即把藏族人熟悉的神祇、仪式、赞普的形象等纳入佛教中，将这种改变了形态的佛教传播到西藏，以便适应藏族的心理、习俗，促进更多的藏族人熟悉佛教，了解佛教。这样藏人即能用对待苯教的眼光来看待佛教，以便消除对佛教的陌生感，为佛教在吐蕃地区的传播扫清了障碍。也为后来佛教在西藏的发展找到了一种途径。”[③]正因如此，莲花生不仅为吐蕃社会所接纳，而且深得赤松德赞的重视。

但与此同时，因为切中苯教的要害而引起苯教势力的强烈恐惧与不满。为迫使莲花生尽快离开吐蕃，苯教势力一方面宣扬“吐蕃如果凭籍做好事的咒师（莲花生）的能力进行统治，国家社稷将会被印度夺去”；另一方面，又对莲花生进行百般攻击和中伤。他们散布谣言，说莲花生夺走赤松德赞的王妃。苯教势力的强大压力，使赤松德赞也无能为力，只好让莲花生返回印度。但苯教势力并未就此罢休，他们认为：“如果不杀掉这个咒师（莲花生—引者），他的法术高强，会向咱们吐蕃放咒。”于是，派 18 个刺客埋伏在莲花生必经的登柏隘口行刺。因为莲花生法力高强，而未能得逞。

莲花生离开吐蕃后，苯教势力着实高兴了一阵，决定利用这一有利时机向佛教势力挑战。据《拔协》记载，莲花生返回印度后，苯教徒和大臣们一改过去的种种承诺，公开反

---

① 《莲花生传》，手抄本，第 7 页。转引自《西藏通史》第 135—136 页。

② 《莲花生传》，手抄本，第 7 页。转引自《西藏通史》第 135—136 页。

③ 班班多杰：《藏传佛教思想史纲》，上海三联书店 1995 年版，第 75 页。

悔说:“不应奉行佛法,还是奉行苯波教吧!”[①]面对苯教势力的挑战,以寂护为代表的佛教势力坚决地予以回应。这时的寂护,因为有赤松德赞的支持以及莲花生业已开创的佛教环境,对佛教在吐蕃的发展表现出从未有过的自信,他宣称:“一国之中,如果有两种教派,那是很大的罪孽。让咱们来辩论吧。如果你胜利了,就发展苯波教,我回印度去;如果佛法胜利了,那就去除苯波教,推行佛法。”[②]于是双方约好,由赤松德赞主持,在拉萨王宫之苏朴江布园进行一场苯教与佛教的生死决战。佛教一方,以寂护为首领,尚·尼雅桑、聂·达赞东斯、僧廓·达隆思、娘·晓玛等四人为辩论助手。苯教一方,选派一名苯教论师作为辩论首领,昂木·达扎禄恭、大历算家琼波佟促、琼波·泽哇·才米当觉等担任辩论助手[③]。辩论过程中,苯教因起源恶劣、论证不足而理屈词穷;佛教则因起源高尚、旁征博引、辩词锋利而使苯教无以应对。辩论的结果,以佛教的胜利和苯教的失败而告终。此后不久,赤松德赞与吐蕃倡佛势力颁布了大力弘扬佛法、废弃苯教的若干规定[④]:

1.不准再行苯教;

2.不准为死者杀牛马及生灵,不得放置肉类;

3.凡为诸王消祸禳灾,如果对妖魔想举行苯教法事,除蔡米及香雄两处外,他处不得做此法事。

4.将苯教书籍悉数投于河内,余者最后均以金塔压之;

5.今后要倡引佛法,修建寺庙。

在第二次佛、苯斗争中,苯教受到了毁灭性的打击。如果说佛教与苯教的第一次公开冲突只是翦除吐蕃王朝内部的反佛教势力,使赤松德赞结成王权与佛教之间的联盟,而没有触动苯教势力长期在吐蕃社会中的广泛影响的话,那么第二次佛教与苯教针锋相对的直接斗争,则不但使王权与佛教的联盟更加巩固,而且对佛教与苯教谁更有利于吐蕃统治者的统治,有利于吐蕃社会生产力的发展,进行了一次全方位多层面的综合审视,从而坚定了赤松德赞倡佛的决心,他将“不得履行苯教”和“倡引佛教,修建寺庙”作为国策确定下来,为佛教最终取得吐蕃尊主地位而奠定了基础。在第二次佛、苯斗争中,苯教受到的打击是毁灭性的。

需要指出的是,由于受到种种条件的制约,特别是长期以来苯教势力的广泛影响,赤松德赞时期的“倡佛灭苯”政策贯彻得并不彻底。在蔡米、香雄等部分区域,苯教势力仍合理合法地存在。“苯波教徒和御前经师为国王消灾每年可定期举行杀牲祭祀鬼神仪式,……准许为死者超荐而杀马”等等[⑤]。这既为苯教徒的继续活动留下据点,也为日后佛教与苯教之间长期的冲突与斗争留下了空间。

---

① 拔·塞囊:《拔协》,佟锦华、黄布凡译注,第27页。

② 拔·塞囊:《拔协》,佟锦华、黄布凡译注,第27页。

③ 巴卧·祖拉陈哇:《贤者喜宴》,黄颢译注,《西藏民族学院学报》1982年第2期。

④ 巴卧·祖拉陈哇:《贤者喜宴》,黄颢译注,《西藏民族学院学报》1982年第2期。

⑤ 拔·塞囊:《拔协》,佟锦华、黄布凡译注,第28页。

四、桑耶寺的建立及其艺术风格

在赤松德赞制定的一系列“倡佛灭苯”的措施中，建造桑耶寺是主要内容之一。据藏文史籍记载，第二次佛、苯之争之后，吐蕃王朝有一位姓郭的老者悲痛万分，赤松德赞颇为疑惑，问他是不是因为不喜欢佛法，他摇头答道：“这个门域青年（指寂护——引者）口才流利，所讲佛教也深奥。若要奉行佛法，我年老体衰不能修习，所以难过！”①赤松德赞深表同情，于是派人从芒域请回汉地之释迦牟尼佛像，安放于大昭寺，并决定“于兔年之春为桑耶寺奠基”②。

不久，赤松德赞与寂护、聂·达赞东思三人一起来到开苏山顶，请寂护勘察地形，准备建造白吉扎玛尔桑耶米久伦吉竹巴寺（桑耶寺之全称）。寂护一边察看，一边向赤松德赞介绍开苏山附近的优越地形，他说：“东山好像国王稳坐宝座，实在佳妙；小东山犹如母鸡卵翼雏鸡，实在佳妙；药山好似宝贝堆积，实在佳妙；开苏山像是王妃身披白绸斗篷，实在佳妙；黑山宛如铁橛插地，实在佳妙；麦雅地方宛似骡马饮水，实在佳妙；朵塘地方如像白绸帘缦铺展，实在佳妙。这个地方就像盛满藏红花的铜盘，若在此处修建寺庙，可是实在佳妙啊！”③指点完毕，寂护以手杖于地上画出桑耶寺的地基图线，初步确定了桑耶寺的建筑格局。

建造桑耶寺的决定，引起达扎禄恭等苯教势力的不满。达扎禄恭直言不讳地反对兴建桑耶寺他说：“建造神殿一事，此系佛教之事也。我不喜好此事。我本身崇信苯教。”④面对来自苯教势力的反对，赤松德赞坚决地予以弹压，颁布诏谕：“（你）违背了我的御旨，遂将达扎禄恭驱逃北方！”⑤随即达扎禄恭被捆以草绳，用带刺的鞭子抽打，而后发配北方。达扎禄恭的被贬沉重地打击了来自苯教方面的反对力量，排除了建造桑耶寺的主要障碍与阻力。

为取得吐蕃属民对建造桑耶寺的支持，唤起他们的建寺热情，吐蕃群臣经过商议，提出了一个令吐蕃属民无法拒绝的建造桑耶寺的理由。据载，当时赤松德赞诏谕全国：“世间之上以吐蕃大王为大。在吐蕃大王中比我大者往昔未有，然而我尚无功绩，而今应做一番大事业，你等这些聪明的吐蕃属民说吧！”⑥于是大臣桂氏说道：“国王的谕旨谨遵从，法律的山峰比天高。无论做何种功业当请（陛下）降旨。”随即赤松德赞说道：“我是否建造一座能看到舅家汉地的大宫堡？还是建造如同东山一样的水晶塔？还是用金粉填满深沟渠谷？还是将亥波山用铜包起来而其内部安上钉帽？还是将藏布江装进铜筒内并使其从旁侧流出呢？还是在嘎秋塘挖一眼深达 991 庹的井呢？亦还是建造如升一样的

---

① 拔·塞囊：《拔协》，佟锦华、黄布凡译注，第 28 页。
② 拔·塞囊：《拔协》，佟锦华、黄布凡译注，第 28 页。
③ 拔·塞囊：《拔协》，佟锦华、黄布凡译注，第 28 页。
④ 巴卧·祖拉陈哇：《贤者喜宴》，黄颢译注，《西藏民族学院学报》1982 年第 2 期。
⑤ 巴卧·祖拉陈哇：《贤者喜宴》，黄颢译注，《西藏民族学院学报》1982 年第 2 期。
⑥ 巴卧·祖拉陈哇：《贤者喜宴》，黄颢译注，《西藏民族学院学报》1982 年第 2 期。

寺院呢？上述这些做哪一种呢？你等选择吧！”[①]赞普言罢，尚·尼雅桑向属民分析了赞普所列各种功业的费用，最后决定“就建像升一样的神殿吧，此外还有何者比这个适合的呢?!”[②]尚·尼雅桑的分析，令所有吐蕃属民折服。于是，建造桑耶寺的计划顺利地得以通过。

赤松德赞为建造桑耶寺举行了隆重的奠基仪式。参加奠基仪式的，除赤松德赞、寂护之外，还有吐蕃重臣及其子孙、父母、祖父母等等。奠基仪式这天，人山人海，热闹非凡。赤松德赞身着彩色缎袍，手执金铲。诸子孙则身着盛装，手捧珍宝器皿。赤松德赞先在指定的地点挖掘三次，随后子孙依次挖掘。不久，挖出了白、黄、红三色土壤，大家非常高兴，称赞这正是建造佛寺的绝佳处所。为了镇压一切邪魔，寂护钉了四个佛塔的橛子。寂护详细地设计了桑耶寺的布局、形制等方案。

关于桑耶寺自动工至竣工的确切时间，诸教法史书说法不一。《青史》认为，“从卯年(公元767年)至未年，很好地完成了大寺的诸小寺院和殿堂及围墙等”[③]。《贤者喜宴》《拔协》则说：桑耶寺“兔年(公元763年)奠基，兔年竣工，12年圆满完成”[④]。《布顿佛教史》说：阴火兔年(公元787年)奠基，阴土兔年(公元799年)竣工。法尊大师的《中国佛法史》则认为，桑耶寺在公元762—766年间完成。王森先生《西藏佛教发展史略》认为，“约于779年建成了在西藏佛教史上著名的桑耶寺”[⑤]。东嘎·洛桑赤列先生认为，公元763年始建桑耶寺，至766年建成，历时4年竣工。以上说法莫衷一是，但以桑耶寺的建筑规模，绝非短时间内所能完成。目前，一般认为桑耶寺建成于公元779年。

桑耶寺的建筑格局复杂、规模宏大，是一个体系完整、风格别致，颇具艺术魅力的寺宇建筑群，总面积达25000平方米。整个寺院的布局，严格按照佛教想象中所谓“世界”结构设计而成。一般认为，古印度摩揭陀地方的欧丹达菩提寺(即飞行寺)，是桑耶寺的蓝本，因为寂护对欧丹达菩提寺非常熟悉，他在设计桑耶寺时自然会受到影响。也有人认为，桑耶寺的建筑格局与佛教密宗的“坛城”(即曼荼罗)极其相似，是按照密宗的曼荼罗建造的。位于全寺中心的“乌孜”大殿，象征宇宙中心的须弥山；“乌孜”大殿四方各建一殿，象征四大部洲；四方各殿的附件各有两座小殿，象征八小洲；主殿左右两侧又建两座小殿，象征日月；主殿四角又建红、绿、黑、白四塔，以镇服一切凶神恶魔，防止天灾人祸的发生；在塔周围遍架金刚杵，形成108座小塔，每杵下置一舍利，象征佛法坚不可摧[⑥]。除此而外，桑耶寺还有一些辅助建筑，如护法神殿、僧舍、经房、仓库。在整个建筑群四周，围以椭圆形围墙，东、南、西、北四面各设一座大门，其中东大门为桑耶寺之正门。下面对桑耶寺建筑群简要地作些介绍。

---

① 巴卧·祖拉陈哇：《贤者喜宴》，黄颢译注，《西藏民族学院学报》1982年第2期。

② 廓诺·迅鲁伯：《青史》，郭和卿译注，西藏人民出版社1985年版(后注均同此版本)，第27页。

③ 廓诺·迅鲁伯：《青史》，郭和卿译注，西藏人民出版社1985年版(后注均同此版本)，第27页。

④ 拔·塞囊：《拔协》，佟锦华、黄布凡译注，第42页。

⑤ 王森：《西藏佛教发展史略》，中国社会科学出版社1987年版(后注均同此版本)，第9页。

⑥ 何周德：《桑耶寺综述》(上)，《西藏研究》1988年第3期。

（1）“乌孜”大殿

“乌孜”大殿亦名“祖拉康”，是桑耶寺的中心主殿，以红杉、松木、柏木等筑构而成。整个大殿坐西向东，殿高三层。据有关文献记载，大殿建筑过程中不仅有吐蕃和印度、尼泊尔工匠，而且还有汉地工匠，因而大殿吸取了吐蕃、汉地、印度等不同的建筑风格。其中大殿底层采用藏族建筑形式，中层采用汉族建筑形式，上层采用印度建筑形式。各层的壁画和塑像也都按照不同的法式进行描绘和雕塑，式样别致，各具特色。据此，桑耶寺也被称为“三样寺”。

（2）四大洲

在象征须弥山的“乌孜”大殿四周接近围墙的地方，分别于东、南、西、北四个方向建造了江白林、阿雅巴律林、强巴林、桑结林四座神殿，代表佛经上的四大部洲（即东胜身洲、南赡部洲、西牛货洲、北俱卢洲）。其中江白林（即文殊殿）位于“乌孜”大殿正东，原建筑为三层，现仅存两层，主供文殊菩萨，殿内壁画多为文殊菩萨像；阿雅巴律林殿位于“乌孜”大殿正南，共两层建筑，现保存较为完整，底层的屋中曾塑有王者像一尊，还有大本尊佛母神像、颇罗弥佛塔等等，上层佛殿主供无量光佛；强巴林殿位于“乌孜”大殿西面，亦分上、下二层，底层由门廊、大经堂、佛殿、转经回廊四部分组成，是著名的诵经场所，上层原有一座佛殿，主供无量光佛和两尊护法神；桑结林位于“乌孜”大殿正北，原高二层，主供释迦牟尼合金铜像。

（3）八小洲及日、月殿

上述四大洲的每座左右各建一洲，即朗达参康林、达觉参玛林、顿单阿巴林、扎觉加嘎林、隆丹白扎林、桑丹林、仁钦那措林、白哈贡则林八座小神殿，它们代表佛教传说中的八小洲。其中朗达参康林位于东大门江白林北侧，原高三层，中层为寂护的卧室；达觉参玛林位于江白林南侧，原主供释迦牟尼佛像，是后来桑耶寺的印经场所；顿单阿巴林位于南大门阿雅巴律林东侧；扎觉加嘎林位于阿雅巴律林西侧，建筑高二层，主供释迦牟尼佛，是吐蕃时期著名的译经场所；隆丹白扎林位于西大门强巴林南侧，原高三层；桑丹林位于强巴林北侧，原主供一佛四观音等五座石雕像，现两尊破碎石像仍存桑丹林之废墟之上，其余三尊搬藏于乃东昌珠寺；仁钦那措林位于北大门桑结林西侧，共二层，主供泥塑三世佛像；白哈贡则林位于桑结林东侧。

日、月殿，即位于“乌孜”大殿南北的太阳殿和月亮殿。太阳殿位于“乌孜”大殿的南侧，很久以前已遭毁坏。月亮殿位于“乌孜”大殿的北侧，至今保存完好。殿内有四根方柱，壁画均为千佛像，占地面积很小。

（4）白、红、黑、绿四塔及围墙

“乌孜”大殿四角成直线的地方，分别建立四座佛塔，即白塔、红塔、黑塔、绿塔。

白塔即大菩提塔，建于“乌孜”大殿东南角，在四塔之中以藏物最丰闻名。据《贤者喜宴》载：“此墙以狮装饰，遂建成声闻之风格。（此工程）以许甫弥杰多日为工头，但其因瘟热病死去。于是许甫墀珍更赞复任工匠首领。此塔交于星面夜叉(管理护卫)。”①塔身浑体洁白,故名“白塔”。塔基的方形围墙上立有108座小塔,塔身腰部以上逐级内收,犹如阶梯,上有覆钵塔腹,覆钵扁平而宽大。转经道旁,有石板雕刻的十六罗汉像,精致美观。据《西藏王臣记》记载,白塔之中,“供奉有以摩揭陀国王的门前宝瓶中取来的如来舍利及西藏先王的严密牟尼宝和五部经典,传说这座白塔有最大的加持”②。

红塔建于“乌孜”大殿西南角。《汉藏历史文书》也称此塔为“转法轮塔”。塔身用砖石砌成,形方而实圆,状如覆钟,腰部以上呈环状纹,上部为覆钵形塔腰。塔身呈土红色并泛有光泽。据《贤者喜宴》所记:“红塔系长寿菩萨之风格,其上饰以莲花,此塔乃那囊杰擦拉囊所建,并交于荧惑星神(管理护卫)。”③

黑塔位于“乌孜”大殿西北角,塔形颇为特殊。塔身如三叠覆锅,刹盘上托宝剑。第二级相轮七环,上即瓶盖和宝珠。塔身为条砖砌就,通体黑色。据说,此塔“以如来佛之遗骨为饰物,其形制系独觉佛风格,此塔乃恩兰·达扎禄恭所建,交予铁嘴夜叉(管理护卫)”④。

绿塔位于“乌孜”大殿东北角。塔基甚高,沿数级台阶可达第一层,四面各有龛室三间,内有塑像,每面有明梯通往第二层。第二层每面只有龛室一间,亦各有塑像。第三层为覆钵形塔身,上置相轮宝剑,刹身很高。该塔由绿色琉璃砖砌成,砖为粗砂烧制而成,质地坚硬,釉色葱郁而富光彩,颇为精美亮丽。绿塔充分体现当时吐蕃建筑技术的提高,特别是造砖技术的精湛。据《贤者喜宴》《汉藏史集》等文献记载,此塔乃淋氏多吉芝琼所建,具有法轮如来风格,且以十六座门的佛殿等作为饰物,由日面夜叉管理保护,通常也称“青色天降塔”⑤。

桑耶寺的围墙周长1200余米,墙高3.5米,墙厚1.2米。墙上有小塔1008座。根据“桑耶寺全景”壁面分析,桑耶寺最早的围墙并非椭圆形或圆形,而是四方多角形围墙。《贤者喜宴》明确记载:“在多角围墙金刚步处,以1008座佛塔一一围绕之,每一围上放置佛舍利一颗。”⑥桑耶寺的建造,有力地推动了赤松德赞时期吐蕃佛教的繁荣。

五、“七觉士”出家与吐蕃僧伽组织的出现

吐蕃“七觉士”亦称“预试七人”的出家,标志第一批藏族僧人的出现,使吐蕃社会出现了佛教僧伽组织。桑耶寺开始成为真正的佛教寺院。

佛、法、僧被称为佛教“三宝”。赤松德赞之前,吐蕃虽然建立了不少佛殿,但始终没有藏族僧侣出家。从松赞干布时期大昭寺、小昭寺的建立直到桑耶寺建立之前,所有的

---

① 巴卧·祖拉陈哇:《贤者喜宴》,黄颢译注,《西藏民族学院学报》1982年第2期。

② 五世达赖喇嘛:《西藏王臣记》,郭和卿译注,第59页。

③ 巴卧·祖拉陈哇:《贤者喜宴》,黄颢译注,《西藏民族学院学报》1982年第2期。

④ 巴卧·祖拉陈哇:《贤者喜宴》,黄颢译注,《西藏民族学院学报》1982年第2期。

⑤ 达仓宗巴·班觉桑布:《汉藏史集》,陈庆英译注,第110页。

⑥ 巴卧·祖拉陈哇:《贤者喜宴》,黄颢译注,《西藏民族学院学报》1982年第2期。

佛殿都由藏族以外的其他民族僧侣主持管理,如赤德祖赞时期,“拉萨一个管理佛像和经塔的庙祝老者(或称香灯师),是汉地和尚”①。赤德祖赞死后,反对佛教的玛祥集团推行崇苯灭佛政策,这位汉族和尚被驱往内地,佛殿无人管理,惨遭毁坏。桑耶寺建成后,佛教在吐蕃得到了迅猛的发展。在这种新的历史条件下,赤松德赞深深感到,没有藏族僧侣,对吐蕃佛教的发展是不利的,因为佛教的兴盛以僧伽组织的良好管理为前提。吐蕃佛教要兴旺发达,必须建立自己的僧伽组织。《西藏王臣记》中的记载,明确地反映了赤松德赞的这一思想,据载:“庆祝桑耶寺开光法会完成后,(赤松德赞——引者)感觉到佛法的兴盛,是与僧伽有关的。因此为了试验藏人是否能守护出家的学处起见,他们在丁未年去印度邀请那与西藏适合的根本四部中的说一切有部的比丘。由精通五明学处的细哇措(寂护——引者)作亲教师,而给那些起愿取涅槃的最胜意乐的应试七人传授那佛教的根本——别解脱戒。”②关于吐蕃“七觉士”出家的原因,《大拔协》的说法更为直接、具体:“其时,诸王臣进行歌舞消遣(即桑耶寺开光仪式——引者)。但在此以前,在吐蕃尚无比丘之名,而桑耶寺之所有墙基均被弄成老鼠洞,神殿和佛像等因为没有供奉和侍者,所以赞普心中不安,遂对众属民说道:‘应宜推行佛法。’由是于羊年春正月时,阿阇黎(即莲花生——引者)迎请了说一切有部及中观分别说一切有部的12位比丘。”③《贤者喜宴》的说法与上述两种原因略有不同,似乎“七觉士”出家,更多出于赤松德赞王的个人意愿,其文载曰:赤松德赞王降旨云:“今生安乐之梦,此系虚伪之事。因此,为长远理想计,当需修成菩提。”于是,遂令诸慧少年学习翻译两种语言。同时迎请12位说一切有部之比丘,“菩提萨埵(寂护——引者)任亲教师”④。无论怎么说,吐蕃“七觉士”出家,是赤松德赞时期吐蕃佛教发展的现实要求和必然结果。

“七试人”出家一般认为分两批,最早出家的吐蕃僧人是拔·赤恩,随后是拔·塞囊、拔·赤协桑喜达、贝若杂纳、恩兰·解哇乔央、玛·阿杂诺仁钦乔、拉松解哇降秋六人。据《拔协》载,桑耶寺建成后,赤松德赞认为在吐蕃弘传佛教的条件已完全具备,于是令寂护向吐蕃百姓宣讲佛法。拔·塞囊、拔·赤协桑喜达、贝若杂纳等跟随寂护很快学会了印度语,后复迎请了12位说一切有部之比丘来到吐蕃,以藏语讲习佛法,这样佛教在吐蕃的弘传进入了更深的层次。

为适应这种形势的要求,赤松德赞急欲看到吐蕃僧人,他征求寂护的意见:“我的大臣中没有比丘,我的尚论等臣属能不能做比丘?”寂护回答:“能不能当比丘要试试看!”于是,他让笃信佛教的拔·赤恩出家当了比丘。拔·赤恩一当比丘便具有了神通。赤松德赞为之兴奋不已,甚至把拔·赤恩的脚顶在自己的头上,高兴地称赞拔·赤恩为“吐蕃之宝”。拔·赤恩成为吐蕃历史上的第一位藏族僧人。拔·赤恩出家的详细情况,据《知识总汇》载:拔·赤恩一当比丘便有了天眼通、天耳通、他心通、宿住通及神境通等五种神

① 拔·塞囊:《拔协》,佟锦华、黄布凡译,第9页。

② 五世达赖喇嘛:《西藏王臣记》,郭和卿译注,第61页。

③ 转引自巴卧·祖拉陈哇:《贤者喜宴》,黄颢译注,《西藏民族学院学报》1982年第2期。

④ 巴卧·祖拉陈哇:《贤者喜宴》,黄颢译注,《西藏民族学院学报》1982年第2期。

通，于是由寂护担任亲教师，达纳希拉和孜纳米纳二人分别担任轨范师和教授师，其他10位印度班智达做补充人员，给拔·赤恩授比丘戒[①]。拔·赤恩的成功出家，增强了赤松德赞的信心，于是他再次要求寂护大师："请让我的具信尚论出家吧！"寂护答应再试试，就又让拔·塞囊、拔·赤协桑喜达、贝若杂纳、恩兰·解哇乔央、玛·阿杂诺仁钦乔、拉松解哇降秋六人出家为比丘，并分别取以法名。他们和拔·赤恩一起，成为吐蕃最早出家为僧侣的"七试人"（又称"预试七人"）。

吐蕃"七觉士"的成功出家，增强了赤松德赞在吐蕃进一步弘传佛教的信心。他认为：若要修习释迦牟尼的佛法，需要出家为僧才行。那么，就让没有子嗣的王妃和尚论的具信子侄们全都出家学佛吧！于是，大王妃赤杰芒姆赞和姨姆尊姆杰等出家了。在王公贵族的带动下，吐蕃约300多人出家为僧。与此同时，印度、汉地、尼泊尔、克什米尔、西域等许多地方的高僧相继被迎请到吐蕃，更多的佛教经典被介绍到吐蕃，从而有力地推动了吐蕃佛教的发展和吐蕃佛教人才的迅速成长。据《贤者喜宴》记载：吐蕃"七试人"出家后，吐蕃区域内之比丘、沙弥人数广为发展，"自印度萨霍尔（今孟加拉）、迦温弥罗（今克什米尔地区）、中印度及汉地等地，迎请来许多标准的大班智达。一些精通翻译的人，将印度、汉地和于阗等地区的佛经，凡是能得到者大部分译到吐蕃。……三学清静三藏精通，大乘极广当通达，遂之出现无数学者大德，叶尔巴山（出现）108位获得成就之人，曲卧山（出现）21位获得成功之人。在诸修道处，出自持咒及三藏者，其间获得殊胜共通悉地成就之人为数颇多。以适宜的宣讲佛法，将所有吐蕃的属民引向正路。其时所见到的吐蕃宏扬的佛教，据谓是世界上其他地方前所未有者"[②]。

吐蕃"七觉士"出家最直接的结果，是使僧伽组织在吐蕃得以形成，正如藏文史籍所言，吐蕃"七试人"出家乃"所有吐蕃人出家者之初始，这些事亦即所谓在吐蕃建立了僧伽"[③]。僧伽组织的建立，虽然是吐蕃佛教发展到一定阶段的必然产物，却对吐蕃社会之政治、经济、文化产生了非常重大的影响。首先，最初出家的"七觉士"都出自吐蕃统治阶级内部，紧接着出家的300多名吐蕃人是包括吐蕃王妃在内的王公贵族，他们与来自印度、汉地、西域、尼泊尔的外来僧侣们，共同组成了赤松德赞时期吐蕃僧伽组织的主体。维护他们的地位和特权，自然成为赤松德赞在吐蕃弘扬佛教的必然出发点。据《拔协》记载，吐蕃的出家僧人曾询问赤松德赞："若出家，生活没法解决！"赞普答应他们："生活由我王上供给！"接着又问："如果不支兵差，不纳税，就会受到惩罚呀！"赤松德赞又允诺："我赐予豁免的特权，让他们做我的顶礼对象。"不仅如此，赤松德赞还告示吐蕃各地，"人们全都要听从国王的命令，君民全体要尊敬僧人并以之为顶礼和供奉的对象。为了贯彻执行上述命令，除赞普父子和重要大臣以外，所有的臣民全都立誓做了保证"[④]。

其次，僧伽组织由于其特殊的构成成分，在经济上享受优厚的待遇，特别是"三户养

---

① 转引自巴卧·祖拉陈哇：《贤者喜宴》，黄颢译注，《西藏民族学院学报》1982年第2期。

② 巴卧·祖拉陈哇：《贤者喜宴》，黄颢译注，《西藏民族学院学报》1982年第3期。

③ 巴卧·祖拉陈哇：《贤者喜宴》，黄颢译注，《西藏民族学院学报》1982年第3期。

④ 拔·塞囊：《拔协》，佟锦华、黄布凡译注，第46、47页。

僧”制的出现,使吐蕃僧伽组织成为吐蕃社会颇具实力的经济实体。文献记载,赤松德赞为保障出家僧侣享受优裕的生活,向300多名出家僧侣供应13种食品,并在格如殿由王妃降秋杰主持法台,管理僧园事务,安置僧侣食宿。吐蕃僧侣益希旺布继承寂护衣钵后,赤松德赞对他尊崇备至,地位高于君王。整个僧伽集团待遇也因之迅速提高,组织更加完善。“由于僧人众多,分别委任了佛经班的亲教师和女尼班的亲教师。佛徒穿的衣服,大部是用幡绸做的”①。值得注意的是,僧伽组织不但被赐予大量物品,而且被赐以民众。规定每月发给供奉为:给堪布继承人亲教师(益希旺布)70克;给佛经班亲教师35克;给学生僧徒12克②。后来,益希旺布修得神通,“为使三宝所依常久住世,便请赞普决定给三所依300户民众以为供奉;每个沙弥以三家民户供养之,并决定不给贵族出身者特权,权力归于佛教比丘”③。

再次,吐蕃僧伽组织的出现,使吐蕃地区形成以佛教文化为中心的文化传播组织,有力地推动了赤松德赞时期吐蕃文化的发展。以翻译佛经为例:吐蕃“七试人”的出家和吐蕃僧伽组织的出现,极大地推动了吐蕃佛教的发展,使吐蕃掀起了学习和了解佛教的热情,随之印度、汉地、尼泊尔、西域等地的大批佛教僧侣来到吐蕃,大量的佛教经典也被带入吐蕃并得以及时翻译介绍,桑耶寺设立的规模宏大的译经院,成为西藏历史上最早的专业翻译机构。当时在译经院从事译经和学习译经的大小译师有上千名之多,比较有名的有帕桑、和尚玛恰咱热、和尚德哇、和尚摩诃衍、学者哈热那波、和尚玛哈苏扎等等。翻译的内容除汉地佛经外,还包括汉地医书和五行历算著作等,汉地学者毕洁赞巴甚至把《五行图表》和《五行算》翻译成藏文。在翻译佛经中,赤松德赞还非常注意培养藏族翻译人才。据说,赤松德赞一次就派108名吐蕃人学习翻译,其中著名者多达62人。当时的翻译事业在吐蕃空前盛行,“对于佛教,尽量吸收,不论大小、显密、禅教、讲修、兼收并举”④。赤松德赞对此颇感自豪,他说:“印度和汉地之佛经已大部译就,俟后全部佛经凡存于那烂陀寺者遭到火焚。该寺中尚有部分未焚者及未译者,这些已铭记我之心中。”⑤为便于应用,“其时将做的(佛经)名签、卷数及页码予以确定,继之写成目录”⑥,此即著名的《丹噶目录》,成为后来编辑大藏经的重要依据。从现存的《丹噶目录》中可以看出,当时已经翻译的经典数目共二十七门、六七百种之多。有人认为,当时翻译出来的典籍分别存于三座宫殿中,并编成了三大目录,这就是现今的《钦浦目录》《旁塘目录》和《丹噶目录》⑦。

---

① 拔·塞囊:《拔协》,佟锦华、黄布凡译注,第46、47页。
② 拔·塞囊:《拔协》,佟锦华、黄布凡译注,第46、47页。
③ 拔·塞囊:《拔协》,佟锦华、黄布凡译注,第46、47页。
④ 中国佛教协会编:《中国佛教》第一集,知识出版社1980年版,第138页。
⑤ 巴卧·祖拉陈哇:《贤者喜宴》,黄颢译注,《西藏民族学院学报》1982年第3期。
⑥ 巴卧·祖拉陈哇:《贤者喜宴》,黄颢译注,《西藏民族学院学报》1982年第3期。
⑦ 洛松泽仁:《翻译在藏族文化发展中的重要地位》,《西藏研究》1992年第2期。

六、赤松德赞颁布兴佛诏书及佛教在吐蕃的广泛传播

1.赤松德赞两次颁布兴佛诏书

桑耶寺的建立,吐蕃“七试人”的出家和吐蕃僧伽组织的出现,有力地推动了佛教在吐蕃的发展。为使吐蕃佛教能够更深入、持久地得以发展,赤松德赞先后两次在整个吐蕃地区颁布兴佛盟誓诏书,以法律的形式将弘扬佛教业已取得的一系列成果肯定下来,并由此制定了一系列发展佛教的制度和法规,为此后佛教在吐蕃的进一步发展奠定了坚实的基础。由于两个盟誓诏书的内容十分重要,这里依据《贤者喜宴》所载,全文予以摘录:

> 第一诏书
>
> 当赞普墀松德赞之时,兰纸写以金字并置于金匣之内的盟誓诏书存于桑耶寺库府之中,现据此(诏书)书写之:
>
> 任何时候均不得毁弃三宝之誓文,其副本存于金匣之内。在修习如来佛教诫本义之时,鉴于未正确领悟其法性,致使三界沦为痛苦之境地。自古一切(众生)无不生者,而生后即行有义及无义之事,随后又死,死后复生于天堂地狱。如是,扬善者为佛,所见最佳者为佛经,显示善业者系诸僧侣。故(三宝)当永久维护,则大地安好。
>
> 三宝乃系最大之加持。在往昔先祖之时,历代均奉行(佛教)之规,新旧寺院业已有之,父王赞普归天之后,由于已有诸僧侣所引来之(佛教)习规及(寺院)模式,故此寺院得以应运而生。当于羊年春正月十七日建造了寺院之时,自此之后吐蕃遂建三宝。而赞普父子及母后均赌咒发誓不毁坏佛事。随后则写此由内外大小一切臣工所做之盟誓文书。由吐蕃上层贵族所建之三宝道场,即大昭寺、汉人所建立小昭寺、红岩之桑耶寺以及三界不变解脱寺等。故吐蕃及得以进入解脱。此佛事当在任何时刻均不得毁弃,则吐蕃亦可进入解脱矣!
>
> 彼诸寺院所需用三宝器物之顺缘,均应妥善考虑,并由上级官府供献,任何时候不得减少不得废弃。从此以后,世世代代亦应如今赞普父子一样发誓,并信守不渝。元老大臣亦已发誓。如是,对所举行之盟誓、十方诸佛、一切正法、一切发大乘心之僧侣、我佛及一切声闻者、天地各级诸神、吐蕃地区之神、一切九尊诸神(即不动佛九尊、大密马头明王九尊及长寿佛九尊——引者)、龙、夜叉及一切非人,敬请彼等作证,以使知此盟誓不得改变。如果不按盟誓行事,或者欺骗三宝并予以诅咒,则令众生转生地狱。若遵循盟誓行事,则一切(众生)可获正等觉(即正觉、正智、悟解)和现等觉(即成道之意)。

有关叙述佛法在吐蕃前后产生情况之文书有正副两本,如是之抄本共13份,其中一份置于地窖,两份盖印之后分存于大昭寺及红岩桑耶寺。十份均于(文书)下部盖印,分

别置于大昭寺、桑耶寺、昌珠之扎西拉玉寺、王宫属所僧团、逻些之汉人所建小昭寺、红岩三界不变解脱寺、勃律地区、香雄地区、多麦及各地方长官，对于上述诸寺院之僧各赐以盟誓文书一份。

盟誓者：甥吐谷浑王、大尚论伽罗笃波、大论尚杰斯秀亭、论达扎禄恭、尚杰岑拉囊、论杰扎来斯、论赞谢多隆、尚杰年达恭、论墀代贾恭、坚措赞、尚杰岑来恭。囊论（内臣）：查论孜尚让霞、尚阿森、夏阿墀年、论路恭、翁嘎拉措、论祥赞、论森久、论堆敦、尚达曹、尚来堆。纰论（外臣）：尚贝甫当、尚拉斯、论拉衮孜、论查辛、论东图、论略波、尚杰囊、论勤勤、论隆波、论臧隆、论年恭。大小首领及武官：论杰桑达囊、论囊恭、论齐琼、论路谢、祥玛甫、论拉措、论巴米、论祥宗、论米琼促、论党甫、诘佳赞、沽尤赞、论多斯、论孔墀、论恭来、论芒拉杰、论多桑、论墀恭。

关于佛法在吐蕃地区前后如何产生之手卷文书正副两本，由昌底希拉哇玛所写。

第二诏书

在赞普墀松德赞之时，关于佛法产生年代之文书存有正副两本，系用颇罗弥书写并置于金匣之内。放在桑耶寺之宝库中。今以此为模本抄写之。

往昔迄今，业已于吐蕃兴建三宝道场，并将奉行佛法之年代写成文书。存于匣内的文书（内容是）：当第四代赞普先祖松赞干布之时，建造了逻些贝哈寺（即大昭寺），此为奉行佛法之始。此后在父王墀德祖赞赞普之时，建造了红岩嘎丘寺，此系自建佛法以来已满五代。父王赞普归天之后，某些尚论居心叵测，遂将先祖以来所奉行之佛法予以损毁。此后，（彼尚论）又借口南方泥婆罗之神与佛法不宜行之于吐蕃，继而又立下了“以后不得奉行（佛法）”之法令。后于赞普20岁时，先是手臂麻木并有凶兆。由于举行了祭祀仪规，故有人言：在一同龄人手臂麻木和出现凶兆之后，虽然有“不得奉行佛法”之法令，但如果此法令无人执行并被扬弃，而且重新供奉三宝，则可转危为安。后由善知识予以协助，复反聆听佛法。继之，有人又呈书于赞普陛下，于是便宏扬佛法并勉励之。

再者，吐蕃之古老佛法不完善，祭神与仪规不相符合，因此，众人疑（佛法）不佳：有人疑虑不利于身，有人担忧政权衰落，有人顾虑发生人疫畜病，有人怀疑会降下天灾。然若观察佛教之本身，则是：所谓佛法之发生，如果世间无此（佛法），则无数众生均将投生并轮回于四生（即胎生、卵生、化生和湿生）之内，在从原始混沌初开以迄终极之间，均以本人之业力而如是轮回之。所谓以身语意之方面尽行好事者则成善者，而尽行罪孽者则成恶者。而无善恶者则为无记。对他人所行之果，则此果亦转而及于己。生于诸天之神、地上之人、非人、饿鬼、畜生、地下之有情地狱，（我等）均生于此六道之中，然而皆依自身之业力而变。超脱于世间者而成世尊佛。所有发大乘心者、自证菩提者以及以声闻而修成各种成就者，彼等均系凭藉自己将福德及智慧积累而成。

何谓善？即诸十善也。何谓恶？即诸十恶也。何谓无记？即诸四威仪路也(即行、住、坐、卧)。何谓超世间之福德与智慧之善业?即除十善之外的四谛、与顺缘相合而出现十二支、三十七助道品、十度。上述之果即四无畏(即正等觉无畏、漏永尽无畏、说障法无畏、说出道无畏),四正智(即大圆镜智、平等性智、妙观察智、成所作智),十力(即处非处智力、自业智力、种种智解智力、种种界智力、根胜劣智力、偏趣行智力、静虑解脱等持等至智力、宿命随念智力、生死智力及漏智力),十八不共佛法(即无误失业、无卒暴音、无忘失念、无不定心、无种种想、无不择已舍、欲无退、正勤无退、念无退、等持无退、慧无退、解脱知见无退、一切身业智为导首随智而行,一切语业智为导首随智而行、一切意业智为导首随智而行,于过去世无著无碍智、于未来世无著无碍智、于现在世无著无碍智)及佛三十二相(即佛陀的32种特征)等。至于上述详细之理由均在佛经之中。对于这些出自佛法之(情形)如果加以探讨,则是:有些人其善恶(行为)被立即发现并暴露出来,而有些人则不能立刻显露出来。如果对所显现之情况予以思考,则定能掌握其(真情)。倘若实行这些佛法之关键要点,则对此佛法或是抛弃或是奉行即可酌情而知矣。

兹晓谕所辖属民、小王、吐谷浑王等并诸纰论及囊论:经商议之后决定:(一)依靠世尊佛之教诲,(二)依持先祖之范例规制,(三)由善知识以力相助。

又,对上述实行后(之情况)再进行扼要之观察,那些不善不良(行为)有疑虑而又依然不改其疑虑者,则犹应极力(与之)商讨。彼好的制度何以不变?重大(之事)何以重大?因佛经是奉行善事(之书),故修得至高无上之真理者则佳。首先,直至善事之末也不行罪孽之事,这对一切人均应永远必须如此。其次,不宜凭藉主观臆测而做为所需。第三,直至数代先祖之间,虽有所作为,但未发生不善之事,迄今亦仍未形成罪恶,此事可谓重大矣!

对于所行之事均已经过商议而行。因此,随即奉行佛法,并且,(一)全体珍爱善业。(二)往昔因发生毁掉(佛法)之事,故此(人们)心生疑虑。兹发誓绝不毁损(佛法),并写成文书。从此以后,每一代王系均应发誓,大臣以下亦应盟誓。以上即存于宝库中之广本盟誓文书。而誓文之略要则刻于桑耶寺石碑之上①。

刻于桑耶寺主殿正门的赤松德赞兴佛盟誓碑文至今仍存,除个别字及音节符号与《贤者喜宴》所载略有不同外,整个碑文内容与此毫无二致。王尧、陈践两位合著的《吐蕃金石录》中有此碑文的全文,可与《贤者喜宴》所录碑文相互参校。由此可以肯定,碑文中所说的"此一份之详细盟文存于别室"②,当指赤松德赞之兴佛盟誓诏书而言。巴卧·祖拉陈哇所录之诏书内容言之无虚。

---

① 巴卧·祖拉陈哇:《贤者喜宴》,黄颢译注,《西藏民族学院学报》1982年第4期。

② 巴卧·祖拉陈哇:《贤者喜宴》,黄颢译注,《西藏民族学院学报》1982年第4期。

通过两次颁布兴佛盟誓诏书，佛教在吐蕃的“国教”地位被肯定下来，上至赞普，下到臣民，都必须立誓奉行佛教。有关佛教的基本精神，诏书中也做了较为详细的阐述，这样就做到了有法可依，有法必依。同时，为保证佛教在吐蕃发展的连续性，诏书规定，自此以后，吐蕃历代赞普都必须发誓遵行佛法。因此可以说，两次盟誓兴佛诏书，是赤松德赞对吐蕃佛教发展从实践到理论进行系统总结后形成的纲领性文件，是吐蕃佛教发展史上的里程碑。

七、禅宗传入吐蕃与顿渐之争

佛教禅宗是唐代在汉地非常流行，并产生极大影响的佛教宗派。禅宗的“禅”，原意是止观。止观方法（即禅法）于汉末传入中国。南朝刘宋政权求那跋陀罗翻译《楞伽经》，列举了愚夫所行禅、观察义禅、攀缘如禅、如来禅四种名目，并以如来禅作为止观的最高层，攀缘如禅定的阶梯，以此启发人们在禅法的实践方法上进行深入的探究。中国的禅宗思想便由此导源。从公元6世纪初到9世纪初近300年间，禅宗在汉地广为传播，其传法世系依次是达摩多罗（禅宗所托始祖）——慧可（487—593）——僧璨（？—606）——道信（580—651）——弘忍（602—675）。弘忍以后，禅宗分为南北两派：北派禅宗在北方传教，以弘忍的弟子神秀为代表；南派弟子在南方传教，以慧能为代表，他直接继承了弘忍的真传衣钵。慧能是汉地禅宗“顿悟”思想的典型代表。据说弘忍当时要传衣钵，让弟子每人作一个偈语，神秀的偈语是：“身是菩提树，心如明镜台，时时勤拂拭，莫使惹尘埃。”慧能的偈语就在它的旁边，上写：“菩提本无树，明镜亦非台，本来无一物，何处惹尘埃。”结果弘忍对慧能非常赞赏，将衣钵传于慧能。

弘忍之后，禅宗在唐朝广泛传播，且深得统治者的重视。神秀晚年和他的弟子义福（658—736）、普寂（651—739）在京洛传教，受到统治阶级的极力推崇。慧能则在岭南宣传他的简易法门，力求和平民接近，保持禅家开宗以来的本色。后来，慧能的思想学说得到其弟子怀让（677—744）、行思（？—740）和再传弟子马祖（709—788）、希迁（700—790）的广泛阐扬，与北方神秀一系的禅宗形成了南北对峙的局面。慧能死后20年左右，其弟子神会（668—760）多次在河南滑台大云寺、洛阳菏泽寺，对北方之神秀学系大加抨击，指责他们“师承是旁，法门是渐”①，只有慧能才得禅学真传，才是正统。自此而后，慧能之学说流行于京洛。到晚唐，南派禅宗传播的地区更加广泛，而神秀的北派禅宗则呈现出衰落之势。

赤松德赞迎请汉地高僧入蕃传教由来已久。据《唐会要》所载：“初，吐蕃遣使求沙门之善佛者，至是，遣僧良琇、文素二人行，每人岁一更之。”《太平寰宇记》卷185亦载：“夏四月，设蕃将士僧尼等至自沙州，凡八百人。”随着禅宗在唐朝的畅传，其势力越来越大，许多汉地禅师进入吐蕃，使禅宗在吐蕃得以广泛传播。据藏文文献所载，当时入蕃传法的著名禅师有：顿门堪布久培、堪布阿丹海、堪布摩诃衍那、堪布降魔藏、顿门堪布坤混禅

① 转引自吕澂：《菩提达摩南宗定是非论》，《中国佛学源流略讲》，中华书局1980年版，第371页。

师、堪布慈禅师、堪布博普禅师、堪布迪照、堪布提悟禅师、堪布桑堂禅师、堪布圣珠、迦罗衍堪布、堪布普救、堪布克禅师、堪布恰禅师、堪布智禅师、堪布甘禅师、堪布佐禅师、堪布吉禅师、堪布齐禅师、堪布普度禅师、堪布泽禅师、堪布颜禅师、堪布韩禅师、堪布辛禅师、堪布谢凯禅师、堪布郎禅师、堪布麻禅师等28名之多[①]，其中尤以摩诃衍那的影响最大，声誉最高。

摩诃衍那是沙州（今敦煌）的一位禅师。依王锡所撰之《顿悟大乘正理决》介绍，摩诃衍那曾随降魔小福张和尚、准仰大福六和尚学习大乘禅门。自得法以后五六十年久居山林修禅，所得信施财物亦不曾聚积，唯发愿四方宁静、万姓安乐，早得成佛，亦曾于京中已上三处闻法，信受弟子约5000人，倘若弟子未能修禅，则教其谓《楞伽经》一部、《维摩经》一部，令其每日长诵[②]。据藏族学者班班多杰的意见，摩诃衍那的禅宗学说集中表现在三个方面：（一）心性本净的本体论。汉地禅师圣珠言道："所谓大乘见自在世间有为一切无为，初始清静则平等。"堪布提悟禅师说："心性既已洗濯无需水，既已布施无需财，如以正心修得真理，由于真得故，遂可见如来。"在这里，"性"是指人心的本性，其逻辑为心——性——性——佛。即人性和佛性是没有任何差别的。清净心，即佛性内在地、先天地存在于每个人的心中，是一种天赋的观念。不需要后天从外面人为地洗涤和布施。只要你定心修得了真理，就可以得到真理，成为佛陀。这样就把心和佛等同起来，是慧能"即心即佛"思想的翻版。（二）无思无为的"顿悟成佛"说。摩诃衍那指出："善者转为善趣、恶者转为恶趣、迨破除身语一切善恶意念之后，则顿时可入无念境界。"因此，"无需修习身语之法。不会因身语之善业而使人成佛，修得无念无贪即可成佛"。"无念"是摩诃衍那顿悟理论的主要范畴，其意思是说不管是好的念头还是坏的想法均是成佛的障碍，只有什么都不想、什么都不做才是成佛的唯一方法。即《金刚经》所说无念之念才是真念。（三）不立文字的快速成佛法。摩诃衍那认为："文字之中无精义，名言佛法不成佛。如若思维，则系唯一法，是故当以此（论）为妥"，主张不须修法以扫除文字障碍，但凭静坐睡卧，徐徐入定，方寸不乱，便可直接人性，体验佛性，也就是说提倡不立文字、不研究和学习佛典，只有悟得佛性本有，便可顿悟成佛[③]。

唐建中二年（公元781年），吐蕃攻陷沙州。应赤松德赞王所请，摩诃衍那起程前往拉萨，正如《顿悟大乘正理决》所言："臣沙门摩诃衍那，当沙州降下之日，奉赞普恩命远追令开示禅门，至乃罗些众生共向禅法……"[④]原文是："于大唐国请汉僧大禅师摩诃衍等三人同会净域，互说真宗。"戴密微先生认为摩诃衍那入蕃在公元787年，山口瑞风则认为是公元876年，均未见其确凿证据，可能是由此期间吐蕃彻底控制敦煌而得出的结论。摩诃衍那在吐蕃传法时间长达十几年，先后于多处传教，从而使禅宗在吐蕃地区广为流传。据《顿悟大乘正理决》所载："我大师秘授禅门，明标法印，皇后没卢氏一自虔诚，划然

---

① 《译师遗传》，转引自《贤者喜宴》，黄颢译注，《西藏民族学院学报》1983年第1期。

② 〔法〕戴密微：《吐蕃僧诤记》，耿昇译注，甘肃人民出版社1984年版（后注均同此版本），第3页。

③ 参见班班多杰：《藏传佛教思想史纲》，第112—113页。

④ 〔法〕戴密微：《吐蕃僧诤记》，耿昇译注，第3页。

开悟，剃除绀发，披挂缁衣……。朗戒珠于情田，洞禅宗于定水。虽莲花不染，尤未是为喻也！善能方便，化诱生灵，常为赞普姨母悉囊南氏及诸大臣夫人三十余人说大乘法，皆一时出家矣。亦何异波阇波提，为比丘尼之唱首者。又有僧统大德宝真，俗本姓鸠，禅律不昧于情田，经论备谈于口海，护持佛法，倍更精修。或支解色身，曾非娆动，并禅习然也。又有僧苏毗王嗣子须伽提，节操精修，戒珠明朗，身披百纳，心契三空，谓我大师曰，恨大师来晚不得早闻此法耳。"[①]上述"没卢氏"，即赤松德赞王妃墀诘莫赞。"悉囊南氏"，即藏文之那囊氏，指那囊妃西丁，"大德宝真，俗本姓鸠"，据戴密微考证，似藏人任请参[②]。布顿大师之《佛教史大宝藏论》也承认，当时"汉地和尚玛哈雅那（即摩诃衍那——引者）的门徒们势力大了起来。他们说：'以身语作善法行，是不能成佛的。当住于一无所作中而成佛。'他们故执此一断见，而不修善行。当时西藏人大多喜学和尚之宗"[③]。

当时寂护已死，留下遗言："阿阇黎莲花生曾令护持吐蕃之十二丹玛立誓，如是，虽然吐蕃将不生邪门外道，但数年之后，在中观见解方面，将产生不同的诤论，其时，当令迎请吾之弟子嘎玛拉希拉（即莲花戒——引者）进行辩论，则将使佛法（之诤）得平息。"[④]随即委任益希旺布为佛教宗师。后益希旺布参禅修行，复由贝央担任佛教宗师。摩诃衍那为代表的汉地禅宗顿悟派在吐蕃的广泛弘传，对寂护以来流传于吐蕃的渐悟派佛教学说构成了极大的威胁，严重地削弱了他们的力量，"其时踵菩提萨埵之后者寥寥无几，而其众人则均修和尚之道"[⑤]。据布顿大师之《佛教史大宝藏论》和拔·塞囊之《拔协》所说，当时追随寂护学说者只有益希旺布、贝央、贝若杂纳、拔热甸等极少数人。面对如此严峻的形势，益希旺布等人和印度中观派僧侣经过商议，决定求助于赤松德赞，依靠吐蕃王权的力量抵御来自摩诃衍那所代表的汉地禅宗的压力。得到了赤松德赞的支持，于是决定遵循寂护的遗嘱，迎请寂护的弟子莲花戒入蕃，由赤松德赞亲自主持，与以摩诃衍那为代表的汉地禅宗进行一次辩论，一场佛教内部的宗派之争由此引发。据载，当时益希旺布为在与摩诃衍那为代表的汉地禅宗斗争中取得优势地位，建议迎请莲花戒，他声称："如果我的修道不中断，则赞普可得长寿，而佛教亦可永存于吐蕃。"[⑥]印度僧人也乞求赤松德赞"汉僧所教授顿悟禅宗，并非金口所说，请即停废"[⑦]。

莲花戒是寂护在印度的高足，和寂护一起被视为印度大乘中观派的代表人物。他与寂护的另一弟子戒师智藏一起合称东部之中观师，曾长期从事寂护著作的注释工作。莲花戒的代表作是《修习次第》。在《修习次第》中，莲花戒将修习禅定的先后次序、方式方法等作了较为系统全面的阐述，具体包括以下八个方面的内容：

（1）修习的前序

---

① 王锡：《顿悟大乘正理决》，载戴密微《吐蕃僧诤记》，耿昇译注，第 3—29 页。

② 〔法〕戴密微：《吐蕃僧诤记》，耿昇译注，第 21 页。

③ 布敦·仁钦珠：《佛教史大宝藏论》，郭和卿译注，民族出版社 1986 年版（后注同此版本），第 175 页。

④ 巴卧·祖拉陈哇：《贤者喜宴》，黄颢译注，《西藏民族学院学报》1983 年第 1 期。

⑤ 巴卧·祖拉陈哇：《贤者喜宴》，黄颢译注，《西藏民族学院学报》1983 年第 1 期。

⑥ 巴卧·祖拉陈哇：《贤者喜宴》，黄颢译注，《西藏民族学院学报》1983 年第 1 期。

⑦ 王锡：《顿悟大乘正理决》，载戴密微《吐蕃僧诤记》，耿昇译注，第 3—29 页。

为了把纯洁之心注用于止观，给众生以慈悲之情，瑜伽行者必须修习听、修习心、修习观。修习观之前先完成大解小净等一切所要做的事，随后便置身于一个安静舒适之处，无声无扰地让众生置于其道场之中。对一切有罪之徒均表示出极大的慈悲，向佛陀和菩萨表示敬仰，将其身躯画卷供养于身边，并深表颂扬；忏悔自己的过错，颂一切造世主之功德；以优雅舒适之态端坐，有如伟大之太阳。

(2)止的第一道修习

从开始起，瑜伽行者便信奉止，把自己的心集中于如来之形体，如同亲临一样。随着观之深入，如来之形体似金水闪光，千方百计造福于众生。想到如来如此美德，瑜伽行者便排除其分心和杂念、静坐养心，任凭如来之光芒照耀，就像如来之躯体就在眼前。

(3)观的第一道修习

随后，禅定者思念如来之来去，进行观的修习。可如此推断：如来佛的躯体来去无踪，乃本性之虚幻，是无“我”之反映。同样，一切法也是本性之虚幻，如同感觉之反映，来去无踪，亦无实体之存在。

(4)止的第二道修习

如上所述的推断后，瑜伽行者便端坐在那里，既无概念，也无推理，以独特之神态，将实体进入观道之中。这一修习方法局限于《大方等大集经贤护分经》之中，其本性之具体细节亦包括在同一经卷之内。不论外法有多少种，总是把自己的思想集中于同一外观，平息呼吸，以达到止。

(5)观的第二道修习

法可分为两种：有(为)法和无(为)法。有(为)法包括在物质体中，而无(为)法则是感觉中之结合体，即来自意识。当止实现之后，便开始进行观，以理解实体。

(6)达到“止观”之分心、冲动及其他障碍

坐定之后，思维过程便再也不应被搅扰。当遇到外界事物之干扰当制止分心、聚精会神；当遇到不顺心之事当尽量使自己对之产生喜爱之心，并想到分心之害处，以达到镇静平息之目的；当自身出现颓唐和麻木之苦时应想一些惬意之物，使分心平息，全神贯注于实体。当其思维有如翻腾之火焰和好动之顽猴难以平静，是因冲动和止所致，当排除分心与冲动，以使思想以发自内心的协调方式进行，于是令心底明亮，这样便达到了进入止观的途径。

(7)聚精会神之中的精神休息

当其肉体和心灵感到疲倦，瑜伽行者应不时想到整个世界，并觉得整个世界如同幻、如同梦境、如同水中之月、如同眼花缭乱之状，于是对众生产生慈悲之心。休息之后，重新进入沉思之中，这时再没有任何法出现，如果精神仍感厌倦，可以重新休息，以达到再次进入观道之目的。瑜伽行者进行这一系列修习，按时所能，可长达一个时辰、一个半时辰或三个时辰。

(8)脱离沉思

当瑜伽行者想脱离三昧，他应交叉双腿，自言自语道：从胜义之观来看，尽管这些法

没有降生，然而如同在虚幻之中，根据各种复杂的原因与条件，惬意之物与非惬意之物实际上已经产生。这样，可避开化为乌有之观念，而不会坠入武断非难之泥潭，当他以般若之光检验万物时他什么也看不到，尽力避开一切极端空虚之念和武断非难之观。做完这一切之后，慢慢抬起交叉之双腿，向位居十方的佛陀和菩萨致以敬意，并上供和颂诗，决心永远遵循崇高神圣之信念。就这样，瑜伽行者具备了"空"和慈悲等五体之实体，然后将尽力得到各种才能、恩赐，从而达到最高之境界①。

在了解摩诃衍那为首的汉地禅宗顿悟派和莲花戒为首的印度佛教渐悟派学说之后，我们便对两者之间的分歧有了较为明晰的理解：在如何才能成佛的方法上，汉地禅宗顿悟派排除佛教艰深的理论学习和烦琐的修习实践，把佛性完全移植于人的心中，认为心即是佛，人皆有佛性，因此，成佛既不需要供佛念经，亦无须行善积德。只要使自己的心在完全的无念无思中，达到一种无碍无挂、无系无缚、犹如虚空的境界，即可顿然成佛。很显然，摩诃衍那以心灵上的顿悟取代坐禅修行，即把自心的"念"、"不念"作为能否成佛的唯一标准。这样，摩诃衍那为吐蕃佛教开辟了一条简易快速的新型成佛途径。这里有必要指出，摩诃衍那为首的汉地禅宗顿悟派所提倡的顿悟成佛，是对具备相当高的佛学理论素养和一定修行基础的人而言的；对智力平庸和毫无佛学理论基础的人来说，则需从学习佛学基础理论和基本修行实践开始。出于对佛学理论的独特理解，摩诃衍那为首的汉地禅宗顿悟派反对大兴土木、建筑寺庙、念经拜佛、巨资布施等佛教修为。

以莲花戒为代表的印度佛教渐悟派，与以摩诃衍那为首的汉地禅宗顿悟派恰恰相反。他们主张以循序渐进，累世修行，即以积身语之善德、断无明之妄念、证性空之真谛作为解脱成佛的最佳途径和方式。在哲学上，他们既承认绝对真理的存在，也承认相对真理的存在，同时认为人可以通过实践的方式（瑜伽行），逐步接近和最终认识真理。正如贝央、益希旺布等渐悟派僧侣所言："登山亦需步步而行，不能一步而成。……我等以渐门之道学诸佛典，依闻、思、修之慧而知其真义，随后乃学十法行。因修行故，即可于第一地中获得忍辱（度），复可得纯正无过。继之于第九地时渐习正智，并学十度。经持续修习而获得圆满二资粮后，即可证得佛果。"②

在以摩诃衍那为首的汉地禅宗顿悟派与以莲花戒为首的印度佛教渐悟派发生利益冲突和教法矛盾时，赤松德赞的态度是明朗的，他始终站在印度佛教渐悟派一边。在莲花戒未到吐蕃之前，赤松德赞就和贝央、益希旺布等对摩诃衍那为首的汉地禅宗顿悟派进行非难，认为他们的修行方法完全是为博取普通民众的同情与欢心，并非真正的佛法，并以渐悟派作为佛教修行的正道，"总之，作为见行圆满具备的一种佛法，那就是'渐门巴'的见解"③。赤松德赞的态度引起摩诃衍那为首的汉地禅宗顿悟派的强烈不满，摩诃衍那的弟子"娘·夏米切割自身之肉，尼雅切玛拉及埃仁波切毁掉自身生殖器，汉地和尚梅果纵火焚烧自身之头颅，随即死去。玛哈雅纳（即摩诃衍那——引者）之其他门徒还手

① 欲了解《修习次第》的详细内容，可参看莲花戒原著。

② 巴卧·祖拉陈哇：《贤者喜宴》，黄颢译注，《西藏民族学院学报》1983 年第 2 期。

③ 巴卧·祖拉陈哇：《贤者喜宴》，黄颢译注，《西藏民族学院学报》1983 年第 1 期。

持利刃,扬言'将杀尽渐门巴,然后我等亦将死于王宫之前!'"①

面对顿悟派与渐悟派之间一触即发的冲突,赤松德赞感到必须用妥善的方法及时予以解决。于是,他决定在汉地佛教顿悟派与印度佛教渐悟派之间展开一场孰优孰劣的辩论。赤松德赞的立场是明确的,他赞成渐悟派,希望渐悟派在辩论中获胜。为加强印度佛教渐悟派的力量,他火速派益希旺布将莲花戒迎请到吐蕃,作为印度佛教渐悟派的辩论首领。汉地佛教顿悟派与印度佛教渐悟派的辩论"首自申年"②(公元792年),至戌年结束(公元794年)。辩论由赤松德赞主持,汉地禅宗顿悟派以摩诃衍那为首,坐于辩台右面,手下门徒按班就座,依次是觉姆绛杰、苏央达、班第朗迦等人,莲花戒为印度佛教渐悟派首领,坐于辩台左面,手下门徒依次为贝央、贝若杂纳、益希旺布等人。辩论一问一答,由双方分别阐述本派的学说与思想,并诘问对方。关于双方的学说,前面已做过简要介绍,不再赘述。

辩论的结果有两种截然相反的说法。包括《拔协》《贤者喜宴》等在内大多藏文教法史认为:汉地禅宗顿悟派最后无言以对,承认辩论失败,向印度佛教渐悟派献上花环,顿悟派门徒觉·玛玛辩论结束后自杀身亡。于是,赤松德赞下令:"和尚所说的顿悟之法有害于十法行,使心昏沉而不积资粮,打断破坏别人的修习,使佛法灭绝。因之,不能宣传推行,你自己修习去吧!从今以后,要遵循龙树之正见,按六度行事,实践十法行,要以三慧而修习,修心要方便、智慧双运。今后,我吐蕃之百姓王臣不论何人,凡行佛法者,皆应习学国王请来之印度著名大师为译师而译定之佛法。因我吐蕃地处边鄙,民智愚昧,多所偏好,而佛法深奥难解,所以,凡未经过国王做施主,译法未译定之法,不论是什么,皆不得习学!"如此颁布严厉法令于全国。此后不久,汉地禅宗顿悟派代表摩诃衍那返回汉地(即敦煌)。

曾任唐河西观察判官、朝散大夫、殿中侍御史的王锡所撰的《顿悟大乘正理决》为代表的汉文史籍,则与上述结论截然相反,指出"我大师(摩诃衍那)乃心湛真签,随问便答。若清风之卷雾,豁欢遥天,喻宝镜以临轩,明分众像。婆罗门等乃瞠目卷舌,破胆惊魂。顾影修墙,怀惭股战。既小乘辙乱,岂复能军?看大义旗扬,犹然贾勇。至戌年正月十五日,大宣诏命曰:'摩诃衍那所开禅义,究畅经文,在无差错。从今已后,任道俗依法修习'"③。从此后一段时间吐蕃佛教的发展情况来看,前者也许更具说服力,因为赤松德赞早在双方展开辩论之前已表现出明显的倾向,否则不会千里迢迢派人迎来印度渐悟派学说大师莲花戒。

这里要强调指出,汉地禅宗顿悟派与印度佛教渐悟派长达两年的辩论与争执,是佛教内部的派系之争。这种斗争无论在印度还是在汉地同样存在,正如我们所讲到的,汉地禅宗本身就分为两派。所以,没有必要也不应该对摩诃衍那为代表的汉地禅宗顿悟派

---

① 巴卧·祖拉陈哇:《贤者喜宴》,黄颢译注,《西藏民族学院学报》1983年第1期。

② 王锡:《顿悟大乘正理决》,载戴密微:《吐蕃僧诤记》,耿昇译注,第29、31—33页。

③ 王锡:《顿悟大乘正理决》,载戴密微:《吐蕃僧诤记》,耿昇译注,第29、31—33页。

的失败作出超乎宗教派系斗争的理解。正如《土观宗派源流》所指出的："以为顿门与渐门为各别宗趣，实属错误。顿门渐门之义，应作直入与次第入解释，仅为导引弟子方法之差别而已。"①在这次顿、渐之争以后，汉地禅宗顿悟派并未因所谓"失败"而失去对吐蕃宗教的影响。

第二节　牟尼赞普的倡佛措施

一、围绕赤松德赞的超荐仪式而展开的佛苯斗争

赤松德赞与王后蔡邦氏生有 4 子，长子牟墀松波幼年夭折，次子牟尼赞普，三子牟迪赞普，幼子赤德松赞。

赤松德赞执政晚期，由于对外连年用兵，吐蕃处于空前疲困的尴尬境地：东面攻掠唐境，拔城摧地，破坏了自金城公主入蕃以来唐蕃之间较长时间的和睦相处局面；西攻突厥，南侵南诏，使吐蕃王朝业已建立的西联诸胡、南盟南诏，联合抗唐的外交优势局面不复存在。连年的对外军事战争，又使部分军事首领的势力迅速膨胀，严重地威胁到吐蕃王权。更为严重的是，连年的军事战争，加之国内大规模的大兴土木，使吐蕃奴隶制国家的综合国力迅速削弱，国内各种矛盾空前尖锐，从而大大地动摇了吐蕃奴隶制王朝的统治基础。在内忧外患的重重困扰之中，赤松德赞心力交瘁，遂将政权移交给次子牟尼赞普，自己则前往松喀尔娘玛蔡宫修行。

牟尼赞普，汉籍称"足立煎"，于藏历水虎年（公元 774 年）生于扎玛宫。他于公元 796 年即位。公元 798 年，他因开罪母后，触怒权臣，被毒死于雍布拉宫，死时年仅 24 岁，全部在位时间不足 2 年。

牟尼赞普在内外交困的复杂局势下登上吐蕃王位。牟尼赞普即位的次年（公元 797 年），赤松德赞在松喀尔娘玛蔡宫去世。按照吐蕃的丧葬习俗，赞普或赞普王室成员死后，匿丧二至三年，进行祭祀招魂、尸体处理、陵墓建筑、动物殉葬等一系列活动。由于牟尼赞普即位不久，政权尚未巩固，吐蕃社会内部的诸派系斗争日趋尖锐，集中地表现为赤松德赞遗体超荐仪式上佛教势力与苯教势力的剧烈冲突。

据古手抄本《拔协》记载，赤松德赞薨逝，牟尼赞普依照吐蕃习俗，决定为其父举行超荐。琛氏·赞协勒素、那囊氏·嘉察拉囊、恩兰·达扎禄恭等苯教势力代表在扎玛措姆山腰架起牛毛大帐，挑选良马，修制马场；同时召集澎域地区的阿辛、切布、蔡波、雅安等 127 人，决定以苯教仪轨为赤松德赞举行超荐仪式。牟尼赞普受其父赤松德赞的影响，少年时就崇尚佛教，因此认为父王的超荐仪式不能让苯教师主持进行，而应由佛教僧侣主持进行。他委托"世尊宗师与译经师，包括大小议会的大尚论们详细议定"，从擦瓦绒的

---

① 土观·罗桑却吉尼玛：《土观宗派源流》，刘立千译注，西藏人民出版社 1984 年版（后注均同此版本），第 215 页。

擦雪地方请来了巴廓·贝若杂纳、嘉姆宇扎娘波两人,与诸信佛大臣们共同商议赤松德赞遗体超荐事宜①。

举行超荐仪式时,苯教首领居右,诸大论居左,牟尼赞普居中。由于没有给佛教首领留下显赫的座次,以贝若杂纳为首的佛教势力向琛氏·赞协勒素等为首的苯教势力发出挑战。据载,当时佛教首领贝若杂纳头戴大竹帽,手持长竹竿,身披金色丝织大氅,向牟尼赞普致礼之后,便来到位于赞普右面的苯教首领琛氏·赞协勒素身后。琛氏·赞协勒素看到贝若杂纳的样子,实在无法忍受,忙把视线移向外面。在转移视线的过程中,他发现贝若杂纳胡须中间有几滴白色铁水在闪动,恐惧之下,急忙起身。贝若杂纳便趁机占据了琛氏·赞协勒素的座次,右面座次从此便为佛教势力据有。紧接着,苯教势力与佛教势力分别引经据典,认为赤松德赞匿藏过程中的种种超荐仪式应该由本方主持进行。苯教势力代表琛氏·赞协勒素指出:"……尔时,人死而交付大地,不求建陵墓。后来,王子始能骑马,父王升天;举行超荐以来,拉脱脱日年赞以敬神哈达与章龙的贡曼为食品(神馐),超荐亦由章龙之贡曼实施,亦向神荐神,即自此以后出现了王之超荐与庶民超荐的相应之俗。实施超荐以来,居住之城堡是赞塘阁希,故吉祥而和善,所依之神祇是雅拉香波山神,薨后建墓于惹瓦塘。雅拉香波山神凶恶而威猛,惹瓦塘墓外形吉祥。彼时,自约茹下部不远。有苏毗之王墀邦松与象雄之王聂秀拉弥等小邦王族俱被纳入治下,地域辽阔,政业昌盛,具典籍章程,风俗纯良。格辛次却之衣食亦善,普格辛巴之命荐盛大而祥和。如今一反往昔之做法,由僧人进行超荐,信奉印度之教或如其所做而行。倘若出现不祥,二魂门间之国政定会衰败。因此,佛教之大僧人与众臣商议,应按苯教法规进行超荐。"②佛教势力代表贝若杂纳进行了有力的反击,针锋相对的指出:"为雅拉香波年神,是第肖贝瓦,统治着凶恶而威猛之四大天王,或威势主金刚手等三世怙主,或善巧方便大悲心佛毗卢遮那佛不明前后身、世间一切法,即如是凶恶而威猛。苯教之腹行与善好经典亦是肖贝瓦,苏毗王墀邦松祷祝无悲悯之念青唐古拉山神与雅拉香波山神;澎域之两种阿辛杀死许多牛羊马等俯行者,苯教师堆积兽皮,在罪之上增加新罪,行施错误之法,故将其奴娘氏、韦氏、努氏与蔡邦·程、喀孔隆嘉布囊等纳入悉补野吐蕃之治下。其腹大嘴甜,或者,象雄王聂秀拉弥祈求无悲悯之吉多、木图为神,向象雄之 4 种教派施予苯教超度,故以摧毁象雄之国政,将孜托与廓托两城堡等纳入悉补野治下。温·吐谷浑之王祷供无悲悯之斯止迦波为神,向吐谷浑王设置苯教超度,故摧毁吐谷浑政权,纳入悉补野治下,琛氏达波王施苯教黑超度,故摧毁琛氏政权。如今尚·赞协亦被编为民户。努氏王斯波供无悲悯心之努拉托周为神,施不可信奉之黑苯超度,粉碎努氏政权,占领努氏城堡,纳于吐蕃治下。当时,由于罪恶深重,不许以苯教习俗进行超度,教令信奉佛法,行善升善趣,杀生行非善则堕恶趣。像我们王赤松德赞色蕴刹那取为人身,主张入佛,修建了 108 个佛像坛城;建立 108 部《般若经》,善良贤良,故应随顺。若以错误之恶行进行欺骗,

① 转引自恰白·次旦平措等:《西藏通史》,第 151、153 页。

② 古手抄本《拔协》。转引自恰白·次旦平措等:《西藏通史》,陈庆英等译,第 152 页。

仿佛黑色鞍子加在白马上，极不相符，定会成为过去的障弊与灾殃。所以，请求天子的超荐依佛教法规进行。”①

在牟尼赞普的支持下，以贝若杂纳为首的佛教势力占据了上风，主持了赤松德赞匿丧期间的遗体超荐活动。据载，佛教僧人们依止天子离垢经清净顶髻之咒，按照佛教风俗进行超荐。当时，建立金刚界坛城，举行天子赤松德赞的遗体超荐仪式，具体分工为：贝若杂纳任秘密咒师，宇扎娘波负责超荐仪轨，恩兰·嘉哇却央、昆·鲁易旺波、努·南喀娘波等3人念诵《般若波罗蜜多经》《母子经》。此外，“依止净治恶趣续而善明，依止九顶髻坛城，进行超度。在珠协瓦，依忿怒坛城进行超度”②。琛氏·赞协勒素对此结果深感不满，愤愤说道：“众僧，你的争辩源自虚空，时间置于来世，生计由天子赞普所供给。若依我们之争议不变，岂能不善？王宫的议会被僧人把持，国王的服侍亦由僧人担任，边防哨所亦由僧人守护。”③说罢拂袖而去。其他苯教首领迫于赞普压力，敢怒而不敢言。

围绕赤松德赞遗体超荐仪式而展开的苯教势力与佛教势力的再度激烈冲突，是吐蕃佛教发展史中佛苯斗争的继续，也是当时吐蕃社会各种矛盾演化的必然结果。以贝若杂纳为首的佛教势力之所以取得胜利，无疑离不开牟尼赞普的大力支持。佛教势力的胜利也铸就了牟尼赞普时期的佛教政策，使牟尼赞普能够继续秉承其父遗志，在极其艰难的条件下继续将吐蕃王权与佛教结合起来；通过佛教加强王权，依靠王权，推行佛教。但是，佛教势力在赤松德赞遗体超荐仪式上的斗争胜利，无法从根本上改变吐蕃社会日益尖锐的各种矛盾，相反使这种矛盾变得更加激烈。

二、三藏法会的建立与三均贫富

牟尼赞普秉承其父遗志，大力支持佛教，企图依靠与佛教势力结成的政教联盟的力量，在加强吐蕃王权的同时缓解吐蕃社会日渐激烈的诸种矛盾，维护吐蕃奴隶制王朝的统治。

据藏文史籍记载，为祭祀其父赤松德赞，牟尼赞普建立了四种定期祭祀制度（或称定期法会），即“于夏季月内（按：夏季指藏历四、五、六三个月）在桑耶寺供经藏，在正月建律藏之供”④。具体的供施地点，据《贤者喜宴》所载，“在逻些及昌珠寺院建立了毗奈耶律和对法供，在桑耶寺建立了经藏和现证菩提供，以上即所建立‘四大供’”⑤。由于经、律、论被称为“三藏”，所以，牟尼赞普为祭祀父祖而在拉萨大昭寺供养律藏、在昌珠寺供养论藏、在桑耶寺供养论藏和菩提，这通常又称为“三藏法会”。三藏法会的建立，是牟尼赞普大力支持佛教势力、宏扬佛法的具体表现。以制度的形式定期举行三藏法会，无疑大大增强了佛教势力在吐蕃社会的声誉与影响，使佛教从此成为西藏社会诸种法会活动的主

① 转引自恰白·次旦平措等：《西藏通史》，陈庆英等译，第151、153页。

② 古手抄本《拔协》第26—31页。转引自《西藏通史》，第154、153页。

③ 古手抄本《拔协》第26—31页。转引自《西藏通史》，第154、153页。

④ 《汉藏文书》影印本（上册），第142页。参陈庆英译《汉藏史集》，第119页。

⑤ 巴卧·祖拉陈哇：《贤者喜宴》，黄颢译注，《西藏民族学院学报》1983年第4期。

要角色。

牟尼赞普为祭祀父祖而建立的三藏法会即“四大供”制度，为佛教在吐蕃的深入宏传提供了社会经济基础。首先，从牟尼赞普开始，以王朝的收入补给僧人们的生活所需。据藏文史籍记载，牟尼赞普为表示对佛教势力的支持，亲自“在桑耶寺供献了许多铃蔓、旗幡以及大幡”，此后，“赞普生起极大信仰之心，遂即大肆供奉三宝”①。《西藏王统记》明确指出：牟尼赞普“大宏佛教，对诸受供大师与出家沙门，恭敬承侍，供其资养，奉如顶冠。以富强康乐之道护理王政”②。自牟尼赞普以后，佛教僧人的生活来源越来越多地依靠资助。

其次，为扩大和增强佛教力量，牟尼赞普号令所有属民倾其家资，供奉佛教三宝。其传谕云：“汝等所有属民，于我先父之诸寺庙，除牛马兵器外，皆当以金银、财帛、珠宝、玉石，所有珍宝，尽力为供”③。由于王命威重，众百姓或献诸多金银财宝，或献瑰玉绫罗，或献衣物严饰，倾其家资。

再次，为缩小吐蕃社会业已存在的两极分化矛盾，保障吐蕃众属民能够有足够的资财供奉佛教寺院，牟尼赞普决定在吐蕃全国范围内均贫富。在牟尼赞普执政不足两年时间内，全国进行了三次大规模的均贫富活动。但是，牟尼赞普之均贫富的政策，并没有改变吐蕃社会严重的两极分化局面，“惟仅阅一年，富者仍富，贫者仍贫”④。牟尼赞普大惑不解，经佛教僧侣指点，只好无奈地将均贫富失败的原因归结为“皆由往昔布施之力所致耳”⑤，并由此而深信业果。

牟尼赞普制定的一系列支持佛教、弘扬佛法的政策，虽然对吐蕃佛教的发展起到了重要的作用，但也激化了吐蕃社会的诸种矛盾。第一，佛教势力与苯教势力之间的矛盾空前激化。佛教势力在赤松德赞遗体超荐仪式上的胜利，并没有折服具有较强社会基础的苯教势力。据载，在修筑赤松德赞陵墓时，“在陵基处建立一块带有文字的石碑，据说此碑用意旨在保护诸苯教大臣”⑥。在决定赤松德赞遗体超荐仪式按照佛教仪式进行后，苯教势力也没有停止活动，他们“把大量受用财物埋藏起来了”，凝聚力量，伺机反扑。后来，吐蕃历史的发展也印证了这一点。第二，吐蕃统治集权内部矛盾日趋白热化，一方面吐蕃王朝的统治基础出现裂痕，另一方面王权进一步遭到削弱，突出表现为“三喜法”的制定和牟尼赞普被毒身亡。据藏史所载，赤松德赞晚年，决定将政权委付给王子牟尼赞普，与舅臣武仁商议委任大臣之事。此事为王妃梅准所知，她怒从心起，调唆王子牟迪杀死武仁，事发后牟迪被流放到北方羌塘一带。诸舅臣则因为武仁之死，被气得脸色铁青。以大臣桂氏为首的吐蕃重臣，从赤松德赞修行的松喀尔佛塔下取出“三喜法”作为执法依

---

① 巴卧·祖拉陈哇：《贤者喜宴》，黄颢译注，《西藏民族学院学报》1983 年第 4 期。
② 索南坚赞：《西藏王统记》，刘立千译注，第 133 页。
③ 索南坚赞：《西藏王统记》，刘立千译注，第 133 页。
④ 索南坚赞：《西藏王统记》，刘立千译注，第 133 页。
⑤ 索南坚赞：《西藏王统记》，刘立千译注，第 133 页。
⑥ 巴卧·祖拉陈哇：《贤者喜宴》，黄颢译注，《西藏民族学院学报》，1983 年第 4 期。

据。其中规定："赞普本身如果不捍卫法律，那么就不得对属民执行法律"。据此法律，在诸舅臣的权力得以维护的同时，大大约束和限制了吐蕃王权。牟尼赞普即位后执行的一系列政策，尤其是为支持佛教、宏扬佛法而制定的三藏法会、三均贫富等，直接触动了吐蕃诸重臣的切身利益，引起他们强烈的不满。结果，执政不足两年，牟尼赞普被其母蔡邦氏毒死于雍布拉宫。

第三节　赤德松赞时期的吐蕃佛教

一、娘・定艾增鼎力护政

赤德松赞乃赤松德赞之幼子，藏史一般亦称"赛那勒江云"，意即具有吉兆的歪脖子王。据《汉藏史集》解释：赤德松赞 4 岁（公元 798 年）时，牟尼赞普去世。为检验赤德松赞是否适于即位为王，诸大臣将他放在国王之宝座上。因为头上戴有各种珍宝首饰，赤德松赞不胜其重，脖子稍微歪了一点，但却出现了许多吉兆，故被称为"赛那勒江云"[①]。

关于赤德松赞具体的嗣位时间，诸种史籍说法不一。大部分藏文史籍认为，牟尼赞普死后，曾拥立因杀死舅臣武仁而被流放到北方羌塘一带的牟迪为赞普，但牟迪尚未实际秉政，便在返回拉萨的途中，被那囊氏将马弄惊而坠马身亡。《汉藏史集》的记载略有不同，认为牟迪因为杀死舅臣武仁，"因而被其家人用欺骗的方法害死"[②]。然而，包括《新唐书》《旧唐书》《唐会要》《册府元龟》《资治通鉴》等所有汉文史籍则一致认为，牟尼赞普死后，牟迪赞普继立，并于公元 798 年至公元 804 年实际秉政。在此期间，牟迪赞普利用母后蔡邦氏与权臣之间的矛盾，依靠佛教僧侣的支持，结束了权臣尚结赞的统治，重新发动对唐攻势，但并未取得理想的效果[③]。我们认为，熊文彬《〈两唐书・吐蕃传〉赞普世系及其政绩补正》中的说法颇有道理。他认为，"卒之赞普即足之煎，其卒于 798 年，因当时吐蕃国政不稳而匿丧数载，方有汉籍二十年卒之载。故汉籍诸史皆误，立之弟为墀德松赞"[④]。

赤德松赞嗣位期间，秉承其父祖的一贯态度，继续依靠佛教势力的支持，加强和巩固吐蕃王权，削弱吐蕃诸权臣的势力。同时，赤德松赞还进一步宏扬佛教，制定和推行了一系列注重佛教、重用佛教僧侣、改善和提高佛教地位与待遇的种种制度和措施。由于赤德松赞的极力保护和提倡，佛教再度得以蓬勃发展，为热巴巾时期吐蕃佛教发展的登峰造极奠定了坚实的基础。

赤德松赞被扶上吐蕃赞普的宝座后，大权在握的吐蕃重臣与伺机反扑的苯教势力又

---

① 达仓宗巴・班觉桑布：《汉藏史集》，陈庆英译注，第 120 页。
② 达仓宗巴・班觉桑布：《汉藏史集》，陈庆英译注，第 120 页。
③ 薛宗正：《吐蕃王国的兴衰》，民族出版社 1997 年版，第 168 页。
④ 熊文彬：《〈两唐书・吐蕃传〉赞普世系及其政绩补正》（下），《西藏研究》1990 年第 4 期。

一次勾结起来，企图利用新赞普年幼无知、吐蕃朝政不甚稳定的机会，恢复赤松德赞尚未亲政时由仲玛祥等苯教重臣独揽大权的局面。

面对如此严峻的形势，娘·定艾增等为首的吐蕃佛教势力没有坐以待毙。他们深知，业已形成的吐蕃赞普与佛教势力之间的政教联盟，是佛教在吐蕃进一步宏传的支柱。没有吐蕃赞普的支持，没有强有力的吐蕃王权，佛教在吐蕃的发展便会失去政治和经济后盾。于是，娘·定艾增等为首的吐蕃佛教势力，对吐蕃权臣与苯教势力的联合反扑进行了坚决的回击。据《娘氏教法源流》所说：牟尼赞普逝世后，“诸臣商定，将王权授予弟墀德松赞。可说：王子尚未成年，不利臣民。对此，或答曰：任命一贤臣（辅佐）并制定相应之法律。或说：不可如此实施。或说：往昔，梅阿聪死时，王子尚年幼，将法律之权委托三位尚论，结果制定小法律而灭佛，故吐蕃衰退，触发争端，如今授予王权，任命一良臣（辅佐）顺应臣民和佛法加以摄护”①。经过娘·定艾增等为首的吐蕃佛教势力的长期努力，吐蕃王权逐步在赤德松赞手中得以稳固。

亲政后的赤德松赞，深悉娘·定艾增等为首的吐蕃佛教势力在巩固吐蕃王权中的作用，他不失时机地对之予以赞誉和肯定，并委以重任。据《吐蕃金石录》所载，赤德松赞称赞娘·定艾增说：“不仅现在，且始终对我尽心尽忠。自我年幼之时至未掌政之间，如父母一样照顾我，自我降生始，又像舅父一样对待我，父母、兄弟及治下臣民皆欢喜而和睦相处。总之，善良之商议与行为等亦利益一切，对我忠诚。后，父王与兄长相继死逝之后，我尚未执行之时，有人以帮助我的名义，进行欺骗，挑拨离间，而班第定艾增获悉后，向我呈报裨益之议，未生争端，依止一切善事，为我国政等亦作宏传事业（善事）。在赞普我之座前提出政策措施，尽心尽忠，故成为如治下臣民爱护之准绳。诸方亦无战乱，一切继续安乐。不仅如此，定艾增自肩负政治大伦之职责起，唯做善益当前长久之事，而继续太平。如是，班第定艾增始终尽忠于我，胜过其他大臣，贡献大力。”②

随着娘·定艾增政教两方面权力的不断增强，整个娘氏家族在吐蕃社会中的地位进一步提高，大有超过吐蕃王朝统一过程中娘氏家族曾经拥有的声望。娘·定艾增是以吐蕃佛教势力代表的身份登上吐蕃历史舞台的，而其先祖则以较大的家庭势力或显赫的军功赢得悉补野家族的尊重。相互参校，我们能够从中体会定艾增的摄政对吐蕃佛教发展的特殊意义。当年，为表彰娘氏家族在吐蕃统一事业中的作用，达布聂斯、囊日伦赞曾先后与娘氏家族进行过盟誓③。而今，为表彰娘·定艾增在加强吐蕃王权中的突出贡献，赤德松赞颁令：“依照往昔前代赞普们之规矩，施予适宜之恩惠。……诏令向班第定艾增盟誓，赐予雍仲般权力，永固而安乐。为使高低贵贱一切人知晓，于此三宝所依之处，建立小盟城，其上立碑，刻写盟誓之要点，最后盖印供置。今后，子孙后代凡摄政者与参政大臣，永远依盟文所说与碑刻之文而行，不应减、改、变动。无论何时，赞普世族自班第定艾增之祖先臣相囊桑都贡之子孙中选有能力者入内臣之列，按其能力勒封相应之职，若被

① 娘·尼玛欧色：《娘氏教法源流》西藏人民出版社 1988 年版（后注同此版本），第 414—415 页。

② 王尧编著：《吐蕃金石录》，文物出版社 1982 年版，第 157 页。

③ 史工会：《浅析盟誓在吐蕃统一中的作用》，《西藏民族学院学报》1997 年第 4 期。

他人欺侮,或诽谤,给以无上支持。若无重罪,不听谗言,亦不准诽谤。囊桑都贡之子孙中,若有背叛赞普,扰乱国政,或作其他罪业,除了贬责当事人,不应处治其他无罪兄弟、子孙,不仅不应寻衅亦不应斥责。除此,无论作其他任何罪过,为恶者本人承担责任,不应毁坏他人名誉,给予雍仲般之文书,国政大业之永乐。不仅要赏赐代本之官爵,而且囊桑都贡子孙之家奴与田地、牧场、牲畜、森林,不管绝嗣或受罪之时都不能收回赞普手中,亦不给他人享用。至其家女主人献出之前,其他大臣不以任何方式抢占。总之,无论何时,为了囊桑都贡之子孙兴旺,权势安固,赐此盟约。为了永时不变不改,赞普我亲自盟誓。兄长牟茹赞普与诸王妃、小邦王子、权臣以下、大小尚论等亦盟誓,盟誓如同雍仲不变。班第定艾增如何尽心忠诚、为国政献力、作何饶益之事,与赞普如何盟誓等详情,写成盟书置于王府,一份盖印放于盟坛,另一份盖印交于班第定艾增保管。班第定艾增之相叔,即都贡之后裔亦赐予参加盟誓。"

二、甲德噶琼寺的建立与噶琼祖拉康碑

赤松德赞与牟尼赞普相继去世后,由于吐蕃权臣与苯教势力再度联合向佛教发动反扑,吐蕃佛教的发展面临十分尴尬的境地。"其时,桑耶寺僧侣供食中断,只有说话气力;寺院的仓库被毁;寺院的墙基处积满了鼠粪;所有僧舍的房门均被贼盗走"①。面对这种局面,吐蕃佛教的许多信徒心急如焚,康比丘夏纳迪匆匆赶到吐蕃,请求王后墀勒帮助修缮桑耶寺。呈文由墀勒交与赤德松赞御前,但因赤德松赞当时尚无实权,呈文被暂且搁置。无奈之下,夏纳迪又找到巴·益希旺布之女坚日赛与格丹木两人,商议修缮寺院事宜。商议之后,他们首先修缮了桑耶寺仓库。赤德松赞秉政之后,在娘·定艾增的大力支持下,对桑耶寺进行了大规模修复,恢复了中断多年的寺院供养,使桑耶寺的各种修供活动得以正常进行。此外,据《娘氏教法源流》记载:"此王(赤德松赞——引者)未失祖先之规,恢复祖先之誓愿,装修寺院,献供物品,修建了拉萨(大昭寺)之小回廊,所做成绩甚多,赞颂出家人之福禄。"②

甲德噶琼寺的建立,是赤德松赞时期吐蕃寺庙建筑的宏伟举措。据载,赤德松赞亲政后下诏全国:"世间王伟大,吐蕃之王我伟大,作为我的功业,应建一座太阳一样大的寺院。"③赞普问身边的佛教轨范师们太阳有多大,轨范师们回答:"太阳面积 50 万由旬,吐蕃大地不能容纳。"赞普又问月亮有多大,答曰:"蕃地亦不能容纳月亮。星星之量,井宿等大星球为二由旬,小星球为一闻距,数二亿,八俱胝,五百万。"于是,赤德松赞欲在北方辽阔的牧场建寺,但遭到众臣反对。他们认为:"君臣受用于中央,若于北方建寺,寺会失控","对臣民来说修建噶琼(意即小星球——引者)较适宜,请建噶琼金刚寺"④。最后,赤松德赞决定在今拉萨西南约 2 公里的热玛冈村建造噶琼寺。

---

① 巴卧·祖拉陈哇:《贤者喜宴》,黄颢译注,《西藏民族学院学报》1983 年第 4 期。
② 《娘氏教法源流》,第 416 页。
③ 《娘氏教法源流》,第 416 页。
④ 《娘氏教法源流》,第 416 页。

噶琼寺充分体现了汉、藏、印、尼、西域等地各种寺庙的建筑风格。据载,在建造噶琼寺的过程中,来自汉、藏、印、尼、西域等地的工匠相互比试,各显其能,使噶琼寺的建筑技术达到很高的水平①。其中,煮皮造像工艺得到充分的应用,以"煮皮后造像,修建幻化轮"。汉族建筑风格也占有非常重要的地位,整个寺院屋顶都以汉式屋顶为模式建造。尽管噶琼寺现在已经破败不堪,但据杜齐先生《藏王墓》一书所载,20世纪50年代时,噶琼寺的建筑遗迹仍依稀可见。从残存的四周围墙遗址和四座规模宏伟的佛塔,完全可以看出噶琼寺往日的泱泱巨制。诸种文献表明,噶琼寺的修建是赤德松赞时期寺院修筑方面的大手笔。建造这样规模的佛教寺院,所需耗费的人力、物力、财力可想而知。为此,赤德松赞曾再三发布诏令。这使吐蕃百姓则不堪重负,怨声载道。连吐蕃诸重臣也在无奈之下,请求赤德松赞缩小噶琼寺的建筑规模,减少构筑寺院所需诸项开支。

在建造噶琼寺的时候,赤德松赞十分重视将重大事件刻于碑铭。这为后来研究赤德松赞时期吐蕃佛教的发展留下了许多珍贵的历史资料,比较有名的有噶琼祖拉康碑、卫堆夏拉康碑、工布第穆摩崖石刻、康区强敦摩崖石刻、琼结墓碑,等等。尤其是噶琼祖拉康碑,它比较详细地回顾了佛教在吐蕃的发展历史,记载了赤德松赞通过盟誓制度发展佛教的完整内容。它是了解赤德松赞时期的佛教政策和吐蕃佛教发展概况的珍贵资料。碑文首先被藏族古代著名史学家巴卧·祖拉陈哇的《贤者喜宴》收录,为后世史家所重视。由于它对我们研究赤德松赞时期的盟誓兴佛及赤德松赞的佛教政策十分重要,这里据黄颢先生所译《贤者喜宴》摘引如下:

在天子赤德松赞之时,于兰纸上书以金字,储于颇罗弥箱箧之中,在桑耶寺保存原文。(本誓文)即以此为据,录写成文。

任何时候均不准毁灭佛法,为此,赞普赤德松赞曾予以发誓,发誓之后,录作誓文。

兹郑重写出如何发愿之原委。此至高无上之佛法,妙善博大。至于(佛法)之不可不奉行,其根据与原因是:父王赤松德赞之时,最初发誓永不毁灭佛法,这在讲述如何得到佛法的文书中业已谈及,彼佛法之文书遂得以悉取之。如是,此佛法妙善而博大,不可不奉行。初,先祖松赞干布对(佛法)业已知晓,故自建逻娑之寺院以来,父王赤松德赞遂通达众多佛法,并建桑耶寺及吐蕃境内之众多庙宇。赞普赤德松赞驾前,了悟佛法并奉行之,此后七代赞普亦均奉行,并且无不善不佳之事。当先祖赤德祖赞之时,自从于检玛之嘎丘地方建造寺院之后,遂奉行佛法。但在父赤松德赞幼年之时,某些不知佛法之人便毁坏(佛法),并写成法令:"此后不得奉行佛法。"此后,父王赤松德赞身逢厄运,然因奉行佛法遂获利益,故而宏扬佛法并发誓:"永不毁灭佛法,同时写成誓文。之后,父王去世,于是,我王臣耳中多闻有关卜卦及梦兆(等流言):奉行佛法将给赞普

---

① 《娘氏教法源流》,第416页。

贵体及政法带来灾难和不利，赞普宫中所建三宝之所依亦应摒除，不宜奉行佛法。”但是，如果以卜卦及梦兆之虚言伪词而导致抛弃三宝之所依及佛法之大义，那对长远后世既不善又不利，此亦违背前世王臣所立之誓愿。因此，应按先世所做之“世世代代永不毁灭佛法”之誓愿行事。父王时期所做之立誓发愿等等，均铭记吾心，所以重新立誓：“此誓文所载之各种内容，任何时候均信守遵行。”兹朕立誓发愿，内外大小臣工亦立誓发愿，并写入盟誓文书之中。因发愿盟誓，遂奉行佛法。但是，对于爱护佛法均说是罪过或谓之不善，这些卜卦和梦兆的话均不能容忍。至于所谓毁灭或摒弃佛法的言论，无论大小臣工，也无论是出自谁的禀奏，均不得信从！赞普子孙从幼年起直至掌政止，均需从比丘中为其委任善知识，使之学习佛法并尽量铭记在心。整个吐蕃亦应打开学习和奉行佛法之门，永远不得关闭吐蕃上自贵胄下至属民遁入解脱之门，使众信佛者得入解脱。其间之能者长期委任为世尊之宗师。担任世尊之宗师者要出自寺院，应听从一些诏令，同时掌管寺院事务，并委任其担任善知识。诸出家僧侣不得被给予他人为奴，不得强行征税、不得被列入俗人范畴而予以诉讼，对待彼等就如同我们父子把他们做为供养对象那样加以对待。在赞普宫中建立三宝之所依，对此应当供养而不得摒弃或停止，应以此作为供养对象。总之，在赞普宫中和吐蕃境内应有三宝，而不得以任何方法予以抛弃，先祖子孙无论何时亦应如是。所确定之三宝顺缘等等，不得减少、不得毁坏，应以做为佛法之中事而行之。如是，王臣之下全体臣工予以发誓，赞普之王族亦应发誓。此后，凡新立之王妃抑或新委任之政务大臣等等，均应参加（盟誓）。在应该发誓之人中如有未发誓的，应做如是之发誓。

王妃姐妹发誓者：王妃没卢氏墀穆莱、王妃琛氏洁萨莱莫赞、王妃属卢氏赞洁。

小邦发誓者：外甥吐谷浑王堆吉布希桂波尔玛噶吐谷浑可汗、工噶波莽波支、娘尊墀波。

宰相同平章事及大小臣工发誓者：钵阐布同平章事、班第勃阑伽云丹、班第娘·丁增。

宰相同平章事：大论尚没卢墀苏热莫莫夏、尚琛结赞热列斯、韦论莽支拉略、韦论绮心热多赞、尚琛结拉热内夏、朗论绮心儿贝拉。

囊伦：尚那囊绮力思扎结、尚蔡邦多热佩波、尚蔡邦拉桑陆贝等。

悉南纰波：喀哇支论赞列布、诘悉诺则布、夏阿坚悉诺略等。

王侯、将军、纰论伽罗笃波：洛论绮立桑由赞、韦论冲热、尚琛结东聂门赞、尚蔡邦绮欺崩日宗等。

关于噶琼祖拉康碑文的详细分析，后面还会涉及，这里容不赘述。

三、赤德松赞时期的吐蕃译经

1.完善佛经翻译机构，广泛引进佛经翻译人才

为适应吐蕃佛教发展的需要，赤德松赞继承了其父赤松德赞时期重视佛教经典翻译的传统，在大班智达娘·定艾增、贝吉云丹的大力支持下，使吐蕃译经事业迅速的发展。

赤德松赞执政后，佛教在吐蕃得到更大范围的宏传，先后在拉萨、桑耶等地建造了12所讲经院，又在叶尔巴及钦浦等地修建了12所修道所。不仅如此，赤德松赞还在吐蕃王廷设立了专门负责佛经翻译工作、专校佛典的部门和具有极大权威的世尊宗师，以对整个吐蕃译经工作进行宏观指导。娘·定艾增、贝吉云丹成为这些部门的核心成员。所译经典需经这些机构审议之后，呈报吐蕃王臣会议，然后确定译经方法，进而确定部分核心语词。

此外，为适应吐蕃地区的佛经翻译需要，赤德松赞还大量引进佛经翻译人才。据《贤者喜宴》记载，赤德松赞"迎请了印度的轨范师毕玛拉米扎、咱纳斯纳、泥婆罗鸿嘎等等，翻译了众多佛经"①。《语合二章》也说："上(赤德松赞)谕边地之堪布阿杂惹孜纳米扎、苏仁特热菩提、西连特热菩提、塔纳西拉及菩提米扎，高明译师咱纳斯纳、咱雅热西达、曼殊室利哇玛及热丹特热西拉等人，将出自大小乘佛典的梵文译成藏文。"②

2."厘定文字"，"厘定语词"，规范译经

早在赤松德赞时期，为方便译经，对形成于松赞干布时期的吐蕃文字进行了改革，这是吐蕃历史上的第一次"厘定文字"。赤德松赞即位后，固有的吐蕃文字已经很难适应新形势下吐蕃佛经翻译事业的要求，正如五世达赖喇嘛阿旺罗桑嘉措指出："过去先辈藏王在位时，对于显密经典，虽是大部分翻译出来，但在翻译印度、邬仗那、尼泊尔、中原等地的语言为藏语的当中，有一些仍旧保留各地原来的语言，使人不易通晓；还有对于难译难读，并与梵语不相符合的一些古语古字及声律，以藏译对勘原来根据的桑枳达语梵文原本时，没有做到不失梵本那样的颂体、散文、颂与散文相间体、联韵等体裁，如和原文对照，其译义不免晦涩难解。"③基于这种原因，为方便吐蕃社会学习和了解佛经，赤德松赞进行了吐蕃历史上的第二次"厘定文字"、"厘定语词"。据诸种史籍考稽，根据赤德松赞的旨意，当时的"厘定文字"、"厘定语词"由钵阐布(意即大僧人)娘·定艾增、贝吉云丹全权负责，来自印度、邬仗那、尼泊尔、汉地、西域等地的佛教高僧大德和吐蕃当地许多佛教僧侣共同参加。

通过"厘定文字"、"厘定语词"，吐蕃佛经翻译事业走向规范化，并与一定立法结合，形成了在吐蕃约定成俗的佛经翻译固定原则，即：第一，必须符合声明学的原则；第二，不准与佛教经典意义相违背；第三，必须使全体吐蕃人容易理解。此外，对一些需要了解的

---

① 巴卧·祖拉陈哇：《贤者喜宴》，黄颢译注，《西藏民族学院学报》1983年第4期。

② 巴卧·祖拉陈哇：《贤者喜宴》，黄颢译注，《西藏民族学院学报》1984年第10期。

③ 五世达赖喇嘛著：《西藏王臣记》，郭和卿译，民族出版社，1982年版，第69—70页。

翻译方法和注意事项等等，也都以范例的方式予以明确阐述和解释①。

3.修订佛经目录，明确翻译对象

为明确翻译对象，突出翻译重点，使吐蕃社会全面而准确地了解佛教经典，赤德松赞进行了大规模的佛经定名编目工作。据《语合二章》所载，赤德松赞命令众译师"将出自大小乘的佛典从梵文译成藏文，以适合众人学习，(所译的这些佛经)永不变更。为杜绝盈绌余欠，又令编写出佛经目录。……诸合乎标准的佛经亦将其卷数准确地载入于目录之中"。赤松德赞时的《丹噶目录》及以后的《钦浦目录》《旁塘目录》等三部佛经目录，作为钦定副本珍藏于宝库之中。继之，又颁布三项谕旨：除去根本说一切有部外，不得建立其他部，亦不得翻译彼等之藏经，不得翻译母续密咒等经典②。通过修订佛经目录，吐蕃佛经翻译工作具有极强的针对性，避免了可能出现的鱼目混珠现象，使"诸多昔日未译之佛典"得以翻译③。

总之，赤德松赞时期的吐蕃译经事业，较之赤松德赞时期和牟尼赞普时期有很大的发展。经过赤德松赞时期的译经，父兄两代所未译之经典尽量翻译，于是"三藏显密经典，至此时而大备"④。

四、赤德松赞优抚僧人、提倡佛教的政策

赤德松赞时期吐蕃佛教的迅速发展，与赤德松赞优抚僧人的一系列政策有着极为密切的关系，两者相辅相成，互为依托。一方面，优抚僧人的一系列政策大大提高了佛教僧侣在吐蕃社会的地位，使部分佛教僧侣成为吐蕃社会的实际当权者，有利于佛教在吐蕃社会的广泛传播；另一方面，随着佛教宏传，佛教僧侣对吐蕃社会的影响更趋强烈，地位更加巩固。关于赤德松赞优扶僧人的政策，一般藏文史籍记载较少。记载最为集中、内容较为详细的，是上面提到的噶琼祖拉康碑。我们从碑文中可以看出，赤德松赞优扶僧人的政策主要表现在如下几个方面：

(1)准予僧人参与国政并委以重权

僧人参政，开始于赤松德赞时期任命僧人担任"却论"，以分减世俗贵族大臣的权势。赤德松赞即位后，继承了其父允许僧人参政的传统，为表彰娘·定艾增、贝吉云丹等对自己的支持，任命他们为"钵阐布"，其地位在诸王妃、小邦王子之后，在大论(即吐蕃宰相)之前。关于钵阐布，据汉文史料所载："钵阐布者，虏浮屠豫国事者也"，或称为"国政蕃僧"。由于钵阐布在吐蕃朝廷的巨大影响，唐宪宗时曾于公元810年5月写信给钵阐布，希望他为改善唐蕃关系继续努力。此外，赤德松赞还在朝中设立"善知识"和"世尊宗师"两职。"善知识"相当于太子太傅，负责教导太子学习佛教知识；"世尊宗师"地位更高，除帮助赞普学习佛学知识外，"同时掌管寺院事务，并委任其担任善知识"，与后来出现的

---

① 恰白·次旦平措等著：《西藏通史》，陈庆英等译，第166页。

② 巴卧·祖拉陈哇：《贤者喜宴》，黄颢译注，《西藏民族学院学报》1984年第1期。

③ 释迦·仁钦德著：《雅隆尊者教法史》，汤池安译注，西藏人民出版社1989年版(后注均同此版本)，第41页。

④ 法尊：《西藏民族政教史》，卷一，青海民族学院刻印本。

"帝师"的作用与地位大致相同。

(2)优待僧侣,保障僧侣各种利益不受侵犯

据《贤者喜宴》记载:"诸出家僧侣不得被给予他人为奴,不得强行征税,不得被列入俗人范畴而予以诉讼,对彼等就如同我们父子把他们作为供养对象那样加以对待。"①通过这些规定,佛教僧侣在人身自由得到保护的同时,经济上获得免税权利,法律上享有免于诉讼的特权。他们在社会上的地位,如同钵阐布娘·定艾增、贝吉云丹等在朝廷的地位,至尊至高。此外,为保障佛教寺院的各种供应,"凡献与寺庙之奴户、地主、牲畜、其他臣民上下人等概无权干预"②,这就为寺院经济的发展提供了有力的法律保障。

(3)号召全社会学习佛法

赤德松赞从吐蕃朝廷入手,建立了较为完备的学习佛法系统。首先,"赞普牙帐之内立三宝之所处,而供奉之,不令颓败,不离不弃,不毁不谤,而供奉之也"③。这样,使吐蕃王室的佛教氛围愈加浓厚。其次,为保证吐蕃倡佛政策的连续性,赤德松赞明文规定:"赞普子孙从幼年起直至掌政止,均需从比丘中为其委任善知识,使之学习佛法并尽量铭记在心。"④赤德松赞儿子臧玛就是突出的例证。他为了表示对佛教的信奉,出家当了僧人。为体现对佛教的尊从,赤德松赞还明令:"王臣以下全体臣工予以发誓,赞普之王族亦应发誓。此后,凡新立之王妃抑或新委任之政务大臣等等,均应参加(盟誓)。"⑤通过盟誓方式,在吐蕃宏扬佛教的同时,巩固业已形成的吐蕃王权与佛教势力的政治联盟。

赤德松赞企图通过自己的努力,使吐蕃佛教能够在民间得到广泛传播。他一再强调:"整个吐蕃亦应打开学习和奉行佛法之门,永远不得关闭吐蕃上自贵胄下至属民遁入解脱之门,使众信佛者得入解脱。"⑥但从当时的实际情况和后来的吐蕃历史发展看,赤德松赞的努力并没有取得十分明显的效果,即使有臧玛王子以身作则,也无济于事。

---

① 巴卧·祖拉陈哇:《贤者喜宴》,黄颢译注,《西藏民族学院学报》1983年第4期。
② 王尧编:《吐蕃金石录》,文物出版社1982年版,第127页。
③ 王尧编:《吐蕃金石录》,文物出版社1982年版,第161页。
④ 巴卧·祖拉陈哇:《贤者喜宴》,黄颢译注,《西藏民族学院学报》1983年第4期。
⑤ 巴卧·祖拉陈哇:《贤者喜宴》,黄颢译注,《西藏民族学院学报》1983年第4期。
⑥ 巴卧·祖拉陈哇:《贤者喜宴》,黄颢译注,《西藏民族学院学报》1983年第4期。

第三章 吐蕃佛教发展的登峰造极与迅疾衰落

经过赤松德赞、牟尼赞普、赤德松赞时期的鼎盛与繁荣，到赤祖德赞热巴巾即位，吐蕃佛教的发展达到登峰造极。赤祖德赞热巴巾对佛教的痴迷以及由他制定的一系列弘佛政策，使佛教僧侣成为社会中至高无上的重要角色。“请僧践发”、“僧人执政”、“广建寺院”、“完善僧伽组织”等等，引起了佛教敌对势力的强烈不满，以韦·达纳坚为首的反佛势力与吐蕃王室殊死相搏。最终，赤热巴巾为反佛势力所杀，吐蕃佛教的发展形势由此急转直下，走向衰落。而朗达玛不过是反佛势力扶持的傀儡，这样朗达玛时期的灭佛政策也就再也自然不过了。朗达玛时期的灭佛运动，对吐蕃社会和宗教的影响是空前的。它不但导致了盛极一时的吐蕃王朝的解体，而且使西藏社会进入一个崭新的社会转型期——奴隶制社会解体，封建制社会开始孕育和诞生。伴随着社会的转型，文化转型也悄然启动，尽管在表面上看来是那么的不幸与无奈。

第一节 赤热巴巾时期吐蕃佛教登峰造极的发展

一、请僧践发与僧人执政

公元815年，赤德松赞于查吉浦地方薨逝。赤德松赞有五子，除拉杰与伦珠两人自幼夭折，其他三子赤祖德赞热巴巾、臧玛、朗达玛邬都赞之间谁长谁幼、生卒年代等，诸种藏文史籍众说纷纭，莫衷一是。近年来，部分学者在这方面做了深入的研究，取得了比较一致的观点，即长子为赤祖德赞热巴巾，次子是臧玛，幼子为朗达玛邬都赞。根据《吐蕃王统赞普世系简要》，参酌《新唐书》《唐蕃甥舅会盟碑》，我们确定赤祖德赞热巴巾生于公元802年，公元815年即赞普位，在位27年，公元841年去世，终年39岁①。

① 恰白·次旦平措等：《西藏通史》，陈庆英等译，第170—171页。

赤祖德赞热巴巾,乃赤德松赞与长妃没庐氏墀玛勒之子。由于他“不喜欢分散的头发,而将头发编成发辫,因此遂称其为热巴坚赞普(意为‘有发辫的赞普’)”①。遵从父王的旨意,赤祖德赞热巴巾自幼跟随佛教善知识学习佛教知识,尤其擅长律学。还在青年时期,赤祖德赞热巴巾就对佛教产生了极其浓厚的兴趣。在钵阐布贝吉云丹和娘·定艾增的指导下,他学习了符合佛教法典的政治知识。如此,赤祖德赞热巴巾具备了政教两方面的知识和经验。由于长期接受佛教文化的熏陶,加之乃父赤德松赞的影响,赤祖德赞热巴巾沉迷于浓郁的佛教氛围之中。

执政后的赤祖德赞热巴巾,极力推崇佛教高僧大德,甚至不惜以身事佛,以自己头部顶礼僧人的脚。所谓“布发于地,请僧践发”,即将自己的发辫编成两条,系以丝绸,向左右两面铺开,由僧侣分坐于左右两条发辫之上,遂称为二首部。赤祖德赞热巴巾“布发于地,请僧践发”的行为,在吐蕃社会引起强烈的反响,也成为后来佛教僧侣抬高自己地位的最好注释。据说,至今仍存于敦煌石窟中的壁画《吐蕃王子供养图》(也称《吐蕃赞普礼佛图》),就是以赤祖德赞热巴巾的事迹为原型而创作的艺术作品。汉文史料中的部分记载,也从一个侧面印证藏史关于赤祖德赞热巴巾“布发于地,请僧践发”之言不虚。据《册府元龟》载:“元鼎既见赞普,年可十七八,号可黎可足(即赤祖德赞热巴巾——引者),衣褐以朝霞缠头,坐佩金剑。”②文中的“以朝霞缠头”,即以红绸缠头,正与敦煌壁画中赤祖德赞热巴巾的红色头巾相符。

赤祖德赞热巴巾不仅自己以身事佛,而且要求整个社会尊崇僧人,对新出家的僧人顶礼膜拜,见了穿袈裟的俗人恭敬致礼。据《娘氏教法源流》所载,赤祖德赞热巴巾在柽柳园将大量的上等衣服献给僧人,“尚论奉献贽见礼,即使献礼21次,僧人亦不还礼”③。社会上对佛教僧人不敬者,赤祖德赞热巴巾制定了严酷的惩罚措施,规定:“若手指我的出家人,竖指则断其指。……凡恶骂僧人者,割唇;凡恶视僧人者,剜其眼;凡盗窃法器者,以80倍的财宝赔偿等。”④

僧人执政是赤祖德赞热巴巾时期吐蕃政治的突出特点。赤祖德赞热巴巾即位后,任命钵阐布贝吉云丹为首席大臣,将整个吐蕃政权交于僧人负责,使僧人的权力凌驾于世俗群臣之上,达到了无以复加的程度,形成了“凡有大小朝政亦皆请决于高僧”⑤的局面。《娘氏教法源流》记载,赤祖德赞热巴巾比先祖时期更加尊敬僧人,将政治小会议献给出家僧人,使行政服从佛法。当时各位僧人推辞声称:“蕃民难调教,所以要靠刑罚惩处,出家人是按照佛陀教诫而行,所以对出家人不能用刑罚。不要让出家人管理行政盟会。”赤祖德赞热巴巾则坚持让僧人接管行政权力,并充分发挥其作用。

唐朝大诗人白居易《敕吐蕃宰相沙门钵阐布书》就具体谈到了钵阐布贝吉云丹在吐

---

① 巴卧·祖拉陈哇:《贤者喜宴》,黄颢译注,《西藏民族学院学报》1984年第1期。

② 《册府元龟》卷981《外臣部·盟誓》。

③ 《娘氏教法源流》第424、426页。

④ 《娘氏教法源流》第424、426页。

⑤ 法尊:《西藏民族政教史》卷1,第33页。

蕃王廷的关键作用，并就双方边界问题、会盟问题、遣返人员问题与之进行讨论、磋商。为唐蕃长庆会盟打下良好的基础的唐蕃会盟中，钵阐布贝吉云丹所担任的关键角色也充分证明了这些。据刘元鼎《唐蕃会盟》的记载："时赞普坐帐中，……钵阐布立于右，宰相列台下。……盟坛广十步，高二尺。使者与虏大臣十余对位，酋长百余坐坛下，上设巨榻，钵阐布升，告盟，一人自旁译授于下。已歃血，钵阐布不歃。盟毕，以浮屠重为誓"①。盟誓后所建的唐蕃会盟碑中，钵阐布贝吉云丹也列于吐蕃会盟诸臣之首。

二、广建寺院与完善僧伽组织

赤祖德赞热巴巾时期，吐蕃的佛教寺院建筑有了新的发展，不仅规模大，而且范围广。最有名的，当属建于温江岛的贝美扎西格佩寺。

温江岛是吐蕃赞普的著名行宫之一，地处拉萨以南、桑浦之西南，与纳木隔河相望。赤祖德赞热巴巾即位，首先在叶尔巴建构佛塔，紧接着在温江岛建造自己的本尊寺院贝美扎西格佩寺。建造贝美扎西格佩寺，耗费了巨大的人力、物力和财力。以参加施工的人员为例，除征调大量的吐蕃工匠外，"由汉地和泥婆罗（即尼泊尔）的许多能工巧匠建造了具有九层规模的神变佛殿"。② 汉地智者菊夏具体负责贝美扎西格佩寺院的堪舆定址工作。西域工匠在建寺过程中也有非常突出的作用。据载，赤祖德赞热巴巾获悉于阗王有一个名叫江惹穆布纳的高级工匠，便遣使携带一个内装香獐的铁网前去迎请。于阗王没有答应，赤祖德赞热巴巾再遣使者送去一封书函，告诉于阗王如不将工匠送往吐蕃，则将发兵讨伐。于阗王看罢书函后，既喜欢香獐的气味，又惧怕赞普发兵征讨，乃按书函要求将工匠遣往吐蕃建寺。同时，为防止吐蕃发兵于阗，于阗王还把自己的3个孩子赛桑、赛沃、赛托作为人质，献给赤祖德赞热巴巾③。当时，参加施工的还有印度、克什米尔等地工匠。

贝美扎西格佩寺的建筑风格异常别致，在西藏佛教寺院建筑史上有非常重要的地位。首先，汉地与尼泊尔工匠建筑了具有九层规模的神变佛殿，其下三层以石建筑，吐蕃诸王居之；中三层用砖建构，译师班智达及僧侣居之；上三层以神变木材支撑，安放本尊神像。其次，全部佛像均以中印度佛像为准，以红白铜铸造，纯金包之。再次，每层逐一建有丹青木的飞檐，饰以砖、半缨、檐、栏杆等。每层突出于墙外的房间，均有门、门廊、牌楼作为装饰。顶部飞檐的尖端及金键锥的顶端，均以苍龙作为装饰。寺院顶端的汉式大层顶，犹如天空被风吹转的一柄巨伞。如果风大时，则将层顶的四角用铁绳系在石狮上，或者系在四座巨塔上，宝蔓、伞、幢、幡及金铃等在风中交相呼应，摇奏出美妙绝伦的声响。

除贝美扎西格佩寺，据说赤祖德赞热巴巾还在汉地、敦煌以及吐蕃本土广建寺庙。其中于汉地五台山修建了寺院，在敦煌修建了千佛寺（如今千佛洞现存的92个洞窟中，有40多个可以确认为赤祖德赞热巴巾时期所建），于朗域地方修建了仁布寺，在苏毗修

---

① 《新唐书》卷216，《吐蕃传下》。

② 巴卧·祖拉陈哇：《贤者喜宴》，黄颢译注，《西藏民族学院学报》1984年第1期。

③ 《娘氏教法源流》，第418—420页。

建了勒乌神幻寺，在其下方建三宝泉源寺，在吐蕃中心修建了强钦拉康，在娘若孜乃沙修建了有甲片状大门的寺庙。

在赤祖德赞热巴巾广建寺庙的同时，吐蕃王子王妃、重臣以及钵阐布贝吉云丹、娘·定艾增等为首的佛教势力相继效仿，一时间，建造佛教寺院在吐蕃成为一种无法遏制的潮流。据《汉藏史集》所载："王妃属庐贝吉昂楚修建了赞塘玉拉康，娘氏妃却格拉姆修建了曼措达蔡寺，兄长达玛修建了止拉康，其妃赞蒙彭修建了雅隆如意宝树寺和普波切寺。各位尊胜咒师及大德等，修建了扎拉贡布、叶尔巴杨温寺，娘·定艾增修建了谐拉康寺，勃阑佳·贝元修建了其蔡寺和梅域垅塘寺，噶瓦贝孜修建了噶瓦玉那寺，蔡邦·达桑热朵修建了堆垅勒玛寺，蔡邦·拉桑鲁贝修建了博东甲郭雄寺。"①有的藏文史书甚至认为，赤祖德热巴巾时期，"吐蕃王臣在汉地和吐蕃共建寺庙一千零八处"②，数目相当惊人。

同时，赤祖德赞热巴巾在寺院内部完善了僧伽组织，先后建立禅院、讲院、调伏院等机构。据《西藏王统记》载，赤祖德赞热巴巾"建立闻、思、修之静修院（即禅院——引者）与讲、辩、著之讲学院。复于三十座寺庙中成立僧团，建智、净、贤之律仪院（即调伏院——引者）"。三院等机构的建立，使佛教寺院内部的职责分工更为具体、明确，便于进行管理。这为全面、深入地学习和研究佛教文化奠定了坚实的组织基础。这种制度一直延续至今，对吐蕃佛教文化的发展乃至后来整个西藏佛教文化的发展起到了非常重要的作用。

三、韦·达纳坚反佛势力的再度崛起

1.吐蕃社会内部的反佛情绪与反佛斗争

赤祖德赞热巴巾的过分崇佛，使吐蕃社会的反佛势力处于非常被动的地位，因而引起他们的极度不满；加之吐蕃社会内部固有矛盾的日渐尖锐，一场声势浩大的反佛运动在吐蕃佛教发展登峰造极的条件下孕育成熟，为朗达玛时期吐蕃的大规模灭佛拉开了序幕。

据《娘氏教法源流》所载，娘·定艾增和贝吉云丹掌握吐蕃政教大权，致使吐蕃大臣逐渐大权旁落。于是，大臣和将军们的不满情绪日渐高涨，矛盾日臻尖锐。苯教大臣甚至质问赤祖德赞热巴巾："尚论们完成了一切任务，每年征集赋税，将庶民献给僧人，我们施礼 21 次，却不还礼。人民都喜欢出家，这样，如何做事？"③大规模建造佛教寺院，建立僧伽组织和翻译佛教经典，耗费了巨大的人力、物力和财力，加重了吐蕃百姓的负担。特别是七户养僧的确定，将僧人的全部费用完全由百姓承担，使他们处于世俗、宗教的双重压迫之下。据载，在残酷的压迫之下，"臣民中喜爱苯教的人们说，赞普对我们这样刻薄，我们应如何报复"④。忍无可忍之下，人们奋起反抗，但遭到赤祖德赞热巴巾的残酷镇压。强烈而广泛的反佛洪流必然需要一个精明强悍的领袖，韦·达纳坚便充当了这个角色。

---

① 达仓宗巴·班觉桑布：《汉藏史集》，陈庆英译注，第 122 页。

② 达仓宗巴·班觉桑布：《汉藏史集》，陈庆英译注，第 122 页。

③ 《娘氏教法源流》第 420、426 页。

④ 《娘氏教法源流》第 420、426 页。

2.韦·达纳坚领导的反佛运动

关于韦·达纳坚的身世,史籍记载不多。从《贤者喜宴》记载的一则传说看,韦·达纳坚出身平民,自幼就有坚定的反佛立场。据载:曾有一属民之子,其头如猴之头,耳有虎纹,名韦杰多日(即韦·达纳坚)。一日,当此子与众幼儿玩耍时,大臣阐卡贝云(即钵阐布贝吉云丹——引者)骑马至此。正在幼儿玩耍之际,天降大雨,其他幼儿逃走,而韦杰多日将脱下的衣服埋在沙堆之内,赤身坐于水中,将簸箕遮于头上。见此情况,阐卡贝云知此子是一凶恶之人。其时,阐卡贝云脱口而出:"青稞未熟之时则需搅拌挤压。"阐卡贝云走了一段路后想:刚才那句脱口而出的话,不知那幼儿是否听到。于是,他返回并故意将马鞭扔掉,问道:"你见到马鞭了吗?"彼幼儿答道:"当您说搅拌和挤压的话时,(马鞭)在您手里。"由此得知此幼儿是饿鬼的化身。此幼儿也知道了(阐卡贝云的用意),于是结下了仇恨①。成年后,韦·达纳坚继没庐墀杰达囊而成为吐蕃宰相。担任宰相后,韦·达纳坚成为吐蕃反佛势力的领袖,领导了赤祖德赞热巴巾统治后期的吐蕃反佛斗争。

首先,在反佛大臣的有力支持下,韦·达纳坚制定了详细而周密的反佛计划。他们认为,要彻底打击佛教势力,就必须除掉佛教势力的代言人和强有力的后盾——赤祖德赞热巴巾。而要除掉赤祖德赞热巴巾,王子臧玛、王妃和钵阐布贝吉云丹、娘·定艾增等则是最主要的障碍,因此必须从他们入手。计划制定以后,韦·达纳坚先以酬金贿赂女巫和占卜者,让他们扬言:如果王子臧玛居住在拉萨,将会毁掉佛法,因此必须将其流放。赤祖德赞热巴巾听信了谣言,将王子臧玛流放到门域地方,后来被那囊氏王妃毒死。接着,韦·达纳坚又让人散布谣言,说钵阐布贝吉云丹与王妃和戒行好的尼姑之间私通。赤祖德赞热巴巾又一次听信谣言,决定以法律手段予以严惩。听到消息后,王妃与戒行好的尼姑羞愧难当,自杀身亡。钵阐布贝吉云丹则仓惶出逃北方,结果,于隆东地方被盲人乞丐发现,报告韦·达纳坚后被抓获,最后被处以极刑。此后,韦·达纳坚、久诺拉略及列杜赞等反佛骨干开始着手翦除赤祖德赞热巴巾的行动。在赤祖德赞热巴巾喝醉葡萄酒,昏睡于墨竹香巴宫赞普王座时,他们扭断了赤祖德赞热巴巾的脖子,杀害了他②。

臧玛、王妃、贝吉云丹、赤祖德赞热巴巾的相继去世,使吐蕃佛教势力失去强有力的支持,也宣告了韦·达纳坚等反佛势力的初步胜利。一场更大规模的反佛灭佛运动即将开始。

第二节　朗达玛时期的灭佛运动及其影响

一、反佛势力的得势与朗达玛时期的灭佛原因

赤祖德赞热巴巾先后娶觉囊氏贝吉昂楚玛、琛氏琼噶尔玛、那囊氏阿杰普勒、蔡邦氏

---

① 巴卧·祖拉陈哇:《贤者喜宴》,黄颢译注,《西藏民族学院学报》1984年第1期。

② 巴卧·祖拉陈哇:《贤者喜宴》,黄颢译注,《西藏民族学院学报》1984年第1期。

伦结布姆、拉隆氏梅脱玛等5位王妃,但均未留下子嗣。赤祖德赞热巴巾被杀后,吐蕃王统的继承权自然地落到了朗达玛的身上。诸种藏文教法、王统史籍均将朗达玛作为在吐蕃进行灭佛的罪魁祸首,对之进行口诛笔伐。岂不知,朗达玛起初并不是吐蕃反佛运动的领导者,他的即位只是吐蕃反佛势力扶植的一个傀儡而已。他在位期间发生的一系列灭佛事件,只是赤祖德赞热巴巾后期以韦·达纳坚为代表的反佛势力与佛教势力殊死斗争的延续和升级。朗达玛时期的灭佛运动对吐蕃佛教和吐蕃社会发生了极其深刻的影响:对吐蕃佛教而言,结束了佛教发展的前弘期;对吐蕃社会而言,盛极一时的吐蕃奴隶制王朝由此敲响了丧钟,一个崭新的社会形态开始进入痛苦的孕育之中。

激烈的政治、宗教斗争使吐蕃社会陷于一片混乱,广大老百姓生活在水深火热之中,正如巴卧·祖拉陈哇描述:“油已耗尽灯熄灭,王权小如冬天水,王法败坏如腐绳,政权安乐如虹逝。”①尖锐复杂的社会矛盾,迫使韦·达纳坚反佛势力不得不考虑扶植正统的悉补野子弟为吐蕃赞普,“挟天子以令诸侯”。当时,拉杰和伦珠二王子早夭,王子臧玛、赤祖德赞热巴巾先后被杀,朗达玛便成为吐蕃王位的自然继承者。正是基于这种情况,在韦·达纳坚等反佛势力的支持下,朗达玛成为吐蕃新任赞普。

朗达玛原名赤达玛。因其在位期间,以韦·达纳坚为首的吐蕃反佛势力在吐蕃进行了大规模的灭佛运动,故被大部分藏文史籍认为是牛魔王下界,所以在他的名字之前加上一个“牛”字。不仅如此,对朗达玛的个人品行,诸藏文史籍也颇多贬斥之辞,认为“乃系魔所变化,不喜佛法,秉性暴恶”②。事实上,就朗达玛本人而言,并不是坚定的灭佛者。据《汉藏史集》所载,朗达玛于公元841年即赞普位。在位的前两年中,他按照国王的规矩行事,尊崇佛法。公元843年后,他心中才为邪魔所据,又被喜爱邪魔的大臣韦·达纳坚等反佛势力所操纵,加之心记先前立赤祖德赞热巴巾为王的旧恨,才在吐蕃毁灭佛法。③ 从后来的某些历史事件分析,朗达玛也并非暴恶,相反倒颇有些儒雅之气。依《贤者喜宴》的说法,经过三年的灭佛,所有信佛的大臣属民聚集哭嚎,颇为愁苦,他们向朗达玛建议:“大王不可如此对待佛教,应去观看一下全部先祖的文书、宝库中的籍箧以及全部石碑碑文。”当时,朗达玛正在西部的拉哇园下围棋,因闻听众属民呼喊之声而心中不安,遂即前往诵读碑文。正是在诵读碑文之时,他被拉隆·贝吉多吉所杀。朗达玛死时竟双手握箭,意味深长地说道:“你解脱我或者早三年,或者晚三年。”④这些都说明,在灭佛过程中,朗达玛始终处于一种左右为难的矛盾心理。

此外,一些自然因素也起了重要的作用。据载,“其时,因发生了霜、雹和瘟,以韦·达纳坚及其党羽久诺拉略、列杜赞等为首的吐蕃反佛势力扬言是推行佛法之故,遂有此不祥。有此类说法之后,继之又形成夸张的说法,因此毁灭佛教”⑤。当时还发生了吐蕃

① 巴卧·祖拉陈哇:《贤者喜宴》,黄颢译注,《西藏民族学院学报》1984年第2期。
② 索朗坚赞:《西藏王统记》,刘立千译注,第142页。
③ 达仓宗巴·班觉桑布:《汉藏史集》,陈庆英译注,第124页。
④ 巴卧·祖拉陈哇:《贤者喜宴》,黄颢译注,《西藏民族学院学报》1984年第2期。
⑤ 巴卧·祖拉陈哇:《贤者喜宴》,黄颢译注,《西藏民族学院学报》1984年第2期。

历史上罕见的大地震，“其时，一切神魔发生战乱，于是出现了即将毁灭正法的各种恶兆：发生了大地震，四方燃烧，天空血红色；陨石流星相互撞击；汉藏边界之西河州山地平原中央，此地为吐蕃所管之界山倾倒了，洮水被阻之日，河水回旋，向上逆流，并自河内发生巨大声光，兼有雷击”①。汉文记载也与此相印证，据《新唐书·吐蕃传》载：“自是国中地震烈，水泉涌，岷山崩，洮水逆流三日，鼠食稼，人饥疫，死者相枕藉。”

上述种种现象说明，朗达玛时期的灭佛运动是吐蕃社会多种矛盾交相作用的结果。

二、朗达玛时期的吐蕃灭佛运动

整个灭佛运动从朗达玛即位的公元 841 年全面展开，到公元 846 年朗达玛被刺身亡告一段落。它主要包括如下几个方面的内容：

(1)停建、封闭佛寺，停止佛教活动

前面对赤祖德赞热巴巾时期广建佛教寺院作了较为详细的阐述。这种广建佛寺的活动，一直持续到朗达玛即位初期。据《汉藏史集》载，朗达玛即位初，“其摄国政，两年效法王法而行”，“建立祖拉康，其王妃赞姆潘修雅隆如意树、浦且瓦拉康”②。公元 843 年后，在韦·达纳坚等反佛势力的操纵下，朗达玛公开支持灭佛运动。于是，正在修建的寺院被禁止施工，大昭寺、小昭寺、桑耶寺、贝美扎西格佩寺等著名寺院先后被封闭起来；有关的一系列佛教活动被勒令停止，曾经盛行一时的“厘定文字”、“厘定语词”以及翻译佛教经典活动至此烟消云散。

(2)破坏寺院设施

灭佛运动使整个吐蕃的佛教寺院设施遭到破坏，尤以卫藏地区佛教寺院的破坏最为严重。破坏寺院设施的活动首先从拉萨开始。反佛灭佛势力命令将置于大、小昭寺的两尊释迦牟尼佛像投入水中，但遭到诸信佛大臣的有效抵制。据《贤者喜宴》所载，“为了毁掉逻娑，毁佛者将绳索拴迦叶佛之门神金刚手像的脖颈处，拴绳者因此便顿时吐血，由于拴绳者死去，致使毁佛者不敢毁之。……二释迦佛像及慈氏法像据说要被抛入河中，对此，一些信佛大臣便假说业已抛入河中，然后又设法将佛像埋藏诸佛像的佛座之下。毁佛者将神殿之门砌死，然后在所砌的墙面上画以尊者饮酒图”③。紧接着，反佛灭佛势力破坏寺院的活动向卫藏其他地区扩散。据说桑耶寺的破坏也十分严重：“当下令破坏桑耶寺时，佛塔射出光芒。又说破坏了三界殿与王殿之间的一座小黑塔，因此诸毁塔者遂被雷击毙而死，破坏活动从而终止。”④经过大规模的破坏活动，除大昭寺、小昭寺、桑耶寺、贝美扎西格佩寺等著名寺院外，卫藏地区的小寺院几乎被“捣毁殆尽”⑤。幸存的一些寺院起初被作为屠宰场，后来也因长期无人问津而沦为狐穴狼窝。

---

① 巴卧·祖拉陈哇：《贤者喜宴》，黄颢译注，《西藏民族学院学报》1984 年第 2 期。

② 转引自《西藏通史》，第 182 页。

③ 巴卧·祖拉陈哇：《贤者喜宴》，黄颢译注，《西藏民族学院学报》1984 年第 2 期。

④ 巴卧·祖拉陈哇：《贤者喜宴》，黄颢译注，《西藏民族学院学报》1984 年第 2 期。

⑤ 索朗坚赞：《西藏王统记》，刘立千译注，第 142 页。

(3)迫害和镇压佛教僧侣

在大规模破坏佛教寺院的同时，反佛灭佛势力对佛教僧侣进行残酷的迫害和镇压。据载，灭佛运动开始后，“大部分僧人逃往边地，未逃者沦为俗人。不听从者即被杀死。一些僧人被拖来，当王臣人等上下马时，即让这些僧人弯身充当他们的上下马镫。”①许多著名的佛教高僧大德因此被迫害致死，未死者则隐姓埋名，或退居山林，或逃往阿里、安多、西康等地，有的甚至逃往西域。吐蕃“七试人”之一的玛·仁钦和钵阐布娘·定艾增、章·墀松杰等先后被杀。据《弟吴教法源流》所载：“娘·定增桑波（即娘·定艾增——引者）住于卫茹夏拉康，被降罪处罚，口诀传承中断；玛·仁钦却逢遭杀手，扮装妇女逃离，虽中途相遇，却未认出，至后藏之伍由隐居9年后谢世。章·墀松杰被杀、消除财源。”②据《王统世系明鉴》所载：此时，曲水河边一个修行精舍中，有约·格琼、藏·惹赛、玛·释迦牟尼等人在那里修行。他们看见一个大德未穿僧裙，手执弓箭，头插鸟羽，正领着猎犬追猎野兽。约·格琼指着此猎人问：“是老僧我眼花了吗？还是大德疯癫啦？这是怎么回事？”一人回答说：“你没有眼花，是那个大德疯癫！”于是，呼唤大德到面前，问其缘故。大德说：“你们三人未遭国王处罚，只是也危险了！”他详细地讲述了国王灭法的经过。三人听后大惊，连忙起身，将佛法经典驮在三头骡子的背上，向西北方向走去。最后，三人辗转抵达安多地区，住在丹底雪地方的岩洞中。后来噶俄·却扎巴与绒敦·僧格坚赞二人也携带《阿毗达摩》和《俱舍》等经论书籍逃往安多地区，住在恩琼朗宗的岩洞中③。

(4)焚毁佛经，断绝与周边国家地区的佛教文化往来

为在吐蕃彻底消灭佛教，以韦·达纳坚为首的反佛灭佛势力在吐蕃大规模毁灭佛经。无论显宗还是密宗，只要属于佛教经典，统统予以毁灭，“凡找到者或投之于河，或焚之于火，亦或埋入地下”④。这使吐蕃佛教遭到极为沉重的打击。为彻底杜绝佛教经典传入吐蕃，反佛灭佛势力还改变了自松赞干布以来与周边国家和地区进行政治、经济、文化全面交往的政策。一时间，吐蕃与周边国家地区的相互往来全部中断，或者处于对立状态之中。正如藏文史籍所说：“中断西方甘露流水，中止自印度来的班智达，放弃东方三十黄金道，断绝汉地财宝贸易三宝；北方肉皮上画尺度，示向霍尔之军营，纷纷动乱。南方黑熊匣口开口而向南方门隅结亲。将有情众生安置在不随顺之道上。”⑤

朗达玛时期的灭佛措施对吐蕃佛教的打击是毁灭性的，但并没有达到完全消灭佛教的目的。少数经籍还是被佛教僧人埋藏在岩洞里保存下来，成为以后被发掘出来的“伏藏”。相当数量的佛经被僧人带到远离卫藏的地方，从而导致佛教在这些地区的广泛传播。

三、佛教势力对灭佛运动的抵抗与朗达玛被弑

韦·达纳坚为首的反佛灭佛势力进行的大规模灭佛运动，遭到了吐蕃佛教势力的顽

---

① 《弟吴教法源流》，第375—376页。转引自《西藏通史》第184页。
② 《弟吴教法源流》，第375—376页。转引自《西藏通史》第184页。
③ 萨迦·索朗坚赞：《王统世系明鉴》，陈庆英、仁庆扎西译注，第191页。
④ 巴卧·祖拉陈哇：《贤者喜宴》，黄颢译注，《西藏民族学院学报》1984年第2期。
⑤ 吴贤者：《弟吴教法源流》，第375—376页。转引自《西藏通史》第184页。

强抵抗。这种抵抗突出地表现在有组织、有计划地谋杀朗达玛，并最终取得成功。

首先和反佛灭佛势力相抗争的，是后藏绒曲流域的佛教密咒大师桑结益西。据载，当时仅桑结益西的门徒就有500人众。吐蕃灭佛运动中，朗达玛的王妃曾建议朗达玛杀掉桑结益西。桑结益西则以咒术对朗达玛进行恐吓，使王妃的建议未能成功。据《贤者喜宴》所载：赞普对前来的桑结益西问道："汝系何人？所做何事？"桑结益西答道："我乃诵持三宝密咒之人，是护卫佛教者。"赞普言道："我将灭尽佛教，对此，你现在有何能力？"桑结益西答："我能诵咒，汝可观此功力吧！"随即以手指天，其手指之上出现9个黑色铁蝎和7岁牦牛相叠。遂以手做恐吓状，因之出现雷击，毁掉对面山峰之岩石，使之变成碎块。以上种种使朗达玛畏惧，言道："不可危害你等徒众啊！"言罢而去①。

叶尔巴寺的拉隆·贝吉多吉是抵抗吐蕃反佛灭佛势力、密谋刺杀朗达玛的代表人物。他把桑结益西请到叶尔巴寺，征求对刺杀朗达玛的意见，得到桑结益西的支持。据载，桑结益西在以咒术对朗达玛进行恐吓之后来到叶尔巴寺，他告诉拉隆·贝吉多吉："我恐吓了暴君，你把（暴君）解脱了吧。"②拉隆·贝吉多吉与被杀的王子臧玛的两名官仆联系，由他们作刺杀朗达玛的内应。据《叶尔巴寺》所载："其时，桑耶和拉萨均成了狐狸窝。于是猎官和通官寄信给拉隆·贝吉多吉，说道：'你下来！'但在未下来之时，他得到了本尊佛启示，随后下（山）。他带着由五名属民仆从在整个夏天精心饲养的一匹白马，又携带着一小口袋酥糕、一张弓和两匹牡马出发了。后来他们将这些隐藏起来，空身来到拉萨，适遇一取水女奴，遂敬礼问道：'赞普贵体平安否？'女奴答曰：'现在（赞普）早餐后外出了。'拉隆·贝吉多吉随即乞讨水喝，然后返回。"③拉隆·贝吉多吉还得到朗达玛政权中同情佛教人士的暗中支持。正是由于他们的支持，拉隆·贝吉多吉在刺杀朗达玛之后才得以顺利地逃脱。

经过精心的准备之后，拉隆·贝吉多吉穿上里白外黑的咒士衣和僧帽，将铁箭铁弩放于袖内，骑着涂有木炭的白马前往刺杀朗达玛。当时，朗达玛正在诵读碑文，拉隆·贝吉多吉以黑依怙者向赞普作敬礼状。他第一次敬礼时从袖内张开射箭的拇指，第二次敬礼时装好箭头，第三次敬礼时将箭射出，箭头正中赞普两眉之间，从后颈而出，朗达玛双手握箭而死。

随后，拉隆·贝吉多吉骑马逃去，众大臣尾追之。拉隆·贝吉多吉在湖中刷洗了白马身上所涂的木炭，又将大氅和帽子反转穿戴，使追赶者迷惑，得以逃往叶尔巴寺之修行处所。在修行处所的禅房中，拉隆·贝吉多吉抓住鸽子爪，令其飞翔，使禅房中落满灰尖，继之又燃烧蠹虫使之纷纷乱飞，造成未曾有人出入的假象，使绝大部分追赶者返回。然而，有一个聪明之人慢慢地出现在禅房，将手放在拉隆·贝吉多吉胸上。此人一惊，觉得拉隆·贝吉多吉的心在跳动，于是灵机一动，说道："罪犯在此！公家荒地，不得用私犁耕之！"言罢而去。由于他的暗中示警，拉隆·贝吉多吉感到再也不能在叶尔巴寺呆下

---

① 巴卧·祖拉陈哇：《贤者喜宴》，黄颢译注，《西藏民族学院学报》1984年第4期。

② 巴卧·祖拉陈哇：《贤者喜宴》，黄颢译注，《西藏民族学院学报》1984年第4期。

③ 巴卧·祖拉陈哇：《贤者喜宴》，黄颢译注，《西藏民族学院学报》1984年第4期。

去，于是前往多康地区[①]。据《安多政教史》所载，拉隆·贝吉多吉在多康地区长期修行，后来还协助从卫地逃到多康的玛、约、藏等三人剃度出家[②]。

四、灭佛运动对吐蕃社会与宗教的影响

1.灭佛运动最终导致吐蕃王朝的灭亡

以韦·达纳坚为首的反佛灭佛势力于朗达玛在位时期掀起的灭佛运动，是吐蕃社会各种矛盾发展的必然结果，最终导致了吐蕃王朝的灭亡。其矛盾主要表现如下：

第一，统治集团内部的矛盾与斗争公开化、尖锐化，使统治者无法再以固有的方法对吐蕃进行统治。佛教势力与吐蕃王权相结合形成的政教联盟，是自松赞干布引进佛教以来，吐蕃历代统治者相沿奉行的主要政策之一。随着朗达玛时期灭佛运动的全面展开，吐蕃佛教遭到了毁灭性的打击。此后的68年间，佛教势力在吐蕃再也没有正面出现，这样吐蕃最高统治者也就失去了长期以来业已形成的政治依托。朗达玛死后，其子云丹、欧松之间进行了“乌约之战”，使固有的吐蕃统一政权一分为二，形成“支离破碎”的分裂局面；原来由钵阐布等主持的统一盟会此时宣告废弛，大小会议亦遭毁弃。诸地方当权者从此各自为政。

第二，灭佛运动之后，整个吐蕃社会经济凋零，边防废弛，失去了以往盛极一时的繁荣局面，各地被逐渐分成所谓“大政、小政、多部、少部、金者、玉者、食肉者、食糌粑者”[③]。据《西藏通史》的说法，所谓食肉者，即乌茹（今拉萨一带）一带偏重牧业，以肉为主食的经济区域；食糌粑者则指约茹（今山南一带），以粮食作为生活必需品的经济区域[④]。他们之间相互争斗，使吐蕃固有的经济秩序无法继续维持。加之霜雹瘟疫等自然灾害的肆虐，整个吐蕃经济凋零，百姓生活处于饥寒交迫之中。经济的凋零，导致国力的虚弱，进而使边防废弛，形成了“边地哨所均散失”的尴尬形势。

第三，阶级矛盾空前尖锐，奴隶起义风起云涌。沉重的阶级压迫，必然要引起人民群众的反抗。随着灭佛运动的进行，吐蕃国内一片混乱，奴隶起义此起彼伏。据汉藏文史籍所载，吐蕃奴隶起义始于河陇，由吐蕃奴部嗢末首举大旗，“及论恐热作乱，奴多无主，遂相纠合为部落，散在甘、肃、瓜、沙、河、渭、岷、廓、叠、宕之间，吐蕃微弱者反依附之”[⑤]。至公元862年，嗢末部向唐朝入贡。嗢末起义后，吐蕃本部纷纷效仿，各种属民奴隶起义相继爆发。首先，韦·廓谢来丁于多康地方起义。此后，乘没庐氏与贝氏于乌茹争战之机，韦·洛波洛琼任首领发动起义。接着，尚杰赛聂赞于约茹地方杀死官长尤聂起义，由贡弥楚担任起义首领。继之，工域哲纳地区也举行起义。一系列奴隶起义的爆发，宣告了吐蕃奴隶制王朝的灭亡。吐蕃奴隶主政权从此消失，而代之以“十种王系统”为代表的

---

① 巴卧·祖拉陈哇：《贤者喜宴》，黄颢译注，《西藏民族学院学报》1984年第4期。
② 智观巴·贡却乎丹巴绕吉：《安多政教史》，吴均、毛继祖、马世林译，甘肃民族出版社，1989年版，第18页。
③ 巴卧·祖拉陈哇：《贤者喜宴》，黄颢译注，《西藏民族学院学报》1985年第1期。
④ 恰白·次旦平措等著：《西藏通史》，陈庆英等译，第197页。
⑤ 《资治通鉴》卷250，咸通三年十二月。

具有封建割据性质的地方政权。

2.灭佛运动对吐蕃宗教的影响

灭佛运动对吐蕃佛教的打击是毁灭性的。自灭佛运动之后的68年之间,盛极一时的吐蕃佛教在吐蕃社会处于极其尴尬的境地。首先,佛教寺院门庭冷落。整个吐蕃特别是卫藏地区,释迦牟尼教法的声音不复存在,戒律传授中断,各个寺庙先后成为狐穴狼窝,寺庙内荆棘丛生。以往佛音鼎沸的讲经院成为空无人迹的废墟,无人供奉的佛像被乞丐们用来张挂帐篷和水桶。如此等等,“各种不善之恶业全部出现”。

其次,大部分佛教僧侣纷纷还俗,或者按照苯教信规从事佛事,使苯教势力迅速壮大起来。苯教信仰重新在吐蕃社会占据统治地位。而佛教自此而后的近70年间被迫改变形式,传教方式从上层贵族转向民间,从吐蕃王畿到四周边地,为后弘期佛教的空前发展埋下了重重的伏笔。

再次,灭佛运动看起来坚决打击了佛教,实际上,随着灭佛运动的展开,佛教开始依附于苯教的羽翼之下,这有力地促进了佛苯融合。通过佛苯融合,外来佛教在内容上更加接近以苯教为代表的西藏传统宗教,更容易被西藏广大民众所接受,更具感染力和生命力。总之,对灭佛运动,我们应当辩证地分析,不能简单而论。

第四章　噶当派的创立及其历史沿革

噶当派，亦译迦当派、甘丹派等，是“后弘期”最早出现的藏传佛教派别。西藏佛教宗派的名称，以寺院名称和地名命名的占多数，也有以所传教法或其特征命名的。噶当派是以其所传教法的特征命名的。藏语“噶”为“佛语”意，“当”为“教授”或“教诫”意；“噶当”的意思是“佛语教授”，意指一切佛语（显密经典）。这一派由阿底峡开创，仲敦巴开辟，那措译师和俄译师扩展，再由他们的弟子及再传弟子发扬光大，形成了以仲敦巴热振寺的上噶当传承和那措译师及弟子绒巴的下噶当传承，以及俄译师传出的以提倡因明、辩论而著名的桑浦寺传承。噶当派的精神，源自阿底峡的《菩提道炬论》，即阿底峡所传的教授三士道次第。如仲敦巴所说：“希有佛语（噶）即三藏（当）三士教授作庄严，佛语教诫宝金鬘，众生谁持皆受益[①]。”《如意宝树史》记载：“以吉祥阿底峡具足四大的《菩提道炬论》及其释论为教语，依止它，总括佛教大小乘一切教言，以为补特伽罗正觉成佛条件之教语，是谓之噶当派。”[②]宗喀巴曾问旺仁钦培，噶当的意义是什么？旺仁钦培答道：对佛祖而言，不舍一字，悉了能为教授之义。大师称善，甚为欢喜。由此观之，此派乃是将佛祖的三藏律义等一切教言都摄入阿底峡尊者三士道次第的教授之中，作为修习，故名为噶当巴[③]。噶当派主张显密结合，由显入密，也即肯定全部显密经典皆为修行者必学的指导。其见地主要依印度中观应成派，有其显、密统一于一体的修法，尤其重视有实修经验的师长的教授与口传。其教义对西藏佛教各派都有影响。后来，宗喀巴依据噶当派教义创立格鲁派，亦称新噶当派。原来属于噶当派的寺院都变成了格鲁派寺院，噶当派随之也并入格鲁派。

---

① 《土观宗派源流》，刘立千译注，第 46 页。

② 松巴堪钦·益西班觉：《如意宝树史》，蒲文成、才让译，甘肃民族出版社 1994 年版（后注均为此版本），第 334 页。

③ 恰白·次旦平措等：《西藏通史》，陈庆英等译，第 271 页。

第一节　阿底峡进藏前后的西藏佛教

一、社会转型与后弘期佛教

公元7世纪,佛教从南北两个方向同时传入吐蕃。在统治阶级的大力扶植和寂护、莲花生等一大批印藏僧人的努力下,佛教得到了一定的发展,逐渐与苯教相融合,在西藏扎下了根。9世纪中叶,吐蕃的寺院经济势力膨胀,损害了世俗奴隶主贵族的利益;加上瘟疫流行,民不聊生。信奉苯教的世俗贵族抓住这一机会,大肆诬蔑佛教,并拥立朗达玛为赞普,促使他灭佛,导致"卫藏无法"的局面。朗达玛的灭佛,遭到佛教僧人的强烈反对。公元846年,朗达玛被拉隆・贝吉多吉刺死在拉萨大昭寺门前。朗达玛的灭佛,标志着西藏佛教"前弘期"的结束。

朗达玛发起的灭佛运动,大约延续了一个世纪。到10世纪后半期,佛教在西藏重新恢复并得到空前的发展,这就是西藏佛教后弘期的开始。后弘期究竟始于哪一年,史书记载有公元911年、公元918年、公元949年、公元978年等几种。史学界多以公元978年为西藏后弘期佛教的开端,因为这一年佛教重新从多康地区传到西藏。10世纪后半期,佛教之所以在西藏得到恢复和发展,其原因主要如下:

第一,佛教在西藏重新恢复和发展的政治基础

公元846年,朗达玛遇刺身亡后,在赞普继位问题上,统治阶级内部发生了尖锐的纷争。一部分贵族大臣扶持永丹为王,另一部分人则拥立欧松为王,因此而分裂成两个势力集团。《莲花生传》记载:"兄弟不和,乌茹与约茹两地开战,昼夜纷争,长达12年之久"[①],给吐蕃社会带来极大的灾难。战乱未息,又遇天灾,使整个卫藏地区田野荒芜,民不聊生。走投无路的劳苦大众被迫铤而走险,纷纷起义,席卷了多康、卫、藏广大地区。吐蕃王朝寿终正寝,西藏社会从此长期处于分裂、割据、纷争的状态,先后出现了许多大大小小割据一方的地方势力。这些地方势力为了维护自己的政权,迫不及待地企图寻找或创立出一种与经济基础相适应的意识形态,作为统治人民的工具。这时,传统的苯教思想已不能适应封建农奴主阶级的需要,这无疑给佛教的恢复和发展创造了条件。

对于饱尝战争、自然灾害之苦的劳苦大众来说,此时渴望和平安定。佛教关于人生无常、追求来世、众生平等、大慈大悲、和平反战等一套说教,对苦海无边的劳苦大众来说,具有特别的吸引力,非常容易产生共鸣,于是纷纷投入佛教的怀抱。

再则,朗达玛灭佛,并没有使佛教灭绝。一部分僧侣逃到边远地区躲起来,伺机再起;一部分僧侣隐姓埋名,转入家中继续传播佛教,或到群众中行医治病,乐善好施;还有一部分僧侣主动投靠有势力的地方统治集团,以求得到他们的支持。新兴的封建统治者

---

① 班钦・索朗查巴:《新红史》,黄颢译注,第171注释,第179页。

中，有很大一部分人为原吐蕃王室崇佛的后裔。他们看到佛教在劳苦大众中有着深厚的基础，为了自己统治的需要，就大力扶持僧侣们修建寺庙，广建僧团。

第二，佛教在西藏重新恢复和发展的经济基础

寺院作为一种经济实体，是伴随佛教的发展而形成的。8 世纪，西藏有了第一个正规寺院——桑耶寺，当时僧人的生活主要依靠王库供给。9 世纪，祖德赞赤热巴巾拨给僧人土地、牲畜、奴隶，结果导致朗达玛灭佛。10—13 世纪前半期，西藏社会完成了从奴隶制向封建制的过渡，确立了封建经济体制，农牧业、手工业及商业都得到迅速发展。10 世纪后半期，阿里古格王拉德用心扶持佛教发展，为奖励仁钦桑波译经传法有功，把普兰的协尔地区作为封地划给他，以作为寺院庄园。从此，佛教僧人个人可直接控制和管理自己的庄园。随着僧人人数的日益增加，寺院不断增多，组织日趋健全，僧人的社会地位得到提高。在这种情况下，政府把一定的生产资料作为固定寺产交给僧人。因此，僧人中由原来靠布施、薪俸过活的人，转变成掌握一定生产资料的、披着袈裟的地主阶级；而一些地主阶级，又把持着寺院的宗教领导权，这就形成僧俗一体、政教不分的局面。寺院经济的继续发展与膨胀，为佛教的重新恢复和发展奠定了经济基础。

第三，佛教在西藏重新恢复和发展的思想文化基础

佛教自 7 世纪传入吐蕃后，经过二百多年的传播，已有坚固的思想文化基础。10 世纪后半期佛教的恢复和发展，是自松赞干布以来佛教理论长期发展的结果。这一时期，佛教在译经方面不再受官方的限制，显教经典基本上翻译齐全，密教经典也基本译出，译籍的数量和质量都超过了前一时期。

许多藏族大译师历经千辛万苦前往印度学习佛法，其中著名的有四大译师：仁钦桑波、卓弥·释迦益希、玛尔巴、桂·库巴拉孜。他们经过不懈的努力，基本上把当时流传印度的显密经典译了过来，编成《丹珠尔》和《甘珠尔》。据不完全统计，前弘期自吞弥·桑布扎到朗卡迥期间，共涌现 58 名译师。后弘期大译师仁钦桑波到觉朗·多罗那他以前，共有 157 位译师。到萨迦班智达时又出现了 35 位译师。除此之外，仅在西藏分割时期涌现的译师多达 122 位，比前弘期多两倍①。也有众多的印度班智达来藏弘法，协助译经。“佛教后弘期，也就是分割时期，来藏班智达 66 名，比前弘期多出 44 名，按比例算是前弘期的 3 倍”②。

从所译佛典看，藏族学者、高僧大德在翻译、讲解、传授印度佛教的过程中，并不是全盘的“拿来主义”，而是结合西藏的实际情况和发展需要，在吸收的同时进行改革。他们从不同的角度解释著述，各抒己见。经过长期的学术争论，逐渐形成一套思想理论体系和实践方法。

二、卫藏地区的佛教

朗达玛灭佛时，藏·饶赛、约·格琼、玛·释迦牟尼等人正在雅鲁藏布江南岸（今曲

① 引恰白·次旦平措等著《西藏通史》，陈庆英等译，第 270、261 页。

② 引恰白·次旦平措等著《西藏通史》，陈庆英等译，第 270、261 页。

水县境内)的一座山上“坐静”。他们从上山打猎的僧人那里知道了朗达玛灭佛之事,于是携带有关戒律方面的经典和其他典籍,以骡驮负向西逃往阿里。当他们获悉西部也在灭佛时,便北上新疆。因言语不通,他们后又往东来到青海境内立足。他们晚年收的徒弟,即为西藏佛教后弘期的著名人物喇钦・贡巴饶赛(892—975)。

喇钦・贡巴饶赛(“喇钦”意为大师,“贡巴饶赛”意为明白佛教教理教义)系拉萨以北澎域地方人。他出家后,前往安多藏族地区活动,足迹还曾到过甘州(今甘肃张掖)。他曾想回卫藏地区学法,中途得知卫藏发生饥荒而未能去成,于是驻锡今青海化隆县境内。在当地藏族上层人士的支持下,他创建了丹底寺,摄徒弘法,使丹底成为安多地区早期的佛教中心。他本人也因此成为这一带颇有名气的人物。他本人后来虽未到过卫藏,但他的弟子们到卫藏广建寺庙,弘法度僧,重新点燃卫藏地区佛教的余烬。阿底峡了解到他的事迹后,称赞说:喇钦的成就不是一般人所能达到的。藏历木猪年(公元975年),喇钦在丹底寺圆寂,终年84岁。

到了朗达玛的子孙时代,即永丹的世孙益希坚参时,社会逐渐趋于安定。为了维护自己的统治,益希坚参派鲁梅・次程喜饶等人去青海的丹底寺学法。鲁梅・次程西饶、整・益西云丹、热西・次程迥乃、拔・次程洛珠、松巴・益西洛珠等卫地五人和洛顿・多吉旺久、聪尊・西饶僧格、珀东巴・邬巴德嘎尔等藏地方三人,以及阿里地方的沃、杰两兄弟等十人从贡巴饶赛受戒,从他的弟子学习律藏和经论。他们返回西藏时,不敢前往拉萨,因为那里曾是朗达玛禁佛的地方。于是,他们来到桑耶,投靠那里的地方势力益希坚参。这时,益希坚参已经去世,由他的儿子额达赤巴(额达意为领主,赤巴意为法台)继位。额达赤巴和其父亲一样致力于佛教的振兴,他把桑耶寺交给鲁梅・次程西饶管理,还请其他人主持桑耶寺周围的几个佛殿。在他和卫藏其他地方封建领主的资助支持下,鲁梅・次程西饶等人建寺授徒传戒,在很短的时间内修复了桑耶等被毁或衰败的寺院,还新建了很多寺院,僧人急剧增加。鲁梅在主持噶曲寺的同时,还修建了拉穆德邬寺、拔朗寺、拔让寺等。

鲁梅・次程西饶的弟子非常多,其中著名的弟子有四柱、八梁、三十二椽。四柱弟子之一的尚那囊・多吉旺秋(915—1000年),于933年从鲁梅・次程西饶出家并修建热恰寺。952年,他在林周县热振寺附近修建了杰拉康寺。四柱弟子之一的主梅・次程窘乃主持修建了唐波且寺(在山南地区琼结县境内)。鲁梅・次程西饶曾在此寺居住过。从该寺传出来的支系称为唐波且派。四柱弟子之一的俄・强久窘乃从951年开始主持拔让寺,同时修建了康玛寺、顶巴寺、罗贡寺、玉唐寺等。其弟子亦修建了许多寺院,传出许多支派,称为俄派。四柱弟子之一的蓝・益希西饶主持甲萨冈、拉达、蔡穷等寺院,形成蓝派。

鲁梅・次程西饶的四柱弟子各自又传出很多弟子。其中,枯敦・尊珠雍仲继承主梅事业,掌管唐波且寺院,后来拜阿底峡为师,成为阿底峡的主要弟子之一,为“后弘期”重要人物。松巴・益西洛珠修建了玉珠和康玛尔等寺院,还在卓萨塘修建了米如寺。他后来与鲁梅派合并,称为二梁。整・益西云丹主持康松桑康佛殿,兴建恩蓝吉母寺,传出整系上派。他后又主持噶曲等寺,新修掌热母且寺,传出整系下派。热西·次程迥乃在康区弘传戒律,修建查沃寺,主持噶蔡等寺院,形成派系。拔·次程洛珠新建雍古尔寺,同时主持吉布寺。其弟子亦修建了许多寺院。这是卫地区五人的情况,形成四大派系。

藏地区五人之洛顿·多吉旺久有著名的二十四名弟子,其中甲·释迦循努在拉堆地方修建了玛尔拉唐寺,以及布多拉康寺等分寺。觉·西饶多吉修建了顿母日寺;达洛·循努尊珠修建了达洛寺;里·洛珠循努修建了觉母寺;拉·强久坚参修建了曲米寺。传出很多派系。

聪尊·西饶僧格主持额林寺,其徒孙传出九小派。因为前藏的松巴·益西洛珠和后藏的珀东巴·邬巴德噶尔、沃杰兄弟等四人没有形成师承,故又为"卫藏六人"。

除了"卫藏十人"外,从康区喇钦·贡巴饶赛的弟子处学习戒律的人还有阿·益西雍仲和直·循崔等,他们也形成了自己的派系。一般藏史称他们所传的佛法为"下路弘法"或"下路律传"。其律统源于释迦牟尼及其弟子舍利子,经过龙树、清辨、智藏等上师,传到寂护大师。再由寂护大师传给西藏人。约·格琼、藏·饶赛、玛·释迦牟尼三人传给喇钦·贡巴饶赛。这一系戒律,从寂护大师在西藏正式传授起,得到了西藏佛教各个教派的信奉,直到1204年迦湿弥罗大班智达释迦室利来藏传授戒律。

三、西部阿里的佛教

朗达玛的另一个儿子欧松退居后藏西部和阿里以后,慢慢地发展成为雄踞一方的封建势力。欧松之孙尼玛衮有三个儿子。他死后,三个儿子各据一方,长子日巴衮占据拉达克为王,二子扎希德衮以冈底斯山附近的普兰根据地为王,三子德祖衮以象雄为王。

象雄王德祖衮有两个儿子,长子柯日,次子松艾。柯日继承王位,把普兰纳入统治下,建立了古格王朝。该王朝基本上囊括了阿里南部富庶的农牧业区。后来,柯日出家,取法名为益希沃(意译智光),致力于发展佛教事业。他表面上让位于弟弟松艾,实际上仍然掌握政权。他认为大乘佛教中显教教法是佛祖释迦牟尼所说,而对密教教法则表示怀疑。当时阿里和卫藏地区的宗教非常混乱,一类人信奉戒律而轻毁密法;另一类人却尊崇密法,轻视戒律,甚至以修密法为名滥杀牲畜,以蹂躏妇女为合修,以砍杀人头为超度手段,并修"炼尸成金"等邪术。这些从当时益希沃发布的一道禁令中能够看到。禁令说:"此时气数已尽王法衰败,邪恶之法以大圆满之名在藏流行。(有人)对邪恶见地执著不放,邪恶密法以行佛法之名在藏蔓延,致使邦国残破衰竭。'超度'流行则牛羊不得安宁;'合修'流行则污浊邪恶混杂;'炼药'流行则病体无以治救;'炼尸'流行则寒林无人供奉;'供修'流行则有滥杀活人之事;罗刹肉食供则人畜两病;火香熏烟供则地方神龙不安。如此行经可谓大乘佛法乎?"①

《土观宗派源流》也记载:"……又有一类密咒人对他妻子说,你可酿造好酒,我将写完一部续经。又有从天竺来的名为红阿阇黎和绿裙班智达等人,倡言蹂躏妇女为合修,

---

① 班班多杰:《藏传佛教思想史纲》,上海三联书店1992年版(后注均同此版本),第142页。

杀死敌方是救度，遂有号称为‘合度’的邪法出现了。又有很多名为密咒而实则是行污秽的；如是等等颇为盛极一时。”[①]五世达赖也说：“此时许多人修持能骑鼓飞天的幻术和阿热莫十八僧等人的修法，他们用兵器杀人，肆意享用酒肉，蹂躏妇女。”[②]

这些不仅危害了人民的生命财产，而且对统治阶级非常不利。益希沃和他的后辈们为了扭转这种风气，从庶民中挑选了21名有培养前途的青少年，带着许多金子去克什米尔留学。克什米尔一度是佛教很发达的地方，那里有很多佛教经师，也有很多佛教流派。益希沃要求他们将上等的请来，向中等的学习教诫，从下等的那里取回教言和经书。这21名青少年历经千难万险，辗转进入克什米尔。因受不住炎热气候，又遭瘟疫流行，先后病死19人，只有象雄的拉索·仁钦桑波和布让的勒贝喜饶两人返藏，成为西藏颇有名气的大、小译师。

大译师拉索·仁钦桑波(958—1055)，生于阿里古格的浓瓦热达地方。13岁时，他从益希桑布剃度出家。由于他聪明无比，被益希沃选中派往克什米尔留学，第一次去七年，第二次去过摩揭陀国，第三次也学了几年。他先后拜75位大师学习显密教法和声明学、医学等，精通梵藏两种文字和语言，回来时还请了不少印度僧人到阿里合作译经。在显教方面，他译过17部经、33种论；在密教方面，他译过108种怛特罗(密宗经咒)，还有医药、文法、工艺等方面的一些书。他给赞普当过上师，赞普还将布让的协尔庄园献给他。萨班在《分别三仪律论》中讲：“那时法主喇嘛益希沃，派人杰仁钦桑波至克什米尔地，这位受过文殊赐福的大学者，几乎译出所有佛经典籍。”[③]藏史认为，从仁钦桑波开始，才把密教提高到所谓和佛家理论相结合的“高度”。以仁钦桑波的译经为界，把他及其以后所译经典叫做“新密”，把他之前所译经典叫做“旧密”。由于他新译和修订的佛经数量多、影响大，所以尊称他为“洛钦”(意为大译师)。《青史》作者迅鲁伯指出：“在藏地后弘密法的昌盛，远胜前弘，皆此译师之力也。”[④]这个评价是恰当的。仁钦桑波不仅译经传法，而且到处建寺修塔，对西藏佛教作出了突出的贡献。据载，他所翻译的马噶论师的医学著作《八支集要》，不仅在西藏广为流传，而且传到汉地。阿底峡到阿里时，仁钦桑波已是85岁高龄，相见时未向阿底峡叩头。当他看见阿底峡在庙殿的每座神像前赞颂时，顿生敬仰，听其教诫；并依阿底峡的旨意，修建修行房。他在三扇门板上写了誓言，一心修行。最后，终于证悟集密和胜乐密法，获得悉地。他于藏历第一饶迥木羊年(公元1055年)示寂，享年98岁[⑤]。《西藏王臣记》《红史》等史书说去世时88岁。

益希沃为了发展佛教和方便译经，在阿里札达县仿桑耶寺修建了托林寺，成为以后阿里地区著名的佛教中心。仁钦桑波长期在这里译经说法，撰写了《破邪道密宗》等书。但是，要改变当时佛教混乱的状况，必须引进大批人才和更具号召力的人物。于是，益希

---

① 《土观宗派源流》，刘立千译注，第47页。

② 五世达赖喇嘛：《西藏王臣记》，郭和卿译注，第81页。

③ 《西藏通史》，陈庆英等译，第240页。

④ 《土观宗派源流》，刘立千译，第29页。

⑤ 《如意宝树史》，蒲文成、才让译，第309页。

沃决定不惜一切代价派人迎请阿底峡来藏传法。

四、其他地区的佛教

10世纪后半期，兼通梵文和藏文的尼泊尔学者勒茹孜从印度请来两位佛教大师荼拉仁瓦和弥底。不久，勒茹孜患病去世，留下弥底和荼拉仁瓦两人。他俩不懂藏话，人生地不熟，只好流落四方。荼拉仁瓦没有留下什么记载。弥底则流落到后藏达纳（在今谢通门县）地方，靠给别人牧羊为生。后来，译师索朗坚赞知道他是一位班智达，派人请他到曼垅塘地方，向他学习佛法。经过努力，弥底终于学会了藏话。他到西康曼垅塘地方，长期为人讲《俱舍论》《四座》等显密经论，并翻译了几部佛经，撰写了比较著名的藏文文法书《语言门论》，被收在《丹珠尔》中。弥底弟子中最著名的有赛尊、仲敦巴、枯敦·尊追雍仲等。由于弥底的活动，在西康形成了一个讲授佛学的小小中心。

在西藏中西部的拉堆（即拉孜以西一带，也有人说在今昂仁一带），欧松之孙扎西孜巴父子建立的地方政权逐渐强盛。当时，从多康学法回来的洛敦·多吉旺秋在后藏古尔摩地方摄徒授法，名声逐渐传开。扎西孜巴之子贝德、欧德、吉德三兄弟写信给洛敦，请求他派人来拉堆传教以及建寺度僧。洛敦接信后，派弟子释迦循努和益希尊追等人前往。释迦循努和益希尊追认为，要想弘传佛法，当务之急须选派一些人去印度留学。在他们的建议下，卓弥·释迦益希（994—1078）和达罗·循努尊追等年轻人被挑选出来，准备培训后派往印度。卓弥和达罗两人离藏后，先到尼泊尔跟静贤论师学习声明，之后赴印度拜著名论师学密法，住在印度的超岩寺。达罗·循努尊追注重朝山拜佛，在佛学方面没有多大成就。卓弥在超岩寺八年，先后学了戒律、般若和密法，继而去东印度留学四年，向般若因陀罗茹孜专门学习密法，重点攻读“道果”法。回藏后在拉孜建立了牛古龙寺，请来印度迦耶达惹论师，合作翻译了《喜金刚续第二品》和寂静论师的《两万般若释》等许多显密教法。卓弥向弟子每传授一种密法时，都索取昂贵的学费。其门徒甚多，著名的有萨迦派始祖贡却杰布、噶举派的创始人玛尔巴译师，还有桂·库巴拉孜译师等。

总而言之，10世纪后半期，藏族社会逐渐稳定，佛教重新得到恢复和发展。在阿里地区吐蕃赞普后人掌握着地方统治权，凭借其地位和财力培养出一大批藏族青年学者，并从印度请来许多著名佛学大师，建寺译经，授徒传法。据统计，10—13世纪之间，西藏译师约有170人，从克什米尔或东印度迎请的印度僧人有七八十人。到阿底峡进入卫藏时，佛教僧人已发展到数千人之多。佛教势力在西藏社会逐渐巩固，为后来西藏不同佛教教派的形成提供了客观条件。

第二节　阿底峡对西藏佛教复兴的贡献

一、阿底峡在印度的活动

阿底峡（982—1054），意为“殊胜”，是印度著名的佛学大师。他出生于东印度萨霍尔的潘伽罗国毗迦罗摩补罗城中具足金幢的王宫中(今孟加拉国达卡地区)。父亲名善吉祥,系大智者寂护的后裔,母名吉祥光明。夫妇俩生了三个儿子,阿底峡排行第二,幼名月藏。关于他的出生年代,有两种说法:一种是《青史》《布顿佛教史》《如意宝树史》《汉藏史集》等所说的公元982年;另一种是《白琉璃史》说的公元980年。一般采用为公元982年之说。

当时的印度次大陆,政治上处于分裂状态。986年,今阿富汗一带的突厥系伽色尼王朝侵入印度,其所到之处破坏佛教、印度教塔寺、圣地,屠杀僧尼,掠寺财宝、奴隶,强迫被征服的民族改宗伊斯兰教。1186年,伽色尼王朝被兴起于阿富汗赫拉特地区的廓尔王朝(公元1152—1206年)所灭。代之而起的突厥系廓尔王朝同样排毁异教。穆斯林的势力继续向东南发展,到12世纪末,东印孟加拉地区完全沦于穆斯林统治之下。作为佛教僧徒,要么被迫改宗伊斯兰教,要么逃亡尼泊尔、西藏等地。在伊斯兰教军的屡次入侵与彻底摧毁之下,印度佛教从此消失。

据载,阿底峡一岁半能诵读许多赞文,6岁通达一切明处,10岁学会各种法术,15岁时初闻《正理滴论》。他自幼不贪恋世俗荣华富贵,千辛万苦四处寻师学法,从那烂陀寺的觉贤论师、王舍城的阿缚都底波陀和超岩寺的那若巴等大德学习显密佛法。他厌恶继承王位和成婚。29岁那年,他离家进入摩揭陀的欧丹达菩提寺出家受具足戒,起法名迪那嘎日阿夏日甲拿(汉译吉祥燃灯智,简称燃灯),通常叫做具吉祥阿底峡("阿"是大瑜伽、"底"是大班智达、"峡"是大比丘),藏文译为觉阿钦布或觉阿吉("觉阿"是尊者、"钦布"是伟大、"吉"为尊者或救主)。31岁时,他系统地学习大众部、说一切有部、上座部、正量部的三藏经论,通达各派的律制行法,熟练掌握修炼方法,能解答各部派所有的疑难问题。

阿底峡亲近过的显密教法的师长,有智祥友、小姑萨梨、胜怨、大黑足、小阿缚都底巴、种比巴、日比诃居、末底若那菩提、弥勤波、布达廓积巴、答勤波、慧贤、菩提贤等,尤其从宝生寂静论师学习了各种传承的教法。据多罗那他的《印度佛教史》记载,7世纪以后印度已经没有学贯三藏的显宗大师了。为了继续深造,阿底峡历经风浪险阻到达金洲(今印度尼西亚苏门答腊),从金洲大师法称学显宗经论。《如意宝树史》记载:"他在31岁前,拜依法铠等师,学通了《大毗婆沙论》等有关内明性相乘次的上下经藏,后去金洲,依止法称十二年,善学《入愿心论》。"①他是法称四大弟子之一,具有法称的一切功德。法称对阿底峡宗教哲学思想的形成有重要的影响,阿底峡曾说:"为我教示特别菩提心教法的上师有三人,即上师法护、强巴南觉巴和金洲大师。其中上师金洲大师给我传授全部发菩提心教言,为我讲解了全部菩提行上士道次第,所以他是根本上师,非他人所能比。"②阿底峡对法称十分敬重,每当想起和听见法称名字时,一定要双手合十放在头顶行礼。阿底峡在44岁时返回印度,被推举为印度超岩寺(也译超戒寺、超行寺,古印度著名

---

① 《如意宝树史》,蒲文成、才让译,第311页。

② 转引自《阿底峡与十一世纪西藏西部的佛教》,《西藏研究》1989年第2期,第58页;《噶当教法史》,木刻版,第34页上。

佛教寺院，13世纪回教军入侵时被毁）首座。由于阿底峡精通显密教法，熟谙因明学、声明学、星算学和医药学等，获得了“大班智达”称号，列在超岩寺八贤之中。他前后担任过18座寺的住持，闻名遐迩。

11世纪，西藏阿里古格王天喇嘛益希沃，先后派杰哇·尊追僧格和那措·次程杰哇等人携带大量黄金，历经千难万险，请阿底峡进藏。阿底峡权衡利弊后，不顾当地王臣和僧众的阻拦，放弃了在全印度佛教界中的崇高地位，于1040年离开印度，经尼泊尔进藏。当时，他已是59岁高龄的人。次年驻锡尼泊尔，1042年抵阿里，受到阿里王等僧俗的隆重欢迎。后来，他被请到卫藏地区。他在西藏弘法13年，讲经，译经，修订经典，传法，对振兴西藏佛教起了很大的作用。他的思想对萨迦派、噶举派等有重要的影响[①]。15世纪，宗喀巴根据他的思想体系创立了格鲁派，称为新噶当派。噶当派尊奉阿底峡为开派祖师。他著的《菩提道炬论》是当时唯一对佛教有系统论述的书，不仅奠定了噶当派的思想基础，而且是西藏佛教徒修习的精髓。

二、阿底峡进藏经过

阿里古格王益希沃听到阿底峡的盛名后，派杰哇·尊追僧格携带黄金前往印度迎请，起初并没有成功。那时古格王朝附近有一个葛逻禄国，是突厥语系的一个民族，信奉伊斯兰教。益希沃在征收黄金时，被葛逻禄国所俘。葛逻禄国国王提出三条出路：一是放弃信仰佛教，改信伊斯兰教；二是拿同你整个身体重量的黄金来赎身；三是如果既不愿改信伊斯兰教，又不愿拿黄金赎身，就死路一条。消息传到古格王朝后，益希沃的侄孙绛曲沃设法营救。他对阿里和藏地的出家人实行僧裙税收，凑集了与益希沃身体部分等量的黄金，但尚缺头部重量的黄金。接到葛逻禄国送来速带金子赎人的信件后，绛曲沃急忙赶赴葛逻禄国对伯祖父讲：“我等已准备好身量相等的黄金，尚缺头量相等的黄金，将迅速备齐”[②]，等等。益希沃说道：“吾已年迈，无多少用处，不如带着寻到的黄金迎请阿底峡尊者等大班智达到西藏，在托林寺举行大祭，修缮祖先修建的拉萨、桑耶等地的寺庙等。”[③]益希沃对绛曲沃留下上述遗嘱后，于藏历第一饶迥火鼠年（公元1036年）70岁时卒于葛逻禄国狱中。

为实现益希沃的遗愿，绛曲沃继续发起迎请阿底峡的活动。当时，刚从印度学经回来、年仅27岁的译师那措·次程杰哇，受命携带30两黄金和一整块金子，主仆五人前往印度迎请大班智达阿底峡。在印度，那措译师见到了在这里学经的杰哇·尊追僧格。两人相谈后，那措译师装扮成留印学僧，趁其他人不注意时拜见阿底峡，呈上黄金等礼品。那措译师含泪叙说了西藏佛教的现状和古格王益希沃为法殉身等情况，请求阿底峡进藏。阿底峡请示度母说：“我到西藏对佛教是否有利？藏王菩萨心圆满不圆满？自己生

---

① 参见董莉英：《浅论噶当派对西藏佛教其他教派的影响》，《西藏民族学院学报》1998年第2、3期。

② 《西藏通史》，陈庆英等译，第241页。

③ 《西藏通史》，陈庆英等译，第241页。

命有无障碍?”①度母授记说:你去对西藏十分有利,但是汝寿将减少20岁。阿底峡心想,只要对西藏有利,寿数减少不要紧。那措译师向昆札玛拉希拉寺的长老保证:三年后,一定将阿底峡送回印度。

1040年,阿底峡离开印度。1041年,他在尼泊尔留居一年。1042年,在他到达西藏阿里托林寺时,绛曲沃率领身着白衣、骑着白马的三百人组成的仪仗队,手举伞盖、宝幢、飞幡等供物热烈欢迎。当时,长号齐鸣,载歌载舞,一派节日气氛。

阿底峡在阿里住了三年,为绛曲沃撰写了《菩提道炬论》,并和大译师仁钦桑波讨论佛法。“为有缘者讲授显密经论教授,罄尽无余,对于佛制败坏者,重新建树,略存轨范者,培植光大,染有邪执之垢者,为之涤净,遂使释迦教宝,远离垢污”②。1045年,阿底峡决定返回印度。行至布让时,获悉尼泊尔发生战乱,路途被阻。正巧前来迎请他到卫藏去的仲敦巴此时到达布让,向他介绍西藏地区的佛教发展状况,转达了卫藏数千名僧侣渴望得到他教导的强烈愿望,并且拜他为师。阿底峡“即将宝瓶置其头顶,予以加持”③。阿底峡被仲敦巴的诚心所动,改变了返回印度的打算,答应去卫藏地区传教。仲敦巴十分高兴,急忙修书卫藏僧人,要求迅速派人来迎请阿底峡。

1045年,阿底峡从布让来到卫藏,弘法十年(1045—1054年)。他前后到过桑耶、拉萨、叶巴、澎域、聂塘等地,从他学习佛法的弟子众多,其中著名的有枯敦·尊追雍仲、俄·勒贝喜饶、仲敦巴等人。仲敦巴一直追随阿底峡左右,形影不离,尽心供养,如《阿底峡尊者传》所说:“像仲敦那样伺候谁也办不到。如果有一个抓住阿底峡规矩的,那就是他仲敦了。”④

1054年,阿底峡于聂塘圆寂。仲敦巴在聂塘主持了盛大的悼念法会,康区和卫藏地区都有佛教徒前来参加。次年,仲敦巴东迁到热振地方。1056年春,建热振寺,噶当派是在这所寺院的基础上形成并发展的。总之,阿底峡和仲敦巴师徒两人开创了西藏佛教后弘期新一代的学风,奠定了以后西藏佛教发展的基础。

三、阿底峡的《菩提道炬论》

当时的西藏佛教界,有的僧人重显轻密,偏向戒律、诋毁密教;有的僧人重密轻显,轻视戒律,任意发挥,以蹂躏妇女为合修,杀死敌方是救度;从阿里到卫藏,到处一片混乱,教理不系统,修持不规范,显密二教处于水火不相容之地步。针对这些情况,阿底峡撰写了《菩提道炬论》,要求众僧以此为准,纯化佛教。《菩提道炬论》有藏译本,也有法尊、杨化群的汉译本。该书主要阐述佛教修学次第,主张依“三士道”循序渐进、止观双修,在显教修学圆满的基础上修持密乘法。

阿底峡在《菩提道炬论》中把学佛的人分为三类:一类叫“下士”,这类人不希求解脱

---

① 《阿底峡尊者传》,段克兴译,第56页。

② 《土观宗派源流》,刘立千译注,第48页。

③ 《雅隆尊者教法史》,汤池安译,第59页。

④ 《阿底峡尊者传》,段克兴译,第99页。

世间的痛苦，只求今生今世的利乐，佛教上称之“人天乘”；第二类叫做“中士”，这类人只追求个人解脱世间流转轮回之苦，并没有普度众生的想法，佛教上称之“小乘”；第三类叫做“上士”，这类人不仅自求解脱，并愿意普度众生，佛教上称之“大乘”。人既分为三类，修习次第也分为三道，即“下士道”、“中士道”、“上士道”，合称为“三士道”。

阿底峡认为，一个人若想学佛，必须先访求名师，并且依照师长的指导，身体力行去修习，以免误入歧途，这是学佛法的一个先决条件。在具备了这个条件以后，才能从“下士道”依次修起。“下士道”的内容是说，凡人皆有死，一到死的时候，人所有的名利、亲属、财产都不能带走，就连自己的身体也不能带走。因此，修佛的人应该爱惜自己这难得的一生，努力学习佛法，以免死后堕入“三恶趣”之中痛苦难言。为此，要自己发愿心，皈依佛、法、僧三宝，努力做止恶修善之事，以便积德积福，远离地狱之苦。用《菩提道炬论》的话说，这就是“下士勤方便，恒求自身乐”。

如果按照“下士道”的指导原则努力地修习佛法，虽然在来生可以不受地狱、饿鬼、畜生等三恶趣之苦，在人、阿修罗、天等三善趣中投生，但这并不是绝对的乐，不是最终的乐，只是和三恶趣相对比意义上的乐。而且若“下士道”修持得不好，还可能堕入三恶趣的苦海之中。要超脱流转轮回之苦，还需要进一步在师长的指导下，按佛教规定的戒、定、慧“三学”，努力修习，以求达到涅槃的境界。但是，这只求得自身的解脱，还不能算从根本上把众生之苦灭掉，这就是“中士道”。用《菩提道炬论》的话来说，即“中士求灭苦，非乐苦依故”。

“中士道”中所说的戒、定、慧三学，是一切众生能够获得解脱的因，也就是说，解脱是戒、定、慧的果，正如佛教所说：“欲得正果，须得正因。”戒、定、慧是有一定次序的，照佛家的比喻来说，戒学如一道墙或一架屏风，可以用来挡住风，使外在的危害力量无从构成威胁；而由于风被挡住，院子里的空气平静下来，这就是由戒到定；只有在这样特定的环境里，人们的智慧之光才能像蜡烛的光亮，燃烧得明亮透彻，这就是慧学。

但是，即使取得“中士道”的成果还不够，还应当下决心去普度众生。要普度众生，三善趣里的人、阿修罗、天都还做不到，只有成了佛才行。有普度众生的愿望，佛教上叫“发菩提心”。但是如果只是发菩提心，而没有菩提行还不行，还需要得“无上佛道”，还需要实行“六度”。“六度”，又叫“六波罗蜜多”，就是布施、持戒、忍耐，称为“前三度”；精进、静虑、智慧，称为“后三度”。这样既可度己又能度人，可以成佛，可以普度众生，可以永远离苦得乐。这就是“上士道”。用《菩提道炬论》的话来说，即“上士恒勤求，自苦他安乐，及他苦永灭，以他为己故”。

总之，“下士道”是要人们皈依佛、法、僧三宝行善积德，来世转生“三善趣”；“中士道”是要人们在皈依“三宝”的基础上，修持戒、定、慧三学，以求解脱；“上士道”是要人们不仅皈依“三宝”，修持“三学”，还必须按“六度”的规定去做，以使成佛利益众生。

该书的最后又谈到密宗和显宗的地位问题，并且分别等级，把密教经典划分为四部，即作部、行部、瑜伽部、无上瑜伽部。该书还以佛教徒的修习次第为纲领，系统地安排了佛教教学的主要内容，它把11世纪以前的所有佛书都安排在这个体系之中。

阿底峡是通过人们在日常生活中的德行，简明通俗地告诉僧人：首先自己要精进，才能逐渐教化度他人。由于他采取简单明了的传教方式，颇受当地僧众的欢迎，也深得统治者绛曲沃的赞扬。该书对西藏佛教的影响之大，让人难以置信，“清除邪法、邪悟和证悟疑团，使佛教重新恢复”①。它不仅为噶当派的产生奠定了思想基础，而且对噶举派、萨迦派、新噶当派（格鲁派）等都有重大的影响。特别是宗喀巴以此书为标准，撰写了《菩提道次第广论》，使佛教僧徒修行成佛有了一个完整的理论体系。四世班禅洛桑确吉坚参认为，“尊者（指阿底峡）所著的经论虽然很多，但其像根基一样，最全面的是《炬论》，因为这部书集中了显密二乘之重点，其所论也最全面，指明了调伏心的关键次第，而便于修行。……正确无误地证得所有的佛法，讲述了所有的经论，能顺利地获得佛法意趣，并能从罪业的深渊中获救”②。

四、阿底峡的主要弟子

阿底峡在阿里三年，两件事影响较大：其一，撰写《菩提道炬论》；其二，与大译师仁钦桑波会面。《青史》记载：“其时译师仁钦桑波心想：尽管班智达功德难以胜过我，但他是由天喇嘛迎来的，所以应当侍奉一番。于是便请到自己的住处托林神殿中。这里依次画有上下密续各本尊像，阿底峡对这些本尊一一作了偈颂。入座后，译师问：‘刚才所诵颂是谁作的?’‘这些都是我自己即席创作的’。译师听了才有所敬畏。”③大译师仁钦桑波当时已85岁。在托林寺与阿底峡见面时，阿底峡问他：“您学哪种法?”仁钦桑波把自己所学告知。阿底峡合掌说：“西藏有您在，无须乎我来了。”接着又问：关于“续部教义，一个人在座上应当怎样修?”大译师答道：“应当依照各种仪轨所说的而修行。”阿底峡说：“译师昏庸，西藏还得我来，应当把那些义理总合而修。”于是，他撰写《密宗幻镜解说》。仁钦桑波极为敬信。他不顾年龄差别，从起初不肯顶礼阿底峡到最后生起极大敬信，拜阿底峡为师，向他学习有关佛教密宗的一些教法，还把自己以前所译的《般若八千颂》《二万光明论》《八千颂大疏》等交给阿底峡订正。

阿底峡一方面著《菩提道炬论》，对11世纪的西藏西部佛教进行整顿，一方面协同大译师仁钦桑波“作了不少翻译事业，特别是对于各部瑜伽，以贡嘎楞波所著的释本来作蓝本进行校对。因此，密教的灌顶、传经、讲说、修法等的教授，得到了弘扬”④。《青史》说：仁钦桑波依止过六十个上师，但其他上师都没能使译师入修行道。阿底峡对他说：“啊!大译师，世间轮回痛苦难忍，要做利益众生的事！现在就请如此修习!”译师恭敬听取尊者教言，立三道门，外面一道门上写道：“在此门内若生一刹那的贪恋世间之心，则护法神劈碎我头”；中门上写：“此门内若生一刹那的自利之心，则护法神劈碎我头”；内门上写：“此门内若生一刹那的凡庸分别心，则护法神劈碎我头。”尊者走后，又一心专修十年，亲

---

① 《如意宝树史》，蒲文成、才让译，第314页。

② 转引自《阿底峡与仲敦巴》，《西藏研究》1994年第2期，第93页。

③ 转引自《阿底峡与十一世纪西藏西部的佛教》，《西藏研究》1989年第2期，第62页。

④ 班班多杰：《藏传佛教思想史纲》，第147页。

见吉祥胜乐曼荼罗,享年九十七岁①。三道门上所写的,正是循序渐进的修习方法。

阿底峡在桑耶寺期间住在贝嘎尔林殿。他检阅了该寺所存的梵文经书,发现有许多是印度没有的孤本,因而深深称赞过去西藏佛教之盛,印度也难与此相比。在这里,他同那措译师译出世亲的《摄大乘论释》和解脱军的《二万光明论》等。他后来到聂塘弘法,听法的人很多;在库尔地方,为贡巴哇等瑜伽士供侍,并传授教诫,建修禅定院;为大众讲《现观庄严论》,还讲《二万光明论》;向仲敦巴讲三士次第教授等。之后,他被俄·勒贝喜饶迎请到拉萨。据载,当阿底峡看到拉萨大昭寺时,在一位称之为拉萨疯女的空行母指点下,从刻有叶子的柱子下面挖出《松赞干布遗教》一书,从此该书成为研究宗教源流历史的重要依据。他和那措译师共译了清辨论师的《分别然论》,并将这部论的教授写成广略两本的《中观教授》。在叶尔巴,他又与那措译师译出无著的《大乘宝性论释》。他所到之处,弘法传教,译经授徒,学生遍及印度、尼泊尔、邬仗那和我国西藏。

阿底峡作为当时印度佛教的大学者,佛学造诣极深。他把无上瑜伽部视为"圆满修持"的重要组成部分和最高修行阶段。临终前,他这样说:"大乘密咒之路,就像把蛇放到竹筒中一样,又如同在大象的鼻子上缚上尖刀一样(很难掌握),有高低之分,其路不平。因西藏人没有能力受用第四续部之密法,你们藏人修习瑜伽续部则比较顺利。"②针对当时西藏的实际情况,他提倡先显后密的次第,强调修密要有一定的"根器"。阿底峡并非绝对不传密法,只是比其他教派的传授更为严格。他把四本续之一切口诀,"尤其是父续集密、母续总摄论之所有密咒,无上续之所有密咒七部成就,精要三部之密咒等都倾囊相授,毫无保留地传授给了他(仲敦巴)"③,使仲敦巴成为显密全部之教主。"仲氏对于显密二宗均有极深的造诣,但他对密法讳莫如深,不广为宣说"④。阿底峡和仲敦巴师徒两人丰富和发展了菩提道次第的内容,完成了对《菩提道炬论》的详细解释和补充完善工作。有关仲敦巴向阿底峡提问的内容,收录在《噶当语录》中。在山南,阿底峡大力协助修建防洪堤,以消除雅鲁藏布江的洪水泛滥。贡嘎县结得秀地方的防洪堤至今还在,当地群众深深地怀念阿底峡的功绩。

阿底峡和仲敦巴师徒两人的默契配合,使阿底峡的宗教整顿获得成功。法尊在《西藏民族政教史》中这样概述:"于未有佛化之区多所建树,于固有者亦多所整理,于邪执疑惑之垢,悉以整理而涤除之,尤以针对当时邪行密法、轻毁因果之流弊,特重视业界,宣说归依,故有业果喇嘛及归依喇嘛之号焉。"⑤阿底峡圆寂前对仲敦巴说:"你建一处小居住地,我的教法等将交给你,由你来主持。仲敦巴回答:从总的方面来说,我能力很小,另外,所依又仅为居士戒,无能力办大事。阿底峡说:如实地做好学问所要求的工作,由我

---

① 转引自《阿底峡与十一世纪西藏西部的佛教》,《西藏研究》1989年第2期,第63页;《青史》,郭和卿译注,四川民族出版社1983年铅印版,第306页。

② 转引自《阿底峡与仲敦巴》,《西藏研究》1994年第2期,第95页。《噶当语录》介函P81A。

③ 转引自《阿底峡与仲敦巴》,《西藏研究》1994年第2期,第95页。《噶当语录》介函P81A。

④ 转引自《阿底峡与十一世纪西藏西部的佛教》,《西藏研究》1989年第2期,第65页。

⑤ 法尊:《西藏民族政教史》青海民院刻印本,第26页。

亲自加持,请不必挂念。”[①]并留下遗嘱:“所有大乘论藏之内容,龙树和无著等诸大师之教法,三世佛陀和众菩萨所立之大乘师之道次,我都交给你了。”[②]由于阿底峡毫不保留地倾囊相授,加上仲敦巴的勤奋善学,使仲敦巴的佛学造诣远远超过其他学者。他是公认的阿底峡传教事业的继承者。

仲敦巴遵师父意旨,开辟噶当派,于1056年建热振寺,授徒传法。在他身边集聚了众多前来求法的学生,其中最有名的门徒有三人,号称“三法友”,即博多哇(1031—1105)开教典派,建博多寺授徒讲法;京俄巴(1038—1103)开教授派,门徒中最著名的甲域哇(1075—1138)在甲域建寺;普穷哇(1031—1106)开教诫派。

仲敦巴在世时,热振寺僧人50多名。他继承了阿底峡的事业和严谨作风,1064年在热振寺圆寂,享年59岁。热振寺后由南交钦波任主持。到仲敦巴门徒博多哇时授徒2800多人,京俄巴授徒800多人。博多哇的门徒朗日塘巴和夏尔哇巴每人授徒1000余人,京俄巴的门徒甲域哇授徒2700人。噶当派的寺院和信徒在整个卫藏地区蔓延、发展。《佛教史大宝藏论》记载:“特别是他(阿底峡)将噶当派法规传授给仲敦巴,藏地佛法由此大弘扬了起来。”[③]

第三节　噶当派的创立及传承

一、仲敦巴与热振寺传承

仲敦巴(1005—1064)本名仲·杰哇窘乃,出生在堆龙(今堆龙德庆县)地方一个富豪人家,族姓仲,父名达松古协,生母库俄氏。他幼年丧母,与继母不和。他13岁时到许地(今朗县)舅父家中,从永曲贡学习藏文4年;从鲁梅四柱弟子之一的尚那囊·多吉旺秋受近事戒,取名杰哇窘乃。他后去康地途中,遇上前往印度求学的康区学者赛尊,相见甚契。赛尊·旺秋循努为仲·益希坚参的弟子,曾在泥婆罗辩论战胜过印度班智达。仲敦巴见到赛尊,请求作为侍者,带他一同回康区。赛尊告诉他:“明年你自己随着商队结伴前来,如果现在我带你,人们会说我偷领小孩。”[④]赛尊先回康区。次年,仲敦巴与商队结伴来到康区丹玛地方,正式拜赛尊为师,跟随左右20年。他听授《大般若经》等各种显密教法,也干过春麦牧羊之事。后来因为他成绩突出,名声大振,众僧请求赛尊让他专心学法,否则,“如此贤达之人,去干牧马、磨面等苦力差事实为可惜”[⑤];在康区,仲敦巴还拜当地的印度著名大学者弥底学习梵文和毗婆罗多的《声明论》。他获悉阿底峡到达阿里的

---

① 廓诺·迅鲁伯:《青史》,郭和卿译注,第173页。

② 转引自《阿底峡与仲敦巴》,《西藏研究》1994年第2期,第95页。

③ 布顿·仁钦珠:《佛教史大宝藏论》,第191页。

④ 转引自《阿底峡与仲敦巴》,《西藏研究》1994年第2期,第91页。

⑤ 《西藏通史》,陈庆英等译,第272页。

消息后，请求赛尊，让他去阿里向阿底峡学习。赛尊不仅同意了，而且为他准备了驴一头、行囊和书籍若干。仲敦巴在澎域碰到杰瓦·释迦旺秋，并与他相约：如果阿底峡接受邀请到卫藏来弘法，就由仲敦巴写信告诉他，由他和卫藏各地方的头人协商，共同迎请阿底峡来卫藏弘法。

1045年春，仲敦巴在布让和阿底峡相会并拜阿底峡为师，当晚准许与阿底峡同睡一榻。师徒侃侃而谈，仲敦巴向阿底峡请教了三个问题：(1)现有的印度班智达的情况如何？(2)我先前所学的这些是否步入了正轨？(3)应该如何皈依上师？阿底峡对他说：第一，现在印度班智达很多，我来藏区时，东部番伽罗地方每天都涌现出获得修证成就者；第二，你以前所学的这些没有步入正轨，侍奉上师做得很对；第三，现在你就留在这里，我的本尊至尊救度母已有预言，对我的教法传承将有福力。

自从朗达玛灭佛以后，西藏佛教走过了漫长的"黑暗时期"，终于迎来了复兴的日子。然而，复兴起来的佛教中掺和了许多非佛教甚至外道的东西，使佛教学者对某些教义的理解出现歧义。大家普遍关心所学是否为纯正的佛教，也想了解当时印度班智达的一些情况。这也是仲敦巴急于拜阿底峡为师的真正动机和目的。

仲敦巴向阿底峡介绍了拉萨、山南等地区包括桑耶寺在内的各大寺院的情况，并讲述那里数千名僧众迫切渴望阿底峡去卫藏地区弘法授徒。阿底峡答应后，仲敦巴立即给杰瓦·释迦旺秋去信。释迦旺秋又立即告诉鲁梅四柱弟子之一尚那囊·多吉旺秋（当时为杰拉康寺的主持）及其他有关的人，并且和卫藏各地的头人共同商议，派代表去布让迎请阿底峡。在后藏的贝塘地方，阿底峡、仲敦巴和迎请队伍相会，然后一同沿着雅鲁藏布江来到拉萨。

从此，仲敦巴一直跟随阿底峡，苦学显密。他掌握了阿底峡的一切知识，继承了他的功德，被称为"法增居士"。1054年，阿底峡在聂塘圆寂，仲敦巴被推举为教法之主。1055年，他在聂塘举行法会追悼阿底峡逝世一周年，并建立了聂塘寺。他将聂塘寺钥匙交给杰瓦·释迦旺秋，自己则应达木（当雄）地方头人的邀请，带着阿底峡的一部分遗骨和金洲大师的银制灵塔到热振地方弘法。1056年，仲敦巴在热振建寺，创立了噶当派。仲敦巴在这里弘法利众8年，他"善于取舍，忍难负重，誓言坚定，仅闻其名号亦使众倾心。同时，他才识精湛、德行谨严、心地善良、与众和顺，获有悉地却秘而不宣，终成为一代佛教教主"①。

热振寺创建后，仲敦巴以居士之名讲经授徒，要求大家以阿底峡《菩提道炬论》规定学习次第为准，强调僧人必须恪守戒律。他在世的时间里，常住热振寺的僧人有五六十人。噶当派在他的弟子和再传弟子时期得到长足发展。

热振寺的法位采取师徒相传的办法。1064年，仲敦巴在热振寺圆寂后，由阿底峡的另一位弟子南交钦波（1015—1078）主持热振寺十年零六日，63岁圆寂。他在任期间，对热振寺进行了扩建。第三任住持是阿底峡的另一个弟子贡巴哇（1016—1082），他建热振

---

① 《如意宝树史》，蒲文成等译，第237页。

上寺，培养出内邬素巴大师等弟子。贡巴哇圆寂后，热振寺有几年没有主持。后来，由仲敦巴的弟子博多哇(1031—1105)主持。其后数年无主持，史称"热振法荒"。后由南觉喜饶多吉主持，严格法规。在俄译师兼任桑浦寺和热振寺住持一段时间后，卧觉哇占据热振，任命库敦为住持，再后玛敦任住持，他是拉·卓微贡波的弟子。当热振长官来迎他为住持时，他不敢前去，请教拉·卓微贡波。拉·卓微贡波对他说："汝去热振寺任住持，不必难为情，吾予以加持。汝只须讲讲经、说说法，不做他事。去任住持，可带这些圣物。"[①]遂赐赠大菩提树佛像一尊、小莲塔一座、一肘宽护法神卷轴画一幅。然后嘱言："此等圣物不可离身。"[②]玛敦依师教而行，使"事业昌盛，无疾而终"[③]。再后喜饶多吉为住持，他也不离这三圣物，功德圆满。再后将法位传于律师，再后绛央巴任住持多年。"无论谁为热振寺住持，皆守而不舍"(指拉·卓微贡波所赐之三圣物)[④]。到15世纪前叶，宗喀巴·洛桑扎巴继承噶当派教法，并加以发扬光大，自成"格鲁派"，亦称新噶当派。热振寺随之改奉格鲁派，建立了活佛系统，以后热振寺由热振活佛主持。

仲敦巴的弟子中，普穷哇·循努坚参、博多哇·仁钦色、京俄巴·次程拔最为著名，由他们三人分别传出噶当教诫派、教典派和教授派。

二、普穷哇与教诫派传承

普穷哇(1031—1106)出生在澎域加地方的吉拉德卡，从香钦布和兰·次程绛曲出家，取名循努坚参，曾拜阿底峡为师。阿底峡圆寂后，他转而向仲敦巴学习。仲敦巴给他讲了四谛法门，把噶当派的秘密教授(十六明点等修法)完全传给他。他是《噶当书》秘密学规的主要奉持者。仲敦巴传授给他的秘密教授，是阿底峡在叶尔巴神山谷传给仲敦巴、俄译师和枯敦的。仲敦巴所请的叫父法，俄译师和枯敦所请的叫子法。仲敦巴又传授给自己的三大弟子，其中普穷哇得到全部，京俄巴得到大部分，博多哇得到小部分。而俄译师传给阿里巴·喜饶坚参，喜饶坚参又传给普穷哇，普穷哇传给仲·鸠摩罗摩底(普穷哇的弟子)，此前一直是单传。这样，普穷哇得到了噶当派的父法和子法的全部。到鸠摩罗摩底时，他打开法禁，公开传授。经过洛钦·托杰贝哇和根敦珠巴(一世达赖)师徒的努力，在全藏区传开。

仲敦巴去世后，普穷哇入山专修，勤作供养三宝的福业，以《染净十二缘起论》和《噶当书》中的秘诀等为修行精要。他不招收弟子。有请法的，他就讲授四谛。《土观宗派源流》说："普穷哇虽未明摄众，暗中熟徒无量数。"[⑤]普穷哇于65岁去世。

三、博多哇与教典派传承

教典派是由仲敦巴的三大弟子之一的博多哇传出。博多哇(1031—1105)出生在澎

---

① 《雅隆尊者教法史》，汤池安译，第62页。
② 《雅隆尊者教法史》，汤池安译，第62页。
③ 《雅隆尊者教法史》，汤池安译，第62页。
④ 《雅隆尊者教法史》，汤池安译，第62页。
⑤ 《土观宗派源流》，刘立千译，第49页。

域哲地方的扎窝塘,父名牛塔布秋。他幼年从巴贡受斋戒律仪,后在叶尔巴寺从俄·绛典窘尼和兰·次程绛曲出家,取名仁钦色。他极重视因果,曾管理札觉寺一年。他智慧广大,通解众经。他原想隐瞒姓名,到西康寻觅静处专修,但28岁时去热振寺拜见仲敦巴,顿生敬信,于是拜为上师,从修佛法。从仲敦巴死后到他50岁期间,专重自修。他在51岁游历各寺收徒弘法,曾担任热振寺主持3年。后因和寺内有的人不和,就离开热振寺到澎域地方修建了博多寺,故称他为博多哇。

博多哇极为重视阿底峡的《菩提道炬论》所讲经论,一切都结合修行,从此“噶当”名声大振,常有一千多人跟随他学法。《红史》记载:“招收了二千八百多弟子。”[①]其中出名的有八大弟子:一是出生在澎域聂贡的萨玛雄,从卓喀哇出家,人称黑脸的朗日塘巴·多吉僧格(1054—1123);二是香·绒布哇,亦名夏尔哇巴·云丹扎(1070—1141),为巴察绒布的后裔,出生时石上留下足迹;三是扎布地方的牛颇章丁巴·循努欧,他在堆龙、年堆、年麦等地门徒较多,著《喻法略论》,建扎布尼萨寺和颇章丁寺,享年65岁;四是《喻法详论》的作者扎嘎·达孜哇,他是《喻法中论·聚宝》的作者达那地方喀姜扎巴或杰贡宗哇·喜饶多吉的阿阇黎彭域巴·绛曲囊巴的上师,享年80岁;五是格西笃哇·喜饶嘉措,或名饶玛须哇(央迦巴),在笃达地方建央迦寺,辑《蓝色手册》;六是然丁巴·迥尼多吉,自幼具足神通,饮食、泉水等能随意愿而出现,亲见过许多本尊圣容,在乌曲地方建丁玛寺,后在此寺圆寂。火化时,有心、舌、无名指等舍利,整个尸骨为螺色;七是囊巴勒色·益希坚参,曾在尼木建寺;八是年麦地方的牛曲拔,所果寺的创建者。以上八弟子中,最有影响的是朗日塘巴和夏尔哇巴,传说他俩如同一双日月。

朗日塘巴(1054—1123)本名多吉僧格,建朗塘仁钦噶尔寺,重视讲经授徒,常随弟子二千多人。著名弟子有夏布岗巴、朗塘香巴等,他们所辑教授称《花色手册》。

夏尔哇巴(1070—1141)本名云丹扎,出生在绛绒波地方一个牧人家庭。自幼跟博多哇出家学经,聪敏过人,相传他能背诵全部大藏经《甘珠尔》。博多哇圆寂后,他的弟子大多跟随夏尔哇巴。巴曹译师从印度返藏后,他协助弘扬中观教理。他于1141年圆寂,享年72岁。夏尔哇巴的弟子多达3600人,其中被称为传法弟子的有四人,即传授菩提心法缘分的甲·怯喀巴、传授传记缘分的尼麦堆增、传授福系缘分的南觉·喜饶多吉、传授教典正缘分的丹巴达喀哇。又说,加上纳塘巴·曲隆古谢共五人。最有影响的是甲·怯喀巴和纳塘巴·曲隆古谢(又被称为董敦·洛追扎巴)。

甲·怯喀巴(1101—1175)本名耶·益希多吉,出生在洛若,甲是家族名。因他在拉萨附近的墨竹建了怯喀寺,并任住持,故名怯喀巴。他自幼在洛若跟热穷巴学经。一次,他侍从热穷巴来到涅地,参加俄译师洛丹喜饶主持的辩论法会,对教义产生了兴趣。于是,他离开热穷巴寻师学法。受比丘戒后,他跟夏弥学习律藏,并向博多哇的弟子道巴等学法。在雅隆法会上,他有幸听到朗日塘巴的修心八座,生起极大信仰。他在20岁时,在去拉萨途中碰到朗日塘巴的一个弟子,得知朗日塘巴已经圆寂,其弟子们对谁继任朗

---

① 蔡巴·贡噶多吉:《红史》,陈庆英、周润年译,西藏人民出版社1988年版(后注均同此版本),第55页。

日塘寺的法座争持不下,许多弟子投向夏尔哇巴。他在30岁时,拜夏尔哇巴为师学法。他不明修心的词句,就请教夏尔哇巴“此修心之道是否可行?有时,心中亦颇有裨益”①。夏尔哇巴告诉他:“于佛祖而言,绝无任何裨益可言。若不想成佛,则无所求。今欲成佛,若不入修心三道,成佛乃不可能。”②怯喀巴听后增强了信心,重视修菩提心。他从师12年,终于得到夏尔哇巴的发菩提心等不共教授,对于修菩提心,有自己独到的解悟。在哲浦时,他对弟子们宣讲菩提心法,开为七义,命名为“七义修菩提心法”,具体是:①前行思维所依之法,②正行学习菩提心,③转恶缘为菩提道,④总贯而示一生之修持法,⑤心调练之量,⑥修心之誓句,⑦修心之应学。这是噶当派公开宣传七义修菩提心法的开始。后来,怯喀巴来到墨竹,建旧怯喀寺,著《三究竟论》等。他于1175年圆寂,火化时有心、舌、眼等诸多殊胜舍利。他圆寂后,由赛·基布巴继任怯喀寺住持。

赛·基布巴(1121—1189)本名曲吉坚参,出生在涅堆达玛岗,家族为赛氏。1164年左右建新怯喀寺即基布寺,故名赛·基布巴。他长时期跟随甲·怯喀巴学法,后遵照怯喀巴授记,建新怯喀寺,寺内供奉怯喀巴的泥塑像、佛塔等。甲·怯喀巴圆寂后,他担任这两个寺的住持,开创了怯喀寺冬季法会上讲经之规。1189年,基布巴在基布寺圆寂,化有右旋螺等许多稀有舍利。他的弟子众多,继任怯喀寺和基布寺住持位的是拉·隆格旺秋。

拉·隆格旺秋(1158—1232)本名绛曲仁钦,父名尊者瑜伽,母名纳朗萨·贝珍。他是吐蕃王室朗达玛的儿子欧松一系的后裔,属于雅隆觉卧家族,故名字前面有一个“拉”字。这是西藏佛教中对王族出家僧人的尊称。他8岁受持斋戒;11岁受居士戒;15岁出家,取名绛曲仁钦,在怯喀寺事师塞·基布巴;24岁受比丘戒。他于1190年继任怯喀寺、基布寺住持,在位43年。他熟习许多经教和道理,故称为拉·隆格旺秋。他向喀且班钦·释迦室利学过法。从他开始,怯喀、基布两寺的住持都由代表封建地方势力的雅隆觉卧家族的人担任。1232年,他在怯喀寺圆寂。他的侄儿拉·卓微贡波继任住持。

拉·卓微贡波(1186—1259)本名绛曲沃,卓微贡波是尊称,意为“众生依怙”。他是觉卧南觉长子雅隆觉卧王觉帕之子,母亲是拉智岗瓦之妹拉吉赡林。他6岁受居士戒,后受比丘戒,16岁去怯喀寺跟随拉·隆格旺秋学法。叔叔去世后,他继任怯喀、基布两寺的住持,达27年。

当时,博多寺的上座和噶当派其他有地位的僧人商议,将博多寺及其若干子寺都献给卓微贡波;工布地区的达巴、浦曲、绛隆等30所寺庙和塔波地区的喇答、甘莫纳莫雪等寺庙和属民,也归卓微贡波管辖。在以后较长一个时期内,由卓微贡波指派这些寺庙的管家和属民的长官。一次,涅地方的桑波且寺的住持请他去为大佛塔开光,从此,桑波且及其子寺也归卓微贡波。绒孜噶寺也请他去为大灵塔开光,于是绒孜噶寺及其支寺也把管理权交给了卓微贡波。至此,噶当派内形成了一个在统一领导之下的寺院集团。这个

① 《雅隆尊者教法史》,汤池安译,第64页。
② 《雅隆尊者教法史》,汤池安译,第64页。

集团虽然和前藏一个小地方势力有密切的关系，但其政治活动并不显著，管辖的范围东西直线距离达400公里。

拉·卓微贡波常为有学问的僧人和卫藏各地方上层人物讲经传法，元帝师八思巴也极为敬重他。关于他的传说很多，比如，“从他这时起，画像上画出十六罗汉围绕着噶丹派的一个法师的画卷，才盛行起来”①。又如1259年他在基布寺圆寂后，化有许多殊胜舍利，眼舍利放在基布寺所供金身佛像内；心舍利被怯喀寺僧侣迎去，安放在俄查大灵堂内；舌舍利被约波迎去，安放在布古多寺大菩提佛像胸内。四肢右旋螺舍利，一个在如巴寺的全身佛像内；一个在俄查寺，安放在邦萨瓦所供灵堂内；一个至今在基布寺所供诸佛像内。

《青史》《雅隆尊者教法史》等史籍记载了卓微贡波以后几位住持的名字。他们是拉扎卡瓦、拉苏康巴、拉仁波且、拉苏康巴当玛，都是雅隆觉卧家族的人。

夏尔哇巴的另一个弟子董敦(1106—1166)原名洛追扎巴，又称曲隆古谢，出生在阁阿贾卡，曾从夏尔哇巴学法。夏尔哇巴去世后，他在纳塘地方讲经传教达12年，聚集了众多僧徒。他在1153年创建纳塘寺，以后发展成为纳塘寺系统。它以传承喀且班钦·释迦室利的律学而知名于西藏佛教界。以承传夏尔哇巴的教法为主，纳塘寺成为噶当派著名的律宗道场。

以上介绍的怯喀、基布和纳塘寺，还有夏尔哇巴和他的弟子们建立的一些小寺，都是以讲授噶当派的著述和噶当派所重视的经论为主，通称为教典派。

四、京俄巴与教授派传承

教授派是由仲敦巴三大弟子之一的京俄巴传出。此派重视师长指点教授，注重实修，故称为教授派。

京俄巴(1038—1103)出生在年地朗热岗，为囊拉家族后裔，父名释迦多吉，母名勒姆。他18岁在堆龙察托寺出家，心性淳厚，取名次程拔尔。他在尼木见过阿底峡，得到金洲大师的宝瓶法传授；1057年依止仲敦巴。仲敦巴对他说：“你当很好地修空性，在我午炊火烟升起时，你独自一人来吧！”②所以，他每到午饭时就到仲敦巴处，故被称为侍奉者“京俄巴”(意为近侍)。他敬聆一切经典口诀，心记仲敦巴的一切教诫，神通定力不可思议。仲敦巴圆寂后，他又师事南交钦波、贡巴哇等人。他在63岁时建帕摩洛寺。帕摩洛寺住持由牛绒巴担任，以后依次是循努曼兰、丁摩哇·努曲拔、曼兰洛追、丁摩哇、藏哇仁波且南喀多吉、朗隆巴、尊追循努。他同时兼任甲域寺住持。其后由索朗坚参、桑杰贡巴·多吉循努、藏哇觉色、赛玛仁波且桑杰敦巴·扎巴僧格、康隆哇·仁钦僧格、藏敦等继任。藏敦被杀后，桑杰觉卧·旺秋循努出任住持，后由桑杰敦巴·次程僧格、桑杰贡巴·次程喜饶、桑杰本布·循努曼兰、居希巴·次程贡、南岗巴·京俄循努益希(或洛追

---

① 王森：《西藏佛教发展史略》，第57页。

② 《青史》，郭和卿译注，第175页。

南达）、蔡居巴·嘉当却吉多吉、觉加巴·洛追仁钦、仁钦坚参、次程达结等出任住持。

京俄巴自幼对佛家性空义有所悟解，擅长二谛义，懂梵文，能翻译。他特别重视诵咒、供佛、静修三件事，这些正是噶当教授派的显著特点。他的弟子众多，最著名的有：（1）堆龙巴钦波·仁钦娘波，建赞卓寺，弟子有当波巴·曲贝尔、当浦寺的创建者琼堪巴等；（2）阿贡宗拔·牛绒巴切哇，住牛绒寺，后建塘加的欧孜新寺；（3）甲域哇钦波，为京俄巴"无可匹敌三弟子"之一，也是京俄巴弟子中最有影响的一个。甲域哇钦波，本名循努沃（1075—1138），生在堆龙的果高垄地方。幼年丧父，母亲改嫁，他被姑母养大。他12岁出家当沙弥，曾是果高垄地方的管事人，非常能干。他14岁后，为堆龙巴的侍者，被京俄巴看上，委以贴身侍卫。一切家务都由他一人操持，深得京俄巴宠爱，讲经传法时，总让他在身旁。甲域哇不仅非常重视承事师长，而且勤奋钻研经论，学到了京俄巴所传的教法，显密学修双成。京俄巴圆寂后，他曾小住普穷、蔡穷等地，后又去了涅地，最后在昔日京俄哇授记的牛绒一白色扁平磐石上留下足印的地点建立甲域寺。他在甲域、隆雪、墨竹三地护持众生，门徒二千多人，故被尊称为甲域哇。64岁圆寂在甲域寺，火化遗体时，出现许多殊胜舍利。甲域哇钦波擅长密法生起次第和圆满次第法，连噶举派的重要人物塔波拉杰也从他学法。他有所谓十四大弟子，其中最主要的弟子是冲协钦波、藏巴觉色仁波且、朗龙巴和吉岗巴钦波。

冲协钦波（1100—1170），本名仁钦僧格，出生在秦地方的一个世传密法的家庭。他曾从夏尔哇巴、甲域哇等人学法，38岁时修建了岗岗寺，摄徒208人。后由其弟子觉敦仁波且（1126—1200，本名绛曲仁钦），继任岗岗寺住持，兼托杰拉康住持。这时，岗岗寺僧人达到500人，传承京俄巴修持的密法。

藏巴觉色仁波且朗龙巴（1077—1161），本名多吉弥觉，生在后藏一位著名咒师家，故称藏巴仁波且。他为甲域哇的心传弟子，广学经论，通达四部怛特罗，兼通显密而以实修为主。甲域哇圆寂后，他继任洛寺和甲域寺的住持，传承京俄巴的教法，开始了每年轮流主持两寺的俗规。到色策仁波任住持时，他的大弟子欧色哇钦波建肖甫欧色寺，日麦哇钦波建洛扎日麦寺，康隆巴继任洛寺、甲域寺的住持。在他们任职期间，安装了寺庙的铜顶，建了侧旁寝舍和禅院、护墙；塔波、工布等地的弟子麇集，事业昌盛，业绩卓著。后由藏敦任住持3年。其间，萨迦、直贡发生纷争，藏敦被直贡派人杀害，甲域寺被焚。后来，洛本觉卧被委以住持，元世祖赐修缮黄金27升，修复了寺院。桑杰敦巴任住持时，他的弟子桑杰·葛巴从师学习甲域哇所传诸法，但密咒等法自康隆巴断传；桑杰·葛巴跟随桑杰敦巴千辛万苦去印度向色策仁波的弟子葛巴绛嘉求得密法。后桑杰·葛巴任住持13年，事业昌盛。他以后的住持有杰登巴、赞磋硅、次程贡等。总之，甲域寺的住持都是由精通教法的人轮流担任，而不全是由弟子继任。

吉岗巴钦波倡建嘉玛旧佛堂和仁钦岗寺后，被称为甲域哇钦波的转世者。桑结温敦倡建嘉玛新佛殿，以后的传承是：洛本桑云、温波循努寿格、洛本岗官巴·循努本、洛本欧窘、洛本循努沃、洛本扎西坚参等。总之，住持是由结氏家族的人继任。

除上所述，阿底峡的再传弟子内邬素巴（1042—1118）也是一个非常有名的人。他本名益希拔，出生在内邬素地方，故称内邬素巴。他幼年出家，擅长修定。他26岁时去热振寺拜贡巴哇为师学法。贡巴哇圆寂后，他又跟随博多哇。博多哇在达隆阅经时，有十几个僧人传染上麻风病，博多哇派内邬素巴前去医治。内邬素巴不仅在“修定”方面卓有成就，而且熟习经典义理，在当时极有声望。后来，在内邬素地方建寺，不少知名的咒师慕名前来求法。他经常讲关于修法的仪轨和阿底峡的《菩提道炬论》《教次第论》，弟子约有千人，主要是结贡钦波和绛曲格孜。

结贡钦波（1090—1171），本名循努扎巴，出生在结拉囊家族，以修持著称，故名结贡钦波（意为结家族大修行人）。他长期跟随内邬素巴，得到真传。后来，他在加麻仁进岗地方修建仁进岗寺，弟子约八百人，一直以传承内邬素巴所传教法为主。

绛曲格孜（1084—1167），阿里人，自幼出家习律。他从聂译师等人学习《般若经》和“慈氏五论”，后拜内邬素巴为师，学习阿底峡《菩提道炬论》。1118年，内邬素巴圆寂后，他跟甲域哇学法，常驻达坚寺，最后死在阿里。他的弟子廓钦后来出任达坚寺的住持。再传弟子玛尔巴普巴（1156—1228）任达坚寺住持期间，使内邬素巴的修持法得到发扬光大，还兼领色哇、嘉萨冈、赞塘、俄冈等四寺。

上面重点介绍了噶当教授派的两个系统，即京俄巴、甲域哇师徒传承和内邬素巴师徒传承，以及其中甲域、岗岗、仁进岗、达坚寺四个寺的传承。无论哪个传承都极为重视遵照师长的口诀教授，致力修持，故这一系称为“教授派”。

五、其他传承

1.那措译师与绒巴传承

那措·次程杰哇（1011—1064）出生在阿里宗嘎拉东地方，那措为氏族名，次程杰哇为法名，曾跟甲·尊追僧格听受《俱舍论》。他27岁时，受阿里古格王之命，赴印度迎请阿底峡。1037年，他带着5名随从、30两黄金和一整块金子前往印度，历经千阻万险，终于在1042年把阿底峡迎请到阿里古格。那措译师向印度长老立誓保证：三年之后定将阿底峡送回印度。当阿底峡受仲敦巴之邀，准备前往卫藏时，那措译师对他说：“如果我违背了向上座发的誓言，我就没有跨进阎王殿的勇气，因此请求至尊（指阿底峡）返回印度。”①阿底峡答道：“译师，不能办到者，是无罪的。”②阿底峡去卫藏弘法利生决心已定，那措译师只好把一皮口袋黄金和阿底峡亲笔书写的《菩提道炬论》交给两个布让的僧人，让他俩把黄金送交印度长老并转告阿底峡极喜欢西藏，因返印道路被阻，故继续留在西藏等等。两个僧人如实做了，长老极为高兴，说道：“我深知至尊（指阿底峡）喜欢西藏，而且已是高龄之人，不便从远地返回，只望给经典做一注疏，并寄信与我等。”③两个僧人返藏如实讲了，那措译师才卸下这重如山的包袱。阿底峡立即着手写书注释，并派原来两个僧人送往印度。那措译师协助阿底峡翻译了许多佛教经论，对振兴西藏的佛教起了重

① 《西藏通史》，陈庆英等译，第273页。

② 《青史》，敦和卿译注，第169页。

③ 《西藏通史》，陈庆英等译，第274页。

大的作用，当时的藏族高僧尊称他为大师。

《阿底峡尊者传》记载："尊者燃灯智（指阿底峡）的法，大多都是罗杂娃（指那措译师）翻译的。"[①]阿底峡曾对那措译师说："我到这里是你请来的，我的一切内明佛教你都了解。"[②]《阿底峡尊者传》中还记载说："格西罗杂娃（指那措译师）与阿底峡学问相同，又高出阿底峡一半"，"格西罗杂娃，西藏大教师们都将他看成与阿底峡是没有差别的，对于阿底峡的法，他不知道的一个也没有，而且所做没有相违之处。在他的书中也有记载，在那措地方除了我一个人外，其他阿底峡弟子还有吗？"[③]那措译师跟随阿底峡19年。当他离开聂塘前往阿里时，阿底峡给了他许多教诲，还用誓言三尊佛像对他灌顶，并赐《律经根本律》《集密经》《观音修法》等20部经典。阿底峡还把自己拇指一般大的画像画在檀木上，装入盒匣挂在那措的肩膀上。《菩提道炬论》的三士道次第修持教授，阿底峡传于仲敦巴，又传给那措译师。此后，那措译师遵照阿底峡的教导修持，获得了特别证悟。

那措译师的弟子绒巴甲索巴，曾依止仲敦巴等诸师。传说他能忆念十三生的史事，拥有广大神通。为搞清阿底峡来藏的史事，他又拜那措译师为师，获得那措译师很多教授；并照那措译师的授记，建那索寺。他一生谢绝宾客，独居修行。有一次，他出面调解纠纷，被玛措江多邀请到乌香多地方，有五百僧人前来请他讲授佛法，其中有旁听佛法者四人，各自做了记录，尔后形成四篇《教法次第》。这是噶当派重要的经典著作。后来的宗喀巴为借此书，携带很多线香派人到很远的地方迎接。因此，这四人被称为绒巴的四名弟子，他们是绥甲堆哇贞巴钦波、诺达坚巴、徐兰巴、那巴哇钦波。那巴哇钦波倡建了那巴寺和热巴那顶寺，并任桑浦内邬托寺住持7年。那巴哇钦波和诺达坚巴以说教授为主。徐兰巴则特别重史事，后与他人撰写出阿底峡尊者的详史。

以上介绍的那措译师和绒巴教法传承，因为绒巴甲索巴建的寺庙在江穷河谷热振寺下边，故又称为下噶当传承。热振寺传承称为上噶当传承。

2.俄·勒贝喜饶与桑浦寺传承

俄·勒贝喜饶是阿底峡在卫藏的著名三弟子（仲敦巴、枯敦·尊追雍仲、俄·勒贝喜饶）之一，生卒年不详。据载是赤松德赞的大臣俄庆布的后代，父亲多吉循努是一位修旧密法出名的格西，住卓木措湖附近。勒贝喜饶是兄弟五人中的老大，幼从仲·益希云丹出家。为了学习律藏，他专程前往康区谒见赛尊。1045年，他与同学枯敦·尊追雍仲等人一起回到卫藏，在拉萨附近建了札纳寺，讲经传法。

阿底峡来到聂塘后，勒贝喜饶依止学法。据传，他品格高尚，与师兄弟们关系十分融洽。他和仲敦巴虽是师兄弟，却十分敬重仲敦巴。他在建立桑浦寺后，曾几次去热振寺求教仲敦巴。《雅隆尊者教法史》记载："长子俄·勒巴喜饶为阿底峡尊者之侍从时，尊者指着聂塘至桑浦，作授记曰：'在山谷上方，内有一草地，宛如右旋螺。在此，汝勒巴喜饶

---

① 《阿底峡尊者传》，段克兴译，第96页。

② 《阿底峡尊者传》，段克兴译，第99页。

③ 《阿底峡尊者传》，段克兴译，第103页。

获得寺庙，以便讲经闻法。'"[1]1073年，勒贝喜饶根据阿底峡的授记，在拉萨以南，聂塘以东，建桑浦寺，最初叫内邬托寺，后来改称桑浦寺。他翻译和修订过多种有关因明方面的书籍，故称俄译师。他极崇信阿底峡之教授，在桑浦寺聚众约五百人，讲授《要诀四法》、《道次六颂》等，尤其重视因明辩论。藏文文献中有这样的说法：西藏佛教的一切大论之讲说，都是从阿底峡传授而来。俄译师为西藏佛教中因明、中观、慈氏诸论的教主，桑浦世系的弟子们发扬光大。《贤者喜宴》中说："归总起来，吉祥的桑浦寺如同雪山，成为西藏文化的源头，后来的大德学者亚珠·桑吉白，其弟子绒敦·西恰贡日、日达巴·雄努罗追之弟子，曾在聂塘极乐地方修持过的夏尔·宗喀巴大师等，都各持自己的法统，传遍藏区。"[2]勒贝喜饶去世后，由他的侄子俄·洛丹喜饶继任桑浦寺的住持。

俄·洛丹喜饶（1059—1109）是多吉循努的第三个儿子，俄·勒贝喜饶弟弟却杰之子。他自幼勤奋、聪明，非常慈悲。他17岁以前，在伯父俄译师和噶曲地方的博穷·次程喜饶等人跟前学习藏文诵读、语言、戒律等，乐于以身、语求善业。以后，伯父将教法重任交付给他。他18岁时，与热译师和年译师一起到阿里去参加孜德王举办的"火龙年法会"。会后，他赴尼泊尔、中印度、克什米尔等地留学，先后拜班智达萨扎那、布查松巴、巴热和达、摩诃札那、苏玛格底和格丹国王等贤哲和成就者为师，刻苦学习教法、五明、显密经论注疏、口诀咒语等，前后达17年。他35岁时返回西藏，后再次赴尼泊尔短期学习密宗。返藏后，他从事译经，完成了《量庄严论》的翻译工作，并订正许多旧译经典，成为当时颇有名气的译师。他在拉萨、桑耶以及其他地方参加讲经，弟子23000余人。《雅隆尊者教法史》记载："卫藏、南方尼泊尔、多堆多麦、东方宗喀、汉地木雅等地之宗派弟子、徒孙，皆无不改宗"[3]。《红史》也记载："在讲论、著述，修习等方面，使佛教就像初升的太阳光芒四射。在卫藏、南部地区、安多和康区、东部宗喀、西夏等地都有修习本派教法的弟子，不管多远都有他传授的弟子。"[4]他的弟子卓垅巴说，给他作副讲的人能讲《量庄严论》《量决定论疏》的有55人，能阐释《量决定论》的有280人，能讲经论的有1800人，能讲经说法的有2130人。俄·洛丹喜饶还写过一些经论注疏，有名的如《圣教次第论》等。他在佛教方面的成就，远远超过了伯父大俄译师。后来，还曾出现他的转世系统，转世的寺院在昌都察雅马贡寺。他在卫藏地区传法17年。他51岁时，圆寂在桑耶附近的旅途中。他的心传弟子有四人：尚蔡邦·却吉喇嘛、尚卓垅巴·洛追迥乃、穷·仁钦扎、则·喜饶贝，其中卓垅巴·洛追迥乃最为著名。

卓垅巴，本名洛追迥乃，他为许多显密经论作过注疏，还根据阿底峡的《菩提道炬论》著成《道次第广论》和《教次第广论》等。这两部书都是阐释噶当派教义的，后来格鲁派创始人宗喀巴在写《菩提道次第广论》时参考了这部书。

尚蔡邦·却吉喇嘛为桑浦寺第三任住持。他对因明学作了部分注释。他主持桑浦

---

① 《雅隆尊者教法史》，汤池安译，第75页。

② 转引《西藏通史》，陈庆英等译，第277页。

③ 《雅隆尊者教法史》，汤池安译，第76页。

④ 引蔡巴·贡噶多克著：《红史》。陈庆英、周润年译，西藏人民出版社1988年版，第60页。

寺32年之后，由涅巴日鲁继任住持2年，由巴哇主持8年。他们三个人的弟子恰巴·曲吉僧格为第六任住持，被尊为藏传因明的创始人。

恰巴·曲吉僧格（1109—1169），担任住持18年。他是桑浦寺格西中精通中观和因明的学者，对《慈氏五论》《定量论》《中观二谛论》《中观庄严论》《中观光明论》《入行论》等作过注。他的著作有《因明除暗论》和《量论摄义颂》及其本注。其中《量论摄义颂》一书，首次提出学习因明的特殊方法，开创了藏传因明通过辩论学习之先例，成为以后因明大师们著书的蓝本。《红史》三百五十注讲：他把因明学经籍划分专题，并创立辨理经院的学习制度。同时，他把学法相学的学生分成班次，让学生们每天轮流立宗辩难，反复问答。辩论时，辩论者要站在经堂中间，开始对立宗者要放下披单致礼。当主持者高声宣布问难开始后，问难者将披单缠在腰上，引经据典进行提问。提问时，可以揶揄、击掌、转到旁观者周围询问理由、绕三圈等。辩难学习经典的方法创立以后，西藏各大寺院掀起了学习法相学的高潮，西藏佛教各派学僧也多来此学习。因此，在二三百年间，桑浦寺一直是西藏因明学的重镇。

曲吉僧格卸任后，又到卓垅巴跟前学法，断除戏论。他的弟子中有称为八大僧格（即八大自在狮子）者：藏那巴·尊追僧格、丹帕·玛哇僧格、主夏·索朗僧格、玛甲·卓巴僧格、杂·旺秋僧格、娘占·曲吉僧格、丹玛·贡却僧格、涅巴·云丹僧格，有人还加上藏巴·绛曲僧格，他们都是卓越的宗教理论家。另外，昆觉色孜摩、俄觉色热摩、枯觉色尼措、娘觉色贝钦四人为“四个觉色”（意为佛子）；噶旺珠、工布贾琼、洛巴阁森、巴浦瓦为四慧者；还有寨巴东结和多吉欧色等无数有根器的弟子和康巴多吉等一些获成就的弟子。《红史》记载：“总之，他使安多、康区、卫藏、洛涅等地的无数出身高贵、聪明颖悟的人入于法门，使佛教教法大放光明。”①他之后，桑浦寺住持由其心传弟子寨·旺秋僧格续任5年，后由恰巴·曲吉僧格和寨·旺秋僧格的弟子涅巴·丹巴桑波任住持7年，绛则乃任住持又7年。

这期间，桑浦寺分为上下两院。上院，由绛则乃的弟子藏巴·绛曲僧格任住持。之后由增敦、许敦、洛哲坚参等相继担任住持。再后，从温香多迎请轨范师涅氏上师，他是恰巴·曲吉僧格的弟子，任住持8年。他的弟子著名的有9人，称为“九子”。桑仁、普·达尔贡、藏巴主古瓦三人为早期三弟子；伍由巴·索朗僧格、珀东巴·仁钦僧格、绛南为中期三弟子；嘉琛、绛萨、结纳为晚期三弟子。普·达尔贡到雅隆和措美等地寺院讲经，收涅·达玛僧格和甲域噶摩等人为弟子。藏巴主古瓦在夏鲁建讲经院。伍由巴·索朗僧格到萨迦，收尚多丹贝等人为弟子。珀东巴·仁钦僧格在扎热建讲经院，收达洛、乌玛哇斯布和布顿·扎巴僧格等人为弟子。绛南在任次寺住持时，赛巴顿珠把桑浦寺交给他管理，两寺合并后任住持15年，并收诺布和欧色贡波等人为弟子。涅氏上师弟子众多，由嘉巴索敦任住持，后由嘉琼茹哇任住持。再后由嘉琼茹哇的弟子曲弥巴·僧格贝担任法座18年，丹玛扎仁任住持8年，洛扎巴·洛追坚参任住持6年，前后计22年。此

① 《红史》，陈庆英、周润年译，第61页。

后，赞贡巴·循努莎丹任住持20年。以后的住持依次是拉章温波、循努仁钦、拉萨哇、雅泽哇、拉域哇、喜饶桑波、仁钦扎巴、云丹嘉措等。

下院，则由赛巴·达玛沃和赛巴·顿珠二人共主持30年。此后，来自赛地四寺的惹任住持六月。再后，欧色贡波任住持35年。他的弟子释迦循努在蔡贡塘寺建讲经院，主要学习法相学的五部大论，后被迎请到桑浦寺任住持27年。此后，由甲玛哇任住持8年，曲吉朗杰任住持8年。再后，羊卓巴·循努坚赞任住持一个月，嘉德哇·循努僧格任住持8年，藏噶任住持3年。以后的住持有洛追僧格、达旺、益希等。

另外，继承俄译师教法的还有泽·喜饶贝在年楚河上游的结乃娘寺，专讲《般若波罗蜜多经》，弟子众多。藏巴泽古在噶哇东和恰诺仓等处讲经，库·喜饶尊追在塘波且寺讲经，聚集僧人一万多名；阿·绛曲益希在索木孜顶、协·贡嘎热哇、南木江喀等地讲经，每次讲经，有八百余僧众听讲。其再传弟子香艾哇在孟扎、嘉仲、俄尔·觉日、梅日、温香多等地对多麦四部落的僧侣讲经，教导出索仁、涅巴雪波、甲哇索敦等无数学者。在说法时，僧众都以锦缎为坐垫，每次大法会时煮菜用50包，各种享用也以此时期为最盛。此后，索仁任住持，传出多麦地方获成就的四大弟子，撰写了《业缘明鉴》等许多论著，开创了教法心论的传授。

还有，哲仁在措美建讲经寺院，收喀巴和达敦吉普哇等人为弟子，东氏任住持。后洛巴祖森任住持，收绒巴、日杰替巴、勋寨、尚拉木和涅久等众人为弟子。日杰替巴的弟子是夏鲁哇布敦喀且（又名布顿·仁青珠，1290—1364）他虽未到过印度，但跟塔尔译师尼玛坚赞学习声明学，把以前西藏没有翻译的部分典籍译成藏文，成为一名显密皆通的学者，有“遍知一切的布顿仁波且”之称。宗喀巴把布顿·仁青珠校订的经论典籍作为学习的范本。

综上所述，噶当派由阿底峡开创，其三大弟子之一的仲敦巴开辟，再由阿底峡的弟子那措译师和俄·勒贝喜饶扩展，再由仲敦巴的三大弟子博多哇、京俄巴、普穷哇和那措译师、俄译师的弟子们发扬光大，形成了以仲敦巴创建的热振寺为中心的上噶当传承和那措译师及弟子绒巴的下噶当传承。从上噶当传承又传出博多哇的教典派、京俄哇的教授派、普穷哇的教诫派，形成了俄译师以提倡因明、辩论而著名的桑浦寺传承。阿底峡的弟子和再传弟子继承和发扬了他的佛教思想，在西藏佛教历史上留下了辉煌的一笔。

第五章　噶当派的思想特点及主要寺院

噶当派兴起后发展迅速，到13世纪，在西藏佛教各教派中寺院最多。《佛教源流明灯》记载："大兴佛法善知识，在这个时期不计其数，佛法一时称最盛。"《佛教史大宝藏论》说："特别是他（阿底峡）将噶当派法规传授给仲敦巴，藏地佛法由此大弘扬了起来"①。仲敦巴说："能知将一切佛教用四面道贯串起来的，这只有我的上师了。"南觉巴钦波说："师能够把握教授的精英，不是说他仅得如掌心般大的小册，乃是说他能了解，并把一切佛语，都归纳成为教授。"贡巴·仁钦喇嘛说："能了知律仪是密咒的辅助，密咒是律仪的辅助者，这只有是吾师的语传。"②总之，对于一切佛教经典都无弃舍，了知一切，是有情众生成佛的顺缘，这就是噶当派的特点。本章介绍噶当教典、教授、教诫三派的思想特点，以及一些主要的寺院。

第一节　噶当派的思想特点

一、教典派的思想特点

自博多哇开创教典派后，有夏尔哇巴——甲·怯喀巴——赛·基布巴——拉·隆格旺秋——拉·卓微贡波等递相承传，建有怯喀、基布等寺，传授阿底峡的思想，重视经论教典。他们认为，一切经论都是成佛的方便，一切教典都是修行的依据。就他们所学的阿底峡的著述而论，可分为三类：

第一，重在明见。阿底峡的《入二谛论》和《中观教授论》，重点讲述"见"。这两部著作是对龙树《中观理聚六论》所说的"观"的补充，并进一步探究"二谛"、"中观"的本源

① 布顿：《佛教史大宝藏论》，郭和卿译注，第191页。

② 《土观宗派源流》，刘立千译，第52页。

（二谛义、中观义，都是龙树所著各论特别是《中论》的要义所在）[①]。

第二，重在明行。重在说明菩萨行。《慈氏五论》和阿底峡的《摄行炬论》、《发菩提心论》、《律仪轨则》着重讲“行”，特别是阿底峡的“三论”对行持方法阶位的本源作了进一步探讨。

第三，见行双重。见行并重者，即《菩提道炬论》。《菩提道炬论》对佛语三藏四续部及其一切注释不舍一字，均组织成为一个补特迦罗（指人、有情众生的梵音）修行之次第，成为稀有无上妙论。宗喀巴在《菩提道次第广论》中说：“尊者所造论典虽多，其成为根本而又圆满具足者，即是此《菩提道炬论》。此论总摄显密两教心要作为教导，故其所诠意义完足。又以调心次第为主，便于实修。且以善巧两大仪轨的大师教授作为庄严，所以实较余宗尤为殊胜。”[②]

教典派主要传讲“噶当六论”，即《大乘庄严经论》《菩萨地论》《集菩萨学论》《入菩提行论》《本生鬘论》《集法句论》。后来增加了《慈氏五论》（《现观庄严论》《大乘庄严经论》《辨中边论》《辨法法性论》《究竟一乘宝性论》）和龙树的《中观理聚六论》（《中论》《七十空性论》《六十如理论》《回诤论》《细研磨论》《宝鬘论》）。尤其重视《究竟一乘宝性论》和《宝鬘论》。寂天的《集菩萨学论》与《入菩萨行论》二论，为见行双重，其余诸论皆是重在说明菩萨大行的教典，称为《小品法百种》。博多哇十分重视“噶当六论”。他结合一切文义进行修行，不遗漏一字。“噶当”的名字从此大振。

博多哇八大弟子之一的朗日塘巴（1054—1123），除了讲“噶当六论”，还讲《慈氏五论》。他通过实践总结出“修心八坐法”，也叫“修心八颂”。这是指仲敦巴所讲的八种身心修养诀窍，即：①依于食品的修心；②依于气息的修心；③依于身变化如恒河沙数的修心；④依于血肉的修心；⑤依于“多玛”的修心；⑥依于四大的修心；⑦依于变化自身为如意宝的修心；⑧死后的要门等，综合所缘而为八坐作为教授[③]。

博多哇的另一位大弟子夏尔哇巴（1070—1141），以讲授经论为主，特别重视《究竟一乘宝性论》（《慈氏五论》之一）。此外，他还根据阿底峡的《菩提道炬论》，制定了一个发菩提心的仪轨，并著论调和当时噶当派内在教义上的不同讲法。到他的弟子甲·怯喀巴（1101—1175）时，学到夏尔哇巴的发菩提心等不共教授，解悟了修菩提心义，开讲“七义修菩提心法”，即：①前行思维人身法义；②正行修习菩提心；③转诸恶缘为菩提道；④总贯讲述一生的修持之法；⑤心调之量；⑥修心的誓戒；⑦修心的应学处。[④]

从上面的叙述中可以看出，教典派继承了阿底峡的佛教理论与行持方法的体系，偏重经论，以学习《菩提道炬论》为主，再以阿底峡的其他著述以及龙树、慈氏等人的论著为辅翼。这就是教典派的特点。

---

① 参见王森：《西藏佛教发展史略》，第 64 页。

② 《西藏通史》，陈庆英等译，第 278 页。

③ 《土观宗派源流》，刘立千译，第 55、54 页。

④ 《土观宗派源流》，刘立千译，第 55、54 页。

二、教授派的思想特点

京俄巴开创教授派后，由甲域哇钦波——冲协钦波、藏巴觉色仁波且吉岗巴钦波和贡巴哇弟子内邬素巴——结贡钦波、绛曲格孜等递相承传，建有甲域、岗岗、仁进岗、达坚等寺加以弘扬。此派特别重视遵照师长的口诀教授，致力修持，同时重视密法修习。他们的主要思想概括为三类：

第一，重在明见者。重明见者，就是阿底峡的要门由京俄巴传承的四谛教授，由普穷哇传承的十二缘起教授，由南觉巴传承的二谛教授。四谛（即苦、集、灭、道）与缘起的教授，阐明共通之补特迦罗无我义；二谛教授，阐明最极微细的法无我义。阿底峡的弟子中，最精通二谛论的人是南觉巴钦波，他授传给了卓隆巴和京俄巴。京俄巴则秘密传授给堆龙巴和甲域哇。堆龙巴把它分为秘密传授和对众宣讲教授两种，撰写了许多论著。堆龙巴的弟子穷康巴广为宣讲，使之普及。怯喀哇著《宗轮论》，拉·隆格旺秋对此论作了注释，增加了内外道诸宗派的观点，还将龙树的大中观解释成极无所住之中见，自立一派。

从这里不难看出，阿底峡是持中观应成派见的，他的《道炬论本释》和《中观要门论本释》反映了缘起性空的思想。据载，仲敦巴对月称论师之见有所领悟，曾以此求阿底峡印证。阿底峡大为欢喜，合掌恭敬，说道："希有希有，现在东天竺亦纯以此见是尚。"[①]仲敦巴的三大弟子的《道次第论》以及他们的言论，也大多反映了这种思想。唯有俄译师师徒，虽广为引据清辨与月称论师的著述，但所持之见而大半和静命师徒相符。由金洲大师所传出一些修心法的见地，趋向又是与假相唯识派见地相符。

第二，重在明行的教授。重明行者，重视诸大乘修心的教授。这种教授重在心中生起爱他胜己的胜菩提心，凡未生起此心者，令其生起，已生起的令其增长，由此等门而依次升登地道。根据大乘经藏，别则以《华严经》和解释佛意的论典，如龙树的《宝鬘论》《梦境如意宝论》《满足有情颂文》，寂天的《集菩萨学论》《入菩萨行论》等为教授的依据，又撷取是等经论之口义辑为心要。如阿底峡的上师法护的《修心剑轮论》《孔雀化毒论》，降比朗觉巴（也为天竺大德）的《唱修金刚歌》，金洲大师的《菩萨次第论》《铲除分别论》等，都拿来作为心要，编成册书，用以教授。

前面提到的"七义修菩提心"教授的修心要门，最早由金洲大师传授于阿底峡，阿底峡又传授给仲敦巴，仲敦巴则秘密传授给博多哇等三大弟子。在三大弟子时期，对众宣讲道次第，但修心的教授仍是秘密传授。博多哇曾秘密传授给朗日塘巴、夏尔哇巴。朗日塘巴又发展为八科，辑为《修心八颂》，传授给朗塘香巴、宁那莫巴、夏布岗巴等人（都属教典派）。他还把这些教授整理编集，取名《彩色小册》。夏尔哇巴只秘密传授给怯喀哇，怯喀哇除了秘密传授给一二人外，把主要精力花在自修上。后来，他发现这种教授对众生利益甚大，于是在止浦（墨竹工卡境内）对众宣讲，并付诸文字，称《七义修心教授》。在

---

① 《土观宗派源流》，刘立千译，第53页。

《菩提道次第》等教授及朗日塘巴的八颂、夏布岗巴的修心法等中，虽已善妙开示自他相换的菩提心观法，然而《七义修菩提心》中又有在前诸教授内所无的甚深方便即依出入风息而行予取等的所缘变化。又其引导的次第，亦较其他法为广，故此教授最为殊胜。纳塘巴·桑杰贡巴将怯喀哇的原文调整次第，加以宣讲，传出了《修心普讲文》。宗喀巴见《七义修心教授》如此殊胜，便对弟子广为讲授。绛森·热振巴还做了抄录，尤其是贾曹杰的弟子霍敦·南喀贝整理出精华部分，辑成《修心日光论》。

前面讲到的《修心八坐法》，是仲敦巴所讲的八种身心修养诀窍，由康巴隆巴撷其精髓宣讲。喀热贡穷哇·旺秋洛追又传出《喀热三类法》。贡巴哇的弟子巴贡·索朗益希，从喀热贡穷哇的弟子阿若那里学得其中心品教授，又从南觉巴与耶巴哇处听闻阿底峡的教授，进行整理汇编，取名为《修菩提心论》。他的《字序七十颂》主要讲道次第教授，并有所发展。

由仲敦巴传出的缘起心要教授，是将大悲心修法作为重点加以讲授，属于行门教授。夏尔哇巴根据阿底峡的论著所传的发心和律仪轨则等，也都属于此类。

第三，见行双重的教授之王者，此即有名的《三士道次第》，其根本典籍是阿底峡的《菩提道炬论》。上面所说的重见重行的各种论典及要门，都统摄在《三士道次第》之中。《三士道道次第》是阿底峡汇集广行深见两大派要门于一体，属见行双重教授。阿底峡秘密传授给仲敦巴，还为他加持。仲敦巴的影响之所以如此之大，也是这个原因。另外，阿底峡还传授给了那措译师。那措译师又传给那索哇，那索哇整理成文；还传授给俄译师，俄译师又传授给卓垅巴，卓垅巴著《道次第广论》和《教次第广论》进行阐释。

总之，教授派以阿底峡的《菩提道炬论》所提出的“三士道”次第见行双运为主旨，以“四谛”、“缘起”、“二谛”为教授，以明“无我义”，通依一切大乘经典，别依《华严经》和龙树的《宝鬘论》，寂天的《集菩萨学论》《入菩萨行论》，更加偏重实际修行。

三、教诫派的思想特点

教诫派指阿底峡、仲敦巴、枯敦、俄译师师徒所传的秘密法，即有名的《噶当书》。最早由阿底峡在叶尔巴神山传授给三大弟子仲敦巴、枯敦、俄译师三人。其中，仲敦巴所请叫做父法，俄译师和枯敦所请叫子法。当初，枯敦对仲敦巴表现冷淡。阿底峡去世后，枯敦才改变态度，对仲敦巴非常尊重。仲敦巴传授给弟子，普穷哇得到全部，京俄巴得到大部分，博多哇得到小部分。另外，俄译师传授给弟子喜饶坚参，喜饶坚参又传授给普穷哇，普穷哇又传给弟子鸠摩罗摩底。从鸠摩罗摩底开始，不再是单传，而是为几人传授。15 世纪，辗转相传到洛钦·托杰贝哇，由他传给第一世达赖喇嘛。第一世达赖喇嘛根敦珠巴公开传授，大弘于卫藏地区。

教诫派的实修法为“五随念”，即“念师皈依处，念身本尊性，念语常持诵，念生（众生）为父母，念心性本空，由此五船桨，净一切善根”。[①] 法尊法师解释为：念师长为皈依，

① 《土观宗派源流》，刘立千译，第 57 页。

念自身为本尊，念语言为诵咒，念众生为父母，念心性为本空①。其核心教法是“十六明点”。修此教授，“从律仪起至金刚乘之间，能在一座之上便能通达所修，所见愈深而所行亦能愈能谨严”②。本尊四位，即释迦佛、观世音菩萨、度母、不动明王。法为三藏。四尊和三藏，合起来称为“噶当七宝”。

噶当派虽然以显宗为主，但并不排斥密宗，强调先显后密、显密二宗互为基础的学习方法。《青史》在叙述岗波巴和米拉日巴会面时曾说：噶当派虽有教授，但没有秘诀！由于魔鬼在藏人心中做祟，他们不让尊者宣说密法。如果让他宣说的话，现在西藏到处都有获成就的人了！噶当派只有单修五种生起次第，只有收摄情器世间于光明中的圆满次第！这里说的受魔鬼在藏人心里做祟、阻止阿底峡宣说密法的人，暗指仲敦巴。仲敦巴有他的道理。他针对当时西藏佛教的混乱状况，阻止阿底峡传授密法是正确的。尽管仲敦巴阻止阿底峡传授密法，但阿底峡并不是绝对不传密法。他传授密法极为慎重小心，强调密法只能传授给经过考验的少数有“根器”的人。

上面提到的“十六明点”法，就是一种显密双融的法门，其他如《能仁誓句三庄严》、《不动明王法类》和观世音的《斋居法》等，在噶当派中极为盛行。阿底峡的要门中，很多散遗部分由秦氏（古代氏族，居住在塔波地区）收集，汇编成《纳塘百法》。其中还有阿底峡传授给那索哇的观世音教授和其他本尊教授等。阿底峡来西藏之前，西藏僧人借口修密乘而行秽行的邪法十分流行。为破斥邪法，阿底峡打算向大众宣讲《笃哈藏》金刚道歌。仲敦巴以时机未成熟加以劝阻，阿底峡听后认为很有道理。故噶当派的诸先大德对传授密法，尤其是对于无上密，极为严谨。阿底峡把四本续之一切要门传授给仲敦巴，特别是父续类《集密》、母续类《胜乐》、无上续部的总教授。凡是心要类诸法门，他都秘密地传授给了仲敦巴，使仲敦巴成为显密教主。

通过以上介绍，我们知道，噶当派除了禁止传授无上瑜伽密法外，也传讲一些其他密法的教授，阿底峡的《菩提道炬论》就涉及密法。宗喀巴大师在《菩提道次第广论》说：“《菩提道炬论》之持法是总摄显密二教的枢要而作的教导，所诠之义圆满具足。”③噶当派所传授的密法，是以《真实摄经》（此经译成汉文，名为《佛说一切如来真实摄大乘现证三昧大教王经》，共30卷，由宋施护译）一系的密法为主。《真实摄经》属于密宗四部怛特罗中的瑜伽部，对这一部的解释仍是以显宗教义为基础的。在阿底峡时，四部怛特罗（作部、行部、瑜伽部、无上瑜伽部）中的第四部无上瑜伽部的一些内容，如胜乐、大威德、集密等盛行印度，并逐步传到西藏。无上瑜伽部的本尊多为面目狰狞且多为双身，有男女的双修内容，一般人难以理解其中的深意，往往导致一些污秽的事情出现。因此，阿底峡在世时，提倡遵循第三部瑜伽部的《真实摄经》为修习密法。这既显示了噶当派与萨迦派、噶举派专门崇尚无上瑜伽部密法的做法有所不同，又与宁玛派在密法中吸收苯教的东西

---

① 吕铁绵、胡和平编：《法尊法师佛学论文集》，中国佛教协会、佛教文化教育基金委员会印行（以下均同此版本），第80页。

② 《土观宗派源流》，刘立千译，第57页。

③ 引《土观宗派源流》，刘立千译，第57—58、49页。

有所区别。因此，噶当派所传教法在西藏佛教中享有显密教法“纯净”的声誉。

第二节　噶当派对西藏佛教其他教派的影响

一、噶当派与地方政府的关系

11 世纪，西藏阿里古格王益希沃迎请阿底峡来藏整顿西藏西部佛教后，孕育了西藏佛教后弘期噶当派的产生；仲敦巴创建热振寺，开创噶当派；噶当派的寺院和信徒在整个卫藏地区迅速蔓延、发展起来。《佛教源流明灯》记载：“大兴佛法善知识，更是无量亦无边，此时佛法称最盛。”①法尊法师讲：“在宋元两朝之间，西藏中兴之佛法，要以此派为最盛的教派了。”②13 世纪中叶，领兵进藏的蒙古将军多达那波写给阔端汗的信中说：“现在西藏以噶当派的寺院最多。”可见，当时噶当派的势力之盛。噶当派迅速发展，与地方势力的支持是分不开的。

吐蕃王朝灭亡之后，王室分裂，割据一方。中原大地在经历 50 年的混战后，进入五代十国时期。后梁、后唐、后晋、后汉、后周分散割地。吐蕃王室后裔及新兴的贵族亦分别割据一方，各自经营自己的小天地，互不统属，彼此之间为重新分配势力范围争战不休。益希沃在阿里建立了古格王朝。当时，阿里一带盛行密宗，正如《青史》所说，藏区僧人中有许多于密法中邪行的淫乱行经。有些人不修密法，宣称只靠性空就能达到涅槃。别解脱律的教法虽有传播，但学习菩萨行的人很少。面对这种状况，益希沃为恢复佛教的本来面貌，积极筹措黄金，准备迎请班智达进藏传法，结果为法殉身。他临终时叮嘱绛曲沃：一定要请阿底峡进藏，振兴西藏佛教。绛曲沃忠实地执行益希沃的遗嘱，克服种种困难，把阿底峡迎请到西藏。他坚信：“能符合我们愿望的人则只有阿底峡。”③

阿底峡宣扬简明的道德教理，重点弘扬显教、慎传密法的传教，恰巧和阿里统治者的愿望一致，故而得到古格王朝的大力支持。从此，阿里地区的佛教出现了崭新的面貌，正宗的佛教徒增强了信心，佛教徒建寺和译经蔚然成风。随之，他的弟子仲敦巴在达木地方头人的支持下，建立了热振寺。噶当派就是以热振寺为基点逐步发展起来的。到博多哇的徒孙甲·怯喀巴时，噶当派形成了以怯喀寺、基布寺为基础的规模较大的寺院集团。

噶当派虽然与地方权力有密切的联系，但并没有掌握地方政权，也没有显著的政治活动。《土观宗派源流》指出：“……从格西仲敦巴一脉相承的法嗣，其性情都是贤善而坚贞，平等而宽宏。……和易近人，无有骄慢。轻视外荣，而重内分。多依法言，少用藻饰。决择正理，不尚诤论空谈。……以三藏作为要门之依靠。于要门中思维四加行道，不说人过，不说法过，不听恶友之言，不诵多种咒言要门，要求通达一切所知。……作佛教主

① 引《土观宗派源流》，刘立千译，第 57—58、49 页。

② 引《法尊法师佛学论文集》，第 22 页。

③ 转引[日]矢崎正见：《西藏佛教史考》石硕、张建世译，西藏人民出版社 1990 年版，第 45 页。

人，舍世间恶事，圆满学习三藏”。[①] 从中可见，噶当派热衷于承传佛教纯正传统，“作佛教主人”，而不喜好参与政治活动，更是反对僧人掌政。13 世纪中期，萨迦派依靠元帝室的支持，掌握了西藏地方行政权力。噶当派首先站出来反对僧人掌政。这主要是由噶当派的大德懿行决定的。

到 15 世纪，宗喀巴重新启动整顿日趋衰败的西藏佛教的法轮，吸纳和统摄各教派之长处，在噶当派的基础上创立了格鲁派，重振昔日噶当派的雄风，故称新噶当派。原属于噶当派的寺院都变成了格鲁派的寺院。噶当派虽亡犹存，并入格鲁派。

二、噶当派对噶举派的影响

自从阿底峡进藏后对 11 世纪西藏西部佛教进行整顿，使西藏佛教见行清净的义理得到弘扬，许多新的教派应运而生。这些教派中，不少受到阿底峡直接或间接的影响，有的教派自称继承了以阿底峡为师的仲敦巴所创立的噶当派的传统。《土观宗派源流》等书记载：“号称为噶举、萨迦、格鲁等派均仰仗阿底峡的恩德而兴起来。”[②]法尊法师也指出：“当时和后来兴起的教派，没有不受噶当派教授的影响的。”[③]

噶举派的祖师玛尔巴·曲吉洛追，在最后一次赴印度求法途中与阿底峡相遇。可以说，这是噶当派与噶举派的最初接触。阿底峡和玛尔巴都以那若巴为师。那若巴为那烂陀寺的北门守护者、超岩寺“六贤门”之一。他的师父是谛洛巴，弟子有辛底巴、阿底峡、弥哲巴、玛尔巴等。阿底峡和玛尔巴听闻教授同出一源，所不同的是，玛尔巴传承那若巴一系大手印教授，而阿底峡则继承诸位成就上师之教授，得到善巧们的特殊指导，使他的传承“简直像龟身一样藏在里边”[④]。弥哲巴为那若巴的主要弟子之一，原修婆罗门教法，后在那烂陀寺出家，长期住超岩寺，为印度佛教晚期著名的瑜伽成就者。据说他神通广大，在印度有四大弟子；在西藏，噶举派的祖师玛尔巴、琼波南觉以及息结派、觉域派开创者帕·当巴桑结等都出于其门下。到塔波拉杰时，噶当派和噶举派的接触十分频繁。

塔波拉杰出家后，即赴澎域，从甲域哇等上师学习《本生鬘论》《集法句论》《菩萨地论》《大乘庄严经论》《入菩萨行论》《集菩萨学论》等噶当六部经论和戒律等。《红史》记载：他“又在玛尔地方从洛丹学习密咒，又到伍茹羌塘地方从格西牛如巴、甲杰日贡噶哇绛曲贝、格西甲域哇三人学习噶当派的教授派经典，获得能 13 天不动的‘坐功法’，抑制思想，梦见如佛经中所说的获得十地的前兆，于是居住于父祖所建之色曲神殿中”[⑤]。《土观宗派源流》记载：米拉日巴摄授塔波拉杰，“尽传所学，以此修习，心生殊胜证悟，遂将噶当派的道次第和米拉日巴的大手印教授融会而著成《解脱道庄严论》。从此噶当与大手

---

① 《土观宗派源流》，刘立千译，第 58 页。

② 《土观宗派源流》，刘立千译，第 50 页。

③ 见《法尊法师佛学论文集》，第 80 页。

④ 《阿底峡尊者传》，段克兴译，第 22 页。

⑤ 《红史》，陈庆英、周润年译，第 73 页。

印二大教流遂汇在一起”。[①]《如意宝树史》记载:“从他开始,噶当教法和大手印法二水合流,据称岗波巴将显宗的见行和密咒二者融合,著《塔波四法》《六法》《具五》《俱生和合教导次第》等许多著作。”[②]《解脱道庄严论》成为塔波拉杰的代表作,是塔波拉杰融阿底峡《菩提道炬论》和米拉日巴的大手印法于一体的重要佛学著作。以此为基础,噶当派教义与米拉日巴密法相融合,形成了以大手印教授为主、重视实修的佛教哲学体系,确立了噶举派新的发展轨道。

塔波拉杰的弟子帕木珠巴,曾从噶当派僧人央岗巴、敦登巴、甲域哇等多人学“发菩提心法”,并听讲《教次第》等书。他所传帕珠噶举教法,融噶举大手印口诀与噶当派教义为一体。王森在《西藏佛教发展史略》指出:“塔波拉杰之学,由噶当派的《菩提道次第》与米拉热巴的《大印修法》合流而成;帕木竹巴之学,继承了塔波拉杰的这一个方向,他在蔡岗时所著《噶吉酿格》一书,也充分表示了融合噶当教义与大印修法的特征。”[③]

直贡噶举派的创始人仁钦贝,曾从噶当派僧人甲域哇的弟子朗龙巴,听受噶当派的一切教法。他开创的直贡噶举支派,以戒行精严闻名全藏。他们主张持戒为基,强调“悲空双融”。

帕木珠巴的弟子达隆塘巴·扎西贝,曾从噶当派僧人怯喀巴学法。后受博多哇邀请,在达隆博多哇旧日住处修建了达隆寺,以恪守戒律著称。1240年左右,蒙古阔端王的大官多达那波进军西藏时,坦承“达隆派的僧人最有德行”。

塔波拉杰的主要心传弟子之一噶玛巴·堆松钦巴,曾依夏尔哇巴学习噶当的《道次第》,塔波拉杰也为他讲授噶当派的《菩提道次第》,并指导实修。他开创的噶举派噶玛支系,在一切行持方面,都依噶当派的宗规。

通过上述介绍,我们知道,正如《土观宗派源流》一书所说:“噶举派的法门心要虽以《大手印》及《六法》教授等为大乘法,但如酒中饧糵一样的菩提心诸要门,却是来自噶当的法统”。[④] 法尊法师也说:“所以能使噶举派的大印、六法等教授,成为大乘法的菩提心教授,即是从噶当派而传来的。”[⑤]所以,可以这样说,如果没有修习菩提心等显教方面的理论作基础,也就很难想象产生显密兼备、教证双融的噶举派。

三、噶当派对萨迦派的影响

萨迦派是西藏佛教后弘期初期形成的一个重要教派。噶当派对它的影响比较大。

第四祖萨班·贡噶坚参27岁时,从噶当派内邬素巴的弟子绛曲格孜等人受比丘戒,学习噶当教法,成为萨迦昆氏家族中正式出家受戒并接受比丘戒的第一个人。《如意宝树史》记载,他“依止亲教师喀且巴、尼婆罗桑噶室、班智达苏噶达室、达那室拉、扎巴坚赞

---

① 《土观宗派源流》,刘立千译,第63页。

② 《如意宝树史》,蒲文成、才让译,第558页。

③ 王森:《西藏佛教发展史略》,第129页。

④ 《土观宗派源流》,刘立千译,第50页。

⑤ 《法尊法师佛学论文集》,第80页。

等,学习十明之学,尤其在内明方面,对修心'决'、'息杰'、噶当二规、多哈类、心要六类、七成就法、那若六法三规、时轮类、道果九法、绰吉喀仁三类、胜乐、喜金刚、密集、怖畏等法尤为通达,人称'萨迦班钦'"①。萨班著述丰富。在他的所有著述中,关于一切大乘共道的修行,都完全是按照噶当派的宗规而说。与其叔父相比,在萨班时代加强了显教学修,使萨迦派更具有显教特点。《土观宗派源流》指出:"所有萨迦派的后来学者,亦皆依此宗规而为行持"。法尊法师也说:"后来的萨迦学者也都依照他的说法而宣说。"②

四、噶当派对格鲁派的影响

格鲁派是西藏佛教史上最后兴起的一个教派。由于格鲁派吸取了噶当派的修习次第以及宗风,具有复兴噶当派的意义,故称新噶当派。

格鲁派创始人宗喀巴和噶当派的关系极深。他7岁从噶当派名僧顿珠仁钦出家,学习显密教法达10年之久。他师承噶当派,大力提倡戒律,强调显密修习次第。在《如意宝树史》等书上都记载:"《噶当书》中云:'最后佛余火,称王复点燃,数作利乐事,此亦大圣地。'"③在《土观宗派源流》译者注解说:"此支分之名若安于根本之上,方成圆满,这是由所谓从身躯增长肢体的道理。"接着说:"译者的这句话是表明噶当巴比如身躯,由此增长出新噶当巴即格鲁派。"④

宗喀巴在吸取噶当派精神实质的基础上,亲证实义,形成自己的佛教哲学思想体系。他撰写了有独特见解的著作百余种,其中最著名的是《菩提道次第广论》《菩提道次第略论》《密宗道次第广论》《密宗十四根本戒释》《中论广疏》等,尤以《菩提道次第广论》代表宗喀巴的理论体系,成为格鲁派教义的根本典籍。《土观宗派源流》记载:"他(指宗喀巴)仍从堪钦·南喀坚赞(虚空幢)与却郊桑布(救贤)二师听受噶当的《道次第》,并在各个时期逐步扫除对觉阿(指阿底峡)的教授中有未解的、倒解的或者怀疑等等的垢秽,造著昔未曾有的善说论典——广略《菩提道次第论》等。"⑤我们从《菩提道次第广论》的结构知道,它是宗喀巴根据阿底峡的《菩提道炬论》著成的,强调学修佛道必须严格遵循次第,由浅入深,从低向高,由显入密,低等法门为入高等法门的阶梯。它按照学僧的思想根器,分为下士道、中士道、上士道三阶,下士道深信因果,修善弃恶,属世间法;中士道发"出离心",观人生苦,只求个人永脱轮回,属小乘出世间法;上士道发菩提心,上求佛道,下度众生,修六度万行,为大乘道。宗喀巴认为,修行者若未发起大菩提心,其所修一切功德,或堕生死,或堕小乘,都不能成为成佛的正因;这个人也不能算是大乘人。若发起了大菩提心,虽没有其他功德,也可称为菩萨⑥。三士道皆不可或缺,下、中士道为入上士

---

① 《如意宝树史》,蒲文成、才让译,第551页。
② 《法尊法师佛学论文集》,第80页。
③ 《如意宝树史》,蒲文成、才让译,第356页。
④ 《土观宗派源流》,刘立千译,第51页。
⑤ 《土观宗派源流》,刘立千译,第50页。
⑥ 转引李冀诚、许德存编著:《西藏佛教诸派宗义》,今日中国出版社1995年版,第154页。

道的基础。没有出离心,就不能生起菩提心;有了出离心和菩提心,还应树立正见,它为大、小乘,显、密宗一切道的根本。修学须先深信因果,次发出离心、菩提心,使学通经论得闻思智,树立正见。故出离心、菩提心与正见,为《菩提道次第广论》的"三种要道",被强调为"道之主要三根本"。在修完"三士道"的基础上,进修密乘诸道。修密乘者,也严格要求先依金刚阿阇黎受入密灌顶,严守三昧耶戒和诸戒律。特别是密宗十四根本戒,若学密宗四部的前三部密法,即事部、行部、瑜伽部,当先修有相瑜伽,后修无相瑜伽;若学无上瑜伽密,当先学生起次第,后修圆满次第,最后证得"大金刚持果",达到"即身成佛"。无论修何密法,皆须以显教的正见正理修观,观无我理,观菩提心。这正如《密宗道次第广论》卷23所云:"故学金刚乘者,生无我见,当如显教而修","实际上以无我正见融显密于一贯。"①

《菩提道次第广论》逻辑严密。每一科都先立论,接着引经论加以证明,再引噶当派诸种语录加以发挥,结出要旨。许多观点是前人所未提及的。另外,宗喀巴还参考了噶当派著名学者俄·洛丹喜饶的《圣教次第论》和卓垅巴的《正教次第论》等,这足以证明格鲁派和噶当派关系之密切。宗喀巴的弟子克珠杰·格雷贝桑曾说:"关于吉祥阿底峡尊者的《道次第》教授方面,教典派与教授派诸大善知识所作的大大小小教授著作为数不少,即大菩萨博多哇、京俄巴、伽喀巴等前后的讲述亦是很多,大善知识康巴隆巴的后学大格西卓隆巴亦造有广略《教次第论》。此诸论典,皆是如来所喜的道次,符合大经论之旨趣,并以诸圣哲传授而为庄严,是引生智者观喜之希有津梁;但宗喀巴大师所造的《菩提道次第》广略二大圣典,乃是普摄的一切经论的密意和疏解,作为一补特伽罗成佛之助缘,道体圆满,数量决定,次序井然。其观修的次第,于现在相续心中即可得到证验。此道的总纲和各支分,过去藏土,从未有人道及。对此不共殊胜无上之理趣,若以无谬正智,善为观察,则必能生起定解。"②《如意宝树史》记载:"《菩提道次第广论》,是为佛宝之门、三藏之钥、一切修证之精要,汇合(龙树、无著)二大车轨师见解三水归一之秘诀,满足心愿的宝王贤善论述之大海仓;有听受于诸上师的教言一卷,或云三卷(《妙吉祥教言》原本藏于噶丹寺);有开示果乘学规关于在短暂一生中即能正觉的方法的《密宗道次第广论》,是为一切续部之宝库;此二论结合,包罗了一补特伽罗不观待数劫即能正觉的方便法门。"③《土观宗派源流》也记载:"这教授是无颠倒抉择显密两乘道次第,最为希有!……这教授,显示是将一切解释经旨之论著并其要门总汇为一的《道次第》。故善讲与善听二者双方能讲解修持,此不仅是简易之要门,亦是能善于贯通一切经教,而不须再用更多引导方便的教授。"④

此功德正如《青史》所说:"从来西藏的诸大善知识和许多得大成就者的传中,都各自

① 陈兵:《佛教禅学与东方文明》,上海人民出版社1992年版,第127页。

② 《土观宗派源流》,刘立千译,第151页。

③ 《如意宝树史》,蒲文成、才让译,第399页。

④ 《土观宗派源流》,刘立千译,第137页。

亲见一位噶当派的善知识。”[①]《土观宗派源流》中说：“此雪域藏土境内所发展起来的一切真实清净的教派或宗部，都完全是由阿底峡尊者来藏转法轮而产生的结果呵！”[②]由宗喀巴奠定的格鲁派的佛教思想体系，由其弟子贾曹杰、克珠杰等，以及后来形成的达赖、班禅等活佛系统，一直流传至今[③]。

第三节　噶当派的主要寺院

一、托林寺

托林寺又称托定金寺，托定意为“飞翔”。西藏佛教后弘期11世纪初，由古格王益希沃仿前藏的桑耶寺修建而成。桑耶寺是仿印度欧丹达菩提寺（意为飞行寺）修建的，故取名托林寺。它是阿里地区的著名佛寺，为古格王国最重要的大寺院。托林寺位于现在阿里地区扎达县的西北部，南以土山为屏，北临朗钦藏布江。托林寺有殿堂、佛塔、塔墙、僧舍等，星罗棋布，远眺气势非凡。上路宏法的许多高僧都活动于此，古格王国的不少重大佛事也都在这里举行。托林寺的资料对于研究古格王国历史和西藏佛教史有着重要的价值。

益希沃为吐蕃王朝末代赞普朗达玛的五世孙。当时西藏佛教处在后弘期复兴阶段，许多异端邪说同时并存。为解决佛教正宗问题，益希沃选派21名青年去印度求学。由于不适应炎热的气候，加上瘟疫流行，最后只剩仁钦桑波等两人回来。由于仁钦桑波译著成就巨大，人们称其为“洛钦”，即大译师。托林寺就是益希沃为他及其弟子修建的，以方便译经传教。

托林寺建成后，益希沃又从东印度请来达摩波罗及其三个门徒，专门传授佛教的戒律，这在西藏佛教史上称为“上部律学”。由于仁钦桑波为弘扬新密籍立下了不朽的功劳，古格王拉德把普兰的协尔地区作为封地赐给他，这是藏族历史上“却豁”这一名词的开始，意为寺院庄园，是地方政府赐给僧人封地的开始。同时，拉德还拨给托林寺一定的税收供僧人使用。从此，寺庙有了寺属资产，为佛教在西藏的发展奠定了物质基础。

1076年，古格王绛曲沃的侄子孜德在托林寺举办了一次盛大的法会，卫、藏、康等地区均有高僧前来参加。这一年正好是藏历火龙年，史称“火龙年法会”，汉文史书叫做“丙辰法会”，此法会成为当时西藏佛教的盛事。阿底峡大师的驻锡和火龙年大法会的召开，使托林寺蜚声全藏，成为中世纪西藏名寺。

托林寺早期规模比较宏大，包括朗巴则拉康、杜康、拉康嘎波等三座大殿和巴尔祖拉康、玛尼拉康、吐及拉康、乃举拉康、强巴拉康、贡康、却巴康等近十座中小殿堂，以及堪布

---

① 转引《法尊法师佛学论文集》，第81页。

② 《土观宗派源流》，刘立千译，第137页。

③ 参见董莉英：《噶当派对西藏佛教其他教派影响》，《西藏民族学院学报》1998第3期。

(寺院住持)私邸、一般僧舍、经堂、中小佛塔、塔墙等建筑。经过九百多年的风风雨雨,遭到各种自然的和人为的破坏,已经失去了原有的壮丽景色。目前保存较好的,只有三大殿和一座佛塔。

朗巴则拉康,意为大日如来殿。它是三大殿中年代最早、建筑风格最奇特的大殿。虽然整组殿堂顶部已毁,塑像、壁画等毁坏殆尽,但从存留下来的墙垣和四角塔仍可反映出其早期建筑结构和风格。殿堂整体呈多棱"亚"字形,实际上是一座大型的曼荼罗(坛城),殿大门的门向东偏北40度,中心方殿象征须弥山,四周的四组小殿分别代表四大部洲,四角高耸的四小塔代表护法四天王。中心方殿即朗巴则拉康,主供大日如来,四面分别紧接多吉生巴拉康、仁钦久乃拉康、堆友主巴拉康、朗堆太一拉康四座小殿。这五座十字相连的殿堂组成中心的小"亚"字形,外圈则由四大殿、十四小殿组成,分别供佛、菩萨、度母、罗汉等塑像。虽然大多数都已毁坏,但各殿仍保留不少残像座基和墙壁上的贴塑背光。整组殿堂总体东西长53.5米、南北宽48.5米。这组殿堂基本保留西藏吐蕃时期佛殿建筑的一些特征,又有所变化。外围的南、北、西三大殿均有转经复道环绕一周,中心组殿堂和周围殿堂之间也形成一个大的转经复道,这是一种典型的吐蕃时期的佛殿结构。据藏文史书记载,托林寺当时是仿前藏桑耶寺而建的,而桑耶寺又是以印度欧丹达菩提寺为蓝图,但在设计时又巧妙地将桑耶寺所表现的设计思想和内容严密地组成一幢建筑中,集聚浓缩,小中见大,堪称西藏古代建筑艺术的上乘之作。

托林寺自从建朗巴则拉康之后,其名声便远播千里,闻名四邻,逐渐成为各地香客纷至沓来的一个佛教中心。15世纪初叶和末叶,拉达克王札巴德和次旺朗杰曾先后两次派人测绘此殿,按照其独特的模式,在拉达克兴建寺庙和佛殿。其后,五世达赖喇嘛时为绘制大昭寺中廓壁画,派人四处寻找较为完整正宗的古画像。最终将此殿作为独特完整的寺庙建筑蓝本,绘入大昭寺中廓墙壁上,使其未经毁损时的原貌得以展现。

杜康,为集会殿,是托林寺仅存的两座较完整的殿堂之一。它位于朗巴则拉康东南60米的地方,由门廊和平面"凸"形的殿堂组成,门向东,殿堂向东西通长25.5米,南北宽19.2米。大门的木结构框、楣均加雕饰,雕有兽面、吉祥天、卷草纹、联珠纹、缠枝莲花纹、莲瓣纹等图案。殿内共有方柱36根,前半部分东西四排、南北六排,后凸的主供台分东西三排、南北四排,柱头、替木均加雕绘。

殿内替木上承南北横梁,梁上东西向架方椽,椽上铺设的天花板遍绘各种图案,基本风格与古格故城佛殿天苑大体一致。常见的图案有飞天、迦陵频迦、狮、龙、凤、孔雀、摩羯鱼、莲花、卷草、缠枝叶花、如意云团饰、四出密环如意、棱花、棱形几何纹等。图案单元均较大,一些动物和飞天图案横跨两格椽间天花板,合二为一,较为大气。殿内壁画基本完好,题材、构图、用色、用线大多与古格故城佛殿的同类作品相似,以各类佛、菩萨、佛母、度母、金刚、高僧大像为主体,周围夹绘各种小像。值得注意的是,在西壁东侧下部的一组古格王室成员及高僧、来宾礼佛图中,高僧和王室男女施主并坐一排,结印礼佛,下部绘外邦僧俗人等或坐或立,参加礼佛活动。整个场景和人物形象、服饰与古格故城几个殿堂的礼佛图或供佛图有许多共同点。此外,殿堂门廊东壁两侧所绘的十六金刚舞女图也极为精彩。图中舞女舞姿各异，或举手过顶，或合掌胸前，面容娇美，腰肢细软，体态轻盈，上着短袖紧身衣，双乳袒耸，腹部微露，下着曳地长裙，赤足踏舞。所用的线条为一种蜿蜒流畅、精细考究的游丝描，设色轻淡柔和，若隐若现。这种绘画技法的人物壁画仅在西藏为所见。

经堂内的壁画及壁上文字目前保存尚为完好，其中的拉喇嘛益希沃、大译师仁钦桑波、拉尊绛曲沃等画像至今仍然清晰可见。壁上有关此寺发展演变的文字，对于研究古格王朝历史有着很高的参考价值。

拉康嘎波，意为白殿。在杜康东北 125 米处，坐北向南。殿内平面图呈矩形，北壁正中稍向后凸一部分作为供像座。殿门外原有门廊，廊顶已不存，仅余两厢墙壁，门两侧有坯砌泥塑的瓶状莲台柱装饰，现大部已残。殿门的框楣均为雕饰，分内外三层分别雕忍冬卷草纹和缠枝莲花纹。殿内共有 42 根木柱，分为南北七排、东西六排。柱体方圆混杂，北部四排全为方柱，南部二排全为圆柱，南起第二排方圆各半。柱间及替木多雕饰莲瓣纹和忍冬卷叶纹，替木上承东西横梁，梁上南北向架椽，北部三排为圆椽，余皆方椽。椽上铺设的天花板均加彩绘，图案风格与杜康不同。题材较单调，只有莲花、卷草、缠枝叶花、如意云团等十数种，用色用线极不讲究，显得草率粗拙。殿内原有塑像十五尊，现仅余北壁正中主供座上的释迦牟尼残像，塑像的螺髻、面部、两臂均有不同程度残损，但仍可大体窥得原貌。像为高螺髻，圆面大耳，着袒右袈裟，结跏趺坐。除螺髻为蓝色外，遍体施金妆，头光两侧各一小组塑佛塔。释迦牟尼像两侧的须弥座上，原有药师八如来塑像，东西壁前原有无量寿佛、观音、萨迦班智达等塑像四尊，南壁门两侧原有红、蓝二忿怒金刚塑像，如今均不存，空余像座。殿内周壁遍绘壁画，以塑像背光或各类佛母、度母像最为精美，造型、服饰与古格城故城佛殿壁画同类作品基本一致，但背光形式多样，背光下层的力士像也有特色。

托林寺周围现残存各种大小佛塔 83 座，塔墙两道，大部分集中在寺院西北侧的平地上。两道塔墙均东西横列，北边的一道因临台地边缘，部分已随土崖坍塌河中，残存 97 座小塔；南边的一道保存较好，保持原有 108 座小塔的定数。佛塔中保存较好的是寺院西南侧的天降塔，塔座、层阶和部分塔瓶仍清晰可辨。其他佛塔均破坏严重，在一些残损的佛塔内暴露出大量模制小泥像和小泥塔。泥像中有佛、菩萨、度母、天王等。泥像的风格表明，这些塔的建造年代至少在 13 世纪以前。

除上述扎达县境内所建的托林寺本寺之外，托林寺还有大小共 25 座属寺，遍布阿里三围。这些属寺由于时代、教派和自然环境等方面的差异，建筑结构与艺术风格各不相同，在“文化大革命”时期大多被毁。近些年来，在党和政府的关怀下，陆续恢复重建①。

二、热振寺

藏文热振的“热”字，指根治一切烦恼的法门，“振”字是持续到超脱轮回三世界为止。

---

① 参见索朗旺堆主编：《阿里地区文物志》，西藏人民出版社 1993 年版。

热振寺，亦名格培林寺，清乾隆五十八年赐名凝喜寺，系藏传佛教噶当派的主寺。始建于1056年，位于林周县热振地方，故名热振寺。噶当派是在这所寺院的基础上形成的。至15世纪前叶，宗喀巴·洛桑扎巴继承噶当派教法，并加以发扬光大，自成"格鲁派"，亦称新噶当派。热振寺随之改宗格鲁派。

热振寺总占地面积约25亩左右，主殿坐北向南，为前二后三层的建筑结构，占地面积一亩左右。主殿第一层为大经堂，是全寺进行佛事活动的场所。大经堂四周为若干小经堂，内藏有佛像、经书等物品。经堂内外墙壁两层，内墙壁用《甘珠尔》和《丹珠尔》等经书砌起，外墙壁用石头砌成。第二层有若干间寝室，专供达赖、摄政等高级官员巡游路过时居住。二层还有供放佛像的小经堂和存放物品的仓库等等。在主殿西面，有热振拉章一座，占地面积约一亩。它分为三层：第一层为存放物品的仓库；第二层是管家的仓库等；第三层为热振活佛的寝室，举行各种仪式的大经党、小经堂等。从西、北到东成半圆形，全部为僧舍，占地面积五亩左右。僧舍有一层，也有二三层。在1951年冬季发生的地震中，寺院遭到破坏。

热振寺兴建以后的几百年间，其教法传承都是师徒相传。1064年，仲敦巴圆寂后，由阿底峡的另一位弟子南交钦波继承堪布位，在任期间对热振寺进行了扩建。他圆寂后，由阿底峡的弟子贡巴哇旺秋坚参出任第三任堪布。贡巴哇去世后，由仲敦巴的弟子博多哇继任第四任堪布。15世纪以后，改宗格鲁派。1738年七世达赖喇嘛将其赠给自己的经师赤钦·阿旺乔丹，从此建立活佛转世制度，称"热振活佛"，寺院由热振活佛亲自管理。

关于热振寺活佛的转世问题，《番僧源流考》记载已转到十二世，实际只有六世，赤钦·阿旺乔丹实为第一世活佛，而《西藏宗教源流》则把他列为第六世。热振寺活佛之下设堪布一人，主要代表热振活佛掌管全寺政教事务，任期不定。堪布之下设"吉米"一人，主要掌管全寺经济大权，任期三至四年。吉米之下设"格贵"一人，主要监督执行全寺僧众的戒律和寺规的行持，有权处罚寺僧的任何不轨行为，任期为一年。格贵之下，设"聂巴"一人，保管寺庙的钱粮等财物，任期三至四年。聂巴下设"恰玛"一人，主要管理全寺僧众放茶等事务，任期不定。

热振拉章中又分热振寺拉章和拉萨拉章两处。其编制是在热振活佛之下设管家一人（即札萨强佐，也叫"达喇嘛"，此职受中央敕封任命），主要代表热振活佛管理两座拉章内之一切事务，有时也参与地方政府之事务。热振活佛任摄政王期间，常住拉萨拉章内。管家之下，各拉章设"第强"（即拿钥匙的人之意）五至七人，主要协助管家管理拉章内的一切经济收支。第强之下设"聂巴"一人，即拉章的财物保管员，主要负责保管拉章内之一切钱粮物品等。热振活佛身边还设有"索本"（司膳师）、"森本"（司寝师）、"曲本"（法师）各一人，主要管理热振活佛的衣食住行，供品法器，宗教活动等等。热振活佛摄政期间，这三个职务均为四品待遇。热振活佛卸任后，则为五品待遇。热振拉章有不少商人，常去汉地、尼泊尔和印度等地经商，其负责人一般从聂巴或扎巴内挑选委任。此外，寺庙及拉章均设有"冲本"，即从聂巴或有能力经商的僧侣中挑选委任，主管经商，按经商多少而定“冲本”的数量。热振活佛摄政期间，地方政府还法定供给好马28匹、随从35人等等。

热振寺初建时，只有五六十僧人，后来逐渐增加，定编为五百人。下辖三十三座庄园（谿卡），属寺（亦叫子寺）七座，即曲桑寺、甘岗寺、江垅曲定寺、觉丹寺、桑丹林寺（尼寺）、孜聂寺、羊衮寺。还有三个牧场，即当雄的“乌玛牧场”、“那垅香牧场”和“果聂牧场”。

在拉萨的热振拉章，设在拉萨锡德寺的大经堂，周围有房屋二百余间，属于拉章的。

1.热振寺的经济来源

解放前，热振寺除了收取地租、收租外，还通过强行摊派、高利贷进行盘剥，商业收入也占一定的比重。热振寺的庄园有的是地方政府封赐的，有的是贵族施舍的，有的是热振活佛在摄政时利用职权强占的。这些庄园的收入除给百姓留一小部分外，其余全部交给热振寺。除此，庄园百姓还要支付各种内差和外差。内差，即寺庙的内部差役，诸如每年要向寺庙支付牛粪、柴草，炸供品需要的青稞面粉、油、香料，为寺庙念经时烧茶送水等等。外差，即为西藏地方政府支付的各种差役，如驿站的马匹、驮畜、脚力，为维修建筑所需的小工、木料、石料等等。热振寺的主要经济收入，除所属庄园、牧场外，还有如下方面：

（1）经商：每年来往于西藏、内地和印度之间经商二次，藏语叫“亚追”、“衮追”（意即夏冬二季的商客）。从印度购买手表、毛料、布匹，以及拿西藏的贵重药材麝香、鹿茸、藏红花、氆氇等畜产品去内地销售，从内地购回盐、茶、绸缎等物品在西藏、印度等地销售。有时还经销枪支弹药，武装本寺僧人。热振寺是近代西藏三大商户之一（热振、邦达、萨杜），拥有约25万元大洋的商业资本。

（2）发放高利贷：热振寺发放高利贷主要是从商业资本和佛事基金内提取的。其高利贷利息最低为借五还六，最高为借二还三。如果所借债务秋天还没按期还上，便利本相加变为借二还三或借五还六，成为驴打滚的债。

（3）出租房屋：热振寺在拉萨有房屋二百余间，除少部分为扎巴、拉章官员、仆从居住外，其余全部出租。每间房年收房租藏银2锭，一年总收入藏银400锭。

（4）征收人头税：人头税藏语叫“米波”。热振寺每年向所属庄园之百姓征收人头税一次，征收的年龄为15—60岁，征收的数额每人藏银3钱至25两不等。

（5）各类供养：西藏有一惯例，就是人死后要向达赖、班禅、摄政王及各大小活佛呈献回向礼。有的是钱，有的是物品，有的是牲畜。平民百姓死后，一般要给热振活佛献回向礼藏银2至10两不等。有的政府官员、贵族死后，要向热振活佛献藏银10至20两，甚至几百、几千两。在牧区，有些牧民死后，因无钱用牲畜顶替。但是，寺内又不准饲养，就将这些牲畜租给百姓，所谓“不生不死”差。按规定，每年每头牛必须交付酥油2克。即使牲畜死了，也要照例交付。另外，寺庙如遇有一些重大开支，如修建寺庙、佛像装新以及贴金等，专派僧人去各地化缘。

热振活佛在任摄政期间，除以上经济收入外，地方政府还发给他本人及亲属、随从的薪俸。

2.热振寺的学经制度

热振寺(噶当派)的经学制度是以阿底峡的《菩提道炬论》为基础的,系统地安排佛教教学的主要内容,强调僧人的戒律,强调僧人必须按照一定的修行次第,走完从凡夫到成佛的全部过程。其修习的主要经典为“噶当六论”,后来增加了“慈氏五论”和龙树的“六理聚论”等。

在密教方面,噶当派自阿底峡起,把密教摆在一个很高的地位。他们认为,所谓显教“观”、“行”,实际上是密部所共同之事,而密教更有特殊修法,能令人“快速成佛”,故而密高于显。但是,他们只把密教传授给经过考验挑选出来的极少数所谓“利根”之人,因此噶当派并不广传密教,主张密教以显教为基础。其所传密法以《真实摄经》一系密法为主,此经系四部怛特罗中的瑜伽部经典,未传无上瑜伽部,所以噶当派在西藏享有显密教法“纯净”的声誉。

五世达赖总理西藏事务以后,规定了该寺为格鲁派属寺。他对寺内的组织形式、僧官任免升迁制度、寺内的寺规戒规和礼仪等都做了改动,但学经制度仍以阿底峡的《菩提道炬论》为基础。

热振活佛的学经规定得比较严格,一般幼年由经师教授,掌握基本知识以后,进入色拉寺齐白扎仓桑木洛康林正式学习显教经典,均由达赖或摄政活佛授戒。在色拉寺的学经,白天由经师教授经典,晚上 8—11 点钟上“曲饶”课(辩经场),期间还要练习书法。一般僧人在寺内学习显宗经典要 20 至 30 年时间不等。在寺内学习 6 至 7 年后,可考取“格西朵然巴”学位,几年后再考“格西磋然巴”、“格西拉然巴”学位。“朵然巴”一般由寺内授予,报请译仓任命;“格西磋然巴”由各寺推举,在传小昭时通过考试授给;“格西拉然巴”则在传大昭时考核认定,均由达赖或摄政批准。“拉然巴”在正式考核认定以前,被考人均到罗布林卡达赖寝室里,由达赖的两名经师、三大寺代表堪布等人主持,达赖在幕后监试。传大昭时,不过是走形式而已。热振活佛是当然的“格西拉然巴”。热振活佛考取“拉然巴”学位以后,可以进入上、下密院继续学习密法,最后升任甘丹赤巴。历史上曾有两世热振活佛,即第一世阿旺乔丹和第三世阿旺益西次程坚参,进入上、下密院研习密宗后升任甘丹赤巴宝座的。也有的活佛考取“拉然巴”以后,返回本寺静修,最后竞选摄政王。历史上曾有两世热振活佛担任过噶厦政府的摄政,即第三世和第五世土登江白益希丹巴坚参。

热振寺的僧源一般来自所属庄园百姓,采取“二男抽一”或“三丁抽一”的办法,有生活所迫或逃避差役、债务而来的,也有自愿入寺的。他们一入寺,以“夏仓”为学经单位,由有学问的僧人教授藏文;待藏文有一定基础后,按部就班地学习“噶当六论”。早晨 7—9 点为上早殿时间,晚上 8—11 点为晚自习时间。从入寺到考取格西学位需 20 至 30 年,所以绝大部分僧众一辈子只能当一般僧人。

热振寺在考格西学位时,与三大寺有所不同。三大寺通过辩经决定学位,而热振寺则采取僧众推选。堪布、乌孜、格贵等负责面试,呈热振活佛批准。据说这是噶当派的创始人仲敦巴规定的，意为僧人学经有了学问不能表现在口头和表面上，其德行众人清楚，故定此办法。僧人考取格西学位后，留在本寺，按年限从格贵一直升任到堪布。另外，热振寺僧人不参加大、小昭法会，在传昭时留在本寺念经祈祷，但传昭时的所有布施都要按规定发放。

3.两次热振事件

在西藏历史上，除达赖、班禅活佛外，地位最高的莫过于四大林"呼图克图"①，而热振活佛便是其中的一位。一、二世热振活佛是两位在西藏历史上颇有威望、学识渊博的甘丹赤巴。三世热振活佛曾出任摄政王。四世热振活佛为九世班禅的经师。五世热振活佛又出任摄政王。他在摄政期间，为维护祖国统一、反对分裂而惨遭杀害，是西藏近代史上杰出的爱国者。历任热振活佛不仅是爱国爱教、弘扬佛法的佛学大德，也是深受西藏广大僧众崇敬和爱戴的典范和楷模。

（1）第一次热振事件

清道光二十四年（1844 年），驻藏大臣琦善与当时的摄政王策墨林呼图克图失和。琦善向道光帝参奏摄政"贪黩营私，奉旨剥遣，发往黑龙江安置，所有家产查抄变价赔修各庙宇"。琦善又建议，由七世班禅掌办商上事务。当时班禅已经 63 岁，于道光二十六年（1846 年）辞去摄政王之职，回本寺静修。经驻藏大臣奏请，清道光帝又敕封热振呼图克图任摄政王。

热振活佛在任期间，亲近祖国，维护团结，治理藏政有功，故多次受到清朝皇帝的嘉奖。但因当时内地发生鸦片战争和太平大国农民运动，清政府在西藏的统治力量衰弱，致使藏边诸国之间纠纷迭起，英帝国主义乘机插手西藏事务。清同治元年（公元 1862 年），发生了第一次"热振事件。"

当时卸任的噶伦夏扎哇·旺秋杰波欲夺摄政之职，贿赂当时的哲蚌寺杰巴堪布进行阴谋活动。一次，杰巴堪布上书热振活佛，请示哲蚌寺扎巴薪俸是发钱还是发物。热振活佛批示发物。该堪布返回哲蚌寺，造谣热振活佛"克扣薪俸"，煽动哲蚌寺僧人起来反对热振活佛。诸僧不明真相，聚在摄政府前吵闹。驻藏大臣满庆受夏扎哇等大贵族的贿赂，派去调解的粮务委员李玉圃、唐怀武等人又偏护哲蚌寺，以致事态扩大。哲蚌寺僧人联合甘丹寺众僧，打开布达拉宫弹药库，取出大炮向摄政府轰击。

事件发生后，热振活佛一面向驻藏大臣报告，一面聚众开枪还击，并于当天逃到锡德林避难。后终因寡不敌众，于第二天夜间携印取道青海，逃往北京。热振活佛到京后，向清政府控诉了事件的原委。清政府一面派福济为查办大臣，前往西藏查办，然而因当时西康瞻堆地方发生民变，驿站梗塞，未能前往；一面又调粮务委员李玉圃赴京对质。但因驻藏大臣满庆心怀鬼胎，"卒不遣去"。热振活佛不幸圆寂于北京，此案不了了之。同治四年（1865 年）9 月 18 日，热振寺派去 41 名僧人，从北京途经四川，将热振活佛的骨殖运

① 呼图克图：清朝文献又作胡土克图，蒙语，原为蒙古族地区对于藏传佛教大活佛的称呼。后清中央政府以此号授予藏、蒙等地区的藏传佛教最高等级的活佛，并有案载于理藩院册籍。其转世灵童称"呼毕勒罕"。

回本寺安葬。从这次热振事件看,热振活佛做了以夏扎哇为首的政府贵族官员篡夺摄政王权力的牺牲品。

(2)第二次热振事件

1933年10月30日,十三世达赖圆寂后,经当时所谓"西藏国民大会"讨论,呈请国民党中央批准,册封热振五世活佛土登江白为摄政王,掌管西藏政教事务,并赐封为"辅国宏化禅师"之号。热振活佛任摄政王以后,与国民党政府关系密切。在寻访十三世达赖灵童一事上,他曾多次向国民党政府呈报情况,以求得帮助和批准。藏历金龙年(1940年)1月7日,国民党政府授予热振活佛"摄政经师热振阿齐图慧云呼图克图"金印一枚。由于他精心治理藏政,维护祖国统一,打击亲英势力,在1943年国民党召开的六中全会上,被选为国民党中央候补执行委员。此举引起英帝国主义和西藏亲英势力的不满,他们造谣诽谤,说热振活佛有三年"厄运",需回寺闭关静修,方可禳解等等。为了缓和当时的矛盾,热振活佛决定暂时辞退摄政王之职,由其师傅达扎代理。热振活佛向当时的国民党中央呈报了辞退摄政王一事,后经国民党中央批准,于藏历金龙年(1940年)12月正式下野。金蛇年(1941年)1月1日,达扎·阿旺松饶正式代热振活佛上台执政。

时值三年期满,达扎本应"奉还政权"。然而,达扎代理摄政后,很快被亲英分裂分子包围和支配,热振与达扎之间的矛盾日益激化。热振活佛曾给国民党政府写信要求给予军火、财物等方面的援助。国民党政府指使驻拉萨的办事处,支持热振活佛组织力量,夺回摄政之职。当时,社会上要求热振活佛再次出任摄政的呼声甚高。这引起以达扎为首的亲英势力的恐惧,于是精心策划了一个"炸弹事件",将热振活佛逮捕。

热振活佛被捕的消息传到色拉寺后,引起了该寺僧人的愤怒。第二天,僧人们占领了色拉寺乌孜山头和山腰,对准扎豁兵营开火。噶厦调动了三千左右藏兵与色拉寺武装僧人六七百人交战,相持数日,攻下色拉寺。

国民党蒙藏委员会得知热振活佛被捕,电告西藏地方政府:"以色拉寺为佛教圣地不容摧毁,立即和平解决,并将详情具报"。西藏地方政府电复:"因前任摄政热振企图谋害现任摄政达扎,故将热振及关系重要数人拘禁,并无摧毁寺庙情事,所有中央在藏学员及旅藏汉商均当切实保护"。国民党政府电告西藏地方政府,"对热振务必保护其安全"。以达扎为首的亲英派,不听劝告,除掉热振活佛心切。当年5月初,他们将热振活佛毒死在布达拉宫。

热振活佛被害的消息传到热振寺后,引起了热振寺全体僧人的悲愤。五百僧人武装起来,将驻扎在热振寺拉章内的25名藏兵杀死24人,仅一人逃出。噶厦得知消息后,调集藏兵千余人包围了热振寺,激战七天七夜,终因寺僧不支,向地方政府投降。热振活佛生前的亲信曲本·益希次程为首四人突围,逃往青海西宁,请求给予援助。当时的西康省主席刘文辉受了贿赂,对此事无动于衷。

热振活佛被害后,西藏地方政府宣布取消热振呼图克图名号,没收其所有财产,所属庄园只留一小部分,仅供热振寺五百僧人之口粮。凡是与热振活佛有关系的僧俗官员,大部分被免职或调任其他闲散职务。热振活佛在任期间颁发的重要文件、铁卷文书等全部收回,这样使得大批档案材料被毁。

第一次热振事件,主要是围绕政权问题而进行的斗争。第二次热振事件,主要是亲英派和爱国派之间的斗争。

4.帕邦塘廓节

这是热振寺传统的宗教节日。热振寺西侧有一个著名的"帕邦塘","帕邦"意为特大的神石,众多大石状似鱼形,故又有"神石宫"的传说;"塘"为草场、草坝、旷野之意。热振寺供奉的主尊像是集密金刚。藏族民间传说,每逢藏历羊年七月十五日,以集密空行母荼吉尼、空行母桑瓦益西等为首的诸路女神在此设坛集会超度众生。依此传说,在历史上形成沿袭着这个传统的民间宗教节日,每逢这一天,各地善男信女和虔诚信徒们云集在这片美丽的磐石草场上,敬献供品、祈祷和平。最初只是"纯宗教性"的转经活动,后来逐渐发展成除宗教活动外,农牧民们进行商品交换、开展文体活动的综合性活动①。

三、其他寺院

1.聂塘寺

聂塘寺,是11世纪仲敦巴为纪念阿底峡而建的。位于拉萨西南30公里的曲水县聂塘区,坐西向东。由于正殿主供卓玛佛像,又名卓玛拉康,意为度母佛堂。因坐落在聂塘地方,俗称聂塘寺。

聂塘寺的正殿前面是宽敞的檐廊,檐廊北头有两座修在地平线以下的白塔,塔刹部分露在地面,形制较为特殊。白塔之一为阿底峡的衣冠塔,里面有阿底峡生前穿戴过的鞋帽衣物等;另一座白塔为阿底峡的心传弟子仲敦巴的衣冠塔,里面藏有仲敦巴骑牛用过的鞍轿和披风等物。檐廊两端连通正殿后面的转经道。檐廊有两道石阶分别通向正殿。正殿分为三个佛堂,中间主殿为卓玛拉康,南配殿为朗杰拉康,北配殿叫次巴拉康。卓玛拉康主供二十一尊度母像,她们的衣着、颜色、形象各不相同,秀丽端庄。佛塔正龛供有释迦牟尼像,两边是八大近侍弟子立像。朗杰拉康主供佛塔朗杰曲登,意为尊胜宝塔,传说是为纪念释迦牟尼战胜魔军而建。系八大佛塔之一,修建在这个佛堂的正龛,高10余米。朗杰曲登的两旁还有几座铜塔,其中之一为那若巴的灵塔,里面藏有那若巴头骨的一部分。还有一座铜塔是仲敦巴的灵塔。现在仍珍藏在卓玛拉康佛龛之内、为人们特别尊奉的木塔,名叫哲美曲登,是用白檀香木制作。次巴拉康主供三长寿佛,佛龛雕塑飞天等天神,极为精美壮丽。据说这是聂塘寺最早的一个佛堂,为阿底峡生前所建,还供有一尊高68厘米的阿底峡塑像。阿底峡圆寂以后,仲敦巴进行扩建,成为后来的聂塘寺。

聂塘寺至今还保存着阿底峡用过的法螺和化缘钵,还有阿底峡用自己鼻血画成的唐卡大威德金刚像。虽历经九百多年,画面多已朽坏,但画轴和残画仍存。

2.纳塘寺

---

① 参见1984年7月16日《西藏科技报》;《热振寺述略》,《西藏研究》1985年第3期,《热振古刹》,《西藏民族宗教》1994年第3期。

纳塘寺亦译称那当寺、拉尔塘寺、拿塘寺或拉当寺，清雍正皇帝赐名“普恩寺”。位于后藏日喀则县，西去约20里处。“纳塘”，藏语意为象鼻平地。传说11世纪，印度著名高僧阿底峡来西藏传教，途经此地休息时，问弟子们：“山旁的平地上有何物？”徒弟们回答说：“那座山形似大象的鼻子，平地上有一块大岩石和十六只金黄的蜜蜂”。于是，阿底峡高兴地授记道：“不久的将来，此地就会出现一座有名的寺庙，对我佛的教法广为宏传，16只金黄色的蜜蜂是16尊者（罗汉）的化身，大岩石即是象征着寺庙。”他还说：“此地殊胜，是十六尊者经常驻锡的地方，吉祥无比。”

纳塘寺由噶当派僧人董敦·洛追扎巴始建于1153年。由于专门宏扬律学和噶当教典派的传统，纳塘寺成为噶当派著名的律宗道场。此寺第一位住持是定噶古谢·喜饶扎巴，他为此寺命名为纳塘寺。第三位住持都孜扎，修建了该寺的旧顶。此后，扎巴僧格在该寺建立了“参尼扎仓”（法相辩经院），觉丹热智等人塑造了大型释迦牟尼佛像。朗喀扎修建了拉康宁玛（旧佛殿），其弟子觉敦·门朗次程，修建了大经堂和大围墙。第八任住持尼玛坚参任命了严持戒律的八虎，严格整顿了戒律。第九任住持扎巴尊追在元世祖时，常住北京讲经说法，利乐众生。

纳塘寺建成以后，鼎盛时期共有四大扎仓、十三个经堂，以及常住三千余人的僧舍。佛像中最为灵异的有合金铜制的弥勒佛像，相传是从印度迎请来的；还有特大的释迦牟尼佛的金身等神、佛、菩萨、罗汉及护法神像。各个殿堂的墙壁及回廊等处，都绘有各种精美的壁画，如佛本生图、建寺史迹、高僧传记及显密佛像、本尊、坛城等。寺庙里曾保存着元、明、清以来大量的唐卡、文物，还有明永乐十七年和二十一年的敕诰各一件。大殿外的廊檐上曾挂有清雍正皇帝亲笔题书“普恩寺”的金字匾额。措钦大殿旁，建有一座规模较大的塔院，院内是该寺历代祖师、住持的灵塔。其中最大的一座造型奇特，呈方形而多角，塔身下部一、二层的四周各有窟殿，窟殿里共有16个小经堂，各小经堂中供奉着各种形状各异的佛、菩萨、护法神造像。该寺最兴盛时，常住僧人三千多名。到西藏民主改革前夕，仅有僧人160余名。由于久经沧桑，失于维修，到西藏民主改革前，该寺各经堂殿宇都已倒塌，亦很陈旧。“文化大革命”中被毁。20世纪80年代，人民政府拨专款进行修复。

著名的纳塘印经院是藏区三大印经院中最早的一座。1320年，纳塘寺学者觉丹热智等人根据八思巴所收藏的佛经及注疏、论著，收集各地流传的所有译著，编订校勘成《甘珠尔》《丹珠尔》大藏经目录，并依目录刻印流行。后称该版本为纳塘古版，其经版及印本现均已失传。

清康熙年间，六世达赖喇嘛仓央嘉措亲自下令建造《甘珠尔》印经院。当时，印成“慧度”（般若波罗蜜多）方面的经典有13部。到18世纪中叶，七世达赖喇嘛格桑嘉措责成地方政府的噶伦颇罗鼐抢救、整理和发扬西藏古籍及佛教经典，依纳塘古版为基础，参照蔡巴、布顿目录增补刻印，称为新版，又称官版。这一浩大的刻版和建院工程先后用了20余年的时间。颇罗鼐下令全藏人民支差服役，精选木材，练制版料，并调集卫藏的书法、雕刻、绘画方面的工匠。同时，还征集大批青年学习雕刻技艺，参与刻制。经过长时间的努力及工匠们的智慧和劳动，终于在清雍正八年至十年（1730—1732年）内全部完成。这是西藏历史上雕刻印刷工匠人数最多、规模最大的一次，刻成了各种藏文书籍的印版，并用金、银、珠砂等特殊材料写出《甘珠尔》《丹珠尔》大藏经及一些单行经论，极大地丰富了西藏的文化宝库。雕刻的经版中，属经藏部分的《甘珠尔》有108部，属佛经注疏、论著、天文历算、大小五明之学的《丹珠尔》论藏有225部，都精雕细刻而成。由当时的班禅和达赖加持开光后，如数送往纳塘寺存放。这套藏文《大藏经》被称为“纳塘版”。该版的第一批印本，在扎什伦布寺和布达拉宫内仍有保存。纳塘版除内容收集十分广泛丰富外，还具有套色的版画。如现存的《释迦西行传》版本图文并茂，与现代的连环画相似。纳塘寺在印经方面，比德格和拉萨布达拉宫印经的规模都大，对继承、发扬西藏文化和印刷事业起了重要的作用①。

3.塘波且寺和阿底峡经堂

塘波且，又称索纳塘波且，意为大坝头烧制木炭之地。位于琼结县境内，坐西朝东，背濒琼结季节河（亦叫香波河），前为阿布山。塘波且寺创建于西藏佛教后弘期的火蛇年，即公元1017年，创始人为主梅·次程窘乃。据《黄琉璃》记载，次程窘乃生于后藏，幼年出家。他曾拜鲁梅·次程喜饶为师，掌握了大量的佛学经典，在佛学上很有建树，成为鲁梅门徒“四柱、八梁、三十二椽”之中的主要人物，也是西藏佛教后弘期有名的“十位智者”之一。

主梅·次程窘乃依照上师鲁梅的意愿，于1017年负责修建塘波且寺。该寺修成后，次程窘乃主持一段时间后，就将寺权交给弟子枯敦·尊追雍仲。自此，枯敦成为塘波且寺第一任堪布。枯敦·尊追雍仲出生在后藏。他拜鲁梅为师，深得鲁梅喜爱。当枯敦·尊追雍仲听说阿底峡要来雅隆一带传法讲经时，亲自主持修建了一座觉康，供阿底峡起居和活动用。他得到阿底峡面授循导，成为阿底峡三大弟子之一。他是西藏佛教史上的著名人物。

阿底峡抵藏时，塘波且寺为前藏最大的寺庙。阿底峡在此居住期间撰写了一些著作，还亲手制作过“唐休”（一种僧人帽子）。由于枯敦为人傲慢，与阿底峡发生了矛盾。阿底峡一气之下，背着东西离寺而去。当他从“娘古”渡口（今乃东温区渡口）登上渡船时，枯敦赶来，再三请求阿底峡返回塘波且寺。阿底峡执意不肯，只是把他戴的帽子送给了枯敦。

塘波且寺作为后弘期的主要寺庙，有着非常重要的地位。11世纪以后，该寺培养出许多著名的学者。后来，由于历史的变迁，加上经济来源不足等原因，塘波且寺渐渐衰退。十三世达赖喇嘛时期，由甘珠尔活佛洛桑图旺主持于1916年修复。1945年再次维修时，寺内仅有僧人5名，西藏民主改革前增至50余人。

塘波且寺原建筑基本被毁。现在看到的是1916年修复后的建筑，主要包括经堂、佛堂、经场、觉康，占地8556平方米。其主体建筑大殿高三层，设有经堂、佛堂。大殿之前

① 《西藏文库纳唐寺及其印经院》，参见《西藏民族宗教》1994年第4期。

为经场,地面全用石料铺成,东西宽20米,南北长20米。大殿一层正东为殿门,门前左右有厢廓建筑。中部为经堂,也称阿底峡经堂,有柱12根,主供阿底峡师徒三尊、莲花生、宗喀巴、五世达赖铜佛像,均高1.5米。壁画有主尊画像以及各类菩萨和护法神像。在阿底峡经堂旁边的山腰上有一股泉水,清冷甘甜,大旱不干。据传是阿底峡在时出现的,被人们视为"神水"。经堂之后为佛堂,四柱。主供释迦牟尼,其左右为妙音、强巴佛,后为十六罗汉、八十药王以及帕木珠巴等五个噶举派高僧的舍利塔。经堂南侧为护法神殿,主供马头金刚像等。大殿二层为寺内议事办公之用。三层是文殊殿,供文殊鎏金铜像,高1.9米。另有阿底峡舍利塔和第一任堪布枯敦·尊追雍仲灵塔,均高1.9米。觉康在大殿东一百米处,一层六柱,供有阿底峡当时的等身像仲敦巴像、枯敦·尊追雍仲像、莲花生像、十一面观音像,都是泥塑。

寺里原有的藏文物十分珍贵,有12部佛经是当年阿底峡从印度带来的,还有手抄本《甘珠尔》108部、《丹珠尔》一套,以及格鲁派高僧所著医学、历算、天文等方面书籍。"文化大革命"中,除了大殿和觉康残存外,其余建筑和文物荡然无存。1985年,政府拨款开始维修,使塘波且寺重新发扬光大。①

4.桑浦寺

这是俄·勒贝喜饶根据上师阿底峡的授记,于1073年创建的。最初叫内邬托寺,后来改称桑浦寺,全名桑浦内邬托寺,位于今拉萨市河南堆龙德庆县内邬区。该寺以重因明、论辩而闻名全藏。俄·勒贝喜饶极崇信阿底峡的教授,终成为西藏佛教中因明、中观、慈氏诸论的教主。桑浦寺以师徒相传,使之发扬光大。

桑浦寺在第二任住持俄·洛丹喜饶时期得到很大的发展。到第六任住持恰巴·曲吉僧格时,开创藏人学习因明的特有方法,即辩论方法。恰巴·曲吉僧格以后的二三百年之间,由于他们极力阐释宣扬佛教显教,桑浦寺一直为西藏因明的重镇。

桑浦寺后来分为上、下两院。桑浦寺历经多次磨难,毁坏严重。近年来,在遗址上建有部分房舍。

5.曾期寺

曾期寺位于山南桑日县曾期乡所在地。"曾期",藏语意为"水塘之外",因寺院建在村中一个水塘外,故名。公元10世纪,由噶当派僧人噶米·云丹雍仲修建。该寺吸收早期寺院的建筑风格,例如其主殿大门与吐蕃时期所建的桑耶寺主殿大门极为相似,建有门阙,佛殿有甬道等等。

1393年前后,宗喀巴云游卫藏时在曾期寺讲经说法。在当时沃卡宗本南喀桑布的资助下,曾期寺进行了一次大规模的维修,并在维修开光典礼上大传律戒。曾期寺自此也就改奉格鲁派了。"文化大革命"期间,曾期寺曾作为区粮仓而得以保存下来,但经堂及佛殿甬道被拆,寺内文物流失殆尽。1986年国家拨款对曾期寺进行维修,使之得以佛光重现。

---

① 参见索朗旺堆、康乐主编:《琼结县文物志》,陕西省印刷厂印刷,1986年。

现存的曾期寺主殿占地二百多平方米。经堂设有内外两重大门,外门建有门廊、门阙,门闩为钺形,直径为21厘米。内门门闩亦为钺形,直径18厘米,两门之间距离为1.6米,装饰为壁画。两门闩楣绘有莲花。大经堂的横梁上绘有龙凤戏图,色彩艳丽,栩栩如生。在经堂四壁上,绘有护法神、佛本生故事及一些佛教大师的画像,大多是十一二世纪所绘。经堂尽头是曾期寺佛殿,原寺佛殿高两层,二层与佛殿相应的殿堂也有甬道,但这一层现已拆除,底层佛殿进深四间,宽三间,共六柱,设有佛台、佛龛。与一般寺院佛殿不同之处,是佛龛立在殿中偏后的位置上,而不是紧靠后墙。佛龛内主供三世佛站立塑像,与高大的殿堂相比,三尊主供佛因显得过小而很不相称。佛殿内无壁画,这也是仿照早期寺院的一个特点。曾期寺的僧舍已全部拆除①。

6.卡玛当寺

卡玛当寺位于桑日县城东约2.5公里的一个山腰上,建于公元11世纪。最初为噶当派寺院,建筑面积不大。11世纪中后期,寺院由于玛久拉仲传法而改宗觉域派,寺院也有所扩建,寺内主供玛吉拉仲塑像②。

17世纪,卡玛当寺除了一些仪轨仍保留觉域派的传统外,实际上已成为格鲁派寺院,这种形式一直保持到民主改革前。到"文化大革命"时,卡玛当寺完全被毁。1986年,国家投资重建卡玛当寺,新建的寺院主殿坐西向东,大院门向西开。主殿进深三间,宽四间,壁内未绘壁画。柱饰以珠帘为主,柱护上绘有莲花图案。壁内仍主供玛吉拉仲塑像。

7.查乌寺

查乌寺亦作扎果寺。它位于隆子县(古称"涅"地)新巴乡吞玛村北面的一块巨大的冲积台地的前缘,东距县城约8公里,其南一公里处即为隆子河,南侧紧邻通往县城的公路,海拔3910米。

后弘期初期,这一地区曾是噶当派和息结派僧人的主要活动区。博多哇指示弟子涅·扎果哇修建了查乌寺,故名"涅·查乌寺"或"涅·扎果寺"。查乌寺是隆子地区历史悠久的一座寺庙。

寺庙建筑群呈东西向展布,东西长150米,南北宽40米,占地面积约6000平方米。建筑群三面(东、西、南)皆临陡坎,东、西方向各建一寺门,现已颓毁,但仍可见原道宽度约1.5—2米。原建筑中除祖拉康尚存外,其余均成废墟。该寺建筑遗存大致可分为早、中、晚三个时期。

早期建筑(大约为佛教"前弘期"):主要包括曲俄康和拉娃布修行处。曲俄康位于建筑群中部南侧,紧临陡坎,是一座墙体为夯土的小殿堂,面积只有20平方米左右,现已完全坍塌。曲俄康之上(北侧),即为拉娃布修行处,由一大一小两个自然洞组成,主洞靠西,进深2米,高一米,外宽内狭;偏洞较小,宽、深不过1.5米,这修行洞是该寺最早的遗存。

---

① 参见土登朗嘎、强巴次仁主编:《桑日县文物志》,成都科技大学出版社1992年版。

② 参见土登朗嘎、强巴次仁主编:《桑日县文物志》,成都科技大学出版社1992年版。

中期建筑(大约佛教“后弘期”中期,12世纪后半叶):有紧靠原西大门内侧的夯土墙体殿堂,面积约40平方米,墙体残高2—4米不等,土内多砾石,现仅存残垣。

晚期建筑(17世纪至19世纪):五世达赖喇嘛时期,查乌寺在一位名叫错那巴活佛的主持下改宗了格鲁派,并进行了修葺扩建,有了早期灵塔、早期祖拉康及贡康等。在原建筑规模的基础上新建了后期祖拉康、贡康、塔院、却热(讲经处)等。塔院位于建筑群西北隅,由石砌围墙及其内七座灵塔组成,其中四座已全部坍塌,中间两座的塔基尚存。祖拉康位于东端,为两层式的石砌墙体建筑,底层有杜康大殿、佛殿等,上层有接待室及附属建筑。

杜康大殿坐东向西,面积约10平方米,殿内四壁皆残存有壁画:东壁从北到南绘有一至十世达赖喇嘛的肖像及八大药师如来佛;西壁由北至南绘有天神常醒、胜乐金刚、集密金刚、大威德金刚、白色依怙本尊等密宗诸本尊和护法神像及无量光佛居中的八大菩萨;北壁从西向东绘有释迦牟尼十二传记画及释迦坐像居中的十六罗汉;南壁东段依次绘有格鲁派著名高僧活佛的道次传承,西段则为包括该寺创寺活佛在内的高僧大德及莲花生大师。除此之外,大殿门廊及天井亮棚三面壁上亦绘有壁画,在门廊南壁记有该寺寺志。

贡康位于祖布拉康西北侧,面积10余平方米,西、北、东壁皆绘有壁画:西壁绘有萨迦寺全景及宗喀巴师徒三尊;北壁主尊为毗卢遮那佛,其上有仲敦巴及四臂观音画像等,周围绘有观音法像;东壁主尊为宗喀巴大师像,周围绘有拉萨三大寺场景。

格鲁派建立西藏地方政府以后,查乌寺的发展日趋繁荣,最盛时住寺僧人达五千人,下辖应定寺、帕定寺、邬坚林寺、仁坚林寺等。1959年之前,该寺有僧侣约130人。“文化大革命”期间,寺院的建筑、文物尽遭破坏。中共十一届三中全会以后,寺院逐渐恢复①。

8.日当寺

日当寺,全名“嘉措日当寺”,位于隆子县日当乡乡政府所在地,其北0.5公里处为隆子河。日当寺地处河流平原地带,海拔约4000米,是隆子地区一座历史悠久的古代寺庙。吐蕃时期,该寺为一座苯教寺庙。11世纪以后,一个名叫坎哲·日吾坚参的噶当派僧人将原苯教寺庙改建成佛寺。寺庙最外边是一环形围墙,南北长120米,东西宽70米。墙内主体建筑有大殿、德吉拉康、灵塔、扎厦等,占地总面积约8000平方米。

日当寺现存地建筑可分为早、晚两期。早期建筑包括寺院外环墙、杜康大殿、日吾坚参灵塔等,晚期建筑由新杜康大殿、德吉拉康等组成。早期建筑大致为噶当派时期的建筑,现存部分西墙及南墙,其余均已塌毁。杜康大殿位于环墙内的西北隅,由门廊和殿堂两部分组成。殿堂坐西朝东,现存八根未经斫修的木柱,柱体圆形,柱经约0.4米。立柱上替木面向中心的一侧遍饰精美的雕刻图案,雕刻技法皆为减地浅浮雕,造型丰润饱满,线条流畅,具有很高的艺术价值。

日吾坚参灵塔位于寺院建筑西南隅,塔基呈方形,共六级。上承圆形塔身,其上为十

---

① 参见索朗旺堆主编:《错那、隆子、加查、曲松县文物志》,西藏人民出版社1993年版。

三天相轮及伞盖、日月宝珠等。据说,该塔塔瓶内供有日当寺创寺人坎哲·日吾坚参的肉身。15 世纪以后,日当寺改为格鲁派寺庙。这之后所建的佛殿等属于晚期建筑。最盛时,住寺人数达一百人左右,到 1959 年减少到 70 人。曾受辖于扎俄寺,下辖香达寺、贝宁拉康思日拉康等小寺①。

9.雅隆寺

雅隆寺位于亚东县堆纳乡雅隆村,坐落在绰莫拉利峰西麓的山脚之下,背靠高山,面对堆纳平原。传为阿底峡弟子所建,为噶当派的尼姑庙。该寺坐东朝西,占地面积 500 平方米。原有大殿、护法神殿、尼姑住房及库房等建筑,均为木、石结构。大殿内立 16 根圆柱,主供阿底峡泥塑金身像,其左右两侧是八大弟子的泥塑像。殿堂两侧为莲花生、无量寿佛、十八罗汉等泥塑像。四壁绘千手观音、度母莲花生等内容的壁画。殿堂柱枋上亦施有彩绘。"文化大革命"期间,寺院遭到破坏,现在仅有遗址②。

10.扎塘寺

扎塘寺原名"阿丹扎塘寺",意为五有扎塘寺。五有是相对桑耶寺而言的,一是扎塘寺主殿底层转经回廊的宽度,比桑耶寺的多一弓;二是中层转经回廊绘有千佛像壁画;三是底层象征龙王卓思坚;四是中层象征南王月杰钦;五是上层象征药王热亘拉。扎塘寺位于扎囊县政府所在地。1081 年,由扎囊十三贤人中的扎巴·恩协拔(1012—1090)创建。

《土观宗派源流》记载:"掘藏师扎巴·恩协拔(扎巴神通炽)修建了扎塘为首的 108 处道场,取出了伏藏甚多,尤其是所取了医明中的《四部医典》等大量的医学典籍,利益众生不浅,功绩很大。"扎巴·恩协巴原为噶当派僧人,后得帕·当巴桑结真传,自成一派,称为扎巴派。13 世纪,随着萨迦王朝的建立,扎塘寺改宗萨迦派,寺主是雅隆·扎西曲德。10 世纪,准噶尔入侵西藏时,扎塘寺受到严重破坏。20 世纪 40 年代初热振活佛摄政时,拨款进行全面修缮。此后不久,噶厦政府又派官员进行整顿。西藏民主改革后,逐渐衰败。"文化大革命"中,除了外围墙和主殿底层,其余建筑全部毁坏。目前已得到修复。

扎塘寺的整个建筑布局,是按照佛教密宗的曼荼罗建造的,有内、中、外三重围墙,在多边形的内围墙内分布着多座佛殿。主殿坐西朝东,原高三层,底层有门廊、经堂、佛殿、回廊、密室等。其中经堂 20 根柱子,多为八棱形柏木柱,柱头雕绘富丽堂皇,壁画绘有萨迦派的世袭传承图及释迦佛像。佛殿主供释迦佛像,八大弟子分立两侧,另有两座天王泥塑像,均有背光。塑像周围的装饰壁画最为珍贵。根据壁画题材、内容、风格不同,可分为两个时期,其中早期壁画分为十组,占佛殿整体壁画面积的百分之九十以上,它们位于殿内南、北、西三面墙壁上,属建寺时所绘;后期壁画位于南北两壁最东端,主要是无量寿佛像。回廊壁画上绘的是佛本生故事传记。别具风格的壁画,除在同期的夏鲁寺残存

---

① 参见索朗旺堆主编:《错那、隆子、加查、曲松县文物志》。

② 参见索朗旺堆主编:《亚东、康马、岗巴、定结县文物志》,西藏人民出版社 1993 年版。

外，其他地区还没有发现，所以对研究西藏早期的壁画、服饰等具有极高的参考价值①。

11.帕邦喀

帕邦喀，又称普容喀，藏语意为巨石宫。它位于拉萨北郊以西约 10 公里的乌多日山。因为帕邦喀的主体建筑似一座巍然的史碑矗立龟背之上，故名。

松赞干布时期修有一座九层楼的玛如堡宫殿，据传是大昭寺建立之前，松赞干布和王妃的住处。朗达玛灭佛时，焚烧了宫殿，拆毁了松赞干布时所建的 108 座佛塔和所有建筑。11 世纪末叶，噶当派僧人博多哇·仁钦色和弟子扎嘎来帕邦喀朝圣，看到一片废墟，非常痛心，让弟子负责修复。扎嘎遵从师命，在策久拉康洞内修行数月后，在原巨石宫九层楼的废墟上修建了两层殿堂，汇集了二百多人修行。此后，噶当派僧人陆续恢复了原有的 108 座佛塔，雕刻了佛像，建立了拉康。

五世达赖执政期间，对帕邦喀进行了维修、扩建，在二层殿堂上加盖了一层。此后，历代达赖喇嘛转世后到此礼佛、受戒。僧人获得格西学位后，都来这里举行庆贺仪式，被人们视为圣地。

① 参见索朗旺堆，何周德主编：《扎囊县文物志》，西藏人民出版社 1986 年版。

第六章　宁玛派的创立及大圆满法的译传

宁玛派是藏传佛教中苯教文化气息最浓且最具藏民族特色的一个派别。“宁玛”一词，在藏语中有“古旧”和“古老”的意思。之所以被称为宁玛派，不是因为其创宗的历史悠久，而是所奉行的教法渊远流长，基本上继承了8世纪吐蕃时期由莲花生、无垢友、贝若杂纳等著名学者传下来的秘密教法、修行方式和咒语咒术等。因此，宁玛派尊莲花生为始祖，有时也称宁玛派为莲花教。但是，严格说来，这种称呼是不合理的。宁玛派所奉行的教法，尤其是密法，并不是由莲花生一人传下来的，而是更多地吸取了无垢友、佛密和贝若杂纳等人所传的密法。莲花生之所以有如此崇高的地位，在于他调和了本土文化与外来文化之间的矛盾，使佛苯有机地融合在一起；并确立了佛教在西藏文化中的正统地位，规定了西藏佛教的性质，促进了西藏佛教的密教化程度。

大圆满法是宁玛派的特有教法，亦是宁玛派的佛学思想的中心内容。它兴起于印度，8世纪开始被莲花生、无垢友、佛密和贝若杂纳、努·桑结益希、娘·益希循努（杂涅那格玛罗）等人译传进西藏。由于受西藏本土文化的影响和政治势力的干预，在传播过程中逐渐和苯教文化相结合，成为具有浓郁藏民族特色的一种教法。9世纪，受到朗达玛灭佛的打击，逐渐以家庭为单位，采取父子或叔侄等形式传承下来。11世纪，绒·曲吉桑波和大素尔·释迦窘乃等人对经、幻、心三类密典初步作了区分，但尚未用“大圆满”这个名称。14世纪，被称为宁玛派第五个代表人物的隆庆饶绛巴·智美欧色在前人整理的基础上，进行再整理和再区分。他们基于诸法本净、心性本空的思想理论，正式确定了大圆满法和“大圆满”的名称，完成了从吐蕃时期开始的对大圆满教法的整理、修订工作，使大圆满法理论化、系统化。从此，宁玛派走上了正轨。

第一节　宁玛派的创立及早期发展

一、“三素尔”和宁玛派的正式创立

宁玛派奉行和传承的主要是前弘期传入的旧传密法，很多史书认为，“宁玛派兴于唐宋”。但是，由于其内部组织松散，建立正规寺院较晚，没有形成统一的核心。因此，宁玛派作为一个教派出现在11世纪以后。宁玛派形成教派，与“三素尔”的努力是分不开的。“三素尔”是素尔家族中的祖孙三代。他们整理和区分旧传密法，建立寺院，开展有组织的法事活动，促成宁玛派。

关于素尔家族的起源，藏文史书中有些记载，其中渗透了宗教传说，过多地渲染了神话色彩。第一种是印度说。相传印度人光明自在循努佐多坚之孙来到多康地区，称为素尔嘉哇松，其子素尔·协尼达扎坚，有子素尔·仁钦嘉措，生子桑弥波钦，其子就是人称大素尔的释迦穹乃。《青史》说：大素尔的祖先为素尔·喜饶穹乃；喜饶穹乃之子为桑弥波钦；桑弥波钦有四子，他们是拉杰素尔波钦、拉杰曼巴、贡钦夏噶德和贡钦堆穹，前两人无子嗣，贡钦夏噶德之子为阿弥喜饶让波；喜饶让波之子为阿弥协饶洛追等。第二种是游学僧或瑜伽师之子说。据贡钦·晋美林巴的《素尔二十七代》记述：弥波钦有素尔·阿杂惹、素尔·喀坚拉坚和素尔桑·喜饶穹乃三子；喜饶穹乃之子是大素尔、素尔顿喇嘛、素尔贡·多吉穹乃、素尔·贡穷四人。素尔·阿杂惹在印度期间有一子名叫尼玛娘波，进藏后驻锡塔隆巴，生下素尔·塔巴贡钦，其正是小素尔·喜饶扎巴。如果这种说法正确，那么，大素尔和小素尔是叔侄关系。

大素尔·释迦穹乃（1002—1062）　又叫邬巴隆巴，是多康（朵甘思）地区雅尔摩地方人。他幼年随父学习藏文读写和幻变类法，之后从迈巴·仁钦嘉措，系统学习密教事部金刚摧坏法、毗卢遮那幻变法、胜乐法，以及一些密法口诀等。为了深造，他离开家乡进藏。行抵达木时（今当雄一带），由于水土不服生病，被人带到山南。他在雅隆那摩隆修炼事部密法得到觉悟，立即渡过雅鲁藏布江，寻访密法方面比较有成就之人。最后，经别人指点，他来到密林深处，从正在那里修行的比丘僧结·释迦却求学甘露药成就法。他在曲隆寺，向娘·益希穹乃学习“幻化”和“心识”类法；在托噶尔寺，从南喀德学习经教和大圆满口诀；在域色尔寺，从年纳旺扎和结·释迦坚参受秘密灌顶。他先后从娘堆的泽超穷、钦浦的热·释迦穹乃、丹玛·喜饶次程、协顿·索朗释迦、顿擦绛曲、嘉顿洛追、噶顿·益希娘波等人学习幻变道次第、经教、密续等，对功德续方面的经典作了深入的研究并修证，“获得诸位贤哲之口诀，了解各派思想，精通经部续部之法，结合本续和注释续，根本与解释，续与修法，修法等仪轨进行实践”。[1] 从而，他掌握了旧传各种密法、教理。

---

① 土登维色旦白尼玛：《宁玛教派源流》，西藏人民出版社1992年藏文版（后注均为此版本），第397页。

他摄徒讲授经教和幻变法，在雅隆一带影响很大。

大素尔·释迦窘乃为人谦和，勤奋好学，经常采用学修并重的方法教授弟子。他一边向徒众传授佛学理论和密典，一边指导修炼，注重培养学徒的进取心。后来，他应邀到后藏南木林境内的达那谷中，在一个酷似枭巢的岩洞中修炼九尊真实语本尊法，当地人称他居住的岩洞为“邬巴隆”。过了一段时间，他准备离开时，一个名叫赛热迈赞的头人出面请求他留下。他说：“我已经接到去其他地方的授记，现在粮食吃尽，非走不可。”赛热迈赞求道：“你等师徒的生活给养由我供献，请务必留下。”看到赛热迈赞诚心诚意，大素尔答应暂时留下。留住期间，大素尔运用咒术和医术治好了当地许多病人，赢得了群众的爱戴，名声逐渐传开。

离开邬巴隆后，大素尔率领百余名弟子来到名叫扎嘉窝格底的地方修行。他住在由绛摩·云丹坚提供的岩洞中，小素尔·喜饶扎巴等众弟子则分散居住在沟头和沟尾的石窟、岩窠之中。在他们修行期间，得到了七大部落的资助，沙巴苯仲提供了大量的生活费用。有一次，大素尔对弟子们说：“我发现邬巴隆的岩石皆现息怒本尊像，温色尔摩之洛日山经常显现五部佛尊。”他建议在那里建造一座佛殿，并选派弟子前往勘测地形，做准备工作。为了镇地，弟子们在岩石上凿刻了大素尔的身像，建造了10万佛像。四方和中间各建佛塔一座，在被称为护龙螺的地方用铜盖压住泉眼，上面建佛殿，其结构规模和乃琼娘堆孜的佛殿一样。第一座佛殿取名叫“觉仓嘉浦”，后改造成护法殿，内供大自在天、吉祥天女、大梵、帝释等浮雕像。中心大殿四根粗大的柱子上绘制以毗卢遮那佛为首的各位本尊像，柱子之间的壁画内容是上师传承图，回廊壁画是白莲等23幅坛城；下方走廊共有12根柱子，每根柱子之间的墙壁上画千佛、十方佛、无量寿佛、七佛、佛陀十二宏化、菩萨、八位救难度母、三世怙主、摩罗耶庄严佛土等。寺院建成后，取名为“吉祥邬巴隆”。

总之，邬巴隆寺作为宁玛派的第一所正规寺院，在大素尔时期建成，在小素尔主持期间步入正轨，在素尔·释迦僧格时有所发展。这中间出现过许多波折，僧人生活来源一度中断，被迫外出化缘。在极其困难的情况下，大素尔开设了讲经院和修行院，要求弟子不要放弃修炼，见行并重，因此而吸引了不少人前来求学。

除了学习旧传密法，大素尔还曾从卓弥·释迦益希学法，以身、语、意承事，尽得卓弥的甚深教授。61岁那年，大素尔意识到自己的身体明显不行，派人从扎嘉窝唤回在那里修行的小素尔·喜饶扎巴，把邬巴隆寺托付给他，要求他能利益众僧，护持佛法。跟随大素尔学法的人很多，其中上首弟子5人，称四顶和极顶；修行弟子108人。

小素尔·喜饶扎巴(1014—1074)　既是大素尔的侄子兼弟子，又是养子。父亲是塔巴地方的修行僧人。母亲叫喜饶吉，生于后藏。他7岁开始学习藏文，9岁能分辨佛像，懂息怒法。1026年，未经过母亲同意，他擅自离家和达纳的几个牧民结伴来到大素尔跟前。别人都奉献了贵重的见面礼物，唯有他身无分文，只献上一件用狼皮制作的衣服。出乎意料的是，大素尔非但没有嫌弃，反而将他和另一个献普通礼物的人留下。大素尔因为喜饶扎巴和自己同姓，遂收为养子，教授佛法，指导修炼。但是，由于小素尔缺乏资财，大素尔没有传授灌顶，安排他和一个名叫域姆的女尼之女贡玛秋姆结成夫妻，以母女俩的钱财作为学费。《宁玛教派源流》记载，拉杰大师吩咐小素尔说："拉班的蓝色房中有女尼域姆和贡玛秋姆母女，你去住在那里。我作了不做夫妻的安排，思想放宽。我知道导师所赐和阻止之界，你可用二人之资财求得灌顶、著书，圆满听受一切教法。这样，既能圆满她俩的资粮，也能成就你自己的事情，何乐而不为呢？"小素尔按照师父的安排和女尼的要求，与贡玛秋姆做了一段时间的夫妻，如愿以偿。几年后，小素尔奉师命舍弃夫妻生活和家室，来到大素尔跟前继续修炼。在师父的指导下，他开始讲授《密意集经》，受到好评。

小素尔不仅佛学理论功底扎实，擅长辩论，而且潜心修炼，证得了大圆满境界。小素尔长期在扎嘉窝修行，大素尔临终前把他召来托付寺院。在小素尔主持寺院期间，曾有一段时间将诸僧伽交付给三个不中用的人管理。他独自前往嘉窝九大岩洞修行，在其中的金刚萨埵茅舍修炼《幻变经》所讲的手印禅定法，即金刚萨埵修法。然后，他移居禅定茅舍静修大圆满密法。由于他在嘉窝九大岩洞修行了13年（又说为24年），因此称为"嘉窝巴"，或"嘉窝九聚岩氏"。《青史》记载说："他在嘉窝岩精修中，最初发现极大的神变，而且一切方隅都发现很多蝎子，甚至发现有小山羊大的蝎子。……他又登上高山示现大神变，四处不连接悬空安坐而修。此复是最初在名金刚萨埵小屋中修，这是金刚萨埵的一所修地，他实践精修从秘密幻化所出的'手印禅定修法'，获得亲见本尊金刚萨埵；……仍于禅定小屋中，安住在大圆满无功用的境界中，由自然现起大圆满平等的悟境，一切大地岩石发现无有阻碍而能通行。"后来，由于那三个不中用的人对寺院管理不当，小素尔只好回到寺中主持事务。他经常往来于邬巴隆、卓浦、扎嘉窝三所寺院，参加各种法会，每日讲经三法座。他创建了面积七柱，约合175平方米的喀卓拉康（空行寺），内雕42尊佛像和勒丹德格护法神像，绘制曼荼罗壁画，成为早期宁玛派的又一道场。

小素尔有许多弟子，著名弟子有四柱、八梁、十六椽、三十二椽板等。四柱中，觉顿·释迦益希精通心部法，被称为"心柱"；经柱是觉隆·央康喇嘛；幻变柱是曲布·释迦桑波；事业成就柱是那摩觉·释迦。他们四人原来是法相师格西穷波扎赛的弟子，曾奉师命和小素尔辩论，结果被小素尔渊博的学识所折服，皈依改学大圆满法。《青史》记载了这次辩论的全部过程：四人中的一人首先发问："皮衣内外翻穿是何教派？"小素尔答道："皮衣本来如此，没有内外颠倒；内外错穿，也许是你们自己的法。"又有一人问道："那么，法语是否能做？"答道："法性不可诠解，离边，何能有法语？"觉顿·释迦益希问道："拉杰大师，你是否以修大圆满宗为主？"答道："我托付任何所缘。""那么，是不修吗？"答道："我可以放弃任何。"最后，释迦桑波提问："你通过修炼秘密幻化宗，是否觉得一切现见都是本尊和本尊母？"答道："自心现在色法境，由谁破除现量？"又问："那么，是否不认为是本尊、本尊母？"回答说："为了净治诸有情不净之心续幻有，谁能违背经续意趣。"四人把辩论失败的事告诉法相师后，格西穷波扎赛更加嫉妒，并发誓以后找机会再战。小素尔对法相师的所作所为默然不语，抱以斥笑。他认为，穷波扎赛之所以如此，是不懂佛法尤其是不懂大乘密法造成的。在他看来，所谓"法"者，是大乘密法，"依于解脱而希求成佛，即是密宗之宗规”。

小素尔作为大素尔·释迦窘乃的弟子、宁玛派的创建人之一,协助大素尔设计修建了邬巴隆寺和卓浦寺。大素尔逝世后,他又建造了空行寺,积极弘扬大圆满密法,培养出一大批显密双通的优秀人才。他有两个妻子,前妻赞姆达摩菩提生下赞察和嘉扎兄妹两人,即觉尊多贝和释迦嘉姆;后妻达姆祖多生下拉结卓浦巴·释迦僧格,继承了法位。

素尔·释迦僧格(1074—1134) 又叫“秘密教主大卓浦巴”,被认作是吉祥秘密藏释的水源。释迦僧格降生之前,其父梦见他的模样像教主,预言将来会对众生有益。他生下后取名为释迦僧格,意为释迦狮子。母亲看了孩子的模样后说:聪慧敏锐的眼睛,仿佛霍尔人的眼睛,将来一定很聪明,遂取名为“霍尔波”。因此,他有了素尔·释迦僧格和达察·霍尔波两个名字。他出生后8个月,父亲病逝。他由母亲和舅父曲释迦在达普一直抚养到15岁。他先被送到曲布地方兰·释迦桑波跟前学习幻变法,尔后前往吉隆的央切地方继续深造。19岁那年,他继承法钵,正式主持寺院。这时,他家财丰厚,事务繁忙。其间只去过一趟贡布,在觉顿·释迦益希跟前学习了一年,其余大部分时间住在家里,请来父亲的弟子和其他著名上师讲解经教、幻变和心识法。与此同时,他向本宗上师学习《般若经》等,贯通显密经教。后来在娘日卓浦经过长期修炼,证得生圆二次第法,因此被称为“卓浦巴”,遂名声大振。

藏文史籍一般把“三素尔”称为“素尔祖孙三代”。大素尔·释迦窘乃是宁玛派的奠基人,小素尔·喜饶扎巴正式开宗,卓浦巴·释迦僧格发扬光大。由于祖孙三代的努力,宁玛派作为一个教派正式形成。他们把吐蕃时期传下来的密法进行分门别类,整理成体系,加以弘扬。从传承关系上说,他们属于有经典传承的系统,以传授《集经》、《幻变》为主。

二、宁玛派的早期发展

宁玛派在“三素尔”之后得到了很大发展。小素尔和卓浦巴的弟子分散在各地弘扬大圆满密法,创建了不少小型寺院,作为传法的场所。卓浦巴摄徒千人,其中得意弟子有“四纳”(四黑)、“四顿巴”(四导师)。“四纳”弟子是结顿·嘉纳、素尔纳·科洛、娘纳·多波和达纳·祖多旺秋;“四顿巴”弟子是涅顿·曲吉僧格、嘉顿·多吉贡波、香顿、觉顿。另外,还有杂巴切顿、域顿·霍尔波、邦顿·嘉结、卫巴·曲吉僧格等弟子。

1.“四纳”弟子之结顿·嘉纳

结顿·嘉纳(1094—1144),又叫居巴·格尔当巴,生于后藏的娘堆地区。其祖父旁·绛曲尊追曾在康区进行传教活动,返藏后仿照隆塘卓玛寺建造了吉喀拉康。其父亲是阿弥协尊。他们兄妹九人,男孩中他排第四。两个哥哥仁钦和勒布曾在娘堆的一所寺院中学习。他利用送口粮的机会听讲法相学,深领其义,并以教义问于两个兄长。兄长虽已学了3年,却难以回答。兄长感到非常惊奇,问他从哪里学来的。他说:“我一听便能知晓。”二兄长说:“我们仅能如是听,而你能知晓,就由你来听吧,我们给你送口粮。只要能知解教义,谁知道都一样。”就这样,结顿·嘉纳留在寺院学习,直到21岁。在这里,他分别从穷波扎僧、遍知达巴喀钦学习《现观庄严论》《对法藏》和中观、因明等学科，共用了 9 年时间。然后，他皈依卓浦巴·释迦僧格学习旧传密法。一次，他在与当时著名学者嘉·尊追僧格师徒的辩论中大获全胜，名声大振。从此，他得到卓浦巴的赏识，传授给他所有的密法，“特别传授甚深教授及部分精细注解，混合自己还未熟悉的一切法类”。12 年后，他离开卓浦巴巡回辩经传法。原卓浦寺的一些名僧追随他，致使卓浦寺的僧人减少。巡回辩经期间，他从娘堆·嘉泽果哇听讲《甘露法》；在娘麦，从卓达僧学习摧坏金刚法和金刚橛根本索侠传法；在当巴奔芒和觉摩娘姆等上师处，听讲康派和其他支派所传大圆满法。几年之内，他掌握了所有的旧译密法和各大学派的基本思想、特点。卓浦巴·释迦僧格去世后，他接管卓浦寺和邬巴隆寺。

这一时期，在西藏有不少以家族为单位，通过父子和叔侄等方式传承密法。结顿·嘉纳就是其中的一例。他的侄子结顿·觉松从小学习密法，深解幻变法、金刚橛根本法、佐派大圆满法、轨范师阿惹的康派大圆满心识法、扎木赛大圆满法和嘉纳所传甘露成就法等。继叔父管理吉喀拉康。他的弟弟喇嘛钦波·云丹松（1066—?）从 11 岁开始学习大圆满法，13 岁时作为结顿·嘉纳的助手，随学宁玛派的经教和生圆二次第法以及其他密法要诀。结顿·嘉纳去世时，喇嘛钦波·云丹松 24 岁，继承法位主持卓浦寺。

结顿·嘉纳的主要弟子及再传弟子有顿释迦、喜波、雅隆恰瓦巴、喜波都孜、达顿觉耶等人。顿释迦曾是卓浦寺一个普通的僧人。结顿·嘉纳离开卓浦寺去他地传教时，他随行学习密法教授。后来，为了寻找静修地，来到绛日域穷哇曾开凿岩石的地方，选择了一块好地静修，得到证悟。因此，史称他为大德扎色巴喀扎，意思是连岩寺大师。

喜波是山南雅隆人，原为卓浦寺一个普通的抄经人。他发现这里的佛法昌盛，便转入学习。他曾随从结顿·嘉纳辗转各地，学到了经教和生圆二次第法。后来，他前往尼泊尔，途中改变主意折回来，到结顿·嘉纳跟前继续听讲大圆满耳传宝教。有一段时间，他曾隐居芒域贡塘（今吉隆）专修大圆满密法，证达现空无别的境界。他功力深厚，带出了一批有成就的弟子。他主持卓浦寺 18 年，年届 70 岁去世。

喜波的门徒很多，其中喜波都孜、顿巴拉嘉、娘顿·尼玛多吉等人的学术成就比较突出，各个学修并用，显密兼通。喜波都孜，又叫“达穷巴”，曾是达波嘉热的弟子。他的祖父多吉绛曲是一个著名学者。父亲名叫桑结格穷，曾被认定为转世活佛，迎接到洛扎上部的普芒岗寺坐床。色巴施主将色氏所属的拉东寺、邬甘寺等献给他管理。13 岁时，喜波都孜从舅舅达波色扎巴学习绒派所传大圆满法，花了 3 年时间。16 岁时，应拉杰鲁麦的邀请，他来到娘堆寺法会担任副座讲经师。是年，他在吉喀拉康见到了喇嘛钦波云丹松，在其指导下专修生圆二次第法，认真钻研心识类方面的 24 种解释，并且掌握了以上三派的教诀和扎木赛、格仓、宗昌的耳传法，首先在大圆满法的闻、思方面取得了显著成绩。16 岁那年，喜波都孜登上娘堆法会的讲经台，试讲廓尔派所传大圆满心识法，受到与会者的好评，获得“贤者”的称号。

喜波都孜从 16 岁进入后藏的吉喀拉康，学习了 14 年，其余大部分时间在舅舅的寺院萨色扎寺中潜心修炼。由于他高尚的人格、渊博的学识和密教方面的突出成绩，博得了包括宁玛派在内的各教派高僧大德们的尊敬和爱戴。虽然,他早年从蔡巴噶举派出家,但后来改修宁玛派大圆满教法,取得了极大的成功。他还投资修建了多尊佛像佛塔,刻印经函;为来自各地的僧人提供食宿;资助印度、尼泊尔和中原地区来藏的学者;曾三次捐助印度金刚座寺,四次供祭拉萨大小昭寺的释迦牟尼佛像,对发展佛教作出了巨大贡献。《宁玛教派源流》记载:"到了做事业之时,摄授无数徒众,广做利益众生之大事。……用金汁抄写了《般若经》广、中、略等经十七部,……于此雪山一切地方将多人安排在解脱道上。建立佛像、佛经、佛塔,修复破损寺庙,向他人所建寺院布施法器,深究六部《般若经》义;向来自印度的译师、班智达、贤哲提供服务,礼敬持藏善知识,舍弃尘世杂事而勤修密法,救济贫穷者,帮助步入大乘之道。因此,召集印度、汉地、尼泊尔等地操不同语言者,三次供养摩揭陀的金刚座,四次供养大小昭寺的两尊释迦牟尼佛像,四次修造拉萨河堤。"①

喜波都孜一贯恪守戒律。他对于那些行为不轨、打架斗殴、酗酒闹事者深恶痛绝。当他负责完成拉萨河堤第四次工程后,用茶酒为工匠和参加修堤者饯行时,侍从们酒醉斗殴,他非常气愤,骂道:"你们厌烦我,而我也厌烦你们。我同阎罗一起去后,你们就眼不见耳不闻了!"不久圆寂,享年 56 岁。他的法体运到赛・邬甘寺停放了四个月,之后迎接到由当地官员投资修建的色・塘嘉祖拉康。这座寺院后来遭到破坏,遗迹尚在。

喜波都孜有六个心传弟子,他们是达顿・觉益、玛哈伦波(摩诃伦波)、克巴觉南、卫巴・觉索、桑顿霍尔札和虐顿喇嘛,其中达顿・觉益最为出色。达顿・觉益是西藏山南地区人,祖父达本旺扎不仅拥有权势、财富,而且学识渊博,对佛学和苯教都有很深的研究。父亲达顿・觉本是约茹上部地区的一个官员,拥有众多的居民和大片土地。由于厌离生死,他带了四个仆从悄悄地离开庄园,投靠拉杰兰娘擦瓦的弟子虐・曲沃日巴。主仆五人全皈入佛门,学习密咒和大圆满密法。其后,他从帕木珠巴学习道果教授和大手印法门,向卫堆喇嘛擦尔顿闻习岗派大手印"多哈"法,向桑日卓热学习热穷巴所传密法,从囊顿・贡波学习金刚摧坏法和金刚橛法,长期在曲沃日修行,摄收了很多弟子。

达顿・觉益,全名达顿・觉沃益希,12 岁之前跟随玛尔顿学习胜乐和金刚手甘露法。继后依止松让 2 年,和父亲达顿・觉本一起听讲胜乐 108 种灌顶法;在喀热顿娘处学了两年幻变法;向喇嘛孜和色都尔隆巴求得大圆满廓尔派教诀。他 16 岁开始讲经,在昂续曼从父亲的一个学生学习岗派所传大手印法,从桑日嘉热学习热穷巴耳传法。后来,从囊顿・觉恰学习金刚橛法,后隐居曲沃日修行。直到 25 岁,他见到了喜波都孜。之前,他傲气十足,自称精通佛法,熟悉密典要诀,没有必要再向别人学习。到喜波都孜那里,他只是为了探望弟弟觉索。可是,当他进入邬甘寺见到喜波都孜后,不由自主地产生了敬慕之心,傲气顿消。喜波都孜问他:"你仰慕吗?"达顿・觉益很坚决地回答说:"非常敬仰"。"那么,你业尚未尽,留下来吧!"喜波都孜从生死轮回的性相方面讲解了无常有常的道理,使达顿・觉益明白自己还有许多佛法没有悟解。他师事喜波都孜 7 年,昼夜形

① 土登维色旦白尼玛:《宁玛教派源流》上册,第 446 页。

影不离，系统地学习了《普集明王》母子三部经、十部《注释续》《决断生死轮回续》的四部《注释续》以及其他《本续》，宁玛派十八部根本经续的释著、隐现法，娘提法方面的六种日论，极娘提法的六明日论、耳传法等，掌握了廓尔派、绒派、康派的大圆满口诀和讲授方法。为了报答喜波都孜的培育之恩，他变卖庄园家产，举办了四次规模浩大的法会，前后奉献良马74匹。他记录了喜波都孜所讲的全部内容，整理取名为《听法笔记》。建造塘嘉大悲观音像之时，他在素尔喀炼铜18个月。他先后6年为大小昭寺提供供养物资，功不可没。他于藏历金虎年逝世，享年68岁。相传，他的遗体火化时出现了多颗舍利。

2.巴希释迦沃

卓浦巴·释迦僧格的另外两个弟子藏巴切顿和涅顿·曲吉僧格把大圆满法传给藏纳沃拔尔，沃拔尔传给麦顿·贡波，麦顿·贡波传给喇嘛遂，喇嘛遂传给释迦沃。

释迦沃，全名"巴希释迦沃"。据其后传弟子雍顿巴·多吉贝说，释迦沃是素尔家族人，是第一个被元朝皇帝封赐的宁玛派僧人。这说明，从他开始，宁玛派和元朝中央政府建立了联系。然而，这种联系和萨迦派与中央政府之间的关系不同，只能说明元朝统治者对宁玛派僧人学识的一种赏识和肯定，并没有赏赐一种什么权力。释迦沃的父亲是素尔·旺钦欧波(或珠贝旺波)。他有五女，经常为没有子嗣而感到痛苦。喀且班钦释迦室利在藏期间，将他请到邬巴隆寺求教。当时，喀且班钦预言说："不久，你会有两个儿子，给他俩取我的名字，对佛法众生将有利益。"后来，旺钦欧波果真有了两个儿子，长子取名释迦贡，次子取名释迦沃。他俩从小表现特别，聪明过人，且对佛法兴趣甚浓。尤其是释迦沃精通咒术，以施法术而著称。《宁玛教派源流》记述："一次，释迦沃、古茹穷扎、本钦释迦桑布、钦差大臣阿甘延等人在一起，以集市为宝藏，宝藏门口刀轮转动无法潜入，释迦沃施法立标柱，向库门献祭，刀转自动停止，在场者都感到惊奇。这时，库内流动的煤炭中间有一只独眼青蛙在跳动，当看见举手之时，重新出现风轮，大家迷惑不解。释迦沃把一串河果木念珠压在上面，风轮停转。"由于释迦沃掌握如此神奇的法术和咒术，受到八思巴、萨迦本钦等人的赏识。在他们积极的荐举下，元世祖忽必烈派使臣来西藏封他为"巴希"。

"巴希"是汉文的音译。《青史》解释说，"巴希是皇帝之师的封号。根据元世祖忽必烈的旨意，从金刚长寿岩发掘轨范师莲花生所藏的长寿泉水后，把水托钦差带给皇帝，获得等同皇帝之师称号，故立名为巴希"①。如果"巴希"等同于皇帝之师，就相当于帝师。然而，从当时的情况分析，不可能是帝师，汉语"法师"的可能性较大。《宁玛教派源流》说：释迦沃从后藏的金刚寿岩洞掘出金刚菩萨父母修行用的13页经文，中间夹着一个青玉长寿水器，托元朝来臣奉贡元世祖忽必烈。忽必烈从军费中提出一部分奖赏西藏密咒师，并封给和帝师相等的"巴希"名号。显然，忽必烈封给释迦沃的名号纯粹是宗教法号，和封给八思巴的"帝师"名号有本质上的区别，前者是对其宗教知识的一种肯定，后者则拥有政教双重的权势。不过，可以肯定，释迦沃没有进京却得到这种封号，与信奉旧传密

① 《青史》藏文版，第189页。

法的昆氏家族成员的极力荐举是分不开的。这也说明宁玛派从13世纪中期开始被承认,并受到元朝统治者的重视。

释迦沃的弟子达那都堆传法给达·释迦佩,释迦佩传给强巴僧格。强巴僧格是素尔家族后裔,其父是素尔·尼玛僧格。《宁玛教派源流》说,尼玛僧格曾于卓浦寺从卓浦译师强巴贝(1173—1225)受戒出家,随习佛法。又说,修建卓浦寺大佛塔时,尼玛僧格施用法术从干旱地方掘出水。为了以示奖赏,专门为他修建了佛殿,供其居住。素尔·强巴僧格自幼受父亲教育,性格温和、善良。每当看到别人残害生灵,他都非常气愤。他早年于卓浦寺出家,学习法相学和卓浦译师所传教法。14岁时,强巴格僧第一次站在法会讲台上讲经,就得到了"智者"的称号。他的弟子雍顿巴自豪地说:"我的上师素尔遍知。"由于这次讲经,他受到器重,被委以卓浦寺堪布的重任,负责讲授《对法》。次年,他莅临邬巴隆寺,从达·释迦佩听讲《秘密藏续》,两年后著成《续部总规论》。19岁时,强巴格僧从结顿·珠巴奔学习幻变道次第和大圆满法。次年,他从拉堆请来达顿·斯吉讲授素尔派所传幻变类法和《密意集经》中有关明点方面知识;从素尔隆巴·珠托协尼受经教灌顶,听讲色派所传的息怒法;从塔尔巴·尼玛坚参,卓浦巴的弟子贝却、桑定·珠巴贝、喇嘛云丹贡波等人分别学习语言学、因明学、《金刚鬘》、道果教授、金刚摧坏法等,还学习了《大威德》。他虽然只活了短短的27年,却培养出很多精通旧传密法的弟子。其中雍顿巴·多吉贝被称为前圆满上首弟子,达那卓玛哇·桑珠多吉是后圆满上首弟子。

雍顿巴·多吉贝(1284—1365)生于西藏尼古冲堆地方的伦氏家庭,早年师事噶玛巴·让迥多吉专攻法相学,深入研究《阿毗达摩集论》。后来,他对密法发生兴趣,转向素尔·强巴僧格全面学习经部、幻变和心部等大圆满密法,有"语自在"的称号。他的《秘密藏续广释明镜》详细全面地解释了《秘密藏续》。由于他平时采取边学边修的方法,加上从强巴僧格那里学习了不少咒术,成为一个很有影响的人物。年轻时,他被元武宗诏请进京,在皇室宫廷表演金刚舞和一种稀有的送鬼求治法,得到了丰厚的赏赐。他还在一些干旱地区施法求雨,解决了旱情。回到西藏后,他用赏赐的物品资助寺院,救济贫困僧人。汉藏文史籍没有记载皇帝对雍顿巴的封号。个别资料认为,元武宗驾崩后,雍顿巴返藏,可能没有来得及敕封。无论如何,他是宁玛派高僧中第一位奉诏进京觐见皇帝的人,这足以说明元朝对宁玛派的重视和对宁玛派僧人法术的肯定。

雍顿巴天资聪慧,除了从素尔·强巴僧格学习宁玛派密法外,还向布顿大师听讲《时轮》,从噶玛巴·让迥多吉学习大手印口诀。他长期驻锡门域的巴周、旁波日吾齐、惹都杜罗地方静修,从《广大游戏经》中证得八大宝藏。他的学术成就显著。著名佛学家雅德班钦(1299—1378)阅读了他的著述后深受启发,带领15名弟子前去求教。晚年,他从措巴曲隆巴受近圆戒,取名"多吉本"或"多吉贝",年82岁圆寂。

达那卓玛哇·桑珠多吉是素尔·强巴僧格的后圆满弟子,是受到元朝封赏的另一个宁玛派僧人。他生于后藏达那乃萨地方,父亲是旧密咒师。他师事素尔·强巴僧格,勤修幻变类法;在兰娘蔡哇·索朗贡布跟前受幻变灌顶后,隐居切玛僧格地方专修大圆满娘提法。他抚养了素尔·释迦窘乃和邬巴隆巴上师僧格两人,保住了素尔家族的血脉。

他于藏历龙年圆寂，终年 82 岁。

宁玛派发展到这时候，分裂成素尔传承和子传承。从传统上说，都源自宁玛派素尔传承。素尔·释迦窘乃是素尔传承分裂以后的第一个素尔家族继承人。其父亲素尔·桑波贝是继雍顿巴之后第二个奉元朝皇帝之诏进京施法消灾的宁玛派僧人。在京城，他奉命施展法术消除天灾，在大都皇宫建立密修院，向皇帝传授九本尊长寿灌顶，并于边疆地区传播宁玛派教法，得到封赏。《宁玛教派源流》记载："父亲素尔·桑波贝之时，受本儿只斤爱育黎拔力达皇帝（元仁宗）的封赏。第一次向皇帝表演法术，威力极大，从灾年拯救出来。特别是有一次在大都皇宫上空黑云密布，十分可怖，谁也无法驱除。他施展送鬼救治法，投掷食子，降伏雷电。同时施展邬摩激怒法和送鬼救治法，用 18 匹绫绸捆住黑云，施食跳舞使黑云消散，并在边疆地区多次弘传佛法，向皇帝传授清净九本尊和长寿两种灌顶，在大都皇宫建立密修院，受到嘉奖，得到银印，供献白银十三锭，宽面绫绸二百匹。据传当时他用过的四羯摩金刚橛仍放在宫中。"[①]桑波贝运用皇帝赏赐的白银，整理刻印了《秘密藏本续》《秘密藏本续释》《秘密藏道次第》和《九种口诀》等吐蕃时期翻译的 28 部经续，每部千页，分施各寺院。他的这种做法，为刻印 10 万续部创造了条件。素尔·桑波贝于 38 岁逝世。

从素尔传承分裂出来的子系，始于达那卓玛哇·桑珠多吉之子桑结仁青坚参贝桑波。他是释迦僧格的得意门徒，1350 年生于西藏达那乃萨地方。他从小受父亲的精心教育，6 岁时已经会诵《秘密藏续》。他 14 岁时，从父听讲幻变类法。当时来了一个常为他人传授灌顶的轨范师，他对父亲说："现在我要出家，修学法相学，也学会密续部。"遭到父亲的拒绝后，他和当地一个女子结婚。即使这样，他仍然没有打消出家的念头，以居士的身份坚持学习，持守戒律。40 岁时，他完成了《秘密藏续广释》和《道庄严论》，对幻变类法作了精辟的分析和发挥，使之成为宁玛派僧人的必修课程。他的早年生活都是由父亲安排的，特别在学经方面，父亲为他制定计划，亲自教授幻变类法，指导修炼。56 岁时，他进入群科邦寺正式出家。70 岁时，他摄收桂译师益希桑孜哇为徒，把幻变息怒灌顶、幻变长寿灌顶、掘坑灌顶、长寿主灌顶、清净独火灌顶和那沃哇的马头金刚随许法、达嘉玛的随许法、萨迦派所传金刚橛忿怒灌顶随许法、心部十八经中智慧技能灌顶、《秘密藏续广释》《道庄严论》以及幻变方面的四十大论之四十小论、《密意集经》及其《本续遍集明经》，努钦的《经释·黑暗铠甲》《幻变八十颂》《上师二颂》，大圆满阿热口诀等毫无保留地传授给益希桑孜哇。72 岁那年，他来到前藏，在贡素日禅定院受到阐化王扎巴坚参的接待，讲授《秘密藏续》及其他经续。1431 年，他在后藏圆寂，时年 82 岁。

以上所述基本上是围绕素尔传承展开的，我们从中可以总结出这样几点：

第一，自从素尔·释迦窘乃和喜饶扎巴创建邬巴隆寺、卓浦寺以后，修习旧传密法的人越来越多。原来以父子等形式（血统）居家传承旧译密法的人，开始走出家庭小圈子，游历各地传法。这一时期虽然传播旧密法的寺院逐年增多，建立了家庭以外的师徒关系

---

① 土登维色旦白尼玛：《宁玛教派源流》，第 460—461 页。

(道统),但尚未形成能起统率作用的中心寺院,以父子或叔侄等传承密法的形式仍然占据一定的比重。严格地说,由于他们保留了传统的授经方式,以及所传密法中苯教文化气息较重,尚未被承认是佛教的一个派别。

第二,到13世纪早期,由于得到萨迦派地方政权的支持,宁玛派逐渐被其他各教派承认。《青史》说:"在此雪域西藏,金刚橛法是十分盛兴的。对于这一密法,虽然有些讥议,但是后来萨迦派法王从香区护摩木中掘得莲花生的真正梵文手册而译出后,才使得多数人无话可说。"①这里的萨迦派法王,是指萨班·贡噶坚参(1182—1251)。他曾于香曲河谷(今日喀则地区南木县境内)的一座古寺发掘出"金刚橛法"的梵文原本,从而平息了宁玛派是不是佛教派别的争论,确定了宁玛派在西藏佛教中的地位。萨迦派之所以帮助宁玛派建立宗教地位,有其深远的历史原因。《萨迦世系史》记载,昆氏家族正式得名后的初祖赤松德赞的大臣贡巴结贡达之长子是昆·鲁耶旺波,他是佛教传入西藏后初期出家的七人之一。他由于翻译佛经成绩突出,被誉为译师中青年三译师之一。他的弟弟多吉仁波且曾跟随莲花生学习密法,他的后裔就是经营萨迦派的昆氏家族。修建萨迦寺的昆·贡却杰波的兄长昆若·喜饶次程继承先祖的做法,"获得金刚橛成就,具有无边法力和神通"。他除了精通般若学,还掌握了六部密法、五部旧密典、十三部新密、二十一支密法等。在他的引导下,贡却杰波也从小学习旧密法,成绩显著。因此,学术界认为萨迦派的理论体系和实践方法是建立在旧传密法基础之上的。宁玛派的个别史籍也证实了这一点。

再者,自从释迦沃被元朝皇帝派来的使臣封为"法师"起,宁玛派和元朝中央政府正式建立了关系。继他之后,雍顿巴、桑结贝等人相继奉诏进京,为皇帝传授灌顶,施法降雨,解除干旱,得到了皇帝及王妃的丰厚赏赐。

第三,作为一个教派,宗教活动的区域比较狭小。自从大素尔创建邬巴隆寺开始,到14世纪以前,宁玛派的主要活动范围限于后藏的南木林地区。虽然也有不少来自前藏和康区的僧人,但人数不多,这在一定程度上影响了宁玛派的发展。

第四,作为宁玛派的主流,素尔三代虽然整理了旧传密法,并使之形成体系,但所传密法主要限于经教和幻变类法,对心部法重视不够。

应该说,宁玛派真正成为一个教派是从"三素尔"开始的,但宁玛派并非完全由素尔家族经营,上述素尔传承只是宁玛派全部教法传承中的一支。如果从整体上把握宁玛派的历史沿革、教法内容和传承关系,还必须介绍宁玛派的其他传承,因为他们在很大程度上也推动了宁玛派的向前发展。

---

① 《青史》,郭和卿译,第68页。

第二节　绒·曲桑和隆庆饶绛巴对宁玛派的特殊贡献

一、绒·曲桑和大圆满绒派

在一些用汉文著的西藏佛教史籍中，把绒·曲桑看成是继“三素尔”之后的宁玛派第四个代表人物。严格地说来，曲桑是宁玛派正式创立之前宏传旧译密法的一个著名学者。从教法传承关系上说，他是宁玛派学僧。

绒·曲桑，全名为绒索·曲吉桑波。“绒”是地方名称，非家族姓氏。他是吐蕃时期划分的卫藏四翼中茹拉克所辖那隆绒地方人，和大素尔同时代。祖父绒班·贝吉云丹，又叫贝吉多吉仁波且，是莲花生大师的亲教弟子，曾修得长寿持明成就。父亲绒班·仁青次程也是著名的密咒师兼学者，在那隆绒地方摄徒传教。绒·曲桑降生后，被当地人视为班智达弥底和尼泊尔著名学者查拉让波的转世。由于从小受家学影响，他对密法特别崇尚，父亲亲自教授他因明学。他具有很高的辩论才能，凡是学过和听讲过的经典全能背诵下来，有过目成诵的才能。他曾这样自赞：“我非寡闻者，没有未闻之法；我亦非博闻者，对于一切仅听讲了一次。”年轻时，他在年楚河下游地区从噶尔顿·次程桑波习法，“对于所有印度的显密教法及论籍，只须阅读一遍就能记诵并晓解”。当时普遍传称，他精通声明、法相二学，和通晓毗奈耶与各种仪轨的楚顿尤盖及周桑·益希扎等人齐名。阿底峡大师进藏后，准备和绒·曲桑辩论，终被曲桑的学识所折服而未敢对辩。后来，他从来藏的印度亲教师曼殊室利瓦玛、曼殊室利杂纳等多位班智达学习梵文，一起翻译出《阎摩德迦黑敌续》《妙吉祥真实义》《胜乐根本续》等多部经典。其译文质量之高，堪称后弘期初期译经之精品。因此，他的名声被远在印度的学者知晓，那些已经在藏的印度班智达对他这样说：“达摩巴扎，你应该著述佛法以救度众生，你的知识谁人能比，在印度凡是对声明和因明略知一二者就有资格著述佛法，你为何不著述呢？”

绒·曲桑不但学识渊博，而且学风正派，从不自傲，也不讥谤他人，颇受众人的尊敬。他从父亲学得由莲花生、那囊·多吉都觉、喀尔钦·贝吉旺堆、卓·多吉循努、象雄·云丹扎、绒钦·仁丹仁青和绒班·次程仁青次第传承下来的金刚橛法，从雅斯本顿学得由宇扎娘波、喇钦·贡巴饶赛、珠香伦坚、努·贝丹等人传承下来的贝若杂纳的心部口诀教授以及印度七派的密法教授，掌握了旧传密法的基本思想和发展脉络以及修持方法。

绒·曲桑著述丰厚，其中对后世影响较大的有《幻变广释宝疏》《三昧耶广论》和《大圆满见修口诀》等。根据《青史》所载，除了这三部，还有《净治恶趣论》《能怖金刚法》《语言门论》等。他的著作内容涉及语言、因明、戒律、显密教等各个方面，拥有“西藏班智达”的称号。但是，也有一些学者认为他是华而不实之人，讽刺说：“作为一个西藏人只撰写如此论著是不够的。”但是，这些人后来看了他的著作，无不为之绝妙精深的文笔和思想内容、精辟的分析所折服，纷纷前去投靠，向他表示忏悔。藏文史料记载说，他活了 119 岁。他及其弟子所传的大圆满法被称为“绒派”法，或“绒氏传规”。

绒·曲桑所传密法以大圆满心部法为主。他所遵奉的三个传承中的第一个传承是：莲花生、那囊·多吉都觉、喀尔钦·贝吉旺堆、阿杂惹贝吉梅脱、扎·多吉循努、象雄·云丹扎、绒班·云丹，绒·次程仁青；第二个传承是：贝若杂纳（遍照护）、宇扎娘波、喇钦·贡巴饶赛、珠香伦坚、努·贝丹、雅斯本钦；第三个传承是：无垢友、娘·定艾增桑波、玛·仁青却及涅·杂纳估玛惹、库·绛曲沃、穷波尤沃等人。他把几大派的传法融会贯通，结合因明学和其他佛学理论，建立了大圆满心部法绒派。

当时许多人赴印度、尼泊尔留学，译出了大量密典，被称为“新密”。绒氏大圆满法的建立，引起了那些弘扬新译密法人的反对，认为绒·曲桑所传密法非传自印度，也非佛法，应该予以批判。然而，绒·曲桑认为，他所承袭的心部法属于阿努瑜伽，即是圆满密法。王森先生认为，“这一个传承后来好象又分成三个系统：第一个系统是‘心部’，第二个系统是‘自在部’，第三个系统叫‘教授部’。三个系统又都各有师承而又彼此相互影响，宁玛派人把这三个系统，特别是最后的教授部称之为‘大圆满法’，而‘大圆满’遂成了宁玛派主要的、而又是这一派所特有的教法”①。可以说，绒·曲桑是朗达玛灭佛以后第一个对旧译密法进行整理，并使之形成体系的人。

二、隆庆饶绛巴·智美欧色

隆庆饶绛巴，本名次程洛追，法号智美欧色，尊称为“遍知法王隆庆饶绛桑波”或“第二佛祖吉祥桑耶巴遍知语自在”。“饶绛巴”是“知识渊博”之义，相当于“博士”。1308 年藏历二月初十，他生于西藏扎囊堆仲村，家族姓“惹”氏。藏文史料说，他是赤松德赞时期“七觉士”之一的益希旺波亲教弟子杰瓦却央的第二十代传人。隆庆饶绛巴自己说，祖父拉松曾修得甘露药丸成就，寿数 105 岁；父亲丹巴尚是一位轨范师，在瑜伽修炼方面取得比较显著的成就；母亲的姓氏“却”，后来和仲敦巴·杰哇窘乃的“仲”姓合成一姓，叫做仲萨玛索朗坚。7 岁时，他在父亲的严格教导下，学习宁玛派有名的修教八部、马头金刚、金刚橛、上师静怒等密法，兼习医学知识。他 9 岁始修《般若两万颂》和《般若八千颂》等，边吟诵边钻研经义；12 岁从桑耶寺堪布桑珠仁青和轨范师贡噶欧色受出家戒，成为僧伽组织中的一员；14 岁开始讲解戒律经论；19 岁，前往拉萨西面堆龙德庆的桑浦内邬托寺，向卸任的第十五任堪布赞贡巴、在任的第十六任堪布曲贝坚参和因明大师循努仁青学习《现观庄严论》及《释量论》等。他还从轨范师循努杰波和邦·洛追丹巴译师听讲《中论》《阿毗达摩俱舍论》《三摩地王经》等，并下苦功研究语言学、辞藻等。他用了六年时间，通过法会辩论考试，获得“桑耶巴隆芒波”或“隆庆饶绛巴”的称号。

另外，隆庆饶绛巴向萨迦派上师索朗坚参学习发菩提心法及道果教授；向息结派的雪色惹巴·循努多吉学习“多哈”三法、三种山法等；从萨隆仁青学习香巴噶举派、蔡巴噶

① 王森：《西藏佛教发展史略》，第 44 页。

举派传法以及郭仓巴所传引道教授、玛吉拉仲所传觉域法；还从扎西仁青、旺波益希、顿巴次程、卓浦哇等一大批上师听讲《金刚鬘》《胜乐》《喜金刚》《集密》、《大威德》《金刚帐》《时轮》等无上瑜伽部父母续法，苦心修炼六支瑜伽、那若六法等，都有所证悟。接着，他系统地学习大圆满法，从丹巴哇·循努顿珠、娘塘玛哇·桑结扎欧等四位上师学习集经、幻变、心识三类法及《十万续》，在觉勒扎浦岩洞静修五个月有所证悟。1334年，他在雅堆嘉玛浦见到了正在那里修行的大持明师估玛惹杂，随习大圆满经、幻、心三部密法和伏藏法，以及其他绝密法。面临着断粮的危险，他在钦浦修行了三年，间或来到估玛惹杂跟前请教疑难，继承了估玛惹杂的法钵。由于他擅长辩论，又通密法，得到了"智美欧色"和"多吉斯吉"两个称号。

当时，西藏地方由于元朝的衰落，形势发生了很大变化，万户、教派之间争夺权利的斗争愈演愈烈。隆庆饶绛巴为了不使宁玛派受到损伤，往来于拉让扎、邬坚宗、夏拉康等寺院传教，组织宗教活动，安抚僧众，并在岗日托噶尔重建邬坚宗乃寺，摄徒20余名。同时，他著述阐释大圆满法。他在担任直贡巴上师时，接受了直贡巴所献的卓·邬坚寺，整理出在桑耶修行期间发掘的伏藏。朗氏家族的司徒·绛曲坚参掌握西藏地方政权后，发现他和直贡巴关系密切，迫使其南下门域。在那里，他受到当地官吏和群众的热情欢迎，并在拉雅曼塘官员的大力资助下，向奔塘和阿隆两地信徒传法。为了解决日益增多的僧人居住问题，他在不丹境内创建了塔尔巴林寺（意为解脱洲）。这所寺院后来成为不丹宁玛派的主要活动场所，尼泊尔的宁玛派教法就是从这里传过去的。

隆庆饶绛巴在塔尔巴林居住几年后，应南部部族头人之请，把塔尔巴林寺委托给格敦坚参，到拉雅拉隆和门奔塘传讲娘提法。后来，在羊卓万户长多吉坚参和桑结贝让的调解下，和司徒·绛曲坚参和好；应绛曲坚参的邀请，来到约茹雄，在贡噶单独向绛曲坚参传授灌顶，被奉为上师。之后，他在拉萨及其周围地区的一些寺院讲经。他被桑耶寺派来的六名僧人请到桑耶后，建立了讲授无上瑜伽密法之规。他于1363年农历12月18日圆寂。

隆庆饶绛巴一生博览经书，深究宁玛派大圆满密法，著述甚多。他所著的《大乘口诀论著·如意宝藏》《大乘口诀论著如意宝藏释·白莲花》《如意宝藏义授甚深义金刚藏论》《法界宝藏本论》《法界宝藏释教理藏论》《口诀宝藏》《教理宝藏》《宗派宝藏》《胜乘宝藏》《词义宝藏》《心、界、口诀三部心要义释本性宝藏》《一切续王吉祥幻变本续秘密藏决定空性》《心性安息论本论》《大圆满幻变安息论》等影响特别大。尤其是《如意宝藏》《口诀宝藏》《教理宝藏》《宗派宝藏》《胜乘宝藏》《词义宝藏》和《本性宝藏》，通称为《隆庆七宝藏》，被看成是大圆满全书，作为宁玛派僧人的必修课程。

隆庆饶绛巴集大圆满法之大成，其佛学思想主要反映在《七宝藏论》中。在他之前，宁玛派的一些著名学者虽然也对佛教显密教法作过甄别，修订整理了大圆满法，但只限于局部或某一类法。隆庆基于前人的研究成果，从理论高度对宁玛派教法作了全面系统的修订和整理。他认为，本初佛普贤所说的大圆满法，主要反映诸法本净，空无自性的哲学思想。大圆满法是自然智，而自然智又是金刚身，它有本来任运，空性而无任何表相，以及不堕入常断等特点。在他的著作中,把从原始佛教到金刚乘密法判为三根九乘,因果两类,因乘包括声闻乘、独觉乘、菩萨乘,属于钝根;果乘由外密和内密两部分组成,外密包括事部、行部、瑜伽三乘,属于中根人修的法,内密三乘是玛哈瑜伽(大瑜伽)、阿努瑜伽(无比瑜伽)、阿底瑜伽(无上瑜伽),属于锐根人所学的法。一般理解,玛哈瑜伽相当于无上瑜伽生起次第密法,阿努瑜伽相当于圆满次第密法,阿底瑜伽相当于大圆满密法,具体区别为心部、空界部和口诀部。

综上所述,可以得出这样的结论:绒·曲桑所进行的工作是后弘期开始后对旧传密法整理工作之始,他重点在心部法上下功夫,尚未形成体系;"三素尔"继续整理工作,分门别类,相互搭配,着重宣讲经部和幻变类法;14世纪,隆庆饶绛巴在他们的基础上,继续整理,并作了部分修订,细分经、幻、心三部,使之系统化。由经、幻、心三部密法构成的大圆满,作为宁玛派的特有或核心教法开始加以传播。可以说,隆庆饶绛巴完成了对旧传密法的整理工作,使宁玛派作为一个正式教派,具有完整的教法体系、修行规则以及指导修行的理论系统。

第三节　大圆满法的兴起和译传

一、大圆满法的兴起

大圆满者,"先前离垢之智,明空觉了",意思是心性本来清净,尽此现实世界,生死涅槃一切法都存在于明空觉了之中,圆满无缺。因为明空觉了是解脱生死轮回的最高或最大方便,所以叫做"大圆满"。或者,心性本空为法身,自性光明为报身,大慈普照为化身,三身的一切功德自然圆满,就是法的真实义,故名"大圆满"。这说明人的心体本质上是纯净的,应该让此纯净心自然而为,随意而住。

大圆满分基位大圆满、道位大圆满和果位大圆满。基位大圆满,即是自然智,或称"无师自然妙智"。这是一种本来就有的空智无分别之慧。道位大圆满是修道,在法界之中心及心所二法空寂无戏论,也是自然智之外进入功力所现客尘明净的方便或途径,用此方便能自然圆满一切果位诸法。果位大圆满,指修行所得的圆满果位。

大圆满法的理论特点可以归总为四点:第一,诸法本无自性;第二,诸法本来任运;第三,没有偏私;第四,诸法以自然智表示是金刚身。从修行方面分为三种:第一,表示心智无二的生圆双运的大圆满;第二,表示心的心空本来解脱的大圆满;第三,开示智慧光明法性的大圆满。

在宁玛派看来,大圆满教法是普贤佛所说。普贤佛在大圆满法中被尊为秘密佛,它的意思是具有甚深广大无量知识,能利益众生。在《华严经》中,普贤佛和文殊、毗卢遮那佛被尊为"华严三圣",普贤佛为毗卢遮那佛的肋侍,经常骑乘白象。宁玛派所奉的普贤佛是法身佛,也是本初佛。实际上,它和金刚持是一体,只不过在应机化现时显现不同的形象。

根据宁玛派的观点,佛涅槃28年后密法正式兴起。其中,经、幻二部有三种传承:第一,胜者意趣传承,也叫“佛陀思想传承”。相传,佛陀逗留法界色究竟天之时不落言论,以行相和极大的加持力使众弟子证得空性智慧。那时,普贤佛作为佛的法身,化现金刚持行相,重点宣讲大圆满法。其实,这一阶段相当于密法的酝酿形成阶段,当时的说法者即是结集者。

第二,持明语传承,详细分为非人持明传承和人持明传承,相当于大圆满阿底瑜伽阶段。所谓的非人传承,是指此法在鬼怪类众生中的传播。非人是六道轮回中三善趣之一类。人持明传承,指佛教内部的传承。开始的时间一般和金刚乘密法兴起的年代相当,即7世纪以后。作为正式传承的第一人是欢喜金刚。他是古印度邬仗那一个公主之子,幼年名叫若朗德瓦。关于他的出生有许多神奇的传说,早年在被称为火山焰寒林的修行圣地学习自性大圆满教法,即无上瑜伽密法;后来,他莅临玛拉雅山顶结集大圆满续和口诀教授,潜心修炼,得到成就。

中印度西面的妙吉祥友,藏译绛白西年,又名婆罗门娘波珠巴或德却娘波。他在清凉寒林园从欢喜金刚接受灌顶,把大圆满教法分成心部、界部、口诀部传讲,把心滴明点分成耳传和口传两种。他的弟子是佛智足,著作有《解脱明点》和《修行法普贤论》等,专门解释大圆满口诀法。传承其法的人,是被称为支那人的室利僧达。他在前往迦湿弥罗求法途中受别人的指点,来到索萨洲寒林园拜见妙吉祥友,得到灌顶和心滴秘密伏藏。他在师父划分的基础上,进一步将其区分成内、外、秘密、无上密四部。轨范师无垢友和益希多(智经)从他学习,由无垢友传进西藏。

第三,补特伽罗传承(人传承),也叫补称伽罗耳传。这个传承的中心在中、东印度,以瞿波罗王为主要传承人。瞿波罗是波罗王朝的建立者,与大因陀罗菩提王同时代。当时,著名成就师姑姑惹查修持阿努瑜伽和玛哈瑜伽法,把十品《幻网经》分成十八部授给瞿波罗,瞿波罗传数代至莲花生,由莲花生和无垢友传入西藏。

按照宁玛派的划分,玛哈瑜伽、阿努瑜伽和阿底瑜伽都属于无上瑜伽密法。其中玛哈瑜伽相当于生起次第法,分续部和修部。续部再分经幻传承、大乐光明传承和手印传承。宁玛派奉行其中的经幻两部,最早由因陀罗菩提传给姑姑惹查。姑姑惹查把其中的主要经典《幻变经》分成身、语、意、事业和功德五大续共十八部经传给瞿波罗(牛护王);瞿波罗修炼其中的《金刚萨埵意修》或《金刚萨埵面见品》,获得成就后,传授桑轨范师;桑轨范师传给玛摩第瓦公主,经数传到佛密;佛密传无垢友,他把其中的十三部译介到西藏。另外五部由贝若杂纳翻译,开始了藏传佛教宁玛派经、幻两部传承。

修部分教诀派和伏藏派。教诀派传承始于妙吉祥友。他是西印度人,早年学习婆罗门教,后来投入佛门,受欢喜金刚(即噶绕多吉)的指导修学密法,呼迦罗继承了他的法位。

伏藏传承,亦叫“岩传派”。藏文史料记载,空行母把修行八教的五部总续和所为十续(分别续十部)分别装入八种宝箱保存在清凉寒林园,后来无垢友得到极胜金箱,呼迦罗得到清净银箱，妙吉祥友得到装阎摩德迦经续的铁箱，那迦佐那得到装马头金刚经的铜箱，莲花生得到装金刚橛经典的玉箱，达那桑枳达得到装玛摩经典的犀牛角箱，惹毗姑哈雅得到装供颂经典的供箱，寂藏论师得到装忿怒真言的玛瑙箱。从《集密本续》整理出的口诀教授由莲花生传入西藏。

阿努瑜伽，相当于圆满次第法。传承有两种：一种是由牛护王传出，另一种由离遮毗无垢称传出，两人生活在同一个时代。无垢称在密法方面成就显著，晚年向三个儿子中的长子舍扎毗查（小因陀罗菩提——腊瓦巴）传授灌顶，指导修炼。舍扎毗查在邬仗那的杜玛室罗地方静修期间，完成了《娑之吠陀体罗讫粟多》，对圆满次第法作了较为详尽的阐释。最后，他把法传给姑姑惹查，姑姑惹查传给欢喜金刚；欢喜金刚传金刚笑，他著有《瑜伽明日论》，阐释大乐法门，再传给大释迦光；大释迦光传给小释迦光和释迦友、释迦狮子三人。释迦友著《集密根本续释》，长期驻锡尼泊尔传教。释迦狮子即是莲花生。

阿底瑜伽，亦称大圆满法，起源于西印度的邬仗那，时间在7世纪以后。初传欢喜金刚，中传妙吉祥友、佛智足、室利僧哈等人，经无垢友和莲花生等人传入西藏。

上述三个传承相当于密教发展过程中的四个阶段，传播区域包括南、中、西、东印度。大圆满是在原印度教和婆罗门教以及民间咒术的基础上，结合佛教义理于7世纪正式在西印度的邬仗那兴起。它早期经典中的绝大多数是通过口耳传承下来的，传播过程中发生了很大变化，尤其是内容增减不少。

二、大圆满法的译传

公元8世纪，随着寂护、莲花生、佛密、无垢友等一大批印度僧人的入藏和贝若杂纳、南喀娘波、益希循努、觉热·鲁耶坚参、玛·仁青却、宇扎娘波等大批藏族青年留学印度，把大量佛教显密经典带进西藏并译传。根据藏史记载，桑耶寺建成后，专门开设了供翻译佛经用的译场，取名“印度翻译洲”。莲花生、贝若杂纳、益希循努、玛·仁青却、阿杂惹益希央、勒结吉穷等人负责翻译密教典籍，丹玛泽芒、桂·鲁珠钦班玛则摩等一批书法家负责抄录。《赤铜洲遗教》说：莲花生和觉热·鲁耶坚参等人合作译出18种密典，其中玛哈瑜伽经典有《噶玛玛勒事业续》《资粮广续》《略续》《虚空藏加持续》《圆满解脱续》《十地解脱续》等27部；阿努瑜伽续有《遍集宝经》《智慧猛电轮经》《杜鹃游戏经》《心教广大经》《诸佛密意经》等。大圆满阿底瑜伽的主要经籍是由无垢友、贝若杂纳等人译出的，如经教18部由无垢友等人译出其中13部，贝若杂纳和弟子译出5部。《隆庆教史》认为，贝若杂纳和弟子宇扎娘波译出了《不变吉祥显住续》《圆满功德广大游戏续》《趋入诸境清净游戏续》《入住明点海续》《开示宝庄严续》5部本续和《本住普贤续》《本降本住智慧续》《坚固住续》《庄严续》《究竟明义续》《显明自解脱续》《圆满坛城续》等7部支续，另外还译出了4部注释续等界部经典。译出的大圆满经典有《续部藏义》《圆满智慧三摩地续》《决断轮回本末续》《虚空界续》《行教不空金刚续》以及九种娘提法典。无垢友侧重传播阿底瑜伽口诀法，即甚深娘提法与幻变法。和他一起翻译这方面经典的，还有玛·仁青却、益希循努等人。

大多数密典(包括显教部分经籍)都是这一时期翻译成藏文的,如《集密》《佛密意经》《秘密藏续》《幻网经》《大威德续》等。大圆满方面的经籍也基本翻译齐全。其中的一部分毁于朗达玛灭佛,另一部分当作伏藏保存下来,也有一部分通过父子相承的形式传了下来。

由于传播地区和所奉上师不同,形成了众多派系。从教法方面划分可分为初传涅·杂纳格玛惹、中传努·桑结益希、后传素尔。

1.初传涅·杂纳估玛惹

初传涅·杂纳估玛惹,即涅·益希循努,俗名叫做杰哇洛追。他是吐蕃时期著名的佛经翻译者、早期大圆满法的重要传承人。他生于西藏山南地区的涅氏(又叫穷氏)家族。8世纪中期,桑耶寺建成后,他从寂护等人受戒出家,前后从莲花生、无垢友、贝若杂纳、努·南喀娘波和贝若杂纳的弟子宇扎娘波学习大圆满教授。他吸取各家之长,自立门派,藏史称他为前弘期金刚乘教主。他的弟子众多,其中索波·贝吉益希继承了法钵。此人不仅精通密法修炼,而且擅长翻译,是前弘期很有影响的人物。

后来,从他们这一派分裂出许多支系,如康系、娘系、绒系和廓尔系。康系是由阿热·益希窘乃创建的。他早年走失,来到一个辩经场,被涅·杂纳估玛惹师徒收为弟子,教授他学习《宝教圣道庄严续》《智慧明轮藏续》等。后来他根据经义,创立了内法、外法、秘密法、微细法、部类法和幻变法,通称"阿热六法",成为康系的主修密法。他的4个得意门徒是康区的雅斯本顿、喀热·珠夏结波、前藏的珠香·喜饶门兰、后藏的觉热·桑噶尔佐库。

雅斯本顿主要在拉萨和山南一带地方从事传教活动。珠格隆穷承嗣其法位,传给勒贡·次程娘波,次程娘波传给巴贡·索朗坚参。索朗坚参是后弘期初期人,曾作过噶当派著名学者博多哇父亲的应供上师,和阿底峡有过辩论。博多哇进入热振寺之前,从他学习大圆满法,并进行深入研究。索朗坚参的承法弟子喀热·贡穷在娘提法方面成绩突出。喀热的弟子洛巴·达玛杰和都顿·多吉仁青分别自立门户,继续弘扬阿热传法。按照《宁玛教派源流》记载,阿热一系的传承应为巴贡·索朗坚参、羊卓·巴惹贡钦、觉姆娘姆、拉结拉康巴、喜波都孜等。

娘系的创立者是娘·曲饶循努。他是涅·杂纳估玛惹的弟子,曾注释大圆满密法,自立一派。

绒系,实际创立者是索波·贝吉益希。他传给努·桑结益希。这一派系和绒·曲吉桑波所创立的"绒派"不同。

廓尔系,由廓顿·喜饶益希创建,追认索波·贝吉益希为初祖。

以上四大派系重点传讲集经、幻变两类法,总属于康派,是三大康派之一。

2.中传努·桑结益希

中传努·桑结益希,原名叫多吉赤祖,努氏家族人,为赤松德赞时期著名的佛经翻译家兼思想家。他的译籍甚丰,也是"钦浦二十五位成就者"之一。关于他的生卒年代,史书众说不一,有说他生于赤松德赞时期,死于赤扎西孜巴贝时期;也有说他生于赤祖德赞热巴巾王时期，一直活到赤扎西孜巴贝时期。根据考证，前者比较合理。他从 7 岁开始跟随欧占·贝吉循努学习藏文，桑耶寺建成以后又从寂护论师受戒出家。尼泊尔的巴素达惹在藏期间，他以 3 两黄金作学费求知。后来，他向索波·贝吉益希、扎·贝吉娘波、年·贝央等人听讲大圆满教理口诀等，修得成就。他前后七度赴印度、尼泊尔求学。第一次去尼泊尔时，他年仅 13 岁，从一些著名学者学习密典。热巴巾王执政期间，他被委任为“钵阐布”。他长期隐居前后藏地区修炼，在前藏创立了央修行院。《宁玛教派源流》说他共活了 130 多年。晚年遇到朗达玛灭佛，他非常愤怒，前往印度学习咒术和诛法，准备回来后除掉朗达玛。当他学成回藏后，拉隆·贝吉多吉已经刺杀了朗达玛。

努·桑结益希一生翻译了许多密典。在他的努力下，前弘期密法才得以保存下来。继承其教法的弟子有：大臣巴廓帕巴、勒贝仲美、杰哇云丹、索·益希旺秋和云丹嘉措。其中，云丹嘉措的成绩最为突出。他是西藏努库隆地方人，30 岁之前过着流浪生活。有一天，他在齐惹流浪时，被努·桑结益希看见，摄收为徒。桑结益希因为他和自己同一个姓氏，便把见、隐、秘密和四阿之教法毫无保留地传给他。云丹嘉措勤学苦练，终于有所证悟，最后把教法传授给益希嘉措和班玛旺杰。益希嘉措传给拉结哞穷。拉结哞穷曾向噶举派祖师米拉日巴教授猛厉咒和诛法。云丹嘉措的再传弟子娘·喜饶却修建了达拉雄寺院，主传阿努、玛哈、阿底三种瑜伽密法，并于呼廓岩洞修炼金刚橛法。弟子群隆娘·喜饶窘乃学识非常渊博。藏史称他们师徒所传法为“绒派法”，又因为喜饶却姓“娘”氏，故称“娘氏传法”。

努·桑结益希的另一个弟子索·益希旺秋只学到四大教授中的达哇岗止法，培养出恩塘·绛曲坚参、贡增·喜饶益希、惹塘·喜饶次程，最后传到大素尔·释迦窘乃。藏史称涅·杂纳估玛惹和努·桑结益希之传为内传，称素尔氏所传为外传。

3.后传素尔

前面已对素尔传承作了介绍，这里不再重述。从卓浦巴·释迦僧格传出的道统弟子琼结嘉曼巴·桑结扎，生于西藏嘉曼达孜地方的涅氏家族，年轻时修学藏跋拉财神法，到处表演法术。后来，他前往后藏，从卓浦巴的一个弟子娘那多波及其弟子拉杰阿僧格学习幻变法。回到故乡后，他创建了多托替寺，因此被称作“多托巴”。上首弟子有两个：一个是嘉强茹巴，他曾是涅巴喜波的弟子；另一个是西吉·曲吉僧格，他曾奉诏进京觐见元世祖忽必烈，传授金刚橛等密法，表演法术，得到丰厚的赏赐。

西吉·曲吉僧格的弟子曼隆巴·释迦欧，父亲是穷索喀热·娘顿钦波。弟兄五人都是活佛，他排行第一，称为“雅隆五弟兄活佛”。由于生于雅隆的贡巴曼隆地方，所以名前冠以“曼隆巴”。释迦欧先从曲吉僧格学习经、幻、心三部密法，然后向伦·释迦欧波之子伦·索朗学习《秘密藏续》和《秘密藏续广释续部义了义论》等。塔波·桑结贡拉哇继承了他的法位，带出了喇嘛年顿等多位弟子。曼隆巴的另一个弟子温·释迦本巴对《秘密藏续》研究较深。他的弟子曲贝父子，被称为“智者”，对《秘密藏续》作了详细解释。

西吉·曲吉僧格的再传弟子嘉·益希贡波的兄弟多吉坚参，年轻时进入桑浦寺学习因明和中观、般若等教理，擅长因明。后来，他从兄长嘉·益希贡波学习宁玛派的经教和幻变法，以及灌顶仪轨等。他把法传给侄子喇嘛次程杰哇，次程杰哇传给日果和喜饶坚参等人。喜饶坚参主要在塔波地区传讲，使宁玛派在那里有了很大发展。他之后的传承为香喀尔哇·索朗桑波、轨范师扎西嘉措。

从文献记载看，宁玛派发展到14世纪时，受到越来越多其他教派僧人的重视。自从大司徒·绛曲坚参和隆庆饶绛巴化解矛盾、建立师徒关系以后，噶举派和宁玛派的关系有了进一步发展，一大批噶举派僧人纷纷从宁玛派僧人学习大圆满密法。郭译师循努贝（1392—1481）就是其中之一。他早年从山南坚叶寺堪布受戒出家，在噶玛噶举黑帽系第五世活佛德行协巴（1383—1415）的严格指导下，学习菩萨律仪和那若六法；从俄·绛曲贝学习俄氏传法，特别是向班钦瓦纳热特那求得无上续部灌顶，译出《菩萨说相经》《春明点续》《灌顶总论》和无喻护论师的《六支瑜伽根本疏》等；在70岁高龄时，向卓钦·桑结仁青求得幻变息怒灌顶、幻变长寿灌顶、那洛迦掘坑随许法、长寿主尊法和昆派所传金刚橛法及心部18种智慧技能以及灌顶等旧译密法教授。他潜心钻研桑结仁青的《秘密藏根本续释》《道相庄严广疏》和梵藏两种文字写成的幻变四十论、《密意集经》及其续部《遍集明续》以及努钦·桑结益希的《集经释·黑暗之甲》《幻变八十颂》《幻变四十颂》《幻变上师颂》等，并且学习阿热一派所传大圆满口诀教授。循努贝作为一个噶举派僧人，在当时教派相互争斗的复杂情况下，不抱宗派偏见，积极学习宁玛派教法。在他的影响下，京俄仁波且、直贡素尔巴·仁青平措等一批噶举派高僧对大圆满法产生了浓厚的兴趣。仁青平措传给让周·尼达桑结，尼达桑结传给次旺诺结，次旺诺结传子昆顿·班觉伦珠，班觉伦珠传给素尔钦·曲英让周。

曲英让周（1604—1669）是素尔家族人，父亲是大持明师估玛惹杂的化身素尔钦·循努顿珠，母亲名叫参丹耶增。他出生后不久，被认定为仲巴·贡却仁钦的转世灵童。他在父亲的精心指导下，学习梵藏两种文字和基本密法。他9岁时，拜见了绛巴·仁增阿旺，随学绘画技术和历算、猛厉咒等；12岁时，向囊萨仁波且阿旺益希珠巴学习《修部八教》及《胜乐》《集密》《空行娘提》之教典和伏藏，以及上师诺布嘉措的灌顶教授等。受息怒本尊灌顶后，取法号为“曲英让周”。他修炼五种大手印法和决断教授。他17岁那年，来到持金刚帕翁喀巴·班觉参坚跟前，一直学习“噶玛”（经部法）和“德玛”（伏藏法），潜心钻研《吉祥秘密藏根本续》及其注释。他从30岁开始，加强了对《集密五次第明灯论》《集密四家合注》《胜乐隐义善明论》和《时轮外义》等无上瑜伽密法的学习。次年，在泽当寺冬季法会上讲授《秘密藏本续》，得到了绛巴·仁增钦波等著名高僧的一致好评。之后，他继续跟随帕翁喀巴学习大圆满界部娘提教授。当时，迦妥寺的达喇班玛底来到拉萨，他前去拜见，求授《秘密藏续释·消除十方黑暗》和《密意集经》等。曲英让周进一步发扬努·桑结益希所传的《秘密藏续》法和贝若杂纳、宇扎娘波所传的心部法。晚年，他被认定为绛巴·仁增阿旺的转世灵童，迎接到多吉扎寺坐床。曲英让周的弟子众多，其中主要弟子有五世达赖喇嘛洛桑嘉措等。

4.大圆满康派

大圆满康派，创立者是贝若杂纳，以弘扬《秘密藏本续》为主。轨范师尼欧僧格撰写的《秘密藏本续释》记载，8世纪时，苯教大臣和来自印度的游学僧人向赤松德赞进谗言，说贝若杂纳留学印度期间所学的并非佛教教法，而是外道法术，将会给吐蕃带来灾难，要求将他处死。赤松德赞迫于来自各方面的压力，不得不让贝若杂纳从公开场合转入秘密译经。然而，这还是被信奉苯教的大臣们发现。迫于无奈，赤松德赞最后决定把贝若杂纳流放到康区的擦瓦绒。贝若杂纳初到康区，遭受了极大的磨难。经过努力，他终于得到当地官吏百姓的信任，并得到他们的资助和支持。在邬都强钦寺，他翻译了《幻变秘密藏续》。到12世纪，噶当巴·喜饶僧格(1122—1192)建立迦妥寺，讲授幻变类法。后来，这所寺院以传"南藏"法为主，兼授《秘密藏续》等幻变、集经类密法。从这里传出的叫做"康派"。

喜饶僧格的法位继承人是藏顿巴(1186—1276)。他生于康区布崩岗(今四川甘孜藏族自治州)所辖名叫"藏夏"的地方，故名"藏顿巴"，即"藏夏地方的导师"之义。藏顿巴17岁时遇到喜饶僧格，从他学习大圆满密法。1206年，他莅居止底寺，两年后进入迦妥寺修行，担任该寺堪布6年。他按照喜饶僧格的安排，讲授经、幻、心三类密法。接替藏顿巴主持迦妥寺的人是强巴奔，他曾从藏顿巴等人听讲经咒，48岁出任迦妥寺堪布，积极发展讲修事业。

京俄哇·索朗本巴接替强巴奔，担任迦妥寺堪布。他重点讲授经、幻二法。他的法位继承人布欧·益希奔，29岁担任堪布。《宁玛教派源流》说，他主持迦妥寺期间，八思巴向寺院供献了一尊合金佛像，以后的堪布传承是索朗桑波、贡噶本巴、旺秋贝喳、洛追本巴、洛追僧格、绛曲洛追等。他们任职期间，由于教派之争加剧，宁玛派发展受阻，邬巴隆、桑丹林等后藏一些宁玛派寺院受到冲击，几乎中断宗教活动。作为康派的中心寺院迦妥寺，在这段时间也不景气。后来，绛曲僧格和绛曲坚参主持寺院，重点制定了学经制度，健全戒律，使讲经、辩论、修行趋向正轨，使康派得到了发展。

喜饶僧格的另三个弟子喜饶坚参、喜饶贝哇、喜饶多吉，以擦瓦绒为据点开展宗教活动，积极传播《秘密藏本续》等大圆满经、幻二法，传承不断。

大圆满康派系统的珠擦岗巴在喀瓦噶尔波等地区修建寺庙108座，摄收徒弟传教。咱德京俄·南喀多吉创建贡觉咱德寺，弟子仲·托杰益希、顿巴旺觉在前藏传讲幻变类法。

以上是以传讲幻变类法为主形成的康派。另外，还有以传授集经灌顶为主的康派。此派始自贝若杂纳，早期传承不甚明了。到14世纪，素尔派传承人卓钦·桑珠多吉传给素尔央温巴·释迦窘乃兄妹二人，其中妹妹素尔格敦本传承康派。实际上，她是一个女瑜伽士。她在年轻时感到人世间的众多痛苦和磨难，削发作了佛门弟子。她苦心钻研佛典，并通过修炼得到证悟。由于她经常修炼禅定，有"伟大女智者"的称号。她在晚年驻锡曼孜嘉修行院摄徒授教。温桑阿林巴·素尔顿释迦协尼从她受得灌顶，传给迦妥寺的卓欧·曲本，曲本传给善知识贡却桑波，贡却桑波传给迦妥巴·穆顿多吉贝桑波。

穆顿·多吉贝桑波是一个很有影响的人物。他受集经灌顶后，根据伦派的个别灌顶仪轨，结合卓顿·贝丹扎所传仪轨，对本派的修持仪轨作了进一步发挥，增加了幻变息怒和心部阿顿18种，创立了“灌顶仪轨蜜水流”。这使一度在卫藏地区绝传的三种幻变息静甚深灌顶教授重新在迦妥寺中盛行。继他之后的上师传承为达隆巴·多吉朗杰、穷仓巴·洛追贝丹、邦顿·噶玛格茹、贡桑班觉、桑达·赤烈伦珠、达顿·曲杰丹增、掘藏师晋美多吉。

5.集经、幻变注释教授传承

集经、幻变注释教授传承，专门以注解《集经》和《幻变》而得名。传承从惹·喜饶欧（1166—1244）开始。他5岁跟随祖父喜饶喇嘛学习藏文和简单算术，7岁时能日诵一页《般若两万颂》。1176年，在祖父和父亲扎西扎巴的指导下学习密法，三年时间学完了金刚橛法。从13岁开始，他花了一年时间从惹顿赞波听讲索派《集经》、《幻变》和《心部》教授；从惹顿·鲁金学习许多事部修行方法和新译密法。他15岁时，从拉泽玛贡巴学习觉派所传集经、幻变法，以及旧译五续、康派甘露法、马头金刚四尊法等。次年，从雅曲欧珠学习素尔派所传经、幻二类密法。通过几次法会辩经谁也对付不了他。因此，被称作“嘉门”，意为“无有战胜者”。雅曲欧珠给他取名“喜饶欧”，意为“智光”。18岁时，他撰写了《幻变道次第广疏》和《基道果之总义》。第二年前往后藏，前后从索达尔僧、朗顿觉班、嘉·索朗贝尔、藏纳·尊追僧格、珠托欧珠上师听显密教理。回到前藏后，入住扎塘寺，加强修炼。在他40岁时，嘉擦多旺把尼多寺供献给他，遂任命其弟玛卫僧格为堪布。

玛卫僧格（1186—1247），全名尼多·玛卫僧格或晋美扎，本名尊追僧格。由于受家庭影响较深，他从小开始学习密法，在同龄人当中表现特别突出。他15岁时，从南觉僧格学习《中观理聚六论》；17岁时，向香顿·贡却学习语言学；20岁时来到喀热，花了两年时间从克巴觉班学习经、幻、心三部密法。他在参加后藏地区的法会辩论中舌战群雄，赢得好评，有“玛卫僧格”（意思“狮子”）的称号。1208年，他莅临尼多寺讲经。在这里修炼五次第法时，出现了净因障、持五道气等相状。10年后修炼时，再次出现珊瑚般大小的红光，最后变成马头金刚形象。他在44岁时举办法会，前来听讲者挤满了会场。他于62岁圆寂，遗体火化后出现了舍利。这一派基本上在他们家族内部以叔侄方式传承。

惹·喜饶欧的另一个弟弟是雪波·仁钦喜饶（1171—1245）。根据史书记载，他年仅3岁时就感到生死之苦，有出家学法的念头。他在五六岁时，母亲曲吉格尼资助他学习；从次年开始装哑，直到16岁父亲去世才解除秘密行，居家服侍母亲。1189年的一天，他独自前往一个岩洞修行，听到猫头鹰的叫声感到心神不宁，认为是不祥之兆，现证心性本净。从此，他向喜饶欧和其他上师学法，前后依止许多上师，学到了索派灌顶法、布尚派传法等甚深密法。他辗转于杂日、喀尔曲、香木祖、穆斗、颇玛等著名圣地修行。他37岁时，用金汁书写了噶举语承，带着它们来到定日，供祭息结派主寺朗果寺菩提大塔。其著作有《道次第广略论》等。

尼多·塔坚钦巴（1216—1227）是玛卫僧格之长子，本名索朗贝。他曾从印藏著名学者习法，特别是从伯父喜饶欧学习宁玛派密法，钻研朱倭贡波所创立的朱倭派大圆满法。他博采众家之长，写出《幻变基道果总论》和《道庄严广释》，重新阐释经、幻二法，给《秘密藏本续》作过注。继他之后，传承这一派教法的是楚尤仁波钦（1223—1303），本名达摩僧格，是喜饶欧之子。他自小唯好佛法，父亲传授给他金刚橛上部中的羯摩灌顶，并指导他修炼，使之有所证悟。他15岁时在善知识贡噶和成就师吉德瓦跟前听讲《现观庄严论》和宁玛派传法。21岁那年，父亲把所掌握的息结派全部教法传授给他。1253年，他出任尼多寺堪布。1267年，他从帕珠召来儿子桑结仁钦，委以尼多寺堪布的重任，自己隐居禅院专心修炼。

6.大圆满绒派

大圆满绒派的创立者是绒·曲吉桑波。他继承了莲花生、无垢友、贝若杂纳等人传承的教授，注释《秘密藏本续》，建立了绒派。按照宁玛派九乘划分法，曲吉桑波所传密法属于阿努瑜伽法，即圆满法，介于玛哈瑜伽和阿底瑜伽之间。从他的弟子开始分成父子传承和师徒传承，即血统和道统。

血统是由曲吉桑波的子孙传承。曲吉桑波有二子斯吉贝尔和绷贝尔，长子斯吉贝尔之子顿达尔和顿嘉。顿达尔传子顿僧；顿僧传子觉赛惹贝；觉赛惹贝传子绷贝。斯吉贝尔的次子顿嘉传觉赛沃；觉赛沃传子绷丹。

曲吉桑波的次子绷贝尔传给曲吉坚参、觉敦和觉桑。曲吉坚参传子茹阿难达班遮（即绒巴·贡噶）；贡噶传子达桑和多吉丹；达桑传子迈邦；迈邦传子曲吉协尼。

觉桑传子觉扎；觉扎传子赛欧。

多吉丹传尼桑；尼桑传子欧色奔与绷廓、绒贡曲帕；曲帕传子雍顿；雍顿传觉赛拉邦；拉邦传强绛巴钦波达玛丹；达玛丹传子沙丹多吉。

由于绒派在绒·曲吉桑波家族内部以父子相传，故名父子传承。

道统，亦是弟子传承，或师徒传承。《宁玛教派源流》说，从绒·曲吉桑波学法的有廓诺·曲吉喜饶、玛尔巴·曲吉旺秋等17个译师；雅多吉增巴等35个著名成就者；玛吉夏玛的弟弟昆普哇等108名瑜伽师；央切喇嘛等500名持伞的善知识，他们都弘扬金刚橛法。这一系的实际传承人有多吉旺秋、尤嘉欧珠、嘉顿当巴、南觉雄、普惹多德贡、尤嘉桑尼奔、循努顿珠、恰·帕巴等人。帕巴之后，与恰派合流。

7.大圆满恰派

恰派，亦称金刚橛恰派，传承始自8世纪。以恰·曲吉桑波在后藏修建的绛曲塔尔巴林寺为活动中心。恰·曲吉桑波是西藏著名的佛经翻译家。祖父贡噶多吉曾赴印度留学，向精通五明的班智达阿玛罗旃陀罗、苏迦室利菩提学习声明学以及《喜金刚》《胜乐》《时轮》等无上瑜伽部母续类法；向上师哈俄迦尔波听讲金刚瑜伽母加持过的《六论》。返藏时请来班智达空性三摩地，驻锡曼隆翻译经典，藏史称他所译典籍为“恰译经典”，称他的翻译方法为“恰氏译法”。

贡噶多吉之子贡噶扎巴也是一个佛经翻译家，曾赴中印度留学13年，回藏后译出《喜金刚续释》。贡噶扎巴有五子，次子是塔尔巴林寺的修建者恰·曲吉桑波。他留学印度12年，重点攻读密法，得到本尊授记。回到西藏后，他创建了吉祥绛曲塔尔巴林寺（吉祥菩提解脱洲），请来印度金刚座寺的拉岗班遮，两人合作翻译了有关《胜乐》灌顶、口诀和《红阎摩德迦》方面的典籍多部。多罗那他的《后藏志》中，对他的情况有较详细的介绍。

总而言之,大圆满教法是藏传密法中传播历史最悠久的一种密法。自8世纪赤松德赞王时期正式传入西藏,经过几代人的传播发展,迄后弘期又经过绒·曲吉桑波、“三素尔”和隆庆饶绛巴等人的全面整理和修订完善。15世纪以后,宁玛派虽然受到外部势力的打击,但大圆满法一直盛传不衰。17世纪,五世达赖喇嘛建立噶丹颇章地方政权后,支持宁玛派修建了一批重点寺院,使之再次进入一个新的发展时期。直至今天,宁玛派在整个藏区仍有一定的势力和影响。

三、大圆满法的内容和修持

关于大圆满的定义,前面作了介绍。一般理解,大圆满由玛哈瑜伽、阿努瑜伽和阿底瑜伽组成。这三乘属于锐根三乘,相当于生起次第、圆满次第和大圆满次第。这三者的关系互为基础,相辅相成。但是,严格意义上的大圆满法是指阿底瑜伽。

1.玛哈瑜伽

玛哈瑜伽,“玛哈”又译“摩诃”,梵语“大”的意思;“瑜伽”最早出现在古印度的《吠陀》经典中,意为“相应”或“观行”,有调息、制惑、禅那、静虑、思择、三昧等含义,是一种净罪、调息、以求神我一体的修行方法。玛哈瑜伽,相当于生起次第法,主讲大圆满经、幻、心三部中的“幻变”类法。通过三种禅定,修证无二谛的明空智慧。《五部遗教》说,玛哈瑜伽的理论见地是“佛与众有情,立相诸一切,非界无任何。是故,身语意之我,一切是名相”。所谓“名相”即是名言概念,一切都是假设的,没有本质。

如果从基、道、果方面讲,基,即根基或本体;本体光明,诸法胜义,心性明空无别,修证增上大佛身。道,是修行的方法和途径,有两种:一是三摩地之道,侧重于现证光明道以成就修炼;二是次第解脱道,进住大瑜伽之体,通过一定时间的修炼,使自己得到解脱,不需要任何外力相助。果,是修行所证得的最后境界或目的。每个教派或每一种教法所追求的果位各不相同,大圆满法的最高果位是证得自然智,得到佛果。对于宁玛派来说,基、道、果所修证的智慧分别是佛遍知智、大证瑜伽智和清净心智。

(1)玛哈瑜伽续部

玛哈瑜伽总分为续部和修部。续部有十八部经续,是宁玛派的根本密典。根据藏文资料记载,7世纪西印度邬仗那的轨范师姑姑惹查根据内容把经续划分成身续、语续、意续、功德续和事业续;细分为五部本续、五部修行支续、五部瑜伽支续、两部补足续,十八部续总摄一续部。

根据修道方法,十八部续又分父续、母续、无二续。父续以《集密根本续》《阎摩德迦黑续》等为主要经典。要指出的是,宁玛派所说的《阎摩德迦续》是从吐蕃时期译传下来的《阎摩德迦黑续》,非《阎摩德迦红续》,因为《红续》晚至13世纪才译出。宁玛派认为,这些经续讲述通过方便生起次第法破除无明戏论,用圆满秘密灌顶的修炼法加强“气”的修炼,最终证得“明空无别”智慧。

母续以《胜乐根本续》《月秘明点》和《金刚四座》等为主要经典,着重运用圆满次第智慧灌顶法修炼菩提心明点法，证得“乐空无别”智慧。

无二续以《幻变秘密藏续》和《时轮本续》为主要经续。《幻变秘密藏续》（又叫《金刚菩萨幻网经》，或《吉祥秘密藏决定空性续王》，简称《秘密藏》或《幻网经》），被宁玛派奉为最高法门经典。有关这部经的真伪，藏族学者历来争论不休，至今尚无定论。按照宁玛派的观点，本续共有八部，注释续四部，赤松德赞时期译介进来，被莲花生和无垢友等定为无上瑜伽部经典，是一切乘之顶和各种教理之源泉。无垢友在藏期间传讲给玛·仁青却和涅·益希循努；玛·仁青却负责译成藏文，因此而分成卫藏派和西康派两个传承。后来，在这两个传承的基础上继续分裂，又有钦浦派（教授派）、绒派、廓尔派、娘派等。隆庆饶绛巴认为，《秘密藏续》有前弘期译本和后弘期译本；后译本是在绛日巴善知识喜饶嘉措的支持下，由塔尔巴译师尼玛坚参于塔尔巴林寺翻译完成的，其内容主要讲述法性本空、诸法无灭，若如明镜，证其之心为明镜智，即诸法本净，平等性智等哲学思想。宁玛派的历代高僧都对这部经作过详细注疏。

宁玛派把莲花生所传的“金刚橛法”也划在玛哈瑜伽法中，它的经续译成藏文的共有40部，其中《本续》3部，心要续5种，叶续3种，枝续10种，注释续9种，观见续一种，行续一种，功德续一种，事业续一种，意趣续两种，格拉雅续两种，后续一种，经续一种。概括为四类，即明慧橛、增上菩提心橛、大悲变化橛、有为法橛。

莲花生在藏期间，把金刚橛法秘密授于赤松德赞王、王妃、大臣等人，因此而形成了君王传规、王妃传规、夫人传规、那囊氏传规、努氏传规和萨宗传规等。君王传规，亦叫“赞普传规”或“王室传规”。莲花生传讲给藏王赤松德赞和迎请他进藏的几位译师，由他们次第传出。这一传规，对后世并未产生多大的影响。

王妃传规，始于喀尔钦氏妃益希措杰。按照史籍记载，莲花生离藏之前，把金刚橛等密法传授给觉热氏妃贝吉却乃玛、喀尔钦氏妃益希措杰和昂支萨勒三个人。《宁玛教派源流》有这样一段记载：喀尔钦氏请求莲花生说：“我们妇女智能低下，能否用简单的语言综合讲授；我们妇女的身体苦难沉重，请讲授调治烦恼的教法；我们妇女事务缠身，请讲授容易修炼之法；我们妇女语言恶毒，请讲授咒力威猛之法。”莲花生非常感动，教导说：“你初次求授灌顶，我乐意传授；请求教诫，我也愿意传授。修行方面应该注意八大教授，这四种乃是金刚橛之根本，应该具备。”益希措杰从莲花生学得四种大圆满教授和调治烦恼、消除罪过、摄取甘露的修行教授。益希措杰是西藏历史上的第一位女尼，被看成是妙音天女之化身。她的父亲叫南喀益希，母亲努氏格哇本，生于今西藏山南地区扎囊县喀尔钦氏家族。原为赤松德赞的王妃，后来赤松德赞为感谢莲花生灌顶有功，遂将她送给莲花生作明妃。她诚心习法，静心修炼，藏史中留下了许多有关她的传说故事。益希措杰传给兄长喀尔钦·贝吉旺秋。他是莲花生的心传弟子，精通密法，长期修炼金刚橛法，有巨大成就。由他再传出。

夫人传规，创立者益希措杰。实际上和王妃传规一样，只不过原来的王妃变成了莲花生的夫人。她从莲花生学得后传给觉热氏贝吉却乃玛，由她次第传出。

那囊氏传规，亦叫“绒索传规”，由那囊·多吉都觉建立。他年轻时担任赤松德赞的大臣。莲花生进藏后，他跟随学习密法，成为著名的密咒师。他曾于西藏四大名山之一的桑耶寺东面的哈布日山央贡都扎岩洞修炼金刚橛法，传给喀尔钦·贝吉旺秋。贝吉旺秋集那囊氏和胞妹益希措杰所传金刚橛法于一身，传给嘉哇娘波。嘉哇娘波不仅以修炼密法著称，而且抄写了不少经典。他曾以数以万计的财物求得法典，用金粉书写于蓝色纸上，形成卷函。其秉法弟子洛·贝吉洛追长期驻锡门地。寺院遭毁、财物被劫后，他无奈移居巴卓达仓传金刚橛法，因此得到当地门巴人的信任。昂支·鲁耶坚参承其法钵，长期不间断地修炼金刚橛法，活了109岁。其子昂支萨勒·喜饶旺秋，曾厚供上师求得金刚橛法，隐居森波日山修行，修得腾空和踏水渡河的特殊技能。他的弟子是朗拉·绛曲多吉。他是11世纪早期人，受喜饶旺秋指点修炼金刚橛法，具有呼风唤雨、施法杀人、地动山摇等技能。后弘期初期一些著名的译师，如惹译师、达玛多德、年译师等都慕名拜访过他。他平时以牧羊为生，间或受人供养施法助人。

四大弟子中，那囊·喜饶次程最为优秀。他掌握了绛曲多吉的全部传法，被称为“那囊阿波陀那者”(那囊教诫者)。

喜饶次程以后，分成两种传规，亦称“那囊二规”：一种是根据广略《法界本性》形成的；另一种是根据口诀耳传法形成的宝鬘传规。那囊·喜饶次程传授嘉顿·桑结，嘉顿传给嘉同·喜饶坚参，嘉同传给贡顿·多吉坚参，贡顿传给娘·达玛僧格。

朗拉·绛曲多吉的另一个弟子是门格吉江结。他早年被村人掠走家财，被迫投靠朗拉习法。他花11个月学到近修本尊法和各种伏魔法，利用诛法杀死许多人，史称他所传法为“诺布洛”(宝规)。康巴东松贡钦牟尼和喜饶欧兄弟二人从其学法，咒术极高，有“金刚橛大师”的称号。

朗拉·喜饶次程四大弟子中的第三人是绒·章普布贡。他师事朗拉之前已经知道许多金刚橛法，也有不少随学弟子。当他了解到朗拉传承喀尔钦·益希措杰所传金刚橛法后，带着六驮青稞、六只羊肉和一袋酒来到科热奉献朗拉，求授益希措杰传下的金刚橛法。结果如愿以偿，史称其所传为“章贝止坚之规”。

朗拉·喜饶次程四大弟子中的最后一个是伍由娘那·旺格喜饶。他是一个乐善好施、热情助人的人。他曾把断粮的朗拉父母接到伍由饶波贡玛侍奉。后师事朗拉·喜饶次程，并帮助朗拉娶欧恰氏为妻，生下扎巴窘乃和扎巴旺秋二子。为了不使此法绝传，他趁朗拉健在的时候记录了他所讲的全部教法，取名“布底色勒坚”。

旺格喜饶的长子释迦坚参，本名阿布。朗拉发现他聪慧有培养前途，替他取名释迦坚参。他的承法弟子是兰·扎布，西藏绒地区人。扎布幼年父母双亡，家产被舅父家族的人劫去。在流浪行乞时，他遇到了释迦坚参，被收为牧童。他从18岁开始为释迦坚参牧牛达13年之久。有一天，释迦坚参发现他的根器较好，于是向他传授密法。他一边劳动一边学习，表现十分突出。释迦坚参临终前把经卷留给他，以防他死后两个儿子为经卷而发生争执。扎布带着经卷先到故乡，通过法术消除了舅父等曾强占他们家财产的人的傲气，然后莅临达隆静修。他一生经历坎坷，但以坚强的毅力经受住了各种磨难，培养出像娘热色顿·赤杰、娘堆结顿·释迦坚参那样的优秀弟子。

娘堆结顿·释迦坚参是一个非常有影响力的导师，曾从扎布习法，通晓续部经典及各种口诀，尤其迷恋金刚橛法，修有所得。他的弟子拉吉普尔顿让摩，年轻时从扎布学过法，刻印《般若》十七部，在查日静修证得各种相状。他以后传承金刚橛法的著名人物有嘉顿·南喀杰波、虐顿·尼玛多吉、尼玛坚参（嘉顿之子）、娘班·修芒隆巴钦波、杂林黑班智达、香·多吉林巴多吉仁波且、多吉僧格等。由于绒索·曲吉桑波整理和发展了这一派传法，故名“绒索传规”。

努氏传规，始于益希措杰。她传给侍女，由侍女传给努氏，故名。这一派所传猛厉咒、红黑曜面法非常有名，噶举派祖师米拉日巴曾学过这种法。从努氏分出虚浦传规。其创建者是虚浦·贝吉僧格（辛普），又名虚浦·赤章仲赞，曾是一个著名的苯教巫师。他在担任赤松德赞的大臣时，奉命去请莲花生，并担任莲花生的翻译。他译出了《阎摩德迦》、《玛摩天女》、《金刚橛》等方面的多部经籍，位居八大贤者之中，修得金刚橛和玛摩天女法成就。他修行的地方是“邦穷班玛林”，传四代至扎耶坝洛；从扎耶坝洛传十代传到虚浦·迈察杰波和虚浦·齐图坚，基本上在家族内部传承。

迈察杰波之子达哇坚参有“大善知识”的称号。其后虚浦家族出了25个成就者，不仅精通金刚橛法，且熟习邬摩天女和阎摩德迦法。被称为洛扎大成就师的南喀坚参（1326—1402），即是虚浦大成就者羯摩金刚的本名。他3岁受金刚橛灌顶，知晓许多手印法；10岁，从伯父杰赛桑波受戒出家，两年后围绕金刚橛十忿怒本尊法修炼；19岁，在嘉玛仁青岗师从扎西杰波等人受近圆戒，修得金刚手成就。他是宗喀巴四大根本上师之一，可以说对宗喀巴佛学思想的形成起了决定性作用。

（2）玛哈瑜伽修部

玛哈瑜伽修部分为教传派和岩传派。最初教传派有两大系统，以后逐渐分裂成四派，即印度欢喜金刚传本尊灌顶，牛护王传经典教授，莲花生传自证力灌顶教授，无垢友传善知识灌顶教授。传入西藏后，形成以莲花生、无垢友、南喀娘波、贝若杂纳四人为首的四大教授传承，通称“灌顶教授四河流”，简称“四河流”。

2.阿努瑜伽

阿努瑜伽，又叫“圆满阿努瑜伽”或“经教阿努瑜伽”，相当于集经部，共计经教25部，细分为经教五续、经教之经教九续、经教口诀十一续。《遍集明经》被看成是根本续。隆庆饶绛巴认为，五续是《呬噜迦重要经》《出世间经》《呬噜迦集续》《佛平等加行经》《格罗雅十二经》；九续是《劫火焰经》《大灌顶集经》《朵玛资粮海经》《玛科玛本尊母经》《六持明经》《秘密空饰经》《秘密证成经》《阎摩德迦经》等；十一续包括经五部和六续：五经，指《清净遍集明经》《橛杜鹃游戏经》《幻变猛电经》《心宗广大心教经》《诸佛密意集经》，六续是《本住普贤广大续》《灌顶王续》《三昧耶庄严王续》《三摩地胜明续》《事业第七加行续》《具行义续》等。需要说明的是，上述经的名称是根据《隆庆全集》的藏文名称直接翻译过来的，有些可能是简称或别名，由于找不到更详细的资料，暂作此译。

以《诸佛密意集经》为代表的阿努瑜伽法最早由尼泊尔的达摩菩提和瓦苏达罗两人译传进西藏。努钦·桑结益希及其子云丹嘉措传承，中间经过拉结尚巴和托噶那伽罗二人，传到大素尔·释迦窘乃，最后与幻变类法传承合成一个传承。一般宁玛派教法传承中所说的经、幻、心三部之一的“经”，就是指《诸佛密意集经》等。

阿努瑜伽法主要通过气、脉、明点的瑜伽修炼，达到明乐境界。它的行是由禅定加持的一切平等性住；见者，圆满菩提萨埵之相，此相若如天空，无边无际，空无自性。它由经和教两部分组成，教包括能依教和能诠教，前者侧重于心与心所，即界、智之本性；后者偏重于探讨词句概念之根本。

经教阿努瑜伽通过刹那和次第两种门径，重点修炼界智无分合金刚身。刹那趋入法，也就是观待本尊修炼；次第趋入法，是指界智次第趋入，一般在金刚持地追求果位。

3.阿底瑜伽

阿底瑜伽，即大圆满瑜伽，分为心部、界部和口诀部。在印度有四大传规：第一，佛陀法规续部口诀；第二，圣者法规；第三，君王法规；第四，婆罗门法规。阿底瑜伽所追求的最高目标是证达自然智，获得普贤佛位。

（1）心部、界部、口诀部

大圆满心部之“心”是指自然智，它是一切之根本，直观心性本空，求明空本净的实相。根据《隆庆全集》记载，心部经典共21万偈颂，具体区分为法性无论界，见无“非”界，行无“是”界，共计6300卷。藏文有前译和后译之分，合计18部。前译5种教授是由贝若杂纳所传；后译13部由无垢友所传，无垢友、古玛罗、宇扎娘波等人组织翻译。后来，在18部上增加了贝若杂纳译传的另外3部，共21部。

大圆满界部，又叫“自然界部”或“空界部”，藏语叫做“陇部”，所以，有些书籍中直接译作“陇部”。主要经典有《等虚空界续》《秘密宝续》《轮回掘坑续》等，共计2万卷，64万偈颂、11000章。

界部的内容也反映法性，认为一切法性不出普贤境界，自然界所现诸法本来解脱，重视光明，运用深明双运智修炼金刚虹身。界部的区分非常严格，大体上有黑界、曼荼罗界、灌顶界、三昧耶界、事业界、地道界、果界等，称为九段义。比较通俗的划分是黑界、花界、白界、广博界、庄严界、游戏界、法性界。黑界，也叫“无因黑界”，认为自然智没有变化，不受因缘限制，自然圆满。它分为事业黑界部、慈悲黑界部和变化黑界部。花界，认为自然智游戏中的一切表相没有遮修等作用。它也分为三种：说有的花界部，说无的花界部和说有无的花界部。白界，又叫“心白界”，认为一切现象，包括物质现象和精神现象都是心的游戏，实无自性。细分为大海界和虚空界。大海界又分大大海界和小大海界。广博界，着重讲述因果关系。它分为四种：离所作外广博界、内广博界、秘密广博界、释要空性广博界。

大圆满口诀部，又译“教授部”或“心要部”。一般分莲花生和无垢友两传。从法统上讲，莲花生所传大圆满口诀法得自无垢友。无垢友进藏后传娘·定艾增。此人是藏族历史上非常重要的一个人物，原为赤松德赞朝的大臣，后削发为僧，静修禅定7年，获得神通，被称为“娘·班夏坚巾”；在赤热巴巾王时期，他出任“却论”（宗教大臣），在墨竹工卡东北的芒热河畔创建了夏拉康。《贤者喜宴》记载：建寺前，无垢友向他募化粮食，让他把粮食装入屋顶天窗口上的漏底竹篓中。定艾增桑波把所有粮食装入竹篓,后来用这些粮食修建了夏拉康。也说赤祖德赞热巴巾王为奖励他护教理政有功,修建了夏拉康。在这里,定艾增桑波与其他译师共同翻译无垢友所传密典。由于当时赤热巴巾颁布禁止无上瑜伽密法流行的命令,他把译出的密典伏藏起来,直到后来才掘出宏传。这种口诀法经过丹玛伦珠赞青、结尊·僧格旺秋、桑顿等人的传播,到第十代传人估玛惹杂传给央仲多吉和隆庆饶绛巴等人。倘若依内容严格区分,无垢友所传是大圆满甚深娘提法;莲花生所传是空行娘提法,后者传给益希措杰,她埋藏地下,被后来的莲花业力发掘,传给觉赛格哇坚参、让迥多吉、雍顿·多吉贝桑波等人。

隆庆饶绛巴统计说,口诀部内、外、秘密、无上密四类经典有21200卷、35000品、64万偈;有名称的续2112部,14000千品,21000万偈颂,以其中的《心性离勤事广大虚空根本续》《心性实践广大虚空后续》《心性圆满界广大虚空后续遍解》《心性无寿转法性胜续》《心性明点独示菩提心明点续》等为重。其内容概括为三层:第一,分散法说;第二,语言法说;第三,续论法授教。严格来说,这三种既是内容,又是方法,两者互不矛盾,是以"明了性"现证法性境界,成就金刚身。

(2)娘提法

前面说过,娘提法严格地区分为甚深娘提法和空行娘提法。

甚深娘提法 "娘提",译为"心滴"或"心髓",由无垢友和莲花生二人传入西藏;无垢友学于室利僧哈和班智达杂涅纳苏达,通过实践进一步分成秘密口诀和耳传法,故称"无垢心滴",藏语叫"直麦娘提"。娘·定艾增得到后,把秘密口诀经续埋藏起来,而将耳传法授给仲·仁青贝尔。百年后,被丹玛·伦珠坚参在夏拉康中发掘出秘诀伏藏;他在日萨廓波被结尊·僧格旺秋摄收为徒,带到喀热传授全部教授。僧格旺秋也是一个掘藏师。据载,他曾于钦浦的格贡发掘了4部伏藏,秘密带到后藏伍由协贡参照修炼了7年,成就了虹身。30年后,杰哇香顿发掘部分伏藏,在自修的同时,也向他人传授。因此,从传承关系说,僧格旺秋之后是杰哇香顿。杰哇香顿又叫做扎西多吉,他是羊卓岗龙措朗格的拉多地方人。他从9岁开始跟随绒喇嘛结贡那波学习佛法,21岁之前重点学习戒律及对法,对旧传密法也有所接触。在伍由发掘伏藏后,由娘·夏摩噶措资助,花了3年时间整理抄写伏藏。4年后,他在前藏的结岗创建了乃穷寺。他在游学香·达那等地途中遇到僧格旺秋,随习明点法。杰哇香顿61岁高龄时,娶嘉姆央为妻,生下3个子女。10年后去世。他的儿子香·尼玛奔(1158—1213)承其法钵,著作有《词义广论》,阐释娘提教法。后经格茹觉贝、楚旺钦波和迈隆多吉等人传到大持明师估玛惹杂。

古茹觉贝(1196—1231)是香·尼玛奔之子,18岁时和叔父一起学习密法,次年开始向萨班听讲《喜金刚三续》和玛觉所传《胜乐》法、曲米巴所传因明。22岁,从卓浦译师学得大成就者弥扎佐格传法,同时向尼泊尔的扎巴奔迈学习大手印零散教授,成就极高。

估玛惹杂(1266—1343),又名塔尔巴坚或循努杰波。7岁时,他从喜金刚上师受《喜金刚》和《胜乐》灌顶;两年后从藏巴受居士戒,学习观世音菩萨转生法和永断轮回法。12岁那年,他从帕木珠堪布扎耶艾巴和轨范师阿里巴受出家戒,始修对法;依止扎耶艾巴5

年，学修那若六法，并从蔡尔当巴、桑结喜饶和琼纳·释迦达尔分别学习《喜金刚续》、工艺学和宁玛派经教、口诀。跟随迈隆多吉以后，比较全面地学习了大圆满娘提法和噶举派的大手印法，经常往来于楚布寺和宁玛派寺院之间，在拉嘉、娘嘉和日嘉等地修行，对大圆满娘提法做了新的发挥。隆庆饶绛巴承其法钵，勤于修习著述，把甚深娘提法推广开来，甚至波及南部门隅地区，并正式确立了"大圆满"名称。

耳传教授，分为小耳传智慧印象、中耳传中有光明印象和大耳传了义现印象。小耳传教授的内容概括为思无常修心、思暂乐与长乐修心、思数种缘修心、思一切做作无义修心、依止佛功德修心、思上师教诫修心、思不分别修心等修心七义；中耳传中有光明教授，着重介绍六种中有法的修持方法，六种中有法是：性基之中有、修炼光明禅定之中有、幻有梦境之中有、违和与临亡之中有、任运法性之中有、轮回业之中有；大耳传了义现有教授，主要介绍修炼金刚藏究竟义的方法。

耳传教授的法统大概是：欢喜金刚、妙吉祥友、室利僧达、杂涅纳苏达、无垢友、娘·定艾增桑波、洛追旺秋、仲·仁青贝尔、丹玛·伦珠杰哇、结尊·僧格旺秋、香巴、惹巴、萨顿曲贝、达巴结秋、年顿·喜饶则摩、南喀多吉、估玛惹杂、隆庆饶绛巴等。

空行娘提法　由莲花生所传，重点讲述法身圆满，从修心和解脱两方面讲：修心包括七义，有相上师之修行、净障曼荼罗之修行、无寿转之修行、轮回因果之修行、四无量之修行、发胜菩提心之修行、净障百字之修行等；解脱部分，主要讲述修持的具体方法步骤，莲花生从无垢友学得后，分别在卓·扎噶尔和钦浦吉祥园林传给益希措杰和白玛萨公主，由她俩传出。

娘提法不仅作为宁玛派的核心教法受到重视，而且在萨迦派、噶举派和格鲁派中有着广泛的影响。萨班·贡噶坚参、米拉日巴、历代噶玛巴活佛、宗喀巴和第五世达赖喇嘛等高僧都亲自实践过这种密法，建立了"噶玛娘提"、"宇妥娘提"、"萨迦娘提"等。

大圆满法的修持有比较严格的规定和限制。按照规定，凡是修炼此法者必须达到五种圆满，即地圆满、师圆满、法圆满、时圆满和徒众圆满。灌顶是必须具备的基本条件。但是在流传过程中，没有几人真正严格按照规定修炼。修行地点一般选在比较幽静的森林、海边、庙宇、山间。在熟习人体生理机能，掌握经络学和气脉、明点各功能的前提下，先修生起次第法，方法有胎生修行法、湿生修行法、化生修行法和重点修行法。通过修炼，认识蕴界和生处所摄集的生死涅槃诸法本来清净的道理。

圆满次第法的修炼，一般分五步进行：第一步，我加持次第；第二步，各种金刚次第；第三步，圆满次第；第四步，顶部次第；第五步，不可思议次第。从修五部佛相开始，从方便智慧结合中产生甘露，逐渐布满全身，炽燃猛厉火，意想从心轮光球中间出现各种本尊，发光融于心光，获得止观双运而成就果位。

严格讲来，对于大圆满法而言，生起次第和圆满次第只是作为大圆满法的基础，也是进入大圆满的两道门径。其修行方法，涉及如何选择修行地点、修行姿势等。地点和前面一样，姿势最常用的有金刚跏趺法、象坐法、狮坐法和仙人坐法等四种。修行时，两眼不能翻动，气极缓慢，严禁从鼻孔发出，而要从嘴里呼出，保持均匀。一般初业时，气微内护，待出离心和三摩地增长时，徐徐将气控制在内，直到饱满。晨观日出，暮观日落，发现宇宙间布满无数明点，显现魔障相、盈亏相和不变秘密相等。

大圆满法修炼中最常用且最重要的方法是“彻却”和“托噶”。“彻切”是藏语的音译，意为“立断”，是一种修定方法。修炼这种功法，“应无所住，亦无差别”，把握法身本净思想。“托噶”意为“超越”或“顿超”，属于修光法，相当于道。一般采取象坐、狮坐和仙人坐三种姿势中的任何一种，静语、意念和相分离，观天空无云，从口中慢慢呼气。当境相出现时，不可执著相，应以心力控制，任其自然消失。通过这种修炼能够打开任运身曼荼罗的秘密门。

第四节 伏藏的形成和传播

一、伏藏形成的时间和原因

关于近传伏藏的形成问题，学术界把它看成是藏传佛教宁玛派的产物、莲花生的发明创造。其实，莲花生之前，印度已经有伏藏。《正法摄集经》说：“阿难，为使诸法全住，将此等法数卷写伏藏供养，即彼得十。何谓十？得佛眼，故名见佛之藏；得天耳，故名闻法藏；还得僧，故名见僧藏；得宝手，故名不知尽藏；圆满随好之色藏，不为奴，故名奴藏；得辩才，故名圣善藏；断除反攻，故名无畏藏；众生养身，故名善生藏。”《三摩地经》也说：“清净威严，将大菩提萨埵之法藏置入山、山谷及树中，卷写无数陀罗及法门实践。”《胜乐根本略续》说：“续及续之王，令你金刚手，掘藏为伏藏。”

最初，伏藏只是保护或存放佛教经典的一种特殊方式，可能是为了防止外部异教徒的破坏。传说中龙树入龙宫所取的《般若经》或许就是伏藏的一种。公元7世纪以后，随着金刚乘密法的兴起，密教经典日益增多，加上教派之间激烈的矛盾斗争、伊斯兰军的大肆入侵烧杀抢夺，伏藏这种特殊的保存经典的方式越来越普及。据藏文资料记载，秘密教主金刚萨埵将密教修部经典整理笔录以后，发现广泛传播的时机尚未成熟，于是托付给空行羯摩自在母；她把八大教典进一步分成总续五部、所为续十部，装进八种宝箱封盖，珍藏在清凉寒林。待时机成熟后，她掘出分别授给无垢友、哞迦罗、妙吉祥友、那迦居纳、莲花生、达那桑积达、惹毗古哈雅和寂藏等八大成就者，他们带到不同的地方传讲。这是属于自藏自掘的伏藏经典，中间隔的时间不太长。在无垢友的传记中也有埋藏经典的记载。

总而言之，伏藏始于公元8世纪。按照藏文史籍记载，赤松德赞年幼时，朝政被苯教大臣把持，桑喜把从汉地唐朝带来的一部分佛典藏在岩洞中，待佛教重兴后再掘出传播，这是西藏最早的伏藏。后来，莲花生为了利益后世众生，也把一部分密典书写整理埋藏在岩洞、柱穴之中，等后世有缘人去发掘。这只是佛教的传统说法，并非莲花生埋藏经典的真正原因。当时吐蕃处于奴隶制的鼎盛时期，阶级矛盾非常复杂，实力雄厚的旧贵族和新兴贵族争权夺利；在文化方面，以苯教为代表的西藏传统文化和外来的佛教文化发生冲突。虽然赞普采取了一系列支持佛教发展的措施，但由于佛教处于初建阶段，力量相对薄弱，难以在更大范围内传播，只能在王室贵族阶层传讲。在这种情况下，莲花生采取了印度早已实行的存经方式——书写埋藏。《隆庆全集》记载，莲花生受赤松德赞王之命，组织涅·杂纳佑玛惹、南喀娘波等人负责翻译密典，由著名书法家勒金尼玛等人负责写在黄、灰、蓝、黑四色纸上，经丹玛孜芒和阿杂惹益希等人认真校对后，整理成108部分类装入宝箱中，加盖印章封好，分别埋藏在山南钦浦的格邬、洛札的吉曲拉康、桑耶寺扎日年波山等24个地方。《西藏王臣记》说："轨范师莲花生在钦浦等地翻译出关于秘密金刚乘续部中的多种修法，而装入那不坏的宝箧中，盖印严封，并祝愿具缘有情者能获此法"。无垢友进藏后，也埋藏了一批娘提法方面的经典。

继莲花生和无垢友之后，娘·定艾增桑波创建了夏拉康寺，把耳传教授经典整理笔录埋藏在岩洞中。公主白玛萨和王妃益希措杰埋藏了莲花生传授的空行娘提法典，14世纪被隆庆饶绛巴掘出整理。9世纪，由于受赤热巴的禁令，一大批无上瑜伽部经籍被埋藏起来保存。不久，朗达玛掀起灭佛运动，使伏藏成倍增加。直到后弘期早、中期，还有人以埋藏经典修功积德，甚至有些人自埋自掘，以抬高自己的宗教地位。

拉喇嘛益希沃时期的掘藏师有桑结喇嘛、祖勒贝格、古茹呼贝尔等。根据《掘藏文》记载，第一个发掘伏藏的人是桑结喇嘛，他是拉堆措瓦人，曾从洛布格噶尔寺发掘出马头金刚法和译自汉地的经典等。稍后有拉增绛曲沃、觉沃毗迦罗、穷波贝格、温赛穷托。玛尔巴时期有：扎巴欧益、嘉译师、多本曲扎、那囊巴、桑结贝尔等。之后，从藏历第一饶迥始年的1027年到第十四饶迥年的1807年，在不同时期，都出现了许多著名的伏藏师。

二、著名掘藏师及其所掘伏藏

伏藏的大量发掘是从12世纪开始的，成绩比较突出的有"掘藏五王"和"九林"之称。

1."掘藏五王"

"掘藏五王"是娘·尼玛欧色、古茹曲旺、绛达·扎西多杰、多吉林巴和白玛林巴。其中娘·尼玛欧色是西藏历史上非常著名的一位人物。在百名掘藏师之中，他被尊为"上掘藏师"或"上部伏藏师"。其著作有《娘氏教法源流——花藏蜂精》，对吐蕃佛教作了详细介绍。

娘·尼玛欧色（1124—1192），既是"掘藏五王"之一，也是"妙音赤德的幻变五藏师"之一，被尊为"身变化教主"。他生于山南洛扎泽萨色尔寺。从小喜欢瑜伽士，身着破烂衣服，一副游方僧的装束，被当地人视为疯子。在父亲的教导下，他学习马头金刚灌顶法，隐居泽堡雪山中静修，获得成就。他曾从昆厅、桑耶、南格坚的罗刹岩洞以及扎日拉康等处，发掘伏藏和由王妃喀尔钦氏益希措杰记录的《轨范师莲花生传——赤铜洲遗教》。《宁玛教派源流》说：娘·尼玛欧色发掘的铜箱内，装有《大悲调伏众生续》内、外、秘密三部，《大悲调伏众生格底迦》内、外、秘、修法、大悲身像，《古茹忿怒修行续》及其修行法，《古茹身语意修行法》广、中、略三部；虎皮箱中有《空行母灌顶摄续》、秘密智慧法典等；宝瓶中有《怙主修行续》及其修持口诀、咒语等，以及各种珠宝、沙金、海螺等。他在科塘掘出一只赤黑色箱子和一只灰色箱子，赤黑色箱子中有8部教授《如来摄续》等、30节法语、36段经文，还有多种修行法规；灰色箱子中有马头金刚身语意修法、傲举法典18种、36面童子修法，以及七生肉、恒河水、马头金刚像、铁金刚、金刚橛药瓶等。从桑耶钦浦掘出《般若经》及其释论。从南格坚的罗刹岩洞和扎日拉康掘出有关上师修持法典等。后来，跟随父亲和嘉娘巴·顿丹、雪波·尼玛僧格、玛迦瓦坚巴、顿巴喀钦等上师学习密咒和法相学，在提迪协的巴贡专心修炼，得到证悟。成年后娶觉奔玛为妻，生下南喀欧色和南喀贝哇二子。次子南喀贝哇继承了他的全部伏藏和教法，在拉萨河岸建造了阿底峡像和108幅具有尼泊尔风格的唐卡画。

下部掘藏师古茹曲旺，全名古茹曲吉旺秋（1212—1273），生于西藏山南洛扎的一个世奉苯教的家庭。《宁玛教派源流》说他："4岁从父学习（藏文）读写和《语门武器》《明续五部》《毗达毗尼广论》等语言学论著13种；《活人医滴论》（龙树著）等医著10部；历算、医法教藏、七部王统记、德杰钦波的十万故事等歌舞方面论著104种；苯教经典75部；灵器论著百部，内外秘密明点法多种；金刚橛方面经典4部等。"之后，他全身心地学习幻变、马头金刚、阎摩德迦、修法百本、大悲观音等新旧两传密法。同时，钻研对法、因明、《入行论》《喜金刚续》以及息结派和觉域派教法；从南喀贝哇继承了娘·尼玛欧色发掘的伏藏。18岁时，他和萨迦班智达·贡噶坚参建立法缘。1233年，他根据扎巴欧希从桑耶寺发掘的伏藏目录，发掘18种伏藏，加上意藏，共掘出经典19种，因此得到遍知帕欧、曲沃和布顿仁波且等著名学者的称赞。他发掘的伏藏内容涉及密法口诀和《佛平等加行续》等。晚年，他创建了冲堆格尔姆拉康、或叫桑珠德瓦钦波拉康。当时，萨迦、蔡巴、直贡、主巴、珀东等教派和学派的一批名僧纷纷前去求法。弟子中比较优秀者有涅·尼玛欧色、曼隆巴·弥觉多吉、尼泊尔的巴惹祖增等。

"掘藏五王"之三绛达·扎西多杰（1550—1602），也是"妙音赤德的幻变五藏师"之一，别名噶玛古茹或曲杰旺波德（法王自在部），曾为拉堆绛的首领。史书记载说，他出生后全身有13种善相，从小喜着华贵衣服，一副王族少爷的模样。前后跟随嘉木央贡噶周却、时轮师释迦贝哇、大译师热纳巴扎、掘藏师喜饶欧色、多仁巴·贡噶坚参等几十位上师学习显密教法。1592年，他带领一批弟子来到桑耶寺，首次从阿雅巴翻译殿发现记载多部伏藏目录的本子和《宝箧经》。由于掘藏的时机尚未成熟，他带领众弟子暂居藏绒（今日喀则地区仁布县境内）。托嘉第巴隆热贝桑劝他不要掘藏，不然会有灾祸。随从弟子中的个别人害怕了，离他而去。扎西多杰没有被谣言所动，继续寻找伏藏，终于在格哇德乃修行洞掘出了古茹莲花金刚、身集种长寿灌顶和噶玛古茹法典。后来，他还从娘茹那托巴萨浦洞发掘出莲花圣物；从洛扎觉巴金塔发掘出母续经和部分口诀、金刚橛经文、圣物；从后藏娘堆和康区隆塘卓玛噶协却等地发掘了多部密典。1598年，他创建了桑阿塔却林寺（秘密胜乘洲），即多吉扎寺。晚年，他经过康区前往多康哈迦朗孜曼，为迦妥寺众僧讲经，著作凡三函。

"掘藏五王"之四多吉林巴（1346—1405），又叫邬坚多吉林巴，别名有白玛林巴、多杰卓伦。1346年生于山南扎囊县(今吉如乡索普村)。13岁时,他在昌珠寺觉姆像后面发现了伏藏目录。五世达赖喇嘛的《听法笔记》记载,他16岁时首次发掘伏藏。从昌珠寺后面的扎波且雷焰洞(又叫欧雪绛阿欧噶尔扎)发掘出莲花生亲笔书写的大小百页四函《师喻经》、长寿水四宝瓶、宗教法器和装着大圆满经文的佛盒。他前后共发掘伏藏43处。《宁玛教派源流》详细记载了他发掘的伏法藏,有上师、如来总集等方面经典4部;娘提13种,包括普贤娘提、金刚心娘提、妙吉祥娘提、莲花娘提、贝若娘提、金刚橛娘提、呼娘提、心藏娘提、雍仲娘提等;大悲观音和忿怒红咒等无数;以及工艺本、天铁、《五部遗教》等。同时发掘的还有白响铜制造的金刚菩萨像;泥砖制作的莲花生、九首忿怒本尊、马头金刚、金刚亥母等像;以及宗教法器和宝瓶等。他前后主持洛扎、门隅巴卓、色·邬甘寺,讲授伏藏,创建了替林姆喀寺,最后在降伏拉康圆寂。

"掘藏五王"之五的白玛林巴,全名邬坚白玛林巴。1370年生于西藏南部的门隅本塘地方的"宁"氏家族。他天资聪慧,从小学习语言学和工艺技术。一次偶然的机会,他得到了记载108部伏藏的《伏藏目录》。《宁玛教派源流》把这件事描写得非常神奇,说:"猴年孟秋初十日,在大明六字陀罗尼之地会晤邬坚仁波且(莲花生),得到加持,把伏藏目录交到他手中。"他一生在33个地方发掘伏藏,内容包括父续《普贤佛说密意集经》、母续《秘密藏续》;以及上师宝海法、金刚手伏怒法、五尊马头明王法、《大悲观音除暗明灯》《八教意镜》、广中略三种威猛法、《金刚鬘》《道引》、三部《大威德黑续》等;另外,有宗教法器、佛像、佛塔和藏王、王妃的御用器具。

另有一种观点认为,"掘藏五王"中没有扎西多杰,而是多阿林巴。他是西藏洛扎班巴那群隆地方人,乳名叫做却丹贡波,蛇年(1389—?)生。从小性格怪僻,和普通小孩不一样,经常向同伴做出传授灌顶、讲经说法的样子。早年进入穷仓寺,从法王藏巴受居士戒,学习《噶当全书》,听讲有关米拉日巴的故事。后来,他在桑耶寺见到了噶尔钦贡巴扎,随习大悲观音慧光法和《佛说密意集经》。当时,贡巴扎预言说:"这是掘藏师一切之王多阿林巴。此人掘出一切教典,分辨新旧密法及一切显密法之正与非正。"其间他隐居杂日修行,从工布阿拉山掘出了秘密藏。在达波停留了一段时间后,他南下到门隅的绷塘,谒见大持明师白玛林巴。白玛林巴开玩笑地说:"以前出过许多掘藏师。前后两位掘藏师相见,互赠礼品。授教者除了我俩,再无别人。"经多阿林巴的请求,白玛林巴讲授了上师宝海和八大教授,并教导说:"你自己有受命的本藏缘分,现在去掘藏吧!"由于掘藏的时机尚未成熟,所以费了很多功夫却一无所获。他应阿里贡塘王的邀请前去传法。多阿林巴一生辗转西藏各地,主持法会,参加佛事活动,制作了高达33指的莲花生金像,供放在班巴周热拉康,并倡议修建了卫域堪巴隆等寺院和经堂,最后被班巴穷仓巴等人害死。

2."九林"

被称为"九林",即掘藏九洲师,指桑结林巴、多吉林巴、白玛林巴、贡寉林巴、热特纳林巴、噶玛林巴、桑丹林巴、邬坚林巴、雪波林巴。

桑结林巴(1340—1396)　乳名仁僧(持明),法号贡却仁青或桑结桑波。生于工布地区娘布江普宇隆河谷一个名叫伦波江岗当的小村庄，又叫扎松多吉扎。相传，莲花生大师曾在这里修行。他5岁时，从堪布·循努贝受居士戒，轨范师仁青夏哇负责教授他藏文。父亲去世后，母亲托人把他带到杂日的伦珠当寺出家。不久，被噶玛巴·乳贝多吉摄收为徒，带到娘布谒见了直贡寺京俄等著名高僧，从他们听讲教法。由娘布到拉萨后，他加强学习，花3年时间在宗嘎尔修行。经师绛曲多吉圆寂后，他南下来到杂日，师事尤喇嘛·曲吉洛追。在伦珠当谷内一个名叫"泽喀尔"的岩洞修行期间，他发掘了一些伏藏。《宁玛教派源流》记述：一天晚上，洞中出现一位身着披风、头戴长帽之人，说了声"侄子"后，交给他三卷纸。他急忙追问，那人没有任何回答，消失得无影无踪。早晨，他发现了伏藏目录、悬记、伏藏修行仪轨等。

1364年，桑结林巴第一次从布日普姆切掘出《上师密意集经》和大悲观音法典，拿给上师曲吉洛追看，得到了"掘藏宝师"的称号。从此，他先后在噶素昌、吉吾绒、孜钦扎朗布、朗布迦吉昌、噶当昌等地掘出有关金刚橛、马头金刚、大悲观音极秘等方面的法典和圣物、器具、莲花生面具、铁杵以及21颗佛舍利等；从工布钦绒发掘青衣金刚手和文殊菩萨等像；从布日仁青贝尔发掘观世音菩萨法典；从恰廓雄（灵鹫谷）发掘大悲观音经典、甘露提炼法典、大自在天风金刚法典等；从杂日发掘友王妙音修行法典；从英齐拉噶尔波掘出《日月合和续》等；从嘉拉辛吉巴顿掘出阎摩德迦像和莲花生所用的羯摩杵扬起仪轨法典等；从邬坚修行洞（莲花生修行洞）发掘大圆满摄要伏藏；从工布达都发掘六部《秘密藏本续》；从桑耶钦浦修行洞掘出几尊雕像。

桑结林巴从25岁到32岁，共在18处地方掘出伏藏，其中不包括零散发掘。他在黄色纸上抄写了十二函《密意集经》，随学这种法的主要弟子有第四世黑帽系活佛噶玛·乳贝多吉（1340—1383）、第二世红帽系活佛喀觉旺布（1350—1405）、乃东首任法王、萨迦上师索朗坚参（1312—1375）、雅德班钦（1299—1378）、觉顿堪布·索朗桑波、直贡·曲吉杰布等著名高僧。1368年，明太祖朱元璋建立明朝后，派人诏请藏族僧俗领袖进京，噶玛·乳贝多吉和桑结林巴都是受诏请的人。1374年，噶玛·乳贝多吉派使者进京朝贡，带去了桑结林巴敬献的《佛说密意集经》、珍贵蓝色宝瓶、三昧耶金金刚等；皇帝赏赐了宝箱和上等衣服等。另外，桑结林巴创建了涅浦德庆桑珠寺，以其作为根据地（根本道场），结合医药知识，修炼甘露成就法，制作出巨毒药丸，取名为"桑结林巴黑药"，至今还在使用。1386年农历三月初一日，他在伦珠当寺圆寂。建立活佛系统后，桑结林巴被追认为第一世；第二世是顿珠杰布，从15岁开始发掘伏藏，英年早逝；第三世桑结贝丹，生于伦波江。

贡窘林巴（1396—1477）　全名邬坚贡窘林巴。生于香拉普毗藏。他从小表现异常，14岁时得到伏藏目录。两年后在玛措多吉的降生洞发现五部密典和莲花生灌顶用的法器。《宁玛教派源流》说，大岩洞中发掘的伏藏物有金刚橛坛城光释眩目之杵21件、水晶饰品、舞衣两件；铜瓶、装满长寿水的石瓶；特别是石罗睺罗像的头部有邬坚娘提和三身修法、莲花息怒内外秘修行法典，上身和双手中有修行八教经典、猛厉咒、灌顶、修行经续八部、三百种退护业资粮细法经典，胸部有金刚萨埵娘提、续部口诀修行法典、空行娘提续,腿部装有护教、护咒、遍入等内外秘三方面的修行咒语多种。另外,发掘了多吉林巴埋藏的十一部密典。

1416年,在多吉勒巴的鼓励下,贡窘林巴到桑耶寺发掘白塔。是年3月15日傍晚,他一人爬上梯子打开塔门走进塔中,发现有无数伏法藏、伏藏目录、婆罗门灵肉、观音像、如来舍利等加持物,还有多种猛厉咒语。这些宗教经书和法器的发现,为当地人民带来了很大好处。两年后,他把这些伏藏重新埋藏,被称为“英雄掘藏师”。他有五子、两位承法弟子。赤·索朗嘉措译师、叶桑孜巴活佛、郭·循努贝、贡钦次程坚参等一代名僧都从他学过伏藏法。他在传法过程中,和仁蚌巴、乃东王等地方权贵建立了供施关系。他于1477年圆寂,享年82岁。

热特纳林巴(1403—1478)　本名仁青达尔。生于洛扎珠虚地方,家境富裕。他从6岁开始,跟父亲学习藏文和基本佛法知识,经常梦见班智达、游方僧传授灌顶、讲解经典的情景。青年时期,生活放荡、思想散漫,但学习特别认真,钻研工艺、医学、语言、诗律、歌舞等。27岁时,得到伏藏目录。从1432年开始,他先后在穷钦扎岩洞、止塘郭惹扎岩洞、洛扎天梯、喀曲贝吉普让等地发掘伏藏;继后又在洛扎昆厅、桑耶大菩提、涅曼格日扎、贡塘喀尔、乃让僧格宗等处掘出伏藏,共发掘伏藏25处。为了表示对佛的虔诚,他向大小昭寺的两尊释迦牟尼佛像献供酥油千驮,之后应涅地各法王之请前去讲授伏藏。晚年,他退居杂日修行著述,内容涉及道歌、教法史、灌顶教授、佛教义理等。

热特纳林巴的弟子有“四要”“四近”“五胜”“八持曼荼罗”和“五万法源”之称。其中比较有影响的是黑帽系第六世活佛通哇敦丹(1416—1453)、乃东法王贡噶勒贝坚参、主巴法王娘厅玛哇、雅隆活佛、曼孜巴·桑珠杰波、达果法王、热隆巴·贡噶白觉、敦格日巴·杂隆巴、萨热哇、扎那法王、工布恰穷巴等。热特纳林巴圆寂后,由他的长子次旺扎巴以及塔耶扎巴、云丹扎巴、诺布扎巴、阿旺诺布五子和诺布雍扎、杰·娘波等弟子继承了他的全部事业。次旺扎巴曾在迦妥寺讲经,并从迦妥寺把用金粉抄写的82部《宁玛密继全集》请到西藏,供放在伦珠颇章寺;用金铜建立了释迦牟尼佛及其弟子阿难、迦叶像;新造佛塔,新刻经卷,仅《宁玛密继全集》就增置了13套。他父子二人在所掘伏藏的基础上,汇集了上部伏藏和下部伏藏,形成了“南藏”。

噶玛林巴　西藏塔波上部地区齐珠人。父亲尼达桑结是著名的掘藏师,相传活了125岁。在弟兄多人中,噶玛林巴排行第一。他年仅15岁时发掘伏藏,在岗波达日山掘出有关息怒和解脱方面的经咒。噶玛林巴临终前,只向儿子传授了《密意本解脱》的灌顶和教理。

桑丹林巴是伦波岗当人,曾从萨尔迈觉沃扎噶尔岩洞发掘《密意集经》《集密本续》等三部经续。

雪波林巴(1524—?)　全名“掘藏师大持明邬坚雪波林巴舞自在”。他生于堆龙德庆县昂则地方。5岁时,由曼曲哇·南喀仁青负责剃度授戒,取名南喀次旺杰波。1544年的一天,他在修习伏藏法时入睡,梦见一个人向他出示伏藏目录,梦醒后记录了梦中的授记。是年四月初十日晚上,他带领7名弟子察看梦中所示的地形,从桑浦秘密洞掘出一口八角箱，内装《佛说密意集经》、法器7件以及长寿水。另外，从桑雅岩洞、素尔喀石塔、夏拉康、拉萨、桑耶寺发掘有关大悲观音法典、《马头金刚伏藏龙续》和《忿怒天铁火轮》等方面的经典多部，并附有许多件宗教法器。他的主要弟子是遍知贡却延拉、萨迦达钦·阿格旺波、泽东达钦·贡噶桑珠、主巴夏仲·弥旁曲结等。

邬坚林巴（1323—?）　又叫邬坚林巴·却珠杰波，是西藏扎囊13位贤人之一。生于山南扎囊县吉如区亚钦乡。从小学习密法、咒术、历算和医学。他在23岁时，从桑耶寺红塔发掘出伏藏目录，在雅隆协扎山岩洞掘出经典132种。他还从桑耶寺红塔塔顶发掘出多部医学典籍。《宁玛教派源流》说："另外，请出医术等护教之阿波陀那无数。从塔臂和塔座请出护教因缘法器无数，以及炮、火枪、兵器、彩缎文、除田、工艺钵六件、口诀宝瓶等多件。"从扎囊的宇贡扎岩洞发掘出秘密道次第方面外释离云宝、内释密咒道次第、对鸟宝滴、忿怒三时怙主、异熟灌顶轨范师莲花生传水鸟、能断教诫明义，共八类16件；从桑耶寺石塔中发现《五部遗教》的《国王遗教》19章；从格结勒玛林发现《译师、班智达遗教》35章；从协扎岩洞发掘《大臣遗教》32章；从桑耶寺康松桑康林发现《王妃遗教》21章；从翁蔡色康林发现《神鬼遗教》24章。另外，他同霍尔贡·释迦桑波一起发掘了协扎本《莲花遗教》，这个本子有颂体和散文体两种，和《五部遗教》合称为《七部遗教》。

后来，邬坚林巴在素尔喀石塔右侧发掘了大悲观音智慧胜光类法典；在温浦达仓僧格桑珠洞发掘忿怒上师与护教方面的经典；在扎齐扎波切发掘了阎罗王长寿主方面的典籍，共计百余部。当时，大司徒绛曲坚参建立了以朗氏家族为中心的帕珠地方政权，派人前来向邬坚林巴索要伏藏。邬坚林巴非常生气，把所掘伏藏照原样封存起来，并用协扎莲花积石桥堵住了洞口。然后，他离开那里，巡游艾、塔波、扎藏喀等地讲授《莲花遗教》。最后，圆寂于艾地区的噶茹赖穷喀，遗体被塔波僧人接到塔波夏结寺，全尸保存。

3.仁青林巴等

在掘藏师中，被称为"林巴"的还有仁青林巴、惹结林巴、勒超林巴、德庆林巴、德达林巴等。仁青林巴，本名叫仁青坚参贝桑波。他早年进入当巴译师的涅曼格日寺学习法相学和热琼巴耳传教授，修行期间出现了多种相状。后来游学拉萨，得到了伏藏目录。按照目录记载在廓惹扎岩洞的石板下面发现一个紫色犀牛皮箱，内装特殊五具、五种修法宝、五种缘起如意宝、五种猛厉咒宝、五种补遗授记宝以及佛舍利、莲花生上师的甘露、益希措杰的甘露及宗教法器等。之后，他隐居夏尔贡寺专心修炼。当时，从印度传来消息说，在印度磐龟地方发现了伏藏。他急忙前往掘出一个铜瓶，内装大圆满方面的经典和圣物、银质金刚等。回藏途经夏邬达果顿仓绒的空行洞，隐居修炼了一段时间。之后，在门藏交界的密林深处一个名叫夏邬达果洞内，发现带有雍仲图案的骰子和修持法密封经、密封圆满次第经、密封授记经等。他在"黑龟"纸上摹写了一套。后来，应贡增第穆的邀请莅临工布，多吉勒巴把埋藏经典的房门钥匙交给他。利用这把钥匙，他取出了多种伏藏，然后带着这些伏藏前往工布扎窘、咱热惹、札玛色穷南喀宗建立修行胜幢。仁青林巴卸任后往来于杂日和工布之间，边修行边讲伏藏法。80岁时，他在洛惹逝世。仁青林巴被看成是班智达·喜饶窘乃的化身。他的化身为循努伦珠，曾发掘出莲花生所藏的几部伏藏,年轻时逝世。坚参贝桑被认定是循努伦珠的转世化身。第四世是巴俄·曲旺伦珠,第五世是祖拉陈哇,从他们两人开始完全宗奉噶玛噶举派。

惹结林巴,又叫仁增曲结林巴,别名德哇多吉,或杂朗多吉等。他生于西藏达波鲁喀宗,被桑波多吉认定为邬坚仁增多吉的化身,6岁时接到贝丹热琼浦寺坐床,由噶玛噶举红帽系贝丹益希娘布剃度,取名叫达哇旺波丹贝萨协。他前后从乃丹嘉央扎巴和噶丹赤巴受沙弥、比丘戒,更名阿旺洛桑曲央贝桑波。16岁之前,通过了8部经典的答辩考试。由于他对噶举派教法特别感兴趣,就没有整理已经得到的几部伏藏,一度甚至对密法失去信心。25岁,他卸去热琼浦寺堪布之职,前往温地途中得到了一卷纸,上面记载着有关婆罗无垢藏舍利上师四身修法和在松赞陵墓、雍布拉康、昌珠等处所藏的伏藏目录。朝拜温江多拉康以后,无意中又得到一些伏藏目录,其中大多数是再藏伏藏。在杂日,他因病休养了好长一段时间,病愈后游学来到岗波和工布等地,得到了多部伏藏。他通过在工布上部地区的巴当梅脱拉囊地方的修行,对新旧密法有了全面认识。之后,又在波密的玛贡隆和噶瓦隆的都日南嘉扎洞发掘出许多密典。仁增达夏多吉把他请到霍巴雪讲法。不久,他又从吉祥岩洞发掘出伏藏。几次发掘,使他精神大振。他离开霍巴雪,经过波密,返回热琼浦寺修行。游学后藏期间,他在南木林的萨布隆用黄色纸抄写了部分伏藏。回前藏途中,他向泽霍·曲吉旺波、噶玛巴红帽系活佛、黑帽系活佛讲授了伏藏法和灌顶。蒙古王封赐印书,向他表示祝贺。在敏珠林寺,他受到了德达林巴的盛情接待,最后病逝于洛与波密交界的地方。他的上首弟子有噶玛噶举派黑、红帽系活佛,塔波活佛伦珠艾顿,贡桑艾顿旺波活佛,洛巴大成就者,居日成就师,罗顿·道丹多吉等。他圆寂后建立了活佛系统,转世灵童有两位。

勒超林巴(1585—1656),又叫仁增嘉措娘波或阿强呼纳迈贝尔,被认定为娘·定艾增的化身。生于西藏工布地区瓦呼南蔡。3岁始学藏文;16岁到20岁之间专攻医学。为了摆脱单调的生活,他进入佛门受戒,更名阿旺曲杰旺波,改修密法。不久,从拉孜哇受近圆戒,系统学习新旧密法。1620年,在法王玛旁扎西洛追的鼓励下,他前往嘉超的夏琼协仇发掘出伏藏目录和益希措杰的手抄经典。另外,从工布布曲、绛昌泽、涅姆拉日、夏拉康发掘出大悲观音、马头明王和金刚亥母如意宝、息怒了义藏、长寿修雷声金刚、金刚卓伦吉祥怙主母等方面的经典和多件护照。通过修炼《佛宝总集》等伏藏法,他修成了飞檐走壁、渡河跃谷的特殊技能。在发掘涅姆拉日伏藏时,他施用法术和神通,冲破了工布扎底哇等人的阻拦,使他们都认服归奉于他。为了修炼密法,他创建了邦日觉波修行院,慕名前去修行的人络绎不绝。优秀弟子有噶玛噶举黑帽系活佛曲英多吉、红帽系活佛曲吉旺秋、遍知贝萨旺波、直贡·仁增曲吉扎巴、多吉扎·仁增旺波、恰尔巴·协温、泽烈活佛克却白玛勒珠、仁增曲吉嘉措、掘藏师都堆多吉、迦妥巴·白玛玛底等。

《佛宝总集》是勒超林巴从扎隆哈木昌嘉掘出的一部特别深奥重要的密典,被视为秘密伏藏。1652年,在拉尊南喀晋美和索尔·曲英让周的鼓励下,勒超林巴让进京的第五世达赖喇嘛洛桑嘉措把这部经典带到汉族地区传播,产生了巨大的影响。

德庆林巴,全名邬坚德庆林巴,生于西藏一个名叫珠协察隆的地方。他15岁时,受到上师加持、灌顶。他从大鹏岩洞发掘妙吉祥和阎摩德迦修行方面的经典、宗教法器及金刚橛等；从扎巴摩坚、虚空藏修行洞等处掘出佛经佛像、宗教法器、药丸等；从觉莫喀热发掘出8部教诫经籍等。他不幸早逝，年仅31岁。他的化身是工布布曲人，6岁时被喇嘛桑结和喇嘛让周哇等人接到桑阿颇章，由杰哇旺波旺秋多吉负责剃度；前后在萨迦阿格旺波、那措让周、主巴·弥旁曲杰、雪波林巴噶结旺秋、喜饶欧色、直贡·曲杰平措等人跟前学习佛教显密教法，成绩突出。他在39岁去世。他的转世化身是门隅迈姆人。

德达林巴（1646—1714），本名贡噶欧珠仁青旺杰，是西藏著名的掘藏师、扎囊十三贤人之一，生于西藏山南地区扎囊县吉如乡达结林村。他4岁时，父亲教他学习宁玛派大圆满法，不久被送进寺院为僧。11岁那年，他在拉萨的哲蚌寺由五世达赖喇嘛阿旺洛桑嘉措剃度授戒，取名阿旺白玛丹增。1659年，他正式学习《秘密藏本续》《宝性论》《心性安息论》《如意宝藏本释》等。1663年，他在雅玛隆掘出持明心意明点方面的伏藏经典和加持解脱药丸等。从21岁起被五世达赖喇嘛和西藏摄政王第斯·桑结嘉措奉为上师，负责教授大圆满法和咒语、伏藏等，振兴日趋衰弱的宁玛派讲修事业。次年，在山南协扎山岩洞发掘出阎摩德迦摧坏金刚伏藏。1676年，在五世达赖喇嘛的资助下，他于山南扎囊县创建了敏珠林寺，设立讲经院和修行院，举办曼荼罗供修法会，建立了比较完善的学经制度和管理制度。同时，制作了多尊浮雕佛像，绘制了多幅佛画，用金银粉抄写了五百卷《甘珠尔》，并从南嘉扎和协扎夏邬岩洞请来伏藏。在很短时间内，敏珠林寺僧人从初建时的8人猛增到300多人。《宁玛教派源流》记载：“总之，旧密乘教岩传派基本上成为名称，主要依赖这位法王的发心，无上事业，教火燎原，建立了旧密乘的修行、事业、异熟解脱的简单规约基础。因此，至今旧密乘的讲修规约十分盛行，都是此法王的恩惠。”30岁左右，他在扎玛尔钦浦、雅玛隆等禅地修定，证达35位本尊近修法和大圆满“彻却”法，成就四业。1684年，他在群科伦布宫、桑珠尔林、扎西饶丹等寺院增置佛经塔像。十年后，建立了格本托周钦摩塔。55岁时，他开设了数种曼荼罗供修仪式，新建桑阿颇章。五世达赖喇嘛、六世达赖喇嘛、第斯·桑结嘉措和其他几位甘丹颇章的第斯都成为其弟子，并建立了供施关系。五世达赖喇嘛从他重点听讲旧译续部经典，奉为上师。第斯·桑结嘉措侧重于素尔派教诀。其他心教语教弟子有：萨迦达钦·贡噶扎西、昌都帕巴拉活佛、朱倭曲吉旺波、工布·塘周活佛、琼结·贝吉活佛、后藏的泽巴活佛、喀尔活佛、呼图克图阿旺贤珠嘉措、苯隆活佛、佐钦活佛、迦妥杰色活佛、工布巴喀活佛、迈热喇嘛等。杰色·丹贝尼玛、昆译师曲贝嘉措、白玛居迈嘉措、耶英勒珠、仁青朗杰等几人从小跟随左右，继承了他的全部教法。

此外，还有一大批发掘伏藏方面成绩比较突出的人物。虽然他们所掘的伏藏数量不多，内容却非常独特，如娘提一类的伏藏。

4.仁增廓德

西藏伏藏分为“上部伏藏”“下部伏藏”“南藏”和“北藏”，这是根据掘藏师的活动区域和所掘伏藏的方位划分的。从时间上分，先有上部伏藏和下部伏藏，然后有“北藏”、“南藏”。上部伏藏、下部伏藏和南藏的代表人物分别是娘·尼玛欧色、古茹曲吉旺秋和热特纳林巴，他们的事迹和所掘伏藏前面作了介绍。“北藏”的代表人物是仁增廓德（或欧珠顿珠），本名大持明欧珠坚参，被当作绰浦译师强巴贝的化身。他生于西藏昂仁县桑桑区日吾扎桑地方的一个王室。关于他的出生年代有两种说法：一种说生于1337年，另一种说生在1325年，两者之间相差12年。他幼年丧父，由母亲教藏文。8岁时已经熟习父法《幻变》和玛摩法，从囊丹杰波听讲莲花生所传教法。他向扎隆巴·克增仁青贝哇学习大圆满法。后来，他在冲巴江拉康和江·邬布隆发掘出马头金刚修法、弥勒怙主修法、观世音修法和金刚手修法方面55卷经文；在桑桑拉扎发掘了《上师本尊广释修法》及其他经续、金刚橛、头发等圣物多件。按照《宁玛教派源流》记述，他从上述几处掘出四卷经文，另有外遮焰轮、遗言意明点、题目库藏、护照明灯等，共计八法座，全部送给了索朗旺秋。仁增廓德在今昂仁县桑桑区的扎桑创建了扎桑寺。经过历代堪布的扩建，扎桑寺成为昂仁非常有影响的一座大型寺院。

仁增廓德在扎桑寺修行获得成就，前来求授灌顶的卫藏、多康地区的人络绎不绝。他在晚年前往哲孟雄（锡金）传教，而且在德丹吉姆隆、贝域白玛蔡、饶贝喀卓林、坝巴隆、拉那颇章、亚东等地都留下了摄徒传法的足迹。

总之，仁增廓德是宁玛派高级活佛兼著名学者，曾被贡塘王却珠德奉为上师，有呼图克图的头衔。《西藏宗教源流考》记载：“头辈多尔济扎邻泽呼图克图，名邻泽·贵吉德木楚，在喇乌扎桑地方出世，年至七十二圆寂”，邻泽·贵吉德木楚就是仁增廓德。他一生曾发掘出不少伏藏。《宁玛教派源流》引《第七遗教》说：“甚深伏法藏的四根本口诀，从东发掘白色螺库果法，有此生交付佛手方便，根本续有七种口诀，分支口诀各有十，各别区分110种口诀；从南发掘黄色金库近修法，有消除障碍的修行法，本尊修法十根本，各有口诀亦为十，各别区分110种口诀；从西发掘红色铜库缘起法，有甚深方便道成就要点，一根本续有110种口诀；从北发掘黑色铁库恶咒法，21种断触修法，母子各分五，口诀110种，从中发现三卷有带纸。”五库法各有百章，共计五百章左右。另有从其他地方掘出的伏藏不计其数。他在晚年，每年讲授一遍大圆满法，收集刻印所掘的全部伏藏，取名为“北藏”。1598年，原拉堆绛地方首领扎西多吉创建多吉扎寺后，专弘“北藏”法，仁增廓德也因此而被追认为该寺第一代活佛。

关于仁增廓德的卒年也有1402年和1408年两种说法。如果按照72岁计算，生年为1337年，卒年1408年。

总而言之，自12世纪起大规模地发掘伏藏，到14、15世纪处于掘藏高潮；16世纪以后，虽然涌现出不少掘藏师，但所掘伏藏大部分是第二次埋藏的，没有太大的价值。《莲花生传——赤铜洲遗教》和《隆庆全集》等书籍记载，在桑耶寺邬孜大殿的二层库房中各藏王师藏，是佛法库藏；在布察赛康林、康松桑康林、格结切玛林以及上下雅迦等佛殿各藏上师藏；四大八小各殿各藏经典；贝哈尔四护法殿中埋藏诅咒藏；四角塔中珍藏法藏，其中黑塔中藏着诅咒藏，红塔中藏着工艺藏，黄塔中藏着医术藏；钦浦修行洞中埋藏着轨范师意藏；南方吉曲寺中藏着《集经》和《佛说密意集经》；在绷塘泽隆埋藏着心部经典；在绷塘格仍埋藏着《玛摩》《集经》及母续经籍；后藏扎顿泽寺埋藏着《黑阎摩德迦续》及其恶咒;北部扎顿泽与觉顿泽埋藏着恶咒 108 种;右翼藏章寺埋藏法典及医药、历算宝部经典;泽吉拉康中,埋藏续部经教、口诀;康区隆塘卓玛寺中,埋藏邬摩天女经续十二部及有关地狱方面经籍;在拉曲喀尔寺,埋藏诅咒、幻变及恶咒类法藏;在昌珠寺,埋藏着恶咒 13 种;在南部扎吾塘,埋藏着《集经》和《邬摩天女》修行类经续;在达仓狮子洞,埋藏有关如何成佛的法典;在门域的乃让,埋藏着吉提和触断等四种法典;在查央宗,埋藏着金刚橛及阎摩德迦经续;在洛扎宗及达仓狮子洞,埋藏着猛厉咒百种及恶咒 30 种;在浦拉宗岩洞,埋藏着四色姆恶咒及秘密恶咒、秘密橛经籍;在扎森波的巴尔吉,埋藏着空行女秘密藏;在浦仁南梯,埋藏着上师意藏;在喀日岗扎岩洞,埋藏着修行异熟类经籍,在央浦仁摩岩洞,埋藏着伏摩类经典;在后藏的浦摩切,埋藏着阎摩德迦和长寿主等 21 种经籍;在协拉扎摩,埋藏着各种魔术类经籍;在年波日山埋藏 108 种零散经文。除了桑耶寺及其周围山洞、寺院外,埋藏伏藏较多的地方是南部洛扎和后藏北部的南木林。林芝的工布、塔波地区也埋藏了一些。至于后藏其他地方所发掘的伏藏,大部分是第二次埋藏的。

第七章　宁玛派的佛学思想及寺院组织

宁玛派以“大圆满”为核心教法，其佛教哲学思想主要表现在本体论和心性论（即佛性论）方面，从本体论上，主张心本即佛，佛性本有说；在方法论上，强调任运自然，体性本净。实际上，宁玛派是把心作为其哲学思想的核心范畴，规定为包容一切圆满无缺的宇宙最高本体。这一思想的基础是“缘起性空”和“体性本净”。在这一理论前提下，他们提出了“先前离垢之智，明空赤露，自然智慧”等，认为生死涅槃所包含的一切诸法都在灵明空寂之中。他们把心性的自然智慧看成是佛性，但成佛的能力只是潜在的。

宁玛派以大圆满教法为最高法门。为了树立本派的权威，他们对大小乘佛教各派思想和密法进行归类划分，按照其思想根器、修行所要达到的境界，从显教到密教评判为三根九乘。因此，要把握宁玛派的基本思想和特点，必须了解三根九乘及其相互之间的关系。

第一节　宁玛派的佛学思想

一、三根九乘的判教理论

三根指低根乘、中根乘和锐根乘。这是从修行者的根器和所要达到的境界划分的。九乘，即声闻乘、独觉乘、菩萨乘、事部、行部、瑜伽部、生起瑜伽（父续玛哈瑜伽）、圆满次第（母续阿努瑜伽）和大圆满阿底瑜伽无二续。这是从思想方面划分的，也是对佛教全部思想史的概括和总结。其中前三乘反映的是显教思想，认为是化身佛释迦牟尼对根器较低的徒众所说，故名“共三乘”；次三乘，亦叫“外三乘”，认为是报身佛金刚萨埵所说，属于初级密法，适合于中根器的人修习；最后三乘，亦叫“内三乘”，是法身佛普贤或本初佛普贤所说，宁玛派把它们当作最高密法。修习最后三乘密法的人必须是受过灌顶，具有一定佛学基础知识的人，一般人难以修成，也不允许修炼。但是，由于宁玛派的特殊性，对于修学者并无严格要求，甚至有一部分人从一开始就修炼这种密法。

由于解释的方法和立足点不同，共三乘、外三乘和内三乘，又分别叫做引集乘、苦行明乘和控制方便乘。显然，这是从思想内容和修行方式方面命名的。引集三乘法相当于显教因相乘法；苦行明乘中的中根三法和控制方便乘中的锐根三法，属于密教果金刚乘法。

严格地说，因相乘具体由两部分组成，其中声闻、独觉二乘属于小乘佛教。小乘佛教，也叫原始佛教。学术界认为，原始佛教也称部派佛教，一般认定有18部；宁玛派著名学者隆庆饶绛巴则认为有23部，统属于上座部和大众部。前者属于分别说部，后者属于经部。按照宁玛派的观点，其中的大众部是坚持经部的大多数僧侣聚在一方讲经而得名，它属于首次分裂出的派别。《隆庆全集》详细叙述了各部的产生及得名的缘由。为了清楚起见，分述如下：

一说部者，刹那知晓佛说一切知识教法；

说出世部者，坚持佛陀没有说讲世间法；

多闻部者，由博学多闻的轨范师随讲；

说常部者，坚持无为法常；

制多山部，又叫制多耶部，住佛塔山，故名；

东山住部，住鲜花环绕的城市之东山；

西山住部，住西山进行法事活动；

上座部者，参加者都是上座长老，故名；

雪山住者，因住雪山丛中，故名；

说一切有部，主张三时和五大实有；

红衣部者，经常着红色法衣传法，故名；

说因部者，主张现在将来一切都是因；

犊子部者，住一切因的妇女之子出家为僧，承认不可名状见之我；

法上部者，跟随法上轨范师说法，故名；

贤胄部者，贤道弟子；

众敬部者，通过众敬宣讲轨范师的教法规约；

法藏部者，专讲所藏之法，故名；

降贤雨部者，以降正教法雨，故名；

饮光部者，由追随轨范师饮光的弟子组成的法团；

上师部者，非轨范师，故叫上师部；

说往生部者，也叫说转部，从此世往度彼岸，主张补特伽罗有往生者；

多说部者，向众士夫讲授不生世法者。

大众部，经部的多数僧侣在一方讲经，故名。

学术界从学说上将上座部（分别说部）分出犊子部和化地部，犊子部分出贤胄部、法上部，正量部和密林山部，化地部分出说一切有部、饮光部、说转说、化地部、法藏部、雪山部；大众部（一说部）分出制多山部、西山住部、北山住部、鸡胤部（说出世部）、说假部和多闻部等。

小乘佛教最基本的教义是苦、集、灭、道四谛和以人生为对象的十二因缘法。得道的主要方法是对四谛的认识和把握,根据现观和断惑法去衡量修行的程度高低,最终消除人们的世俗迷惑,达到解脱,求得阿罗汉果位。宁玛派认为,小乘佛教立足于现实,只追求自己的利益,概括起来有以下七点:

第一,以苦、集、灭、道四谛为基本教义;

第二,能净胜义;

第三,追求最高果位阿罗汉;

第四,没有阿赖耶识;

第五,没有大乘佛教那样解脱他人的宏伟愿望;

第六,没有十地观念;

第七,尊奉释迦牟尼为教主。

声闻乘,是宁玛派所判九乘中的第一乘,被看成是最低佛法。“声闻”,是听闻佛陀言教的觉悟者,一般指佛在世的弟子。他们受佛陀言教学习四谛,以达到自身解脱为目的,证得补特伽罗无我,即人我空,求证阿罗汉果位,最终达到“灰身灭智”的无余涅槃。

宁玛派认为,声闻乘由经部和分别说部组成,此二部虽然统属于声闻乘,思想却不尽相同。经部源自有部,主张刹那灭,前一种现象灭亡后后一种现象接着出现。分别说部则主张因果同时生灭变化,例如根境和识,同时产生同时消亡。经部把因果看作是异时,在时间上先有因,然后有果。同样以根境和识为例,当根境刹那消亡后,才产生识。对于根境来说,识是另一个刹那。所以,两派之间有截然不同的认识。隆庆饶绛巴认为,声闻乘之人厌离生死轮迴之苦,只求自利和自己解脱;通过恪守戒律,以四谛方法修习蕴、界、处、十二因缘和处非处等法,进行取舍。

独觉乘,亦叫缘觉乘,从字面上解释,不通过别人或师长的教导自己能觉悟。此乘之人一般静居修行,观悟十二因缘之理,以求轮迴解脱的中菩提。在所求果位和所要达到的境界上,虽然独觉乘比声闻乘人有所进步、认识有所提高,但是仍然不具备利他之心,得不到圆满果位。宁玛派从境、行、果三方面对其作了分析,认为境是指种姓或部族,心及因缘;行,在成就自体之前非正行,而属于劣行;果,只追求自利之果,故尚不圆满。因此,独觉乘仍属于低乘,主要修习十二因缘法,希望能生于无声闻弟子的佛土。

根据宁玛派的判教理论,独觉乘具体分为鹦鹉喻独觉和麟角喻独觉。前者是飞翔派,他们把缘起法颠倒修习,不懂死亡的原因和尸体的来源,始终徘徊在无明证之间;麟角喻独觉者,包括无学独觉和有学独觉,他们注重在四谛所摄的一切法上修习十二因缘法,舍弃三界一切随眠烦恼。由此得知,独觉乘在声闻乘补特伽罗无我的基础上,进一步加强证修内外能所执,认为证诸法无外所执,不证诸法无内能执。

菩萨乘,代表大乘佛教。“菩萨”者,心大,布施大、菩萨大,分得大分而伏魔,故名菩萨。此乘之人根器较声闻、独觉乘人锐利,其最大特点是慈悲众生,以达到佛果为目的。坚持人无我和法无我,即人空和法空,不仅利己,而且帮助众生脱离生死苦难往度到涅槃彼岸;行佛、菩萨之行和般若六度。从基位讲,生死涅槃所摄诸法没有体性,人法皆空;从道位讲,主要学习三十七法,行般若六度,修十地法,以达到通达诸相十一地为目的。

宁玛派认为,菩萨乘是大乘显教,它和小乘佛教相比具有许多优点,归纳起来有七点:第一,诸法性空,犹如虚空;第二,自利利他,普度众生;第三,坚持人法空性,具大悲心及双运智慧;第四,行佛、菩萨之行和般若六度;第五,精通方便,不住有无二边;第六,最高果位是成就佛,度脱众生,具无量功德;第七,事业宏伟,帮助有情众生离开生死。

菩萨乘由唯识派、自续派和应成派等三大派别组成,后两派统属于中观学派。唯识派,亦叫"瑜伽行唯识派",由无著、世亲兄弟两人创立。他们的思想来源主要有三点:第一,诸行无常,诸法无我,有漏皆苦等三法印;第二,蕴界处;第三,四阿含中的唯识论思想。这一派提倡"万法唯识"、"三界唯心"、"唯识无境",肯定精神世界,否定物质世界,并且运用二谛和遍计所执性、依他起性和圆成实性等方法,系统阐释一切现象都是由"识"所现的道理。他们认为,客观外境没有体性,有心的识。他们还提出了第八识阿赖耶识,认为"熏习"(能支配大脑产生另一种习气)和种子(作为习气发芽、结果的功能来说,叫做种子)是构成阿赖耶识的两个重要概念。他们把阿赖耶识作为专门探讨业有果报的方法,不仅作为一切法所依据的根据,而且也是世界产生的原因和产生世界的结果。这就是唯识学派所倡导的诸法之生,以阿赖耶识为通因的阿赖耶识缘起论。

另外,唯识派还坚持相分(所取分)、见分(能取分)和自证分等三分说,认为三分都是以一心为体,内心识的生起一定要有所缘的境界(对象),并非离开了对象而独立出现。宁玛派认为,唯识学派这种以"唯识"解释一切现象的方法是从世亲论师开始出现的,他在《唯识二十颂》《唯识三十颂》《摄大乘论释》等论著中比较系统地阐释了"诸法唯识""万法无境"的道理。隆庆饶绛巴说,唯识宗的这种观点具体体现在两个方面:一是入何境产生何识的思想,他举例说,当听到声音时,产生认识声音之识,不生他识;二是现象和识为一体。前者主张的实相,叫做"唯识实相";后者主张识的假相,叫做"唯识假相"。

中观自续派,是宁玛派所判菩萨乘中思想境界略高于唯识派的一个学派,由清辨论师开创。主要采用因明的比量形式,确立自己观点的同时驳斥他人的看法,又破又立;运用二谛区分一切所知法,认为凡智也就是世俗智的境界,属于世俗,圣智即般若智的境界属于胜义,并把这种方法用来解释三性,倡导世俗谛有三性,胜义谛没有三性,实际上俗有真无,心外有境。

宁玛派认为,中观自续派承认世俗因果关系的实在性及事物自相发展变化的内在本质。隆庆饶绛巴说,中观自续派者主张"没有现于各种中之相与同份,这不仅是显观,而且胜义上自证智也无自性"。由于他们对二谛的认识不同,分裂成下自续派和上自续派。下自续派实指唯识学派。轨范师海云认为,下自续派的主要思想表现在对二谛的认识上,世俗是因缘的聚合体,在幻有的自性概念上能发生任何作用;胜义是颠倒世俗之证,犹如影像,结合空有,肯定识的存在。隆庆饶绛巴批驳道,下自续派的观点概括起来有三个方面的错误:首先,它非佛的思想,是和佛陀的思想相悖的;其次,承认胜义有生灭变化;第三,承认自性幻有,这样也就承认了胜义有自性,即胜义是幻化。总之,在宁玛派看来，下自续派坚持幻化为胜义，二谛为一体，基、道与究竟果之智仿佛幻化，是以法身方式幻化做事，有、空为异体。

上自续派，指中观瑜伽行派，创始人系8世纪的寂护论师。其主要代表人物有智藏论师和莲花戒，并称“东方自立量派”三大师。寂护，也叫“静命”，藏语叫“协瓦措”。他吸收中观学派和瑜伽唯识学派的思想，坚持名言中无外境，胜义中讲心无心性，创立了中观瑜伽行派。该派认为，一切现象应该从“唯心无境”出发，才能理解法无自性。在世俗谛方面，倡导唯心无境；在胜义谛上，坚持心境俱无。《菩提道次第广论》总结说：“初说世俗，外境亦无，世俗内心，许有自性，唯许六识，同随理行；若就胜义，虽圆成实，亦无自性，况依他乘。”8世纪，随着寂护、莲花戒等人的先后入藏，中观瑜伽行派的思想也传进西藏，但并未产生特别重大的影响。隆庆饶绛巴指出，上自续派的主要观点是坚持胜义无幻化，胜义无境相和自证。

中观应成派，也叫“随应破派”。宁玛派将应成法看成是内道自相大乘的最高教法，也是圆满解释佛陀思想的一个重要学派。公元8世纪，月称论师在佛护论师的思想基础上创立。不过，宁玛派把中观自续派的创始人清辨论师也看成是应成派论师。

中观应成派的主要特点是在方法上采取只破不立，从敌论的本身直接指出他们的过错。月称论师说：“如果我立宗，我就有过错；如果我没有立宗，我就无过错。”诸法的成立，首先必须以“缘起”为条件，缘起性空，一切现象没有独立发展的本体，也不允许名言中有自相，因为概念本身是空的。如果从世俗谛和胜义谛讲，一切现象没有独立存在和发展的内在实体。隆庆饶绛巴把中观应成派的思想归纳为八点：第一，一异相离，若如水中月，所破无相，诸法无自性；第二，无自生、他生和因生，若如梦境；第三，有性无性都无生；第四，诸法性空，没有作用；第五，缘起故性空，若如影像；第六，无生无灭，有无非一体；第七，没有变化与非变化；第八，没有阿赖耶识。隆庆饶绛巴强调指出，中观应成派安立二谛的基础是观待世间心，或者以无自性作为区分二谛的基础。他们认为，胜义谛是“甚深涅槃法及清净涅槃之界，以及证其之心离一切障覆；佛智清净境无变化，得地之等引智及其本性同住之后得智”。或者，幻心上有各种所知者，是世俗。世俗谛之相是分别未脱离心境之法，胜义谛之相是所缘离心之法而涅槃，应该按照世俗谛修炼方便福德资粮般若六度，依胜义谛修炼胜义之智光明义。从以上宁玛派对显教的评判可以看出，他们推崇中观应成派，坚持缘起自性空的思想理论。

事部，梵语叫做止雅，是外三乘的初乘，以修身、语为主。通过三濯（持戒为内濯，以七支净除自罪为密濯，解除手印为瑜伽濯），更换三衣，吃三食，净食斋。以清洁、苦行、跏趺、法印等方式净身，以辩论、诵讲的语言修炼本尊身，争取在十六生之前修得佛果。重点讲述沐浴净身后入修本尊身，通过对境修心，通过禅定证达各种现象，共同成就。在世俗中，依赖殊胜成就修炼。

行部，梵语叫俄巴雅丹扎。由于它主修瑜伽，其行同事部，所以叫“二续”。通过浴洗洁净等方式，清净身、语、意三门，用五圆满菩提指导修炼，等观我与本尊，意想本尊现前，即从本尊脐轮出现后融入我脐轮，修炼智慧，希望能在七生中获得解脱。

瑜伽续，梵语叫做瑜伽丹扎。它以修心为主，见行相助，用五现证法修证我本尊如同兄友，希望能在三生中于密严刹土得到解脱。瑜伽部的特点，第一，以仪轨业为主。所谓“业”，主要包括供祭、朵玛、护摩、修念等仪轨及其修炼，以求证悟菩提；第二，禅定。接受灌顶，进行各种仪轨后，按照初加行禅定和圆满禅定，意修本尊或曼荼罗轮。参照其他方法，借助方便智慧，证得诸蕴和五大种清净、内业和五种烦恼（贪、瞋、痴、慢、疑）清净、秘密境与五根清净、意想五部佛和我融为一体。《宁玛教法史略》认为，在获得轨范师灌顶后，用五现证和四种变化修我与本尊一体，然后以法手印、羯摩手印、大手印、三昧耶手印修心空，最后以外行相助，内修禅定，求得解脱。

事、行、瑜伽外三乘属于生起次第法，它相比共三乘有方便多、根器锐利等特点，却低于内三乘法。密教内三乘法，相当于四部中的无上瑜伽部，宁玛派把它分成无上父续、无上母续和无二续。

无上父续，即玛哈瑜伽，意译生起大瑜伽，又叫方便父续。修行者受灌顶后，通过有寻有伺定、无寻有伺定和无寻无伺定修炼明空光明智慧。首先修炼基、道、果；其次修炼身、语、意、功德、事业；最后修其他各种道。

无上母续，即阿努瑜伽，又叫智慧母续。宁玛派把它看成是界大乐瑜伽续，专门阐述空点。接受内、外、秘 36 种殊胜灌顶后，按照上下二门，修炼增长乐空智方便道，究竟十地所摄的四禅道，然后修炼脉、明点和气瑜伽，证达大乐光明无常智慧，在即生求证大乐身。

无上父续和母续之间有七种差别：第一，空性差别；第二，生起次第差别；第二，形象差别；第四，方向差别；第五，所表差别；第六，圆满次第差别；第七，清净差别。

无二续，即阿底瑜伽，也叫大圆满阿底瑜伽或无二续口诀阿底瑜伽。被宁玛派当作最高法门，倡导以进入无生的自性或普遍心证达诸法本空。关于它的详细区分，前面作了介绍。

宁玛派认为，九乘基本上贯穿了佛教的全部思想，如果按照根器高低优劣的顺序排列，如下：

声闻乘｛经部、有部｝ 独觉乘｛鹦鹉喻独觉、麟角喻独觉｝ 菩萨乘｛唯识派、中观自续派、中观应成派｝｛上自续派、下自续派｝

事续——→行续——→瑜伽续——→生起大瑜伽续——→阿努瑜伽续——→大圆满阿底瑜伽续。

九乘还可以概括为五乘：天人乘、声闻乘、独觉乘、菩萨乘和密乘。其中天人乘是佛教初创时期的佛法，主要讲述通过四种禅定修证四无色界处，行十善法；声闻乘以四谛为基本教义，修三十七法，追求阿罗汉果位；独觉乘修缘起和五道法，进入如意胜乐地；菩萨乘修学二谛、三十七法，行般若六度，以证佛果；无上密乘摄诸法为三曼荼罗，修甚深道，追求此生获得解脱。

如果排除无上乘，其余四乘概括为因相乘和果密乘。宁玛派认为，因相乘和果密乘之间的差别表现在四个方面：第一，因相乘以因为重，通过因求果，注重理论探讨；果密乘,通过观待因,修证佛果;第二,因相乘需要五道十地的修炼才能求得佛果。果密乘,由于所使用的方法得当,能在一生中证得佛果;第三,因相乘既便是证见初谛,也需要资粮相助。果密乘,通过修曼荼罗和会供方式证得佛果;第四,因相乘重点讲述了义不了义法。果密乘省略繁琐的理论探讨。隆庆饶绛巴把果密乘的特点总结为:多方便、无障害、不遇痴、根器锐利,能迅速得佛果。

同样,果密乘中的外密乘和内密乘也有优劣差别,主要表现在成熟灌顶和解脱道上。灌顶方面,外密讲述明行灌顶,内密讲述圆满四灌顶。解脱道方面,表现在六点上:第一,证见差别。外密不证四果,内密证四界;第二,修本尊差别。外密所修本尊没有面部,内密则修有面部本尊;第三,住处差别。外密一般选在王宫和须弥山上的净地修行,内密乐于在寒林和邬仗那等圣地修行;第四,行差别。外密行者讲求沐浴、清洁等外事,内密则以饮食为主,强调内修;第五,器皿差别,外密行者喜爱珠宝等,内密则使用颅器;第六,物品差别,外密行者主要接受和食用酪、乳、酥三种乳品和冰塘、红糖、蜂蜜三种甜食,内密行者则喜食五种肉和甘露丸,以助修行。

二、大圆满空性说

宁玛派的大圆满法是一种建立在“自性本净”思想之上的特殊法。它提倡诸法本空,法性即是界虚空性,无生无灭,证悟其心即是五智的本性;法是一切圆满佛的定义,生死涅槃所摄诸法犹如梦境,如幻如化。它们之所以存在只是一种需要,实际并不存在,因为其体性是法界,证达法界之心是法界智。诸法无灭,如同明镜;证此之心,如同明镜智;诸法无住,仿佛虚空。凡是有法,并非实有,而是平等性,证其之心是平等性智。基于这样的理论,通过修行证达无性和自然智,获得金刚身。

宁玛派的大圆满法坚持“诸法本净”,基于这样一个理论前提,即作为事物本源的心识本体任何时候都不会有生、住、灭等作用变化。因为,作为一切赖以存在的“基”(本体)本来清净,“自性本净”不能够诠表,脱离常断二边,也不可能发生各种现象。倘若大圆满法有相状,就成为“异”;如果所发生的一切现象能起变化,“基”也会变化。这样一来,“诸法本净”就失去了意义。无论什么相状出现,都是自行显现,法是由心所现。在宁玛派看来,任何事物都是聚合体,若“一”则非聚合体,事物就不能成立;若“异”,事物则无变化。所以,从佛性方面讲,众生本来是佛,同样具有成佛的可能性。人心是宇宙的最高本体,之所以不能成佛,是因为人的烦恼太多,心被污染。只要理解了“自性本净”的道理,便能成佛。正如莲花生大师所说:“是故一切有情,即使已具足真正的佛性,若未经引入修持就不给认为是佛。倘他去修持,他便是牧人亦能真实解脱。即使他不知经教,他亦能依次第在证悟中建立他自己。……倘若你了知根本觉悟,则你的一切善恶都将如实解脱。”“当你内视自己的内心时,若无一物,当意念能触及它时便射出思想;那么,你自己的微细心便会变得清澈明净,无一物给他投影。由于你自己觉性的清净光本来虚空,这便即是法身了。”觉性本知、本净,它的本性光明清净,当显现时,自己虚空、自我解脱。因此,清净和空性相融合就是法身。

综上所述，不难发现，大圆满法所说的空性是从“心”、非真实存在（无自性空）讲的。由于“心”无自性，所以是空性。无自性之“心”，排除一切名言概念，没有善恶、取舍、因果之区别，而是由“心”自然生起一切法，即自心本觉，不须通过心去观察境界，直视一切法为赤裸裸的空性，此空性由自然智性流露。因此，大圆满法主要求证本性空。

后世学者把宁玛派的这种思想概括成体性本净、自性顿成和大悲周遍，三者互为条件。归根到底，是讲空性，分别是乐空无别、明空无别和现空无别。

第二节　宁玛派的寺院和宗教活动

一、主要寺院的历史沿革

宁玛派作为藏传佛教的一个重要派别，具有自己独特的修行方式、宗教仪轨和规定的修习经典。但是，它不像萨迦、噶举和格鲁等其他大教派，从一开始就有一个中心寺院，也没有采取由一个家族和地方势力联合经营的方式，而是组织较为涣散，以分散的单线传承。直到16世纪以后，原拉堆绛的首领扎西多吉因受藏巴汗地方势力的排挤和打击，东迁来到山南一带地区传教，创建了多吉扎寺。后来，在格鲁派，特别是五世达赖喇嘛洛桑嘉措的支持和资助下，建立敏珠林寺，宁玛派才形成了以寺院为中心的集团势力，不过规模仍然较小。

如果按照寺院形成的年代看，西藏的邬巴隆和桑阿林是宁玛派正式创宗以来最早的寺院。后来，在山南洛扎娘·尼玛欧色的修行洞佐浦洞的基础上，建立了一座规模非常小的寺庙，作为娘·尼玛欧色及其弟子进行宗教活动的场所，并采取父子相传的方式管理寺院。13世纪，著名的掘藏师、“下部伏藏”的创始人古茹·曲吉旺秋创建了拉尤古茹拉康或桑珠德庆拉康；仁青林巴在扎囊的白仲乡创建了宁多寺，以后成为敏珠林寺的子寺。继后又出现了伦珠颇章、恰·绛曲林群科伦波寺、查嘎卓德寺等。

进入14世纪，相继建立了扎桑寺、艾桑多吉林和琼结贝日寺等，在规模上远远超出了以前修建的一些庙宇，而且影响巨大。如昂仁的扎桑寺，是直接由地方势力负责修建的寺院，具有相当大的政教权力，寺属庄园分布较广。该寺的创建者欧珠坚参也是多吉扎寺的第一代活佛，拥有呼图克图的头衔。

根据建寺年代，位于四川甘孜白玉县的迦托寺创建于12世纪，在宁玛派寺院中建寺年代最早，也是康区宁玛派的重要活动场所之一。有关这所寺院的创建经过和堪布传承，前面已作过介绍。

雅钦寺　又作亚钦寺，全名亚多·邬坚林巴。它位于西藏扎囊县吉如乡卓玉村，由扎囊十三贤人之一、著名的掘藏师邬坚林巴创建于14世纪中期。寺院规模较小，只有一座三层殿堂。它的建筑风格和布局仿照了桑耶寺的邬孜大殿。寺内保存了一批石雕佛像，“文化大革命”期间，大殿的第三层佛堂被毁，文物盗毁。

白日寺 又作贝日寺，被称为西藏宁玛派三大寺院之一（白日、多吉扎、敏珠林）。位于西藏琼结县白日乡，始建于16世纪。创建人昌果喜饶欧色勒丹多吉（1518—?）是一个掘藏师。建成初期，有大经堂、拉章、僧舍等建筑，总面积约1196平方米。其中大经堂（也叫大殿）为两层藏式建筑，占地面积527平方米，主供莲花生和两位妃子曼达热哇和益希措杰的塑像。19世纪，取消活佛转世，实行堪布负责制以后，第一任堪布益希次旺对寺院进行了较大规模的维修和扩建，新建了拉章、辩经场、吉康、第巴仓康等，将大殿原一层4根长柱、14根短柱缩减为2根长柱、10根短柱，在两层上面又增建一层，里面增加了赤松德赞和堪钦·菩提萨埵（即静命）塑像。新建拉让共三层。

实行堪布负责制以前，白日寺共有五代活佛。他们是喜饶欧色、仁增都觉多吉、仁增程勒朗杰、白玛朗杰、仁增措杰。仁增都觉多吉和仁增程勒朗杰是父子关系。在他俩主持期间，寺院达到鼎盛，僧人多达一千人。白玛朗杰主持寺院时，准噶尔兵掠夺了寺院的财产，建筑遭到破坏，一部分寺属庄园划归日吾德庆寺。仁增措杰时期，寺院受到谋杀十三世达赖事件的牵连，被没收了部分财产和土地，并禁止该寺活佛以后不能转世。“文化大革命”期间，寺院被夷为废墟。现已修复。

多吉扎寺 宁玛派在西藏的第一所大寺，被看成是“宁玛派的祖庭”。它的全名叫土丹多吉扎寺，意为“佛教金刚岩”。《卫藏通志》作“多尔济扎古寺”，并说：“萨木秧（即桑耶寺）附近，在扎洋宗山之巅，寺内有洞，高二千余丈，梯木而上，洞内石莲花佛座，座前石几盒，内有白土可食，味如糌粑，次日复生。其洞须燃火而入，座后有一大海，方作恶人之至此，必失足堕海中，番人畏惮而不敢忽焉。”这所寺院的创建者是扎西多吉，原为拉堆绛地方首领，16世纪晚期被新兴的辛厦巴·才旦多吉打败。他被迫率领“艾旺教团”来到山南、工布等地传教。1598年，他创建了多吉扎寺，专门宏传“北藏”系统的密法教典，追认“北藏”法祖师仁增廓德（欧珠坚参）为该寺第一世活佛。寺主以转世活佛的形式代代相传。

多吉扎寺的建筑比较多。五世达赖喇嘛建立甘丹颇章政权以后，积极扶持宁玛派的发展，提倡弘扬宁玛派教法，使多吉扎寺有了很大发展。1718年，西蒙古的准噶尔兵入侵西藏，大肆烧杀抢掠，多吉扎寺和其他几所宁玛派寺院都遭到严重破坏，白玛程勒活佛被害。18世纪早期，颇罗鼐总理西藏政务后，拨款重修了被毁坏的多吉扎和敏珠林两大寺院。

敏珠林寺 是宁玛派在山南的又一大寺院。位于扎囊县扎期，四面被米友山、哲布山、却丹山和丹玛山环抱，坐西向东，地势十分优越，为宁玛派“南藏”法的主寺。始建于1677年，创建人德达林巴·晋美多吉（1640—1714）是扎囊十三贤人之一、著名的掘藏师。该寺是在10世纪由鲁梅·次程喜饶所建的一座小寺院的基础上扩建成的。

敏珠林寺建筑规模宏伟，主要建筑有祖拉康、群科伦布拉康、都顿曲丹塔、桑阿颇章、朗杰颇章等。祖拉康是该寺主殿堂，是全寺僧人聚会诵经的场所，共三层：第一层是由两根方柱组成的大经堂，进深六间、面阔五间，左右两侧各有一拉康、一神殿和供品殿，分别叫做贝钦拉康、护法神殿、协耶拉康等；二层设德萨拉康、弥居贝仲拉康、喜饶拉康、卫朗格拉康和白玛旺杰拉康，其中德萨拉康中供着如来佛像和第九任赤巴贡桑旺杰的银质灵塔及经书，弥居贝仲拉康内供德达林巴之女弥居贝仲的银质灵塔及手抄《般若十万颂》、德达林巴的全部著述，喜饶拉康内主供护法神像，卫朗格拉康主供镀金佛像、银质灵塔及手抄的《般若十万颂》等，白玛旺杰拉康是供放第五任赤巴白玛旺杰银质灵塔之殿；三层设德钦拉康、喇嘛拉康等，喇嘛拉康的墙壁上绘制历代宁玛派著名上师像。

群科伦布拉康，位于祖拉康北侧，始建于1684年。在修建过程中，得到五世达赖喇嘛、羊卓本钦等人和桑耶、扎塘、强巴林等寺院的大力支持和资助。拉康分三层，其中一层大经堂面积约250多平方米，内设佛堂，供着德达林巴镀金像；中层的贡桑颇章内供着各位掘藏师发掘的伏藏和铜像等。群科伦布拉康内原供佛像和壁画，都是请尼泊尔工匠精心设计和制造的，工艺技术精湛，风格独特。拉章周围分布着拉旺噶蔡、桑珠不林和扎西饶丹等康村。

桑阿颇章，是学习密教经典的场所。位于祖拉康北侧，始建于1700年，由修供殿和经堂两部分组成。大殿底层有36根柱子，其中4根长柱直通天井，主供德达林巴像，绘有佛、菩萨壁画，佛堂主供四臂观世音镀金像等。桑阿颇章的第三层主供堪钦·桑阿丹增的银质灵塔，以及其他各种佛、菩萨雕像。围绕主殿设有东古拉康、德钦拉康、德钦阳子、丹玛拉康、雪久拉康、杰邦尼阿拉康等。自从颇章建成后第一次冬、夏季法会期间开设《吉祥秘密藏续》课程以来，在每年的法会上都讲这部经续。

桑阿颇章各拉康所供的佛像、佛塔、经典、壁画等都是1703年制作的。早期用檀香木、珠宝、合金、药泥等雕刻塑造的三世佛像、观世音菩萨等，精致绸缎上绘制的如来像、十六罗汉、莲花生像等唐卡具有很高的艺术价值。经典有用金银粉和硃砂粉汁手抄的《甘珠尔》四套、《般若经》多部、《丹珠尔》三套，以及论著无数。现在的德钦阳子佛殿中供着第三任赤巴白玛丹增和益希勒珠、洛巴嘉措等人的银质灵塔，灵塔前面是洛钦·达玛喜饶的金制灵塔等。银塔殿主供第二任赤巴仁钦朗杰、第四任赤巴程勒朗杰和穹·贡噶次程的银质灵塔。另有贡却桑波的镀金像及莲花生八种形象及其八大弟子像，手抄和印版《甘珠尔》各一套。杰邦尼阿拉康，即“君臣二十五人殿”，是僧人平时习经的场所，主供赤松德赞等25位成就师像。

朗杰颇章，意为“尊胜殿”，位于桑阿颇章西北侧，由第四任赤巴程勒朗杰主持修建。共有三层：第一层桑巴伦珠拉康，是誓愿成就殿，主供泥塑桑珠伦珠像，旁边设嘛呢拉康；第二层曲巴桑殿，壁上绘着《五部遗教》连环画，中间的拉康供着赤松德赞、寂护和莲花生三人像，以及莲花生的八种形象雕像，壁画内容主要反映20位成就师的事迹；第三层是上师殿，主供无量寿佛像和《甘珠尔》经。

1717年，准噶尔策旺饶丹兵侵西藏，敏珠林寺遭到破坏，财物被掠。洛钦仁波且、多尔增·洛桑丹贝坚参、顿色·白玛居美嘉措、顿色·格循、强佐夏仲勒珠等著名高僧被害；顿色仁钦南杰被迫经过藏门地区逃到康区娘绒嘉都巴寺院，德达林巴之女杰尊·弥居贝仲经帕里逃往哲孟雄（锡金）。十年“文化大革命”期间，这次破坏使敏珠林寺几乎成为废墟，群科伦布拉康、朗杰颇章等大型建筑夷为平地，只留下断壁残垣。

寺院实行赤巴和堪布负责制。赤巴也是寺院中的最大活佛,父子相承。第一代至第九代在德达林巴家族内部传承,从第九任德庆曲珠开始,德达林巴的世系中断。按照多康娘绒班玛都底活佛的指示,掘藏师让惹多吉活佛作为德达林巴的化身,担任敏珠尔林寺赤巴,实际上他不在赤巴之内。到第十一任顿珠旺杰,由于他生活放荡,胡作非为,十三世达赖喇嘛图旦嘉措下令他隐居桑耶的钦浦修行三年,委任多尔增·朗杰嘉措为赤巴。第十三任阿旺曲扎,是多尔增·朗杰嘉措的胞弟,由摄政热振图旦绛贝益希任命。他担任赤巴期间,敏珠林寺僧人从170人猛增到三百余人,1980年圆寂。

敏珠林寺的历任堪布,第一任杰色·丹贝尼玛,是达德林巴的胞弟;第二任达摩室利;第三任邬坚丹增多吉,亦叫斯努堪钦,他是第三任赤巴仁青朗杰之子;第四任居迈桑阿丹增,是第四任赤巴居迈白玛丹增的胞弟;第五任邬坚群佩,是白玛丹增之子;第六任贡噶次程多吉,是第八任赤巴的胞弟,担任过第九任赤巴;第七任钦孜诺布,为第十一任赤巴顿珠旺杰之弟。中间由格窘·洛萨嘉措、邬坚曲扎、邬坚格桑、多尔增·南周嘉措活佛、噶宇多尔增活佛、多尔增·德庆曲增等人担任。

敏珠林寺不仅教授佛法,而且传授医学、天文历算、书法等知识。解放前从这里培养出来的僧人经常被抽调到拉萨曼孜康负责研究历算,编纂《藏历年表》。有些优秀僧人还担任噶厦政府僧官学校的格贵钦波(大掌堂师)等职。

次仁炯寺　位于西藏琼结县琼果乡。虽然寺院规模不大,影响却非常大。创建人系宁玛派著名高僧贡钦·晋美林巴(1728—1791),本名叫晋美旺波,全名叫钦孜欧色晋美林巴,或叫隆庆珠古让迥多吉。生于琼结白日洛河地方,今琼果乡白日村。他6岁进入贝日当欧色塔钦林寺(即贝日寺)出家,由阿旺洛桑白玛活佛剃度授戒,取名白玛钦孜欧色。他从小学习非常刻苦,而且兴趣广泛。10岁时,他获悉阿阇黎苯赞巴讲解有关天文历算知识,立即前去听讲;同时,学习了医学方面的三部典籍;从仲达曲巴学习《诗镜论》。13岁时,他向仁增塔却多吉听讲大手印法,两年后从阿旺贡噶勒巴窘乃受沙弥戒。他还先后依止德庆智迈林巴、香雄达摩格底、珠旺室利那塔、丹增益希伦珠、周塘温·白玛却珠、门杂噶尔喇嘛达结等,认真学习旧译密典教诫及伏藏,兼习新译密法。每当看到别人残害生灵、捕杀动物时,他都于心不忍,抱以同情心。从25岁到35岁之间,他前后在桑钦梅脱浦和桑耶钦浦等地方静修,修通气脉,证悟明点瑜伽。成年以后,他前往后藏、康区及不丹等地学经,回到故地后与东嘎和贝秋豁卡的一个妇女成婚。他一边著述,一边筹措资金,在琼结松赞干布陵墓南侧修建了贝次仁炯白玛欧色塔却林寺,意思是"吉祥长寿地莲花生光明胜乘洲",简称次仁炯寺。

晋美林巴一生始终以隐居瑜伽士的身份进行宗教活动,曾发掘出隆庆饶绛巴埋藏的"娘提"(心滴)经续,广为传讲。他利用德格土司等诸方人士所献的财物,抄写了《甘珠尔》《宁玛密续全集》等经续和《协扎玛传》唐卡60余种,向供放松赞干布、赤松德赞、赤热巴巾等祖孙三代法王的各佛殿献供。他还向桑耶寺提供了一幅用百两黄金制成的法轮,修建了银质弥勒佛像,并救济穷人。他整理出敏珠林寺所藏书籍,编写完成了《宁玛密续宝故事赡部洲庄严》,对旧译密典作了全面修订。萨迦赤钦·阿旺贝丹曲窘兄弟、直贡活佛、多吉扎活佛、洛扎活佛、珀东·丹增觉罗活佛、甘丹寺绛孜和夏尔孜两扎仓堪布、门域措那寺活佛等高僧和著名人物都向他求过法,他经常和噶玛巴活佛和直贡活佛保持书信往来。上首弟子有珠旺晋美程勒欧色、晋美嘉哇涅格、门地的克珠晋美贡周等。著作凡九函,内容非常广泛,其中影响较大的有《功德藏本释》《宁玛续集释源》《密意集经广疏》《隆庆娘提伏藏论》等。

次仁炯寺初建时规模不大,只有一个殿堂,内供弥勒佛和莲花生像。1783年,晋美林巴建寺后,在这里完成了《当木措》一书,书中对藏王陵墓和有关各寺的历史作了详细描述。迄第三代活佛晋美·曲吉僧格主持寺院期间,把原殿建成二层,增修了僧舍和拉章,新雕隆庆饶绛巴像和铜质鎏金莲花生像。

次仁炯寺创建以来一直作为尼姑寺,1958年尼姑人数达到47名,主要由贝秋谿卡和贝日提供生活来源。“文化大革命”期间,寺院遭到毁灭,现已修复。

桑妥白日(吉祥铜色山)寺 位于林芝县境内,距县城有49公里。又叫布久喇嘛林寺。寺庙依山傍水、林木茂盛,风景秀丽。寺庙建筑设计巧妙,华丽庄严,造型气特,独具风格。寺庙大门及大殿两侧竖立着用树木刻制的男性生殖器和女性生殖器,色彩鲜红。

分布在藏区其他地方的宁玛派寺院、尼姑庙还有数百座,但均规模较小。桑耶寺、昌珠寺等虽然曾作为旧传密法的主要活动场所,但随着岁月的流逝逐渐被其他教派占领,昌珠寺改奉格鲁派,桑耶寺现在是一座宁玛、格鲁、萨迦等教派僧人合住的寺院。宁玛派还有一座比较独特的寺庙是杂绒布寺。它是一座尼姑寺,是西藏海拔最高的一所寺院,位于西藏定日县境内海拔5700多米的珠峰脚下,珠穆朗玛峰的绒布冰川溶化的河水在寺院前面流淌。这所寺院有新旧两所,旧寺叫做杂绒布,位于现寺南面三公里处,原为尼姑修行的地方,从遗迹上看规模较大。现在的绒布寺由阿旺丹增诺布于1902年建成,归属敏珠林寺,原有大上师住的楼房和六座僧尼住房,下辖尼泊尔的塔姆、坦波切和赤旺等寺,附近有扎绒、东阿却林、桑丹却浦、扎西通门、却林果、江曲塔林和雍仲等七所属寺。后来大部分佛殿被毁坏,现只有一座陈旧的小经堂和几间僧舍,住寺僧人以尼姑为多,主修《大悲观音仪轨》和莲花生所传教法,定期举行宗教活动。

另外,在四川、青海等地也有数百座宁玛派寺院,其中规模最大,影响最大的有迦托、白玉和佐钦三寺,其余寺院大多作为此三寺的子寺存在。

二、学经特点及教学内容

宁玛派由于其教法教典的特殊性和传承关系的复杂性,同其他教派相比具有许多特点。就他们的僧人组成人员来说,可以概括为两类:一类叫做“阿巴”。“阿巴”的意思是“咒师”,最早出现于吐蕃时期,是特殊历史条件下的产物。当时由于苯教比较盛行,加上佛教初传西藏,僧伽组织不健全,为了迎合苯教巫师的宗教生活方式,一部分参佛者便居家诵咒,修炼密法。虽然他们不是正式的僧人,同样严以律己,苦读佛典,兼习咒术和医术。朗达玛灭佛后,佛教遭到沉重打击,那些热诚于佛法的人,慑于来自其他方面的压力和威胁,在家中以父子相传的方式弘扬佛法,或以瑜伽士、游学僧的装束进行宗教活动。

11 世纪宁玛派正式创立以后,这种方式仍然十分流行,人们习惯把这一部分人叫做"阿巴",藏区有些地方甚至直接叫他们"本本子",这可能是他们的宗教活动方式和做法与苯教徒相似或相近的缘故。实际上,两者有很大的区别。"阿巴"僧人,也分两种:一种是正式僧人;另一种是不进佛门,居家娶妻生子,比起俗人来,他们精通密法咒语。另一类是居住寺院学经的人,这一类人虽然长居寺院,并不全是受戒的僧人,而且有的虽然身居寺院,却有妻室儿女,如大小素尔和敏珠林寺的德达林巴活佛就是父子相传和相承,大多数掘藏师都属于此类僧人。

宁玛派由于僧人组成的特殊性,学经呈现多样性,颇具特点。在西藏,宁玛派的教法传承是从 8 世纪开始的。当时是边学边译,再学传讲,虽然译介者有侧重,求学者很少有选择,像娘·益希循努和努·桑结益希以及他们的弟子在学习上都没有严格的规定与限制,基本上经、幻、心三类密法都学,采取口、耳相传的教授方法。大素尔创建邬巴隆寺以后,专门设立了讲经院和修行院,所学课程仍然以《佛说密意集经》《幻网经》等密典为主,相比之下对于显教理论的学习和研究不够。在教学方法上,他们主要采取口授,比较系统地钻研经义者相对较少。在寺院学得一定的知识后,他们游历各地传讲,仍然保留着瑜伽行者的生活方式。

宁玛派正规的学经制度是从十五、六世纪以后才建立的。相继出现的多吉扎、敏珠林等西藏境内的大寺院和分散在四川甘孜藏区、青海果洛地区的宁玛派著名寺院,依照格鲁派的学经制度及管理方式,也制定了自己的学经制度,规定了学经内容。他们首先强调因明学和显教经论的学习,打好理论基础,然后进修密法。有些散居寺外的僧人和活佛直接学习密法,在修炼过程中研究显教经论和因明、对法等方面的知识。除了重视僧人等级外,很少有像格鲁派那样的学经制度。

14 世纪以后,由于隆庆饶绛巴的大力提倡,宁玛派僧人开始重视学习显教理论,逐渐纠正过去注重密法修炼而不重视理论修养的偏向。在显教方面,主修《现观庄严论》《中论》和中观应成派的其他论著。密教方面的根本典籍是《大圆满菩提心遍作王》《金刚庄严续密意集》《一切如来大密藏猛电轮续》《一切如来遍集明经瑜伽成就续》《胜密藏决定续》《释续幻网密镜》《决定秘密真实性》《圣方便绢索莲花鬘》《幻网天女续》《秘密藏续》《大悲游戏续》《文殊轮秘密续》《文殊轮秘密后续》《胜马头金刚游戏续》《甘露》《空行母焰燃续》《猛咒集金刚根本续》《世间供赞修行根本续》,这十八部经续概括为身、语、意、事业、功德五类。它们和差遣非人、猛咒诅詈和供赞世神三部世间法,通称"修行八部",反映了宁玛派佛苯结合的思想特点。十八部经续中,最重要的是《金刚庄严续密意集》、《幻网天女续》和《秘密藏续》,它们是经、幻、心三部的代表经典,这些经典主要讲心识法。

后来,把隆庆饶绛巴的《七宝藏论》也作为主要教材学习,其中有:《大乘口诀论如意宝藏》,简称《如意藏》,全文共 22 章、共 30 叶,分别讲述小乘佛教各派和古印度五大哲学派别的基本理论;《口诀宝藏》,全文 56 叶,以六法的形式对《功德宝藏》提出的有关生死轮迴法和解脱途径作了说明;

《胜乘宝藏》,全文共 25 章、481 叶。根据《大秘决定十七密乘经》,详细阐述大圆满十七续，一百十九种口诀，以及佛身形成变化的特点；《诸乘明义宗派宝藏》，全文 8 章、148 叶；《教理宝藏》，共 4 章、11 叶；《无上秘密光明金刚藏三地明论——词义宝藏》，简称《词义宝藏》，别名《光明藏》，共 11 章、182 叶。重点阐释《胜乘宝藏》第六章以后诸章的内容，即大圆满心、界、口诀部的意义等。

另外，还有金刚橛法、甚深娘提法、空行娘提法和伏藏等。宁玛派还结合密典、咒术，学习历算和医术，这是他们最大的特点，其他任何教派都无法相比。

三、宗教礼仪和神

宁玛派由于其修行方式的独特性和宗教仪轨的复杂性，被世人另眼相待。也因为它奉行的特殊教法和受莲花生的影响至深，在宗教仪式方面仍然保留了用人的身体的某一部分祭祀的遗风，学术界往往把这些完全归于苯教习俗。其实不然。我们承认佛教在西藏的传播过程中受到了苯教的影响，但这并不能说明宁玛派全部源自或照搬苯教的思想和方式方法。毋庸置疑，同其他教派一样，宁玛派的理论依据仍然是佛教思想，之所以遗留下许多特殊的宗教仪式，除了受苯教文化影响，与莲花生所传的密法仪式有密切的关系。前面说过，莲花生是西印度邬仗那人，那里一度是多种宗教和民间方术比较兴盛的地方，可以说是各种人为宗教和原始自然宗教的大熔炉。形成于这一地区的密教思想同样受了这些诸多宗教和印度教、湿婆教的影响。莲花生从小生活在这里，对于那里的魔法、妖术和密法十分娴熟。他进藏后，针对藏族传统宗教苯教和上述各种宗教的共同点及相似的特点，一方面利用飞升、点金、起死回生、切断法、中阴游魂法以及一些比较恐怖的巫术对付苯教，表演与各种现象的妖魔鬼怪接触的戏法；另一方面，则运用苯教巫师所使用的摇鼓、腿骨号角、法铃等法器来迎合苯教，使佛苯相互认可，相互吸收，最终融合。因此，形成了宁玛派宗教仪式的特殊性。

《莲花遗教》等史籍中记载了用人骨制作宗教法器的情况。蔡邦氏王妃为了抵制佛教，规劝赤松德赞放弃佛教信仰，这样贬低莲花生所传密法："所谓噶巴拉，就是人头骨；所谓巴苏达，就是掏出来的人的内脏；所谓冈凌，即用人胫骨做的号；所谓辛且决希，就是展开的一张人皮；所谓热噶达，即在供物上洒人的鲜血；所谓曼荼罗，就是一团像彩虹一样的颜色；所谓金刚舞士，就是带有人骨头做的花鬘的人"。这里暂且不论它与苯教的关系，8 世纪莲花生在传播密法过程中的确使用过这样的法器，其中相当一部分在以后宁玛派的宗教仪式里被保留下来，"并且对藏传佛教各派都有一定的影响，自达赖五世起，凡是西藏发生重大事情时，都要请宁玛派僧人来举行这类活动"①。

宁玛派沿袭了吐蕃时期的许多宗教活动和节日，其中"次旧"（初十节）节是最通行的一种节日。除了宁玛派，其他教派的一些寺院也庆祝这个节日。此节日是为纪念宁玛派始祖莲花生而举办的，按照规定每月初十都要举行。还有如下节日：

一、鬼宿月初十节，即藏历十二月初十日，纪念莲花生诞生。相传，邬仗那某地王因

---

① 常霞青：《麝香之路上的西藏宗教文化》，浙江人民出版社 1988 年版，第 128 页。

陀罗菩提因无子嗣每天拜佛诵经，救济穷人，希望能有个孩子。一日大臣来报，说湖中莲花上端坐着一个孩童，因陀罗菩提十分高兴，率领群臣前去观看。果真发现孩童，问明来历后带到宫中，收为养子，这天是鬼宿月初十日。藏文资料记载，举行鬼宿月初十节，能消除身体疾病，开阔眼界，增长智慧，抬高权势地位。

二、星宿月（藏历一月）初十节，纪念莲花生初习佛法。相传，莲花生成年后娶妻，摄理国政。由于在宫顶跳舞时金刚铃和锡杖失手，掉落楼下打死大臣俄巴达之子扎达迦罗玛和他的母亲，因此大臣们要求因陀罗菩提王处死莲花生。因陀罗部底王迫于压力，把莲花生赶出王宫。莲花生离开宫殿前往无忧林，吟唱道：身无常似隘险之树；语无常象山顶云雾；意无常若天空雷电；寿无常如草尖露水。他在印度噶窘岩洞修炼了七日金刚界曼荼罗法。继后，莅居金刚座西南的清凉寒林修行。

三、翼宿月（藏历二月）初十节，纪念莲花生成为比丘僧。相传，莲花生在求学途中遇见释迦弥止和释迦友，结伴前往扎玛尔恰吉坚谒见轨范师扎菩哈底，从学瑜伽续部法，然后去阿苏罗岩洞拜见阿难，受出戒家，取名“释迦狮子”，不久受比丘戒。

四、角宿月（藏历三月）初十节，纪念莲花生和曼达热瓦建立师徒关系。莲花生从中印度游学来到东印度（萨霍尔），和公主曼达热瓦相识，准备以师徒相待。这一举动遭到萨霍尔王的强烈反对，他把公主关在宫中，下令将莲花生烧死。结果莲花生施展法术平息了烈火，迫使萨霍尔王认服作了弟子，同意把公主嫁给他。布达拉宫有曼达热瓦和莲花生、益希措杰三人塑像。

五、氐宿月（藏历四月）初十节，纪念莲花生重回邬仗那传教。莲花生和曼达热瓦被萨霍尔王用火烧七日未能烧死，离开东印度前去邬仗那。由于原来反对他的部分大臣的谗言，再次遭到火烧和其他酷刑折磨。莲花生用同样的法术死里逃生，使当地君臣和围观者认服，他们纷纷皈依，听讲佛法。

六、心宿月（藏历五月）初十节，纪念莲花生调伏外道信徒。相传，莲花生抱着战胜外道的决心，由西印度南下与五百外道师辩论，取得胜利，然后，隐居森林修行。诸魔多次制造障碍，阻止其修炼。莲花生施展魔法降雷电烧死外道信徒，幸存者全都皈奉了他，从此世间太平，没有任何灾难。

七、箕宿月（藏历六月）初十节，纪念莲花生再生。相传，无量光佛照见因陀罗菩提因无子嗣，心情非常痛苦。于是，他把心中的种子播在邬仗那达那廓舍湖中，因此出生一位具有三十二种妙相的莲花化身。举行此节，祈祷古茹莲花生能亲近每个人，根据不同的接受能力讲经说法。

八、牛宿月（藏历七月）初十节，纪念莲花生征服外道僧王。莲花生降伏外道师以后，被赤铜洲的外道僧王昆泽吉抓获，置于大铜锅内封死盖口投入大河。莲花生使用法术逃出铜锅飞上天空，操纵铜锅装满河水准备冲毁王宫。这时，那位僧王和大臣十分害怕，表示忏悔，归奉莲花生，学习佛法。

九、宫宿月（藏历八月）初十节，纪念莲花生战胜毒害。相传，外道师和楞伽（斯里兰卡）王妄图以带毒食物、见毒、触毒和嗅毒害死莲花生，不料任何一种毒都不能毒死莲花生，反使他容光焕发。

十、娄宿月（藏历九月）初十节，纪念莲花生来到尼泊尔修行传教。莲花生战胜外道僧后，来到印度和尼泊尔边界隐居狮子岩洞修炼。他发现狮子抚养着一个被人遗弃的姑娘和其他东西，预感尼泊尔要遭受妖魔侵袭。于是，他利用所修的金刚橛法征服了众妖，在尼泊尔摄收弟子，传授密法。

十一、昴宿月（藏历十月）初十节，纪念莲花生进藏传法，协助修建桑耶寺。8世纪赤松德赞执政期间，采取了一系列抵制苯教、支持佛教发展的措施、为了对付苯教徒的破坏，采纳寂护的建议，派人迎请莲花生入藏。在进藏途中，莲花生降伏妖魔，把苯教所信奉的象雄战神杂门、十二永宁地母、十二位地神、雅拉香波山神和念青唐古拉山神等收为佛教的护法神，在西藏树立佛教胜幢。

十二、觜宿月（藏历十一月）初十节，纪念莲花生向益希措杰和公主白玛萨授法，埋藏伏藏。桑耶寺建成后，莲花生居住在钦浦专心修炼，当时公主白玛萨（赤松德赞之女）年仅8岁，身患重病，命在旦夕。赤松德赞请莲花生诊治。莲花生向赞普详细讲述了公主的历代身世，并预言佛法在西藏的命运。为了能够保住经典，莲花生采取了埋藏经籍的办法。当时，在桑耶寺大殿埋藏了上师藏、轨范师意藏、正法藏、历算医药典籍、咒语仪轨典籍、工艺典籍等。西藏其他地方也埋藏了不少典籍。

宁玛派的各大寺院每年都举行“次旧”法会。敏珠林寺从建寺初期的1696年开始就举办这种法会。轨范师洛桑扎西和其他僧人联合设立了“恰央学院”（歌舞学院）。由于全体创建者的共同努力，按照古茹曲旺发掘的伏藏《集密上师羯摩仪轨》编定了舞步。噶举派和萨迦派的一些寺院也定期举行活动，庆祝这个节日，像扎叶巴寺的“次旧节”也非常著名，叫做“叶巴次旧节”。据传，莲花生曾到叶巴寺，寺院诸神隆重集会，跳起各种舞蹈表示迎接，这天正好是藏历七月初十，故名“叶巴次旧”。

“智达德钦”节，每年五月初十日举行。相传，这天是莲花生大师的诞生日。每逢此日，山南西扎和洛扎喀曲寺院以及附近群众举行活动。节日期间，除了跳神舞，还开展其他活动以及各种祭祀仪式。

宁玛派其他一些宗教节日基本上和格鲁派相同，如萨嘎达瓦节、纪念释迦牟尼佛诞辰和圆寂，等等。

宁玛派所供奉的佛、菩萨、本尊和神像，种类繁多。学术界普遍认为，文殊身、莲花语、真实意、甘露功德、金刚橛事业和差遣非人、猛咒诅詈、供赞世神为八种主要供神，这八种同时也是宁玛派僧人所学的八部教授。其中，前五部是对十八部根本经籍的概括，被称为“出世间五部”；后三种称为“世间三部”，是从苯教神祇转化而来的。按照《西藏的神灵和鬼怪》的分析，文殊身，是指文殊身神及随从神。文殊，亦称“妙吉祥”。宁玛派所说的文殊是就密教而言，其形象各种各样。莲花语，指无量光佛及其随从众神。无量光佛是原生佛，无量寿佛是其化身。一般其形象双手作定印，跏趺坐于道座上，双手托金刚杵，也有其他形象的无量光佛。真实意神，指超沃杜兹齐瓦，意思是“忿怒甘露旋”，面呈怒相，右手持金刚杵，左手作出恐吓印，腰系虎皮，一足屈起，另一足立于日莲座上，八条龙环绕。然而,由于它所伏的对象不同,所现示的形象也各异。甘露功德神,一般指胜乐,其形象有三头六臂、九头十八臂和二十一头四十二臂等三种。金刚橛事业神,指金刚橛本尊神,有单身和双身等多神。在壁画和唐卡中,单身像只画上身,腰以下为尖锥形,身色呈绿、蓝、白、黑四种。双身金刚橛神像六头六臂,四条腿,拥抱明妃,双手握金刚橛。

八部中的后三部众神来自西藏本土文化,包括十二丹玛女神、八星相神、二十八星宿神、八龙神、念青唐古拉山神、玛卿雪山神、布来神、雅拉香波雪山神和其他赞神、地方神,也有针对苯教信徒,结合印度民间神祇创造的药魔众神、召遣女魔神、玛摩嗾使神等。相传,这些神灵原本为苯教供奉的神,莲花生进藏途中降服,改造为佛教的护法神。

十二丹玛女神,也叫做十二永宁地母神,一般认为她们是长寿五姊妹女神的从属神。关于她们的名称和居处,史书所说互异,每个教派的说法也不尽相同。按照宁玛派所说,岗噶夏迈玛神骑乘三腿骡,居住多吉扎嘎尔(金刚白岩);喀热穷宗玛神骑良种白马,居住玛卿包热雪山;多吉玉仲玛神骑乘绿水马,居住乌如的喀蔡;多吉贡扎玛神骑乘绿色公水牛,居住大神居住(纳木措湖);吉塘雅玛窘神骑乘金色雌鹿,居住洛域德娘;俄曲雅玛赛神骑乘九头乌龟,居住拉齐德娘;热久玛神骑乘绿松石龙,居住尼泊尔金洞;赞拉惹贝曼久玛神骑乘三腿骡,居住那来香来;雪山女神玉彭玛骑乘花斑纹虎,居住工域工普洞;切协佐欧绛玛神骑乘公牦牛,居住芒域芒当;北部玛当当姆宗神骑乘大野牦牛,居住乌如年保;达拉赞姆斗巴都神骑乘白斑熊,居住珠域迦蔡。由于她们居住的地方和乘骑的坐骑不同,身色和标志也不同。有些藏文文献中把十二丹玛分成三组,四位大魔女脸色呈黑色,长相十分丑陋;四位大夜叉女神,面呈红色,满脸怒气;四位大勉姆女神面部洁白,长相俊俏。

如上所述,除了一些有本派特色的神像外,宁玛派所供奉的神像大多数和其他教派寺院所奉佛、本尊像相同,如释迦牟尼像、无量光佛像、弥勒佛像、观音菩萨像和金刚持本尊像。从教义上说,普贤佛是他们的主供佛像之一。宁玛派认为,普贤是本初佛,为释迦牟尼佛的法身,主持宣讲大圆满密法,其形象和释迦牟尼佛基本相似,头顶长着肉髻,全身赤裸,呈现青色,有双身和单身等几种形象。

本尊神当中,除了上述几种外,尚有马头金刚像、大威德像等。马头金刚主要由莲花生所传,其形象众多,但有一个共同特点,即都是忿怒形,头呈绿色。

赤松德赞、寂护、莲花生三人像几乎在每座宁玛派寺院中都有,其中莲花生的形象是针对不同的调伏对象而雕造的,所以有好几种形象。最常见的有两种:一种是头戴红色尖顶帽,抱着骷髅杖,左手端着骷髅碗,右手持金刚杵,坐于莲座上,衣服为红色,下着绿色,身披红褐色袈裟;另一种是头戴佛冠,这是他降伏妖魔、讲授密法时的形象。

第八章　萨迦派的创立及发展

萨迦，藏语意为“灰白色的土”。它既是地方名称（今日喀则萨迦县），又是寺院和宗派名称。萨迦派是藏传佛教的一个重要派别，正式创立于11世纪。它的最大特点是理论庞杂，思想繁琐，既坚持“万法唯识”，又主张“缘起性空”。它以印度著名密教大师毗哇巴所传的“道果教授”为核心教法，建立在阿赖耶识基础之上。它认为生死涅槃无别，实为一体。

13世纪，萨迦派和蒙古王室发生联系，归奉元朝。在元朝中央的支持下，萨迦派建立起萨迦地方政权，统领西藏十三万户，因此而得到很大发展。进入14世纪，贡噶洛追坚参任帝师时，任命其四兄弟为四拉章，各有自己的座主，从而导致萨迦昆氏家族内部分裂，争权夺利。这时候，元朝开始衰落。帕珠噶举派于1349年进攻萨迦，1354年占取后藏，推翻了萨迦政权，萨迦派随之失势。一向热衷于政治利益和世俗权力的萨迦派僧人，开始把眼光转向教理，重新关注宗教活动。于是，在显教方面出现了仁达哇·循努洛追等学术巨匠，在密教方面相继形成了俄尔、贡噶和擦尔等学派。直到近代，萨迦派在西藏和四川甘孜等地区仍然有一定的势力。

第一节　萨迦派的创立和兴旺

一、贡却杰波与萨迦派的创立

贡却杰波是萨迦寺的修建者，也是萨迦派的实际创始人。根据《萨迦世系史》和《汉藏史集》等史书记载，他是昆氏家族人。昆氏家族是西藏古老氏族之一，正式得名于公元8世纪的昆·贝波且。他娶朗萨尼琼玛为妻，生下鲁耶旺波和多吉仁钦等四子。

鲁耶旺波是吐蕃早期出家僧人之一。在三位年轻译师中，他“以心地虔诚、精通显密经咒著称，又向莲花生大师学习了金刚杵、正精进等许多教法，在叶尔巴的山崖处修行获得成就，因此昆氏在教法方面也获得极大的声望”①。

多吉仁钦早年从莲花生和兄长鲁耶旺波学习密法咒语，修得成就，被称为贤能。后来，他同没庐氏央隆吉婚配生下七子，分居芒域、贡塘、格、涅洛绒、年夏、仲巴雅隆等地。据守仲巴的喜饶云丹排行第六，他娶妻生下三子，长子和幼子居住雅隆地方，次子据守达羌仓。长子祖多喜饶有七子，第五子格嘉从雅隆移居夏卜地方。格嘉有二子，长子格通之子为昆顿·帕波，以修炼金刚杵密法而著称。帕波的儿子释迦洛追，即是昆·贡却杰波的父亲。

昆·贡却杰波(1034—1102)生于后藏雅隆库多地方，今萨迦县扎岗乡雅隆村。兄长昆若·喜饶次程是一个在家居士，恪守戒律，没有成立家室，专以修法为主，精通旧传密法，熟谙般若学。贡却杰波自幼受到宁玛派思想的影响，年轻时随父亲和兄长学习旧传密法和般若等佛教哲理，掌握了家传教法和世间术数。在被称为萨迦旧寺的扎沃垅巴的巴钦颇章，他经常和兄长一起静修悟道，耳闻目睹旧传密法日益衰颓，新译密法日臻兴旺，渴望得到新密法。一次，兄长对他说：“现在是密法错乱颠倒之时，今后在吐蕃修习旧密法的人已不可能获得成就。我们家所有的教法，有自己的功效。我家祖上的经典佛像都在芒喀地方的学者卓弥译师那里，你可去向他学习教法。”②于是，兄弟俩在巴钦颇章建立了三座佛塔，埋藏好神像、经典和法物。然后，贡却杰波带着马匹和财物北上芒喀的牛古隆寺拜谒卓弥译师，不巧卓弥外出传法。贡却杰波返回雅隆寒林，从正在那里修行的秦译师听受《喜金刚续第二品》。遗憾的是，学习中途，秦译师去世了。临终前，秦译师留下遗言：“未学完之法，可到芒喀向卓弥译师学习。”贡却杰波第二次到娘古隆寺谒见卓弥译师，献上从家乡运来的马匹和珠宝。从卓弥译师那里，他得到了“道果”教授和全部经教，成为卓弥“圆满经续五弟子”之一。之后，贡却杰波还从桂·库巴拉孜学习“集密”；从来藏的邬仗那班智达喜饶萨哇(慧明)学习五明点法；从玛完曲贝尔译师听受《胜乐》和《成就藏》法；从玛觉译师和巴日·仁青扎学习发菩提心法。另外，他还从止迈译师、布让译师、南喀贝兄弟、昆·吉秋哇和结热阿僧等名师学习其他密法，基本上掌握了新译密法，堪称新旧密法教主。此后，他在尚域嘉雄地方修建了一座佛塔，以纪念其父和兄长，塔中装藏了一对金刚橛。一日，贡却波杰和众弟子登上巴钦颇章附近的一座山坡，举目向北远眺，看见仲曲河北面峰峦起伏，山冈连绵，本波日山形似一头巨大的卧象，山坡右侧土地呈白色，油光发亮，齐集瑞祥之相。他想：如果在那里建造一座寺院，将会对佛法和众生大有裨益。于是，1073年秋季，他以一匹白骡马、一套女装、一串珠宝、盔甲一副等购得门卓以下、帕卓以上两峡谷间的山地，在本波日山坡修建了古绒寺，因地土呈灰白色，故名“萨迦寺”，萨迦派因此而得名。

贡却杰波并非出家僧人，而是一个在家居士。他以萨迦寺为根本道场，传授从卓弥·释迦益希那里学来的道果教授，萨迦派僧人因此尊奉卓弥为该派创始人。从法统上

① 《汉藏史集》，陈庆英译，第190页。

② 《汉藏史集》，陈庆英译，第196页。

可以这样说，但把卓弥·释迦益希作为萨迦派的实际开创者并不合理，毕竟是贡却杰波修建了萨迦寺，萨迦派因此寺而得名，萨迦派的经营统治者也是昆氏家族人。贡却杰波执掌萨迦寺法座30年，建立了以昆氏家族为中心的僧伽组织，把建立在阿赖耶识基础之上的道果教授作为本寺的核心教法。

贡却杰波时期，在教法传授方面主要采取口耳相传的方式，侧重于密法，不注重文字著述。真正使萨迦派兴旺的人，是"萨钦"贡噶娘布及其子孙。

二、萨迦五祖与萨迦派的兴旺

1.初祖贡噶娘布

贡噶娘布(1092—1158)是贡却杰波和次妻觉姆尚莫之子。他自幼深受家庭教育熏陶，对佛法表现出浓厚兴趣，父亲亲自传授"喜金刚"灌顶和道果教授、要诀。1102年，父亲去世时，他尚年幼，无法承嗣萨迦寺法座。由母亲出面决定，派人从巴绒喀莫请来他父亲所尊敬的老师巴日译师，请他摄行萨迦寺法座。

巴日译师(1040—1111)，全名叫巴日·仁青扎，是后藏贡塘地方人，曾游学于中印度菩提伽耶寺，在不空成就方面很有造诣。回藏后，他居住巴布绒喀莫翻译佛典，摄授弟子，名声很大。他翻译的佛典收入《大藏经》的有：《不空羂索心咒大乘经》《圣具光陀罗尼》《一切如来顶髻尊胜陀罗尼》《世自在品》等等。巴日译师在代理萨迦寺的同时，担任贡噶娘布的经师。一次，他教导贡噶娘布说："你是佛子的儿子，应当学习佛法，要学佛法需先有知识，可先念修掌管知识的文殊菩萨的心咒。"于是，贡噶娘布依教在夏尔拉章(北寺东院)刻苦钻修。他的悟性极高，仅六个月的时间便掌握了文殊菩萨的心咒和其他教理，打下了比较扎实的佛学理论功底。之后，贡噶娘布又到绒俄尔弥地方向章底·达玛娘布学习对法，还分别从巴日译师的弟子穷·仁青扎、梅朗蔡尔、喀郭巴·达玛坚参兄弟、吉曲巴·扎拉贝尔、贡塘巴·白觉洛追、布仁·扎觉喜饶等人学习中观、因明、《集密》、怙主帐面法、《喜金刚》《胜乐》等显密教法。1111年，贡噶娘布接替巴日译师，正式管理萨迦寺的一切事务。

继任教主后，贡噶娘布由众位长者推荐，继续从吉曲巴学习三部《喜金刚》方面的经续及其注疏《月光支隐微语诀》和其他有关密法；从色喇嘛那里得到了道果教授正本和附注、除障等经典。从29岁起，他历时4年，跟随卓弥的再传弟子、色顿喀热的亲教弟子香顿·曲贝尔，学习印度所传9种道果教授、25种隐微法、《喜金刚续》《集密根本续》《胜乐根本续》《四座本续》和《摩诃摩雅》法。此后，他又从尼泊尔班智达室利学习法相、时轮；从尼泊尔学者扎涅纳学习金刚瑜伽母法。47岁时，他从印度著名瑜伽士毗哇巴学到72种续部教授和14种甚深法门。他融会贯通所学诸法，丰富和发展了萨迦派的教法体系，建立了比较完整的道果教授。贡噶娘布的"道果"思想集中反映在《道果概论》一书中。他笔录了毗哇巴讲给那波巴的《金刚句偈》，注释了9种道果教授，首次把口耳相传的道果教授用文字记下来，并加以阐释。他在管理萨迦寺的48年中，正式确立了萨迦派的代表学说，因此被尊为"萨钦"，即萨迦派大师，贡噶娘布在萨迦五祖中排列第一，这足见他对萨迦派所做出的贡献。

贡噶娘布的弟子众多，其中全胜弟子贝母孜摩，即索朗孜摩继承了法位；僧伽罗的一位游方僧、绛曲赛贝达、贡巴吉贝尔瓦三人，被称为三位获得大手印成就的弟子；七位修忍弟子是至尊扎巴坚参、希协欧珠、噶顿·多吉扎、纳贡·索朗坚参、擦尔喀瑜伽士、贡巴欧扎和芒穷玛；有论著的弟子是那饶班第、堆贡·绛曲喜饶、木雅·巴扎杂罗、协扎玛尔哇、伍由·雅布哇、帕木珠巴；四大博学弟子是拉堆巴·贡却喀尔、康巴·擦洛、乃蔡·贝顿和辛·多吉桑波。

2.扎巴坚参与道果理论体系的确立

萨迦派从贡却杰波开始，采取法位以家族相传的形式向下延续，允许僧人娶妻生子。贡噶娘布娶有二妻，是擦摩绒巴地方的姐妹二人。长妻觉嘉普姆生下贡噶贝尔，自幼从父习法，年轻时赴印度留学，不幸在返回时因中暑病逝于中印度的摩揭陀，年仅 22 岁。次妻玛久欧仲生下三子，长子索朗孜摩被奉为萨迦第二祖。

索朗孜摩(1143—1182)自幼随父攻读道果教授和其他密法、仪轨。17 岁时能流利地讲解十四部经续。为了能在教理和因明方面有所成就，1158 年他前往桑浦内邬托寺。这所寺院是卫藏著名的因明道场。索朗孜摩到桑浦内邬托寺时，该寺正由恰巴·曲吉僧格(1109—1169)主持。他是嘉玛尔哇·绛曲坚参的得意门徒，擅长中观和因明，注释过《慈氏五论》《中观二谛论》《中观庄严论》《入行论》等多部论著，尤其是《量决定论除暗本释》和《量论除暗》这两部著作成为后来藏传因明方面的基础课程，开创了通过辩论学习因明的新方法。

索朗孜摩成为恰巴·曲吉僧格的四大上首弟子之一。他主持桑浦内邬托寺 11 年中，在恰巴的指导下专攻中观、因明二学。回到萨迦寺后，他在古绒颇章西侧建造了高达二层的胜乐宫殿，藏语叫做“努·曲迈增喀德却颇章”。他长住此殿著书讲经，修炼密法。其著作有《喜金刚续第二品释·太阳之光》《道果传承祈词》《续部总论》《喜金刚续第二品词文》《桑布扎续释明要》《喜金刚现观广论》《息灭护摩论》《上师传承史》《入行论纲要》《入法门论》和《凡夫顺行论》等。索朗孜摩在世时间不长，但是从他开始，萨迦派僧人与其他教派之间的往来日益频繁，相互之间的联系得到加强；他把其他教法引进萨迦寺，从理论上完善了道果教授。

索朗孜摩有两个弟弟，长弟扎巴坚参(1147—1217)是萨迦五祖中的第三祖。他年满 8 岁时，从其父之弟子绛赛·达哇坚参受近事戒，乐于服侍和敬奉僧人；10 岁时，学习二十律仪和莲花金刚所传的“莲花修法”，次年即开始讲经，引起了许多人的关注，被尊称为“洛追钦波”，意为“大智慧”。1158 年，扎巴坚参接替兄长管理萨迦寺。从此，他在兄长索朗孜摩等人的指导下，学修《喜金刚续》及其注释续和相关的各种修法仪轨，以及《集密》《胜乐》《时轮》等无上瑜伽密法，掌握了各大学派的基本理论和修持方法。他严格恪守各种戒律，从未把身、语、意入于庸俗之中，视戒律为入修密法的基础。

扎巴坚参把讲、辩、修、著紧密地结合起来。无论多么生疏难懂的经典，他都能够用通俗易懂的语言表述解释，使听者容易接受理解；辩经时引论恰当，表达流利，对别人提出的疑难问题逐一回答。他的论著汇编成三函,收在《萨迦全集》中,内容涉及显密教法、戒律、历史、医药、天文等方面。

扎巴坚参从13岁开始主持萨迦寺,在位57年。他对道果教法做了进一步发挥,确立了道果理论体系和实践形态,完善了修持方法,使萨迦派处于初期发展的鼎盛期。另外,他对萨迦北寺进行了扩建,在森康宁巴(东院)西侧修建了高达两层、土木结构的郭孜宁玛祖拉康和细脱格笔玛(细脱措钦大殿),塑建昆·贡却杰波金灵塔、贡噶娘布灵塔和兄长索朗孜摩金像等。上首弟子有精通五明的贡噶坚参、旺秋扎巴、班第协尼扎;心传弟子有释迦扎巴、仁增扎、德顿·贡却扎、噶顿·多吉扎、赛顿·洛追扎、晋美扎等,其中释迦扎巴在萨迦寺内修建了苏康拉章(吉追拉康),内供扎巴坚参的雕像。

扎巴坚参的二弟贝钦欧波(1150—1203),是贡噶娘布59岁时所生。他虽然没有削发为僧,却通晓佛法和医术,一生行医,医治了不少病人。其著作有《医学八支·日光论》。他娶玛久噶普玛尼赤嘉为妻,生下长子贡噶坚参和次子桑擦·索朗坚参。

3.萨班·贡噶坚参和与八思巴·洛追坚参

贡噶坚参(1182—1251)是藏族历史上非常重要的一个人物。他不仅是萨迦世系中著名的寺主和杰出的教派领袖,而且是僧侣统治的建立者。从他开始,萨迦派和西藏进入了一个新的发展时期。他本名贝丹顿珠,自幼从伯父扎巴坚参受居士戒,学习道果密法,继承了父祖宗规。之后,向协顿·多吉杰学习慈氏教法;从玛恰·绛曲尊追和楚顿·循努僧格学习因明;从拉巴·绛曲沃学习佛教义理,同时熟习噶当派、息结派的教法及大圆满和大手印等密法。在语言方面,他不仅精通梵语且熟习勃律语,掌握了《声明集分论》。他自信地说:“声论师是吾,寻思吾论,恶趣者与吾不相似。韵律吾精,诗词归吾,讲述辞藻无有匹敌。择期吾识,内外遍知,智慧无比于吾。所有种种,皆为萨迦之人,诸余学者不过是吾之形影。”①由于他在因明学、工巧明、医方明和内明方面有很深的造诣,因此被誉为“班智达”。他曾在芒域吉隆帕巴哇都桑波寺附近的冲堆通过论辩战胜了一些印度教徒,“对外道师所提出的谬论逐条驳斥,使之语塞以辩论失败而告终。其次,为消除一切邪见,使之毫无矜骄,剪去发辫,遂于法王身边出家”②。据史书记载,当时参加辩论的南印度外道僧以帝释(诃利喜)和迦沃(阿难)为代表,共有六人,辩论进行了13天。

1204年,应绰浦噶举派的译师次程喜饶之请,释迦室利(全名迦湿弥罗班智达释迦室利巴扎,1127—1225)进藏传法。贡噶坚参遂从其及其弟子僧伽室利、善逝室利、擅那尸罗等学习大小明处诸论。释迦室利是迦湿弥罗(今克什米尔)噶弥人,父亲萨玛泽雅是当地一位大富商。他从10岁开始学习五明学,23岁皈依佛门,来到东印度求学因明和密法,堪称班智达。释迦室利在藏十年,巡游前后藏传法讲经,指导译经;并担任堪布,为贡噶坚参和多吉贝、绛曲贝授比丘戒;在原上路律法和下路律法的基础上另辟戒律传承。以后,绛曲贝和多吉贝分别创建了格敦岗巴寺和措摩钦哇寺,从中又分衍出切玛藏布哇

① 阿旺贡噶索朗著:《萨迦世系史》,西藏人民出版社1989年版,第61、74页。
② 阿旺贡噶索朗著:《萨迦世系史》,西藏人民出版社1989年版,第61、74页。

和曲隆巴系统，通称这四寺为“觉丹措德协”，意为“四师座寺”。

贡噶坚参与释迦室利居于同宗唯识学派，理论同源，思想基本相似。1204 年，贡噶坚参在江都尔祭奠父亲贝钦欧波返回途中，在曲米谒见了进藏传法的释迦室利，随学因明和佛教理论，建立法缘。1208 年，释迦室利从前藏返回，从其受取比丘戒，当时年仅 27 岁。据萨迦细脱拉章比丘桑旦嘉措说，释迦室利离藏前，和贡噶坚参合作翻译了龙菩提的《曼荼罗二十仪轨》和罗睺罗祥友的《曼荼罗仪轨双运明论》。因此，萨迦派僧人把贡噶坚参以前所传的集密教法叫做“旺噶宁玛”，意为“旧灌顶教诫”；把他以后的集密法称为“旺噶萨玛”，意为“新灌顶教诫”。但是，从贡噶坚参的著述窥知，他对显教教理、因明、戒律的研究远远超过对密法的修炼。他的《三律仪论》和《正理藏论》是阐述佛教戒律和因明学的著作。这两部著作不仅是萨迦派僧人的必修课程，而且对藏传佛教各派都有广泛影响。除此之外，贡噶坚参在文学创作方面成就突出，他的《萨迦格言》是藏族格律诗的代表作。

贡噶坚参不仅是萨迦派著名的一代学者，而且具有超人的政治才能。他第一次和蒙古统治阶级建立联系，把萨迦派带入了一个新的发展时期。他在建立西藏地方与元朝政权的关系中起了极其重要的作用。1240 年，成吉思汗之孙西凉王阔端派大将多达那波进兵西藏，在藏北一带烧杀抢掠，破坏严重，遭到了藏族人民的强烈反抗。在无法用武力征服西藏的情况下，他们采用宗教羁縻政策联络和分赏宗教领袖的办法。多达那波向阔端报告：在西藏，噶当派的寺庙最多，达隆噶举僧人的德行最高，直贡噶举派京俄大师的法术最高，贡噶坚参的学问最高。于是，1244 年，阔端从凉州向贡噶坚参致函，请他去凉州会面。贡噶坚参审时度势，立即与卫藏地区各方势力商议，决定前往凉州和阔端会晤。1246 年，他带领两个侄子八思巴和恰那多吉离开西藏，次年抵达凉州。由于当时阔端去参加蒙古推选可汗的库列尔台大会，贡噶坚参在凉州等了数月。会晤后，双方达成了解决西藏问题的协议，并由贡噶坚参向西藏写了一封“致僧俗劝降书”，说明了元朝管理西藏的具体措施和办法以及派官设治、徽纳贡赋等地方行政制度。从此，卫藏纳入中国的版图。从佛教角度讲，贡噶坚参的这次会晤不仅为萨迦派传入内地创造了条件，而且成功地建立了佛教与元朝统治者之间的友好关系，佛教尤其是藏传佛教开始在蒙古民众中广为流传。

尽管贡噶坚参在道果方面没有特别的成就，但是，他对萨迦派的普及和走出西藏打开了通道，奠定了基础。在贡噶坚参主持萨迦寺期间，大兴土木，创建了高达四层的细脱拉章和郭孜萨玛朗达古格殿。他应桑耶寺住持释迦贡的邀请，前往传法，将萨迦教法传播到山南地区；在前往凉州途经多康时，他就敦巴洛追萨提出的空性、法界和灭谛是否善行等问题进行解答；他在多麦和楚玛尔就如何修习大手印法进行辩论，表现出非凡的才能；他首次把萨迦道果法传到多康、多麦等地区，推动了萨迦派的发展。贡噶坚参于 1251 年在凉州圆寂，后被奉为萨迦第四祖。

贡噶坚参的弟弟桑擦·索朗坚参（1184—1239）自幼聪慧，学习家传教法，又好武艺。他曾以自己射箭所达到的距离为限修建了萨迦寺围墙。他一生共娶了五个妻子，生下四子四女。长妻玛久贡吉生了二子，长子即是萨迦第五祖八思巴·洛追坚参（1235—1280）。

洛追坚参“幼而颖悟，长博闻思，学富五明，淹贯三藏”，被视为圣人，故有“八思巴”（意为“圣者”）的美誉。他10岁时，随从贡噶坚参前去凉州，途经拉萨时，在大昭寺释迦年尼像前由贡噶坚参任亲教师，苏浦·曲吉绛曲任轨范师授予出家戒。他19岁之前一直跟随萨班左右苦心钻研佛法，除了接受萨迦派核心教法道果教授外，兼修戒律和其他佛教理论。以后，他又从其他教派的高僧大德学习佛法。在其上师中对他影响较大的，有迦湿弥罗班智达室利达塔迦巴札、洛布译师喜饶仁青、纳塘寺堪布钦·南喀扎、年·沃松贡波、阿阇黎云丹贝、吉布哇·措贡贡噶贝、象雄巴·多吉欧色、仁波且觉巴贝、瓜译师、恰译师之侄尼玛贝、仁波且多吉、扎普巴·本巴沃色、持律师多洛巴·释迦绛曲、绒寺堪布僧格色努、对法师旺秋尊追、密法师曲吉贡波、藏布哇·喜饶欧色、卫德巴·桑结本、达玛僧格等。学习涉及的内容包括大小乘佛教理论、密法、对法、戒律、经咒等，其中更多地接受了噶当派僧人的教授，表现出了很大的包容性和摄受性。1251年，贡噶坚参在凉州去世后，八思巴接替作了萨迦派教主，成为第五代祖师。

在对待元朝方面，八思巴坚持贡噶坚参的政策，“使西藏同中原保持统一的局面”。1253年，他进藏到达四川甘孜德格东面的曼雪地方建立了宗萨寺，作为弘扬萨迦教法的场所和进出藏的歇息地。之前，忽必烈南征大理，曾派兵征服西藏和四川藏区，发现噶玛噶举派在康区具有一定的势力，遂召见噶玛拔希和贡噶坚参，当时贡噶坚参已经去世，阔端之子蒙哥都送八思巴前去宁夏的六盘山谒见薛禅王忽必烈，结成了施主与福田关系。从此，八思巴追随忽必烈左右，王妃察必从其受密法灌顶。当时，内地在宗教界佛道互争优劣，争论不休。八思巴奉命经五台山于1258年抵达大都代表佛教一方和张真人为首的道教徒辩论真伪。据《大正藏》中祥迈撰写的《至元辩伪录》卷四记载，当时参加辩论的佛教代表有那番国师、八思巴、西翻国师、河西国师、外五路僧、大理国僧、汉地中都圆满超长老等三百余僧；儒士有窦汉卿、姚公茂等。丞相蒙速速、廉平章、丞相没鲁花赤、张仲谦等三百余人，作为证人；道士有张真人、蛮子王先生、道录樊志应、道刺魏志阳、讲师同志立等二百余人。辩论的主题是《老子化胡经》的真伪问题，结果道教一方败北，其中的部分参辩者削发为僧，皈依佛门。八思巴在这次佛道辩论中提高了声望，忽必烈从此更加了解八思巴及其渊博学识，决定利用萨迦派统治西藏。

1260年，忽必烈正式嗣继皇位（汗位），封八思巴为国师，并赐玉印。四年后，忽必烈迁都北京，设立总制院，授命八思巴以国师身份兼理总制院事。次年，八思巴奉命返回西藏，配合阿衮、弥林等元朝官员进行人口调查，建立了十三个万户，设置本钦制，荐举释迦桑波为首任本钦，正式开始了萨迦王朝政教合一的地方统治。忽必烈赐以“卫藏三路军民万户”之印。本钦实际上是西藏地方的行政长官，他有权推荐或任命十三万户的万户长，而本钦必须由帝师推荐、提名，由元朝中央政府任命。就是在这次回藏期间，八思巴创建了私邸，即萨迦南寺。

1269年，八思巴回到大都，奉命始制蒙古新字，次年创制完成，由元中央政府颁布天下,并且设立新字学士和蒙古翰林院等机构大力推行。这种文字就是八思巴文。因八思巴造字有功,他被封为大宝法王。

1276年,八思巴由太子真金率军护送,再次回到萨迦。次年,他在纳塘寺附近的曲米举行了有康藏七万僧人参加的盛大法会,简称曲米法会。法会以忽必烈的名义为施主。会上,八思巴捐献了黄金963两3钱、白银9大锭、锦缎41匹、彩丝缎838匹、绸子5858匹、茶叶120大包、蜂蜜603桶、酥油13728克、青稞37018克、糌粑6800克(一克约重28市斤),以及其他零碎物品。这次法会共举行14天,凡是参加的僧人每人分得黄金一钱。八思巴举办这次法会,一方面为显示站在他身后、支持萨迦派的元朝的强大经济实力和萨迦派在西藏的领袖地位,希望全体僧人服从和服务于萨迦地方政权;另一方面,他意在表明萨迦派尊重各教派一律平等的态度。史书记载,忽必烈曾赐予八思巴西藏僧人的事务全由萨迦派管理的诏书,说:"西藏地方只准修习萨迦派的教法,不准修习其他派别的教法。"八思巴反对这样做。最后由双方发布诏令,让僧人们努力修习自己教派的教法[①]然而,八思巴毕竟是萨迦派的领袖,他的宽容只表现在佛法上,这种尊重只是承认各派所修的教法,并不希望其他各派建立与之相抗衡的势力集团和另一个地方政权。

作为佛教一派的领袖人物,八思巴前后几次为忽必烈夫妇和其他皇室成员传授灌顶,每次灌顶后都得到非常丰厚的赏赐。其中第一次灌顶忽必烈以西藏十三万户和多康、多麦作为供养,并免除萨迦地方各种差税;第二次灌顶后,以三区作为供养;第三次灌顶后,以汉地出产的珍珠,如来佛舍利灵骨和白银一千大锭、绸缎五万九千匹等作为供养。1265年,八思巴首次回到萨迦。他"将自己得到的大量财宝物品,一部分作为奉献给印度金刚座等佛教徒应供奉的圣地的供养,一部分作为修建佛殿及供养各种佛像和佛塔的资金,还为萨迦派的前辈祖师们修建了灵塔及黄金宝盖等,一部分用来写造如来的经典",还有一些用于僧伽基金和布施贫苦民众。

1268年,八思巴委任本钦·释迦桑波为总负责人,以吉如拉康为蓝本设计修建萨迦南寺,扩建北寺;将萨班时期创建的细脱拉章扩建成高达九层的巨大建筑,周围增建了十几座佛堂,使萨迦寺形成了一个规模巨大的宫殿式建筑群。

作为萨迦派的领袖,除了政治活动外,八思巴考虑更多的是佛事,尤其是萨迦派的发展问题。在往返大都和西藏途中,他多次驻锡甘、青藏区,积极传播萨迦派教法。1264年,他从京都返回萨迦途经今青海玉树地区,在称多的噶瓦隆巴举行的万人法会上讲授佛经,传授灌顶,产生了很大影响,并收这里的胆巴·贡噶扎巴(即后来赫赫有名的胆巴国师)和仲巴·贡噶扎巴兄弟二人为徒,带他们到萨迦学经。这一年,应称多南部歇武宁玛派的多干寺僧人的邀请,前往传法,改该寺为萨迦派寺院,委其弟子坚却仁增秋仲为第一任堪布。

1268年,奉诏回大都途中,他再次来到称多讲经,命当地僧人智文措吉多吉在囊山山坡修建了噶赤都顿程桑木旦群科林寺,简称东程寺,宗奉西藏的俄日寺为母寺,成为称多

---

① 固始噶居巴·洛桑泽培著:《蒙古佛教史》,陈庆英、乌力吉译注,天津古籍出版社1990年版,第49页。

第二大萨迦派寺院;将歇武的苯教寺院赛达寺(下赛巴寺)改宗萨迦寺,赐名塔钦达结林。次年,他途经甘肃藏区时,命其随行萨迦格西·协日益希主持卓尼寺(又称噶丹贤珠林或定增达结林)。这所寺院原为一座宁玛派小寺,由协日益希改为萨迦派寺院。以该寺为中心,打击周围地区的苯教势力,发展佛教事业,弘扬萨迦派教法。八思巴令另一位弟子在河州韩家集修建了韩家寺,作为萨迦在安多进行政治、宗教活动的主要场所。

另外,八思巴在两次回萨迦途中还到过甘青地区的其他寺院,以大元国师的身份讲经传授灌顶。玉树成为他在青海的主要活动地区。据蒲文成主编的《甘青藏传佛教寺院》统计,玉树现有43座寺院中,萨迦派寺院有12座,大多数建于八思巴时期及其以后不长时间内。《安多藏族史略》一书这样评论:"他以国师、帝师的崇高地位和萨迦教派领袖的身份,往返活动于此地,讲经弘法,传授灌顶,赠送礼品,发布法旨,扩大萨迦教法影响,发展藏传佛教,改革其他教派,这就迅速地促进了西藏各教派、殊是萨迦派在甘青的传播。"①

不可否认,八思巴在与忽必烈的交往中,在王法与佛法的关系上,竭力强调佛法的优越性。如忽必烈第一次请求传授灌顶时,八思巴提出了上师坐上座的问题。开始,忽必烈坚决不同意,王妃调解说:"听法及人少之时,慈不能镇服,由汗王坐上座。吐蕃之事悉叫上师之教,不请于上师绝不下诏。"后来,"还与忽必烈约定不能让其臣下在僧侣家中留宿,不得强制僧侣实行站役和不向僧侣征税等事项"②。从佛教立场讲,八思巴作为一个佛教信徒能够自律自戒,保持了自身纯洁。

1280年,八思巴在萨迦南寺暴亡,忽必烈闻下,极度悲伤,赐号"皇天之下,一人之上,宣文辅治,大圣治德,普觉真智,佑国如意,大宝法王,西天佛子,大元帝师"。为了纪念这位功绩卓著的政治家和宗教领袖,1320年,忽必烈又汇集著名画师绘制11幅八思巴像颁发11个行省,为之塑像供奉,礼重于孔庙。八思巴作为萨迦派的一代宗师,毕生致力于祖国统一、民族团结事业,功勋卓著,成绩斐然。

八思巴的著述凡三函,内容涉及赞颂祈祷、显密经释、修法仪轨、目录、因明、护法、戒律、书信、偈颂、回向等。其中为真金太子著的《彰所知论》最为著名,沙罗巴译成汉文,于1306年刊印成本,收入汉文《大藏经》中,另外还有蒙译本。他的弟子中,继承讲经事业的三位是扎巴俄色、扎西贝和玛译师;继承经咒和修持法的,有香·贡却贝和贡噶洛追;其他方面有成就的弟子,有喇钦·桑结赛、让浦巴·达玛坚参、索隆巴·贡门、恰那多吉、杰布金贡、夏尔巴·益希仁青、康萨尔帝师桑结贝、年·次程坚参等。

综上所述,萨迦派在前三代祖师期间主要加强了对道果教授的宣讲传播工作,从昆·贡却杰波开始口耳相传,到贡噶娘布用文字记录,正式确立道果教授为萨迦派的核心教法。索朗孜摩和扎巴坚参兄弟二人又在此基础上进一步发挥充实,逐渐形成体系化的道果教授,在卫藏地区传播开来并产生影响。但是,迄第四代祖师贡噶坚参,情况或多

① 黎宗华、李延恺著:《安多藏族史略》,青海民族出版社1992年版,第100页。

② 矢崎正见著:《西藏佛教史考》,石硕等译,第70页。

或少有所变化。虽然他从伯父和父亲那里继承了家传学说，学到了道果教授，但更多关心的则是戒律和因明等学科，并且主要是从理论上探讨道果法，相对实践方面做的远不如前三代祖师。对于萨迦派来说，贡噶坚参的最大贡献是建立了与元朝皇室成员的关系，首次将萨迦派教法传出西藏，开展了与其他民族之间的文化交流。八思巴继承了他的做法，将西藏尤其是萨迦派与中央政府的关系进一步加深，建立了萨迦地方政权，实行政教合一的地方统治，把萨迦派带入了一个新的发展时期。他在继续保持萨迦派传统学说的基础上，对其他佛法倾向于采取温和的态度，特别重视吸收噶当派的学说，在教派学说上逐渐与阿底峡的学说相结合相联系。回过头来，如果把八思巴和贡噶坚参相比较，贡噶坚参重视理论探讨和研究，而他则注意理论修养和密法实践相结合，可以说走出了一条更新的道路。这是由中世纪西藏社会复杂的政治斗争和推动宗教发展的时代潮流所决定的，从中也反映了西藏佛教的一个特点。正因为八思巴在佛法上的包容和妥协，促成了以后萨迦派在理论探讨上的活跃性，从而打破了把道果教法建立在阿赖耶识基础上一统天下的局面，造就了以仁达哇·循努洛追为代表的坚持中观应成派缘起性空理论的一大批学者，奠定了萨迦派在政治上失势后继续在教派学派林立的藏族社会存在的基础。

就萨迦派自身的发展来说，萨迦五祖时代是萨迦派的初兴期即早期发展阶段。萨迦寺处于初建时期，组成了以萨迦昆氏家族为中心的僧伽组织，建立了一系列管理制度和组织机构。从教法方面说，扎巴坚参以前处于初期道果说时代，确立了以阿赖耶识为理论基础的道果理论大系和实践形态，而且出现了一大批阐发道果教授、解释《喜金刚续》和其他有关经续的论著，推动了萨迦派的发展。这一切，奠定了以后萨迦全盛时代的基础。就道果教授而言，可以称作“中期道果说”。

第二节　萨迦派的全盛和家族分裂

一、萨迦派的鼎盛

八思巴之后，主持萨迦寺法座的是达摩波罗（1267—1287），《元史》作答儿麻八剌剌吉塔。他是八思巴同母弟恰那多吉和第三个妻子喀卓本的遗腹子。他在 9 岁时，从再次返藏的八思巴学习《喜金刚》灌顶教授和口诀。八思巴专门“为他修建了辛康拉章和由夏鲁万户派人专门管理的夏鲁乃萨”，并委派专人负责他的学业。他 11 岁，在法会上诵读《喜金刚续第二品》，博得与会者们的称赞。1280 年，他年仅 13 岁，继任萨迦寺法座，新建灵塔供放八思巴法体。次年，进京觐谒元世祖忽必烈，受到敬奉。在北京梅朵热哇（元代帝师居住之地）驻锡的 5 年中，他为八思巴修建了水晶舍利灵塔和佛殿，并娶启必帖木儿的公主贝丹为妻。1287 年，他返藏途经康区一个名叫曼扎的地方时突然死去，时年 20 岁。他在大都期间，萨迦寺暂时由香增和旺波白噶哇二人主持。这期间，萨迦派没有出现太大的变化，平稳发展。

达摩波罗和达本所生之子达玛巴扎幼年夭折，中断了恰那多吉一系的传承。萨迦寺由夏尔巴·嘉央仁钦坚参（1258—1306）代为管理。嘉央仁钦坚参，亦称夏尔巴·嘉央细脱巴，《元史》作“辇真监藏”。他的祖父是萨班·贡噶坚参的弟子夏尔巴·益希窘乃，父亲是秋摩结尊桑波。他在弟兄三个中，排行第三。长兄益希仁青，《元史》作“亦摄思连真”，曾受萨迦派众僧委托前往临洮迎接八思巴进藏，后随八思巴前去汉地。他受到元世祖的赏识，至元二十三年（公元1286年）封为帝师。1290年去世。次兄贡噶僧格于1284年奉命进京，为皇子阿难达的上师，回藏后，主持夏尔拉章达29年之久。嘉央仁钦坚参虽非萨迦昆氏家族人，却对萨迦派做出了突出贡献。1287年，达摩波罗去世后，原本决定由恰那多吉一系执掌萨迦寺法座，因达摩波罗没有子嗣而中断。嘉央仁钦坚参受命于危难关头，从1287年出任萨迦寺住持，到1305年卸任。在这18年中，他积极发展萨迦派的讲修事业，规定每日吹法螺五次，每次五响，以后逐渐形成制度。他在此寺“为上师八思巴和大德达玛巴拉（即达摩波罗）修建外塔之镏金屋顶和绿瓦屋顶”。萨迦大殿的修建是由本钦释迦桑波奠基、贡嘎桑波具体善加修建，后由嘉央仁钦坚参主持。据说，“本钦阿迦仑为萨迦设置了地毯和顶带以及在供器上绘制图案，并于阴木羊年为萨迦大殿修建了围墙。再则，嘉央仁钦坚参为加固萨迦大殿之配殿，下令自瑜伽部以下俱修坛城。喇嘛罗钦和努益希坚赞遵照旨令，修建大坛城148个，各种类型的坛城共计639个。……此外在萨迦寺外面修建了许多坛城”①。特别在学经、法事活动方面，嘉央仁钦坚参都做了规定，健全了管理措施，使萨迦派的权势在他任职期间最为盛大。元成宗大德八年（1304年）应诏入京，封为帝师。次年（也说1306年），嘉央仁钦坚参在大都去世。

嘉央仁钦坚参之后，由昆氏家族成员主持萨迦寺，他就是被尊为“达尼钦波”的桑波贝（1262—1324）。其父益希窘乃（1238—1274），是八思巴的异母兄弟。由于是侍婢所生，在萨迦昆氏家族中地位低下，只是在云南做忽必烈的第五子忽哥赤的上师。达尼钦波16岁时，八思巴第二次回到萨迦，他跟随学《喜金刚》和其他相关密法教授。八思巴对他说：“现在轮不到你，到齐膝之时即中用，你要努力学习知识。”他21岁，应大臣阿布之请进京，遭到别人的指摘，斥责他不是昆氏子孙，并向朝廷控告说他违反追荐八思巴的规矩，被皇帝下令流放到南方。直到1298年他37岁时，因本钦阿迦仑、康巴温那和帝师扎巴欧色、国师喜饶贝、弥钦欧波等人的极力荐举，元成宗才改变主意准许他回藏。达尼钦波回到萨迦后，没有急于从嘉央仁钦坚参手中接管萨迦寺，而是暂居拉康拉章钻研佛法。元成宗大德十年（1306年），达尼钦波正式接管萨迦寺，并进行扩建和维修，增建萨迦寺大围墙，继续施行嘉央仁钦坚参规定的一系列弘法措施和管理办法。他52岁时，削发出家受比丘戒，起法名为阿摩迦达泽室利波罗，大力宏扬佛法。《萨迦世系史》这样总结他的功绩：“上师达尼钦波在世时，雪域西藏佛法兴盛，达尼钦波犹如朝阳普照莲池，故池内莲花竞相开放，有缘蜂尽情地蓄积着丰盛的蜂蜜。尤其是达尼钦波哺育具吉祥萨迦无垢

---

① 阿旺贡噶索朗：《萨迦世系史》，陈庆英等译，西藏人民出版社1989年版，第174页。

世系中精通佛法之贤哲如同天上闪烁着的群星，直至现在亦层出不穷，使萨迦教法就像早晨的太阳光辉灿烂，照耀四方。”[①]1312年，达尼钦波授封为国师。1324年，他在细脱拉章去世。

毋庸置疑，萨迦寺在嘉央仁钦坚参和达尼钦波掌管期间，处于萨迦派创立以来的全盛时代，尤其是达尼钦波和本钦阿迦仑于元成宗元贞元年（公元1295年）协作修建了萨迦大殿（萨迦南寺）外面的大围墙和纪念八思巴、达摩波罗的佛塔的金顶、玉顶以及本波日山上（北寺）的围墙，兴建了尼姑庙。

达尼钦波出任萨迦寺座主，受封为国师，这说明到那时，“耶歇迥乃（即达尼钦波之父益希窘乃）、达尼钦波这一房为萨迦昆氏家族之正式成员，才开始受到中央的认可”[②]。达尼钦波一生娶妻7个，其中一个是他被流放江南之时娶的汉族女子。他被召回朝廷时，娶了元成宗皇帝的姐姐门达干公主，生下索朗桑波兄妹二人。索朗桑波，《元史》作琐南藏布，或唆南藏下。他曾削发为僧，在凉州封为国公。后来被元仁宗封为白兰王，“赐金印，给园符”，成为继恰那多吉之后的第二位白兰王。

达尼钦波与第二个妻子玛久芒喀玛贡噶本（简称昂姆）所生的儿子贡噶洛追贝桑波（1299—1325），《元史》作公哥罗古罗思监藏班藏卜。他是萨迦派历史上一个重要的人物。他出生于萨迦的拉康拉章，自幼聪颖，有过目不忘的才能。他9岁始习《喜金刚续第二品》和道果教授，接着学习因明学，尤其苦修法称论师的《释量论》，有“神童”之美誉。他年仅11岁，就被元仁宗派来的使臣请到北京讲经，受到皇室成员及大臣们的崇奉。他16岁时，被元仁宗赐封为帝师，成为教法之主。元仁宗去世后，他又任元英宗的帝师。1322年，他24岁时，返回西藏受取比丘戒，深究佛法；并用所得的财物造金汁书写藏文《甘珠尔》，组织人员翻译出他收集到的印度学者的论著。他在萨迦寺设立了期供（定期供祭），布施僧众，救济贫穷者，奏请皇帝免除了卫藏地区几年的赋税。泰定元年（公元1324年）父亲达尼钦波去世后，为了防止弟兄内讧，家族混乱，他让异母诸弟分管四个拉章，即把细脱拉章水晶印赐给克尊钦波南喀勒贝坚参兄弟；把拉康拉章的金印赐给勒窘兄弟；把仁钦岗拉章的水晶印赐给嘉央顿月坚参兄弟；把都却拉章的金印赐给贡噶勒贝兄弟。不久，朝廷派人来请，他再次进京，担任泰定帝的帝师。泰定四年（1327年），他在北京的帝师府邸梅朵拉哇去世，年仅29岁。

二、四大拉章

14世纪前叶，贡噶洛追坚参贝桑波将细脱拉章、仁钦岗拉章、拉康拉章和都却拉章划分给异母诸兄弟，标志着统一的萨迦政权开始分裂，萨迦派开始衰微。四大拉章各相当于一个小势力集团，拥有土地、牧场、牲畜和属民，具有一定的独立性。不久，其他三个拉章渐次绝嗣，萨迦寺由都却拉章系统的人掌管。由于贡噶仁钦和白玛都顿旺秋兄弟二人

① 《萨迦世系史》，第177页。

② 王森：《西藏佛教发展史略》，第79页。

相互争权，分别新建平措拉章和卓玛拉章而分裂成两派，遂由两派轮流掌管萨迦寺。

1.细脱拉章

细脱拉章，始分于贡噶洛追坚参的异母兄弟克尊钦波·南喀勒贝洛追坚参贝桑波（1305—1343）时。他是达尼钦波和南喀结姆之子，从小跟随父亲攻读祖传密法道果教授和其他教法，学术方面很有建树，著有《大法轮现观论》等论著。父亲去世后的第二年，他继任萨迦寺座主，积极筹措资金建立佛像塔，修缮寺院，加强讲修。1329 年，他被元明宗皇帝封为“灌顶国师”，赐给水晶大印。元顺帝至正三年（1343 年），他在细脱拉章寝殿中圆寂，共主持萨迦寺 19 年。其间，他加强萨迦内部整顿，维护萨迦派的名声。“尤其是绛巴达波大元巴为败坏萨迦寺之名声，在宝帐怙主神像前塑有二鬼卒和一般神像。当开光时，他亲自制伏了绛巴达波大元巴”①。

南喀勒贝洛追坚参贝桑波的幼弟南喀坚参贝桑波（1324—1343），曾任元明宗的上师，最后逝于大都。南喀勒贝洛追坚参之子贡噶仁钦（1339—1399），小时候从叔父丹巴·索朗坚参和娘曼钦波受戒出家，并从他二人和香·旺秋坚参受胜乐灌顶；在贡结哇的指导下钻研《喜金刚续第二品》和教法；在多丹和绛俄的指导下攻读《释量论》和《量理宝藏》，佛学造诣颇深。他后来往山南的泽当等寺进行宣教活动。应绛曲坚参派人来请，他回到后藏的曲米寺，讲授《喜金刚续第二品》和因明学，并在这里创建寺庙，首开巡礼法会，因此被称为“曲米拉章哇”。元顺帝封他为“统领司大夫大元灌顶国师”，赐给水晶大印和银印，并把法王八思巴的寺庙划拨给细脱拉章，命他掌管细脱拉章。他护持萨迦寺法座，规定大法会期间，早诵《喜金刚续第二品》，午诵《阿毗达摩俱舍论》和《佛说密意经》，晚诵《释量论》，每日吹法螺五次，健全了诵经制度。其子洛追坚参（1332—1362）是第三任细脱拉章住持，曾从索朗坚参出家，学习道果教授，采取了利用吹白海螺召集法会的办法。洛追坚参之子贡噶旺秋（1358—1402）为第四任细脱拉章住持。他精通佛法，道行极高。

2.仁钦岗拉章

仁钦岗拉章，首任主持是达尼钦波和玛久循努本之长子贡噶尼玛坚参（1309—1322）。他精通萨迦全部教法。贡噶洛追担任帝师期间，他奉诏进京，作元英宗的上师，敕封为大元国师，并赐玉印，最后病逝于大都。他的长弟嘉央顿月坚参（1310—1344）是一个颇有影响的人物，自幼跟随邦译师洛追丹巴、法王那萨哇·索朗贝、杰赛托迈巴等著名学者闻习显密教法，辩修著相结合。他在领会经义的基础上，通过辩论和修炼加深理解，并著述加以推广。在细脱拉章主持克尊钦波·南喀勒贝洛追坚参的支持下，他召集法会讲授《释量论》和《量理宝藏》，每天讲解七法座，由于他声音洪亮，引人入神，故名“嘉央”（妙音或文殊菩萨）。他 22 岁时，和弟弟索朗坚参一起在珀东恰廓雄旧寺从堪钦·索朗扎巴受近圆戒。由于其卓越的才能，被元朝皇帝册封为大元国师，赐给玉印。元至治三年（1323 年），他出任萨迦寺住持，三年后卸任。

---

① 阿旺贡噶索朗著：《萨迦世系史》，第 184 页。

索朗坚参(1312—1375)是非常著名的学者,在佛学方面,尤其是道果教授上造诣深厚。他生于西藏日喀则的夏鲁康赛,按照《萨迦世系史》所说:“他出生后三个多月时,就从法王年波哇·索朗丹巴接受金刚铃所传的胜乐灌顶;3岁从绒巴·喜饶僧格受红阎摩德迦灌顶;从喇嘛桑定巴受无量寿灌顶;从桑波哇学习萨迦派传法。”8岁始讲佛经;11岁,从喇钦·贡噶洛追受居士戒,听讲发菩提心法;17岁,从索朗扎巴和轨范师贝丹僧格受出家戒,取名索朗坚参桑波。他20岁受比丘戒,持守戒律,刻苦钻研《中论本释》《中观明句论》《入中论》及其《本注》和唯识、因明论著。他22岁时,在珀东艾寺继续从邦·洛追丹巴译师学习《慈氏五论》和无著、世亲两位论师关于唯识方面的论述。次年,在珀东的绛曲隆寺开讲《中论》。当时,元顺帝先后四次派使臣来请,他都因以佛法为重拒绝前往。他25岁时,始从布顿·仁青珠和多吉央等著名学者听讲印藏论师的著述。他学习涉猎极广,远远超出了萨迦几位祖师规定的范围。他对西藏流传的所有经续论著尽可能去翻阅,掌握他们的基本思想和修持方法、仪式规则,“听闻犹如大海一般广大”,尤其对道果教法做了进一步的发挥和发展,在泽当雅隆河西侧创建了桑丹林(又名哲布林),开出道果耳传桑丹林派。他曾这样说:“在现今西藏的人士中,堪钦布顿的勤奋努力是谁也比不上的,除他以外,我的勤奋不比其他任何人差。”情况也确实如此。可以说,他是萨迦政权将要衰亡之时,在研究教法尤其是道果法方面卓有成绩的一个重要人物,为萨迦派失势后萨迦派教法继续宏扬奠定了基础。他曾游学于贡塘和前藏大部分地区的著名寺院。在传法讲经的同时,他积极吸取其他教派的学术思想,培养出很多具有一定学术成就的弟子。他誉满西藏,甚至在印度、尼泊尔、迦湿弥罗和甘青川藏区、蒙古族地区也有一定的影响。他一生举办了许多法会,其中有三次影响较大。第一次是他57岁时在聂塘寺举行的法会。他邀请了卫藏许多三藏法师与会,主讲《时轮》教法。《萨迦世系史》记载,索朗坚参原初对时轮教法不感兴趣,在邦·洛追丹巴的指导下始学。他自己这样说:“在此前,我对时轮教法并不那么渴求,但法王大译师如此认真指导,为了满足他的心愿,我努力研习,潜心掌握时轮续大疏之语义,此乃上师之大恩德。”可以说,时轮教法传入西藏以来,如此大规模地讲解在前藏尚属首次,这在一定程度上和布顿大师的大力提倡有关。第二次是他61岁时,在珀东艾寺聚集各方博学大德和通三藏论师讲授为期四个月的时轮教法。第三次是他62岁时,在桑耶寺举行的法会。这三次法会,无论在规模上,抑或是所讲教法方面,都是空前的,对扭转时轮教法被冷落的局面起到了积极作用。

索朗坚参在兄长顿月坚参于1344年去世后接替主持萨迦寺。不久,移交大元洛追坚参,自己继续宏法事业。他著述凡二十五函,其中影响比较大的有《西藏王统记》《释量论广疏》《现观庄严论广注》《入菩萨行论释》《经庄严论注》《究竟一乘宝性论注疏》《宝鬘论释》《中论释》《六十正理论释》《时轮根本略续大疏》《喜金刚续详注》《道果讲义》《金刚橛现观论》广中略三部等。

索朗坚参并没有担任过仁钦岗拉章的座主,而是由其侄子达哇坚参传承的。达哇坚参法号为喇钦·贡噶坚参(1344—1418),生于夏鲁康萨,早年师事索朗坚参和麦钦波学习祖传密法,后来受具足戒,专事佛法。元顺帝派人来请索朗坚参时,贡噶坚参代替前去。但行至康区时因水土不适返回，随从索朗坚参往来于前后藏进行佛事活动，并担任仁钦岗拉章座主，主持佛事。有一段时间，应驻守今昌都地区贡觉县地方官员的邀请前去讲经，最后在夏卜格顶曲吉宫殿去世。

喇钦·贡噶坚参受比丘戒之前娶南喀结姆为妻，生下兄妹四人，其中长子达钦·南喀坚参（1398—1472）精通祖传密法，被尊为莲花生的化身；次子图道旺秋索朗坚参贝桑波（1408—1450），简称达钦夏鲁哇，对道果法深有理解。达钦·南喀坚参之妻玛久贝窘结姆生下二男四女。四女中的索朗贝宗和喀卓宗有女大师的称号。二子中的长子嘉噶·喜饶坚参（1436—1494）为萨迦寺第十九任座主。他早年师从许多著名学者苦修显密教法，编著了一批书籍。他的弟弟洛追坚参（1444—1495）生于后藏夏卜格顶地方名叫坚摩央仲的村庄，为萨迦寺第二十任座主。他7岁时从嘉央贡却桑波受出家戒，次年和兄长共同来到萨迦寺。1457年，他从穆钦·贡却坚参受沙弥戒；1462年，正式被委任为萨迦寺住持；1464年，从穆钦受具足戒，是年来到康区住了5年；1472年，返回萨迦，把细脱拉章法谿献给兄长，专心修法。

3.拉康拉章

拉康拉章世系始于达尼钦波·贝桑波和他第四位妻子贡噶南喀坚参所生之子贡噶勒贝窘乃坚参贝桑波和贡噶坚参贝桑波兄弟。贡噶勒贝窘乃坚参贝桑波（1308—1330），《元史》作公哥列思八冲纳思监藏班藏卜。他从小受家学影响，苦读佛法知识。他研修道果教法，成绩十分突出。他21岁时，应诏进京受封为帝师，赐给玉印，“诏谕天下僧”。最后逝于大都法源寺。

贡噶坚参贝桑波（1310—1358），《元史》作公哥儿监藏班藏卜。他不但精通萨迦传法，且长于思辨，名声很大。后来，进京被皇帝封为帝师，做了许多有益之事。他于49岁逝于梅朵热哇。严格地讲，拉康拉章世系是从他开始的。兄长在大都之时由他主持拉章。

贡噶坚参贝桑波的第一个妻子玛久贝丹桑姆生下大元国师曲吉坚参贝桑波（1332—1359）。他从小学习祖传密法，后专攻因明学，造诣深厚。他曾把布顿大师请到拉康拉章，指导修建了药师佛殿，被皇帝册封为靖国公、国师，赐大金印。元至正十六年（1356年）抵大都，被封为“中兴释教大元国师”，赐玉印。1359年，他病逝于大都。其弟大元国师洛追坚参贝桑波（1332—1364）是贡噶坚参贝桑波的次妻所生。他早年依止贡钦觉囊巴·喜饶坚参、布顿喀且和萨桑玛底班钦等善知识学法。他年仅6岁时，就被拥立为萨迦寺第十四任座主，被皇帝敕封为大元国师。他在主持萨迦寺的12年中，举办了多次法会。当时，萨迦政权开始衰落。帕珠万户长扎巴仁钦的侄子大司徒绛曲坚参占领了卫藏大部分地方，1354年彻底击败萨迦政权，统一了前后藏地区，建立了以朗氏家族为核心的地方政权。洛追坚参因此而于1349年走下萨迦寺住持的位置。在他以后，拉康拉章由其兄的子孙管理。

大元国师曲吉坚参贝桑波共有三位妻子，第一个妻子玛久结姆措生下大乘法王贡噶扎西坚参贝桑波（1349—1425），《明史》作昆·泽思巴。他是一个神童，从小学习梵文和佛法。他于16岁时从细脱巴·贡噶仁钦和萨桑玛底班钦受出家戒,刻苦钻研因明学。他21岁,由索朗坚参等人授予具足戒,得到灌顶后修炼密法,在道果、大威德等方面都有所证悟,对其他各派教法也有所了解。他一生著述颇丰,且以通俗易懂著称,其中《喜金刚续第二品正释》《喜金刚续第二品释难》《无戏论金刚颂译解》《圆满时轮金刚坛城》《胜乐轮大结》《集密不动金刚》《喜金刚密法》《大威德现观论》等对后世影响较大。明永乐十年(1412),皇帝派遣大臣达云和阿努来请,次年抵京,“帝即延见,赐藏经、银钞、彩币、鞍马、茶果诸物,封为万行圆融妙法最胜真如慧智弘慈广济护国演教正觉大乘法王西天上善金刚普应大光明佛,领天下释教,赐印诰、袈裟、幡幢、鞍马、伞器诸物”①。永乐十二年,他返回西藏,继续弘扬佛法。他在任萨迦寺住持时,规定了修习仪轨,并制定了萨迦派的长远发展规划,“使得萨迦派教法犹如将要熄灭的灰烬又重新燃烧起来”②。

大乘法王贡噶扎西坚参贝桑波的异母弟达玛多吉、多吉仁钦坚参和索朗扎西,是曲吉坚参第二位妻子玛久萨嘉布和第三位妻子玛久贝丹本所生。达玛多吉是出家僧人,曾被封为“国师”名号,赐给金印。后来,被迎请到多康传法,用所得财物建造寺院,救济贫穷者,布施僧众,年46岁在萨迦寺拉章康萨圆寂。多吉仁钦坚参主要在吉隆等地进行传教活动,对《释量论》研究颇深。索朗扎西从细脱巴·贡噶仁钦和萨桑玛底班钦受戒出家,跟随索朗坚参学习萨迦派教法,受到皇帝的赐封。他56岁逝于拉孜。之后,拉康拉章的法位由索朗扎西的子孙掌管。

4.都却拉章

都却拉章是四个拉章中世系传承时间最长的一个拉章。第一任主持是贡噶勒贝穹乃坚参贝桑波(1308—1336),父亲是达尼钦波桑波贝。贡噶勒贝穹乃坚参贝桑波从小学习祖传密法,曾被元朝最后一位皇帝元顺帝封为第三任白兰王,赐给金印和诏书,年仅29岁去世。他和第二位妻子本姆格顿本生三子。长子喇钦·索朗洛追(1332—1362)是元代第十三任帝师。8岁时,已经掌握了《喜金刚续第二品》和道果法,经常跟随索朗坚参习法,并受具足戒。另外,还依止克尊钦波、嘉央顿月坚参、布顿等人钻研显密教理,被萨迦寺法王委任为仁钦岗拉章住持。后来,游历各地传法辩经。23岁时,他的管家仁钦桑波从顿珠本手中购得宗日大片土地。次年(1354),绛曲坚参占据萨迦寺后,索朗洛追坚参在宗日新建达仓宗城堡居住。元至正二十一年(公元1361年),被元朝使臣达玛格底和额布院使迎到大都,元顺帝封为帝师(又说元顺帝派使臣在西藏封其为帝师),次年病逝于北京梅朵热哇。

他的弟弟扎巴坚参(1336—1376)是第四任白兰王,也是第二任都却拉章住持。他生在达仓宗,随索朗坚参和兄长学习萨迦教法,并从索朗坚参受戒出家。元顺帝时,他被封为白兰王,设置左右衙署,赐给统领西土的诏书。据载,他财力雄厚,修缮和新建了萨迦寺和达仓宗城堡。

---

① 《明史》卷331《大乘法王》。

② 《汉藏史集》,第215页。

达钦·曲吉坚参(1359—1428)是都却拉章第三任住持。在索朗坚参的亲自指导下,他苦修萨迦教法和其他新旧密法,在唯识和因明学方面有很深造诣。他重视对《时轮》法的修证,得到了索朗坚参所有的藏书。在他主持都却拉章期间,索朗坚参把原仁钦岗拉章和拉康拉章所属土地殿堂全部划给他。继他管理都却拉章的是其侄子、南喀坚参之子、辅教王南喀勒贝坚参(1399—1444)。他是明朝封的辅教王,从小跟随仲顿僧格等人学习道果法和其他显密教理。在大乘法王贡噶扎西坚参的努力下,永乐十一年(公元1413年),他被明成祖敕封为辅教王,赐给金印,掌领吐蕃事务。《明史》卷331载:"永乐十一年,封其僧南渴烈思巴为辅教王,赐诰印、彩币,数通贡使",准其每次一百人入贡,划拔给拉孜曲豁,统领羊卓呼督钦波和仁布。这时,萨迦派的势力有所恢复,得到了一些地方势力人物的支持。他有一兄五妹。兄长贡噶洛追坚参贝桑波被称为大轨范师,佛学造诣颇深。他长期驻锡珀东艾寺,1408年圆寂于仁钦岗拉章。

南喀勒贝坚参一生娶妻二位,生下七女一子。子南喀坚参贝桑波(1435—1463)是都却拉章的法位继承人。他7岁始修《喜金刚续第二品》和道果教授;15岁时能在萨迦寺法会上讲解,承袭了父亲的辅教王位和印信。他有三个妻子,次妻所生的南喀仁钦坚参贝桑波(1453—?)是都却拉章世系的传承人,自幼受家庭熏陶,修炼喜金刚和金刚橛等萨迦中心教法,有所证悟。他15岁时开始讲经,同弟弟南喀扎西坚参及其他人在萨迦寺举办大型法会,连续三天讲授《喜金刚续第二品》,对振兴萨迦教法起到了推动作用。当时,他的讲经才能在昆氏家族成员中堪称第一。他的异母弟南喀扎西坚参娶玛久霍尔姆次丹为妻,生下贡噶索朗扎巴坚参(1485—1533),全名达尼钦波萨迦译师嘉央贡噶索朗扎巴坚参贝桑波,乳名多吉加索扎西坚参生于孜顿平措林。他是萨迦寺第二十一任住持。早年跟随木雅班智达扎巴多吉和勒贝桑波学习藏文和一般佛学知识,兼修蒙文等。他6岁,受喜金刚和金刚橛灌顶;11岁时,从索朗伦珠勒贝窘乃坚参贝桑波受居士戒,学习戒律。是年,在艾旺寺,由贡却培、洛追欧色等人授予沙弥戒。翌年,他来到萨迦寺,在孜东拉章从云丹窘乃学习律经、对法和因明学。他15岁时,在贡却培的指导下始修金刚橛和大威德密法,重点学习喜金刚道果法。他20岁时,受比丘戒,开讲《喜金刚》《胜乐》《集密》《大威德》等密法和中观、唯识教理。他掌握了密教各派的基本观点和修持仪轨,"在桂译师、达摩波罗尊前闻习了萨迦派所传《时轮灌顶》,觉囊、夏鲁所传'六支瑜伽'等,《声明集分论》《旃陀罗波声明论》《声律学·宝生论》各种辞藻学、《诗镜论》《如意宝树》等,认真学习了大部分论著"①。另外,他还学习了工巧明和医方明。曾先后在萨迦、孜顿、艾旺、林周的那烂陀、德瓦坚、大昭寺、热振等著名寺院举办法会讲经,内容包括四部的各种灌顶、坛城、仪轨和《喜金刚》《时轮》等密法,名声大噪。当时的一些著名学者、大德和地方首领,纷纷前来求学和派人来请,尊为上师。

贡噶索朗扎巴坚参不仅理论功底扎实,而且实践修证成就显著。他白天以讲经为主,夜晚大部分时间进行有规律的修炼。按照《萨迦世系史》所载,首先修炼喜金刚内外

---

① 《萨迦世系史》,中央民族学院藏文油印本,第388页。

生起次第法、道果灌顶法、金刚铃所传胜乐身曼荼罗、黑行者所传胜乐现观法、金刚橛现观法、甚深道上师瑜伽、上师宝源、瑜伽自在守护法、那若空行实践临终教诫、白胜乐实践法、金刚佛母现观法、三红色大威德实践法、白度母现观法、尊胜摧坏法等,然后诵咒,修证圆满次第法、六支瑜伽昼夜瑜伽等。他49岁,在萨迦寺仁钦岗拉章圆寂。其弟达钦·阿旺扎巴坚参贝桑波先后从堪钦·索朗伦珠受出家和比丘二戒,在道果方面很有造诣。他曾任图旦南杰和白朗噶瓦顿寺堪布,摄收徒众,但成绩平平。他的两位弟弟绛贝扎巴和嘉央次丹扎西,前者主要在康区活动,死于康区;后者擅长调伏法,曾制作了反映道果教授传承方面的语教上师传承卷轴画,非常出名,最后死于孜顿寺。他们父子时期,在孜顿建立了平措林颇章。

嘉央次丹扎西之子嘉央贡噶桑珠为都却拉章第八任住持。他勤于修证,咒术极高。他的弟弟就是在论述取舍方面被誉为至尊萨班·贡噶坚参的持密语自在贡噶仁钦扎西扎巴坚参贝桑波(1457—1524),生于萨迦孜顿拉章。他9岁始从嘉央贡噶索朗扎巴坚参贝桑波受居士和沙弥戒,听讲佛法,掌握了喜金刚及其他密典的基本修持方法、仪轨等。他几乎阅读了萨迦寺所藏密教经续和释著,并向阿旺曲扎学习《噶当十六明点灌顶》《噶当四本尊教授》《噶当师徒问道语录》和《噶当六书》。他跟随贡噶索朗扎巴坚参十几年,学到了不少知识。贡噶索朗扎巴坚参临终前对他说:“你是语自在,不该有孩子气!吉祥萨迦寺的教法的兴衰大事,全部落在你的肩上。”他牢记于心,大力弘扬萨迦教法,制作了萨迦五祖、索朗坚参、嘉央贡噶索朗扎巴坚参等人的身像和喜金刚、集密、胜乐等本尊唐卡画;修缮了古绒森吉嘎尔布颇章、拉康拉章等多处寺院和殿堂;在曲米新建德却颇章(胜乐宫)。他还新建了伦珠颇章和图旦拉钦寺,作为传播萨迦显教教法的道场,规定了学习程序和所守的法规戒律;在丹萨端地方修建了密宗道场桑阿德庆林寺,以传播萨迦密法,规定重点学习萨迦祖传的金刚橛、胜乐、喜金刚、集密等密法;举行四续部的各种仪轨,酬补护法,定期举行跳神法会,确立供祭萨迦祖师的制度和修供胜乐、喜金刚、集密、金刚橛、红色大威德、桑布札、大日如来等坛城的仪轨。在前藏传法期间,他维修了桑耶寺。他的著作凡三函,汇编取名《阿强全集》,在前人的基础上对胜乐、喜金刚、集密等法作了新的发挥和解释。他培养出一大批优秀弟子,其中大多数是各寺院的堪布。

贡噶仁钦扎西扎巴坚参贝桑波有二子,长子索朗旺波扎巴坚参贝桑波被誉为莲花生的转世,次子阿强扎巴洛追坚参贝桑波(1503—1557)被誉为菩提萨埵(寂护)的化身。后者是继阿旺索朗扎巴坚参(1499—1561)之后,第二十四任萨迦寺住持,别名嘉央索朗坚参。他生于顿嘎宗,8岁开始代理寺务。他年轻时擅长工艺学,雕凿的佛像塔无与伦比。他从27岁起正式主持萨迦寺。他在任期间,新建了宗穷拉章(又叫仲琼拉章)、卓玛拉康、贡康努(西护法殿),供放扎巴坚参画像的苏康佛殿、普玛拉康、细脱拉章中的仁增拉康(持明殿)和邬孜拉康中文殊菩萨像头顶的金顶等。

阿强扎巴洛追坚参之后,由其长子嘉央阿旺贡噶旺杰(1532—1560)继任第二十五任萨迦寺住持,任职两年。次子阿迈阿旺贡噶索朗扎巴坚参(1537—1569)为萨迦寺第二十六任堪布,从1560年上任到1569年卸任。之后,由阿旺贡噶索朗扎巴坚参之子索朗仁钦及其子孙贡噶扎西、贡噶索朗、贡噶洛追、贡噶娘波等人主持萨迦寺。贡噶娘波之后，分裂成卓玛颇章和平措林拉章两个系统，前者传六代，后者传五代。

按有的史料所说，贡噶娘布的长子索朗孜摩担任过萨迦寺堪布。从第十二任住持克尊·南喀勒贝坚参开始，分裂成四个拉章系统，直到第四十四任。其中，细脱拉章系统成员中有三人作过萨迦寺住持，仁钦岗拉章系统成员有五人，拉康拉章系统中只有一人。第二十一任以后的历任住持，都是都却拉章系统的人，萨迦派的后期发展主要依靠他们。

第三节　萨迦派宗教活动的恢复和萨迦派与中央政府的关系

一、萨迦派宗教活动的恢复

萨迦派之所以在13世纪中期以后的近百年中盛极一时，与元朝中央政权的强力支持是分不开的，当然也有萨迦派自身的优势。从14世纪初期开始，元朝逐步走向衰落，萨迦派随之失势。不过，其间萨迦派内部的纷争和其他教派势力的增长，也对萨迦派的迅速失势起了一种催化剂作用。当时，随着萨迦派权势的膨胀、赏赐的丰厚、财源的茂盛和家族的庞大，他们的权利欲不断增强，矛盾也随之增多，导致内讧加剧。僧人们有的沉湎歌舞、酒色，生活日益腐化；有的利用手中的特权飞扬跋扈，为非作歹，巧取豪夺，甚至有的以修密法为借口，强取民女，影响极坏。如《元史·释老传》记载："僧徒贪利无已，营结近待，欺昧奏请，布施莽斋，所需非一，岁费千万"。难怪元人埋怨说："国家经费，三分为率，僧居二焉"；"今国家财赋，半入西番"。由于皇帝的过分尊崇，"帝师弟子受到敕封，佩金玉印章，仗势跋扈，气焰嚣张"。萨迦派僧人的种种行为，给其他教派的攻击造成了口实。1290年，直贡噶举和萨迦派进行战争，虽然直贡被打败，但可以说明其他教派对萨迦派的不满情绪在日益增长。1354年，曾经在萨迦寺学经、后来担任帕珠万户长的大司徒绛曲坚参(1302—1364)在萨迦昆氏家族成员的配合协助下，兵伐后藏，占领了萨迦寺，捉杀了萨迦本钦，萨迦政权宣告结束。

虽然萨迦派在政治上因为元朝政权的衰落和本派内讧，被大司徒·绛曲坚参趁机消灭了，但从宗教意义上，萨迦派并没有因失去政权而消失，它继续存在下来。萨迦派的一些高僧在经受失去权力的痛苦后开始反省。他们在恢复宗教活动的同时，加强学习佛法知识，有意培养这方面的人才，并且在前后藏地区和康区新建了几座规模比较大的寺院，成为萨迦派在那里的宗教活动场所。在培养的人才中，除上面介绍的萨迦昆氏家族成员外，显教方面成绩比较突出者是雅、绒师徒和仁达哇·循努洛追，他们的思想在萨迦派中具有一定的代表性。

仁达哇·循努洛追(1349—1412)　元末明初西藏著名的佛学家，在萨迦派大德中第一个集密教教法和中观应成派思想于一身。他生于萨迦附近一个名叫仁达康索的地方，传为吐蕃大臣噶尔·东赞宇松的后裔。他幼年父母双亡,由姑妈抚养成人。他曾这样对姑妈说:“我或者受取萨迦本钦的　品将藏区置于幸福,或者进入佛门将佛教像太阳一样发扬光大。”一次,他来到帕钦曲桑贝跟前皈依,听讲发菩提心等基本佛法和大悲观音法,受居士戒。他 18 岁时皈入佛门,从觉囊派著名佛学大师萨桑玛底班钦受沙弥戒,取名循努洛追。之后,他在萨迦寺随从娘温·贡噶贝哇和堪钦·桑结贝学习《释量论》等因明七论和萨班的《量理宝藏》,以及伍由巴·热贝僧格的释论;从至尊上师索朗坚参学习般若学,钻研《般若两万颂》《般若八千颂广释》《对法藏》等;从著名译师绛曲孜摩学习上下对法、《慈氏五论》、无著的《阿毗达摩集论》和《摄大乘论》《声明八部》等。他通读了邦·洛追丹巴译师(1276—1342)有关因明方面的解释,了解了无著、世亲兄弟二人的唯识思想和论证方法,撰写了《上下对法广释略义》。其后,从顿伦巴·贡噶桑波受比丘戒,学习《戒律本经》。不久,开始学习中观,在绛曲僧格的指导下钻研《中观理聚六论》《四百论》《入中论》,融会贯通,完成了《中观本论智慧广释》《入中论广释》和《四百论注疏》等学术论著,在萨迦派中开讲中观学。

为了全面掌握佛法知识,仁达哇再次来到绛曲孜摩(1302—1380)跟前,求得《集密》不动金刚灌顶,取密号“弥觉多吉”(不动金刚)。他在译师嘉却贝桑波座前学习《金刚鬘》《文殊金刚》《世自在》,萨迦传法金刚童子;在至尊上师索朗坚参处学习《集密释明灯论》和《喜金刚》口诀、道果等甚深密法;向萨桑玛底班钦学习《胜乐》等。他参阅了萨迦派诸位高僧和布顿大师等人在这方面的重要论述,熟习《集密根本续》的各种注释,结合学习完成了《集密根本续广释》《集密本续现观论》《我入供鬘》《集密五次第论摄义》《宝性论广疏》《致亲友书释》等著述。在杰赛·托迈桑波贝(1295—1369)跟前,他主要学习了《修习论》等发愿方面的知识。至此,仁达哇已经掌握了各种佛教教理和密法思想,形成了自己的学术观点。1389 年,他来到前藏的泽当、热振和拉萨周围的一些寺院传法。宗喀巴听到他来,前往拜见,师徒共住布达拉小庙研讨经教义理,为僧徒讲经。严格说来,仁达哇是引导宗喀巴学习中观应成派思想的第一人,甚至影响了宗喀巴的学术思想,使之成为一代宗师。更重要的是,他重新提出了在西藏尤其是在萨迦派中一度被冷落、静止的月称论师所传中观应成见,改变萨迦派的宗见。他在波绒修行处居住了 12 年,其中 5 年时间专门辩经、修炼,其余 7 年时间教授弟子。在他的弟子中,有格鲁派创始人宗喀巴·洛桑扎巴;有善于辩论的嘉曹杰·达玛仁钦和克珠杰·格勒贝桑;有擅长著述的白觉喜饶;有以讲解著称的索朗喜饶和理论功底扎实、密法成绩突出的贡觉尼玛扎、贡噶桑波等人。

和仁达哇同时代的雅楚·桑结贝(1350—1414)也是萨迦派的一位重要人物。他生于萨迦,原籍山南泽当。由于他被绛曲仁钦的近亲雅绒收为养子,故名雅楚,即雅氏之子的意思。他早年就读于泽当寺和萨迦寺。后来,他主要依止萨迦的克旺尊追贝钻研道果密法,从布笃曲吉喇嘛的弟子年·贡噶贝及其弟子雅、循二人学习教理。著作有《雅氏大疏》等八卷,阐释般若学。其渊博的佛学知识和密法成就吸引了前后藏地区的一大批人,纷纷前来求教。不过,雅楚的出名,不在于其本身的学术成就,而在于他培养了几名优秀弟子。准确地说，他的出名在某种程度上有赖于弟子绒顿·释迦坚参。

绒顿·释迦坚参（1367—1449）　生于四川嘉摩擦瓦绒（今四川阿坝州大小金川一带）一个信奉苯教的家庭。父亲格果嘉波是一个虔诚的苯教师。他早年从父亲受苯教教育。他18岁时第一次进藏，到桑浦内邬托寺从上院师仁钦朗杰受菩萨戒，并向仁钦朗杰和贡堆·洛追旺秋学习俄·洛丹喜饶传下来的《慈氏五论》、因明、量论及中观应成、自续派的理论。他从桑浦内邬托寺来到觉摩隆寺（噶当派学者白地·旺秋次程于1169年建成，主传戒律，后改宗格鲁派），从该寺堪布噶宇巴和澎域卓巴·玛尔顿学习下部戒律和钦南喀扎（1210—1285）的《对法藏广释》（简称“钦佐”——钦氏所传对法）；从塘萨巴洛佛循努坚参学习由巴操·尼玛扎（1055—?）所译传的中观应成派思想；从洛巴·释迦仁钦学习《阿毗达摩集论》。他22岁时，由卓萨堪钦贡噶坚参和玛尔顿授予具足戒，取名为释迦坚参贝桑波。其后几年，结合学习，利用一切时间撰写了《定量论广释》，并开始讲授。他27岁，遇见堪钦雅德巴和大乘法王贡噶扎西坚参，从他们学习萨迦教法，融合以前所学的噶当派教法，建立了自己的学术思想和风格。1435年，他69岁高龄时，在今拉萨所辖林周县澎湃区创建了那烂陀寺。该寺结合道果法，重点传授般若——《现观庄严论》和中观自续派之见，成为萨迦派在前藏的又一重要活动场所。

绒顿·释迦坚参从21岁开始摄徒。在以后的60年中，他巡回前后藏各大寺院，以十大经论立宗答辩，引证六十四部其他经典和四十部经论注释，舌战群雄，得到“绒顿·玛哇僧格”（意为语狮子）的美称。他继承了堪钦·桑结贝哇的事业，重点讲授《现观庄严论释》，兼讲息结派所传这方面的口诀，在当时产生了很大影响。他的弟子有前圆满四柱弟子、中圆满八庄严二殊胜弟子、后圆满十六明弟子和再后圆满四称弟子之分。这些人当中的循努嘉却、玛康巴·扎巴桑波、贡茹·坚参桑波、纳塘巴·喜饶僧格、扎穷·云丹嘉措等人转向宗喀巴学经。

班钦·释迦却丹（1428—1507）　绒顿的弟子，被称为萨迦喇嘛，他生于桑浦的哇措地方，8岁时从绒顿受出家弥戒，取名为释迦却丹珠迈勒贝格。他10岁来到那烂陀寺受沙戒。他21岁之前，一直跟随绒顿的左右，钻研印度六大著名论师龙树、提婆、无著、世亲、陈那和法称的著作。他25岁时，来到俄·艾旺寺从俄尔钦·贡噶桑波、扎噶尔赛巴钦波、穆钦等人受比丘戒，并从他们几人和江隆巴·循努洛追、班钦·森林宝学习以六支瑜伽和道果教授为主的密法。他曾在萨迦寺举办法会，受到好评。1469年，他在年楚河东岸接近雅鲁藏布江的地方修建了图旦色多坚寺，聚集百余名弟子进行宗教活动。按照萨迦寺的做法，冬季法会主讲《阿毗达摩集论》和《阿毗达摩俱舍论》等上下对法；春季法会主讲中观；夏季法会主讲戒律。他不但娴熟显密教法，而且在诗学、语言学等方面造诣颇深，有“圆满大班智”的称号。他教学的最大特点是，在中观方面不偏重于自续派和应成派的任何一派，而是把两派的著述放在同等重要的位置上加以研究和讲授，开创了萨迦派教学方面的新局面。这也是14、15世纪以后藏传佛教发展的一个趋势。

释迦却丹著述颇丰，他的《释量论释难总义广论》《释量论释难总义略论》《因明广释》《现观庄严论广释理藏总义》《入中论广释》《戒律释难百业广释》《胜乐集密注疏》等对后世影响较大。其弟子中，夏钦哇、江热哇、多吉哇、洛桑等人在学术界有一定地位。承法弟子是达波·扎西朗杰。

强钦饶绛巴·桑结佩（1411—1485）　绒多贝地方人。绒指今后藏的仁布县，原分绒钦（大绒）和绒穷（小绒），以绒曲河为界，河东为绒钦，以吉雄为中心；河西为绒穷，以强钦为中心。他7岁时，在群科岗寺从僧格坚参受戒出家；13岁，来到桑浦内邬托寺拜香顿·仁钦珠巴为师，主修因明和中观、戒律学。次年，进入欧噶法院参加辩经。1428年，他18岁时，慕名来到山南的泽当寺参加噶居（一种学位，要求基本掌握《现观庄严论》等十部经论）学位答辩，称为“群隆噶居巴”。因为参加辩经前，他居住在群隆，故名。10年后，他以著名学者的身份访问萨迦寺，在法会上发表演讲，得到“强钦饶绛巴”的称号（意为强钦地方的博学者）。之后，他跟随森巴钦波·循努嘉却和绒穷·喜饶贝等人攻读经典。在艾旺曲丹寺，由金刚持上师担任亲教师，法王科洛顿巴任羯摩师，克却循努僧格任报时师，授具足戒。1448年，他带领弟子来到印藏交界的不丹传教。次年，在热心佛事的地方官员仁布·诺布桑布的资助下，创建了哲域结蔡寺，摄徒授教，弘扬萨迦教法。强钦饶绛巴培养出多位博解经论、修有成就的弟子。由于他们的积极努力，使萨迦派在失去政治权势以后，出现了一个兴旺的局面。

强钦饶绛巴的得意门生之一廓吾饶绛巴·索朗僧格（1429—1490），出生于多康一个名叫包廓吾当的地方，故名前冠以“廓吾”二字。他7岁时，他在上师贡噶本跟前受居士戒，在学习藏文的同时由上师指导背诵《慈氏五论》。他10岁从贡噶本受出家戒，三年后开始学习《喜金刚续》等密典。1447年，巡回西藏辩经时，他遇到了绒顿·曲吉尼玛和廓吾饶绛巴·喜饶贝二人，求得密教灌顶。在艾旺寺，他花了三年时间向嘉央贡噶桑波学习四续部。1455年，他从穆钦·贡却坚参（1388—1469）受具足戒，并学道果教授。前后在十几位教师的指导下，他一边学习萨迦五祖的全部著述和龙树、陈那、世亲等印度论师的著述，一边通过修炼进行实践验证。1463年，他授权为哲域结蔡寺的代理法王。1467年，他居达那赛林寺重点讲授《般若》等显教经论。六年中，他使这所寺院有了很大发展，僧人人数剧增，宗教活动趋于正常。他还筹资扩建修缮了上师索朗坚参所建的拉康和佛像塔，增建了讲修院。1473年，他在今谢通门县境内创建了达那图旦朗杰寺，开设显密课程。1481年，他出任艾旺曲丹寺住持。他60岁时来到萨迦寺，瞻仰诸尊佛像灵塔，丰厚供祭。次年在萨迦寺圆寂。

廓吾饶绛巴·索朗僧格一生亲近多位上师，蒙受教益，创建达那图旦朗杰寺，培养出大班智达旺秋珠巴、索波噶居巴、强巴托结贝桑、格西·桑结益西等一大批学有成就的弟子，撰写了有关因明、赞颂、教诫、传记、密法等方面的论著13部。

强钦饶绛巴的另一个上首弟子是嘉央贡噶曲桑（1433—1503），生于洛布牧区，10岁从扎噶尔·扎嘉哇受居士戒。他18岁时，洛布王派数百人赴卫藏学习，他作为其中的一员，来到萨迦就读于洛追循努门下。第二年，在艾旺寺受出家戒。他20岁时，从强钦饶绛巴学习密法；30岁时，从强钦饶绛巴和廓吾饶绛巴受比丘戒，学修道果法和其他显密教授；54岁时，出任哲域结蔡寺堪布，一直到圆寂。他的弟子班钦·欧珠贝巴尔修建了曲科伦布寺;拉旺洛追新建了夏日寺。

嘉哇·邦查松巴(1433—1504)也是强钦饶绛巴的得意门徒。原名强巴曲珠,出生在江萨拉顶附近的康玛,7岁从森巴钦巴·循努坚参受戒出家。之后,他向班钦·桑结僧格、绛赛·洛追仁钦、多楚·曲桑等人学习《慈氏五论》等,参加萨迦寺的辩经,获得噶居学位。在哲域结蔡寺师事强钦饶绛巴,掌握了强钦饶绛巴、泽当·桑结伦珠和夏鲁噶居三位上师所讲的全部教授。他不仅能诵《般若十万颂》,而且深解其义。他通过试讲得到好评,上尊号为"邦查巴"(十万者)。接着,他在扎巴·喜饶仁青、香巴·贡噶贝丹的指导下攻读语言学和其他学科,又有"班智达"的称号。他30岁时,由强钦饶绛巴任亲教师,廓吾饶绛巴任羯摩师,夏鲁巴·噶居哇任知时师授予具足戒。翌年,他在昂仁寺开设讲说《般若十万颂》之规。据《西藏历史年鉴》记载,昂仁寺亦称昂仁曲德寺,由萨迦·释迦僧格始建于1225年(又说为强达扎西多吉所建)。拉巴达尔被元世祖敕封为司徒后,于1354年对该寺进行大规模扩建。萨迦派统治时期寺院最盛时有僧人七千余名,下属21所寺院,冬夏两季法会规模空前。克珠杰曾在这里出家,同著名学者珀东·乔来朗杰辩论,名噪一时。五世达赖喇嘛以后改宗格鲁派,之前内有萨迦派扎仓15所、格鲁派扎仓10所。

1464年,嘉哇·邦查松巴来到洛布门塘寺讲解以《十万般若颂》为主的百部经论。从此,他花了近13年时间为二百余名求知者讲经。他从47岁开始巡回辩经,历时10年。1489年,在藏堆·索朗坚参的资助下,他修建了贝年裕香寺;次年委任帕却鲁珠为堪布,自己则去各地讲经。1500年,帕却鲁珠去世,邦查松巴回到寺院主持宗教活动,增建了僧舍和佛殿。

嘉哇·邦查松巴不仅佛学理论造诣深厚,而且密法成就极高。他先后向俄尔钦师徒、洛追坚参、达钦嘉噶尔哇、南觉巴·丹增贝、达隆·阿旺扎巴、钦饶云丹贝雄等人学习,掌握了萨迦俄尔派、宗派所传道果教授和珀东巴的《摄真实论》、塔波噶举派的大手印法、热穷巴的耳传法,以及香巴噶举派密法。他培养出的弟子中,成绩比较突出的有帕却鲁珠、阿尔顿、洛追嘉措、贡钦嘉塘法王、嘉瓦贡却贝哇、拉旺和嘉贡洛追扎西等。

进入16世纪,萨迦派在显教方面又出现两个比较有名的人物,即嘉塘饶绛巴·强巴索朗和芒堆·鲁珠嘉措。强巴索朗(1474—1540)是邦查松巴的弟子,有些史书中把他认作是绒顿的直传弟子,这是不符合实际的。因为他的出生地是后藏的嘉塘,所以名前冠以"嘉塘"二字。他11岁时,在桑结林寺出家。19岁之前,他一直驻锡多曲科岗寺,拜善知识释迦坚参和洛追坚参为师专习逻辑推理知识。他19岁时,到年裕香寺,从住持嘉木央帕却鲁珠学习《般若十万颂》、《现观庄严论》等十八部经论以及密教口诀教授;班钦·邦查松巴回寺后,他又从学香巴噶举派的教法和热穷耳传法。他25岁就学于贝科曲德寺(白居寺),次年去泽当寺学习;29岁时,在多雅迦曲顶寺从强巴贡却贝等人受具足戒。1512年,他继承邦查松巴的衣钵,主持年裕香寺。直到1537年,他把寺院委托给班钦·桑波扎西管理后,独自隐居桑扎浦岩洞静修。第二年,他被法王次旺多吉委任为昂仁寺堪布。他的上首弟子有班钦·桑波扎西、嘉央乔来朗杰、吉雄巴·洛伦珠、扎西群佩、释迦措、克却扎巴桑波、嘉央贝丹扎西等。他们弘扬萨迦教法，成绩卓著。

芒堆·鲁珠嘉措(1523—?)既是强巴索朗的嗣法弟子，也是擦尔钦·洛萨嘉措的如月弟子，是一个显密皆通的人物。生于后藏上部桑桑北部隆巴仲所属的协隆村庄(今昂仁县桑桑区)。他自幼学习藏文，听讲佛法，非常刻苦。14岁时，他被请到曲科林寺，拜嘉央喇嘛为经师学习新传密法和萨迦教典，掌握了《释量论》及其注释。翌年，由嘉塘饶绛巴·强巴索朗担任亲教师，班钦·桑波扎西任羯摩师授给出家戒，取名为鲁珠嘉措。20岁时，他再次来到曲科林寺，从学于经师嘉央喇嘛乔来朗杰，笔记《释量论》第四章。他从23岁开始皈依擦尔钦·洛萨嘉措，专修道果教授。不久，跟随经师乔来朗杰隐居芒喀的一个岩洞静修，达到了能控制气的程度。在对待佛法的态度上，鲁珠嘉措从来没有宗派偏见，而是广泛汲取他人之长，来补自己的不足。26岁时，他前往曲浦从觉囊派大师贡噶周却求得灌顶和修持口诀。第三年，他向克珠贝巴尔坚参听讲香巴噶举和塔波噶举派密法，他30岁出任曲科林寺的轨范师。在这年举行的昂仁寺冬季法会上，由堪钦·桑波扎西担任亲教师，嘉央喇嘛乔来朗杰为羯摩师，受具足戒。从33岁到51岁之间，他担任萨嘎曲顶寺轨范师，加强了该寺般若、因明、《阿毗达磨集论》《阿毗达摩俱舍论》《中论》、《戒律》和慈氏法、《中观理聚六论》的讲授。他从53岁开始主持年裕香寺，任职12年，新建了大经堂和辩经场。最后，他把法座委托给曲杰噶绒巴，在桑宗寺附近创建了诺布林寺，摄收徒子。70岁高龄时，他出任昂仁寺住持。

鲁珠嘉措一生博学多闻，发展讲、辩、著事业，弟子众多。他的著述颇丰，传世的共有13函，如《教历日光论》《五明名称的起源》《大手印舍诤论》《大手印再答论》《续部口诀传承》《龙树颂》《开光本论》《六贤师实践法》《格言日光论》等。

这一时期，萨迦派在显教方面出现了不少重要人物，个个成绩斐然。他们先后创建了那烂陀寺、图旦色多坚寺、绛钦曲德寺、哲域结蔡寺、达那图旦朗杰寺、曲科伦布寺和夏日寺等，扩建了昂仁寺，开辟了新的活动场所。他们在原来倡导的阿赖耶识基础上，另辟蹊径，加强了对其他思想，尤其是中观应成派思想的学习和传播，使萨迦派在失去政治权势后，宗教活动仍然繁荣，学术思想活跃。在密教方面，也活跃着一批人。他们推衍道果法，以俄尔艾旺曲德寺、多吉丹寺和图旦格佩寺为主要活动场所，形成了俄尔、贡噶和擦尔钦三大支派。

俄尔支派的创始人是俄尔钦·贡噶桑波(1382—1456)。他生于萨迦，从6岁开始跟随法王益希坚参学习藏文；9岁，益希坚参授予他居士和沙弥二戒；以后又授给具足、菩萨和密教戒，学得上师所传全部教法，尤其对萨迦派所传曼荼罗仪轨、修持方法精心学习。在他25岁时，上师益希坚参去世。他先后在香·曲科岗寺和协贡寺分别从译师嘉却和成就者佛陀室利听讲密法。回到萨迦寺后，他又学于上师循努洛追。1410年，他出任萨桑寺住持。直到1429年创建俄尔艾旺曲德寺，他才卸去萨桑寺住持之职。次年，他巡回那浦日超、桑丹林日超和艾旺寺讲经，大力弘扬萨迦派所传的续部口诀和其他特殊密法，修建了多尊佛像塔，制订了多种教学规则。

据史书记载，俄尔艾旺曲德寺规模宏伟，最盛时内设18个扎仓，5个拉章。俄尔钦·贡噶桑波在这里宣讲道果教授83遍,“传金刚鬘灌顶六十余遍”。他严于律己,求授具足戒者过万人;生活俭朴,平生唯以一白石为座。“除到前藏两次,阿里三次,传授萨迦密法外,还曾经两次到洛敏汤地方(今尼泊尔境内),传授萨迦派教法”①。他所传密法属于萨迦南院法。这时候的道果教授和以前相比,无论在方法上,抑或是内容上都有所改进和充实。首先强调恪守戒律,凡入修密法者都要按照一定的程序严格执行,具有组织性和规律性,基本上摈弃了以前那种放荡不羁以及与性行为相联系的修持方法。他的著作凡四函,内容涉及密法修持法、听法笔记、仪轨、传记等,整理成册,叫《艾旺全集》或《艾旺文集》。其佛学思想,概括起来说,主要提倡戒学,注重修行次第,坚持密法修炼的纯洁性。

贡噶桑波的弟子有萨迦细脱拉章系统的贡噶旺秋、达钦曲米巴·洛追旺秋、俄尔堪布·贡却坚参、贡钦廓饶绛巴·索朗僧格、班钦邦查松巴、贡钦噶顿巴、马尔康巴·扎巴桑波等。其中,尤以贡却坚参为著名。由于他得到其他师兄弟未能得到的道果心要法,所以有“会众说”和“弟子说”之分。

贡却坚参(1388—1469),全名穆钦赛巴钦波贡却坚参,生于今日喀则地区谢通门县达母夏乡德来林加地方。9岁时,旺欧波授给他出家戒。15岁,由赖隆堪布·贡噶曼兰和卸任法师绛曲僧格教授《现观庄严论》和《入行论》,18岁开始向他人宣讲。在经过南喀班觉、洛追坚参、桑洛巴等人强化训练后,他赴昂仁寺参加辩经。24岁,向克却托杰贝巴进一步学习《现观庄严论》疑难部分,然后进入萨迦寺立宗辩经。通过立宗答辩,他感觉到与他人的差距非常大,于是第二年从克却雅巴学习《现观庄严论》。从28岁起,他花了7年时间,从循努嘉却学习伍由巴·索朗僧格的《文库广论》等。34岁,他从噶阿巴·班觉喜饶学习仁达哇·循努洛追所传中观教理。次年,他游学到拉萨,结识不少著名学者,返回途经努曲隆时从岗钦·贡噶贝受具足戒。40岁时,他在萨迦寺听讲道果教授。1429年,莅居俄尔艾旺曲德寺,举办法会宣讲《喜金刚续第二品》。从此到68岁之间,他往来于俄尔和穆两所寺院,恢复续部口诀教授。1456年,他主持俄尔艾旺寺。72岁时,他向仁布宗本诺布桑波传授胜乐灌顶。是年(1460),在其家乡创建雅玛寺。雅玛寺,又叫达摩林卡寺,因位于雅玛山的山坳里,故名。原寺名叫桑丹浦(丹增浦),位于半山腰,面积约一百平方米。后来迁到山下。将要动工时,贡却坚参不幸去世,由桑结仁钦负责建成。大经堂面积约六百平方米(24柱),内供书写的《般若经》30余部,极为珍贵。

贡却坚参73岁时,在丹增浦静修胜乐法,次年参加昂仁寺万人大法会,主讲密法和修心法。75岁时,他委托喜饶嘉措管理俄尔艾旺寺。77岁时,贡却坚参再次来到丹增浦修炼甘露药丸法。82岁去世。以后,俄尔艾旺寺先后由贡却伦珠、塔尔孜巴、南喀贝桑、珠康巴·贝丹顿珠等人管理,遂称为俄尔派。

贡噶派,也叫“宗巴派”,分前宗巴派和后宗巴派。两派的师承都是从上师索朗坚参传来的。前宗巴派主要传授道果教诀。贡噶扎西从索朗坚参学得后传给扎托宗巴·索朗桑波;他以后的传承为宗穷巴·阿强松吉贝巴、桑波坚参、坚参贞却和格哇桑波;坚参

---

① 王森:《西藏佛教发展史略》,第88页。

贡波传给穆散巴·多吉坚参。后来,他们这一传承称为前宗巴派。

后宗巴派,即是贡噶派,建立者是吞顿·贡噶朗杰(1432—1469)。他是西藏尼木县吞弥氏家族人。他早年专修五大陀罗尼,师事索朗桑波后学习萨迦派嫡传道果教授。1464年,他在山南贡噶境内创建了多吉丹寺,重点弘扬道果法,成为前藏传播萨迦密法的重要道场。承法弟子有室利僧达等人。

到16世纪,擦尔钦·洛萨嘉措(1494—1566)融合俄尔、贡噶两派所传的道果耳传法和萨迦嫡传道果教决,创立了擦尔钦派。洛萨嘉措早年在扎什伦布寺学习,后来遇到萨迦派的几位高僧,改修道果教授。他从多仁巴·贡桑曲吉尼玛和达钦·洛追坚参二人继承了俄尔和贡噶两派传法。他死后,由其弟子嘉央钦孜旺波、鲁珠嘉措、阿强索朗群佩、弥止·顿珠坚参等人发扬光大。这一派法嗣众多,传承不息,直到近代大德遍布藏区。格鲁派的一些高僧曾从这一派承法弟子学法,像三世达赖和五世达赖就分别从擦尔钦及其弟子索朗群佩学习萨迦派的十三种金法等。

总而言之,萨迦派的教法比较庞杂,尤其本尊法,名目繁多。多罗那他总结说:空行母金刚帐大护法,由迦雅达惹传给卓弥译师,卓弥译师传出其中的五本尊独雄法;巴日译师传出独怙法;虚钦·仁青桑波传兄妹独修法。由此形成了怙主毗纳夜迦修法、经教颂修行法、颇江(单身男子)修行法、姆江(单身女子)修行法、兄妹修行法、空行修行法、十七尊帐怙主修行法、八尊帐怙主修行法,加上四门,共12种帐怙主修法。这些属于龙树所传灌顶教授。

玛觉·洛追扎巴传给萨钦·贡噶娘波的有八尊帐怙主随许法、帐怙主内外教授、秘密教授、怙主五灌顶等教授,属于金刚座北门法。另外,还有达塔迦达、罗格舍达、邦查松巴、日索瑜伽等人传承的其他怙主法。

二、萨迦派与中央政府的关系

从八思巴被忽必烈封为帝师以后,萨迦派僧人被封为帝师的有14人,其中的第四任益希仁钦、第五任扎巴俄色、第六任仁钦坚参加和第七任桑结贝非昆氏家族成员。他们是在萨迦寺学经的外族人,益希仁钦和仁钦坚参是萨班的东院弟子的后裔,是弟兄俩;扎巴俄色和桑结贝出自萨班和八思巴的弟子,属于康钦波系统,是伯侄关系。另外,元朝还敕封了十几位国师,这些人不仅地位非常崇高,而且从皇帝那里得到极其丰厚的赏赐。尤其是元世祖忽必烈以后,历代皇帝对国师、帝师们的赏赐更是惊人地丰厚。1305年,成宗为去世的帝师仁钦坚参“赙金五百两、银千两、币帛万匹、钞三千锭”①。1312年,仁宗“遣使赐西僧金五千两、银二万五千两、币帛三万九千九百匹”②。1321年,英宗皇帝“命帝师公哥罗古罗思监藏班藏卜(贡噶洛追坚参贝桑波)诣西番受具足戒,赐金千三百五十两、银四千五十两、币帛万匹、钞五十五贯”③。萨迦地方政府官员直接由元朝政府任免,

① 《元史》卷21《成宗本纪》。
② 《元史》卷24《仁宗本纪》。
③ 《元史》卷27《英宗本纪》。

有不少昆氏家族成员和元朝皇室通婚,这些在其他教派中很难看到。

萨迦派和元朝政府的关系,从宗教意义上说,是一种福田与施主的关系;从政治上说,则是一种中央政府与地方政权的隶属关系。元朝政府通过并依靠萨迦派势力来实施对西藏的统治和管理。在实施统治政策的过程中,元朝政府更多地采用了封王,敕封国师、帝师,丰厚赏赐,倡建寺庙,强化宗教信仰等手段和办法,授予萨迦派一定的政治权力,支持其"发展成为在政教两方面均属于各教派之上的西藏地方政权"。萨迦派通过对元朝统治者采取强有力的宗教渗透,获得巨大的经济和宗教利益,同时谋得一定的政治地位。这种关系从萨班·贡噶坚参开始,到八思巴和忽必烈时进一步密切,一直延续到元朝灭亡和萨迦派失势。可以说,萨迦地方政权的地位在很大程度上直接取决于元朝的支持。一旦元朝结束对它的支持时,其政教合一的地方政权必然趋于瓦解。14 世纪中期萨迦的失势就证实了这一点。

元末明初,帕珠家族取代了萨迦派在西藏的主导地位,昆氏家族失去了往日的显赫地位。元朝的最后一位摄帝师(即代理帝师南喀坚参贝桑波,《元史》作南加巴藏卜)被代元而起的明朝封为炽盛佛宝国师,这种封号只是对其佛教学识的承认,并未有尊崇显赫的权势地位。明朝政府在对西藏的政策和元朝有所不同。它采取"多封众建"的政策,尽可能封赏西藏各教派的著名宗教人物,把权力分散开来,改变了元朝只崇拜萨迦一派的做法。

南喀坚参贝桑波之后,大元曲吉坚参之长子贡噶扎西坚参贝桑波在 61 岁时被明朝永乐皇帝册封为大乘法王。《明史》卷 331"大乘法王"条记载:"十一条(1413)二月至京,帝即延见,赐藏经、银钞、彩币、鞍马、茶果诸物,封为万行圆融妙法最胜真如慧智弘慈广济护国演教正觉大乘法王西天上善金刚普应大光明佛,领天下释教,赐印诰、袈裟、幡幢、鞍马、伞器诸物。"按照《萨迦世系史》记载,贡噶扎西坚参贝桑波应大明使臣之请,于龙年(公元 1412 年)4 月离开萨迦,蛇年(公元 1413 年)2 月到达南京,会晤永乐皇帝,授给《喜金刚》灌顶。皇帝要求他像以前萨迦派历代上师那样,作为显密大教主,利益众生,封其为大乘法王,赐给金册、金印及"用各种珍宝镶嵌的千福金轮等难以计数瑰宝"。在朝拜五台山之后,他到北京再次为皇帝传授灌顶、诵持经咒,请求释放罪犯。永乐帝赏赐喜金刚像九尊、晶木制大威德像、宝帐怙主像、金刚橛、供器、绸缎、器皿等。大乘法王是明朝所封的西藏佛教三大法王之一。由此可见,萨迦派在政治上失势后,其宗教势力仍然很强大。

继大乘法王之后,得到明朝封号的萨迦派僧人是都却拉章的南喀勒贝洛追坚参贝桑波,他被封为辅教王,赐给金印及掌领吐蕃(西藏)事务的诏书。《明史》卷 331"辅教王"条载"永乐十一年(1413),封其僧南渴烈思巴为辅教王,赐诰印、彩币,数通贡使"。

除大乘法王和辅教王之外,明朝还给萨迦派封赐了一位赞善王。《明太宗实录》卷说:"永乐五年(1407)三月丁卯,封一灵藏灌顶国师著思巴儿监藏为赞善王,国师号悉如故,俱赐金印、诰命"。《明英宗实录》卷 78 也说:"英宗正统六年(1441)四月辛卯,敕谕灵藏灌顶国师赞善王喃葛监藏及朵卫都指挥使司大小头目人等曰:昔我皇曾祖太宗文皇帝临御之日,念尔喃葛监藏父祖远处西徼,能忠事朝廷,特封尔叔著思巴儿监藏为灵藏灌顶国师赞善王。”赞善王不仅有一定的特权,而且父死子袭,或叔死侄袭。

从上述明朝封赐萨迦派僧人来看,元朝灭亡以后,萨迦派仍然努力保持与明朝中央的关系。不过,这种关系不像元朝时那样密切,无论在政治上、经济上,还是在宗教上,都没有获得巨大的利益。到明朝中晚期,萨迦派僧人在朝廷中的活动愈来愈少,甚至没有什么影响。格鲁派专权后,有些地方的萨迦派寺院被迫改宗,萨迦派和中央政府几乎失去了联系。

第九章　萨迦派的佛学思想和寺院组织

“道果”是萨迦派的核心教法。它建立在阿赖耶识基础之上，认为生死涅槃无别，实为一体；修行者只有断除一切烦恼，才能证得一切智，达到涅槃境界。按照藏文史料记载，在印度阐释“道果”法的人比较多。由于每个人所基于的理论不同，运用的方法和侧重点相异，从而出现了九种道果。萨迦派奉行的是九种道果中毗哇巴以《喜金刚续第二品》为依据而提出的道果教授，称之为“宝教道果之法”。由卓弥·释迦益希传入西藏，昆·贡却杰波全部继承下来，建萨迦寺作为主要教授宣讲，中间经过萨钦·贡噶娘布、扎巴坚参等历代萨迦派祖师们的整理传播，趋于完善。萨迦政权统治期间，道果教授得到了长足发展，涌现出一大批人才。元朝灭亡后，萨迦派基本上失去了政治依靠。在这种情况下，他们把重心转到教法上，开始恢复宗教活动，重视道果教授的传播工作。14 世纪以后，相继形成俄尔、贡噶、擦尔钦等三大支派，把萨迦派所传的全部道果教授加以汇集，进行弘扬。

第一节　道果教法的传承

一、道果及道果九道

关于“道果”名称的得来，要追溯到原始佛教时期。当时小乘佛教所追求的阿罗汉、不还、一来和预流等四果，都叫做“道果”。后来，大乘佛教又提出了菩萨果。虽然这些都冠以道果名称，但和萨迦派所传的“道果”意思不尽相同。小乘四果和大乘菩萨果等只是一种果位的名称，而密教所讲的“道果”是作为一种独立的教授法门，内涵极其丰富。如《时轮》讲的“六支瑜伽”教授，《集密》和《胜乐》所讲的“五次第教授”，以密教的修持方法为基础，同时贯穿显教理论。

萨迦派认为，道果又叫“果道”，道果是所缘之果四身或五身摄集的佛果及能得之道。从果位讲，道没有分别，其有者叫做“果道”；从道位讲，果无分别而任运住者，叫做“道果”。道果和果道只是强调的重点不同。总之,正确讲解基、道、果或生死涅槃诸法者就是道果。

关于道果教法的起源,藏文史料中说法较多,学术界尚未得出比较一致的意见。按照一般理解,早在原始佛教经典中就已经有“道果”名称,若前面所说的原始佛教的四果。“道果九道”,也叫“九种道果”,它代表了印度学者对“道果”的九种解释。具体如下:

第一,菩提心释道,亦称龙树之道。它是中观学派创始人龙树论师根据《集密》所讲的毗卢遮那菩提心思想提出来的。它基于“缘起性空”之上,以《集密》的修持法和仪式为标准,反映了中观性空思想。

第二,毗哇巴之道,亦称宝教道果之道。毗哇巴以《喜金刚续第二品》和《萨穆止》等三续为基础创立的,建立在阿赖耶识基础上,指导思想方面和龙树之道相对立。

第三,昙毗醯鲁迦之道,亦称俱生成就道。由阿阇黎昙毗醯鲁迦根据毗哇巴所传的《喜金刚》和《金刚阿罗梨大王续》《哩衹阿罗梨续王》开创的一种修行方法,实际上是对毗哇巴道果的进一步完善,故又称“圆满道”。

第四,阿阇黎海生金刚(莲花金刚)之道。海生金刚根据《喜金刚续第二品》创立的,主要讲述生起次第九法和各种圆满次第法的具体修持方法和步骤。此法,亦称“海生修法”,在藏传佛教中的普及率较高,被每个教派定为必修法。

第五,手印圆满次第之道。这是邬仗那的因陀罗菩提王根据《智慧明点续》所创立的一种修法。

第六,不可思议之道。建立者是阿阇黎多孜巴。他根据《桑布札续》创立的一种特殊教授,用五种比较深奥的方法修证圆满道,故名。

第七,阿阇黎黑行者之道。黑行者,藏语叫做那觉巴或那波巴。曾从毗哇巴和阇烂达惹巴学习《喜金刚》和《胜乐》教授,修得成就。他在《胜乐》方面有很深的造诣,藏传佛教称他的修行方法为“胜乐黑行者修法”,并把它作为独立的一个支派对待。他根据《胜乐根本续》《喜金刚续第二品》,著成《阿那巴底修法》,建立了“阿那巴底道”。

第八,大手印无字道。创建者是语自在称,他是中印度婆罗柰斯人,刹帝利种姓。早年从大众部出家,学习声明、因明和内明,知识非常渊博,有“班智达”的称号。后来,专修密法,由于成绩突出,被拥为超岩寺的西门守护师(又说为南门师)。著述有《集密曼荼罗仪轨略论》《具足七支真实性大宝光明根本释》和《真实性宝鬘论》等,开创了大手印无字道果教授。在理论上,他坚持龙树的中观见,以《集密》的修持方法为主要方法。

第九,曲直道,变称曲直口诀。开创者是被称为黑瑜伽师的邬泽扎长寿,他的身世不清,很可能指公元10世纪的黑誓愿金刚,又称小黑行者,以观待喜金刚画像修行,得到了无量能力。曲直道是根据所有密典创立的,修炼此法时气势非常猛烈,能直接进入中脉。贝瓦尔·却美多吉活佛总结说:在所有的甚深教授中,曲直道非圆满道。大手印无字道是根据《喜金刚续第二品》和《集密》两部经续提出的,其余六种教授皆为圆满道。

萨迦派所奉行的道果教授主要源自《喜金刚续第二品》。藏文资料认为,这部经续最早是由毗哇巴从邬仗那请出的,其弟子昙毗醯鲁迦受取心要,撰著《无我母修法》和《俱生成就法》进行阐释。不久，腊哇巴和海生金刚两人又请来《喜金刚续》宣讲，腊哇巴著《娑三吠陀钵罗讫粟多》，重点阐释圆满次第法；莲花金刚（即海生金刚）著《俱生成就论》，解释生起次第法。有关腊哇巴和莲花金刚的事迹藏文资料中记载不多，汉文资料中更难以找到。《主巴教史》认为，腊哇巴是昙毗醯噜迦在邬仗那调伏的国王和王妃瑜伽母毗那萨班遮之子，本名因陀罗菩提，法号腊哇巴，后来为了和因陀罗菩提相区别，称为小因陀罗菩提。他是一位密教成就者，尤其对推广金刚乘密法发挥了很大作用。海生金刚的事迹虽不见记载，但他所开创的"海生成就法"在藏传佛教史上影响很大，受到每个教派和学派的重视并加以修炼。

对于毗哇巴的事迹，后面将专门介绍。他既是《阎摩德迦续》最早的传承者，又是《喜金刚续第二品》的请出人和道果教授的创立者。多罗那他的《印度佛教史》记载说："按照印度普遍传说，瑜伽自在毗哇巴修炼阎摩德迦道，在金刚亥母的加持下获得成就，成为和阎摩德迦相同的大瑜伽自在，能开示一切续。但是，成就者们适应直接教化者的缘分而教授是自然的，因此请出《阎摩德迦红续》，奉佛薄伽梵的教导把修法和口诀用文字记录下来。其弟子昙毗醯鲁迦请来《拘留拘梨》和《阿罗梨》二续，通过神通晓解经义，同智慧空行母行商议受取《喜金刚续》的心要，著成《无我佛母修持法》及《俱生成就法》等多部著述，也为弟子传授灌顶。"[①]萨迦·索朗僧格认为，毗哇巴创立道果教授以后传给班智达达惹那阿杂惹，他把道果口诀作为独立法门提出来传给那波巴；那波巴传给大成就者扎玛惹巴；扎玛惹巴传阿瓦都底巴；他传给迦雅达惹。《达隆教史》也说："道果等阿波陀那（教授）如同日月著称，它的传承为金刚持、无我佛母、瑜伽自在毗哇巴、那波巴、扎玛惹巴、阿瓦都底巴、迦雅达惹，他曾进藏向卓弥·释迦益希传授阿波陀那及九大道果教授等。"[②]这里说明，萨迦派所传道果教授的实际创始人无疑是毗哇巴。但《宗教流派镜史》则说：道果起源，"传自吉祥怙圣龙树之弟子释迦善友。彼传弟子燃首。首传上座吉祥护法。护法寂后名为毗哇巴，彼传卓毗咽噜迦。彼传无敌月或名般若诺因陀罗流支"。这种说法并不矛盾，龙树所讲的道果教授是根据《集密根本续》提出来的，它和毗哇巴所传的道果教授虽然同属于道果法，但是指导思想各异。这里的护法是毗哇巴的法号"达摩波罗"的义译，非指唯识学派的护法论师。虽然毗哇巴非护法论师，可是他出自唯识学派论师胜天门下。胜天是护法论师（约 6 世纪中叶人）的后辈弟子，护法在唯识学派中继承陈那的唯识论学说，提出了见分、相分、自证分和证自证分，称"四分家"。由于同一传承，所以毗哇巴的道果教授是建立在阿赖耶识的基础之上，阿赖耶识是唯识学派的主要论点之一，叫做第八识。

萨迦派认为，毗哇巴生于佛涅槃后 1021 年，如果按照公元前 485 年（或 480 年）佛涅槃时间计算，1021 年当为公元 706 年（或 705 年），这说明毗哇巴生于公元 706 年左右。索朗僧格特别强调指出，寂护为毗哇巴的嫡传弟子。如果这种观点成立，无疑毗哇巴应

---

① 多罗那地：《印度佛教史》，四川民族出版社 1984 年藏文版，第 233 页。

② 达隆·阿旺曲杰著：《达隆教史》，西藏藏文古籍出版社 1992 年版，第 700 页。

该生活在公元8世纪,最晚也不能晚于9世纪。根据道果教授的传承关系,毗哇巴生活在8世纪的可能性非常大。也许有人会提出疑问,既然8世纪已经有了《喜金刚续》以及根据它创立的道果教授,为何吐蕃时期没有介绍进来呢?这个问题的确非常重要,但是根据现有的资料难以回答清楚。这里只能作这样的推测;一是吐蕃时期已经有《喜金刚续》的藏译本,只是没有流传开来,或者被赤热巴巾王禁传,或被朗达玛焚毁,后弘期重译;二是吐蕃时期是佛教传入初期,重在译介,很少对某一部经典进行阐释,迄后弘期译经基本完成,加强了阐释。

二、毗哇巴和道果教授传承

若上所述,毗哇巴亦译毗嚩巴,全称大瑜伽自在毗哇巴,法号达摩波罗,意为"护法",毗哇巴实为尊号或密号。多罗那他认为,毗哇巴和寂天论师同为胜天的弟子。吕澂先生也考证说,寂天到那烂陀寺出家,入胜天之门。寂天约为650—750年间人,这就说明毗哇巴也是公元7、8世纪左右人。《主巴教史》把毗哇巴看成是瑜伽行派的护法论师,如说:"胜天之弟子吉祥护法的历史,舍弃王位从(那烂陀寺)住持胜天出家,取名室利达摩波罗(意为吉祥护法),依胜天和世亲钻研内外学说,被称为唯识派语王,从住持(轨范师)学到胜乐轮教授,世亲把那烂陀寺和僧众交给他管理,希望长期于此护教。之后,修炼胜乐轮法,过了一段时间未出现任何征兆,反而出现不适之感受,因此心灰意懒。从此专门著述佛法,讲解教授,做僧人应做之事,不修本尊法。"显然,这里把毗哇巴错当成瑜伽行派的护法论师,而且作为世亲论师的弟子,担任那烂陀寺的住持。这样一来,胜天倒成了护法论师的师傅,这是不可能的。吕澂先生已经指明,胜天是瑜伽行派论师护法的后辈弟子,约7世纪晚期人,这一点足以证明毗哇巴和护法论师非同一个人。虽然他俩的名字相同,同为唯识学派思想家,却是不同时代的两个人。

毗哇巴是南印度的一位王子。由于厌政,他逃离王宫来到密教较盛行的东印度,在索玛毗罗寺从主持都瓦罗和轨范师嘉瓦扎巴受出家戒,研修佛教教理和密法,进步极快。不久,他从东印度转到中印度的那烂陀寺,由胜天(又说为说一切有部的尊胜军论师)论师授予具足戒,取名为吉祥护法,藏语叫做贝丹曲窘,并教授胜乐教法。在这里,毗哇巴刻苦攻读五明学,掌握了各大学派的思想和印度其他哲学派别的理论。胜天论师去世后,他继任那烂陀寺住持,白昼讲、辩、著,晚上专修胜乐密法。遗憾的是,修了好长一段时间却没有出现什么善相征兆,他遂对密法修炼失去信心,决定一心一意弘法利民。一天晚上,他梦见河水倒流,日月坠地,山峦崩裂。他梦醒后非常失望,以为自己与金刚乘密法无缘,誓不修本尊法,准备做一名普通僧人。藏文史料记载,梦后不久的4月22日,他得到无我金刚佛母的授记和加持。翌日,无我金刚佛母向他传授四大灌顶,并教导如何修行。毗哇巴依教而修,终于证得初地见道智慧。获得见道无漏智慧之后,毗哇巴进一步修炼,进入第六地,证得菩萨果位。从此,毗哇巴不断修炼。后来,他到婆罗奈斯的一片森林之中修炼禅定,名噪一时。廓毗达泽扎王及其臣民都皈依了他。

毗哇巴所创的道果教授是《阎摩德迦红续》《胜乐根本续》和《喜金刚续》的思想和修

持方法结合的产物，主要根据是《喜金刚续第二品》，基于阿赖耶识之上，重点从因、道、果三个方面进行阐释。他认为，因包括轮回因、六种果和因果关系十二缘起，因，特指十二生处、生、老、病、死等；果，指六道轮回；道，即方便，修持的方法和途径，由异熟灌顶和解脱两部分内容组成。

毗哇巴的两个得意门徒是昙毗醯鲁迦和那波巴。昙毗醯鲁迦是中印度人，毗哇巴去南印度途中收他为弟子教授密法。他曾代表师傅前往西印度的邬仗那，由无我佛母加持请出《金刚阿罗梨大王续》和《哩祗阿罗梨续王》，得到《喜金刚续》心要。昙毗醯鲁迦回到东印度毗达罗王辖地岗木噶绒城弘扬密法，表演了骑虎、毒蛇缠身等特技，赢得了当地群众的称赞，被尊称为“昙毗醯鲁迦”。在这里，昙毗醯鲁迦完成了《俱生成就前论》。晚年，昙毗醯鲁迦隐居森林修炼密法。班智达难修月或无敌月尊他为上师，随修《喜金刚续》的灌顶教授。

昙毗醯鲁迦的主要活动在东印度。他把密教教授和耳传口诀传给奇异金刚；奇异金刚传给那超巴；那超巴传迦巴惹巴；迦巴惹巴传扎雅室利；扎雅室利传无敌月；他传比丘英勇金刚。卓弥·释迦益希曾学于英勇金刚。

那波巴，全名东方那波巴，意为“黑者”。他在南印度得到毗哇巴的道果《金刚偈》，依照修炼，获得成就。那波巴从南印度回到东印度后，按照师教弘法，把学得的《喜金刚续》教授、口诀传授给中印度的瑜伽行者扎玛茹巴。

扎玛茹巴是中印度人，他长期在中、东印度的大部分地区依靠奏打拨浪鼓传教。得到那波巴的道果教授后，扎玛茹巴刻苦修炼，终得成就。晚年，托玛茹巴把道果教授传给中印度的一个名叫狮子游戏的王。此人具有较高的记悟能力，性格怪僻，故名“阿瓦都底巴”。萨迦派认为，阿瓦都底巴以前的几位道果师都获得了成就。他把所得道果教授传给迦雅达惹。

迦雅达惹曾担任国王的缮写员。一次偶然的机会，他见到了阿瓦都底巴，拜为上师，在喜金刚曼荼罗中传播灌顶。经过苦心修炼，证得成就。藏文史料记载，迦雅达惹曾三次进藏传法：第一次由卓弥·释迦益希请来，重点传讲道果宝教教授；第二次由桂·库巴拉孜译师请来，主要讲授了三部《喜金刚》方面的经续及其注释和《集密》教法；第三次由结觉·达哇欧色请来，被结觉的弟子娘·窘波安排住在喀热教授密法。这次进藏时，卓弥译师已经圆寂。可以肯定，迦雅达惹是萨迦派所奉道果教授传承中最后一个印度传承人，也是进藏传讲道果教授的第一个印度人。无疑，他的进藏对推广道果教法起了积极作用，也使更多的人了解了道果教授。

综上所述，道果教授有两大传承：第一个传承为毗哇巴—昙毗醯鲁迦—那超巴—迦巴惹巴—扎雅室利—无敌月—英勇金刚—卓弥·释迦益希；第二个传承为毗哇巴—那波巴—扎玛茹巴—阿瓦都底巴—迦雅达惹—卓弥·释迦益希。《主巴教史》也认为，毗哇巴特为那波巴作《金刚偈》，作为道果教授的入门书。那波巴传授给中印度的扎玛茹巴；扎玛茹巴传给阿瓦都底巴；阿瓦都底巴传给迦雅达惹；迦雅达惹传给卓弥译师。那波巴以后，一直采取口耳相传的方法，没有用文字记录。到了萨钦·贡噶娘布，才整理成文字加以弘扬,但禁止在寺外传讲。

三、道果教法的流派

自从卓弥·释迦益希传入道果教授以后,随学者非常多。昆·贡却杰波得到全部经续和教授后,把它作为萨迦派的特有教法加以宣讲。从萨迦派所传道果教授的具体传承来看,大抵上分为远传、近传、极近传、会众弟子派和经典传承。

远传分口诀传承和经续传承。口诀传承在西藏始自卓弥的弟子色顿贡热(又叫色喀穷哇),他得到道果实修要门教授,传与香顿兄弟、夏玛姐弟等人。香顿兄弟,兄长叫做香顿·曲贝尔,弟弟叫香顿·斯吉贝尔,俩人曾向色喀穷哇奉献丰厚礼物求得道果全部教授。不幸香顿·斯吉贝尔英年早逝,香顿·曲贝尔极度悲伤,扮装成瑜伽士隐居家乡,夜晚静虑修行白昼参加劳动,宣讲大圆满法,八年后修得神通和幻变成就,尤其在四柔杖方面成就显著。首次传授给多麦南喀哇·阿僧和章域·香沃迦瓦,阿僧在听讲过程中做了笔记,取名叫《阿僧讲义》,培养出多名门徒,其中有不少女弟子。萨钦·贡噶娘布曾花了4年时间从香顿·曲贝尔学习实修口诀,包括全部口诀、道果九种教授、细法28种和《集密》《佛等加行》《喜金刚续释》等。贝丹哲姆夏承嗣了法钵。

经续传承方面,昆·贡却杰波和阿里巴·萨哇娘波从卓弥译师学到全部道果经教,传给色顿·贡热和钦·欧结囊哇,史称四人为"四流上师"或"续口诀流"。萨钦·贡噶娘布从色顿·贡热的弟子香顿曲贝尔和钦译师继承下来。严格来讲,贡却杰波从卓弥译师学得,称为"前末流";他传给贡噶娘布,称为"中流";色顿·贡热传香顿·曲贝尔,阿里巴·萨哇娘波传给曲结巴·拉贝尔。香顿和曲结巴传给贡噶娘布。

道果近传,一般指萨钦·贡噶娘布师徒传承。萨钦47岁时前往贡塘(阿里贡塘,以今吉隆县宗嘎为中心)向香顿·曲贝尔求得道果实修口诀和其他教授,传给弟子们。他们根据所讲记录,把口耳相传的道果教授形成文字。按照记录者的名字共分11种,叫做"道果根本《金刚偈》十一释",其分别是《阿僧玛》《协希玛》《洛嘉玛》《域顿玛》《赛顿玛》《达嘉玛》《桑日普玛》《芒穷玛》《噶塘玛》《阿俄玛》《注释涅玛》,最后一种流传最广,影响最大。

极近传,一般指从萨迦派第三代祖师扎巴坚参到第五代祖师八思巴·洛追坚参之间的师承。扎巴坚参从父亲继承下来后,传给萨班·贡噶坚参、觉赛·嘉结多吉、扎顿洛追和格哇坚参等弟子。萨班继任萨迦寺第四代祖师后竭力弘扬,措贡·贡噶贝桑、珠托·云丹贝桑和八思巴继承了口诀和修炼仪则;洛巴·贡钦仁钦贝桑和玛·曲杰继承了经续部分。嘉哇扎普巴先后从珠托·云丹贝桑的弟子香·贡钦贝哇、仁青坚参、八思巴三人学习道果教授,传授给日超巴·洛追丹巴和至尊上师索南坚参。措贡·贡噶贝桑传给年钦巴·索朗丹巴;年钦巴传给绛噶尔波·扎巴仁青僧格。贝丹次程从日超巴·洛追丹巴和索朗坚参、仁青僧格学习,成为耳传道果教授的教主。他以后的传承是弥尼·仁青多吉、夏尔巴·益希坚参、珠钦佛陀室利等人。

会众弟子传承,分别称"会众派"和"弟子派",通指萨迦派密法三大支派俄尔派、贡噶派和擦尔钦派。严格地说,会众和弟子两派是从俄尔派分出的。由于俄尔钦·贡噶桑波的弟子较多,他在传法当中把未给其他弟子讲授的道果教授都秘密授予贡却坚参,从此道果教授有“措协”(会众)和“洛协”(弟子)之分。

总之,萨迦派以道果教授为核心的密法归总起来有13种,通称为“十三金法”。它们是:(1)道果宝教之阿波陀那;(2)道果之阿波陀那;(3)以知一知多之阿波陀那;(4)求过为优之阿波陀那;(5)修障为成就之阿波陀那;(6)以认识三摩地消除禅定之障的阿波陀那;(7)以识障消除魔障之阿波陀那;(8)知求过为优,取障为成就之阿波陀那;(9)正知三藏空性之阿波陀那;(10)若成金之精华之阿波陀那;(11)《金刚偈》像如意宝一样之阿波陀那;(12)四量;(13)四耳传。

上面只是萨迦派内部的道果教授传承,可以叫做“道果萨迦派”。另外还有二十几派。从广义上说,卓弥译师传出两派,两派分裂出二十四派(又说为十八派或二十三派),二十四派合并成结觉派、仲派、香顿派、夏玛派、廓扎派、芒兰派、恰甘派、觉囊派、旺嘉派、萨迦派、帕珠派和结贡派等十二派,其中除了萨迦派,其余可以合成九派。

道果仲派,由仲·垛哇顿穷建立。他是卓弥圆满口诀三弟子之一。他把《金刚偈》《喜金刚口诀灌顶》《口诀略文》,共计一小函传给喇嘛玛尔;把经教广释、十秘等细微口诀一大函,传给嘉·洛札巴、恰顿·曲噶、娘康空巴、惹贡巴、扎巴兄弟、达哇坚参、多丹南定巴、嘉顿·多吉僧格、达玛扎、康空巴、卓顿·释迦欧等。

道果香派,由色顿·贡热的弟子香顿·曲贝尔建立,夏玛贡却继承,传给娘顿;娘顿传给曼喀哇等。主要传讲《金刚偈释》和二十四种随许法。芒兰派是在道果香派基础上形成的。

道果夏玛派,创始人是色顿·贡热的弟子夏玛姐弟,姐姐玛吉夏玛,弟弟昆普哇。他俩从很早时就学习佛法,并加以修炼,成绩很大。一般把玛久夏玛及其弟子所传道果教授叫做女系道果法,分为三个传承,第一个传承是喇嘛娘贡钦、曼喀哇·娘嘉波扎、喀热年曲结斯吉、廓扎巴、拉索隆巴等;第二个传承是娘贡钦、雍顿、香顿·色弥巴、廓扎巴;第三个传承是夏玛女王喜饶次程传廓扎巴。昆普哇所传称为男系,分两个传承,第一个传承是昆普哇、色贡扎杰、夏孜扎;第二个传承是由昆普哇之子夏玛达哇欧色传出的,邦结尼玛扎继承并弘扬光大。男女二系合流形成廓扎派。男女二系和萨迦派结合形成恰甘派。

廓扎派始自廓扎巴·索朗坚参(1182—1261),他是西藏定日人,早年修学大圆满法,曾在江日和贡姆山间修炼证得大手印成就,在娘堆创建了廓扎寺,故名廓扎派。后来,他从曼喀尔哇学习夏玛女系所传道果教授,从夏玛贡却学得香贡巴哇所传香派道果教授,记录了道果四灌顶和口诀法,隐居拉萨附近的曲浦洞专门修炼。史称他们这一传承为廓扎派。

道果噶嘉玛派,亦叫密封派,或恰甘派,由恰甘上师旺秋坚参珠托噶尔波建立。他先后从贡噶坚参和玛吉夏玛等人学习,集萨迦派所传道果教授和夏玛派所传道果教授为一体,另建恰甘派。他的《道果传承史》详细记述了道果法的起源和发展传承的历史;《金刚偈广释》详细解释了《金刚偈》的词义。弟子扎巴坚参等人发扬光大。

道果旺杰派，由觉囊派大师贡钦托杰尊追的弟子拉堆·旺杰，或名娘·旺杰所建，故名。他把六支瑜伽法和道果教授融合一体，创出一种特殊的修炼方法，注重在暗室中修炼。所以，这派和以前任何派系所传的道果法不同，从传承关系上属于夏玛派。

道果觉囊派，建立者是弥觉多吉，他熟谙六支瑜伽和他空见，曾于萨迦细脱拉章向嘉木央细脱巴学习道果教授；从拉索隆巴的弟子饶恰哇·仁青欧学习夏玛派传法，收录了夏玛派、仲派、萨迦派所传的《金刚偈》，改变了其中许多内容和前后次序，保留了精华部分。扎喀巴·扎巴僧格承其法统。其后的传承为绛桑嘉尤、贡钦帕欧、噶丹贡桑等。

道果结贡派，始自结贡仁波且。他早年以修炼三摩地而著称，后从阿阇黎温觉欧（又说是萨钦贡噶娘布的弟子达普巴）学习道果教授，传给珠格尊追。此派主要传讲四耳传教授。

道果帕珠派，由帕珠·多吉杰布（1110—1170）建立，他曾从萨钦贡噶娘布学习道果教授，结合大手印法修炼，著有《道果解说库女》（简称《书库女》），开道果帕珠派。他的弟子扎杂格底在《书库女》基础上增加了语录部分，并进行发挥。

第二节　卓弥·释迦益希及其所传道果教授

一、卓弥·释迦益希的生平

卓弥·释迦益希（993—1074）是西藏拉堆地区芒喀人（今拉孜县境内），是后弘期初叶西藏著名的佛经翻译家，被萨迦派奉为实际开创者。当时，西藏地区佛教在遭受朗达玛灭佛的打击后处于恢复阶段，鲁梅等卫藏十人从青海学经回到西藏，维修和新建寺庙，摄徒传法，从学者十分踊跃，而且得到当地地方势力的大力支持。占据西藏拉堆地区的扎西孜巴王及其三个儿子曾致函学经回来的洛敦·多吉旺秋，请他或派遣弟子来拉堆建寺弘法。洛敦·多吉旺秋派两个弟子释迦循努和益希尊追前往。他们在拉堆二百多名僧人当中挑选出卓弥·释迦益希和达洛·循努尊追、朗·益希循努等人，于章巴江寺授予比丘戒。经过供施双方的商议，最后决定派遣卓弥和达洛二人前去印度求学。临行前，吉祥军等地方官员要求他俩学到“佛教之根本戒律；佛教之心要般若；佛教之精髓密法”后回来。

卓弥和达洛二人肩负着振兴西藏佛教、正确介绍佛教经典的重托，带着大量黄金先来到尼泊尔，从班智达寂贤学习声明学和其他密法。经过一年的严格训练，他俩掌握了梵文和有关翻译方法。卓弥得到了“译师”称号。

卓弥再从尼泊尔直奔中印度的超岩寺，从六大守门师学习。按照史书记载，卓弥·释迦益希花了8年时间，在东门师寂静论师（辛底巴）跟前学习戒律、般若和集密口诀；从南门师语自在称学习真实法；从西门师慧生寂（喜饶窘乃卫巴）学习护外魔之障的口诀;从中门师宝金刚和智吉祥学习护禅定心之障的口诀和护身乱之障的口诀;从北门师那若巴学习消除三苦的口诀,建立了法缘,通称为"卓弥六门法缘"。达洛则热衷于游山玩水,朝礼圣迹,学法很少,没有获得什么成就。

离开超岩寺,卓弥译师来到东印度,就学于般若因札茹孜(慧王明),受到灌顶,重点攻读道果教授。从藏文资料记载来看,卓弥受《喜金刚》灌顶后,由于所带黄金用完,便告别般若因札茹孜匆匆返藏。吉祥军等人知道他返藏的消息后,专程到吉隆迎接。卓弥在拉孜岩洞待了两年,一边校订所译经典,一边摄徒授教。两年后,卓弥带着吉祥军等人提供的黄金,再次到东印度,继续从般若因札茹孜学习道果教授,前后共用了四年的时间。回到西藏后,在当地势力的资助下,卓弥于1043年在今拉孜县芒喀修建了牛姑隆寺(又名娘姑隆寺),收徒专讲道果教授,间或隐居拉孜岩洞修行。1044年的一天,卓弥应朗塘噶尔波牧人的邀请准备去讲经时,接到班智达迦雅达惹(或迦耶多罗)派人送来的书信,信中说他要来西藏,请卓弥前去迎接。卓弥接到信后,急忙赶到贡塘(今吉隆),把迦雅达惹接到牛姑隆寺。两人约定班智达传授所有教授,卓弥愿献黄金五百两。5年中,卓弥学到了印传所有道果教授,以及其他密法。1074年,卓弥译师在牛姑隆寺圆寂,时年82岁。

二、卓弥·释迦益希的译籍

卓弥译师留学尼泊尔、印度十余载,广参那烂陀寺、超岩寺和其他地方的著名佛学大师,精学显密教法。他尤其从般若因札茹孜和来藏的迦雅达惹学得印传全部道果法,译出大量密教经典,摄徒讲授,初开后弘期新密翻译之规。一般藏史把他和玛尔巴·曲吉洛追、桂·库巴拉孜三人尊为后弘期的三大著名译师。从他们几人翻译经典的时间推算,玛尔巴和桂译师的译经在卓弥之后,而且他俩都曾师事卓弥,成为师徒关系。

卓弥译师的译经侧重于无上瑜伽母续经典。布顿曾这样说:"仲区人氏释迦益希请来班智达迦雅达惹,并以黄金五百两作供养,翻译出《呼金刚》《桑布札》《罗梨》《诃罗梨》等母续部的修法教义等。"甘肃甘南藏族自治州编译局根据嘉木央·久美旺波益希尊追扎巴的《丹珠尔纲目》(卓弥版)、司徒祖勒曲吉旺哇的德格版《丹珠尔目录》和徐谦茨智的《丹珠尔纲目》等编集的《历代藏族译师译著目录》中,辑录了卓弥所译的显密经论。

其中收入《甘珠尔》的有:《注释续不共真实相应大本续》十品,每品四节;《真实相应大本续后续》,此续《本续》有广略两种。根据因陀罗菩提的《释》所说,《广续》有三十六品,《略续》有两千七百七十五偈。

还有《吉祥秘密金刚续》四品;《吉祥秘密决断一切续王》《吉祥轮护秘密不可思议续王》《吉祥等虚空大续王》《吉祥身语意续空行母网戒》《吉祥宝鬘续王》《吉祥大力续王》四品;《吉祥智慧秘密续王》《吉祥智慧鬘续王》《吉祥智慧焰续王》《吉祥月鬘续王》《吉祥宝焰续王》《瑜伽母月鬘》《吉祥金刚空行秘密续王》《吉祥秘密火焰续王》《吉祥寒林庄严续王》《吉祥金刚大王续王》《吉祥智慧思维续王》《吉祥贪续王》《吉祥火鬘续王》《吉祥空行母秘密焰续王》《吉祥金刚大威德摧坏续王》《吉祥秘密甘露续王》《吉祥大力智慧王续王》《吉祥金刚成就胜乐续王》三品;《吉祥胜乐续王殊胜寒林庄严》《续王无分别续》

《金刚阿罗梨续王》九品;《哩衹阿罗梨续王》五品;《四座本续》一千三十二偈;《四座略续瑜伽母续王》十六品;《四座注释续真言分》八品;《圣观世音自在大悲陀罗尼胜利》《吉祥三昧耶续王》《吉祥日轮续王》《吉祥智慧王续王》《吉祥空行母律仪续王》《喜金刚续第二品》《空行母网金刚帐续王》十五品等。

收入《丹珠尔》的有:《呼金刚续释　谟底释难》,阿阇黎难修月著;《金刚歌释》,莲花金刚著;《金刚歌注疏》,阿阇黎度母军著;《现观次第论》,那波巴著;《现观次第六十四杖疏》,那波巴著;《呼金刚空性分别论》,那波巴著;《呼金刚注释续相合论》,那波巴著;《金刚空行本品释》,那波巴著;《圣空行母金刚歌大续王第一品王释》;那波巴著;《八大寒林论》,著者不详;《吉祥金刚酥油灯顶教诫》,莲花金刚著;《吉祥呼金刚菩提罗迦二十颂》,莲花金刚著;《吉祥独勇修持法》,金刚铃著;《吉祥二臂呼金刚修法》,班遮阿罗罗著;《一念呼金刚》,阿阇黎迦巴惹瓦著;《呼金刚修法六支论》,阿阇黎无敌月著;《曼荼罗仪轨修法·遍持贤论》,或名《曼荼罗美妙全摄仪轨》,阿阇黎难胜月著;《一切部多之施食》,阿阇黎无敌月著;《宝焰修法》,阿阇黎般若因陀罗茹孜著;《呼金刚曼荼罗羯摩次第仪轨》,阿阇黎莲花金刚著;《无我瑜伽母修法·甘露光修法》,阿阇黎昙毗醯鲁迦著;《无我佛母修持法》,无敌月著;《无我佛母修法广论》,吉祥宝生著;《无我佛母独雄修法生圆次第论》,阿阇黎罗睺罗著;《秘密金刚续王释》,昙毗醯鲁迦著;《吉祥胜乐轮显观难释》,阿阇黎毗罗班遮著;《吉祥胜乐轮仪轨·如意鬘》,英勇金刚著;《吉祥胜乐轮·如意藏》,英勇金刚著;《慧生口诀》,迦雅达惹著;《大乘道次第》,阿阇黎贤劫金刚著。

《布顿目录》所收录的基本上和上面的相同,只是个别名称略有差别,可能是别称或简称。卓弥译师的译籍中,影响较大的是《喜金刚续第二品》,亦称《呼金刚续》。根据藏文史料记载,这部经有广略两部:《广续》七十万偈,《略续》五十万偈。第一品是从《略续》整理出来的;第二品共十二节。卓弥译出后,循努贝根据《金刚藏释》进行补译和修订。

三、卓弥·释迦益希所传的道果教授

卓弥·释迦益希精通显密教理,熟谙修炼方法,兼通翻译,在藏传佛教史上占据着重要地位。他从印度和尼泊尔留学归藏后,在吉祥军兄弟几人的资助下修建了牛姑隆寺,建立了以母续类法为主的讲说之规。《青史》说:“以密宗诸续部的各方面来说,卓弥大师是极善巧;而且复具有修各本尊身像之法,他建立了讲说父续、母续等许多经教之规,特别是广大弘扬诸瑜伽续部广释及诸仪轨作法等。所以对佛法作了极大的发展。”

卓弥在学法过程中,从比丘英勇金刚和迦雅达惹两位阿阇黎学到了由毗哇巴、莲花金刚、龙树、多孜巴、黑行者、邬泽扎长寿等所传的宝教道果之道、甚深生起次第九法、圆满次第之道、菩提心释之道、不可思议之道、邬罗巴底春明点之道和曲直之道等六大教授;从班智达智密学得由大因陀罗菩提和昙毗醯鲁迦所创的大手印圆满道和俱生成就之道;从班智达阿摩迦班遮学得由阿阇黎语自在称所传大手印无字之道。最后以毗哇巴所传宝教道果教授为基础,有选择地吸收了其余八种教授,使道果教授更加全面。

前面讲过，萨迦派所传道果教授得自于卓弥译师。它建立在阿赖耶识的基础之上，倡导生死涅槃无别。要认识和把握它必须从两个方面着手：第一，所诠之法；第二，能说的口诀。从所诠法方面重点掌握道果的口诀，包括所诠的道果，即道果理论；能诠经教所讲的道果教授。所诠需要了解因道、因果、道因、果因和道果等几大关系。因道关系，因上允许有道的能作。因果关系，因上有自性成就之果，如果种子好，和缘相遇，能生出果芽；如果缘遇阿波陀那，能生出果。道因关系，道位有因味，如果没有因味，任何阿赖耶识上不知修何道。道果关系，能得果住道位，不然修道失去意义。果因关系，果位住变化因，即因住果，只有这种道的诸功德才具备，叫做果道。无论如何，卓弥译师认为，一切都出自清净心，即皆由自心所现，成境中心，除了自心无从成就。由于心性分位而现各相，其实无善恶分别。犹如生死涅槃无别，只因无明迷妄，才有生死，只要修法清除无明，清净心自然显现，就能达到涅槃。

如果从能诠分析，基、道、果三者没有区别，基即道，道即果。由于被暂时之垢污所染蔽，基位之佛自己不认识自己，只有清除道果的垢污，才能认识，这是由果的名称安立的。《喜金刚续》也说："众生即是佛，暂时垢所蔽。"

能说口诀方面，主要掌握什么是道，什么是果和道果的名称含义。卓弥认为，道分为能行道和所行道。所行道从其本性分为世间道和出世间道，可以从不同方面和角度认识。从十三地讲，在未见到见道初地的谛实之前，叫做世间道；以后叫做出世间道。从法轮讲，轮止为世间道，轮转为出世间道；暖位所摄者是世间道，因所摄是出世间道；见所摄是世间道，宗派所摄是出世间道；智慧有增有退为世间道，伺察有进有退是出世间道；如果上师没有往生是世间道，有寿转往生则为出世间道。

能行道，包括广、中、略道和极、中、劣道。广道包括十八法，中道五法，略道三法。生死涅槃一般道（共同道）包括三有所说之道，三续所说之道，四量所说之道，六阿波陀那（教诫）所说之道，四耳传所说之道，五因缘所说之道和瑜伽师之障道。因为，这七种道都涉及基、道、果全部法，故被划在生死涅槃一般道。

轮止世间道，包括七种，主要反映生禅定之因的道理。七道是：示生禅定之因，释生禅定之因，离希望之道，四醒所说之道，立念之道，四正舍为果，汇总诸义等，它们之所以被定为世间道，因为它们能促使产生未生的世间禅定。

轮转出世间道有四种：宝瓶灌顶六地无生死涅槃之别；秘密灌顶四地尚未圆满；智慧灌顶二地乐空微小；一地乐空广大。

能行道中的中道，包括禅定、禅定因、禅定功德、禅定碍障、禅定之果。

能行道的略道也反映了三个问题，一是何为本性；二是何为自性；三是何为相。主要探讨性相关系，即本质和现象之间的关系。

卓弥译师所讲的果，概括起来有三种，第一是我义之大果，即四身五智；第二是他义大果，也就是利他之果，能使盲人获得眼，见到光明等；第三是自他之大果，不仅自己能得到果位，而且能帮助他人觉悟成佛。

总之，卓弥・释迦益希所讲的道果教授，通过对基道的认识和修炼，最后证悟生死涅槃无别，达到佛果。简单地讲，成就基等于已经修成了喜金刚。在方法上，充分运用四量和四耳传，以破除后来才有的迷妄，显现清净本性。

四、卓弥·释迦益希的门徒

卓弥在拉孜的芒喀创建牛姑隆寺以后，聚徒传法。他把全部经教传授给拉尊迦勒、仲·垛巴顿穷和色顿·贡热，史书称他们三人为“圆满口诀三弟子”。除了拉尊迦勒外，其他二人均培养了不少弟子。垛巴顿穷的传承称为道果仲派。色顿·贡热，又叫做珠钦·色喀穷哇，生于多麦的且珠巴色结措家族。早年信奉苯教，后来赶着大小30多头牦牛进藏，直奔牛姑隆寺献给卓弥·释迦益希，希望能得到密法教授。然而，他不但没有得到教授，反而被冷落，充当杂工。卓弥收徒传法有一个最大的特点，就是一向要钱很多。当时很多人都因交不起昂贵的学费而舍近求远，前往印度、尼泊尔求法。色顿·贡热长时间在牛姑隆寺打杂。时间久了，他的所作所为感动了卓弥译师，终于传授给他全部实修要门教诀。以后，色顿·贡热又从卓弥大师的另一个弟子阿里巴·萨哇娘波学习，修证甚高，88岁高龄时圆寂。他的弟子中，香顿·曲贝尔和香顿·斯吉贝尔弟兄学到了全部道果教授；夏玛兄妹得到一半教授，独成一派，称为夏玛派；色贡绛耶得到极少一部分教授，没有流传多久。

昆·贡却杰波、章顿·贡却杰波、结江·温噶尔哇、香·扎孜索纳巴、阿里巴·萨哇娘波五人被称为卓弥译师“圆满经续五弟子”。这些人中，除了昆·贡却杰波的事迹有记载外，其他几人的生平都不清楚。昆·贡却杰波是五人当中最突出的一个。他从卓弥译师学得经论和教授，另外从桂·库巴拉孜学得《集密》教授；又从印度班智达喜饶桑波学得五明点教授；从玛·格哇洛追学得《胜乐》教授；从玛觉·洛追扎和巴日·仁青扎两位译师学得发菩提心法，掌握了所有新旧密法，成为一代教主，创立了萨迦派。

卓弥获得成就的弟子有后藏下部的结贡色沃、达那巴·协贡惹波、澎域巴·卫巴仲波切和澎域的切姆南喀、芒喀堆波哇·堆姆多吉措、雅喀哇·桑姆贡乃、绒巴夏哇姆觉嘉坚参，通称为三男四女“成就七弟子”。《青史》记载说：“经教的教授虽是未得全部传出，然而，获得一部分传授的有结贡色沃、协贡惹波和卫巴仲波切等三男子；堆姆多吉措、桑姆贡勒、夏姆江吉和切姆南喀等四女人，这七人都修得成就。”有些史书，在三男弟子上增加觉热雄巴珠结释迦尊追和潘周巴·秋藏托廓二人，成为五男四女共九人。

除了上述几人外，卓弥的弟子“至于为出家和在家众说法，其数则极为众多”。当时的一些著名学者译师也都向他学过法，如桂·库巴拉孜、玛尔巴·曲吉洛追和素尔钦·释迦窘乃等。他们之所以最后离开而赴印度求学，是因为卓弥译师收费太高，无法支付。《青史》说：“玛尔巴曾说：‘吉祥牛姑隆寺中，卓弥译师跟前学习声明和教授，恩惠非小当尽知。’然而，对于一些小教授口诀也要付出极大的代价才能学到，因此产生了前往印度求学的想法。桂译师对于卓弥译师视为最上，所以他自己也想亲近许多班智达，而由彼寺院来到这里。”宁玛派的实际创始人大素尔·释迦窘乃曾经以百两黄金的代价，从卓弥学习新译密法，终未成为其教法传承者。

第三节 《金刚偈》与萨迦派的佛学思想

一、《金刚偈》及其思想

若前所述，萨迦派所传道果教授是毗哇巴师徒根据《喜金刚本续王第二品》（简称《喜金刚续第二品》创立的。卓弥译师的译后记说：《喜金刚续第二品》是从《喜金刚根本广续》七十万颂中整理出来五十万颂，又从五十万颂三十二品整理出第一、二品。对于第一品来说，第二品相当于注释续；从五十万颂来说，第一品为《广续》，第二品又相当于《略续》。卓弥译出后，廓·循努贝进行补译，取名为《金刚心要释》。

《喜金刚本续王第一品》，影印北京版《西藏大藏经》作《佛说大悲空智金刚大教王仪轨经》，卓弥·释迦益希译藏，全经一品，共十一节。第一节，金刚部；第二节，真言；第三节，修炼本尊的方法；第四节，灌顶；第五节，空性；第六节，行；第七节，决定呼号的处所；第八节，摄集瑜伽母轮；第九节，诸法本空；第十节，曼荼罗的设置和受取灌顶后如何修炼的方法；第十一节，总结。

《喜金刚本续王第二品》，又作《呼金刚空行母网律仪续》，或《金刚藏现证菩提仪轨王》，卓弥·释迦益希译。全经分开光品、决定成就品、诸缘起和秘密品、诸续手印摄义品、呼金刚现生品、画缘仪轨品、饮食品、调伏品、集咒品、念诵品和俱生合义品，加上最后的颂词共十一品。萨迦派第三代祖师扎巴坚参对《喜金刚本续王》第一、二品的内容作过详细解释，后来萨班贡噶坚参又对扎巴坚参的解释进行修改，收录在《萨班全集》中，他俩是把《第二品》当作《后续》解释的。

《金刚偈》，也叫《金刚句》，是毗哇巴专门为那波巴所作的。它既是道果教授的入门书，也是道果内容的概括和总结。《藏文大藏经》北京版、德格版和纳塘版《丹珠尔》中都有收录，无著译者的名字。不过，根据史料记载，译者仍旧是卓弥·释迦益希，传入西藏后一直以口耳相传的形式流传。香贡巴（香顿曲贝尔）曾向萨钦·贡噶娘布传授灌顶和宝教，要求他把口耳相传的《金刚句》用文字记录下来。18 年后，由康巴阿僧求得，并记录取名为《噶嘉玛》。阿僧是第一个全面解释《金刚句》的人，他的注释称为《阿僧摄义》。到了萨迦第三祖扎巴坚参，把他以前的注释全部整理成册。《金刚句》把一切道区分成共同道、世间道和出世间道。共同道共有七种：

（1）三相道：不净相、觉受相、清净相。不净相有三种：思轮迴苦，思难寻暇满，思业因果。思轮迴苦又分苦苦、变化苦、遍行苦。苦苦包括地狱苦、饿鬼苦和畜生苦。变化苦有思总变化苦，分别三善趣苦。遍行苦有业无持苦，妙欲无满足苦，生死无拔除苦。思难寻暇满苦分思难寻暇满、思寻得具有功德、思不长久住。思业因果包括不善业、善业、未授记业。

（2）三续道：总位因本续、身方便续、大手印果续。

(3)四量道:上师量、经受量、论著量、教理量,或觉受量、师决量、圣教量和传记量。

(4)六要道,也叫"六教诫道",包括除定毒、受甘露、决断、除见毒、受甘露、决定。

(5)四耳传道:主戒、摄受、师要、敬信。

(6)五缘起道:外、内、秘密、真性、究竟。

(7)三十偏滞方智拥护道:偏方便边护仪八道,偏智慧边护仪八道,共同护仪十四道,即守护堕于方便智慧之宗的瑜伽师的障碍道。

世间道包括初界集时、中界集时和后界集时,其中初界集时有资粮位和修四神足;中界集时有加行位、前三、修四念处;后界集时有加行位、世第一法和修四正断。

出世道主要讲述十三地。第一地至第六地摄于见道位和修道位,修七觉支。见道,亦称"见谛道",佛教修行的阶位之一,它以无漏智现观苦、集、灭、道四谛,凡是进入此道者被称为圣者,获得无漏智。所谓"无漏智",是指断除三界一切烦恼,证得"谛"(真理)的智慧。修道,在见道证悟四谛之后,反复修习以断修惑。七觉支是佛教所说的达到觉悟(菩提)的七种次第,指念觉支、择法觉支、精进觉支、喜觉支、轻安觉支、定觉支和舍觉支。从第七地至第十地摄于修道位,主要修五根。五根是佛教所说的修行所依靠的五种条件,即信根、精进根、念根、定根和慧根。第十一、十二地亦摄于修道位,主要修信力、精进力、念力、定力和慧力,它们是修行达到解脱的五种力量。

当修行进入十二地半时,已到究竟道位。究竟道位,亦称无学道。唯识派认为,它是大乘佛教修行的最高果位,到达此位者已经断除了各种烦恼障害,且能令众有情悟入唯识的相、性。从字面上解释,已经断除三界烦恼,达到最高境界,没有必要再修学。一般小乘佛教以阿罗汉为最高果位,大乘佛教以十地为最高位。萨迦派则认为,修行进入第十二地半时才达到无学道,即究竟道位。至此修行尚未结束,而要进一步修习八圣道,以通向十三地,证达金刚持地,获得涅槃。

《道果全书》,亦叫《道果弟子全书》,简称《道果论》,是一部全面系统地反映道果教授的大型书籍。它不仅收录了毗哇巴作的《金刚偈》,而且收集了围绕《金刚偈》和道果教授展开的萨迦派学者的各种注疏论著,基本上包括萨迦派道果教授方面的全部论著,德格印经院有木刻版。

二、萨迦派的哲学思想

萨迦派由于其特殊的传承关系和所处的时代,所坚持的佛学见解比较繁多,思想也较为庞杂。土观总结道:文殊怙主萨班·贡噶坚参和绒敦·玛卫僧格等诸大德,都以中观自续派之见为主见;仁达哇·循努洛追师徒则持中观应成派见;释迦却等人初宗中观,中持唯识,后执觉囊派的中观他空见。不管他们的思想见解多么的错综复杂,有一点则是共同的,那就是坚持"明空无执"或"生死涅槃无别",这也是修炼道果教授所要证达的最高境界。"明空"是针对心识而言,认为心的本性明清无污,是生死涅槃的根本和一切事物的最高本体。一切客观外境都是由识所现,如果离开了明空之"心",则无外境,心境一体,明空无别,两者处于一种对立统一的关系。生死涅槃主要是对佛性而讲的,萨迦派认为,心性即是佛性。由于人们刻意追求外境,将其执为实有,使本来光明、空寂、清净之心受到烦恼的污染,无法达到涅槃境界。所以,只有通过苦修,才能消除这些障覆,使心性明空成佛。

萨迦派的这种思想是在中观学派性空思想和唯识学派“万法唯识”、“唯识无境”思想的基础上发展起来的。相比之下,受唯识派的影响较深。在介绍道果教授时,我们说过,萨迦派所宗奉的道果教授是毗哇巴创立的。他是唯识学派论师胜天的弟子,胜天则是护法论师的后辈弟子。因此,毗哇巴继承了唯识学说,并以“唯识无境”、“万法唯识”等理论作为指导,创立了道果教授,通过苦修证悟明空无执的道理。由于道果教授被萨迦派当作特殊教法,所以“万法唯识”的思想受到萨迦派的重视并加以推广。

那么,萨迦·班智达贡噶坚参又为何坚持中观自续派之见呢?萨迦派是由昆氏家族经营的。早在吐蕃王朝时期,昆氏家族成员中出过不少名人。其中,昆·鲁耶旺波是一个著名学者,他曾从寂护和莲花生等印度学者学经,接受了由寂护传入的中观瑜伽行派的思想。中观瑜伽行派思想多来自中观自续派。鲁耶旺波在这种思想指导下,修炼密法,取得了明显成效。他以后的昆氏家族成员,一直以传授这种思想为主。萨班之前的四代祖师,由于热衷于道果密法的修炼,尚未在理论上深入探讨。萨班则在广泛吸收其他佛学思想的基础上,着重从理论上论证道果教授,建立了萨迦派比较完整的佛教哲学思想体系。

如果围绕“道果教授”展开思想讨论,在萨迦派内部可分显密二见。显教方面分为弥勒见和龙树见,坚持弥勒见即唯识见的代表人物,有萨迦五祖及其弟子。他们认为,唯识思想最初由弥勒佛所讲,无著传承。赞札廓弥论师发扬光大,阿底峡从其学得加以总结并作为噶当派立宗理论的一部分。萨迦派承袭了这种思想,并把它与毗哇巴所传唯识思想相结合进行发挥,很快就具有自己的一些特征。应该清楚,这种以心为本、心性光明的思想并非是对唯识派思想的一种简单重复,而是一种富于独创性的思潮,在某些方面作了改造。

“心性光明”,即心的本性光明纯净。它是生死涅槃的基础。“本性”指心性,“明”是心的本质,是结合心的法性而讲的。萨迦派认为,心的本质不仅是纯净的,而且“空无所得”。此清净无垢的本性心,能显现一切外境,是一切事物的本源。如果认识了心的本质,就能把握心性与佛性、主观与客观的一体关系。然而,由于心性被无明习气所障蔽,无法认识“心性光明”这个最高真理。也因为有无明烦恼,使心迷妄,产生能执所执二现。主客观处于分离状态,成佛的希望泯灭,沉沦在生死轮回之中。因此,要把握好心识与外境、主观与客观一体的关系,必须认识“心性光明”、“明空无执”;认识一切现象都是由心识所现,离开了心识,就谈不上客观外境。只有否定客观存在,破除障覆,心性才能明净。所以,万法皆由一心所现成为最后归趣,也是萨迦派哲学思想的精髓。

进一步说,心既是空,又是明。明空双融是建立在万法皆空、唯识无境的理论之上,是萨迦派对中观、唯识两大学派思想的深化。它说明心的本质既是明,又是空,明空是一种对立统一的关系。萨班也说:“空性亦有而无空,若有亦为普遍无永恒。”他明确指出,凡是能发生作用的即是胜义，不能发生作用即是世俗。“本性与空性，无相与胜义，同法界有差别，无邪非他正是，如彼圣者之行境，圣者法因之故，此差别义如次第相同”；“诸法本无生，此生即无生，无生示现生，故于胜义中，生已与未生，分别无分别，现相与空寂，轮回及涅槃，皆无可差别，无别起差别，若解别所别，悟圣凡实性，会诸所知性，辨诸善恶性，达无可证义”①。很明显，生与未生，有与空，生死与涅槃之间没有差别，是为一体。由于心被无明污染，把本来同一的分离开，导致迷妄心。

为了破除一切不正确的认识，萨迦派提出了“断实执戏论”、“断无实执戏论”、“断所执迷现”、“断能执迷现”的几种方法，并通过实践总结出了“成境为心”、“成心为幻”、“成幻无自性”等三要，高度概括了“心性明空”的思想理论，提出“有寂之一切明见为心识同味之关键”。通过对智慧的修炼，证悟明空双运的俱生智慧之心。这种慧心就是佛教的最高智慧，用它能证达心的本质明、空之理。因此，我们可以发现，萨迦派所构建的“心性光明”、“明空双融”的哲学思想是广泛吸收了中观派的“缘起性空”、唯识派的“唯识无境”和如来藏佛性思想。萨班·贡噶坚参在其著作中也明确指出，萨迦派不但吸收了唯识派的学说，而且也汲取了中观学派的性空理论。他认为，在经典方面，以《华严经》和《虚空藏经》为主，更多地吸收了寂天论师提出的、由阿阇黎孜达惹和毗纳雅室利二人所实践并发扬的中观学说。八思巴在回答噶当派僧人的提问时，对寂天也非常推崇。由此知道，萨迦派弘扬的中观思想，多来自寂天的《入菩萨行论》和《集菩萨学论》，并通过密法解决矛盾，统一对这个重大理论问题的认识。14 世纪以后，虽然仁达哇·循努洛追对萨班等人的思想进行了批判，但并没有改变“心性明空”作为萨迦派主导思想的地位。

第四节　萨迦派的寺院组成和宗教礼仪

一、萨迦寺及其组织机构

萨迦寺是西藏乃至整个藏区著名的寺院，1961 年被列为国家重点文物保护单位。严格地说，萨迦寺由南北两寺组成。北寺坐落在仲曲河北面的山坡上，由萨迦派创始人昆·贡却杰波建于 1073 年。13 世纪萨迦地方政权时期，得以不断扩建，沿仲曲河北岸层层修建，鳞次栉比，十分壮观，构成了规模宏大的建筑群，作为萨迦派早期的祖庭而著称。主要建筑有古绒宫殿、东院、胜乐宫、都却宫、仁钦岗宫殿等。

初建时，北寺只有古绒森吉噶波颇章和森康娘巴宫殿。森吉噶波宫殿的门叫做古绒查廓，故名古绒寺。古绒宫殿高三层，每层面积约 450 平方米（30 柱），第一层作为书库；第二层勒玛拉康（合金佛殿），主供用合金制成的度母像；第三层为昆·贡却杰波的卧室，内设护法殿。森康娘巴，意为“旧宫殿”，亦称拉章夏尔，即东院，位于古绒宫殿东侧。高

① 《宗教流派镜史》，刘立千译，第 107 页。

两层,坐西向东,下小上大,下层面积约50平方米,上层面积约100平方米。下层中的修行洞非常著名,曾有许多著名大师在此洞修行过。

古绒宫殿西侧的胜乐宫殿为萨迦派第二代祖师索朗孜摩所建,分上下两层,面积分别为120平方米和300平方米,曾作为索朗孜摩的卧室。

邬孜娘玛佛殿,位于森康娘巴宫殿西侧,为第三代祖师扎巴坚参所建。它也分上下两层。底层由前廊、经堂、佛殿三部分组成,经堂面积约400平方米(16柱),内供萨迦历代法王、高僧雕像和三世怙主像,侧供萨迦五祖和索朗坚参灵塔,尤为珍贵的是用金粉书写的一套《甘珠尔》和传说是吞弥桑布扎亲手书写的十二部《般若经》。经堂里面的壁画主要有集密、胜乐、金刚持、文殊菩萨、赤松德赞、寂护、莲花生等本尊、上师画像。

细脱措钦大殿,又称细脱格笔玛,由扎巴坚参所建,相当于小型寺院。大经堂面积约2500平方米(100柱),曾作为全寺僧人集会之地。经堂内的护法殿中供着吉祥天女和其他怙主神像。经堂前面开设辩经场。

细脱宫殿,萨班·贡噶坚参担任住持期间,由第一任萨迦本钦·释迦桑布负责修建。整座建筑坐北朝南,高达四层,每层面积约150平方米。从上到下分别是忿怒护法殿、克却依怙殿、克却喇嘛拉康和乃琼拉康,主供怙露依怙和萨迦派历代住持像以及其他佛、本尊、罗汉、高僧像,曾作为萨迦政府所在地。八思巴时期,对细脱拉章进行扩建,依山而建,高达9层,有103级石台阶。围绕细脱拉章修建了都堆依怙殿,高四层,每层约90平方米;以及库房、囊却、旺康森琼、八市贡康、森琼色扎、结喀拉康、聂仓勒孔、噶玛贡康、耶仓康、强追勒空、尼奔夏、朗杰康萨、扎仓曲奔等14个殿堂,成为U型。

都却拉康,也叫都却宫殿,位于细脱宫东侧。都却拉康是释迦桑布按照萨班的意见修建的,贡噶桑波时全部竣工。整座宫殿坐北向南,高达三层,第一层设为仓库;第二层为护法神殿,面积约400平方米(16柱),主供阿旺贡噶仁钦所作桑耶寺的护法神孜玛惹七兄弟的面具和战器;第三层为办公场所,是历任都却拉章住持的卧室。

仁钦岗拉章,位于都却拉章的东边,由第二任本钦·贡噶桑布主持修建,曾作为仁钦岗系统的府邸,至尊上师索朗坚参以后改为尼姑庙。原拉章由大殿、护法殿和吉康组成。大殿坐西向东,面积约300平方米,主供金铜制文殊和金刚持像,以及强巴多吉、索朗坚参的灵塔。护法殿高二层,每层面积约100平方米,底层主供怙露依怙、吉祥天女等护法神像,上层是卧室。吉康面积约700平方米,内设拉章总务机构。围绕以上几座宫殿佛堂修建的,有德却宫、甘丹宫、素康宫、格贝宫、仲琼宫、扎拉宫、都顿塔、灵塔群、南杰佛殿、宇妥殿、宇妥依怙殿、都康佛殿、西塔殿、格西玛、东饶佛殿、桑阿德钦林殿、扎西扎努、扎西扎夏、夏珠佛殿、尼达佛殿、夏丹佛殿、森琼增林温巴、欧噶德钦、西怙主殿、措康和曲赤钦姆殿等28座佛、塔殿。

历史上,北寺作为萨迦派的主寺,号称有108座大小经堂。萨迦历任法王基本上都在北寺居住,俨然成为政教中心。"文化大革命"期间,沦为一片废墟。现在人们所说的萨迦寺是指现存的萨迦南寺,有"第二敦煌"的誉称。它和北寺隔仲曲河相望。整个建筑群成四方形曼荼罗形状,为典型的城堡式建筑,寺庙被高大厚实的城墙围绕,城墙四角建有碉堡,四面城门筑有城楼,城墙上有女墙。开始时,它只是作为帝师八思巴的驻锡之所,萨迦派失去地方政权后逐渐作为宗教活动场所。北寺被毁后,它更是被当作萨迦派的主寺。

国家多次拨出巨款对萨迦寺进行全面维修。

南寺的最早建筑是拉康钦波,亦称大佛殿或天成殿,也是主体建筑。1268 年,第一任本钦·释迦桑布奉八思巴的旨意开始修建。《汉藏史集》记载:1267 年,"朝廷派人来迎请上师八思巴,八思巴动身前往,本钦(释迦桑布)也去了。他们师徒一行到达吉日拉康的那天晚上,上师说:其人必有能干之侍从,才能修建起这样一座佛殿来。本钦在上师身后听见了这话,趁上师高兴,就请求修建一座能把吉日拉康从天窗中装进去的佛殿。由于坚持请求,上师同意了。本钦立即进行了测量,把图纸带回萨迦,向当雄蒙古以上的乌斯藏地方各个万户和千户府发布命令,征调人力"。1268 年,为拉康钦波大殿奠基,同时修建内围墙、角楼和殿墙,并从其他地方运来木材架起了底层柱梁。遗憾的是他没有完成大殿修建就去世了。贡噶桑波继任本钦后继续修建,在任期内建成了大殿底面、顶层和内外围墙,并建造了金质屋脊宝瓶、镀金观世音菩萨像以及大殿回廊壁画。迄第九任本钦·阿迦仑扎西时,建成了大殿的柽柳女墙,"并按照上师达尼钦波桑波贝的意愿和吩咐,在天窗八柱、大殿顶层等处彩绘了形式不同的内外坛城六百三十九座",还修建了外围城墙和北寺围墙等。

拉康钦波(大经堂)由门廊、大经堂、欧东仁增拉康、普巴拉康、次久拉康、格尼拉康、拉康拉章、喇嘛拉康和雪扎拉康等建筑组成。门廊面向东方,南北两侧墙壁绘有不动金刚和马头金刚等全裸像。大经堂坐西朝东,呈四方形,大门外凸,四墙不开窗户,长 66.4 米,宽 23.3 米,面积 1547 平方米。内有 40 根粗大的圆柱,分四排,每排十根。其中前排中间四根大柱,被称为"四大名柱",分别叫忽必烈柱、猛虎载柱、野牛牵柱、墨血柱,尤以忽必烈柱为最,通高 6.6 米,直径 1.23 米。每根都有一段传奇故事。忽必烈柱,藏语叫嘉纳色钦噶哇,相传八思巴在大元主事宣政院时,忽必烈知道他想回萨迦建寺,就选了一根直径 4 尺粗的大柱赐给他。由于柱子粗长,难以运回西藏。谁知,当八思巴回到萨迦时,那根大柱竟然漂在仲曲河面上,故名。猛虎载柱,藏语叫达夏噶哇,相传是老虎送来的。野牛载柱,藏语叫仲波噶哇,相传是野牛用角顶载来的。墨血柱,藏语叫那波查佐噶哇,传说砍伐时树流乌血,故名;又说,墨血柱是由海龙王送来的,送到萨迦时树由于受伤流血。实际上,萨迦寺所用的木材都来自定结县,全是柏木。修建时,从内地请来了许多工匠,融汇了汉、藏、蒙建筑风格。

大经堂内供大型佛像十二尊,佛塔两座,主供释迦牟尼佛像是八思巴为纪念伯父萨班·贡噶坚参而亲自指导修建的。其右侧依次是文殊胜辩(萨班·贡噶坚参在吉隆的帕巴哇都拉康战胜外道僧时所奉的本尊,内供两尊半尺高合金质度母像)、悬红度母像(相传是阿底峡大师请进来的,为合金质)、释迦牟尼祥焰像(八思巴的本尊)、释迦牟尼像(萨钦·贡噶娘布时所建,嘉央索朗旺秋时期从北方嘉沃喀当请进,合金质)、阿旺图多灵塔、喇钦·贡噶坚参的本尊释迦牟尼、能仁眉间白毫右旋白螺(内供更尔钦仁钦坚参骨灰)、班钦·释迦桑波的本尊合金制能仁(释迦牟尼)像和丹增旺姆用金粉手书的《甘珠尔》一套,以及八思巴时期用金、银、珠宝粉汁手书的一百零八部《甘珠尔》。

主供释迦牟尼佛像的左侧依次是文殊菩萨像(为大乘法王萨钦·贡噶娘布、索朗孜摩、扎巴坚参的本尊)、弥勒怙主像(内供莲花生灵塔)、释迦牟尼佛像(本钦·阿迦仑的本尊)、文殊法轮像(夏尔巴时轮师的本尊)、释迦牟尼像(萨桑玛底的本尊)、释迦阿热玛(内供岗迦哇·仁钦贝的骨灰)。中间有萨钦·贡噶娘布、索朗孜摩、扎巴坚参的宝座,其前是萨迦寺堪布座,略小于三师宝座。

供在主供释迦牟尼右侧中央的水晶宝匣中,放着萨迦寺的镇寺之宝——白色法螺。传说这只海螺是佛祖释迦牟尼用过的法器,后来印度的达摩波罗王为感谢汉地国王之派兵帮助打败外道军队(可能指伊斯兰军)而送的。《萨迦世系史》说:"印度王臣都很欢喜,致信给汉地国王说:'使佛法如此兴盛,全靠你汉地国王的慈悲教诲和历次送来的礼物的力量。你的恩德至大,你愿得到什么回礼,请即告诉。'汉地国王说:'你真有此心,可将佛陀八岁身量之像、佛陀之法螺、河边所述经、庄严经、毗奈耶经、宝箧经等四部经籍以及四位持律比丘送来。'"后来,这只海螺落入忽必烈之手。他为感谢八思巴授灌顶之恩,把法螺赐给八思巴。又说,海螺是萨班在凉州时,由阔端赠送的,萨班传给八思巴。第三种说法是,萨班·贡噶坚参所有。总之,法螺是八思巴时期传下来的,一直被当作萨迦寺的镇寺之宝供奉。

大经堂的北侧是欧东仁增拉康(意为银塔持明佛殿),亦称北佛殿。坐北向南,面阔22米,进深15米,面积约330平方米。殿中旗幡、胜幢悬挂,五方佛、三世怙主、毗哇巴等人物壁画形象逼真、栩栩如生,还有反映萨迦派历代祖师和西藏地方政府维修寺院的场面壁画。东北两侧台上供放着11座银质灵塔,八大三小,镶嵌着绿松石、珊瑚等无数珍宝。这些灵塔是"文化大革命"期间从北寺的细脱拉康移到这里的,从东开始依次是文殊怙主阿麦阿旺贡噶索朗扎巴坚参、噶钦图多旺秋、阿强扎巴洛追、阿强贡噶仁钦、嘉央索朗旺波、贡噶旺嘉、索朗旺秋、贡噶扎西、索朗仁钦、贡噶洛追、图钦旺堆娘布。

拉康绛,即北佛殿,在欧东仁增拉康之内北侧。面阔27.9米,进深11米,占地面积307平方米,用两排12根大柱支撑。内供尊胜塔、菩提塔、莲聚塔、天降塔等六座灵塔,其中五座为菩提塔,一座为多门塔,五座大塔高约8.14米,一座小塔高约3.71米,皆为药泥制作。它们是萨迦派非昆氏家族僧人的灵塔,自左至右依次是夏尔巴时轮师、曲杰阿旺朗杰、夏尔巴·仁钦坚参、夏尔巴·窘丹、夏尔巴·曲本玛、象雄·曲巴扎西。60多幅欢喜金刚、集密、胜乐等密教本尊坛城壁画,都是用各种宝石粉末染色制成的,别具一格。还有一幅是萨班·贡噶坚参和阔端王在凉州会晤的历史题材壁画,是北佛殿最珍贵的壁画,对研究该时期历史有较高的参考价值。

普巴拉康,即金刚橛佛殿,位于拉康钦莫天井南侧。面积约390平方米,内用10根粗大的柱子分两排支撑。普巴坛城上主供宁玛派尊奉的色普、阳达、赤烈三大金刚橛神。南侧供台上供着由八思巴亲自设计、邀请尼泊尔工匠制作的合金质文殊菩萨像,高达3.75米。左侧供着鎏金铜质释迦牟尼佛像,通高4.6米,铸造于萨班·贡噶坚参在凉州时期。右侧供奉鎏金铜质无量寿佛像,高 1.4 米。西、南两壁的木制佛龛内供奉着 4137 尊各种佛像,"题材为释迦佛、无量寿佛、观音、文殊、度母、金刚手、财神、胜乐金刚、集密金刚、能怖金刚、怙露依怙、般衮谢、萨迦法王等,均系合金、鎏铜质。"

次久拉康,位于大经堂前厅二层北侧。面积约 177 平方米,坐北向南,里面所供的灵塔、佛像都是从北寺的卓玛颇章移来的。供放在北、东两侧的灵塔、佛像分别是白玛旺堆都旺秋的尊胜灵塔,晋美索朗仁增贝拉姆的本尊空行母像,内装班钦温波骨灰、衣冠的莲花生像,内装达钦索朗旺波之女骨灰的空行母像,格佩洛布的菩提灵塔,赤列仁钦的菩提灵塔和贡噶仁钦的尊胜灵塔,为鎏金铜质和银质,用各种珠宝镶嵌。壁画多取材于法王、护法神、莲花生传记和宁玛派高僧传记等。

格尼拉康,在次久拉康南侧(对面),建筑面积约为 140 平方米,坐南朝北,是供放灵塔的佛殿。南侧自右到左排列着内装图旦克珠嘉措骨灰的贡噶娘布灵塔、图廓旺堆的菩提灵塔、贡噶索朗的菩提灵塔,内装贡噶仁钦骨灰的度母像,内装阿旺贡噶坚参骨灰和衣冠的金刚佛画像,内装结桑曲格尼玛骨灰的金刚勇识佛母像,内装班丹却朗骨灰的文殊菩萨像,内供丹贝尼玛骨灰的尊胜佛母像和两尊无量寿佛像,背光配有各种花鸟、瑞相等。彩绘壁画是长寿佛、财神、弥勒佛、赤松德赞、寂护、莲花生和八思巴等。

拉康孜贡康,是一座护法神殿,位于大经堂二层西北角,坐北朝南。北壁供台上主供怙露依怙,配供遍作王和吉祥天女,均为药泥制作。东壁白描各种动物、家畜画。

喇嘛拉康,即上师殿。位于大经堂二楼西北角,坐西向东,由经堂、佛堂、修行室三部分组成。

拉康拉章,又称八思巴宫殿,为第二任萨迦本钦·贡噶桑波所建。位于拉康钦莫南侧,坐西向东,高二层,下层为库房,上层有经堂、佛殿,主供银质毗卢遮那佛像,高约 2 米,侧供 37 尊金质普明大日如来佛像和十六罗汉药泥像,为尼泊尔工匠的杰作。"文化大革命"期间,拉康拉章遭到毁灭性的破坏,1989 年由群众集资修复。

另外,雪扎拉康和坛城殿的规模也比较大,其中坛城殿的坛城壁画为萨迦寺最早的壁画,为第九任本钦·阿迦仑扎西任期内所建,当时修造的坛城有 639 座,现在保留的只有 63 座。

上述每个佛殿中都绘有许多壁画,内容有道果上师传承、历代萨迦法王传记、佛本生传、菩萨、护法、本尊,以及山鸟花卉、家禽动物等,色彩鲜明,形态各异,线条和谐,笔墨简洁,栩栩如生。

萨迦寺由于其卷帙浩繁的藏书,被誉为"第二敦煌"。大经堂西墙整面和南北两墙都是木格经架,其中西壁设置八格木架,北壁 44 格,东壁 4 格,共 56 座经架,448 格眼,每格高 0.89 米,宽 1.8 米,共有书仓 464 个,共藏经书 44000 多部,素有"天成神妙殿,倒墙不覆经"之说。在所藏经典中,除 105 部纳塘版《甘珠尔》外,都用金、银、珍宝粉研墨书写而成。尤其是北墙脚的《八千颂般若波罗蜜多经》(金环经),长 1.8 米,宽 1.2 米,高 0.7 米,全部由金汁书写而成。经板两端安有铁环,需 4 个壮汉才能提取。这些金字佛经大部分是八思巴时期书写完成的。《萨迦世系史》记载:"八思巴还在朵甘思书写金汁佛经一百一十五部;在达托细莫切书写金汁佛经四十部。”《汉藏史集》也说:“阴铁羊年(1271)八思巴为写造三藏《甘珠尔》一百一十五函,用去纯金四千二百七十一两三钱。”

欧东仁增拉康西侧的书架上,珍藏着《甘珠尔》经和《萨迦五祖全集》、俄强贡噶桑布传记等书籍;北佛殿东侧的经架上供着《甘珠尔》一套和《般若经》;南侧经架上放着《丹珠尔》。《萨迦寺介绍》说:“此拉康中放着道果方面德格版书籍103函,《宗喀巴全集》一套,《萨迦五祖全集》《嘉央钦孜全集》《协钦全集》《俄尔钦全集》等,共计七百函。”在整个拉康钦莫大殿内所藏经书主要有“《甘珠尔》《丹珠尔》《八千颂般若波罗蜜多经》《宗教源流》《怛特罗部》《道果》《量释论》《萨迦文集》《萨迦历任法王传记》《金刚橛经》《释迦传记》等,涉及有关文学、医学、历史、哲学、天文、历算等藏文经卷2000余部,总计藏书约45000部”。所藏书中,大多是宋元以来的抄本或手稿。尤其是被人们称为佛经珍品的贝叶经是写在贝多罗树上的梵文佛经,每副叶片绘有4幅佛教彩色插图。原藏有100多部,每部100—200张。现珍藏八部,“尤以《八千颂般若波罗蜜多经》为最。皆是长方形,最大的长61厘米,宽6厘米,最小者长19.3厘米,宽5.5厘米”,是极其珍贵的稀世珍宝。

除此之外,萨迦寺还珍藏着丰富的文物,其中有历代皇帝赠送的陶器、盔甲、宝刀、法器、法螺、印章、锦绸缎和金铜质各种佛像。仅瓷器就有1100多件,也有各种宗教题材和山水花卉图案的珍贵唐卡约280轴,其中《八思巴唐卡画传》最为珍贵,原套30轴,流失5轴,堪称艺术宝库。

萨迦寺是一座非常著名的大型寺院,其组织机构原归属萨迦地方政府,实行法王领导制,法王下辖萨迦寺、拉章和卓巴。萨迦北寺为密宗学院,南寺设戒律学院。戒律学院拥有众多庄园,下设廓恰林、达结林、雪波林、嘉茹林、上下香贝林、噶拉林、拉喀林、贡积林、扎西孜林、喀卓布林、布达拉林、叶茹林、尼达格佩林、喀邬林和欧噶夏尔林等十六林。

拉章下有森林堪布、苏本堪布和贝恰,他们下面有大麻金、僧格、御恰巴,最下面设有办事员和轿夫。

卓巴由一人担任,僧俗皆可,下辖译仓和聂仓。译仓下设大仲译一人,二仲译一人,三仲译一人,四仲译数人。另有大卓尼(相当于秘书长)一人,二卓尼一人,三卓尼一人,四卓尼一人,他们下面有学干保,相当于村长。聂仓(管理处)下设俗聂本和聂仓巴二人、扎聂一人、薪本一人、康本一人、正本一人、密本一人。俗聂本下设谿卡、谿、本谿保。聂仓巴等六大机构下设办事员十余人。

二、寺院分布及宗教礼仪

1.主要寺院

萨迦派是以萨迦寺为根本道场,由昆氏家族经营逐渐发展起来的一个教派。13世纪,萨迦派依靠元朝政府的大力支持,建立了强大的地方政权,代表元朝统领卫藏十三万户,盛极一时,势力达到了甘肃、青海、四川、云南和蒙古、中原等地区,创建了许多隶属于萨迦寺的分寺。据不完全统计,1958年以前分布于整个藏区和其他地区的萨迦派寺院有

152 座，其中萨迦县有 23 座，包括 9 座尼姑庙；后藏其他地区 36 座；山南地区 18 座；青海 6 座；甘肃 1 座；四川藏区 60 座；尼泊尔境内 7 座；不丹 1 座。《萨迦县文物志》所附《萨迦县 1959 年前寺庙一览表》中萨迦派寺庙有 25 座，其中尼姑庙 13 座。

据《甘青藏传佛教寺院》统计，1958 年民主改革前，青海全省 722 座藏传佛教寺院中，仅萨迦派寺院占 31 座，僧人 4182 人，活佛 48 人，主要分布在玉树藏族自治州的称多、玉树、囊谦三县。萨迦派最盛时期在藏区的寺院可能超过二百多座，绝大多数寺院都是萨迦寺的子寺或分寺，如青海玉树地区的许多萨迦派寺院直接隶属于萨迦寺；西藏地区的大多数寺院也直接由萨迦寺委派堪布管理；四川的萨迦寺院基本上以贡钦寺为主寺，也有以萨迦寺为主寺的。

在西藏，除了萨迦寺，萨迦派拥有的规模、影响比较大的还有那烂陀寺、艾旺寺、多吉丹寺和昂仁曲德寺等。那烂陀寺，全名吉祥那烂陀寺，位于澎波果拉山西面的果玛隆地方。公元 1435 年，绒顿・释迦坚参贝桑波（1367—1449）从喀尔孜哇接受土地后，修建了这座寺院。那烂陀寺一名的来历，有一段神奇的故事。当初，绒顿和心传弟子贡钦扎西朗杰一齐来到这里加持地基，最后他把手杖插在中间一块凸起的形如右旋白海螺的地方，说："此处适合建法座。"那时，有一个长期住在谷内修行的僧人，名叫钦巴・多吉扎西，他把放着各种谷物和珠宝的一个碟子献给绒顿，他说去年梦见谷中鲜花盛开，插着手杖的地方变成了印度的灵鹫山，十方诸佛及菩萨都汇聚这里散播鲜花。绒顿询问他的名字后，把一盘谷物珠宝撒在那里。因此，寺院建成后取名为那烂陀寺。寺院初建时只有佛堂和拉章，后来逐渐扩建，发展成拥有大经堂、托曼扎仓、丁却扎仓、蔡坚扎仓、蔡协扎仓，康村和弥村共四十五个，僧人过千的大寺院。《绒顿大传》记载说："寺院有僧人一千五百人，讲听之规和一切安排都符合萨迦和欧氏之规。"贝珠仁波且的《佛教年鉴》也说，"绒顿知识遍视修建那烂陀寺时，已经汇聚了几千人，是萨迦派性相方面最大的寺院"。

绒顿在那烂陀寺居住了 14 年，其间邀请了印藏一些著名学者来寺讲经。《卫藏道场胜迹志》说：绒顿大师的驻锡地吉祥那烂陀寺，"寺内有绒顿大师的灵骨塔，类此相为珍贵的宝藏，其他还有如大殿堂，有十八家寺主私庙和大师的居处寝室，诸如是等有加被力的圣迹多至不可胜计，连绒顿大师的说法台现在还保留着"①。绒顿去世后，由贡钦扎西朗杰继任堪布，在弘扬萨迦派道果教授和《现观庄严论》等教法的同时，筹措资金扩建寺院，铸造了主供佛像如来岗、钦措和十万佛塔。第五任堪布洛巴・贡噶多吉主持寺院期间，寺院僧人发展到两三千人，昼夜诵经声不断，是那烂陀建寺后最盛期。第六任和第七任堪布钦饶程勒桑波和洛桑朗杰主持期间，由于受格鲁派的打击，寺院的宗教活动一度中断。这一情形引起得到了萨迦达钦・洛追坚参的重视，专门派其舅父钦饶法王任堪布，僧人从四百人猛增到七百多人，宗教活动重新恢复。

那烂陀寺经受磨难，恢复宗教活动以后，出现了不少学有成就的高僧大德。觉坚活佛系统中，杰尊・嘉央顿月坚参是一位显密兼通的高僧。他曾进京作为皇帝的上师，传

---

① 钦则旺布著：《卫藏道场胜迹志》，刘立千译注，第 4 页。

授灌顶，得到皇帝的赏识，赐给金书、金印、僧帽、僧衣等珍贵物品。杰尊·钦饶绛巴是那烂陀寺第十八任堪布，他贯通显密，曾在寺中多次讲授道果教授、《金刚鬘》及《甘珠尔》，并建“赤却大法会”，在桑钦扎仓中建造了佛像塔，成绩显著。杰尊·勒贤嘉措也是一个很有影响的学者。他建造了大经堂上面的金铜质屋顶，设立“吉均达松”讲说之规；并且创建了那烂陀的属寺，开设了以修炼解释道果为主的道果耳传法的学院，弘扬萨迦派学说。

那烂陀寺另有苏欧活佛系统。第一辈苏欧活佛是杰尊·钦饶绛巴的侄子阿旺诺布；第二辈为阿旺桑结丹增；第三辈丹增程勒熟谙显密教法，曾于桑浦寺花五天时间就五部大论立宗辩论，无有匹敌，名噪一时。他还精通医术，常为求医者治病。晚年，他在托曼扎仓中开设性相辩论院，著作凡四函。第四辈丹增年扎，西藏夏鲁地区结氏家族人，曾师事强巴程勒云丹和格敦扎西班觉学习佛法。他在10岁时掌握了《诗镜论》；19岁时，创作岗萨尔诗，成为一种新的文学风格。他曾在那烂陀寺讲授道果教授13次，有《现观庄严论释宝梯》等著述凡四函。丹增年扎在扩充性相辩经院的同时，在托曼扎仓新设戒律学院。由于他渊博的学识，被西藏地方政府任命为布达拉宫的轨范师；并为学院制定规约，在寺内外实施。第五辈珠旺贡噶丹增对那烂陀寺的托曼扎仓经堂进行了大规模的修缮，新建金铜质佛像和法轮；任命阿旺洛追活佛为讲经院堪布，狠抓辩经和讲经事业，规定凡是学僧必须修习十三部大论，学习结束后以考试决定地位。他的这种做法，重在培养佛学人才，西藏地方政府曾颁文予以支持。他在世期间讲授道果教授19次，印制了《喜金刚》、《金刚帐》等密典，从德格印经院印刷了一套《甘珠尔》，为寺院建设做出了突出的贡献。

寺院主供被称为“岗钦措”的释迦牟尼佛像，身高两层楼，堪称西藏第一大佛。周围是释迦牟尼的诸位弟子像，另有绒顿及诸位大师的灵塔，绒顿身像。大经堂内供着叫做“贡钦措苏玛”的像；立体坛城殿有遍明大日如来立体坛城；护法殿供着绒顿·释迦坚参亲手制作的帐面怙主像，左右为八大本尊像。寝殿小护法室中的壁画是绒顿大师亲自绘制的帐面怙主像。托曼扎仓主供三时佛像，是寺院创建时制作的。另有苏欧贡噶丹增活佛建造的金铜质如来佛像，内装饮光佛的舍利，左右两侧有燃灯佛和弥勒佛像，皆系金铜铸造，还有历辈苏欧活佛灵塔。每个康村的佛堂中都有供像。寺藏《甘珠尔》十六套，《丹珠尔》十一套，其中有用金汁书写的《般若颂》广、中、略三部和《贤劫经》。

那烂陀寺是萨迦派在前藏最大的显教学院，其早期主要讲授《现观庄严论》和自续派的有关论著，兼讲道果教授。后来开设了戒律院、性相院和密修院，在加强律典学习的同时，重视培养学僧的逻辑思辨能力，指导修炼道果密法。这方面所修经典以《时轮根本略续》和《喜金刚》三续为主，主讲解释道果教授的17部著作，发扬萨迦派耳传金法等。寺中珍藏着萨迦派道果方面的论著十几部，灌顶、口诀方面经典32部，其他密法修持方面的经典十四部，以及《萨迦全集》和其他高僧的著述。

昂仁曲德寺，又称却德寺，或昂仁寺、绛昂仁大寺，是后藏历史上一座重要的寺院。其早期宗奉萨迦派（又说是觉囊派寺院），中期萨迦派和格鲁派僧人混住，五世达赖以后完全改宗格鲁派。

曲德寺位于日喀则地区昂仁县城东南的一座山坡上。由萨迦达孜拉觉巴·释迦僧格所建。原寺依山而建，规模宏伟，由大经堂、慈氏佛殿、护法佛殿、宫殿、辩经场、曲德宫、僧舍等建筑组成，占地面积约两千多平方米。大经堂坐西向东，面积86柱，约2100多平方米，内供大小镀金佛像四百余尊，最大的十一尊平均高约10米。另有金汁书写的《甘珠尔》两套，《丹珠尔》三套。慈氏佛殿中所供的镀金弥勒佛像高达十几米，堪称后藏三大弥勒佛像之一。曲德宫是寺主府邸，规模仅次于大经堂。公元1354年，扎巴达尔（又称绛巴·大元巴）对寺院进行了大规模的扩建。这时的曲德寺达到历史鼎盛时期，下属二十多座寺院，在寺僧人将近七千人，每年冬夏两季举行的法会影响空前。16世纪时，它已经成为一座萨迦派、觉囊派和格鲁派僧人混住的大寺院，其中萨迦派扎仓15所，格鲁派扎仓十所。17世纪，五世达赖迫使曲德寺完全改宗格鲁派，原因是其中住着不少觉囊派僧人，而觉囊派曾经受到与格鲁派为敌的藏巴地方政权的支持。八世达赖强白嘉措时期，委派曼热巴·洛桑朗杰担任堪布，对寺院进行了修缮，前来求学僧人络绎不绝，成为扎什伦布寺所辖四大寺院之一。

曲德寺主要传讲因明学和教理，每年的冬季和夏季法会吸引不少人前来参加，有些著名学者通过参加该寺的辩经而显示才学，是后藏非常重要的密教道场。

俄尔·艾旺曲德寺，是萨迦派在后藏的重要密教道场之一、俄尔学派的主寺。它位于西藏日喀则，1429年由俄尔支派创始人贡噶桑波所建。《卫藏道场胜迹志》载："从纳塘西行半日程则到鄂·艾旺却第寺。寺内分5个大家庙、18个康村等。总的说寺中的佛像经塔甚多，特别是在家庙的公堂内有鄂钦大师的寝居处，在朗萨浦岩洞内有萨迦道果传承祖师堂和密封的最秘密宝籍，在前厅有灌顶堂和道果法堂。堂内有以鄂钦为首的道果传承上师塑像和历任座主大师塑像，以及他们的灵骨舍利塔。在大殿堂内有释迦佛像为首的各种有加持力的神像。"①八座佛塔矗立在寺院下方。据杜齐先生的《西藏画卷》，艾旺曲德寺内曾珍藏着许多梵文经典。学术界考证指出，《卫藏道场胜迹志》的作者是贡桑德庆欧色林寺的格西噶玛扎西曲佩，简称钦则旺布（1820—1892），根据该书完成时间1892年可以肯定，曲德寺在20世纪早期还是完整的。该寺不仅传播道果教授，而且讲授《胜乐》《时轮》《大威德》和《集密》等萨迦新派教法，兼授《现观庄严论》等，是一座课程设置比较齐全的正规大寺院，为振兴萨迦教法做出了很大贡献。

多吉丹寺，亦称贡噶曲扎寺，是萨迦贡噶学派的重要道场，位于山南贡噶县。1464年，由贡噶朗杰（1432—1496）所建，主传萨迦派嫡传道果教授。《卫藏道场胜迹志》记载："又沿江（雅鲁藏布江）上游走，依次则到萨迦派小寺土丹热瓦麦和东沛却柯等寺院，还有多吉丹座主衮噶朗杰的驻锡地名贡噶却扎寺。寺院的营建精美绝伦。大殿经堂的净香室中供有班钦迦耶多罗的颅盖骨，颅内有极为殊胜的释迦像。此寺内还有四续部的四十五种修法会供曼荼罗坛城。"

---

① 钦则旺布著：《卫藏道场胜迹志》，刘立千译注，第37页。

萨迦派除了在国内有广泛的传播外,在国外也有一定的影响。以丹津为代表的一批萨迦派僧人先后在亚洲、欧洲和美洲传教,成立了不少研究机构。在印度有"萨迦中心"和"西藏佛学院"、"萨迦学院"。20 世纪 70 年代,孔嘉喇嘛在美国主持创建了"西藏佛法中心";噶玛德勒在英国创立了"萨迦派佛法中心";德勒仁钦在法国创立了"萨迦派佛法中心"。在美国的西雅图和纽约等城市也设有萨迦派佛法中心。这些研究机构的设立,推动了萨迦派教法在国外的传播和发展。

2.学经制度和宗教礼仪

萨迦派在学经方面没有严格规定,尤其是在其发展早期,密教方面重点学习《喜金刚续第二品》,兼修《桑布扎续》和《金刚鬘》等经续;显教方面以弥勒所著《现观庄严论》为重;因明方面主修《量决定论》和萨班的《量理宝藏》,但尚未形成一种制度。萨班·贡噶坚参担任萨迦寺住持期间,倾向于对因明学的学习和传授,在学习程序上规定先要掌握所有佛学知识,次其熟练讲辩,最后进行修炼,以巩固所学的知识。一时间,萨迦派僧人中热衷于这门学科的人越来越多,《释量论》《阿毗达摩集论》《阿毗达摩俱舍论》成为主修课程。萨迦派的学术风气也开始转变,日趋活跃。1287 年,萨迦东院弟子帝师嘉央仁钦坚参(1285—1305)奉命主持细脱拉章(即主持萨迦寺,因为细脱拉章作为法王府),在任十八年中,首次制定了学经制度和条例,规定每日吹法螺五次,每次五响,即每天诵经五次,每次都有规定的念诵经典,其中以萨班的《明藏论》为主。

14 世纪晚期,第二任细脱拉章住持大元国师贡噶仁钦(1339—1399)在原嘉央仁钦坚参规约的基础上进一步规范化,规定早间法会诵《喜金刚续第二品》;晚间会诵《阿毗达磨俱舍论》《佛法密意》;晚会诵《释量论》。15 世纪初,大乘法王贡噶扎西坚参(《明史》作昆·泽思巴)为萨迦大殿制定了修习仪轨,"为萨迦法座的长远作出精心安排,使得萨迦派教法犹如将要熄灭的灰烬又重新燃烧起来"。贡噶扎西坚参本人也是一个严格按照修习程序修法之人。他上午修念《甚深道上师瑜伽》,次其修念《长寿经》,进行简单修炼直至午时,接下来礼供,祈祷发菩提心。每天念诵 7 遍至 20 遍《心经驱魔经》等。傍晚修证喜金刚,亥时修证松堆,午夜念诵有关朵玛仪轨方面的经典等,从不浪费时间。

自从仁钦坚参和贡噶仁钦的规定之后,凡是萨迦派的大小寺院基本上都是按照规定修学,而且所学的课程没有特别大的改变。15 世纪以后,随着俄尔、贡噶、擦尔钦三大支派的相继出现,对所学经典在原来的基础上作了新的规定。在显教方面,在原三部大论上增加 10 部,共 13 部论,把龙树和月称等人的论著也作为重点学习教材。不过,寺院在这方面虽有规定,并不十分严格,而且不重视学位。有些高僧所得的头衔是学僧对他们的尊号,是对其学问的一种肯定和承认,并非通过严格的考试和其他方法获得或授予的。

每种宗教和教派都有自己的宗教礼仪,萨迦派也不例外。其基本的宗教礼仪形式是祈祷和祭祀,即用语言文字和仪典对佛、菩萨、本尊、护法神、法王和高僧等表示敬意、赞颂和服膺。前面说过,萨迦派规定每日吹五次法螺召集法会,念诵《喜金刚续第二品》和上下两部《对法论》。这种形式的念诵一方面为了加深对经典的理解和记诵,另一方面是祈祷本尊和上师。一边敲鼓,一边高声唱诵,手指不停地拨动佛珠或缩于膝间。

萨迦派所供奉的本尊是喜金刚，护法神是帐怙主，基本上每座佛殿中都有这些神像和释迦牟尼、弥勒等佛像以及菩萨像。本尊是所修的神灵，在观修过程中将意念（或注意力）集中于本尊像或本尊的象征物上。喜金刚，亦称"呼金刚"或"饮血金刚"，藏语叫"杰巴多吉"，简称"杰多"。其八面十六臂，两主臂拥抱金刚无我佛母，各手皆托器皿，内盛神物，右手托物依次是白象、青鹿、青驴、红牛、灰驼、红人、青狮、赤猫；左边各手托物为黄天地、白水神、红火神、青风神、白日天、青狱帝、黄施财等，各个面向本尊，骷髅佛冠上又有一个忿怒明像。金刚无我佛母一面二臂，左手勾喜金刚颈，右手高举骷髅鼓，头戴五骷髅冠，顶戴骷髅练圈。本尊胯下挂骷髅，和金刚无我佛母之足践踏三个卧仰人，下面是莲花座台。但是，在后藏的曼垅等寺所供的喜金刚形象有四种：一种是那若巴所传，恰·索朗坚参译师在尼泊尔从帝塘巴·晋美扎巴学习那若巴所传的喜金刚父母二种教授和《喜金刚》三续释等十五种教授，回藏后根据所学创造了喜金刚像，供在塔尔巴寺中；第二种是班智达阿玛罗旃扎弥扎所传，最初由恰·贡噶多吉从印度引进；第三种为誓言金刚所传，结察多吉扎波杂留学印度期间，从婆罗门班智达祥持学习班玛班遮所传喜金刚和小黑行者（誓言金刚）所传喜金刚教授，结合两种特点创造了喜金刚像；第四种为金刚所传。由卓弥译师介绍进来的萨迦派所供奉的喜金刚像，集阿阇黎无支金刚、班遮、因陀罗菩提、吉祥持、迦雅迦惹等人所传特点为一体。

萨迦派还定期举行朵玛食子仪式和纪念贡却杰波和萨迦五祖的法会。朵玛是藏语的音译，意为"施食"，即施护法神的食品，它用青稞面做成，一般根据不同的用途做出形状相异的朵玛，而且涂以不同的颜色。制作朵玛，必须严格遵循经典规定的特殊程序。萨迦派朵玛仪轨的来源要追溯到昆·贡却杰波时期。据《汉藏史集》记载，昆·贡却杰波的兄长喜饶次程从小习法，精通 6 部密法、5 部旧密、13 部新密、21 支密法等，以修金刚杵等本尊密法为主，由白色日月兄妹担任护法。后来，他叫弟弟贡却杰波去拉孜向卓弥译师学习新密道果教授。临行前，他"将护法神以神通发掘出来的伏藏经典、所有的金刚杵修习法、抛朵玛食子的仪轨、两套二十五件檀香木金刚杵、白色日月护法等传授给弟弟。因此缘故，昆氏家族的后裔们直到现在还举行烟朵玛食子的仪轨"。《萨迦世系史》也有相类似的记载。

萨迦派两个比较著名的宗教节日是堆德节和普巴节。"堆德"，意为"降魔"，原于每年藏历五月十五日在都却拉章前的广场举行，主要跳神舞，以镇妖魔。"普巴"，意为金刚橛，原为印度的一种兵器，后被密教吸收作为镇魔的法器。一般修法时在坛城的四角竖立金刚橛，使道场固若金刚，阻挡一切魔障。金刚橛法是宁玛派的特修法门之一，萨迦派被看成是在宁玛派教法的基础上发展起来的，所以吸收和沿袭了许多吐蕃时期遗留下来的宗教教法和仪式。"普巴节"完全是按照宁玛派的宗教仪式进行的。据《藏族节日文化》介绍，萨迦派的金刚橛舞是由昆·鲁耶旺波引进的，传到阿旺贡噶仁钦，为追忆他的上师萨洛·强贝多吉，按照道果教授作了相应的改进。每年藏历七月初八至七月十九日在普巴拉康举行。法会期间设普巴坛城，主供色普、阳达和赤列三大普巴，僧人聚会坛城前念诵《金刚橛经》及其咒语。"金刚橛舞"一般由 150 余人表演，首先表演者围场跳三圈，取名“赛西愧宁巴”，意思是平整场地；接下来按顺序表演多吉钦追、多吉江追、多吉嘉章班追勤孜勒巴、内经嘎莫夹角增巴、姐吉塞博夏巴增巴、堆孜玛波加卓准巴、索结绛格布赤增巴等内容，严格按照《金刚橛》所规定的舞步和方位退进跳跃，以示镇伏妖魔，迎请白色夜叉、红色大威德、持链母、绿色阎罗王等本尊护法。

冬季大法会，是萨迦派（寺）规模最大的一次宗教活动，始于1474年。这年阿强阿旺贡噶仁钦继任萨迦法王，以“耶当杰多”“赤烈普巴”“戳波”三大本尊护法神为主，配以其他神舞举行法会。每年的藏历十一月二十三日至二十九日为跳神法会时间，以后的历任法王坐床典礼与冬季大法会跳神节为同一时间。活动内容：法会开始后，首先由三个护法神出场，护法神的面具直径约一米，服饰特长，手持法器；第二，由108人组成的表演队伍表演，分12组出场，每组9人；第三，僧人表演咒币舞，大小喜金刚舞，信教群众表演妖魔舞和神兵舞，都是武士装束；第四，法会期间进行商贸活动。

三、萨迦派的寺院经济

萨迦派和其他教派的显著区别是直接由昆氏家族经营，并且以父子、兄弟或叔侄世代相传，在兄弟几个当中必须留一个要娶妻生子，以便传宗接代，实为以家族的血统传承替代师徒传承。这种传承方式除了能够巩固教派的长期稳定发展，更重要的是得以控制寺院赖以生存和发展的经济基础。公元13世纪，八思巴在教派的基础上建立了萨迦王朝，实行政教合一的政治制度，这个制度的形成无形中促进了庄园经济的发展，而庄园经济的快速发展又使寺院经济更加强盛。

不过，萨迦派的历史告诉我们，其内部体制的变革和所发生的形态变化，在一定程度上取决于承担教派者的思想和生活态度，尤为重要的是政权的交替所致。我们知道，萨迦派既是西藏割据一方的地方封建势力，又是元朝在西藏的宗教势力代表。他们不仅占有大量的庄园、牧场、牲畜和农奴，还得到中央政府的各种赏赐，“其数量之巨大，次数之频繁达到了非常惊人的地步”。因此，可以说，萨迦派的寺院经济主要来自中央政府和庄园收入，在是公元13世纪至14世纪早期尤其是这样。

有元一代，元朝统治者极力尊崇西藏宗教上层人物，特别是萨迦派僧人因此得到了各种赏赐，仅这一项收入占当时萨迦派寺院全部收入的将近一半。1253年，忽必烈从八思巴受灌顶，封其为国师，赐给黄金、法具、僧服、鞍具、法螺等财物；并把西藏的13万户封赐给八思巴，作为对他的供养。在八思巴的请求下，次年忽必烈颁布《珍珠诏书》，免派僧人为乌拉差役，取消了对僧人摊派的赋税，并向八思巴供奉白银56大锭，茶叶200包、锦缎80匹、绸子1100匹。《萨迦世系史》记载：“此外，已赐给上师黄金及珍珠镶嵌之袈裟、诸宝装饰之佛塔、法衣、僧帽、靴子、坐垫等，器具有黄金伞盖、金杵、银爵、珍宝镶嵌刀柄腰刀等，还有黄金一大锭、白银四大锭，乘驼、骡子，俱带黄金鞍、辔缰绳等。复于虎年为法缘赐白银五十六大锭、茶二百包、锦缎一百一十匹。”1265年，八思巴和弟子恰那多杰第一次回藏时，把无数赏赐带到萨迦，用其中的一部分修建萨迦南寺、维修北寺、增置法器，另外留一部分作为寺院资金。1270年，八思巴在大都再次为忽必烈授灌顶，“所奉献大供养为白银一千大锭、绸缎五万九千匹，还有每次见面时所送的礼品及哈达、银币等。仅皇帝临时奉献的礼品据说总计有黄金一百多锭、白银一千锭、绸缎四万多匹”。他先后六次领诵《甘珠尔》经，得到黄金 2157 两、白银千锭和其他无数财物。八思巴用这些财物书写了金汁《甘珠尔》，救济贫穷者，其余全部留给寺院。忽必烈以后的历代皇帝对萨迦派僧人所赏赐的财物更是有增无减，这些财物虽然是直接赐给个人的，实际上是对萨迦派寺院的一种经济援助。毋庸置疑，萨迦派之所以盛极一时，除了元朝在政治上的强大支持外，还有经济上的援助。任何一个教派除了其自身的条件，如果没有强大的经济基础就难以生存下去。所以，萨迦派的一些上层人物利用对元朝统治集团的宗教渗透和影响，获取大量财物来补充寺院经济。元朝灭亡后，萨迦派的寺院经济受到一定程度的影响。

萨迦寺的另一个经济来源是庄园收入。创建和经营萨迦派的昆氏家族是吐蕃贵族的后裔，其本身财物丰足，经济势力强大。萨迦派统领十三万户，实行政教合一的地方政权统治时期，拥有很多庄园。在法王的统一管理下，把大小庄园分封给下属贵族经营。直接经营庄园的贵族，又把土地、牧场租贷给农奴耕种、司牧；通过收租形式，将粮食、畜产品等绝大部分劳动产品征缴进寺院库仓。寺院也有一批人专门经商，以增加寺院收入，壮大经济实力。公元 14 世纪，绛曲坚参建立帕珠地方政权后，废除了萨迦政权时期设立的万户制，创建宗豀制。萨迦派虽然失去了不少庄园土地，仍保持着独立的政权形式，拥有广大的土地和农奴。但是，由于所属贵族们的叛乱背离，经济势力明显减弱，每年通过庄园收取的财物大大减少。17 世纪，第悉藏巴地方政权时期，萨迦派的庄园进一步减少。到格鲁派的噶厦地方政府成立时，在日喀则设立基巧（总管），萨迦派又被夺去一些土地和属民，势力范围只剩下萨迦周围地区，仅能对所属的二三十个庄园收取地租。显然，萨迦派自失去政权后，经济势力大大削弱，庄园数量急剧减少，这和格鲁派的情况恰恰相反。

以上主要介绍了萨迦寺的经济来源，至于萨迦派其他寺院的情况则不同。如四川甘孜境内的贡庆寺是直接由德格土司经营的，其经济势力异常强大。青海境内的一些萨迦派寺院依靠地方头人的支持，经济收入也相对稳定。而且，藏传佛教寺院有一个共同的特点，包括萨迦派寺院在内，基本上都有比较固定的施主，经常性地向寺院发放布施。僧人自己也通过一定的宗教活动，从群众那里获得粮食、酥油、钱财等，以补充寺院经济的不足。西藏解放前，规模较大的寺院都通过征收差税、放高利贷、经商等经济手段增加寺院收入，成为不可缺少的经济来源。

第十章　塔波噶举派的创立与发展

噶举派是西藏佛教后弘期颇有影响的一个教派，处于举足轻重的地位。“噶举”为藏语音译，又译作“噶居”，“噶”是佛语或语旨之意，“举”是传承之意。“噶举”有两种意思，既可解释为一切护持佛法之三藏和四续的传承，就是佛语继承者；也可解释为秉承执持金刚乘佛教部主金刚持传授给谛洛巴的“四大语旨教授”（藏语称“噶博希”）者，即语旨教授传承者。第一种解释可通指佛教的一切传承和流派，因为佛教总源于佛陀之语录；第二种解释专指西藏佛教噶举派，因为噶举派的四大语旨教授等殊胜教法皆源于谛洛巴祖师。另外，由于玛尔巴、米拉日巴、热穷巴、林钦日巴等噶举派大德证得暖位功果，不管寒暑冷暖，只着白色单布衣，因此“噶举”又为“嘎尔举”，即白色传承之意。

噶举派的始祖谛洛巴被金刚持佛所摄授并传授四大语旨教授，谛洛巴的弟子那若巴领得谛洛巴的四大语旨教授，并使之条理化，归总为著名的《那若六法》；那若巴的明妃智慧空行母妮谷玛被金刚持所摄授传法，后传出内容与《那若六法》大同小异的《妮谷六法》。在西藏，玛尔巴译师三赴印度，依止那若巴、弥止巴等上师，求得《那若六法》和《大手印》等殊胜密法，并把这些密法翻译引进西藏，收徒弘传，此系统称为玛尔巴噶举。因其教派正式形成于塔波拉杰时期，后世又称为塔波噶举。同时，琼波南交数赴印度学法，在西藏传出以《妮谷六法》为主的教法，开创出香巴噶举。由于香巴噶举的影响和势力远不及塔波噶举，而且嗣后流传不广，故后人所言噶举派多指玛尔巴系统的塔波噶举。在噶举之前冠以“香巴”两字时，方指香巴噶举。我们在叙述时也承袭这一种传统概念。

第一节　塔波噶举派的渊源

一、四大语旨教授付法传

噶举派的初祖玛尔巴译师和二祖米拉日巴尊者在西藏翻译介绍和传播实证噶举派教法方面作出了巨大的贡献，功不可没，其事迹永载史册。然而，他们两人均未广建寺庙，招聚僧团，而是重视口耳相传，重师不重经，依人不依法，亲于密乘教授，疏于显教理论。因此,尽管两人的名声大,影响广,但传法事业并无多大发展。第三代祖师塔波拉杰先就学于噶当派门下,得以精通佛法三藏;后拜米拉日巴为师,获得噶举派的密法精要。佛陀之法虽有八万四千法门,但总不出于显密二教。塔波拉杰做到显密兼通。他不失时机地修建了岗布寺,广聚门徒,把噶当派的教法与米拉日巴的大手印结合起来传授。一时间,前来拜师学法者众多,法缘兴盛。因为塔波拉杰是塔波地区人,而其噶举教派也是从塔波地区滥觞和兴盛起来的,故史称“塔波噶举”。

塔波噶举派的渊源是谛洛巴的四大语旨教授。谛洛巴是噶举派在印度的开山鼻祖,许多史书中记载说谛洛巴被金刚乘佛教总部主金刚持所摄授并传授四大语旨教授,又从智慧空行母领受耳传教授。“四大语旨教授”又译作四教诲、四大传授,其内容主要是:(1)父续集密;(2)母续胜乐轮;(3)梦境修和中阴修;(4)往生和夺舍①。

《贤者喜宴》《红史》《青史》《土观宗派源流》《知识总汇》等藏文典籍都认为,谛洛巴是在定中得到金刚持的四大语旨教授的。但是,为了便于谛洛巴摄授和教化愚昧的众生,避免产生谛洛巴没有人师、其教法来路不明的误会,让人们相信谛洛巴获得四大语旨教授的事实,就说谛洛巴从印度的东西南北四方面得到金刚持的四大语旨教授。谛洛巴本身也说:“龙树、咱热耶巴、罗瓦巴和善缘母,都是我的四大语旨教授的上师。”但是,这四个方面的传承,在各种著作中说法不一,其人物关系与年代很难经得起仔细推敲。我们根据以上著作和《直贡法嗣》《达隆教史》等古籍,参照其他藏汉文资料,对四大语旨教授传承师的生平事迹作简要介绍。尽管受时代和习惯的限制,存在时代不清,关系不明的缺点,而且其传记也充满神话色彩,但我们仍然可以从中窥视到当时金刚乘佛教在印度兴起和发展过程中的一些情况,对噶举派的四大语旨教授的来龙去脉也有一个较为清晰的认识。

四大语旨教授的具体传承大致是:第一语旨教授传承是由金刚持依次传授因陀罗菩提王、龙变瑜伽母、毗苏迦巴、萨乐和、龙树、玛当格,而至谛洛巴,其主要教法有父续《集密》及圆满次第之《五次第道论》和《四座》以及《那若六法》中的《往生》和《夺舍》法;第二语旨教授传承是由金刚持依次传授智慧空行母、姑姑热巴、咱热耶巴,而至谛洛巴,其主要教法有《大幻化》之圆满次第,六法中的《梦境》和《幻身》法;第三语旨教授传承是由金刚持依次传授金刚手、卓毗斯噜迦、毗那萨班杂、罗瓦巴,而至谛洛巴,其主要教法有《胜乐金刚》等无上瑜伽母续之全部及六法中的《光明》为主的圆满次第和合;第四语旨教授传承是由金刚持依次传授金刚手、阿阇黎无支金刚、莲花金刚、善缘空行母,而至谛洛巴,其主要教法有《吉祥喜金刚》之本注和六法之《脐轮火》。

不难看出,在四大语旨教授中,不仅包括密教无上瑜伽部的《集密》《胜乐》《喜金刚》等重要的本尊法,而且包括《那若六法》中的所有内容。所以我们有理由说,谛洛巴的四大语旨教授乃是在雪域流淌不息的噶举派教法之总源头和主流。

1.第一语旨教授传承

---

① 东噶·洛桑赤列:《红史》注释第367条,民族出版社1981年版,第181页。

在古印度历史上,称作因陀罗菩提的人物不止一个。陈兵先生指出:“因陀罗菩提,金刚乘佛教创始人。据《七系付法传》,有前后二人,皆为国王。”①

这里介绍的是后因陀罗菩提,因为他是邬坚国的国王,故又称因陀罗菩提王。邬坚国就是古印度因陀罗菩提王国,又译邬仗那、乌丈度耶,在今之阿富汗。据载,一日,因陀罗菩提王在王宫屋顶散步,他见佛陀与众罗汉在天空飞翔,心生无限敬仰,于是把佛陀迎请到王宫给予侍奉,并向佛乞求传授不舍五欲之乐而得解脱之道。佛即依吉祥《集密金刚》曼荼罗,与金刚母一道向因陀罗传授灌顶和双运道。因陀罗王与其五百名宫女依法修持,皆得大成就,飞往大梵世界。邬坚地方一时变成众多龙王居住的大海。因陀罗菩提王遂被后人奉为密乘双运道的始祖。

龙变瑜伽母就来自邬坚地方所变成的大海。据传某时,金刚手大势至在给众龙开示佛法,众龙逐渐变成人,而海滩变成了城市。龙所变的众人修持金刚乘佛教,成为勇士男和瑜伽母,其中最为殊胜的是龙变瑜伽母。

当时,印度南方有欧提毗舍王国,其国王毗苏迦巴抛却国政尊位,出家学佛,成为圆满班智达。他曾思忖:修学显教让人进入断绝烦恼之道,而《迦叶经》中却说烦恼可以转化成菩提,说有多少烦恼就有多少菩提。他为了求得密乘教法,来到龙变瑜伽母面前,献上曼札,启请赐法。龙变瑜伽母给他传授了灌顶及教授。他依法修持,获得大手印悉地。

萨乐和,又作萨罗诃,本名罗睺罗,古印度八十四位成就者之一。关于他的出生地,各种史籍说法不一,有说是南印度的毗达巴哈,有说是东印度的乐达那,也有说是欧提毗舍国。他初为婆罗门瑜伽师,人称大婆罗门,渐信佛教,经常白天信奉婆罗门教,晚上学修佛法。最后,他在中印度亲教师罗睺罗座前出家为僧,学通大、小乘诸经论后出任那烂陀寺亲教师。他后受空行母感召,向阿阇黎毗苏迦巴求密法,获得灌顶及教授后,携一女子到林中修行,入定达 12 年之久。后来,他又携一箭工女修双运,证得原始俱生智慧。应庶民、妃子和国王之请,他唱出庶民、妃子、国王三种道情歌,分别开示佛之变化身、受用身和法身。其后半生在南方吉祥山传授许多密法,为大手印法门的始祖。萨乐和的论著译成藏文的有:《道歌集》《身业藏不坏金刚歌》《语业藏文殊金刚歌》《意业藏无生金刚歌》《身语意大手印修法》《密咒二十颂》《自加持次第》等,是由译师白若杂纳和玛边曲巴尔翻译的,收入《甘珠尔》密宗部四十七函中②。

龙树,又作龙猛、龙胜,为萨乐和最优秀的弟子。他是大乘佛教的两位开山祖师之一、赡部洲六庄严之一,也是八十四位成就者之一。有说在佛灭四百年时出生于印度南部布达苇国的一个婆罗门家中,也有说佛灭六百年时出生。他 7 岁时出外游历,在那烂陀寺从萨乐和出家,取名具德比丘,精通三藏,远近闻名。他在那烂陀寺替代萨乐和担任亲教师时,发生饥馑 12 年之久,他“依靠炼金的收入供养在吉祥那烂陀宣说大乘教法的五百人的生活”。僧众知道后,认为龙树用这种不正当的手段来维持僧众生活,使僧众过

---

① 陈兵:《新编佛教辞典》,中国世界语出版社 1994 年版,第 517 页。

② 东噶·洛桑赤列:《红史》注释第 75 条,民族出版社 1981 年版,第 194 页。

上邪命生活,违犯戒律。于是,他们把龙树赶出寺院,让他修造千万小泥塔来忏悔。当时,声闻乘比丘商羯罗造《明智庄严论》来驳斥大乘教义。龙树曾三斥其说,调伏挫败了持有无常断二边见地的诸派,创立中观学派,护持佛法多年。觉囊派高僧多罗那他在《印度佛教史》中这样评价龙树:"使中观宗义大为弘扬,对声闻众也大有利益。特别是他将僧伽中拥有巨大权势但坏失学处的比丘和沙弥统统驱除,据说被驱除的将近八千人。龙树成为诸部之主。"又说:"这样,那烂陀寺的创建人为阿育王,……使之发展的是罗睺罗贤(此处指萨乐和),使之达到极盛的是龙树。"①说他被龙王邀请到龙宫,在龙宫传法6年后携《大般若经》返回人间,从此得名龙树。然后,他来到吉祥山,与萨乐和一起修习12年,先后制伏了许多外道论敌。

龙树的著述甚多,有"千部论主"之称。他为了解释佛祖初转法轮而造了《宝鬘论》等,为了阐发中转法轮而造了《中论》,为了发扬中观见而造了《宝性论颂》,还有《大智度论》等论著。"他的著作在论的方面,有《中观根本智论》《正理六十论》《空性七十论》《回诤论》《细研磨论》《集经论》《梦幻如意宝言论》等;在家居士戒律方面,有《诫王书》(又名《劝戒亲友书》)、《国王善行宝鬘》;在出家人戒律方面,有《菩提资粮》;在概述密教见修方面有《续部总集》;在确立中观见地方面有《菩提心释》;在开示密教生起次第方面,有《集论》《杂论》《二十曼荼罗仪轨》;在开示密教圆满次第方面,有《集密五次第论》;医方明论有《一百剂》;对众生教诫的有《规矩养生论》;对国王大臣教诫的有《一百智论》《棋盘香论》;历算方面的有《缘起真实经论》等。他的著作都译成藏文,大部分是在赤松德赞王时期翻译的,并收入了《丹珠尔》"②。龙树的弟子有圣天、龙觉、玛当格等,其中阿阇黎玛当格因在茅屋里修持,故得此名。这位上师摄授谛洛巴后前往空行刹土。

2.第二语旨教授传承

智慧空行母、姑姑热巴、阿阇黎咱热耶巴是第二语旨教授的传承师,但有关智慧空行母和姑姑热巴的记载并不多。

阿阇黎咱热耶巴出生在印度东方藩伽罗一个贵族的家中。依止阿阇黎杂林达惹巴和姑姑热巴出家,获得灌顶和怛特罗部教授秘诀;并获得少许暖位功德及神通。可是,他不听上师的劝告,到处去卖弄神通,结果处处碰壁。最后,他回到藩伽罗王国,受到饮月王和臣民的侍奉。他把王臣百姓引向佛道,弘法利生。著有六部论著。在中有获得殊胜悉地。

3.第三语旨教授传承

阿阇黎毗那萨班杂是嘎武拉国王的独子,自幼喜爱音乐,能在琵琶声中进入专注一境的禅定中。他从阿阇黎宝马领受灌顶和教授,获得大手印悉地。阿阇黎罗瓦巴也是一位国王,依止阿阇黎毗那萨班杂获得灌顶教授,于是舍弃权势地位,在尸林修行。后在因陀罗菩提王门前的石板上入定12年,获得大手印悉地。他在尸林修行时,遭到外道空行

---

① 多罗那他:《印度佛教史》,张建木译,第82页。

② 东噶·洛桑赤列:《红史》注释第65条,第179页。

母的阻扰，不仅未受影响，反而制伏了那些平日变化成为王妃的外道空行母，给她们鼻孔穿洞挂上装饰品。据说当地妇女到现在还有鼻孔上戴饰品的习惯。《直贡法嗣》中说，他最后偕同七百多徒众去往空行刹土。

4.第四语旨教授传承

第四语旨教授的传承师阿阇黎无支金刚，又称无二喜，他出生在迦阇地方，其父是号称统辖八百四十万城市的因陀罗王。他长大后离开王室，出家为僧，成为大班智达，作父亲的法王。后受一丑陋女子的指点，他拜一猪官为师，并携其女儿去吉祥山修行，获得殊胜悉地。当家乡遭受旱灾时，他威逼龙王降谷雨，使家乡获得丰收。但是，父亲认为他与劣姓女子修双运，罪大恶极，用火烧他，但烧了七天七夜，却未伤其毫发。国王和臣民都对他产生了崇敬，称他为古茹海生金刚。

善缘母是阿阇黎无支金刚的弟子，有许多别名。她起初身患麻风病，向观世音菩萨祈祷，得以痊愈。她后拜海生金刚为师，亲见了金刚持等众多佛和菩萨的面，并获得摄授，得到悉地。

从以上的介绍来看，四大语旨教授传承师具有一些共同的特征：其一，他们大多是获得殊胜悉地的成就者；其二，诸师的生卒年代和享年都不甚清楚，时间概念十分模糊。究其原因，第一，古印度本来就不重视历史，不重视纪年。第二，佛教认为，一旦证得不生不死的悉地，其寿命往往非常长，可以跨越几个世纪。第三，吕澂先生所撰写的《印度佛教源流略讲》认为，当时印度佛教发展有两个系统；一是以寺院为中心，把密教的教理和显教的教理混起来讲；二是流行于民间的通俗化的密教，“教理更为通俗化，……简单易行，所以人们称之为‘易行乘’确实……到了易行乘，则不尊经，而是尊师”。我们认为，四大语旨教授的传承确实两个系统都有，既有在那烂陀寺等著名寺院出家为僧、甚至出任过该寺亲教师的显密兼通者，也有尊师而不尊经的行者。第四，四大语旨教授的传承师大部分出生于婆罗门家庭，而且当初都是信奉婆罗门教的。由此使我们联想到佛教和印度地方教之间的关系，尤其是金刚乘佛教与印度教等之间相互吸收、相互影响的亲密关系。第五，从四大语旨教授传承师历史中，可以看到女性在密教形成和发展过程中的重要作用。许多人是受女性或曰空行母指点后步入密教殿堂的，也有许多人是由女性作伴修行而得成就的，而龙变瑜伽母、善缘母等本身就是四大语旨教授的传承人。

二、谛洛巴和那若巴

谛洛巴和那若巴是噶举派的祖师。谛洛巴是噶举派四大语旨教授的集大成者；那若巴又传出《那若六法》，且摄授了玛尔巴，故而两人在噶举派的历史上占有极其重要的位置。

1.谛洛巴

从教法传承关系来说，谛洛巴是噶举派在印度的开山祖师。他是古印度八十四位成就者之一，又译作迪洛巴、德洛巴、底洛巴等。关于他的生卒年代，在《藏汉大辞典》中只说是公元10世纪古印度佛学家。郭元兴先生在翻译多罗那他的《七系付法传》时，根据书中的甲子年考证出谛洛巴生活在988至1096年。照此推理,那若巴生卒年代为1016—1100年。青海民族出版社1992年出版的《谛洛巴和那若巴传略》中说谛洛巴生于阳土鼠年,988年刚好是土鼠年。这却与《玛尔巴译师传》所言谛洛巴的徒孙玛尔巴生活在1016—1100年相互矛盾。我们认为,把谛洛巴的出生时间从988年提前一个甲子年(六十年),即928年,则较为合理。这样,谛洛巴应该生活在928—1036年间。

谛洛巴是东印度萨霍尔国人,父亲为大婆罗门明,母亲为婆罗门具明女。他是胜乐金刚的化身,谛洛巴自己的道歌中也说:"我是真实佛陀,我是众生怙主。"据载,他8岁时亲见金刚手面,获得加持;12岁时精通五明处;16岁时亲见胜乐主尊内外曼荼罗,获得灌顶和加持;20岁时受一丑陋女子指点出家学法,成为一名精通诸藏的班智达,取法名为慧贤。后来,他又得到那位女子的授记和加持,在索玛布日寺用锁链系脚,修炼了12年,获得共通悉地①。他在南方作怖金刚喜尸林,遇见了在茅屋里修行的阿阇黎受用金刚玛当格。玛当格说他是受龙树菩萨委派前来摄授谛洛巴的,给谛洛巴传授了灌顶、教授,并向他介绍心的真实性。谛洛巴按玛当格的授记来到萨霍尔国的舍罗迦城,做一个妓女的仆人,并为她榨芝麻油,从此得名谛洛巴(榨油者)。榨油时,他领悟到:虽然芝麻含油,但若不榨就不会自动生油。同样,人的心虽然在佛性中,但若不勤修苦炼,就得不到证悟。他于是加紧修行,最后证悟到了真实性。金刚持佛也亲自给他传授灌顶,并赐示怛特罗教授。谛洛巴摄授了妓女并对她说:"我传承的续部修持所生的证悟是原始俱生智慧。"妓女及其眷属都得到了解脱。

当时印度南部有一个非常孝敬母亲的国王,名叫旃陀底巴。他召来内外道学者和成就者,为母亲举办法会。在法会上,谛洛巴立宗与内外道学者辩论。无论是辩论声明和因明,还是比试各种神通,谛洛巴都大获全胜,于是众人对谛洛巴产生信仰。谛洛巴唱道歌云:"我去过数百种佛土,现过千万个变化身,我与龙树和圣天、世尊辩论过,我的证悟胜过萨乐和。"传记中说,他曾去过西方邬坚国,并取来《胜乐金刚》本续五十一节、注释六类,以及《无身空行九密法》等。其中《空行九密法》成为噶举派的耳传密法,并有几个传承。

2.那若巴

那若巴又译作那洛巴、那饶巴、那茹巴等,是谛洛巴的心传弟子、古印度八十四成就者之一。他是噶举派追认的第二位祖师。据在许多经论中,他被授记为真实佛。那若巴领得谛洛巴的四大语旨教授等所有密法,并把这些密法归纳为著名的《那若六法》。谛洛巴说:"我的证德在那若,后人若想得证悟,就去依止那若巴。"

关于那若巴的生卒年代,《藏汉大辞典》说他是11世纪的人。才旦夏茸先生的《藏族历史年鉴》中说那若巴卒于1027年。那若巴的传记中,说他生于火龙年、卒于金龙年。这与郭元兴先生根据《七系付法传》推算出的1016至1100年的甲子相符。笔者认为,郭先生可能晚算了一个年轮即60年,如果减去60年,其生卒年为956—1040年比较合适,

---

① 共通悉地即共通成就。依托药物、咒语之功,内外道皆能证得的成就。

且与《玛尔巴译师传》所说卒年相符。

那若巴出生在东印度一王室中,也有说出生于婆罗门家庭,父名静甲,母名吉祥慧母。由于他出生时就具有诸多与众不同的特点,故取名普贤。他七八岁就开始学习并掌握箭术等各种体育技能和算术、工艺等,后从亲教师虚空称受居士戒,取名虚空藏,学习五明。因为他是家中唯一的男儿,拗不过父亲,娶了一名外道女子为妻,但终因对世事产生厌离之心,遂从亲教师佛护和阿阇黎功德光受沙弥戒,取名誉贤;又由法上师作亲教师、法智慧作轨范师、法菩提作屏教师,受圆满比丘戒,取名法胜幢,研习三藏四续义理,成了一名佛学家,人称持佛尊者。他被那烂陀寺的五百名僧人一致推举为那烂陀寺的北门守护人。那若巴曾辩论挫败外道论敌,使六百多名外道僧剃发为佛僧,入于佛道。他不久被授封为那烂陀寺的亲教师,人称无畏称。

那若巴是当时有名的"六贤门"之一,公认是一位精通内外诸学问和显密经论的大师。但是,当初领谛洛巴入门的丑陋女人却说那若巴对于佛法只知文字般若而不识其真实意蕴,叫那若巴去寻找谛洛巴。那若巴自己也认为,虽然我成为圆满班智达,但我的心却始终得不到自在。于是,他放弃荣誉和地位,停止讲授和听闻佛法的事,手持一根禅杖,身着一件袈裟,径直往东印度去寻找谛洛巴上师。

谛洛巴并没有立刻向那若巴传法,而是让那若巴先修十二大生死攸关的苦行,即居高跳坠、竹签穿腰、跳入火坑、吞食污泥、窃米食宴、夺王之妃、盗臣之妻、娶妻、金刚锤击身、献妻于师、水蛭河中以躯代桥、旷野献曼札等,使他遭受种种折磨、痛苦和羞辱。经过十二大苦行,那若巴阻断了十二因缘,了脱生死,证得十二胜义。谛洛巴这才在《集密》曼荼罗中为那若巴传授灌顶、教授。他对那若巴说:"你不要占据学者位置,要以修行为主。只有这样,才能即生证得殊胜悉地。"遵照上师的嘱咐,那若巴加强修持,并做了许多弘法利生之事,显示各种神通异能制伏了不少不信仰佛教的人。那若巴的弟子有弥止巴、寂贤、仲毗瓦、沙弥慧狮、尼泊尔基特巴、阿底峡、辛底巴、玛尔巴等。

第二节　塔波噶举派在西藏的早期传播及其特点

一、玛尔巴与塔波噶举派在西藏的早期传播

玛尔巴是西藏佛教后弘期四大译师之一、西藏佛教噶举派的初祖。他在翻译、引进、介绍、传播噶举派的教法方面,立下了汗马功劳。据《玛尔巴译师传》,其生卒年代为1012—1097年;《洛绒教史》则认为,玛尔巴生活在997至1085年间。玛尔巴出生在今山南地区洛扎县的秋切卓窝隆村,父名玛尔巴·旺久维赛,母名嘉姆萨朵德,他出生后取名达玛旺久。他小时候性情暴躁刚烈,又极好饮酒争斗,故其父把他送到当地一名上师处学习佛法,取名曲吉洛追(法慧)。他15岁时到今日喀则地区拉孜县的芒卡牛古龙寺,从卓弥·释迦益希(993—1074)译师学习翻译,求闻佛法。由于卓弥译师不轻易向人传法,

收费昂贵，玛尔巴认为与其交那么高的学费在西藏学法，不如直接到印度去。虽然遭到父母亲的阻拦，他还是把属于自己的东西兑换成黄金，毅然地踏上了艰苦的取经路程。

玛尔巴最先来到尼泊尔，从那若巴的弟子基特巴和本达巴兄弟学习《四座》和《往生》。他常听基特巴兄弟说起那若巴的功德，心中生起无以言表的景仰。玛尔巴在尼泊尔呆了3年，努力从基特巴兄弟听闻那若巴传下来的密法，兼学语言。3年后，在基特巴兄弟的帮助下，玛尔巴不辞辛劳来到布拉哈日山，拜倒在那若巴脚下，求得《喜金刚》灌顶，听闻《喜金刚续》《金刚帐续》和《桑布扎续》等。在那若巴引荐下，玛尔巴参拜智藏和姑姑热巴，学习父续《集密》和母续《大幻化》等密法。他又从弥止巴尊者学习了《大手印》，并得密名意金刚。弥止巴又作梅哲巴、麦哲巴、弥勒巴，噶举派的《大手印》教法来源于他。他是玛尔巴的根本上师之一。然后，玛尔巴重新回到那若巴处。那若巴给他传授了《胜乐金刚》灌顶和教授及《那若六法》，并让玛尔巴认知原始俱生智慧——大手印境界。经过多年的修持，玛尔巴心中生起无上瑜伽证验，尤其是修习《脐轮火》后，现证乐明无别的双运智慧，被那若巴和弥止巴授为西藏的法太子。

玛尔巴当初离开西藏前往尼泊尔时，与虐译师结伴同行。两人在印度经常相遇。每次相遇，两人交流学习心得后，总激发起玛尔巴学习新法的愿望。学习父续《集密》和母续《大幻化》，就是他与虐译师辩论后产生的愿望。在玛尔巴满载而归时，又遇见虐译师。虐译师出于妒嫉心理，把玛尔巴的法本和学习笔记扔下河里，这激发起玛尔巴第二次赴印度学法的念头。于是，玛尔巴回西藏不久，就携带从当雄等地得到的黄金供养，再度途经尼泊尔来到印度，从那若巴和弥止巴等上师学习了许多密法。

玛尔巴学成回到洛扎后，安心驻锡在卓窝隆寺。他广收徒弟，弘传密法。当其弟子米拉日巴受空行母授记前来向他求《往生》和《夺舍》教授时，玛尔巴翻遍从印度取来的法本和学法手册，却只有《往生》教授，而不见《夺舍》秘诀。于是，他不顾年事已高，不听弟子劝阻，毅然第三次独往印度。最后，他终于从那若巴求得《胜乐六十四尊修法》以及密乘无上瑜伽部圆满次第的所有秘诀。据《玛尔巴译师传》记载，玛尔巴一生三赴印度，第一次用了12年时间，第二次6年，第三次3年，前后共21年，在吉祥那若巴处住了16年零7个月。玛尔巴这样评价自己的上师："为我授法十三位，特别传道有五师，无比恩深有两位，那若班钦为其首，其次佛子弥止巴。"关于玛尔巴在印度学习并在西藏弘传的密法，土观活佛说：虽然一般人认为从大译师仁钦桑波开始西藏才有新密咒，但同时期的卓弥和玛尔巴两位译师也是最早弘传新密咒的人，"法主玛尔巴则弘传父续《集密》、母续《摩诃摩耶》（即《大幻化》）、心要续《欢喜金刚》、最精要续《胜乐轮》和护法续《四座》等有关灌顶教授、讲解教授和要门教授。因此，产生了不少学优德高的成就大师，遍满藏地，他成为密法教主"①。玛尔巴弘传的还有《那若六法》《大手印》《一味六法》《空行耳传》等密法。

玛尔巴的人品及其所作所为颇受异议。如《青史》说：玛尔巴"对真实的证悟似流水

---

① 《土观宗派源流》，刘立千译，第31页。

不断，但劣等凡夫只看见他占有妻妾，与乡人打斗，尽干修房种地等事；而具缘者看来，他曾实施四次《夺舍》法，是仲毗巴的真实化身”①。但不管怎样，有一点是大家公认的，那就是玛尔巴训练弟子有其独到之处，并能因材施教。

玛尔巴的弟子很多，有四大付法弟子、四大心传弟子、四大有缘弟子等。四大付法弟子又称为“四柱”，其中俄、楚、梅三人继承讲说传规，米拉日巴秉承修行传规。在西藏广为流传的《集密》《喜金刚》等密法，大多数传承来自于俄·曲格多吉等三师兄弟的讲说，其中《集密》和《喜金刚》等密法的讲说传规至今流传不衰；楚敦·旺格多吉传下来的《集密》灌顶等，当时的许多大德智者也都接触过，尤以布顿·仁青珠和宗喀巴大师等均为直接传承者。

俄·曲格多吉（1036—1102）的历史见于《青史》《洛绒教史》《贤者喜宴》等书中。他是玛尔巴“四柱”大弟子之南柱弟子，西藏卫地人。16岁时拜见玛尔巴，最初求得《无我十五天女》并加以修证，亲见《十五天女》曼荼罗。后又听受《喜金刚》本释、《四座》等许多教授。玛尔巴传承的《智自在母》《喜金刚九尊法》《无我十五天女》《四座多尊》《摩诃摩耶五尊》《金刚帐》等六种密法仪轨，加上弥底传承的《文殊具密》，组成了著名的“俄氏七曼荼罗”，或称之为俄噶举派，可见其影响之大。俄氏教派多由子孙传承。

东柱弟子楚敦·旺吉多吉听到玛尔巴的名声后，专程到卓窝隆拜谒，得到《集密》教授。后来，他专弘传《集密》，著有《集密五次第引导文》及其详释《五次第明灯》，使《集密金刚》得以广为流传。其传承弟子很多，最著名者为布顿·仁青珠和宗喀巴。

西柱弟子藏绒·梅敦村布，本名索朗坚参，是后藏年堆人。《洛绒教史》说，他曾修建拔多寺；在《玛尔巴译师传》中，说他家境富裕，曾向玛尔巴作三次大供养，听授《摩诃摩耶》教授，注释过《喜金刚续》，创立讲经院，讲授《喜金刚》《集密》《胜乐金刚》等密教无上瑜伽本尊法。

二、米拉日巴及其宗教实践

米拉日巴又译作弥勒日巴、米拉热巴、木纳等，人称瑜伽大自在。他是玛尔巴“四柱”弟子之北柱，是噶举派的二祖。他继承了玛尔巴的修持传规。在修持实证噶举派殊胜密法、使之迅速扎根于西藏沃土方面米拉日巴进行了不懈的努力。

西藏佛教的派别可分为讲说传承和修持传承，秉承讲说传承者有十，执持修持传承者凡八，共称“讲修十八派”。噶举派在总的大范围里，属于修持派，但是玛尔巴本身拥有讲说和修持两个传承，由东、西、南三柱弟子继承讲说传承，弘传密教；由北柱弟子米拉日巴继承修持传承，苦修实证殊胜密法。所谓修持传承，是指不向人讲经说法，不著论典，以在僻静处修持为主的上师及其弟子传承等。当然，所谓讲说和修持传承也不是绝对不相干的，只是对佛法的讲修有所侧重而已。

米拉日巴出生在拉堆芒域贡塘地区（今吉隆县）的甲俄杂。这个地方原属于阿里，曾

---

① 《青史》，四川民族出版社1985年藏文版，第489页。

有过阿里贡塘王，后属于日喀则。其家族为米拉氏，父名米拉·喜饶坚参，母名杨杂嘎坚。在他出生时，父亲听说生了个儿子，非常高兴，就取名为推巴嘎(闻喜)。关于米拉日巴的生卒年，有几种说法：《藏族历史年鉴》和《白琉璃》认为，其生卒年代为藏历第一饶迥金龙年至第二饶迥水兔年，即1040至1123年；而《米拉日巴传》和《直贡法嗣》等认为，他生活在藏历第一饶迥水龙年至第二饶迥木兔年，即1052至1135年间，刚好相差12年。

米拉家庭原本在当地富有声望，家境富裕。但米拉日巴尚未成年时，父亲去世了。家产被叔父和姑母瓜分，母亲靠纺线活养育米拉兄妹俩。遵照母亲的意愿，米拉日巴前往卫藏地区，从雅隆地区的雍顿濯杰学习咒术，咒死叔姑家的亲朋35人；又学修降雹术，摧毁了家乡的庄稼。为此，他常为自己的所作所为感到悔恨，自觉罪恶深重，萌生学习佛法、以消罪孽的念头。他得到巫师的引荐，来到藏绒，从雍敦拉迦学习《大圆满法》。当米拉日巴来到雍敦跟前说自己是一个罪人、请传授解脱之道时，雍敦并没有注意到米拉日巴的心境，更没有作任何接受密法前的道德训练，而是立刻传授了灌顶和秘诀，并自诩教法殊胜，“日修日成，夜修夜成，有宿因的善根人，无须修持，闻法即得解脱”。结果毫无成效。雍敦自知无法引渡他，让他去找玛尔巴。

就这样，米拉日巴被引荐给西藏佛教宁玛派的上师，从此由外道转向内道；又由宁玛派的上师介绍给噶举派的大德玛尔巴。玛尔巴并未立刻给米拉日巴传法，而是不断变换花样来刁难折磨他。米拉日巴吃尽苦头，但始终没有改变对上师的信念。

玛尔巴用了整整4年时间，像骑手驯服一匹性情暴烈的千里马，用他独特的方式调教了米拉日巴。在色喀古托寺落成典礼上，玛尔巴唱了道歌，对米拉日巴说：“你是我的有缘弟子，我让你吃苦受累都是为了涤除你的罪障。从现在起，我要摄授你，给你传授教授。你高兴吧！”在米拉日巴42岁时，玛尔巴终于摄授了他，传授给他居士戒和菩萨戒，取名多吉坚参(金刚幢)；并在《胜乐金刚》曼荼罗中传授灌顶、教授，并赐密名为协巴多吉(笑金刚)。

米拉日巴得到灌顶教授后，按上师的指示开始闭关修习，并在止观等基础修持方面获得殊胜验证。据载，某夜在梦中，有一女子对米拉日巴说：“你虽然得到了修行后成佛的《大手印》和《那若六法》，但是没有获得刹那成佛的《往生》和《夺舍》法。”这也就是玛尔巴第三次赴印度专求《夺舍》秘诀的原因。

后来，米拉日巴思母心切，依依惜别了上师，返回故里。谁知，家乡早已人事两非，房舍倒塌，母亲离世，心爱的妹妹不知去向。米拉心生悲哀，感受到世事无常，于是入山修行。为了解救牧民，米拉日巴来到冈底斯山，用神通制伏了跨鼓飞奔的苯教徒以及当地凶神恶煞。之后，他来到拉齐雪岭，广作利他之事。在冈底斯和拉齐一带，至今保存着米拉日巴曾修行过的洞穴。

虽然当时还没有形成著书立说的风气，米拉日巴本人又是忠实地秉承修持传规者，但是出于传承需要，米拉日巴著有《胜乐续释》、《生圆次第秘诀笔记》、《正说中观》等论著。他每到一处或每遇一弟子、每做一件事时，都要唱出道歌，由此创作了许多道歌，其内容包括降伏凶神恶鬼、引导具缘弟子趣入成熟解脱道种种。其道歌或开示中观见地，或指示《大手印》和《那若六法》等密法之要点，或开示教法秘诀，不是论著胜似论著。“总之，与印度大成就者们的朵哈道歌一样，米拉的道歌也是开示教授的大论”①。

米拉日巴的弟子很多，多为继承修持传承者，是修行有成、能单布衣抵御高原寒冷的布衣行者（热巴或日巴），有咱普热巴、斯般热巴、直古木热巴、昂宗热巴、喀穷热巴、绒穷热巴、路孜热巴、辛贡热巴、奇日热巴、热巴·桑杰觉、热巴·达玛旺久、热巴·多吉旺久、热巴·萨雷沃等。其中，最优秀的嫡传弟子有似太阳的塔波拉杰和似月亮的热穷巴·多吉扎巴。

塔波拉杰是塔波噶举的创建人，我们将在后面详述。热穷巴·多吉扎巴（1083—1161）是贡塘（今吉隆县宗嘎）人，自小精通文字读写。他11岁时，在贡塘遇见米拉日巴，但母亲和兄长反对他跟随米拉日巴；后因身患麻风病，才同意他追随米拉日巴学法。米拉日巴传给他金刚手修法。但是，热穷巴仍被疾病所折磨着。一次，他独自一人在旷野卧躺着，三个游僧看见热穷巴，心生怜悯，就把他带到印度。热穷巴被游方僧带到印度后，得到上师波罗阇那的摄授传法；经过念诵无量寿佛心咒，他的麻风病痊愈。现在西藏佛教各教派所传修的无量寿佛修法就源自热穷巴。后来，热穷巴到尼泊尔，又拜了几位上师，聆听了《胜乐金刚》等密法。他回到米拉日巴身边，获得灌顶教授，修持后获得猛烈火的暖位，可以像米拉日巴一样单衣御寒，人称热穷巴（小布衣行者）。

热穷巴遵照米拉日巴的指示，前往印度学习《无身空行九密法》。他从那若巴和弥止巴的心传弟子底普巴听了许多教授；从其他上师获得无量寿佛修法和马头明王咒语等。热穷巴求得许多密法教授回到西藏时，心生骄傲。米拉日巴看出热穷巴的心态，显示神通，消除了他的傲气。热穷巴再度对米拉日巴信服得五体投地，把《无身空行九密法》等原原本本告诉米拉日巴。后来，米拉日巴又把这一耳传密法传授给昂宗顿巴。昂宗巴顿对此作了一些文字修改，从此传出来的称为“胜乐耳传法”；而由热穷巴自己传出去的，称为“热穷耳传法”。由此，《无身空行九密法》在西藏形成两个传承系统。热穷巴根据米拉日巴的要求，把那若巴传下来的《一味六法》埋藏在岩间，让后人掘取。热穷巴后来云游后藏各地，收徒传法。

三、塔波噶举派早期的特点

噶举派的教法经过玛尔巴和米拉日巴师徒艰苦卓绝的努力，在西藏广为流传，但这时尚未形成一个教派。不过，这个时期的噶举派有其自身的特点。这些特点与当时西藏佛教总的状况有着密切的联系，对后来的噶举派产生过影响。因此，我们有必要对噶举派的早期特点作简要的归纳。

首先，必须对玛尔巴和米拉日巴时代的西藏佛教总的情况作一些分析。自朗达玛灭法，经过一百多年的“黑暗时期”或称“无法时期”后，佛教在西藏得以恢复，而且如星火燎原，很快遍及西藏各地，先后出现了许多教派。佛教虽然重新开始传播，但面临不少问

① 冲热·堪布才南木著：《噶举派史略》，民族出版社1989年版，第45页。

题。《贤者喜宴》这样形容当时的情形:“从歹徒中委任僧侣长老”;“被承认为学者的却都是空谈的愚人”;“茶酒之徒的丑角竟成了亲教师”;“那些在家俗人所传的《十万颂》是不可想象的粗劣”;僧人“不落发更名并无授戒之规”。为了争夺各寺院的财产和收入,各僧团间经常发生争斗。另外,在西藏显密之争非常严重。《土观宗派源流》说:“此时又出现了一类信奉戒律而轻毁密宗,一类尊崇密法而又轻视戒律。”当时西藏盛行密教,其传承繁多,难免泥沙俱下,鱼龙混杂。有些密教行者,“肆无忌惮地持械杀人,饮酒食肉,恣意行乐”,借口“合修”蹂躏妇女。还有,当时出家当僧人的不是太多,与玛尔巴同时代建宗立派的仲敦巴(1005—1064)、贡噶娘布(1092—1158),包括玛尔巴和米拉日巴等都未曾出家。在这样的历史前提下,早期噶举派具有以下特点:

1.重密轻显,重师轻经

那若巴是一个学富五明、淹贯三藏四续的大学者,人称那若班钦。但是,他并没有因知识渊博、显密兼通而获得解脱,仍然感到连自己的心都把握不住。为此,他不畏艰险,四处寻找谛洛巴,而且对于上师唯命是从。为了获得密法,他赴汤蹈火在所不辞,甚至不惜生命。十二大苦行就是有力的证据。这样,从开始就形成了噶举派重密轻显、重师轻经的特点,而且这种特点又被带到了西藏。在有关玛尔巴的各类记载中,都没有说到他在印度任何一个著名寺院中学习过。所有他的传记中也没有说他在印度系统地学过显教理论。他所翻译和传播的都是密教法要,继承其讲说传规的三位弟子所弘传的也多是《集密》《喜金刚》等续部本尊法。

密法须要口耳相传,而且强调传承。因此,重密轻显的结果必定导致重师轻经,“视师如佛”。玛尔巴赞颂那若巴说:“十二苦行依师修,三藏四续佛要籍,倾刻之间便贯通,赞颂您啊佛化身”;“一切三世众诸佛,成就之本是上师”;“上师未曾出现前,连佛名字也未闻,所有千劫诸佛陀,皆依上师而出现”。他还把上师比作太阳、月亮、海洋、珍宝、船长、狮王。在藏传佛教里,上师居于四皈依之首。在某种程度上,上师比佛还重要,因为只有依止上师才能得到上师无上秘诀,依此修持即得成就;只有依止上师才能得到无上加持力。这种视师如佛或视师胜佛的观点,应该说是侧重密教的西藏佛教的共同特点。尤其是后弘期初期,这种特点更为明显。因此,《上师瑜伽》成为各教派非常重视的必须修习的仪轨,并认为“上师修是一切密咒道之核心和精髓”。续部经典也说:“修习千万神佛,不如修习上师一个。”然而,其他教派,如噶当、萨迦,包括塔波拉杰以后的噶举派,在强调上师的无上作用的同时,也重视经论的学习。而玛尔巴和米拉日巴时代并不教弟子学习经论,他们强调:只要按上师所教的去做,那么三藏、四续“顷刻之间贯通”。米拉日巴本身就是这种思想造就出来的典型。他虽然未曾对显教经论作过闻思修,也并未系统学过密教经典,但他不折不扣地按上师所教去做,苦修实证,获得殊胜悉地。

2.重视苦行,强调实修

重视苦行是早期噶举派一个突出的特点,而且对以后的噶举派各派系的发展亦有深远的影响。这种苦行的思想,应该说源自于谛洛巴对那若巴的考验和训练。那若巴后来对玛尔巴解释说:“若不经受磨难,则不能视正法稀有难得,不予重视,不能修持。”米拉日巴是典型的苦行瑜伽行者。当他妹妹劝他放弃苦行去当八日译师的侍从时,他说:“一切苦乐都无常,只有能承受我这样的苦痛,才能有永远的安乐。”他们强调苦行的目的有三:(1)考验是否对上师真正生起信诚、恭敬、依止之心;(2)考验是否对佛法真正生起舍生忘死,不畏种种苦难之心;(3)通过苦行验证佛法要谛,所谓“以此苦行誓愿力,求得刹那见真谛”。总之,苦行是一种手段,而不是目的。通过苦行得到道德训练、精神升华,直至证悟佛法真谛。

俗话说:“师父领进门,修行靠个人。”依止具德上师,获得无上密法,但能否成就还得靠个人艰苦的修持。米拉日巴说:“在卫藏四部地区,有不重实修重讲说的风气。”因此,他们主张首先要恭敬上师,要把上师时刻铭记于心,供养于头顶,要思维上师十全十美,毫不瑕疵;其次要勤奋修习上师所传的教授,而且通过上师的校正和指点不断验证修习过程中所生的境界,所谓“时常让实证与法契合”。对此米拉日巴和玛尔巴留下不少格言警句。玛尔巴的“四柱”弟子中,前三位承袭其讲说宗风,到处讲经说法,广收门徒。他们虽然产生了一定的影响,但远不如执持修持传规的米拉日巴一人之影响深远广大。以后产生巨大影响、发展迅速的塔波噶举也源自米拉日巴的修行传承系统。

3.因材施教,传授“方便道”

不管是玛尔巴还是米拉日巴,都以个别收徒为主,且因人传法,因材施教。所谓“材”,即是佛家所说的“根器”。这是指一个人的先天素质即天赋,不仅是指生理上的先天素质,还包括悟性、灵觉等精神上的先天素质。土观活佛说:“玛尔巴、米拉日巴皆是堪为典范的无上先德、善于教导后学之师,彼等皆先观察求法者的根器,随其机宜而示以与其相顺之见、行、修等。”[①]玛尔巴能够根据弟子的根器传授不同的密法,因材施教,有的放矢,让具有不同条件的弟子向不同的方面发展。比如米拉日巴曾用巫术杀过人,毁过庄稼,玛尔巴就不让他以礼拜、祈祷、诵咒、供养等普通方式来消除罪障,而是采取令一般人难以理解和接受的方式——折磨刁难以及吃苦,来进行接受密法前的道德训练,成功地培养了一位“具有特殊才能的清净的佛学人才”。施以这样方式的前提,不仅是因为米拉日巴罪孽深重,更因为他是个利根之人。当师徒俩离别时,玛尔巴对米拉日巴说:“至于谛洛巴折磨调伏怙主那若巴,或如我折磨调伏你那样的做法,若使用在下根器上是难于奏效的,所以,这类方式的法要应该停止讲说。”由此可见,玛尔巴不管是传法抑或是道德训练,都是从弟子的实际出发的。米拉日巴对弟子的教育也是如此。

噶举派后来之所以吸引大量信徒,得以迅速流传,其殊胜的密法起了至关重要的作用。像塔波拉杰、堆松钦巴、多吉杰布等最初都就学于噶当派,他们当时都是小有名气的善知识和有深厚定力的禅师,但接触噶举派密法后立刻改宗噶举派,成为噶举派的高僧大德,开创出塔波噶举、噶玛噶举、帕珠噶举等派系。这一现象足以令人思索。

《知识总汇》说:“解脱道为《大手印》,方便道为《那若六法》。”此二法是噶举派独具特色的密法,我们将在后面有关章节里作详细论述。噶举派在早期尤其重视传授“方便

① 《土观宗派源流》,刘立千译,第78页。

道”。玛尔巴说：“修定成佛者《脐火轮》与《幻身》，不修定成佛者《往生》和《业印》，入梦成佛者《幻梦》和《光明》，了知自性成佛者《中有》和《大手印》。”热穷巴说：“精勤者修《脐火》，懈怠者修《梦境》，短寿者修《和合往生》。”显教成佛需要无数劫，密教主张即生成佛，而噶举派方便道，通过修定可以成佛，不修定也可以成佛，睡梦中也可以成佛，精勤者、懈怠者都可成佛，甚至只修往生、夺舍法，死时可以转生，修中有法，死后还可得成就。这确实是大开“方便”之门了。如直贡·仁钦贝身患重疾时想：“如果我死了，还有师尊的秘诀，可以得到往生，又有中有法，不用担心来世之事，而这些有情众生比我更可怜。”而且，所修的法总的来说比较简单，虽然也是无上瑜伽密法，但不似生起次第、圆满次第那样繁复。这自然能受到当时文化水平较低、又处于战乱中的各阶层人士的欢迎①。

第三节　塔波噶举派的创立和发展

一、塔波噶举派的创立

塔波拉杰又译作达布拉杰，原名达尔玛觉。“塔波”是地名，是松赞干布划分前后藏为五大如(翼)中夭如之一部，当时是以塔氏为主的一个部落所在地，故称为塔波；“拉杰”是医生的尊称，合起来意为“塔波地方的医生”。达尔玛觉早先精通医学，是一位名医，人们尊称他为“塔波拉杰”。他出家时取名索朗仁钦(福宝)，故又称塔波拉杰·索朗仁钦；后来，米拉日巴赐名他为杂木岭扎巴(南赡部洲称)；他在岗布地区建寺，任寺主，故又有岗布巴之称。据藏文史籍说，塔波拉杰原是向世尊释迦牟尼请问《三摩地王经》的月光童子(藏文称为达沃迅努)菩萨，为弘法利生才转生于西藏，故又称之为达沃迅努·塔波拉杰。在许多史书中则称其为娘麦(无比)·塔波拉杰。

关于塔波拉杰的生卒年代有几种不同的说法，其中《青史》《贤者喜宴》《达隆教史》《藏族历史年鉴》等都认为他生活在1079至1153年间，这是目前比较一致的看法。塔波拉杰出生于西藏塔波涅地区(今隆子县)的斯瓦隆村，家族为尼瓦氏，是当时塔波地区的著名氏族，父名尼瓦·杰布噶，母名为学漠萨伽江。

塔波拉杰自幼勤学世间诸学问，对医学尤为感兴趣。他早年先后参拜印度、尼泊尔和汉地、藏地许多名医，学习医药学，成为著名的医生。他有尚闷那巴、珠巴拉杰等医学传人，并有医药学著作流传后世。据载，塔波拉杰在12岁时娶妻，生有一男一女。不幸的是，一场可怕的瘟疫夺走了两个孩子的性命，不久妻子也去世了。从此，塔波拉杰认为世间诸法毫无意义，心中产生真实的出离心。于是，到26岁时，他从噶当派善知识夏瓦岭巴出家受比丘戒，取名索朗仁钦。也有说塔波拉杰出家之前就依止夏瓦岭巴等上师学习佛法。不管怎样，塔波拉杰出家受比丘戒后，像爱护生命一样护持比丘戒条，成为典型

---

① 参见石世梁、克珠群佩：《玛尔巴与噶举派》，《西藏民族学院学报》1991年第3期。

的尊者。他从甲·堆瓦增巴钦布等噶当派上师学习了“噶当六部经论”和戒律等；从善知识宁茹巴受菩萨戒，从此广作六度和四摄法等菩萨行，成为名副其实的大菩萨；从善知识宁茹巴、佳日瓦、贡喀瓦，听闻了《入菩萨行论》《中观理聚六论》等大论和教授；从甲·堆瓦增巴钦布，听了《律部经》《三摩地王经》《瑜伽师地论》等显教经论，并广作思修，成为一个大学者；从佳日瓦等噶当派诸上师，学习了阿底峡的所有教授，并以“三士道”的道次第加以实修，获得《菩萨十地经》《金光明经》等经典中所说的获十地之验证；从亲教师芒域瓦和嘉云达等，听了《胜乐金刚》等父续和母续之灌顶教授。

塔波拉杰到32岁时，即1110年，一个偶然的机会听到三个乞丐的议论，其中一个说：“要羡慕就应该羡慕至尊米拉日巴，他的饮食由空行母送来，他能像鸟一样在空中飞行。”塔波拉杰遂对米拉日巴产生了无限信仰，决定前去拜谒。当塔波拉杰去拜见噶当派诸上师时，他们都说：你一定要去见那个瑜伽行者也可以，但千万不要丢弃我们的传规。而当时热穷巴曾问米拉日巴：将由谁来继承法系？米拉日巴说：“我的法系不是由布衣行者来继承，而是将由比丘来继承。”他还唱了授记塔波拉杰的歌，派人前去迎接塔波拉杰。

塔波拉杰在后藏扎西岗地方见到了米拉日巴，向他献上黄金和茶叶。米拉日巴说：“黄金不合我意，我又没有煮茶的灶具，还是你自己留着用吧。”米拉日巴将盛满酒的颅碗递给塔波拉杰，命令他喝完。塔波拉杰因受过比丘戒，犹豫了片刻，最终还是喝得一干二净。于是，米拉日巴认定塔波拉杰就是自己法脉之继承人。

米拉日巴询问塔波拉杰曾得到过什么样的灌顶、教授，有何验证。塔波拉杰详细地禀报了曾得到过《胜乐金刚》灌顶和噶当派教授等情况，并说自己已获得七个昼夜不败坏的三摩地。米拉日巴哈哈大笑，说：“色界和无色界的诸天能入定一大劫，但与成佛无益，就像挤压沙子出不了油，只有榨油籽才出油一样。再说，噶当派只有教授，没有秘诀。藏人鬼迷心窍，不让阿底峡讲说密咒，不然现在西藏布满成就者。”塔波拉杰又提出积资粮、即生成佛等方面的疑问。米拉日巴说：“供养三世诸佛不如供养上师一毫毛福德大。不折不扣地修证上师的教授，最有福德。”又说：“一个对此生没有任何依赖的弟子，向合格的上师求得教授并修持不断，那么，最好的能即生成佛，差一点的能在临终或中有成佛，最差的也能在七到十六世间得到解脱。”

师徒两人的对话看似平常，其实包含有许多内容。第一，针对当时存在学法必须交纳较高学费的陋习，米拉日巴拒绝接受塔波拉杰的供养，意在点化塔波拉杰看破世间法，破除我执。第二，解决了塔波拉杰在戒、定、慧三学方面的疑难。显教非常强调三学，认为戒生定、定生慧。但是，戒和定毕竟是手段，而不是目的，如果把戒和定当作目的，死守枯坐，对成佛有害无益。因此，能否处理好这三者间的关系至关重要。米拉日巴逼迫塔波拉杰饮酒，又全盘否定其禅定功夫，使塔波拉杰从持守戒律、沉迷禅定的执著中解放出来，进而使其见地和修证境界迅速上升到新的高度。第三，密法不外乎供养和成就二类法，修供养法的目的是积资粮、增福德。米拉日巴让塔波拉杰抛开繁琐复杂的供养修法，同时强调了视师如佛、视师胜佛的观点。第四，显教不讲即生成佛，而密教则强调和追求即生即身成佛。塔波拉杰就学于侧重显教而慎重弘扬密教的噶当派，对“即生成佛”这类重大的理论和实践问题有所接触，但未曾深入研习，不识其中堂奥。米拉日巴清楚地告诉他：只要按上师的教授修持，一定能即生成佛。这明确了学佛修法的目的，并且再一次强调了上师的无上作用。关于阿底峡尊者为何不在西藏广弘密教的问题，学术界的观点可以说是见仁见智。米拉日巴认为，阿底峡精通密法，是得成就者，他之所以对传授密法持极其慎重的态度，是因为受到当时西藏佛教客观情况的限制。这个观点不仅中肯，而且符合实际情况。

总之，由于塔波拉杰在显教理论方面具有深厚而扎实的功底，米拉日巴在没有对他再作任何训练的情况下，在修禅定、积资粮、即生成佛等方面向塔波拉杰全面灌输了自己的思想；在认知和修证空性方面，对他作了许多自心即佛的教导后，传授了《脐轮火》和《大手印》等殊胜密法。《贤者喜宴》中，详细地记载了米拉日巴在辨别证量之真伪以及待人处世方面给塔波拉杰的教导，其语言浅显易懂，内容深邃精辟。

塔波拉杰依止米拉日巴 13 个月后，遵照上师的指示前往前藏弘法利生。他最初驻锡在涅地区的色瓦龙寺。此处噶当派僧人居多，塔波拉杰受形势所迫，也帮他们作法事，举止言行也随噶当派，故而其禅定稍有退失。后来，他下决心修持，3 年未曾离开坐垫，通晓诸法自性，始知米拉日巴不是普通的成就者，而是真实佛，心中产生无限敬仰。根据上师的嘱咐，他又到沃卡沃代贡杰雪山修行了 6 年。1121 年，塔波拉杰来到岗布山，修建塔拉岗布寺，广招门徒，转动法轮。他创立了噶当派道次第和噶举派大手印相结合的塔波噶举派，名噪一时。《达隆教史》说："这位尊者（即塔波拉杰）的神祇有胜乐、佛母二谛面、俱生母等三生起次第本尊；金刚手、马头明王五尊、白度母等三除障神；札谢姐妹、阿巴热兹达、咒主等三护法神；有献曼札、念诵、施朵玛食子等事部三法；生起次第、脉风、双运等四时修持的三法；光明、往生、梦幻等夜时修持的三法；不净幻身、净幻身、风心无别等昼时修持的三法；和合往生、大手印、俱生和合等平时修持的三法。"①

塔波拉杰定居岗布寺，他在讲经说法的同时，勤修以上所说的本尊和密法，现证大手印境界，显示种种神通。对于教导后学，塔波拉杰并不拘泥于上师的作风，而是开创出自己独特的风格。《青史》说："至尊米拉日巴不把大手印和方便道分开传授。而塔波拉杰对堪为密教法器者开示方便道，向未受灌顶、堪为显教法器者传授显教大手印。作《俱生和合引导次第》，人称塔波证法。"在以往的经论中，非常强调上师和弟子的标准，但塔波拉杰认为对弟子不能要求太多，只要对上师和教法有恭敬信仰就行。他对弟子一视同仁，使那些愚痴、贫穷和有罪的人都得到大手印证悟。塔波拉杰的后半生以修持大手印为主，常住于心的自性空性中，并告诫后人要像棉花一样放松诸识，无修之心即是佛，上师本住自心。塔波拉杰于 1153 年圆寂，享年 75 岁。

二、塔波噶举派的发展

塔波拉杰的主要道场为塔拉岗布寺。此寺作为塔波噶举之祖庭，在西藏古代寺庙中

---

① 《达隆教史》，第 166 页。

占有十分重要的地位。其具体情况将在后面有关章节中介绍,这里简要介绍寺院传承。

塔波拉杰遵照米拉日巴的嘱咐,来到岗布山。他最初在一修行洞处修建了一个茅屋,说:"洞窟像红铜釜,茅屋像铜釜耳。"后在此基础上修建岗布寺,寺名又称"桑龙",即釜耳之意。从此,这里不仅成为塔波拉杰修行之寂静处、讲经说法之道场,而且成为塔波噶举派的发源地和根据地。岗布寺的修建,标志着塔波噶举派的正式创立。

塔波拉杰从1121年建寺到1151年,主持寺院共30年。他一面讲经说法,一面著书立说。王辅仁在《西藏佛教史略》中说:"当时西藏佛教界普遍重视讲经,和他(指塔波拉杰)积极提倡是有关系的。"塔波拉杰虽然忠实地秉承玛尔巴和米拉日巴的传规,但他却非常重视讲经,重视著书。这是塔波噶举形成的重要标志,也是不可或缺的条件。

塔波拉杰的著作主要收集在《塔波文集》和《塔波拾零集》中。《塔波文集》中,主要收集其佛学著作,有《解脱道庄严论》《圣道宝鬘论》《寻思胜义介绍》《修持心要介绍》《显密修持简义》《三学安立》《二本性秘诀和二被甲秘诀》《遗嘱和大手印五具、四法简要》《直导大密、中有直导、往生直导》等。《塔波拾零集》则汇编了塔波拉杰所传有关医学注解及实用诀窍等零星著作。其中《解脱道庄严论》是塔波拉杰的代表作,是融阿底峡《菩提道炬论》和米拉日巴的《大手印》于一体的重要佛学著作。它成为塔波噶举派的理论基础和指导宗教实践的教科书,在塔波噶举派之形成和发展过程中发挥过举足轻重的作用。关于《解脱道庄严论》,我们将在下面有关章节里作详细评介。

1151年,塔波拉杰把寺院交给其侄子塔波·贡巴次程娘布。贡巴次程娘布是塔波拉杰兄长加瓦色日的长子,也是塔波拉杰的付法弟子之一。他生于1116年,初名达杰岭。他11岁时到塔波拉杰座前;17岁时从格西阿里瓦·喜饶宁布出家,当年塔波拉杰给他传授了灌顶和生起次第教授;18岁时生起大手印无修瑜伽证验,亦掌握方便道;20岁时从夏瓦岭巴受比丘戒,取名次程娘布。1151年,他被授封为岗布寺的住持,当时35岁。两年后塔波拉杰去世,贡巴次程娘布为上师修造了吉祥多门灵塔以存其遗骨,并扩建岗布寺,新建了佛殿和禅院。后来,他在堆龙修建了楚拉龙寺,曾将卫藏康三地的大量僧人集中于此地。1160年,拉萨地方的巴、热两派发生长期混战,贡巴次程娘布给双方大批财物,出面调解;并把遭战火摧毁的大昭寺维修后,交给当时在拉萨和山南地区经济和军事实力最强的、贡巴次程娘布自己的弟子喇嘛向。羊卓之乱,亦被他调处和解。他被当时的佛教徒誉为"善说诸法之大师"。1169年,贡巴次程娘布在岗布寺去世,享年53岁。塔波拉杰的大部分弟子也是贡巴次程娘布的弟子。

贡巴次程娘布去世后,岗布寺的住持位置空缺数年,直到1172年由贡巴次程娘布的弟弟塔波贡穷继任。塔波贡穷(1130—1173)本名喜饶强久,从塔波拉杰听闻灌顶教授,现证殊胜证验。他42岁时从悬崖掉下摔死。

经过塔波叔侄三人的经营,岗布寺达到一定的规模,寺院集团的势力也发展迅速。但塔波贡穷去世后,没有同祖人来继承法座。于是由塔波堆增(1134—1218)继任寺主。塔波堆增系塔波地区人,拜塔波拉杰为师,获得了《白度母》《怙主随许》《大手印介绍》等法;从依贡穷出家,受比丘戒,精通律议学,人称堆增钦布——大持律者。他于1174年出任岗布寺住持。当时寺中矛盾很多,很多僧人离开岗布寺去别处。塔波堆增认为是由于自己的功德不高、能力不强所致,于是闭关静修 8 年。后被直贡·仁钦贝重新迎请为岗布寺住持。《洛绒教史》说:“迄今由直贡派委任岗布寺住持的缘由从此而来。”他修建了有 40 根柱子的大经堂,3 年竣工。直贡·仁钦贝且把帕珠丹萨梯寺中的经卷送到岗布寺。

《青史》载,此后有温·喜饶迥乃、达曲岭巴、京俄次程哇、仁波且拉龙哇、仁波且本乃巴、仁波且曲旺哇等先后任岗布寺住持。其中温·喜饶迥乃是直贡·仁钦贝的大弟子,出生在康区居惹家族中。他在直贡·仁钦贝的弟子贝丹埃普瓦座前出家受比丘戒,后来到直贡,作仁钦贝的侍从,故称为京俄喜迥或直贡岭巴。他追随仁钦贝左右多年,集结了《金刚语》等仁钦贝的言教。仁钦贝去世后,温·喜饶迥乃来到阿里地区,弘传噶举派教法,修建岗底斯、玉如等寺庙。从此开始,在相当长的时间内,岗布寺的住持都由直贡噶举派委任。

王辅仁《西藏佛教史略》说:“岗布寺这一支没有发展得很兴盛,到清朝初在蒙古准噶尔部侵扰西藏时,岗布寺毁于兵火,后来又重建起来。”《中国县情大全·加查县》说:“该寺自 1959 年以来渐趋颓废,‘文化大革命’时间几乎毁损殆尽。近年来,寺庙在局部恢复的基础上已正式开放,并列为县级保留寺庙。每年来此朝拜、参观的僧俗群众已达一万人次。”由此可见,岗布寺系统虽然不似后来塔波噶举“四大八小”中有些派别那样兴盛,但未曾断绝传承。

塔波拉杰的弟子有雪绒帕巴、僧辛益希娘布、色贡益希娘布、壤尼哇·曲吉雍仲等四大成就者;塔波贡次(贡巴次程娘布)、帕木珠巴、拔绒巴、噶玛·堆松钦巴等四大继承法系的弟子;塔波堆增、噶尔贡嘎布、拉雅觉色、结欧益多等四大亲近弟子;觉顿、雷孜、塞强、塞益等四近侍弟子,总称为岗布巴十六大弟子。另外,还有摩觉巴、琼仓巴、雅那、雅玛布、塞东秀日、香松妥巴、喇嘛沃卡瓦追贡、珞巴达尔贡等许多著名弟子。帕木珠巴、拔绒巴、噶玛·堆松钦巴分别开创出帕珠噶举、拔绒噶举和噶玛噶举,其生平事迹在下一章里作详细阐述。创建塔波噶举四大派中蔡巴噶举的向蔡巴,在《青史》等书中没有列在塔波拉杰大弟子中,其主要原因是向蔡巴拜见塔波拉杰时,塔波拉杰年事已高,向蔡巴就向塔波拉杰的侄子贡巴次程娘布学法。

塔波拉杰先学了一些密法,然后师从多位噶当派高僧进行闻思修;并从噶当派上师受比丘戒,能严持戒律,显教方面的学修功底扎实深厚;最后拜谒米拉日巴,尽得所传,掌握和修证以《大手印》和《那若六法》为主的米拉日巴殊胜密法,获得成就。因此,塔波拉杰所创立的塔波噶举派既有噶当派重视经论、重视戒律的特点,又保留了重视语旨秘诀、重视实修、强调上师作用等玛尔巴噶举派的特点,成为一个以显教为修行的指导思想、以密教为修行的方便的独具特色的教派。

创立一个教派,要具备很多的主客观条件。就主观原因来说,扎实的佛学理论基础、独具的本派的特色、良好的宗风杰出的领袖,是最基本的条件。塔波拉杰具备了创宗立派的这些条件,他修建岗布寺,广收门徒。其弟子又开创了除岗布寺系统以外的四大派系，即堆松钦巴的噶玛噶举、向蔡巴的蔡巴噶举、达玛旺久的拔绒噶举、多吉杰布的帕珠噶举。塔波拉杰的《解脱道庄严论》和《俱舍合和导引》等著作成为噶举派的理论基础和实践指南，从而在佛学理论和宗教实践方面形成了噶举派自己的特色，使后来的噶举诸派有了自己的理论依据和修行方法。

从西藏社会发展的角度来看，当时不管是政治经济方面，还是文化方面，都已具备产生众多教派的条件，因此流传了三四百年但始终未形成一个教派的宁玛派。到 11 世纪时期，由于"三素尔"的努力，建寺收徒，终于形成作为一个教派的宁玛派；噶当派经阿底峡、仲敦巴、博多哇、夏尔哇巴等师徒的努力，在西藏各地遍布其寺院，形成相当势力的寺院集团；而萨迦派从 11 世纪创立后，一直蓬勃发展，到 14、15 世纪掌握西藏政教大权，其发展也到了鼎盛时期。故而，塔波噶举的形成，除塔波拉杰个人举足轻重的作用外，应该说，与西藏佛教的其他教派一样，也是西藏社会发展的产物。

第十一章　塔波噶举派的四大派系

噶举派是西藏佛教诸派别中支系最多的一个教派。在西藏历史和藏传佛教史上，曾产生过较大影响的支系就有噶玛、拔绒、蔡巴、帕珠四大派和直贡、达隆、主巴、雅桑、绰浦、修赛、叶巴、玛仓等八小派，史称噶举派"四大八小"。噶玛、直贡、达隆、主巴等派系的传承，至今流传不绝。可以这样比喻，噶举派就像一棵大树，从玛尔巴到塔波拉杰时期，这棵大树不断生长繁茂，虽然产生出无数枝杈，不过始终有一根显而易见的主枝。塔波拉杰之后，虽然岗布寺这一传承系统应该看作是这棵大树的主枝，但由于它的发展兴盛远不及噶玛和帕珠等派迅速和广大，因此，这时的塔波噶举没有了主枝，只有五大枝杈。这正如《知识总汇》所说："形成由主要弟子拔绒·达玛旺久创立的拔绒噶举，帕珠·多吉杰布创立的帕珠噶举，康巴吾斯即堆松钦巴创立的冈仓噶举（即噶玛噶举），（塔波拉杰的）侄子次程娘布之弟子向蔡巴·尊追扎巴创立的蔡巴噶举，加上由塔波三叔侄、塔波堆增，以及日后的贤哲扎西朗杰等所主持的岗布寺传承的塔波噶举等五派。"①

严格地说，塔波噶举仅指岗布寺系统。它与噶玛噶举、帕珠噶举等应该是并列关系，因为除了蔡巴噶举是由塔波拉杰的侄子次程娘布之弟子向蔡巴所创立外，其余四派皆由塔波拉杰之四大传承弟子创立和主持。但是，由于塔波拉杰是塔波噶举派的祖师，他所建立的岗布寺是塔波噶举派的祖庭，其弟子所建立的噶玛、帕珠、拔绒、蔡巴四派在习惯上或在一般史书中被列为塔波噶举之四大支派，归属于塔波噶举。换句话说，到此时，塔波噶举已经不见了明显的主线，我们在叙述时不能像西藏佛教的其他教派一样，一条主线贯穿始终，而只能把塔波噶举分成几条线来同时叙述。如果说，在众多的噶举派支系中还有一条隐约可见的线索，那就是其思想见地和修行方法。

如前所述，塔波拉杰最主要的功绩在于为日后噶举派的繁衍创造了有利的条件。他的弟子和再传弟子堆松钦巴、向蔡巴、达玛旺久、多吉杰布效仿上师，分别修建寺院，广收门徒，开创了塔波噶举四大支派。本章分别叙述此四派的情况。

---

① 贡珠·云丹嘉措著：《知识总汇》上册，民族出版社 1982 年版，第 530 页。

第一节 噶玛噶举派

一、黑帽系

噶玛噶举是塔波噶举派之四大支系中影响最大、流传最广的一个派别，延续至今。噶玛噶举派创立于宋代，发展于元明时期。在元代，其势力与萨迦派相当，17世纪前半期曾间接控制过西藏政教大权。此派曾出现过众多高僧大德，他们不仅足迹遍及西藏各地，而且其中许多人曾到过中原，并在中央王朝中产生过很大影响；藏传佛教的活佛转世制也是该派最早采用的，并对后世的西藏社会产生了巨大影响。“噶玛巴历代转世活佛都有许多徒众，藏地的腹心地和边远地区，无不遍布噶玛冈仓的法嗣和寺院”。①

关于“噶玛”，汉文史籍称哈立麻。关于其来源和内涵，在《贤者喜宴》解释说：“当（堆松钦巴）剃发时，智慧空行母及上乐金刚诸神祇为其系上由空行者头发制作的黑色冠冕，并为其将能聚集一切诸佛之事业，遂向其献名为噶玛巴。”②“噶玛”是梵语“羯磨”之音译，意为功业，此处指佛教事业，即善业，“噶玛巴”就是指那种从事善业的人。《土观宗派源流》中则说：堆松钦巴“以后因修建噶玛拉顶寺，而得噶玛派之名”③。

在《贤者喜宴》《西藏王臣记》《土观宗派源流》以及《噶举历史新编》等古今著作中，称噶玛噶举为“噶玛冈仓”；《知识总汇》等又称为“冈仓噶举”。关于“冈仓”一名，《藏汉大辞典》是这样解释的：是“藏传佛教噶玛噶举派中分出的冈仓噶举派祖庙所在地名”④。从这个解释看，冈仓噶举是噶玛噶举中派生出来的一个支系。但藏文史籍中并没有说噶玛噶举和冈仓噶举是从属关系。从所述内容看，噶玛噶举、冈仓噶举、噶玛冈仓噶举似乎是一个教派的不同称谓。“冈仓”又作“冈布”，《红史》写作“岗布”。据《噶举历史新编》说该地在今四川省甘孜藏族自治州稻城县境内。据说，堆松钦巴按照塔波拉杰的授记来到此地修行，并于1164年修建了冈布乃囊寺，成为噶玛噶举派的最早寺院。有些史书称它与噶玛丹萨寺、楚布寺为噶玛噶举派的上中下三寺，在噶玛噶举派早期历史上占有重要地位。不仅如此，后代噶玛派很多活佛都曾到过冈布，并开辟了许多修行处，也修建了寺院，由此形成噶玛噶举的重要基地。

通过以上资料的分析，“噶玛巴”最早专指堆松钦巴，后来成为噶玛噶举派僧人的称谓，译作哈立麻、哈立玛、葛立玛、葛哩麻；噶玛巴堆松钦巴修建了噶玛丹萨寺，或简称噶玛寺，从此寺系统发展起来的教派称为噶玛噶举派。“冈仓”是地名，曾是噶玛噶举派的一个重要活动据点，因此，“噶玛噶举”又称为“冈仓噶举”；或者说，“噶玛冈仓噶举”是

---

① 《土观宗派源流》，刘立千译，第119页。

② 《贤者喜宴》（又称《智者喜宴》），民族出版社1986年版（后注均为此版本），第860页。

③ 《土观宗派源流》，刘立千译，第119页。

④ 孙怡荪主编：《藏汉大辞典》上册，民族出版社1986年版，第8页。

“噶玛噶举”的早期称谓，而“噶玛噶举”又是“噶玛冈仓噶举”之简称。

噶玛噶举派作为西藏佛教中具有巨大影响的派别，在西藏很多古籍中都有记载，其中以噶玛派巴俄系的活佛巴俄·祖拉陈瓦的《贤者喜宴》中最为详尽；在《青史》《红史》等藏文典籍中亦有详略不一的叙述。当代汉族藏学家王森先生的《西藏佛教发展史略》中则不仅对噶玛巴黑帽和红帽系活佛的生平事迹作了很扼要的介绍，而且还对有关噶玛巴的一些史实，特别是元末明初的噶玛历史作了精彩的论述；1972年，藏族学者列谢和坚参合著的《噶玛噶举派史》一书比较系统地叙述了噶玛噶举派形成和发展的历史。

堆松钦巴、噶玛拔希等噶玛噶举派的代表人物，一生奔走于藏区各地，无分派别，广求佛法，潜修经典，终于获得佛学成就。尔后，他们建寺收徒，讲经说法，扩大影响，确立宗教地位，最终成为一代宗师。在元代，西藏地区名义上统一于元朝中央政府的统治之下，各地方势力之间的斗争却几乎从未停止过。整个元代虽然有噶玛拔希、让迥多吉、乳贝多吉等多位噶玛巴活佛在元朝宫廷中的活动有声有色，但未曾听说有噶玛巴参与过西藏地区的政治或军事斗争，相反，噶玛巴僧人常奔波于西藏各地，苦口婆心地调解各种纠纷和争斗。由于没有一个固定的施主家族作其坚强后盾，在噶玛噶举派建立和早期发展过程中，没有形成足够的政治和军事力量。在元朝所封十三万户中没有噶玛派，《明史》称堆松钦巴为游僧。也正因为如此，其宗教方面的发展倒显得无拘无束，不受地方势力的限制，其在宗教上的地位和影响超过其他教派。而这些影响又主要来自于该派代表人物的宗教活动和崇高威望。因此，我们在讲述噶玛噶举派历史时，仍以人物为主线。

1.堆松钦巴与噶玛噶举的创建

堆松钦巴又译杜松钦巴、都松钦巴，尊称噶玛巴，旧译哈立麻。他幼名格培，本名曲吉扎巴。因为他获得知过去、现在、未来三时的神通，并在楚布寺为他人作了许多三时授记，故号称“堆松钦巴”。“堆松”的意思是三时，或译三世；“钦巴”是知晓、通达之义。由于堆松钦巴是康区人，在有些史书中又称他为“康巴吾斯”。堆松钦巴是塔波拉杰的传法弟子，是噶玛噶举派的创建人。他日后的噶玛噶举派有着深远的影响。他被尊奉为噶玛噶举派最主要的活佛转世系统——黑帽系一世。

堆松钦巴于1110年出生在西康朱雪地方，即今四川省甘孜藏族自治州新龙县境内的朱倭下区热达地方。父名多吉贡，史书说是修持《大威德金刚》的瑜伽行者。母名拉妥妃冈江明珍，史书说她是自性瑜伽母，自幼从父母学佛法。堆松钦巴在16岁时，即1125年，随阿阇黎恰·僧格扎出家，取名贝曲吉扎巴（吉祥法称）。他于1128年动身前往卫地，翌年到达堆龙斯塘之嘉玛寺，拜噶当派桑浦寺系统的著名善知识嘉玛哇和恰巴·曲吉僧格为师，学习中观、因明和慈氏诸大论，在显教方面打下了坚实的基础。他后住桑浦内邬托寺，与帕珠·多吉杰布和桑东·谢贡强耶共称“康区三名人”，小有声誉。他又从巴曹译师尼玛扎听了《中观六论》及应成中观论典。1133年，他受比丘戒，学习律学。此后，他又从善知识夏尔巴及喜饶多吉学习噶当派的经论和教授，从贝噶译师和康巴阿僧听闻《时轮金刚六支加行》等密法。他还拜师学习过萨迦派的《道果法》和息结派的密法，学习宁玛派的《大圆满法》。

堆松钦巴30岁时，即1139年，到塔拉岗布寺，与塔波拉杰叔侄相见。由于他在显密各方面已经具有深厚的功底，因此，塔波拉杰先是向他传授噶当派的道次第教授，没多久就传授了噶举派的灌顶和方便道教授。据载，他刚修行九天就生起暖位功果，能着单衣御寒。于是，他在塔波拉杰八百多个弟子当中以能坚忍修持著名。依止塔波拉杰三年后，他前往桑日的迪浦、帕珠、沃卡以及后藏一带修行。在洛若等地，他追随热穷巴等米拉日巴的弟子，学习以那若巴的六法和弥止巴的大手印为主的噶举派密法。“总之，所有尊者米拉日巴之七位嫡传弟子的全部教诫，堆松钦巴对此均圆满悉知”。

堆松钦巴在卫藏地区听闻佛法10年，修行12年，住持珠西寺8年，共达30年。1164年，按塔波拉杰的“徒儿你当在康区冈布地方修行，如是利他事业将遍行于卫藏康三地”的授记，堆松钦巴来到西康冈布地方，兴建了冈布乃囊寺。1185年，堆松钦巴77岁时修建了噶玛丹萨寺，简称噶玛寺。

堆松钦巴在卫藏地区学成回康区后，广建寺庙，招聚门徒。由于他的影响，噶玛噶举派得到迅速发展，尤其在康区，学修噶玛教派的僧俗队伍不断壮大。堆松钦巴在80岁左右，不顾年事已高，再次来到卫藏地区。当时，冈布乃囊寺的住持由直贡派委任。堆松钦巴谢绝了直贡·仁钦贝要他出任岗布寺住持的请求，坚持广做利他事业。1189年，堆松钦巴于现堆龙德庆县那嘎地方修建了楚布寺。他于1193年去世。

堆松钦巴以修持方便道之《脐轮火》和解脱道《大手印》为主向门徒传授《四面金刚亥母》《四续释》《梦幻修三种》等。其弟子中，有神通语旨教授的传人德琼桑杰、神变语旨教授的传人贝擦达德哇、传记语旨教授的传人扎哇噶当巴、证悟语旨教授的传人扎益格曲尊、利他语旨教授的传人卓贡热钦等五大语旨教授传承弟子。其他还有四近侍、四喇嘛弟子、四初弟子、四后弟子等。这些弟子主要继承噶玛噶举派的法统，大多以本人的修行为主，对佛教上的造诣有重大创建者不多。但是，他们在波密、工布、塔波及芒康一带活动广泛，其中有的人甚至曾涉足大理维西一带。

2.噶玛拔希与黑帽系的形成

噶玛噶举派是藏传佛教各派中最早采用活佛转世制的一派，其传承延续至今。从12世纪创建噶玛噶举派的堆松钦巴，到现在的噶玛十七世，历经八百来年。噶玛派创立活佛转世制后，在本派内先后建立了好几个活佛转世的系统，其中最著名的是黑帽系和红帽系，还有西康德格八蚌寺的司徒活佛、堆龙乃囊寺的巴俄活佛、楚布寺的杰曹活佛等也很有名。

黑帽系是噶玛噶举派最主要的活佛转世系统。《贤者喜宴》说：“当其（指堆松钦巴）剃发之际，智慧空行母及上乐金刚诸神为其系上由空行者头发制作的黑色冠冕，……故以后（堆松钦巴及其派系）即戴黑帽。”但《青史》《红史》等均未有此记载。《土观宗派源流》则说：“虽然传说堆松钦巴曾戴黑帽，后遂称为黑帽派。然而实际是在噶玛拔希时才受元朝皇帝赐予职官的黑帽，从此以后，历代转世大德始有黑帽系之称。”[①]《青史》在记

① 《土观宗派源流》，藏文版，第116页。

述噶玛黑帽六世通哇敦丹时也指出，其黑帽出自蒙古，而非汉地①。这说明黑帽是元代才有的，而不是宋代时就有。然而，在习惯上都把堆松钦巴尊奉为黑帽一世。实际上，噶玛派的转世相承制度确立和采用于噶玛拔希时期。

噶玛拔希(1204—1283)，又译噶玛巴什、噶玛八哈失，旧译哈立麻·拔希。或言“拔希”是蒙语“轨范”之汉语音译，实际上是其本名“曲吉喇嘛”之意译，即“法师”之意。

噶玛拔希出生在多康金沙江流域的齐列擦多地方。他的出生年，《贤者喜宴》说是火虎年即1206年。《青史》认为是木鼠年，即1204年。家族为哉波务，父名甲旺粗擦，母名为森萨芒古。他幼名曲增，五六岁时就精通文字读写，9岁时能熟识佛典，11岁时从堆松钦巴的再传弟子崩扎巴出家，取名曲吉喇嘛。由噶托巴·强巴崩作亲教师，仁波且崩扎巴作轨范师，京俄芒布哇为屏教师，受比丘戒。对噶举派的《脐轮火》《幻身》《光明》《大手印》等密法广作闻思修，生起证验。受奔日地区施主之邀前往奔日建寺宏法，曾入禅定11年之久。奔日，在《藏汉大辞典》说是“在今青海省玉树藏族自治州曲底莱县境内一山口名”。噶玛拔希在奔日地区传授《大手印命咒》《二资粮圆满摩尼修》等法，让五百多名僧人潜心修持。曾修持《大悲观世音六字大明咒》，获得悉地，并常以“六字真言”调伏、教化信徒。当时著有《观佛土》《雪山旅途记实》。

为了修缮楚布寺，噶玛拔希于1247年来到堆龙，主持楚布寺6年，并对该寺进行了维修和扩建。1253年，噶玛拔希应忽必烈遣使召见，离开卫藏前往内地，在绒域色迪与忽必烈相见。绒域地方当在今四川西部嘉绒地区一带。当时忽必烈让噶玛拔希长期追随自己左右，“因为萨迦派的八思巴年纪很轻，所以希望年龄大一些的噶玛拔希能对蒙古皇室治理西藏发挥作用”②。噶玛拔希未允，据“贤者喜宴”等史中说他得到观世音菩萨的授记，获悉不宜久留皇室。

离开忽必烈后，噶玛拔希在今四川、宁夏、甘肃、蒙古等一些地区传教，新建和维修了武威幻化寺等寺庙。1256年，当噶玛拔希准备返回卫藏时，得到元宪宗蒙哥汗的诏书，召他相见。于是，他去翁金地方的色拉乌尔多谒见蒙哥。“色拉乌尔多”，有说是蒙古语“库尔图城”的别译，而“库尔图城”就是指上都开平；又有说“乌尔多”为蒙古语，意为宫帐、宫廷。噶玛拔希留在蒙哥身边，成为蒙古王室的应供上师。蒙哥封他为国师，赐以金缘黑帽及金印。这种黑色僧帽与一般国师帽所不同的，是有金色的边缘。

1259年，蒙哥死。1260年，忽必烈先自称可汗于开平，忽必烈幼弟阿里不哥亦称可汗于和林。同年末，忽必烈封八思巴为国师。忽必烈一直为当初未能挽留噶玛拔希而耿耿于怀。这时，噶玛拔希又有帮助阿里不哥的嫌疑，被忽必烈错认为噶玛拔希“希望阿里不哥获胜”。阿里不哥被人咒死后，忽必烈派300名士兵拘留噶玛拔希，对他百般加害。《红史》说：“故忽必烈下令对他(噶玛拔希)施行火烧、抛入水中、用兵器砍、喂毒、头上钉铁等刑罚，并派人分三班轮流看守，七天不准进食。”其弟子益希旺久和仁钦贝亦受牵连。

---

① 廓诺·迅鲁伯著：《青史》(上册)，四川民族出版社1984年版，第610页。

② 见《西藏通史》，汉译本，第230页。

1264年，噶玛拔希终于获得释放，并得到忽必烈的准许——自由传教。1264年，噶玛拔希动身返藏，一路讲经说法，先到康区噶玛寺，后前往楚布寺，历经8年。回到楚布寺后，噶玛拔希对寺院进行扩建。1278年，他在楚布寺会见八思巴。1283年，他在楚布寺去世。

虽然西藏佛教史上把噶玛噶举派的创始人堆松钦巴尊奉为黑帽系第一世活佛，把噶玛拔希视作堆松钦巴的转世。实际上，噶玛拔希才是黑帽系第一世活佛，藏传佛教的活佛转世制也始于噶玛拔希。原因有二：第一，关于堆松钦巴在剃度时得到黑帽，只是一种传说，有明显的牵强附会之嫌。真正的黑帽系应该从噶玛拔希得到元帝赐的金缘黑帽开始。第二，噶玛拔希在堆松钦巴去世11年后才出生，而且堆松钦巴去世时没有作过任何将要转世的预示。噶玛拔希去世前，亲手将标志噶玛派权威的金缘黑帽戴在其高徒邬坚巴头上，把护持噶玛噶举派的重任置其肩上，明确指出："从西方将有一位戴黑帽之人前来"，"一位精通诸种知识之变化身像鸟从天空飞落一样将来到人间"。他嘱咐邬坚巴："在此变化身（活佛）未至期间，你应护持噶玛噶举。"他还具体预示将要转生的时间和地点。正如其预言，1284年，黑帽三世让迥多吉出生于米拉日巴的故乡贡塘地方，被认定为噶玛拔希的转世。这是西藏第一次确认一个幼童为其前辈的转世。

噶玛拔希不仅注重在康区发展噶玛噶举派势力，而且修缮和扩建了已趋破败的楚布寺，新造了许多佛像，在前后藏地区大力弘扬噶玛噶举教法。他在宁夏、甘肃、青海一带的活动，大大增加了噶玛派的影响和宗教势力。更重要的是，他建立了噶玛派同元朝之间的政治及宗教联系。虽然噶玛拔希曾遭忽必烈的迫害，差一点成为元室王族争权夺位斗争的牺牲品，但他仍以弘法利生为怀，最后忽必烈不得不承认噶玛拔希是一位虔诚正直的佛教大德，未曾参与蒙古王族内部的权力之争。当噶玛拔希返回西藏，到达藏北九子拉山口时，"住在卫藏地区的蒙藏官员、上师、本勤、宣慰司之长官及万户长等所有一切人，逐一献茶、迎接供奉"。这充分证明噶玛拔希与元朝王室交往的结果是积极的。

噶玛拔希受到忽必烈的敬重，但他没有留在忽必烈身边。其原因，《贤者喜宴》中说，噶玛拔希得到了观世音菩萨的授记："勿要在此留长久，许多爱憎将产生。"至于噶玛拔希为何没有返回西藏而应召前往蒙哥处，因为蒙哥是蒙古汗王，而忽必烈当时只是蒙古王子之一，噶玛拔希可以借口得到观音授记不从忽必烈，但却难违蒙古汗王的旨意。

除这个原因之外，《贤者喜宴》《红史》等史书都记载说：噶玛拔希"到达被称为翁格的王都时，想起过去、现在、未来之多种因缘。他在前世曾幻化为大象之身形，教化外道之大王及其眷属。现在，此外道王转生为蒙哥汗，其王后、王子和随从等转生为王后火里差、王子阿里不哥及大臣等。若现在不摄授，他们因过去外道之习气就会成为也里可温教徒，整个国土就可能都成为外道徒，故应及时教化"。也里可温教是元代对传入中国的基督教的称呼，亦称景教。经过噶玛拔希的努力，"蒙古全体王臣百姓自动敬信，从外道的邪见转到皈依佛教"。不仅如此，曾对噶玛拔希恨之入骨的忽必烈最后也"生起信仰，……并为之行顶足礼、恳祈恕罪"。除与景教作斗争外，当时的噶举派尤其是噶玛噶举派的噶玛拔希、让迥多吉等，与元朝宫廷中的萨满教，在教义上尤其在巫术技巧方面进行了较量。

噶玛拔希更重要的贡献则在政治方面。他是同萨班、八思巴几乎同时在内地活动的藏族代表人物。他通过一系列宗教活动,密切了西藏地方与元朝中央的关系。他所到之处,疏通了民族关系,传播了藏族文化。噶玛拔希提出的废除监狱、开仓施财、四大节日不得杀人等建议,对蒙古的政治有很大的影响。他所倡导的祭天、守斋持戒、奉十善法等,也影响到蒙古社会民俗及意识形态。

总之,噶玛拔希在噶玛噶举派乃至整个藏传佛教史上占有极其重要的地位。“后来明代时,噶玛噶举派成为西藏最为兴盛的教派,其基础是噶玛拔希奠定的”。他在世俗的政务方面,由于违背了元朝薛禅汗的心意,所以没有大的建树。不过,他在汉地、蒙古、西夏等地有重大的宗教业绩。他和元朝王室的一些成员建立了联系,在增进西藏和祖国的关系方面,也是有贡献的。

噶玛拔希的弟子不少,对传播噶玛噶举派的发展各有贡献。大成就者邬坚巴(1230—1309)是噶玛拔希的传法大弟子,本名僧格贝,又称温仁波且。他幼时随伯父学法,16 岁时到珀东艾寺从珀东法主仁钦孜摩听闻因明、中观等;后从法主郭仓巴·贡布多吉受沙弥戒;20 岁时从珀东·仁钦孜摩受比丘戒,学习《时轮》各类传规,后依止郭仓巴学习噶举派教法。他曾赴印度、邬仗那等地朝佛、学法、修行,还以北方大德身份施财修缮中印度圣迹,受到当地人的尊敬,赞其为“无可争辩的大成就者”。邬坚巴曾三次受到忽必烈召请。1292 年,他在 63 岁高龄时亲赴元朝,为忽必烈汗治病传法,成为皇帝的佛教上师。皇帝曾赐以“上师法王”水晶印与大量金银财宝,他不仅不接受,还向汗王讲述僧不贪爱财物、唯以持佛传法为己任的道理。

邬坚巴是噶玛噶举派中承上启下的关键人物。他在 53 岁时来到楚布寺,噶玛拔希慧眼识徒,向邬坚巴传授密法,并把护持楚布寺乃至整个噶玛噶举派以及培养和扶持让迥多吉的重任交付给他。

邬坚巴不仅是噶玛拔希的传法弟子,而且是主巴噶举派郭仓巴的付法弟子,是上主巴噶举派的创建人之一。他在主巴噶举史上同样占有重要的地位。其历史详见于《贤者喜宴》《青史》《雪域历史人物简介》等中,只是侧重不同。

3.让迥多吉与活佛转世制的滥觞

黑帽系三世让迥多吉(1284—1339)生于后藏吉隆岗许莫地方,此地又称贡塘,是米拉日巴的故乡。父名群培,是一名宁玛派持咒者,平时以制陶器为生;母名久姆央珍。他 5 岁时,参见楚布寺住持邬坚巴仁钦贝。邬坚巴确认其为噶玛拔希的转世灵童,给他取名让迥多吉(自生金刚),这原是噶玛拔希的秘密称号,并把黑帽和《三身解脱》等噶玛拔希的遗物交给让迥多吉;同时,给他授居士戒,传授了《发菩提心法》、铃尊者所传胜乐金刚灌顶法,讲解了《幻化网》《时轮》等续,传授了《一味六法》《俱生和合》等密法。他 7 岁时,受沙弥戒,依循努强久受比丘戒,听受全部戒学。他从楚布寺的诸师长,全面学习《因明七论》《入菩萨行论》《慈氏五论》《大乘阿毗达磨集论》《俱舍论》《中观论》及其各类注释等显教的大小乘诸大论;学习噶玛噶举派的甚深教法,玛尔巴、米拉日巴、塔波拉杰等诸噶举派上师传承的教授以及玛吉拉仲的觉域密法等新旧密乘派的教法。他后抵康区噶玛寺,与进京朝觐之萨迦·绛央仁钦坚参相晤。他维修了噶玛拉顶寺,新建了山岭修行处。

1331年,元明宗派金字使者来迎请让迥多吉,萨迦帝师贡噶坚参也劝他前往。于是,让迥多吉于1332年初从楚布出发,年底抵元大都。其时元帝已崩,未能谒见,但受到皇太子懿璘质班(藏文史籍中称为热那室利)等众人的盛大欢迎。此皇太子即位3个月就去世了。让迥多吉为元顺帝妥欢帖睦尔及皇后、大臣等传授灌顶,讲经说法。1334年让迥多吉返藏时,元朝封他为"晓悟一切空性噶玛佛",赐敕书、国师印、水晶印盒和金字牌符;赐其弟子喇嘛定增桑布和蔡·格迥钦布以司徒之印;重赏楚布和噶玛二寺;为造《甘珠尔》和《丹珠尔》给予丰厚的资助,还让让迥多吉带去颁发给西藏的三道敕书。让迥多吉途经山西五台山来到宁夏一带,维修许多噶玛派寺庙,并委任住持;在康区时,还调停平息了一些纠纷争斗。1335年,让迥多吉抵达西藏当雄,向前来迎接的僧俗官民宣读皇帝敕书。在桑耶寺静修时,他为蔡巴提供各种条件,用金汁抄写《甘珠尔》和《丹珠尔》。1336年,元帝又遣使召他入京。于是,让迥多吉再次启程上京,于1337年抵达大都。1339年,让迥多吉在大都去世。遗体火化后,他的舍利塔被带回楚布寺。

据《贤者喜宴》记载,让迥多吉的著作有《大圆满娘提文稿》《威仪释》《喜金刚第二品续释》《历算集论》《法界颂释》《甚深内义本释》《佛百行传》等,其中后两种手抄本现藏于北京民族图书馆。让迥多吉还对宝石、植物和动物等的性能有较深的研究,并研制出830多种药物。他的著作《药名大海》中记述的药物比《四部医典》增加了两倍,为后来的藏医研究发展留下了宝贵的财富。

让迥多吉的弟子很多,其中大阿阇黎国公仁钦贝对噶玛派的发展贡献最大。大学者噶玛贡旬虽然主要依止乳贝多吉,但也是让迥多吉的弟子。还有红帽一世扎巴僧格、国师贡噶杰布、大元国师贡觉仁钦、司徒格迥钦布、喇嘛定增桑布等。他们或云游四方,修持和传播噶玛噶举派教法;或建寺收徒,不断壮大噶玛噶举派宗教队伍,扩大其势力;或主持各地噶玛派寺庙,护持正法,教导后学。鉴于他一生在各方面成就突出,《贤者喜宴》这样评价说:"从修行派传规的弟子数量看,这位法主似乎一生只致力于传授密法导引;从学人贤者情况看,这位法主又好像一生只作了讲经说法、传授诸学问的事业;从他在各地修行处所的活动看,这位法主好似一生只是专心静修;从其著作看,这位法主又好像一生只从事著书立说工作。"

不过,纵观让迥多吉的一生,有几件事特别值得一提。首先,他在密切中央与西藏地方的关系方面作出了贡献。让迥多吉致力于同中央政权的友好联系,在他主持期间噶玛噶举在政治、宗教、文化各方面均有新的发展,其势力同萨迦派并驾齐驱,其影响力甚至超过萨迦帝师贡噶坚参。据载,让迥多吉第二次上京时,由于汉地和康区的一些僧人言行不净,元朝一些不喜欢佛教的大臣商议,要下令除西藏外其他地区所有不守净行的僧人全部还俗,并宣称要毁掉佛寺。当时,在元朝的帝师和其他国师都不能阻止事态的发展,而让迥多吉扭转了形势,还在元大都和临洮等地修建了噶玛派的寺院。尽管让迥多吉最后因为不喜爱佛教的大臣不断迫害僧人而感到灰心丧气，郁郁而终，但他在元朝皇室的活动还是开展得有声有色。

其次，让迥多吉维修了内地的噶玛派寺院，又在西藏各地广建寺庙。他还曾到过萨迦派势力范围的后藏地区，并修建寺庙。特别是在工布地区，他创建了许多寺院，使之成为噶玛派的一个势力中心。据说元帝曾问他："其他上师都有施主、土地和属民，您没有吗？"他回答说："我在东方工布地区有十万多户人家。"皇帝说："那么，我给该地官员赏赐和官职。"让迥多吉说："该地是我向观音菩萨祈祷后得到的佛法教化地，那里不能用官吏去治理。"[①]由此可见，虽然噶玛噶举派仍不似帕珠、蔡巴、直贡等教派与地方势力相结合，但是其宗教势力遍及全藏。也正因如此，尽管它在西藏没有一个固定的大施主可以作为靠山，元朝却很始终主动地与噶玛噶举派取得联系，并给噶玛噶举高僧以各种封号和荣誉，肯定其在边境安宁和民族团结等方面所作的贡献。

最重要的是，让迥多吉被认为是噶玛拔希的转世，"这是西藏第一次确认一个幼童为其前辈的转世"。他的确认，开了藏传佛教活佛转世之先河，使噶玛噶举派成为采用活佛转世制最早的教派。其转世过程看似神话，但转世本身在藏传佛教制度上却有着重要的意义，对后世影响很大，以后各教派只不过在此基础上增添或变通一些手续。因此，根据有关史料，在这里对让迥多吉转世过程作一简介，以便大家对活佛转世制的根源有较为感性的认识。

据《贤者喜宴》和《红史》等史料记载，噶玛拔希圆寂时曾留遗嘱，要求保留身躯。当他念起众徒，前来楚布，想使灵识再入躯体时，躯体却已被焚化。于是，他想用夺舍法，再来人间作利生事。"夺舍法"是噶举派方便道"那若六法"之迁识法的分支，是玛尔巴译师亲自从印度求取的。它是让灵魂进入尸体，使尸体复有生命的一种密法。但是，噶玛拔希没有找到合适的尸体。当他对再次转生人间广作利生之事感到灰心、准备融入法界时，二十五空行母前来，力陈六道众生之种种痛苦，劝请噶玛拔希转生人间，普度众生，并给他加持，授记他将在贡塘地方降生。

据载，噶玛拔希按空行母的授记降生人间时，刚一落地就端坐着看月亮，显示出种种与众不同的奇异行状。3 岁时，他自己缝制黑帽。母亲因丢失布匹而痛苦时，他对母亲说："在楚布寺，我有几大箱绸布，我送给你一些。"父亲心中担心羊群时，他对父亲说："在多康，我的马群都比你的羊群多，我送给你一些。"父亲问："你知道我心思，你究竟是什么人？"他回答说："我就是仁波且噶玛巴。"于是，其父首先知道自己的孩子是噶玛拔希的转世，但秘而不宣。有一次，其父亲太高兴，喝醉了酒，泄露了秘密。结果，乡人们都前来朝拜供养。拉堆地区所有格西的上师堪布斯康巴听说后，也前来询问情况。其父把自己在中阴时的情况告诉了斯康巴。斯康巴确认他是转世灵童。

他 5 岁时来到楚布寺。楚布寺的住持邬坚巴为了考验其真伪，入金刚手菩萨禅定，但没有威慑住他。他进殿后也不向邬坚巴顶礼，拿起金刚铃摇了起来，随后径自走到法

---

① 《贤者喜宴》，民族出版社 1986 年版，第 943 页。

座上。邬坚巴问:"你是谁?"他说:"我就是噶玛拔希。"邬坚巴问过去他们师徒二人的交情,他一一回答。最后,邬坚巴问:"你曾给我什么东西?"他说:"黑帽和经书。"说罢,他从法座上下来,向邬坚巴顶礼说:"虽然以前我是你的上师,但现在请你护佑我。"到这里为止,应该说认定过程很顺利,但事情还没有完。当邬坚巴知道其出生年月后就说:"我的上师是羊年9月3日圆寂的,而你生于猴年1月8日,怎么中间只有五个月?"他说:"我把灵识投入到已怀孕四个月的胎儿身上。"邬坚巴问:"其他还有什么记忆吗?"他把曾试图在楚布帕尔仓施夺舍未果之事告诉了邬坚巴。为辨真假,邬坚巴立刻派人去核实,结果一切真实无疑。经过反复询问观察和核对,邬坚巴终于确认这个小男孩就是噶玛拔希的转世灵童,给他授戒,并把噶玛拔希的秘密名号——让迥多吉赐给他。

让迥多吉被确认为噶玛拔希的转世后,从小受到严格的宗教训练。他掌握了噶玛派的全部教法,具备深厚的佛学功底;又因为他是噶玛拔希的转世,承袭了其先世的流风余绪,因此其宗教影响较之先世有增无减。

虽然佛教一传入西藏就带有化身概念,如在《汉藏史集》《西藏王统记》等史籍中都认为松赞干布是观世音菩萨的化身,赤松德赞是文殊菩萨的化身,赤热巴巾是金刚手菩萨的化身。到西藏佛教后弘期时,化身说的应用普及到高僧大德身上,除噶玛派外,其他教派的大德也不乏被称为某先世之化身者,但始终没有形成转世系统。故而,让迥多吉的被确认,在西藏佛教史上有着极其重要的意义。

4.乳贝多吉与噶玛噶举的发展

黑帽系四世乳贝多吉(喜金刚、游戏金刚)生活在1340至1383年间,别名室利达玛格尔迪。他的出生地在工布和多康之间的俄阿拉绒地方,即今昌都地区边坝县热域阿拉多。族名姑觉尔,父名索朗顿珠,母名尊珠杰。他自小对父母等周围人说自己是让迥多吉的转世灵童,并能陈述许多前世事迹。他3岁时,父母带他到工布和塔波地区,被大阿阇黎国公仁钦贝认定为让迥多吉的转世,尊奉为黑帽系四世活佛。

1352年被迎请到楚布寺,先后从道丹贡杰哇、道丹益杰哇、阿阇黎洛追僧格等学习《那若六法》《时轮六加行》《空行海》以及慈氏大论等显密教法经论;从让迥多吉的大弟子宁玛派大德雍仲多吉贝学习了新旧密乘的灌顶、生起次第和圆满次第教授等。在堪钦·顿珠贝和阿阇黎朗本座前出家,受沙弥戒,取名贝曲吉扎巴(吉祥法称),并系统学习戒律。1357年从以上亲教师和轨范师受比丘戒,并能严守戒条。

1358年,元顺帝派宣政院的定久院使、大都噶玛寺的官员贡觉坚参和帝师属下索朗喜饶等人带诏书和金银绸缎等礼品来到西藏,迎请乳贝多吉入宫。乳贝多吉当年动身前往内地,因途中适逢反对元朝的战争此起彼伏,直到1360年底才到达大都。他向皇帝父子传授瑜伽母灌顶和《那若六法》,向皇子讲说了《宝性论本释》《时论本释》等;为蒙古、汉、西夏、高丽等族王公显宦一流人物传授密法。皇帝赐给他"持律兴教大元国师"之水晶印。1362年,乳贝多吉启程返藏,途中给宗喀巴授沙弥戒,赐名贡噶宁布,并劝他去卫藏地区学法。1368年,明太祖即位后,前后派人召藏族僧俗领袖入京,乳贝多吉也是受召者之一,但他没有再去内地,只是从1374年开始派贡使向南京进贡。1383年,乳贝多吉死于工布北边的一座荒山之下,享年 44 岁。在前藏楚布寺和康区噶玛寺,有其灵塔。

乳贝多吉在政教两方面继续沿着先世开创的道路前进。他在元皇宫时,年仅 20 出头,但受到皇帝父子和王臣们的尊敬。皇太子认为国家之所以动荡不安,是因为皇帝和王臣大人接受了僧人的顶礼所致,于是规定僧人不再向皇臣顶礼。皇帝父子再三请求乳贝多吉留在皇宫,说:“以前八思巴与忽必烈结为供施关系,现在我们也想与您结为供施关系。”乳贝多吉对皇帝父子说,他来皇宫的目的是为了大元皇帝父子诵经祈祷,并不是为了获得干涉国政的权力。他还说,僧人不管到哪里,都应该从事弘法利生工作。只有不贪恋任何名利地位,那才是个好的宗教徒。不管如何受到宠爱和信任,他始终是以一个纯粹的宗教徒身份进行活动。他在楚布和元大都的来回途中,广泛接触各阶层和各民族人士。他一边讲经说法,维修和修建寺庙;一边出面调解各类纠纷和争斗,甚至战争。据《青史》载,乳贝多吉曾在甘肃幻化寺召集不同民族的人,设座传法,其右边为蒙古和维吾尔族译师,左边为西夏和汉族译师。译师们将乳贝多吉讲说的法翻译成各自民族语言。另据载,他在两年之内,共写了 127 封调解信,得到这一地区人民的共同爱戴。他还在贡噶山麓兴建了森格岗寺(即贡噶寺),该寺后来成为噶玛噶举派在康区东部重要的寺院。“这样,他在这些地方所作的事业,超过了前世法主。噶玛派在甘、青、康、藏一带的影响和势力,看起来又有显著增长,它的代表人物黑帽系的活佛已经成了中央政权从政治上考虑需要注意的人物”①。

乳贝多吉除与中央政府保持亲密关系外,还努力搞好与西藏其他教派之间的关系。当他刚被确认为让迥多吉的转世灵童时,蔡巴地方的政教领袖派人来敬献茶叶和邀请信。不久,多康和卫地的大官员都来向他敬茶,以示尊敬。他前往楚布寺时,受到推翻萨迦政权建立帕珠政权刚 4 年的帕珠大司徒绛曲坚参的接待和信任。他在蔡地方又得到了蔡巴地方末任万户长、《红史》作者蔡巴司徒·格卫洛追(俗名贡噶多吉)的欢迎。他曾为直贡司徒益希坚参授出家戒。他还主动地与萨迦派接触,曾与萨迦派上师索朗坚参和细脱巴等重要人物接触,并与他们结缘。从内地回来时,他派人给西藏各地寺院发放布施,向多康卫藏三地有十人以上的寺院发放茶水;向拉萨大昭寺和楚布寺等寺院供养了黄金作的供神灯盏。

另外,乳贝多吉是一位严守戒律的大德。据载,他受比丘戒后,“在其周围看不到酒肉,闻不到酒肉味,也严禁左右人举办酒肉喜宴,严格遵守小乘别解脱戒和共同戒律的细微戒条”。故而,元帝授他“持律兴教大元国师”。

5.大宝法王德行协巴与通哇敦丹事略

黑帽系五世德行协巴(1384—1415),又译德银协巴,本名曲贝桑布,出生于尼洋河地区的年当地方。父名古茹仁钦,是宁玛派的咒师,母名拉姆吉。因为他在怀胎和出生前后出现了一些带有明显的预示性现象,所以一生下来就被人们视为乳贝多吉的转世灵童。楚布寺的高僧正式确认他为乳贝多吉的转世灵童后,带他去游历各地,所到之处受

① 王森:《西藏佛教发展史略》,第 107 页。

到信徒的朝拜和供养。他4岁时,见到了红帽二世喀觉旺布。喀觉旺布把黑帽交给他,并传授了《大手印》《那若六法》《时轮六加行》等密法。后又拜其他上师,学习了显密教法和经论。1390年,他从亚布瓦·索朗桑布和云丹洛追出家受沙弥戒,取名曲贝桑布(法祥贤);1402年又依以上二位上师受比丘戒,当时受到西藏各地邀请。他于1405年来到康区噶玛地区,贡觉·南卡欧色等康区各地方首领向他贡献了大量财物。

1406年,明成祖派中官侯显、僧智光等人到西藏召请曲贝桑布。曲贝桑布途经西康前往内地,一路讲经说法,与各地方政权和僧俗官民结缘。1407年1月21日到达南京。他在灵谷寺设办金刚橛、集密、喜金刚、金刚亥母、药师、度母、大悲观音等十二种仪轨坛城,为高帝后荐福,并为永乐帝后及文武百官传授灌顶和密法。不久,皇帝封其为"万行具足十方最胜圆觉妙智慧善普应佑国演教如来大宝法王西天大善自在佛",领天下释教,简称大宝法王。德行协巴是如来的藏译,从此这个称号代替了本名曲贝桑布。

德行协巴除了设坛超度已故帝后亡灵,为皇帝和大臣传授灌顶密法外,还向内地各地发布命令,叫人们信奉和护持佛法,并任命北京、五台山等地噶玛派寺院住持。1408年,德行协巴返回西藏,沿途游方教化。他到西藏时,受到了萨迦、直贡、达隆等地方僧俗领袖的欢迎和供奉,宗喀巴大师也送来礼品,吉盆地方长官豁卡内邬瓦把布达拉宫献给他。德行协巴也回赠礼物,并向有5个以上僧人的寺院发放布施。之后,他在西藏各地传法,听法僧俗官民不计其数。

噶玛噶举派从堆松钦巴创建时起,其宗教影响一直趋于上升;到德行协巴时期达到一个新的高潮,其主要标志之一就是被明朝皇帝封为"大宝法王",其礼数远在明朝所封的大乘法王和大慈法王之上。虽然明成祖把年仅二十几岁的德行协巴当作西藏佛教界头面人物,给予崇高的封号和大力支持;明朝皇帝还给他颁发诏书,规定噶玛派可以委任西藏僧俗官职,其实力也因此有了增强,但德行协巴仍保持着先世的风范,致力于弘法利生。据《贤者喜宴》记载,明永乐帝曾对德行协巴说:他本来想跟元朝一样用武力来控制西藏,像萨迦派与元朝一样,由一个供施整体来治理西藏,但是由于德行协巴一心弘扬佛法,一切按佛法办,所以不便对西藏用兵。明永乐帝还对他说:西藏教派太多,容易引起争执,希望一切教派改为噶玛噶举派,并且每年把多康地区的教徒集中在饶岗寺,把卫藏地区的教徒集中在拉萨大昭寺,举办一次传昭大法会。但是,德行协巴不同意这样做。他认为:一种教派难以调教众生,只有按各种教派的传规接引不同的众生,才行得通。由此,藏文史料认为,明朝之所以对西藏;没有用一兵一卒,而通过实行"多封众建,尚用僧徒"政策来统治西藏;没有像元朝独尊或只扶持某一教派,而是对西藏各教派一视同仁,主要归功于德行协巴。而且,帕珠·扎巴坚参获得阐教王封号(1406年),贡觉·南卡欧色获得护教王封号(1407年),灵藏巴被封为赞善王(1407年),都是德行协巴的功劳。

总之,由于噶玛噶举派在西藏的影响,元明两朝中央政权都非常重视加强与噶玛噶举派代表人物的联系。再者,从噶玛拔希开始,历辈黑帽系活佛都有参与中央政权、统领西藏僧俗的机会,但他们始终没有放弃自己的原则,总是以纯粹的宗教徒身份往返于汉藏两地,出入于皇宫大院。他们与西藏各教派友好相处,也加强与西藏各地方政权的联系，但并没有寻找一个固定的施主，更没有形成一个地方政权。其宗教实力是以康藏各地方的属寺和信徒为基础，通过周游各地、传法收徒、调停地方纠纷、联结地方势力来保持的。他们的这种处世原则和活动方式，一直延续到第十世黑帽系活佛曲英多吉。

德行协巴的弟子很多。在藏文史籍中，认为其弟子和弟子所作的事业都超过前几辈。弟子中获得国师头衔的就有桑杰仁钦、洛追坚参、仁钦贝、顿珠欧色、曲吉坚参、释迦桑布等六人。《明史》说其弟子中四人被封为灌顶国师，还有红帽三世曲贝益希、噶玛巴·仁钦桑布等。自红帽一世扎巴僧格为黑帽三世让迥多吉的弟子，黑帽五世德行协巴又拜红帽二世喀觉旺布为师，并又收红帽三世曲贝益希为弟子，红帽、黑帽两系活佛个人之间互为师徒的关系逐成定例。

黑帽系六世通哇敦丹（见而有益，1416—1453）出生在多康噶玛附近的昂地方。父亲桑珠多吉是个有本领的咒师，母名白玛措，是位瑜伽女。最初被昂恰扎哇认定为德行协巴的转世。他2岁时被父母带到噶玛寺，公认为德行协巴的转世灵童。他8岁时在沃卡扎西塘地方从索朗桑布受沙弥戒，取名曲扎桑布。他游历工布、塔波、杂日等地。他曾造过布包的《丹珠尔》和有夹板的《甘珠尔》。他还调停过嘉绒和西夏之间的纠纷。

黑帽系活佛转世都是由前世的主要弟子经过观察核实，最后予以确认。据蔡志纯和黄颢的《活佛转世》记载，德行协巴圆寂后，其转世除内部选认外，明朝中央政府还命班丹扎西前往西藏审视德行协巴的转世灵童，“从此开创了中央审查西藏佛教活佛化身的先河”。

6.第七世至九世活佛事略

黑帽系七世曲扎嘉措（法称海，1454—1506）　又名让迥贡钦曲杰，出生于多康舍续康玛地方，父亲扎巴贝珠是个获得成就者，母名拉姆吉。他出生5天就认领前世遗物无误，被确认为通哇敦丹的转世。在多康噶玛丹萨寺从国师班久顿珠受居士戒。他12岁时从噶玛·贡钦强白桑布出家，取名曲扎嘉措贝桑布。

曲扎嘉措被确认为通哇敦丹的转世灵童后，首先游历康区各地，还到过青海省的果洛和四川省的甘孜等地区，在长江和黄河上游地区也有活动。在这些地方，他一方面讲经说法，修建了许多寺庙、禅院；另一方面广泛接触各地方政权，出面调解各类纠纷和争斗。大约在1477年，他来到卫藏地区，曾到过乃东、琼结等地，还在桑耶钦浦修建了禅院。在直贡替寺，他传授灌顶、密法，修建禅寺，严整戒律，为直贡派的振兴做了许多工作。据《直贡法嗣》载，当时因为“直贡大权旁落魔掌，……直贡派的密法基本上失传”。“曲扎嘉措为了使至尊（即直贡·仁钦曲杰）对修证产生信念，让至尊认识本心，并赐经卷，认真教导至尊恢复直贡佛教势力，并进行交换亲教师和轨范师，传授教诫律仪等事项。”

明孝宗派金字使者大国师扎西桑布仁钦、灌顶国师洛追桑布等送来皇帝诏敕和礼品，命他为宪宗荐福。印度金刚座亲教师派人来迎请他去印度，阿里、门珞等地方政权首领也遣使邀请他，但是他没有亲往内地、阿里和门珞地区，也没有去印度，只是给各地使者回赠丰厚的礼物。他首次建立了噶玛僧院讲经场，并任命木雅·饶绛巴贡布贝为诵读师，大力提倡讲说经论。虽然不见他受比丘戒的记载，但据载，他非常重视戒律。在居无定所、四处设帐讲经传法的僧营（藏语叫噶尔）中，他规定不许有肉，不许住女人。他一生游历四方，广泛接触和联系各地僧俗官民。据《贤者喜宴》载，他所到之处，无不受到僧俗官民的欢迎和供奉。他到拉萨时还受到哲蚌、色拉、甘丹三大寺僧人的夹道欢迎。但他除了讲经说法外，不言世间俗事。他曾对藏巴第斯·顿月多吉表示，他不愿意为了一己利益，而打击其他教派。其实噶玛噶举派与格鲁派之间的斗争此时正在酝酿之中。

曲扎嘉措的弟子很多，其中红帽系四世活佛曲扎益希和巴俄系一世活佛曲旺伦珠的事迹将在后面作介绍。其他弟子有：至尊扎西欧色，最初在卫藏地区的山居噶丹派学法，后依止噶玛七世，专弘噶玛派传观；德敦饶绛巴旺久坚参，精通因明学，故在其名字前冠以德敦饶绛巴（精通《因明七论》者）。他为噶玛僧院的讲听师，还作过雅桑寺的亲教师；堆考晓巴释迦旺久，曾在夏鲁等寺中学习，精通密咒瑜伽和《时轮金刚》，故名堆考晓巴（时轮阁下）。他在塔波修建桑阿林寺，还把历代噶玛黑帽系活佛的传记集于一册。

黑帽系八世弥觉多吉（不动金刚，1507—1554）　出生在昂曲河流域的叶龙噶迪普巴丹地方，父名阿降木，母名拉玛珍。他从小说自己是噶玛巴活佛。他5岁时，被杰曹第一世活佛扎西朗杰和洛绒国师等认定为噶玛七世之转世。他于1513年坐床。他先从杰曹活佛受大乘居士戒，旋即剃发出家，取名曲觉扎巴贝桑布。他到过青海的苏芒和四川的冈布乃囊等处，被桑杰年巴迎请到邓柯强久林寺，受沙弥戒。1516年，他受沐天王的邀请，到云南丽江。1519年，明皇派数百名使者，前来召他进京，但未成行。据藏文史籍记载，因为他预知皇帝的寿命不长，故未亲行北京。工森先生认为，《明史》卷331所载，明武宗遣中官刘允耗费巨亿往召未来的那位活佛就是噶玛弥觉多吉。他21岁时，依止亲教师曲珠僧格和轨范师噶玛赤烈受比丘戒。《藏族历史年鉴》载，1526年，红帽系和格鲁派之间发生了激烈争斗。《贤者喜宴》等史料说，当时噶玛派的一些施主议定毁掉工布地区的格鲁派寺院，被弥觉多吉所制止。他31岁时到楚布寺，并调停了当时卫藏之间的纷争。他曾被直贡第十七任法嗣迎请到直贡替寺，晚年赴杂日朝圣。1554年，他在山南雅隆地区圆寂。

弥觉多吉以前的历辈噶玛巴虽也做讲经说法、著书立说之事，但主要精力放在修持方面，重在教证二法之证法。从弥觉多吉开始，不仅重视证法修持，同时也强调教法的讲说，重视著书立说。《土观宗派源流》说："弥觉多吉精通一切内外诸明处，优秀之作亦非常多。"据《贤者喜宴》说，其著作有三十多函，有的史料说其文集有二十余函。北京民族图书馆内藏有手写本十三函，内容包括显教经论注释、各种清规戒律、密教仪轨和本尊修法等。有的著作还收藏在格鲁派寺院中。如《藏族历史年鉴》载："1538年噶玛弥觉多吉所作《现观庄严论注释》带到色拉寺和哲蚌寺。"另外，据《贤者喜宴》说，这位法主在世时，噶玛派的僧伽队伍不断壮大，寺院数量增加。在卫藏、多康、塔工以及云南、青海、四川等地区，有许多寺庙、讲经院和禅院。这些寺院里的人数多者三四百，少者也不下一百。

黑帽系九世旺久多吉（自在金刚，1556—1603）　出生在多康哲麦达桑地区，7岁时被红帽系活佛剃度，来到打箭炉、冈布乃囊、苏芒、噶玛等地，受到供奉。他10岁时，途经羊八井来到楚布寺。他11岁时，由红帽活佛作亲教师，受出家戒。第巴仁蚌巴曾向他贡献厚礼。修缮了楚布寺大殿。他来到工布和杂日等地，兴建了国饶丹和塔林扎仓等寺院以及佛像佛塔等。他24岁时，从贡觉邦仁亲教师受比丘戒。他曾向明神宗进贡，加强了噶玛派与丽江和蒙古地区的联系。其著作有《入中论释》等十余函。弟子有司徒·曲吉坚参，巴俄·祖拉嘉措，红帽六世曲吉旺久等。觉囊派高僧多罗那他也曾拜旺久多吉学过法。

7.第十一世至十六世活佛事略

黑帽系十世曲英多吉（法性金刚，1604—1674） 他生活在整个西藏社会处于动荡不安的时期，他是噶玛派历史上的一个转折点。

如前所述，早期噶玛派活佛一心致力于弘法利生事业，无心干预政治。但是，后来噶玛派与后藏地方政权结为供施关系，并间接控制西藏地方政权。虽然这是以红帽系为主，联合第巴仁蚌巴和第悉藏巴，与格鲁派及其支持者展开激烈的斗争，但是黑帽系活佛作为噶玛派的最高首脑，不可避免地与格鲁派斗争有千丝万缕的联系。因此，这里有必要做一些回顾。

有的西藏佛教史误认为，仁蚌巴原来是西康噶玛一带属噶尔巴的一个家族。其实，噶尔巴是野外设帐讲经说法的僧侣队伍，噶玛、直贡等派都有属于自己的噶尔巴。噶玛派的噶尔巴主要居住在康区，以康区为据点游历四方，其戒律也与寺院一样。据《仁蚌巴世系》等史书载，仁蚌巴家族是松赞干布的内大臣格尔·热巴增的后裔，原称格尔家族。格尔·释迦本的儿子南卡坚参投奔到帕珠第悉阐化王扎巴坚参的属下，1408年担任仁蚌（即今仁布）宗的宗本，从此其家族又称为仁蚌巴，与帕珠第悉家族有联姻关系。1491年起，仁蚌·措杰多吉以摄政官的名义管理帕珠第悉的政务。他非常崇信噶玛派，曾发布法令让泽当僧团的格鲁派僧人改信噶玛派；1498年起又禁止格鲁派三大寺僧人参加本属于格鲁派的拉萨正月祈愿大法会。这样，不仅造成西藏的不安定，也直接导致帕珠政权的衰落。之后，仁蚌·顿月多吉进军前藏，取代了帕珠大部分政权，并与红帽系第四世曲扎益希结为供施关系；修建了羊八井寺院，供红帽系活佛驻锡。1503年，顿月多吉还按照黑帽系七世曲扎嘉措的意愿，在拉萨附近兴建了噶玛派新寺土丹曲科寺。此寺号称“压伏三大寺”，其目的是为了削弱色拉和哲蚌等格鲁派寺院的实力，后被格鲁派僧人捣毁。

到1565年，仁蚌巴的家臣辛夏巴·次旦多吉联合仁蚌辖区内地方头人，并利用属民起义，接管了仁蚌巴的权力，把首府从仁蚌移到桑珠孜（日喀则），自称藏堆杰布（上藏王）。这就是史书所说的藏巴汗政权，又称第悉藏巴。第悉藏巴政权统治西藏20余年。这20余年亦是噶玛派间接控制西藏前后藏政教大权的时期。1642年，蒙古卫拉特固始汗击败了第悉藏巴军队，并杀害了第悉藏巴·丹迥旺布，迎请格鲁派五世达赖喇嘛到日喀则，把西藏地方的全部政权以及第悉藏巴的财产等一并供献给五世达赖喇嘛，帮助五世达赖喇嘛建立了甘丹颇章政权。在四世班禅的调停下，曲英多吉和五世达赖喇嘛达成如下的谅解：五世达赖喇嘛把噶玛派的大部分寺院归还给曲英多吉，由他主持；曲英多吉则承认五世达赖喇嘛对噶玛派的监督和管理权，同意达赖派人常驻楚布寺。

然而，固始汗和五世达赖喇嘛回拉萨不久，噶玛派红帽系为首的第悉藏巴势力和噶玛派僧团在后藏和塔工地区发动叛乱，攻打格鲁派，但没多久就被蒙古人的武装力量镇压下去。曲英多吉被迫逃到丽江。这是他第二次去丽江。他在那里修建了13座噶玛派寺院。1653年，清顺治帝曾派人召他进京，但未成行。1659年，他曾派使者向清廷进贡。1660年，顺治帝遣使致书并颁发印信与曲英多吉。《西藏志》说："至世祖皇帝赐敕封大宝法王印。"后来，根据达赖喇嘛的旨意，曲英多吉回到西藏。当他返抵拉萨时，达赖喇嘛派人迎接，并在布达拉宫会见了他，给予极高的礼遇。

曲英多吉之后，格鲁派的实力与日俱增，噶玛派再也不能恢复旧有的势力。黑帽系活佛退居于一个局限于宗教教派领袖的地位，再也没有力量干预政治了。

黑帽系十一世益希多吉（智慧金刚，1676—1707）　出生在多麦玛尔地区，生平没有什么特殊事迹。

黑帽系十二世强久多吉（菩提金刚，1708—1732）　出生在德格温堆地区，父名噶玛次旦，母名嘎尔姆吉。他曾游历苏芒、噶玛、囊谦等处。1728年得到清雍正帝的诏书，他在进京之前，曾和红帽八世和司徒活佛等人先去尼泊尔和印度朝圣。1731年，他与红帽八世一同到了北京，1732年在北京圆寂，其骨灰被带到楚布寺。

黑帽系十三世都堆多吉（降魔金刚，1733—1797）　出生在前藏年夹瓦地方。1734年被认定为噶玛十二世的转世。他4岁时被杰曹活佛迎请到楚布寺，参加其坐床典礼的有七世达赖喇嘛、颇罗鼐、噶举派大德高僧和僧俗官民。他从司徒·丹巴尼杰受沙弥戒，学习了显密经论和新旧密法；又从巴俄·祖拉噶瓦等贤哲学习教授；在司徒和巴俄二活佛座前受比丘戒。他30岁时前往多康地区。与八世达赖喇嘛来往密切。

黑帽系十四世塔却多吉（妙乘金刚，1798—1868）　出生在多康噶玛寺附近的扎西托曼地方。他从司徒·白玛尼吉出家并受沙弥戒，学习新旧密乘的教法；从主钦巴结囊瓦和司徒活佛受比丘戒，学习数学、语言学、医学等世间学问和三藏四续等出世间学问。他修缮了许多噶玛派的寺院，新造了许多经、像、塔等。他创立了氐宿月（即藏历四月十五日，是释迦牟尼降生、成道和圆寂日）十日举行《集密》和《金刚橛》大修嘎尔羌姆神舞会的传规。他曾到过藏北那曲和藏西阿里，游历过塔工、杂日等地。清道光年间敕封其为"如来大宝法王西天自在佛吉祥噶玛巴十四世妙乘金刚"。

黑帽系十五世喀却多吉（遍空金刚，1871—1923）　出生在后藏江孜地区。据《噶举历史新编》说，黑帽系十四世死于第十五饶迥土龙年即1868年，而黑帽系十五世出生于第十五饶迥金羊年即1871年，中间相差三年。由于黑帽系后几世生平事迹可资参考的材料很少，《藏族历史年鉴》对黑帽系十一世以后没有作任何记载，我们这里采用《噶举历史新编》的年代。喀却多吉6岁时被确认为噶玛巴的转世，7岁坐床，当年出家受戒。1882年，他前往拉萨拜谒十三世达赖喇嘛土丹嘉措，达赖喇嘛给他取名为阿旺曲吉迥乃喀却定增多吉，并赠送了许多礼品。喀却多吉后拜巴俄活佛等上师，学习了各类教法。1886年，他前往多康，到八蚌和里塘邦普寺等处，还认定了司徒转世灵童。1894年，他建立了楚布寺大殿。据《噶举历史新编》记载，喀却多吉学习过许多宁玛派教法，包括宁玛派伏藏，在敏珠林和迦妥等宁玛派寺中有其弟子。

黑帽系十六世让迥日贝多吉（自生明金刚，1924—1981） 出生在四川邓柯地区。被司徒·白玛旺秋认定为黑帽系十五世转世，并授居士戒。他9岁时坐床。1931年，他在巴俄·祖拉玛瓦和杰曹·扎巴嘉措等人的迎送下来到楚布寺，后前往拉萨拜谒十三世达赖喇嘛。他在大善知识贡嘎班智达座前学习内外诸学问，共达4年之久。1935年，他前往多康，在八蚌寺司徒活佛前学习密法。1944年，他应邀到不丹。1945年，他从司徒活佛受比丘戒。1947年，他前往西藏上部阿里地区，并逐次前往印度、尼泊尔、锡金等国朝圣；回藏后闻思宁玛派的伏藏等密法，兼学《大手印》《那若六法》等。1953年，他去拉萨向达赖喇嘛请教《时轮》。1954年，北京人大代表大会时，他前往内地观光旅游。1955年，他到楚布寺，之后去印度等地朝圣。1959年，他旅居国外，在不丹兴建达杰曲林寺，又在锡金建寺。他于1981年死于美国。

二、红帽系

如前所述，噶玛噶举派无论在元朝还是在明清及其以后，都有很高的宗教地位和很大的宗教影响，而其地位和影响主要源自该派高僧大德的活动及威望。这些高僧大德开创了具有一定影响的活佛转世系统，形成各自的中心。除黑帽系外，较有影响的活佛系统还有红帽、司徒、杰曹、巴俄等。这些活佛转世系统不仅在噶玛噶举派中具有崇高的地位，而且在整个噶举派乃至西藏佛教史上有一定的影响，曾出现过许多著名的历史人物。

黑帽系是噶玛派的首脑和核心，称为噶玛巴。红帽系也拥有属于自己的寺院、土地和属民，其社会影响与地位仅次于黑帽系，有时甚至有并驾齐驱之势。除了元室赐红帽及印诰外，“明万历时，太监杨英至其地，敕封粗布寺业郎寺之红帽黑帽呼图克图噶玛巴、沙玛纳二人为西天大善自在佛如来大宝法王、灌顶大国师，赐以印册”。在政治上，红帽系活佛，尤其是第四世以后的红帽系活佛，更热衷于权势。其中第四、五、六三世亲自参加了西藏内部僧俗地方势力争权夺利的斗争，而且是斗争中的主要角色。而十世活佛引外寇入藏，不仅给西藏造成混乱和损失，也给自身带来了灾害，以致被清廷查抄寺产，停止转世。

在介绍红帽系历辈活佛之前，有几个问题需要说明：第一，一般学术界认为，红帽系也是因为元朝帝室成员给噶玛派高僧扎巴僧格赐红色帽而得名。然而，我们在藏文史书中发现，在扎巴僧格之前就形成有红帽系。如《如意宝树史》说：“红帽系南沃巴（次程贝的转世）后的历代转世活佛是扎西扎巴、扎巴僧格、喀觉旺布……”由此可以断定，在扎巴僧格之前，至少有三位红帽系活佛。《青史》第八辑《大译师玛尔巴传承的塔波噶举》中的“第一活佛系统”介绍黑帽系，始于塔波拉杰的弟子堆松钦巴；“第二活佛系统”介绍红帽系，把次程贝作为一世，依次为南卡沃、扎西扎巴、扎巴僧格、喀觉旺布。次程贝和南沃巴（又叫南卡沃）的简历见于《雪域历史人物简介》，其中次程贝生活在1096至1132年间，是黑帽一世堆松钦巴的同时代人，也是塔波拉杰叔侄的弟子，曾从噶当派上师和噶举派热穷巴等学过法，后依止塔波拉杰叔侄二人；南卡沃生活在1133至1198年间，是噶玛·堆松钦巴的弟子;扎西扎巴生活在1199至1282年间,是噶玛拔希的弟子。《达隆教史》又说他是达隆塘巴仁钦贡布的弟子,曾与噶玛拔希相见。从时间上看,扎巴僧格(生于1283年)之前的三位活佛不像是被追认的。《藏族历史年鉴》等明确指出南卡沃是次程贝的转世,扎西扎巴为南卡沃的转世,扎巴僧格为扎西扎巴的转世。《土观宗派源流》也说:"噶玛派红帽系,初天竺大德谛洛巴有弟子名奎布噶,奎死后在阇烂陀罗转生为那若巴弟子名婆罗门密日,……死后转生为次程贝,……次程贝又转生为比丘南卡沃,……南卡沃转生为扎西扎巴,扎西扎巴转生为扎巴僧格。"因此,《雪域历史人物简介》是把扎巴僧格作为红帽系六世来介绍的。

那么,为什么《贤者喜宴》等仍把扎巴僧格尊奉为红帽系第一世活佛呢?原因是扎巴僧格之前的红帽仅仅是作为便于区别的一种标志,直到扎巴僧格得到元帝赐的红帽和诏书,才正式确立了红帽系的历史社会地位。再者,扎巴僧格之前,红帽系没有自己的寺院,没有土地和属民等,没有形成宗教势力或中心。虽有转世,但没有形成制度,是观念上的转世,而不是作为制度的转世系统。

第二,次程贝的红帽从何而得,现不得而知。黑帽系的黑帽不管是堆松钦巴受灌顶时而得,还是噶玛拔希时元帝所赐,都有清楚的记载。有关红帽系的红帽之来源,记载不清或不一。《青史》中没有作任何交待,甚至连"红帽"两字都未出现。《贤者喜宴》等史书只说,让迥多吉从皇宫派人送来元帝赐给扎巴僧格的红帽和诏书,没有说扎巴僧格到过元廷。《噶举历史新编》说,蒙古皇帝曾遣使召扎巴僧格进京,扎巴僧格应召进京,并在皇宫传法,直到帝崩方返藏。

第三,因为宁玛派僧人戴红色僧帽,穿红色袈裟,故在汉文史书中被称为红教。这是一般学术界所公认的。其实,戴红帽者除了宁玛派,还有噶举派等。因此,在一些汉文史籍尤其在港台书籍中,把西藏佛教分为两派,一派为黄帽派,一派为红帽派。具体地说,称格鲁派为黄教,其余派别通称红教。如清代魏源的《圣武记》说:格鲁派"为别于其他诸派之红帽派(又作红教),而称黄帽(又称黄教)。"我们这里所说的红帽系(藏语夏玛尔或沙玛尔),专指噶玛噶举派之红帽活佛转世系统。

第四,由于红帽系第十世活佛曲珠嘉措曾唆使廓尔喀王用兵侵藏,清廷下诏禁止红帽系活佛转世,从此,噶玛噶举红帽系断绝。但是,有些书中尚载有红帽系第十一、十二世活佛情况,并说十二世红帽活佛目前在国外传教。据其他资料说,这十二世红帽活佛在国外从事政教活动,很活跃。这里,我们把扎巴僧格作为红帽一世,一直介绍到红帽十世曲珠嘉措,也就是不介绍扎巴僧格之前的三位红帽活佛,因为他们只是化身,而不是活佛转世制度形成后的转世活佛。尽管在藏文里都称为"朱古"即化身,但还是有严格的区别,我们也不写曲珠嘉措以后的红帽系活佛,因为红帽系活佛系统已被中央政府废除,十世以后的红帽活佛纯属私自擅立。在《东噶藏学大辞典》中说:"1957年后解除了羊八井寺的禁令,允许寻找红帽活佛的转世灵童。只因羊八井寺不具备条件,加上其他原因,未能寻找转世灵童。”①

红帽系第一世扎巴僧格（称狮子，1283—1349） 出生在今四川省甘孜州西南部的乡城，父名达穷，母名扎贵萨。他13岁时受居士戒，17岁时从堆松钦巴的再传弟子益希僧格出家。他26岁时到楚布寺，28岁时拜让迥多吉为师，学习噶举派教法。他曾从觉囊寺主杰哇益希学习《时轮六加行》和《大圆满》等教法。他在楚布德庆寺专修5年，在此期间受比丘戒。据载，他是让迥多吉的八百名大禅师中证悟最高者。他还曾在桑浦寺学习显教经论7年。让迥多吉委任他为楚布德庆寺住持，但未就任。1333年，他修建乃囊寺，聚徒一百多名。此寺在修建羊八井寺以前一直是红帽系的主寺，位于今西藏自治区堆龙德庆县境内的那嘎地方，离楚布寺不远。《西藏志》等汉文史料称该寺为业郎寺：“楚布寺、业郎寺，去召北七十里之浪子地方，各有掌教呼图克图主之。”此寺虽然规模不大，但地位却很高，后来成为巴俄活佛的驻锡地。堆松钦巴曾在今四川省甘孜冈布地区修建了一座寺，也叫乃囊寺，但此乃囊寺“在八思巴去蒙古地区时，寺主把此寺供献给八思巴，从此该寺成为弘传萨迦派传规的寺院”②。

扎巴僧格的弟子很多，最有名的四大弟子是：道丹贡杰哇、绛央曲多瓦、雅德班钦、克珠达玛坚参。其中雅德班钦（1299—1378）是显密两通、学修兼成的大德，人称雅德班钦（雅德地区的大学者）。他于1359年修建了艾旺寺。克珠达玛坚参曾担任过乃囊寺住持。

红帽系第二世活佛喀觉旺布（游空王，1350—1405） 出生在羌南雄之结玛隆地方，父名拉杰，母名卓姆色。他在6岁时被确认为红帽系二世活佛；7岁时拜黑帽系四世乳贝多吉为师，受居士戒；18岁受比丘戒；29岁时修建了达孜朗杰岗寺；37岁时修建了噶玛姆寺。他为黑帽系五世德行协巴的根本上师。其弟子杂贡·贡邦主持杂贡寺。此寺原为帕珠噶举的寺院，后信奉喀觉旺布，改宗噶玛噶举。

红帽系第三世活佛曲贝益希（法祥智慧，1406—1452） 出生在尼洋河流域克扎地方，父名桑珠，母名拔尔萨。他从德行协巴出家，并学习显密教法。他18岁受比丘戒。他曾修建杂日乍普寺。为黑帽系六世通哇敦丹的根本上师。《青史》作者桂译师循努贝是其大弟子之一。

红帽系第四世活佛曲扎益希（法称智慧，1453—1524） 出生在多麦朱倭下部康玛地方。他8岁时从黑帽系七世活佛曲扎嘉措出家，并接受金边红色僧帽和大印。他从《青史》的作者桂译师循努贝受比丘戒，又是《贤者喜宴》的作者巴俄·祖拉陈瓦活佛的剃度师。《贤者喜宴》中详细地记述了其生平事迹，尤其是其前半生的情况有年谱式的记载。曲扎益希一生云游各地，奔走四方，广泛联系各地方政教势力。他先后接触过格鲁、萨迦、夏鲁、帕珠、直贡等政教势力，相互传法结缘，并在这些势力范围内修建寺庙，接受他人供养的财物和寺庙。明帝曾赏赐他金刚持佛像、金刚铃杵等。他同乃东孜、雅觉、仁蚌

---

① 见中国藏学出版社2002年版，第1846页。

② 见《噶举历史新编》，中国人民政治协商会议德格县委员会编，第218页。

等地方政权分别建立了联系。其足迹曾到过门巴地区。1493年开始,他担任帕珠丹萨梯寺的住持,长达20年。

从红帽四世开始,红帽系主寺从乃囊寺转移到羊八井寺。羊八井寺位于今西藏自治区当雄县羊八井乡,后面是高大的念青唐古拉山,前面是宽阔的草原。自1503年修建到1791年清政府禁止红帽系活佛转世的三个世纪中,羊八井得到陆续增修扩建,形成一座规模宏大的寺院建筑群。寺内收藏文物颇多。1791年,清朝驻藏大臣查抄清点时,羊八井寺共有七八间房,山下小庙有13间,寺庙庄园有9处。

红帽系五世活佛贡觉延拉(宝支,1525—1583) 出生在工布地区,父名杰布参丹,母名索朗卓玛。他9岁时从黑帽八世受居士戒并接受红帽,从巴俄·祖拉陈瓦学习显密经教,为黑帽九世旺久多吉的根本上师。他曾往丽江,为沐天王经师。

红帽系六世活佛曲吉旺久(法自在,1584—1630) 出生在直贡地区,父名直贡·曲杰平措扎西,系直贡派第二十任住持。他生活在1547至1602年间,在位时间为1582至1602年。他5岁时被黑帽九世旺久多吉认定为红帽系转世,从直贡接到羊八井寺坐床,取名噶尔旺曲吉旺久。他曾在楚布寺学习经论。他在位期间,正值噶玛派发展到一个新高峰。据载,第斯藏巴邀请红、黑二系活佛时,追随左右的徒众达5万余人。在楚布寺为黑帽九世作丧事时,聚徒有7万之多。1609年,曲吉旺久在西藏当地第一次将藏文《甘珠尔》全部刻版付印,成为西藏宗教及印刷史上划时代的一件大事。

红帽系第七世活佛益希娘布(智慧藏,1631—1694) 出生在玛麦古洛地方,父名次杰本,母名东考鲁古珍。他被黑帽十世曲英多吉认定为红帽系转世,并给他传授《大手印俱生合和》为主的灌顶教授。从曲英多吉受比丘戒。他曾到云南丽江一带。

黑帽系七世至十世和红帽系四世到七世这段时间,是噶玛派和直贡派等噶举派与格鲁派之间斗争最激烈的时期。噶玛派不仅在康区和前藏、工布等地势力强大,而且在后藏也有很大的影响。在后藏日喀则建立政权的仁蚌巴与以后推翻仁蚌巴统治建立藏巴汗政权的辛夏巴家族,都是崇信噶玛派的贵族。在仁蚌巴和藏巴汗地方政权掌握前后藏政权时期,也是噶玛派间接控制卫藏的时期,有的史书甚至把藏巴汗政权直接称为"噶玛政权"。后来,格鲁派和噶玛派同时联络蒙族汗王,各自邀请和自己有关的蒙古军队进藏相助,互相残杀。结果,固始汗获胜,把西藏政教大权交给格鲁派五世达赖喇嘛,建立了甘丹颇章政权。后藏的噶玛派绝大部分寺院被毁或改宗格鲁派。固始汗的儿子达赖汗勒令工布等地的噶玛派寺院和僧人改归格鲁派。噶玛派的势力遭到毁灭性的打击。黑帽系十世和红帽系七世都逃出西藏。1673年,清朝官员平西王吴三桂遵照康熙皇帝谕旨,将红帽系七世交给了西藏地方政府的代表。五世达赖喇嘛亲自接见了他,对其礼遇和直贡、达隆派活佛相同。不久,黑帽系十世也回到西藏。但是,此时的噶玛派已经没有了昔日的地位和影响,甚至在宗教方面"也只能摇摇铃,而不能敲鼓、转莲印等"①。

红帽系第八世活佛曲吉顿珠(法义成,1695—1732) 出生在尼泊尔的约莫冈热地

① 《噶举历史新编》,第181页。

方，父名噶玛古如，为密咒师，母名晋巴桑姆。他曾被尼泊尔国王邀请到杨布城（即加德满都）。他7岁时被迎请到楚布寺，黑帽十一世益希多吉把红帽交给他。据载，曲吉顿珠是第巴·桑结嘉措的上师。他曾往中原、蒙古、云南和尼泊尔、不丹、锡金等地游历。1731年，他与黑帽和司徒活佛一同前往北京，不久在北京去世。

红帽系第九世活佛格卫迥乃（善源，1733—1741）　出生在门巴卓地区，被认定红帽系转世后不久就去世了。

红帽系第十世活佛曲珠嘉措（法成海，1742—1792）　出生在后藏扎西孜，父名唐拉，母名尼达旺姆。他5岁时被确认为红帽系转世，从司徒和巴俄活佛以及萨迦派的仁增钦布等学习经教。曲珠嘉措是六世班禅洛桑巴丹益希的弟弟。1780年，清乾隆皇帝七十寿辰，班禅应邀入觐庆寿，因病在北京黄寺去世。当时，乾隆帝、王公大臣，以及蒙古王公、贝勒、台吉等人给班禅赏赉金银、缎匹等约值数十万金。班禅的哥哥、扎什伦布寺的代管人仲巴呼图克图带上清政府的封号和赏赉以及班禅所得到的赏赐回西藏，将巨赀占为己有，不以分惠红帽系十世。曲珠嘉措衔恨，1784年西走廓尔喀，唆使廓尔喀王挑衅。这场争端的起因，据《噶希哇世系传》说：廓尔喀认为过去老国王为西藏铸造的银币多为掺假，新国王制造发行的银币均系纯银货币，但西藏却禁止新币流通。另外还认为西藏管辖的聂拉木、绒辖、吉隆三个地方过去是尼泊尔属地。红帽系十世又不断唆使廓尔喀王用兵，并盛称扎什伦布寺之富有，以利诱之。1787年，由红帽系活佛仆从噶玛乔晋等人作向导，带领廓尔喀兵入侵西藏管辖的聂拉木、绒辖、吉隆等边界地区。1789年，红帽系十世代表廓尔喀，和西藏在吉隆议和。1791年，廓尔喀兵第二次入侵，直掠扎什伦布寺。福康安奉命率大军进藏击退廓尔喀。1792年，廓尔喀投降，红帽系十世畏罪自杀。福康安奉旨受降，命廓尔喀王归还红帽系十世骨殖及其妻孥、徒众、从人等为受降条件之一。"福康安班师回藏以后，即进行善后事宜，首先惩办祸首，废止沙玛尔巴（即红帽活佛）转世，其金银、旧庄、牛羊、百姓完全充公，每年收入作为藏军兵饷，寺院房屋赏给掌办商上事务的济咙呼图克图，寺内原有红帽系僧人一百零三人，一律强迫改奉格鲁派，拨给三大寺管制"①。从此，噶玛噶举红帽系断绝。

三、其他活佛系统

明永乐年间噶玛·德行协巴的高徒曲吉坚参（1377—1448）随师父入京朝贡，被永乐帝加封为国师，并赐司徒文诰及印信，从此建立了噶玛噶举派司徒活佛转世系统，被尊为第一世活佛。第二世司徒·扎西朗杰（1450—1497）被黑帽六世认定为司徒·曲结坚参的转世灵童，也得到皇帝金字使者送来的诰印。第三世司徒·扎西班觉（1498—1541）被黑帽七世确认为司徒系转世。他曾寻访认定了第八世黑帽活佛，为噶玛寺的上师。第四世司徒·曲吉郭恰（1542—1585）出生在青海玉树囊谦地区。被黑帽八世认定为司徒活佛的转世。他曾寻访、认定了黑帽九世。第五世司徒·曲吉格勒（1586—1657）从黑帽系

① 牙含章著：《达赖喇嘛传》，人民出版社1984年版，第61页。

第九世活佛出家受戒，曾得到灌顶大国师的诰印。他修缮过冈布圣地，被沐天王迎请到云南丽江府。他还修建了噶玛派的延莫且寺院。第六世司徒·米旁赤烈饶丹(1658—1682)出生在德格梅续地区。被十世黑帽巴认定并主持坐床。他曾去丽江，并到五台山朝礼。第七世司徒·勒协玛沃尼玛(1683—1698)曾送到萨迦寺学习，少年夭折。第八世司徒·曲吉迥乃(1700—1773)又名曲吉南卡、丹巴尼吉，出生在多康六冈中金沙、澜沧江间之色莫冈地方。被红帽系八世认定为司徒活佛的转世。他曾拜以黑帽和红帽为首的许多上师，广泛学习内外诸明，精通三藏四续以及语言学、医学、天文历算、工艺学等。他赴西藏各地、汉地、印度、尼泊尔等处讲学，驰名遐迩，人称大司徒大学者。关于佛学、因明、声明、医药、历算之著书甚多，其中语言学著作《司徒文法广释》是公认的藏文文法名著。1727 年，曲吉迥乃在德格修建了八蚌寺。从此，司徒系有了自己的根本道场，曲吉迥乃被奉为八蚌司徒一世活佛。

《藏传佛教寺院资料选编》《甘孜藏族自治州概况》等都说八蚌寺最初系堆松钦巴创立。但根据更确切的史料记载，八蚌寺最初由直贡·仁钦贝的弟子贝丹强久岭巴修建。1290 年，直贡噶举与萨迦派发生战争，直贡派失败，其西藏各地的许多寺院被迫改宗萨迦派，八蚌寺亦归属萨迦派。约在 17 世纪末，八蚌寺遭火灾，仅存两座僧房。到 1727 年，曲吉迥乃在此基础上修建了八蚌寺，以后不断扩建，使之成为康区一大圣地。至清初，噶玛噶举的诸道场均衰败，八蚌寺的崛起无疑使噶玛噶举派大大恢复了生机。工珠·云丹嘉措对此作了如下评价："现值末法，本派道场大多衰败，不复昔日之胜矣。晚近幸仗司徒·曲吉迥乃前后二世之力，始由西康恢复本派，重振噶玛噶举讲修宗风，建八蚌寺，始百川总汇，诚胜业也。"曲吉迥乃曾勘定书写过《大藏经》。黑帽系和红帽系二活佛在内地去世后，曲吉迥乃赴前藏，主持其丧葬事及寻访、认定其转世灵童工作。第九世司徒·白玛益希(1773—1853)被黑帽系十三世认定为司徒活佛转世。他曾认定八蚌寺的第一世工珠活佛。他修建了八蚌寺的续部神殿。为黑帽系第十四世的根本上师。第十世司徒·白玛格桑(1854—1885)出生在藏北纳木错湖附近。被黑帽系十四世认定为司徒活佛的转世。他好娱乐，但不近女色。第十一世司徒·白玛旺久(1886—1952)出生在理塘地区，被八蚌寺的工珠活佛认定为司徒活佛转世。因八蚌寺的大殿太旧太小，白玛旺久重建了一殿，还修建了修行房和讲经院以及许多佛像。第十二世司徒·白玛云丹(1954—)是四川白玉县人。1959 年旅居国外，后住锡于不丹绒定寺。

除了司徒外，在八蚌寺中还有几个较有影响的活佛系统。其中工珠活佛系统的第一世工珠·云丹嘉措(1813—1899)是个大学者。他所编撰和发掘的《宝藏库》《教诫库》《噶举密咒库》《所知库》《不共秘密库》等，合称为"五大库"，共九十余函。八蚌寺存有木刻本。其中《所知库》又称《知识总汇》，详细阐述了佛学、因明学、工艺学、医药学、语言学、辞藻、诗歌、修辞、戏剧、历算等藏族文化的产生、发展过程以及其内容、作用等。《知识总汇》是一部藏族文化的百科全书，由民族出版社根据八蚌寺木刻本，分上、中、下三册出版。第二世工珠·贝丹钦孜卫色生活在 1904—1954 年之间。第三世工珠·洛卓曲吉僧格现旅居国外。

巴俄活佛系统始于巴俄·曲旺伦珠(1455—1503)[①],他是黑帽系第七世之弟子。《贤者喜宴》说:"巴俄·曲旺伦珠也遵照(曲扎嘉措)的嘱咐修建了卓窝隆禅院,修缮了色卡古托寺。"他还按黑帽巴的旨意主持卓窝隆寺(现称卓哇寺)。第二世巴俄·祖拉陈瓦(1504—1566)是黑帽八世和红帽四世的弟子,又是黑帽系第九世和红帽系第五世的上师。他出生在聂塘地方,5岁时被认定为巴俄一世的转世,迎请到山南洛扎境内的卓窝隆寺。他先后拜黑帽和红帽为主的许多上师学习世出世间诸学问,成为名扬四方的大学者。其著作有《金刚亥母教法广说》《〈入行论〉大疏》《历算论·珍宝藏》《医方明四续部论》《教法史·贤者喜宴》等。第三世巴俄·祖拉更都桑布、第五世巴俄·祖拉赤烈嘉措、第六世巴俄·祖拉顿珠都只活了十几岁。第七世巴俄·祖拉噶瓦活了64岁,是黑帽系第十二世的弟子,又是黑帽系第十三世的根本上师。他在黑帽系十三世受比丘戒时担任轨范师。第八世巴俄·祖拉曲杰享寿五十六岁,是黑帽系十三世的弟子。第九世巴俄·祖拉尼结于1848年被认定为巴俄活佛的转世灵童。他于1876年认定了黑帽系第十五活佛喀却多吉,当时喀却多吉6岁。第十世巴俄·祖拉玛瓦是黑帽系十六世活佛的上师,曾于1931年主持黑帽系第十六世的坐床典礼。巴俄系统最初以洛扎卓窝隆寺为驻锡地,后来红帽系从乃囊寺转移到羊八井寺,乃囊寺就成为巴俄系的主寺。

另外,较有影响的还有杰曹活佛系统。"杰曹"是藏语音译。从政治方面解释,"杰曹"是摄政王之意;从宗教方面解释,"杰曹"是法太子之意。最早的如宗喀巴的大弟子达玛仁钦继宗喀巴主持甘丹寺,为第一任甘丹赤巴,故称其为"杰曹"。1452、1453年,噶玛派的红帽和黑帽活佛先后去世,黑帽系第六世的大弟子班觉顿珠担负起法太子的职责,主持其后事;并根据黑帽系第六世通哇敦丹的遗嘱,寻访认定了黑帽系第七世曲扎嘉措,被奉为杰曹一世。其驻锡地最初在楚布寺的卫色林殿,到六世杰曹·洛布桑布时转移到楚布寺的曲贡拉章。杰曹系统的活佛现已传到十二世。我们找不到有关记载他们确切的生卒年代及生平事迹的史料,只能根据有关资料以及已知的前后年推算大致年代。第一世杰曹·班觉顿珠大约生活在1416至1479年间;第二世杰曹·扎西朗杰约生活在1480至1509年间;第三世杰曹·扎西班觉约生活在1510至1541年间;第四世杰曹·扎巴顿珠约生活在1542至1609年间;第五世杰曹·扎巴曲央约生活在1610至1652年间;第六世杰曹·洛布桑布约生活在1653至1692年间;第七世杰曹·贡觉卫色约生活在1693至1748年间;第八世杰曹·曲贝桑布约生活在1749至1804年间,他是云南丽江人;第九世杰曹·益希桑布约生活在1805至1862年间,1814年被认定为杰曹活佛;第十世杰曹·丹巴尼玛约生活在1863至1889年间;第十一世杰曹·扎巴嘉措约出生于1890年,卒年不详,1895年被认定,1931年他同巴俄·祖拉玛瓦一道主持过黑帽系第十六世的坐床典礼;第十二世杰曹活佛于1957年被黑帽系第十六世认定,1992年与司徒活佛一同回国主持了黑帽系第十七世的坐床典礼。

噶玛噶举派在西藏等藏区有二百多座寺庙,亦形成许多活佛转世系统,有的大寺院

---

① 巴俄·曲旺伦珠的历史,详见《贤者喜宴》(下册),藏文版,第1169—1195页。

甚至有好几个活佛转世系统。在楚布寺等寺院里学习的僧人,除了来自西藏、四川、青海、云南等地的藏族外,还有来自内地的汉族,来自不丹、印度等的外国人。不仅如此,在不丹、尼泊尔、印度等地,也有噶玛噶举的寺院。

第二节 蔡巴噶举派

一、蔡巴噶举派的创建

蔡巴噶举是塔波噶举之四大派系之一,亦为元朝在卫藏地区设立的十三万户之一。“蔡巴”系地名,在今西藏自治区拉萨市东郊,全名蔡贡塘。居住在蔡贡塘地区的人,也称为“蔡巴”。12世纪后叶,塔波拉杰的再传弟子尊追扎巴在蔡贡塘地区兴建了蔡巴寺和贡塘寺,从此兴盛发展起来的教派称为蔡巴噶举派。当时,蔡巴地区是元忽必烈的份地,有一个自称是吐蕃赞普松赞干布的大论噶尔东赞后裔的家族势力强大,其首脑人物噶尔·杰哇迥乃与尊追扎巴结为供施关系,不断扩大其势力范围,逐渐统一了拉萨地区。其后嗣又得到元朝的支持。13世纪中叶,元朝在卫藏地区设立十三万户时设立了蔡巴万户,在原有基础上又增加了土地和属民,使蔡巴噶举成为一个势力强大的政教合一的地方政权。

蔡巴噶举派的创建人尊追扎巴(勤进称,1123—1194)出生在吉雪擦瓦珠地方,家族为那囊向氏,因此又称为喇嘛向或向仁波且。幼名达玛扎。他生下来就被传说是某某化身,于是很多人前来求加持。他6岁时听父亲给人讲地狱之苦,得知皈依和礼拜三宝能解脱轮回之苦,从此在三宝像前作皈依和礼拜;从母亲学诵《百字大明咒》。他从9岁到18岁间学习了许多显密经教,后学驱鬼咒术3年。此时父母双亡,他心生悲哀,故前往康区学法。他23岁时受居士戒。26岁时看《宝积经》,产生了强烈的信念,于是出家并受比丘戒,取名尊追扎巴。他的学法上师有40多位,根本上师就有6个。他从咱米译师桑杰扎巴和噶译师循努贝处获得了《时轮六加行》等许多教授;朗喀哇的弟子墨叶尔巴瓦给他传授了那若巴的方便道,依此修行,消除了气脉上的障碍;拔日译师的弟子沃卡瓦的教导,激发了他的自他相换的世俗谛菩提心;塔波贡巴·次程娘布给他传授了《大手印俱生和合》,使他生起胜义谛菩提心,证得了平等无别的真实义;而萨钦·贡噶娘布的弟子昂续辛巴给他传授了许多密法。据载,他修持生起次第和圆满次第获得成就,具备各种神通。其主要护法神鸦面明王非常忠实地为他服务,听从他的役使。他曾从帕珠·多吉杰布学法。1170年多吉杰布圆寂后,他在帕珠丹萨梯寺住了几年。

1175年,尊追扎巴遵照塔波贡次的意思,在拉萨地区蔡庄园首领噶尔·杰哇迥乃的支持下,在拉萨东南约十公里的蔡巴地方修建了杨贡寺,通称为蔡巴寺。他又于1187年修建了贡塘寺,并造大佛像。为抢掠财物,为扩大自己的势力范围,他经常制造械斗事件。直到堆松钦巴从康区前来劝告,他才停止了这种争斗抢掠的行为。据载,因为尊追扎巴能够同一个时间内在七个地方显示七个化身，故有七个别号。平时，人们尊称他为卓哇贡布(众生依怙)，又另名为宇扎巴，因此，合称为“向蔡巴卓哇贡布宇扎巴”，叫尊追扎巴者反而甚少。

尊追扎巴和帕珠·多吉杰布于1151年一同前去岗布寺拜谒塔波拉杰。多吉杰布成为塔波拉杰的付法弟子，而尊追扎巴只就学于塔波贡巴·次程娘布门下，成为塔波拉杰的再传弟子。其原因，《贤者喜宴》中说，二人初谒塔波拉杰时，多吉杰布对塔波拉杰产生了许多殊胜信念，而尊追扎巴却产生了许多不净的分别心。

二、蔡巴噶举派的发展

蔡巴寺和贡塘寺是蔡巴噶举派的主寺，其住持由一个人同时担任。尊追扎巴去世后的寺院住持情况，在藏文史籍中记载不一。五世达赖喇嘛在其《西藏王臣记》中说，尊追扎巴的近侍达玛循努被认为是帝释天的化身，他在修贡塘寺时出力最多，故尊追扎巴去世后被委任为两寺住持。也有的史书说，因为达玛循努擅长政务，所以把寺院交托给他人，自己则去当地方官。我们根据《青史》和蔡巴噶举派僧人蔡巴·贡噶多吉的《红史》记载，对住持情况加以整理。

蔡巴寺和贡塘寺的第一任住持是尊追扎巴的弟子娘曼释迦益希(1147—1207)，他从1187至1207年，担任住持21年；第二任住持是强久益希，其生卒年不详，任职时间为1208至1210年；第三任住持为尊追扎巴的大弟子拉曲喀瓦·尼达沃(1144—1215)，他在位的时间为1211至1214年；第四任住持叫桑布本，生卒年不详，任职时间为1214至1231年，长达18年；第五任住持是桑杰娘布，生卒年不详，在位时间为1231至1237年，他是第一任住持娘曼释迦益希的侄子；第六任住持是桑杰娘布的弟弟桑杰循努，生卒年不详，在位时间为1238至1260年，共23年；第七任住持是桑杰娘布的弟弟阿阇黎夏仁之子贡嘎坚参，生卒年不详，任职时间为1260至1292年，长达33年。第八任住持是桑杰娘布的幼弟阿阇黎释迦沃之子桑杰仁钦，生卒年不详，在位时间为1292至1301年；第九任住持是释迦本(1295—1310)，任职时间为1301至1310年，他是桑杰仁钦之远亲。第十任住持是仁波且强久贝桑(1281—1356)，从1310至1356年间担任住持，任期长达46年，他是桑杰仁钦的姐姐仁钦本的儿子。此后，由京俄·扎巴西年(1232—1381)等人次第任住持。

尊追扎巴的弟子很多，他们除了护持和扩建蔡巴和贡塘两寺外，还在各地兴建寺院，广收门徒，不断扩大蔡巴噶举的影响。大弟子娘曼释迦益希出生在羊卓达隆地区的一个宁玛派咒师家中。他11岁就开始依止向蔡巴，成为其心传弟子；19岁受比丘戒。他曾依止过堆松钦巴、直贡·仁钦贝、达隆唐巴·扎西贝等许多著名上师。他40岁时担任蔡巴和贡塘寺的住持。释迦益希的弟子藏巴董枯巴·旺久扎西最初被迎请为西夏国上师，在西夏地区首次弘扬蔡巴噶举教法。西夏国被灭后，他被邀请到蒙古地区，在蒙古地区弘传蔡巴噶举教法。

拉曲喀瓦·尼达沃(1144—1215)出生在堆地区一个宁玛派咒师室家，从喇嘛向出家并受比丘戒。依止向上师达21年,获得加持和证悟。1187年建久普寺,1193年建拉曲寺,形成了一个中心,由喇嘛京俄、仁波且顿朗、喇嘛拔朗巴、桑杰久赛等人次第任住持。拉曲寺的住持都是择优委任的,而不是亲族传袭。尼达沃的弟子茹妥巴钦布在墨竹地区修建了茹妥和岗布寺;茹妥巴的弟子道丹孜巴(1165—1244)出生在阿里地区,1215年修建了萨隆寺;道丹孜巴的弟子又在工布和堆龙等地区修建了许多寺院。尼达沃的另一个弟子囊贡热巴兴建达噶寺,在阿里等地区大力弘扬蔡巴噶举。

拉日巴·南卡沃兴建邦雄寺,其弟子桑杰拉格、桑杰本等又在工布等地修建了寺院。

饶冈巴·尼玛喜饶(1150—1220)于1195年兴建饶冈寺,僧众达五百多人。由桑多(1180—1238)、循努仁钦(1203—1270)、仁钦喇嘛绛央(1258—1291)、云丹仁钦等人次第任饶冈寺住持。

卡热巴·堆瓦沃又称道丹亚巴僧格,于1181年兴建了卡热日贡寺,另外建了许多小的属寺。卡热寺的住持由其徒孙担任。

强久贝桑布(1281—1356)兴建了叶尔巴噶丹寺。主巴噶举派的创始人藏巴嘉热·益希多吉(1161—1211)也是向蔡巴尊追扎巴的弟子。他根据向蔡巴的授记,修建了隆堆寺;释迦沃在绛地方兴建寺院;扎那巴在浪卡子建扎那寺,在洛扎建扎那寺的属寺德庆寺和堆卡寺。

蔡巴噶举派是在蔡巴地区的地方势力噶尔家族的支持下发展起来的。自从蔡巴噶举派的创始人尊追扎巴和噶尔·杰哇迥乃结为供施关系后,他们用武力和宗教影响不断扩大势力范围,并逐步取代了其他地方势力在拉萨地区的地位,使整个拉萨地区趋于统一。在噶尔·杰哇迥乃的儿子桑杰欧珠任地方官时,元朝分封卫藏各地方势力为万户。蔡巴已是具有相当实力的政教合一地方势力,因此,被划分十三万户之一,桑杰欧珠为第一任蔡巴万户长。蔡巴地区原是忽必烈的份地,蔡巴噶举派曾遣使者到蒙古地区寻求靠山,忽必烈赐属民数千户,在划分十三万户时又划归数千户属民。桑杰欧珠的儿子仁钦坚参曾亲自到北京向元朝进贡,忽必烈赐给他土地、属民及金印、诰命。仁钦坚参的儿子尼玛喜饶和噶德贡布都多次进京朝贡,得到过元朝的大力支持。至此,蔡巴噶举派的实权落在了噶尔家族之手,作为一种教派的蔡巴噶举已成为政治的附属品。

作为政教合一的实体,蔡巴噶举在拉萨地区发展演进的历史中曾起到过重要的作用,也有过不少建树。从尊追扎巴开始,蔡巴噶举派的后嗣以及历任万户长除了管理和扩建、新建蔡巴噶举的寺院外,还长期有条不紊地管理过大昭寺,并多次修葺过大昭寺。据载,尊追扎巴的再传弟子拉杰格瓦本曾新修大昭寺神殿外的围墙,加固拉萨河堤,完成神殿楼上的四周屋檐;蔡巴万户长格德伯及其二子当政时期,曾为大昭寺塑造了法王、母后及文武吉祥天母的像,大规模地加固了拉萨河堤。

三、蔡巴噶举派衰落的原因

蔡巴噶举在蔡巴·贡噶多吉任万户长时达到顶峰,迅即走向衰落。蔡巴·贡噶多吉是西藏历史上的著名人物。他于1309年出生,为蔡巴万户长仲钦默兰多吉长子;1327年受任为万户长,次年进京朝见元帝,得到了丰厚的赏赐和万户长诏书。他任蔡巴万户长达28年之久,其间保护和修缮了蔡巴寺、贡塘寺、大昭寺和布达拉宫等,兴建了日邬格培寺。他曾迎请布顿·仁青珠,校勘纳塘版《甘珠尔》等藏区所有经藏,以金银汁书写编辑有260余部经籍的《蔡巴甘珠尔》,被藏族学者尊为范本。

蔡巴·贡噶多吉曾联合萨迦和雅桑的势力,共同和帕珠作战。结果被帕珠击败,蔡巴的辖区也几乎全部被帕珠夺取,蔡巴的势力从此一蹶不振,蔡巴万户府名存实亡。1352年,贡嘎多吉将万户长之职交给其弟扎巴喜饶,他本人出家受比丘戒,起法名格微洛追(善慧)。噶玛噶举黑帽系四世乳贝多吉由内地回藏时,被格微洛追迎请到蔡巴寺,讲授多种经论。蔡巴·贡噶多吉是知识渊博的大学者,在藏区被誉为"遍知司徒"。其著作有讲述蔡巴噶举派历史的《白史》,讲述王统传承的《花史》《贡塘喇嘛传记》《先父默兰多吉传记》及《红史》和《红史续集》等。其中,《红史》最为著名。该书从1346年开始写作,到贡嘎多吉圆寂前一年(1363年)完成,以手抄本传世。该书对此前卫藏的历史及宗教史作了系统的概括,叙述吐蕃王朝到萨迦、噶当、噶举等各教派的源流、世系和有关历史,对释迦世系、古印度和汉族、蒙古族的王统传承也分别作了介绍。该书大量引用藏汉文史料,是西藏最早的一部史书,对后世影响很大。目前,在国外有日文等多种译本及藏文排印本,国内亦有汉译本。

贡噶多吉之子格雷桑布曾经接受过元朝的司徒封号,其子孙在明朝仍有都指挥使的官衔,但已经没有多大实力。作为政教合一势力的蔡巴噶举,在政务方面,噶尔家族的子孙承袭万户长之职掌握政教大权;在教务方面,由尊追扎巴的后嗣担任住持,管理和护持寺院。蔡巴噶举没有采用活佛转世制,没有像噶玛噶举那样形成有巨大影响的活佛转世系统。随着蔡巴领主的失势,作为一个教派的蔡巴噶举派也日渐衰微。蔡巴寺和贡塘寺于元末改为桑浦寺的属寺,格鲁派兴起后,又改为格鲁派属寺。

第三节　拔绒噶举派

一、达玛旺久与拔绒噶举派的创立

"拔绒"是地名,在今西藏自治区那曲地区那曲县境内。1153年,塔波拉杰的弟子达玛旺久在拔绒兴建了拔绒谢珠曲科林寺,从此兴盛发展起来的教派称为拔绒噶举派,是塔波噶举四大派系之一。

拔绒噶举派的创始人达玛旺久(1127—1199)出生在拉萨北面的澎域地区,父名敦巴迥乃洛珠,母名觉姆洛琼玛。幼名崩觉。他8岁时从亲教师噶瓦达玛僧格和阿阇黎旺久循努出家,取名达玛旺久;从善知识甲域哇和博多哇的弟子珠布隆巴,听了噶当派教法。他21岁时前往岗布寺,师事塔波拉杰,成为塔波拉杰的大弟子之一。他系统地学习了噶举派教法,生起证悟。遵照上师的旨意,达玛旺久到28岁时来到玛尔巴译师加持过的拔绒地区,于1153年兴建拔绒谢珠曲科林(讲修法轮洲),并专事修行7年。他当时作了《噶举上师祈请》等二十九个方面的道歌。之后,他前往康区,开始收徒传法,并兴建了估措和洛德等寺院。后再次来到拔绒地区,不断扩建和增建寺院,广收门徒,讲经说法。他曾与达隆塘巴和直贡·仁钦贝相见并相互传法,主要讲授大手印。

达玛旺久的弟子很多,有四大弟子、四近侍、五传承弟子等。拔绒寺由其弟弟南卡坚参继任住持,10年后去世。之后,由其哥哥的小儿子扎巴喜饶强久(1181—1238)从1208至1238年间任住持。此人是直贡法主仁钦贝的弟子。在他任职期间,达玛旺久的著名弟子帝师热巴向拔绒寺献大供,建造了达玛旺久的金子灵塔。扎巴喜饶强久去世后,由其侄子旺久坚参(1197—1254)从1239至1254年间任住持。据《洛绒史籍》载,当时卫地区时局混乱,绛地区7年没有俗家民户,拔绒寺也只有15名师徒。扎巴喜饶强久的哥哥阿达尔娶有两个妻子,旺久坚参是大妻子所生的小儿子。他去世后,由阿达尔的小妾所生的大儿子旺久杰布(1189—1264)从1254至1264年间任住持。之后,其侄子旺久仁钦主持寺院6年。小妾的二儿子鲁古之子克巴钦布(1243—1311)从1270年至1311年间任住持。克巴钦布又名循努喜饶,曾从直贡迥仁波且听闻过发心仪轨,从八思巴学习过《喜金刚》等许多密法。1290年发生"直贡寺乱",卫藏地区动荡不安,但拔绒噶举未受损失。以后由喇嘛曲旺、僧格贝瓦、曲吉洛珠、次程嘉措等叔侄相继主持寺院。王森先生《西藏佛教发展史略》说:"后来,族中多有争执,堪布数数易人,此寺与教派渐归衰绝。"此派后来逐渐衰落,但并没有绝传,也没有采用活佛转世制。

达玛旺久的弟子中,最著名的是帝师热巴喜饶僧格(1164—1236)。他出生在当续地方,13岁时拜谒达玛旺久;15岁时从蔡巴·尊追扎巴、达隆塘巴等上师学习密法;18岁时见到直贡·仁钦贝,听了许多教法;19岁开始,师事蔡巴·尊追扎巴和桑杰贡巴达6年。他25岁出家受戒,26岁又前往拔绒寺,从达玛旺久学习塔波噶举的教法,心生大手印证悟。他34岁时受比丘戒;37岁时前往干曲,开始收徒传法。后来应邀前往西夏国,担任帝师,而且成为"汉地皇帝的大明应供上师,皇帝给他赐予帝师诰书"①。从帝师热巴传出的囊谦和仓萨两个较著名的系统,据载有18座属寺。

二、拔绒噶举派的主寺

关于拔绒噶举的主寺拔绒寺,在《青史》等藏文古籍中只说达玛旺久在"绛地方建了拔绒寺",并没有指出具体地点。刘立千、王森、王辅仁等先生认为,拔绒寺在今日喀则地区昂仁县境内。《藏汉大辞典》"拔绒寺"条说:"西藏自治区黑河(即那曲)县属桑雄地方一寺名",但紧接着在"拔绒·达玛旺久"条却自相矛盾:"……后于拉堆绛(后藏昂仁一带)建拔绒寺"。那曲县政协所编《那曲县各寺庙简史》说:1153年达玛旺久在那曲(即黑河)拔绒地方兴建了拔绒噶举的谢珠曲科林寺,而且对"拔绒"一词的来龙去脉作了一番考证。《噶举历史新编》也认为:"……兴建绛拔绒寺,位于今西藏自治区那曲县桑雄地

---

① 那曲县政协编:《那曲县各寺庙简史》,西藏人民出版社1993年版,第72页。

方。”

之所以造成上述歧义互见的结果，其主要原因可能在于对“绛”一词的理解不同。“绛”一词，根据《藏汉大辞典》有两义：(1)北方；(2)藏北牧区。其中第二种含义所说藏北牧区，其地理位置在今那曲地区，也就是我们常说的羌塘。另外，“绛”又是拉堆绛的简称，是指元朝划分卫藏地区为十三万户时的拉堆绛万户属地，其万户府在今日喀则地区昂仁县。许多著作和辞书就根据这个情况，断定拔绒寺在昂仁县。

那么，拔绒寺究竟在何处呢？在《昂仁县文物志》中，我们没有找到这个寺。《西藏通史》说拉堆绛万户包括今日喀则地区的拉孜和昂仁两县，但根据我们的调查，拉孜县境内也没有拔绒寺。出版于1993年的那曲县政协所编《那曲县各寺庙简史》说，达玛旺久所建的拔绒寺就是谢珠曲科林，而且对该寺维修重建后的情况作了介绍。这个说法是基本可信的。因此，《青史》等所说“绛”并非指拉堆绛，而是指藏北那曲[①]。

拔绒噶举派创立时期的气势不如噶玛、蔡巴、帕珠等派，后来更是默默无闻。然而，其传承至今流传不止。

第四节　帕珠噶举派

一、多吉杰布与帕珠噶举派的创建

帕珠噶举派是塔波噶举四大派系中繁衍最广的一个教派，创建人为塔波拉杰的弟子多吉杰布。多吉杰布的弟子又开创出直贡、达隆、主巴、雅桑、绰浦、修赛、叶巴、玛仓等八个支派，史称噶举八小派。其中直贡、达隆、主巴等教派在政治和宗教两方面都有过较大的影响和势力，而且流传至今。

帕珠噶举是在当地大贵族朗氏家族的支持下兴建发展起来的，后来朗氏家族成员兼任帕珠万户长和帕珠丹萨梯寺住持，开创了集族权、神权、政权于一身的先例。在西藏长期孕育的政教合一的制度，以最标准、最完善的形式从丹萨梯寺诞生。之后，其势力不断扩大。1351年，其首领绛曲坚参受封为大司徒。1354年，他统一了卫藏地区，取代萨迦派掌握西藏地方政权，直到17世纪中叶被推翻。在帕珠统治时期，西藏的经济和文化都得到很大的发展。

帕珠，全称为帕木珠巴。“帕木”系藏文音译，意即母猪，专指金刚亥母；“珠”亦系藏文音译，意为船。“帕珠”是地名，位于雅鲁藏布江北岸，在今桑日县境内。据说1158年，多吉杰布来到这里，根据这里的地形地貌和名称，认定这里就是上师所授记让自己修建道场、弘法利生的地方。他征得当地人同意后，在其山腰上修一茅棚，取名丹萨梯寺。从此，兴盛起来的教派称为帕木珠巴噶举派，简称帕珠噶举；一度掌握西藏大权的地方政

---

① 参见克珠群佩：《拔绒噶举派及其主寺拔绒寺》，《西藏民族学院学报》1997年第2期。

权,称为帕珠地方政权。

多吉杰布(金刚王,1110—1170)又称为帕木珠巴·多吉杰布,简称帕珠·多吉杰布,或直呼帕木珠巴,尊称为卓微贡布(众生怙主)。他出生在康区的直隆乃续地方,家族为韦氏,父名卧那阿塔尔,母名尊尼。他幼年丧失父母,到9岁时出家,取名多吉杰布,学习读写藏文和绘画佛像。他曾依止16位上师,学习显密诸教法,也向世人讲授《入菩萨行论》等。他22岁时前往卫藏,下榻于堆龙嘉玛尔寺,学习中观和因明以及慈氏法等;又从甲域哇等处听闻噶当派教法。他25岁时在素普寺受比丘戒,学习律仪,从玛尔·曲吉杰布处求得那若巴传承的《胜乐本续》及其秘诀;在噶译师循努贝处听受《胜乐五本尊法》《吉祥智慧四臂护法仪轨曼荼罗》以及《时轮六加行》等。到后藏后,他从萨钦·贡噶娘布等上师学习萨迦派的《道果法》和息结派的《梦境修》。他还曾学过宁玛派的《大圆满法》。总之,没有多吉杰布不懂的大论和秘诀。人称"曲仓巴",即法具者,意思是说,多吉杰布拥有卫藏地区各教派、各传承的教法。

当时,向蔡巴·尊追扎巴欲请多吉杰布作地方首领的上师,但他未允,偕向蔡巴前往岗布寺拜谒仰慕已久的塔波拉杰。塔波拉杰问他学过哪些法,他如实回答。塔波拉杰说:"听了这么些教法,有什么值得骄傲?龙树虽懂八万四千法门,但没有丝毫骄傲。"又问:"你修持过几年?"多吉杰布说:"修持过7年。"塔波拉杰说:"修持这么些时间,不必骄傲,我修持过40年。"塔波拉杰又问他有何验证,多吉杰布说自己曾验证过见道。塔波拉杰捏着手中的糌粑坨坨说:"你所谓的见道,不如我这糌粑坨坨。"结果多吉杰布多年修行所得的深厚的禅定功夫顷刻间消失了,同时他见到心识的本性,犹如遇见老熟人一样。塔波拉杰说:"这就是见道。我没有什么特别殊胜的密法,但我要给你传授噶举派传承的《大手印俱生合和》。"向蔡巴因为分别心太多,没有得到塔波拉杰的真传,而多吉杰布却成为塔波拉杰继承教法的四大弟子之首席。尽管多吉杰布依止塔波拉杰只有3年时间,但塔波拉杰圆寂时说:"我和多吉杰布之间没有丝毫差别,所以大家都要向他顶礼。"塔波拉杰去世后,多吉杰布继续住在岗布寺,协助塔波贡次护持岗布寺。后在温蔡岗(当在今乃东县温地方,而不在康区)收徒传法,向众徒传授以塔波噶举教授为主的教法。

塔波拉杰把噶当派的《道次第》和米拉日巴的《大手印》合二为一,形成塔波噶举派,而多吉杰布最初就学于噶当派门下,成器于塔波拉杰座前,获得了塔波噶举派的殊胜教法。因此,多吉杰布一生学法弘法的经历与塔波拉杰相似,而且他传法的特点亦与塔波拉杰相同,以显教为修行的指导思想,以密教为修行的方便,显密并传,讲修双具。他在温蔡岗时曾作《噶尔舞之九姿》,充分表现了熔噶当派教授与大手印于一炉的特点。

多吉杰布的弟子号称八百名,其中直贡·仁钦贝、达隆塘巴·扎西贝、林热巴·白玛多吉、格丹益西僧格等弟子在各地建寺收徒,形成直贡、达隆、主巴、雅桑等八小派。另外,还有很多弟子在卫藏、多康等地建寺传法,虽未形成有影响的教派,但增强了帕珠噶举派的势力,扩大了帕珠噶举的影响。

二、朗氏家族与帕珠噶举派的发展

依据《青史》的记载,多吉杰布圆寂后,从1170至1177年间丹萨梯寺没有住持。多吉杰布在世时常说:“我的丹萨梯寺将由一位十地居士来主持。”这位十地居士就是指直贡·仁钦贝。仁钦贝根据这一授记,又受丹萨梯寺上首弟子的祈求,从1177年至1179年间担任丹萨梯寺住持。但是,仁钦贝本人比较贫穷,而丹萨梯寺的堪布和一般僧人在生活方面有很高的要求,因此仁钦贝根据多吉杰布的授记抛弃住持位,前往羌塘地区教化众生,最后来到直贡地区。从1179年的下半年至1207年间,无人肯任丹萨梯寺住持。

在1198年,直贡·仁钦贝与达隆塘巴·扎西贝兴建了丹萨梯寺大殿,同时塑造了一些佛像,供献了许多经卷。当时,一个没有后嗣的大富人家把所有家产供献给了丹萨梯寺。由于昂续地方的头人认为本地人没有得到好处,决定拆毁丹萨梯寺,以占有寺内的财产。仁钦贝想不出万全之策,只好将经卷运到岗布寺,拿部分丹萨梯寺的财产来维修桑耶寺,并把自己铸造的多吉杰布灵塔迎请到直贡寺。

1208年,直贡·仁钦贝派京俄·扎巴迥乃至帕珠任丹萨梯寺住持。扎巴迥乃(1175—1255)是帕珠当地豪族朗氏家族的子弟。《朗氏家族史》载:“自天神种姓耶门杰波相传二十二代,家族辗转相传,被称为‘朗和拉思’。此时有在多堆勒竹吉巴地方出生,……名尊者扎巴迥乃,乃是拉思家族第一代噶举派僧人。”扎巴迥乃在18岁时来到直贡,师事仁钦贝,后作其侍寝,故称为“京俄”。他在任职期间专心弘法,少问政事,亦不管外界的是非曲直。1234年,直贡噶举第二任住持温·索朗扎巴去世,直贡替寺住持位空缺。在众人的要求之下,扎巴迥乃把丹萨梯寺住持位授给杰哇仁波且,自己担任直贡替寺住持,直到1255年示寂。在扎巴迥乃任直贡寺主期间,多达那波率领一支蒙古军队攻入西藏,焚毁了热振寺。蒙古军队到达直贡时,扎巴迥乃看到在军事上无法与蒙古军对抗,便“把西藏户口名册献给了多达那波”。多达那波在《请示迎请谁为宜的详禀》中所说的“荣誉德望”最高或“神通最大”者,就是这位京俄·扎巴迥乃。

杰哇仁波且(1203—1267),又名扎巴尊追,是京俄·扎巴迥乃的弟弟、帕珠地方官桑杰觉的儿子,他从1235年至1267年间担任丹萨梯寺住持。“在杰哇仁波且之前,帕珠噶举派中除了接受群众奉献农牧产品的布施外,没有建立自己的有行政管辖权的专门的寺属庄园等。到杰哇仁波且时候,在接受给帕珠的农牧产品布施的基础上,皇帝又下诏把蒙古皇子旭烈兀在西藏的份地,包括土地、房屋、属民等,交给帕珠噶举管理。最初任命丹玛官尊为直贡和帕珠的总管。后来多吉贝得到蒙古皇帝诏封,被任命为帕珠万户长。他前后三次去皇帝驾前。他在颇章岗、春堆扎喀等地建立了12个寺属庄园,使帕珠派的权势开始走向强盛”。“总之,在杰哇仁波且扎巴尊追的时期,帕珠派的权势得到发展,成为具有皇帝的诏书和赏赐物品的一个万户府”。①

扎巴尊追的弟弟居尼宁玛仁钦多吉(1218—1280)22岁时拜谒京俄·扎巴迥乃,25岁受比丘戒。他从1267至1280年间担任丹萨梯寺住持。他曾为桑哇仁波且造灵塔,这是首次在丹萨梯寺造灵塔。居尼巴任住持时期,万户长多吉贝去世,先后由多吉贝的弟弟循努坚参、洛扎雄德寺的亲教师仁钦坚参和羊卓雍湖边的喀尔巴家族的强久循努担任

① 《西藏通史》,陈庆英等译,第397页。

帕珠万户长。“但是,这三任万户长行为放荡,对帕珠万户没有什么建树”。[①]

京俄·扎巴迥乃的同父异母弟弟贡布坚参的孙子扎巴益希(1240—1288)自幼依止京俄·扎巴迥乃,在帕珠丹萨梯寺出家,曾赴萨迦寺拜谒八思巴。他从1280至1288年间担任丹萨梯寺住持。在扎巴益希任住持时期,由循努云丹担任万户长。此人贪酒好色,帕珠权势无有发展。

扎巴益希的弟弟尼曲扎巴仁钦(1250—1310)6岁时,京俄·扎巴迥乃示寂。他从1289至1310年间任丹萨梯寺住持。此时薛禅皇帝的帝师扎巴欧色和储王铁木儿不花给予扎巴仁钦担任帕珠万户长的诏书和虎头印,不另行委任万户长。13世纪中叶元朝设立卫藏十三万户时,帕珠地方被封为一万户,其长官称赤本,由丹萨梯寺住持荐举,呈元朝宣政院任命。扎巴仁钦兼任万户长后,称“喇本”。“喇”是“喇嘛”之“喇”,是上师之意,“本”是“赤本”之“本”,是官员之意。在《藏汉大辞典》中解释为“政教共主,政教合一制度中执掌政教两权的统治者”[②]。从此,帕珠地方的政教大权掌握在朗氏家族成员之手,开创了集族权、神权、政权于一身的先例,真正意义上的政教合一制度从此诞生。1290年,萨迦派打败了直贡派,发生了直贡寺乱,帕珠亦受到重大损失。扎巴仁钦在位时,赎回了在直贡寺乱时帕珠万户丧失的土地和属民等。

扎巴益希和扎巴仁钦的弟弟仁钦觉有两个妻子,共有六个儿子。其中策细仁波且扎巴坚参(1293—1360)从1310至1360年间担任丹萨梯寺座主。在扎巴坚参任住持时期,其兄坚参桑布前去元朝廷获得诏书和印章,担任帕珠万户长7年。后由坚参觉任万户长。这样,帕珠地方的政教又有所分开。

居尼萨玛扎巴嘉饶(1310—1370)是大司徒绛·曲坚参(1302—1364)的弟弟,也是策细仁波且扎巴坚参的同父异母弟弟。他从1360至1370年间担任丹萨梯寺住持。他继坚参桑布和坚参觉以非住持身份担任万户长后,1321年冲破重重阻碍,出任帕珠万户长。他励精图治,整顿内部,使帕珠政教力量逐渐强大。1351年,他兴建泽当寺,此寺是显教院。从绛曲坚参开始,帕珠噶举不仅重视密教修持,而且重视显教经论的讲听和辩论。不仅如此,泽当寺不分教派异同,经常邀请各派名僧学者来寺讲经辩经。一时间,泽当寺成为各教派僧人聚集、讨论佛法要义、检验所学真伪的一个中心。绛曲坚参先后击败雅桑、直贡、蔡巴等万户,最后进兵后藏,打败萨迦派,收缴萨迦本钦的大印,并得到元朝封给的大司徒名号和印章、诏书,约在1354年建立了帕珠地方政权。该政权在行政体制和法制等方面,制定了许多新的措施。帕珠地方的首领称第斯,绛曲坚参规定必须是朗氏家族子弟出家受戒并担任过泽当寺的座台才能继任第斯。在宗教方面,丹萨梯寺的住持和泽当寺的座主也由朗氏家族成员担任。

策细萨玛扎巴绛曲(1365—1386)是大司徒·绛曲坚参的弟弟索朗桑布的孙子。他先后受居士戒、出家戒和比丘戒。从1370年担任丹萨梯寺住持。因帕珠政权的第斯后

---

① 《西藏通史》,陈庆英等译,第397页。

② 孙怡荪主编:《藏汉大辞典》,第1913页。

继无人,1374 至 1381 年间,他兼任京俄(丹萨梯寺住持一般称京俄)和第二任帕珠第斯,即称"喇本"。他于 1381 年扶持索朗扎巴担任帕珠第斯,自己继任丹萨梯寺住持,直到 1386 年去世。宗喀巴大师曾拜扎巴绛曲为师,并撰写《京俄 · 扎巴绛曲贝桑布的故事 · 福力的须弥山》来表达对扎巴绛曲的敬仰。

索朗扎巴(1359—1408)是扎巴绛曲的异母弟,9 岁受居士戒,不久剃度出家。他 10 岁时担任泽当寺座主,广泛听法讲经。后受比丘戒。1381 年出任帕珠第斯。1386 年舍弃第斯的职位,就任丹萨梯寺住持。1405 年又把住持位授给贝丹桑布,自己遁世修行。据载,他曾用神通办成许多利生事业,也制伏了一些持邪见的佛教徒。

贝丹桑布(1383—1407)是第二任第斯释迦坚参的弟弟释迦仁钦的六个儿子中的第四个。他 3 岁受居士戒,8 岁时任泽当寺座主,9 岁学习《喜金刚续第二品》,后出家受比丘戒。他于 1405 至 1407 年间担任丹萨梯寺住持。在这期间,贝丹桑布的哥哥扎巴坚参(1374—1432)担任帕珠第斯。1388 年,明朝建文帝封扎巴坚参为王爵,并赐他金印。1406 年,明永乐帝又封他为阐化王,赐给他诏书和玉印。因此,人们通常称他为阐化王扎巴坚参。扎巴坚参时期,帕珠政权的权势达到鼎盛时期。在宗教方面,"他对各个教派的僧团都加以尊重,并多年担任守持喀且班钦的戒律传承的四部僧众住夏安居的施主。他还兴建了三座吉祥多门佛塔,写造金汁书写的大藏经《甘珠尔》,建了无数佛陀的身、语、意依止处(指佛像、佛经、佛塔)。他或者亲手建造,或者提供富足的资财,请人建造,并做出殊胜的设计安排。特别是宗喀巴大师创建拉萨祈愿大法会时,他捐献了很多资财,在兴建格鲁派的主寺甘丹寺时他担任主要的施主"①。扎巴坚参是第五任帕珠第斯,1385 至 1432 年在位。

索朗桑布(1380—1416)是贝丹桑布的哥哥,先后受居士戒、沙弥戒和比丘戒。1408 至 1416 年间任丹萨梯寺住持。

索朗坚参(1386—1434)是索朗桑布的弟弟,从 1417 至 1434 年担任丹萨梯寺住持和泽当寺座主。

三、仁蚌家族的兴起与帕珠派的衰落

《青史》说,从 1434 至 1453 年间,丹萨梯寺住持空缺。虽然长达 20 年内丹萨梯寺无人就任住持,但却得到了帕珠第斯阐化王扎巴迥乃的关心和支持。五世达赖喇嘛说,扎巴迥乃"虽然没有担任过丹萨梯和泽当两寺的法座,但是重要的教法由泽当寺传授,并由他任命讲说佛法的经师,还写造金汁《甘珠尔》,在政教两方面都遵循历代贡玛的善规"②。扎巴迥乃(1414—1445)是帕珠和仁蚌两家族通婚所生的第一代后裔。阐化王扎巴坚参的弟弟桑杰坚参先后从仁蚌家族中娶了两个妻子,生有扎巴迥乃和贡噶勒巴等儿子。扎巴迥乃于 1440 年得到明皇赐封他为阐化王的诏书,因此称王扎巴迥乃。《青史》

---

① 《西藏通史》,陈庆英等译,第 429 页。

② 五世达赖喇嘛:《西藏王臣记》,藏文版,民族出版社 1981 年版,第 149、152 页。

说："人主扎巴迥乃心思广大，显密经咒的学识十分广博，但是他想到法座宝座十分尊严，所以没有就任丹萨梯寺法座，但是对准备前往神山圣地的苦行僧们讲授了快捷修法。"《新红史》则说：扎巴迥乃"制订了惩罚邪恶及禁止饮酒的法律和戒律。同时又创办大供养。他对讲听佛法诸事极其重视……他成了京俄的代理人"。

1454年，第八任第斯阐化王贡噶勒巴（1433—1483）委任扎巴迥乃的儿子阿格旺布（1439—1490）为丹萨梯寺住持。但是，从1458年开始，贡噶勒巴自己兼任丹萨梯寺住持，而阿格旺布到扎喀、嘉桑两地避居了16年。1473年，阿格旺布又回到丹萨梯寺任住持，兼任帕珠第斯，为第八任第斯。在贡噶勒巴任第斯时期，仁蚌巴利用帕珠朗氏家族内部不和的时机，不断扩大自己的势力。第斯还按仁蚌·巴措杰多吉的主意，宣布泽当寺僧人都改戴红帽，强迫格鲁派僧人信奉噶举派，使噶玛巴为主的噶举派和格鲁派之间的斗争日趋激烈。

阿格旺布曾拜《青史》作者桂译师循努贝和噶玛噶举红帽四世活佛曲吉扎巴（又称曲扎益希）为师。他去世时，"因儿子年龄很小，很为担忧，身心十分痛苦，此时京俄·曲扎益希（即红帽四世）答应在其子未成年之前由他担任丹萨梯寺住持，并与丹萨梯寺和泽当寺的参与议事的大臣贵人一起认真办理政务，使第斯政权之声誉不受损害"①。噶玛噶举红帽系第四世活佛曲扎益希从1493年起担任丹萨梯寺住持，名义上是帕珠政权的总负责人，但实际上由仁蚌巴·措杰多吉担任帕珠摄政官的主要职责。帕珠政权已掌握在仁蚌巴家族成员之手。

阿格旺布的儿子阿旺扎西扎巴（1488—约1568），是帕珠政权的第九任第斯。这时期，红帽系第四世曲扎益希约于1513年辞去丹萨梯寺京俄职位，丹萨梯寺住持位再度空缺。直到1524年，曲扎益希在其驻锡地羊八井寺去世后，才由阿旺扎西扎巴的幼子扎巴迥乃担任丹萨梯寺住持。在阿旺扎西扎巴执政时期，以仁蚌巴为首的许多地方首领不断制造事端，其矛头直接对准帕珠政权。但在宗教方面，阿旺扎西扎巴"写造了许多部金汁大藏经，新造许多幅缎绣唐卡，对佛教建立了广大功业。他对宗教派别不执偏见，对各派尊重服事，给以大力支持"②。1565年，阿旺扎西扎巴被明朝皇帝"封为阐化王、灌顶国师法王之职"③。

帕珠噶举是在帕珠地方首领朗氏家族的支持下兴盛和发展起来的，其创建人帕珠·多吉杰布去世后由其弟子直贡·仁钦贝短期任丹萨梯寺住持。之后，从直贡·仁钦贝的弟子扎巴迥乃开始，除了噶玛噶举红帽系第四世活佛曲扎益希在朗氏家族最困难时期担任20年丹萨梯寺住持外，基本上由朗氏家族成员担任丹萨梯寺住持，因此一直未采用活佛转世制。元朝时，帕珠地方被封为万户府，虽然帕珠噶举成为政治的附属品，但还是得到了发展。元末时，帕珠万户在历辈首领的努力下，尤其是由于大司徒·绛曲坚参的奋斗，成为西藏各万户中实力最为强大的一个，而且最终打败其他万户，推翻了萨迦政

---

① 五世达赖喇嘛：《西藏王臣记》，藏文版，第149、152页。

② 《西藏通史》，陈庆英等译，第440页。

③ 东噶·洛桑赤列：《论西藏政教合一制度》，藏文版，民族出版社1981年版，第85页。

权，建立了帕珠地方政权。明代，随着帕珠地方政权权势的扩大，帕珠噶举的发展也达到了鼎盛。泽当寺建立后，成为西藏著名的讲听显教经论的一个中心，西藏各教派的高僧大德常云集在这里，研究和讨论佛教义理，大大地推动了西藏佛教事业，加强了各教派之间的交流。

丹萨梯寺位于雅鲁藏布江南岸，在泽当古镇的东北方向；泽当寺位于雅隆河谷中心地泽当镇，两寺一江之隔，遥相呼应。丹萨梯寺中虽然传授显教理论和戒律仪轨，但更侧重于修持以"大手印"为主的密教法要；而泽当寺是显教经院，重在对显教理论的学习和研究。当时的西藏地方政权帕珠政权的首府又建立在离泽当寺不远的乃东孜（今乃东县人民政府所在地），从乃东到泽当寺再到丹萨梯寺，成为当时西藏政治、经济和文化的中心。15 世纪后期，仁蚌巴家族兴起，帕珠地方政权日渐衰落，帕珠噶举随之走下坡路。到 17 世纪时，五世达赖喇嘛建立了甘丹颇章政权，帕珠政权彻底灭亡，帕珠噶举也一蹶不振。虽然其主要道场丹萨梯寺曾是山南地区最大、最富有的寺院，但是，自帕珠政权被推翻后，丹萨梯寺也就不再有昔日的风光。

第十二章　帕珠噶举派的八小派系

帕珠·多吉杰布的弟子在卫藏多康各地建寺收徒，大力弘扬噶举派教法，其中声势较大的有直贡、达隆、主巴、雅桑、绰浦、修赛、叶巴、玛仓等支系，史称“噶举八小支系”。由于这些支系系帕珠·多吉杰布的弟子所建，归属于帕珠噶举派，故而称为小派。实际上，它们从创建之日起就形成了各自的特点，有些教派在政治和宗教上的势力和影响并不亚于塔波噶举四大派，而且主巴、直贡、达隆等派系绵延不绝，流传至今。

第一节　直贡噶举派

一、直贡派的创立与发展

“直贡”是地名，又译“止贡”、“枳孔”等，《明史》等汉文史料作“必力工”，在今西藏自治区墨竹工卡县境内，地当拉萨吉曲河上游的秀绒江畔。该地为前藏中心，处在康藏交通要口，农牧杂处，人口稠密，经济发达。元朝对直贡极为重视，封为万户府，其万户长领宣慰使之职，使其稳然居前藏各万户之领袖地位，成为前藏三大实力最强的万户府之首。因此，直贡派得以纵横捭阖，先是联络西蒙古与忽必烈支持的萨迦政权抗争；次则联络蔡巴、雅桑两派与帕珠万户开战；再则同噶玛派合作，与新兴的格鲁派为敌。从12世纪至17世纪，在西藏社会的风云变幻之中，许多事件都与直贡派有关联。

在宗教方面，元朝时期的直贡派京俄·扎巴迥乃德高望众；明代，直贡替寺住持仁钦旺杰被赐封为阐教王；直贡派开创的每逢猴年举办的大法会和转神山活动，以及直贡替寺独具特色的噶尔羌姆神舞等远近闻名。直贡派宗教事业发展迅速，僧侣队伍庞大，有谚云：“山皆直贡山，坝皆直贡坝。”

藏文史籍中关于直贡派历史的记载，详略不一，最详尽最完善的应推《直贡法嗣》。《直贡法嗣》的作者直贡·旦增班玛坚参系直贡替寺第二十八任住持，生于1770年，1788年任住持。《直贡法嗣》成书于1800年，于1803年校正抄清。作者自云：《直贡法嗣》系根据《宝鬘》《莲花鬘》《水晶鬘》等直贡噶举诸先师所作历代住持传记编写的集大成者，在住持的生卒年代和任职时间方面还参考了《贤者喜宴》《青史》等史籍,“以使臻于完善详尽”。《直贡法嗣》全名为《了义佛法心要怙主大直贡传承法源·金鬘》,1989年西藏藏文古籍出版社出版,1995年西藏人民出版社出版了克珠群佩的汉译本。我们在介绍直贡噶举派时,以《直贡法嗣》为主,同时参照其他藏汉文历史和宗教书籍。

直贡噶举派的创始人是仁钦贝(宝吉祥,1143—1217),其梵文名为热那室利,又尊称为觉巴仁波且(救宝)和吉丹贡(世间怙主),或吉丹松吉贡(三世间怙主),还有尊巴杰和多吉贝等名字。仁钦贝就出生在多康邓柯的居惹氏家族,地当今四川省邓柯。居惹氏是邓柯地方著名的大族,传说该族与格萨尔王和林葱土司家族有亲缘关系。

仁钦贝自小从父亲学习怖畏金刚法。后父亲去世,家境贫穷,八九岁就为人念经,以所得酬金养活母亲与姐妹。他曾“从热振贡巴处听受了噶当派的教法”,后闻帕珠·多吉杰布之名,于1167年从康区跋涉千里专程到丹萨梯寺,投于多吉杰布门下。帕珠巴让仁钦贝先修发菩提心,这是噶当派的基本教法,然后把显密所有甚深教法,“就像把水从一个瓶子注入另一个瓶子一样,全部传授给仁钦贝”。仁钦贝总是把周围的僧众和寺院四周的花草树木等一切都视作上师的化身,心中生起无限的敬信。他向寺里的每个僧人都顶礼三次以示尊敬,“其他人起初说他装模作样,后来都说他是个敬信究竟者”。据载,一次,多吉杰布给林热巴、达隆塘巴和仁钦贝三人各一庹氆氇,命令各作一顶修行帽子。仁钦贝加了些氆氇,做了一顶超过另外两人的特大修行帽子,来表明未来修行成就大,教派昌盛。又有一次,上师对达隆塘巴和仁钦贝说:“雅恰藏布的水,今天好像在往上流,你们去看个究竟。”两人都去看了。达隆塘巴说:“江水正在往下流。”仁钦贝则禀报说:“江水正在往上流,把卫藏多康三地都淹了。”意谓帕珠噶举教法将淹没卫藏多康三地。他精通缘起,具备成办广大事业的因缘,人们称其为“缘起究竟获得者。”多吉杰布常说:“我的丹萨梯寺将由一位十地居士来住持。”某日大法会散时,多吉杰布把仁钦贝单独留下来,让他身结毗卢七支法坐姿,口念嗡啊吽,用手杖顶住仁钦贝胸口说:“你将获得大禅定。”

仁钦贝依止帕珠巴二年零八个月后,又跟从多位上师学习。仁钦贝认为,“遮罪和自性罪应一致,大手印和戒律应一致”,为此,1177年从帕珠·多吉杰布的弟子松托巴出家,受沙弥戒和比丘戒,并系统地学习戒律。当年,他出任丹萨梯寺住持。由于丹萨梯寺自帕珠巴示寂后住持乏人,僧众处于涣散状态,难以管理,而仁钦贝本身是个贫穷的僧人,没有大施主支持,无力负担寺院支出,加之他那时声望不高,部分寺僧不服他,所以,被迫离开丹萨梯寺,前往藏北草原游方,在当雄等地讲经说法,得到了许多供养。1179年,仁钦贝来到直贡替地方,从木雅·贡仁的门徒手里接收了一座小庙。他以此庙为依托,顽强努力,终于创建了直贡替寺(名为直贡菩提洲大寺)和直贡噶举派。当时“属于西藏地方九大神系的拔拉神、赞魔索热,……等都追随和皈依至尊仁钦贝,并向他请求传授居士戒”。“至尊虽住直贡,但仍关心着丹萨梯寺,……至尊铸造了众生怙主帕木珠巴的金铜吉祥灵塔。从此就有了铸造吉祥灵塔的传统。”

帕珠·多吉杰布门下弟子众多,杰出之辈不少。谁能登上丹萨梯寺的法座,谁就是帕珠噶举的教主。《直贡法嗣》故曰:“不谈别的,光从主持丹萨梯寺来讲,觉巴仁波且曾担任丹萨梯寺住持,而达隆塘巴从未任丹萨梯寺住持,因此,达隆塘巴应该而且必须向至尊仁钦贝顶礼膜拜,视仁钦贝为上师。”出于这样的考虑,1208年,仁钦贝派其近侍京俄·扎巴迥乃出任丹萨梯寺住持,从此,帕珠丹萨梯寺转入朗氏家族手中,而且直接受直贡派的控制。

“至尊仁钦贝的最初的修持本尊为怖畏金刚,自谒见帕珠大师并获得灌顶教诫后,主要本尊为铃尊者传规的胜乐金刚俱生五尊”。而杂日神山、拉齐雪岭、冈底斯山均各被视为胜乐金刚二十四胜域之一。塔波拉杰曾开辟了杂日山朝山转经路线;冈底斯山则因米拉日巴曾隐修于此,并与苯教徒斗法而传佳话。仁钦贝曾派二千七百名僧人到三圣地去建点、居山隐修。《直贡法嗣》说:“之后,僧众队伍不断扩大,有二千七百名僧人派往三圣地,但来年所聚弟子竟达十三万之多。”我们尚未见到仁钦贝与当地豪强、封建势力建立关系的史料,但在《直贡法嗣》中说:“西藏的所有封建领主,以及印度、汉地、木雅、果洛、霍尔等地国王都敬奉仁钦贝,并常来献供。”派往冈底斯山的僧人得到了古格法王赤·扎西德赞、拉达克土王拉钦·俄珠贡、普兰土王拉钦·塔查赤巴等人支持。他们在阿里三围地区建立寺院,并为那些土王传戒、灌顶。这些土王也向直贡派僧人奉献寺庙、庄园和财物。之后又数次派人到三圣地,“以大班智达古杨岗巴为首的五万五千五百二十五名僧人被派往冈底斯山去修行;以善知识雅茹贝扎为首的五万五千五百二十五名僧人被派往拉齐雪岭去修行;以密宗师国沃且为首的五万五千五百二十五名僧人被派往杂日山去修行”。

“至尊仁钦贝在先后讲话中,明释一切显密论典。无与伦比的《正法一密意趣·金刚语》共一百五十,加上四十遗补,由京俄·谢迥结集”,成为本派的根本教法。萨迦派学者柱加莫后来投入直贡派,也曾结集仁钦贝的教授,成书《大乘佛法心要》。仁钦贝的大手印前导《五具》说:“大手印法如狮子,若无五具即无眼。”《五具》谓:一修菩提心,二修上师观,三修自身为本尊,四修无分别观,五修发愿回向。《五具》中把修菩提心作为第一要具。《土观宗派源流》说:“噶举派中,有此教授,事业所以宏大。”仁钦贝不仅重视修菩提心,而且严持戒律。他出家前如此,出家后更是坚守比丘戒。

仁钦贝的弟子很多,最亲近的是二位京俄。京俄·扎迥的事迹已在前面有关章节中介绍过。京俄·谢迥是康区人,任仁钦贝的侍寝,“一刻不离上师左右,结集了《金刚语》等上师的言教”。他后到上部阿里地区传教,兴建冈底斯寺和玉如寺。“上部地区的佛法事业得以发展也全赖于此尊者的恩惠”。

聂钦布·杰哇拉囊巴的家境富裕,曾向仁钦贝敬献丰厚大供达三次,在藏北建拉囊寺,聚徒近千名。大成就者噶尔是康区噶尔氏家族人,精通怖畏金刚生起次第,获得成就,神通广大,在工布建噶尔萨寺,在布沃建普隆寺。“密宗师雅茹贝扎修建拉齐寺,另外在吉仲建造四百二十八处修行圣地,有的至今犹存”。俄吉帝师热巴曾为木雅国帝师。

仁钦贝去世以前,曾商议过寺院以后的继承问题,“诸大弟子想,大弟子有能力暂且主持护佑众弟子的寺院,但是从长远考虑,还是由官宦人家来弘扬圣法”。当时西藏活佛转世制度尚未形成,噶当派是师徒相承,宁玛、萨迦派则采取父子继承方式。仁钦贝是个持戒严谨的比丘，本人无子嗣，所以决定采取家族叔侄继承方式。于是，仁钦贝派弟子贝钦室利到康区，迎请居惹家族成员到直贡来主持寺院。但当时其侄子学法尚未有成，仁钦贝遂嘱托京俄·谢迥主持直贡替寺，但京俄始终未从。因此，仁钦贝临寂时，把直贡替寺委托给堪钦古热瓦。按《直贡法嗣》说法，堪钦古热瓦是第一任直贡替寺住持。

堪钦古热瓦(1154—1220)　本名次程多吉，曾主持乌堆古热寺并任亲教师，故称堪钦古热瓦。他45岁时来到直贡替寺，不离仁钦贝左右，尽得其所传。多年任直贡替寺亲教师。1217至1220年间任直贡替寺住持。

第二任住持温顿·索朗扎巴(1187—1234)　仁钦贝堂兄之长子。《直贡法嗣》说他生于1199年，卒于1247年。这与11岁见仁钦贝、31岁时仁钦贝示寂等事实相矛盾，所以我们采用《青史》等史籍的说法。他在仁钦贝座前剃度出家，13岁时开始泥封闭关修持，主修《喜金刚》，遵行素食和一日一斋的戒条。到31岁时，仁钦贝入灭，众弟子祈求他出任住持，但是他以4年闭关静修之誓愿尚未实现为理由，把寺院的住持权授给堪钦古热瓦。他在1221至1234年间任住持。“平时上半月每日上午静修，下午传法，下半月总是绝断言语，闭关修行”。

第三任住持京俄·扎巴迥乃(1175—1255)　帕珠地区朗氏家族人。18岁依止仁钦贝并充当近侍，曾任帕珠丹萨梯寺住持。1234至1255年间任直贡替寺住持。据《贤者喜宴》说，1240年蒙古兵到西藏，热振等寺的许多僧人被杀，直贡贡巴(政务官)释迦仁钦也被蒙军擒获，京俄仁波且用神力让天降石雨，故此直贡替寺未遭破坏。“自从至尊仁钦贝往生净土后，京俄·扎巴迥乃成为雪域大地所有大善知识中无以匹敌的大智者，在萨迦班智达之父至尊扎巴坚参圆寂时，被迎请为首席客人”。在《朗氏家族史》中有“萨迦班智达致京俄大师的邀请信”。

第四任住持迥·多吉扎巴(1210—1278)　他是第二任住持温顿·索朗扎巴的幼弟。他6岁随父母到直贡，从仁钦贝出家。他被认为是谛洛巴的化身。他21岁起在邓柯闭关修行，长达13年。他与噶玛噶举派关系较好。从《贤者喜宴》和《直贡法嗣》看，当噶玛拔希与八思巴在忽必烈前争宠时，他明显站在噶玛拔希这一边。其后噶玛拔希曾访问直贡替寺，书中说：“彼此同心同德。”从此以后，两派来往不断，直贡后裔多拜噶玛巴为师，从之学法。他曾聚徒18万人，修建了有180根柱子的大殿。他努力与数进西藏的蒙古军队搞好关系，使西藏的寺院和居民不受侵犯。到塔波地区时修建杰桑寺，当地人把塔波垅巴、罗林和康萨尔等地献给寺院，作为寺院的庄园。他在1255至1278年间任住持。在他任期内，元朝在西藏设立十三万户府，直贡贡巴获得万户长的封号。《新红史》说：“在延续至第五任(视仁钦贝为第一任)住持迥仁波且(即多吉扎巴)时，贡巴获得万户长敕封，其权势达到恰及达以内。”可以说，直贡派在扎巴迥乃时期力图扩大影响，并搞好与各方面的关系，以求得稳定；在多吉扎巴时候则取得长足发展。此二人任内，使直贡派得以雄踞一方，稳居前藏领袖地位。

第五任住持妥卡巴·仁钦僧格(1226—1284)　他是温仁波且和迥仁波且的侄子，在1279至1284年间任住持。

第六任住持仓解巴·扎巴索朗(1238—1286)　他是仁钦僧格的三弟。在1284至1286年期间任住持。妥卡巴和仓解巴两兄弟在位时间不长,而且大部分时间用于闭关静修。"妥卡巴"意即居于金殿楼上的修行者,而"仓解巴"是闭关修行者之意,因此,直贡派的大权旁落直贡政务官贡巴之手。

13世纪50年代,八思巴受封帝师,继而受命管理西藏地方。萨迦派当然有意将势力自后藏扩张至前藏,取得前藏的统治权。直贡万户与萨迦本钦一样,有过宣慰使的头衔,这是元宣政院所属地方职官品级最高的头衔,而直贡派的势力这时正在急剧膨胀,直贡万户出于政治、经济、教派利益的需要,力图与萨迦派分庭抗礼。《直贡法嗣》说:直贡万户府的官员萨钦多贝和噶玛多斯等曾扬言,要让全西藏成为直贡派的属民,并说在西藏以贡巴释仁为最尊。

二、直贡派的几度兴衰

就在直贡与萨迦两派的矛盾日趋尖锐之时,仓解巴示寂,居惹家族后嗣尚年幼,因此由迥仁波且的弟子**觉依巴·多吉益希**(1223—1293)出任第七任住持。据《直贡法嗣》说,把直贡替寺的住持位交给依氏,本身就违背了仁钦贝的遗嘱,而觉依巴又做了许多违背仁钦贝授记的事,加上他出任住持时已经62岁了,根本无力控制当时的政治局面。《西藏王臣记》说:"到了第三、四代直贡贡巴时,与萨迦派失和。"直贡贡巴(兼任万户长)与西蒙古军队相勾结,企图打败萨迦派。维护萨迦政权,稳定西藏政局,是忽必烈时的根本政策。1290年,元朝派来大军与西藏各万户军队一起在江孜山下击溃直贡与西蒙古联军,直贡贡巴被擒获处死。元军进而攻入直贡地区,烧毁了直贡替寺。"无数所依(佛经、佛像等),烧成灰烬,许多僧徒被杀";"直贡地区大多数俗人流浪他乡,房屋遭到毁坏,所有土地上长满高高的茅草,弄得长期不安"。这就是有名的"直贡寺乱",藏文称"直贡林洛"。

"直贡寺乱"时,觉依巴带着居惹族后裔久尼仁波且兄弟逃到工布。据《直贡法嗣》载,"在杂日山修行的直贡派僧人日巴那布把谋乱分子赶到汉地边界处决,并向忽必烈写了许多言辞激烈的信";"萨迦康萨瓦帝师来到皇帝御前,作了详细彻底的请示",对于忽必烈来说,只要直贡派断绝与西蒙古的联系,只要西藏能保持安定的局面,就适可而止。于是,"皇帝给直贡寺赐予无量内外所用财物,把卫藏地区的一万户属民赐给直贡寺,并下诏立即修复直贡替寺;赐囊嘎阿阇黎益希贝以世代相袭的诏书及虎头印,授封为贡巴职位",以示安抚。

第八任住持多吉仁钦(1278—1214)　妥卡瓦的侄孙,被称为萨乐和的化身。又因他十二日示寂,后人称其为"久尼仁波且"。他于1296至1314年间在位,修复了"上师寝宫金殿,大静殿果芒神殿,比丘小禅房一千八百间","徒弟人数达十三万"。噶玛黑帽三世让迥多吉也以财物资助修复直贡替寺。直贡派的元气有了一定程度的恢复。

第九任住持多吉杰布(1284—1350)　多吉仁钦之二弟。因卒于二十八日,故又称"尼结巴",被认为是莲花生的化身。他在1314至1350年间任住持。他继续修建殿堂、佛像、佛塔，并“用蓝纸和金粉，缮写了《律藏》等许多经论”。但在他任期内，直贡万户又联合雅桑和蔡巴两派与帕珠万户相互争斗不已。帕珠派先打败雅桑，继而打败蔡巴，1349年征服直贡，并把直贡替寺大殿置于其监管之下。直贡贡巴一职也改由帕珠巴任命。《直贡法嗣》说：“从仁钦贝开始，直贡寺与帕珠丹萨梯之间有着密切联系。但是由于贡巴滚噶仁钦对帕珠声称要造反，从此直贡寺和丹萨梯寺失去了联系。”承认其事件的主要责任在直贡万户长即直贡贡巴。《直贡法嗣》还说：直贡派“焚毁了噶当派的十三座寺院”。

第十任住持尼涅巴·曲吉杰布(1335—1407)　尼结巴·多吉杰布的侄子，在1351至1395年间任住持。他一生精研佛法，有《五具宝鬘》《俱生和合》《六法注解》等许多著作，并曾向噶玛·乳贝多吉求法。1383年，宗喀巴从青海到西藏，拜见的第一位上师就是曲吉杰布，并从他学了五具、六法等。他除了遵循旧规，夏季传授《大手印》《五具》，冬季传授《那若六法》外，又开创春季传授《大乘佛法心要》，秋季传授《敬信命轮》的传规。他任住持不久，帕珠派推翻了萨迦政权，建立帕珠地方政权，万户制改为宗基制。61岁时他把住持位授予侄子顿珠杰布，自己专事修行。

第十一任住持顿珠杰布(1369—1427)　1395至1427年间在位。由于他没有兄弟姐妹，为不使居惹家族后裔断绝，遂为他娶妻。以后四代住持就由父子相袭。他出任住持时，出家受比丘戒。直贡派住持受比丘戒时，一般都迎请继承大班智达释迦室利传规的曲隆寺僧团为授戒亲教师，顿珠杰布也不例外。《直贡法嗣》说：“此时，寺中的僧众也鬼迷心窍，追随那些只追求外在形式的善知识，而抛弃了修证甚深瑜伽的实修派传规”；而那些“与正法背道而驰的善知识，利诱那些俗官，舍弃讲修佛法精要之事”。又说：“从顿珠杰布在位时期起，直贡大权旁落魔掌，讲听佛法事业难以得到发展。除一些经藏义理得以传播外，直贡派的密法基本上失传。”看来其叔父提前退居是有原因的。

第十二任住持仁钦旺杰(1394—?)　顿珠杰布之独子。由于这时担任直贡贡巴(即宗基)的家族断嗣，仁钦旺杰兼任贡巴之职，掌管直贡政务，并娶妻生子。1413年，他被明永乐皇帝册封为阐教王，因此称为达布王·仁钦旺杰。后从其父顿珠杰布出家受戒。他领兵与蒙古作战时，看到死尸遍野，感到罪孽深重，于是舍弃贡巴之职，闭关修行。顿珠杰布示寂后，“在众人一再请求下，护佑僧公、主持寺院一个半月后，悄然逃到汉地五台山去了”。

第十三任住持仁钦贝桑(1421—1469)　仁钦旺杰的独子。7岁时祖父去世，其父亲又逃离直贡，居惹家族仅剩下这个幼童。15岁时出任住持，并兼任贡巴，集政教大权于一身。他先后娶了阿里王公主和康区噶尔家族一女子为妻，各生一子，长子仁钦曲吉杰布后来袭封阐教王，次子仁钦曲吉坚参继任住持。其传记中没有记载他出家受戒之事，而是说：“那些鬼使神差的上首近侍，接近一位名叫仁钦沃的邪见上师，而远离那些清净善知识。”而且那些近侍阻拦仁钦贝桑接近清净善知识。看来他虽兼住持、贡巴两职，但为近侍所左右。《直贡法嗣》还说：“其结果，使得实修派的诸法以及自从至尊尼涅巴开始流传的许多续部修供仪轨都长期失传。”最后仁钦贝桑无奈而逝。

第十四任住持仁钦曲吉坚参(1449—1484)　仁钦贝桑之次子,被称为是金刚手化身。又因为死于初十五日,故称久阿巴。1479至1484年间任住持。在20岁之前只能从邪见阿阇黎仁钦沃,“无缘再依止其他清净善知识”。20岁从曲隆寺僧人出家受沙弥戒。21岁丧父,因其兄没有子嗣,所以他又还俗娶妻,生有三子一女。《直贡法嗣》说:“一些鬼使神差的主要近侍,……为了断绝主巴噶举的传承,准备取下其座主的头,对第斯帕木珠巴也做了许多丢人的丑事。”久阿巴“目睹这一切,心中悲痛万分”,郁郁而终。

其兄仁钦曲杰(1448—1504)袭封阐教王,是一个力图振兴本派教法的人。他曾拒绝久阿巴让他出任住持的请求,亲赴达隆寺,向达隆巴·阿旺扎巴顶礼求法,“使得所有属于直贡管辖的人,尤其是那些被神使鬼差的无缘之辈,极其忿怒,叫骂不绝”。但他置之不顾,向达隆巴学习了《大手印五具》《那若六法》以及仁钦贝的各种论述和法要、塔波噶举诸大师文集等。“另外从一些上师处听了许多噶当派教法,成为有学有修的贤哲”。《达隆教史》中亦说:“总之,当时直贡教法之所以未断,全是阿旺扎巴的恩惠。”另外,他还迎请噶玛·曲扎嘉措到直贡,从之听法,并议定两派相互交换亲教师和轨范师等事项。久阿巴示寂后,有人劝请仁钦曲杰出任住持,他“始终没有答应,仍以出世戒行,持守卑贱处”。但当他自己在藏北和卫地的豁卡被一些倒行逆施的人占用,并对他有欺侮言行时,这位阐教王无能为力,只好置若罔闻。这时“直贡地区的多数人,都被持邪见的师长所控制”。他们又野心勃勃地准备与新兴的格鲁派及其施主帕珠政权来较量一番。西藏社会在帕珠政权统治下,经过了一百多年相对安定的时期后,又经历了一场大动荡。

第十五任住持贡噶仁钦(1475—1527)　久阿巴的次子,全名贡噶仁钦贝桑布。他17岁时受沙弥戒,20岁受比丘戒。在1494至1527年间任住持。此前,直贡住持位空悬达10年之久。贡巴一职初由贡噶仁钦的母亲担任,其后以年迈为由,让直贡寺下院的轨范师绛曲仁钦的侄子贡布坚参担任。贡噶仁钦在位时期,西藏社会进入多事之秋,各地方势力之间、各教派之间矛盾四起。1481年,仁蚌·顿月多吉进军前藏,1497年仁蚌巴控制拉萨。1500年,“顿月多吉同时邀请噶玛红帽四世曲扎益希和贡噶仁钦到吉续”。从此,直贡派加入到仁蚌政权和噶玛派行列,合力对付格鲁派和帕珠派。《直贡法嗣》说:“1516年卫藏间发生战乱,直贡佛教也受到损害。……贡噶仁钦陈述直贡寺与帕珠丹萨梯寺之间的友好历史,但只是有助于我军顺利分散,而没有取得实质性的效益”;“不久乃东巴(即帕珠政权)举大兵,……直逼墨竹地区,我方由贡巴贡布坚参迅速带兵前去迎战”。1518年,帕珠派迫使仁蚌巴势力退出拉萨地区。1519年,贡噶仁钦前往羊八井寺谒见曲扎益希,密商仁蚌巴退出拉萨后的对策。1521年前后直贡派又与沃卡达孜宗发生争战,“我方大军将沃卡瓦军队人财俱获,于是带走一些主仆作为人质”。

关于直贡派与格鲁派之间的斗争,在《西藏王臣记》中载:“原先直贡派与噶丹派(即格鲁派)在政教两方面有着密切联系,但是这位住持(即贡噶仁钦)迫使直贡属下的格鲁派寺院的僧人改变僧帽(改黄帽为红帽,即改格鲁派为噶举派),并武力威胁其他寺院。几乎无时不兴兵作乱,对直贡噶举没有做什么有益事就圆寂了。”东噶·洛桑赤列在《论西藏政教合一制度》中说:“1526年,直贡住持贡噶仁钦督率工布和雪卡士兵,抢占了在直贡和墨竹地区的属于噶丹寺的庄园，因此，直贡派和格鲁派之间爆发了战争。”又云：“1537年，……直贡派夺得了格鲁派在直贡和墨竹一带的十八座大小寺庙，并改变了这些寺庙的僧人帽子颜色。”《直贡法嗣》也承认直贡派与帕珠派和格鲁派之间之所以产生矛盾，以致刀剑相见，其责任在直贡派，但把这个责任又全推在直贡政务官贡巴贡布坚参的身上。“以前，山居噶丹派与直贡派之间，在政教各方面的关系都很密切，只因贡巴贡布坚参把澎域地区收归我方，使克珠门朗白瓦不满，故有噶丹派僧兵的进犯。而且直贡与帕珠之间也出现了许多相互抱怨之事。我万户府内一些人也多次挑动战乱，让格鲁派诸寺改宗……”

直贡派除了与其他地方势力和教派之间的矛盾非常尖锐外，其内部矛盾和斗争也日益突出。《直贡法嗣》说：“以后，诸喇嘛之间不和，尤其是同依轨范师的关系不断恶化，因此拉章也被拆毁，……曲果喇嘛流亡在外，此师承也消亡了。”依轨范师是指贡巴贡布坚参之父绛央仁钦。他是直贡寺下院的轨范师，修建森康依拉章（西寝宫），人称依巴，是当时一个实力人物，又是宁玛派密法的倡导者。直贡住持与实力派之间的矛盾是长期存在的。依拉章被拆，“把其中的三佛田分放在直贡寺的上下禅院内”，这是矛盾激化的结果。曲果瓦师承始自仁钦贝时，“因委任依译师为向未听过密法讲解者先传授开启法门灌顶者，故称曲果瓦（开启法门者），从此有历代曲果瓦”。这也是在直贡寺中有很大影响的师承系统，至此而断绝。

另外，需要指出的是，在仁钦贝时期，“虽然没有讲说旧密乘（即宁玛派）之甚深法，但也让一些普通善知识，修持八心脉上安排善逝八大法行诸尊之密法，”将宁玛派的一些密法内容融合到本派修法实践中并加以讲说。第九任尼结巴·多吉杰布在位时，“从阿阇黎仓钦巴扎巴坚参开始，在直贡寺内盛行一些宁玛派的传规。从此流传由直贡寺下院的轨范师举办次乌卡的春季朵玛食子供养法会和祭祀四臂护法神朵玛食子和回遮仪轨以及金刚橛根本羌姆舞等传规”。此时，绛央仁钦又大力倡导宁玛派密法，建立了“春季朵玛食子供养仪轨和八大法行善逝集的噶尔羌姆仪轨”。至于作为住持的贡噶仁钦，虽然《直贡法嗣》说：“在很长时间内，除了传播一些经藏原义外，直贡噶举自己具有的密法基本上绝迹，直贡寺院衰落得濒临消亡”，认为贡噶仁钦是“恢复和重振直贡政教事业”者，实际上他却成为第一个公开修持宁玛派密法的直贡寺住持，其后任者则愈演愈烈。《土观宗派源流》云：“此后依次出现了很多法嗣。唯传至后来仁钦平措（十六任住持）和曲吉扎巴（十七任住持）时，二人又变成为宁玛派之大持咒者，第五世达赖亦曾大加赞扬。”

第十六任住持仁钦平措（1508—1557）　贡噶仁钦三弟之子，全名仁钦平措曲吉杰布。他16岁以前在羊八井寺住了7年，从红帽系第四世学法；1524年返回直贡；1528年受比丘戒，出任住持。明朝皇帝遣使封仁钦平措为阐教王。《直贡法嗣》说：“至尊以红黑金刚诛敌法，惩治一切对直贡政教怀有仇恨的蛮横未驯者，根除征候，防患未然。”说明他继续主动出击，与格鲁派和帕珠派等为敌。他倡建直贡替寺的属寺杨日噶尔的娇扎僧院，在德仲建斯木吉寺院，还在各地修建了许多禅院。在直贡寺内新建了胜乐、喜金刚、集密、时轮金刚和普贤密意集等本尊的曼荼罗仪轨。30岁以后，从多位宁玛派上师听习了“八大法行”、“北方伏藏”、“四心滴”等宁玛派要法。后来他以尼木玛坚妃末世斯康玛夫人为根本施主,“使仁蚌官员和法主其美巴对他大为不满”。双方互相施展诛法,力图危害对方。其后驻锡于嘉玛赤康娶妻生子。1556年,他“在直贡替寺前面平坝上,召集直贡寺和杨日噶尔以及来自四面八方的信徒,把《八大法行善逝集》的修持灌顶,……结合药师修来讲授。”他曾给噶玛噶举红帽五世传过法,派人重建了噶蔡寺,使这座吐蕃古寺成为直贡派的属寺。他在位仅6年,于1534年传位给他的堂侄。

第十七任住持仁钦朗杰(1519—1570)　贡噶仁钦之兄仁钦朗杰(入赘帕珠者)的孙子,即仁钦平措之堂侄,全名仁钦朗杰曲吉扎巴坚参贝桑布。10岁受沙弥戒,从噶玛墨帽八世、红帽五世及伏藏师喜波林巴、巴俄·祖拉陈瓦等听闻了新旧密法。1534年任住持,年仅16岁。18岁受比丘戒。1537年直贡派兵攻打甘丹寺,遇伏不敌退回。是年迫使格鲁派18座寺庙改宗直贡。之后以武力插手帕珠内讧,并与古饶巴、泽当巴、琼结巴等地方势力武力对抗。1565年让位于其弟,自己继续从事政治、军事领导。同年,挫败吉续噶丹的军队;其后又打败了澎域、达孜、吉续等地方的军队。这一战事在《藏族历史年鉴》中称为“直达战乱”,时间在1570年。其时“芒域(在阿里三围)成为直贡寺的主要施主,在芒域地修建了许多直贡属寺”。

第十八任住持索朗贝吉嘉措(1527—1570)　仁钦朗杰曲扎坚参之幼弟,1565至1570年间在位。

第十九任住持乔来朗杰(约1550—1573)　索朗贝吉嘉措之次兄帕木迥的儿子。生卒年代不详,仅有1570年出任住持,“任住持数年,于23岁时圆寂”的记载。

第二十任住持平措扎西(1547—1602)　第十六任住持仁钦平措卸任住持后所生之子,全名曲杰平措扎西贝桑布。如上所述,他的父亲是一个旧密教法的弘传者,他先从父亲学习宁玛派教法,后从许多上师学习本派和宁玛派教法。他曾应红帽五世邀请,表演过八大法行噶尔羌姆舞。后又从父亲的弟子听受了宁玛派的北藏,从伏藏师喜波林巴学习了许多旧密法。

平措扎西的祖父弟兄三人,长兄入赘帕珠,担任帕珠的贡巴叫康萨尔囊索,而直贡贡巴称康妥囊索。因为两方为同一个氏族的亲戚担任贡巴,故帕珠贡巴与直贡贡巴合称为直贡康妥。第十七、十八、十九任住持都是帕珠康萨尔系统的子嗣。十九任住持乔来朗杰去世时,“嘱托让他的儿子帕木瓦米旁仁钦作直贡寺住持”。可能由于直贡康妥的反对,乔来朗杰的遗嘱没有得到执行,其后裔也不能在直贡安身而迁往云南丽江一带。而出身于直贡康妥系的平措扎西,在寺内一些掌权者和宁玛派信徒的拥护下出任住持。“因此,帕木康萨尔和直贡康妥之间时时发生争执”。1570年,“摄政第巴贡布贝久多方阻碍平措扎西的事业,甚至准备伤害他的性命,他躲往藏北拔绒”。在他出任住持前后,“帕木方面偷偷向直贡用兵”,后来帕珠又一次派兵“包围了他住的颇章,情况十分危急”。1601年,“直贡寺的一些上师和僧徒心里不满,寺院内部相互埋怨”,史称直贡内乱。直贡派由此走向衰落。

三、直贡派的衰落

平措扎西有四个儿子,次子曲吉旺久被认定为红帽五世的转世,长子、三子、四子先后担任直贡寺的住持。表面上看来一门富贵,实际内部继续纷争不已。当时虽然,支持噶玛派的藏巴汗统治全藏,西藏社会仍在动荡之中。直到 1642 年,固始汗击杀藏巴汗,五世达赖建立甘丹颇章政权,形势才有了逆转。

第二十一任住持扎西平措扎巴坚参(1547—1628) 平措扎西的长子,又称为那若尼巴(第二那若),被视为那若巴的化身。1603 至 1615 年间任住持。他委派其三弟贡觉仁钦(1590—1654)为杨日噶寺亲教师,率僧营(即我们在噶玛噶举一节中所解释的"噶尔")前往康地弘法;后来又委任其四弟贡觉平措为杨日噶寺住持,由其子丹巴罗布(1601—1624)任贡巴,于是又引来"内部不和"。贡觉仁钦率野营僧团在外传教数年,遂由"藏北前往霍尔各部和那续等地"和蒙古首领勾结,回直贡威逼其兄。那若尼巴被迫退居。

贡觉仁钦于 1516 年出任第二十二任住持。后来丹巴罗布又夺去住持。《直贡法嗣》载:四弟贡觉平措在外"听到直贡兄弟间发生内讧,心中悲痛不已,于是返回直贡,虽全力以赴恳请诸兄从善和好,但丹巴罗布充耳不闻,他亦毫无办法";"吉续第巴把贡觉仁钦派往蒙古,调来辉特部军队,那若尼巴被迎请(实为俘虏)到北方,后到蒙古"。而丹巴罗布亦于 1624 年去世。贡觉仁钦复任住持,但内外矛盾没有消失,于 1616 年又让位于其四弟,本人还俗娶妻,但无子嗣。

第二十三任住持贡觉平措(1595—1660) 又名仁增曲吉扎巴。他和其父兄一样,是个新旧密法兼学兼弘者。18 岁时受比丘戒;1626 年授任住持;1627 年又还俗娶妻。可见,此时直贡派受宁玛派不禁婚娶的影响,已把仁钦贝重视戒律的宗风废弃不顾。1642 年五世达赖喇嘛执掌西藏政教大权,在格鲁派重视戒律的影响下,1645 年重受比丘戒。当时"内部的一些僧俗,做了许多不该做的事。由于阿沃那古瓦在公府施主面前挑拨离间,施主把他召到拉萨问罪"。五世达赖下令解除了他的罪名。从此,直贡派臣服于格鲁派。其后,五世达赖去曲科杰寺途中,他前往墨竹工卡拜谒、供养达赖。1652 年五世达赖赴内地时,他陪送至当塘卓地。过去直贡派"有关文殊大威德近修方面,只有一些粗略的仪轨",因为格鲁派以大威德为主修本尊,所以贡觉平措请五世达赖喇嘛予以传授,并于 1657 年在直贡寺内塑造了大威德护轮供养。他也把宁玛派的一些密法,编写成册献给五世达赖。

由于贡觉仁钦和贡觉平措都无子嗣,居惹家族至此绝嗣,迁往云南一支又不被承认,因此只能采取转世办法,但断血统并不等于断传承。这不能误作"这一支系在明朝中期以后,黄教兴起并与之进行斗争,才最终断了传承"①。

第二十四任住持贡觉程勒桑布(1656—1718) 贡觉仁钦去世后,由贡觉平措寻找认

① 张治江主编:《佛教文化》,长春出版社 1992 年版,第 270 页。

定的转世。1658 年迎请到直贡寺,1661 年出任住持。1669 年来到拉萨,为五世达赖表演八大法行善逝集的噶尔羌姆神舞,“达赖赐给他咒师衣等许多礼物”,他被认定为新伏藏诛法的法主。他曾从多吉扎寺活佛白玛程勒等学习宁玛派教法,还“把宁玛派传承的《甘珠尔》写在白纸上,造册一百二十卷”。1717 年,准噶尔部酋长率兵入藏,杀死拉藏汗,结束了固始汗家族对西藏的统治;1718 年,焚毁了多吉扎、敏珠林等宁玛派的主寺,杀死了多吉扎活佛白玛程勒等。这一切使贡觉程勒桑布“心灰意冷”,当年示寂。

第二十五任住持贡觉程勒顿珠(1704—1754)　第二十三任住持贡觉平措之转世活佛。贡觉平措去世后,由贡觉程勒桑布寻找、认定并培养。1709 年被迎请到直贡;1710 年受近事男戒;1713 年前往拉萨,“向六世达赖之代理人献发新”“朝见准噶尔拉藏汗等诸施主”;1717 年受沙弥戒;1718 年任住持。贡觉程勒顿珠认为,“佛法之本为戒律,而戒律又要赖于清净的比丘来护持”,因此,他“遵照至尊觉巴仁钦贝推崇戒律的做法,通过各种手段和方法,严肃了教规教律”。他还恢复了因受外界影响而中断的宁玛派春季施供朵玛等仪轨,大力弘扬宁玛派教法,在杨日噶尔建立了三常念及十四布萨、十五布萨仪轨。1747 年让位给贡觉丹增仲堆。

第二十六任住持贡觉丹增仲堆(1724—1766)　出生在工布地区,1727 年被认定为贡觉程勒桑布的转世。当时“温布拉斯塔为了让他自己的儿子成为至尊程勒桑布的转世化身,伪称得到菩萨和拉摸寺曲均的支持,制造事端。为此至尊程勒顿珠亲自前往拉萨,禀报藏王颇罗鼐,并在大昭寺释迦牟尼像前掣签,结果断定这位至尊是转世化身”。1729 年迎请到直贡寺。他与颇罗鼐之子晋迈朗杰(《清史》称珠尔墨特那木扎勒)间的关系甚密。“晋迈朗杰为人性情凶狠狂妄,对众新朋友施以暴虐,后来不仅成为至尊的朋友,而且也因至尊的大悲心所致,使得他的嚣张气焰有所收敛,残暴性情亦有所改变,他非常崇敬这位至尊”。1747 年出任住持。1766 年“适逢杨日噶尔寺的执事换届”,“只因一味偏袒徇私所致,未能顺利换届。”如此,贡觉丹增仲堆心生悲哀,不久身患重疾,郁郁而终。年仅 43 岁。

第二十七任住持贡觉丹增曲吉尼玛(1755—1792)　出生在云南丽江府土王后裔之家,是第二十五任住持程勒顿珠的转世。据说最初由丹增仲堆和大司徒曲吉迥乃的天眼见其降生,后大司徒受丹增仲堆的委托派人前往丽江确认,1763 年被迎请到直贡,1766 年出任住持。他曾多次前往拉萨,参拜达赖及其左右官员。他看到杨日噶尔等直贡派寺院的“诸戒有所松弛”,以身作则持守禁食肉类等戒条,并“于木羊年,举办凶猛仪轨,把那些严重犯戒者给予定罪;对大多数犯戒者,施予惩治,令其修忏悔,奉还残戒,舍戒还俗”。1777 年受比丘戒,并“认真遵守一切戒律的细微处,成为混浊世代雪域之殊胜持律者”。1788 年,让位于丹增程勒朗杰。

第二十八任住持丹增程勒朗杰(1770—?)　出生在工域地区年瓦血统的咒师家中,7 岁时被迎请到直贡,确认为第二十六任住持的转世,受居士戒,取名贡觉丹增程勒朗杰。15 岁受沙弥戒,取名丹增班玛坚参。19 岁出任住持。他是《直贡法嗣》的作者。在他后面的丹增曲吉坚参、让迥曲吉罗布、贡觉托吉尼玛、丹增曲结洛珠等住持情况未见资料记载。

纵观直贡噶举派的历史,首先大致可分为三个时期:从仁钦贝 1179 年创建直贡替寺到 1290 年“直贡寺乱”,是直贡派建立和发展时期;从 1290 年“直贡寺乱”至 1642 年五世达赖喇嘛执政、直贡派臣服格鲁派,为直贡派几度兴衰时期;17 世纪中叶后,直贡派开始走向衰落,仅维持一个教派地位,在政治上已无影响。

第二,直贡噶举的创始人仁钦贝一方面继承塔波拉杰和帕木珠巴的宗风,显密兼弘,三学并重,特别重视戒律;另一方面,除一脉相承地遵循塔波噶举传承外,还总结和传播《大手印五具》等,形成了自己的鲜明特点。但是,后来吸收和弘传宁玛派教法,在戒律方面逐渐松弛。

第三,直贡噶举不似蔡巴和帕珠那样与当地大家族相联合,但却领有万户封号,从而形成强大的政教合一的地方势力。在宗教方面因为不受当地大家族的制约,反而得到了迅速发展,其寺院和僧众数量之多,其宗教影响之大,完全可与噶玛噶举相比。

第四,直贡噶举一直由康区居惹家族成员护持,不似噶当派师徒相承;也有别于宁玛、萨迦等完全由父子相承,而采取叔侄或兄弟、父子继承方式。在西藏建立活佛转世制后,也一直采取家族相承方式,直到 17 世纪居惹家族绝嗣,才采取转世的办法。但是,其转世有不同于其他教派的特点,即接替住持的是上一任的转世,由在任住持寻找、确认、培养并委任。这样,直贡替寺就出现了两大转世系统,互为师徒,轮流担任住持。采取这个办法,可以避免一旦住持死亡,由于转世灵童年幼,由旁人摄政而产生矛盾的问题;其缺点是由于两大活佛系统的存在,必然各有一批弟子和追随者,出于各自的利益,难免产生不和。

第五,直贡派以直贡替寺为主寺,周围有杨日噶尔、德仲、宗萨尔等众多寺院和天葬台等,形成宗教中心;同时一直向冈底斯、拉齐、杂日等圣地派遣僧人;并在阿里、后藏、工布、康区等地拥有许多属寺。这些属寺的亲教师和禅师都从直贡替寺派去,实行 3 年或 6 年轮换制,保证了对这些属寺的领导权。

第六,作为影响较大的教派和实力强大的地方势力,在西藏中世纪风云变幻的斗争中,直贡派扮演了举足轻重的角色。但是,不管是与萨迦的交战,还是同帕珠派的斗争或和格鲁派的争雄,直贡派都遭到失败。另外,直贡住持与政务官贡巴和寺内实力派之间,以及居惹家族内部存在着矛盾,这些矛盾也影响直贡派的发展①。

第二节　达隆噶举派

一、达隆噶举派的兴建

“达隆”系地名,又译“达垄”、“达龙”、“答笼”、“打隆”等。在西藏称为“达隆”的有

① 参见克珠群佩、石世梁:《从〈直贡法嗣〉看直贡派的兴衰和西藏中世纪史》,《中国藏学》1995 年第 4 期。

两个地方:一个在今西藏自治区拉萨市林周县境内;一个在今西藏自治区山南地区浪卡子县境内。帕珠·多吉杰布的弟子扎西贝,在今林周县境内的达隆地方兴建了达隆多吉丹寺,简称达隆寺。该寺因位于拉萨北面,又称羌达隆寺。从此,兴盛和发展起来的教派称为达隆噶举,扎西贝被称为达隆塘巴。

达隆噶举派虽为噶举派八小支中影响较大并流传至今的一个教派,但可资参考的史料并不多。这里,我们以西藏藏文古籍出版社 1992 年出版的《达隆教史》和《青史》为主、参照其他藏汉文史籍介绍该派。

达隆噶举派的创始人扎西贝,1142 年出生在康区羊续崩热村,家族为西藏原始六氏族之惹氏,称为噶斯家族。他自幼聪颖,精熟医学等学问。1159 年,他 18 岁时在塘迦寺出家受沙弥戒,取名扎西贝(吉祥祥),学习戒律和《入菩萨行论释》《菩提道炬论自释》等显教经论及噶当派教法。在扎贡寺时,他从息结派的一位瑜伽士学习息结派的《三明灯》。听人盛赞帕珠·多吉杰布,他遂从人学习《胜乐轮六十二尊》《喜金刚九尊》《皈依发心》《本尊生起次第》等帕珠教法。他曾经三次欲赴印度学法,皆因亲属阻拦而未成行。当时撰述了平生第一部著作——《秘密甘露鬘》。1165 年,他来到卫地,师事帕木珠巴,依止 6 年,学习《大手印》和《那若六法》等。帕珠·多吉杰布对扎西贝说:"我们的导师那若巴让我们修证教法无我性空,如果能依四无量心验证一切方便,就能获得无住涅槃。"1170 年帕珠巴圆寂后,他离开丹萨梯寺,途经墨竹来到甲域,途中还从斯基普聆听了噶当派善知识且迦巴所有教法。他在肖玛热寺从其亲教师受比丘戒,持守一切戒律的细条,人称"戒律究竟获得者"。他先后在僧林寺住了 7 年。

他于 1178 年来到达隆,在大善知识博多哇曾修行过的地方兴建了一座寺院。据载,达隆地方曾被莲花生大师加持过,莲花生的弟子扎西伦布曾在此地显示过神通;弥底的弟子桑杰益希也在这里获得过悉地;玛尔巴译师曾莅临此地。扎西贝不断扩建寺院,修建塔像,收徒传法,由此形成达隆噶举派。他曾调解过达尔和绒两地间的纠纷,事平后,两地一些民户成了达隆派的属民。

1198 年,扎西贝与直贡·仁钦贝合力在丹萨梯寺修建了一座大殿,并向丹萨梯寺供养经卷、金玉、绸缎、牛马等。由于地方势力间的斗争危及丹萨梯寺,仁钦贝把丹萨梯寺中的经卷转移到岗布寺,并用丹萨梯寺的财产修缮了桑耶寺。两人从此结怨。更主要的是,帕木珠巴圆寂后,仁钦贝及其近侍京俄·扎巴迥乃相继出任丹萨梯寺住持,间接掌握了寺权。为此,直贡派认为达隆塘巴应该视仁钦贝为上师,《直贡法嗣》在记述这段历史时,字里行间不时流露出这种看法。而扎西贝则认为自己依止上师时间比仁钦贝长,是上师指定的教法继承人,仁钦贝应该向自己求法。在《达隆教史》中,仁钦贝列在达隆塘巴的弟子之中,直贡派对此,大为不满。不论谁是谁非,《达隆教史》中那段扎西贝教导直贡·仁钦贝的话,很能代表扎西贝的佛学思想,这里摘译如下:"仁钦贝向达隆塘巴求授言简意深的教诫,达隆塘巴说:修加行时发起菩提心能增大福力;修正行时念四无量能利众生;……爱人胜爱己能生比丘悉地;祈请上师是修三宝之本;从内心如法而行是佛陀之法;思维修持有传承的密法就能了知诸法义;山岭中静修就能显露鲜洁的明相;独自寂住就能消除贪恋；离开戏论是自生智慧；处于无我分别就能摄入无他分别；持守低贱处不生我大我好之心；修行坚持不懈就能今生成就。……”据《达隆教史》说，主巴噶举的高僧藏巴嘉热也曾向扎西贝求过法并给予供养。

扎西贝出家后严守戒律，每月上半月传法，下半月静修。他于1210年示寂，当时聚徒众五千余人。“在印度、汉地、尼泊尔、丽江、西夏、阿里、卫藏、多康、邬仗那等地有其弟子”①。

二、达隆噶举派的发展

扎西贝圆寂后，由他的弟子**古叶仁钦贡布**（1191—1236）出任住持。古叶仁钦贡布是噶斯家族即达隆派施主古亚的儿子、达隆塘巴的族侄。1202年在塘迦贵塔寺出家，当年前往卫地，师事达隆塘巴，得到真传，据载，他的证悟与上师一样高。他曾泥封闭关6年，获得证验和神通。1208年受比丘戒。1210年出任达隆寺住持。任职后建造了达隆塘巴的银像和一些像塔；并于1224年开工修建了达隆寺大殿，面积为80根柱子（约2000平方米）。

古叶仁钦贡布秉承先师遗风，严守戒律，常年打坐不卧，严禁酒肉进寺。他只接受经、像、塔供养，其他财物供养一律交给近侍，归寺院所有。他不参与任何地方、教派争斗。在扎西贡任管家时曾向直贡派用兵，仁钦贡布立马撤换了管家。经过他的努力，达隆噶举得到迅速发展，“寺院和僧人比以前增加三倍，光泥封闭关修行的僧人就有五百余人”；寺院财产也大量增加，“属于达隆寺的牧帐群就有十九处，大的有上千头牛羊和马匹，小的也有五百以上”②。《青史》载：“他刚任住持时虽下令不让僧人离寺，但大部分僧人离开寺院，只剩七百人左右。以后僧众慢慢云集，达到二千八百人，不久又增加到三千七百人。在他圆寂时，僧人数字已到五千多。……他初任住持时只有七克土地，还有五百黄金的债款。后来，寺内有金银绸缎，寺外有牛羊马匹。”他任职期间，在物质和精神各方面尽量满足僧众的需要，妥善安排好一切事情，有效地阻止了人员外流，稳定了僧侣队伍。1236年，古叶仁钦贡布圆寂。

达隆寺第三任住持桑杰雅俊（1203—1272）　古叶仁钦贡布的侄子。1218年在塘迦贵塔寺出家，1221年到达隆寺拜谒仁钦贡布。他于1222年受比丘戒，后闭关静修达16年。桑杰雅俊出任达隆寺住持后，继承本派宗风，每年传授《大发心》，不离坐垫，潜心修持。他曾制订寺规39条，称为“达隆三十九年事”或“达隆三十九戒法”。该寺规共三部分，具体是：

第一部分：（1）住持人不得干预地方政权、纠纷和刑事；（2）每月初一至十五日传法，十六至三十日静修；（3）不沾酒肉；（4）供养的武器当面销毁；（5）不给妇女摩顶；（6）地方上遭受灾害时须要祈请供养三宝；（7）不命令护法神动武；（8）平日出门请假；（9）潜心于

---

① 达隆·阿旺曲杰著：《达隆教史》，第227页。

② 达隆·阿旺曲杰著：《达隆教史》，第263页。

讲、辩、著三事；(10)常修四时瑜伽；(11)每日供奉三所依三次；(12)不阻止地方上显贵人家子弟为法出走；(13)向初出家人开示佛法，引入佛门。以上13条为住持人遵循的制度。

第二部分：(1)所有僧人必须持守别解脱戒、菩萨戒和三昧耶戒，禁止寺中带酒肉；(2)法主的明妃也要逐出寺院，委托护法神不让妇女入寺；(3)亲教师和轨范师要传授沙弥和比丘戒；(4)请求传授戒律和灌顶者不分老幼集中起来在黄道吉日一起向住持和亲教师、轨范师求授；(5)不着长毛衣服和长筒靴；(6)禁止让俗家人给寺院背水；(7)不上屋顶；(8)禁止在房顶养物；(9)禁止交易鱼、猪、蚕及蒜和葱；(10)如法修布萨；(11)如法修前坐夏三个月；(12)如法修解夏仪轨；(13)为杜水患勤修水堤、补漏。以上13条是寺中僧众遵守的纪律。

第三部分：(1)为知照比丘而手结外转莲印；(2)为速请上人为首座而结内转莲印；(3)对比丘直言不讳；(4)向法主请安；(5)向法主求法时献曼札；(6)法主开示佛法；(7)下请法、上示法；(8)施朵玛食子进行回向；(9)讲一次《大般若经》；(10)宣讲祈请和百字大咒；(11)修显教；(12)以咒超荐亡灵；(13)施主的供养用于回向。以上13条是寺中师徒共同遵守的规章。

桑杰雅俊还制定了寺中禁止办肉宴、施主住寺不得超过三日，僧人禁止放牧牲畜，远处供养的牲畜留寺不得超过三日等规矩。由于桑杰雅俊能以身作则，严守戒条，寺内原有的居士也都剃发出家，受沙弥戒，在寺中见不到留长发的凡夫俗子。

达隆噶举经过噶斯家族三代住持的苦心经营，奠定了作为一个独立教派的基础，且以持守戒律著称。1240年，西凉王阔端派大将多达那波进军西藏，多达那波在给阔端王的报告中说："藏地噶当派的寺院最多，达隆派的僧人最有德行。……"1244年，萨迦班智达偕侄儿八思巴前往蒙古时途经达隆寺，与桑杰雅俊会面。后来，萨班对克什弥尔班钦称赞道："在达隆·桑杰雅俊面前只能谈论佛法，不能交谈俗事。这样的比丘真难见到。"实际上，桑杰雅俊并非只知讲经说法者，他具有深远的政治眼光。他不仅清楚萨班的地位和名望，以及萨班与元朝的关系，而且洞悉八思巴非等闲之辈，他对萨班说："您的这位侄子将成为汉藏蒙三地所需人才，到时请他多关照达隆噶举。"他同萨迦派建立了良好的关系，并把扎西喇嘛托付给八思巴。

达隆寺第四任住持扎西喇嘛(1231—1297)　梵文名字为芒噶古如，是古叶仁钦贡布的侄子。1246年，他在塘迦寺出家，学习《菩提道炬论》等噶当派教法。他25岁时来到卫地，师事桑杰雅俊。桑杰雅俊说："我们这个教派是修行派，修行非常重要。但讲说和验证也不能误，需要对治烦恼的教法。"于是，扎西喇嘛按上师的旨意前去桑浦寺学法。1272年桑杰雅俊圆寂后，其侄子桑杰温自称被先师授为法太子，出任住持一年。扎西喇嘛从1273年担任住持，得到过忽必烈的赏赐。

关于达隆是否属于十三万户，说法不一。一般大多都沿用王森先生在其《西藏佛教发展史略》中的说法："藏文一般史料相传达隆寺也是忽必烈所封的十三万户之一，而较早的史料，十三万户名单中又没有达隆的名字，有的早期史料又明言达隆寺辖区在元代未设过万户，可以推断达隆并非万户。”需要指出的是，十三万户并非一个确切的数字，后来更逐渐演化成为对卫藏地区的一个称谓；其受封时间也有早有晚。很多人引用《汉藏史集》，断定达隆是十三万户之一。其实，《汉藏史集》所载的是当时整个西藏地区的户口清查结果，其中有的是万户，有的不属于万户。在藏文原文中，后藏部分都冠有“赤”（万户），而前藏部分则没有，达隆以上的前藏部分虽没有明说是万户，实际上都是万户，而达隆以下都不是万户，因此较难判定达隆究竟是不是属于万户。据分析，此处达隆很可能是指浪卡子境内的达隆，因为浪卡子一带当时有羊卓万户，有的史书称“羊卓达隆万户”。另外，在《达隆教史》中明确记载：当时西藏被元朝分封为十三万户，以法治理。达隆虽然不在十三万户之内，但是得到了八思巴的关照。直到14世纪，叶噶斯家族从康区迁徙到澎域地区，才有达隆第巴之称，不过此前已有自己的属民。

达隆寺第五任住持桑杰贝桑（1257—1310）　扎西喇嘛的侄子。他于1272年到达隆，后随八思巴前往萨迦寺出家并受沙弥、比丘戒。1296年至1309年任住持。

达隆寺第六任住持热那古如（1288—1339）　桑杰贝桑的侄子，藏语名字叫仁钦喇嘛。他在1306年来到卫地，1309年主持达隆寺，后到萨迦学习。他在觉囊寺受比丘戒并学习《时轮金刚》等觉囊派教法。他曾在达隆寺新建了护法神殿及护法神像，创作了许多道歌，开创了藏历年十二月十四、十五日米拉日巴尊者圆寂日在达隆寺举办道歌演唱会的先例。

达隆寺第七任住持热那嘎惹（1300—1361）　热那古如的弟弟，藏语名为仁钦迥丹。他在康区出家后来到达隆，先后在萨迦寺、觉囊寺学习萨迦和觉囊教法，尤其重点学习《时轮金刚六加行》。他于1339年出任住持。《达隆教史》说汉皇帝（元朝皇帝）派来金字使者，赏赐热那嘎惹刻有梵文名字的玉印和诰命。

三、噶斯家族的迁徙与达隆政教实体

达隆寺第八任住持南卡贝央（1333—1379）　热那嘎惹的侄子。噶斯家族自康区迁移到卫地，虽没有掌握地方政权，仍为达隆施主，但成为一个地方势力，称为达隆第巴。他1359年受比丘戒，1361年任住持，1376年卸任。

达隆寺第九任住持扎西贝孜（1359—1424）　南卡贝央的侄子。他于1375年出家，1376年出任住持，次年来到拉萨，在大昭寺受比丘戒。他曾调停过直贡与帕珠之间的战事。他学过萨迦派和香巴噶举的教法。他在拉萨，与灌顶国师帕珠·扎西坚参相见；在乃东孜，得到阐化王的接待。他到过门香地区传教，成为门香地方王的应供上师。他被明永乐帝封为国师，并赐银印和诰命。《珀东班钦传》载，珀东·乔来朗杰曾从达隆·扎西贝孜学习《那若六法》等塔波噶举教法。他制定了严禁达隆噶举的其他属寺内带酒肉的规矩。

达隆寺第十任住持绛曲嘉措贝桑布（1403—1448）　扎西贝孜的侄子，其母亲是西夏人。1412年在达隆寺出家，后到帕珠丹萨梯寺受比丘戒。1424年任住持。1430年让位给白卫桑布，自己去游历各地。以前，达隆寺住持多深居简出，注重静修，从他开始兴起云游之风，并开创僧侣野营队“噶尔”。1448年在宗喀地区示寂。

达隆寺第十一任住持扎西白卫桑布（1408—1460） 绛曲嘉措贝桑布的弟弟。1418年在达隆寺出家，后受比丘戒。1430年出任住持，曾到过类乌齐寺。

达隆寺第十二任住持阿旺扎西贝桑（1418—1496） 扎西白卫桑布的弟弟。其父不再称为施主，改称人主。噶斯家族此时已掌握澎域宗的地方政权。他在14岁出家，后云游各地。在白摩曲定寺，他由珀东·乔来朗杰作亲教师授给比丘戒。他曾赴萨迦寺学习；在拉齐寺学习直贡和噶玛派的教法；被仁蚌和羊卓等地方政权请去传教。他于1461年主持达隆寺。1481年，仁蚌·顿月多吉及其左右一百多人来到达隆寺，拜阿旺扎西贝桑为根本上师。1493年被乃东王后嗣、京俄仁波且、囊索措吉多吉、雅觉地方官等人邀请，带僧营队前往拉萨、曲水、雅隆等地。之后，由扎西贝从1472年到1485年间任住持。

《土观宗派源流》说：其家族系统中相继出现者皆是稀有之大德，尤以晚近所出之达隆·阿旺扎西贝桑，其教证功德很高，声名广传，卫藏有声望者莫不敬仰。《达隆教史》说，这位法主学识渊博，精通帕珠、直贡等教派的教法，前来学法求戒者很多，有岗布寺的京俄，噶玛噶举黑帽系、红帽系活佛，尤其是红帽系四世曲扎益西曾多次来达隆求法，视阿旺扎西贝桑为根本上师。主巴噶举的教主也与阿旺扎西贝桑结法缘。特别需要指出的是，当时“直贡大权旁落魔掌，讲听佛法的事业难以得到发展。除了一些经藏义理得以传播外，直贡派的密法基本上失传”。直贡阐教王仁钦曲杰经过调查，得知达隆·阿旺扎西贝桑拥有完整的噶举派教法，于是“不顾面子，抛弃虚荣，立刻前往达隆巴尊前，向达隆巴顶礼，并请他坐上座，使得所有属于直贡管辖的人，尤其是那些被神使鬼差的无缘之辈，极其忿怒，叫骂不绝”。他在达隆法主座前“聆听了《敬信命轮》《大手印五具》《那若六法》、直贡·仁钦贝的甚深法要《大乘佛法心要》《正法一密意趣》和塔波噶举诸师文集”等。[①]“总之，当时直贡教法之所以未断，全是至尊阿旺扎巴的恩典”。直贡与达隆之间一直存在很深的嫌隙，并时有战事纠纷。直贡阐教王不顾身份和面子向达隆法主求法，一则是因为直贡派教法面临失传，本派人不知本派法，非向外人求不可；二来是因为达隆·阿旺扎西贝桑不仅精通本派教法，而且熟悉整个塔波噶举教法以及直贡、帕珠等派密法。向阿旺扎巴求法者，还有巴俄·曲旺伦珠、主巴·贡噶列巴、夏鲁译师仁钦曲迥桑布等。

达隆寺第十三任住持朗杰扎巴贝桑（1469—1530） 阿旺扎西贝桑的侄子。他在1475年来到达隆出家受沙弥戒，1486年被任命为达隆寺住持。在这以前，由其同父异母兄扎西贝（1461—1508）担任过住持（1472—1485年在位），但《达隆教史》中未列在住持内。据载，朗杰扎巴会读写各种文字，包括汉文。1493年，他从噶玛噶举红帽系四世受比丘戒。1499年，仁蚌·顿月多吉用兵前藏时前去调解，使内邬宗首领得以幸免于难。据说达隆塘巴有六处修行宗，他扩建了僧林扎迦多吉宗寺。1501年，他任命其弟**索朗贝桑**（1472—1520）为第十四任达隆寺住持。1520年，索朗贝桑去世，他再次出任住持，直到

---

① 直贡·丹增白玛坚参著：《直贡法嗣》，克珠群佩译，西藏人民出版社1995年版，第137页。

1530 年。

达隆寺第十五任住持朗杰扎西(1524—1563) 出生在林周宗,是扎西贝的侄子。可能此时澎域宗改名为林周宗。其父亲是宗本扎西嘉措,母亲是沃卡妃德吉布珍。5 岁时到达隆出家,被认定为法太子。1530 年任住持,年仅 7 岁。1531 和 1542 年,他两度来到萨迦寺,从萨迦大班智达·绛央阿旺受沙弥戒和比丘戒。他曾学习过萨迦、宁玛、噶当、息结、觉域、主巴、塔波噶举、香巴噶举等教派的教法。1555 年让位给小弟贡噶扎西。朗杰扎西的另一个弟弟朗杰平措曲杰(1529—1603)在 1550 至 1552 年间担任过住持。

第十六任住持贡噶扎西(1536—1605) 曾在萨迦、主巴、直贡等处学习过。他于 1542 年来到达隆寺;1555 年受比丘戒,当年出任住持。据《达隆教史》载,这位法主的前半生时期,达隆噶举处于内忧外患之中,林周宗和寺院庄园的土地流失严重,各地官员和僧俗只顾自己,不受管束。贡噶扎西亦无可奈何,寺院的差税有多少就收多少,不敢妄取;寺院庄园的收入也是管家交来多少就接纳多少,不敢过问。1568 年,噶玛派黑帽、红帽活佛来到达隆朝圣,并邀请贡噶扎西到羊八井寺。1570 年直贡和达隆之间发生战事,史称"直达战乱"。尽管如此,贡噶扎西力图有所作为,兴建了曲宗朗杰饶丹寺,曾调停过上下部蒙古之间的纠纷。他于 1578 年前往蒙古地区。1585 年,他把住持位交给晓仲阿旺朗杰,次年带僧营队前往类乌齐。

达隆寺第十七任住持晓仲阿旺朗杰(1571—1626) 出生在林周宗。父亲贡噶嘉措是宗地方官扎西嘉措的儿子。据《达隆教史》说,扎西嘉措和沃卡妃有 5 个男孩和 2 个女孩。根据达隆派的做法,在兄弟几人中,或任地方官,娶妻生子,延续血统;或出家为僧,继承达隆住持位。他的三个叔叔又先后都出任住持,父亲贡噶嘉措则继承了宗地方官。阿旺朗杰的母亲是直贡派第十六任住持仁钦平措的女儿。阿旺朗杰于 1576 年到达隆寺出家,受沙弥戒。1582 年,阿旺朗杰的舅舅曲杰平措扎西出任直贡寺住持,直贡与达隆之间的矛盾从此得到化解,开始有了来往,相互关系不断向友好方面发展。阿旺朗杰特别注重学习和讲说塔波拉杰的《解脱道庄严论》。他于 1609 年编著成《达隆教史》,时年 39 岁。这以后的达隆派历史见于达隆寺第二十五任住持所著《达隆教史续编》,已收在《达隆教史》中,所以我们引用时仍称其为《达隆教史》。

据《达隆教史》载,在藏巴第悉战胜前藏雅觉政权,统治前藏地区时,阿旺朗杰应噶玛平措朗杰之邀请前往拉萨,为僧俗众人传授新旧密法。他还曾应上下部蒙古人之邀请,前往蒙古地区。经过"鸡牛年战乱",藏巴第悉基本上统治了前后藏地区,藏巴第悉下令让达隆派接管朗塘寺。当时,帕珠政权还赏赐达隆派许多寺院和庄园,达隆派势力因此有了一定程度的增强。1615 年阿旺朗杰把住持位交给侄子扎西贝珠。

据载,1617 年蒙古军联合色拉寺、哲蚌寺的僧兵攻打驻在拉萨的后藏军队,藏巴第悉调集前后藏大军迎战,结果格鲁派军队战败。哲蚌寺和色拉寺僧人弃寺逃跑,在达隆寺停留了四五个月。色拉、哲蚌两寺受到战火破坏,由于阿旺朗杰代为求情,才被允许整修。《达隆教史》说,1621 年,格鲁派施主吉续巴同蒙古兵打到澎域地区,直贡和噶玛派的庄园和寺院遭到严重破坏,但达隆的势力未受影响。这时,班禅从后藏赶来,与达隆派一起促成了蒙古和后藏藏巴第悉间签订和约之事。在这场战争中，达隆派保持中立，并出面调解，其势力也得到了保存和发展。阿旺朗杰还尽力维护直贡和帕珠的利益，使其免遭更大的打击。《土观宗派源流》称赞说：“晓仲阿旺朗杰是一位博通经藏、戒行谨严而英名又大的大师。”

四、达隆寺的内讧与达隆派的衰落

达隆寺第十八任住持扎西贝珠（1600—1671）时期，达隆内部不和，住持频繁更替。扎西贝珠是阿旺朗杰的侄子，关于他的记载很少。到第十九任住持阿旺扎西曲杰（1660—1689）任职时期，内部矛盾达到白热化程度。虽然在五世达赖喇嘛的调解下，扎西曲杰于1669年出任达隆寺住持，但一些年纪较大的叔侄们不断向政府告状，弄得他不得安宁。年仅29岁去世。

由于内讧，又不听调解劝告，1679年达隆派政教两方面的权力被甘丹颇章政权收回。除了给知事僧留有一些份地财产外，其余的寺院、庄园和属民都被政府没收充公。噶斯家族成员掌握的地方势力断绝，达隆第巴不复存在。从1679年至1720年，共40多年的时间里，达隆噶举名存实亡。亲教师等由格鲁派委派，期间也有一些达隆派内部的活佛来维持达隆派，但没有多大作为。

自**达隆寺第二十任住持赤烈丹增朗杰**（1691—1745）开始，住持不再由噶斯家族成员担任，而是采用活佛转世制。赤烈丹增朗杰出生在澎域地区一密咒世家，据载他从小被认定为阿旺扎西曲杰的转世化身。最初，由达隆法主扎西强白嘉措拿先师衣物让他辨认，确定为转世灵童。后来，由拉莫护法神也说他是达隆法主的转世，更名为洛色白久。他4岁时请到达隆卫觉寺，在扎西强白嘉措座前出家。六世达赖喇嘛坐床时，他前去参加典礼。1699年，他来到达隆寺，后又去拉萨，请六世达赖喇嘛仓央嘉措剃度。他21岁时从甘丹寺的卸任赤巴顿珠嘉措受比丘戒，并求得《大威德金刚》灌顶。1715年，他被授权为达隆寺住持。他曾向七世达赖喇嘛献大供，七世达赖格桑嘉措认为他忠于甘丹颇章政府，允许他任达隆寺住持，处理达隆派教务。之后由第十八任住持扎西贝珠的转世化身、扎西强白嘉措（1672—1706）及其转世益希曲珠（1709—1732）担任达隆寺住持。

从1720年起，达隆派亲教师等任命的权力由格鲁派的甘丹颇章政权又下放到达隆派，也允许由噶斯家族成员来担任达隆寺住持。但是，此时噶斯家族后嗣中已经没有能担任住持者，因此仍由活佛担任。达隆派开始正式采用活佛转世制。达隆派被没收的部分土地和属民也得到归还，其元气有所恢复。

达隆寺第二十三任住持扎西扎巴益希（1744—1787）　又名曲吉尼玛，是第二十任住持赤烈丹增朗杰的转世化身。1749年被迎请到达隆寺。1756年前往拉萨拜谒七世达赖喇嘛格桑嘉措，并受沙弥戒。1757年出任住持。曾修缮了寺院殿堂。从他开始，宁玛派敏珠林寺的伏藏仪轨成为达隆派的必修功课之一。

达隆寺第二十四任住持孜珠·扎西格勒桑布（1764—1804）　出生在绛那玛尔。这个活佛系统来源于类乌齐寺孜珠·阿吉旺久，因为他在类乌齐寺修建了孜拉章宫，因此称为孜珠，后成为这个活佛系统的名称，简称孜巴。孜珠·扎西格勒桑布从扎西扎巴益希出家受沙弥戒，学习新旧教法。1787 年扎西扎巴益希圆寂后，他出任达隆寺住持。后从类乌齐寺晓仲贝丹诺门汗受比丘戒。据载，1791 年廓尔喀兵洗劫后藏时，达隆派只是财产受到损失，其他没有受太大影响。孜珠·扎西格勒桑布得到了呼图克图名号。

达隆寺第二十五任住持玛珠·丹巴尼玛（1789—1855） 又名阿旺曲吉白久、扎西曲吉坚参，是扎西扎巴益希的转世化身。他还是《达隆教史续编》的作者，拥有呼图克图名号。十二世达赖喇嘛执政时他前去供养，达赖政府赏赐给他宝伞、马旗、大印等。自他任达隆寺住持后，达隆寺由孜珠和玛珠两个活佛系统轮流担任住持。活佛转世制度在达隆派中得到全面完整的采用。

此后，由孜珠·扎巴雍曲、玛珠·塔却晋美巴俄、孜珠·阿旺贝丹、玛珠·土丹绛曲曲尼、孜珠·阿旺洛桑丹增坚参等人担任达隆寺住持。两个活佛系统轮流出任住持，互为师徒，当然也有矛盾，如孜珠·扎巴雍曲就是因为同玛珠·塔却晋美巴俄不和而弃职前往类乌齐寺的。

达隆噶举的达隆寺传承称为“雅塘”即上寺，其住持素以戒律清整、德行高超著称，都是清净的比丘，重视修行。达隆派除了继承传播本派教法传规外，广泛联系其他教派，博采众长。达隆派能够同其他教派和政治势力友好相处，并常出面调停各类纠纷争斗，使之化干戈为玉帛。在直贡和帕珠为首的噶举派与格鲁派斗争中，达隆派保持中立，保存了自己的实力。帕珠政权时期澎域一带被封为宗政府，噶斯家族从康区迁移到卫地澎域，建立了达隆第巴，由施主转变为地方官。后来澎域宗改为林周宗①。但后来发生内讧，寺院庄园和属民被政府没收，其元气大伤，达隆派名存实亡。后来采用活佛转世制，政府归还了部分寺院庄园和属民，其势力有所恢复，但远不及以往。达隆作为一个教派虽然流传下来，但影响不大。

五、达隆“玛塘”寺系统

如前所述，达隆寺第三任住持桑杰雅俊的侄子桑杰温（1231—1291）曾担任过达隆寺的住持一年。但因和他争夺这一职位的扎西喇嘛得到八思巴的支持，他被迫退位，前往康区。1276 年他在类乌齐建寺，成为达隆噶举在康区的主寺，形成达隆“玛塘”即下寺系统。

桑杰温示寂后，由其侄子伍金贡布（1293—1366）担任类乌齐寺住持。伍金贡布于 1296 年从卫地前往康区，并从桑杰温的大弟子格香拉学习，1303 年出家受戒。1320 年兴建了类乌齐寺大殿，并建造了许多塔像，制订了寺规。

第三任住持克珠杰哇参坚（1344—1401），出生在类乌齐附近。父亲曲结贡布是伍金贡布的弟弟，亦是类乌齐寺的施主。克珠杰哇参坚 10 岁前往类乌齐寺拜谒伍金贡布，并出家受沙弥戒，22 岁受比丘戒。他于 1366 年担任住持，任职 19 年后让位给侄子仁钦迴

① 参见克珠群佩：《达隆噶举派主寺历任住持简述》，《中国藏学》1999 年第 2 期。

丹,自己舍弃一切,专事修法。他的大哥和三哥虽未出任过住持,但都前后出家学佛。

仁钦迥丹(1363—1418),梵语名热那嘎惹,13岁出家受戒,从阿阇黎仁钦僧格学习了桑杰温的所有教法。1384年出任类乌齐寺住持。他与贡觉地方势力结为供施关系,在类乌齐寺南部修建了禅房一百零八间。

第五任住持扎巴参坚(1376—1421)又名仁波且卡扎巴,是仁钦迥丹的同父异母兄弟。他9岁时在克珠杰哇参坚座前出家,共依止此师18年。他12岁出家,1398年受比丘戒,1418年出任住持。

此后由弥域贡布(1409—1454)、贡布益希(1430—1473)、吉丹旺久(1454—1533年)等叔侄担任住持,管理类乌齐寺务。后来采取了活佛转世制。

第三节　主巴噶举派

一、中主巴

藏巴嘉热氏族传出的主巴称中主巴。在叙述中主巴之前,必须先介绍一下藏巴嘉热的上师、帕珠·多吉杰布的弟子林热·白玛多吉。

林热·白玛多吉(1128—1188)是帕木珠巴的弟子中证悟最高者。在帕木珠巴的弟子中有几个"究竟者",如直贡·仁钦贝称为"因缘究竟者",达隆塘巴称为"敬信究竟者",而林热·白玛多吉称为"证悟究竟者"。"林"是家族名,亦是地名。因为白玛多吉出生在娘堆,即后藏年楚河上游的下林家族,故在其名字前冠以"林"。"热"是"热巴"或"日巴"的简称,意为布衣行者,是噶举派中重视苦修实证,修行获得暖位功德,能以单布衣御寒者的统称。白玛多吉(莲花金刚)是他的本名,简称林热。

林热8岁时学医,长于医道。他17岁时从阿阇黎林巴受居士戒,并从之学法,后从善知识温塘巴出家。他曾从热译师多吉扎巴学习《时轮》《大威德》《胜乐》《金刚亥母》等。后因业力所致,破戒与一女子成亲。他曾从穹仓巴学习热穷巴的教诫,后根据穹仓巴的指点前往洛若寻找热穷巴。他35岁时到达洛若,可是热穷巴已圆寂,就从热穷巴的弟子松巴等人学习。1165年,林热拜谒帕木珠巴·多吉杰布,对他产生无比信仰。后来他奉帕珠之命,离弃其妻。此后,林热周游卫藏各地,曾帮助向蔡巴·尊追扎巴打过仗,得到了许多财物。著有《续部安立》《六明灯》《心金刚赞》《入瑜伽》《胜乐曼荼罗仪轨》等。此后驻锡在那浦寺,收徒传法。

林热的大弟子藏巴嘉热·益希多吉(智慧金刚,1161—1211),是主巴噶举的实际创建者。西藏腹心地区称"卫藏",卫星前藏,藏星后藏。后藏人称藏巴,前藏人称卫巴,因为他出生在后藏年楚河上游地区,故称藏巴。"嘉"是其家族名,据说他是那若巴的化身。12岁时,他同其兄一起依止善知识达塘巴,并受居士戒,学习《瑜伽师地论》《俱舍论》和息结派教法。15岁起,他从喀尔龙巴学习《集量论》及《释量论》等因明六论,精通因明,领悟无自性中观见；还从这位善知识处学习《大圆满》《大幻化》等教法，并受菩萨戒，学习《入菩萨行论》等大乘经论。23 岁时欲求心能获得自在的秘诀及能开示这样秘诀的善知识，于是前往那浦寺，拜谒林热，如愿以偿。从林热学习了阿阇黎黑行者传规的《胜乐六十二尊》和弥止巴传规的《胜乐轮十三尊》四灌顶。后又获得《大手印》和《那若六法》，他修持七日就能着单衣御寒，获得了各种功德神通。在那浦寺共住 5 年后，他前往洛扎喀尔曲修行，共修持 3 年零 8 个月。他曾多次与直贡·仁钦贝相遇，求得秘诀。

1188 年，藏巴嘉热挖掘出热穷巴埋藏的伏藏《六类一味法》。他曾去杂日圣山开辟圣境。他遵照蔡巴·尊追扎巴的授记，在拉萨附近修建了隆多寺。建寺后，他去拜谒向蔡巴，从向蔡巴同时受沙弥戒和比丘戒，当时年 33 岁。他从向蔡巴学习了《胜乐五尊》《和合修法》等。1205 年根据林热巴的授记，他在拉萨河上游的朗木地方修建了主寺。建寺时雷声四起，藏巴嘉热说："雷声所到之处，我的名声也到。"故以"雷"为寺名。从此，兴盛发展起来的教派称为主巴噶举派。

主巴噶举是塔波噶举八小派之一，从一开始就非常注重实证苦修。徒众之多，分布之广，并形成中主巴、下主巴、上主巴等中心。主巴噶举派没有掌握过地方政权，也没有形成政教合一实体，以一个纯粹的教派延续至今，流传不息。其早期发展情况见于《青史》和《主巴教史》等，中后期资料缺乏，情况不详。

主寺是主巴噶举的根本道场，建立起来后，四方信徒纷纷前来学法。主寺附近修了千余间茅舍。据载，当时聚集僧徒 3 万余人，召集僧众时，用海螺声难以叫全，只得在山顶上摇旗为号。藏巴嘉热常对弟子说：要舍弃世间俗事，潜心修持佛法；要思维生命无常，一心趣向禅定；要抛弃爱憎厌恶，云游山川修行；上师本是道之根本，要好好敬重，脉、风、明点本是验证之心要，要好好修炼。在藏巴嘉热示寂前，大弟子有 2800 人，而一般弟子有 10 万人之众。不仅弟子众多，而且多数修有成就，能秉承修行派宗风。藏巴嘉热曾对弟子说："如果我做一名法相宗大师，对众生利益不大，但是智者的名声会遍及各地；如果我当一名噶当派的上师，贤者之名远扬，会受到大家爱戴；如果当一名持律上首，可成为卫藏一切寺院的钥匙一样的戒师；如果我讲说密咒经典，人们会说我就是真实的密教主。但我没有做这一切，我所奉行的是在外像小乘佛教徒，持守戒律，在内是个密乘行者，普济众生。"

藏巴嘉热的弟子很多，由嘉热家族继承主寺法系，称中主巴。藏巴嘉热示寂后，温热·达玛僧格（1177—1237）继承主寺法位。他是藏巴嘉热的族侄，亦是郭仓巴等藏巴嘉热弟子的上师。此后由温布·循努僧格（1200—1266）出任主寺住持。据称此师修得脐轮火获成就，能散放出巨大热量，在他周围的人都不怕冷。接着，由温布·尼玛僧格（1251—1287）主持主寺。此二人亦是藏巴嘉热的族侄。然后，博加瓦·僧格仁钦（1258—1313）、僧格杰布（1289—1325）、绛央贡噶僧格（1314—1356）、洛追僧格（1345—1390）、喜饶僧格（1371—1392）、益希仁钦（1364—1413）、南卡贝桑（1398—1425）、贡噶白久（1428—1476）等人先后主持主寺。

二、上主巴

郭仓巴师徒传出的主巴称上主巴。郭仓是地名，贡布多吉（怙主金刚，1189—1258）长期驻锡郭仓地区修行传法，故称为郭仓巴·贡布多吉，或简称郭仓巴。

郭仓巴出生在洛扎地区鲁琼格查地方，自小拜师学习《噶当道次第》《中观论》《入菩萨行论》等显教经论。1207年前往热隆寺，拜谒藏巴嘉热出家，共住3年，学习了《皈依发心》《大发心》《俱生和合》等教法。他曾前去直贡、热振、达隆、蔡巴等寺拜师学法；在洛扎喀尔曲修行3年；在冈底斯山、克什米尔等地共住4年；在拉考地方修行3年；在杂日山修行3年；在琼噶尔和羊噶尔地方共住2年；38岁时在协噶尔附近的郭仓地方修行传法，共住7年。从此，人称郭仓巴，或郭仓巴·贡布多吉。在他后半生，先后修建了登卓、崩扎、强林、德庆登、拔卓多吉林等寺院。每座寺院有千余名僧人，形成主巴噶举派的一个小派系，称为上主巴。

郭仓巴法位的继承人是其弟子杰哇央贡（1213—1258）。他出生在拉堆洛（即南拉堆，与拉堆绛—北拉堆相对。为元代建立的13万户之一，地在后藏定日、协噶尔一带）的拉东寺，其父亲是长年在拉东寺修行的宁玛派成就者。他5岁时就能唱出许多利他的道歌，被认为他是某位化身。他6岁时前去拜谒浦玛尔哇，学习《大幻化》的灌顶、《大圆满》的教授以及噶当、息结、觉域、萨迦等派的教法。他年仅9岁时出任拉东寺住持，先后拜喇嘛郭扎巴、郭仓巴、萨迦班钦、杰京俄、桑杰热钦、喇嘛追琼巴等为师，学习各家各派的教法。他22岁受比丘戒，取名坚参贝。后来，他建立室利日南定寺，并在布雷等处传法和修行。由于他的名声很大，各地前来学法的僧众有万余人。他传出很多徒子徒孙，形成许多小中心。

杰哇央贡的弟子京俄·仁钦丹是定日人。他在定日拜央贡为师，听《上师瑜伽》等教法，与之结法缘。从央贡11岁到示寂的30多年里，仁钦丹做他的近侍，不离左右，故称为京俄（近侍）。从央贡听了许多新旧密法，并从郭扎巴、郭仓巴、萨迦班钦等许多上师处学法，后定居在定日寺传法收徒。

郭仓巴的另一个弟子成就者邬坚巴（1230—1309），同时是噶玛拔希的传法弟子，在噶玛噶举中起过承上启下的作用，故而《贤者喜宴》中把他作为噶玛拔希的弟子来记述其历史，我们曾在噶玛噶举章节中作了简要介绍，而《青史》和《洛绒教史》等书中又把他作为郭仓巴的大弟子、上主巴的重要人物予以介绍。在此需要补充的是，邬坚巴的祖先是莲花生大师的弟子，曾在康区世代修行宁玛派教法，后来才迁徙到卫地。他曾遵照郭仓巴的建议，赴邬仗那学习《时轮金刚》。他精通天文历算和医药学，发明了提炼黄金、矿石和水银的方法，运用提炼出来的原料配制出了藏药“仁青日布”，对藏医事业贡献很大。

三、下主巴

藏巴嘉热的大弟子洛热巴·旺久尊追（自在精进，1187—1250）是下主巴的创立者。他出生在雄地区的扎钦地方，属洛囊家族，故称洛热巴。洛热巴16岁时，藏巴嘉热到雄地区传法,洛热巴曾做过嘉热的侍从。他 17 岁时随父母前去正式拜谒藏巴嘉热。18 岁时在觉摩隆出家,取名旺久尊追。后从藏巴嘉热学习《脐轮火》,能着单衣御寒。随嘉热去主寺时,他曾发了七个誓愿:不回家乡;不下山;常坐不卧;足不入俗家之门;常着一单布衣;言语断绝;常供百余食子(对自生本尊、资粮田、世出世间十一类宾客,各供食子十枚以禳灾祈福的一种宗教活动)。藏巴嘉热对洛热巴说:“你不需要这些誓愿,不过释迦牟尼修了 6 年苦行,你 6 年遵守这些誓愿,然后可以随意。”后来,他在后藏得到藏巴嘉热的密传。洛热巴 25 岁时,藏巴嘉热示寂。从此,他在山中苦修。证悟了智慧。后来,他建立曲弥噶姆、星干、加吉、邬日拉等寺院,其中在邬日拉住留 7 年,弟子有千余人。后又建噶布曲隆寺。在寺内举行较大法会时,参加的僧众多达万余人。他曾到过门地区,建立了塔尔巴林寺。

洛热巴示寂后,由其侄子杂日巴主持邬日拉寺,其他弟子多分头建寺收徒,形成了下主巴噶举派。

洛热的大弟子绛央贡布是娘堆地方人。他曾从绰浦译师学法,据传在一个坐垫上静坐 14 年之久,禁止食肉 17 年。他后到邬日拉寺拜谒洛热巴,共依止洛热巴 8 年,学习主巴噶举派的所有教法。他曾在古茹隆建寺,还曾到过汉地五台山,有许多佛学和世间学问著作。

主巴衮勒是 16 世纪主巴噶举派的著名僧人,从无定居,云游四方,著作有《雅言传》和《秽言传》行世。1992 年,西藏人民出版社出版了其传记《主巴衮勒传》。

《主巴教史》是主巴噶举派活佛白玛噶波(白莲花,1526—1592)撰写的,成书于 1580 年。1992 年,西藏藏文古籍出版社出版。此书因为是主巴派人士所撰,故称《主巴教史》。实际上,其内容并非光讲主巴噶举派,还涉及印度、和阗、汉地以及西藏前弘期、后弘期的佛教史,尤其比较详细地记载了西藏佛教后弘期人物的事迹。

第四节　绰浦噶举派

一、绰浦噶举派的创建

“绰浦”是地方名,在今西藏自治区日喀则地区萨迦县吉定乡。1171 年,帕珠·多吉杰布的弟子嘉擦仁钦贡在绰浦地区修建寺院,从此兴盛发展起来的教派称为绰浦噶举派,是塔波噶举八小派系之一。

绰浦噶举派的创建人为帕珠巴的弟子嘉擦仁钦贡和贡丹兄弟。嘉擦仁钦贡(宝怙,1118—1195)出生在日喀则地区萨迦县,属努族。其家族世代有修习宁玛派教法得成就者,曾依止许多上师学习各家各派的教法。他 19 岁到卫地寻师学法,25 岁时返回故里。他父亲想让他结婚,他不肯。在后藏,他又拜十几位上师学法。后来,他到帕珠丹萨梯寺,从帕珠·多吉杰布学法,得到许多教诫,生起大手印证悟。他在桑日与嘉热相见,并从之学法。他曾从玛久拉仲的弟子学习觉域派教法。约在1171年,他遵照帕木珠巴的意思,回到家乡,收徒传法。年54岁时方受比丘戒。从祥尊温迥买了绰浦地方的一块地皮,修建寺院,聚集僧侣20多名,开创出绰浦噶举派。年78岁示寂。

嘉擦仁钦贡的弟弟贡丹(1148—1217),又叫贡丹热巴。嘉擦到帕珠学法时,贡丹为他送粮食。当时,适值帕木珠巴为众徒讲米拉日巴的故事,他就下决心也要像米拉日巴那样苦修佛法,遂留在丹萨梯寺学法。他向帕珠巴求法并加以实修,获得证悟,成为一名大成就者。贡丹具有很高的神通,其神通证相闻名一时。

二、绰浦噶举派的发展

绰浦噶举派经嘉擦和贡丹俩兄弟的兴建,到他们的侄子绰浦译师次程喜饶(戒律智慧,1173—1225)时得到发展,形成一定的规模。次程喜饶又名强巴贝,6岁开始学习文字和计算,10岁时从嘉擦和贡丹受沙弥戒。他16岁之前从阿阇黎藏噶尔瓦学习佛法,善于辩经,常能辩胜他人。他19岁时从祥格瓦学习梵文,渐能译经。当年,他由嘉擦作亲教师,受比丘戒。他24岁前往尼泊尔,从佛陀室利广学显密经论。

1198年,次程喜饶请成就者弥陀罗交格到绰浦寺,一起翻译了《心性安息论》等。据《青史》载,弥陀罗交格在西藏传法有三个方面:一是一般的佛学知识介绍,如《宝鬘论》等;二是实修方法,这方面有根本修法20种,成就修法20种,利己法29种,利他法29种,共同法22种,共120种修法;三是秘密加持方面,如《吉祥天母灌顶》《观音菩萨教诫二十五章介绍》等。后又延请班智达佛陀室利,翻译了《现观庄严论》的注释《智慧明灯》《大悲修法百种》等。

1204年,次程喜饶迎请迦湿弥罗大班智达释迦室利(1127—1225)进藏,弘传根本说一切有部的戒律,成为西藏佛教律仪一大传承系统。据《青史》载,西藏佛教的所有持律大德所弘传的戒律都是根本说一切有部,但在西藏共有三个传承,即寂护大师传承、东印度班智达达摩跋拉传承和班钦释迦室利传承。

次程喜饶还修建了绰浦噶丹大佛殿。后来,他到康区修建寺院,人称绰浦下寺。1212年,他在绰浦寺建造了弥勒佛大像。绰浦译师去世后,由森巴钦布、羊孜巴·仁钦僧格师徒继承法位。著名的布顿·仁青珠(1290—1364)就是羊孜巴·仁钦僧格的弟子。布顿·仁青珠形成自己的一派,此后绰浦支派逐渐衰微。

第五节　雅桑、修赛、叶巴、玛仓噶举派

一、雅桑噶举派

"雅桑"是地名,位于今西藏自治区乃东县境内。1206年,帕珠·多吉杰布的徒孙曲吉门朗在雅桑地区修建寺院,由此兴盛发展起来的教派称为雅桑噶举派,是塔波噶举八

小派之一。在元代被封为雅桑万户，是十三万户之一。

雅桑噶举派的创建人曲吉门朗是格丹·益希僧格（？—1207）的弟子。益希僧格是门噶尔地方人，自小有很好的禅定功夫，后拜帕珠巴为师，进一步得到了验证，获得证悟。他在扎饶修建萨热寺，故称萨热·格丹益希僧格，或萨热巴。其弟子曲吉门朗（1169—1233）出生在后藏协地区的玛姆地方。他自幼出家，学习戒律和噶当派教法。他18岁受比丘戒，并专研戒律，成为一名持律者。他29岁时来到萨热寺，师事益希僧格，学习《大手印》和《那若六法》等。38岁时建雅桑寺，涅上下、错那、洛扎、雅隆东西部等成为其施主，邀请他去讲经传法，建立了许多法台，其声望日隆。他去世后，由其近侍仁钦觉赛继承法位，出任住持10年。尔后，由格孜卫从1243至1280年间任住持。在他任职期间，修建了雅桑寺大殿。此后，由曲桑卫从1281至1298年间任住持，继由德烈卫从1299至1322年间任住持，扎西卫从1323至1350年间任住持。

曲吉门朗去世后，雅桑派和当地地方势力相结合。元世祖在西藏分封万户时，雅桑也是万户府之一，不过它的实力并不大，有时还从属于帕珠万户。《新红史》说："关于雅桑巴，八思巴之传承弟子法王曲吉门朗于火虎年建雅桑寺，他在东西雅隆、上下涅地、错那卓墟以及恰尔等地方广传佛法，以此功德业绩，致使其弟子获得万户长封诰，由是权势大增。后于某时因与帕木珠巴作战，其所有一切职位等尽失，权势亦因之衰败。稍顷，一些万户长后裔虽曾占据涅谢卡，但终失之于恰萨。其后裔尚有一、二支今存雅隆。"[①]

二、修赛、叶巴、玛仓噶举派

修赛噶举派的创始人是帕珠·多吉杰布的弟子次程僧格（1144—1204），又名结贡钦波。他是雅隆地区昌珠巴王族的后代，19岁开始从帕木珠巴学法。1181年建修赛寺，本派即由此寺得名。虽是塔波噶举八小派之一，但主修息结派教法，影响不大。

叶巴噶举派的创始人是帕珠·多吉杰布的弟子益希孜巴。他在康区修建叶浦寺，本派名称即由此寺之简称而来，是塔波噶举八小派之一。曾建达那寺，故此派又称为达那冈仓派。相传格萨尔王曾经信奉此派。格萨尔王后人把格萨尔王使用过的兵器存放在此寺。

玛仓噶举派创始人是帕珠·多吉杰布的弟子玛仓·喜饶僧格，他于1167年在今昌都地区察雅县境内修建了肖贡寺，此寺成为玛仓噶举的祖寺。玛仓噶举兴盛时期，肖贡寺僧众达万余人。此派最终与西康白玉寺之宁玛派合流而不复存在。

三、塔波噶举派的晚期特点

纵观塔波噶举派历史，其发展后期大概有这样几个特点：

第一，重密亦重显，重师亦重经。在噶举派早期，有一个显而易见的特点，那就是重密轻显，重师轻经。自塔波拉杰创立塔波噶举派以后，形成重视密教的学修同时重视显

---

① 班钦·索南查巴著：《新红史》，黄颢译注，第94页。

教的学习和讲说的宗风，也改变了信徒只重师承而轻视经典学习的特点。密教作为佛教最上乘的法门，受到实修派的噶举派的重视。完成密教的学修，仍然是噶举派僧人最后的归宿，是实现由凡成圣目的的最重要和最主要的手段。这个前提必然决定了该派重视师承的特点。噶举派各派系都非常重视师承，视上师是一切成就的根本。与此同时，后期噶举派十分强调显教经论的学习。如塔波拉杰、帕木珠巴等噶举派的许多高僧，最初都就学于噶当派门下，精通显教经论。他们改奉噶举派后，大力弘扬噶举派教法，同时也强调显密并重，非常重视显教修养的提高，形成了噶举派后期显密并重、学修兼顾的特点。

第二，教派多，势力大。噶举派的派系之多，是其他教派所无法相比的。塔波噶举就有四大八小之派系，其中四大之一的噶玛噶举派又有黑帽和红帽两大系及巴俄、杰曹、司徒等较大的活佛系统；八小派之一的主巴噶举派又分上主巴、下主巴、中主巴、称为"三巴"。这些教派的名称大多来自于地名，如塔波噶举、帕珠噶举、蔡巴噶举、拔绒噶举、直贡噶举、达隆噶举、绰浦噶举等等，都是因为噶举派高僧在这些地方建立寺庙，收徒传法而兴盛发展起来的，最后形成各自的特点，有独自流传的教法。如《达隆教史》所言："归总起来，一切教授皆以小乘之出离心、大乘之菩提心、密教之三昧耶等作为基础，加上噶举大宝的特殊教授，如玛、俄的本续讲解，米拉日巴的坚毅和教授，岗布的《扫除本性垢障》，噶玛巴的《风心无别》，向蔡巴的《究竟圣道》，拔绒巴的《融迁小道》，帕珠的《总持陀罗尼》，达隆巴的《三十九本事》，直贡巴的《三戒一要》，藏巴嘉热的《缘起与一味》，洛郭的《诚信与厌离》等，其所标胜处共分，虽在各派系中亦均具有，不过为了持重某种方便，以之引导和培植后学，也可以立为各派的特殊胜法。"噶举派不仅派系多，其势力也非常强大，在西藏中世纪史上扮演了重要的角色。其中帕珠噶举和噶玛噶举直接或间接地控制过整个西藏地方政权，蔡巴、直贡、雅桑、达隆等都掌握过地方政权，建立了政教合一实体。

第三，著书立说，贡献巨大。噶举派的许多高僧学富五明，淹贯三藏。藏文大藏经的编纂始于噶举派；《红史》《青史》《贤者喜宴》等著名史书和西藏学百科全书《知识总汇》等都出自噶举派人士之手；《玛尔巴译师传》《米拉日巴传》《热穷巴传》《主巴衮勒传》等传记文学作品为藏族文学增添了夺目的光彩；在天文历算、医学药物、语言文字等方面，也有许多噶举派人士的著作传世。总之，噶举派对西藏文化的贡献之大，是其他教派所无法相比的。

第四，噶举派请多教派或多或少受到宁玛派的影响。像直贡、达隆等最初创立时都以戒律清整而著称，其寺院的住持也都是清净的比丘。但是，后来受宁玛派影响，像直贡派的戒律渐趋于松弛。宁玛派的教法也在噶举派的一些派系中流传，至于玛仓噶举派最后干脆与宁玛派合流。

第十三章　香巴噶举派和珀东派

“香巴”是地方名称，位于西藏自治区日喀则地区南木林县境内。公元12世纪，琼波南交曾在后藏香地区倡建寺院多处，由此兴盛发展起来的教派称为香巴噶举派。它与塔波噶举派共称噶举派两大派系，主修《妮谷六法》与《大手印》等密法。“珀东”亦是地名，严格地说，珀东是学派，而非教派，且与噶举派有诸多不同之处，有些史书称“珀东噶举”，所以，我们也把它放在噶举派章节内叙述。

第一节　香巴噶举派

一、香巴噶举派的创建和发展

香巴噶举派的创始人克珠·琼波南交(990—1140)，出生在尼木热芒地区，家族为琼波氏。他12岁始学习印、藏两种文字的诵读，精通《时轮金刚》。他在13岁时，修学苯教而获得精通，并对他人讲说苯教，听众达7百余人。之后，从上师琼乃僧格聆听大圆满心部，并传授给他人。他后携带许多金子到尼泊尔，从班智达苏玛德学习翻译，求得事部和瑜伽部灌顶教法，曾朝礼印度金刚座。他从西贝扎萨连拉、毗若遮那、喀且衮巴哇、弥止巴的徒弟金刚三昆季等，聆听许多密乘教法。他回到故乡后，得到弟子的供养；又适逢古良地方金矿开采旺季，得到黄金千余两。不久，他携黄金再度经尼泊尔去印度，从旁町巴获得《胜乐金刚本续》等，向金刚座供献黄金百余两。他从那若巴的弟子达钦巴、苏玛底给底、姑姑热巴的弟子成就者日藏等，聆听了许多教法；又见弥止巴，求得《如意六臂怙主成就法》。他前往索萨林洲，拜谒那若巴的明妃妮谷玛，获得《幻身》和《梦境》灌顶，在梦境和真实中获得了金刚持明妃所传《妮谷六法》《金刚偈句》《幻身道次第》等。他后又从白巴南交巴听了《胜乐五尊》《时轮六加行》等密法；拜谒到毗如巴的弟子空行母苏喀悉地，获得许多教诫。他回到西藏后，得到许多黄金，于是三度赴印度求法，向妮谷玛、苏喀悉地、金刚座主、金刚三昆季、弥止巴的明妃岗噶达热等150位上师供献黄金，聆听了许多教法。其中根本上师为妮谷玛。妮谷玛是那若巴的明妃，其《妮谷六法》的内容与《那若六法》基本相同，皆直接来自于金刚持佛。琼波南交自己说：“我的根本上师有四位，其中恩情深重的上师是苏喀悉地。她最初被授记为我的上师，中间做我的明妃，最后给我传授灌顶教诫。”琼波南交回到西藏阿里，从朗日塘巴（1054—1123）受比丘戒。他在澎域觉布地修建且嘎尔寺。后来，他到后藏香地方，3 年间兴建了雄雄等寺院 108 座，并通过讲经说法和显示神通来教导调化众生。据《青史》载，琼波南交有 8 万余弟子，其主要弟子有米邬顿巴、约波加母且、俄顿仁旺、拉堆·贡觉喀尔、莫觉巴·仁钦尊珠、祥贡曲僧等。

莫觉巴·仁钦尊珠（1110—1170）从 17 岁起入雄雄寺学法。琼波南交给他传授《喜金刚》灌顶，并说：“小沙弥，你年轻时要多听闻。修行得过早，会入邪魔。我给你提供经典，为你创造条件。”但是，莫觉巴一再要求上师给他传授修持秘诀，琼波南交就让他随约波加母且去学法。他后拜一位见多识广又修行有成的善知识，人称康巴阿僧，获得许多灌顶和教授。又去师事顿布贡坚，而这些上师都认为他不从琼波南交学法而去寻找其他上师，等于从马背上下来骑上驴。后来，莫觉巴回到琼波南交身边，作其侍寝，共 5 年零 7 个月。最后，上师说：“从此你接续我的传承，你要专心修持。”琼波南交圆寂后，莫觉巴前往岗布寺拜塔波拉杰为师，主要学习《大手印》和《那若六法》。后来到莫觉地方，专事修行 12 年，其名声大振，人称莫觉巴。各派系的弟子慕名而至，遂建古隆寺。

莫觉巴的继承人温顿杰岗巴（1154—1217）本名曲吉僧格，是堆龙地方人。他 12 岁时修习《大威德》本尊法，17 岁在叔父汤且钦巴尊前出家，聆听许多教法。他先后参拜许多上师学习噶举和噶当教法，最后来到香地方师事莫觉巴，成为莫觉巴的大弟子。后在杰岗建寺，人称杰岗巴。

桑杰年顿（1175—1255）是杰岗巴的心传弟子，本名曲吉喜饶，17 岁受沙弥戒，20 岁受比丘戒。他从杰岗巴处学得香巴噶举派的教法，生起与上师一样高的证悟。他在杰岗共住 13 年，后修建日贡寺，所以又称之为日贡瓦，其传承系统称为日贡派。

香巴噶举派的《妮谷六法》从金刚持算起单传七代，第七代就是桑杰年顿的弟子桑杰顿巴，以上称为香巴噶举派的“七宝法统”。桑杰顿巴的弟子克尊循努珠，是后藏年楚河下流之年麦人，曾往萨迦寺从八思巴学习萨迦派的《道果》法。闻桑杰顿巴之名来到香地，尽学香巴噶举的一切大法，又学塔波噶举的《大手印》。后在家乡年麦地区修建桑定寺，传授萨迦派的《道果》和噶举派的《大手印》及《妮谷六法》，一时从学者甚众，门庭颇为兴盛。后人把此桑定寺和属于珀东噶举派的桑定寺混为一谈，我们将在后面对两座桑定寺作进一步考证。桑定寺系统由色林巴·扎西贝和扎布且瓦·多吉贝等继承。桑杰顿巴的弟子还有克珠香顿（1234—1309），他修建了甲寺。《土观宗派源流》说：“此后香顿修甲寺，克尊循努珠修桑定寺后遂分为甲、桑两派。”

香巴噶举派教授为新译密法，内容与塔波噶举派并无多大差别，其所依本续主要有《集密》《胜乐》《喜金刚》《怖畏金刚》《大幻化》等。修法次第则各依本尊灌顶，受三昧耶戒，然后修生起次第和圆满次第。实修教授主要为《妮谷五金法》：如树根的《妮谷六法》；如树干的《大手印》；如枝桠的《三转道用》；如花朵的《红面空行母法》；如果实的《无死无错误教授》。其支系甚多，由于派系愈分愈小，势力薄弱，后来大多并入其他宗派，不能单独存在。

二、唐东杰布事略

香巴噶举派的传人唐东杰布（1361—1485）是西藏历史上杰出的建筑师。出生在后藏，幼名绰沃白丹。“唐东杰布”是空行母给他取的名字。空行母唱歌曰：“广阔无边的大地上（唐），证悟空性的瑜伽师（东），犹如无畏之王生活（杰布），因此起名唐东杰布。”“唐”是旷野之意，“东”是空性之意，“杰布”是王者之意。

唐东杰布5岁放羊时就开始听法，后到绛定寺从曲迥贝学习藏文读写，并在此寺出家，其出家师为尼玛僧格，给他起名为尊追僧格。受比丘戒时又取名尊追桑布。后从昂仁寺的洛珠多吉和贡觉达尔处聆听了许多显教经论。不久，他到萨迦寺去参加巡回辩经会。当时参加辩论会的人都自诩为学者，广说经论。唐东杰布认为这些人能说会道，其实并不了解佛法真义，不能调伏自性的愚顽。他不顾别人讥笑讽刺，努力使利、衰、誉、毁、称、讥、苦、乐等世间八法平等，得了“疯子尊追”的绰号。他先后从拉东巴·索朗乔、贡邦·仁钦坚参、仁达哇·循努洛追和甲普瓦等上师处学习新旧密法。他曾前往印度和尼泊尔学习，达18年之久。后多年专事修行，获得成就，人称珠涛巴（成就者）。

当时西藏大河上下没有桥梁，人畜过河或涉水或坐皮船，往往损失财物、危及生命，给人们带来很大的灾难，唐东杰布立誓在前后藏各大江河上兴建铁索桥。他卖掉了身边的物品，拿着黄金，来到工布曼莫岗地方。《唐东杰布传》记载：他在一个月中兴建了寝舍和有12根柱子、能容纳两千人的经堂，努力开采铁矿，想以工布众人所献的铁为标本，在经堂中召集众铁匠打造建铁索桥的铁链。

唐东杰布最先在工布地区设立了打制铁索桥所用铁链的作坊，而且他亲自在作坊中工作。后又在朵波浦、东喀、甲邬墨浦等许多地方建立作坊。1430年，唐东杰布要在拉萨河上兴建铁索桥。他对第巴吉续和当地僧俗民众说：“我要在这条河上用这些铁兴建铁索桥，你们众人要负责搬运石头。”此后，唐东杰布相继在世界屋脊的前后藏、安多、康区、门域等地的江河上兴建铁索桥，总共建有铁索桥58座，木桥60座，大船和小舟118只。这些桥梁和船只在减轻人畜交通困难，促进当时人们的生活、生产、农牧业产品的交换等社会进步方面，有着重要的意义。有一些桥梁，至今还是当地群众来往的简便工具。

唐东杰布造桥大致可分为三种：第一种是唐东杰布本人自始至终参与的建桥工程，如拉萨河铁索桥；第二种是唐东杰布只参与设计、奠基等主要项目，其他工作由其弟子完成，如曲沃日铁索桥；第三种是唐东杰布指派专人建，如乃东亚果铁索桥。在各地所建的铁索桥的附近，往往建有为纪念和感谢唐东杰布的恩德而塑造的唐东杰布像和以他的像为主尊的神殿或小庙。人们为了祈祷能够平安顺利地通过铁索桥，先到桥附近的神庙中朝拜唐东杰布的塑像。唐东杰布因此而被尊称为“甲三巴”（建铁索桥者）。

1456年，唐东杰布兴建了迥日沃且的大佛塔，并委任杰色·尼玛桑布继任迥日沃且住持。在为大佛塔举行开光仪式时，明朝皇帝派遣金字使者到迥日沃且。《唐东杰布传》

中载:“当杰色·尼玛桑布登上法座时,汉地皇帝送的礼品有大缎缝制的帽子,黄金等制成的金刚杵,日月如意宝水晶珠,十三套大缎袈裟,黄金六大锭,白银一大锭,重十六两的铁牌以及其它各种珍宝、茶碗、茶盘、茶叶八十包、绸缎五十匹。”《西藏通史》中叙述唐东杰布的功业时说:他所建造的佛像,用金、银、珊瑚、青金石、水晶、螺贝等建造的佛像大的高三十七卡(一卡为十二指的宽度),小的只有拳头大,共有数百尊;用泥塑的佛像,大的高五十五卡,小的高三卡,共五千尊。他还画了无数的壁画和布画。他建造了经堂佛殿共一百二十座。他还用金汁、墨汁等写造大藏经《甘珠尔》十八部,《丹珠尔》十五部。他所造的佛塔,最大的为迴日沃且大佛塔,塔基每边为四十庹,最小的塔每边为八庹,共造佛塔一百一十座。他还在塔巴林寺等地建立了许多修行地。从唐东杰布的这些功业中,我们可以看到公元15世纪时西藏以造铁桥为代表的建桥工艺、珠宝加工工艺,建造佛殿及佛像的建筑工艺,以及大量熔炼生铁的工艺和加工锻打等金属加工工艺的发展水平。

另外,据传唐东杰布为了筹集架桥资金,邀请山南琼结县境内一户叫百纳家的七姐妹,组成歌舞演出团体,到西藏各地演出节目,募化资金。藏戏由此而开端。所以,唐东杰布又被认为是藏戏的祖师,为藏戏艺人所供奉。

第二节　珀　东　派

一、珀东·乔来朗杰与珀东派

“珀东”是地名,位于后藏。乔来朗杰出生在珀东地区,故其名字前冠以“珀东”二字。他修建拜摩曲顶等寺,创立珀东派。珀东派又称珀东噶举派,因此我们放在噶举派部分介绍。

珀东·乔来朗杰(遍胜,1376—1451)又译博东·却列南杰、博东·巧勒南杰,或普东·曲来朗杰,保东·学梨郎杰等。他是西藏著名的佛学家和大学者。他学富五明,兼通显密,尤以词章之学著称。然而,他所创建的珀东派未能广为流传,亦未能产生深远的影响。因此,很多人只知其人而不知其事。直到1991年西藏古籍出版社出版了《珀东班钦传》,才使我们有机会全面了解这位学识渊博、著作等身的历史人物。

珀东·乔来朗杰出生在后藏拉堆南一个叫益谷的牧区,该地又称为珀东地区。父亲曲英坚参是一个精通大、小五明的学者。他7岁时,在甲木桑丹林寺从舅父班钦·扎巴坚参受出家戒,取名桑杰坚参。之后随扎巴坚参来到珀东艾寺,受沙弥戒,取名曲吉坚参。在珀东艾寺,依止善知识曲吉多吉学习因明,重点阅读了法称的《因明七论》中的《释量论》。他16岁时首次来到萨迦寺立宗辩论《释量论》,撰写了《佛陀十二宏化颂》《文殊百颂》和《童子诺桑传》,通读三遍《阿毗达磨集论》,深领其义。21岁时,他在珀东艾寺闭关静修妙音天女,精通诗学,撰写了《妙音天女颂》。次年,开始系统地学习《中论》及佛护、月称、清辨、智藏等人的释论,掌握了中观应成派和自续派的基本理论。

此后，珀东巴想到卫地去巡回辩经，但是，扎巴坚参认为他尚未精熟诸大论，不同意他出去。于是，师徒二人闭关 7 日，一起研讨诸大论要义。珀东巴对上师所提出的问题对答如流，赢得了扎巴坚参的好评，同意他去辩经。这时，珀东巴反而非常冷静，他没有急于去找人辩论，而是来到协噶尔寺闭关 3 个月，仔细钻研《现观庄严论》《戒律本论》《阿毗达磨集论》《阿毗达磨俱舍论》等大论和印度论师们的注释。之后，他又隐居甲木桑丹林寺 7 个月，潜心学习所有大乘佛教大论，重点研究法相宗的印藏释论。

珀东巴 23 岁时，偕同 15 名随从，正式开始了巡回辩经的历程。他首先来到当时规模和影响极大的山南泽当寺，立宗辩论《释量论》，得到参辩者的一致好评。之后，受阐化王扎巴坚参的邀请来到乃东宫，顺便朝拜了昌珠寺。他又从乃东宫渡江来到帕珠噶举派主寺丹萨梯寺学习《大手印》，而后翻山来到桑浦内邬托、德瓦坚和曲科林等几大寺院，立宗辩论《释量论》《现观庄严论》等十五部大论，名声大振。

珀东巴回到后藏后，在定日的协噶尔寺，由扎巴坚参做亲教师、仁达哇·循努洛追任羯磨轨范师，受比丘戒，并由扎巴坚参教授萨迦父子和阿底峡传规的菩萨戒。珀东巴主持珀东艾寺的 3 年中，开设了讲释对法之规，讲述《阿毗达磨集论》《现观庄严论》和《释量论》。他先后应大司徒曲吉仁钦、阿里王赤杰索朗德和大司徒·拉赞觉之邀请，到协噶尔、贡塘和息结派的主寺朗考寺，讲经并学习息结派教法。

珀东巴除从自己的根本上师、珀东艾寺的亲教师扎巴坚参闻习密教金刚乘四续瑜伽的灌顶和教授外，还从昆氏索朗云丹听了萨迦派传规的《金刚橛》和《呼金刚》等诸法；从达普瓦·强久贡布听闻了《妮谷六法》等香巴噶举派密法；从达隆寺住持扎西贝孜听了《那若六法》等塔波噶举派密法；从南卡卫色听了息结派的教法。他曾在桑浦寺同大堪布·雅德米旁贡辩论；在昂仁寺与索朗觉进行辩论，批驳萨班·贡噶坚参的《量理宝藏论》。索朗觉认服，表示忏悔。萨迦派的著名学者仁达哇看了当时的辩论记录后，对珀东巴大加赞扬。珀东巴与著名的绒顿·西恰贡日也有过辩论。

珀东巴亲自为珀东艾寺雕塑了多尊佛、本尊像，建立了立体坛城和各种仪轨。他的学经弘法始终得到乃东贡玛·扎巴坚参、年堆司徒、饶丹贡布帕巴、阿里法王后代赤杰索朗德、洛达·拉赞觉等人的资助和支持。但是，他并没有依仗这些地方势力和大寺院来聚徒敛财，培育自己的势力，而是有意识地在一些偏远地区建寺弘法，修建了拜摩曲顶等寺院，摄授徒众，开创珀东派。

珀东巴一生博学多闻，系统地学习过三藏四续等显密教理，认真地钻研过印藏大德论师们的佛学论著，几乎涉猎过佛法的方方面面，而且熟悉西藏佛教后弘期鼎盛时期众多的教派和繁杂的传承。珀东巴感觉到在翻译传播佛法方面，许多传承内容或相互交叉重复，大同小异，或零零碎碎，缺乏系统化，令人无所适从。“对于佛法之显密，深观广行，证悟果位等说得华而不实，疑点重重，把人引向疑惑，增加业力和烦恼，不显智慧，犹如盲人堕入可怖的深渊”。珀东巴遂想“对于诸学者和成就者所作的密咒论著，不明白的加以说明，不完整的加以补充，有谬误的加以调整”。到 30 岁时，珀东巴决定撰写《摄真实论》，全面系统地阐释佛法要义。这得到当时一些著名学者的支持和鼓励。

《摄真实论》的内容丰富，篇幅宏大。为了满足不同读者的要求，分为广、中、略、最略四种。广论共有110卷，中论有20卷，略论有2卷，最略论仅有一小卷。每卷有500篇页。这里，我们把《摄真实论》中“四入门”的科目译出，以便读者管中窥豹，可见一斑。

四入门是指：一、孩童入门，二、智者入门，三、显教入门，四、密教入门。孩童入门又分身学、语学、意学三方面，身学又分住母胎学和出生学；语学又分读字学和写字学；意学又分为世间论和辨别论，其中辨别论又分内有情辨别论和外器世辨别论。智者入门分为工巧明、医方明、声明、因明、内明。显教入门分为佛法总安立和佛法别安立，其中佛法别安立又分为有部、经部、唯识、中观，从基、道、果三方面论述。密教入门分续部总安立和续部别安立，其中续部别安立又分事部、行部、瑜伽部、无上瑜伽部。从诸部曼荼罗、灌顶及其定量、现观及其定量、各自的传承、外羯磨集、内修习次第之秘诀等方面来区别论述。

陈兵先生在《新编佛学辞典》说：珀东·乔来朗杰的“著作甚为丰富，达132卷，内容涉及佛学、因明、梵文、诗歌、医学、历算、历史等，其中122卷被印度印刷发行。他可能称得上世界上佛学著作最多的僧人、世界上著作最多的学者”。1996年6月16日《西藏日报》汉文版上，刊登了一则题为《〈普东全集〉将回归故里》的消息：“长期流失在国外，由西藏历史上著名佛学家普东·曲来朗杰所著的佛学百科著作《普东全集》一套119卷（本），将由意大利喜马拉雅生态协会无偿捐赠给拉孜县普东艾寺。”又说：巨著《普东全集》共135卷，内容涉及西藏的宗教、历史变迁、经义释译等方面。就数量而言，为藏区佛学著作之冠。

珀东·乔来朗杰是一位非常典型的藏传佛教大师，他除了精通显密教法外，还熟练地掌握了工艺学、医学、天文历算、语言文字等世间学问。他创作了大量的诗词作品，还撰有诗学理论研究著作。另外，在戏剧等其他方面，他也有许多作品和专著留世。尽管他精通世间诸学问，且著作等身，但他毕竟是一个出家僧人，无意留恋和致力于研究传播世间学问。他曾自我嘲讽说：“如果我不把志向投入到佛祖经教方面而转向世间，那我算什么呢？”

藏传佛教重视因明，崇尚辩论。珀东大师曾巡回卫藏各地进行辩论，挫败过许多当时颇具声誉的佛学家，“对十几部论典同时立宗辩论者，珀东巴是第一位”。从《珀东班钦传》看，珀东大师辩论有两个显著的特点：一是辩论不是为了争名夺利，而是为了清除佛法在弘传过程中所沾染的污点，通过辩论明辨真伪，让人们正确理解和掌握佛法；二是不似有的人对佛法一知半解，断章取义，甚至歪曲佛法原义，珀东巴从不把自己的观点强加于人，而是如实地阐释各大论的本来意思，来达到弘扬佛法的目的。

特别值得一提的是，珀东巴能够身体力行，严格护持戒律。他是宗喀巴的同时代人。格鲁派创立之前，西藏佛教虽然在阿底峡等数代人的努力下，逐渐开始重视戒律，强调学修次第，但毕竟尚未形成严格的制度，犯戒躐等的不乏其人，许多著名佛学大师本人也未曾受戒。而珀东巴先后受过出家戒、沙弥戒、比丘戒、菩萨戒和密乘戒，而且能够终生恪守各种戒律细条，这在当时实属可贵。有人曾嘲讽珀东巴，说他死板教条。一些跟随他左右的人说：一些大译师、大学者和大成就者拥有大量的金银财宝，他们穿着华丽，饮食丰富，唯独咱亲教师总是粗衣恶食，因陋就简。然而，珀东巴始终不受他人影响，坚持在外表上持守声闻乘的所有细微戒条，手持钵盂，身着三衣，在内心里验证密教殊胜行果，广作利他之事。

《土观宗派源流》把珀东·乔来朗杰放在“九类零散流派的源流”中进行评介，并在其名字前冠以地名“珀东”二字，而把觉囊·乔来朗杰放在“觉囊派源流”中叙述，所以没有在名字前加上“觉囊”二字。由于珀东·乔来朗杰和觉囊·乔来朗杰的名字相同，又几乎是同时代人，两人的生平事迹所具有的特点也十分相似，所以学术界往往或张冠李戴，或干脆混为一谈。实际上，珀东·乔来朗杰和觉囊·乔来朗杰是两个不同教派的历史人物。

藏文典籍中关于珀东派的记载很少，但总是把它作为一个教派，在一些汉文著作中则把珀东派当作一个学派。《土观宗派源流》说：珀东巴“修建了拜摩曲顶等寺院，并在此讲听佛法，形成珀东派，但好象没有发展久远”。其实，珀东派未能像当时西藏佛教的宁玛、噶举、萨迦等派别那样广为流传，珀东巴本人也不像其他教派的祖师和高僧那样为后人所熟知，但是，珀东派并没有销声匿迹，而是流传至今。

在《错那县文物志》中说：“此外，这一地区属于‘珀东’教派的寺庙也很有特色，为其它地区所罕见。……他（即珀东巴）创建的珀东教派虽流传不广，影响不大，但在当时的错那一带却有一定的分布和相当的势力。其中具有代表性的觉拉寺下辖有卡达、西吾等寺，建筑和壁画也从不同的侧面反映出该教派特点”。“觉拉寺始建于公元1447年，……据实地调查，自创寺以来，该寺一直从奉‘博东噶举’教法，这一地方教派在教义上分别融合有宁玛、萨迦、格鲁等教派的因素”①。这就说明，珀东派不仅源源不断，而且始终保持着“融噶当、萨迦、塔波噶举、香巴噶举、息结等教派的教法精要于一体”的特点②。

珀东大师的弟子遍及西藏的前后藏、阿里、塔波、工布等地区。但是，在《珀东班钦传》中只是简单地罗列了“二十三语旨教授”的传人以及昆氏三人等弟子的名字，没有作详细介绍。只是说“在所有弟子中，最优秀、最殊胜、秉承护持珀东巴密藏者，就是曲吉珍美。她就是瑜伽母金刚亥母（多吉帕姆）的变化身，曾为邬仗那神变地的恩扎菩提之妻白姆玛杂和大阿阇黎莲花生的明妃曼达热娃，现又依止了珀东尊者”。珀东派尽管自古洎今默默无闻，但却传出了金刚亥母化身多吉帕姆女活佛系统。

二、桑定多吉帕姆女活佛系统

桑定多吉帕姆是藏传佛教中最有影响的女活佛系统。七世达赖喇嘛格桑嘉措时期，八世桑定多吉帕姆德庆措姆领受呼图克图封号及官契，在《番僧源流考》中位列十小呼图克图；十三世达赖喇嘛土丹嘉措执掌西藏政教大权时，又使十一世桑定多吉帕姆曲英白姆晋升大呼图克图之位，具有了显赫的社会地位和巨大的宗教影响。不过，有关桑定多

① 索朗旺堆主编：《错那、隆子、加查、曲松县文物志》，第16页。

② 参见克珠群佩、董莉英：《珀东·乔来朗杰与珀东派》，《中国藏学》1998年第3期。

吉帕姆系统,在西藏历史和宗教古籍中记载不多,其教派归属问题也众说不一。

关于多吉帕姆驻锡之桑定寺,在《西藏志》中云:“多尔吉拔姆宫,在羊卓白地海中,自拉萨西行半月,海中有山,上建寺,极宏丽,有瀛洲、蓬岛之迹。寺内乃女呼图克图多尔吉拔姆所居。”[①]《世界广论》说:“从后藏年堆往东走就羊卓地区,这儿有四大湖之一的羊卓雍措湖,……此地有达隆噶举、主巴噶举和珀东派等不同教派的寺院,……珀东派的寺院由珀东·乔来朗杰的明妃至尊金刚瑜伽母的化身世代主持。”[②]

《土观宗教源流》云:“此后香顿修甲寺,克尊循努珠修桑定寺,遂分为甲桑二派。”王森先生在《西藏佛教发展史略》中所说亦同。王辅仁先生在《西藏佛教史略》则明确提出:“琼波南交巴的后辈又建立了甲寺和桑定寺,形成香巴噶举的两个支派。甲寺情况不详,……桑定寺在拉萨到江孜之间的浪卡子县。”[③]这样就把珀东·乔来朗杰所建的羊卓桑定寺误视为香巴噶举之桑定寺,张冠李戴,以讹传讹至今。羊卓桑定寺刚修建时只是个小寺。二世多吉帕姆贡噶桑姆在仁蚌巴、雅桑万户和羊卓万户等地方政权的资助下,扩建了桑定寺。五世多吉帕姆卡居白姆维修和扩建了桑定寺诸殿堂并新造了佛像佛塔等[④]。

多吉帕姆,系藏文音译,意为金刚亥母。《藏汉大辞典》“多吉帕姆”条只说是“上乐金刚阴体佛母”。王沂暖先生主编的《佛学辞典》中说:“为胜乐金刚之妃。”陈兵先生在《新编佛教辞典》中解释为:“金刚亥母,亦称光明天女,藏密本尊。上乐金刚妃。多为裸体少女形,有赤、青、白、黑等色,一手执钺刀,一手持颅器,腋下夹天杖。有作人身猪头者。噶举派多修此尊法。”这个解释既全面又准确。上乐或胜乐,又名胜乐轮,梵文作泗鲁迦或黑如嘎,是无上瑜伽母续之一本尊名,多吉帕姆即是阴体本尊。本尊神属密教上师、本尊、空行三根本之一,是修密乘成就法的不可或缺者。本尊有善相、怒相和善、怒兼具三种,善相本尊有文殊菩萨、观世音菩萨、度母、无量寿佛等;怒相本尊有大威德金刚、马头金刚、金刚手等;而集密金刚、喜金刚、胜乐金刚以及金刚亥母都是善怒兼具的本尊神。

根据藏传佛教活佛转世理论,多吉帕姆曾在印度转生于王室,视世间荣华富贵为火坑,获得普通和殊胜悉地,名为比丘尼白姆;在萨霍尔又转生于王室中,成为莲花生大师的明妃,身证空乐四喜,人称智慧空行母门达热娃;在西藏曾转生为莲花生大师伏藏之继承人空行母益希措杰,证得无漏大智慧;又转生为息结派的创始者玛久拉仲,广作弘法利生事业;在昂续转生为空行母索朗珍玛;在当续转生为具有隐居空行母之德行的索朗白珍。尽管金刚亥母不断转生人世间,广作弘法利生事业,但始终没有形成系统化的活佛转世制度。直到大成就者唐东杰布认定曲吉珍美为金刚亥母转世,并授记和认定贡噶桑姆为其转世灵童,才形成多吉帕姆女活佛系统。至此,已经传到十二世。

一世多吉帕姆曲吉珍美　出生于吐蕃赞普世系吉德尼玛衮的后代阿里贡塘王室中,

---

① 《西藏志》,西藏人民出版社 1982 年版,第 17 页。

② 《世界广论》藏文长条经第 121 页,西藏人民出版社 1986 年版。

③ 王辅仁:《西藏佛教史略》,青海人民出版社 1982 年版,第 135 页。

④ 参见克珠群佩、董莉英:《桑定多吉帕姆系统教派归属管见》,《中国藏学》1996 年第 3 期。

父亲为万户长拉旺坚参,母名多德杰姆。曲吉珍美由于宿世无数劫的菩提大行习气力量所致,从小对世间诸法毫无贪著,视轮回为套索,远离世间诸事,潜心于闻思佛法中。她先是在珀东·乔来朗杰座前出家,取名贡觉杰姆。珀东大师给她传授了经律论诸藏以及成熟之灌顶和解脱之引导、教授,并作为自己的侍从带往卫藏各地。之后,曲吉珍美拜唐东杰布为师,听闻了新旧密乘的诸甚深密法及教授。在《唐东杰布传》中这样写道:"此时,多吉帕姆转生于人世间,广作利生之事,其转世空行索朗珍玛三世又转生于王室中,名为曲吉珍美。她来到唐东杰布尊前敬献诸宝物,唐东杰布也给她传授了许多密法。"又云:"大成就者告诉阿阇黎曲吉珍美说:'如果你到西藏上部地区,你能长寿,但是你的徒弟多少不定;如果你去西藏下部地区,你的徒弟会很多,但是你的寿命长短不定。'曲吉珍美说:'只要有利于众生,到哪里都行。'唐东杰布说:'东方工布地区有我的寺庙,叫杂工乃萨,你到那里去吧。'"①

曲吉珍美遵照唐东杰布的指示来到杂工乃萨寺,得到其寺上师日松贡布的迎接。在杂工,曲吉珍美潜心修证,空行勇士和空行母,尤其是狮面双尊神亲自前来作助伴。曲吉珍美返回卫藏时,得到帕珠第五代阐化王扎巴坚参的迎接和侍奉,并从其王库中取出大阿阇黎莲花生伏藏之传人空行母益希措杰的头发、耳饰、身饰等,交给曲吉珍美,说是物归原主。

之后,曲吉珍美来到羊卓地区,得到羊卓万户长南卡坚参的资助,于 1440 年修建了桑定寺。当时,寺中只有一位上师和 6 个僧人,寺内主供万户长出资修造的珀东·乔来朗杰身像和唐东杰布所赐的蛇心檀香木瑜伽母像。曲吉珍美被珀东大师授为密传弟子、法太子。曲吉珍美 34 岁时在杂工寺圆寂。根据二世多吉帕姆的生卒年代、唐东杰布和珀东大师的生卒年代,以及桑定寺的创建年代来推算,曲吉珍美大约生活在 1424 年至 1458 年间。

二世多吉帕姆贡噶桑姆 出生在工布地区,被唐东杰布认定为一世多吉帕姆曲吉珍美的转世灵童。在《唐东杰布传》中云:当至尊曲吉珍美在工布地区圆寂后,其近侍德烈曲珍来到唐东杰布尊前,请示多吉帕姆会不会转世。唐东杰布告诉她:曲吉珍美很快会乘愿再来人间。接着云:"阴土兔年(即 1459 年)在工布地区降生了至尊贡噶桑姆。德烈曲珍再次来到唐东杰布尊前,请他判定贡噶桑姆是不是曲吉珍美的转世灵童。唐东杰布确认贡噶桑姆为曲吉珍美的转世灵童。……贡噶桑姆到 5 岁时,大成就者给她传授了新旧密乘的许多教法,并告诉她说,她的徒众在阿里三部地区,在那里还能见到前世曲吉珍美的生母。"

于是,贡噶桑姆遵照唐东杰布的指示前往阿里三部,果然在贡塘见到了前世的母亲多德杰姆。某时,唐东杰布命令贡噶桑姆,想办法阻止阿里地区的蒙古族对西藏的侵扰。据载,贡噶桑姆和其美珠巴等师徒 20 多人以神变力制伏了芒域上下部的二王,并向蒙古族人传授戒恶行善的正法。之后来到卫藏地区,由甲巴囊索·扎西达杰作施主,修建了

---

① 久美德庆著:《唐东杰布传》,四川民族出版社 1982 年版,第 281—283 页。

甲曲德寺;在仁蚌巴、雅桑万户和羊卓万户等地方势力的资助下,扩建了桑定寺的诸殿堂;用金银粉缮写了珀东班钦著作,造册120卷。贡噶桑姆在堆日郭其圆寂,时年44岁,生活在1459至1503年间。

三世多吉帕姆念扎桑姆 出生于涅仲地区。她从一切知其美白桑出家,依止其美白桑和珀东大师的心传弟子嘎久巴·南卡白桑、堆布·坚参扎巴、克珠格勒白桑等善知识,对《俱舍论》《释量论》《现观庄严论》《中观论》等广作闻思,弘扬阐发性相等因乘理论,并在桑定寺创立辩经场。念扎桑姆的徒弟遍及工布至阿里三部地区,潜修果乘密道。她著有《普通三士道次第》和《生圆次第合和七支引导》等著作。圆寂于桑定寺。大约生活在1504年至1544年间。有白银灵塔,位于寝宫。《番僧源流考》把她作为头辈多吉帕姆活佛记录,曰:"头辈呼图克图,名年札克桑布,在达木年终地方出世,年至四十岁圆寂。"

四世多吉帕姆伍金坐姆 出生于康区索瓦希地方,依止江央丹增扎巴等圣贤,登上桑定寺宝座不久就圆寂,年仅10岁。大约生活在1545年至1555年间。

五世多吉帕姆卡居白姆 出生于工域嘎玛村,从卓贡·赤烈朗杰等圣贤座前受沙弥戒,广作闻思修,广弘珀东派的显密教法。从卡居白姆开始,在桑定寺中建立了密乘四续之各种修持仪轨,尤其是冬夏二季依吉祥怖畏金刚的彩粉曼荼罗,结合护法神噶尔羌姆舞和朵玛食子回遮法,举行伏魔护摩。这种惯例一直延续到近代。卡居白姆建造了许多像、塔、经三所依,所作护持弘扬佛法事业无边。她54岁时圆寂,大约生活在1556年至1610年间,有金银灵塔留世。

六世多吉帕姆陈烈措姆 出生在羊卓万户属地达隆地区,从一切知陈烈嘉措受沙弥戒,依止善知识卓贡·多吉宁波等圣贤学习显密要义,尤其是闻思珀东派的甚深教诫,广作修行派事业;能够依靠自己的力量,举行密乘四续之供养和成就诸仪轨法会。66岁圆寂,大约生活在1611年至1677年间,有银灵塔。

七世多吉帕姆曲珍旺姆 出生于尼木地区,自小依止一切知陈烈嘉措和卓贡·白玛陈烈等圣贤,闻思和护持佛法。当时,蒙古准噶尔部的次旺饶丹(汉史作策妄阿拉布坦,系噶尔丹之侄)带兵侵扰西藏,"准噶尔军大肆摧毁佛法,……西藏各大寺院的金银,也搜抢一空,运往伊犁"①。桑定寺也未能幸免。据称,当准噶尔兵来侵袭桑定寺时,曲珍旺姆以各种不可思议之神通,制伏了侵略军。据载,准噶尔兵把刀枪、铠甲等三百多件武器,以及从羊卓地区其他寺院里搜抢来的经像塔等文物,都献给了多吉帕姆曲珍旺姆,并发誓决不再加害于桑定寺。年至44岁时,曲珍旺姆在桑定寺中圆寂。大约生活在1678年至1722年。

八世多吉帕姆德庆旺姆 出生在香扎西孜地区,是六世班禅巴丹益希大师之侄女。从小在扎什伦布寺得到班禅的关怀和款待。班禅还给她传授了一些灌顶教授,并派人把她送到桑定寺。在桑定寺,德庆旺姆依止珀东派耳传继承人一切知米久仁钦桑布和格勒坚参,闻思佛法。之后前往拉萨,在七世达赖喇嘛格桑嘉措座前剃度出家,取名格桑乔丹

---

① 黄奋矢编著:《藏族史略》,民族出版社1985年版,第247页。

德庆旺姆。后来,又前往后藏扎什伦布寺,班禅大师给她传授了大威德十三尊随许等密法,并把江孜乃宁寺及其土地和属民等赐给多吉帕姆,作为桑定寺的庄园。从此,乃宁寺成为桑定寺的一座属寺。乃宁寺又称乃宁曲德寺,位于今日喀则地区康马县乃宁乡,创建于吐蕃时期。原属宁玛派,至阿底峡时改奉噶当派;到15世纪时,宗喀巴两度来到乃宁寺,从此,乃宁寺又改奉格鲁派。从这位多吉帕姆开始被授封为呼图克图。据说德庆旺姆还曾受乾隆皇帝之邀前往内地。年至49岁时圆寂,大约生活在1723年至1772年间。

九世多吉帕姆德庆措姆 出生于拉萨拉鲁家族中。她9岁时,在策默林活佛阿旺江白楚程嘉措座前受出家戒,取名阿旺洛桑曲英德庆措姆。她依止赤烈伦珠和仁增朗杰等不同教派的善知识,闻思佛法。某时,宁玛派的上师白玛卫色朵阿林巴来到桑定寺,与德庆措姆相互传法。宁玛派上师作《珀东·乔来朗杰赞》《空行永驻》以及至尊德庆措姆的《本生祈请》等,德庆措姆也把珀东派的一些密法回赠给对方,据言,这些密法都收录于宁玛派的《大宝伏藏》中。从此,在桑定寺中亦广为流传宁玛派的传规。德庆措姆著有《心间伏藏莲花娘提》之加行和正行、《因道果安立导引》以及护摩仪轨等。有一段时间,她前往寂静处,潜修共和不共之生起次第和圆满次第瑜伽。由噶伦谢扎瓦·顿珠多吉作施主,德庆措姆扩建了桑定寺殿堂,维修和新造了像经塔等身口意三所依。尤其是,在七世班禅丹白尼玛的资助下,德庆措姆在伏魔菩提殿里新造了菩提塔。班禅大师和德庆措姆来往频繁,关系密切,因此,桑定寺与扎什伦布寺的关系也像一个寺里的上下两个拉章一样亲密无间。一次,班禅前往拉萨行至江孜时身患疾病,在桑定寺中借宿7日,接受德庆措姆的诊治。德庆措姆圆寂于桑耶寺,生卒年不详。

十世多吉帕姆贡桑旺姆 出生地点、生卒年代及家史均不详,只说在宁玛派的伏藏中把她授记为伏藏师德庆林巴的伏藏《修心除障》之教主。除了护持珀东派传规外,她还大力弘扬宁玛派的伏藏。圆寂于乃宁寺。根据推算,这二位多吉帕姆生活在1772年至1889年间,中间有117年。

十一世多吉帕姆曲英白姆 1889年出生在堆龙门吉康萨尔。自小由珀东派教诫精通者格勒多吉等上师向她传授珀东派传规的灌顶、教授等。她在十三世达赖喇嘛土丹嘉措座前出家受戒,取名阿旺贡桑土丹曲英白姆。多吉帕姆师徒长期恭敬地侍奉十三世达赖喇嘛,达赖喇嘛向她们颁发凭照①,进一步确定五世达赖喇嘛时期划归桑定寺的属寺、庄园和属民;又使曲莫白姆晋升大呼图克图之位,出外时可以随带着举马旗②的骑马仪仗队。曲英白姆曾去罗布林卡,在格桑颇章举办消灾回遮仪轨,并与达赖喇嘛相互传法。曲英白姆于1937年圆寂,时年48岁,有金银灵塔。

十二世多吉帕姆德庆曲珍 1938年出生在尼木地区。她在拉萨仓谷尼姑寺出家。6岁时,通过金瓶掣签被认定为多吉帕姆转世灵童,迎请到桑定寺。12岁时,因十四世达赖

---

① 凭照——原西藏地方政府颁发的关于纳税、减租、固定产权等三方面盖有官印的一般文告或重要文件。

② 马旗——旧时,国王、上层喇嘛等外出时,护卫骑士所持的旗帜。

年幼，在摄政王达札活佛座前受出家戒，取名阿旺谢珠德庆曲吉珍美，受封为大呼图克图，拜珀东派耳传法精通者阿旺晋美堆丹朗杰为师，对自派教证广作闻思修。1959年途经尼泊尔到印度，后经阿富汗和前苏联回北京，参加国庆大典。德庆曲珍曾任西藏自治区政协副主席、全国政协常委、西藏自治区人大常委会副主任、西藏自治区佛教协会副会长等职[①]。

① 参见克珠群佩、董莉英：《历辈桑定多吉帕姆主要事迹》，《西藏民族学院学报》1996年第4期。

第十四章　噶举派的教义教法及其主要寺院

噶举派的宗见属于中观应成派见。玛尔巴道歌中说："东至恒河边，仗弥止巴恩，悟法性无边，心把握空性，见离戏本元，现证三种身，从此断戏说。"那若巴和弥止巴是玛尔巴的根本上师，"尤其是在见上断疑，得力于上师弥止巴。"而弥止巴不仅是中观师，而且是秉承月称之应成中观。其《长养真谛第十》中说："若欲达真如，非有相无相，无师教严饰，中观亦平庸。"那若巴亦持月称之应成中观见。因此，噶举派宗见为月称之应成中观见。塔波拉杰的《解脱道庄严论》融噶当派的《道次第》和噶举派的《大手印》于一体，它不仅提出了宗教实践的方法和途径，是指导后人修持心性的教科书，而且也是噶举派的思想理论基础。噶举派弘传和修持密教无上瑜伽部密法，重点传修"大手印"和"那若六法"。"大手印"称为解脱道，有显密之分，显教大手印主要修证空分，完成法身；密教大手印主要修证明分，完成报、化二身。"那若六法"称为方便道，是谛洛巴和那若巴从无上瑜伽的重要续经中总结出来的教授，其修练重在身体的风、脉、明点的转变上，达到即身成佛。

第一节　《解脱道庄严论》及其思想特点

一、《解脱道庄严论》概述

《解脱道庄严论》是塔波拉杰的重要论著，全名为《正法如意末尼解脱大宝庄严大乘道次第》，或译《道次第解脱庄严论》。《土观宗派源流》等典籍说：塔波拉杰接受米拉日巴的灌顶、教授后，便"心生殊胜证悟，遂将噶当派的《道次第》和米拉日巴的《大手印教授》融合一起，著成《道次第解脱庄严论》。从此，噶当和大手印（噶举）二大教海遂汇在一起，以《大手印俱生和合》的引导次第来教诲后学"。阿芒·贡却坚赞评价说："后期大手印派教科书中大部分是讲唯会到非造作之心本面。塔波拉杰开始是噶当派，后成为米拉日巴尊者之徒弟，将噶当和噶举两派见地融合起来修持，并写了论修习次第的书《道次第解脱庄严论》。此论著中的观点不但与噶当之教授甚为相同，而且将般若波罗蜜多中之《般若经》《六聚论》《释量论》《菩提道炬论》等经论综合起来，抉择见地，并与会到心之本面相结合，这与现时之指点心性之特点有很大的不同。”①班班多杰也认为：“这部书中主要讲了如何修持心性的问题，并且他提出的修习心性的方法和途径与其他宗派的方法有很大的不同。”②

《解脱道庄严论》不是噶当、噶举两派理论见地和修习方法的简单融合，而是塔波拉杰通过学习和修持噶当派的《道次第》和噶举派的《大手印》法后，在对两派的思想理论和实践方法进行深入研究的基础上撰写的。这是一部高度概括和总结两派思想的学术论著。它不仅提出了宗教实践的方法和途径，是指导后人修持心性的教科书，而且也是噶举派的思想理论基础，在噶举派形成和发展过程中起到承上启下的作用。“从此，噶举派形成了自己独有的以噶当派教义与米拉日巴的密法相融合，又以大手印为主，重实修的别具一格的佛教哲学体系，从而确立了噶举派新的发展轨迹”③。

二、《解脱道庄严论》的主要内容

《解脱道庄严论》共有21章，其主要内容如下：

第一章 开示因如来藏。提出了人人皆有佛性，众生皆具成佛之因的命题。从众生本具如来藏，佛与众生的空性无别，众生之五种姓住于佛之五种姓等三个方面进行了论述。

第二章 开示所依人身。众生皆具成佛之因，人与地狱、饿鬼等同在六道中轮回，为何人能成佛，而饿鬼等不能呢？因为，人具备人身这个成佛之宝。但是，要成就佛果，光有人身还不行，必须具备八暇和十满以及净信、诚信、欲信等三种信仰，使人身成为成就无上菩提的所依。塔波拉杰还依阿底峡的三士道学说，认为由于人的能力根器不同，可分为上、中、下三种，即所谓“三士道”。他认为人身宝难以寻得，容易坏失，要格外珍惜。要用人身之船，度过苦海，到达彼岸极乐境界。

第三章 开示如何依止善知识的方法。人具备了成佛之内因如来藏，又有成佛之主体身宝，但欲成就佛道，还须要外因善知识。塔波拉杰从经教、论理、譬喻三个方面论述了依止善知识的必要性。他说：“如此，当度轮回苦海时，若无如舵手之善知识，虽乘坐佛法之船，也难免堕入轮回深渊，漂流于轮回中。”塔波拉杰把善知识分为凡夫、菩萨、变化身佛、受用身佛四类。“当在初地时没有能力依止佛和菩萨，因此要依止凡夫；当你净除业障时有能力依止菩萨；当你住于资粮道以上时有能力依止变化身佛；当你住于大地时能依止受用身佛”。接着详细阐述了如何依止凡夫善知识以及依止善知识的种种益处。他叫人视善知识如佛，要想办法让善知识欢喜高兴。他强调指出，佛法是药，善知识是医

① 班班多杰：《藏传佛教思想史纲》，第246页。
② 班班多杰：《藏传佛教思想史纲》，第246页。
③ 李冀诚、许德存：《西藏佛教诸派宗义》，第51页。

生，自己是病人。要如法侍奉和承事善知识，要信仰恭敬善知识，要认真修持《上师供》。这样，才可能不堕入恶趣，有希望成办佛道。

第四章 开示有为法无常。即使你具有佛性、人身和善知识，但如果贪恋现世世间，贪恋世间乐，贪恋寂灭乐，又不识成佛之方法，也难成办佛道。那么，如何除此四障，趣入佛道呢？只有作闻思修。修习无常教授能对治贪恋现世世间之过，修习世间罪恶业果能对治贪恋世间乐之过；修习慈与悲能对治贪恋寂灭乐；修习发菩提心能对治不识成佛方法之过。本章讲修习无常来对治和消除贪恋此世间之过的道理。

所谓无常，“积累终是耗尽，竖立终是倒塌，相遇终是分离，出生终是死亡”。无常又分为外器世间无常和内情世间无常。外器世间无常包括粗无常和细无常。四季更替，日月升落都是无常之表现。内情世间无常又分他无常和自无常。他无常即《方广大庄严经》所说：“三界无常如云。”自无常就是“自己也无权常住世间，有朝必定要离开”。因此，行人要思维死亡，思维死亡的名相，思维寿尽，思维别离。或者思维我定死亡，死期无定，死时无助伴。我定死有三个原因，即“过去无有不死者故，身为有为法故，寿刹那尽故。”死期无定有三个理由，即“寿无定，身无意，死缘多，故死期无定。”死时无助伴也有三条原因，即“财物不能带走，亲友不能带走，身子不能带走。”思维修习无常的功德是悉知一切有为无常，对此生无贪恋。塔波拉杰把这些归为下士道，强调“修善止恶”，求生天人乘。

第五章 开示轮回之苦。死亡虽无常，但有死还望生于天人善趣，还可以享受荣华富贵。这些想法导致众生对世间乐的贪恋，因此必须通过思维轮回苦来对治贪恋世间乐之过。轮回苦有行苦、坏苦、苦苦。苦苦又分善趣苦和恶趣苦。恶趣苦，地狱、饿鬼、畜生各有无尽的苦；善趣苦，天非天皆有苦。人苦又分八苦——生苦、老苦、病苦、死苦、爱别离苦、怨憎会苦、求不得苦、得难守苦。本章详细阐述了六道轮回之种种苦。

第六章 开示业果。众生被各种苦所困扰，那么苦从何而来？塔波拉杰回答说，苦从有漏业而来。他从六个方面阐释了业之方方面面。按体性分，业有非福业、福业、不动业三种。有业必定有果。塔波拉杰认为自己造的业自己承受果：善业报善果，恶业报恶果；小恶成熟大恶果，小善成熟大善果；业永远不坏失，到时定得报。他最后说，如此畏惧轮回苦，相信业果，可生中士心，并引用了《菩提道炬论》所说“背弃三有乐，遮止诸恶业，但求自寂天，彼名为中士”来解释中士道。

第七章 开示慈和悲。贪求寂灭乐是小乘所为，亦是中士夫所求，修习慈和悲可对治贪恋寂灭乐的过患，使小乘趣向大乘，使中士步入上士道。塔波拉杰从种类、所缘境、行相、修法、熟练程度、功德等六个方面分别阐释了慈与悲。他认为，大乘刹那不离慈悲，慈是众生得乐之愿心，悲是众生离苦之愿心。最后，他用阿底峡所说的“若以自身苦，比他一切苦，欲求永尽者，彼是上士夫”进行总结，指出：“若能生慈悲，爱人胜爱己，可生上士心。”

第八章 皈依受戒。发菩提心能对治不识成佛方法的过患，而凡是发菩提心者首先必须是大乘种姓，其次要皈依三宝，第三要具备七别解脱律仪之任何一类。塔波拉杰在这一章中详细论述了三宝和七别解脱律仪对于修行者的重要性。为何皈依三宝？世间天地神祇和亲朋好友都不是皈依处，因为他们自己尚未获得解脱，不能救护众生。得到究竟解脱者唯有佛，成佛之道唯有法，修法伴侣唯有僧，因此，必须皈依三宝。那么，如何皈依三宝呢？塔波拉杰从分类、对象、时间、仪轨、功德等九个方面进行了论述。

关于具备别解脱律仪之任何一类，塔波拉杰从喻、经、理三方面详细阐述了发菩提心为何要接受别解脱律仪的原因。他认为小乘之别解脱律仪是断除害他之心，而大乘之菩萨戒是成办利他之事，若不断除害他之心，难作利他之事。因此，两者不仅不矛盾，而且发菩提心必须接受和持守七别解脱律义之任何一类。

第九章 总摄菩提心。发菩提心的实质是为了成就清净圆满的菩提之心愿。发菩提心根据喻、地道分齐和性相分成多类。按喻分为土、金、月、火等二十二类，总摄于初地到佛地之间；按地道分齐分为胜解行发心、清净意乐发心、异熟发心和断惑发心四种，其中胜解行摄于行地，清净意乐发心相当于初地至七地，异熟发心相当于八地至十地，断惑发心是佛地；按性相可分为胜义菩提心和世俗菩提心，世俗菩提心又分为愿菩提心和入菩提心。

发菩提心的所缘分为菩提所缘和众生所缘。菩提心之取境分为有阿阇黎和无阿阇黎两个传承。而取得菩提心的仪轨有从文殊至龙树传下来的寂天传规和从弥勒至无著传下来的金洲传规两种，第一传规的内容包括加行仪轨、正行仪轨和后行仪轨三种，其中加行仪轨包括供养、忏悔、善进随喜、劝请转法轮、祈请住世、回向善根等；第二种传规强调发愿菩提心，持入菩提戒。舍弃菩提心的罪过有三：因过堕恶趣，因过衰他业，因过长久不得地。

第十章 开示发菩提心学处。发菩提心学处有二：即生愿菩提心学处和生入菩提心学处。前者又包括不舍众生、忆菩提心功德、积二资粮、反复修菩提心、黑白八法取舍等五方面。

第十一章 开示六度之安立。入菩提心学处包括增上戒学、增上定学和增上慧学。增上戒学包括布施、戒律、忍辱三度，增上定学为禅定度，增上慧学为智慧度。精进度为三学之总助伴。总之，六度是入菩提心学处。

第十二章 布施度

第十三章 戒律度

第十四章 忍辱度

第十五章 精进度

第十六章 禅定度

分别从功过、实质、分类、性相、增添、清静、结果等七个方面阐释了五度的内容。

第十七章 智慧度

从功过、实质、分类、性相、认知、谙练、结果等七个方面进行了论述。

塔波拉杰认为，凡不具备布施者，要经受悭吝之苦，多数转生为饿鬼，即使是转生为人，也将贫穷困苦，因此，必须具有财布施、无畏布施和法布施等布施波罗蜜；但不具有戒律度，就不能获得人天清净圆满身，所以必须具备律仪戒、摄善法戒和饶益有情戒等戒律波罗蜜；进一步说，但若不具备忍辱度，就会起瞋怒心，起瞋怒心就会导致一切布施、戒律度所聚善业一时尽失，所以须要具备安受苦忍、耐怨害忍和谛察法忍等忍辱波罗蜜；但若不具备精进度，就会懒惰，难成办善业，难作为他业，难获得菩提，所以须要具备为断烦恼而精进，为办善业而精进，为利众生而精进等精进波罗蜜；但若不具备禅定度，心就会散乱，被烦恼所噬，而且没有禅定就不生神通，没有神通就难为利他事，又不具禅定就不生智慧，没有智慧就难得菩提，所以须要具备禅定波罗蜜，要修不净相来对治贪，修慈悲来对治瞋，修缘起来对治痴，修自他平等来对治嫉，修自他相换来对治我慢，修风息来对治分别。但若不具备智慧度，就不能获得一切知的果位，因前五度皆为方便，所以须要具备智慧波罗蜜，方能成办佛果。塔波拉杰引用阿底峡《菩提道炬论》中的话说："离方便之智慧，或离智慧之方便，二者皆为缚系，故智慧与方便，二者皆不应舍。"他强调智慧和方便应该紧密结合而修，不应分离。

第十八章　开示道之安立。塔波拉杰详细地阐释了资粮道、加行道、见道、修道、究竟道等五道，说："此五道，按《菩提道炬论》，最初修习下士和中士道，打下基础，然后发愿行二菩提心，最后勤修二资粮，这就是资粮道；'渐得暖等已'等语示加行道；'当得极喜等'等语示见道、修道和究竟道。"

资粮道包括四念住、四正断、四神足；加行道包括暖、顶、忍和世第一法；见道包括八忍八智和七菩提觉支；修道分为世间修道和出世间修道，主要内容为八正道；究竟道又称无修道，其禅定无断、坚固、稳定、一味、遍一切。

第十九章　开示地之安立。五道有哪些地呢？共有十三地。初业地，为资粮道分位；胜解行地，为加行道分位；菩萨之一地极喜地为见道分位；从二地离垢地、三地发光地、四地焰慧地、五地极难胜地、六地现前地、七地远行地、八地不动地、九地善慧地、到十地法云地等为修道分位；佛地为究竟道分位。

第二十章　开示圆满佛果。从自性、声义、分类、三身安立、三身数决定、三身性相、区别等七个方面开示了圆满佛果。

第二十一章　开示佛之事业。用身、语、意无分别来饶益众生是佛之事业。

塔波拉杰写作《解脱道庄严论》时所引用的主要经论有：《华严经》《正法念处经》《大宝积经大乘十法会第九》《方广大庄严经》《大方广总持宝光明经》《大般若经》《般若八千颂》《菩萨地》《因缘品》《施吉祥请问经》《大悲白莲经》《阿难入胎经》《教授大王乘经》《父子合集论》《百业经》《小正法念处经》《大宝积经善顺菩萨会第二十七》《普贤行愿经》《月灯经》《观世音解悟经》《佛说法集经》《大庄严法门经》《解脱经》《广释密意经》《普贤行愿品》《金刚经》《金光明经》《金刚亥母本生》《准提菩萨陀罗尼》《律仪二十颂》《迦叶经》《妙臂菩萨请问经》《律典》《宝云经》《遍入天请问经》《正法白莲花经》《慧海请问经》《慧无尽经》《佛说诸法本无经》《增上意乐鞭策经》《大宝积经被甲庄严会第七》《圣金刚幢经》《佛说法集经》《施郁伽长者请问经》《无垢称经》《海龙王请问经》《迦叶古日经》《智度七百颂》《零星经》《八楞伽经》《大涅槃经》《小涅槃经》《梵志请问经》《罗怙

罗般若经》《中观小谛》《示真实性经》《三昧耶王经》《出生无边门陀罗尼经》《宝性论》《经庄严论》《宝鬘论》《菩提道炬论》《入菩萨行论》《劝戒亲友书》《俱舍论》《俱舍论释》《中论》《经庄严论释》《集学论》《中观缘起论》《释量论》等。

第二节 大 手 印

一、大手印传承

“大手印”梵文为摩诃玛渣，意译为“大象征”或“大密印”。一般理解大手印含义有三层：一是指某种见地、某种思想；二是指某种修法；三是指某种境界、某种果位。大手印又分显教大手印和密教大手印，或者实住大手印、空乐大手印和光明大手印。

何谓“大手印”？噶举派诸大德多有解释。塔波拉杰说：“若能通达诸生死涅槃之一切法皆不超出法性无生之范围，即是‘手’，所现所有的一切法均不超出本元之义，即谓‘印’，于法性自然解脱中证悟，故称‘大’。”①《大手印明点》中说：“手是性空智慧，印即离轮回法，与大者相双运，此即大手印法。”《青史》中说：“佛法从别解脱至吉祥《集密》之间的修习及验证等一切均以印印之，故称为大手印。”总起来说，印即印契而说手印，如印章而盖之，故称为印地。如以世间国王之敕令，以印玺印之，臣民莫敢违越。由此来比喻法王佛陀亲许的佛法宗要，由佛祖亲手印定，周遍于生死涅槃之一切法中，故为手印，此印为至极无上之佛法心髓，故名为大。

大手印见，名“决定见”，“指一种从心底里确认心性绝对如此、无丝毫疑惑的牢固见地，大概相当于显教大开圆解见，起码属思慧的最高层次，乃至刹那见证明体”②。那么，如何得大手印见呢？陈兵概括为：一、依上师加持而得见；二、依秘诀调心而得见；三、依诀依教观心得见；四、依止观门得见；五、依秘密门修咒气脉点而得见。

关于大手印的传承，《青史》引用郭仓巴的话说，佛教大手印的最早传播者是大婆罗门萨乐和，其后由印度的日追晓（山岭足）及其弟子弥止巴把大手印传遍世界各地。《贤者喜宴》说：大手印教授由金刚持依次递传萨乐和—龙树—舍婆梨—弥止巴—玛尔巴。多罗那他的《七系付法传》中“第一系大手印教授付法传”认为，大手印法门最早由大阿阇黎婆罗门罗睺罗（即萨乐和）递传阿阇黎龙树—舍婆梨—卢伊波—征吉波—谛洛巴—那若巴—仲毗波—俱萨罗跋陀罗。谛洛巴又得卢伊波再传弟子安多啰波之传。谛洛巴传至那若巴，那若巴的门下弥止巴又亲得舍婆梨之传。弥止巴精通内外道诸派教法，是玛尔巴的根本上师之一。

关于《大手印》法门在西藏的传播情况，《青史》认为虽然阿底峡最早传给仲敦巴，但仲敦巴没有广传，真正在西藏最早传授大手印者应推玛尔巴译师。《西藏佛教诸派宗义》

① 冲热·堪布才南木著：《噶举派史略》，第 236 页。
② 陈兵：《大手印导论》，《法音》1990 年第 11 期。

说:“大手印法要源出印度,最早由萨乐和大师约在公元一世纪宣说此法,后传于龙树及其弟子,其后经诸上师灯传不绝,一脉相传,纯用口授。适西藏佛教噶举派祖师玛尔巴,从西藏远往印度寻求圣智之时,印度佛教大师那若巴即以此教法授之。……因此,噶举派教徒均成为大手印实修瑜伽派。”①《土观宗派源流》说:“立名为《大手印》者,米拉日巴道歌中虽亦有‘大手印见堡’之语,但此时则仅传出《大手印》之名,而将此名普遍流传者,乃是塔波拉杰。塔波拉杰的著述中开示正见有显教规与密教规二种。二者皆安名为《大手印》教授。”又说:“从玛尔巴起至米拉日巴、岗布巴等,以及他们的弟子如帕珠、直贡居惹、林热巴、堆松钦巴、达隆巴等所承许之见,皆相契合。”塔波噶举系是西藏传行大手印的主流,噶举派因此也别称为大手印派,而且“塔波拉杰对噶举派的‘大手印’学说的构建用力甚勤,他不以清一色的大手印法作为本派的教法,而把噶当派的教义和噶举派的大手印理论结合起来,冶二派思想于一炉,建立了塔波噶举派的独具特质的教义”②。总之,塔波拉杰大力弘传大手印教法后,噶举各教派形成了多种传承系统,其师承大体是金刚持、谛洛巴、那若巴、玛尔巴、米拉日巴、塔波拉杰,加上历代本派上师;而且在修法上形成了各自的特色。

二、显教大手印

大手印有显密两种,如《土观宗派源流》所说:“噶举从上诸祖的《大手印》,承许有显密二种分别。”塔波拉杰最初依止噶当派时,从博多哇得到阿底峡的空性大手印,“他受噶当派影响,认为密乘明空大手印要顿悟顿修,要上根利器,不适应于中下之根,为教化中下根器,逐渐导引进入大手印。所以他指出,显教大手印应以小乘的出离心、大乘的菩提心结合证悟空性见,名为二谛双融的大手印,因此显教大手印只有悟心的空分而无明分”③。心有明空二分,显教大手印主要修证空分,完成法身。

《青史》云:“关于大手印证悟,在至尊玛尔巴和米拉日巴的时代,先前须生起脐轮火智,尔后借以智力引生大手印之觉悟,这便是密教圆满次第之义。塔波拉杰则不是这样。他对于那些未得灌顶的初业有缘人授予大手印,以便引生大手印之证悟。不过这是显教之义理,即显教之大手印。塔波拉杰曾对帕木珠巴说:‘我们的大手印论典,即是薄伽梵弥勒所著之大乘经典《究竟一乘宝性论》。’帕木珠巴对直贡巴亦如此说。”这就说明玛尔巴和米拉日巴时代弘传大手印只是密教大手印,而无显教大手印。显教大手印是塔波拉杰时才有的,其内容主要来自于大乘显教经论《究竟一乘宝性论》。

那么,如何修显教大手印呢?《土观宗派源流》中说:“显教的《大手印》,是就心体之上,专一而住,修无分别,令成住分。如是修习安住所缘之心,明明了了,即应寻此心,为在身内,或在身外,或在中间,遍处寻觅,心之体性,了不可得,尔时决定此心无实,在已成特殊心体之上,专一而住,他们承认在非遮(即否定主题是什么)之理中修习空性。”《西藏

---

① 李冀诚、许德存编著:《西藏佛教诸派宗义》,第54页。

② 班班多杰:《藏传佛教思想史纲》,第231页。

③ 刘立千:《藏传佛教的噶举派》,《中国藏学》1995年第4期。第82页。

佛教诸派宗义》说:“显教大手印认为:修空主要在于修世俗心体,而修心就要做到‘定慧双修’、‘止观并重’,即佛教理论和实践相结合。因此,噶举派显教大手印的整个思想框架是‘止观’学说。”谛洛巴说:“如是以自心观本净妙明心,一切邪恶分别消除证觉地。”班班多杰也认为:“噶举派显教‘大手印’还有一个鲜明的特点是运用止观结合的方法,通过寻找心的本质来修性空的”。“这种直觉主义的认识方法是在清除了主观陈见,排除了一切后天经验,调整了自己的心理和生理状态后,对本体的直接的、面对面的会晤。这种认识方式打破了平常的认识形式,即语言概念、逻辑推理等”。①

八万四千个法门都离不开止观二法,显教大手印就是运用止观双修的方法来体认证悟心的空性。

三、密教大手印

修显教大手印证悟空性可以见到本元心性,就像汉地禅宗所说明心见性,但是这样只证心之空分而无明分。空分属心,证佛法身;明分属色,证佛报、化二身。显教大手印只求悟心,无有修报、化二身之法,而人的心是离不开物质之身的,身是成办佛道的基础,是成佛之外因。光修心而不修身,光证空而不证明,色空对立、身心对立的矛盾得不到解决。因此,提出密教大手印,修证乐空双运或明空双运之大金刚持身,即身成就佛果,色空对立的矛盾也就迎刃而解了。

关于密教大手印的修法,谛洛巴说:“可入明点气脉诸要门,以多支分方便摄持心,调令任运安住于明体。若依业印增现空乐明,须知加持双运之福智,导自顶轮缓降不可泄,渐上提遍全身一切轮,绝离贪故空乐明方显。”《土观宗派源流》说:“首先应参证本心的体相,即于此上,专一而住,于是风息入、住、融于中脉。再依仗此力,脐秘密轮处拙火炽燃,由此引起溶乐,生起四喜,将本元心转成大乐体性。此大乐性缘空性境,成无分别,即此乐空明无别妙智上,专一而住。依次经历四种瑜伽次第,则成是悉地。”

密教修身主要在无上瑜伽圆满次第,以修脉、风、明点入手。密教认为人的心识依赖明点而存在,明点又依赖风(气)而存在,风又依赖脉而存在,四者相辅相成。又认为脉、风、明点代表身口意三密,是不可分割的有机体。或说显教重在修心,密教重在修身,仅从区别两者特点而言是可以的,其实密教在修身时也同样重视修心。不论是修本尊生、圆次第法,或者修大手印法,都把修空性放在极其重要的位置。这就是要修密教大手印,即身成佛,必须先修显教大手印,证悟心之空性的原因。

四、大手印四瑜伽

大手印之修证,不立阶次。向蔡巴云:“大印唯一了,愚谬计地道,为令愚者喜,亦依显地道,同等计其数。”理论上如此,事实上却建立有严密的修证次第。塔波拉杰的《大手印导引显明本体四瑜伽》中,把见到明体后修证果的阶梯分为专注、离戏、一味、无修四瑜

① 班班多杰:《藏传佛教思想史纲》,第244页。

伽，每一瑜伽又各分三品，凡十二阶，每一阶的境界，都有明确的衡量标准。

（一）下品专注瑜伽：得见后依见修定，由初难定到渐能入定，住于空明乐之觉受，获身轻安，六尘境现时能自解脱，心生定解，于后得境识虽未迷失明体，然尚生少许执著。定心增减起伏不定。梦极明显清楚，然梦中尚现烦恼，堪能保持明体而自作主宰。

（二）中品专注瑜伽：有时无意入定而自然入定，安住明体，妄念甚少，后得境识现时亦具空乐明觉受，自觉心境宽舒澄清，朗然无际。但有时仍起我法实执，起后即自觉知，能寂尔解脱，梦中觉受相或现或不现。

（三）上品专注瑜伽：入定出定，昼夜一如，常住明体，如海无波，一切妄念皆于光明定中消融，后得境识皆归于定，梦中多时能保持明体，然有觉无有更殊胜于此定者之执。

专注瑜伽又称为专一瑜伽，其修法包括两个部分：

1.专注于物体之瑜伽：①专注于无气息物体之瑜伽：先定睛观视一物，一面观想传法上师安坐于我顶上，一面念诵祈祷愿文，祈请上师加持，并观想我心已融入上师之真心，如水入乳，融为一体，次观想佛之身口意三业，观佛身无限庄严，观月轮，月轮上有蓝色吽字直立（代表佛），观明点（代表佛意）光芒照耀；②专注于有气息物体之瑜伽：方法有二：金刚数息法，宝瓶气。

2.非专注于物体之瑜伽，可分为三部分：①切断想念法，一有想念萌芽，刹那齐根切断，继续禅定，努力抑制继起之念，延长禅定时间，以达到“初能止”；②放任想念法，即念头来时不压迫它，亦不随它去，采取漠不关心、不管不理继续禅定的方法，以达到“中能止”之境，心如平静流水。③心不动念法，以求心到达绝对安止之境，有以下四法：第一，捻婆罗门线法，如捻线不可太松，亦不可太紧，要均匀；禅定亦然，心不可过于紧张，也不能太放纵，要均匀。第二，斩绳两段法：所有抑制想念、控制想念及不控制想念的努力，均不可避免产生新的想念，为使心与想念隔离，如斩绳两段，放弃“能知”及“所知”，以达到高度安心。第三，儿童观画法，如以儿童天真幼稚之心看壁画，以达到“无取无舍”，此时并应练习将各种灵息摄入自己的脉道。第四，象体无觉法，以大象喻心，象皮特厚，虽遇荆棘，毫无所觉，心不为动。以上四法循序渐进不可分割。

（四）下品离戏瑜伽：通达心之体性，离生灭一异等戏论，但尚未离空、定解、觉受之执，尤稍执空，于后得境识中未持念时尚生爱憎执著，眠梦中尚起颠倒。

（五）中品离戏瑜伽：空、定解、觉受之执净，但于所显境中尚起希求畏惧。

（六）上品离戏瑜伽：断除对轮回、涅槃一切法之执著，离希求畏惧，明空、显空双融相续，然不精进修时犹有间断，未臻自然任运之境。梦中尚起迷昧。

离戏瑜伽或叫无生瑜伽，以所谓妙观察智证，离诸戏论。其修法可分三个部分：

1.分析心之动与不动，心不动情况下如何，心动情况下又如何，以求了解到动既非异于不动，不动亦非异于动。

2.通达无上菩提，对任何思想、观念或模糊感情的发生既非放弃，亦不加控制，亦不予导引，一俟想念发生行者仅认知其实相（空）。

3.无生瑜伽之禅定：（1）现在、过去、未来三时之禅定，即所谓：“过去之想今已灭，未来之想今未生，谓今之想复云何，生而即灭唯幻空。"禅定的目的在于认识时间是连续的，无始无终的，现在不能与过去、将来分开，但时间仅是幻象，心所示现的一切，也皆为幻象，并非实有。要证悟萨乐和所说："生之为空相，虚空如天空，若离于五大，何者为生死？故知无始来，虚空未曾生。"认知生、死及时并不实存。(2)心与物之分析禅定，观察心是物质还是非物质，是有还是空。最后得出结论：心既非物质亦不是非物质，既非有也非空。不落一边，这就是中道。(3)单一与多数之分析禅定，观察一切有情之心，是一个抑或数个，如是一个，何能示现种种幻象？如是数个，又何能如是？从而得出结论，心不可数，既非单一，又非多数。所有之心皆与真空体性不可分离，一切皆幻，一切误认为实在的戏论，均被排斥。

(七)下品一味瑜伽：通过内外一切境相法尔明体一味，但尚有决信万法一味之执。

(八)中品一味瑜伽：决信一味之执净，无能所、内外分别，心境不二，正智现前，后得识及梦中迷昧甚少。

(九)上品一味瑜伽：昼夜恒一，了一多不二，万法平等，虽尚现微细无自性之梦，而不迷昧。

一味瑜伽，悟心与境为一味，为一整体，不可分离。如睡与梦，梦中所见，不离于心，因此醒时所感，亦为心所示现的幻象，无异于无生死睡眠中之梦境，任何念起，心放松而不依，了解一切外在幻象与行者之心，不可分离而成为一个整体。如水与冰，幻象即本体。所有幻象，本身虽不存在，但皆为本体所现，本体不造任何事物，但示现任何事物，因此，幻象与本体原为一元，同一本性。

(十)下品无修瑜伽：无须作意，所显一切无非明体，然有时尚微起万法如幻如化之执。

(十一)中品无修瑜伽：如幻如化之执净，昼夜恒住无修瑜伽。

(十二)上品无修瑜伽：后显一切微细相续识皆转为智慧，子母光明会合，穷尽法性，圆满三身。

四瑜伽十二品，品品皆有六条检验标准：是否见体性；力圆否；于妄念上是否显定；生功德未；是否播色身种子；于世俗谛上是否决信。每条标准，又有其觉受与证的严格规定。

四瑜伽十二品，还配以修道证果之次第，一般三品专注瑜伽属胜解行地，相当于资粮道和加行道；下品离戏瑜伽属见道，入菩萨初地欢喜地，中品离戏瑜伽当二至五地，上品离戏瑜伽当六地；下品一味瑜伽入七地超二乘，中品一味瑜伽当八地，上品一味瑜伽当九地；下品和中品无修瑜伽当十地，上品无修瑜伽当十一普光明地而成佛，为大手印之最极果地①。

《土观宗派源流》说："噶举先德虽以大手印立为正修根本，然又看到为初业人在相续心中求得相应，尚须有必不可缺少的各种支分。故又作出多种引导法则。如岗布巴的

① 参见陈兵：《大手印导论》，《法音》1990年第11期。

‘俱生和合’,直贡仁钦贝的‘五具’,藏巴嘉热诸大师的‘八大引导’、‘六种一味法’和‘山居法’等,用各种讲授的方式以引导弟子。”

“俱生和合”法为塔波拉杰所创,意思是让识心之体性为俱生法身,心起妄念为法身之用,显境俱生为法身之光。塔波拉杰解释其字面意义说:“心及分别法身三,本来最初俱生起,为由师教合一故,遂有俱生和合称。俱生心性为法身,妄念分别法身波,境相俱生法身光,心境无别是俱生。”

“五具”法由直贡·仁钦贝所造。仁钦贝说:“大手印法如狮子,若无五具等,即是无眼。”把大手印比喻为一头狮子,把五具比喻为狮子的眼睛。《土观宗派源流》说:“噶举派中,有此教授,事业所以宏大。”仁钦贝在其歌中云:“菩提大心如雄马,未经利他领先行,市民喝彩不可闻,前行应勤修此心。自身本为天王身,未至不变究竟处,不能聚集空行眷,故应勤修本尊身。上师四身比雪山,净信日光若不照,加持流水不能生,故应发起信解心。心性广阔如虚空,妄想之云不净扫,二智明星不辉映,故应勤修无分别。二种资粮如摩尼,不以愿力勤拂拭,所乐事业难成办,最后应勤修回向。”以上所说意谓:(1)应当先修菩提心;(2)应观自身为本尊;(3)应对上师修敬信;(4)应修无分别正见;(5)应以发愿回向作印持等法。这就是修习大手印法必须具备的五法,故称为“五具”。

“八大引导”法为:(1)上师三身的引导;(2)大慈大悲的引导;(3)因果缘起的引导;(4)五具甘露的引导;(5)俱生和合的引导;(6)那若六法的引导;(7)八法等齐的引导;(8)密行回修的引导。

“六种一味”法就是把不如意的事都转变成为修道的有利条件,变不利因素为有利因素。它们是:(1)转妄念为道用,有说持分别为道,谓了知分别心即妄念之体性,即于此了知上体认明体而住;(2)转烦恼为道用,有说持烦恼为道,谓故思烦恼境而令烦恼增盛,即于其增盛处了知为心体空性,不破不随转,转烦恼为菩提;(3)转疾病为道用,有说持病为道,谓观能病所病空,转病苦为菩提;(4)转鬼神为道用,有说持鬼神为道,谓于鬼神怖畏境不破不随转,观为更加恐怖之景象,即于恐怖认知为空,明显宽坦而住;(5)转痛苦为道用,有说持苦为道,谓观苦性空,于众生苦起大悲心,发愿济度;(6)转死亡为道用,有说持死为道,谓平时预习临命终时痛苦与幻相,如实了知,不起恐怖及立破之心,令子母光明会合。此六种法之前五种是修大手印与菩提心转为道用的法门,后一所谓死亡为道用,是从《那若六法》中的中阴教授中分出来的。

五、大手印典籍

大手印虽重在口耳之传,也有不少典籍著述。据布顿的《佛教史大宝藏论》,属于大手印的经续论著被译为藏文者,有《大手印明点》《大手印精滴释》《大手印精滴广释悦目论》《朵哈宝藏中歌根本释》等。元代译成汉文的《大乘要道密集》,收有大手印著述如《新译大手印不共义配教要门》《新译大手印顿入要门》《大手印赤引定要门》《大手印伽陀支要门》《大手印精虑八法》《大手印九喻九法要门》《大手印湛定鉴慧觉受要门》《大手印八镜要门》《于大手印十二种失道要门》《大手印九种光明要门》《大手印十三种法喻》

《大手印修习人九法》《大手印三种法喻》《大手印修习行人九种留难》《大手印顿入真智一决要门》《大手印顿入要门》《大手印四种收心》《新译大手印金璎珞等四种要门》《大手印纂集心之义类要门》等20种，多为修法口诀之记录，皆出自果海密严寺玄照国师惠贤所传，同寺沙门惠幢译。现在新译的大手印著述，据刘锐之《诸家大手印比较研究》(《现代佛学学术丛刊》第74册)所列，共有22种，如《朵哈八藏大手印明显口授》《朵哈藏论》(此论有三部，分别由玛尔巴、谛洛巴和哥罗阿阇黎造)、《见修行果之朵哈歌辞》《大手印教授》《略明正见论》《大印略文》《涅槃道大手印瑜伽法要》《祝拔宗契合俱生大手印导引》《大手印讲义撮要》《班禅大师三印》《大手印口诀》《大手印提示》《大手印成佛六要》《大手印十二种失道》《大手印修持之教授》《至尊米拉日巴大手印开示》《俱生契合深导了义海心要》《大手印愿文》《大手印加行所摄上师相应金刚亥母合修念诵略轨》《大手印导引显明本体四瑜伽》等。总之，“汉译大手印典籍，基本上已经齐备”。

第三节　那若六法

一、藏密脉、风、明点简介

如果说噶举派的解脱道《大手印》重在修心，那么方便道《那若六法》则重在身之风、明点的转变上，即在身上下功夫。因此，在介绍《那若六法》之前，有必要简略介绍有关西藏佛教密教脉、风、明点方面的理论。

(一)脉，梵语“那底”，藏语“匝”，佛教密乘无上瑜伽所说身中气血循行的通道。人身中的气(即风)依脉存在。据萨迦瓦·坚参贝桑的《金刚身隐说》说，人身上通行血液的脉有外境所摄的脉37条，降菩提心的脉32条，最主要的有左中右三脉，尤以中脉最为重要①。

中脉，藏语称“乌麻”，其上端达头顶“梵穴”(百会)，向前弯下至两眉中间，下端开口“密处”(外生殖器口)。中脉粗细如钢笔管，总体蓝色，外白内红，其相有四：薄如莲瓣，直如芭蕉，色如茜草汁，明如麻油灯焰。中脉分为三段：从眉间至心间一段，纯净不染；从心间至脐下四指一段，染净相杂；从脐下四指至下端一段，纯染不净。中脉上端为从父亲所禀白菩提(元精)的主要住处，脐下为从母亲所禀红菩提(血)的主要住处。

左右二脉夹持中脉，距中脉约二指许，其粗细为中脉的四分之一，略如麦秆。左脉，藏语称“将麻”，上端经耳际向前，开口于左鼻孔，为白色，其中满贮白菩提(精)；右脉，藏语称“若麻”，上端经耳际向前，开口于右鼻孔，为红色，其中充满红菩提(血)。左右二脉在脐下四指处与中脉会合，如剪刀形。

三脉于顶、喉、心、脐等处缠绕成结，称“脉结”，是阻止气入中脉而自控生命、心识的

---

① 参见多识选编：《藏密气功典籍选编》，民族出版社1991年版，第14页。

生理性障碍。常人的左右二脉被精、血充满，而中脉却扁缩不通。瑜伽观行者则必须观左右二脉渐缩，将气压入中脉①。

以中脉为轴心，向四周辐射出支脉，状若车轮，称为“脉轮”。无上瑜伽说有根本四轮：

1.顶轮。因为定中人的心王在顶轮，身心充满喜乐，经验大乐密意，故顶轮又称为“大乐轮”，位于顶门中脉处，三角形，杂色，从轮轴分出三十二条支脉，向下弯如伞形。

2.喉轮。因为睡时风入左右二脉，产生梦境，此时心王在喉间，经验现分不实之受用身密意，故喉轮又称为“受用轮”或“报轮”，位于喉结后中脉处，圆形，红色，从轮轴分出十六条支脉，朝上仰如碗形。

3.心轮。因为睡眠时心王在心间，气行中脉，此时经验离一切分别的法身密意，故心轮又称为“法轮”，位于二乳连线中点（膻中）内中脉处，三角形，白色从轮轴分出八条支脉，平行。

4.脐轮。因为平时心王在脐间，经验分别心丛生的变化身密意，故脐轮又称为“变化轮”，位于脐后中脉处，圆形，杂色，从轮轴分出六十四条支脉，上仰如碗形。

四轮加“密轮”为五轮，密轮又名“育乐轮”，位于会阴之上，三角形，红色，从轮轴分出三十二条支脉。另有六轮、八轮之说。

（二）风，梵语“蒲拉那”，藏语“龙”，又译成气，无上瑜伽部所说人身中肉眼不可见的生命能量。《金刚鬘续》等说风有一百零八种，又分为五种或十种。十种风又分为两类，一类称“根本风”，有五种，是五方佛之气，主要在五蕴上起作用。章嘉·乳贝多吉《脉、风、明点建立》中云：“持命不动白色水大在心轮，下行宝生黄色土大在密轮，上行无量红色火大在喉轮，平住不空绿色风大在脐轮，遍行遍照蓝色属空大。”②

1.持命风，亦称命根风，不动佛之气，为人从生至死的生命之本，以水大为体，色白，住于心轮，主要在识蕴上起作用。

2.下行风，宝生佛之气，其作用为推动大小便等的排泄，以土大为体，色黄，住海螺脉部位，主要在行蕴上起作用。

3.上行风，无量光佛之气，其作用为引气上行，维持上半身所司饮食、语言、思维等功能，以火大为体，色红，住于喉部，主要在想蕴上起作用。

4.平住风，不空成就佛之气，其作用为推动消化吸收，以风大为体，色绿，住于脐轮，主要在受蕴上起作用。

5.遍行风，遍照佛之气，遍行全身，维系肢体运动的功能，以空大为体，色蓝，住于脐下四指三脉会合处，主要在色蕴上起作用。

第二类“支分风”，也有五种：

1.行风（龙风），行于眼，能维持视觉，以土大为体，色黄。

---

① 参见陈兵：《佛教气功百问》，中国建设出版社 1989 年版，第 128 页。

② 多识选编：《藏密气功典籍选编》，第 112 页。

2.全行风(龟风),行于耳,能维持听觉,以水大为体,色白。

3.正行风(蜥蝎风),行于鼻,能维持嗅觉,以火大为体,色红。

4.极行风(胜弓者风),行于舌。能维持味觉,以风大为体,色绿。

5.定行风(天授风),行于身,能维持触觉,以空大为体,色蓝。

五支分风以心轮为中心,分布于五种感官,主要在接触外界上起作用。

(三)明点,梵语"宾都",藏语"提里",是佛教密乘无上瑜伽所说人身中生命能量的凝聚点及水液。它是心识所依存处,依赖风而存在。无上瑜伽所说明点的种类甚多,依《大幻化网导引法》,可分为三类:

1.离戏明点。意谓无法以概念表述,以意识分别认识的明点,为自身"俱生智","最细风心"的自性,法报化三身的本体,具有空、明、不灭等特性。

2.错乱明点。是一般人身中所具,由依无明所起的身心的活动所生。及修瑜伽时在身内所观想的明点,分为不坏明点、咒明点、风明点三种:不坏明点,为人生命及心识之本,终身不坏,禀自父精母血,为意识底层的心识之本"阿赖耶识"与命根气的结合,住于中脉中,亦称"真水",真水随人心理活动的变化,在中脉内上下移动;咒明点,指修金刚诵时,于身中脉轮内观想的明点;风明点,指修宝瓶气等炼气功夫时,观想气上腾下降,凝结为明点。

3.物明点。分净、浊二分:净分指禀自父精的"白菩提心",与禀自母血的"红菩提心",简称"红白大",主要住于心间,而白菩提心的一部分从中脉内向上分布,延伸于顶,红菩提心的一部分从中脉内向下分布,延伸于脐下三脉会合处,故说白大在顶,红大在脐;物明点中的浊分,又分为浊中之净分与浊中之浊分两种,浊中之净分,指男女精、血中被身体吸收的部分,浊中之浊分,指饮食所化汁液中被排泄的部分,如精液、月经、尿、涕、汗等①。

二、那若六法的基本情况

《那若六法》是噶举派先祖谛洛巴和那若巴从无上瑜伽的重要续经中总结出来的教授,由那若巴弘传,故称为《那若六法》,又称为《六成就法》或《六法》。

噶举派认为,道有成熟和解脱二道,解脱道又有生起次第和圆满次第之分,圆满次第又分为有相无相两种或方便道和解脱道。噶举派的《大手印》和《那若六法》都属于无上瑜伽之圆满次第,《大手印》是解脱道,《那若六法》是方便道。如果说修大手印重在心性,那么那若六法则重在身体上风、明点的转变,即在身上下功夫。玛尔巴说他的宗风的特点就在于可以使一个凡夫修证成佛,尤其是他所传的无上瑜伽教授,不但可以即生成佛,而且可以即身成佛。即身成佛的教授即指的是《那若六法》,是能将粗身转为最细身的法门。

关于《那若六法》所依的密续经典,在《知识总汇》中说:"此教授来自父续《集密》、母

---

① 见陈兵:《佛教气功百问》,第131页。

续《摩诃摩耶》、心要续《呼金刚》、最心要续《胜乐轮》、护法续《四座》。”又说,《集密》等父续经典中对风息有详细记述,也清楚地显示了有关幻身、光明等教授;母续《胜乐》、《喜金刚》等经典中对脉和明点有详细记述,又清楚地显示有关《拙火》和《业印》等瑜伽;在《金刚空行母续》等经典中记有《幻梦》和《中有》;在《四座》和《桑布扎续》等经典中记有《往生》教授。至于谛洛巴、那若巴、玛尔巴等噶举派先师都著有六成就法方面的释论,成为后人所依据的论典。

关于《那若六法》的次序和名数,噶举派内部各有不同的说法。俄巴大师把《六法》的精要总结为《溶迁二法》,或者称为和合、往生二法。玛尔巴译师总结为——修习而成佛的《拙火》和《幻身》,不修而成佛的《迁识》和《业印》,睡眠中成佛的《梦境》和《光明》,了知自性成佛的《中阴》和《大手印》,共分为四支八法。米拉日巴尊者总结为《拙火》和《业印》为一双,《梦境》和《中阴》为一双,《光明》和《双运》为一双,《迁识》和《夺舍》为一双,总为四双八法。塔波拉杰认为,修习而成佛者《拙火》,幻化为道而成佛者《梦境》,沉睡为道而成佛者《光明》,不修习而成佛者《迁识》,《夺舍》为《迁识》之支分,《梦境》和《幻身》为一法,并把《中阴》归为其支分。这样,《那若六法》为《拙火》《幻身》《光明》《迁识》《中阴》《夺舍》等,前四者为根本四法,后二者为支分二法。

据《知识总汇》说,《拙火》是道之核心,《拙火》教授能消除智蕴和智界,现证金刚萨埵部成就和智慧身;《幻身》是道之功效,《幻身》教授能消除色蕴和土界,现证佛部如来成就和化身;《梦境》为道之火候,《梦境》教授能消除受蕴和火界,现证莲花部成就和受用身;《光明》是道之精华,《光明》教授能消除想蕴和水界,现证金刚部成就和自性身;《中阴》是道之保证,《中阴》教授能消除行蕴和风界,现证羯磨部成就和法身;《迁识》是道之护送,《迁识》教授能消除识蕴和空界,现证宝生部成就和大乐身。

三、那若六法的具体内容

1.拙火成就法

“拙火”又译为“脐火”、“猛烈火”、“灵热”等。《知识总汇》说,拙火是一种清明无碍的物质,从胜义谛上讲,拙火是智慧;从世俗谛上讲,拙火是明点,称为红色明点或红菩提,禀自母血,藏于脐下,与禀自父精、藏于头顶的白菩提遥相呼应。海生之《喜金刚释难》说:拙火能根除世间烦恼。《大乘要道密集·拙火定》说,“拙火,粹暴之义,……修道之人自然脐下离四指许,元有血脉,暖气所盛,梵书黄色短‘阿’字之相,其‘阿’字顿然相成,至极尖炎热,不能触着,梵书红色短‘阿’字上暴发猛焰故,是名拙火。”①

“拙火”梵文名旃陀离,有自性旃陀离、猛厉旃陀离、和合旃陀离三种。自性旃陀离是外猛厉火,谓诸法自性空,此旃陀离能断除见地上的戏论。猛厉旃陀离是内猛厉火,谓脐轮短“阿”字,此旃陀离能验证修法之义。和合旃陀离是密猛厉火,谓一切深妙空性与极无变化大乐双运和合,此旃陀离能和合极无变化大乐。

---

① 八思巴等著:《大乘要道密集》,持咒沙门莎南屹啰集译,台湾密乘出版社 1984 年版,第 54 页。

通过现修开发这种拙火的法称为“拙火定”或“灵热成就法”，是《那若六法》中最基本、最重要的法门，宗喀巴大师谓之“火瑜伽”，其要义在于能引生乐空俱生智。

据多罗那他的《七系付法传》所说，《拙火定》教授是阿阇黎毗流波亲自从金刚瑜伽母请求而得者，此阿阇黎为那烂陀寺一比丘学者。阿阇黎毗流波依次传授给黑毗流波、毗耶陀里波、种毗呬噜边、屠女瑜伽女、难胜月、罗睺罗金刚。8世纪时黑行论师也讲过此法。

《大乘要道密集》说拙火定修法有十种，其教授是根据脉、风、明点瑜伽，成就乐空俱生智慧，获得双运金刚持果位，其修炼要点在于三脉四轮上。玛尔巴说：“外观幻化之天身，内观三脉四轮，下有短‘阿’旃陀离，上有‘杭’字的字形，上下风息之转轮，以‘命勤’、‘宝瓶’之修法，中观空乐之境界，此名拙火之教授。”修拙火在于“引生上降下固，四喜证德”，即以宝瓶气鼓动阿字之火上升至顶轮，融化顶轮杭字白菩提向下流注，降至喉轮时即有“初喜”生起，证一切法平等之空境；降至心轮时即有“超喜乐”生起，证无边无际之极空境；下降至脐轮时即有“奇喜乐”生起，证大自在之大空境；最后降至海底轮时，有“俱生喜乐”生起，证一切空境。这是顺生四喜四空之次第，还有逆运明点而生起四喜的办法。《金刚鬘》说：“初喜在脐轮，超喜在心轮，奇喜在喉轮，俱生喜在顶轮。”

关于修拙火定的功效，《大乘要道密集》中说：“道者修习之人入拙火定则发大暖气，生四种喜，见种种相，获八功能，遮身九门，闭语四门，开意二门，明证五通，水火毒等不能侵害，所见所闻皆觉大乐，起无分别智，于现身上获大手印成就。”列举了拙火定所现五相：烟雾、阳焰、萤火、灯焰和无云青天，认为：“第一烟雾相者，由拙火定力坚固故，地息入于中脉时，如见烟雾之相；第二阳焰相者，由拙火定力坚固故，水息入于中脉时，眼前如见阳焰之相。第三萤火相者，由拙火定力坚固故，火息入于中脉时，眼前如见萤火之相；第四灯焰者，由拙火定力坚固故，风息入于中脉时，眼前如见灯焰者；第五无云青天相者，由拙火定力坚固故，空息入中脉时，眼前如见无云青天之相。”《大乘要道密集》称拙火定所获八种功能是：“第一牢精，由拙火定力坚固故，地息入于中脉时，牢精不失，辗转溢精身体充实；第二润泽，由拙火定力坚固故，水息入于中脉时，身体润泽，洁净光软；第三暖盛，由拙火定力坚固故，火息入于中脉时，极生暖气，寒不能侵，病不能染；第四轻安，由拙火定力坚固故，风息入于中脉时，身体至轻，行步甚疾；第五不显，由拙火定力坚固故，空息入于中脉时，身体为空，不显形状；第六洁净，由拙火定力坚固故，白精增益，故身有光明；第七不见，由拙火定力坚固故，赤血增益，人、非人等视而不能见；第八无碍，由拙火定力坚固故，穿山透壁于一切处，无有挂碍，自在游戏也。”

总之，《拙火定》为无上瑜伽部基本修法之一，各种生、圆次第中都要修持，其效应初步净化蕴、界、处，全身生起暖乐；进而引生四喜四智，出现四空，开显法身光明；最后引生大乐无分别智，现证法、报、化三身。

2.幻身成就法

何谓幻身？“幻身就是没有实体，没有血肉之身，它是一种空的显现，是最细心气和心识二者合一而现起”；“幻身的本质和形象是以密宗本尊身的样态存在，这就是说，以本尊和佛母形象的‘空色身’而存在。这种‘空色身’不是由粗的物质所构成，而是由心和气所构成，由最微细的五种主气，特别是命气所构成，所以说它是由五色光构成的‘光身’，是一种‘心灵身’”①。

幻身有种种分类，有分为譬喻幻身、现分幻身、梦境幻身、中有幻身、光明幻身、变化幻身和智慧幻身七种者；有分为显义幻身和隐义幻身者；有分为根本幻身和后得幻身者；有分为初业幻身、三次第幻身和双运幻身者；有分为显义幻身、隐义幻身、双运幻身者；有分为不清净幻身、清净幻身、极清净幻身者。不清净幻身即世俗之身或所见所触之实体，修不清净幻身可以断除我执及实有之执，清净幻身指情器间不净之现分转化为清净的本尊、坛城，并亲证之，极清净幻身即圆满次第中所说的圆满天身。

幻身成就法在《那若六法》中占有重要的地位，其要义在引生现空无别俱生智。“噶举派修空明大手印，可以即生见性，悟到佛的本来面目，成本元心，本元的俱生智。然而，此智亦仅成就佛的法身，即身难成本元身之报化身，所以须进行修炼幻身，即修最细之本元身。由幻身才能修成报化身。六法中除了主修《拙火》《光明》外，其余皆是修幻身的方便”②。这就是六法的中心思想。《大乘要道密集·幻身定玄义》说：“依幻身定，了一切法，如梦如幻，体无实性，则断除我及我之所执等一切颠倒妄想之心故，即是返无明为道也。”

幻身修法包括三个部分：

1.认证不清净之幻身为幻变，想此身荣耀、美誉、富贵及遭诽谤、处逆境，种种喜乐及不喜乐事，以破我执与我慢；复想我身如幻城、如白云、如水中月、如幻术、如梦中物、如镜中相，以证此身原为幻化之身，并非实在者。

2.认证清净幻色身亦为幻变：(1)观想所成之清净幻色身：想本尊于自己对面如实生起，栩栩如生；想自己一刹那成本尊之身，无二无别，此即所谓清净幻身。(2)圆满出现之清净幻身：此时安住于定中，勿追念过去，勿预想未来，勿寄念现在，唯以一心不乱，专注当前无尽之天空，以心念之力，风息入住中脉，一切杂乱之心得寂静境。此时将出现如火爆发之光、如月光、如日光、如土星之光、如闪电之光等境界，并于晴空中升起本尊。进而证得如提婆所说“诸相如梦如幻变，一切佛徒皆主张；不学感应道交者，梦幻实相不得见”。

3.认证一切现象皆为幻变：行者如已控制三摩地之安止境，更加真空实相之认证，则观察一切现象，如生死涅槃等，初似二边对待，实为一整体，不可分割。集中心神于上述禅定，保持绝对之安止境，方可圆证究竟真理之净光明境。

3.梦境成就法

梦境成就法的要义在引生觉空俱生智。所谓梦境，按密乘说法，是由于睡眠风心收入脉内而出现梦境，所现内容完全由气熏习而成。梦中之身是比粗身还细小之细身，其体性为风心之身，相似于幻身。

热穷巴说：“精勤者修脐火，懈怠者修梦境。”玛尔巴说：“本来诸法乃为幻，尤以梦幻最殊胜。”又说：“睡眠之时观光明，边集意念边入禅；纵入愚痴也未惧，因解双运信念满；

① 邱陵编撰：《藏密六成就法诠释》，北京工业大学出版社1994年版。

② 刘立千：《藏传佛教的噶举派》，《中国藏学》1995年第4期。

梦境之时观佛身，边开境界边观修；虽入妄念不恐惧，因懂幻化有信念。”此法比较简单易修，实际上是幻身修法的一种。《大乘要道密集》说：“若梦中认得梦境，则了知诸法如梦如幻，于现身上证得大手印成就。”此法特点是：(1)证知梦中所见佛刹、本尊如幻显现，非有非空，即所谓“梦境幻身”；(2)证知醒中梦中所见之世界一切现象，皆幻而不实，即所谓“梦境幻化”。

修梦境有三个要点：

1.明悉梦境，有三种方法：(1)依心愿力使日间与夜间之意识，决心保持而相续不断。换句话说，在一切情况下，行者坚持此观念，日间之一切，即夜间之梦境，要坚具心愿，明悉梦境真相。(2)依风息力能明悉境如同醒时，一一了了分明，而不散失。(3)依观想力，观想自身为金刚亥母，放射光明，普照法界，认知世间一切现象如镜中影、梦中境，幻而不实。配合宝瓶气呼吸及明点观想，可防止梦境散失，醒来时明悉无遗。

2.转变梦境。于睡眠时观红色明点于喉轮内，同时坚诚祈愿，将于梦中见到佛刹与本尊。

3.认证梦境为幻变。如偈所说：“云何认识梦幻境，当先遣除恐怖想；梦火转水以对治，梦微物者转成大，梦见大物变成小，如是了达形式幻；一变成多，多变一，一多等幻亦皆了，依此精勤不断修，直至究竟了于幻。”

胡之真《藏密法要》总结说：“宇宙本是幻，一切为真如所示现；梦境亦是幻，一切为八识所示现。密宗于是有修梦成佛之法。对于一切水火大小一多等幻象，发展自心灵力，能依己之意志力，改变幻梦之境界。进一步，明了幻梦之境，原为随心所变现，等同海市蜃楼。又进一步，则为明了醒时，一切见闻觉知，都是生死梦幻，无一实存，所谓幻变而已。其最后之进一步，则为得大认证。宇宙间一切，庄严如佛刹，卑劣如地狱，大而日月星辰、山河大地，小而有情无情，物与非物，皆为真如示现之一切幻象，同于八识示现之梦境，为此而已。”

4.光明成就法

据《七系付法传》说，“光明成就法乃由阿阇黎金刚铃于邬仗那国亲从金刚空行母请得者也。若据远传承而言，则有大阿阇黎马胜者，曾证大手印悉地，修习光明不可思议三摩地”。阿阇黎马胜依次递传给琵琶师、嬉女金刚、金刚铃、毳衣师、阇烂达梨波、黑行师、谛洛巴、那若巴、胜德种毗波、小俱萨罗贤、阿悉多伽那、智友等。

光明成就法是道之精华，其要义在引生明空俱生智。何谓光明？《知识总汇》说：“本性光明无碍显现，或虽无自性，但能任运显现，故称光明。”玛尔巴简述光明修法说：“睡眠、梦境之中间，愚痴、法身之自性，离言、光明安乐境，复以光明相印证，梦与光明相交织，此名光明之教授。”热穷巴说：“光明和合梦境夜间修。”光明不但是六成就法的本体和通义，也是所有密法的本体和通义。光明成就法着重分析种种光明的性质与应用，揭示如何从发生有限的光明修持为无量的光明，因此实为六成就法以至各种密法所不可或缺者，亦为行者取得圆满成就之所必需。

光明成就法内容有三：

一是根本光明。光明不可思议，无处不在，照耀一切的心，在一切有情心中生长。行者证得超越思想之大乐境时，即证根本光明。

二是道光明：①日中道行融合净光，以原始无染之心，照耀于前念已灭、后念未生之际者为母光明。证得母光明谓之"光"；由此母光明显发照耀，谓之"燃"；燃之持久，长住灵明之境，谓之"持"，此即所谓道行之境界。依谛洛巴之六不法，"不想象、不思虑、不分别、不禅定、不回忆、不动念"，产生子光明。修证母光明与子光明融合为一，即为和合光明，则达到究竟了悟实相，可以成就佛的报化二身。②夜中道行，融合光明。所谓"于五蕴、大及感官，集中两时（醒时、梦时）能知力，成就空性入睡眠，及风息力得梦定"。此修法要观本尊，心脉莲花轮及音韵诸字次第放光融化，入于大自然真空，如是观空后，而入睡境者，即能成就"睡眠光明定"；由得安稳之睡境即为"燃"境，深入睡眠即为"持境"，深睡时所现之光明即为母光明；一时专注心无他念，依法修得者即为子光明；如是母子光明融合无间。③中阴现前，融合光明。

三是果光明：所谓"尊圣净幻体，净光具圆明，由光明出现，如鱼乍跃水；金刚总持体，由眠惊觉生，此皆表融合，母子两净光"。

心的光明即为本具，故不管你修不修道，认识不认识，光明随时都会显露出来。众生因业障蔽，所以不能明见。光明成就法，就是修认识见光明之法。要细见大光明，即用甚深的圆满次第，强迫业风纳入中脉，转成智风，本性光明才能出现。

此外，修光明还应抓四个时机：（1）熟睡——六识已不清明，渐次收入阿赖耶识（识蕴）；（2）梦境——意识同行蕴俱起时（行蕴）；（3）常时——起能所二执相入意识、境，意识明显之时（想蕴）；（4）等引——感受往生习时（受蕴）。四个时机均是光明出现之时，通过要诀，才能认识。

抓四分位，即抓心王住处及心识活动情况，施以对治方便，可以成就四身：熟睡，心王在心间，愚痴睡眠压迫如昏迷状，此时用《光明》教授可起法身；梦境，心王在喉头，具有风动、无风动之相，用《梦境》教授可起报身；常时，心王在脐轮，起各种妄念实执之想，用《幻身》教授可起化身；等引，心王在头顶，染着难于阻止贪欲，具有二根合会之想蕴，用《拙火》教授可起大乐身。

光明是万有之本源，故修光明易入歧途，因不明光明之体为自心本性，则片面耽着于光明境界。正如米拉日巴道歌所说：不证万法本一味，修观光明成常见；不证大乐双运理，修观空性成断见。

关于光明修法，西藏佛教各派都有。宁玛派有单独修光明法，比较特殊。格鲁派于生、圆次第中修。宗喀巴在《密宗道次第广论》中说："有说若未了达有法如幻，则不能证法性光明；有说于幻身上有幻执垢，要由光明修治，故须收彼幻身入于光明。此是全未了知幻身之言。"

5.中阴成就法

中阴或译中有，在生有和死有之中间，故称中有。佛教说人死肉体坏失，但识神还在，此识神在未入六道轮回之前，谓之中有。中阴身所经历的七七四十九天期限，称为中阴期或中阴境。

中阴的种类分法很多，据《知识总汇》说，米拉日巴把中阴分为六种：法性中阴、道上中阴、生死中阴、梦境中阴、中有中阴、生有中阴；又分为见中阴、修中阴、行中阴、梦中阴、生圆中阴、三身中阴、根本中阴、果位中阴等八种传授给塔波拉杰。热穷巴把中阴分为见中阴、修中阴、果中阴、具贪离贪中阴、有过无过中阴、句义中阴等六种。玛尔巴把中阴分为生死中阴、梦境中阴、中有中阴三种。

中阴成就法分三种证入：

①证入光明境之法身：所谓“光消灭及色消灭，想消灭及识消灭，识消灭已又识生，此际光明即开始，母光子光当合一，有未已教及未教，融合已教入未教，此名成就得证果”。即最后一息方停未久，但识神尚未出体之际，当生起认识之各觉知，其觉于外者，有似日之光明，觉于内者如烟如雾，此光明现前之境为“光”境；不久转入“燃”境，即死者之境界，三十三种瞋心消灭，其觉于外者日光之照，觉于内者如流萤之光；不久又转入“持”境，四十种贪欲消灭，觉外者如日蚀时日中所现之月影，觉于内者如油灯外蒙半透明之罩；由“持”境再转入光明境，七种无明消灭，此时幻识皆已消灭，其觉于外者如黎明破晓之光，觉于内者则如秋日无云之晴空，此光明与真心和合为一，即为证果。

②证入中阴境界之报身：所谓“命终入中阴，方将入轮回；应证彼如幻，圣悲智合体；圆满证悟者，即得净报身”。由不认识死有光明即落入“中有中阴”，出现意身(中阴身)及种种恐怖之险境。一经认知死成中阴身，即观想自身为本尊，置身于光明境中，可以改变习气之身成为报身，得报身成就。

③证入中阴境界之化身：这就是“往生”。如说“贪著与厌恶，诸欲悉排除；坚住善信念，离一切妄想；一心惟专注，选择善胎门，及修习转识，生‘喜知’(金刚萨埵所住之世界)等土”。

6.迁识成就法

迁识，藏文“破瓦”，又译为转识、往生。玛尔巴说：“以心为箭风作弓，用‘嘿’之弦来策动，射心识于梵天道，此名迁识之教授。”刘立千在《西藏密宗漫谈——破瓦法》一文中解释说：“‘破瓦’两字是藏语，它的意思作‘迁移’讲。就是说人要死时，把自己带业往生的那个‘一灵之性’，由业报的蕴身中迁移出去，另外寻找生趣。在汉语中，有‘往生’一词，与之相仿。”①他又在《藏传佛教的噶举派》一文中说：“迁识的要义在引生无分别俱生智。所谓迁识，指人在临终时能以自力(气心力和定力)把自己的心识迁往他方净土或其它世界，使心识在迁往途中毫无障难而行，它作为最佳之护送者。关键在得气心自在，才能随意迁移。”

噶举派的迁识法门最多，有《三融迁》《九融迁》。融迁法即迁移识神与道融合的方法，在人的生命临终时业气自然融入中脉，此时则采取融迁法的次第修法，使之转移于佛身和光明境界。刘立千《西藏密宗漫谈——破瓦法》说：“‘破瓦法’修法很多，各宗各派

---

① 《藏事论文选》宗教集，西藏人民出版社1985年版，第275页。

都有，一时也谈不完。大体归纳起来，他们的应用，有五种成就：一、得法身成就；二、得报身成就；三、得化身成就；四、起三种想，得主宰自己灵识，随意投生，这便是真正的破瓦法，就是前面的三身成就，也包括在此法中；五、是别的有修持的人，来帮助死者，以大悲心及法力，钩摄亡者灵识，而得迁移的法子。前三种在无上密部都有；最后一种是属于为他所作；只有第四种，才是上面所谈，修行人要学来随时准备的法门。”

迁识成就法，其最上者于初期中阴，认知净光，成就法身；中等者于中期中阴，证入智悲合体，成就报身；求生者重入轮回，转生成佛。其修法为“先作宝瓶气，风息三七遍；用意提识神，经中脉上行，于三七灵轮，一一轮提升；上升复下降，相应诵真言；此所谓真言，有全半两声，诵真言之声，呼出高且响；导能知识神，趣入净乐界，临终时一至，转识顿成就”。《金刚空行本续》说：“用瓶气封住诸门，并净化中脉之门。”可供识神出口的门户有九种，修迁识时要关闭耳、鼻、口等八种门，并借瓶气，将在感官诸门活动的主要能量抽回并引导进入中脉，让识神通过中脉，从梵穴冲出。此法有常修和临终时用两法。

《藏汉大辞典》等书把往生和夺舍法归为一法，为“那若六法”之一。而《知识总汇》等书籍中说夺舍法是迁识法的分支，不是同一个法。从藏文意义上看，迁识为“破瓦”，意为迁移，夺舍为“仲久”，意为入尸体。玛尔巴说：“自身如若已经到时限，找到具相殊胜之他身，中间字母风息之乘马，用以缘起风息之转轮，舍弃自身如同舍空室。他身成为化身之自性，此名夺舍之教授。”如果说迁识法能使修持者在临死时成就三身，或随意选生趣择胎，那么夺舍法则可以利用刚死的任何完整尸体，复活转生。《米拉日巴传》中提到：米拉日巴向玛尔巴求夺舍之教授，但玛尔巴从印度带回的经书和他的札记中只有迁识方面的秘诀，而没有夺舍之教授。于是，引起玛尔巴第三次去印度学习夺舍法。噶玛拔希圆寂后，先用夺舍法转生未果，后用迁识法投胎转世。这就说明迁识与夺舍的修法是既有联系也有区别的两种法。玛尔巴可能是西藏最早传授夺舍法之人，我们从他的传记中可以看到他几次运用夺舍法的事例。

综上所述，“那若六法”具有如下特点，：(1)修法比较简便，学者可以根据不同情况，选择修炼其中一法或数法，不似生、圆次第修持法比较系统；(2)“那若六法”属于无上瑜伽部密法，要修本尊，要经过灌顶，要经过上师传授；(3)六法中以脐火为基础，其他各法也都要修风息入、住、融于中脉，六法的内容相互包融、相辅相成；(4)六法虽然比较简单，但修证获得成就也非易事。

第四节 噶举派寺院

一、噶举派寺院分布及寺院组织

噶举派派系众多，寺院广布，仅噶玛噶举一派在西藏和康区就有200余座。在国内，噶举派寺院主要分布在西藏、青海、云南、甘肃、四川等五大藏区，蒙古和汉族聚居地区亦有不少噶举派寺院。在毗邻的不丹、锡金、尼泊尔、印度拉达克等地,也有噶举派寺院。1959年以后,在印度、尼泊尔、不丹等地又兴建了许多噶举派寺院,并进而发展到加拿大、法国、英国、美国等地。

据《甘青藏传佛教寺院》载,在青海省1958年宗教制度民主改革前,噶举派寺院共有103座,寺僧9609人,活佛193人,内有噶玛噶举派寺院34座,拔绒噶举派寺院16座,直贡噶举派寺院22座,主巴噶举派寺院18座。除兴海县的多合旦寺和班玛县的吉德寺外,其他均在玉树藏族自治州。

从多杰才旦主编的《西藏封建农奴制社会形态》中的附四《民主改革前西藏地区主要寺院一览表》得知,西藏民主改革前噶举派的主要寺院就有近一百座,其中拉萨地区有22座,日喀则地区有22座,山南地区有14座,阿里地区有5座,林芝地区有4座,那曲地区有10座,昌都地区有15座。

噶举派派系虽多,但其寺院组织和学经内容大同小异。现以噶玛噶举派主寺楚布寺为例,简要介绍噶举派的寺院组织。解放初期,楚布寺共设有两个拉章、四个扎仓和一个静修院。第一个拉章是噶玛噶举黑帽系活佛噶玛巴的府邸,另一个拉章为杰曹活佛的私宅。拉章内均设有管理膳食的索本1人,管理寝宫的森本1人,管理宗教仪式和法器的却本1人,负责接待的卓尼1人,负责保卫工作的侍卫1人,管理活佛事务则另有具体办事人员若干人。

活佛下设有扎仓,其中黑帽系活佛噶玛巴下有3个扎仓,杰曹活佛下有1个扎仓。扎仓设一名多吉老本(金刚上师),为扎仓最高主持者,由活佛亲自任命,有权代替活佛在密乘道场中传授灌顶。基巧堪布1人,负责扎仓各种宗教事务的安排。翁则赤巴及小翁则若干,负责领诵佛经。格贵及格遥若干,负责维护秩序、维持纪律。却遥1人,管理殿内供品。另有若干事务员。各扎仓因大小不同,设置人员数量也不一样,但扎仓主持、总管、领经员及维持纪律者通常是不能少的。

静修院称“珠扎桑丹林”,有教官珠本2人,学员三年一期,每期16人;另有一名珠遥,即静修者的生活管理员。静修院是噶玛巴活佛特别培养密乘金刚上师的重要机构。

噶玛巴活佛下设拉章强佐康,管理全寺及其本人拉章的财产。拉章强佐康设强佐钦姆1人,即大总管,又称黑帽总管;聂钦1人,为大管家;强仲1人,任秘书工作;聂琼1人,即小管家。另有房屋管理、马匹管理、牧场、运输、通讯联络管理人员及办事人员若干。杰曹活佛私人财产管理人员则为拉章中的强佐喇嘛、强佐聂巴等人。直至近代,楚布寺经济势力仍相当强大。地方政府封给楚布寺不少庄园和牧场,均由拉章强佐康和杰曹活佛的强佐喇嘛派代理人经营,其经营方式和其他教派寺院庄园、牧场一样,由农奴生产,代理及其下属按规定收取租税,寺院也按时派僧人参加收租等经营活动,产品缴入寺院仓库①。

噶举派的教育形式采取明显带有私塾色彩的师徒相传,教育方法以口耳相传为主,

---

① 见多杰才旦主编:《西藏封建农奴制社会形态》,中国藏学出版社1996年版,第281页。

比较注重因人施教。显教方面，噶举派秉承中观应成派见地，以学习中观理论为主。密教方面主要学修《大手印》和《那若六法》，还学修《集密》《胜乐》《喜金刚》《四座》等无上瑜伽本尊法和护法仪轨。在具体学修内容上，噶举派各派系又有各自的侧重，有自己独特的教法。如同样学修《大手印》，塔波拉杰有《俱生和合》法，直贡仁钦自传《五具》法，藏巴嘉热教授《八大导引》《六种一味法》等。

二、噶举派的主要寺院

噶举派的寺院众多，且有些寺院的规模和影响很大。但是，噶举派寺院方面可资参考的材料奇缺，难以作全面的介绍，只能简单地介绍一些主要寺院。

色卡古托寺　又译桑嘎古托寺，坐落在西藏自治区洛扎县境内，离县城约有50公里，是米拉日巴按照玛尔巴上师的旨意，于1077—1084年间创建的。主体建筑为一方堡式的碉楼，高九层，故名“色卡古托”。在巴俄·曲旺伦珠和巴俄·祖拉陈瓦主持色卡古托寺时，曾为该寺修金顶并维修和扩建，形成十一个殿和院落四周两层楼的僧舍。历经九百多年的沧桑，色卡古托寺现在尚存七层，石墙到顶，四面开窗，内有楼梯上下相通。寺中有一大批具有噶举派特色的壁画，据说有的是玛尔巴译师的手笔。尤其难得的是，该寺还珍藏着大量早于建寺三四百年的古代藏文手抄本佛教经典。著名文献《贤者喜宴》的作者巴俄·祖拉陈瓦，长期活动在色卡古托寺所在地的洛扎一带，并且曾在该寺居住了相当长一段时间。他所著的《贤者喜宴》以描述古代吐蕃社会比较翔实而著称。这部著作写于洛扎，后刻版藏于洛扎代邬宗拉隆寺，人们通称为《洛扎教史》。设想洛扎（包括色卡古托寺）一带没有极为丰富的有关吐蕃的文物，他是很难写出这部名著的。由此可以证明，洛扎地区确曾保藏过丰富的古代文献文物，色卡古托寺的珍藏就是其中的一部分。近年来，色卡古托寺得到了全面维修。

岗布寺　全称塔拉岗布寺，为塔波噶举的祖寺，建于1121年，在西藏古代寺庙中占有十分重要的地位。它位于西藏自治区加查县乡现乡塔拉岗布山顶，海拔4100多米。寺院建筑依山体大致呈东西方向一线分布，北靠山巅，南对雅鲁藏布江河谷。主体建筑群分上、下两个层次，分别位于山顶崖上及山腰坡麓地带，占地范围东西长约200米，南北宽约50米，总面积达一万平方米左右。

主体建筑群分为上、下两个层次，分别位于山顶崖上及山腰坡麓地带。建在山顶崖上的建筑有两处：一为塔波拉杰修行室，系一两层楼建筑，上下层共12柱；另一建筑为该寺僧侣集体修行的修行殿，亦为两层建筑，现仅存底层。建在山腰坡麓地带的建筑为塔拉岗布寺的主体部分，由西至东包括塔林、佛殿、旧供殿、活佛殿、讲经场、大殿等单元，构成气势宏伟的建筑群落。近年来寺庙在局部恢复的基础上已正式开放，并列为县级保留寺庙。

噶玛丹萨寺　简称噶玛寺，位于西藏自治区昌都县噶玛乡察拉村的甲云山麓海拔3000米处①。该寺系噶玛噶举派的祖寺。由一世噶玛堆松钦巴于1185年修建，后经多次

① 1959年前噶玛寺隶属于类乌齐县。1959年民主改革时划归昌都县。

修葺扩建，形成规模宏大、别具特色的建筑群，是康区历史悠久的古刹。1187 年，堆松钦巴在前藏修建楚布寺，与丹萨寺并称康、藏地区的两大祖寺。

噶玛丹萨寺的建筑是由藏、汉、纳西等民族和尼泊尔工匠精心设计修建的，别具特色。该寺以措钦（大殿）佛堂、拉章（活佛或上师别墅）、扎夏（僧舍）和塔殿等建筑构成。寺院正中的措钦大殿总面积为 2200 多平方米，高三层，木石构造。内有 56 根柱子，殿堂宽 30 米，进深 26 米，使用面积为 800 余平方米。大殿主供释迦牟尼佛像，为鎏金铜所造，像高 17 米，为第七世噶玛曲吉嘉措集资修造。还有慈氏像和历代噶玛巴活佛像。该寺共建有灵塔祀殿三座。

噶玛丹萨寺鼎盛时期，僧众达一千余人。第二世噶玛巴噶玛拔希时期，元朝中央曾赐以扎西河、昂曲河上下游十多处庄园；明永乐帝又将金沙江上游一带划归噶玛丹萨寺管辖。该寺藏有大量的文物珍品，其中最为珍贵的有“皇帝万岁”牌，是明成祖所赐的木制精雕的盘龙牌位，为该寺晨暮对皇帝朝贺之用；“大宝法王印”为明朝永乐五年明成祖赐给第五世噶玛巴“领天下释教”的最高宗教地位的印信，为玉印中的上品。此外，寺内还藏有大量明清时期中央皇帝所赐的瓷器、明清时期一百多尊鎏金铜佛以及藏文的大藏经。

楚布寺 由堆松钦巴于 1187 年所建，是噶玛噶举黑帽系的主寺。它位于西藏自治区堆龙德庆县古荣地区那嘎地方，距拉萨 70 公里，海拔 4300 米以上。始建时规模不大，后在明朝中央政府资助下，由第五世活佛德行协巴扩建。寺院坐北朝南，远眺白雪皑皑的神山，前临湍急的楚布河。

楚布寺主要由噶尔拉章和扎仓、曲贡拉章和扎仓以及噶尔拉章的附属单位白丹苏日瓦组成。噶尔拉章为黑帽系历代活佛的别墅，其扎仓有 500 名僧人。曲贡拉章为杰曹活佛的驻锡处，有 300 多名僧人。寺中藏有许多珍贵的文物，其中最珍贵的有吐蕃赞普赤热巴巾时期的江浦寺建寺碑、镇寺之宝空住佛银像、历世噶玛巴活佛的灵塔。在寺院后面的土吉庆布神山上有堆松钦巴的修行洞，以及僧人闭关静修的禅房。

楚布寺的地位很高，其住持享有呼图克图的封号。特别突出的是寺院财力雄厚，富甲卫藏。当地谚语说：“不要同藏政府比权势，不要同噶玛巴比财富。”寺院在“文化大革命”中被毁。近年来，在原有的布局上开始恢复，现已初具往日雄伟的规模，并对公众开放。每年的“亚恰布”、“次久”等节日都要举行规模较大、内容丰富多彩的宗教活动。

乃囊寺 噶玛噶举派红帽系的祖寺，位于西藏自治区堆龙德庆县那嘎地方，离楚布寺不远。1333 年由噶玛噶举红帽一世扎巴僧格修建。在《西藏志》等汉文史籍中称该寺为业郎寺。乃囊寺规模不大，但地位较高，其寺主拥有呼图克图封号。在修建羊八井寺之后，此寺成为巴俄活佛的驻锡地。

羊八井寺 位于西藏自治区当雄县羊八井乡。这里东通拉萨、西连后藏、北接安多，地处交通要道。1503 年由红帽四世曲扎益希修建。在修建羊八井过程中，得到了仁蚌政权首领顿月多吉的支持和资助。羊八井寺修成后，红帽系的主寺由乃囊寺转移到羊八井寺。18 世纪末，红帽十世活佛曲珠嘉措唆使廓尔喀兵入侵西藏。廓尔喀兵败后，曲珠嘉措畏罪自杀。福康安班师回藏以后，首先惩办祸首，废止红帽系活佛转世。羊八井寺的金银、田庄、牛羊、百姓全部充公,寺院房屋赏给掌办商上事务的济咙呼图克图。寺内原有一百多名僧人,一律强迫改信格鲁派,拨给格鲁派三大寺管制。

蔡巴寺 蔡巴噶举的主寺之一,又称为杨贡寺。它位于拉萨东南约10公里许,拉萨河南岸的蔡地方。由蔡巴噶举的创始人向蔡巴·尊追扎巴于1175年建造。蔡巴寺后期不幸被毁,现在的蔡巴寺是20世纪50年代初重新修建的。其规模比原蔡巴寺小得多,如原措钦大殿内有4根长柱、36根短柱,现存措钦大殿内只有长柱4根和短柱8根。殿内原存放的金、银、墨等写成的《甘珠尔经》和很多唐卡,现已无存。

蔡巴寺的附属建筑有三个小寺:蔡巴寺西南约150米处有卫林寺;东北约80米处有乃琼寺,西南约一里许处有居敏寺,该寺是拉萨上下密院的前身,后来成为上下密院的下属寺。

贡塘寺 蔡巴噶举派的主寺之一,位于蔡巴寺东南约二里许的贡塘地方,由向蔡巴·尊追扎巴于1187年修建。1546年,贡塘寺失火,寺院建筑焚毁殆尽,仅有弥勒殿和向·尊追扎巴的灵塔及镀金的白度母像幸免于难。兹后,经过3年的筹备,于1549年在原址上重新修建了贡塘寺。

贡塘寺还有四个附属建筑:贡塘寺东南约100米处有省嘎扎仓;贡塘寺西南约50米处有曲尺寺;贡塘寺西30米处有省保殿;贡塘寺西40米处有曲果林寺。

随着蔡巴领主的失势,作为一个教派的蔡巴噶举派也日渐衰微。蔡巴寺和贡塘寺,于元末改为桑浦寺的属寺,格鲁派兴起后,又改为格鲁派属寺。

拔绒寺 拔绒噶举的主寺,本名谢珠曲科林寺,位于西藏自治区那曲县桑雄地方。由拔绒噶举的创始人拔绒·达玛旺久于1153年修建。18世纪初蒙古准噶尔部用兵西藏时,拔绒寺遭到严重破坏,很多经像塔等所依被毁。近年拔绒寺得到了维修和重建。

丹萨梯寺 帕珠噶举派的主寺,位于西藏自治区桑日县江乡日岗村北的一个山腰上,面对雅鲁藏布江。由帕珠噶举的创始人帕珠·多吉杰布于1159年创建。经后世修葺扩建,形成规模宏大的建筑群,由旧修行洞、佛塔、僧舍、经堂、大殿、神殿等组成,占地面积为30多万平方米。整个建筑群东西长1000多米,南北宽500多米,堪称噶举派寺院之最。同时,还是山南境内最富有的一座寺院。寺中珍藏着许多文物。在保藏的法器中,还有岭·格萨尔王的铜盔、弓、刀等。

直贡替寺 全名直贡替沃门强久林(密严刹土菩提洲),位于西藏自治区墨竹工卡县境内,海拔4500米。由直贡噶举派的创始人直贡·仁钦贝于1179年创建。由斯康殿、大殿、果芒殿、喇益殿、护法神殿等十多座殿堂组成。周围有杨日噶尔、德仲、宗萨尔等众多寺院和直贡天葬台等,形成规模宏大的宗教活动中心。而且一直向冈底斯山拉齐雪岭、杂日山等圣地派遣僧人,并开创了马年转冈底斯山猴年转杂日山等活动,在阿里、后藏、工布、康区以及云南丽江等地都有许多属寺。

直贡替寺每猴年举行的“破瓦”大灌顶法令非常著名,而寺中流行的噶尔羌姆金刚神舞亦独具特色。直贡噶举鼎盛时期,直贡替寺有十多万僧众,之后直贡噶举逐渐衰微,直贡替寺的僧人数量也逐日递减。1959年时,直贡替寺的僧众只有400多名,有六个拉章和八个活佛系统。其中“切仓”活佛系统和“琼仓”活佛系统最著名，地位亦最高。

绰浦寺　绰浦噶举派的主寺，位于西藏自治区萨迦县吉定乡东北七公里的夏布曲河东岸的峡谷内，坐落在绰浦山东半坡上，海拔4050米，占地面积为4800平方米。

绰浦寺由大殿、释迦佛殿、护法神殿组成。大殿当推该寺最早最高大的建筑，由前廓、经堂和佛殿三个部分组成。前廓和经堂部分高二层，佛殿高达九层。经堂是全寺宗教活动的中心，是僧侣集会之地。面积有80根柱子，里面主供弥勒（强巴）大佛像，像合金质，高约30米，九层楼高，为绰浦译师和班钦释迦室利所塑造。佛像造型精美，比例适度，气魄雄浑，是西藏佛教的一处重要胜迹。主尊左右供释迦像，南北两侧为八大弟子。贴墙置高大经书架，珍藏有《甘珠尔》、《丹珠尔》、《般若经》各一套，系金、银汁书写而成。大殿内第二层东侧有喇嘛拉康，即上师殿，主供金刚持、谛洛巴、那若巴、玛尔巴、米拉日巴等噶举派祖师像，皆系泥塑等身像。另供释迦牟尼、十一面观音、四臂观音等像。释迦佛殿位于大殿西侧，高二层，面积4柱，主供释迦牟尼佛和度母，为合金等身像。壁画内容为十六罗汉。护法神殿位于大殿的东侧，高一层，面积四柱，主供白哈泥塑等身像，为桑耶寺的护法神。

绰浦寺组织机构为堪布负责制，任期三年，下有翁则、格贵、吉萨等若干人。绰浦寺极盛期有千余名僧人。

顶布且寺　主巴噶举派寺院，由仁钦平措于1567年创建。位于西藏自治区扎囊县吉如乡的一个西半山腰，坐北朝南，前面是一片开阔的山川谷地。该寺第一代住持仁钦平措只建了第一层大殿。经过第二代住持念扎贝桑多次扩建，才形成今天的规模。寺院有觉智和迥两个活佛转世系统。

雅桑寺　位于乃东县雅桑村的一个半山腰，海拔4300余米，南北总长360米，东西长250米，依山而建，酷似拉萨布达拉宫，故又被称为小布达拉。雅桑寺四周建有雅桑历代法主的功德殿及灵塔。寺中主供合金释迦牟尼像，比拉萨大昭寺里的释迦牟尼像还高20多厘米。

桑阿曲林寺　主巴噶举派的主寺之一，由主巴·白玛噶布创建。位于西藏山南隆子县境内。有上下两部分组成。曾有八百余名来自各藏区和不丹、拉达克、印度等地的僧人。有顿钦拉康（大佛殿）、朗杰拉康（尊胜殿）、德却拉康（胜乐殿）、参杰拉康（莲花生八尊殿）、珠德拉康（修行殿）和护法神殿等。占地面积3000平方米。

修赛寺　在拉萨曲水县境内，位于县驻地东南、拉萨河南岸的东妻山半坡上。寺庙周围灌木环绕，环境幽雅。修赛寺亦称“休色寺”、“雄色寺”等，是修赛噶举派的祖寺。由吉贡·楚臣僧格于1181年创建。14世纪时，宁玛派著名的活佛隆钦饶绛巴来到修赛寺山洞中修行，从此，修赛寺改奉宁玛派。后来，修赛寺毁于战火。到20世纪初，西藏著名的女活佛雄色·吉尊洛钦来到修色寺苦修瑜伽，在她周围常聚尼姑二三百人，多时则达四五百人。在当地大贵族的资助下，吉尊洛钦活佛重建了修赛寺的大经堂（有柱20多根）和佛塔，修色寺从此成为一座闻名全藏的尼姑寺庙。1951年，雄色·吉尊洛钦活佛圆寂后，她的转世为多扎·多吉绕登。修色寺最大的特点是注重藏密修炼。

达隆寺 西藏佛教达隆噶举派的祖寺。在拉萨林周县境内，位于县驻地以北、达隆乡的恰拉山麓，全称“达隆塘寺”。达隆寺由达隆塘巴·扎西白于1180年创建。寺院规模宏大，据《卫藏道场胜迹志》记载：“吉祥达隆塘寺内的佛教的圣迹遗物多至不可胜计。其中最主要的是在达隆塘巴大师的茅篷内有曾经开口显过圣的神像。大殿上层有仲敦巴大师像，像上的头发还在生长。如是等等非常神奇之物难以细数。”

类乌齐寺 康区达隆噶举派的主寺，在昌都地区之类乌齐县境内，位于县驻地以北的类乌齐镇，距县城29公里，通公路。类乌齐寺本名“扬贡寺”，藏语称为“查杰玛”或“格培林”。由桑杰温始建于1277年。

类乌齐寺大殿查杰玛造型独特，华丽宏传，具有藏、汉及尼泊尔结合的建筑风格。主体建筑高达30米。大殿为三层，分别由三种颜色绘饰：第一层为“条花殿”，墙高为13.5米，外墙用红、白、黑三种颜色涂抹竖形条纹，每道竖条有一米多宽，每面墙各35条，富有装饰感。殿内有巨型大柱64根，柱高15米；第二层为“红”殿，外墙涂抹红色，楼高9米；第三层为“白殿”，墙体抹白色，楼高5米，沉稳神秘。殿顶有高耸的金顶，玲珑升腾。

查杰玛大殿外观呈正方形，面积2856平方米(长56米，宽51米)，给人以沉稳庄严和神圣之感。底层绕寺一周设有无数个转经筒，供善男信女们转经朝圣。红殿和白殿逐渐向里收分，又饰以飞檐金顶，呈飘逸升腾之势。条花殿内供有众多佛、菩萨塑像，悬挂有不计其数的唐卡，据说历史上该殿中有大小佛像四万余尊，足见其规模。二层红殿内，在两面巨大的墙壁上绘有噶举派历代祖师和高僧大德，形象地再现了噶举派产生、发展和兴盛的历史。人物造型生动，神态各异，显示了高超的艺术。三层白殿内则珍藏着寺庙的镇寺之宝：有相传为桑杰温在建寺时从上部达隆寺带来的释迦牟尼佛紫金像，据说佛像内藏有佛祖的舍利和一节指骨；有元、明、清时代的唐卡精品54幅，其中历经1000多年的有12幅，其余的至少也有700多年 的历史；还有2幅大型丝绣唐卡。有用金汁、银汁书写的经书，其中有九百多年历史的在靛青纸上用纯金汁抄写的佛经5部。此外，还有许多珍贵的文物，如有据说是用龙泥塑造的印度菩提伽耶塔像1尊，已有2400年历史；有用乌铜造的“嘎丹塔”3座，据说已有1000多年历史；有用赤金和乌铜铸造的印度东、西方和尼泊尔、乌杖国、克什米尔、汉地及西藏本土的佛像212尊，已有500至1000年历史；有清代雍正皇帝赐赠的缎子座后屏1件、象牙碗1只、象牙狮1只、象牙桌面1块；有第五世达赖的金银镶嵌茶壶1只、大象牙1只；有格萨尔王的镀金马鞍1套和他手下大将德玛、兴巴、囊俄的马鞍具及大将江色等人的宝剑2把；还有大型银塔3座、铁质霹雳三角剑2柄、铁质霹雳金刚杵1支等。这些珍宝一般不轻易示人。

类乌齐寺在藏区的重要影响和特殊的政教地位，受到中央王朝的重视。相传，元朝泰定帝在位时，玛卡太后前往藏地朝圣路过该寺，她将自己的一半财产作为该寺的供养；明朝洪武年间，朱元璋封类乌齐寺第三世法台杰哇坚赞为大国师，并赐封册、印信和衣帽；清雍正帝赐封第十三世法台庞球阿旺加为诺门汗呼图克图，赐金册金印，并御书“法震西”匾额；光绪帝曾赐封第二十一世法台衮噶朗杰为诺门汗呼图克爵位。由此可见类乌齐寺在西藏尤其是藏东历史上的特殊地位。

类乌齐寺是康区影响最大的寺院之一,曾长期掌管类乌齐一带的地方政教权力。该寺作为下部达隆的主寺,拥有属寺58座,分布在昌都、青海、四川和云南等地,信徒甚众,曾常驻僧侣25000多人。到20世纪中叶,亦有2000人。现有僧人有300多人。

类乌齐寺每年夏季固定的跳神时间为:第一天跳“玛尔羌姆”;第二天跳戴面具的众本尊法舞、黑帽法舞和格萨尔王三十二勇士舞;第三天跳护法神舞。届时还要举行赛马、马术表演等娱乐活动,热闹非凡。

第十五章　觉囊派及其教理特点

觉囊派是藏传佛教史上比较独特且有影响的一个宗派。“觉囊”二字既是地方名称，也是寺院名称。13世纪晚期，绛贡邦·托杰尊追在今日喀则地区拉孜县东北雅鲁藏布江沿岸平措林乡的觉摩囊河谷内创建寺院，以地名命名寺院名称，叫做“觉摩囊寺”，简称“觉囊寺”，觉囊派因此寺而得名。

觉囊派正式创立以后，从教法传统上追认11世纪初期的域摩·弥觉多吉为初祖。根据藏文文献记载，觉囊寺建立初期是作为萨迦势力下的一个属寺，尚未成为一个宗派的根本道场。到了14世纪，笃补巴·喜饶坚参第一次从理论上对域摩·弥觉多吉提出的“他空”见作了全面系统的论证，把它作为觉囊派的核心教法确定下来，并加以传播。至此，觉囊派的基本思想理论正式形成并得到完善；觉囊派也因此作为一个独立的宗派，脱离了趋向衰微的萨迦地方政权的管辖。但是，在教法方面，仍然和萨迦派保持着密切的联系。

觉囊派初期附庸于萨迦派，14世纪始作为一个独立的教派存在，17世纪中期即在西藏绝传，故而在藏文佛教史籍和一些近现代学术著作中都把它当作一个较小的学派看待。由于其特殊的教理，一直受到其他教派的敌视，认为他们所坚持的中观“他空”见来自印度古代哲学派别数论派的思想而加以驳斥，把觉囊派排除在佛教宗派之外。佛教在产生和发展过程中批判地吸收了古印度的各种思想和方法，包括数论派、婆罗门教和印度教的东西，尤其密教广泛吸取了各种民间宗教的做法仪式以及思想。觉囊派作为佛教的一个支派，不可能不受这些思想的影响。观点不同，理论见地相异，这是所基于的方法和宗奉的经典、师承不一样。作为一个独立的教派或宗派，如果没有自己的教理特点、宗教活动方式和组织特色，就不称其为宗派，何况“他空”见完全是佛教思想。因此，我们要正确看待觉囊派的佛教地位，把它放在藏传佛教一个支派的位置上加以分析。

第一节 觉囊派的创立及其历史沿革

一、觉囊派创立之前的情形

前面说过,觉囊派的佛学思想是建立在“他空”基础之上的。在密教“他空”和显教“他空”之中,首先倡导密教的“他空”见,在西藏是由域摩·弥觉多吉提出的。因此,觉囊派正式创立后,他被追认为初祖。

域摩·弥觉多吉,出家后的名字是丹巴杰波,法号弥觉多吉,意为“不动金刚”。家族姓“阿木”。他和噶举派的热穷巴是同时代人,稍晚于热穷巴出生。域摩·弥觉多吉出生于后藏南木林的伍由地方。伍由,又作“乌郁”或“吴榆”、“乌尤”、“吴宇”等,从吐蕃时候起这里就是军事要地,也是著名的佛教圣地。原来这里设宗,叫做乌郁林喀宗,后改为南木林县的一个区,冈底斯山脉向东延伸正好经过这里,故而留下他出生于后藏冈底斯山附近的一个小村庄的记载。

域摩·弥觉多吉年轻时装扮成瑜伽行者周游前后藏大部分地区,寻访名师,从学佛法。后来投入佛门,受戒取名丹巴杰波。他曾跟随索波增次程专修佛教理论,成为其得意门生。不久,他对密法发生兴趣,于是拜访著名上师听讲密法;前往澎域(今西藏林周)师从迦湿弥罗班智达达哇贡波(月怙主)的再传弟子卓敦·南拉孜。他用5年时间专门学习《时轮根本略续》《时轮根本略续·无垢光疏》等,掌握了全部口诀,深领经义,静居科地方修炼六支瑜伽,修得多种成就。《汉藏史集》记述,域摩·弥觉多吉晚年移居伍由的嘉乃摄授徒子,撰写学术论著,创立了“他空”见。他于82岁时逝世。《觉囊派教法史》说:“他虽然没有得到法缘师长,依止卓顿上师五年,学到了其所有的灌顶、经续、口诀等,后住伍由的嘉乃地方,著述甚丰,开密乘他空宗之轨辙。”后世的觉囊派僧人都尊称弥觉多吉为密乘“他空”见的开创者。

严格讲来,域摩·弥觉多吉所提出的“他空”见并非限于密教。上面说过,他学修密法之前,主要钻研显教经典,对佛教的基本思想和各大学派的观点有较深的认识。他是综合大小乘佛教的各种“空性”学说后,提出“他空”见的。他认为,诸法有其真实存在的体性,由于人们的“虚妄分别”增加上去的东西,才能说是空性;这种“空”是人为之空,是他空非自空。当时西藏佛教界热衷于修炼密法,域摩·弥觉多吉深受影响,没有从理论上对“他空”见进行深刻的论证,而急忙改修时轮金刚法,希冀通过实践去证悟。可以肯定,域摩首先提出了“他空”见,然后通过密法修炼进行检验,而并非像一般人所说的只是密教“他空”见。

域摩·弥觉多吉的儿子达梅贡热·曲吉旺秋,从小受父亲培养。他12岁时掌握了《时轮灌顶总示续》,4年后开始讲授《时轮根本略续·无垢光疏》;20岁时,基本上学到了父传全部密法和中观、因明思想,尤其对《集密根本续》和《时轮根本略续》等无上瑜伽部经典研究颇深。但是,他并不满足,征得父亲的同意外出寻访名师,继续学习《时轮》和中观学,具有较高的辩论才能。他曾与萨钦·贡噶娘波、恰·贡噶多吉和欧·协当多吉等几位名家辩论,大获全胜,名声逐渐传开。14世纪以前,西藏佛教重于译经建设,对于经典的阐释、思想分析尚未全面展开,师徒之间习惯于口耳相传。虽然一部分人开始以撰写论著的方式传播知识、解释经义、阐发观点,但毕竟是少数,这也是当时西藏学术界的一大特点。曲吉旺秋生活在那个时代,同样以听讲、辩论、修行为主,没有著书撰文。他对父亲提出的"他空"见只是在心里领会,没有从理论上进行探讨;只传给了南喀欧色,在家族内部传承,所以未能传播开来。

关天南喀欧色的身世,有两种说法:一种说他是域摩·弥觉多吉之次子,曲吉旺秋的胞弟;另一种说他是曲吉旺秋的长子。关于他的情况,只是《觉囊派教法史》中略有记载。根据现有资料分析,他是曲吉旺秋之子的可能性较大,生于后藏的康萨尔,一直是一位居士。自幼从父学习因明、中观、般若、对法等,对中观和唯识两大学派的思想有深刻的认识,具有较高的逻辑思辨能力。他成年以后,重点学习家传学说,认真听讲并钻研白莲花王的《时轮根本略续·无垢光疏》《喜金刚心要注疏》和《金刚手菩萨注疏》,以及集密教法,著有《时轮本续释·光鬘》等,成绩显著。

继承南喀欧色传播密教"他空"见的人是其女拉杰觉奔木。《觉囊派教法史》说:觉奔木,"是姊妹三人中利益教法传承的第二女,是因陀罗菩提的夫人拉格舍迦罗的化身,她熟记全部时轮续释,修炼父传六支瑜伽,一天之内圆满修成十相"。年轻时,她生活放荡。经母亲的多次劝解,她终于心意转变,改信佛法,学修大威德手印制伏法,获得成就。36岁那年,她身患重病,用修炼六支瑜伽法治愈。她的一生除了从父亲南喀欧色学习《时轮》密法,还从其他上师听讲《胜乐》和《喜金刚》等经续,以弘扬佛法为己任。

按照觉囊派排列的上师传承表,觉奔木的兄长赛摩切哇·南喀坚参排在密法传承中的第十二位。他继承父业,专修六支瑜伽,很有成就,被称为"成道者"。他晚年时,在后藏创建了欧隆赛摩钦寺,摄徒传法。

南喀坚参的弟子坚萨哇·喜饶欧色,尊称为"嘉木央萨玛",生于后藏娘堆今江孜一带。成年以后削发为僧,从桑浦娘译师学习显教教理。后来,跟随南喀坚参学习《时轮》,并花费大量时间修炼其中的"六支瑜伽"法,成绩显著。在觉囊派的密法师承中,他被排在第十三位。

从上面的介绍可以看出,被觉囊派当作核心教法的"六支瑜伽"的师承传到南喀坚参,结束了"阿木"家族内部的传承;开始从伍由等地传过雅鲁藏布江一直传到萨迦、白朗、江孜一带,于是《时轮》修证的"他空"思想得以在更大范围内传播。这在一定程度上为觉囊派的正式创立奠定了基础。南喀坚参的弟子喜饶欧色本身是江孜地区人,这为他学习《时轮》和"他空"见创造了便利条件。跟随他学习《时轮》教法和"教理"的是贡钦·曲格欧色,他是觉囊派创立之前较有影响的一个人物。觉囊派创立后,他被追认为密教"他空"见的第十四位传承人。

贡钦·曲格欧色是公元13世纪中期人,和萨迦班智达·贡噶坚参同时代,生于西藏的江孜。他的父亲赛定巴·循努欧曾是古喀寺僧人，在迦湿弥罗班智达释迦室利进藏后，他随学《集密根本续》及其口诀，在赛布温察静修了一段时间，创建了江惹赛当寺。建寺9年后，他和其弟子噶尔·扎巴旺秋的妹妹成婚，生下贡钦·曲格欧色，被认为是释迦室利的化身。贡钦·曲格欧色13岁时，在乃娘寺从该寺堪布仁钦贝受出家戒，取名曲格欧色。

乃娘寺是后藏地区有名的寺院，是由萨迦昆氏家族支持修建起来的，原称“乃萨尔”，或“乃廓”。原来这里有一座小仲康(接待室)，是拉堆巴·贡却喀巴专门为觉色·贝钦嘉的“扎姆”修建的。曲多巴在此基础上建立祖拉康和围墙等，取名叫“乃萨尔”，意为“新圣地”。乃娘寺培养出许多著名的学者，一些很有名的上师担任过这所寺院的堪布，使寺院得到了很大发展。仁钦贝担任乃娘寺堪布期间，修建了有数百尊佛塔的城墙，规定在全寺法会上开讲经典，制定了寺规，加强了管理，使全寺工作走上正轨。这时候，乃娘教法叫做“曲顿”。继任堪布达尼钦波绛巴贝增设般若和中观学课程，增置百种书籍。到了仁钦桑波主持寺院，新建了大经堂，使乃娘寺的宗教活动达到鼎盛，称为“金法”时期。堪布噶宇哇钦波·仁青窘乃贝桑波增建了扎西当、朗赛、拉科、嘉雄、珠宇、曲嘉茹姆蔡等小寺，设立戒律学院，修缮旧经堂。以后的历任堪布不断扩建修缮，使乃娘寺的规模日趋扩大，影响随之增大。

曲格欧色在乃娘寺出家后，学习因明、中观等佛教理论，在逻辑辩论上下了很大功夫。后来，他转入都雄江都尔寺师从嘉木央萨玛，主攻恰译师和欧译师所译传的《集密》和《喜金刚》密法，受取《红阎摩德迦》灌顶。江都尔寺是在格西楚尔·循努僧格等上师的寺院基础上建立起来的一所小寺院。嘉木央萨玛长期驻锡这里摄徒。曲格欧色从他学习了《集密》《大威德》《喜金刚》《中论》《释量论》《慈氏五论》和卓·喜饶扎译传的《时轮》教法，取得了显著成绩。嘉木央萨玛说他不传自续，高度称赞道：“讲说似如来；辩论使妙音菩萨亦战抖；著遍知遍明无阻碍，精通智者三事讲辩著。”从此，他有了“贡钦”(遍知)的称号。另外，曲格欧色从萨班·贡噶坚参听过《喜金刚续第二品》和道果教授；从恰译师、洛热译师和桂译师学过法，熟习梵文，通晓翻译；向八思巴讲授了《现观庄严论》。

为了实现早年的夙愿，他以一切善知识为师，视众生为怙主，在赛当寺举行过百次烧施护摩等宗教活动，祈福禳灾；在格当奠基修建祖拉康(佛殿)，建立了多尊佛像。曲格欧色圆寂于赛当寺，著作存放在他的灵塔殿中。他的弟子中，著名的四大弟子是大弟子托杰尊追、小弟子云丹嘉措、中弟子仁青岗巴和洛丹僧格。

综上所述，域摩·弥觉多吉根据《时轮根本略续》的修持方法修证提出的“他空”见，经过祖孙三代人近百年的传讲，到13世纪早、中期成为一种独具特色的学术观点，在一定范围内产生了影响。特别是嘉木央萨玛·喜饶欧色把它作为主要教法在江都尔寺宣讲，受到重视。“他空”虽然是一种未经深入论证的学术见解，却为以后觉囊派的创立奠定了理论基础。另一方面，传承这种学说的人从一开始就和萨迦派有密切的来往。公元13世纪中期，曲格欧色和萨班、八思巴叔侄二人建立了法缘，关系进一步密切。这时，萨迦派建立了以昆氏家族为中心的地方政权。曲格欧色师徒在此政权的保护下进行宗教活动，广泛宣讲“他空”见，初步形成了以江都尔寺为中心的宗教势力，为觉囊派的创立奠定了社会基础。

二、觉囊派的创立及早期发展

在有关汉藏文文献中，一般都把贡邦·托杰尊追（1243—1313）创建觉摩囊寺作为觉囊派正式创立的时间和标志。实际上，觉囊派虽是以觉摩囊寺命名的，但觉摩囊寺的建立并不等于觉囊派的创立。首先，作为教派赖以创立的理论条件尚未成熟。托杰尊追继承了其上师的方法，重视言传和修持，以修炼《时轮》提出的“六支瑜伽”法为主，但尚未从理论上对“他空”见进行论证。正如觉囊派僧人所说，笃补巴·喜饶坚参以前主要修证密教“他空”见。其次，这时候，萨迦地方政权处于发展的鼎盛期，受领西藏十三万户。虽然其他一些教派联合个别万户与萨迦派作对，但对萨迦地方政权并未形成威胁。觉囊寺受控于萨迦地方政权，实际上作为萨迦寺的附属寺院存在，而不是作为一个教派的根本道场而独立于萨迦派。

下面从三个方面对觉囊派创立前后在西藏的发展情况进行介绍。

1.贡邦·托杰尊追师徒经营觉囊寺

从法统上说，贡邦·托杰尊追是域摩·弥觉多吉的五传弟子，师承表中列第十五代。托杰尊追本名叫做贡德桑波，全名叫绛贡邦·托杰尊追，1243 年生于后藏拉堆绛所辖昂恰邦岗或多格饶恰地方（今日喀则地区拉孜县境内）。早年师从八思巴·洛追坚参，在萨迦寺跟随嘉央细脱巴·仁青坚参，学习萨迦道果教授和其他显教教理，深入钻研逻辑学，掌握了逻辑思辨技巧，在卫藏各大寺院参加过法会辩经。有一次，在萨迦寺大法会上他以敏锐的思路、流畅的表述、丰富的佛学知识，辩倒了负有盛名的曲米巴·僧格贝，名声大振。之后，他应邀来到江都尔寺，从贡钦·曲格欧色听讲《时轮》教法，修炼六支瑜伽法；对卓·喜饶扎译传的《时轮根本略续》及其灌顶、口诀和另外 17 种时轮法进行了全面研究，修证“他空”义。

托杰尊追经常去山中修行。在赛卡琼修行期间，他结识了许多学者，并且得到他们的支持和资助，开始撰写《续释心要》。当时，觉摩囊地方首领请他去讲经，他以时机尚未成熟予以回绝。三年后，他应吉、扎、纳三寺堪布和僧众的请求，莅居拉孜北面的觉摩囊传讲时轮金刚本尊法。藏史记载，这里分布着许多修行圣地，当时修行的高僧有 30 余人。托杰尊追来到觉摩囊的第一年住在桑宗，应曲布人之请前去曲布空行具乐佛殿传法，完成了《时轮根本续释心要》，记录了耳传六支瑜伽口诀，取名为《六支瑜伽广本讲义》。这是继域摩·弥觉多吉传讲六支瑜伽以来，最详细、最全面记录六支瑜伽口诀的权威性讲义。之后，莅临吉普德丹，结合讲经汇编《道果教法文书》，对道果教授进行阐释。《觉囊派教法史》记述，常随他听经的有六百多人，“他让他们全部得到了良好的证悟，实践证悟了密乘他空大中观空乐双运自性的特殊方便六支瑜伽”。他多次讲授《时轮根本略续·无垢光疏》，平均每年讲授两次他自己的论著《时轮根本续释心要》。晚年，他利用布施所得的财物创建了觉摩囊寺。《觉囊派教法史》说：“他莅居吉普德丹寺（即觉囊寺）

主持了义修传承教法的寺院二十一年。”如果第二十一年是他去世的1313年，建寺年代当为1293年。

绛赛·杰哇益希（1257—1320）是托杰尊追的法钵继承人、觉囊寺第二任堪布、觉囊派追认的第十六代法王。他出生于多康。早年随从噶举派噶玛巴黑帽系第二世活佛噶玛拔希习经。后来，他前往后藏的萨迦寺拜谒夏尔巴·嘉央钦波，从学显密教法。这期间，他遇到了贡邦·托杰尊追，从学六支瑜伽。为了有一个固定的宗教活动场所，在嘉木央钦波的大力支持下，他创建了德庆寺，摄徒授法。由于他对弟子非常和善，经常以仁慈之心广做善事，故有“绛赛钦波”的美称。贡邦·托杰尊追发现他人品好、佛学知识渊博、悟性强，就请他去担任觉囊寺堪布，兼管德庆寺。8年后，他把觉囊寺托付给云丹嘉措管理。1320年仲春初十日清晨，绛赛·杰哇益希在普摩曲宗禅院圆寂。

贡邦·托杰尊追的另一个弟子扎喀哇·扎巴僧格（1255—1343），生于拉堆绛所辖嘉德塘噶尔地方，家族“伦”氏。他年轻时，从绰浦活佛索朗僧格受出家戒；20岁后，受比丘戒。在萨迦寺，他从恰茹巴·僧格贝学习《释量论》《慈氏五论》《中观理聚六论》和部分密法教授，理论功底扎实。后来，他前去觉囊寺师从贡邦·托杰尊追和绛赛·杰哇益希两人，专修六支瑜伽；另外，从爪译师之子阿迦罗僧达学过新译密法。他成年后，移居雅隆禅院静修，抽时间讲授《注释续》等。他在洛贝哇·贡桑的资助下修建了扎喀寺，在这里闭关静修六支瑜伽法，取得很大成就。他根据实践经验总结出六支瑜伽、红授法、决断、五缚等四大教授的修行方法，培养出上师索朗坚参、噶居哇·循努僧格洛追、邦摩虚哇·循努欧等一大批品学兼优的弟子。

拉堆·旺杰，也叫娘·旺杰。他早年在萨迦寺学习，后来从贡邦·托杰尊追学习《时轮》六支瑜伽教授，著有《道果讲义·殊胜甚深道论》和《四道总别》等。他严厉批驳了以前所传的各种道果法，运用六支瑜伽的“收摄”方法，修证生死涅槃无别，建立了自己的学术思想，自成一派，叫做“道果旺杰派”。

按照觉囊派排列的师承关系，克增·云丹嘉措（1260—1327）排在第十七代，是觉囊寺的第三任堪布。他既是杰哇益希的师弟、弟子，又是法钵继承人，生于多格喀尔娘一个世奉旧传密法的家庭。他早年住在达尔寺跟随多位上师学习佛经。后进入萨迦寺，重点从夏尔巴·嘉央钦波仁青坚参学习道果教授和慈氏法；从宁玛派僧人学过素尔所传大圆满法，被尊为素尔派的教主，盛名远传。由于他和嘉央仁青坚参有着特殊的师徒关系，受到元朝中央政府的邀请，内地一些佛教团体也派人来藏请他去传教。因为他与贡邦·托杰尊追有法缘关系没有前往，而是到觉囊寺从贡邦·托杰尊追听讲《时轮》教法，修炼六支瑜伽。他只用了21天就证得夜瑜伽十相。

托杰尊追圆寂后，云丹嘉措以师兄杰哇益希为师长，专心习法。1320年，他接替杰哇益希出任觉囊寺堪布。1327年，他把法座传给笃补巴·喜饶坚参。是年仲秋（八月）初五日圆寂，享年68岁。

从上面的叙述不难看出，觉囊寺从创建到第三任堪布云丹嘉措时期，初步建立了学经制度和组织制度，形成了自己的学术风格，名声逐渐传遍卫藏地区及康区。尽管如此，觉囊寺仍然是萨迦寺管辖下的一个寺院。贡邦·托杰尊追师徒早年都在萨迦寺学习,宗奉萨迦派,其中扎喀巴和拉堆·旺杰两人在道果方面成绩卓著,尤其是拉堆·旺杰结合《时轮根本略续》、《时轮根本略续·无垢光疏》等修持方法,对道果教授作了新的发挥。总的说来,托杰尊追、杰哇益希、云丹嘉措三代觉囊寺堪布都只是把觉囊寺作为传授卓译师译传的《时轮》教法的学术中心,这虽然和萨迦派所奉行的热译师译传的《时轮》教法有所区别,但都基于阿赖耶识的"唯识"理论。因此可以说,这时的觉囊寺只是作为一个学术活动场所隶属于萨迦寺,这也就是觉囊派被视作萨迦派支派的原因所在。

然而,作为觉囊派赖以形成的思想理论正渐趋成熟。以修炼六支瑜伽所证悟的"他空"义虽然尚不完善,但作为以后觉囊派教法的一部分已经引起普遍重视。无疑,这对于觉囊派的形成是个推动。另一方面,自本钦·绛曲多吉以后,萨迦与噶举派之间的矛盾日趋尖锐,甚至发展到兵戎相见的地步。特别是1293年,发生了著名的"直贡寺乱事件"。虽以直贡派的失败告终,但萨迦和其他教派之间的矛盾从此逐渐加剧。一些地方势力或万户不服萨迦政权统治,纷纷起来反抗。这以后萨迦政权虽然延续了几十年,但势力锐减。对于觉囊寺来说,这些矛盾给它提供了脱离萨迦寺领导而独立的条件。到笃补巴·喜饶坚参主持觉囊寺时,这些条件完全成熟,促成了觉囊派的形成。

2.笃补巴·喜饶坚参与觉囊派的确立

(1)笃补巴的生平

觉囊派作为一个独立的教派形成于14世纪,实际创始人是笃补巴·喜饶坚参。在觉囊派师承表中笃补巴排在第十八代,是觉囊寺第四任堪布。《觉囊派教法史》赞颂道:"他通达显密合一的真实大中观独一的自性般若乘位,使得如来藏与密乘殊胜之时第一佛陀等所讲的甚深了义密意,即三界之圣者如是现证的方法因果的各个乘大库,以从不依赖其他无垢经教之道不退了义轮的妙语在西藏圆满并广为弘传,成为犹如善施胜土的第二香拔拉。这位善施空前新善相功德的作者,完成第二佛尊的作为与善业的大法王,开了义中观轨辙的具种王化身的遍知者。"

1291年,笃补巴生于西藏阿里地区笃补迦尤日城世代信奉旧传密法的班仓家族,父亲名叫益希旺秋,母亲叫做拉姆次程坚。关于他的出生,附会着许多神奇的传说,甚至把释迦牟尼的一些做法渲染在他的身上,认为他是第二佛陀。他早年在家乡跟随喇嘛吉顿巴等人学习旧译密法和中观教理,从小对工艺学表现出浓厚的兴趣。1312年,他独自离开原来的寺院前往萨迦寺,见到了吉顿巴,随学《现观庄严论》《量决定论》《俱舍论》和《入行论》以及密法,基本上掌握了四部大论的思想。他不仅有很强的逻辑思辨能力,而且善于讲解。

为了参加萨迦寺的法会辩论,笃补巴向达那的轨范师仁钦益希学习。他花了三个月的时间,一边钻研慈氏法,一边修炼石子避谷术,顺利地通过了萨迦寺四部大论的辩论。之后,他开始钻研《般若经》,在卫藏各大寺院辩经中没有对手。由于他有良好的学识仪态,娴熟《般若十万颂》等数部经典的一切词句,精通大小经典论著,因此被誉为"遍知者",有了"贡钦"的称号,成为当时西藏佛教界非常有影响的一个人物。他25岁那年,从曲隆寺堪布索朗扎巴受具足戒,集中精力学习四部《毗奈耶》和其他有关戒律方面的经论;30 岁之前,从 30 余位上师听讲显密经论、灌顶教诀和 70 余种细法。特别是在根本上师吉顿嘉央的亲自指导下,他刻苦攻读《时轮根本略续》及其释论《时轮根本略续·无垢光疏》等。

1322 年,一次偶然的机会笃补巴前往觉囊寺办事。在那里,他从克增·云丹嘉措听法,顿时对觉囊寺的密法产生了浓厚兴趣,决定改修六支瑜伽。是年,他游学到楚布寺,就佛学理论问题与黑帽系第三世活佛让迥多吉进行讨论。让迥多吉对其敏锐的思路、流利的表述和渊博的学识大加赞赏,他说:"你有如此见解与法语,愿一切更好。"

同年,他来到觉囊寺正式拜克增·云丹嘉措为师,随修六支瑜伽,修炼完其中的"收摄"和"禅定"支后,即有证悟。接着按照师教修炼"运气"支,很快得到证悟。1326 年,云丹嘉措很放心地把觉囊寺交给他管理。

1339 年,笃补巴传位给弟子洛追贝,在位 13 年,其间觉囊寺得到了前所未有的发展。卸任后,笃补巴除了修持密法,大部分时间游历各地传授"他空"教法。他几乎走遍了前后藏大部分地方和寺院,结识了许多高僧大德、地方权贵,其名声传到了元朝皇宫。元朝皇帝曾派人来藏请他进京传法,他没有前往。《觉囊派教法史》说:"笃补巴大师从一切教门弘扬佛法,尤其在他的指导下,藏区的一切山洼都布满了金刚瑜伽修行者,在一切讲经寺院回响着从《心经》和《宝性论》开始的不退还法轮的教语如来藏狮子之声。根据《大法鼓经》授记,八十余年中教法如是常住,那以后,由于有许多虽然追求文明见解但又贪恋不了义法及世俗之本性的人出现,他的教法不如以前显明,但是直到劫末,修行金刚瑜伽、如来藏的传统仍能保持不绝。在中期出现如此之多,皆为尊者的恩惠。"①1361 年,笃补巴在觉囊寺圆寂,享年 70 岁。

(2)笃补巴的功绩和著述

1326 年,云丹嘉措提前退位。他抓紧临终前两年时间毫无保留地把自己所掌握的全部知识传授给笃补巴,把振兴觉囊寺、创立觉囊派的希望寄托在笃补巴身上。笃补巴没有辜负上师的重托和厚望。他在主持觉囊寺期间,根据贡邦·托杰尊追关于"此处将会出现弟子超过师傅,徒孙超过弟子,徒孙的弟子胜过徒孙的情景,他将在现在的桑丹贡玛地方讲经,未来将在中部兴建佛塔"的预言,主持修建了觉囊大佛塔,取名估奔通周钦莫,意思是"一见得解脱十万佛大塔"。这在西藏佛塔史上堪称一绝,后来遭到破坏。近几年,觉囊派一些僧人筹资重建,但规模和建筑技术远不如以前。在大佛塔周围的觉囊、普摩曲宗和吉尔哇普的岩面上雕凿了多尊小型佛塔,堪称一景;修缮了觉囊寺附近的一些小寺院;在昂仁等其他地方创建了寺院,设立讲经院,作为觉囊寺的分寺;进一步规定了学经制度,健全了寺院组织,理顺了寺院内部的各种关系。定期举行法会,确定每个法会的内容,密切了与地方势力的关系。

在教学方面,笃补巴倾注了更多的心血。在萨迦寺学习期间,他开始讲授《现观庄严

---

① 阿旺洛追扎巴著:《觉囊派教法史》,许德存译,西藏人民出版社 1993 年版,第 28 页。

论》《量决定论》《阿毗达磨俱舍论》和《入行论》等被萨迦派禁止的“四大柱论”，以及《中观理聚六论》《入中论》和《慈氏五论》等大论。继任觉囊寺堪布后，他加强了对这些经典的宣传，多次为寺内外求知者讲授《慈氏五论》《中观理聚六论》《般若十万颂》《般若波罗蜜多心经》《时轮根本略续无垢光疏》（白莲花王著）《喜金刚心要注疏》（金刚菩萨著）《金刚手菩萨注释》（金刚手菩萨著）《灌顶概论》《喜金刚续那若广释》等；每次讲两遍《中观论》《入行论》《集学论》《喜金刚三续》《空行海论》《金刚鬘》《集密五次第明灯》《红黑大威德根本续》等经论；设立坛城，传授《金刚鬘》《阎摩德迦》《金刚界》《马头明王续》《金刚橛》等灌顶，把《般若波罗蜜多经》《现观庄严论》《般若波罗蜜多心经》《究竟一乘宝性论》《时轮根本续灌顶品》《时轮根本略续·无垢光疏》等，作为立论的根据。他认为，一切乘的了义法都是上述的经论提出来的，反映了中观“他空”思想。

笃补巴讲经有一个最大的特点，即打破以前口耳相传的传统方式，把言传和著文解释结合起来，尽量使用浅显易懂的语言表述原典深奥的含义，这样既不生硬，听者也易于接受。因此，凡是听过他讲经的人没有不称奇的。弟子们经常对他说：“以上师您这样的智慧，若有堪钦布顿大师的证观精神和专心讲说听闻，一定会像佛陀再世一样。”可是，他从不自满和骄傲，总是表现出谦虚的态度。他教导弟子说：“一般来说，学习这些经论，并非仅为了理解，而是从多资粮门积累资粮并通过修行去了解。现在摄集精要之时，只有专心修行才有大功德。”对于前来求法者，他都耐心教授，尽量给以满足；对于从远处捎来口信和写来辩驳信者，给予符合佛教理论的答复，使他们获得定解。

1334年，在笃补巴的亲自指导下，萨桑玛底班钦和洛追贝两位弟子校订了旧译《时轮根本略续》和白莲花王著的《时轮根本略续无垢光疏》。

笃补巴的著作甚丰，而且在学术界影响很大，如《了义山法海论》《宝性论广释》《现观庄严论广释》《佛法总论》《第四结集》《时轮灌顶仪轨》《时轮修行法》等。

《了义山法海论》，全名《山法了义海论中观究竟不共口诀》，或《了义山法海究竟不共教诫》。“山法”者，比喻佛法常恒坚固，指隐居山间修行的甚深瑜伽之法；“了义”即究竟了义，是“佛对殊胜化机所说诸法法性远离生灭戏论之甚深空性，及实有事性自然光明，超出一切思议言说境界之究竟义等”。“海论”比喻所论之事若大海般深广。笃补巴解释：“若尔甚深佛语众善究竟了义，三世怙主佛子明说甚深教语，至尊上师恩惠遍证一切佛语，隐居山间修行甚深瑜伽山法；一切清净经续论著皆为殊胜，尽集了义河水，此乃名了义海。”藏文木刻本共268叶，分三大部分，分别从基、道、果三位进行阐述。基位部分共43节，着重叙述法性、本性、因性、果性、如来藏佛性及补特伽罗我有无等问题；道位部分共107节，内容涉及大乘道、三转法轮及了义不了义关系、空非空、自空他空、自性空非空、自性空之空、自性胜义空、空所依差别等许多重大的哲学概念；果位部分共112节，主要从大乘果、四身、二谛二身、四谛、自生他生、自生智、他生智、大空、明点空、胜义法身功德、世俗色身功德等方面论证中观“他空”理论。全书层次分明，结构严谨，旁征博引。该书是“他空”见方面的权威性著作，也是觉囊派僧人的必修书，在藏传佛教史上占有重要地位，影响十分广泛。

(3)觉囊派的确立

教义是一个教派成立的核心,也是教派的理论基础。觉囊派的核心教法“他空”见和“六支瑜伽”从11世纪被正式提出来到14世纪以前,除了以修行证悟外,尚无人著书从理论上进行论证。笃补巴·喜饶坚参不仅从理论上论证了“他空”见,而且通过实践进行检验,使“他空”见趋向完善并系统化,从而标志着觉囊派正式确立。具体表现在以下几个方面:

第一,觉囊派史籍记载,域摩·弥觉多吉开创了觉囊派密教“他空”见,笃补巴·喜饶坚参开创并发展了显密“他空”见。因此,尊奉笃补巴为觉囊派的初祖。又说,域摩·弥觉多吉提出“他空”见以后,在其弟子期间没有得到发展,直到笃补巴才开始在西藏广泛传播“他空”思想,甚至东传到四川藏区,从此觉囊派之名正式确立。

如上所述,笃补巴是一位显密兼通、成绩卓著的佛学大师,在藏传佛教史上享有较高声誉。在学术上,他“广引教理证成,确立他空胜义见宗”,和布顿大师齐名。他广泛参阅佛教一切显密经论,在显教方面以《般若波罗蜜多心经》《现观庄严论》《宝性论》和《入菩萨行论》等为主要根据;在密教方面以《时轮根本略续》和《时轮根本略续无垢光疏》为依据,用显密结合的方法进一步论证“他空”见解,建立了比较完整的理论体系和修行方法,完成了确立觉囊派的重大任务。

第二,笃补巴·喜饶坚参时代,由于元朝势力的逐渐衰微,受其支持的萨迦地方政权也开始分化。贡噶洛追坚参任帝师时,任命其弟兄为四个拉章,从此拉开了萨迦昆氏家族内部权力斗争的序幕。这时候,占据前藏主要地方的噶举派的势力日益强大,对于萨迦地方政权形成新的威胁。内讧加剧,内外矛盾激化,使萨迦派无暇顾及远在拉堆绛万户势力范围之内的觉囊寺的宗教活动,任凭其自由发展。笃补巴抓住这个千载难逢的机会,从萨迦派的管辖中脱离出来,确立了觉囊派。

第三,藏传佛教诸派最大的特点是,每个教派的成立和发展不同程度地得到地方贵族势力的支持和保护,觉囊派也不例外。元朝晚期,先后有萨迦与直贡之间的斗争,帕珠与萨迦之争,帕珠万户与雅桑万户、蔡巴万户、直贡万户之间的纷争。1348年,绛曲坚参以武力灭掉蔡巴,兼并了前藏、雅桑、加麻、直贡等万户的领地,次年开始向萨迦进攻。1354年,绛曲坚参攻破萨迦寺,占据后藏大部分地区,建立起以朗氏家族为中心的控制西藏大部分地区的帕珠地方政权。而觉囊寺所在地是十三万户之一的拉堆绛万户的势力范围,他们不受帕珠政权控制。为了发展壮大势力,拉堆绛地方势力积极扶植觉囊寺,支持笃补巴这个具有强大号召力和影响的人物。

第四,当时的西藏佛教界,教派与地方势力相互勾结进行权力之争,相当一部分僧人不习经文,不守戒律,进行乐受杂说,把注意力集中在名利地位上,而无暇顾及宗教活动。笃补巴抓住了这一有利机会,在拉堆绛地方势力的支持下,以觉囊寺为根本道场,确立了觉囊派的宗教地位。

从上面的叙述可以得出这样的结论:笃补巴·喜饶坚参时期,由于内外两方面的有利条件,促成了觉囊派,并在一定程度上对藏传佛教的发展起到了促进作用,使西藏佛教经过一个时期的混乱后重新回到正道上。笃补巴和布顿等人是引导西藏佛学转向发展或过渡的关键人物。他们以后,许多高僧大德重视著书立说,开展学术交流,标志着西藏佛教一个新时代的开始。

3.笃补巴的弟子和觉囊派的兴盛

笃补巴一生博学多闻,显密兼通,培养了一大批成绩卓著的弟子。他有常随弟子千余人、心传弟子13人,为觉囊派的发展作出了巨大贡献。

贡邦·曲扎贝(1283—1363),被认作是虚空藏菩萨的化身,生于西藏江孜县境内的热隆地方。他5岁始学藏文,7岁进入佛门,学习《戒律》《俱舍论》《量决定论》等,得到了"智者"的称号。1303年,他在卫藏地区各大寺院巡回辩经,结识了许多高僧。1305年,他来到觉囊寺从云丹嘉措受具足戒;两年后在萨迦寺结识了笃补巴·喜饶坚参,从其习法;后接受了顿巴·益希班觉所献的曲桑寺,开设讲经院。笃补巴主持觉囊寺期间,他一直跟随左右,曾代表笃补巴随元朝来使进京传法,受到好评。他熟悉梵文,精通翻译,独立译出了《文殊室利欲见》,其著作有《佛法基道果论》《续部分别论》以及有关《时轮》历算方面的论文多篇。1363年,他被绛巴僧底所害,享年81岁。

洛追贝(1299—1353),被认定为除盖障菩萨的化身,有"译师"的头衔,生于多麦(今四川阿坝藏区)。他天资聪颖,自幼喜爱佛法。他15岁以后始学《现观庄严论》《量决定论》《俱舍论》和《律经》,融会贯通;在前后藏一些大寺院参加过辩经,受到好评。1324年,在拉孜平措林附近的扎热,他从珀东派弟子邦·洛追丹巴译师学习声明学时,听到笃补巴的名声,遂往觉囊寺依止学习《时轮根本略续·无垢光疏》和其他经疏。1340年,他接替笃补巴出任觉囊寺第五任堪布。这时候,觉囊寺处于最兴盛时期。他的著作较多,内容涉及广泛。

萨桑玛底班钦(1294—1376),是笃补巴的弟子中最具影响的一个,被认作是弥勒菩萨的化身。他以博学而著称,宗喀巴大师曾在萨迦的萨桑噶丹寺向他学过辞藻韵律学。他是西藏阿里人,从5岁开始随父亲念诵《慈氏五论》,到15岁时全部学完,进修密法。1318年,他进入夏鲁寺,从堪布扎巴循努受具足戒。在一年一度的夏季法会上,他听到了笃补巴的名声,仰慕之心油然而生。于是,他前去觉囊寺拜笃补巴为师,学习《时轮》教法和《现观庄严论》,成为笃补巴最得意的弟子之一。另外,他还从贡邦·曲扎贝和洛追贝两位师兄学修六支瑜伽法。1334年,在笃补巴的授命下,他和师兄洛追贝对《时轮根本略续》和《时轮根本略续无垢光疏》进行了校对和补译,由第巴多巴资助负责修建了觉囊标准塔。晚年,他接受了喇嘛达哇坚参所献的萨桑噶丹寺,摄授徒众,故名"萨桑"。这所寺院位于萨迦县,后来改成尼姑庙。萨桑玛底班钦一生博览经书,兴趣广泛。他撰写了不少比较有价值的著作,其中《声明论广释》《入菩萨行论注疏》《取舍明论》《历算本论》等具有一定的影响。

直贡译师嘛呢迦室(1299—1363)被看成是普贤菩萨的化身。他精通梵文,擅长翻译,因为在直贡寺住过,故名"直贡译师"。《直贡法嗣》中找不到他的名字,可能嘛呢迦室不是其本名,也许是尊称。他从小学习梵文,能阅读梵文原典《普贤行愿王经》。1320

年，他在聂塘见到了贡钦笃补巴，从学《时轮》灌顶教授和“他空”教理。后来，他跟随笃补巴到觉囊寺，居住了8年。1363年，他在喀当旁波日超（禅院）圆寂，享年75岁。

塘波且·贡噶奔（1331—1402），被认为是仁钦桑波的化身，生于林堆地方，意为“上林”。“林”是西藏琼结一带地方的古名，有东林、上林、下林之分，这里佛教文化比较发达。他从12岁始习显教四部大论，具有较高的辩论才能，被称为“辩论王”，获得了“噶居”学位。一次，他翻阅《佛法总论》，被笃补巴的学识和语言哲理所折服，油然生起敬仰之心。于是，他专程来到觉囊寺学习显密教法。他对觉囊派所奉修的《时轮根本略续无垢光疏》和《现观庄严论》《宝性论》等经论深入地进行研究，对“他空”思想认识较深。1379年，他南下谢通门管理达那寺，在位6年，主要讲授《时轮根本略续》，吸引了大批僧人。1388年，应益希班觉的邀请，他回到山南担任塘波且寺堪布，故名“塘波且巴”。贡噶奔在任堪布期间，对寺院进行了整顿，制定了各项制度，建造了佛像、佛塔和佛经，开讲《时轮根本略续·无垢光疏》。其著作有《金刚鬘明点论》。

香顿嘉沃·索朗扎（1340—1418），尊称为金刚手菩萨的化身，生于吉曲河下游。“吉曲”河又作“机曲河”，即拉萨河。他6岁出家为僧，14岁学完《现观庄严论》和《释量论》两部大论，并且学习了声明学。1406年，他在拉旺巴提供的土地上建起了佛殿，铸造佛像、像塔，印制了经典，取名为“贝当寺”（或作“白地寺”），自任堪布15年。他重点讲授觉囊派密法，结合教学撰写了《时轮根本略续无垢光疏释难》等，佛学成绩突出。

曼曲喀哇·洛追坚参被认为是文殊菩萨的化身，西藏堆龙德庆人。关于他的生卒年代，有两种说法：一种认为生于阳木虎年，卒于阴土蛇年，即1314—1389年；另一种说生于阳土虎年，卒于水蛇年，为1338—1413年。他早年学习佛法知识和四部《毗奈耶经》。他33岁那年，参加《释量论》辩论，表现出非凡的才能，得到“辩论王”的称号。后来，他在萨迦寺拜见了应邀前来讲经的笃补巴，从学《时轮根本略续无垢光疏》，受时轮灌顶。笃补巴去世后，他向师兄曲扎贝继续听讲《时轮》教授；随洛追贝继续学习《时轮根本略续无垢光疏》《金刚心要注疏》《喜金刚心要疏》等三菩萨释；请求乔来朗杰讲授时轮灌顶传承和灌顶法。晚年，他以温·伦珠贝所献的扎西曼曲寺为根据地，摄授徒众，著书立说。

曲杰·仁青次程（1297—1368）生于西藏墨竹工卡的恰章地方。他8岁投身佛门，跟随多位名师学法；年轻时，到觉囊寺先后从笃补巴和贡邦曲扎、洛追贝、萨桑玛底班钦学习“他空”见。他58岁那年，接替诺尔桑主持堆龙的朗杰寺，增置了不少佛像、像塔和经典；建立讲授《时轮根本略续无垢光疏》的规矩，在贡塘寺开讲六支瑜伽法。其著作有《入二资粮道广释》和《入二资粮道略论》。

迦绒哇·拉耶坚参（1319—1401）被看成是中观学派著名论师提婆的化身，生于西藏拉萨附近的德塘。他从小受名师指点，刻苦钻研《现观庄严论》《释量论》《俱舍论》和《律经》，掌握了各部的基本思想和辩论技巧。后来，他参加拉萨东郊蔡贡塘寺的辩经法会，以其丰富的佛学知识战胜了被称为班智达的几位高僧，名噪一时。一次，他在法会上听别人讲到笃补巴，非常仰慕，于是前去谒见。笃补巴去世后，他又从贡邦·曲扎贝、洛追贝、乔来朗杰、娘温巴·贡噶贝等师兄学习《时轮根本略续无垢光疏》和“他空”思想。他接替贡邦曲扎贝管理迦绒寺,故有“迦绒哇”的称号。他卸任后,被绛曲桑波请去担任乃钦南喀佐寺堪布。

曲杰·平措贝(1303—1377)生于西藏的澎域地区(今林周县澎波区),被看成是印度轨范师释迦友的化身。他16岁进入佛门学习因明学和显教经论,在噶玛·让迥多吉和多丹扎巴僧格座前听讲密法,接受灌顶。之后,他通过阅读《了义山法海论》,得以了解笃补巴·喜饶坚参的学术思想。于是,他去后藏在纳塘寺见到了笃补巴,听讲时轮灌顶法和六支瑜伽,领会了《时轮根本略续无垢光疏》的全部内容。后来,他离开觉囊寺前往桑浦寺,担任堪布。晚年,他在澎域创建了迦拉巴禅院,静心修行,摄授徒子,讲授《时轮》教法。著有《摧破金刚陀罗尼广释》。

塘顿穷哇·洛追贝(1313—1391),被认为是域摩·弥觉多吉的化身,前藏人。他6岁出家为僧,始习《释量论》和《现观庄严论》等教理和《时轮》灌顶、口诀教授,得到“贤哲”的称号。后来,他跟随顿月坚参师徒到觉囊寺从笃补巴学习《时轮》六支瑜伽法,并从贡邦·曲扎贝、洛追贝、萨桑班钦、乔来朗杰等几位师兄学习“他空”教法。回到前藏后,他接替曲杰·仁青次程主持堆龙朗杰寺,继续讲授《时轮根本略续·无垢光疏》。他为发展堆龙朗杰寺,弘扬“他空”教法做出了贡献。

乔来朗杰是笃补巴弟子中第二个主持觉囊寺的人,被认为是地藏菩萨的化身。为了区别于珀东派创始人珀东·乔来朗杰,一般在他的名字前面冠以地名,叫做觉囊·乔来朗杰。觉囊·乔来朗杰,1306年生于阿里笃补地方。他和笃补巴·喜饶坚参同乡,父亲是雅察王的应供上师。他曾经过了几年的隐居生活,之后在洛布从父亲和叔父学习《入中论》《入菩萨行论》和简单密法,在法会上通过试讲,受到好评。他年轻时,离开家乡单身一人到扎仁木学习《现观庄严论》《量决定论》和《中论》,后留居蔡贡塘寺两年。从1326年始,他“巡回卫藏各地辩经,由于年岁较轻,思想敏锐,精通一切经义,在辩经、讲说方面没有匹敌”。因此,被蔡贡塘王噶德取名为“乔来朗杰”,意为“遍胜”。他在贡塘寺学了几年的噶举派教法后,回到扎仁木。后来,他对觉囊派的“他空”见产生了浓厚兴趣,就前往觉囊寺拜见了正在转嘛呢塔的笃补巴。两人一见如故,在拉让谈论佛法七天,乔来朗杰学到了许多知识,对“他空”见有了更深的认识。

从此,乔来朗杰作为笃补巴的侍从跟随左右,几乎学到了笃补巴所有的知识。另外,他向布顿大师听讲《般若经》《佛说名相经》等。他在担任觉囊寺堪布之前,管理着秋浦寺和昂仁寺,建立了昂仁寺拉章、东西两僧舍,维修了原来的大经堂,重点发展讲经院。1353年,师兄洛追贝去世,他把昂仁寺法位让给丹嘉哇,自己管理觉囊寺。1361年,笃补巴圆寂后,他辞去堪布职位,前往拉萨、山南等地区,在蔡贡塘和昌珠寺讲经。晚年,他再次出任觉囊寺堪布。著作有《般若经广释》等。乔来朗杰于1386年圆寂,享年80岁。

娘温·贡噶贝(1285—1379),生于后藏娘波(或年布),是年·达玛仁钦的侄子。他自幼聪颖,记忆力超人,有过目不忘的本领。1305年,他的手足不幸传染上毒龙症,无法行走,就一直在室内念经诵咒,钻研佛典。他和笃补巴认识得比较早。1312年,笃补巴初次来萨迦寺,两人第一次见面,之后又见过多次,并一起讨论佛法。后来,笃补巴去了觉囊寺，而他因行动不便一直呆在萨迦寺。笃补巴任觉囊寺堪布期间，应邀莅临萨迦寺传授时轮灌顶，贡噶贝由朋友背去接受灌顶，请求医治。笃补巴以所学的医术和气功试治，结果使他得到痊愈。从此，贡噶贝随从笃补巴左右学习《时轮》法和“他空”见。笃补巴去世后，他转向乔来朗杰继续学习，经过修炼得到证悟。他成年以后，居住萨迦寺讲经。在贡噶贝晚年时，“由六百名聪慧弟子簇拥创建了孜钦寺，发展讲修事业，修建了大经堂，用金粉抄写《时轮根本续释》，用金铜雕制了大小多尊笃补巴身像”①。孜钦寺，别名“夏布孜格”，位于西藏江孜县城所在地江孜镇，年楚河西岸的一座小岩石山上。《后藏志》对孜钦寺有较详细的记述，说笃补巴没有对手的弟子、卫藏六智者之一、掌握道果法规的八智者之首贤哲娘温·贡噶贝创建了孜钦寺，“广转讲、辩、著清净法轮，设立讲经院，汇集卫藏、康区的善知识，委任且藏巴·喜饶帕和曲贝贡波等为智慧之钩。弟子有仁达哇·循努洛追、蔡门巴或娘普巴、索朗桑波、香巴·贡噶仁钦喜饶欧色、洛追央巴、大成就者贡噶洛追、至尊宗喀巴·洛桑扎巴等无数。大成就者贡噶洛追十九岁的木虎年继任孜钦寺娘温的法位”②。

孜钦寺1365年始建，次年建成。1368年，帕巴贝桑波增建了有36根柱子的大经堂回廊和面积八柱的经堂，内供释迦牟尼12岁等身像、两尊檀香木雕制的佛像、喀且班钦释迦室利亲自制做的金铜质度母像。壁画为古印度84位成就师像，回廊右壁绘有药师佛国土及弥勒、无量光佛、燃灯佛、观世音、金刚摧坏菩萨、马头金刚、不动金刚等画像；左壁绘有反映不空金刚、妙音菩萨、弥勒、东方不动佛、大佛母、度母、尊胜佛母等的生活画以及其他庄严佛土。

由于觉囊派和萨迦派的特殊关系，在教派归属问题上，孜钦寺既可以奉萨迦派，也可以宗觉囊派。寺院建成后，贡噶贝师徒一直弘传《时轮根本略续·无垢光疏》和《现观庄严论》《释量论》等经典。觉囊派在西藏失势后，孜钦寺完全归奉了萨迦派。

贡噶贝不仅事业有成，学术成绩也非常显著。他撰写的《释量论广释》和《现观庄严论广释》具有很高的学术价值。1376年，宗喀巴游学后藏期间，住在孜钦寺从他听讲《现观庄严论广释》和《俱舍论》等。

笃补巴的最后一个弟子蔡门巴·索朗桑波（1341—1433），被尊为十六罗汉之一跋陀罗的化身，生于吉浦（可能是拉孜所辖的一个地方）。他5岁在觉囊寺出家，一直给笃补当侍从，学到不少知识。1361年，笃补巴圆寂后，他转向乔来朗杰、萨桑玛底班钦、娘温巴等人学习，主持拉岗寺11年。后来受曲贝桑波的委托管理蔡钦寺，恢复讲经和宗教活动。他在90岁高龄时完成了《现观庄严论广疏》。他逝世的那年还在讲授《时轮根本略续无垢光疏》及其灌顶仪轨。

上面14人中，乔来朗杰和娘温·贡噶贝在师承中分别排在第十九代和第二十代。这时，觉囊派的声势甚盛，处于发展顶峰。笃补巴的弟子普遍受到萨迦和噶举派的尊重，

① 阿旺洛追扎巴著：《觉囊派教法史》，许德存译，第40页。

② 多罗那他著：《后藏志》藏文本，西藏人民出版社1983年版，第93页。

经常活跃在拉萨、山南、后藏南北等地。觉囊派在拉萨和噶玛噶举派建立了联系，在蔡贡塘和曲桑等寺院开设《时轮》课程。“他空”见之所以受到噶玛噶举派的重视，可能与黑帽系第三世活佛让迥多吉与笃补巴的师徒之谊有关。个别史书认为，噶玛·让迥多吉初倡“他空”见，笃补巴从其学得并加以弘扬。这是试图从藏传佛教正统角度肯定笃补巴所传“他空”见的合理性，未必可信。觉囊派僧人还经常出入萨迦寺，甚至萨迦派的一些高僧大师从笃补巴及其弟子学习本派禁止的一些教法和经论。江孜法王积极支持贡噶贝等人修建寺庙，弘扬“六支瑜伽”教授。笃补巴的弟子绛巴代完，在拉堆绛万户的资助下，于昂仁创建了昂仁曲德寺，并且把笃补巴请去，亲自任命上首弟子乔来朗杰担任住持。笃补巴的另一个弟子弥纳·洛追扎巴将觉囊派教法传到多康地区。

第二节　觉囊派在西藏的后期发展

一、觉囊派中衰的原因

进入15世纪，西藏的形势发生了根本性变化。在宗教方面，萨迦派承元代帝师的余势和明朝的赏赐，在后藏仍有一定的势力，噶玛噶举派对前藏部分地区和康区的大部分地方亦有相当影响；与此同时，宗喀巴创立的格鲁派在帕珠地方政权的扶植下迅速发展起来，僧徒遍布前后藏和康区广大地区，形成了以哲蚌、色拉、甘丹、扎什伦布和昌都强巴林等寺院为中心的势力集团，从而原来家族之间的矛盾斗争转变为教派之间的利益冲突和对立。从这时起，觉囊派开始走下坡路。造成这种局面，原因有以下几个方面：

第一，觉囊派是西藏佛教各宗派当中唯一坚持中观“他空”见的派别，认为诸法空性胜义谛是常恒不变，它属于阿赖耶识识智二分中的智分，事物有其独立存在的本性，由于人们的“虚妄分别”使事物变空，这种“空”，只能是“他空”，非“自空”。从法统上说，觉囊派宗奉无著、世亲论师所开创的瑜伽唯识学派的思想，是建立在《般若经》《般若心经》《如来藏经》《大涅槃经》和《现观庄严论》《宝性论》等经所讲的“空性”、“法界性”、“如来藏”、“法身”、“常恒不变”、“胜义本位”等理论基础之上的。格鲁派的基本观点和觉囊派截然相反。他们坚持建立在“缘起性空”基础上的“自空”见，认为事物自体本性是空，采取了“应成”的立论方式，大力弘扬中观应成派思想。基于这种思想，格鲁派向觉囊派发起攻势，驳斥觉囊派的“他空”见，认为“他空”思想源自古印度的数论派，而非佛法，从而彻底否定了觉囊派的佛教地位。在这场因认识不同而展开的学术论战中，觉囊派严重受挫。

第二，15世纪以后，西藏佛教宗派之间的斗争愈演愈烈。兴起于后藏仁蚌家族的南喀杰波，于1416年得到明朝永乐皇帝诰命，任都指挥佥事、昭勇将军；1426年，其子诺布桑波承袭父职，以武力兼并了后藏一些小势力，和帕珠地方政权形成对峙状态。以后，仁蚌家族的势力进一步扩大，到诺布桑波之子贡桑帕之时，同萨迦派联合，把势力延伸到前藏帕珠政权直接管辖的地方。他的儿子顿月多吉夺取了内邬宗所属的一些庄园,并与噶玛噶举派相互勾结逼进拉萨,控制格鲁派的宗教活动。在这种急剧变化的情况下,觉囊派因失去地方势力的扶持,寺院经济面临严重危机,僧人生活难以维持,整体实力下降,从而导致教派的衰微。

第三,笃补巴、乔来朗杰等人相继去世后,觉囊派没有再出现具有强大号召力的人物。宗喀巴及其弟子们以整顿颓废的西藏佛教为名,在前后藏大力宣传"缘起性空"思想,直接站在觉囊派的对立面,吸引了一大批信徒,甚至觉囊派的一些僧人也纷纷投向萨迦派和格鲁派。这一时期,作为觉囊派根本道场的觉囊寺的形势非常严峻,宗教活动很不景气。

按照师承,大成就师贡噶洛追(1356—?)被排在第二十一代。他是娘温·贡噶贝的心传弟子,生于西藏夏喀巴家族。这个家族是江孜法王的姓氏,源自古代六大族姓,曾在康区繁衍生息。后来这个家族的丹玛温波和桑波坚参父子移居后藏江孜一带地区,桑波坚参与夏鲁家族的拉姆曼结合生下帕巴贝桑波,由他建立地方政权,开始了江孜法王传承。贡噶洛追和江孜法王为同一个家族,从小在孜钦寺师事娘温巴·贡噶贝,系统学习《现观庄严论》《量决定论》《俱舍论》《入中论》和《时轮》教法,掌握了"他空"思想。"他虽然出生于官宦之家,却从不贪著世俗荣华富贵,专心在幽静地方修行",发扬觉囊派教法,被尊为布顿大师的化身。他先后从娘温巴·索朗坚参、穷波拉孜、觉囊·乔来朗杰、昆·多吉仁青、法王觉桑巴钦波、译师仁青朗杰、贝康巴·绛央仁青坚参、恰顿·贡噶坚参、大乘法王昆·泽思巴等人学习显密教理;向来藏传法的印度班智达纳结仁青求得时轮灌顶和六支瑜伽、心性安息法、长寿教授等。1413年,贡噶洛追担任堪布,主持孜钦寺。在贡噶洛追去世后,孜钦寺建立了活佛系统,他被追认为第一世。

贡噶洛追之后是绛央贡却桑波,拉堆绛人,原为桑丹寺僧人。他先后在萨迦寺和孜钦寺从绛央仁青嘉哇和贡噶洛追学过道果教授和时轮法。他被江孜法王热丹贡桑帕巴奉为上师,专门为他修建了娘堆寺,内设觉囊派扎仓,委任他为法师,受到东西两孜的供养。后来,他出任觉囊寺堪布时,克珠杰带领一批弟子正在后藏进行传教活动。由于他们和觉囊派的学术观点不同,进行大肆诽谤,迫使绛央贡却桑波离开了觉囊寺。

绛央贡却桑波之后,继承觉囊寺堪布的是南喀曲窘。他自幼跟随贡却桑波在桑丹寺、觉囊寺学习,对"他空"思想有较深的理解。他经常往来于昂仁、觉囊、娘堆、桑丹和孜钦等寺院,讲授"六支瑜伽",传播"他空"思想。他受东西两孜和僧格孜哇的支持和资助,主持孜钦寺和觉囊寺,用金铜汁涂饰了十万佛大塔的塔顶法轮,并积极开展讲修活动,对觉囊派的发展做出了贡献。

在南喀巴桑、仁特那跋陀罗、隆热嘉措、贡噶周却等人主持觉囊寺期间,得到了江孜法王、拉堆绛的阿旺朗杰扎西多吉、仁蚌·曲杰阿格旺秋、普丹贡波、扎巴多吉和尼协旺波等地方势力的支持,相继修建了哲蚌寺、多格曼当寺和日吾珠尊寺。他们都精通"他空"教理,熟习"六支瑜伽",修缮过觉囊寺等,试图振兴觉囊派。但是,由于教派纷争,格鲁派势力日益强大,觉囊派发展很不景气,一直在消沉中度过。这时,觉囊派的一部分寺院重新宗奉萨迦派,还有一部分改宗格鲁派或其他教派。

二、多罗那他与觉囊派的再兴

多罗那他(1575—1634),是著名的佛学理论家兼历史学家。他一生博览经书,贯通显密教法,孜孜不倦撰写了二十几部学术论著。16世纪,觉囊派面临发展危机的关键时刻,他出任觉囊寺堪布,整治寺规,健全组织,重新开展宗教活动。在藏巴地方政权的支持下,他创建了达丹丹曲林寺,弘扬觉囊派教法,使觉囊派出现了创宗以来的第二次兴旺局面。

多罗那他,本名贡噶娘波。全名结佩钦波贡噶娘波扎西坚参贝桑波。多罗那他是印度学者沙罗那他赠送的法号,"多罗",意为"救度";"那他",依怙或保护者之义。他生于曲科顶寺,该寺院位于觉囊喀热穷增附近一个名叫"仲"的地方。喀势穷增是一个文化比较发达的地方。历史上,莲花生、班智达迦雅阿罗、喀热贡穷等印度和尼泊尔的一批学者都曾在这里传过法。他的父亲朗杰平措和热译师同族,母亲名叫多吉布噶。祖父为他取名白玛斯觉多吉,意思是"莲花断轮回金刚"。多罗那他4岁时,被堪布·隆热嘉措和拉堆绛统治者扎西多吉带领的僧俗群众近二百人迎接到觉囊寺,认定为贡噶周却的转世灵童,举行盛大的坐床仪式。两年后,由人陪伴去东嘎、喀尔钦和达隆等寺院参观。他6岁,进入达日朗寺学经,写了一篇题为《瑜伽母颂》的短诗,表现出非凡的才能。1582年,他在绛央贡噶坚参的指导下,开始学习因明和集密法;然后去觉囊派的曲隆寺,受沙弥戒。在前辈贡噶周却几位弟子多仁·贡噶坚参、拉旺扎巴、隆热嘉措、克旺·强巴伦珠、济仲·贡噶贝桑等上师的亲自指导下,他集中精力钻研《现观庄严论》《时轮根本略续无垢光疏》和《笃补巴·喜饶坚参全集》以及其他相关经论。他认真阅读了萨迦派前三祖贡噶娘布、索朗孜摩、扎巴坚参和热穷巴的著述,对萨迦和噶举两派的教法有了基本认识。他还跟随印度大成就师格茹洛学习桑杰贝巴贡波所传密乘续部生圆二次第全部灌顶教授,学到了以前很少传讲的五百余部无上密法中的发菩提心法。1596年,多罗那他出任觉囊寺堪布。他重新设立《时轮》课程和大时轮教授、朵玛仪轨,吸引了来自各方的七百余名僧人。1600年,他第一次离开后藏专程前往噶当派祖庭热振寺,向热振寺全体僧人用梵藏两种语言讲授《菩提道次第法》和《阎摩德迦黑续》,声名大振。1602年,他在拉萨讲经,吸引了安多、康区和西藏其他地区的僧人上万人,蒙古官员也派人来藏请他去传教。

回到觉囊寺后,多罗那他主持修缮了十万佛大塔,举行一年一度的大时轮讲授朵玛仪轨法会。之后,他莅临桑丹寺,一边继续钻研道果教授,一边宣讲《时轮》教法。1608年,他根据来藏印僧的口述,结合个人所积累的资料,完成了《印度佛教史》一书。

多罗那他辗转东西南北,几乎走遍了觉囊派所有的寺院,和其他教派的大寺院建立了学术联系。他从不抱宗派偏见,尤其在学术方面博采众家之长,对于萨迦派的道果教授和噶举派的大手印法都有较深的研究。他认真阅读钻研了萨迦五祖全集、热穷巴耳传教授、帕木珠巴全集和达隆塘巴的著述,对所学知识能融会贯通,力求精益求精。

多罗那他主持觉囊寺期间，前藏格鲁派势力逐渐向后藏扩张，后藏的噶玛噶举派则极力抗衡，彼此展开激烈斗争。1565年，仁蚌·阿旺结扎的家臣辛夏巴·次丹多吉联合后藏的部分官员，煽动庶民起义，推翻了仁蚌巴的统治，控制了后藏大部分地区，自立为王，和噶玛噶举派联合对付格鲁派。1610年，次丹多吉之孙平措朗杰在占据后藏大部分地区后，完全控制了拉堆绛和江孜，前藏的贡嘎和洛扎地区也在他的势力范围之内。1618年，他夺取前藏绝大部分地区，建立了名副其实的藏巴地方政权，禁止拉萨格鲁派寺院的宗教活动。为了巩固统治，藏巴地方政权除了联合噶玛噶举派，还支持萨迦、觉囊等后藏地区的教派。多罗那他早年得到了拉堆绛统治者扎西多吉和羊卓万户长丹增弥觉旺格杰波的资助和支持。藏巴汗地方政权建立后，第斯·噶玛丹窘旺波和图道朗杰王更对觉囊派大力支持。1614年，藏巴第斯·平措朗杰给觉囊寺划拨庄园和庶民。在其资助下，多罗那他勘查地形，设计图纸，次年在觉囊寺附近修建了达丹丹曲林寺，全名叫做“贝达丹达曲林艾敦噶哇蔡”，意为“吉祥坚固正法洲了义欢喜园”。

达丹丹曲林寺初建时有经堂20余间，僧舍一百间及围墙，“用金铜铸造了内供三所依、大型七世佛像，以及尺寸稍小于七世佛像的镶嵌各种珠宝的无量寿佛像、度母像、大佛母像和布禄金刚像，用金铜铸造了大型胜乐本尊全身像”。按照《时轮》所提供的标准，建造了如来八塔和其他塔，全部以金、银、珠宝相饰。另外，在觉囊和达丹丹曲林寺分别建立了两层楼和一层楼高的铜质镀金弥勒佛像，刻印了《笃补巴全集》和其他上师的论著共40部，以及《甘珠尔》和《丹珠尔》各一套；制作了一批供跳神用的面具、兵器、服饰及唐卡。他前后用了13年时间完成了达丹丹曲林寺的修建、内部装修和觉囊寺的修缮任务，制定了寺院管理制度和学经制度，定期举行宗教活动，使觉囊派继笃补巴·喜饶坚参之后出现了兴旺局面。当时仅达丹丹曲林寺的学僧就达到1300多人。按照《多罗那他自传》所说，1619年，在达丹丹曲林寺兴建了多种类型的佛塔，雕立佛像，召集180多位译师整理校订了《甘珠尔》经170多部和其他经卷200多部。另外，对于和觉囊派有关系的白居寺、孜钦寺、嘉寺、桑丹寺、塔尔巴林寺、达丹曲佩寺以及其他不同派系的寺院都做了卓有成效的管理和维修。土观说：“之后，觉囊贡噶周却及其转生多罗那他恢复教法，广为著述宣讲，修建了达丹丹曲林寺，造像起塔精美绝伦，并刻印觉囊派的著述，摄收徒众；与第斯藏巴·噶玛丹窘旺布结成供施，政教显赫一时。”

在游学前藏期间，多罗那他搜集了许多具有很高价值的书籍，带到达丹丹曲林寺。在来藏印度班智达瓦罗那斯娑舍的指导下，他把《拉娑舍格言集》第二章和其他书籍译成藏文流传。

多罗那他管理觉囊派期间，他不仅使西藏的觉囊派寺院得到发展，而且很关心多康藏区觉囊派的发展，尽量传授经教，解决他们的困难。所以，当时觉囊派许多僧人把他当作唯一的依靠，随从他学法的人来自各个方面。其中著名的有桑结嘉措活佛、克旺益西嘉措、仁钦嘉措、克珠洛追朗杰、岗波活佛、曲杰阿旺巴、曲吾穷哇活佛、贡噶扎西坚参、阿格旺波活佛、朱倭活佛、夏仲上师、仁丹巴、夏尔钦巴、拉欧巴、宁波塔耶、强巴云丹贡波、阿旺贡噶索朗、贡噶程勒旺姆、王子贡噶丹贝坚参等，他们以后都对振兴觉囊派做出了贡献。

多罗那他一生博览群书，钻研经义，深究教理，撰写了大量的有关语言、历史、佛学方面的论著。特别值得一提的是，他耗费大量心血整理出来的“十七函”，具有较高的学术价值和史料价值。其中，在学术界产生一定影响的有：《印度佛教史》《多罗那他自传》，331 叶；《多罗那他道歌教诫集》，111 叶；《时轮教法史》，22 叶；《时轮供奉仪轨》，28 叶；《吉祥时轮修持法生起次第论》，278 叶；《甚深道金刚时轮瑜伽讲义》，52 叶；《甚深道金刚瑜伽详说》，121 叶；《灌顶注疏》，101 叶；《他空中观本义》；《他空中观一切经论要义——如意宝论》；《集密五次第论大疏》，332 叶；《集密五次第论简明》，40 叶；《集密真实义明解》，81 叶；《吉祥时轮胜乐曼荼罗修持法》，112 叶；《胜乐黑行者所传修法广论不共义释》，190 叶；《胜乐广颂自注——利乐之海》，336 叶；《吉祥密印主摩诃摩衍续释》，74 叶；《秘密部主阎摩德迦教法源流》，74 叶；《红色阎摩德迦无边曼荼罗修持法》，110 叶；《精血相关之密法》，109 叶；《释迦牟尼功业简论》，192 叶；《释迦牟尼百种功业辑要》，85 叶；《趋入佛法二生起次第咒语讲义》，60 叶；《妙音声明论释》，401 叶；《各种本尊修持法——珍宝之源》，473 叶；《七系付法师传》，70 叶；《吉祥四次第论大疏》，42 叶；《大中观论认识》，30 叶；《般若论要义疏》，78 叶；《上师传承》，94 叶；《曲波寺志》《觉囊寺志》《达丹丹曲林寺志》《行林上师传记》等。

尤其是《印度佛教史》，全名《圣善宝法在印度如何兴起明论希欲源流》，既是一部佛教史籍，又是一部历史著作。它较系统地反映了和佛教事件相关的印度历世王统、著名佛教人物、佛教事件和思想，特别是对印度佛教晚期的一些人物、学说、寺院等情况记述颇详，在国内外学术界有很大影响。南印度毗达罗的波达地方统治者瓦波扎曾写信给多罗那他，热情赞扬其多闻博识，称他是西藏隐姓埋名、专心于佛法的唯一一位大成就者，说现在多罗那他的名字传遍了印度的每一个角落。20 世纪 40 年代，王沂暖先生首次摘译，由商务印书馆出版。60 年代，张建木先生全译出来，1993 年由中国佛教协会整理刊行，西藏人民出版社出版了其校订本。在国外，1869 年，俄罗斯圣彼得堡出版了西夫讷和瓦西列也夫的德文译本和俄文译本。1918 年，印度的诃利那他·德的英译本由《先驱》杂志刊出。1928 年，寺本婉雅的日译本在东京刊行。1970 年，印度出版了钦巴喇嘛和卡托帕德哈业合译的英文本，这个版本在翻译过程中参照了俄、德两种译本，并做了许多注释。其藏文版本有德格版、拉萨版、库伦版和四川壤塘寺的草书木刻版，四川民族出版社铅印出版。

近现代出版的一些学术论著指出，多罗那他建立达丹丹曲林寺后不久，应蒙古喀尔喀部的邀请，于明神宗四十九年启程前往蒙古地区传教。明崇祯七年（1634 年），多罗那他在那里逝世。第三年喀尔喀部土谢图汗福晋生下一子，被认定为多罗那他的转世灵童，尊为哲布尊丹巴一世。但是，查凡有关藏文资料，找不到多罗那他去蒙古喀尔喀部传法的记载。这种说法似乎源自妙舟的《蒙藏佛教史》，后来许多学者不加分析盲目引用。《多罗那他自传》确实记述了蒙古喀尔喀部派人来请这件事，但是多罗那他并没有前往。《觉囊派教法史》则明确记载，多罗那他 1634 年在达丹丹曲林寺圆寂，享年 61 岁。《多罗那他自传》和《觉囊派教法史》的记载，足以证明多罗那他没有去过喀尔喀。至于哲布尊丹巴是多罗那他的转世一事并不足为怪，藏传佛教史上相互追认高僧为自己前辈是常有的事，它并不因为宗派不同而受到限制。在《觉囊派教法史》中记述了多罗那他前十三世的事迹，其中不仅有印、尼学者，也有西藏高僧；既有噶举派上师，也有格鲁派和宁玛派高僧，其目的是抬高自身地位，表明其学识的渊博。哲布尊丹巴和多罗那他虽然分属两个不同教派，仍然可以借多罗那他的渊博学识来提高哲布尊丹巴的宗教地位。

三、觉囊派在西藏的消亡

达丹丹曲林寺建立以后，觉囊派的活动中心从觉囊寺转移到达丹丹曲林寺。多罗那他主持这两所寺院时期，觉囊派处于极盛。他卸任后，由绛央桑结仁青活佛继承法位，管理达丹丹曲林寺的一切事务。桑结仁青谢世，第巴纳塘巴之子贡噶仁青嘉措继任。在他任职的15年中，讲修事业仍然兴旺，因此他被奉为觉囊派第二十九代上师。他自幼跟随多罗那他学法，“宿慧醒悟，智慧圆满”，一日能诵长条经文十八叶，对所学教法融会贯通，对“他空”教理研究极深。达丹丹曲林寺被迫改宗格鲁派后，他移居日吾德庆寺，继续致力于“他空”思想的研究和传播工作。

觉囊派寺院的被迫改宗和觉囊派在西藏的绝传，既有自身的因素，也有外在的客观原因。五世达赖洛桑嘉措取得西藏地方政权后，进行了一系列改革，宗教方面削弱了一度和藏巴汗勾结在一起的噶玛噶举派和萨迦派的势力，迫使受藏巴汗支持的觉囊派主寺达丹丹曲林寺和其他小寺改宗格鲁派，更名达丹丹曲林寺为“甘丹平措林”，而且焚毁了觉囊派的部分经书，另一部分被封存起来，禁止流传。觉囊派的僧人一部分加入萨迦派中，另一部分直接改奉格鲁派。这标志觉囊派在西藏绝传。

从觉囊派自身的条件分析，它虽然是一个独立的宗派，但不像噶举派和萨迦派直接由一些地方豪强和贵族经营，其势力几乎遍及整个藏区，具有非常深厚的基础。觉囊派在西藏近二百多年的发展中，只限于后藏的部分地方，其势力一直没能伸展到前藏。支持觉囊派的一些地方势力带有很强的目的性，况且其本身的力量也并不强大，一旦受到来自外部势力的打击时，很快就土崩瓦解。另一方面，在藏传佛教诸派中，唯独觉囊派坚持中观“他空”见，其他各派都坚持“缘起自性空”的中道观，众寡悬殊。当格鲁派取得西藏地方的绝对统治权后，广大信徒顺应潮流纷纷归奉。觉囊派因长期受藏巴汗的支持，与格鲁派为敌，自然成为格鲁派打击的对象。

关于达丹丹曲林寺改宗的时间，藏汉文史籍中没有明确记载。据王森先生的《西藏佛教发展史略》记载：1649年，第一世哲布尊丹巴活佛进藏学经，学完返回蒙古时，五世达赖以改宗黄教为条件，承认其活佛地位，允许他返回蒙古。这说明此时达丹丹曲林寺尚未改宗。

17世纪中期，作为一个教派的觉囊派在西藏绝传了，但是他们的教法仍在流传，尤其是六支瑜伽法很受一些寺院的重视。

第三节　觉囊派的教理特点与宗教活动

一、《时轮根本略续》和六支瑜伽

1.《时轮根本略续》与时轮法

“时轮”是密教的最高法门之一，是印度教和大乘佛教思辨证空思想理论的产物，是具有高度组织的思想系统。按照一般理解，它是由“时”和“轮”两个概念组成的，“时”指殊胜不变的刹那大乐；“轮”是由其所动的无障之蕴、界等。《时轮根本略续》认为：“大时为大命，果之气行尽；一千二十一，一百零六气，三界呼吸轮，解释为时轮。”这是具体化了的时轮定义，侧重于人体的呼吸和时间。《世界十大宗教》解释说：“时轮的意思是时间终极的存在，它们譬喻现实的存在像时间的车轮一样，倏忽即逝，只有信仰宇宙的本初存在或本初佛才能从迷妄的世界中解脱出来。”①

人们习惯上把围绕“时轮”而形成的教法叫做“时轮教”，或者“时轮金刚乘”。时轮教的起源和其他任何教法一样，经历了一个极其漫长的酝酿发展过程。作为具有一定思想理论体系的“时轮教”，大约形成于公元10世纪。《时轮经》的出现，标志着“时轮”作为一个独立的学派体系的形成，同时也标志着印度佛教全部思想和形态的完成和完善。藏文史料记载，时轮法最早形成于南印度。北方香拔拉国的首任法王月贤曾赴南印度的吉祥米积大佛塔学习此法，得到《时轮根本略续》一万二千颂。回到香拔拉后，他完成了六万颂的《时轮根本续疏》。后来，扎巴王感到《时轮根本续》内容庞杂，改写成一千三十颂的《时轮根本略续》，这就是现在流行的藏译本。他之后，被尊为观世音菩萨化身的白莲花王著作《时轮根本略续无垢光疏》，共一万两千颂。

轨范师毗都和枳娄巴师徒两人是最早把时轮教法从香拔拉传到中印度的人，枳娄巴在这方面的成绩尤为突出。他是东印度人，曾就读于罗那格惹鸟睺罗、吾扎玛斯罗和那烂陀等寺。为求密法，他与商人结伴赴香拔拉，得到真传，把经释带回中、东印度宣讲。普通人塔玛巴、成就者嘉瓦窘乃贝巴和藩伽罗班智达阿杂惹继承了他所传一切教法，并弘扬光大。也有说，枳娄巴把时轮教法传给南印度的俄那毗都大臣、婆罗门底惹巴妮和扎堪苏那室利三人，由毗都授予阿杂惹。阿杂惹就是著名的时轮学者大时轮足，也有人怀疑大时轮足和毗都是同一个人。他是时轮教法的重要传承人，著作有《吉祥时轮口诀》《时轮修法十一支论》《吉祥行星曼荼罗修法十一支》等。

大时轮足的主要弟子有毗洛扎阿扎惹雅、杜瓦军勒洛追、解脱生处隐者、狮童和无边胜等，通称为“五位班智达”。他们把教法传给那若巴。真正继承大时轮足传播时轮教法的人是小时轮足，他和那若巴一起就学于大时轮足门下，在那烂陀寺参加辩论，驳倒了众

① 黄心川主编：《世界十大宗教》，东方出版社1988年版，第141页。

多的班智达。他的著述有《时轮修法四支》《时轮灌顶总示广释》《六支瑜伽口诀》《真言义心要论》《六支瑜伽要诀》《六支瑜伽教授秘要》等六部，均为解释《时轮》所提出的六支瑜伽法。

热译师认为，小时轮足传给曼殊足格底和萨曼达室利。卓·喜饶扎译师则认为，小时轮足传给苏悉雅迦都，即迦湿弥罗著名学者达哇贡波，意为“月怙主”。他在那烂陀寺拜小时轮足为师，学习《时轮》，对六支瑜伽作了进一步的发挥，密法成就极高。著述有《时轮无尽明灯教授释论》和《根本智论释》，翻译了《胜义近修》和白莲花王的《时轮根本略续无垢光疏》，译文流畅，用词恰当。他几次进藏，培养了不少著名弟子。结觉·达哇欧色在印度留学期间，从他学习《时轮》，并首次译出了《时轮根本略续》的部分章节。藏族以《时轮根本略续》为根据，确定了饶迥纪年法，规定1027年为纪年法的开始年。

藏文史料记载的时轮教法的传承关系十分复杂。觉囊派以卓译师的翻译为标准，所以，在传承方面采取了卓译师的观点，应该是毗都、枳娄巴、大时轮足、小时轮足、喀钦·达哇贡波（月怙主）。

时轮经典分为《本续》《略续》和《后续》。《时轮根本续》一万二千颂，没有藏文译本。通常所说的《时轮经》是指香拔拉第八代具种王妙吉祥称应诸位仙人的请求，根据月贤王的《时轮根本续疏》摄集《本续》的思想而编集成的《时轮根本略续》，全文共一千零三十颂，附颂三千，相当于《本续》的四分之一。根据文献记载，《时轮根本续》八律颂共一万两千偈，三十八万四千字。多罗那他在《吉祥时轮修法生起次第释成就论》中说，《本续》是指如来涅槃前出现的教诫和涅槃后出现的释著，《时轮略续》是佛涅槃六百年后出现的，亦是释著。实际上，《本续》和《略续》都是后人在佛说基础上根据社会发展的需求编撰成的，反映了一个时代的思想。但是，依照佛教观点，凡《经》都是佛所作。由于《本续》没有流传下来，只能依靠《时轮根本略续》和《时轮根本略续无垢光疏》了解有关思想。

《时轮根本略续》或名《最上本初佛法王吉祥时轮》《吉祥本初佛所说时轮略续王》，影印北京版《西藏大藏经》作《从月出初佛出现吉祥时轮本续王》，藏译本有二十几种，其中节译本较多。结觉·达哇欧色是最早翻译《时轮》的藏族人，但译文不全。卓·喜饶扎和热·曲饶两位译师的译本译文质量较高，影响较大。收入《大藏经》的是卓译师的译本，为觉囊派所宗奉。全续共分五品：第一，世界庄严品，167颂，主要讲述大宇宙和人体小宇宙的构成及其相互之间的关系；第二，内定品，或叫“定病品”，106颂，主要讲述人体的生理机能和致病原因、疗病方法；第三，灌顶品，202颂，着重介绍灌顶的种类、功能和与灌顶相关的曼荼罗的设置方法、手印、供养等；第四，修行品，亦叫“成就口诀品”，233颂，介绍修行姿势和修行所要达到的境界；第五，智慧品，260颂，通过二十位讲述基、道、果三位的二十种相状。

另外，属于经续部分的有《吉祥时轮续后续心要》和《吉祥时轮续心要》。影印北京版《西藏大藏经》分别作《吉祥时轮本续后本续心》和《吉祥时轮本续藏》，前部由年·达玛扎和协·巴哲德哇合译，笃补巴的弟子洛追贝补译十一偈，重点介绍六支瑜伽；后部是在印度学者室利巴扎菩提的指导下，由结觉·达哇欧色初译，卓·喜饶扎重译，全续只有十几颂，概括了六支瑜伽的修持方法。

《时轮根本略续·无垢光疏》是时轮方面的权威性译著，由印度白莲花王著，全文一万二千颂，藏文译本较多。觉囊派宗奉达哇贡波和卓·喜饶扎的合译本。达哇贡波曾进藏传法，在后藏的喀热译出《无垢光疏》的部分章节；后来，他来到林周（澎域）地区，由尚普穷巴资助，卓·喜饶扎担任翻译，合作译出《无垢光疏》。达哇贡波在传法过程中，摄收贡巴·贡却松为徒，把《时轮》法全部传授给他；贡却松传给卓顿·南拉孜；南拉孜传给域摩·弥觉多吉。域摩把其中的六支瑜伽单独提出来加以修炼，证悟"他空"见。

从法统讲，从达哇贡波开始，时轮教法正式在西藏传播。他以后的师承依次是卓·喜饶扎、贡巴·贡却松、卓顿·南拉孜、域摩·弥觉多吉、曲结旺秋、南喀俄色、觉奔木、南喀坚参、喜饶欧色、曲格欧色、贡邦·托杰尊追等。觉囊派尊域摩·弥觉多吉为始祖，因为在觉囊派看来，六支瑜伽和"他空"见是由他提出来的，并作为一种独立的教授法门修炼，加以弘扬。

2.六支瑜伽

六支瑜伽又叫"六加行法"，是时轮金刚乘法修炼气息的六种方法，指收摄、禅定、运气、持风、随念、三摩地。每一支都有一定的修炼特点。

收摄，其修炼方法分昼瑜伽和夜瑜伽两种。夜瑜伽主要于暗室修行，具体的修炼方法是：两足结金刚跏趺，双手握拳置于大腿，脊椎伸直，喉咽俯垂，舌抵上颚，双眼微闭，专注顶髻，然后三除浊气，气保持自然，消除心中的一切杂念，略加意念修行；昼瑜伽的坐法和夜瑜伽相同，一般在室外天空晴朗，无云无微风时修炼，身体竖直，眼睛避开日光，防止阳光直接照射，两眼大睁专注蓝天，消除一切思维杂念，如此修炼，眼前会出现烟等十种相状。

禅定，也叫静虑，或思虑。修炼方法基本上与收摄相似，共有四种修行方法。其中"智慧支"的修炼方法是：心专注一境，通过智慧消除一切戏论，明观空色自性法身，不灭有；其余三支是从智慧渐生的常有的寻思、远离性相的伺察和身心生起喜乐感受以及修行对境有境无混合之乐。倘若不了解自性之相，不可能从主观方面了解修炼，因为根本位和后得位是从足部即刻生起禅定支。

运气，也叫行风，分语要和心要两种修炼法。语要修炼，微持外气之时，肛门紧闭，猛力引下泻气至脐轮，上气信受"嗡"字，直至腹部，下气舒通，如果有不适之感，再进行小呼吸，趁呼吸之时气受"吽"字，然后，徐徐放出，信受"啊"字，按同一种方法反复修炼，气就会舒通；心要修炼法，信受戒、定、慧三学，通过智慧自证，于气、入处、醒起等上证悟空色，如果在此基础上略加修炼，促使气反行，这时集中精力修炼空色，待气入内，心性受色有，等置于心，住气时，平等置于气，空色及心，通过语宝瓶，反复按摩头、手、足、上下腹部，头旋转，上身弯曲，手舞动，腿伸缩，扯打，先慢后疾，忽长忽短，忽升忽降。

持风，也叫持气。通过运气修炼，气脉畅通，在脉上完成宝瓶气。为了完成心轮、喉轮、额轮、顶髻轮宝瓶气，先成就脐轮五气，持气、心、中脉的明点，修行使其坚固。为使进一步发挥气脉的功能，长"吽"猛力提高下泻气，短"吽"上吸气，连续修炼渐引气向下。然后，气平行通过大腿，从足肘前骨引出，再以反持气的方式，念诵长“吽”引出，信守二门，猛力将气扬举。如果在此基础上继续修炼，左右命气、上行气、下泻气合和，即是运气。如果融入中脉，叫“持风”，从持风生起暖乐感受、无息之声及三界形象。

随念，又译作念。分四要点修行，它们是身语混合的三要点和等置心、空色、大手印要点。通过修炼三要点，使身体直立坐具，两足立起，下气合力增长，专注珠宝，最后全身紧缩，猛力抖动。然后，猛力反除命气，引下泻气到左右中三脉处，成为腹形，连做六次，所缘境指向秘密轮和脐轮，再各做六次，身体如前紧缩抖动。之后，伸手，手指分开，面向左右转动，后颈竖直，头弯曲，使手及手指有力。这时，下泻气消失，猛力引向中性力，所缘额、头、身体仍如前紧缩、抖动。至此，宝瓶气和中脉气合一，足、足指伸缩九次，下门闭合，身体连续抖动，两手从内外、肘前骨会合，上下左右猛力搅动，最后成为狮子相。全部动作结束后，身体各要点连做七次，宝瓶气逐渐和气融为一体，运用三不动方式等置于心、光明、空色。如果这样修炼，空色和心轮立即发挥效力，解脱一切障害。

三摩地，意为等持。通过它的修炼，引发不变大乐，也就是十二种形相和十三种喜，结果气净使贪著转移；脉净使气转移；白色净能净治肉血；红色净能净治骨、足；精液净能净治心力，舍弃轮回生死身加入到身金刚行列；经血清净，舍弃生死之语，加入到语金刚之列；气界清净，舍弃生死轮回而加入意金刚之列；第四分位漏乐净，心性加入智慧金刚之列。如果修完遍光地、甘露光地、虚空光地、金刚光地、宝光地、莲花光地、佛作业地、无喻地、一切喻地、智慧光地、遍知地、各本性明地等十二地，就会成就圆满佛身，成为大金刚持地的主人，获得无尽三界大自在位。

除了六支瑜伽法，觉囊派还重视修炼时轮九尊法，但这种法修炼起来比较繁琐，一般人很难修行。

二、中观“他空”见

“他空”见是觉囊派对佛教“性空”义解释的结果。由于它是藏传佛教各派中唯一倡导这种观点的宗派，所以显得比较特殊。“他空”是相对于“自空”而言的，两者之间的主要区别表现在对事物的认识上。所摄诸法都是从主观上完成的，是“自空”，认为事物自体本性是空，否定其绝对独立的实体。“他空”见反对“自性空”义，认为这是由于主观认识上的错误把世俗诸法都说成空，但是胜义法性任何时候都不能因错误的主观认识而成为空，而是在一切究竟本质绝对没有发生变化的本色上存在着能执、所执等世俗的错误言论，这就是“他空”。通俗来说，一切事物都有其真实体性，可是人们在思维过程中由于错误的认识，把本来存在的事物说成空，这种由错误认识加在本性上的东西是“空”的，是“他空”，而不是事物本身的“空”。

关于“他空”思想的起源和传播，觉囊派作了详细的说明。尤其是笃补巴·喜饶坚参和多罗那他两位著名学者专门著文说，释迦牟尼在印度婆罗尼斯的鹿野苑初转四谛法轮，针对小乘种姓低劣的根器宣讲以《别解脱戒经》《毗奈耶》《百业经》《缘起经》《法轮经》为代表的大小五十部经典，因此，这次法轮叫做小乘无量藏法轮；后来，在灵鹫山、米积山等圣地为大乘中根种姓转法轮，讲无相、离戏论法，所讲经典以广、中、略十七部《般若经》为代表，首次提出了中观自性空；末转法轮是在毗舍离城（广严城）进行的，主要宣讲分别胜义、究竟诸法本性、法性光明、如来藏，以《如来藏经》《胜鬘经》《央掘魔罗经》《楞伽经》《解深密经》等20部经典为代表，提出了“中观他空”见。土观说：“彼引《如来藏经》《法鼓经》《智光庄严经》《胜鬘狮子吼经》《无增减经》《涅槃经》《华严经》《宝积经》《金光明经》等，内皆曾明白宣说。”[①]《觉囊派教法史》说：“一般来说，佛陀二转法轮主要讲自空，末次转法轮讲胜义他空，两者之间的区别表现在：世俗、胜义二谛所摄的一切法都是从自观成立的，这种空是‘自空’，一切世俗谛是从主观成立的，故而为空；但是，胜义谛法性任何时候非从主观上空，其直达究竟并无改变之白色，倘若由于他人以世俗谛所执的戏论而使之空，这种空称为‘他空’。世俗谛无实有，而胜义谛于究竟本性为实有。是故，舍弃二边的了义中观大善道是佛陀在末次转法轮之经藏中所讲说。”[②]

佛陀在末转法轮时提出“中观他空”见后，未作任何解释。弥勒在其《现观庄严论》《中边分别论》《辨法法性论》等著作中，首次把“他空”见作为一个专门论题提出，在《宝性论》中作了比较透彻的分析。公元4、5世纪，无著、世亲兄弟二人在弥勒解释的基础上再进行阐释，尤其世亲论师在《两万般若颂释》和《辨法法性论释》中对“他空”思想解释非常详尽。因此，觉囊派尊无著、世亲兄弟二人为大中观宗的开创者，“他空”见的始祖。《觉囊派教法史》也说：“弥勒佛是从究竟佛义、不退还了义教法著成的，非常明确地提出了他空大中观的见修。无著论师掌握了弥勒佛的全部精神，证得菩提之后返回了人间，善为开示了义大中观之轨辙。”[③]

觉囊派在推崇无著、世亲论师的同时，肯定了龙树在中观学派中的地位，批判地吸取了龙树思想的一部分，作为对“他空”思想的补充。按照他们的话说，龙树的“法界空”思想是“他空”理论最重要的依据，这也是叫做中观“他空”的原因所在。

不过，觉囊派自称是大中观派，而把中观应成派和自续派贬为普通中观派，认为凡是大中观派倡导“他空”见，而普通中观派则持“自空”见。在他们看来，无著、世亲之后，岗迦麦枳（恒河慈）、阿瓦呼底巴钦波噶瓦扎巴、迦湿弥罗窘乃协瓦（源寂）、婆罗门学者萨沙纳（胜士）等人对“他空”思想的研究和发展做出了突出贡献。按照《觉囊派教法史》所说，萨沙纳及其弟子把“他空”思想传进西藏，由素译师噶瓦多吉、珠迈喜饶、堆巴·达玛尊追、多哇·年益希窘乃、绛曲嘉、循努绛曲、觉顿巴·曼兰次程、仁贝热枳、结顿巴等人次第传承下来。实际上，他们是早期传播无著、世亲所创唯识学派思想的几位学者，在藏文史料中有关他们生平的记载很难看到，就是觉囊派著作中对他们的介绍也是寥寥数语。

“中观他空”见是觉囊派的主要哲学观点。《了义山法海论》是“他空”见方面的权威性著作，它根据《宝性论释》《现观庄严论释》和《楞伽经》《解深密经》等经论阐发他空见义。觉囊派认为，任何事物都有本体，法和法性是两个不同的概念，不可等同而视。如果

---

① 土观·善慧法日著：《宗教流派镜史》，刘立千译，西北民族学院研究室，1980年，第111页。

② 阿旺洛追扎巴著：《觉囊派教法史》，许德存译，第3、5—6页。

③ 阿旺洛追扎巴著：《觉囊派教法史》，许德存译，第3、5—6页。

否定事物的本体，就会违背佛说究竟了义教理。从这一方面分析，觉囊派虽然否定了缘起是事物赖以成立的唯一条件，却肯定了事物的存在是一种恒定的、绝对的，从而否定了其发生变化的可能性。笃补巴说："凡坚持诸有为法是缘起性空或诸空性是缘起者皆为谬误。胜义空性超出缘起，是性相究竟之甚深空性"；"若胜义法性非自空，而是他空，即气成为部分空性，故顺外道之理"①。法性并非随着法的灭亡而消失，而是具有常恒、绝对的特性，永恒不变。觉囊派认为，恒常存在，绝对不变，是彻底的常、乐、我、净，非自空，而是大乐，即胜义"他空"。

胜义他空是"他空"的一种。笃补巴说："胜义他空者，因果摄集之蕴住自空，破此等，谓得他蕴，故说有自空之外的他蕴界，谓此等为空性，从自空善立他性空，即胜义他空。"②胜义他空是法身无量功德之我，也叫大空性。大空，又是般若，是各种形式的殊胜。土观也说："谓他空胜义谛常恒不变，周遍一切动静之法，与如来藏同义，在因位时即已本有，由修习之加行瑜伽次第现证法尔身果，此相违蕴，现为证解，对此遂立他空之言。"③

觉囊派还把空性和如来藏、本性住种姓及续部所说的百部尊等看作同义加以阐述，认为空性和善逝如来心是一性，空性是善逝如来之心，它平等住于众生等一切法中，以心住一切有情众生。胜义佛在众生的心续中犹如有心，一切众生是善逝如来之心，众生同样有成佛的可能性。对于普通人来说，如来藏心自性住种界，非以空性心住佛，而是以有情心住佛。因此，佛即是空性，是士夫的有义，佛的空性住有情众生，众生自己难以看到，因为它隐藏于众生心中。佛本身是佛之心，如来心是从有体与无体中解脱。"虚空为佛性，佛性为如来，如来为无为法，无为法为常，常为法，法为僧，僧为无为法，无为法为常"。众生是佛，世间唯有众生的自性光明心，无其他大佛，心就是佛，佛在心中。觉囊派把佛性普遍化、绝对化，成为一切事物的普遍本质。

关于二谛与三身的关系，觉囊派认为，胜义谛的"谛"是于胜义谛实，世俗谛的"谛"是指一切世俗法真实，有生灭变化等作用，能够用一切语言概念表述，但世俗法性是绝对的。他们所认识的二谛是绝对关系，世俗谛是自空，胜义谛是他空，两者可以分开来看待，和中观应成派所倡导的二谛关系直接对立。法身、受用身和变化身是由二谛所摄。

觉囊派虽然尊崇无著、世亲为始祖，但是对于他们所倡导的唯识思想作了批驳，认为瑜伽唯识学派分别讲"识"和"外境"，是一种错误。在他们看来，识本身实有自性，客观现象并非"识"的显现，而是绝对的真实，否定了唯识学派"三界唯心"、"万法唯识"的哲学观点。不过笃补巴又说，世间唯识是进入空性之门和方便，不能彻底否定。

唯识分出世唯识、世间唯识和胜义唯识等。他们所讲的"识"是胜义识，是法界，也是一切法的根本。"成为生死轮回之根本的胜义识，如珠宝如虚空，是一切法的根本。胜义识者，清净胜乐之境，根等无讲有相之心"④。用哲学观点讲，世俗唯识是相对唯识，胜义

---

① 笃补巴·喜饶坚参：《了义山法海论》，四川壤塘寺印经院藏文木刻本。

② 笃补巴·喜饶坚参：《了义山法海论》，四川壤塘寺藏文木刻本。

③ 笃补巴·喜饶坚参：《了义山法海论》，四川壤塘寺藏文木刻本。

④ 笃补巴·喜饶坚参：《了义山法海论》，四川壤塘寺藏文木刻本。

唯识是绝对唯识,超脱世俗唯识就是胜义唯识。

总而言之,觉囊派运用一种比较特殊的方法,解释佛教“性空”义,提出了“中观他空”见,并且通过《时轮》所说的“六支瑜伽”方法进行验证。

三、寺院组织和宗教活动

觉囊派早期的一些寺院是作为萨迦派的属寺而存在的,和萨迦寺有比较密切的法缘关系。所以,觉囊派在寺院机构设置方面仿照了萨迦寺的做法,实行堪布负责制,内设讲经院和修行院。讲经院由喇嘛负责管理,修行院由金刚上师管理,觉囊寺和达丹丹曲林寺都是由堪布管理的。后来的一些寺院,如四川阿坝的中壤塘寺等,直接由活佛或喇嘛担任堪布,主持全寺的一切事务。规模较大的寺院设有涅巴、格尤、格贵等职位,格尤和格贵一般是全寺负责执行戒法的僧官,奉涅巴的命令行事;涅巴既是活佛的管家,也是全寺的总管,代理活佛行使权力。

寺院中,活佛的地位最高,其次是翁波、堪布、喇嘛,翁波相当于领经师。规模较小的寺院不设翁波和堪布两个职位,而是由活佛、喇嘛负责全寺活动。金刚上师是觉囊派寺院中地位较高的一种僧人,负责修行院的工作,指导僧徒修炼密法。有些金刚上师的地位和活佛相当,去世后有转世的资格;有些活佛可以兼任金刚上师。凡是担任金刚上师者必须经过全寺僧人选择,如精通显密知识的人、对六支瑜伽的修炼具有一定成就的僧人,一般在喇嘛中选举。

在学经方面,觉囊派虽然没有像格鲁派那样特别严格的规定和学习程序,但也有本派所学的经典。笃补巴主持觉囊寺期间,着重讲授《现观庄严论》《入中论》《俱舍论》和《量决定论》《时轮》等。一般情况下,允许没有理论基础的初入寺者学习《时轮根本略续》和《时轮根本略续 · 无垢光疏》,修炼六支瑜伽,没有先显后密、先理论后实践的学习程序和要求。进入近代以后,规定逐渐严格,要求日益提高。初入寺的僧人或年轻僧人首先在讲经院学习,根据程度高低和年龄大小分成几个不同的班级分别学习因明、中观、般若等,要求掌握辩论方法,提高思辨能力,全面了解中观“他空”思想及其发展史。各寺所学的课程基本一致,主要有第一世嘉木央活佛的因明论著,笃补巴 · 喜饶坚参的《了义山法海论》《多罗那他全集》以及班智达格勒坚参、措涅嘉措、杂木廓格西 · 洛桑曲珠、曲结娘温等人的著作,尤其以班智达格勒坚参和措涅嘉措师徒的著作为主修课程。

学完讲经院的全部课程后,有的人继续深造进入修行院学修密法,有的人则开始摄收徒弟,一般进修密法者很少。修行院的课程以《时轮根本略续》和《时轮根本略续无垢光疏》以及相关的经论为主,重点修炼六支瑜伽。修行六支瑜伽,时间一般在三年左右,每日分清晨、中午、下午、黄昏四法座。如四川中壤塘寺属下的重洼寺规定,修炼六支瑜伽法三年,其中道果法一年,生起次第法一年,圆满次第法一年;确吉寺规定的时间是:六支瑜伽三年,其他续部密法一年,其余和重洼寺相同。修行期间严禁外出,饮食由寺僧或家庭供给,有能力者自备足够的糌粑和茶饭。

对于觉囊派早期的宗教活动,史书记载甚少。由于每个寺院的情况相异,所进行的宗教活动很不一致，并没有形成统一的制度。多罗那他建立达丹丹曲林寺以后，作了严格的规定，每月都举行规模大小不等的活动：1 月举行祈愿法会；2 月举行无量寿九尊仪式；3 月举行上师修供法会；4 月举行时轮彩坛修供法会；5 月举行规模较大的二十五尊无上彩坛修供法会；6 月举行胜乐黑行者彩坛修供会；7 月举行回向仪式；8 月第二次举行时轮修供法会；9 月举行抛散朵玛食子法会；10 月举行六十尊大威德修供法会；11 月举行酬补帐面怙主和多闻子等大法会；12 月举行胜乐黑行者修供法会。具体到每月，初六日念诵《时轮》；初八念诵《尊胜佛母经》；初九日念诵《金刚摧坏陀罗尼》；初十诵《瑜伽母经》；初十五日诵《时轮根本略续》及其他中观"他空"方面的经论。达丹丹曲林寺被迫改宗格鲁派以后，中壤塘等大寺院继续按照多罗那他的规定，定期举行上述法会。但是，有些规模较小的寺院没有条件每月都举行法会，就根据本寺的实际情况和经济状况重新作了规定。如：青海甘德县的隆什嘉寺全年有四大宗教活动，第一个是 4 月份举行夏季法会，主诵《时轮根本略续》等经；第二个是坐夏法会，念经祈求风调雨顺，牲畜兴旺，五谷丰登；第三个是金刚橛法会；第四个是马头明王成就大法会，共七天。班玛县的阿什姜嘉贡巴寺每年举行十几次宗教法会，藏历正月初六日念诵《胜乐根本续》；初八、九两日举行跳神活动，内容反映格萨尔王和米拉日巴的生活经历等；三十日作哑巴经。二月初一日清晨五点起床清扫卫生，焚烧旧装。三月份举行为期 15 天的《时轮》诵经法会。

第十六章 息结、觉域和夏鲁派

息结派是藏传佛教的一个重要学派。息结，又作希解或系解，是藏文的音译，意思是“能寂”，即能消除一切痛苦烦恼。《当巴桑结和玛吉拉仲传》解释说：“没有涉及当巴桑结之其他教法，当其他教法灭亡之时，他自己的教授仍然流传。针对佛陀的一切教法，浊时广泛宣讲《般若波罗蜜多经》。法王当巴桑结的教藏或教法，即称为‘能寂苦’的法，立即消除因前世之业使身体变差、疾病所苦、贫穷和非人所侵害等各种痛苦，忍行甚深瑜伽，故名‘能寂苦’。”又，“依赖佛陀教诫中寂灭诸苦之咒语，而安立此名称”①。

觉域亦称蹶域，系藏语的音译。藏文有两种写法：第一种“觉域”，藏文写作 gcod yul，意思是“能断境”，或“能断魔境”，能断魔境之“魔”字表示“烦恼”。这种烦恼是由深广、认识对象外境及认识者的心理活动而产生的，“以此瑜伽行者能断入于彼境中而受习染，而起诸非理作意，以为加行的诸烦恼”②，故名“能断境”，因此，藏文直接把它看成是正法魔的能断境，第二种“蹶域”，藏文写作“spyod yul”，“蹶”直译为“行”，“蹶域”意为“行境”，般若波罗蜜多有随顺密行者，叫做“行境”。那么，同一种教法为何有不同的名称呢？《青史》这样解释说：“如对于一财神，有称作比娑巴尼，意为多闻子；又有毗娑玛呢，意为休息子（毗沙门天王）。有些于一个人称作纳迦菩提，意为龙菩提；同时又叫纳迦部底，意为龙智。有个别的，如《口诀穗》中，把毗勒巴罗既叫“通蹶”（饮行），也叫“通觉”（断饮）两个名字。”③实际上，名异义同。

夏鲁派则是以夏鲁寺为中心形成的一个学术派别，又因为它是布顿主持夏鲁寺期间正式形成的，故名“布顿派”。

---

① 确吉桑格、刚巴著：《当巴桑结和玛吉拉仲传》，青海民族出版社 1994 年版（后注均同此版本），第 166 页。

② 廓诺·迅鲁伯著：《青史》，郭和卿译，第 641 页。

③ 廓诺·迅鲁伯著：《青史》，郭和卿译，第 641 页。

第一节 息结派

一、当巴桑结与息结派的创立

从法统上讲，当巴桑结是息结派的创始人。关于他的生平事迹，藏文史料只有一些零散的记载，《当巴桑结和玛吉拉仲传》则作了比较详细的介绍，它是目前唯一一部全面介绍当巴桑结事迹的权威性著作。但由于宗教渲染过重，加之年代混乱，历史不清，引用起来比较困难。

公元11世纪，当巴桑结出生在南印度一个婆罗门家族。《青史》记载说："当巴桑结生于印度南方贝达那所属的扎罗协迦地方，这个地方别名叫做冲毗林，有许多虔诚的人士居住。"《汉藏史集》也说："他出生的地方是印度南方的邦迦岛上的扎热僧哈城。"①《当巴桑结和玛吉拉仲传》说："这位圣人诞生之地是释迦狮子曾涉足过的南方邦迦之地杂罗僧阿向往之洲。由于在南吉祥山附近，所以观世音菩萨加持预言善恶；靠近南毗舍廓达旃陀罗林，受竭地洛迦林度母的加持；与大仙阿罗雅森林相连之城，是大力出现之地。在此稀奇之地是这位尊者诞生之地。"②按照这种说法推断，当巴桑结可能生于古印度南部羯陵迦或南 萨罗国。父亲罗睺底或精进铠，是一个经营海洋珠宝生意的商人；母亲玛蒂罗，又叫三摩地贤女，是婆罗门种姓，家境富裕。当巴桑结弟兄三个，姐妹四人，长兄叫热特纳格底（宝称），弟弟叫旃陀伽格底。当巴桑结原名叫苏罗雅格底（日称），别名数十个。他15岁那年，受他人鼓动，舍弃尘世生活进入毗迦玛拉尸罗寺（清净莲花寺），取名迦玛拉尸罗，意为"祥莲"。个别史书因此把他看成是莲花戒的化身，有的直接把他认为是莲花戒。其实，他俩梵语名字的后两个字发音是不一样的。

在毗迦玛拉尸罗寺，当巴桑结利用一切时间刻苦攻读大小乘佛教经典，系统地掌握了各大学派、教派的教理特点，在佛学上打下了比较扎实的理论功底。《当巴桑结和玛吉拉仲传》等史书认为，他先后依止过龙树、提婆、无著、世亲等50多位班智达深入学习佛教义理，修炼密法。这种过于夸张的说法，实际旨在说明当巴桑结对中观学派和唯识学派的学说有比较深的研究。在他所依止的上师中，对他传授佛法知识最多、影响最深的人是金洲论师、语狮子论师和轨范师婆罗门阿罗雅第瓦、毗尔瓦巴等人。金洲论师是瑜伽唯识学派学者，擅长发菩提心法，阿底峡曾从他学习唯识教法。从这一点，可以证明当巴桑结和阿底峡是师兄弟。

当巴桑结不仅熟习《般若经》和其他各种教理，而且有良好的语言天赋，掌握古印度36种语言。他所学经典包括"三藏、四续及其各种注疏"，以及佛授记的成就者所撰写的一切论著，他精通律藏和大众部等六部的戒律。相传，他负责修建了24座佛殿庙宇，先

---

① 达仓宗巴·班觉桑布著：《汉藏史集》，陈庆英译，第310页。

② 确吉桑格、刚巴：《当巴桑结和玛吉拉仲传》，第11页。

后在中印度的金刚座、南印度的灵鹫山、西印度的邬仗那和东印度的藩伽罗等地游学修行,修得眼药、神足、药丸、土行、药叉母、钊术、空行等 8 种古印度流行的技术成就及密教大手印成就。他的足迹遍及印度各地,证达了道位大智慧。

当巴桑结经常在各地游学,粗茶淡饭,布衣褴褛,他从不追逐名利地位和世俗的荣华富贵。他所学的知识十分庞杂,既通密法修炼,又熟谙各种佛教教理和古印度婆罗门教、湿婆教的瑜伽术和方术咒语。他形成了自己独特的佛学思想,总结出一套简便易修的方法。他先后五次从不同的地方进藏传法,在前后藏和南部地区摄徒授教,隐修密法,留下了许多神奇的故事。

有关他五次进藏的情况,藏文文献记载略有不同。大体说来,其中前两次只接触了个别人,活动范围较小,所传的部分教法并未产生什么影响;后三次进藏后主要在前后藏地区活动,摄收了不少弟子,形成了息结派和觉域派。对于第四、五次进藏后的活动,《当巴桑结和玛吉拉仲传》介绍较为详细。第四次是奉金洲论师之命进藏传教的,途经尼泊尔时和章译师相遇。章译师发现他的行为举止不同寻常,请求讲授佛法,两人一起在尼泊尔度过了两个月,建立了深厚的感情。次年,当巴桑结离开尼泊尔,和留印的西藏僧人格西·顿珠娘波和雅隆哇芒惹色波坚结伴来到芒域。当时,芒域有许多印度商人和游方僧,其中几名游学僧见到当巴桑结后急忙上前施礼并敬献物品。当巴桑结除了每天接待求学者,还向芒惹色波坚等人授教;向成就者觉·释迦益希和雅隆门卓的色波坚、娘堆的藏巴扎钦、扎穷等四人授心识法和提婆论师的《大乘口诀决断法略论讲义》、六部十一种决断法,并教弟子用文字记录了六部决断法。几年后,当巴桑结前往日喀则的定日传法,由于随学者较少,以隐居修行为主。3 年后,他经过川青等地前去山西五台山朝圣。《当巴桑结和玛吉拉仲传》记载,他在五台山住了 12 年,从五台山直接进藏。"从阴火牛年至阴火鸡年,在定日居住 21 年"。学术界研究确定,当巴桑结卒于 1117 年,阴火鸡年即是 1117 年,说明他是在定日去世的。这样,21 年前的火牛年当为 1097 年,藏文史籍记载说是年他创建了定日朗果寺,以此为根本道场摄授徒众,形成息结派。

息结派的主寺朗果寺,亦称"定日寺"或"荡芭寺"(当巴的异译),位于定日县治西南部的朗果乡。《青史》《卫藏通志》等藏汉文史籍都作了介绍,定日寺在定日协嘎尔宗西边,名叫朗果寺。1097 年,由阿里古格绛曲沃的侄子孜德王资助所建,作为当巴桑结的驻锡地。1992 年调查发现,寺院基本完好,但没有僧人居住,寺院规模不大,显教经堂建筑面积约 6 柱,约 140 多平方米,佛殿面积 6 柱。外殿失空,内殿幽暗,供奉着帕当巴桑结的雕像等十件珍贵遗物,和其他寺院相比显得非常简陋。寺内还珍藏着光绪二十二年清朝守边将领赵世蜀赠送的一块匾额,正中刻写着"荡芭寺"三个红底蓝色大字。

每年藏历六月十四、十五两日举行朗果娘曲节。关于娘曲节的起源有一段故事。相传五月二十五日当巴桑结圆寂,全村人非常悲伤,整日茶饭不思。藏历六月十四日,当巴桑结显灵,劝说大家不要伤悲,要擦干眼泪面对现实快乐地生活,从此有了这个属于全村人的节日。

寺院西边是著名的朗果神山天葬台,传说当巴桑结在此找到了佛陀从印度抛出的神石，寺院建成前他在这里修行。因此，在当地人的传说中，当巴桑结是定日的发现者，朗果则是定日的发祥地，可见朗果在定日人心目的地位。

二、息结派的传承关系

当巴桑结是印度一个著名的游方僧。他先后五次进藏传授佛法，推动了西藏佛教的向前发展。他以《般若经》的性空思想为理论，强调通过修炼去认识心体本原，舍弃对客观世界的追求，断除因执著外界而产生的各种烦恼和痛苦，创立了息结派。他在定日的朗果寺圆寂，法体在当地火化。

他一生游学印度、尼泊尔、克什米尔、西藏等地，接受了各种学说，培养出众多品学兼优的弟子。其在西藏的弟子，大多数隐居荒山野林静心修炼，得到验证。《青史》记载说，贡噶（庆喜）曾问当巴桑结说："尊者在西藏传播教授，究竟有多少弟子？"当巴桑结说："定日上空有多少行星你能决定其数吗？"回答："定日上空广大，难计其星数。"当巴桑结说："只是得到解脱染污，传承弟子也未记得，诸人士也是难以知道的。"这说明从当巴桑结受教的弟子众多，不过真正传承其教授的并不多。藏文史料分为初传弟子、中传弟子和后传弟子。

1.初传弟子

初传弟子是当巴桑结第二次进藏后所摄收的弟子。首先，他传授给迦湿弥罗的杂涅纳古哈雅；古哈雅传给布尚小译师，即普兰译师扎觉喜饶，人称布尚洛穷，史籍说他是著名翻译家大译师仁钦桑波的弟子，主要译传《般若经》和中观论著。他得到杂涅纳古哈雅传法后，隐居于室利甘洛地方专心修炼，得到体验，把法传给玛尔顿·曲吉杰哇；玛尔顿传给格西尤摩哇；尤摩哇传给辛顿·南喀；辛顿·南喀传给吉仓雪波；吉仓雪波传给惹·喜饶欧。他们所传教法包括救度三法门、阎摩德迦法和十六种修持法，昂布译师从当巴桑结和杂涅纳古哈雅学到后翻译成藏文，授予象雄·朗喀哇和苯教徒查仓仇拉等人。《青史》则说，昂布译师传给洛·尊穷和喇穷欧色，前者赴印度学习密法，后者传给曲巴·达尊；曲巴·达尊传给曲巴·尊追僧格，由他传给惹·喜饶欧（智光）。

总而言之，初传从迦湿弥罗的杂涅纳古哈雅开始，最后传到阿里的惹·喜饶欧，主要在阿里地区和靠近阿里的克什米尔地区传播。由于所传教法比较零散，没有产生多大影响，很快就失传了。

2.中传弟子与教法

中传，也叫"中期传承"，是当巴桑结第四次来藏时所传，以玛·曲结喜饶、索穷·格敦贝尔和岗木·益希坚参为代表。由于他们所传教法各有侧重，所以分别叫玛氏传规、索氏传规和岗木氏传规。

（1）玛氏传规

玛·曲结喜饶（1055—？）是玛氏传规的建立者。他生于西藏雅隆上部的吉纳地方，早年从父亲玛·曼兰学习藏文和《莲花大灌顶》《中观》《多哈》等显密教法，十几岁时才削发为僧，取法号为曲结喜饶。他 19 岁那年，由于身患重病不能行走，站在楼顶上看见一位十分奇特的流浪僧经过，急忙派侍从请到家中，他就是当巴桑结。两人一见如故，在当巴桑结的加持诊治下，曲结喜饶的腿病很快痊愈。当时，曲结喜饶已经掌握了词句大手印法，为了加强功力，当巴桑结传授给他意义大手印，教导说："不须闭眼遮止心，阻止风息上师语。"曲结喜饶依照这种方法修行得到证悟。次年冬天，他前往澎域向当巴桑结学习《六十庄严石子导释》。三个月后，他回到家中舍弃财产、妻室，住进玛洞修行了一年；尔后去工布三岩措宗洞静修了 9 年，负责调解当地的地方纠纷，影响很大。在塔波宗喀修行时，有许多人前去向他求法。不久，他移居雅隆，摄收徒弟，著名弟子有岗巴拉辛、协布译师、喇嘛协邬哇、香·噶丹巴、索波多德等。曲结喜饶圆寂后，香·噶丹巴继承了他的法钵。

香·噶丹巴是雅堆藏夏人，谙熟大手印等多种教授，曾随从曲结喜饶前往达孜，佛学造诣极深。在他的弟子中，聂·噶穷贝尔、觉贡三木旦、库贡觉噶、嘉·达结僧格、曲巴·达结尊追等非常出名。

嘉·达结僧格，简称嘉·达僧，西藏扎囊扎浦人。他 30 岁时，搬迁到曲村喀地方，师从热巴喀觉·多吉僧格，听讲大手印教授。以后，他在香顿曼洛处求得能寂（息结）教授，通过修证，成为一名瑜伽师。跟随他学法的弟子比较多，其中成绩显著的有上区的觉赛弟兄笃巴旺杰和喜饶迈穷巴、下区的涅察弟兄香顿觉奔和喇嘛洛穷巴、中区的嘉·娘穷等。

嘉·娘穷是达结僧格的法位继承人。他生于西藏的曲吾日（今贡嘎县境内）的查嘉曼地方，本名叫做嘉恰贝尔。24 岁那年，他在曲吾日拜见了前来修行的止布顿巴，求得教法。由于他修炼密法时做出各种奇特的动作，故名"娘巴顿丹"，意为"疯癫具义"。他把息结法传给日超布敦。

玛氏传规从香·噶丹巴的弟子开始分裂成几种传承。库贡觉噶长期在鲁达桑隆修行，摄徒传法，把法位传给堆隆雄巴定的杰哇贡却杰；贡却杰传给惹·喜饶欧；喜饶欧在大手印方面成绩突出。另一系由香增·杰哇扎西传给曲巴·达结尊追；曲巴·达结尊追传曲巴·尊追僧格；尊追僧格传给惹·喜饶欧。不管怎样，玛氏传规最后的继承人是惹·喜饶欧，由他发扬光大。

玛氏传法分为词句传承和意义传承两种。词句传承，简称"句传"，内容包括发菩提心法、大纲、散集；义传的内容包括十六种平导法，主要介绍修炼的手势。

（2）索氏传规

索氏传规的建立者是索穷·格敦贝尔（1062—1128）。他生于西藏雅隆惹摩哇地方的索氏家族。弟兄二人中，他排行老大，由于身材矮小，叫"索穷哇"；弟弟身材高大魁梧，叫"索让哇"。早年家境贫寒，家乡遭灾，父母带着他和弟弟外出逃荒。当他们来到雅隆上部的吉纳地方时，被曲结喜饶看到，留下了索穷哇。曲结喜饶亲自给他传戒授法，取名叫格敦贝尔。格敦贝尔 12 岁那年，曲结喜饶由于身体不好，把他托付给上师当巴桑结。当巴桑结向格敦贝尔讲授了般若法和修行诀窍。从此，格敦贝尔作为仆从跟随当巴桑结左右。当巴桑结把义传教授和54位男女成就师的教授全部传给他，并允许他用达尔喀多吉扎的十万纸框底布记录全部教授。参观完拉萨的大小昭寺后，格敦贝尔回到雅隆曲结喜饶跟前。当时，格敦贝尔在密法修炼方面已经达到很高的程度，“获得通达病者是何鬼魔在作损害，以及病症，如此一切他都能解除，而作了许多降伏鬼魔的事，因此获得大批报酬供物。由于得到很多资具，他也就用这些物资在雅达购买了一所庄园，拿来安置父母和弟兄；后来又安置甲区幼时的同胞索仁的家人”①。安置好父母亲友，办理完一切事务后，他带着为别人治病所得的黄金三两和良马一匹前往后藏的定日去拜访当巴桑结。几年后，他返回前藏，继续传法治病。

格敦贝尔的法位继承人是贡钦·曼兰贝尔，姓“夏弥”，1085年生于普塘贡波山谷内的一个村庄，早年在茹巴嘉麦跟前学法。一次，格敦贝尔前往曼兰贝尔学经的地方，告诉他说：“我有当巴桑结的教授，如果你能跟随就传授给你。”他答应了格敦贝尔的要求，在以后的几年里一直跟随格敦贝尔游学各地。然而，曼兰贝尔不但没有得到任何传授，而且受尽了格敦贝尔的折磨。有一次，曼兰贝尔忍无可忍，忿恨地拔出刀来冲到格敦贝尔跟前，格敦贝尔躲进房内隔门对他说：“曼兰贝尔，你的忿恨已经达到了极点，你看这时的心吧。”曼兰贝尔观见本原心性，得到证悟，忿恨消失。格敦贝尔趁机把教授全部传给他，指导实修。格敦贝尔去世后，曼兰贝尔在仲楚喀建造了一座楼房居住；“每日拾牛粪，而且和孩童们掷石作战游戏中，内具广大功德”。因此，他的美誉名声，盛传各方。曼兰贝尔1171年去世，享年87岁。

曼兰贝尔以后，索氏传规得到了迅速发展，支系繁多，法嗣不断。曲巴·达结尊追、玛迦哇坚巴和塘甘巴三人继承了曼兰贝尔的传法。达结尊追一系由其子曲巴·尊追僧格继承法位；尊追僧格传给惹·喜饶欧。同玛氏传规。

塘甘巴一系以静修为主。塘甘巴传给年波法王益希窘乃、绛曲多吉和加查法王益希循努三人。加查法王益希循努的弟子桑旦贝（1171—1246）是西藏羊卓昌达人，从小削发为僧。一次，他去作大堪布曲结坚参的仆从时，大堪布不幸坠马身亡。他极度悲伤，心生厌离，决定遁世修道。于是，与泽尚堪布循努仁青结伴前往澎域投靠加查法王，听讲息结义传教授，苦心修炼，终成一名大瑜伽师。他无论到什么地方或寺院都受到热情接待，信徒特别多，甚至有些人拿出全部财产献给他。可是，桑旦贝始终坚守戒律，“决不受取一针一线作为己有，大有成千的乳酪供物，小而针线供物”，把它们全部用来救济穷人。虽然，他修建了曲顶母子寺，却从不取用寺院的财物，而以行乞为生，始终坚持当巴桑结的学风和生活习惯，平等待人，诚心奉法，从不诽谤他人，不持宗派偏见。平时拒绝接受地方首领和其他寺院的邀请及供养，舍世心而修行。法王佩雅巴·桑丹伦珠（1215—1285）继承了桑旦贝的学风和宗风，静心修炼，很少涉足世俗事务。

玛·迦哇坚巴一系和噶举派关系密切。玛·迦哇坚巴（1127—1211）是曼兰贝尔的得意门生之一，生于西藏山南地区玛德邬热巴村。弟兄三人当中，他排行第二，自幼性格

① 廓诺·迅鲁伯：《青史》，郭和卿译，第573—574页。

倔强粗暴，以行乞为主。后来，和一个有钱的寡妇同居，寡妇鼓励他说："你应该学法，如果学修佛法，我供应粮食；如果不愿学法就离开。"因此，他前往沃卡（今山南地区桑日县）向轨范师达玛扎学习玛氏所传息结教授；在麦波从达哇曼兰听讲那若巴传法及乌鸦母修法。他30岁那年，化缘来到粗岗，巧遇举行供祭索穷哇斋僧会，从此认识了曼兰贝尔。他跟随曼兰贝尔12年，学到了牛阴教授和义传教授；以后，他隐居山林修行了40年。

玛·迦哇坚巴的承法弟子结贡钦波（1144—1204），法号曲吉僧格，生于西藏雅隆雄巴茹结地方的贝格哇家族。父亲贡却杰是昌珠地方的一个武官，母亲多德坚是王族后裔，弟弟曲吉多吉继承父业也当了武官。他11岁削发为僧，取名叫次程僧格，作过昌珠寺的管家，在格西霍尔跟前受集密灌顶。他19岁时，慕名拜见了帕木珠巴，听讲那若六法。帕木珠巴去世后，他经人指点寻找塔波拉杰的另一个弟子南觉曲雍。途经江地谷内时，他拜访了正在那里修行的玛·迦哇坚巴。在相处的一个月的时间里，他听玛迦哇坚巴讲授"义传心要教授"和其他密法，并在玛·迦哇坚巴的岩洞中修炼得到证悟。修行结束后，他连续五个月讲授《般若两万五千颂》。以后，他在沃卡遇到了南觉曲雍，系统学习了大手印、至尊二面母加持法和那若六法等，摆脱了世间八法的束缚，开始到处游学。他30岁那年，在巴尔浦听讲"多哈"三类法及其解释。后来，他在堆龙的昌喀扎得到聂奔的资助，花5年时间完成了《缘起海广论》一书，并进行宣讲。1181年，他修建了聂浦修赛寺，担任堪布24年，开创了噶举派修赛噶举一系。从教派关系讲，结贡钦波属于噶举派，但是他所修炼的教法则以息结派教授为主，尤其重视息结派的初传教法。

继承结贡钦波主持修赛寺的是桑结温。他本名仁钦娘波，和结贡钦波是同一个家族，从小跟随结贡钦波习法，对息结派教法有较深的研究。继他以后这方面成绩比较突出的人有扎布哇·仁青奔、洛本日巴、昂雪仁波且、香顿贡噶、修赛日巴、循努仁青、巴拉哇、藏巴洛桑、堪钦·释迦扎巴等。他们虽然宗奉噶举派，但所学教法以息结派的义传教授为主。在他们的共同努力下，索氏传法得到了很大发展，萨迦派、噶举派和格鲁派的著名学者从他们那里了解到了息结派教法的精神实质。

索氏传法分语传和义传。语传分广传和略传，广传包括大传法54种，中传法32种，小传法17种。这些传承各有所宗奉的特定教授和宗规，概括为54种传承，或者103种传承；略传包括五义、四次第、大小禅定座、八称、三父子以及有过无过等32种法。

义传分堕宗和无堕宗两种。堕宗方面，向54名男女瑜伽士讲授54种义传；向32名上师讲授32种义传；向17名善士讲授17种义传法。无堕宗有启眼法和空行母法之分，启眼法中主要包括四子一母法，即隐语法，其中包括时及微时教授、108种认识心性法、非遮法、清净法和金刚萨埵秘密道；空行母法中有四大首要法，它们是胜修上语表法，共同修上四字法，双修上分别法（或具行法），语表上呬噜迦语表法、如来语表法、金刚铃语表法、善士当巴桑结语表法等。共同修有三种红色母语成就法和黑色母意成就法，黑色母意成就法包括金刚亥母法、法身成就法、受用身成就法、化身成就法；分别法，是指猛厉轮，即脐火之一种。

以上这些法是根据续部和《般若经》提出的义传教授，是索氏所传四大耳传教授。

(3)岗木氏传规

岗木氏传规是由岗木·益希坚参建立的。他生于西藏林周县澎域地方,生卒年不详。他是一个受过具足戒的比丘僧,曾长期师事格西扎巴,致力于佛教义理的研究。当时,岗木因病不能行走,派兄长前往嘉寺向当巴桑结求教。几日后,当巴桑结亲自来到岗木跟前,居住了14天。当巴桑结从第五天开始讲授佛法,第九天讲了两段法座:初段围绕岗木的病症和修行各讲两次,主要讲解心性本空的道理,要求通过修炼密法解除思想烦恼,认识本性;中段主要讲了苦、集、灭、道四谛和皈依法。临别时,他要求岗木参刻苦阅读广中略《般若经》,不懂的地方请教师兄。岗木按照师傅的教导学完《般若经》,苦修8年,获得了成就。

岗氏所传法侧重于《般若经》的"解说八现观",在略本《般若经》的基础上引据广、中两部《般若经》进行解释。从岗木的弟子开始分成上传和下传两个系统,上传重点传授略本《般若经》和四谛教诫,通过修炼从病情方面证悟心性;下传以修行为主,凡修广中略三部《般若经》,以证悟二现观法,探讨补特伽罗的本性。这两大传承有众多的支系,队伍十分庞大。嘉顿·循努僧格的《岗氏教授笔记——般若意续实践耳传宝鬘理论四匙》,比较详细地记述了第一个系统的传承情况。由于岗木·益希坚参的弟子众多,分成以下几支:

第一支,岗木·益希坚参传给昆孜央温巴·旺秋多吉和嘉木·喜饶喇嘛。他俩都是病人,针对病情进行修炼,体认心性,得到证悟,然后传给温波·觉贡;觉贡传桂氏;桂氏传桂·达尔玛;达尔玛传惹顿·赞波;顿赞波传惹·喜饶欧。

第二支,岗木·益希坚参授予拉杰占波;拉杰占波传给桂·达尔玛;达尔玛传藏巴·欧;欧传杰哇贡却觉;贡却觉传给惹·喜饶欧。

第三支,岗木·益希坚参传给恰扎·玛尔巴喇嘛;恰扎传给娘喇嘛;娘喇嘛传给廓隆巴喇嘛;廓隆巴传香顿·喜饶;喜饶传给辛喇嘛;辛氏传给吉迈香;香通过耳传传授,并撰文介绍四大九系耳传教授。

第四支,岗木·益希坚参传给格西昆;昆氏传给恰扎·玛尔巴;恰扎传拉堆藏索活佛塘穷哇;塘穷哇传嘉顿·循努僧格;嘉顿传萨顿。

第五支,岗木·益希坚参传给嘉木·喜饶喇嘛;嘉木传给盖盖·霍尔扎巴。盖盖是后藏南木林人,他先师从岗木·益希坚参9年;继后向昆·央温巴学了3个月,基本上掌握了上传全部教授,传给娘喇嘛;娘氏传给嘉顿·循努僧格。

第六支,岗木·益希坚参传给印度觉斯;觉斯传给热巴·拉日巴;拉日巴传给松贡兄弟二人。

其中第五支的循努僧格是岗木氏传承中上传系统的集大成者。他早年从三位上师学习游方僧第瓦的《四谛论》,在拉堆藏索地方向塘穷巴活佛继续学习《四谛论》,苦心修炼,悟解其中的道理。他撰文介绍上传教法,结束了上传只靠口传和没有文字解释的历史。

下传侧重于修炼,以《般若心经》和《现观庄严论》的思想为理论指导,探讨缘起四步法。首传者卓·曲吉尊追是澎域堆巴人。弟兄三人中，他排行第一，年轻时在当地一所寺院出家，跟随格西杰甘绷巴，专修般若学。一次，杰甘绷巴患病，请来岗木·益希坚参医治。卓·曲吉尊追羡慕岗木的高超医术和渊博的佛学知识，师傅病愈后，他去岗木跟前学习。岗木把所掌握的般若义理和修持方法全部传授给他。后来，他前往定日的朗果寺拜访当巴桑结，把自己所带绫绸的一半献给当巴桑结，用以束发和制作羊毛氅幔。当巴桑结非常高兴，以青稞掺和各种药物一包，骨髓涂抹的筋线一束，以及升斗称秤等物装入称秤袋中而交给喇嘛卓。卓不识何物，故而问于贡噶，贡噶说："它表示通达一切法皆融于一味中，当持传承的精髓，是为建立法的衡量。"不久，当巴桑结圆寂，卓·曲吉尊追料理完后事后返回故地，住在兰巴赛巴潜心修炼，摄徒授教，弘扬般若经教和能寂法。卓·曲吉尊追 75 岁去世。

卓氏教法的继承人是曲巴·达结尊追。他年轻时投入佛门，听讲经教，尤其倾心于息结派教授。他比较系统地学习了玛氏和索氏所传教法。成年后，他师事卓·曲吉尊追，继续学习《般若经》，苦修 12 年。他得到卓·曲吉尊追的赏识，定为法位继承人。他后来回到故乡，筹资修建了吉德寺，隐居修心 7 年。他在晚年，游历前后藏大部分地区传教。达结尊追去世后，他的儿子曲巴·尊追僧格继续这项事业，由他传授给惹·喜饶欧。

从上面的各传承历史可以发现，不管是玛氏传规，还是索氏和岗木氏传规，最后都传到惹·喜饶欧。惹氏是宁玛派僧人，这说明息结派最后融合到宁玛派之中。从两派所传的教法和僧人修行的特点以及生活方式分析，这种融合的可能性极大。

惹·喜饶欧(1166—1244)5 岁从祖父喜饶喇嘛学习历算，两年后读完《般若经》，日读《两万般若颂》一次。他从 10 岁开始跟随祖父学习密法，13 岁之前修完金刚橛法。接着，他向惹·顿赞波学习息结派索氏所传经、幻、心三类法，掌握了三种修持法、阿热秘密法和息结派的岗木氏上传教授。另外，他还学了《胜乐》《集密》和《大威德》等新旧密法，拜访了不少高僧大德。他 20 岁时，进入山南的扎塘寺，重点修炼岗木氏传法；在孜瓦岗中殿禁语绝食静修 3 年，炼就了绝技。1205 年，他从嘉察多旺接受了尼多寺，委任玛哇僧格为堪布。他在 68 岁那年，用了半个月时间在 30 所寺院讲经。喜饶欧虽然宗属宁玛派，但是他对息结派的贡献特别大。正是由于他的努力，息结派教法才在其他教派中广为流传。

中传除上述三大传承外，还有一些较小的支系，如格西扎巴支系、格西结巴支系和江噶丹巴支系。格西扎巴系山南人，当巴桑结住扎囊的扎塘寺期间，向他讲授了教授身明灯、教承语明灯、秘密意明灯、正见明灯、宝修明灯、菩提行明灯、平等性基明灯、瑜伽道明灯、成就果明灯等息结派九大明灯教授。后来，格西扎巴把这些教授传讲给松尊穷哇；松尊穷哇在多日传给娘顿多旦；娘顿多旦传给拉穷欧色；拉穷欧色在南木林传给达结尊追；达吉尊追撰写完成了《息结派大明灯教授广疏》，传给尊追僧格；尊追僧格传给惹·喜饶欧。

格西结巴支系是由粗顿·旺艾和达哇扎巴父子传出来的。旺艾原是宁玛派僧人。迦湿弥罗的达哇贡波进藏后，他前去拜见并听讲《时轮》，提供黄金和沙金各 30 两，请求宁译师翻译成藏文。达哇扎巴生于1106年,出家后专修密法。其后,派叔父贡钦次程扎巴和库布·工贡的弟子二人前往耶尔巴邀请在那里修行的当巴桑结,当巴桑结因事务缠身未能前往。第二次,达哇扎巴倾其所有黄金,以及装饰品和用羔皮制作的大氅、氆氇,亲自到耶尔巴献给当巴桑结。如前所述,当巴桑结是一个游学僧,他从不以财富为重,拒绝接受他人礼品。所以,他对于达哇扎巴所献礼物不看一眼,传讲了般若方面的一般教授和特殊教授以及密法。他在9个月的时间里向达哇扎巴讲授了一百余种教授。当时,达哇扎巴提出作当巴桑结的侍从,被当巴桑结拒绝,要求他回乡专心修炼。

达哇扎巴对于所学教授非常保密,不轻易向他人传授。他的伯父曾以一匹良马作为学费向他求教,他只讲了一般教授。他对弟子罗睺罗班遮这样说:"你应该像我一样勤修苦炼,千万不能把密法传授他人",并要求罗睺罗发誓保证。后来,罗睺罗班遮按照达哇扎巴的做法,要求弟子绛曲益希保守密法,"不许传授给退失誓言和劣根者"。绛曲益希传给钦巴父子,他俩传给惹·喜饶欧。

另外,还有许多细小支系,分别以《真实名称经》、业手印、心语、胜乐独雄金刚、大成就修证十六法、俱生合和、《般若心经》、时轮、喜金刚、金刚亥母密修、金刚主等经典教授为主要传法。

3.后传弟子与传法

后传,亦叫后期传承。从时间上说,这次传承是当巴桑结第五次进藏时所传,也就是他从山西五台山进藏后所传出的,讲授的内容以无垢明点四手印法为主。大体分为共同法和不共法(一般法和特殊法)两类。共同法包括经续实践、教诫耳传、无垢细明点、达察解说等,经续部分指特殊经《显明游戏经》、一般经《智慧心要经》、总续《明续》、一般续《大河续》,实践部分包括广略两种灌顶、道次第等;教诫耳传法,指求近四耳传;无垢细明点和达察解说部分包括曲嘉巴根本六法、疑难教授、八种达察教诫以及德乃、雪波、尼多哇几位弟子所作的解说。不共法包括上师秘密库、本尊秘密库、空行秘密库、毗尔瓦巴的方便道、廓细巴之道、萨乐和的方便道、域细巴之道、金洲八道、阿雅达瓦的八道、那若巴的四种双运道、甚深灌顶手册、根本认识手册、耳传教授手册、四门要手册、各种幻变手册、甚深咒语手册、护教空行手册、口诀手册,通称为三秘密库、五道、八种手册。这些教法属于秘密传授法。因此,后传既是秘密传授法,又是单传。

后传的代表人物有四位,被称为四大瑜伽师,或"四大柱"。东柱恰尔钦记录了经教;南柱班遮卓达(忿怒金刚)记录了大宝义;西柱当巴恰尔穷记录了教授;北柱绛曲赛巴贡噶记录了当巴桑结的全部教语,共三部。前三人的事迹不见记载。贡噶(1062—1124),本名堆穷本美,生于西藏定日县境内。他年轻时,娶觉姆居摩萨为妻,生下色欧。由于贪图享受,生活放荡不羁,财产消耗殆尽。他39岁时,听到当巴桑结在定日修行传教,便离家前往朗果寺拜访当巴桑结。经过一番磨难,他得到当巴桑结的真传,悟解人生苦难的根源和世间真谛。在讲到修行时,当巴桑结教导说:"你应该睡在仅容自身的洞中,穿着仅能蔽风的破衣,依于仅能维持生命的生活,仅是不厌烦中而修行,仅于不熟知中而与人为友";"当修到能运转观察波罗蜜多缘起的表示"。为了让贡噶深刻领会佛法道理,当巴桑结进一步解释道：了解正法，“最初犹如去盗取国王的宝库，必须带有许多钥匙；中间好像举灯照亮暗室，必须有点灯用的火具囊袋；最后犹如渡河的船夫，必须要有很好的桨橹。”当巴桑结还传授了用五道和三种苦行直趣般若的“义传”法，把有关灌顶、四种教诫方面的手抄、耳传书册全部留给贡噶，要求他护持佛法，勤于修炼。贡噶前后跟随当巴桑结18年。当巴桑结去世后，他代摄巴操贡巴4年。他去世前3年在祖多岗孜寺讲经。

贡噶的承法弟子是巴操贡巴（1077—1158），西藏澎域地区雍布达人。他12岁时进入乃琼寺，从噶当派著名学者博多哇的弟子卓穷哇受戒出家，向叶律师学习《毗奈耶》。1095年，从持律师受具足戒。他前后从博多哇、堆龙·嘉玛尔哇、巴操·尼玛扎、仲·绛曲赛巴、央盖·旺秋扎巴等著名上师听讲发菩提心、道次第、因明、中观、慈氏法、对法、胜乐等教法。他觉得已经打下扎实的理论基础，下一步应该修炼密法，于是寻访名师。最后，他来到岗木·益希坚参跟前学习《般若经》，岗木向他推荐了当巴桑结。1117年，他带着变卖家产得来的黄金前往定日。不料，当巴桑结已经去世。经当地一位乞婆指点，他拜访了贡噶大师。贡噶把当巴桑结传给他的灌顶四法等秘法毫无保留地传授给巴操贡巴。他说：“密宗和显教般若中，一般密宗师先授成就道灌顶，后讲解脱道，现在将成熟和解脱同时开示，以前从未如此向他人传授，这是阿杂惹纳波的持法，是将灌顶四法流糅和一起。”巴操贡巴按照上师的教导闭关静修了一年，体验较深。贡噶还传授了问答九则，义传三门、十六部法、五部法、喻法和内外秘密诸法，并把经书和抄写经典的用纸全都交给了巴操贡巴。当时，巴操贡巴希望留在定日服侍贡噶大师，可是贡噶坚决不同意，要求他回前藏。在以后的几十年中，巴操贡巴搜集整理了初传和中传教授，苦心修炼了13年，得到验证。由于巴操贡巴在密教方面有很高的成就，前来求教者络绎不绝，弟子遍布前后藏和四川藏区。

巴操贡巴法位继承人是嘉哇德乃（1127—1217），后藏的雅尔达人。3岁时，索让哇来到雅尔达向他讲了大悲观音法和六字大明陀罗尼咒；从热穷巴等噶举派高僧学习大手印教授和医药知识。1151年，嘉哇德乃回祖籍洛札途经羊卓时听到巴操贡巴的名声后，准备前往约茹拜访巴操贡巴，但是由于受到父亲的阻拦，只好在当地从章恰茹巴受居士戒，学习扎塘巴所传的《教法次第》和曲卓哇所传二谛教法。两年后，他瞒着父亲外出行乞，来到巴操贡巴跟前。巴操认为他条件不好，只讲授了一些简单佛法知识。经过8个月的刻苦修炼，他才得到训示、耳传、无垢大手印和多哈四类法，但未得到经书。4年后，他奉师命回到雅尔达修行7年，对所学教法有了更深的认识。但是，由于没有培养出弟子，他十分苦恼，以唱歌度过了6年。后来，经拉增欧姆等三人商定，请他以出家僧装而出任讲经院的轨范师。从此，他一边讲经，一边修行，抓紧时间注释当巴桑结的言教。他撰写了多部论著，影响逐渐扩大。当时不少人慕名前来向他求教，可是他恪守师教始终未传。晚年，他辞去轨范师的职位，装扮成瑜伽师的模样前往雅隆，把一部分经书和笔记藏在崩摩山岩洞中；应乃琼格西的邀请莅居乃琼和色拉两寺，把另一部分书籍埋藏在辛托山岩洞中。他91岁时，在扎贡钦摩圆寂，法体塔葬。雪波和尼玛僧格弟兄俩继承了他的法钵。

嘉哇德乃一生遵循师教,以修为主,虽然很少讲授,影响却非常大。他的弟子雪波这样评价说:“眼前看来好像大贪者,然而实是定力善妙师;眼前看来好像愚昧者,然而确是智慧极深师;眼前看来好像难相友,然而若与分离难忘师;眼前看来身语似风俗,然而内怀善行无乱师;眼前看来不修只知睡,然而内开定门无量师。总之虽未广作闻思业,然而内修慧火炽燃师;眼前看来教法如荡巴,然而是为修持增长师。大哉至尊秘密隐修王,示观人相师前我祈祷。”①

嘉哇德乃之前属于单传,从惹·喜饶欧和雪波·尼玛僧格兄弟后开始逐渐传播开来。他俩都是宁玛派僧人,对于息结派教法研究颇深。有关惹·喜饶欧的情况前面已经介绍过。尼玛僧格(1171—1245)生性怪癖,多愁善感。他18岁以前除了听讲佛法,大部分时间独自呆在一个空洞中听猫头鹰叫喊,感到世道黑暗,对自性空的道理逐渐有所认识。于是,他向兄长求教,学修密法。在游学过程中,他结识了许多高僧,受益匪浅。1196年,他见到嘉哇德乃,受灌顶,闭关修念“修心法”,悟出了其中的道理。他这样歌唱道:启请至尊大宝师,慈悲摄收具信徒,具相上师如晨星,合器弟子更难寻。我是厌世一穷乞,心未奔驰于非法,现字山林住修誓,紧依美誉师尊前。勤奋学习作基因,竭力修心以为道,难于净治之障染,此次获现三净相。经中所说诸道相,我虽无修此次现,虽是梦寐中习染,然现修中之珍兆。缺法天才乞丐我,虽对文字无需要,但希示我父耳传,是否愿听我仍歌。他对当巴桑结所传教法理解之透彻,其他人无法相比。直贡巴曾对他说:“你主持我的传承吧。”他婉言拒绝,坚持息结派之宗见。在直贡寺受比丘戒后,他全面学习息结派初传和中传教授,在杂日、喀曲、香布、年底、波玛、岗桑等地修行。他37岁时,莅居禅院摄徒授法。3年后,他带着用金粉抄写的当巴桑结语录前往定日献祭大菩提塔,向男女修行者发放布施。大家请求他留下来主持朗果寺,可是,他坚决不同意。他在那里住了一段时间后返回故地,一边修行,一边著书立说,年届75岁圆寂。临终前,他对弟子说:“最初,我重视此世之心力微弱,勉强作了浊世众生的轨范师。尤幸清净思想之花晚开,而使众生得到利益。”语重心长,情意甚笃。他之后,喜饶旺波和达恰巴兄弟两人各执掌寺庙一年,成绩平平,没有什么著作留世。

喜饶旺波兄弟两人之后,对息结派贡献较大者要推玛卫僧格(语狮子)。他本名尊追僧格,别名叫久美杂,1186年生于后藏。他早年始修密法,致力于研究《中观论》和语言学,掌握了宁玛派的大圆满密法。每次法会辩论,他都获胜,故而有“语狮子”的美称。他在22岁时,由两位兄长辅佐主持尼多寺,处理政教事务。从他们弟兄三人开始,息结派后传教法基本上并入宁玛派,在宁玛派中传播,并通过宁玛派传向其他教派。

总之,息结派作为藏传佛教的一个重要学派,虽然历史短暂,但是它的学术思想和修持方法在藏传佛教史上影响很大。13世纪以后,随着宁玛派的发展,息结派的教法融合进宁玛派中,由惹·喜饶欧、尊追僧格、楚雪·达玛僧格等人传承,逐渐被其他教派所接受。

---

① 廓诺·迅鲁伯:《青史》,郭和卿译,第612页。

三、息结派的特点

息结派作为一个影响广泛的学派，具有许多特点，主要表现在学经、传教方式、修行方法和教法、僧人组成等诸多方面。息结派沿袭了古印度瑜伽士的生活方式和习惯，绝大多数僧人开始带着病体加入息结派，没有固定的活动场所，不讲究衣食穿着，宗教生活十分单调，多数有家室，以游学为主。在摄徒方面，息结派注重弟子的思想根器。上师觉得思想根器较低的人不能继承法钵，也得不到全部教授。传教过程中，采取徒问师答、或师问徒答的形式，往往通过吟唱道歌把所要说的意思表达出来，弟子从中得到启示和悟解。这样，对弟子的要求相对较高。作为弟子，没有较强的思维能力是不行的，很难理解和接受教授。

息结派以《般若波罗蜜多经》的性空思想为理论，运用大手印等不同的方法，通过修炼认识心性本原，断除一切生死苦恼为宗义。《青史》说："此法门名为显立言说教授，显教是以《般若经略颂》和续部经《真实名称经》配合而说的波罗蜜多教授；密法是此法门中有五十八位男女大成就者的诸教授。"[①]这种教法是由游学西藏的僧人当巴桑结综合印度所传一切般若思想而提出来的，主要包括殊胜传承本尊教诫，共同传承54位男女瑜伽师之教诫，特殊传承36位上师的教诫和个别传承空行母的心要教诫等内容。

当巴桑结认为，他和西藏僧人的差别表现在以下几个方面：第一，他追求过去果，远离尘世生活，而西藏僧人喜好人间八法；第二，他以行乞、咒语作为方便和修行的助缘，以消除烦恼，而西藏僧人通过对治舍弃烦恼；第三，他以逆缘为助友，作为瑜伽士之道，而西藏僧人逃避恶境；第四，他认为欲望是产生痛苦烦恼的根源，而西藏僧人希望不修法成就福德；第五，他倡导实践的口诀来自痴语，而西藏僧人以黑字充满器具；第六，他认为闻听是为了调心，而西藏僧人学法是增加傲气。这六个方面概括反映了后弘期初期西藏佛教所存在的问题和状况，也不难看出息结派所具有的鲜明特点。

另外，从当巴桑结对弟子的教导，可以窥知息结派的教理特征。当巴桑结教导喇嘛恰尔穷说：六趣是父母，故修慈悲；凡是无意义，故舍尘事；一切是幻化，故满得无生；蕴体是土石，故抛弃身体；此生如梦幻，故坚持无生；死神定会来，故本性无生；五毒是敌人，故资粮智慧是兵；身心必相离，故取无离。为此，当巴桑结指出，如果对诸凡教法不抱宗派偏见，必须树立自己正确的见解；如果希望自心证达法身，必须刻苦修炼；如果希望证达诸法无生现象，必须从死神中解脱出来，否则难以消除痛苦烦恼。

总而言之，当巴桑结所创立的息结派，以认识心修除苦为宗旨，认为人生皆苦，苦来自自心，只有认识心性本原，才能消除痛苦。同时，他们指出，凡夫俗子和佛一样，都有佛性和成佛的可能性，只是不能正确认识本心，被尘世事务所缠绕，欲望过甚，覆蔽了佛性。如果舍弃尘世，除去欲望，通过修炼同样能成佛。因此，息结派僧人从不贪图享受，拒绝接受弟子和他人的献礼。他们平时选择深山野林、墓穴或家舍作为修行的地方，生活极

---

① 廓诺·迅鲁伯：《青史》，郭和卿译，第594页。

其简朴。息结派这种思想是在否定人身的同时,从本质上否定事物发展变化的规律,教导人们痛恨现实,认识身体是苦的根源,应该遁世修行。

第二节 觉 域 派

一、觉域派的起源

从法源上说,觉域派和息结派同出一源,所以个别史书把觉域派作为息结派的一个支系看待。和息结派不同的是,觉域派重点传讲当巴桑结从婆罗门阿惹雅德瓦(圣天)、轨范师弥止巴学来的教法。

关于阿惹雅德瓦的事迹,在藏文文献中不见记载。《当巴桑结和玛吉拉仲传》说,他是一个非常著名的密教学者,生活在11世纪,是当巴桑结的重要上师之一。有人认为,他就是中观学派创始人之一的提婆论师,因为提婆的梵文名字也叫阿惹雅德瓦。虽然提婆论师也懂密法,但是从时间上分析,他和当巴桑结之间相差数百年,不可能成为师徒关系。因此,可以肯定,这里的阿惹雅德瓦非提婆论师,而是另有其人。

弥止巴,也译麦枳巴、弥哲巴等,意为"仁慈者",本名是达摩。他是那若巴的八大弟子之一,生于中印度的扎齐城,婆罗门种姓。他早年在一座婆罗门寺庙学习语言学,用9年的时间掌握了外道的全部思想。他的姑姑是那若巴的明妃。在她的动员下,弥止巴放弃外道,投靠那若巴学习佛法,改名叫达摩菩提。那若巴向他传授了《胜乐》和《喜金刚》两种灌顶,取法号"班遮罗迦",意为金刚爱,并指导他学修因明和密法。那若巴要求他带一位明妃去森林修行,他却说:我不去林中修行,我需要博闻佛法。那若巴答应了他的请求,向他推荐了辛底巴的弟子轨范师枳达泽达嘛呢,他前往拜谒随学唯识学。一年后,他在迦毗迦再次从辛底巴听讲三藏,更名"弥止格巴达"。当时,弥止巴坚持要离开,遭到辛底巴的责骂,并被驱赶出门。无奈,弥止巴来到附近一个度母殿住了七天,然后南下求学。不久,他回到中印度,先后在欧达丹普提寺、那烂陀寺、金刚座和毗扎玛尸罗等四大寺院,一边讲经,一边著述。由于他经常饮酒破戒,被赶出寺院。后来,他以流浪为生,70岁时去世。

弥止巴是一个瑜伽行者。他没有固定的住所,以游学乞食为主。他在《胜乐》和《喜金刚》方面修得成就,培养了不少品学兼优的弟子,当巴桑结就是其中之一。他以《般若经》的心性空思想为基础,结合弥止巴所讲的修持方法,把阿惹雅德瓦的五十部论的思想概括成六部教授,进藏后传给觉顿·释迦益希和雅隆巴·玛惹色波等人,开始了藏传佛教仅次于息结派的第二大学派传承。

二、觉域派的传承

1.觉域男传

当巴桑结的弟子中既有男性，也有女性，因而形成了觉域派的两大传承：男传和女传。顾名思义，男传以男性传承为主，女传则以女性传承为主，或者首传者为女性。男传从雅隆巴·玛惹色波和觉顿·释迦益希开始。

玛惹色波，本名叫艾珠娘波，西藏山南人。他留学印度，返回途经尼泊尔时见到了当巴桑结。由于当巴桑结奇特的装束，手持金洲论师所授的锡杖，引起玛惹色波的好奇心，把他当成是印度外道僧人。两月后，他们结伴进藏行抵芒域（今西藏吉隆县）时，在那里经商的几位印度商人和游学僧向当巴桑结施礼敬献见面礼。玛惹色波感到非常奇怪，问一个商人："这位上师是谁？"商人回答说："他是一个印度班智达，名叫迦玛拉尸罗，西藏人叫他当巴嘉噶尔（印度尊者）。他曾几次进藏传法，这次又去西藏。"玛惹色波听后恍然大悟，原来当巴桑结非外道僧而是一个著名的佛教上师，于是急忙施礼表示道歉。他指着锡杖问当巴桑结："您用这把拐杖干什么用？"当巴桑结笑着说："这是外道用来幻变的工具，我知道那些幻变，没有什么用途。"玛惹色波接着问："您是否想用它欺骗西藏人？"当巴桑结非常严肃地说："你不要把外有内取，把内证外射，不应该用心役使身，也不要因身体而舍弃心，凡是见修都不要作意，让心保持自然。"玛惹色波听后深受感动，施礼拜为上师。他想，我长途跋涉前往印度东西两地区寻人学法，一直未能找到，返藏途中遇到成就上师，确是得来全不费工夫，一定要向他学法。当巴桑结看出了玛惹色波的心思，于是传授教法给他。在芒域逗留了一段时间后，师徒顺北路东行宿居于达日一家客栈。许多盲人和聋子等病患者听说来了一个医术高明的上师，便纷纷前来求治。当时，觉顿·释迦益希也在那里施法为人治病，但成效甚微。他也到当巴桑结跟前求教。当巴桑结为玛惹色波、释迦益希和娘堆的藏钦、扎穷兄弟两人讲授了阿惹雅德瓦的《大乘之能断略论》和六部能断分散十一种教授，并用文字记录了能断六部法，将其中的一部分盖印封存。

玛惹色波领悟当巴桑结所传教诫后，回到山南雅隆地方，把能寂法和白色杭都二面二母法结合起来修行，但拒绝外传。直到年迈时，他才把法传给虐巴贝热，临终叮嘱说："此法只许你自己修炼，不能传与他人。"虐巴贝热违背了师傅的遗言，把六种教法和语诀法传给日超布敦；布敦在吉仓地方静修时，被尼玛隆巴请到普塘传授了三种法，以后融合到宁玛派中。

觉顿·释迦益希传给自己的侄子索朗喇嘛；索朗喇嘛传给玛吉拉仲；玛吉拉仲开创了女尼制，她们这一系被称为觉域女传。严格讲来，男传的开创者是玛惹色波，女传的创始人为觉顿·释迦益希，两系除了男女之别，所传教法基本相同。

2.玛吉拉仲与觉域女传

玛吉拉仲是西藏历史上著名的女尼，首开传授女弟子的先例。她被藏传佛教史称为女尼制的开拓者，看成是智慧空行母的化身益希措杰的再世。她生于西藏拉齐雪山山脉脚下昂雪下部的仲措美莫地方的卓弥家族。刘立千先生考证说，这个地方在加查和朗县之间，属塔波地区。关于她的生卒年代有两种说法，一种说生于1103年，卒于1201年；另一种认为生于1055年，卒于1141年。前者以第二饶迥的水羊年为诞生日，后者以第一饶迥的木羊年为出生时间，两种的卒年均为金鸡年。《当巴桑结和玛吉拉仲传》记载说，她

36岁时前往拉堆的定日从当巴桑结学法。当巴桑结卒于1117年，如果按1103年为玛吉拉仲的出生年计算，她36岁当为1139年，这时候当巴桑结已经去世。因此，我们可以初步断定，玛吉拉仲生于1055年，卒于1141年。

玛吉拉仲从5岁开始，母亲教她学习藏文，到8岁时学会了藏文的各种字体，并开始念经，每天读两次《般若八千颂》。当时，有一个高僧发现她特别聪明，便对其母说："夫人，你的姑娘不是凡人，好像是空行母转世，她的智慧犹如森林着火，就取名为喜饶仲美（慧灯）吧。"一次，父母带着她去拜访当地的官员，官员发现她与众不同，便问她叫什么名字，她回答说："我叫仁青仲玛，也叫仲次或阿仲。"官员以她的出生地替她更名为"拉仲"，从此便有了玛吉拉仲这个名字。

玛吉拉仲13岁时，学完了全部《般若经》。她被顿措仁青本带到格西·阿顿跟前，随学《般若经》3年，重点钻研义理。1071年，经阿顿推荐，她和姐姐一起进入扎塘寺，从学于扎囊十三位贤人之一的扎巴恩协，并通过了《般若经》测试。那时候，觉顿巴·索朗喇嘛在显教方面已有很高成就。由于厌离世间之事和讲经说法，畏惧生死轮回，他离开百余名弟子，独自躲进禅院修炼密法。玛吉拉仲慕名前去拜见，他回答了一系列提问。索朗喇嘛说："我明白你说的一切道理，你并未解释诸法之义，了解诸法之义是从本续出来的，和过去之心所掌握的不同。一种新心智慧是由于死亡产生的，这时和所掌握的一切脱离，产生一种新思想。"玛吉拉仲根据索朗喇嘛的指点，对《般若经》进行钻研，终于有了新的理解，对人生有了新的认识，进入一个新的思想境界。20岁时，索朗喇嘛给她传授灌顶。之后，玛吉拉仲向红帽喇嘛学习《慈氏五论》和发菩提心法；从喇嘛贝顿巴听受大圆满教授，通过修炼成就暖位；从喇嘛雅定巴听讲大手印法、那若六法和至尊佛母法，以及时轮六支瑜伽、多哈等密法，对所学教法融会贯通。

结束求学后，玛吉拉仲回到扎塘寺。当时，当巴桑结在澎域的尼浦修行摄徒，获悉玛吉拉仲在扎塘寺，急忙前往传授了《般若经》和禅定四灌顶，以及息结教授、能断解脱六部教授、大幻变法、二臂佛母法、甚深瑜伽上师道法、寿转法、幻身梦境法、中有刹那修习金刚细明点口诀、断幻手印女口诀等，通称为"能断八教授"。①

玛吉拉仲23岁时，征得师父索朗喇嘛的同意，和托巴巴扎雅结成夫妻关系。次年生下一子，取名为珠巴，意为成就一切预言。由于受卫藏地区众人的责难，她转移到塔波的娘布住了一年，之后移居工布。她27岁再生一子，取名珠钦（大成就），或工布嘉。后来，她又生一女，取名叫珠穷玛。1089年，玛吉拉仲由工布前往澎域的朗塘寺；次年，西去拉堆，再次从索朗喇嘛受金刚亥母意修五本尊灌顶，取法号"多吉旺秋玛"（金刚自在母）；向喇嘛扎巴学习十二缘起法，重新受居士尼戒。

1091年，玛吉拉仲在定日向当巴桑结请教修法疑难和其他许多问题，呆了一个多月。次年，她回到山南的桑日，创建了桑日卡玛当寺，摄收女尼曲措为侍女，专心传讲觉域法，在藏区产生了很大影响。雪波译师一行18人、喇嘛雅尔定巴师徒25人和堆龙巴师徒35

① 确吉桑格、刚巴著：《当巴桑结和玛吉拉仲传》，青海民族出版社1994年藏文版，第278页。

人都曾与她辩论,结果都认服归奉。一时间,“世间之母拉仲拥有能断大手印之四百零四种病和一千零八种障害的特殊教授,能安置在佛果之地的殊胜法”的美名,像风一样在世间传颂①。

玛吉拉仲从41岁开始,住进强浦岩洞潜心修炼。从此,她对《般若经》的思想有了更加深刻的理解。她认为,所谓“般若”,即是诸法空性,无我之慧空性界清净,没有任何自性障蔽。这就是胜义法性,使一切佛生长之母。然而,聚集有情众生之福德而成为供奉对象之“大母”,通过我的祈祷和修持,能够从空性之光散射红黄光明点,去满足众生的希愿。因此,她除了教育子女外,把主要精力放在弘扬觉域派教法方面,摄收了许多女弟子,开创了藏传佛教的女尼制,换言之开始了觉域派女传。据藏文资料记载,玛吉拉仲撰写了许多阐释觉域教法的著作和论文,其中理论方面的有十余种,如《教诫广论》《心要论》《阶梯》《秘密记符法》《决断三法》《基道论》《特殊口诀》等,在印度影响很大。但是,我们今天已很难见到这些论著。

《当巴桑结和玛吉拉仲传》对她以前各类法的传承作了介绍。口诀传承有三种:第一种,释迦牟尼、文殊语狮子、龙树、提婆、婆罗门阿惹雅德瓦、当巴桑结、觉·释迦僧格、索朗喇嘛,玛吉拉仲所传的女传叫做“方便传承”;第二种,大般若母、度母、苏迦僧底、婆罗门阿惹雅德瓦、当巴桑结、索朗喇嘛,玛吉拉仲传出的叫做“智慧传承”;第三种,大般若母(空行佛母)、释迦牟尼、度母、语狮子、阿惹雅德瓦、当巴桑结,玛吉拉仲之后,叫做“无二双运传承”。以上三种通称为“教授传承”。

密教方面,玛吉拉仲除了从当巴桑结和索朗喇嘛学习外,还从其他上师学习大手印、那若六法等。她撰写的著作有无明除暗三论:《生起次第宝树》《圆满次第金刚细明点》《再细明点明镜》;龙伏五毒二论:《生起次第慧灯》《圆满次第明论三次第甚深究竟道》;邬昙波罗二论:《生起次第珍珠论》《圆满次第二边除暗日光论》;秘密五尊二论:《生起次第宝库》《圆满次第五种姓秘密论》等。

玛吉拉仲之后的传承是:托宁桑珠、岗巴木桑、岗巴伦珠、桑结丹尚、娘迈多吉增巴、岗巴仁波且、喇嘛多吉、顿雪·南喀坚参、扎西坚参。所传内容包括长寿修方面的静怒、灌顶、护摩、四业火供、般若禅定四灌顶、会供、五部朵玛灌顶、《般若经》等觉域派的核心教法。扎西坚参以后,逐渐融合到其他教派中。百种灌顶和百资粮灌顶的传承为:托宁桑珠、岗巴木桑、珠钦巴、克珠钦波、吉迈南措、娘迈钦波、热巴钦巴、循努索朗多吉。

玛吉拉仲的弟子众多,其中杰哇顿珠、阿格旺秋、杰哇窘乃、库贡曲吉僧格四人被称为“心传四弟子”;廓察坚、贝丹坚、索朗坚、仁青坚四人是四位女弟子;吉迈噶雅、波宁僧格、娘巴让囊、笃巴桑塔、雪波呼尔托、噶丹僧格、嘉贡呼尔托、结尊斯努等八人被称为“如我八弟子”。在玛吉拉仲的承法弟子中,托宁桑珠继承了全部密法教授;杰哇顿珠继承了般若教授、显密双运教授、母续实行四灌顶甚深道法、大幻变法、上师瑜伽法、三世怙主所缘法、观世音菩萨修行口诀、宝结法、《金刚句》等。

---

① 确吉桑格、刚巴著:《当巴桑结和玛吉拉仲传》,青海民族出版社1994年藏文版,第293页。

如果严格区分,玛吉拉仲的弟子传承可分为血统和道统。血统传承从她的长子珠钦开始。珠钦15岁时,父亲离开了他们前往印度求法,母亲因为热诚于修炼而疏远了他,他因此过着流浪生活。一次,他偷了密咒师的一只羊,恐被诅咒,就来到母亲跟前请求传授防咒术。母亲无奈,授给他居士戒,更名杰哇顿珠,传授了全部教授。经过10年苦心修炼,在他42岁时终于获得成就。他在道歌中唱道:最初身心是母生,中间财富是母授,最后见真是母教,大恩母前我礼赞。他舍弃一切,隐居耶穷朗隆寺摄徒,89岁圆寂。

血统传承的另一支始自玛吉拉仲的法位继承人杰哇顿珠。《当巴桑结和玛吉拉仲传》说,杰哇顿珠有次旺杰和康布雅勒二子,长子居家,操持家业;次子出家为僧。《青史》则说:杰哇顿珠共有六子,其中次旺杰、库鸠、南觉扎是他早年生的,德布、康布、雅勒是晚年所生三子。次旺杰的三个儿子分居在达波江姆多、夏布岗和涅堆阿多。其中次子托宁桑珠佛学造诣深厚,但性格暴躁,喜欢打斗,年轻时常在耶和雅隆等地闹事。后来,他身患麻风病,只好躲进巴域雪山静修治病,修成拙火,能赤身睡在雪上使雪溶化。当地人为了表示敬佩,常以牛尾供献,他用这些制成衣服和垫子、帽子,开创了“雪山黑帽传规”。他用自己所学的密法结合医疗知识,经常为病人治病。他在斯玛拉山口到工当拉山以上封山河筑路,修建旅馆,为游客提供食宿,成为护持佛教的一个成就师。他有弟子男女21人,得道女弟子18人。

托宁桑珠有一女,名叫赖多玛,被视为玛吉拉仲的化身。赖多玛其子岗巴穆迈14岁时准备去杂日,突然得到启示,改变了计划往夏布雪山从父习法;其子岗巴伦珠隐居夏布雪山静修9年;其子桑德丹尚从3岁开始随父习法,12岁掌握了各种密法教授,经常在经院讲经,弘扬祖传密法。

桑德丹尚有多丹仁青僧格、珠托曲卓热巴、楚雪格西恰尔波和居增多吉等四个大弟子。其中的居增多吉,是他的儿子,年仅3岁即现神通,5岁始修密法,15岁时主持寺院事务。第二年,巡游西藏南部地区,他得到“智者”称号。他17岁隐居夏布雪山修行,培养出一批弟子。他的儿子岗超热巴,本名噶丹多吉,3岁习法。他被认定为吉本活佛而接到萨结岗。他13岁时,主管家庙;从15岁开始,住在夏布雪山修行了20余年。他在晚年,改修伏藏法。他于70岁去世。

玛吉拉仲的嫡传弟子库贡曲吉僧格是道统的首传人。他生于西藏尼木库哇地方,早年学习大圆满密法。后来,慕名拜见玛吉拉仲,听讲“空行修悟类法”。玛久拉仲年迈时,他作为侍从在座前服务,继承了语传教授。他于50岁逝世。

曲吉僧格的法钵弟子笃巴桑塔是西藏堆龙德庆楚布地方人,家族姓“笃”。他年轻时向格西穷学习《中观理聚六论》,用了8年时间,却没有取得任何成绩。因此,他心灰意懒,把书籍全部送给神殿师,准备穿着白衣去山间修行。这时,他遇到了库贡曲吉僧格,决定改修息结派教法。他在晚年时,居住洛曼传法。56岁去世。

笃巴桑塔之后的传承人是支那结布、桑结饶顿、桑结格隆、松顿热巴、桑结顿巴、结增循努珠、色林巴、扎西贝、扎波且哇·多吉贝、曲果哇·曲结嘉措、廓仇热巴等。

玛吉拉仲的另一个弟子澎域的泽达尔玛(泽嘉哇)传给南措哇·弥觉多吉;南措哇传

给法王噶玛·让迥多吉；让迥多吉的继承人贝喀觉巴用文字记录了教授。让迥多吉的另一个弟子是阿迈绛曲多吉；阿迈绛曲多吉传给索朗仁青；索朗仁青传给循努贝。从让迥多吉开始，基本上在噶举派中传承。

总之，觉域女传并非所有的传承者都是女性，其中大多数是男性，只是首传者玛吉拉仲是女性。如果按照所传教法严格区分，女系所传教法有方便父续法、智慧母续、无二义传承、空行传承，通称为“四大传承”。

近代著名的佛学家工珠·云丹嘉措曾从四个方面对觉域派的传承作了分析：第一，由请法者分为男传女传；第二，由本性分为整体与局部；第三，从整体上分为前弘与后弘；第四，从来源分为教诫与伏藏。又有人把这八支进一步分为十六支：男觉女觉、教诫伏藏、印觉藏觉、显教密教、子传父传、天法地法、有序无序、分散补遗等。

三、觉域派的教法特点

前面说过，觉域派通过学习《般若波罗蜜多经》的性空见和对菩提心的修炼，断除一切生死烦恼对境；或者修炼四法，坚持空性见，保持一切有情的悲心，通过思维活动对宇宙本性和自身有一个空的认识，断除各种因认识模糊而造成的痛苦，从而达到更高的境界。

十六支法组成了觉域派的核心教法。它们是：第一，当巴桑结所传六分散法、三决断法；第二，玛吉拉仲所传金刚亥母决断法；第三，《般若波罗蜜多经》的性空思想；第四，当巴桑结从灵鹫山传出的邬昙波罗法，从米积山传出的大手印能断教法，由忿怒佛母所藏、玛吉拉仲发掘的伏藏法，由玛吉拉仲所藏、后继者发掘的伏藏；第五，阿惹雅德瓦的两部论著，谛洛巴的《等味王滴论》，那若巴的《秘密行》等；第六，藏传决断法；第七，三十部法；第八，根据《度母四续》所说的灌顶及生圆二次第法；第九，杰哇顿珠、托宁桑珠、康布雅洛、坚乃四人所传的“岗巴决断法”（雪山决断法）；第十，库贡曲德僧格所传语传教授；第十一，护曜法；第十二，相地、凶龙、地神之决断法；第十三，甚深意藏；第十四，大绳法女和明句法等；第十五，十万所缘散类法；第十六，补遗法。

《知识总汇》认为，觉域派的核心教法“能断法”有这样几个特点：第一，决断者通过智慧能断除各种烦恼，犹如白雪能使大地变白；第二，能断者和其他人团结能除去痛苦，犹如狮子能征服众兽而独尊；第三，决断法无论有没有加行，同样能消除各种烦恼，好像大鼓具有其他乐器的声音；第四，决断法适合于不同思想根器的人修习，仿佛泉水一样，能使许多人饮后解除干渴；第五，决断法不是以其多少衡量功效，犹如黄金、绿松石，不管大小都有它的价值；第六，精通觉域法的人，无论他的地位高低都有加持力。

觉域派僧人的生活方式和息结派基本相同。觉域派允许僧人嫁娶，生活简朴，粗茶淡饭，从不追求荣华富贵。他们一生的大部分时间是在静修中度过的，其修行地点一般选在雪山丛林。师徒之间常采用启发式的教育，通过修炼达到悟解。

第三节 夏 鲁 派

一、夏鲁寺的建立

夏鲁寺是西藏著名的寺院之一,以其独特的汉藏结合的建筑风格而享誉国内外。它位于日喀则市东南30公里处的冲堆区。其最早的建筑是被称为“夏鲁色康”的夏鲁金殿,始建于11世纪,创建人喜饶窘乃是“卫藏十人”之一的洛敦·多吉旺秋的亲教弟子,结氏家族人。关于结氏家族的来源说法众多。史书记载说,结氏家族原为象雄王裔,第三代有弟兄七个,其中的达尔罕统治象雄,其子结康钦波后来到西藏中部的雅隆地区进行活动。松赞干布建立吐蕃王朝后,结氏家族的结旺钦波(结康钦波)担任囊论(内臣)。结旺钦波之后,结氏家族出现了许多精通梵藏两种文字的佛经翻译家,如:结·齐图、结·杂涅纳桑达等,前者曾被赤松德赞派往尼泊尔迎请莲花生大师,回藏后翻译了《般若经》等大乘佛教经典多部,担任两朝内相;其子结·赤桑拉坚任赤热巴巾的内相期间,修建了大小庙宇108座。另外,结·洛丹僧格、结·多德巴僧格是著名的瑜伽师;结·噶哇贝、结·鲁梅、结·扎西孜巴等都是有名的翻译家。

结·喜饶窘乃是结·赤桑拉坚的孙子,是著名的佛学家。他曾从洛敦·多吉旺秋受出家戒,学习佛法。后弘期初期的丁酉年,他协助洛敦在年楚河下游的尼玛坚贡地方修建了坚贡寺。寺院建成后,附近群众把建寺的功劳全归都于洛敦,喜饶窘乃为此感到失望,发誓独立修建一座寺院。于是,在征得多吉旺秋的同意后,他用射箭决定寺院地址,正巧箭落在青苗地里。“青苗”,藏语叫夏鲁。1040年(又说1001年),寺院建成后取名“夏鲁色康”,意为青苗金殿,请来阿底峡主持开光仪式。

不久,喜饶窘乃赴中印度留学,在金刚座从轨范师阿坝雅迦罗受戒习法。回藏时,他请来观世音菩萨喀萨巴呢像,作为夏鲁寺的主供像,后来移到天成佛像身后。《汉藏史集》记述,结·喜饶窘乃请堪布选定地址,修建了夏鲁昂莫寺,建立了僧伽。他前往印度,再次受戒学得多种密法教授。回藏后,他把所辖部落属民交给自己的弟兄,自己一心事佛修法。他的弟子中,著名的有四柱八梁,他们重点弘传被称为夏鲁教法的佛法。藏文文献中有夏鲁四大之说:第一,事务由四柱弟子办理,因而兴盛。四柱弟子中,噶顿丹巴是法柱,格日恰居喀扎是臂柱,宇结玛是宝柱,乃色尔是咒柱;第二,施主是赞普,因而显贵。修建夏鲁寺的施主结赞是吐蕃赞普的后裔;第三,戒律(或教法)直接从印度来,因而是真传。因为结·喜饶窘乃所传戒律、教法是直接从中印度金刚座寺的大轨范师阿坝雅迦罗学来的,被看成是“真传”,故为“大”;第四,属于结氏血统,故为大。

结·喜饶窘乃赴印度之前,专门派人从家乡叫来宇托扎赛桑主持寺院。由于宇枉扎赛桑尚年幼,暂时由喜饶窘乃的弟弟喜饶益希管理。喜饶益希晚年把法位传给宇托扎赛桑。宇托扎赛桑忙于世俗事务,委任穷波·扎巴僧格为堪布。穷波·扎巴僧在任期间,夏鲁寺得到很大的发展。藏扎巴把天成大悲观世音石雕像供献给夏鲁寺,供在日布。像前供放着一尊用黑石雕制成的羯沙流波呢小像,传说是弥底班智达亲手制成的。以后的堪布传承是欧巴哇、夏鲁·循努尊追、瓦曲绛巴、阿麦钦波·桑结益希、布顿等。

元朝统一西藏后,萨迦派建立了地方政权,统领西藏13万户。结氏家族的贡波贝担任夏鲁万户长。其妹喀卓奔嫁给萨迦八思巴之弟恰那多吉,生下达尼钦波达摩波罗,双方建立了甥舅关系。这种关系延续了五代,使萨迦和夏鲁的关系更为密切。《汉藏史集》记载,达摩波罗进京后向忽必烈奏请说:"在吐蕃乌斯藏,有我的舅舅夏鲁万户家,请下诏褒封。"忽必烈赐给夏鲁家世代掌管万户的诏书,并以最高的礼遇赏赐金银质三尊佛像,金写《般若经》,修寺用的黄金百锭、白银五百锭等财物。

后来,喀卓奔的长兄结·阿扎之子、夏鲁万户长扎巴坚参进京朝觐期间,受到皇帝的赐封。回藏后,请来汉族工匠,用所赐大量财物于1320年动工,扩建夏鲁寺,建成的金殿有三层飞檐,突破了其他佛殿两层的布局,其余都是两层飞檐,各个琉璃歇山顶,檐下设有斗拱。屋脊琉璃砖瓦上图案多样,既有佛、菩萨像,也有飞天、飞禽鸟类、花卉、野兽。大殿(主殿)供奉释迦牟尼像和八大弟子像,用百种彩粉涂画,色彩十分艳丽,姿态生动。还有金字《甘珠尔》经和用檀香木制成的经版,以及各种精心雕制的供品。西面有两个配殿,一个主供天成观音菩萨像,另一殿主供毗卢遮那佛;南殿供放三时佛像;北殿主供大型如来像;东殿主供佛母像;护法殿供有夜叉等。僧舍分布周围,四周有四大佛塔,寺院用围墙环抱。

夏鲁寺的主体大殿是夏鲁拉康,为典型的汉式四合院布局。雕梁画栋,飞檐斗拱,琉璃瓦屋脊、歇山顶也都是汉式建筑风格的主要特点。它在西藏寺院建筑史上独树一帜,汉藏两种建筑结合的楷模。夏鲁寺下设喀瓦扎仓、康钦扎仓、热巴扎仓和宇娘扎仓。

二、布顿与夏鲁派的形成

1.布顿的生平事迹

布顿本名仁青珠,意为宝成,《元史》作"卜思端",是元代西藏著名的佛学理论家。1290年,他生于西藏萨迦县北部夏布曲河下游名叫夏鲁贡乃的寺院里。父亲扎顿坚参贝桑是一个上师,精通旧传密法和因明学;母亲索朗本是一个知识女性,被尊为女轨范师。布顿6岁时,由母亲负责教授藏文。由于他天资聪明,有过目成诵的超人才能,很快就掌握了藏文及其各种写法,并且能念诵《临终智慧经》和《地藏十轮经》等。他在温·嘉措僧格的指导下,学习语言学和天文历法。次年,他进入附近的绰浦寺,从索朗僧格听讲大乘发菩提心法,逐渐产生了利他之心。他8岁时,听绰浦哇·索朗僧格教授萨迦派所奉行的由轨范师金刚铃所传胜乐教法,设立曼荼罗坛城传授圆满四灌顶和持明戒;跟随祖父次程贝桑(他母亲的叔叔)学习《秘密藏续》《密意集经》等旧译密典,以及医术、工艺、咒术等。他对于宁玛派的母子十八部经续、息结派的教授、伏藏法进行了刻苦钻研。

1307年,由绰浦译师的法位继承人仁青僧格贝桑波担任亲教师,因明上师克却参玛吉布索朗担任业轨范师,在绰浦寺为他传授出家和沙弥二戒。在索朗贡波的指导下,他学习《般若八千颂》《般若两万颂疏》《入行论》和《戒律本经》等经论，苦读两年。他每天废寝忘食，袈裟破了也顾不上缝补，对所学的知识融会贯通。从21岁开始，他巡回卫藏地区各大寺院辩经，战胜了释迦循努、喀热·绛曲循努、贝丹僧格等著名学者。当时，传颂说："父亲是一位导师，生的儿子也是导师。"从此有了"布顿"称号，意即"儿子导师"，闻名遐迩。

1312年，他在绰浦寺由堪布噶宇巴·扎巴循努和索朗扎巴等人授给比丘戒。经过短暂的准备，他在绰浦寺试讲《般若经》《律经》和《俱舍论》。其后，他转入塔尔巴林寺拜塔尔巴·尼玛坚参译师为师，专攻语言学、辞藻学和戏剧学，掌握印度东西部的语言和迦湿弥罗语、僧伽罗语、信度语等，成为颇负盛名的佛经理论家和翻译家，翻译出不少经典。为了求得密法，他向尼玛坚参敬献金质曼荼罗。尼玛坚参对他说："你是一位具大根器者，才思敏捷，具有夙愿和敬信心，定能成为密教的栋梁，你即是密法之主"，遂传授了上段时轮灌顶和六支瑜伽，以及《时轮》《金刚心要释》等特殊密法。他勤奋修炼，得到证悟。

当时，西藏佛学界对于《时轮经》说法不一，认为它非佛教经典，而是外道经典，禁止流传。在这种情况下，布顿以一位佛教学者的特殊使命感，冲破各种阻力，承受来自各方面的压力，积极寻访名师。他在上师丹巴贝丹僧格跟前，听讲热译师和卓译师关于《时轮根本略续》的解释，学通时轮教法；接着他来到时轮学者温波多吉坚参跟前听讲，掌握《时轮》的全部思想。以后，时轮金刚乘教法之所以受到重视并被广泛传播，与布顿的积极宣传是分不开的。

1320年，布顿应夏鲁万户长扎巴坚参的邀请，进入夏鲁寺担任堪布，主持佛事活动。他设立了讲经院和修行院。1344年，元顺帝派遣大臣巴德知院和瞻巴拉多尔斯衮等人进藏，请布顿进京传教。他权衡了利弊关系，认为教化汉土众生的时机尚未成熟，谢绝进京。元朝使臣在藏期间，他隐居修行地修炼本尊法，补译完成了《声明集分论注疏》，撰写了《声明集分论注疏广释》。

1351年，布顿前去卫地负责调解了雅桑万户和帕珠万户之间的冲突，避免了一场大的战争。1353年，蒙古王子般若扎湦金箫王率领百余人来请，他讲授了时轮等无上密法及灌顶，金箫王赦免了上万名在押囚犯作为酬谢。

1357年，布顿得到元朝皇帝妥欢帖睦尔的赏赐。《西藏通史》考证认为，这次封赐"应当是与伊劳院使、嘉仁温波等人前来传旨加封帕珠绛曲坚参为'大司徒'同时的"①。是年，迦湿弥罗班智达苏摩纳室利来藏，布顿求得观世音菩萨无上莲花网灌顶、翻译修法、曼荼罗仪轨、灌顶仪轨、开光仪轨和护摩仪轨等方面的经论。1364年，布顿在夏鲁日浦圆寂，享年75岁。

布顿一生勤于思考和著述，成绩卓著。可以说，藏传佛教从他开始进入了一个转折时期。释经阐义，著书立说，成为僧人的首要任务。布顿前后在萨迦、珀东、昌珠、沃卡、达拉岗布、帕珠、桑耶、耶尔巴、拉萨、楚布等地寺院开展讲经活动，创建了讲经院，力求所

① 恰白·次旦平措等著：《西藏通史》，陈庆英等译，第538页。

设课程全面系统。在萨迦寺,他负责设计修建了吉祥金刚界坛城,高约 11 尺,上面镶嵌了各种宝石。1356 年,他委任大弟子扎参巴·仁青朗杰为夏鲁寺法台,自己则回到夏鲁日浦修行洞,端坐修炼。他的弟子中有印度人、尼泊尔人、汉人、蒙古人。藏区到处有他的弟子,其主要弟子有扎参巴·仁青朗杰、绛巴·贡却扎、贡松德庆巴·曲杰贡钦、尤迦哇·仁青桑波、尤迦哇·次旺和穷波拉巴等。

2.布顿的著述

布顿大师生性和蔼、谦恭、聪颖,精通闻、思、修和讲、辩、著,显密兼通。他是藏族历史上最优秀的佛学理论家之一。他不但善于著述,而且擅长翻译。他翻译的佛典收入《大藏经·甘珠尔》的有《吉祥无二尊胜自性金刚大教王经》《吉祥红阎摩德迦续》二十二品、《观世音不空金刚详细仪轨》等;收入《丹珠尔》的有常金刚的《灌顶总示释难三百六十颂》《吉祥律仪释·空性智者》,无垢贤的《吉祥金刚甘露释难》,吉祥智的《惹格阿罗罗修法》《莲花网源修法》《莲花观音自在之莲花网次第》,大悲吉祥足的《度母明炬释难》,如来吉祥贤的《五次第义总释》,拉勒班遮的《金刚菩萨修法释》,毗巴惹旃扎的《修行法释难》,极寂友的《吉祥金刚藏庄严广续释难》,狮子难胜的《记论伽罗波经释》,吉祥军的《八十四位成就者传》等。其中绝大部分是前人没有翻译过的,有些是他对原译的补译,有着重要价值。

布顿一生博览群书,全面系统地钻研佛典,领会经义。他打破了前人只注重言传、不重视著述阐释的学风,在西藏开始了阐释经典教理、探求理论、总结教义、著书立说的新局面。根据新编拉萨版《布顿全集》,共有二十六帙,二百三十多种,内容涉及显教、密教、语言、逻辑、文学、艺术、历算、诗律等方面,其中密教论著最多。他的著作在学术界很受重视,其中影响较大的有:《佛教史·大宝藏论》(简称《布顿佛教史》)《甘、丹珠尔目录》《声明集分论注释大疏》《现观庄严论释·教理之穗》《宝性论释·如来藏美饰》《入行论释菩提道次第明论·月光》《缘起释》《律仪总论》《律经根本广释》《初佛第一续所示佛说瑜伽大教王时轮略续注》《时轮宇宙庄严品释·无垢光疏》《时轮第二品内定品释·无垢光注》《灌顶品释·无垢光注》《时轮根本略续修行品释》《时轮根本略续智慧品释·无垢光注》《三续定义·裸观》《灌顶义概论摄要》《时轮摄义·无垢光饰》《时轮讲解·定义法穗》《历算论典·贤者喜悦》《时轮坛场仪轨·功德集》《胜乐本续总论明义》《胜乐根本续论密本性明义》《现行续释胜乐极明经论》《胜乐鲁俄巴传法四瑜伽及坛场仪轨》《胜乐黑行者修行法释·舍谬论》《胜乐获戒坛城仪轨·无垢疏》《桑布扎广注·精华明义》《集密续释讲解法分支·密门揭》《集密释明灯附注讲解法六边极明论》《集密修行法略义广释·生起次第明灯论》等。

《佛教史·大宝藏论》,亦称《布顿佛教史》,对佛教的产生发展和在西藏的传播过程作了详尽的介绍,目前已被翻译成多国文字,为中外学者所称道。《丹珠尔目录》则成为后来编纂《藏文大藏经》的蓝本。

布顿的贡献不仅在于编纂《丹珠尔目录》,采用了统一的正字;而且全面系统地注解无上瑜伽部父续类、母续类和无二续类经典,挽救了密教和濒临失传的一些经典,从理论上论证了《时轮经》的合理性，肯定了其佛教经典的地位。

3.布顿与夏鲁派的创立

1320年，夏鲁万户长扎巴坚参扩建夏鲁寺后，发现住寺僧人太少。他考虑到夏鲁寺是夏鲁万户的主寺，应该有很多僧人和百余名善知识，而只有召集西藏名僧大德、贤哲上师到夏鲁寺来讲经，才会对僧众具有号召力，于是，到处打听才识渊博、德行高尚之人。经过认真筛选，扎巴坚参认为只有布顿有能力担任堪布之职，遂派人给绰浦寺送信，请布顿大师来夏鲁寺。布顿从大局出发，权衡利弊得失，接受了邀请。他从1320年来到夏鲁寺担任堪布，到1356年卸任，共36年，其间做了许多有利于夏鲁寺发展的事情。他所做的一切，推动了西藏佛教的发展，改变了西藏佛教的面貌。

布顿首先对全寺的宗教活动进行了整顿，健全了制度，建立了僧伽组织，开设了讲经院和修行院，积极发展讲修事业。他亲自讲授《量决定论》《般若经》《现观庄严论》《大乘阿毗达摩杂集论》《入菩萨行论》《时轮》《胜乐》和《集密》等。每天坚持讲六法座，还个别进行辅导，使夏鲁寺的各项活动趋于正轨。夏鲁寺的学术气氛浓厚，名声传遍西藏。作为一个学术派别的夏鲁派，于是正式形成。当时，夏鲁寺原来的一批老僧非常嫉妒和仇视布顿。为了避免发生直接的矛盾冲突，布顿移居寺院后面的日浦岩洞，每年的冬夏季法会期间出来讲经。

1352年，布顿主持在日浦兴建十万佛塔——托卓钦摩，高约23米，直径约7.6米，内藏三千尊泥塑不动金刚佛像、一千多尊如来佛像以及舍利、加持塔。在新建的佛殿中，雕制了时轮本尊背光金像、弥勒金像、毗卢遮那金像、如来佛金像、集密本尊金像，建立了几位上师的灵塔，增置了不少佛教典籍。

综上所述，夏鲁寺由结·喜饶穷乃叔侄经营时期，虽然寺院规模不大，但是在教法方面形成了自己的特色，有夏鲁四大之说。这为夏鲁派的创立奠定了基础。扎巴坚参扩建寺院以后，积极招引人才，请来布顿担任堪布，设立讲、修两院，在显教方面开设《量决定论》《般若经》《现观庄严论》《阿毗达摩杂集论》和《入菩萨行论》等课程，密教方面以《时轮》为重点修习法。这充分反映了夏鲁派的包容性和开放性。

第十七章　格鲁派的创立与早期发展

格鲁派创始于宗喀巴,是一个具有高度自我约束力、严密组织性的新兴教派。它的创立,给当时已十分涣散并处于困境中的西藏佛教带来了新的气象。格鲁派提倡僧侣必须严守戒律,一扫此前诸多僧侣追求世俗享乐,热衷争夺权势利禄,或远离民众、行事与民众无关的弊病,因而得到了民众的拥护和尊敬。格鲁派作为一个充满生机的教派,在卫藏、阿里、康区等地获得迅速发展。从 1409 年格鲁派创立到 1419 年,仅仅 10 年时间,格鲁派就建立起拉萨三大寺,僧侣人数增加到几千人,这充分反映了格鲁派自身巨大的宗教优势。

第一节　格鲁派的创立与西藏各地的传播

一、宗喀巴与格鲁派的创立

1.宗喀巴的学法受教情况

宗喀巴是格鲁派的创始人,本名洛桑扎巴。1357 年,宗喀巴生于多麦下部地区宗喀地方(今青海塔尔寺所在地)的玛氏家族。父亲名鲁本格,系元末官达鲁花赤,母亲名叫香毛阿曲,共生有六个子女,宗喀巴排行第四。他 3 岁时,父亲将他带到进京路过西宁的噶玛噶举黑帽四世乳贝多吉面前,受了居士戒,取名贡噶宁波。

宗喀巴 7 岁时,在青海夏琼寺,由噶当派高僧顿珠仁钦任亲教师,循努降曲任业轨范师给他授了沙弥戒,并起法名为洛桑扎巴贝。此后,他就在夏琼寺依止顿珠仁钦大师学显密教法。在 9 年的时间内,他修习了大圆满、大威德、胜乐、喜金刚等密法,打下了比较坚实的佛学基础。

1372 年,宗喀巴辞别老师,赴西藏求法。第二年秋季,宗喀巴到达直贡噶举派的主寺直贡替寺,拜见了京俄·曲吉杰布,听受了许多教法。自此时起到他受比丘戒以前,以修习显教为主,兼学密法和医方明、声明等。这一时期,他曾跟从蔡地方的著名医师贡却杰波钻研医术,掌握了《四部医典》的全部内容;在聂塘德瓦坚寺与堪布·扎西僧格、益希僧格结法缘，闻习缘起法；从德瓦坚寺上师绛贝仁钦听讲《慈氏五论》等，并熟记于心；从喇嘛丹巴索朗坚参、堪布·仁钦朗杰、班钦·玛德巴学习文殊胜乐等部分法；在萨桑巴身前学习教诫与声明学；从乔来朗杰学习觉囊派所传的六支瑜伽；从纳塘寺著名学者、译师顿珠桑波学习《俱舍论》和《释量论广释》；跟从三位获得噶居学位的学者学习香巴噶举派所传的大手印法、开许法以及普遍除障法；从娘温·贡噶贝学习《现观庄严论》。

1375年，宗喀巴来到萨迦，拜访了著名学者仁达哇·循努洛追。仁达哇在佛教观点上属于应成中观派，在学问修持方面具有很高的成就，他对宗喀巴的影很大。他在萨迦寺与仁达哇共住长达11个月，系统地学习《大乘阿毗达磨集论》、《释量论》，并听上师讲解了他所著的《善说大海》。这是宗喀巴接受应成中观思想教育的开始。

回到前藏后，宗喀巴又从大译师绛曲则摩学习戒律和对法；从南喀桑波师学习印度诗学名著《诗镜论》；从纳塘寺堪布贡噶坚赞钻研中观、因明、对法藏等。每学完一部重要经论，他就在前后藏诸多寺院立宗答辩。他曾在萨迦、泽当、拉顶、纳塘等寺院巡回辩经，取得了成功。从此，宗喀巴逐渐对佛教有了自己的理解。

1381年，宗喀巴以继承迦湿弥罗班智达释迦室利跋陀罗的戒师传承的次程仁钦为亲教师，以切藏僧团的堪布喜饶贡布任轨范师，以切藏僧团的引经师索朗多吉为教授师受了比丘戒。受戒后，宗喀巴又遍学噶举教法，从达宇哇学习旧派密法方面的许多大师传法的笔录及寿命主、马头明王方面的教法；其后，宗喀巴依止德瓦坚寺的绛贝仁钦上师杰尊巴、上师曲希等名师学习零散教义；从直贡替寺主持曲吉杰布听受那若六法、因明学；从喇嘛·益西坚赞认真学习《时论根本略续·无垢广疏》，钻研因相占星学方面的知识；从布顿大师的亲传弟子喇嘛·德钦巴曲贝学习《时论根本续广释》《金刚鬘灌顶教诫示意·精要妙音》《金刚心要释》《集密》等密法，以及布顿大师的笔记；还由大成就者巴俄多吉做翻译，请教和断除中观见、密法、法相学方面的特别是密法无上道（无上瑜伽部）的要点及集密五次第的顺序制定等方面的疑问。

在宗喀巴集中精力学习密宗教法时，遇到了乌玛巴大师（中观论者），据说他的“中观知识都是文殊亲授的，而他的行动也受本尊控制”。据载宗喀巴与乌玛巴会面时，由乌玛巴作中介向文殊启问了有关中观的教理，宗喀巴的传记中记录了宗喀巴与文殊（通过乌玛巴之口）的对话，对话的主要内容是宗喀巴就“何为正确的中观见解”提问，由文殊（乌玛巴）作答。之后宗喀巴又集中几年时间学习密法并闭关专修，各种传说都记录了1393年宗喀巴修行时亲见文殊本尊的事件。这表明宗喀巴在密法修习方面达到了一定的高度①。总计起来，宗喀巴大师曾先后依止40多位善知识学习佛法，几乎把西藏佛教显密各派的教法全部系统地学了一遍。1390年，宗喀巴受显密教系统教育的学经生涯基本结束。此后，便开始了他的宗教活动。

2.进行“宗教改革”，创立格鲁派

---

① 参见王尧、褚俊杰：《作为哲学家的宗喀巴和宗喀巴的中观哲学》，中国藏学出版社1996年版（后注均为此版本），第144—145页。

宗喀巴进行“宗教改革”，创立格鲁派的活动可以分为两个阶段：第一阶段是打基础的阶段；第二阶段是进行“宗教改革”，创立格鲁派的阶段。

在打基础阶段，宗喀巴的宗教活动主要表现在：第一，著书立说，讲经说法。宗喀巴对藏地佛教各派教法有了通盘了解后，开始著书立说，为其“宗教改革”奠定理论基础。他最早的著作是《缘起赞》。32 岁时，他开始撰写《现观庄严论狮子贤释说疏》，即大论《现观庄严论释·善说金鬘》。从此，他在更广的范围内积极为僧众讲说经论，广宣佛法。1388—1389 年在两年的时间内，他往返前后藏，为若干寺院的僧众讲经说法。春季，他赴甲域地区为僧众讲《释量论》《现观庄严论》《入中论》《集菩萨学论》等论。之后，应宗基寺扎巴仁钦之请，为当地僧众讲经传法。秋季，到拉萨，住在布达拉宫，为学僧讲经。冬季，住门喀扎喜栋寺。据载，他能为僧众同时讲十七部论（十七部论包括：慈氏五论，中观五论，及《集菩萨学论》《俱舍论》《戒经》《量释论》《入中论》《入菩提行论》《四百论》等），每天从黎明到黄昏之间讲 15 座法，有两种小部法先讲完，即从另两种小部法补上，以保证每日讲 15 座法不变。如此，历时三月，讲授了十七部论①。他能同时讲十七部论，说明他的学业在逐年进步，思想在逐渐成熟。卫藏地区的诸位善知识看了这位青年学者的著述和所表现出的非凡的智慧才能，大加称赞。

第二，提倡严格遵守戒律。针对当时佛教界戒律废弛的状况，宗喀巴极重视戒律。约在 1388 年，宗喀巴改戴黄色僧帽②，这表明他重视并遵守戒律的思想。自 1396 年起，他几次发起讲解《律经》等戒律经论的活动。是年，他在聂麦僧格宗的色其崩巴举行供养大法会，讲解了许多戒律方面的教法，举行净除堕罪、忏悔护戒的仪式，教戒诸事均严格遵照戒律规条而行。次年春季，宗喀巴在聂地区的岗穷地方为信徒讲在家人、出家人所应遵守之戒律，讲说斋戒及皈依的律仪。1399 年，他在拉萨布达拉宫讲说比丘戒，此后提倡戒律的活动则更为积极。

第三，重修宗基寺。宗基寺是 10 世纪之古寺，由得无著《集学》传承的噶尔米云丹所建。寺内供奉弥勒佛像，该像曾经由于非常“灵验”而吸引了不少香客信徒。但因年久失修，颓败荒芜，遍是尘土污物。宗喀巴见此情景，“不禁泪如泉涌”，于是发愿修复。他劝化沃卡宗本父子重修寺宇。在施主的支持下，修复了墙壁、楼房、室内地面等；尚缺粉刷涂彩的费用，宗喀巴师徒将自身值钱之物全部献出。大师此举在信徒中获得了普遍赞誉。

第四，举办法会。1394 年，宗喀巴已在嘉索浦地方举行了一次规模不算大的法会。1399 年，自藏历正月初一至十五，宗喀巴师徒在宗基寺弥勒佛铜像前举行了较正规的祈愿法会，参加法会的约有二百余僧众。此次法会是根据《贤愚因缘经》所讲释迦牟尼降伏六师外道的故事举办的。法会的主题是振兴“正法”，摧伏“邪外”。会上，宗喀巴向僧众讲解显密经论，宣传他的佛教思想。这两次法会为 1409 年的拉萨大法会作了思想上和

---

① 见王森：《西藏佛教发展史略》，第 298—299、266 页。

② 在西藏佛教史上，宗喀巴之前只有两个人戴过黄色僧帽，一个是喇钦·贡巴饶赛，另一个是喀且班钦·释迦室利，此二人都是以重视戒律闻名的。

形式上的准备[①]。我们可以把宗喀巴这一阶段的宗教活动，看作是宗喀巴“改革西藏佛教”的开端[②]。

自1400年至1409年的10年，宗喀巴积极进行宗教活动，实行“宗教改革”，在此基础上创立格鲁派。宗喀巴的“宗教改革”，并非凭个人一时的主观愿望而开展的一场运动，而是具有深刻的社会背景。元朝后期，随着封建制度在西藏地区的普遍建立，西藏佛教的一些教派权势大增，萨迦、噶举派上层僧人直接参与掌握政治、经济权力的活动，追求世俗的享乐，热衷权势利禄的争斗。这种戒律废弛、僧人腐化的现象，在明朝前期依然普遍存在。宗喀巴的高足克珠杰在其所著的《宗喀巴传略》中指出，当时红帽僧（即指格鲁派以外各教派僧人）的大多数僧人不论什么时候都喝酒，不论什么时候都进食（而戒酒和过午不食是藏传佛教的基本戒律），到处玩耍，沉湎歌舞。那些只修某一密法的僧人则称戒律乃为小乘僧人而设，自己无需管什么戒律不戒律的，他们公开娶妻生子，酗酒，贪婪成性，淫荡恣肆。

宗教戒律的废弛和僧人的腐化堕落，一方面使僧人在民众中的威望下降，同时加剧了僧人与民众的对立，这不仅使宗教日渐丧失其社会和民众的基础，而且导致宗教在西藏社会中凝聚力和影响力的减弱，从而使藏传佛教自身的发展陷入困境；另一方面，西藏佛教面临的这种困境，严重制约了西藏社会的政治发展进程。自公元10世纪藏传佛教后弘期以来，西藏逐渐成为一个宗教化性质的社会，从某种意义上说，政治实际上是以宗教强大的凝聚力为依托来获得发展的，而元末明初西藏社会面临的宗教自身的涣散使政治的发展失去了依托，严重地阻碍了当时西藏地方帕珠政权发展的进程。因此，无论是宗教的发展还是政治的发展，都产生了对宗教进行改革的要求。正是在这样的社会背景和需求下，宗喀巴在帕珠政权的全力支持下开展了宗教改革活动[③]。

宗喀巴进行宗教改革的根本主张是：僧人必须严格遵守戒律。他规定，无论显密，都必须以严守戒律为基础。以戒律为第一要义，也是后来格鲁派形成最鲜明的特点。宗喀巴提出，如果僧人的生活不受戒律的约束，那么僧人和俗人又有什么区别呢？1388年，宗喀巴规定师徒皆戴黄色僧帽，以此严肃戒律，并显示与其他教派的区别。这是革新藏传佛教并创立新教派的开端和标志。

为使广大僧人普遍遵守戒律，1400年春，宗喀巴在拉萨西郊的噶瓦栋寺有四、五百僧人参加的法会上，改讲大乘戒《菩萨戒品》《侍师五十颂》和《密宗十四根本戒》等。他之所以改讲大乘戒，因为在此以前，西藏佛教在戒律方面一直遵从吐蕃王朝赤松德赞赞普的规定，戒律的传授都是由小乘佛教的“说一切有部”的人来传授；当时，西藏佛教各教派的僧人都不愿受比丘戒的约束，认为他们都是学大乘佛教的，不该用小乘佛教的戒律来约束他们。因此，宗喀巴就改用大乘戒律来说教，并在讲每部大乘戒之前，详引经论文句

---

① 参见王尧、褚俊杰：《作为哲学家的宗喀巴和宗喀巴的中观哲学》。

② 王森：《西藏佛教发展史略》，第298—299、266页。

③ 参阅石硕：《西藏文明东向发展史》，四川人民出版社1994年版，第276页。

说明守戒之必要。特别在讲《密宗十四根本戒》时，广泛地引用密教典籍，强调修习密宗的僧人遵守戒律的必要性。

在大力提倡严守戒律的同时，宗喀巴继续著书立说，加强宗教改革的理论基础。1401年，宗喀巴着手在热振寺撰写《菩提道次第广论》，1402年完成。该书有24卷，书中依据阿底峡的《菩提道炬论》，阐述从人到佛的修道次第，先讲佛教显教理论，最后用密宗理论结束。这是他最有影响力的一部著作。1406年，他完成了另一部重要著作《密宗道次第广论》，这是一部专门叙述密宗的来源、派别以及密法修持的巨著。1408至1409年，他完成了《中论广释》和《辨了不了义论》。每部著作写成之后，他即广为宣讲，为自己的佛学思想和理论争取更多的信奉者和支持者。1403年春，他在热振寺讲《菩提道次第广论》；1404年夏季，先后在温地区的第钦顶寺和阿喀地区的绛巴林寺讲授《菩提道次第广论》；1406年，在阿喀地区的绛巴林寺为几百僧人讲《密宗道次第广论》；1408年夏季，为六百余僧众宣讲《中论广释》《菩提道次第广论》《辨了不了义论》《密宗道次第广论》《四百论》《密宗十四根本戒》等。秋初，应阐化王扎巴坚参之请，宗喀巴偕僧众五百余人赴拉萨河下游的真布隆，为来自各寺的千余僧众讲《菩提道次第广论》。

这些活动，是宗喀巴宗教改革活动的重要组成部分。

对宗喀巴的宗教改革给予支持援助最多的，是帕珠地方政权。因为宗喀巴倡导的宗教改革，对恢复西藏佛教在民众中的号召力，增强西藏佛教的凝聚力，促进帕珠地方政权的政治进程极为有益。所以，帕珠地方政权对宗喀巴的宗教改革采取大力支持的态度。

在阐化王扎巴坚参及其属下内邬宗宗本的大力资助下，宗喀巴经过两年多的周密筹划，于1409年正月初一至十五日，在拉萨大昭寺亲自主持了有万余人参加的大型祈愿法会，藏语称为“默浪钦摩”，俗称为“传大昭”或“传昭法会”。这就是此后来在拉萨举行的传昭大法会的创始，他是继古格王孜德于1076年在阿里托林寺举办火龙年法会和萨迦第五祖八思巴于1277年在曲米仁摩举办的曲米法会之后，规模更为宏大、影响更为深远的一次藏传佛教的空前盛大的宗教活动。宗喀巴能够成功地主持这样的大法会，说明他已经被公认为西藏佛教界的领袖人物。

大法会前，曾议定由帕珠政权属下贵族仁钦贝、仁钦伦布父子合力出资，在拉萨东50里的旺古尔山（又名卓日窝切）为宗喀巴建寺。法会结束后，宗喀巴亲自来到旺古尔山加持地基。其大弟子达玛仁青和扎巴坚参二人率领徒众，依照宗喀巴的规划，遵照戒律的规定，建立寺院，这就是著名的甘丹寺，全名为甘丹朗结林。格鲁派是以甘丹寺为根本道场逐渐形成并发展起来的。一般藏文史籍中，以1409年作为宗喀巴创立格鲁派之始。格鲁派，意为“善规”。这一派的僧侣戴黄色僧帽，故俗称“黄教”；又因格鲁派吸取了噶当派的思想特点，也称为新噶当派。格鲁派是在对藏传佛教进行全面总结并进行整顿的基础上形成的新教派。与当时西藏佛教其他教派相比，它有自己的许多特点，主要表现在：

第一，提倡僧人必须严格遵守戒律，不应干预世俗事务，不得娶妻和从事生产劳动。

第二，调整和改革了寺院的组织和规章制度，对学经制度作了严格规定。它除了强调严守戒律以外，还特别注重修习的次第，强调要先学显宗，后学密宗。它认为显宗人人可学，而密宗只能传授给少数所谓有“根器”的人；强调学习时循序渐进，不允许跳跃等级。学习显宗，有五部必须学习的经典，即《现观庄严论》《入中论》《量释论》《戒律本论》《俱舍论》。它规定修习密宗之僧，必须按先后次序系统地修习四部密法即事密、行密、瑜伽密、无上瑜伽密，不得只修某一密法而不顾其他密法。这种系统的学经过程，相应的在寺院中形成严密的规章制度和教学组织，如先学哪一部经，后学哪一部经，每部经要学多长时间，共学若干年才算完成。又如教经的堪布，检查戒律的协教，领导诵经的翁则等等，以及作为教学单位的扎仓，以地区而分的康村、米村等等，都有成套的规章制度。格鲁派寺院组织严密，制度详明，确实是当时其他教派所不能比拟的。这一方面是为了适应宗喀巴思想体系、教学实践的需要，另一方面，是充分发挥寺院的教育作用所必需的①。

第三，每年在拉萨举行传昭法会，允许其他教派僧人参加。在会上讲经传法，创立了传昭期间进行辩论和考试、以授予格西等学位的制度。

3.宗喀巴的晚年活动及其弟子

1409年12月3日，宗喀巴作隐语诗，其含义是宣布自己继承了阿底峡噶当派之传承。这一举措对振兴格鲁派势力甚为重要。当时宗喀巴在西藏宗教界闻名遐迩，又受到阐化王的大力支持。他既自认继承噶当派，就与噶当派各寺接上更直接的同属一派的关系。当时组织涣散、数量众多的噶当派寺院多自动改宗为格鲁派，这对壮大格鲁派势力起了决定性作用。

此后，宗喀巴依然以讲经著述的形式宣传他的佛教思想，扩大格鲁派的影响。1410年初，甘丹寺寺宇佛像建成，宗喀巴亲自主持开光法会，为僧众宣讲《菩提道次第广论》《集密月称释》《因明论》。同时，他撰写完成了《集密四天女问经释》《智慧金刚经集释》等著作。

1414年，明永乐帝派使者邀请宗喀巴进京。宗喀巴此时大病初愈，不胜长途跋涉。他考虑与明朝皇帝的联系对格鲁派的发展有益处，遂派弟子释迦益希代表自己进京。当年释迦益希到达北京，次年，永乐帝封他为西天佛子大国师。这样，宗喀巴成为明封大国师之师。

1415年夏，宗喀巴受阐化王扎巴坚参邀请，赴温地札希朵喀为丹萨梯寺、泽当寺、乃东孜等处的僧众几百人讲《中论》《量释论》《菩提道次第广论》及《入菩提行论》。从这里我们可以看到，阐化王扎巴坚参和由他主持的帕珠教派对宗喀巴是非常崇敬的，同时也说明宗喀巴所创的格鲁派在社会上具有较高的地位。同年，宗喀巴还做了在藏文史籍中被看作是他一生四大功业之一的事情，即由大慈法王提供资金，在甘丹寺修建了羊八井佛殿，供进行密法活动之用。

在宗喀巴的鼓励支持下，其弟子扎西贝丹于1416年在拉萨西郊建立了哲蚌寺；另一弟子释迦益希于1418年在拉萨北郊建色拉寺。甘丹寺和这两座寺院，奠定了格鲁派此后发展的稳固基础。

---

① 王森：《西藏佛教发展史略》，第278页。

1418年至1419年夏，宗喀巴住在甘丹寺讲显密经论，并先后写成《入中论广释》和《胜乐根本经释》。秋季，他从甘丹寺往堆龙德庆温泉，在返回途中到哲蚌寺，为哲蚌寺密续院主持了开光仪式，并为寺僧二千余人讲《菩提道次第广论》《那若六法》《入中论》《集密》等。在此之前，《菩提道次第广论》不传俗人，自此取消了这一禁戒。之后，受释迦益希之请，宗喀巴至色拉寺。他在色拉寺参加半月诵戒（每半个月集僧众朗诵二百五十几条戒本，检查僧众有无违犯），尔后返回甘丹寺。

1419年10月25日，宗喀巴在甘丹寺他的寝舍中圆寂。他的大弟子贾曹杰·达玛仁钦继任甘丹寺法台。

宗喀巴为发展格鲁派所做的又一努力是广收门徒，培养人才。据桑结嘉措所著《格鲁派教法史·黄琉璃》记载：宗喀巴大师的首要弟子有贾曹杰、克珠杰·格勒贝桑、班钦·根敦珠巴三人，其中克珠杰后来被追认为一世班禅，根敦珠巴被追认为一世达赖喇嘛。另外，还有许多著名弟子在各地建寺传法，对扩大格鲁派的影响作出了贡献。

4.宗喀巴的宗教论著

宗喀巴大师一生著述颇丰，其显密两种经教方面的著作共计十八函，其中第一函：《分别遍主大金刚持的道次第秘密诸要点》的上部共十章，以及前三部灌顶等。

第二函：《分别遍主大金刚持的道次第秘密诸要点》上部第十一章、《二次第合一显示必修菩提》《集密修行法诸瑜伽次第》《根所缘镜广明》《圆满次第五次第圆满座教授》《合转口诀》《五次第摄论》《注释续金刚鬘笔记》。

第三函：《集密要义明论》《金刚诵及现证菩提自加持》《无上佛义笔记》《布置二十仪轨之源》《修道法》《指示经要偈颂》《智慧金刚遍集广说》《注释续根本方便》。

第四函：《菩提道炬论》疏释等。

第五函：《断边宝穗》《论释摄义》《律论释》《空性明论》《二十一种短文及散文》《地仪轨如意穗》《集密第一章释义笔记》《文殊金刚曼荼罗仪轨》《修行法文殊妙音明意》。

第六函：《集密口诀五次第明灯》《二次第修行法教诫笔记》。

第七函：《集密生起次第》《四百论说》《侍师五十颂说》《修行法词义略立》《了不了义集咒及加持仪轨笔记》《集密金刚必读诵次第》《施难笔记》《降雨陀罗尼咒》《马头金刚离云法》《十忿怒金刚法笔记》《大威德所修法胜魔》《十三尊大威德》《四十九尊本尊法》《内外加行口诀》《黑敌阎摩德迦修法》《阎摩德迦仪轨·宝鬘论》《大威德护摩·成就海》《文殊菩萨静怒护障及长寿口诀》《四字护持》《四字口诀》《本脉、左右脉、中脉及阎摩德迦加行法》《释大成就祥持四空性》《内脉轮及阎摩德迦加行法》《大轮现观曼荼罗仪轨》。

第八函：《胜乐略续释·隐义普明》《五次第广释·隐义眼分别》《曼荼罗仪轨及圆满次第大瑜伽教授次第摄略》《鲁俄巴所传曼荼罗仪轨》《达师所传修法大乐明论》。

第九函：《胜乐现观释·如意宝》《圆满次第·成就穗》《外供仪轨笔记》《供祭唸珠》《铃尊者所传修法》《诵读仪轨次第》《身曼荼罗》《仪轨宝藏》《五次第教授文》《金刚空行释笔记》《初十供养》《口诀穗》《无畏论释赞颂笔记》。

第十函：《那若六法教授》《瑜伽实践法摄论》《圆满次第》《呼金刚续及空行母曼荼罗

修法》《二观察笔记》《红空行母修法》《释胜乐本尊独义释》《加行八观察第三品》《开转轮金门》《六支瑜伽》《六支瑜伽释义》《无二时轮》《现观灌顶》《六支瑜伽所需笔记》《死辰与余寿广说》《六支瑜伽与修行者之四手印笔记》《圆满次第略要》《教授文》《界明点》《后禅定笔记》《秘密四差别笔记》《八大成就入座法笔记》。

第十一函:《辨析无垢光要点时轮总义》《时轮根本略续释》《金刚界地仪轨笔记》《金刚心近修次第笔记》《金刚顶曼荼罗仪轨笔记》《行续注释》《曼荼罗仪轨续义明论》《文殊菩萨修法》《事行二续部差别》《具光佛母修法》《绿衣佛母》《妙音佛母修法》《积痣佛母修法》《三十五佛现观》《俱卢长寿修法》《开光广略论》。

第十二函:《侍师五十颂广释》《秘密行成就穗》《前二戒学处》《中论广释·智慧海》《见授》《现观庄严论笔记》。

第十三函:《入中论广释·思想明论饰备忘录》《六十正理论释》《智慧品笔记》《中观应成派与自续派差别》《二谛论》《中观应成派八难笔记》。

第十四函:《现观庄严论善说金鬘第一、三章广释》。

第十五函:《现观庄严论后五章广释》。

第十六函:《菩提道次第广论》中《下中士夫共道次第佛子总行修习》、《止观品》。

第十七函:《文殊菩提道次第略论》《上士夫安立》《辨了义不了义格言藏论》《二十僧论》《诸义释》。

第十八函:《集学论笔记》《释量论广释》《现观庄严论章节备忘录》《现观庄严论广释》《律海心要摄颂》《学处天顶量广略论》《禁戒广释》《圆满三学处仪轨等别解脱戒取舍略论》《启白文段》《圆满见镜》《执照二部》《语散集格言》。

二、格鲁派在西藏各地的传播

1.在卫地的传播

“宗教改革”,创立格鲁派,是由宗喀巴和他的门徒们共同努力才得以完成的。宗喀巴大师生前,他们紧随左右,辅佐其成就大业;宗喀巴逝世后,他们坚定地继承大师的宗教传统,竭尽全力弘扬其教法,为格鲁派的发展做出了不可磨灭的贡献。所以,宗喀巴的一些重要门徒,不仅在格鲁派的历史上占有重要的地位,就是在整个藏族历史上也有一定的地位,如贾曹杰、克珠杰等人就为弘扬宗喀巴大师之法做出过突出的贡献。

贾曹杰,全名为贾曹塔巾钦巴达玛仁钦,是宗喀巴大师的上首弟子。“贾曹”意为将继君位之王子,“杰”为美称,意思是“接替宗喀巴法王地位的人”。贾曹杰于1364年出生在年楚河上游日塘地方的隆拉卓恰。他10岁时在乃娘寺出家受沙弥戒,取法名为达玛仁钦,以后从贝贡巴等上师学习藏文文法、《释量论》《量决择论》《现观庄严伦》《俱舍论》等。他还依止洛钦嘉却贝桑和襄贝贡钦等多位高僧学习了许多种显密经论。特别是后来师从萨迦派仁达哇·循努洛追,听讲般若、因明、戒律、对法、中观等显教经论,进一步学习集密等密教诸法,精通各个教派的教义教法,成为仁达哇的上首弟子。他25岁时,受比丘戒。

此后，贾曹杰巡回到萨迦、桑浦、泽当等各大寺院参加噶居学位的辩经考试，立宗答辩十部大论，辩倒绒敦·释迦坚赞及大贤雅巴等萨迦诸大德，获“噶居巴”学位。最初，宗喀巴与贾曹杰都曾拜仁达哇为师，两人实际是师兄弟关系。见面之前，贾曹杰踌躇满志，准备辩败宗喀巴，但当他发现宗喀巴的佛教学识的确比自己渊博时，遂生敬慕之情，心悦诚服地拜宗喀巴为师，发愿为其长随弟子。宗喀巴逝世以前20余年，他始终忠心耿耿随侍左右。

贾曹杰追随宗喀巴之后，积极承担了宗喀巴“宗教改革”活动中的许多重要事务。凡大师所讲显密教授，多随听随作详细记录，而后或整理成著作或依大师旨意作注。如《在南木章顶所说教诫》《圆满次第明点笔记》等，都是他记录师说之作。他记录了宗大师的许多讲论，整理出诸多著作，为记载、保留、传播大师教诫，弘扬大师教法作出了突出贡献。1409年，他主持修建了甘丹寺。作为宗喀巴的得力助手，凡经宗喀巴度令出家受戒的弟子，贾曹杰都摄护使他学业增长，不令荒废。宗喀巴在世时，其徒众已都从贾曹杰受学。他协助大师，培养了诸多宗教人才。在贾曹杰教导的弟子中，有许多是他和宗喀巴大师的共同的弟子。成为贾曹杰自己的弟子的。有阔巴仁达那扎西、强巴林巴、仁钦贝、都格哇·扎巴贝丹等。

1419年，宗喀巴去世时将自己的衣钵传授给贾曹杰。于是，贾曹杰继承了甘丹寺寺主的法位。关于贾曹杰继承甘丹寺赤巴及以后的业绩，《土观宗派源流》有如下记载：“大师在涅槃时，以法衣及头冠付与贾曹大师，便知道师意是在传位给他，于是都增·扎巴坚赞和上座仁钦坚赞等诸大弟子同声启请，贾曹乃领受灌顶，继登大狮子宝座。当时，克珠大师造《吉祥功德赞》，班钦·根敦珠巴亦造《殊胜普贤论诗》作为赞颂。他也如宗大师一样，清净了律学的讲听论三戒之实行，以此为本，兼弘《集论》《俱舍》《量论》《现观庄严论》《中论》等显教。别弘总的密乘，其中特弘《集密》《胜乐》《时轮》《欢喜金刚》《大威德》等本续讲解和二次第引导，总之弘传了藏土先德智境所未到达之处的大师所有妙论，并以自己的验证和无垢教理而为证成。如是，说法十有三载，宗师的多数亲教弟子和所具备法缘的智者，皆油然地生起景仰，恭敬礼奉，视同犹如大师在世没有丝毫差异，他如子绍父业一般建立起大师讲修教法的宗风。”

1432年，贾曹杰在拉萨布达拉宫圆寂，终年69岁。贾曹杰之后，任甘丹寺赤巴的是宗喀巴的另一大弟子克珠杰。克珠杰本名叫格勒贝桑，克珠杰是个尊称，“克”是说他显宗学得精通，“珠”是说他密宗修得有成就。因为他对格鲁派的创立、发展颇多建树，被称为宗喀巴的心传弟子。

1385年4月，克珠杰出生于后藏拉堆多雄地方的切窝材。他幼年在后藏萨迦寺出家，拜萨迦派大师僧格坚赞为师，受了沙弥戒，取法名格勒贝桑。他先依僧格坚赞、云丹欧学沙弥律仪，后师从萨迦派高僧仁达哇·循努洛追听讲七部因明、大小对法、《慈氏五论》《中观理聚六论》和毗奈耶等。以后，他又从金刚上师益希贝哇受习喜金刚灌顶及完整的道果教授；还从喇嘛·索朗坚赞和纳萨巴等高僧听受各种教法，打下了坚实的佛学基础。

克珠杰从年轻的时候起，就在讲经、立宗辩经、著述等方面表现出过人的才智。学完诸大论之后，他巡回后藏地区各大寺院辩论。1400 年冬，他到昂仁寺立宗，时逢学问高深的大学者珀东·乔来朗杰也在该寺作立宗辩论。他对著名的萨迦班智达的《正理宝藏论》提出质疑，宣称要进行批驳，看哪位愿与他辩论。在众僧集会之中，年方 16 岁的克珠杰不惧权威，挺身而出，对其所立各宗，一一指出与教理相违之处、与情理不合之处及自己不能认同的理由，驳倒了珀东·乔来朗杰对《正理宝藏论》的责难，故而“名震一时”。他 18 岁时，完成了艺术性、思想性都很高的文学作品《说法狮子文殊菩萨赞》。他 21 岁时，受比丘戒。

1407 年，经仁达哇·循努洛追的推荐，克珠杰到色拉却顶谒见宗喀巴，拜宗喀巴为师。宗喀巴认为，克珠杰“是一个在密咒方面的利根弟子，他的本尊神应是大威德金刚”，于是对他在大威德方面做了重点讲授，传授了大威德方面的《红阎摩德迦七品续》《吉祥金刚大威德分别续主三品》《四瑜伽次第》等，并传授大威德十三尊大灌顶。克珠杰还从贾曹杰、都增·扎巴坚参等师兄听闻法要，在甘丹寺历经十月，日间依止宗喀巴大师听受《菩提道次第》、中观、对法、因明等显教经论、教法和集密、欢喜金刚、胜乐、时轮等密法，夜间听受生起次第、圆满次第要义。克珠杰学经刻苦，善领精要。宗喀巴对他亦寄予厚望，说：“你将成为把全部佛法传布到大地各方的人。”

克珠杰不负大师重望，不辞辛劳，竭尽全力，弘扬大师教法。他常常背着极其简单的行装，徒步行走，往返前后藏各地，向各寺庙的僧众讲授宗喀巴的《菩提道次第广论》、《密宗道次第广论》，劝服其他教派僧侣改宗格鲁派。他曾做过位于年楚河上游的江拉寺的住持，因此有“克珠江拉哇”的称号。宗喀巴大师圆寂后，克珠杰在日沃当坚寺居住。当时，江孜法王热丹贡桑帕巴迎请他到江孜去，双方建立了供施关系。克珠杰主持创建了江孜贝科德庆大寺(白居寺)。后来，他又迁居日沃当坚寺，撰写了多部阐述格鲁派显密教法的论著。

作为宗喀巴的第二大弟子，他在阐述格鲁派教义、制定格鲁派的各种法规和学经程序，以及寺庙管理制度等方面，都参与了筹划工作，为格鲁派的创立和发展立下了汗马功劳。正因为他长期跟随宗喀巴左右，对宗喀巴的思想、实践活动及成就有深刻的体会，所以后来虽然有不少高僧大德撰写了多卷本《宗喀巴传》，但都未超过克珠杰所撰写的《宗喀巴传略》①。

1431 年，贾曹杰·达玛仁钦赴后藏乃娘寺，朝礼供养仁钦赞的遗塔并布施僧众。克珠杰往见，贾曹杰请他担任甘丹寺法台。他任职 8 年，依照法规管理寺庙，教化僧众，每年讲一遍《菩提道次第广论》及其他经论，并传授本尊灌顶。他又在甘丹寺兴建了讲授大乘经典的讲经院，委任释迦室利伦巴贝丹等人为讲经师，宣传五部大论，弘扬宗喀巴的教法。他八方募捐，筹措到大量的铜铁和黄金，在安放宗喀巴法体银塔的藏式大殿顶部建造了一座汉式的金顶。

---

① 唐景福：《中国藏传佛教名僧录》，甘肃民族出版社 1991 年版，第 148 页。

1438年,克珠杰在甘丹寺逝世,享年54岁。贾曹杰、克珠杰分别为宗喀巴的两大助手,对于格鲁派的创立和发展起了奠定基础的作用。因此,宗喀巴、贾曹杰和克珠杰被尊称为“师徒三尊”。在格鲁派寺院里,我们时常看到有三尊塑像在一起,均戴桃形黄色僧帽,那就是宗喀巴师徒三人的塑像,居中的是宗喀巴,右为贾曹杰,左为克珠杰。

克珠杰的著述很多,现在流传的有十二函,在显教方面有《宗喀巴传略》《现观庄严论注疏》《释量论文疏》《显示甚深空真实义论》《三律仪建立论》等多种,都是现在西藏佛教学者修习佛学所必须参考的书籍;在密教方面有集密、大威德、胜乐轮、观喜金刚、时轮等各种修法和注释,又有总贯诸部密教的《续部总建立论》等。

1416年,宗喀巴的一位大弟子绛央却杰扎西贝丹在拉萨西北郊的根培乌孜山南麓创建了哲蚌寺。两年后,宗喀巴的另一位大弟子大慈法王释迦益希在拉萨北郊的乌孜山下创建色拉寺。释迦益希是宗喀巴的亲传弟子。1352年出生于拉萨以东的蔡贡塘地方,自幼出家,勤奋研习佛典,后任宗喀巴大师的茶侍,随行左右,对显密二法博闻强记,深得大师器重。1414年,明成祖遣使来请宗喀巴大师赴京传法。宗喀巴考虑到格鲁派正在初创时期,自己作为教主不便离开,加之身体不适,于是派释迦益希作为自己的代表前往北京,“成祖见其学德”,于次年封他为“西天佛子大国师”,并赐给玉印。返藏后,依宗喀巴之命,用他从内地带回的资财为主要资金,加上帕珠政权属下官员德巴列乌的赞助,兴建了色拉寺。1434年,明宣宗帝封他为大慈法王。

绛央却杰扎西贝丹,出生于山南桑耶地方一个富豪之家。相传他的父亲是毗沙门天王化身。绛央却杰扎西贝丹幼年在帕珠噶举的泽当寺出家,曾到桑浦寺和觉摩隆寺学法。以后,他回到泽当寺,担任掌管寺内排定座次的职务。后来,他追随宗喀巴学法,受了比丘戒。在宗喀巴门下以能背诵经论最多最准确而著名。《土观宗派源流》说:宗喀巴“大师曾让他背诵百部经论,师(扎西贝丹)能背诵显密经论一百零八部的文字和义理……”所以他有“绛央却杰”(意为“妙音法尊”)之称。由于其父亲是有名的富户,家产丰厚,绛央却杰扎西贝丹与一些官商大户交结甚密,与帕珠属下乃东宗宗本南喀桑波是挚友,此人支持他创建哲蚌寺。帕珠地方政权属下其他一些贵族亦纷纷出资赞助,拨出土地农奴作为寺产,并送子弟进哲蚌寺学经;贵族们这么做,富商和其他农奴主们也起来仿效。于是,哲蚌寺很快成为贵族、富商子弟集中学经的一个寺院。

从1409年建甘丹寺至1419年色拉寺建成,格鲁派在短短的十年内建立了三座规模宏大的寺院,僧侣人数发展到几千人。这足见格鲁派势力发展之快,这一方面表现了新兴的格鲁派在宗教上具有明显的优势;另一方面说明,格鲁派的迅速发展离不开以阐化王扎巴坚参为首的帕珠政权及属下贵族的支持,特别是经济上的大力扶植。寺院建成后,帕珠统治者及其属下贵族争先令其子弟进入格鲁派寺院学经,相应地也向格鲁派寺院施舍大量的土地和属民,从而使格鲁派寺院的经济实力迅速增长。加上原来噶当派散在各地的大量寺院先后改宗为格鲁派属寺,就形成了一个以寺院经济为基础的集团势力。另外,格鲁派寺院严密系统的学经制度,培养出大批高级佛学人才。这些人学成后回到各自的家乡,建立寺院,网罗弟子,不断发展,形成格鲁派广大的寺院网。

2.在后藏地区的传播

在后藏传播格鲁派教法最有成就的是宗喀巴最年幼的弟子班钦·根敦珠巴(1391—1474)。他创建的扎什伦布寺,是格鲁派向后藏发展的一个重要基地。

根敦珠巴生在后藏萨迦寺附近一个牧场主家庭。他7岁时,跟从纳塘寺堪钦·珠巴喜饶受近事戒,又跟从甲敦旃陀罗学习藏文读写和梵文,精通梵、藏几种文字。1405年,根敦珠巴15岁时,在纳塘寺受沙弥戒,取法名根敦珠贝桑波,简称根敦珠巴或根敦珠。此后他在纳塘寺,从堪钦·珠巴喜饶听受喜金刚九尊、宝帐怙主、药师佛、十万护法的随许法。1410年,他在纳塘寺受比丘戒。随后,他遵循珠巴喜饶之命,在纳塘寺听讲全部噶当派教法。又依洛丹巴的指示,先学因明,同时在亲教师前,受欢喜金刚九尊等多种密法灌顶,学习中观派的发菩提心的仪轨,受菩萨戒。深刻钻研噶当派六论。

1415年,根敦珠巴与饶却巴结伴赴前藏。他们先到昌珠寺拜善巴钦波·贡桑布为师,又在塘波且寺拜绒敦·释迦坚赞为师,听受《现观庄严论》。此时,宗喀巴大师应阐化王扎巴坚参之请,在扎希朵喀地方向僧俗民众讲经,他和善巴钦波·贡桑布一起前去拜见,向宗喀巴大师请教《量抉择论》疑难,听受《辨了不了义论》《中观论释》《事师五十颂释》《根本堕罪论》等许多教法。由于他智慧聪颖,深得大师的嘉许。宗喀巴赠给他一件穿过的僧袍作为将来弘扬经论律学的因缘。

1416年秋,根敦珠巴来到甘丹寺,听宗喀巴大师讲授《菩提道次第广论》和《胜乐根本续》等;从贾曹杰,听讲因明、《现观庄严论》等。1419年,宗喀巴大师到哲蚌寺时,他随从前往,听讲《菩提道次第论》,并学《那若六法》《入中论》等许多法。同年,宗喀巴圆寂,根敦珠巴转向贾曹杰学法,"自谓关于显教从贾曹杰得益最多"。贾曹杰圆寂后,克珠杰继任第三任甘丹赤巴后,根敦珠巴向克珠杰学法。

根敦珠巴依止诸多大师,刻苦研习佛法。他返回后藏,在绛勤、达纳、日库等处讲经,门徒渐众。1432年,根敦珠巴与喜饶僧格一起到拉堆地区讲经传法,从珀东班钦·乔来朗杰,听讲二十一度母,十七度母,白、绿度母,妙音天女等教法。他对珀东班钦所问问题,都迅捷答出。珀东班钦十分高兴,称他为"遍知一切",因此有"遍知一切根敦珠巴贝桑布"的称号。此后,他撰写《释量论注释疏》,任日库寺法台,建造了尊胜弥勒佛像,创立祈愿法会。

1437年,由释迦贝哇提供资金,根敦珠巴在绛钦修建了叫特钦颇章的静修院。在那里,他完成了《因明正理庄严论》。同年,他将日库寺法台之位让于善慧法王,自己则在格塔寺闭关静修。1439年,他再次来到前藏学法。两年后,他与上师喜饶僧格返回后藏,在纳塘和绛钦寺讲说以戒律为主的教法。在纳塘,他撰写了《戒律广论》《别解脱律仪注疏》。

1447年,根敦珠巴得到帕珠属下的贵族桑珠则(日喀则)宗本琼结巴·班觉桑波的资助,在桑珠则兴建了扎什伦布寺,自任赤巴,主持宗教活动。寺僧日渐增多,扎什伦寺遂成格鲁派在后藏的唯一大寺,并为西藏格鲁派四大寺之一。根敦珠巴在寺中兴建了巨大的弥勒佛像,以及其他各种塔像等,按照密宗仪轨举行盛大的开光仪式。后来,他创立了扎什伦布寺的正月祈愿大法会。

1464年,根敦珠巴在74岁高龄时仍为弘法利生操劳忙碌。他邀请各地擅长书法的人,抄写藏经一部存于寺中,并彩绘佛殿壁画;又刻贤劫千佛、三十五佛、十方诸佛、药师八佛、历代传承师长及诸本尊的石像等。1474年,格敦珠巴在扎什伦布寺圆寂,享年84岁。其大弟子班钦·桑布扎西继任扎什伦布寺法台。

根敦珠巴的著述有《戒律广论》《入中论释·意明灯》《毗奈耶因缘大集》《别解脱律仪注疏》《释量论注疏》《正理庄严论》《中观论疏》等,共五函。

3.在阿里和多康地区的传播

在阿里地区首弘格鲁派教法的,主要有宗喀巴大师的亲传弟子阿旺扎巴和堆·喜饶桑波等人。

阿旺扎巴出生于古格(今西藏自治区札达县境内),故称古格·阿旺扎巴。他来到卫藏地区后,长期跟随宗喀巴大师听讲佛法。学成的阿巴扎巴,返回阿里古格地区,全力弘扬格鲁派教法。在东噶尔萨娘居住期间,他建造了吉祥金刚大威德全身像。他以身作则严格遵循格鲁派教义教规。古格法王后裔扎西欧德、赤朗杰沃、释迦沃等三兄弟闻悉后,请他传授佛法,遂成为三土王的上师;又请阿旺扎巴担任今咱让洛当寺(今西藏札达县境内)的堪布。在任期间,他身体力行,树立宗喀巴大师良好教规,广传法要。他教授的许多弟子也为传播格鲁派教法作出了重要贡献。

堆·喜饶桑波根据大师"悉多河之北面,弘传我之教法"的教导和期望,在芒域主持修建了达摩寺,动员其侄子修建了赤赛寺,大弘教法。该寺所修密法属于拉萨上密院系统。以后,堆·喜饶桑波及其弟子增建格鲁派新寺亦复不少。

又有克珠杰的亲传弟子大成就师贡却贝贡在多香穆噶尔地方建立了曲宗寺。克珠杰的另一高足桑浦哇·拉旺罗珠修复了由天喇嘛强久沃之兄修建的白图寺,并新建巴加寺和理格寺。在阿旺扎巴和堆·喜饶桑波及其弟子的宣化之下,阿里地区一些原来崇奉其他教派的寺院纷纷改宗格鲁派。格鲁一宗逐渐遍及阿里全境。

在多康上部地区(今昌都地区)首弘宗喀巴大师教法的人是麦·喜饶桑布,他出生于类乌齐尤地方的切白达千户长之家,幼年学习噶举派教法。成年后,到卫藏地区依止宗喀巴大师及其大弟子贾曹杰、克珠杰、根敦珠巴等学习显密经论。

麦·喜饶桑布返回康区后,便在昂曲(怒江)和杂曲(澜沧江)两江汇合处修建了昌都寺。因寺内供强巴即弥勒大佛像,故名为"昌都强巴林"寺。寺院收授僧徒三千余人。据载,后来帕巴拉(圣天)投生为宗喀巴亲教弟子瑜伽师欧巴多吉(无量光金刚)之子,由他和他以后的历代转世继承了昌都寺的法位。"帕巴拉弟子中又有希瓦甲热化身、嘉热朱古及其历代的转世,拔苏·却吉坚赞转生的达刹济仲及其历代转世,宗大师亲教弟子国师白丹顿珠转生的达浦朱古及其历代转世,俄·洛丹喜饶和俄·勒贝喜饶二师转生的察雅大小活佛及其历代转世等等,这些大善知识转世犹如念珠连串相继出现;此外还有若干学行兼优的贤德分布于康区各地,建立寺宇,广弘讲修,使格鲁派遍布于号称六冈、六绒、六雪、三茹的整个康区”[①]。

三、根敦嘉措与格鲁派活佛转世制度

根敦嘉措1475年出生在后藏达纳地方的岳噶多吉丹。他10岁时，以班钦·隆日嘉措为首的扎什伦布寺经师们商议后，认定他为根敦珠巴的转世，被迎请到扎什伦布寺。后来被追认为第二世达赖喇嘛。12岁时，他在班钦·隆日嘉措身前接受了近事戒，起名根敦嘉措贝桑布。当年冬季法会期间，在扎什伦布寺出家。他先后依止班钦·隆日嘉措、班钦·益希孜摩等上师学习《释量论》及其他诸部大论，还跟益希孜摩听受了许多灌顶、教诫等。

1494年，根敦嘉措前往哲蚌寺学经，跟从嘉央列巴曲觉听受《入中论》《现观庄严论》《密宗道次第广论》等显密教法。21岁时在哲蚌寺，受比丘戒。根敦嘉措28岁时，完成了《文殊菩萨名号经注释》。此后，他到后藏的达纳，跟从上师贡噶坚赞听受了许多教诫、经咒；然后又来到前藏，在热振、甘丹、上下密院等处讲经传法。

1509年秋季，根敦嘉措在塔波地区的加查宗拉姆拉措湖滨修建了群科杰梅朵塘寺，修建了大经堂内的佛像佛塔，并在此地设立了大施食法会。这期间他从班钦·索朗则摩学习了从宗喀巴大师传承下来的六臂怙主的除障法、《时轮根本续广疏》《十三尊怙主教诫》《胜乐根本续广释》《呼金刚广释》以及《宗喀巴师徒三人全集》《遍知一切根敦珠巴全集》等。后来，群科杰寺和拉姆拉措湖被认为是格鲁派的圣地。西藏僧俗许多人认为未来的事情能够在湖水中显现出来，于是后辈达赖喇嘛去世后寻访转世“灵童”时，西藏僧俗上层往往派人到这里来看拉姆拉措湖中的显现情况。1510年，扎什伦布寺上层迎请根敦嘉措就任扎寺的第五任法台。在任的6年时间里，他将扎寺大殿扩建为82根柱子，按时建成了40间僧舍。在夏季和冬季法会期间，他每天向广大僧众讲授《释量论》《俱舍论》《般若十万颂》《密续注疏》等众多显密经论。1517年，因哲蚌寺堪布的荐举和哲蚌寺全体僧众的请求，根敦嘉措被帕珠政权委任为哲蚌寺第十任堪布。从此以后，他每年冬、春季住在哲蚌寺，夏秋两季住在群科杰寺。

据《黄琉璃》记载，1530年根敦嘉措在帕珠政权的资助下，在哲蚌寺南角修建了甘丹颇章宫。后来三、四、五世达赖喇嘛都居住在这里，直到五世达赖扩建布达拉宫后，达赖喇嘛的住处才迁到布达拉宫。

1526年，根敦嘉措被委任为色拉寺堪布。1542年，根敦嘉措在哲蚌寺圆寂，享年67岁。根敦嘉措圆寂以后，哲蚌寺的上层喇嘛开始正式寻找他的转世灵童。1544年认定了堆龙地方的一个贵族子弟为他的转世，并于1546年把这个年仅4岁的幼童迎接到哲蚌寺，让他接替根敦嘉措的法位，称他为活佛。这个幼童就是第三世达赖喇嘛索朗嘉措。这件事可以说是格鲁派采用活佛转世制度的开端。

---

① 《土观宗派源流》，刘立千译注，第170页。

第二节　格鲁派在蒙古等地区的传播

一、索朗嘉措与俺答汗建立联系

索朗嘉措1543年出生于西藏拉萨西北的堆龙河谷的一个贵族家庭。祖上在萨迦地方政权时期就担任官职，到帕珠地方政权时期仍然为官。他的父亲朗杰扎巴是琼结宗的宗本，母亲名贝宗布赤，是帕珠噶举一个上层人家的女儿。

据载，索朗嘉措长到3岁时，能记忆前世根敦嘉措事迹，因此，被认为是根敦嘉措的转世，于1546年被哲蚌寺的上层喇嘛用隆重的礼仪迎至哲蚌寺供养。他7岁时，出家受沙弥戒。此后，从班钦·索朗扎巴等上师学习显密教法。1553年，哲蚌寺赤巴·索朗扎巴卸任，全寺僧众拥立索朗嘉措为哲蚌寺的第十二任赤巴，并主持了当年举行的拉萨祈愿大法会，讲授《佛本生经》。1564年，索南嘉措受比丘戒。

此后，应扎什伦布寺全体僧人的邀请，索朗嘉措驾临后藏，先后在扎什伦布、纳塘、岗坚、绰浦、萨迦等寺院，巡礼供佛，并为僧俗大众讲经说法。返回拉萨后，他被推荐为色拉寺第十三任赤巴。当时，西藏政局出现了新的变化。1565年仁蚌巴属下辛夏家族利用仁蚌巴属民的不满情绪，发动起义，推翻了仁蚌家族的统治，控制了仁蚌属下的后藏大部分地区。辛夏家族首领次旦多吉自立为王（汉文史料中称为藏巴汗），不但继续支持噶玛噶举派，敌视和压制格鲁派，而且不断扩张势力。此时，前藏以格鲁派及支持格鲁派的帕珠贵族为一方，与后藏以藏巴汗和噶玛噶举为另一方的两大敌对营垒的争斗日趋尖锐。

格鲁派自创立以来，在政治上一直依靠帕珠政权求得发展。然而，当藏巴汗的势力迅速崛起之时，长期在政治、经济上支持格鲁派的帕珠政权进一步衰落，逐渐丧失实际的统治地位，从而使格鲁派失去政治上的靠山。与此同时，噶玛噶举派在藏巴汗政权的支持下，处心积虑地打击、限制格鲁派。在这种情况下，格鲁派迫切需要在政治上寻找一个新的力量来获取支持，改变自己的处境。而从西藏政局看，格鲁派虽说仍然得到前藏一些地方贵族的支持，但其政治势力已远不能与藏巴汗政权相抗衡。因此，格鲁派要在西藏本土寻找到强大的政治支持者几乎是不可能的。

此时，与西藏接壤的青海的形势也发生了一系列重大的变化。从16世纪初，蒙古势力南下进入青海，向西藏逼近。从1509年到1514年，先后有两支蒙古贵族率部袭据青海。明朝为防止蒙古部落大量进入藏族地区，派兵进击。然而，明军回师以后，河套地区的蒙古鄂尔多斯部又进入青海。1559年，蒙古土默特部首领俺答汗率部进入青海，因其势强，明朝不能制。

土默特部进入青海后，在与藏族发生联系的同时，不可避免地接触到藏传佛教。1571年西藏高僧阿辛喇嘛到蒙古地区传教，会见了俺答汗，劝他皈依佛教，敬奉三宝。之后，又有青海喇嘛阿哩克等向俺答汗讲解了生死轮回、因果报应等佛教教义。在这个过程中，俺答汗对格鲁派有了较多的了解，希望与格鲁派的领袖人物建立联系。据《安多政教史》记载："第十饶迥金羊年（1571 年），土默特部俺答汗处生起佛教的光明，他向当地一个佐格阿升的喇嘛问法，喇嘛向他讲述达赖三世索朗嘉措的事迹，于是汗王生起不可改移的信心，派遣金字使者前往，说：'请大师前来北方。'"俺答汗的这一行动，说明当时的蒙古社会产生了对藏传佛教的需要，至于俺答汗本人，则是想利用格鲁派来安定长年征战之后的部众，以巩固他的统治。

这正与格鲁派的迫切需要一拍即合。所以当俺答汗的使者到达拉萨后，索朗嘉措很快接受了邀请。索朗嘉措与俺答汗的会晤显然不是纯粹的宗教行动。对于格鲁派来说，意味着一个可能扭转自身不利处境的巨大政治机遇。正如杜齐在《西藏中世纪史》中指出的那样，"索朗嘉措的蒙古之行，不可能只是为了传法。我们必须主要从西藏的形势和格鲁巴的利益来解释，当危险迫近，危机一触即发的时候，格鲁巴下定决心，从新皈依的蒙古人那里取得成功"①。

1577 年底，索朗嘉措从哲蚌寺起程，前往青海，为格鲁派的弘扬光大迈出了艰辛但又是成功的一步。1578 年，索朗嘉措与俺答汗会晤于青海湖西北新建的察卜齐雅勒庙（此庙系俺答汗之子丙兔于 1577 年建成，明万历皇帝赐名仰华寺）。对于这次会见的盛况，《安多政教史》有如下的记载："藏历土虎年（1578 年）达赖喇嘛到达时，在阿里克地方的第一批欢迎者有永谢布部的巴尔孤台吉、土默特部的玛森拔希等为首的八百骑。达赖三世显示法力，用手指对河水做期克印，河水就倒流，欢迎者俱生信仰。第二批欢迎的人有鄂尔多斯部的彻辰洪台吉、土默特部的达颜诺谚为首的三千骑，洪台吉看见了四手观音。第三批欢迎者有觉哩克图台吉、钦巴图尔等人。在青海湖边会见汗王本人时，在十万人欢聚的中央，由洪台吉讲话，国师拔希任翻译。施主与福田二者犹如一对日月开辟佛法正道，化血海为乳海，恩德至大。以前蒙古人死后，按其贵贱，以其妻、奴仆、乘马、财宝殉葬，这种风俗今后一律废除，将死者财物献给上师和僧众，请喇嘛念经，回向祈愿。禁绝杀牲祭祀，杀人者抵命，杀死马匹牲畜者剥夺其财产，对僧人动手侵犯者没其家。以前对'翁公'（蒙古萨满教崇拜的神）每月进行血祭，每年杀牲祭祀，现在将这些魔道神像一律烧毁，不烧毁者破其家。代替这些魔道神像，每家造一尊六臂观音像，用乳、酪、酥油供养。每月的初八、十五、三十这三天守持斋戒。不再抢掠汉族、藏族。用这些命令使蒙古风俗变得与卫藏一样"②。

二、达赖喇嘛活佛系统的建立

1578 年，索朗嘉措和俺答汗在青海湖畔会见之后，两人仿照忽必烈与八思巴的故事互赠尊号，俺答汗赠给索朗嘉措的尊号是"圣识一切瓦齐尔达喇达赖喇嘛"，"圣"在佛教里表示超出世间的意思；"识一切"，是西藏佛教对在显宗方面取得最高成就的人的称号；

---

① 〔意〕杜齐：《西藏中世纪史》，李有义、邓锐龄译，中国社会科学院民族研究所 1980 年铅印本，第 83 页。

② 转引自王辅仁、陈庆英：《蒙藏民族关系史略》，中国社会科学出版社 1985 年版，第 92—93 页。

“瓦齐尔达喇”系梵文即金刚持，是西藏佛教界对在密宗方面取得最高成就的人的称号；“达赖”是蒙语，大海的意思；“喇嘛”是藏语，上师的意思。总的意思是说，索朗嘉措是超凡入圣、学问渊博犹如大海一样的大师。这就是“达赖喇嘛”名号的开端。此后，格鲁派寺院集团的上层将索朗嘉措定为第三世达赖喇嘛，追认根敦嘉措为第二世达赖喇嘛、根敦珠巴为第一世达赖喇嘛。达赖喇嘛被视为观音菩萨的化身。

会见后，索朗嘉措又以双方会见地方的土地、神祇，修建恰卜恰（今青海海南的共和县）大乘法轮寺。寺的后殿中供有三世佛、索朗嘉措和俺答汗的塑像；前殿及左右建有大威德、观音菩萨的神殿，神殿之间又建有菩萨殿、药叉殿和嘛呢堆，所有殿堂、屋檐都按汉地格式。他为这座三重围墙围护的寺院举行了盛大的开光仪式和增善除暴的火祭；并以格鲁派教主的身份，剃度了包括蒙古鄂尔多斯、土默特、永谢布三部王族成员在内的100多名蒙古与藏族人；并给俺答汗王授了《喜金刚》灌顶，赠给他“大梵天法王”的尊号。同时，俺答汗派出以佐格阿升喇嘛为首的使团，携带大批礼物入藏，给格鲁派各大寺院及支持格鲁派的贵族赠送礼物。

与此同时，俺答汗和索朗嘉措根据蒙古社会的实际，共同制定了一系列条例。由俺答汗颁布在蒙古地区推行格鲁派的法规《十善法》，规定格鲁派上层僧侣享有与蒙古贵族同等的政治、经济待遇并免征赋税，善奉格鲁派、尊敬喇嘛为每个蒙古人的义务，下令禁止萨满教的宗教活动。这些规定，为格鲁派在蒙古民族中的广泛传播提供了十分有利的条件。

三、格鲁派在甘青康地区和蒙古地区的传播

索朗嘉措到达青海的消息，由明朝驻青海官员上报予朝廷。当时，明朝正对俺答汗部袭入青海、扰乱明朝对该地的正常统治感到棘手，又无良策妥善解决问题。听说俺答汗对索朗嘉措非常尊重，言听计从，乃于1578年令甘肃巡抚侯东莱派人到青海请索朗嘉措到甘肃与他会晤，并嘱索朗嘉措劝说俺答汗回蒙古。据《明史》记载，索朗嘉措与俺答汗商量后，接受了邀请。是年冬到达甘肃，受到了与八思巴同等的隆重接待，安排他住在八思巴住过的幻化寺。在这里，索朗嘉措给明朝的宰辅张居正写了一封信，全文为：“释迦牟尼比丘索南嘉措贤吉祥，合掌顶礼朝廷，钦封干大国事阁下张：知道你的名，显如日月，天下皆知有你，身体甚好。我保佑皇上，昼夜念经。有甘州二堂地方上，我到城中，为地方事，先与朝廷进本，马匹物牛到了，我和阐化王执事赏赐，乞照以前好例与我。我为皇上和大臣昼夜念经，祝赞天下太平，是我的好心。压书礼物：四臂观世音一尊，氆氇二段，金刚结子一方。有阁下吩咐顺义王早早回家，我就吩咐他回去。虎年（1578年）初头写。”①张居正接到索朗嘉措的来信与礼物后，“不敢受，闻之于帝，帝命受之，而许其贡”。这封信是一件重要的历史文献，它至少说明两个重大问题：第一，索朗嘉措根据明朝的意图，办了一件明朝皇上办不到的好事，即由索朗嘉措吩咐顺义王俺答汗由青海返回蒙古；

---

① 《张文公全集·奏疏八》。

第二,这是索朗嘉措与明朝政府正式开始发生关系。明朝“许其贡”,这说明明朝承认了索朗嘉措在西藏宗教界的崇高地位。索朗嘉措与甘肃巡抚侯东莱会晤以后,仍返回青海。

1579年(明神宗万历七年),俺答汗与索朗嘉措告别,率大部返回蒙古。索朗嘉措特派青海东科尔寺呼图克图云丹嘉措作为他的代表,跟随俺答汗去蒙古讲经说法。这时,俺答汗派到西藏给三大寺发放布施的阿辛喇嘛由西藏返回青海,带回一封西藏格鲁派全体僧俗恳请三世达赖喇嘛迅速返回西藏的信件。为了巩固与蒙古的关系和更广泛地弘扬佛法,索朗嘉措没有同意他们立即返藏的要求,而从青海前往四川藏区各地继续宣扬格鲁派教法。1580年,他到了四川藏区的理塘,主持建立理塘大寺。寺院建成后,他为寺院和寺院同时落成的金刚菩提塔举行开光仪式,取寺名为“图丹绛钦香塔结勒南巴嘉哇德”(意为佛教慈氏遍胜寺)。1582年,索朗嘉措到达昌都,在那里说法讲经,广收门徒。

1583年,索朗嘉措由昌都到青海,在宗喀巴大师降生之地兴建“衮本强巴林”讲经院。后来,这座寺院逐步扩大,成为现今著名的青海塔尔寺。继后,他前往夏琼寺、丹斗寺,给众僧讲经说法,给出家人授近圆戒。

1584年,索朗嘉措北去门源(即今青海门源县)的仙米授记建寺,并加持寺址,赐寺名为“甘丹达吉林”。后来,当地的根嘎坚错按此授记,特地从西藏请来堪钦·才旦敦珠,于1623年建成“甘丹达吉林”(又称仙米寺)。该寺至今依然存在。索朗嘉措途经今青海省互助县五十乡时,驻锡哲加,“突然天布密云,雷雨大作,偶尔天晴,见空中七色彩虹直指今郭隆寺址,他遂授记此地当出大德弘扬甘丹教法”①。根据这一授记,1604年,四世班禅和四世达赖喇嘛派遣嘉色活佛顿月多吉到青海,在松巴大师丹却嘉措的协助下建成了郭隆寺,清朝赐名佑宁寺。

俺答汗辞别索朗嘉措返回土默特部后,于1581年病逝。在俺答汗病重期间,他手下的一些王公贵族开始歧视格鲁派,要求驱逐格鲁派僧人,理由是其僧人不能保佑俺答汗。当时,经过格鲁派僧人东科尔二世活佛的努力,俺答汗临终时留下遗言,要求他的后人继续崇信佛法并迎请索朗嘉措到土默特。俺答汗逝去后,其长子都隆·森格洪台吉承继汗位后,遵父遗嘱,派手下要员前往昌都,专程迎请索朗嘉措到土默特参加俺答汗的葬礼。

大约在1582年底,蒙古使者到达昌都,拜见了索朗嘉措。此前,索朗嘉措已计划由昌都启程,返回西藏。当蒙古使者转达了都隆·森格汗的请求后,他欣然应允,再次向北进发。一路上,他讲经说法,曾多次停留。路经甘肃临洮时,索朗嘉措调停了当地蒙古族部落与明朝官员的纠纷。1584年到达蒙古的鄂尔多斯西拉乌苏河右岸的依克沙巴尔时,索朗嘉措与蒙古王公们进行会谈,并调解了三个蒙古部落之间的战争。在色钦洪台吉的部落,索朗嘉措受到隆重欢迎。他在此讲授法,做诸多佛事。尔后,索朗嘉措又受蒙古40个白帐部落头人吉囊的恳请,前去为其授喜金刚灌顶,为众生赐护身符、摸顶不计其数,并著书《宝帐护法八尊酬补仪轨》。

---

① 见《佑宁寺志》。转引自拉毛措《三世达赖喇嘛索南嘉措与蒙古的关系》,《中国藏学》1989年第3期。

1586年,索朗嘉措一行到达青城,与都隆·森格汗会晤,为俺答汗举行了隆重的超荐祈祷仪式。都隆·森格汗向索朗嘉措献上金曼札、银制汉壶、百匹绸缎、乐器、马、骡等大量财物,索朗嘉措为汗王及属下授喜金刚灌顶。在此地,他写成《金刚铃所传五本尊灌顶仪轨》。不久,都隆·森格汗逝世,其子撦力克继承汗位。

索朗嘉措到达漠南以后,竭尽全力宣扬格鲁派教法,在青城建立了锡热图召寺。1587年,察哈尔部首领图门汗派人前来邀请。此时,尽管由于操劳过度,索朗嘉措已感觉身体不适,但还是接受邀请,坚持到漠南东部地区去讲经说法,广收门徒。同年,漠化喀尔喀部的阿巴岱汗远道前来拜见,索朗嘉措赠给他"诺门汗牙齐瓦齐尔可汗"的尊号;阿巴岱汗从索朗嘉措领受佛教要旨、迎佛像经典而归后,下令烧毁当地的萨满教神像,修建格鲁派寺院。1589年,阿巴岱汗在沙拉·阿吉尔嘎地方(今乌兰巴托附近)修建了"额尔德尼昭",这是漠北喀尔喀部兴建的第一座格鲁派寺院,内供奉三世达赖赠予的佛像。从此,格鲁派教法在漠北地区广为传播。这一系列宗教活动,使索朗嘉措声名遐迩,格鲁派的威望进一步提高。蒙古族普遍信仰格鲁派,对此后蒙藏两族的历史发展进程及西藏内部两个势力集团的胜负产生了重要影响。

为了保持与蒙古的长期联系,弘扬宗喀巴大师的教法,并巩固格鲁派在蒙古的势力,索朗嘉措不仅自己不辞旅途辛劳,亲往蒙古传教,还派一些高级喇嘛留住蒙古,如著名的青海东科尔寺呼图克图就是他派遣到蒙古发展格鲁派的。这位高僧后来一直在蒙古传教,甚至他的辈辈转世也出现在蒙古,他们为格鲁派在蒙古的传播、发展和巩固作出了重要贡献;著名的阿辛喇嘛也在蒙古留住多时,他曾规劝俺答汗皈依佛法,支持格鲁派。索朗嘉措还有一个不寻常的措施,就是在临终前答应蒙古人他将来转世在蒙古。对于此举,国外藏史研究者杜齐如是评说:"西藏喇嘛教的首脑竟然第一次在蒙古部落中呱呱落地确是非同小可,这样一来,雪域同新皈依者的故居间障碍一下子拆除了;新入教的蒙古人同他们的师傅在同一宗教信仰中地位平等了;种族、语言和传统的分歧失效了……。在俺答汗的后裔里诞生了一个蒸蒸日上的强大教派的大教主,给他们带来了很高的威信,他们和黄教已更紧密无间地结合在一起了,超过了单纯信仰,所以他们保证:如果黄教受到攻击,他们要给予军事上的援助。"①这一看法不无道理。

1588年,俺答汗之孙顺义王撦力克向明朝政府请求赐给索朗嘉措"朵儿只唱"的封号。"朵儿只唱"是藏语"金刚持"的意思。明神宗同意撦力克之请求,封给索朗嘉措"朵儿只唱"的名号,赐给印章;派遣官员到漠南,邀请索朗嘉措去北京与明帝会晤,并讲经说法。索朗嘉措接受了明朝皇帝的邀请,随即动身从土默特起程。不幸,是年,他在漠南卡欧吐密地方圆寂,时年46岁。他的遗体在蒙古地区火化时,出现观世音身形和颅骨上有文字等舍利,由其管家嘉措僧格负责修建灵塔,高13尺,供放在哲蚌寺。

四、班禅活佛系统的建立

17世纪前半期是格鲁派历史上一个重要的时期。当时格鲁派名义上的领导人是达

① [意]杜齐:《西藏中世纪史》,第89页。

赖,但四世达赖英年早逝,五世达赖尚年轻。因而,在重大事件的决策实施上,有一个人发挥着主谋和实际领导人的作用,这就是四世班禅洛桑曲吉坚赞(1567—1662)。

洛桑曲吉坚赞本名叫曲结巴丹桑布,生于后藏兰伦热布谿卡的竹加白哇村。父名仲措·贡噶伍赛,母名措加。他13岁入当地安贡寺出家为僧,拜克珠桑结益希为师,剃发受了沙弥戒,取法名洛桑曲吉坚赞。由于他刻苦勤奋,不但精通佛经,而且很有辩才,14岁时被众僧拥立为安贡寺赤巴活佛,举行坐床典礼。这是班禅世系正式采用转世办法之始。以后,他继续钻研佛经,并开始著述,一生有多部著作。他17岁时,以活佛的身份到扎什伦布寺学经,参加辩论,以求深造,当年获得"柔钦"[①]称号。1589年拜大堪布班钦·当秋雅佩为师,受了比丘戒;而后去拉萨甘丹寺学经,并参加辩经。七年(即1595年)后,他离开甘丹寺回后藏安贡寺,担任该寺赤巴,后又兼任岗坚群佩寺赤巴。

1601年,洛桑曲吉坚赞担任扎什伦布寺第十六任堪布,当时扎什伦布寺的经济比较困难,寺属只有一个谿卡,收入无法养寺。为了向当地的领主化募,他在日喀则创立了"祈愿大法会"。同时,他还亲自到各处讲经化缘,将得来的钱物用来扩建修缮寺院。1608年,应四世达赖的邀请,洛桑曲吉坚赞到拉萨向四世达赖云丹嘉措和哲蚌寺的全体僧众传讲"金刚念珠"之法,同时向拉萨各地封建领主募集了铜铁二百余斤、金叶五百余两。返回后,他就在强巴佛殿的顶上,覆建汉式的金顶一座,使扎寺有了第一座金瓦殿。1614年,他又在各地募化铜七十驮、金叶四百两,为扎寺修建了第二座金瓦殿。更重要的是,他在修缮扎什伦布寺原有的兑散林扎仓、吉康扎仓、夏孜扎仓三个专修显宗的扎仓的同时,又修建了一个专修密法的阿巴扎仓,使得扎什伦布寺形成了由显到密、先显后密的学经体系[②]。

洛桑曲吉坚赞担任扎洛寺第十六任堪布后,使不仅教规正规化,而且使扎什伦布寺的经济状况从根本上得到好转,寺庙谿卡不断扩增。藏巴汗虽然敌视格鲁派,阻止五世达赖转世,但他对洛桑曲吉坚赞比较敬重。因此,他曾将谢通门庄园、兰伦热布杰庄园捐献给扎寺。固始汗消灭藏巴汗后,为了表示他对洛桑曲吉坚赞的敬仰,把后藏的托谿卡、绒措哇、阿巴喇嘛曲谿、安贡哇、扎亏哇、岗巴哇、杰龙哇等数十个庄园,全部划归扎寺管理,以作僧众的香火田。这样,扎什伦布寺成为格鲁派在后藏众多寺院中最大的寺庙,僧人增加到5000余人,楼房3000余间,属寺51处,庄园16处,牧区有部落10余处,取得了与拉萨三大寺同等的地位。

1604年,洛桑曲吉坚赞在拉萨,与甘丹赤巴根敦坚赞共同给四世达赖云丹嘉措授了沙弥戒,这就是达赖与班禅建立师徒关系的开端。此后,达赖与班禅互为师徒,年长者为师,年幼者为徒,成为定例,只有在双方都年幼的情况下例外。1614年,应四世达赖之请,洛桑曲吉坚赞前往拉萨,在哲蚌寺给四世达赖云丹嘉措授比丘戒。同时给哲蚌寺的其他僧人授沙弥戒和比丘戒,受戒者共有一千余人。

---

① 为格鲁派初期对有学问的僧侣的美称。

② 牙含章编著:《班禅额尔德尼传》,西藏人民出版社1987年版,第18页。

1616年,四世达赖云丹嘉措在哲蚌寺的甘丹颇章宫内暴亡,洛桑曲吉坚赞十分悲恸。他匆匆前往拉萨,主持云丹嘉措的“超度”活动。当时,藏巴汗下令禁止四世达赖转世,这对格鲁派可以说是致命的一击,洛桑曲吉坚赞为此深感忧虑。几年后,藏巴汗身患重病,多方医治均不见效,后来经精通医方明的洛桑曲吉坚赞精心治疗,藏巴汗久治不愈的重病居然痊愈了。藏巴汗对此非常感激,准备给扎寺的阿巴扎仓捐献一处庄园作为报酬。洛桑曲吉坚赞拒而不受,只提出一个条件,要求藏巴汗允许四世达赖的灵童转世。藏巴汗只好答应,取消了以前的禁令。此事在格鲁派的发展史上,具有重大意义。

1622年,由洛桑曲吉坚赞主持迎五世达赖到哲蚌寺坐床。1625年,哲蚌寺的僧众邀请洛桑曲吉坚赞给五世达赖剃度,取法名,并授沙弥戒。于是,四世班禅和五世达赖又建立了师徒关系。1638年,洛桑曲吉坚赞担任亲教师给五世达赖授比丘戒。是年,拉萨流行天花病,死人很多。为安全起见,洛桑曲吉坚赞陪着五世达赖避居甘丹康萨地方(在藏北热振寺山后),并传授佛法。

洛桑曲吉坚赞不仅在教义教规的传授上是五世达赖的师傅,而且在当时激烈复杂的教派斗争、政治斗争中,他也是五世达赖坚定的后盾。他们师徒团结一致,共同迎击以藏巴汗为首的反格鲁派势力的进攻。1634年,藏巴汗勾结蒙古却图汗想一举消灭格鲁派,格鲁派不得不在蒙古族的首领中寻找同盟者。五世达赖、四世班禅等共同商议,作出重要的决定:秘密派人到新疆,请和硕特首领固始汗到西藏,保护格鲁派。固始汗到藏后,五世达赖、四世班禅和固始汗秘密议定了由固始汗率大军由新疆前往青海、第一步消灭却图汗、第二步消灭白利土司、第三步进藏消灭藏巴汗的战略规划。在这场迫害与反迫害斗争中,格鲁派获得胜利。当时,由于五世达赖年纪尚轻,阅历较浅,经验不足,而四世班禅在宗教界享有崇高威望,社会阅历丰富,政治上相当成熟,在这场斗争中,四世班禅洛桑曲吉坚赞实际上是幕后主持者,众人公认他是这场斗争的实际领袖。但在公开场合,洛桑曲吉坚赞常以“调解者”的身份出面,并且非常谦逊,从不居功。

固始汗控制西藏后,以洛桑曲吉坚赞为师。1645年,依照俺答汗赠给索朗嘉措“达赖喇嘛”尊号的前例,固始汗赠洛桑曲吉坚赞以“班禅博克多”的尊号。“班”是“班智达”的简称,梵语是智慧的意思;“禅”是藏语“钦波”的简称,“大”的意思;“博克多”是蒙语,是蒙古人对睿智英武人物的尊称。

1647年,清顺治帝封洛桑曲吉坚赞以“金刚上师”的名号。1652年,达赖进京。顺治帝原来请班禅洛桑曲吉坚赞和达赖一同进京,但因班禅年迈(时已86岁),不堪跋涉,未能成行。1662年,洛桑曲吉坚赞圆寂。

藏文资料一般认为,宗喀巴的大弟子克珠杰是第一世班禅,第二世班禅是索朗乔朗(1439—1504),第三世班禅是温萨巴·洛桑顿珠(1505—1566),洛桑曲吉坚赞是第四世班禅。班禅活佛被视为无量光佛的化身。

五、四世达赖喇嘛云丹嘉措

云丹嘉措1589年出生于蒙古,系蒙古俺答汗之孙苏弥尔岱青洪台吉之子。他是达赖喇嘛活佛系统中唯一出身于蒙古族的人。

1592年,云丹嘉措4岁时,由父亲苏弥尔岱青及长亲、护卫若干人护送,前往归化城,受到归化城僧俗各界人士的欢迎,被请至索朗嘉措当年使用过的法床上就座,得到蒙古僧俗上层的一致承认。对于这位出身于蒙古贵族的转世灵童,西藏格鲁派寺院集团采取了十分慎重的态度:先于1592年派出一个使团前往漠南,查访云丹嘉措是否确系索朗嘉措的"转世灵童";使团返藏后,经过一番深入的讨论,认定云丹嘉措即是索朗嘉措的转世灵童。1602年,云丹嘉措14岁时,西藏三大寺派出正式代表,前往土默特迎接他入藏,并依甘丹寺第苏仁波且之提议,奉上"遍知一切云丹嘉措贝桑布"的法名。

1602年,云丹嘉措从蒙古起程入藏,沿途受到蒙藏僧俗的热烈迎送。1603年到达西藏,他先在藏北热振寺举行了坐床典礼,然后到甘丹寺受第苏仁波且、桑格仁波且等大师的奉迎;并在僧众的陪同下,瞻仰了格鲁派创始人宗喀巴的遗像。云丹嘉措到拉萨时,甘丹、哲蚌、色拉等寺的僧众身着盛装,手持香火,列成长队欢迎。云丹嘉措在隆重恭迎下,到哲蚌寺居住学经。1604年,四世班禅洛桑曲吉坚赞从扎什伦布寺到拉萨,会见云丹嘉措。他与甘丹赤巴·根敦坚赞共同给云丹嘉措授了沙弥戒。他在拉萨居住了几年,给云丹嘉措讲授了许多显密教法。

云丹嘉措进藏后,格鲁派面临的劲敌仍是辛夏巴家族势力。1565年辛夏巴家族推翻仁蚌巴家族后,势力发展很快。1605年,辛夏巴·次旦多吉联合直贡噶举派打败了在经济上支持格鲁派的第巴吉雪巴,控制了拉萨地区。1610年至1613年,辛夏巴·次旦多吉之孙平措朗杰接连攻破山南上部最大的领主第巴雅觉巴和澎波的乃乌宗。至此,辛夏巴家族势力控制了西藏大部。噶玛噶举黑帽系的第十世活佛曲英多吉,与辛夏巴家族关系密切,他后来表示承认辛夏巴·平措朗杰的"王"位,并赐给平措朗杰一颗印。辛夏巴家族与噶玛噶举红帽、黑帽系,以及直贡噶举派,联合起来打击、迫害格鲁派和格鲁派的支持者。

据《黄琉璃》记载,四世达赖喇嘛入藏后,噶玛噶举红帽系第六世活佛曲吉旺久给他写了一封贺信。信中有些语句暗含敦促云丹嘉措深入学习的意思,这些话引起了格鲁派高僧大德的反感。他们认为,达赖喇嘛要到20岁时才接受比丘戒,在未成年时自然会跟随精选的师傅学习;再则,作为达赖喇嘛三世的转世,他是全知全能的,无须任何人给予什么指导。格鲁派为此特地请擅长修辞的人起草复信,针锋相对地给予反驳。曲吉旺久进行了报复。他在拉萨大昭寺向释迦牟尼佛像献题词哈达时,有谴责诽谤格鲁派的言语。格鲁派认为这是对他们的侮辱,为此,信奉格鲁派的蒙古人赶走了噶尔巴①的马骡等。而为报复起见,红帽系鼓动辛夏巴·次旦多吉派军队打击雪(拉萨河下游)地区的格鲁派及其施主。于是,四世达赖喇嘛举行猛恶镇压法,出现了修猛恶法见效的征兆。据此,人们称他为图道嘉措(法力海)。

四世达赖云丹嘉措在西藏除学经和其他宗教活动外,还接受各地贵族及寺院的邀

① 指噶玛噶举派野外设帐传法修行的僧侣队伍。

请,与这些贵族和寺院建立联系。他曾被邀请到贡噶、杰日拉巴、桑阿德庆、扎噶尔等地方和寺院,受到礼敬和供养;又到曾其、群科杰寺讲经,发放布施;到琼结、乃东孜、泽当、江日、雅东等地寺院,讲授经典,用佛法甘露满足了信徒的愿望。

1607年,云丹嘉措赴扎什伦布寺,向四世班禅洛桑曲吉坚赞学法,两人感情甚洽。云丹嘉措在扎什伦布寺住了一个时期后,到岗坚群培寺、绰浦寺和伦波孜寺巡礼,然后返回前藏。1614年,由四世班禅洛桑曲吉坚赞任亲教师,活佛索朗格勒贝桑任业轨范师,给云丹嘉措传授了比丘戒。受比丘戒后,云丹嘉措应哲蚌寺僧众之请,继任哲蚌寺第十三任赤巴;又应色拉寺僧众之请,兼任色拉寺第十五任赤巴。

1616年,明朝万历皇帝派遣索朗洛追等僧人进藏,颁赐四世达赖喇嘛"普持金刚佛"的封号、封文,并赐给官服、官帽、印章等①,邀请四世达赖前去京城。但是,云丹嘉措未能成行。是年年底,云丹嘉措在哲蚌寺突然去世,时年28岁。

对于云丹嘉措之死,有人说是辛夏巴·平措朗杰派人刺死的。因为辛夏巴·平措朗杰得了重病,怀疑是云丹嘉措对他进行诅咒所致,于是派人刺死了云丹嘉措。不管此传说真实与否,辛夏巴家族势力仇视和打击格鲁派则是事实。

云丹嘉措的遗体火化后,他的头盖骨和心脏分别被蒙古喀尔喀部的却库尔和土默特部的台吉作为信奉物迎至蒙古地方,各自建塔供养。由却库尔担任施主,强佐·索朗饶丹负责,建造了银质灵塔,用云丹嘉措的舍利等物品装藏,供奉在哲蚌寺中。

---

① 〔意〕杜齐:《西藏中世纪史》,中国社会科学院民族所第99页。

第十八章　格鲁派的兴盛时期

17 世纪前半期是格鲁派发展史上的一个重要时期。西藏甘丹颇章地方政权的建立，奠定了格鲁派发展的政治基础；蒙古汗王固始汗将卫藏赋税交予达赖喇嘛，作为僧众的供养，极大地充实了格鲁派的经济实力；五世达赖受到清朝中央的册封后，其地位和声望大大提高，从而使格鲁派寺庙集团势力的发展更具有得天独厚的条件。格鲁派寺庙集团上层不失良机，从健全教派自身宗教制度、严格戒律戒规、树立完整的宗教理论体系、扩建寺院、壮大僧侣队伍等多方面，促进格鲁派的发展，使其成为西藏最大的一个佛教教派。

第一节　五世达赖喇嘛的认定与甘丹颇章政权的建立

一、五世达赖喇嘛的认定

1.藏巴政权阻止格鲁派发展

四世达赖圆寂后，辛夏巴·平措朗杰对格鲁派采取了更加严厉的限制措施，即下令不准达赖喇嘛再转世，这一限制对格鲁派来说是个沉重的打击。当时，格鲁派的支持者帕珠政权名义上虽然延续着，但经 1563 年和 1564 年两次家族内部纷争，更加衰微和分裂。同时，在经济上支持格鲁派的第巴吉雪巴也被打垮。辛夏巴家族势力在 1618 年推翻帕珠地方政权，建立了第悉藏巴政权。

在这种重压之下，格鲁派将寻求外援的视线再次投向了西藏以外的蒙古汗王。这是因为，自 1578 年三世达赖喇嘛索朗嘉措在蒙古族地区传教后，蒙古族地区和格鲁派的三大寺关系日益密切；自从认定俺答汗的曾孙云丹嘉措为四世达赖后，这种关系进一步发展。在蒙古族地区，有达赖的代理人（如东科尔呼图克图等）常住；在拉萨，有蒙古僧俗贵族常住。蒙古族各部汗王的子弟也多去三大寺学经，有些人还做了达赖喇嘛的弟子，各部汗王也常到西藏进谒达赖和班禅，去各寺庙发放布施。虽然，在蒙古族内部，各部汗王彼此间不时发生矛盾,但他们都信奉格鲁派,分别与达赖之间联系。

1617年,蒙古喀尔喀部阿巴岱汗的四弟图蒙肯应格鲁派的支持者第巴吉雪巴的请求,率领一支三千人的蒙古军队到达西藏。他们宣称为蒙古族出身的四世达赖云丹嘉措报仇,向平措朗杰发起了猛烈进攻。起初,蒙古军连战连捷。但不久,与蒙古军联合作战的第巴吉雪巴与哲蚌、色拉二寺的僧兵发生矛盾,平措朗杰趁机以一万兵反攻,1618年7月攻破哲蚌、色拉二寺,血洗寺院,僧俗五千余人丧生。四世班禅洛桑曲吉坚赞转往阿里避难,蒙古军败北而归。哲蚌、色拉二寺僧人被迫向藏巴汗缴纳大量罚金。

为走出困境,格鲁派上层遣使向驻牧在青海的蒙古吐默特部求援。1621年,青海土默特蒙古之拉善穷哇罗桑丹增、古如洪台吉兄弟二人率骑兵两千抵达拉萨,向藏巴汗展开攻势。时藏巴汗平措朗杰已病逝,由其子丹迥旺布承其位。丹迥旺布以一万兵迎战,结果溃败,其残部被围困于拉萨药王山下。经四世班禅洛桑曲吉坚赞等出面调停,丹迥旺布同意交还以前抢占的哲蚌、色拉两寺庄园;将拉萨河下游地区交由格鲁派管辖,恢复卫藏两地的德庆、桑布、卡日等曾被噶玛噶举派强迫改宗的格鲁派寺院。

正是此次战争的胜利,搁置已久的四世达赖转世问题得到解决。1622年,由四世班禅洛桑曲吉坚赞、蒙古贵族代表拉善穷哇罗桑丹增和古如洪台吉共同认定:阿旺洛桑嘉措为五世达赖喇嘛。他被接到哲蚌寺坐床。

2.五世达赖坐床和格鲁派寻求外援

五世达赖喇嘛阿旺洛桑嘉措,1617年出生于西藏山南琼结地方,属琼结巴家族。琼结家族系山南地区的一个封建主,也是帕珠地方政权属下的贵族。日喀则就是帕珠地方政权封给琼结家族的领地,其家族世袭日喀则宗本的职务。

1616年四世达赖喇嘛云丹嘉措圆寂之后,藏巴汗禁止寻找转世"灵童"。经过四世班禅洛桑曲吉坚赞多方斡旋,最后才得以在他的主持下认定五世达赖。1622年,在班禅洛桑曲吉坚赞的主持下,6岁的阿旺洛桑嘉措被迎入哲蚌寺坐床。1625年,他拜四世班禅洛桑曲吉坚赞为师,受了沙弥戒。1637年,他又从四世班禅受比丘戒。不久,他担任了哲蚌寺的第十五任赤巴,兼任色拉寺第十七任赤巴。自五世达赖以后,历代达赖即为哲蚌、色拉两寺的当然赤巴,他人不得充任。达赖另派堪布一人代表他去管理寺政。

这时期,蒙古各部之间发生了一系列冲突。内乱中,漠北喀尔喀蒙古的一支在却图汗的率领下,南下青海,征服了土默特部众,成为实际上的青海王。西藏的藏巴汗了解到却图汗祖辈世代信仰噶玛噶举,便通过噶玛噶举的僧人兰占巴与却图汗结成联盟,企图一举消灭格鲁派。1635年,却图汗遣其子阿尔萨兰率蒙古骑兵一万入藏,攻打格鲁派。此时,格鲁派四面受敌。在康区,具有强大实力的白利土司顿月多吉更是"迷信苯教,对内道(佛教)大德,多加凌害"①。据《青海史》记载:"上部藏巴汗迫害亲近格鲁派的僧人;下部的白利土司杀戮了许多信仰佛教的大德,或将他们流放到门域(今西藏山南措那县境门巴族居住地);却图汗也对一些格鲁派僧人或是杀害或是投入监狱,这上下两种势力

① 《续藏史鉴》,刘立千译,华西边疆研究所1945年,第75页。

切断了许多信佛者前往卫藏居住地的金桥。”①在这关系到格鲁派生死存亡的关键时刻，经五世达赖阿旺洛桑嘉措、四世班禅洛桑曲吉坚赞、五世达赖的强佐·索朗群培、支持格鲁派的前藏贵族吉雪第巴·措结多吉等人共同协议之后，秘密派人到新疆，请求厄鲁特蒙古和硕特部首领固始汗率兵前来西藏，帮助格鲁派解除敌对势力的威胁。

固始汗（1582—1654），系成吉思汗之弟哈希图哈萨尔的第十九代孙和硕特汗王哈尼诺颜洪果尔的第四子，十余岁即以英武著称。25岁时，因成功调解卫拉特与喀尔喀之间的冲突，被喀尔喀汗王授予大国师之印，故称为固始汗（即国师汗的转音，蒙古人用“国师”一词表示聪明有学识的意思）。1630年左右，其兄和硕特拜巴噶斯死，他继承了汗位。固始汗是个雄心勃勃的政治家，他原驻牧于天山北路，因受准噶尔部压迫，徙牧于天山南路。他对于水草丰美的青海早有袭据之意，并一直寻找机会控制格鲁派，以号令蒙古诸部。

1636年冬，固始汗率部众进入青海。第二年正月，与却图汗交战，一举消灭却图汗近三万军队于乌兰和硕（今青海湖以北刚察县境内），擒杀却图汗，占据青海。固始汗化装成香客，随大批朝佛队伍，秘密进入拉萨，会见了五世达赖和四世班禅，共同商讨下一步军事行动。会晤时，固始汗赠给达赖喇嘛黄金四千两，赠给四世班禅却吉坚赞黄金二千两，其属下也给达赖喇嘛敬献许多礼物。关于这次会晤，《五世达赖喇嘛自传》中有详细的记载：“吾于释尊前置一高座，请其坐之，赠其持教法王之衔，并用蒙语称呼之。又给印一颗。此外，还给其宗喀巴镀金像等礼物，建立了与教法众生皆有益之因缘。吾还给其儿子及官员也封了号。固始汗给吾之周围人亦封了不同称号。对协敖给予达赖强佐的封号，对绛俄内扎西彭措给予乌尔心第巴之称号，对仲美乃给系济善第巴之称号。”②

二、甘丹颇章政权的建立

1.固始汗兵援格鲁派

固始汗自西藏返回青海后，按照在拉萨与格鲁派上层达成的协议，购置军需，寻找机会，随时准备向藏巴汗发起进攻；同时，和西藏格鲁派上层信使频繁往来，联系不断。1638年左右，藏巴汗噶玛丹迥旺波开始在后藏扎什伦布寺附近的噶玛巴修建新的大寺。施工中，从山上滚下来的石头不仅砸伤了人，而且也危及扎什伦布寺，四世班禅对此敢怒不敢言。固始汗得知此事后不禁大怒，立即发兵西藏。但就在人们认为固始汗要入藏进攻藏巴汗时，固始汗却在半途突然率军转而向西康的白利土司发起猛攻。后来，固始汗在途中截获了白利土司写给藏巴汗的一封信，信中说：希望与藏巴汗联合起来对付共同的敌人格鲁派。固始汗认为情况紧急，必须赶在藏巴汗与白利土司结盟之前，先消灭白利土司，故而掉转马头。1640年，固始汗消灭了白利土司顿月多吉的势力，收降西康各藏族部落，并释放了被白利土司囚禁在牢房中的格鲁派、萨迦派、噶举派、宁玛派所有僧人

---

① 松巴堪布·益西班觉著：《青海史》，黄颢译，载《西北民族文化》1983年第3期。
② 《五世达赖喇嘛自传》，西藏人民出版社1989年版，第169、199页。

及土官，这使他获得很好的声誉。对此，五世达赖在其自传中写道："龙年新年，当吾在拉萨主持祈愿大法会时，丹增法王征服了边境多康六岗，虽然白利王一时逃脱，但由于业因，最终如飞蛾扑火被法王所擒。"①

1641年夏，固始汗率领蒙古大军向藏巴汗发动了最后的进攻。藏巴汗噶玛巴丹迥旺波虽进行了顽强抵抗，但最终还是败下阵来，向固始汗投降。据说，一开始固始汗并不想杀藏巴汗，只把他囚禁起来。后来，从俘获的黑帽派第十世活佛的厨师曲英身上佩戴的护身盒内发现了一份秘密文件，该文件上分别盖有黑帽系活佛、红帽系活佛和藏巴汗印章，其内容是他们计划联合起来发动叛乱，杀死固始汗，囚禁五世达赖和四世班禅，彻底摧毁格鲁派的寺院，等等。固始汗看后大怒，下令处死藏巴汗。这样，格鲁派依靠外部军事力量，终于消灭了强大的对手。

2.甘丹颇章政权的建立

藏巴汗被杀后，五世达赖应邀赴后藏。当他到达德庆时，固始汗前来相会，赠给五世达赖一把八思巴用过的手铃和一个绿宝石做的名为"遂坚"的法器。在日喀则，固始汗再赠给五世达赖一个由却旺仁波且发现、八思巴加持过的智慧空行母益希措杰之心明宝镜，以及从藏巴汗的日喀则宫殿中获得的大量财宝；同时将西藏13万户每年的税收全部奉献给五世达赖，作为格鲁派寺院宗教活动的费用。实际上，这是把卫藏地区的经济大权交给格鲁派寺庙集团，从而使格鲁派集团在西藏社会中形成独占优势的局面。此举是固始汗仿照元代忽必烈和八思巴的故事，尊五世达赖为全藏区的宗教领袖，把西藏地方形式上赠予达赖喇嘛。这既显示固始汗一心护教的真诚，也使他可以名正言顺地长期留在西藏。此后，在固始汗的直接策划和安排下，一个统治西藏的甘丹颇章政权建立起来了②。

固始汗虽然把经济大权交给了五世达赖，但他本人却牢牢地掌握着军事控制权。他在西藏留下了八个旗的蒙古军，这支军队平时驻扎在拉萨以北的达木地方（即今当雄，旧称"达木八旗"）。固始汗遣其长子达延统帅，而他本人则来往于拉萨和日喀则之间，掌握藏区全局，从军事上牢牢控制西藏。为巩固在西藏的统治，固始汗对其部众的安置亦有周密的考虑。他派其诸子（固始汗有十子）驻牧青海，并征康区赋税以养青海部众，其目的正如《蒙藏关系史略》一书所言："以青海为根据地，还可以阻挡住来自北方的其他蒙古族军事力量，从而保障他独占西藏地方的政治权力。再者，以广大康区的赋税收入来补充和硕特部的需用，更可以保证他在青海部众的生活安定，巩固他在西藏建立的统治。"③在甘丹颇章政权内，固始汗还掌握着重要官员的任免权。该政权内最重要的职务是第巴。第一任第巴索朗群培是由固始汗任命的。此外，固始汗还任命地方首领。卫藏地区的行政命令须固始汗盖印、第巴副署盖印才生效④。

---

① 《五世达赖喇嘛自传》，第169、199页。

② 由于这个政权最初是在哲蚌寺甘丹颇章宫宣告成立的，所以称它为甘丹颇章地方政权。

③ 王辅仁、陈庆英：《蒙藏民族关系史略》，中国社会科学出版社1985年版，第130页。

④ 王森：《西藏佛教发展史略》，第180、188、191页。

同样，以五世达赖为首的格鲁派上层在甘丹颇章地方政权内亦拥有实权。他们掌握了西藏的经济大权，便具备了在政治上发展的基础；同时，格鲁派寺院集团在西藏社会中的优势地位也得了保障。王森先生在《西藏佛教发展史略》中论道："五世达赖在地方有固始汗的尊信，又掌握了卫藏地区的全部税收，有为数众多的寺院作他的支柱，具体执行卫藏行政事务的第巴，又是他手下旧人（指索朗群培，他原是五世达赖的贴身侍从），所以五世达赖在固始汗辖区之中，卫藏地区以内，虽无正式名义，但实际上有一定实权"①。以固始汗为首的和硕特一系蒙古汗王"只抓军权和高级官吏的任免权，至于卫藏内部的行政事务，由于赋税已交达赖支配，故多听藏人自己安排"②。第巴虽然由蒙古人任命，但实际上，他秉承达赖的旨意办事，是格鲁派势力集团在甘丹颇章地方政权中的最高代表，所以康熙皇帝亦曾说："夫第巴者，乃达赖喇嘛下司事之人。"③固始汗去世后，五世达赖亲自任命过三任第巴。可见，格鲁派集团在甘丹颇章地方政权内拥有宗教、经济和政治大权，当然这些权力都是在和硕特汗王最高权力的监控之下。至此，我们可以看出，甘丹颇章地方政权既不是藏民族自己建立的单一地方政权，也不是和硕特蒙古在青藏高原上建立的蒙古地方政权，它是一个在蒙古军事势力直接保护下建立起来的"蒙藏联合地方政权"④。

在甘丹颇章政权建立的最初几年，曾面临噶玛噶举派寺院与一些原支持藏巴汗的地方首领联合发动的一系列叛乱。1642年，拉萨东南部工布地区的噶举派僧人举行暴动，焚毁当地格鲁派的寺院，烧死格鲁派僧人五百余人。后藏巴汗手下贵族及寺院公开叛乱，攻占了南木林宗。叛军扬言要进攻日喀则，班禅大师处境危险，向拉萨方面求援。江孜被困，囊索诺布弃江孜而逃，前后藏局势持续动荡不安，对新生的甘丹颇章地方政权构成了严重威胁。在危急时刻，固始汗指挥蒙古骑兵，征战前后藏，平息了各地的叛乱。固始汗之子达赖汗镇压了工布地区的噶玛噶举派的反叛后，还帮助格鲁派摧毁各地的噶玛噶举派寺院，强令其僧人改宗，并在所有噶玛噶举派僧人手上打了印记，交给各个格鲁派寺院。在后来对不丹和拉达克的战事中，固始汗的蒙古军同样充当了主力。可见，和硕特蒙古汗王的军事力量，对刚刚建立不久的地方政府起了强有力的支撑和巩固作用。

第二节　格鲁派寺院集团与清朝中央政权的联系

一、清朝政府册封五世达赖喇嘛

17世纪前期，固始汗和格鲁派领袖人物联合进行的另一项重大政治活动，就是与正

---

① 王森：《西藏佛教发展史略》，第180、188、191页。

② 王森：《西藏佛教发展史略》，第180、188、191页。

③ 《清圣祖实录》卷175。

④ 参阅苏发祥《论西藏甘丹颇章地方政权的建立及性质》，《中国藏学》1997年第3期。

在崛起中的清政权建立关系。早在1636年,固始汗秘密进入拉萨,会见四世班禅、五世达赖,制定推翻藏巴汗政权、统一全西藏的军事行动计划时,就磋商由固始汗、五世达赖、四世班禅联名派一个使团前往盛京建立联系,以取得清政权的支持。

历史上,格鲁派在初创阶段与寺院集团势力形成时期,就曾积极争取中央王朝的支持。释迦益希、索朗嘉措先后受到过明朝皇帝的册封。进入17世纪30年代,明王朝江河日下,中央政权的更替已势所难免。遵循内在的历史轨迹,着眼于现实,格鲁派遂把与崛起中的清政权建立关系提到重要的议事日程上来。这时,生机勃勃的清政权正处在以与漠南蒙古王公紧密结盟,将区域性民族政权推向建立全国统一政权的历史发展进程中。鉴于格鲁派在蒙古地区与日俱增的影响和蒙古王公多次敦请格鲁派高僧、推崇藏传佛教,与格鲁派建立直接关系,对于清政府来说,自然有助于增强其藉以夺定天下的"满蒙联盟"。同时,在漠西卫拉特蒙古四部中,和硕特部的势力仅次于准噶尔部,固始汗拥有一支不容忽视的军事力量。清朝面对准噶尔首领雄心勃勃,其势力急剧扩张,"惟捍准夷而扶植和硕特"也是一种有效的制衡策略。

1639年,皇太极决定与西藏建立联系,派遣察汉喇嘛等赍书进藏。清朝派出的使臣尚在赴藏途中,达赖喇嘛和固始汗派出的以伊拉古克三呼图克图和戴青绰尔济为首的使团已穿行于蒙古地区,于1642年10月到达盛京。伊拉古克三是固始汗的侄孙,皇太极给予隆重的接待,"上亲率诸王贝勒、大臣出怀远门迎之。迎至马馆前,率众拜天。行三跪九叩头礼毕,进马馆。上御座。伊拉古克三呼图克图等朝见,上起迎。伊拉古克三呼图克图等以达赖喇嘛书进上,上立受之,遇以优礼"①。皇太极还将朝鲜国王进贡的物品分赐给伊拉古克三、戴青绰尔济等人,并赐大宴于崇政殿;又命八旗诸王、贝勒分别宴请,五日一次。伊拉古克三等人在盛京停留八个月后,于1643年6月启程返藏。皇太极厚赏伊拉古克三等人,亲自率领诸王、贝勒送至演武场,设大宴为他们饯行,还命和硕睿亲王多尔衮、多罗武英郡王阿济格、辅国公硕托、满达海率植勒以上章京、参政以上各官送到永定桥,再次设宴饯别。

清廷派遣察干格隆、巴喇衮噶尔格隆等人,随同伊拉古克三使团进藏,致书达赖喇嘛、班禅喇嘛、噶玛法王、萨迦法王、达隆法王、固始汗等人。皇太极致达赖、班禅书的言词与附送礼物相同,强调"今承喇嘛有拯济众生之念,欲兴扶佛法,遣使通书,朕心甚悦";在致固始汗的信中说"朕闻有违道悖法而行者,尔已惩创之矣"②。

从此,清朝与西藏地方之间开始了密切的联系。据史料记载,自1644年清中央政权正式建立,到五世达赖进京觐见(1652年)的九年间,双方几乎每年都派出使者或使团往返于京城和拉萨之间。清朝皇帝时常遣使携带贵重礼品,赍书存问达赖、班禅,并到西藏各大寺院熬茶礼佛,发放布施。达赖、班禅、固始汗遣使赴京上表请安,奉献土特产品。

1650年,顺治帝派遣噶居喜饶喇嘛等赴藏,延请达赖喇速赴京师。1651年,顺治帝

---

① 《清太宗实录》卷63,崇德七年十月己亥。

② 《清太宗实录》卷64,崇德八年五月丁酉。

又派遣多卜藏古西等人入藏，携带敕书、礼物，宣旨往召达赖喇嘛。次年五世达赖起程赴北京，率领藏官侍从三千人，行抵青海境内时，顺治帝派内务府大臣夏古达热康前往欢迎，并由国库发给口粮。达赖一行途经青海、宁夏、内蒙前往北京，沿途受到蒙藏上层和民众隆重迎送；达赖喇嘛一路讲经说法，为数万人做了法事。格鲁派领袖达赖喇嘛赴京会见清朝皇帝一事，在蒙藏民众中产生了广泛影响，这对清朝在蒙藏地区建立起牢固的统治秩序是十分有利的。

1652 年，五世达赖到达北京，顺治帝待之以殊礼。此前，清朝拨白银 9 万两，在北京修建黄寺，特供五世达赖在京期间驻锡。顺治帝对五世达赖赏赐极为丰厚。五世达赖离京前，顺治帝赐给他黄金 550 两、白银 1.2 万两、大缎 100 匹，以及其他贵重礼品多种；皇太后也赏赐黄金 100 两、白银 1000 两、大缎 1000 匹。清朝对达赖喇嘛的这种特殊礼遇，其实是做给喀尔喀、准噶尔诸部领袖人物看的，目的是争取他们的归顺和臣服。

五世达赖在北京停留了两个月，于 1653 年 2 月离京返藏。途中在代噶停留之时，顺治帝派遣以礼部尚书觉罗朗球和理藩院侍郎席达礼为首的官员，赍送刻有满、蒙、藏、汉四种文字的金册、金印，正式册封五世达赖喇嘛为“西天大善自在佛所领天下释教普通瓦赤喇怛喇达赖喇嘛”。金册共 15 页，全文如下：

> 朕闻独善兼善，开宗之义不同，世出世间，设教之途亦异，然而明心见性，淑世觉民，其归一也！兹尔罗卜藏扎木素达赖喇嘛，襟怀贞朗，德量渊泓，定慧偕修，色空俱泯，用能宣扬释教，诲导愚蒙，因而化被西方，名驰东土，我皇考太宗文皇帝闻之欣尚，特遣使迎聘，尔早识天心，许以辰年来见，朕荷皇天眷命，抚有天下，果如所期，应聘而至，仪范可亲，语默有度，臻般若圆通之境，扩慈悲摄受之门，诚觉路梯航，禅林山斗，朕甚嘉焉！兹以金册印封尔为西天大善自在佛所领天下释教普通瓦赤喇怛喇达赖喇嘛，应劫现身，隆兴佛化，随机说法，利济群生，不亦休哉！

顺治帝册封达赖的封号由两部分组成：第一部分“西天大善自在佛所领天下释教”，是沿用明朝对噶玛噶举派黑帽系五世德行协巴封号的一部分，不同的是新加了一个“所”字，以限定其管理佛教的范围仅为蒙藏地区。清朝沿用明朝这一封号，乃是表明清朝对明朝以分封确立同西藏政教首领间的政治隶属关系做法的历史承袭；第二部分“普通瓦赤喇怛喇达赖喇嘛”，则是沿用俺答汗赠予三世达赖的全部尊号。清朝以册封重新肯定蒙古所熟知的这一尊号，显然是为了保持和加强达赖对蒙古的影响，从而有利于清朝推行利用藏传佛教控制蒙古的政策。

代噶册封后，达赖喇嘛的封号与他在西藏的宗教领袖地位被正式确定下来。从此以后，历代达赖喇嘛必须经过中央政府的册封，遂成为制度。五世达赖返回西藏途中，每程每站都受到隆重的迎送接待。他在途中许多地方停留，给一些新寺院主持开光仪式，或主持修复残破的寺院，其中有那些过去俺答汗与三世达赖索朗嘉措建立而被察哈尔破坏了的寺院。同年，清朝又册封固始汗为“遵行文义敏慧固始汗”，也赐给金册金印。清朝在对固始汗的封文中，对他“能度势审时，归诚向化”，“倾心恭顺”，深表嘉许；希望和硕特汗王作清朝皇帝的“屏辅，辑乃封圻”，即要协助皇帝守卫好边疆，把封地治理得安定繁荣。这里表明，清朝统治者认可固始汗是领有封地，有权统治当地人民的汗王。清朝对达赖喇嘛虽然倍加礼敬，厚予封赐，但并未封五世达赖为藏族地区的政治领袖，只是封他为“所领天下释教”的宗教领袖。之所以如此，这与清朝治理西藏的政策密切相关。

清初，由于格鲁派在康藏、甘、青及蒙古地区信徒众多，影响深远，清朝从安抚边疆少数民族的政治需要出发，用怀柔羁縻的办法，对格鲁派上层人物殊礼接待，厚予封赐，从而利用达赖、班禅等格鲁派领袖人物在蒙藏民众中的巨大影响力，对蒙藏地区进行统治。这是清朝的一项基本政策。对此，乾隆皇帝在《御制喇嘛论》里讲得很清楚：“盖中外黄教总司以此二人（指达赖、班禅——引者），各部蒙古一心归之，兴黄教即所以安众蒙古，所系非小，故不可不保护之。”在该文的注释中又称：“我朝虽兴黄教，正合于王制所谓修其教，不易其俗，齐其政，不易其宜，而惑众乱法者，仍以王法治之，与内地齐民无异。”很显然，清初对西藏实行的是“政教分离”的政策，让五世达赖掌管宗教事务，让早已臣服清朝、当时完全控制着西藏局势的蒙古和硕特部汗王作为它统治西藏的代理人。清朝之所以让固始汗掌管西藏行政事务，是因为：一方面，当时中原未定，喀尔喀蒙古雄长漠北，漠西准噶尔部自恃强大，大有与清朝逐鹿中原之势，故而清朝统治者一时无力直接治理西藏；另一方面，即便清朝当时确有实力对西藏采取积极的施政措施，和硕特汗王的安置，以及由此而引起的卫拉特蒙古四部的动向等一系列问题，都不能不使清朝统治者深思。所以，利用和硕特汗王治理西藏虽是权宜之计，却也是相当明智的决断，既安置了和硕特汗王，又控制了西藏局势。

二、格鲁派的发展措施

1.政治上建立政教合一的组织机构

五世达赖和固始汗受到清中央政府册封后，其地位及声望大大提高。尤其达赖喇嘛回藏之后，他凭借清中央政府的支持和手中掌握的西藏地方的经济命脉，号召力更加大了，从而使格鲁派寺院集团的势力发展更具有利条件。这正如王森先生所言：“自1642年黄教得势以来，一直到1705年桑结嘉措死，这六十几年间，是黄教势力急剧发展的时期，也是西藏封建农奴制进一步巩固并加强、地方行政制度发生一系列变化的时期。在这种变化过程中，清朝中央政府对达赖的支持，以及固始汗及其子孙坐镇拉萨，都起了支柱作用，而具体推动这种变革的则是五世达赖及第巴·桑结嘉措等人。”①

以五世达赖为首的格鲁派上层领袖人物采取种种措施，对西藏社会从政治、经济、宗教等方面展开了一系列变革。首先，在政治上，在甘丹颇章政权内，迅速建立起政教合一的组织机构，使格鲁派势力直接参与政务。

---

① 王森：《西藏佛教发展史略》，第191页。

五世达赖属下官员分为两个系统，即僧官系统（仔仲）和俗官系统（“仲科”或“雪仲”）。行政事务中仍沿用元明旧制僧俗并用，因崇宗教之故僧官列于俗官之前，有些重要职务必须由僧官担任，如“仲译”一职。其僧俗官员的职责与分工如下：

第巴是秉承达赖意旨，辅佐固始汗处理日常行政事务的最高长官。

苏本、森本、曲本是主管达赖的饮食、起居和宗教活动的僧人，每日侍候于达赖左右，一般不参与军政大事，所以把这“三本”称作“内务侍从”。

卓尼，是接待宾客的僧官。其职责是组织安排每天在达赖座前举行的僧官早茶聚会。向达赖汇报政教大事或呈文审阅，都要通过卓尼。各寺活佛、贵族、就任官员拜见达赖，也由卓尼引荐，安排接见日期。卓尼有权巡视、监督布达拉宫各机构的工作情况。

仲译，即秘书。“孜译仓”设立前，只设仲译这个官职。负责起草达赖的公文、政令、规章、条例、布告等，以及信件，并负责管理达赖印章等。

强佐，管理“商上小库”，总司出纳。保存朝拜者献给达赖的贵重物品，供应达赖日常生活的一切物品。

卓尼、仲译、强佐三种官员经常在五世达赖座前办事，所以称作“座前承事”。

文官（臣相），这是西藏地方政府赐给地区性的世俗大贵族的一种头衔，后来演变为“噶伦”这一职衔。

武官是征集自己领地的兵丁为政府率兵打仗的贵族。

仔本是主管孜康的官员，其任务是普查、掌管全藏的土地、牛羊、户籍的清册，审计西藏地方的赋税（财政）的收支；另外对俗官任职前进行审查（查是否出自名门、贵族的后裔）、考课。所以历来把孜康看作是西藏地方政府的支柱机构，仔本是最有实权的官员。

协尔那，是协康的官员，其任务是审理重大的人命诉讼案件，依据“四大法典”，对刑事犯进行判决。

以上是设在拉萨的西藏地方政府的高级官员和机构。

拉萨密本，是拉萨市区的执法机构朗子厦的官员，负责拘捕、监禁在市区行凶、偷盗的犯人，按当时的刑律规定惩治犯人。

雪第巴，即“雪列空”的头目。初设时只管理雪城墙内外的社会治安，后来扩大为管理“雪属十八宗豁”。以这十八宗豁的税收，供应达赖和布达拉僧官所需的上等面粉、糌粑、酥油等。

宗本、豁堆，是西藏地方政府派往宗豁的行政官员，代表政府向地方收税、执法。

雍堆巴，是每年由孜康派往各宗豁催收租税的官员，协助宗本审计税收。

噶甲瓦，是孜康派往各宗豁的管理政府粮库的官员，每年春天向差民贷粮，秋收后收回，连本带息入库，以充盈和更新库粮。

还有管理工匠，管理柴草、房屋等事务的官员。

1681 年，第巴·桑结嘉措制定了《各级官员办事条例二十一则》，以法律的形式，明确规定了各级官员选拔、任用的标准及其职责权限，使政教合一的甘丹颇章政权的机构、官制逐渐完备起来。

达赖和第巴·桑结嘉措为了扩大西藏第巴地方政府的权力,对卫藏原有的封建领主承认其固有庄园和由其子孙世袭的权力,并委任他们为第巴政府官员,领主属下的庄园由第巴政府封授;同时,在西藏各地推行宗本流官制度,使地方权力亦集中于第巴政府。桑结嘉措又拟定“噶伦办事章程”,规定凡政府属下官员必须一律信奉格鲁派。于是,西藏各地方的贵族官员都成了格鲁派的信徒和支持者,借以消除了其他教派势力再起的机会,巩固了格鲁派集团对卫藏地区的控制。

为适应西藏封建社会发展的需要,巩固政教合一制的统治,五世达赖喇嘛于1642年建立甘丹颇章政权伊始,即着手制定颁布新的法典。西藏最早的立法可以追溯到吐蕃时期制定的法典。7世纪初,松赞干布颁布施行了《法典二十条》。此后,在不同的历史时期,西藏地方统治者制定过多部法典,如14世纪中叶,帕珠噶举派领袖绛曲坚赞制定的《法典十五条》;1613年,噶玛巴藏巴汗制定的《法典十三条》;1618年,噶玛丹迥旺波统治全西藏后,制定颁布的《法典十六条》等。

甘丹颇章政权初建时,五世达赖喇嘛命第巴·索朗群培负责制定法典。索朗群培按照五世达赖所规定的法律总则,对藏巴汗制定的《法典十三条》进行调整,删去“地方官吏律”一条,定为《法典十二条》。1679年,五世达赖又命第巴·桑结嘉措制定法典。桑结嘉措对丹迥旺波的《法典十六条》进行了综合调整,并在文字上作了补充修订,对一些条例作了解释,使之成为西藏地方较详细的法典,称《法典清明品鉴十三条》。西藏地方先后制定的几部法典,包括五世达赖时期制定的法典,其立法的基本依据仍然是松赞干布时代依照佛教的“十善”制定的《法典二十条》,由此决定了这些法典不可避免地以维护佛教、宣扬佛教为其宗旨。从法律上明文规定“敬信三宝”,“要学习佛法及文字,了解其义理”,“要信因果,戒绝恶行”,“若值是非难明,当对神祇发誓”等用语浸透了佛教思想,法律与佛教戒律相互渗透,难以区分,其目的是为了用佛教统一人们的思想,维护统治阶级的利益。显然,以五世达赖为首的格鲁派领袖人物充分意识到这一点,及时地制定颁布充满神权观念和宗教思想的法典。这对于维护西藏封建农奴制,巩固和发展甘丹颇章政权统治有着重要的意义。故而,在不长的时间内,先后颁布了两部法典。

在甘丹颇章政权内,第巴是处理日常行政事务的最高长官,第巴的人选、任用事关重大。甘丹颇章政权初建时,固始汗将这一重要官职的任命权牢牢地掌握在自己手中,而固始汗去世后,情况逐渐发生了变化。

1654年藏历二月七日,固始汗病逝于拉萨,终年73岁。对固始汗的逝世,达赖喇嘛深感惋惜,对他生前的功业赞扬备至。当晚,达赖喇嘛从哲蚌寺来到拉萨,亲自为其祝祷;为办理丧事,专门建了敏中曲康佛殿,亲自为其开光,命僧众广积善业资粮。

固始汗去世后,诸子争位,相持不下,汗位空缺四年。其间,第一任第巴·索朗群培也于1656年去世,当时因汗位空缺无法任命第巴。1658年固始汗之子达延汗继位,他于1660年委任成烈嘉措(1660—1668年在位)为第巴。1668年,达延汗和第巴·成烈嘉措于同年先后去世,又出现了汗位空缺三年的局面。对此种现象及产生的后果,杜齐在《西藏中世纪史》中说:“固始汗死后,他的子孙的政治智慧和个人威望都远远赶不上他。他们互相猜疑,兴趣不止在西藏,还关心远方蒙古发生的事件。所以,固始汗的去世和其子孙的继位,倒使达赖系统进入一个更繁荣的时期。达赖的权势登峰造极。西藏内部,红教好像放弃了反抗,蒙古的宗主权由于上述理由越来越凋萎。"①在汗王空缺、无法任命第巴的情况下,五世达赖开始自己任命第巴,及时掌握了甘丹颇章政权最高行政官员的任免权。1669 年 8 月,五世达赖正式将自己的内务侍从曲本洛桑图道(1669—1675 在位)任命为第巴,这是他首次任命第巴。当 1671 年达赖汗到拉萨承汗位时,只好认可。1675 年,曲本洛桑图道退位,五世达赖委任布达拉宫朗杰扎仓的管家洛桑金巴(1675—1679 在位)为第巴。

第五任第巴·桑结嘉措,是五世达赖经过慎重挑选才选定的一名第巴职位继承人。五世达赖对桑结嘉措从 8 岁起就精心培养,亲自对其进行全面严格的经学教育。除了一般的佛学教程以外,他还广泛地涉猎梵文、诗学、医药、天文历算、历史、文学等各个学科,并且取得了优异的成绩。五世达赖不仅想把桑结嘉措培养成一个佛学家,而且想把他培养成一个学识渊博、具有政治魄力和办事能力的政治活动家。1679 年,五世达赖专门颁布了一份文告,详细地向三大寺僧人介绍了桑结嘉措虔诚的品质和优异的学识、干练的工作能力,要求僧人同意他继任第巴。对此,尽管和硕特汗王抱着警惕,有时甚至是敌意的态度,桑结嘉措还是在三大寺僧众的欢呼声中,继任了第巴这一繁重而尊荣的职位②。

桑结嘉措担任第巴一职后,充分展现了非凡的才智和办事能力。他是在完成达赖喇嘛宏图大业方面超过其他任何第巴的一个人。他不仅是西藏历史上有作为的政治家,而且在宗教、医学和历算方面均有突出的建树,一生著述丰厚,其代表作有《甘丹宗教源流·黄琉璃》《四部医典作明·蓝琉璃》历算著作《白琉璃》等。

1643 年,五世达赖令第巴修缮扩建布达拉宫,将他的办公地点从哲蚌寺的甘丹颇章迁移到布达拉宫。从此,雄伟壮观的布达拉宫成为格鲁派的政教首脑机关。

2.经济上确定领主的土地占有关系

固始汗和五世达赖控制西藏各地后,凡是对格鲁派进行过迫害的教派以及支持该教派的贵族土地一律没收,然后对卫藏的土地进行重新分配。其中一部分赐给寺院,藏语称之为"曲谿",即寺庙庄园或供养庄园。当然,这些土地主要是赐给格鲁派寺院的,以加强格鲁派的经济基础。他们除去给拉萨三大寺和扎什伦布寺增拨土地、农奴、牧场外,还在南木林、曲水等地重点兴建了号称"十三林"的 13 座格鲁派寺院,封给领地和农奴。在这种有利的形势下,各地大大小小的格鲁派寺院都获得了发展。与此同时,对愿意服从格鲁派领导的其他教派给予照顾,让他们保留若干代表性寺院,颁给享用原有领地权力的封文,使其稳定在新政权统属之下。另一部分土地封赐给贵族,藏语称为"格谿",即贵族庄园。受封者大体可分三类:一是吐蕃赞普后裔、王朝重臣后裔和古老的地方酋长的后裔;二是元明时期形成的地方势力代表人物,受封条件是他们同情或支持过格鲁派,对

① 〔意〕杜齐:《西藏中世纪史》,李有义、邓锐龄译,第 127—128 页。

② 王尧:《第巴·桑结嘉措杂考》,载中国人民大学清史研究所编《清史研究集》第一集。

于这些贵族,固始汗和五世达赖重新承认了他们对原有领地和农奴的领有权;另外一类则是在格鲁派获取政权的过程中,跟随固始汗征伐敌对势力并建有功勋的官员,他们是新产生的贵族。还有一部分土地,留作西藏地方政府直接掌管的财产,藏语称为"雄豁",即政府庄园。土地由官府经营和管理,所得收入除规定上缴一部分作为达赖喇嘛、地方政府机关和部分直属寺庙的行政、宗教活动开支外,余下的用于机构官员薪俸及其他日常开支。

以上所述就是寺院、贵族、官家三大领主占有制。规定寺院和贵族占有领地的条件是:要有利于格鲁派事业的发展,效忠王朝皇帝,在政治、宗教上为政教合一的政权效力;负责完成封地上除授予免差权部分以外的租赋。

寺院所属庄园及相当数量的零散地,则由寺院派人管理,征收租税。寺属豁卡,寺院属民,成为寺院主要经济来源;五世达赖又给予寺院以司法自主之特权。寺院经济的发展,加速了格鲁派对世俗政治势力的渗透和不断扩大。这种政治、经济、宗教的相互作用,更进一步巩固了西藏封建社会的政教合一体制。

3.宗教上继续扩大和发展格鲁派势力

在宗教方面,五世达赖和桑结嘉措继续采取扩大和发展格鲁派势力的措施。他们凭借受清朝政府册封和蒙古军队支持的优势,说服其他教派接受达赖喇嘛的领导,同时又借口教义不纯或与反叛势力有勾结,强制没收了其他教派的不少寺院,迫使这些寺院改宗,成为格鲁派的属寺。例如没收了觉囊派达丹平措林寺及其属寺的财物,以及与觉囊派有密切关系的昂仁寺及其属寺。又因噶玛噶举与藏巴汗有勾结,没收其寺院财物,迫使僧侣改宗格鲁派。

五世达赖以清朝赐予的金银为主要资金,在前后藏地新建造了13所格鲁派大寺,同时向其划拨土地和属民。第巴·桑结嘉措时期,又增建了杰当甘丹松增林、帕康苏芒聂列林、门苍朗杰拉孜、贡觉地区的甘丹桑阿准珍林等寺院。前后新建寺院共计60余处。与此同时,扩建格鲁派旧有的寺院。在第一任第巴索朗饶丹住持下,扩建了热振寺大经堂、甘丹寺羊八井殿、哲蚌寺和沃卡纠真寺,给大昭寺四周增修了飞檐屋顶。桑结嘉措任第巴期间,增修了大昭寺的中层及顶层的大部分佛堂以及其美佛堂和德特佛堂。

此外,在五世达赖和桑结嘉措执政时期,进一步规定了格鲁派寺院内部的组织形式、执事僧人的任免升迁制度、僧人学经程序、考试制度、寺产管理方式和寺内纪律仪节等,形成了一整套宗教规章制度,并大体为后世沿袭。① 随着自身势力的发展,格鲁派便以拉萨三大寺和扎什伦布寺为中心,在全藏组织起格鲁派集团寺庙网。大小寺庙之间,建立起层层隶属关系,形成母子寺,即主寺和属寺。主寺有权派出僧官担任属寺的堪布等重要职务,或派出常驻代表掌握属寺的内外大权,由此形成了一个严密而又强大的主属寺院网络。这样,不仅严格地控制着各地的寺院,而且实际上控制着各地的政治、经济和文化。

---

① 王森:《西藏佛教发展史略》,第191—193页。

五世达赖又对全藏所有格鲁派寺庙规定了常年居住的僧侣人数，如规定甘丹寺为3300人，色拉寺为5500人，哲蚌寺为7700人，扎什伦布寺为3800人。其他卫藏、阿里、西康，以及所有甘丹颇章政权统治地区的大小格鲁派寺庙，均有规定和限制。

格鲁派寺庙普遍采用活佛转世制度。这一制度不仅解决了宗教的法统问题，使寺庙领导集团保持稳固，避免了因权力之争而引起的内部分裂；而且解决了寺院财产合法继承问题，使寺院财产持续不断地增值，寺院集团势力稳步地壮大。

五世达赖和桑结嘉措对布达拉宫进行了大规模的扩建。布达拉宫始建于松赞干布时代，据《卫藏通志》记载："曲结松赞干布好善修佛，在拉萨地方山上诵旺固尔经，取名布达拉。……遂修布达拉宫寨城垣，搭银桥一道，以通往来。后因莽松作乱，官兵拆毁布达拉，仅存观音佛堂一所，嗣经五世达赖喇嘛掌管佛教，兼理民事……"[①]五世达赖下令给第巴·索朗饶丹：以原布达拉宫仅存的观音堂为中心，向东西两边进行扩建。1643年，五世达赖亲自为这一工程奠基主持开工。因当时格鲁派得权势不久，这次扩建的规模不大，历时8年，仅建成白宫部分。五世达赖于1653年自哲蚌寺甘丹颇章迁至布达拉宫，以后历辈达赖喇嘛均住在布达拉宫。至1690年，随着格鲁派实力的增加，在桑结嘉措的亲自主持下，又集中全藏的人力物力续修了包括五世达赖灵塔和佛殿的红宫，使这一建筑累计高达13层，总高117米。此次扩建，耗资巨大，仅宫殿内部各处佛像、佛经、佛塔等即耗藏银310191两。建"世界一庄严"金塔的材料，用去黄金119282两有余。布达拉宫规模宏大，雄伟壮观，其建筑形式集藏传佛教殿堂与封建城堡于一体，体现了封建统治与佛教崇拜的高度结合和政教两权的尊严与权威，同时也显示了第巴政府集中调动各方财力、物力和人力的能力。

在清朝政府的大力扶持和固始汗的积极支持下，格鲁派走上了西藏的政治舞台。以达赖为首的甘丹颇章政权建立之后，多次以政府法令的形式提高格鲁派寺院集团的地位。格鲁派从政治、经济、宗教等方面采取一系列行之有效的措施，积极发展本教派的势力，扩大寺院组织，建立寺院经济体系，其势力空前发展。据《黄琉璃》记载，从1694年至1733年40年内，格鲁派僧侣人数从134488人增长到221742人，增长率高达65%。

三、真假六世达赖喇嘛

1.五世达赖圆寂后西藏的形势

由于格鲁派发展迅猛，卫、藏地区的政治、经济大权概统一于第巴政府，这势必与当时在西藏的和硕特蒙古汗王发生权力之争。这种斗争，自固始汗逝去就已开始。第巴·桑结嘉措执政（1679年）以后，以他为代表的西藏僧俗贵族不再甘心受制于蒙古汗王的统治，权力之争逐渐表面化。

五世达赖是藏族历史上的一位重要人物，他与固始汗配合，使西藏在政治上消除了封建主互不统属、分裂割据的局面，形成封建领主制统一的地方行政政权。他加强了西

① 松筠：《西藏志·卫藏通志》，西藏人民出版社1982年版，第80页。

藏地方和清朝中央政权的关系，密切了与蒙古诸部的交往，对西藏佛教寺院原有的各项制度做了调整和整顿。他通晓梵文，所著宗教、文史等专著多达二十一函，其中以《相性新释》《西藏王臣记》《菩提道次第论讲义》《引导大悲次第论》等著作最为著名，流传甚广。1682 年，他于布达拉宫圆寂，其肉身灵塔高达14.85米，是历辈达赖喇嘛灵塔中最高的一座。

五世达赖圆寂后，第巴·桑结嘉措匿不发丧。他对外封锁消息，谎称达赖喇嘛闭关静修，除自己以外不见任何人，一切事务委托他办理。对外发号施令和向清朝皇帝奏报，则仍以五世达赖的名义进行。五世达赖喇嘛的圆寂，对于凭借达赖喇嘛的威望以实施个人统治的桑结嘉措来说，无疑是一个很大的损失。为了稳定局势，避免格鲁派寺院集团的权势遭到削弱，同时也为了保持其权势和地位，以对付固始汗子孙汗王在西藏的统治势力，桑结嘉措故而采取秘不发丧的做法。加之，当时拉萨和拉达克正在交战。拉达克为吐蕃时代的阿里三围[①]之一。1681 年，拉萨因不丹在其境内打击格鲁派，双方发生争执，而拉达克土王德勒朗结以和不丹同属主巴噶举、不能坐视不丹受拉萨的欺侮为理由，扬言要在拉萨大昭寺门前拴马。拉萨方面遂派出一支军队攻打拉达克，这支军队的主力是和硕特蒙古汗王的兄弟噶丹才旺统率的蒙古军队。五世达赖圆寂时，蒙古军队正为第巴政府的利益在前方作战。一旦宣布达赖喇嘛去世，蒙古人可能乘机争权，影响战局，使格鲁派寺庙集团及桑结嘉措个人的权益受到损失。再则，当初桑结嘉措任第巴时，蒙古汗王的态度就有敌意。五世达赖于 1676 年就曾提名桑结嘉措任第巴，而和硕特汗王不表态。三年以后，到 1679 年，五世达赖再次提名桑结嘉措为第巴，并发布书面文告，和硕特汗王只好同意。因此，在五世达赖患病时，桑结嘉措就因担心自己的地位不稳而暗作谋划。

为最终驱除和硕特蒙古军事统治势力出西藏，桑结嘉措欲与自己的旧友准噶尔部汗王噶尔丹（桑结嘉措与噶尔丹同为五世达赖喇嘛的学生）联手。准噶尔部为漠西厄鲁特蒙古四部之一，驻牧于伊犁一带。1671 年，噶尔丹杀其兄之子篡夺准噶尔部汗位，开始向外扩张。他先后吞并了土尔扈特、杜尔伯特两部，并征服了新疆的回部，控制天山南北两路及河套以西广大地区。自 1688 年起，噶尔丹乘喀尔喀蒙古内乱发兵东侵，占领漠北全境，喀尔喀蒙古各部纷纷南迁，并请求清朝保护。康熙帝谕五世达赖喇嘛派代表前往劝说，争取噶尔丹罢兵息战。然而，此时桑结嘉措正与噶尔丹拉拢关系，企图借助噶尔丹的军事力量来钳制并最终逐出和硕特蒙古汗王在西藏的势力，因此，他以达赖喇嘛的名义，派去代表济隆喇嘛，表面劝噶尔丹息战，暗里却为其卜日诵经，怂恿其南下，入侵漠南蒙古。由于当时漠南地区已在清朝控制之下，噶尔丹遂与清朝为敌，康熙帝不得不调集大军与噶尔丹军队展开会战。在噶尔丹入侵漠南与清军大战之时，桑结嘉措伪以达赖名义，令青海厄鲁特蒙古使者暗中与噶尔丹往来，互通声息，并令和硕特诸部屯兵于松潘、

① 阿里三围又称阿里三部，即南部阿里，在今普兰县至昂仁县一带；中部阿里，在今札达县一带；北部阿里，在今新藏交界西端与克什米尔接壤一带。

河州、西宁一带，意在伺机声援噶尔丹。

在清朝大军抗击下，噶尔丹战败。眼看利用噶尔丹势力钳制与驱逐和硕特蒙古汗王在藏势力的谋划落空，桑结嘉措转而采取向清朝靠拢的政策。1693 年，桑结嘉措仍以五世达赖名义向康熙帝上书要求封自己为王，奏称："达赖年迈，国事皆第巴主之。"此时，清朝政府尚不知五世达赖已圆寂多年，考虑到这是达赖喇嘛的请求，不便断然拒绝，但又不想在和硕特汗王之外再封一个世俗的王，于是康熙帝封赐第巴·桑结嘉措为"掌瓦赤喇怛喇达赖喇嘛教弘宣佛法王布忒达阿白迪"，并赐金印①。"掌瓦赤喇怛喇达赖喇嘛教"即掌管黄教事务，"布忒达阿白迪"是桑结嘉措（意为"佛海"）的梵文音译。康熙帝封给桑结嘉措一个宗教事务方面的"王"，表明清朝当时对桑结嘉措在西藏的行政权力采取了保留的态度。清朝仍支持西藏地方的军政大权由和硕特汗王掌管。

1696 年，康熙帝率领大军亲征，大败噶尔丹。第二年，噶尔丹势穷自杀。康熙帝从被俘的藏人口供中得知，五世达赖喇嘛已圆寂多年，而第巴·桑结嘉措匿丧不报，又助噶尔丹东侵，大为震怒，致书严厉斥责第巴·桑结嘉措。第巴慑于清朝国威，次年即派人进京禀报五世达赖已于藏历水牛年（1682 年）圆寂，补报 1683 年已于门隅之宇松地方找到五世达赖喇嘛转世灵童仓央嘉措，并解释了秘不发丧的原因。尽管清廷对第巴·桑结嘉措所为大为不满，但为安定西藏地方和使"众蒙古亦欢悦"，"惟以不生事为贵"，终"宽宥其罪"②；并准许第巴所立六世达赖喇嘛仓央嘉措正式转世"坐床"。

2.六世达赖喇嘛仓央嘉措

六世达赖法名仓央嘉措，1683 年出生于西藏南部夏日措乌金林地方，父名扎西丹增，母名次旺拉姆。仓央嘉措幼时随母生活，放过牛。五世达赖圆寂后，桑结嘉措即派人寻找五世达赖的转世灵童。仓央嘉措 6 岁时被第巴·桑结嘉措选定为五世达赖的转世灵童。有 6 名知识高深的喇嘛做他的经师，并在错那宗棒山口的巴桑寺学经 6 年。1697 年，五世达赖圆寂之事正式公布后，桑结嘉措从门隅把仓央嘉措迎到拉萨。途经浪卡子宗时，与事先约好的五世班禅洛桑益西（1663—1737）会晤，由五世班禅给灵童剪发，取法名为洛桑仁钦仓央嘉措，传授了居士、出家和沙弥戒。从此，五世班禅与六世达赖正式建立了师徒关系。

同年 10 月 25 日，在布达拉宫的司喜平措大殿里，六世达赖喇嘛仓央嘉措的坐床典礼隆重举行，和硕特蒙古的丹增达赖汗、第巴·桑结嘉措、五世班禅的代表等藏蒙僧俗官员前往参加。清康熙皇帝特派章嘉呼图克图来藏参加了坐床典礼，并赏赐了许多珍贵的礼品。

仓央嘉措坐床后，在桑结嘉措的严厉监督下开始了学经活动。仓央嘉措的主要大经师是五世班禅洛桑益西、甘丹寺大法台卓尼·楚臣塔杰、格隆绛央扎巴等。当时，"桑结嘉措严令绛央扎巴根本经师等督促六世达赖精进奋学"。然而，过惯自由生活的仓央嘉

① 《清圣祖实录》卷 163，康熙三十三年四月丙申。

② 《清圣祖实录》卷 180，康熙三十六年二月壬寅。

措有时厌学，外出散步，经师们急忙尾随，恳求他坐下听讲经论，唯恐桑结嘉措追究责任。仓央嘉措往往为经师及自己这种心惊不安的学经活动凄然流泪。虽然如此，仓央嘉措还是学习了许多佛教经论。仓央嘉措还从萨迦、宁玛派上师学习了大量显密经典，又师从饶绛巴·扎巴群培等上师学习法相、诗学、历算等。为了督促仓央嘉措学经，第巴桑结嘉措还亲自讲授。

除学经外，仓央嘉措还参加其他各种宗教活动。他曾在拉萨三大寺、群科杰等寺庙立宗辩经、讲经说法；在拉萨大昭寺楼顶，新建金顶及多尊佛像。

3.真假达赖之争的由来及其实质

1701年，和硕特蒙古丹增达赖汗在西藏去世时，其长子丹增旺杰做了珲台吉的义子，在蒙古地区；其次子拉藏鲁白遂至西藏，承袭了汗位。对此，蒙古王公中有人赞同，有人反对。拉藏鲁白初一嗣位，便雄心勃勃地要恢复先辈固始汗时期在西藏的地位和权势，于是，桑结嘉措与和硕特汗王之间的权势斗争开始公开化。

拉藏汗指责第巴所立六世达赖仓央嘉措行为放荡，有违修道誓愿，其矛头实指桑结嘉措。桑结嘉措在失去清廷的信任和支持后，其权力和地位遭到蒙古汗王的严重挑战，但他决不愿把权力交给拉藏汗。在1703年拉萨传昭法会上，双方发生军事冲突。经三大寺的代表和拉藏汗的经师嘉木央协巴进行调解，桑结嘉措被迫辞去第巴职务，由其子阿旺仁钦任第巴，事态暂时平和。

1704年，拉藏汗发觉汗府内侍在他的食物中放毒。经查，系桑结嘉措重金收买内侍而为。双方关系立即处于极端紧张的状态。次年1705年，传昭法会期间，在检阅西藏和蒙古骑兵时，双方再次爆发军事冲突。后经三大寺代表、五世班禅的代表和嘉木央协巴调解，达成协议：桑结嘉措离开拉萨，退回山南贡噶庄园；拉藏汗离开拉萨，返回青海，双方中止接触，避免武装冲突。拉藏汗离开拉萨到达藏北那曲后，便不再前进，暗中派人前往青海，调来万余蒙古劲骑，集结在那曲，准备南下进攻拉萨。六世达赖仓央嘉措立即给拉藏汗写信，并派代表劝阻其南下进攻拉萨，遭拉藏汗拒绝。桑结嘉措也发出紧急命令，征调卫藏、阿里、四川藏区的藏族民兵集中拉萨，准备抵抗。6月，拉藏汗兵分三路进攻拉萨，桑结嘉措的军队被击溃。桑结嘉措率残部退到山南贡噶地方，7月，被拉藏汗的王妃追兵捕获杀死。

拉藏汗杀掉桑结嘉措之后，立即派人前往北京，向清廷报告西藏事变经过，并说桑结嘉措所立的六世达赖仓央嘉措不是第五世达赖喇嘛真正的转世灵童，他终日沉湎于酒色，不守清规，请求予以“废黜”，另寻认五世达赖喇嘛的真正转世。1706年，康熙帝接到拉藏汗的奏报后，立即派统领席柱、学士舒兰进藏，敕封拉藏汗为“翊法恭顺汗”，赐金印一颗，以稳定西藏局势。

当拉藏汗提出废黜六世达赖喇嘛仓央嘉措时，准噶尔部首领策旺阿拉布坦怀藏野心，曾遣人入藏迎请六世达赖赴伊犁。清朝认为蒙古崇佛教，“有达赖喇嘛之名皆皈依之，倘为策旺阿拉布坦所迎，则西藏、蒙古皆向策旺阿拉布坦矣”。于是，清朝派使者入藏，要拉藏汗交出六世达赖喇嘛仓央嘉措。拉藏不予，复不以献。尽管这时六世达赖喇嘛仓央嘉措没有实权,但他名义上是西藏的宗教领袖,处理不慎,势必引起宗教界的反对。拉藏汗召集各寺庙首领会议,想用合法的形式废除仓央嘉措。然而,这次会议并没有使拉藏汗达到预期的目的。拉藏汗继而努力争取五世班禅的支持。五世班禅一则由于桑结嘉措一手遮天,"乃使众不尊班禅而尊己"[①];再则对仓央嘉措不守教规的行为也极为不满,因此支持拉藏汗。支持拉藏汗的,还有他的经师嘉央协巴。

1706年,清廷诏令执"假达赖喇嘛赴京"。拉藏汗采用武力押解仓央嘉措去北京。走到哲蚌寺时,遇到哲蚌寺、色拉寺和甘丹寺僧众的阻拦。他们从蒙古人手中夺回仓央嘉措,迎至哲蚌寺甘丹颇章内。拉藏汗闻之,即调兵攻打。仓央嘉措为了避免流血冲突,对众僧说"生死对我已无什么损失",言毕径直走出哲蚌寺,被拉藏汗的手下押解北上。关于仓央嘉措赴京以后情况,一说是走到青海湖边贡噶洛地方病故[②];一说仓央嘉措被送往内地后,被清朝软禁于五台山;一说行抵青海贡噶洛后,仓央嘉措于风雪之夜遁去,先往青海,复返回西藏,最后到内蒙阿拉善旗班自尔扎布台吉家,在当地摄授僧徒,弘扬佛法。

其实,仓央嘉措不仅是一个佛教领袖人物,而且是一个才华横溢的诗人。他用民歌曲调写出了数百首优美的诗歌。他的诗歌激情奔放,情意深厚,情景交融,想象丰富,深受藏族人民的喜爱。

拉藏汗废黜仓央嘉措后,于1707年另立1686年出生的哲蚌寺僧人益希嘉措为六世达赖喇嘛。他亲自到扎什伦布寺请求五世班禅为之剃度,取法名。班禅接受了这一请求。是年三月初八,班禅和新"灵童"一起到拉萨大昭寺,在释迦牟尼佛像前举行了授沙弥戒仪式,为其取法名为益希嘉措贝桑布。

但是,拉藏汗所拥立的六世达赖益希嘉措得不到以三大寺为代表的格鲁派上层的认可,也未得到与拉藏汗不合的青海蒙古王公的承认,他们联名上奏清廷。清圣祖乃派内阁学士拉都浑率青海台吉的代表前往西藏"看验"。拉藏汗向钦差说,他问了班禅呼图克图,班禅认为,"波克塔胡必尔汗(即益希嘉措)实系达赖喇嘛,我始为之安置禅榻,非敢专擅"。奏入,清廷议政大臣等认为,"拉藏汗所立达赖喇嘛,既问之班禅呼图克图,确知真实,应无庸议"[③]。1710年,清朝册封益希嘉措为"六世达赖喇嘛",并"给以印册"。由于青海王公反对拉藏汗,清廷认为,"西藏事务不便令拉藏独理,应遣官一员前往西藏协同拉藏办理事务"[④]。康熙帝乃派遣侍郎赫寿进藏,协同拉藏汗办理事务。

尽管拉藏汗依靠清朝的支持,又有班禅在宗教界的号召力,重新拥立了一个六世达赖;但是,康熙帝深感拉藏汗所立益希嘉措得不到西藏、青海蒙古僧俗各界的公认,为安定西藏局势,提高班禅在格鲁派中的地位,1713年,清朝册封五世班禅洛桑益希为"班禅额尔德尼",赐给金册金印。据《清实录》载:"谕理藩院:'班禅呼图克图,为人安静,熟谙

---

① 魏源:《圣武记》卷5,第7页。中华书局1984年版。
② 《清圣祖实录》卷236,康熙四十八年正月己亥。
③ 《清圣祖实录》卷236,康熙四十八年正月己亥。
④ 《清圣祖实录》卷253,康熙五十二年正月戊申。

经典,勤修贡职,初终不倦,甚属可嘉。著照封达赖喇嘛之例,给以印册,封为班禅额尔德尼’。”[①]康熙帝选择这个时候册封班禅额尔德尼,有其明确的政治用意,就是要提高班禅在西藏社会中的政治地位,以便在必要时由他来主持西藏事务。自此,班禅的宗教领袖地位正式得到清朝中央的确认,以后历辈班禅概由中央政权册封,遂成定例。

然而,西藏、青海藏蒙各阶层僧俗群众,尤其是拉萨三大寺上层僧人,对拉藏汗拥立的益希嘉措仍不信奉,他们坚持认为仓央嘉措是真正的六世达赖。仓央嘉措既然已经去世,应当寻找他的转世灵童。他们从仓央嘉措的一首诗歌“洁白的仙鹤,请把双羽借我,不到远处去飞,只到理塘就回”得到启示,在四川藏区的理塘寻找到一个转世灵童格桑嘉措。拉藏汗听到消息,即派人去查,没有得到确切消息。消息传到青海,青海蒙古和硕特右翼贝勒察罕丹津、罗卜藏丹津等相信理塘孩童格桑嘉措是达赖喇嘛转世灵童。这又引起拉藏汗的重视,再次派人去查,并企图加害灵童。为避免不测,1714年初,青海和硕特部首领们果断地将转移到四川西北部的德格地方,又遣兵由德格将格桑嘉措迎至青海驻锡,上奏朝廷,请予册封。据《清实录》载:“康熙五十四年四月辛未,理藩院题:先经青海右翼贝勒戴青和硕齐、察罕丹津等奏称:‘理塘地方新出胡必尔罕(灵童),实系达赖喇嘛转世,恳求册封。其从前班禅呼图克图及拉藏汗题请安置禅榻之胡必尔汗是假。”清朝政府试图从中调解双方的矛盾,“遣主事众佛保往班禅处,问此胡必尔汗之真假,……主事众佛保自班禅处回,据班禅称理塘胡必尔汗是假”[②]。康熙帝以班禅送来的印文,企图说服青海蒙古贵族,但是察罕丹津等坚持亲往班禅处,问其真假。康熙帝担心理塘灵童留在青海会引起青海察罕丹津等与西藏拉藏汗的争端,故“遣侍卫阿齐图等前往谕令将理塘之胡必尔汗送京”[③]。青海贝勒察罕丹津、罗卜藏丹津等以未出痘、不宜远行为由,不愿送灵童赴京,声称要把“灵童送往西地”。清廷认为,在双方意见不一致的情况下,把灵童送往西藏,将会引起新的动乱,乃令察罕丹津等将灵童送往青海红山寺;1716年3月,继而令将其送往西宁附近的塔尔寺居住。

格桑嘉措被安置在塔尔寺后,康熙帝先后赐给他两道重要的谕旨。先是由皇上钦差赍旨来宣谕曰:“喇嘛莅临圣寺,朕不胜喜悦,尔实系前辈转世,朕及固始汗后代皆为尔之施主,朕现赏给供尔之一百三十四僧人三年中夏秋所需衣食等物品。”后进京觐见皇上的青海使者又赍旨返回,其旨曰:“尔喇嘛实系前辈转世,上下人等均应恭敬侍奉,青海各部不可牵扯贻误,遍知达赖喇嘛尤如宇寰日辉无可遮挡,佛法慈悲之光将普照世界,释教将兴盛昌隆。”[④]由此可知,716年以后,清廷已承认格桑嘉措为达赖喇嘛转世灵童。

塔尔寺是格鲁派创始人宗喀巴的诞生地,是广大藏蒙佛教信徒朝拜的圣地;格桑嘉措驻锡在塔尔寺后,又得到清朝皇帝的认可,在藏蒙僧俗民众中的声望日益隆盛,“敬信

---

① 《清圣祖实录》卷253,康熙五十二年正月戊申。

② 《清圣祖实录》卷227,康熙四十五年四月乙未。第5页。

③ 《清圣祖实录》卷227,康熙四十五年十月乙巳,第4页。

④ 章嘉·若贝多杰:《七世达赖喇嘛传》,蒲文成译,西藏人民出版社1989年版(后注均为此版本),第36—37页。

胡必尔汗有如神明”，四方僧俗民众，各地土司头人，诸种部族、寺院纷纷遣使谒拜，甚为崇信。清廷令格桑嘉措移住塔尔寺，对于安抚蒙藏民众起了重要的作用。

4.清朝“驱准出藏”，册封七世达赖喇嘛

拉藏汗在清朝的支持下，巩固了对西藏的统治。在准噶尔方面，策旺阿拉布坦也巩固了统治地位。他早有插手西藏事务的野心，出于实现政治图谋的考虑，他将女儿嫁给拉藏汗的儿子噶尔丹丹忠。拉藏汗也想利用婚姻巩固政治上的关系，于是让儿子去准噶尔完婚。此后，拉藏汗自恃已与策旺阿拉布坦结为亲家而对其不予防范，而策旺阿拉布坦则乘机，实施占领卫藏的计划。他先派人到拉萨三大寺与格鲁派上层秘密联络，透露他准备推翻拉藏汗，废黜益希嘉措，迎请格桑嘉措到拉萨坐床，获得了三大寺的同情与支持。

1716年底，策旺阿拉布坦派出两支军队，一支由其表弟策凌敦多布率领入侵西藏，另一支约三百人东进，穿越新疆东部地方前往青海塔尔寺，以劫持转世灵童格桑嘉措为目标。这一行动与进军西藏是密切配合的。准噶尔首领认为，一旦掌握了转世灵童，整个西藏会欣喜若狂地迎接他们，征服西藏就会成为一场不流血的战争。但是，东进的小部队还未到达目的地，就被清军击败了。

策凌敦多布率领精兵六千，选择了一条崎岖险绝、人迹罕至的行军路线。他们从和田出发，翻越昆仑雪山，进入阿里，一路上“涉险冒瘴，昼伏夜行”，行动十分诡秘，1717年8月突至藏北纳克产地区，随即直驱达木（今当雄）。拉藏汗对此毫无准备，一面仓促召集达木蒙古和卫藏民兵准备抵抗，一面急请班禅和三大寺的代表出面调解。五世班禅和三大寺的代表奔走于双方之间，然而终无结果。五世班禅见调解无效，乃于8月30日给策凌敦多布和拉藏汗各书一封信，劝他们为了佛法众生，不要发生流血冲突，但策凌敦多布对班禅的忠告置若罔闻。9月，准噶尔兵与拉藏汗的军队在达木多次交战，拉藏汗势不能敌，被迫撤回拉萨，坚守布达拉宫。与此同时，他向清朝政府驰书告急，恳求“速发救兵并青海之兵，即来策应”。

策凌敦多布在达木得到袭击塔尔寺的准军败没的消息，决定铤而走险，攻占拉萨城。11月底，准噶尔军从西面向拉萨城发起进攻。由于部下叛逆，拉藏汗被杀。拉藏汗所立的六世达赖益希嘉措被囚禁于药王山上。策凌敦多布入拉萨城以后，下令抢劫三日。于是，拉萨古城经历了一场空前的浩劫，辉煌壮丽的布达拉宫遭受了严重破坏，三大寺的财富珍宝被抢掠一空，全部运往伊犁，甚至连五世达赖的寝室、灵塔也遭到亵渎。策凌敦多布还不断发兵攻掠前藏各地，企图用暴力胁迫各地效忠于他。同时，他又打着“重整教规”的幌子，粗暴干涉格鲁派寺院事务，侵犯宁玛派僧人和其他教派的利益。据统计，当时受到准噶尔破坏的格鲁派寺院有550多所。准噶尔军队的暴行，使西藏广大僧俗民众越来越清楚地认识到他们“名为兴教，而实灭亡”的真实面目，各地的反抗斗争此起彼伏。策凌敦多布另立达孜娃·拉杰饶丹为第巴，但全部实权都掌握在准噶尔人手中。至此，和硕特蒙古汗王控制西藏地区的时代宣告结束。

清朝政府一直密切关注着西藏的严重局势。1717年8月，将军富宁安首先向清廷报告了准噶尔人入藏的消息。不久,拉藏汗派使者报告准噶尔军袭击西藏的实况,请求清朝出兵援助。为了维护西藏地方的安定,清朝政府先后两次出兵,驱逐准噶尔军出西藏。

1718年4月,清廷派侍卫色楞和西安将军额伦特各率兵自青海入藏。5、6月间,两军先后渡过木鲁乌苏河(今通天河),分道前进。9月,色楞、额伦特两军在喀喇乌苏河(即那曲)北岸会合,准备抢先渡河,占领险要地势狼拉岭。准噶尔人派精兵拒守河口,阻挡清军渡河,又分兵潜入清军之后,截断清军饷道。清军与准噶尔军相持月余,最终弹尽粮绝,全军覆没。

消息传到北京,朝中众大臣慑于前败,多不主张再次派兵进藏。康熙帝认为,西藏屏蔽青海、滇、蜀,"此时不进兵安藏,贼寇无所忌惮,或煽惑沿边诸番部,将作何处置耶?"[①]为恢复祖国西部边地的安定,拯救西藏人民于水深火热之中,清朝决定第二次进兵,平准安藏。康熙帝命皇十四子允禵为抚远大将军,统帅各路大军,坚决驱逐准噶尔军出藏。

1719年初,抚远大将军、皇子允禵率兵三千进驻西宁,随后即往塔尔寺拜会格桑嘉措。到西宁后,抚运又遣使给格桑嘉措送去绸缎数匹,以及用50两金子所制的红宝石圆顶瓶罐、银碗、金盏、上乘哈达等贵重物品。藏历四月十五日"萨噶达瓦节"时,抚运大将军又派使者送一颗硕大的珠宝和罕见的果品给格桑嘉措。在此期间,还有其他驻扎于巴尔库尔、西安、甘州、松潘等地的朝廷命官,如富宁安、额伦特、色楞、侍卫阿齐图等,都先后前往塔尔寺代表清朝中央向格桑嘉措致敬。这些拜会活动,使格桑嘉措感受到清朝皇帝的关怀和恩典,因而他坚决拥护清朝中央的军事行动。他颁发文告晓谕喀木、理塘、巴塘各地首领民众,协助清军。他在给康区的文告中说:"传知巴尔喀木地方首领等,现在准噶尔人背逆无道,混乱佛教,贻害图伯特生灵。上天圣主(大皇帝)目不忍睹,扫除准噶尔人,收复藏地,兴盛黄教,使图伯特众生太平如恒……。此举,甚符圣主振兴黄教普救天下众生之至意。大军所到之处,凡图伯特人众,皆应一致顺从,妥为辅助,仍旧安居,断勿有所骚动……"[②]

鉴于第一次用兵失利的教训,清朝对这一次军事行动作了周密部署:皇十四子作为抚远大将军,驻节西宁,居中统率调度各路大军;平逆将军延信、固原提督马纪伯等率陕、甘官兵从西宁进兵,是为北路;征西将军噶尔弼、四川永宁协副将岳钟琪等率领川、云南、湖北等地官兵由打箭炉(今康定)进兵,是为南路;将军付尔丹、富宁安由新疆巴里坤、阿尔泰出师,进抵乌鲁木齐一线,防止准噶尔从新疆向西藏增援兵力。

这期间,西藏阿里民众也在原拉藏汗属下官员康济鼐和颇罗鼐领导下组织反攻。首先攻占阿里全区,接着向后藏进军,占领了昂仁宗以西的全部地区,切断了准噶尔军与新疆本部的联系;又从日喀则一线向拉萨进兵,配合清朝的军事行动,夹击准噶尔军。原拉藏汗属下的另一官员阿尔布巴则在拉萨以东的工布地区,组织当地民众,袭击准军。

1720年春,噶尔弼率领南路军从四川甘孜地区出发,沿途各地土司头人纷纷踊跃支

---

① 《清圣祖实录》卷287,康熙五十九年正月壬申;卷289,康熙五十九年十月乙卯。

② 《清史资料》第3辑,中国社会科学院历史研究所编,中华书局1984年版,第174页。

前。8月初攻取墨竹工卡,8月底清军进抵拉萨,第巴达孜娃投降。噶尔弼召集拉萨大小头目及各寺庙僧众,"宣示圣主拯救西藏民人至意",然后封闭达赖喇嘛仓库,予以保护,于拉萨附近重地扎营固守,并遣散"策凌敦多布所有唐古特之兵",截断其运粮要路,使策凌敦多布在黑河陷入孤立的绝境。噶尔弼又根据三大寺僧人的揭发,逮捕了101名充当准噶尔间谍的僧人,初步稳定了拉萨的局势。

还在1719年底,康熙帝就决定册封格桑嘉措为达赖喇嘛,并护送入藏"安设禅床,广施法教,令图伯特之众诚心归向,则策零敦多卜自畏势逃遁"[①]。清廷令抚远大将军允禵召集青海王、台吉等晓谕皇上圣旨,令青海诸部"俱应协心一致侍奉达赖喇嘛,竭诚效命黄教及我朝政业"[②]。青海诸首领表示拥护,愿同心协力,派兵随征,并请求册封新达赖掌持格鲁派。之后,抚远大将军允禵遣部属七人往塔尔寺献银一万两,给格桑嘉措做入藏费用。

1720年3月20日,清朝政府正式册封格桑嘉措,颁给金册金印,用130两金子制作的印章上印有满、蒙、藏三种文字的印文:"弘法觉众第七世达赖喇嘛之印。"用150两金子制成的金册上书藏、蒙、满三种文字的金字,诰命曰:"奉天承运当今大皇帝旨:朕抚驭寰区,利益众生,凡内外人民,皆不分彼此,视同一体,以平等仁慈相待。若真诚敬守梵行,虔信佛法者,朕必嘉赏,优加封崇。是故,先世各代达赖喇嘛即因弘扬西天佛法,而得中土崇高之敕封。今尔于自幼起,绍继法承,勤习经戒,精研三乘要义,笃奉圣教,特传谕嘉勉,赐予书、册、印,加封汝为'弘法觉众第六世达赖喇嘛',望汝弘扬佛法,服务于朕之王政,修炼佛法,精进不懈。康熙五十九年二月吉日。"[③]随旨赐各种绫罗大缎、银铜等精制器皿。册封仪式由抚远大将军主持。他亲手奉金册金印呈递,格桑嘉措恭迎之。宣谕及呈交毕,举行盛宴庆祝。之后,达赖喇嘛向抚远大将军赠送礼品,向皇上献佛像、舍利、名贵藏药丸、氆氇等礼品及信札,交抚远大将军转呈。1720年,达赖喇嘛格桑嘉措自塔尔寺起程向拉萨进发,由清朝平逆将军延信、固原提督马纪伯、议政大臣李麟等率领陕、甘满汉官兵一万二千人护送。参加护送的还有皇帝的钦差侍卫、皇帝的南北二将军等清廷要员,有青海蒙古丹津亲王、阿拉善旗的额附贝勒、喀尔喀蒙古的敦多布亲王、镇国公策旺诺尔布等蒙古王公贝勒台吉,以及他们各自所率的数千蒙古兵丁。

七世达赖喇嘛在大军护送下,过通天河后,经绰玛喇、那曲至达木,延信将大军留驻于此,率轻骑护送达赖喇嘛于9月15日进入拉萨。对当时欢迎的盛况,《七世达赖喇嘛传》写道:"(十五日)黎明,乐鼓喧天,螺号齐鸣,举着政教合一法轮运转之胜利伞、幢、幡及各种宝饰的仪仗队在前开道。达赖喇嘛身披法锦,光彩耀目,仿佛彤彤红日金光万道,骑坐白云骏马款款而来。身后是南北两护持将军,紧接着是皇帝的大臣阿达哈达、科协尔增,以及阐教土观呼图克图、甘珠尔大喇嘛……等上层人士,还有大皇帝的钦差侍卫、加尔各齐、笔贴式、扎朗章京等满汉官员簇拥着达赖喇嘛经甘丹曲廓向拉萨起驾。布达

---

① 张其勤原稿、吴丰培增辑:《清代藏事辑要》第76页,西藏人民出版社1983年版,第76页。

② 章嘉·若贝多杰:《七世达赖喇嘛传》,蒲文成译,第63页。

③ 章嘉·若贝多杰:《七世达赖喇嘛传》,蒲文成译,第64—67页,73—75页。

拉宫附近的雪村民献技恭迎，载歌载舞。身着袈裟的三大寺僧众执举佛伞、花束、宝幢、旗幡等供品，鼓乐法号齐鸣，响彻云霄，夹道欢迎。拉萨住户人家张灯结彩，房屋顶上旗幡招展，焚燃香烟似蓝宝石溶化直冲云霄。着节日盛装、操不同方言的民众云集而来，各以其俗奉礼虔迎的人海，熙熙攘攘挤满了圣地，盛况空前。"①9 月 15 日，布达拉宫举行了隆重的坐床大典。西藏民众对清军解救他们脱离苦难和护送达赖喇嘛进藏坐床，"感激圣主再造弘恩，罔不踊跃欢欣，男女老幼襁负来迎"，"纷纷欢悦，举掌叩首"②，蒙藏上层联名奏请"赐御制碑文，镌勒招地，以垂永久"③。这座镌刻着康熙帝撰写的《平定西藏碑文》、建于布达拉宫前的历史丰碑至今屹立。

清朝政府护送七世达赖喇嘛入藏，从此彻底结束了蒙古和硕特部与准噶尔部在西藏的统治及蒙藏斗争引起的西藏政局长期动荡的局面，也结束了自五世达赖喇嘛圆寂以来，真假达赖喇嘛之争在西藏、青海、蒙古及康区僧俗人众中造成的混乱现象。西藏从此开始了一个相对稳定的时期。同时，七世达赖喇嘛与清朝皇帝的良好关系，对于西藏地方政府与清朝中央政府之间的密切合作起到了特殊作用。七世达赖喇嘛也使清朝和清朝皇帝在藏蒙人民心目中的威望大大提高，清朝对西藏地方的统治地位得到进一步巩固。在清朝中央政府的大力支持下，格鲁派获得了新的发展机遇。

第三节　七世达赖喇嘛总理西藏政教事务

一、七世达赖喇嘛格桑嘉措的早年活动

七世达赖喇嘛格桑嘉措在 1708 年秋季，生于多康下部理塘图钦强巴林所属的洛雪村。1715 年，青海丹津亲王等迎请他到青海。8 月 20 日，在其父关心下，于青海黄河北岸(约在今青海贵德县一带)集中来自西藏色拉寺、哲蚌寺、甘丹以及其他各地的僧人成立新的寺院，达赖喇嘛赐名为"朗杰扎仓"。1716 年初，青海蒙古王公贝勒台吉等，奉康熙帝旨意送七世达赖喇嘛至塔尔寺。抵塔尔寺后，由却藏诺们汗阿旺罗桑贝坚赞教授白度母如意轮随许法等，并由饶绛巴·罗桑尼玛、顿尼林喇嘛桑结嘉措和领经师扎巴侍读，钻研教义。康熙帝多次遣使问候，馈赠珍贵礼品，达赖喇嘛亦数次派人赴京进贡请安。

同年藏历十月二十五日，在塔尔寺大银塔前，由察罕诺门汗阿旺罗桑丹贝坚赞贝桑任亲教师，大修行者瑜伽自在师却藏诺们汗仁波且、近侍俄然三旦坚赞二人为侍从，授近事戒，上尊号为"阿格旺秋曲吉扎巴图旦坚赞贝桑布"(意为"语自在法称释教胜幢吉祥")。从此，格桑嘉措在授戒经师的指导下，修习显宗五部大论，刻苦攻读，学有成就。

1720 年，七世达赖喇嘛在西藏布达拉宫坐床后，平逆将军延信和达赖喇嘛的代表抵

---

① 章嘉·若贝多杰:《七世达赖喇嘛传》，藏文木刻版，第 64—67 页、73—75 页。

② 松筠:《西藏志卫藏通志》卷 13，西藏人民出版社 1982 年版。

③ 《清圣祖实录》卷 294，康熙六十年九月丁巳。

达扎什伦布寺，请五世班禅到拉萨授沙弥戒。在布达拉宫的日光寝殿，五世班禅亲任授戒堪布，给七世达赖喇嘛授了沙弥戒，取法名为“洛桑格桑嘉措”。班禅大师献上优质的银曼札、哈达、法衣、绸缎及金银等物，以表祝贺。七世达赖也向班禅献佛像、佛塔、佛经“三依”，金银绸缎等。翌年藏历新年，师徒二人首次在一起过年。期间，五世班禅向七世达赖传授许多经教，师徒之间建立了深厚的情谊。

七世达赖喇嘛每年于夏秋季节移住哲蚌寺甘丹颇章学经，秋冬时节返回布达拉宫。在塔尔寺学经的基础上，他比较系统地学完了显宗方面的经典。1722年春季闭关21天，精进诵修本尊，同时学习诗词学，撰写了赞颂宗喀巴大师、静猛文殊、妙音天女的颂词各一偈；应公策旺诺尔布之请，撰写了祝愿清朝大皇帝圣安佛的赞词。1723年，七世达赖喇嘛两次直赴色拉寺讲经，并参加辩论，收效极佳。1724年，按照三大寺的规定，要举行专门为达赖喇嘛献技辩经的“帕青敦莫”，其辩经法会在布达拉宫旧大殿举行。在“帕青敦莫”上，七世达赖喇嘛辩倒了哲蚌果芒扎仓、色拉寺杰扎仓等僧院有名的学者，被尊称为“五明班智达”。

1726年，班禅抵达拉萨，在大昭寺释迦牟尼佛像前，为七世达赖喇嘛主持举行了授比丘戒仪式。随后，师徒二尊一同返回布达拉宫。七世达赖喇嘛用一个月的时间，日日听班禅讲授密法。受比丘戒后，七世达赖喇嘛继续勤勉地修习经典。从1927年开始，七世达赖喇嘛学习《阿毗达磨俱舍论》《大乘阿毗达磨集论》等上下对法，与众智者共同辩论、切磋、问答难点。1728年至1735年，七世达赖喇嘛前往康区。期间，他坚持习经说法，闭关修定，深造法业。1735年，章嘉国师若贝多吉奉皇帝旨意从北京来到泰宁护送七世达赖喇嘛回藏，七世达赖喇嘛有机会常常和章嘉国师谈论佛法、研传经典、详释经理，甚至在章嘉国师返回北京后还“寄诗讲论教法”。在哲学与宗教方面，与其他大多数达赖喇嘛比较，格桑嘉措的地位要高出许多。

七世达赖喇嘛从进藏到离开拉萨赴康区之前，在学经间隙，还从事其他的宗教活动。他每年为许多寺院的僧众讲授经论；为来自蒙藏各地的数以万计的佛教信徒摩顶赐福，讲经说法；为新建的寺院、新塑的佛像主持开光；为《毗奈耶大疏·日光》佛经释论的新版刻印，撰写出版说明；为达巴南卓林等寺院撰写寺院规章；接见一个个由卫藏、阿里、康区、青海、甘肃、喀尔喀蒙古、土默特蒙古等寺院、头领派出的使团使者的朝拜，向他们讲授佛教经论等等。作为一个宗教领袖人物，他尽心尽力地恪守自己的职责。

七世达赖喇嘛为感激清朝皇帝册封和派遣大军护送其入藏的恩典圣德，在1720年底至1923年做了几件很有影响的事：第一，在1720年和1721年，为庆祝坐床和祝福皇帝，先后两次下令释放关押在拉萨及各宗卡的罪犯；第二，规定从1722年起，将每年一次的拉萨传召大法会延长一天，专门诵经为大皇帝祝寿，以后成为惯例；第三，改变以往甘丹寺僧人不参加传昭大法会的惯例，规定自1723年开始，允许甘丹寺僧人参加一年一度的大法会，并且规定达赖喇嘛莅临每年的传昭大法会；第四，七世达赖喇嘛赞同清朝的官员在布达拉宫“萨松朗杰”殿立皇帝万寿牌位，写有满、蒙、藏、汉四种文字的皇帝万寿牌位至今仍立于布达拉宫萨松朗杰殿内，已有四百多年的历史。此外，七世达赖喇嘛多次派遣使者进京朝觐皇帝，贡献土特产品，与清朝中央政府保持着密切联系。1723年康熙帝逝世，七世达赖喇嘛特别举行了四十九天回向祈祷法会以作超度。不久，雍正皇帝即位，七世达赖即派卓尼戴达汗朝见恭安。

七世达赖喇嘛感恩皇上，心向清朝。清朝统治者则利用达赖喇嘛在广大蒙藏地区的号召力，治理西部地区。七世达赖进藏后，“清廷对他采取了更为推崇、更为优渥的政策。一方面，皇帝赐道道谕旨和宫廷物品给达赖喇嘛，以示关怀和供养。比如，1721年康熙帝派侍卫切盆、群觉献入藏献上皇帝恩赐达赖喇嘛及西藏众生的圣旨；同年，帕邦喀堪布·洛桑饶丹代表七世达赖喇嘛朝觐皇帝，受到隆重接见。1722年，康熙帝在逝世前还赐七世达赖喇嘛谕旨，另赐有御书《药经八百句》、念珠、宝石、瓷器等。另一方面，皇帝多次谕令驻藏满、汉、蒙官兵均须恭奉敬仰达赖喇嘛。因此，定西将军、公策旺诺尔布、亲王罗卜藏丹津都很尊敬达赖喇嘛，请达赖喇嘛授长寿灌顶，还向他献礼祝福”①。

1723年，雍正帝继位后，继承了康熙帝大力推崇和优待西藏宗教上层人士的政策。雍正帝曾派遣大喇嘛噶居·洛桑班觉、加尔各齐、笔帖式等人赍旨入藏册封七世达赖喇嘛，颁给厚如牛皮的金册16页，以及用满、汉、蒙、藏四种文字写成的大金印，上书：“西天大善自在佛所领天下释教普通瓦赤喇怛喇达赖喇嘛”；要求七世达赖喇嘛弘扬释迦之教，尤其是宗喀巴大师之教法，如五世达赖喇嘛那样护持一切政教。随金册另有两道谕旨以及上等锦缎多匹、银茶筒等宫廷高级赐品，七世达赖喇嘛恭敬受之，著文赞颂皇帝的洪恩圣德。雍正帝对七世喇嘛的进一步加封，使他的宗教领袖地位更加稳固。

为了更好地贯彻中央政府管理西藏地方的政策措施，避免事权专一，扰乱地方，清朝政府废除了独揽藏政大权的第巴职务，设立了僧俗贵族联合掌政的五噶伦制。噶伦由清廷封授。清朝实行中央封授西藏地方首领之后，蒙藏统治阶级争夺西藏地方统治权的矛盾最终缓解了，但掌握权力的大领主增强了扩充权势的欲望。不久，出现了前后藏两大贵族集团之间争夺西藏最高统治权的斗争。

五噶伦为康济鼐、颇罗鼐、阿尔布巴、隆布鼐、扎尔鼐。康济鼐为后藏南木林人，系拉藏汗时期阿里总管，因配合清军截击准噶尔军队有功，被任命为首席噶伦。颇罗鼐系后藏白朗宗人，与康济鼐为友，因协助康济鼐收复后藏之功，先被清廷封为“台吉”，后被任为噶伦，成为噶伦会议中后藏势力的得力的代表人物。其余三噶伦，一为阿尔布巴系前藏工布地方大贵族，因协助清军入藏，以功受封贝子，协理西藏行政事务，兼管工布以东地方；一为隆布鼐，系前藏人，原为拉藏汗孜本，以向导清军有功，受封辅国公兼管拉萨东北一带的事务；一为扎尔鼐，原为七世达赖喇嘛强佐。阿尔布巴、隆布鼐、扎尔鼐都是前藏势力的代表，三人结为一党。隆布鼐又将其两个女儿嫁给了七世达赖的父亲索朗达结，因此与达赖家属关系比较密切。扎尔鼐是噶伦中唯一的僧官，他的行动实际上受七世达赖父亲索朗达结的操纵。

众噶伦中，阿尔布巴以其贵族地位高于康济鼐而轻慢康济鼐，而康济鼐又“凭恃功

---

① 冯智：《七世达赖喇嘛噶桑嘉措的政教业绩》，《中国藏学》1989年第3期。

高，轻视众噶伦”。于是，五个噶伦结成两大派系，明争暗斗，诸事掣肘。1726年奉旨进藏的鄂齐对此已有察觉，他离藏前，曾劝导诸噶伦，要他们团结协作。回京后，鄂齐特向雍正帝报告：“臣至西藏审视情形，首领办事之人，互相不睦，每每见于辞色。”建议晓谕达赖喇嘛、康济鼐、阿尔布巴等“和衷办事”[1]。前后藏贵族势力集团为了各自的利益，钩心斗角，争权夺利。多卡夏仲·策仁旺杰所著的《颇罗鼐传》也谈到这种情况。当时，康济鼐压制宁玛派，下令不许修复被准噶尔军毁坏的宁玛派寺院，阿尔布巴等人则利用由此引起的群众强烈不满，向康济鼐发起进攻。

鉴于噶伦们不能和衷办事，阿尔布巴联合隆布鼐、扎尔鼐反对首席噶伦康济鼐，内乱一触即发。1727年，雍正帝采纳议政王大臣的“赍旨前往晓谕”的建议，“著内阁学士僧格、副都统玛喇差往达赖喇嘛处”[2]。僧格、玛喇两位钦差大臣尚未到达拉萨之时，阿尔布巴等人首先挑起事端，在拉萨大昭寺内噶伦议事处杀死康济鼐，随后又杀戮其家眷侍从。颇罗鼐闻讯后，即于后藏起兵反击，继而导致了为时一年的卫藏战争。七世达赖喇嘛听到康济鼐被害的消息后“悲痛难忍”，“为尽快阻止暴乱蔓延，即向班禅报告了事件经过，以求多方阻止”。尽管达赖喇嘛和班禅做了大量的调停工作，“但是因彼此矛盾之连锁反应，无视二佛之言语，也不等皇旨到达就掀起战乱”[3]。

卫藏战争历时近一年。五世班禅几次派代表，携带酥油、糌粑等物品到双方部队，要双方罢战言和，以免西藏人畜遭殃。双方表面接受，实则继续备战，决一胜负。1728年正月，前后藏军队在江孜再次交战，各自伤亡严重，形成对峙局面。班禅又派卓尼萨贵巴为代表，前往江孜，劝说双方休战，等待清朝钦差大臣到来。这时，达赖也给双方写信规劝他们接受班禅的建议。于是，双方于三月初签订了停战协议，双方军队均撤出江孜，各自释放了对方的俘虏。

五月，前藏官员在藏北纳地方杀了颇罗鼐属下的人。颇罗鼐认为前藏方面破坏了协议，乃率领后藏和阿里的藏兵九千人，于五月底攻占了拉萨。阿尔布巴等三噶伦被颇罗鼐围困在布达拉宫内。颇罗鼐一方面揭露阿尔布巴等人的罪行，安抚民众争取支持，另一方面施加军事压力，要求交出阿尔布巴等。五月底，各寺僧人终于将阿尔布巴、隆布鼐、扎尔鼐等擒献，战事基本结束。

在此之前，钦差大臣僧格、玛喇尚未到藏，清廷已接到拉萨政变、卫藏战乱，及请求出兵平乱之奏疏。雍正帝乃于1727年11月命左都御史查郎阿、副都统迈禄等共同率领青海、陕西、四川、云南等处官兵一万四千人准备进藏。两个月后，查郎阿等人统帅大军到达拉萨。颇罗鼐将阿尔布巴等交给钦差大臣。查郎阿和迈禄随即会同僧格、玛喇共同审讯，将阿尔布巴、隆布鼐、扎尔鼐及其支持者处以极刑。

1728年卫藏战争结束后，清朝正式设立了驻藏大臣衙门。查郎阿是奉旨“特派”率军进藏办理藏务的吏部尚书。一段时间内，由他与僧格、玛喇共同办理西藏事务。随后，

---

①《清世宗实录》卷52，雍正五年正月丁巳。

②《清世宗实录》卷52，雍正五年正月丁巳。

③ 《七世达赖喇嘛传》，汉译本，第109页。

查郎阿、僧格等命颇罗鼐保选前藏大贵族策凌旺扎尔、吞巴色玉特舍布腾二人，授为噶伦，重组了西藏地方政府，同时命颇罗鼐总管前藏、后藏。鉴于西藏上层内部斗争激烈，随时可能发生武装冲突，清朝政府在藏留驻清军二千人，其余分批撤回各原驻地。同时，清朝政府将西藏势力加以分化削弱，如将打箭炉、理塘、巴塘等地划归四川管辖；将中甸、阿墩子、维西等地划归云南管辖；将拉孜、昂仁、平错林等划归班禅。

驻藏大臣初设时期，除了平辑藏内各种势力的争斗、保持地方稳定外，防范准噶尔对西藏的侵扰，也是一大突出任务。当时，新疆的准噶尔蒙古趁西藏内乱之机蠢蠢欲动。又有青海蒙固亲王固始汗后裔罗卜藏丹津，因对清朝政府杜绝青海蒙古首领统治西藏的做法十分不满，伺机发兵反叛清朝。他在青海草原河湟地区四处挑起战事，被清军击败后，率残部逃往新疆准噶尔部，与准噶尔策旺阿拉布坦勾结，扬言“要第二次进兵西藏”。准噶尔部首领一直想挟达赖以自重，每次倡乱都以挟持达赖作为首要目标，因此，清廷为加强对达赖喇嘛的保护，遂决定“将达赖喇嘛移往理塘”。同时命驻藏大臣偕同颇罗鼐每年派遣满汉藏兵2500名出防腾格里达木，扼守准噶尔入藏要道，到冬天大雪封山后撤回。这种防守，自雍正六年（1728年）一直继续到雍正十年（1732年）准噶尔部被清军彻底打败。

1728年11月23日，吏部尚书查郎阿、西宁镇总兵周开捷率五千余员官兵，护送七世达赖喇嘛自布达拉宫起程到理塘，噶伦、三大寺僧人等僧俗万人余一同护送。五世班禅亦应查郎阿之请，于9月13日到拉萨，与七世达赖喇嘛第三次会晤。七世达赖喇嘛沿途受到成千上万僧俗百姓的迎送，1729年12月8日平安到达理塘。

在七世达赖喇嘛到达理塘的同时，雍正帝谕令其父索朗达结来京朝觐。1730年6月，索朗达结入京觐见皇帝，雍正帝封其为辅国公。西藏地方又拨给他很多田庄百姓，使其跻身于大贵族的行列。自七世达赖喇嘛以后的历世达赖喇嘛（除九世达赖喇嘛外）、班禅的父兄，都被清朝皇帝例封为公，西藏地方照例拨给大量的庄园百姓。如桑颇、拉鲁、宇妥、彭康、朗顿、达拉等均为达赖喇嘛的家族，称为尧西（佛父）。

为了保护七世达赖喇嘛在理塘的安全，雍正帝谕令清军在关要隘口驻兵严密防守。1728年，清朝政府决定在理塘附近的噶达（泰宁）建一圣寺，供七世达赖喇嘛禅驻。1730年初，噶达寺庙竣工，雍正帝赐匾额曰“惠远庙”，修建该寺耗银14万两。2月3日，七世达赖喇嘛移驻泰宁惠远庙。此后，雍正帝对他的安抚有增无减，关怀备至。清廷在泰宁驻防官兵五百名，专事严密护卫达赖喇嘛的安全。1730年，当闻听七世达赖喇嘛身体有病，雍正帝即派太医胡林进、多加尔各齐远道前去治疗。1733年噶达地震不断，雍正帝谕令：在惠远庙宫殿前面，建一抗震性强的寝房供七世达赖喇嘛暂住。

七世达赖喇嘛在康区驻锡期间，受到了昌都强巴林、木里寺、理塘寺、中甸松赞林、甘孜寺、德格寺等康区诸大寺，以及各地官府土司、领主头人、黎民百姓的供养。

雍正十三年（1735年）七月，清政府以西平郡王福彭为定边大将军，统大兵驻新疆乌里雅苏台，以策凌为定边左副将军，进屯科布多。由于准噶尔军连续受挫，无力出击，雍正十三年，噶尔丹凌遣使求和，“定界息兵”。西陲战事宣告结束，准噶尔对西藏、青海的威胁解除。雍正帝认为,“今藏地事乱已平,达赖喇嘛即可返藏”①,于是派章嘉国师偕同皇十七子果毅亲王赴泰宁,为达赖喇嘛回藏贶仪并护送其返藏。

皇子一行自1734年10月6日自京出发,于12月23日抵达惠远寺,受到达赖喇嘛的隆重欢迎。此次,雍正皇帝赏赐给七世达赖喇嘛的礼品有景泰蓝及各种珍贵器皿、以百匹锦缎制成的各种供品饰物、上等哈达大小各五条、上等大缎百余匹、红黄色土尔扈特氆氇十余匹、白银2万两等。封给七世达赖喇嘛的根本经师堪钦·阿旺曲丹“阐明黄教阿齐图诺门汗”的名号,颁给金印及赏赐礼品。在惠远寺,皇子和章嘉国师代表清朝中央与七世达赖喇嘛举行了继1719年塔尔寺允禵与达赖喇嘛会晤之后的又一次具有历史意义的会晤。后来,七世达赖喇嘛回顾道:“自幼荷蒙圣祖皇帝洪慈,差遣将军统兵送至藏内,安坐达赖喇嘛之床;复蒙皇上施恩,浩荡无际。”“今恭闻训旨,复受隆恩,惟有竭力衍教,敬祝圣躬万年遐福。”②七世达赖喇嘛出于对清朝皇帝关怀备至的真心回报,每当他给广大僧俗信徒宣讲经教之时,都要将皇恩圣德晓谕众人。1735年6月,七世达赖喇嘛返藏到了扎西塘。在向前来欢迎的颇罗鼐等僧俗人士讲法时,他说道:“我虽未获教证之功德,但却极受历代文殊大皇帝洪恩之庇护,赐予要阐弘黄教和福佑西藏十三万户众生之千斤谕旨,我将祈请三宝,竭做利乐佛教众生之事。”③七世达赖喇嘛言行谦虚,处处宣讲皇帝恩德,这也正是清朝皇帝所希望的。清朝政府就是想利用达赖喇嘛的宗教凝聚力,更好地实施清政府在广大的蒙藏地区的有效统治。雍正帝在《御制惠远庙碑文》中就表明:“朕所以仰体皇考厚达赖喇嘛累世恭顺之忱,且以广布黄教,宣讲经典,使番夷僧俗,崇法慕义,亿万斯年,永跻仁寿之域。则以佐助王化,实有裨益。”④

七世达赖喇嘛回到西藏后,在郡王颇罗鼐的陪同下前往卫藏地区朝圣。1736年8月25日,七世达赖喇嘛从哲蚌寺出发,经聂当、雅鲁藏布江、岗巴拉山、羊卓雍措、浪卡子、江孜白居寺,然后赴扎什伦布寺拜访五世班禅。9月13日,抵扎寺,受到隆重欢迎。班禅因身体欠佳,至寝宫门旁迎接,这是师徒二尊的第四次会见。七世达赖喇嘛在扎寺近一个月的访问期间,班禅再次向他传授显密教法,达赖喇嘛也为班禅唪诵《祝寿正言》,祝班禅长寿。9月18日,七世达赖喇嘛应邀给扎寺全体僧众讲解《菩提道次第广论》。10月13日,达赖喇嘛启程返回拉萨。临别时,班禅将一尊释迦牟尼佛像送给达赖喇嘛,并嘱他弘扬佛法,赐福众生、勤阐经典、长寿安住,达赖喇嘛也祝愿班禅长寿永安。七世达赖喇嘛与五世班禅亲密和谐的师徒关系,促进了格鲁派内部的团结。

1737年前后,七世达赖喇嘛在朝拜卫藏圣地途中看到不少寺院比较困难,想在经济上扶助寺院,于是奏请清朝:“请以巴塘、理塘之地拨归西藏,作为香火地。”1738年7月,清朝政府批复云:“著于打箭炉所征税银内每年给白银五千两”,作为资助,而巴塘、理塘

① 《清实录》,卷145。

② 章嘉·若必多吉《七世达赖喇嘛传》藏文木刻本。

③ 《七世达赖喇嘛传》,汉译本,第197页。

④ 松筠:《卫藏通志》卷首。

两地则仍归四川管理[1]。七世达赖喇嘛即遵旨接纳，而未再奏请要地。

这期间，为了维护边境地区的安定及多方的友好往来，七世达赖喇嘛不断地接见不丹等四方之朝拜者。1737 年，他接见了不丹王叔次仁旺青等，赐予厚礼及佛书，指示诸边远邦主无论与西藏或是其自身内部，均应和睦相处。之后，拉达克王与大臣楚乘二子不和，七世达赖喇嘛闻讯，即令拉达克建立王臣安定制度，并派喇嘛噶妥巴往拉达克办理。

1744 年，乾隆帝将雍王府改建为寺庙"噶丹钦恰林"（即今雍和宫），召蒙古四十九旗、喀尔喀七部及汉藏地区 500 名天姿聪慧的年轻僧人，创建显宗、密宗、因明、医学四大扎仓。是年，七世达赖喇嘛奉旨从西藏选派高僧四人赴京任"噶丹钦恰林"四大扎仓堪布；同时，从三大寺和上下密院挑选 18 名格西为传教师一同赴京就任。1753 年，北京"噶丹钦恰林"增设扎仓，七世达赖喇嘛再次遵旨从扎什伦布寺、三大寺、上下密院等选送高僧 10 人入京弘扬佛法。

这一时期，七世达赖喇嘛为色拉寺制定了一套规章制度，并于藏历阴火蛇年（1737 年）10 月授予色拉寺实施。规章对入寺僧人的条件、受戒、念经内容、外出念经及收入、寺庙执事人员的选拔及职责、寺庙内部对僧人行为的管理等均做了详明严格的规定。比较重要的如规章第一条规定，入寺僧人有四个障碍和五个条件，四个障碍是指（1）非人者，如精灵、鬼、画皮等，俱卢人，中性人，靠偷盗为生者，信奉外教者，杀父母者，毁佛塔僧物者，贪爱财物且小气者，愚笨者均不能当僧人；（2）不经父母同意或当地头人许可者，奴隶、债务人、有刑事案件者、叛逆的人及五官不正者，不能当僧人；（3）出身于屠夫、铁匠和造机器的工人，不能当喇嘛；（4）年逾七旬的老人和不满七岁的孩子，不许当僧人。

第二条规定，当僧人后必须依次受居士、沙弥和比丘戒。

第三条是穿衣的规定：受戒的僧人不许穿毛皮细料衣服、带袖衣服。不准穿汉族、蒙古族的鞋子，不准戴俗人的帽子，更不准在衣领或脖子上戴装饰品。

第七条是外出念经及收入的规定：凡念经的僧人必须认真负责，对施主不能有厌烦情绪。念经的内容由请求者规定。还详细具体地规定了念经所取得的供养定量。

第九条，对执事人员的规定：寺内各扎仓的堪布、措钦协俄、基索（管财产的）、森康、措钦翁则、强佐代巴（管茶的）、衮聂（管佛堂的）、杰扎仓、麦扎仓的聂仓（管扎仓财产的）均由政府任命。

第十条规定，凡色拉寺僧人，均须为信奉格鲁派者方可入寺学经，其他教派的不许入寺学经；也不许与其他教派来往。

第十一条规定寺庙内部对僧人行为的管理。由措钦的两个协俄（执法官）负责，对僧人违反教规，须深究细查，并连根除掉，如僧人互拉吵架、拳打、刀刺涉及流血杀伤事件者，由协俄给以应得的处分；如类似挑拨寺庙、康村、僧人间关系，破坏佛教者，均由政府代表森康处理，依法制裁。

规章还规定：禁止妇女进寺庙。若有远道妇女来寺朝佛、见僧人、支乌拉差役及有关

---

① 《清高宗实录》乾隆朝，卷 280，乾隆十一年十二月壬戌，第 3—5 页。

特殊事情者，经请求后可以入寺，但停留不得超过一天；不论僧俗人员均不准在寺庙内骑马；农业方面的耕作，一律不许僧人参加；寺庙内不准修水沟、水渠，不准隐藏罪犯；凡学习念经的僧人，一律不许外出朝拜；凡朝拜者的捐赠、寺庙本身的化缘、施主布施的钱财，一律分给僧人，如为数不足，可先放在公用仓库保存；色拉寺附近不准卖酒和设屠场，寺庙后山附近不准打猎；凡属出身铁匠、鞋匠、乞丐者，不能担任寺庙所属谿卡（庄园）的谿堆等①。

七世达赖喇嘛为兴盛格鲁派政教事业所做的种种努力，以及他一贯奉行、实施的与清朝中央政府保持密切友好关系，通过合作治理发展藏区的原则和举措深得广大僧俗民众的拥护，其威望愈加增高，其影响日益远播，这种局面却使藏王颇罗鼐感到不安，认为这对他进一步扩大权势非常不利，随之，七世达赖喇嘛和颇罗鼐之间以往和谐一致的关系也就逐渐发生了变化。1746 年发生的所谓达赖喇嘛的膳食堪布扎巴塔业指使仲译仓吉诅咒颇罗鼐的事，实际上是一些僧俗官员和贵族依靠达赖喇嘛的政治地位和宗教影响来反对颇罗鼐的专权。颇罗鼐认为此事与达赖喇嘛有关，并要求扎巴塔业与仲译仓吉当面对质，欲究根底。七世达赖喇嘛对颇罗鼐这种做法表示不满，并说："关于这件事，我看是对扎巴塔业的无中生有的造谣，是欺负无辜，这样做无疑是针对我，是对我看不惯，如我深居读经，别无所为，仍不合适的话，我可以到哲蚌寺或去山中小庙。"②他们的矛盾引起了乾隆皇帝的高度重视，特谕七世达赖喇嘛和藏王颇罗鼐"尔两人同心协力，以安地方。朕视尔两人，俱属一体，从无畸轻畸重之见。若尔两人稍有不合，以致地方不安，甚负朕信任期望之恩"③。由于乾隆皇帝的从中调和，颇罗鼐与七世达赖喇嘛遵旨和解。

二、七世达赖喇嘛总理政教事务

1747 年 2 月，颇罗鼐病逝。其长子久美次旦（汉史作珠尔默特策布）登受封为阿里公，掌阿里地区兵马和地方事务，次子久美朗杰（汉史作珠尔默特那木扎勒）袭其父郡王爵，总理卫藏事务。乾隆帝虑及"藏地亲属多事，众心不一，……今非颇罗鼐时可比"，命驻藏大臣傅清"逐处留心访查，如有珠尔默特那木扎勒意见不到之处，即行指示，不得稍有疏忽"④。珠尔默特那木扎勒上台之初，尚能按照清廷的指示与颇罗鼐时任命的几位噶伦合作，但与七世达赖喇嘛"不睦"。由于上年有达赖喇嘛属下之人诅咒颇罗鼐一事，"伊等彼此已露不合之意。今颇罗鼐暴殁，珠尔默特那木扎勒或念伊父动生猜疑，与达赖喇嘛不睦……"⑤。颇罗鼐病故后，达赖喇嘛想为其吊奠诵经，久美朗杰却加以阻挡，不允许达赖喇嘛为其父诵经，后经驻藏大臣傅清劝解，才转变态度。

在久美朗杰承袭郡王爵位的起初的一年多中，西藏形势尚属基本平静。但为时不

---

① 宋赞良：《色拉寺调查》，载《中国藏学》1991 年第 2 期。

② 多喀尔·策仁旺杰：《噶伦传》，周秋有译，西藏人民出版社 1986 年版（后注均同此版本），第 115 页。

③ 《清高宗实录》卷 285，第 27 页。乾隆十二年二月丙戌。

④ 《清高宗实录》卷 286，乾隆十二年三月乙巳。

⑤ 《清高宗实录》卷 372，乾隆十五年九月丙午。

久,久美朗杰“暴戾恣睢,矫狂杜撰,遇事不调查,为所欲为,草菅人命,无所顾忌”①的恶劣品质暴露无遗。他猜忌达赖喇嘛,还怀疑远在阿里驻守的兄长久美次旦要与自己争权,遂用诡计杀害其兄,事后向清廷谎报其兄久美次旦因暴病而亡。同时,猜疑在他身边共事多年的官员,“凡颇罗鼐所用旧人,杀害、抄没、黜革者甚多”。甚至还抄没了钦封公班第达噶伦的家产。他不仅仇视七世达赖喇嘛,而且企图脱离驻藏大臣的约束管制,阴谋准备叛乱。他为了加强控制拉萨的能力,减少和调离达赖喇嘛的护卫以及尽忠于达赖喇嘛的噶伦、代本等;又以驻藏大臣不便于己为由,奏请“撤官兵归”,要求清廷撤走仅有500名的驻藏军队。

凡此种种,引起清廷的警觉,乾隆帝将有关奏章和谕旨转发四川总督、提督等,要求他们与驻藏大臣会商,作“有备无患”的筹划。之后,形势益发急迫,久美朗杰派其心腹坚参扎希等前往准噶尔,求其发兵至拉达克地方以为声援,又广布密探监视驻藏大臣行动,阻绝邮置军书,隔断北京朝廷与驻藏大臣的联系。1750年夏秋,久美朗杰先后到藏北达木、后藏活动,大批调动兵马,调用工布等地大量火药,阴谋于1750年10月25日,动手“杀钦差大人,不论塘汛,官兵客民一齐杀害”②。在这千钧一发之际,驻藏大臣傅清与拉布敦于10月13日,以计诱久美朗杰至驻藏大臣衙门前,拔刀将其杀死。由于久美朗杰叛逆不道,当时西藏上层大多数人认为,两位钦差大臣果断地剪久美朗杰,“好比刺破脓疮,实在太好了”③。

在久美朗杰被处死之时,其党羽罗卜藏札什从驻藏大臣衙门跳窗逃出,煽动纠集暴徒围攻驻藏大臣衙门,烧杀抢掠。两位驻藏大臣和身边护卫的官兵在与暴徒拼搏中殉职,衙门被焚毁,85000两库银被抢劫一空。同时,有主事、参将、笔帖式、千总、兵丁49人、家人、商民(汉商)77人一同被杀害或阵亡。暴乱事件发生时,驻藏大臣傅清曾派人去找噶伦公班第达,请求他派兵救援。噶伦公班第达“因力薄不能救护,奔告达赖喇嘛,达赖喇嘛立刻派出以卓尼为主的大多数仲科尔僧众前往救护驻藏大臣。但是,罗卜藏札什一伙气焰嚣张,不听制止。甘丹池巴(即达赖喇嘛经师)也亲自前往,然而罗卜藏札什及其同党仍不服从告诫”。七世达赖喇嘛向清朝中央紧急奏报,并通告卫藏、塔工、达木、当雄、那曲等主要宗、谿:“任何人等均不得附和珠尔默特那木札勒仆从等叛逆作乱行为。”同时,他将幸存的笔帖式、颇本、两大臣之眷属士兵、商民等约二百人集聚于布达拉宫内,为他们提供衣食用物,安排好生活。噶伦公班第达派人捉拿祸首,几天后,将罗卜藏札什等13人擒获,并将被叛乱分子劫去的库银“追回大半”,又下令“恢复塘汛文书”。七世达赖喇嘛指示噶伦公班第达:在皇帝谕旨未到达之前“暂理藏务”,使拉萨的社会秩序得以迅速恢复。

久美朗杰事件传到朝廷后,乾隆帝急令从四川调遣五千官兵进藏,后来得知七世达

---

① 多喀尔·策仁旺杰:《噶伦传》,周秋有译,第31、35页。
② 中国第一历史档案馆藏,《清代朱批奏折》民族类,第1299卷。
③ 多喀尔·策仁旺杰:《噶伦传》,周秋有译,第31,35页。

赖喇嘛、噶伦公班第达已将乱事迅速平息，便令四川总督策楞选派将士800名进藏，办理善后事宜。

从近30年西藏地方发生的一系列事件中，特别是这次事件中，乾隆皇帝认识到，西藏世俗贵族势力盘根错节，动辄为乱，西藏政事不可令一人专擅，遂决定改革西藏地方行政体制。奉旨筹办善后事宜的总督策楞、侍郎兆惠与驻藏大臣班第、那穆扎勒，会同七世达赖、噶伦公班第达，遵照乾隆皇帝历颁旨意，拟订《善后章程十三条》，并召集全体噶伦、拉萨三大寺代表、前后藏代本、噶厦孜本以及布达拉、拉萨各机构官员数十人共同磋商确定，具誓遵行，然后奏报朝廷，由皇帝颁旨批准执行①。

1751年3月28日，清朝政府批准策楞等呈奏的《酌定西藏善后章程》，共计13条。该章程对西藏地方政府的政治体制做了较大幅度的改革，对达赖喇嘛及驻藏大臣的权限也做了比较明确的规定。

章程第一条规定：西藏地方政府设执政官噶伦四人，三俗一僧。担任噶伦的僧官，必须是"深晓黄教"的僧侣，一律由清朝政府赏给札萨克大喇嘛的名号。

章程第二条针对珠尔默特那木扎勒执政时，各噶伦均不赴公所，俱于私宅办事，各将亲信任意添放卓尼尔一职等弊行，规定："今后噶伦办事，俱于噶厦（噶伦办事机构）公所会办，裁撤自颇罗鼐后的私放人员。"

第三条规定："补放碟巴头目等官，不得任意私放。查各处碟巴等官，有管理地方，教养百姓责。自珠尔默特那木扎勒乖张用事以来，各将私人指名，混行补放，并不前往，仅差一家奴，赴彼代办，扰害地方者甚多，于民生大属无益。嗣后凡遇补放碟巴头目等官，噶隆（即噶伦）等务必秉公查办，公同禀报达赖喇嘛并驻藏大臣酌定，俟奉有达赖喇嘛并钦差大臣印信文书遵行。……如有人地不宜，应行调换者，亦秉公举出，禀明达赖喇嘛并驻藏大臣，另为选放。"

第四条规定："嗣后凡碟巴头目等官，遇有犯法，或应抄没，或应革除，噶隆、代奔等务须秉公查明，分别定拟，请示达赖喇嘛并驻藏大臣指示遵行。"

第五条规定："各寺堪布喇嘛，仍由达赖喇嘛选派。""查旧例各寺堪布喇嘛，均由达赖喇嘛查看庙宇之大小，选择喇嘛之贤能，酌量派往。自珠尔默特那木扎勒任事以来，竟任意私自补放调换，不容达赖喇嘛主持，甚属不合。嗣后各寺之堪布喇嘛，或遇缺出，拣选派往；或人不妥协，应行调回，均由达赖喇嘛酌行，噶隆等不得仍照陋规，专擅办理。其喇嘛中遇有犯法者，噶隆等亦应秉公禀明达赖喇嘛，请示遵行。"

第七条规定："添设代奔一员。查旧例，噶隆办理地方事务，代奔管理兵马，防范卡隘，今应仍旧，各专责成。但后藏地方甚小，而原设代奔三名；卫地甚大，而仅设代奔一人，一遇差遣病假，则地方各兵，无人管束。……今应再行添设一员，共为管理，即或遇有差遣，卫地尚可存留一人，弹压地方，护卫达赖喇嘛。嗣后凡遇调遣兵马，防御卡隘，均应

---

① 东噶·洛桑赤列：《论西藏政教合一制度》，郭冠忠、王玉平译，中国社会科学院民族研究所民族学研究室1983年铅印本，第113页。

遵旨,听候达赖喇嘛并驻藏大臣印信文书遵行。”

第八条规定:“噶伦、代奔应请颁给敕书。查噶隆、代奔均系护卫达赖喇嘛、办理兵马之大员,责任甚重,应各请颁敕书一道,以昭信守,以重体统。除现有并添设之噶伦、代奔,均查取花名,造册送部,奏请颁发外,嗣后遇有缺出,驻藏大臣商同达赖喇嘛拣选应放之人,请旨补放,仍报部一并颁给敕书。将来或有不遵奉达赖喇嘛,并犯法不能办理地方,应行革职者,亦由达赖喇嘛会同驻藏大臣参奏,革除后,原颁之敕书,一体撤回缴部。”

第九条规定:“藏属人民,应禁止私占。查旧例,全藏人民均属达赖喇嘛所属,按地方之大小,人户之多寡,各有一定差徭,以供黄教佛事,并备众僧熬茶之用。自颇罗鼐、珠尔默特那木扎勒父子办事以来,不但任意私为侵占,又复市恩于私人,滥行赏赉者甚多。遇有偏爱者,竟擅给免差文书;偏憎者,则种种加派,以致百姓苦乐不均。……其自珠尔默特那木扎勒办事以来,任意无故私赏之人民,均应秉公查出,禀明达赖喇嘛,撤回仍归公用。其滥行发人之免差文书,亦应查明撤回,仍令其照旧当差。凡一切加派之差徭,亦应禀明达赖喇嘛,概行减免,俾百姓苦乐得均。倘遇有出力有功、应行酌赏之人,噶隆、代奔等,即秉公禀明达赖喇嘛并驻藏大臣,酌定赏给遵行。”

第十条规定:“乌拉牌票,应禀请达赖喇嘛颁给。查旧例,所有达赖喇嘛差役,均由地方百姓供应。自颇罗鼐、珠尔默特那木扎勒任事以来,旧例废弛,凡噶隆、代奔人等差人前往西宁、打箭炉、巴尔喀巴、阿里等处地方买卖交易,均私出牌票,一切食用乌拉,均取资于各该地方,以致百姓差徭加倍,苦累不堪,因此而致流离失所者甚多,此风亟应革除。嗣后噶隆、代奔等买卖差遣,不得擅行私自牌票,即遇公事有必需乌拉之处,务禀明达赖喇嘛发给印信遵行。其随时在附近处应役者,仍着噶隆出票办理。”

第十一条规定:“达赖喇嘛仓库贮存物件,应禁止私动。……自颇罗鼐、珠尔默特那木扎勒父子任事以来,任意私自取用,不但不禀明达赖喇嘛,竟至达赖喇嘛取用一哈达等物,亦不能主持,甚属不合。嗣后应查照旧例,仓储巴仍遵奉达赖喇嘛印信封皮办理。其零星日用物件,仍令仓储巴经理外,遇有公事动用,噶隆等必须共同请示达赖喇嘛遵行,私行动用,永行禁止。”

第十二条规定:“阿里、哈拉乌苏等处地方,甚关紧要。……且向系选择根基深厚、素有名望之人派往,应请达赖喇嘛选择派遣,仍将所派人员咨部,奏恳圣恩,赏给号纸,以资弹压,以昭信守。”

第十三条规定:达木蒙古,每佐领各派十人“驻藏备差,其头目十一人,改称固山达”,“所属择授佐领,骁骑校各八人”,归驻藏大臣统辖。“一切革除补放,俱由驻藏大臣商明达赖喇嘛施行”①。

《酌定西藏善后章程》,是清王朝关于西藏政策方面比较完备的、具有法律效应的第一部行政法规。章程处处提高达赖喇嘛的职权与地位,同时又处处强调驻藏大臣与达赖喇嘛地位平等。它以立法的形式规定了驻藏大臣的权力;规定了西藏地方官员的任用,

---

① 《清高宗实录》卷1421,乾隆五十八年正月乙卯,第15—18页。

必须由达赖喇嘛和驻藏大臣商议决定,噶伦一职由清政府任命。它进一步加强了西藏与清中央王朝的直接隶属关系。

1751年,“清朝正式决定由七世达赖喇嘛掌管西藏地方政权,达赖喇嘛成为政教二制的共主。噶厦由达赖喇嘛领导,管理西藏地方宗教、政治事务;并通过中央派驻西藏的代表——驻藏大臣,接受中央的领导和监督,行使一级地方政权组织的职权,承担中央依法规定的义务。这种由达赖领导噶厦、对西藏实行‘政教合一’统治的大格局,一直到1959年国务院明令撤销噶厦为止,在西藏一共存在了208年。其间,中央和西藏地方之间,格鲁派各寺院系统之间,各活佛转世系统之间,以及世俗贵族和宗教之间,发生过错综复杂的斗争,有过多次利害关系的调整,但总的格局并未根本改变”①。

自此,西藏废除第巴(藏王)制,政务由噶厦管理。所谓噶厦,即发号施令之地(“噶”,藏语为命令之意,“厦”即房屋)。噶厦额设噶伦四人,三俗一僧。他们以合议方式秉承驻藏大臣、达赖喇嘛之命,综理西藏政治、经济、司法、军事等要务,并未给某个人分管某部门的权力。不同的政府部门由秘书负责,最后的决定则必须通过噶伦会议。四噶伦之间地位平等,彼此牵制,事权不能专一。噶伦无任期,习惯上为终身制。

1751年2月,七世达赖为牵制贵族势力,提高僧官地位,成立了译仓,俗称秘书处。这是一个比较特殊的机构,其体制上属布达拉宫僧官系统,但又在噶厦之下。主管这一机构的是四名仲译钦莫(大秘书长),均为僧官,位属四品。其下有译仓主事孜仲(孜仲是僧官的通称)一名,作事税仲十五名,画工翁则一名。西藏地方所有僧官,即从一般孜仲到噶伦僧官及寺院堪布、执事等的任命调遣,概由译仓拟具名单,每年三次转达赖喇嘛核准任用。它还以达赖喇嘛的名义,起草拟定各种规章、布告、命令、证书,甚至执照路条、书牍等,并管理达赖喇嘛的印章。全藏的寺庙(一说除三大寺外)都由译仓管理。译仓对各寺的僧侣人数、寺院分布地点、寺属土地、草场、经济收支等均有详细的记载。噶厦虽在译仓之上,但噶厦之一切政务公文,非经译仓审核盖章不得上行下达,实际上它对噶厦起着监督作用。

为了适应僧侣参政的需要,1754年,西藏地方政府成立了“僧官学校”,藏语称“孜洛扎”。由译仓负责僧官学校的招生及学员培养工作。学员在校主要学习藏文文法、正字法、辞藻学、书法、应用公文、计算学、梵文以及一些医药及占卜知识等。自“孜洛扎”成立后,噶厦中的僧官基本上毕业于“孜洛扎”。同时,译仓的仲译钦莫还有权联合孜康的孜本,主持“官员机要大会”或“官员扩大会议”,研讨解决政府遇到的重大问题。

译仓的建立及僧官担任噶伦后,进一步提高了格鲁派僧侣在西藏政治生活中的地位。七世达赖喇嘛执政后,西藏地方的官制发生了明显的变化,这与清王朝的治藏政策是分不开的。清政府规定了噶伦以下的机构编制和官员品级。据《理藩院事例》卷九七七《西藏官制》记载:噶厦设总理大小事务噶伦3人,喇嘛噶伦一人,均为三品官;四品官计11人,其中总理兵丁代本6人,稽查商上出纳孜本3人,总理库务商卓特巴2人等。西

① 周润年:《西藏佛教史上的政教关系》,《中国藏学》1994年第2期。

藏地方僧俗官员最低品位是七品。清朝九品官职的八九品在西藏未使用。官员人数也由原来规定的150人发展到350人，其中僧俗各半。在同品级的官员中，孜仲僧官的地位要略高一等。此时，负责宗教事务的官职仍由僧官担任，而掌管政务的官职则由俗官和僧官共同担任，僧官的力量明显加强，尤其是七世达赖喇嘛还明确规定寺庙有权直接委派地方政府宗以上官员，行使司法权①。

自格鲁派各大寺院上层僧侣直接进入政府各级机构、形成政府内的僧官系统后，格鲁派寺院组织便以压倒其他一切教派和贵族势力的优势迅速壮大，成为西藏封建农奴制社会最大的领主集团。据乾隆二年，七世达赖喇嘛执政时报清朝理藩院的寺庙数字反映，当时属达赖喇嘛的寺庙共有3150多座，有僧尼342560人，属民121438户；班禅系统所属寺院达到327座，僧尼13670人，属民6752户，合计格鲁派寺庙共有3477多座，共有僧侣356230人②。

三、摄政制度的建立

1757年，七世达赖喇嘛在布达拉宫圆寂，西藏地方政教事务一时无人主持。清朝乾隆皇帝唯恐噶伦等人“擅权滋事”，任命格鲁派的高僧第穆呼图克图阿旺绛贝德勒嘉措担任达赖喇嘛的代表，在达赖喇嘛转世灵童未寻获及未成年之前，代行达赖喇嘛职权。清朝这一措施，确立了西藏地方政府由的摄政制度。这是清王朝加强僧官权力、限制削弱世俗贵族势力的又一有效措施。摄政代理达赖总理西藏政教事务，一切重大问题如噶伦等重要官员的任免等皆决于摄政。就其宗教地位而言，仅次于达赖、班禅。摄政位高权重，由具有相当影响的高僧担任，通常在学识声望卓越的退休甘丹赤巴中选任。达赖喇嘛圆寂后，由哲蚌、甘丹、色拉三大寺及四大林以内推定摄政候选人，由驻藏大臣奏请清朝中央政府任命。清廷视其出身及功绩赏给呼图克图、诺们罕、禅师等名号，颁给银印③。

从七世达赖喇嘛圆寂（1757）至十三世达赖喇嘛亲政（1895），其间，除八世达赖、十二世达赖短时期亲政外，清朝中央先后共委任了11个摄政。其名单如下：

1.第穆呼图克图诺门罕（即丹结林第六世第穆活佛绛白阿旺德勒加措），摄政21年（1757—1777）。

2.噶勒丹锡呼图禅师（即第六十一任甘丹赤巴、一世策墨林活佛阿旺崔陈），摄政10年（1777—1786）。

3.济咙呼图克图（即功德林第八世济咙活佛达察·罗桑益西丹贝贡布），摄政7年（1804—1810）。

4.第穆呼图克图（即丹结林第七世第穆活佛洛桑绛央班觉加措），摄政9年（1811—1819）。

5.噶勒丹锡呼图（即第七十三任甘丹赤巴、策墨林二世活佛阿旺绛白崔陈加措），摄

① 参见喜饶尼玛、格桑达吉：《清代西藏地方政权建制及其沿革初探》，载《藏学研究论丛》第6辑，第146页。

② 魏源：《圣武记》卷5。

③ 参见张庆有：《琦善治藏及其同摄政策墨林诺们汗纠葛评述》，载《藏学研究论丛》第2辑。

政26年(1819—1844)。

6.七世班禅·丹白尼玛,摄政2年(1844—1845)。

7.热振·阿旺益西崔陈坚赞(即热振活佛),摄政17年(1846—1862)。

8.夏扎·旺秋结布,摄政3年(1862—1864)。

9.德珠·罗藏青绕汪曲,摄政10年(1864—1873)。

10.济咙通善呼图克图(即功德林第十辈济咙活佛达察·阿旺班丹曲吉坚参),摄政12年(1875—1886)。

11.第穆呼图克图(即第九世第穆阿旺洛桑赤列绕结),摄政9年(1886—1895)。

清代西藏的摄政主要从拉萨四大林(即四大呼图克图)①或甘丹寺赤巴中遴选,由清朝中央政府批准。所谓四大林,即指四大活佛的私人拉章。活佛是西藏社会一个非常特殊的阶层,拥有很大的特权和极高的社会地位。凡是具备活佛资格的僧侣都有各自的拉章,亦即私人公馆(拉章本来是指上层僧侣私人公馆中管理行政事务的机构,现在习惯上连同整个公馆叫做拉章)。拉萨四大林以三大寺高级活佛的拉章及拉章宏伟壮丽的建筑而闻名遐迩,它们分别是:丹结林、策墨林、功德林、喜德林。

1934年,中华民国行政院于元月31日正式批准第十一世热振·绛白益西为西藏地方的摄政,共摄政7年。后来,热振·降白益西被英帝国主义指使的亲英分子害死于狱中。

西藏地方摄政官职自1757年创设以来,摄政掌握西藏地方大权的时间实际上超过了达赖喇嘛。一般来说,摄政任职后,开始着手寻访达赖喇嘛的转世灵童,将其迎入布达拉宫。有的还直接担任达赖喇嘛的经师。而达赖喇嘛则埋头攻读,经三大寺考试,取得格西学位,经典纯熟,学有长进,至18岁时,由驻藏大臣具奏,请旨批准后方能亲政。因此,摄政一般任职达20年左右。如果新达赖喇嘛未来得及亲政就去世,则再代职十余年。摄政在达赖喇嘛圆寂后及下一辈达赖喇嘛亲政前,权力地位炙手可热。即使在达赖喇嘛亲政后,他们仍有极高的地位和很大的势力。他们中的一些担任过达赖喇嘛的师傅,这有的还担任格鲁派最高僧职甘丹赤巴,这足可见其在西藏地方历史上的重要作用。

第四节　六世班禅与八世达赖喇嘛生平事迹

一、六世班禅巴丹益西的政教业绩

六世班禅巴丹益西,生于1738年,父名唐拉,母名宁达旺姆。1737年五世班禅罗桑益希圆寂后,扎什伦布寺于1740年派卓尼罗桑宗周等开始寻访五世班禅的转世灵童。经过一段时间的寻访,发现在后藏南木林宗出生的巴丹益西有许多灵异的迹象。据藏文

① 这里说的拉萨四大林与传统所说拉萨四大林有所不同,传统所说拉萨四大林中没有喜德林,而是刺乔林。因为刺乔林中没有出现过摄政。因此,后人所说四大林和传统所说四大林有所不同。

《巴丹益西传》记载,卓尼把五世班禅用过的小佛像、铃、杵、念珠、茶盒等物,杂以形状完全相同的其他器物,放在幼儿巴丹益西面前,据说他拿取的全是五世班禅用过的器物。卓尼·罗桑尊追等深感惊奇,将这一情况向扎什伦布寺札萨喇嘛作了详细汇报。扎什伦布寺又派人到拉萨,向七世达赖喇嘛和郡王颇罗鼐报告了试验这个小孩的结果。

同年8月2日,七世达赖派卓尼·玛旺罗桑为代表,会同颇罗鼐和扎寺派来的班觉坚赞等人,一同前往拉萨甘丹康萨寺,请神汉降神,询问巴丹益西是否确为前世班禅的转世灵童。神汉降神确认他是五世班禅的转世灵童。于是,七世达赖正式写信通知扎什伦布寺,后藏南木林宗扎西则谿卡出生的幼童确系五世班禅的转世灵童,要求扎寺妥善保护。同时,七世达赖也将寻访与认定六世班禅的经过与结果,咨文通知了当时的驻藏大臣纪山,请他向清朝皇帝上奏,请求批准。不久,得到清高宗批准的圣旨。这就完成了六世班禅认定的过程。9月9日,七世达赖给班禅转世灵童取法名为洛桑巴丹益西,简称巴丹益西。

翌年6月4日,在扎什伦布寺的日光殿上,隆重举行了六世班禅的坐床典礼。清高宗特地从北京派脱藏格大喇嘛来扎寺主持坐床大典,同来的还有加果其、笔贴式等。庆典大会上,首先由北京来的钦差代表清朝皇帝,赐给六世班禅一条上等哈达及各种银器、绸缎等礼品,并赏赐白银三千两,作为坐床的费用。七世达赖的代表向六世班禅献了哈达、银曼札、法衣、法器、藏银等。参加庆典并献礼品的还有驻藏大臣的代表、甘丹赤巴的代表、三大寺的代表,以及扎什伦布寺的全体僧俗官员,各属寺、各扎仓的僧官,各宗、各谿卡的官员、头人。除此之外,不丹国王、阿里公、萨迦法王也派代表前来庆贺。

六世班禅坐床后的第二年,拜扎什伦布寺的普觉·阿旺强巴为师,受了居士戒。之后,六世班禅聘请扎什伦布寺的安钦·罗桑苏巴担任经师职务,依从经师每日听受经典。在此之前,扎什伦布寺派往北京向清朝皇帝报告六世班禅坐床经过的特使果聂、饶绛巴等人,自北京返回,带回清高宗的"敕书"一道,嘱咐六世班禅潜心修习佛经,弘扬宗喀巴大师之教法,随敕书赐给六世班禅上等绸缎24匹。1744年,六世班禅7岁时,由经师安钦·罗桑苏巴为他受了沙弥戒。

六世班禅除依从经师罗桑苏巴等高僧听受佛法外,还两次赴拉萨,依从七世达赖喇嘛听受了大量的佛学经典,打下坚实的佛学基础。第一次是在1748年,当时的郡王珠尔默特那木扎勒给六世班禅去信,邀请六世班禅到拉萨与七世达赖会晤。七世达赖也写信给六世班禅,邀请他来拉萨会面。接受七世达赖和新任郡王的邀请,六世班禅于当年9月29日,和侍从、堪布等一行人马动身前往拉萨。在到达拉萨附近的堆龙岗时,七世达赖喇嘛派遣卓尼噶顿珠为代表,驻藏大臣纪山也派达新为代表,还有拉萨三大寺的代表,远道前去欢迎班禅。在去拉萨的大道上,两边站满了欢迎班禅的僧俗民众。当六世班禅到达布达拉宫时,七世达赖喇嘛的索本、森本、却本三大近侍在宫门外迎接。六世班禅与七世达赖在旧经堂会了面。因为七世达赖喇嘛年长于六世班禅,所以班禅先向达赖磕头;礼毕,达赖与班禅彼此交换了哈达,双方又行了碰头礼。然后,达赖与班禅各自就座,双方座位的高低完全平等。七世达赖喇嘛先问六世班禅沿途情况可好,并说五世班禅是自己的师傅,给他传播了许多经典,现在欲将自己所学到的佛学经教传授给六世班禅。从此,七世达赖与六世班禅建立了亲密的师徒关系。六世班禅住在布达拉宫内,七世达赖喇嘛每日给他讲授经论。第二年,六世班禅辞别七世达赖,返回扎什伦布寺。这时,六世班禅才 12 岁。回到扎寺后,他在经师指导下,勤奋学经不辍。

第二次是在 1752 年,噶厦派遣卓尼·永旦勤佐、雪第巴·拉龙则巴及三大寺代表前来扎什伦布寺,邀请六世班禅前往拉萨。六世班禅接受了邀请,取道羊八井到达拉萨,受到噶厦官员、驻藏大臣班第等众多汉藏官员的热烈欢迎。七世达赖为欢迎班禅的到来,在布达拉宫的大经堂内举办宴会。这次,六世班禅在拉萨停留了约有半年,期间又向七世达赖学习了许多经典。

1757 年,七世达赖喇嘛在布达拉宫逝世。噶厦的众噶伦和布达拉宫的大堪布即派专人到扎什伦布寺,向六世班禅报告了七世达赖逝世的时日,请班禅祈祷达赖早日转世。并请班禅写一文告,通知西藏全体僧俗群众。

六世班禅对七世达赖的逝世感到十分悲痛,下令扎什伦布寺的全体僧人举行三天哀悼,集合在大经堂诵经。他要求僧众上大经堂时,一律脱下僧帽,以示深切的哀悼。随后,又集合扎什伦布寺的全体念经僧人,念经四十二日。与此同时,他又派扎寺僧官前赴拉萨,向七世达赖喇嘛的遗体献了 1000 盏酥油灯、1000 个食子、60 锭元宝、40 匹马,100 匹绸缎;还派人到拉萨三大寺和卫藏各大寺庙发放布施,祈祷达赖喇嘛早日转世。

1757 年,六世班禅已 19 岁,到了受比丘戒的年龄。本应由他的师傅七世达赖为他授戒,但因七世达赖已故,改由经师罗桑苏巴给六世班禅授了比丘戒。

1759 年,六世班禅会同乾隆皇帝派遣到西藏的卓嘉呼图克图,主持完成了七世达赖转世灵童的寻访认定工作。1760 年是清高宗乾隆皇帝五十大寿,六世班禅派巴耶尔堪布前往北京,向清高宗祝寿。1766 年清高宗所派册封六世班禅的钦差大臣阿萨罕干、扎萨喇嘛阿旺巴觉呼图克图一行到达扎什伦布寺,受到扎寺全体僧官、各宗豀头人、日喀则宗本、数千僧人的热烈欢迎。在扎寺日光殿上,钦差大臣一行与六世班禅会了面。钦差大臣向班禅宣读了“圣旨”,其大意如下:

> 奉天承运皇帝诏曰:朕为众生之主,长求众生安宁,泽被四海,普天之下,凡我赤子,皆受庇护,此人尽皆知晓。班禅额尔德尼慧性澄圆,佛学精渊,任达赖喇嘛之师,传授戒律,功行圆满。前世班禅学识渊博,本世亦如来世,朕深喜悦。特援前世之例,册封尔为班禅额尔德尼,掌管扎什伦布政教两事,发扬光大黄教,是所厚望。并望多诵经典,保佑国家安宁。钦此。乾隆三十年正月初四日。[①]

据藏文《六世班禅巴丹益西传》记载,此全册是用满、汉、藏三种文字书写的,用纯金

① 见牙含章著:《班禅额尔德尼传》,第 123 页。

制成,共13页,净重230两。另有金印一颗,文曰“敕封班禅额尔德尼之印”,用满、汉、藏三种文字刻成,净重208两。(原文为金册金印,现存实物为玉册玉印)。钦差大臣又带来清高宗赠送班禅的绸缎、茶叶、玉器多种。班禅接受金册金印及礼品后,向东方叩头谢恩。同年11月,六世班禅派了卓尼罗桑格勒带着奏折,前往北京,向清高宗“上表谢恩”。

18世纪下半期,英国侵略者占领了印度的部分国土。英国东印度公司盘踞孟加拉,迅速扩张。英国殖民主义者不仅怀有鲸吞全部印度的野心,还投射其贪婪的目光远及于中国。东印度公司在孟加拉北部扩张的同时,已有意寻觅一条经中国内陆通往北京的道路。恰好孟加拉北境的一个小邦库赤·比哈尔同不丹发生冲突,东印度公司乘机干预,1773年出兵攻占了不丹的土地。不丹国王派代表到扎什伦布寺,请求六世班禅出面调解。因为在此以前,不丹与西藏之间发生冲突时,达赖与不丹国王双方均曾请四世班禅和五世班禅出面调解。有此先例,六世班禅就接受了不丹国王的请求,以僧人身份出面致信东印度公司进行调停。英国派驻东印度公司的督办瓦伦·海斯汀司立刻抓住这个机会,他一方面停止了对不丹的军事进攻,以缓和紧张空气;另一方面,派其公司职员乔治·波格尔入藏,以到不丹商谈和约的名义,携带书信礼品,要求面见六世班禅,以申和好。

对于波格尔入藏,六世班禅开始是拒绝的。据英国人凯罗所著《通过喜马拉雅山的贸易》一书记载,当时六世班禅在回复海斯汀司的信中说:西藏是中国的领土,中国大皇帝禁止外国人来藏,扎什伦布寺离北京太远,一时不能得到大皇帝的批准,因此要波格尔等返回加尔各答。但是,海斯汀司不顾班禅的拒绝,擅自派波格尔到了扎什伦布寺。

波格尔此行入藏负有多项使命,其主要目的是想通过班禅的介绍,前往拉萨与摄政第穆呼图克图和噶厦进行谈判,要求印度与西藏“通商”,并拟在拉萨设立“使馆”。海斯汀司还要波格尔查明究竟是否“达赖喇嘛仍然是中国的藩属”;要求波格尔认真了解“拉萨、孟加拉边境间道路邦邑之情况,和其政府、财赋、风土诸项情形”。

波格尔于1774年自印度加尔各答启程,来到扎什伦布寺,与班禅会面。在正式会谈时,六世班禅强调了以下几点:(1)不丹是中国的藩属,不丹的安危西藏不能不过问;(2)西藏是中国的领土,一切听从中国大皇帝的命令办事。波格尔暗示班禅可否劝藏人与英方成立某种形式的联盟,班禅当即明确表示:因西藏臣属中国,所以必须等候北京的指示。第穆呼图克图摄政派来的代表也表示:一切须听命中国皇帝的命令,不得清王朝同意,则丝毫无能为力;(3)关于自由通商问题,班禅和摄政的代表,都只表示印度商人可以到西藏的帕里通商,因历史上这里就是印藏通商的地方。关于波格尔要求在拉萨设立“使馆”一事,遭到西藏摄政的坚决拒绝。

关于查明究竟是否“达赖喇嘛仍然是中国的藩属”的问题,波格尔到西藏后给他的上司海斯汀司的报告中说:当他每次伸出试探的触须,都碰到了障碍,无论是同班禅、拉萨官员或前、后藏商人谈话,都说西藏的一切均要听命于北京的朝廷,“这是我条条道路上遇到的一块拦路石”。“现在有中国钦差两人、卫队一千名驻在拉萨,每三年更换一次。中国皇帝被公认是国家的元首。政府中的重要官职都由皇帝任命,一切重大事宜也必须先向北京朝廷请示。但地方上的内部事务则全行自理。汉人一般住在首府。不要西藏缴纳赋税”①。这位东印度公司职员的调查报告清楚地说明了西藏从属于清朝中央的政治地位。

波格尔在日喀则逗留了约四个多月,毫无所获,只好于1775年空手而归。六世班禅在与波格尔交往的过程中,态度明确,始终站在维护中国主权的立场上,站在维护清朝中央政权与西藏地方政权是隶属关系的立场上,表现了一代佛教大师爱国爱教的高尚品德。

这一时期,六世班禅正当中年,而八世达赖尚年轻、不谙政治,清朝中央政府还需扶植威望甚高的六世班禅,进一步扩大班禅活佛系统的政治、宗教影响,以利于对广大蒙藏地区的统治。为此,清朝在庆贺乾隆帝七十寿辰之际,极欲召请六世班禅晋京祝寿,只因当时六世班禅尚未出痘,“身子尚生,不便令其远涉”。但六世班禅早有入觐的意愿,于乾隆四十三年(1778年)通过章嘉活佛主动要求入觐祝寿,表示他时时企盼觐见文殊菩萨大皇帝。② 班禅大师的这一要求,使乾隆皇帝喜出望外,欣然同意。

1779年,清政府正式召请六世班禅。乾隆皇帝对班禅入觐非常重视。在六世班禅赴内地前,即命驻藏大臣保柱携旨到后藏与班禅面商赴京事宜,同时指令各地督抚大员对班禅进京的沿途护送、迎候、铺桥修路和馆舍整修等及早筹措。又特地召请漠西蒙古杜尔伯特部汗王、土尔扈特部郡王、新疆回部首领、金川土司届时同来承德聚会,以收“敬一人而千人悦”之效。

为使班禅有宾至如归的亲切感受,乾隆皇帝对班禅的驻锡之地亦做了精心安排。他动用国库巨资,在热河特意依照扎什伦布寺的式样,修建了“须弥福寿之庙”,又称热河扎什伦布寺。此庙规模宏大,占地面积37900平方米,依山面水,秀丽清雅。对于须弥福寿庙的修建装饰,乾隆帝不惜财力。仅庙内的都罡殿(妙高庄严殿)、住宿楼(吉祥法喜殿),镀金装饰屋顶、行龙脊等,就用去头等镀金叶15829两。

班禅晋京是自五世达赖朝清后一百多年来未有之盛事,西藏方面也极为重视。当班禅入觐之请获准的消息传到拉萨,八世达赖喇嘛、摄政阿旺楚臣、四噶伦等纷纷向朝廷谢恩,进献佛像、哈达等物。1779年,六世班禅率领堪布及僧职人员,由日喀则起行,当行至羊八井时,驻藏大臣、八世达赖、摄政、全体噶伦、代本前来欢送。八世达赖与班禅会晤后,骑马陪同他走了8天,方才依依惜别。然后,由噶伦多卡哇率领军队护送前行,浩浩荡荡,一直送到通天河才返回。此后行程就由青海方面负责。10月15日,六世班禅由陕甘总督、西宁办事大臣亲自率领所属官员、护卫部队迎入塔尔寺,受到专程由北京前来迎接班禅的散秩大臣万福等,以及寺庙僧众的热烈欢迎。万福向班禅转交了乾隆皇帝御赐的朝珠、雕鞍、银茶桶、银壶、银钟、大缎、哈达等物。班禅驻锡塔尔寺过冬。第二年二月再次出发,经甘肃、宁夏入蒙古草原,直趋热河(承德),沿途受到地方官员和蒙藏王公千

---

① 转引自柳陞祺、邓锐龄:《乔治·波格尔入藏的使命内容及其执行结果》,载《藏族学术讨论会论文集》,西藏人民出版社1984年版。

② 《清高宗实录》卷1072,乾隆四十三年十二月壬戌。

百户的迎送。当行经岱海时，由乾隆帝派遣专程前来的皇六子和章嘉呼图克图等人已在此迎候，并带来乾隆帝从承德颁来的敕书及赏赐的珍贵珠帽、袈裟、鞍马、银器、哈达等物。7 月 21 日，班禅一行远涉 2 万里，终于到达承德。

六世班禅抵承德时，受到专迎官员的隆重欢迎，云集承德的各地活佛、堪布、喇嘛、蒙古王公贵族亦列队迎接。班禅直至须弥福寿庙下榻。稍事休息后，即进避暑山庄澹泊敬诚殿觐见乾隆皇帝，跪请圣安，敬献哈达和礼品。乾隆帝亲自扶起班禅、回赠哈达后，用藏语向班禅问候沿途辛劳。乾隆帝为了能够在与班禅晤见时直接交谈，事先特向章嘉活佛学习了藏语。随后，乾隆帝在依清旷殿(四知书屋殿)赐坐慰问。当时在座的有章嘉呼图克图、济咙呼图克图、敏珠尔呼图克图、扎克巴丹达尔等高僧、王公。赐茶毕，乾隆帝亲自引导班禅诣宝筏喻、烟波致爽、云山胜地各佛堂瞻拜。

这次会见，乾隆帝以“班禅额尔德尼初瞻仰天颜，赏：三十两黄金曼达一个、三十两重银曼达一个、金座糍粑碗一个、金水壶一件、金盒一件、金碟一件、金香炉一件……玉鞍一副、哈达五百个。奉旨加赏：金五百两、绣珠九龙袍一件、大卷八丝缎九匹、……黑豹皮九张、银鼠皮一千张、灰鼠皮一千张、羊皮一千张”①。陪同入依清旷殿的班禅额尔德尼徒弟亦各得赏赐。

六世班禅到承德的第二天，7 月 22 日，乾隆帝亲“诣须弥福寿庙拈香”，看望慰问班禅，用藏语同六世班禅叙谈，并亲自带领六世班禅参观了整座庙宇。

7 月 24 日，乾隆帝在万树园赐宴六世班禅、章嘉呼图克图等，并随驾王公大臣、蒙古王公、贝勒、额附、台吉、回部阿奇木伯克贝子色提布阿尔提等 11 人，杜尔伯特亲王策楞悟巴什、喀什噶尔四品噶咱纳齐伯克、土尔扈特贝子、木坪宣慰司等 44 人宴。这次宴会，沿五世达赖喇嘛来朝时之例，征得班禅同意，由皇帝亲笔圈定班禅 15 名徒弟入宴。乾隆帝又以初次设宴，重赏班禅等人，赏“班禅额尔德尼嵌东珠等祖衣一份(计 8 件，珠 18 颗)、各色缎 50 匹、哈达 20 个、玻璃碗 10 件、玻璃杯 10 件、玻璃瓶 10 件、金 500 两、银一万两、头等雕鞍一副。加赏班禅额尔德尼黄缂丝锦上添花龙袍料一件”②。八月初三、初五、十二日，乾隆帝又数次宴赏六世班禅等少数民族首领。

8 月 13 日，是乾隆皇帝的七十寿辰。班禅率徒众共贺，主要做了两件事：第一，向乾隆帝敬献恭庆万寿丹书克(送礼单)。班禅到承德后曾多次向乾隆进献丹书克。这是班禅觐见中最重要的一次献礼活动。除班禅自己外，还代表八世达赖喇嘛进献了厚礼。班禅进献的礼品主要有佛菩萨像、法器等 50 余件；第二，六世班禅亲率徒众，在内佛堂为乾隆皇帝念万寿经，入堂内参加念经的大小藏僧共 30 人，乾隆帝又赏给班禅及徒弟银两、锦缎等物品。

8 月 25 日，六世班禅在皇六子永瑢等人陪同下，离开承德前往北京，承德祝寿活动圆满结束。

---

① 中国历史第一档案馆藏，军机处满文班禅明发档，第 1740 页。

② 中国第一历史档案馆藏，军机处满文议复档，第 1740 页。

清朝政府动用大量人力，不惜耗费巨资隆重接待六世班禅入京觐见，其目的在于显示皇朝的隆盛，利用班禅的宗教影响绥服众蒙古、安定西藏，正如乾隆帝所指出：“诏瞻礼之，益以绥靖荒服，非惟为阐扬黄教也。”这次六世班禅朝觐，是继五世达赖喇嘛朝觐之后，西藏地方首领与清中央政府最高权力者的又一次直接接触。它不仅进一步密切了中央政权与西藏地方政权的关系，而且加强了西藏对祖国的内向力，强化了中央政府在西藏地区的管理和西藏社会的稳定发展。此外，此次六世班禅入京朝觐，还推进了中原文化与藏族文化的融合交汇。须弥福寿之庙的建筑，即是融汉、藏建筑风格于一体的典型，是极其珍贵的文化遗产。六世班禅还带来大量藏传佛教文化，他多次亲自带领众徒讲经传教。在承德举行的文艺表演会上，除有中原特色的戏剧、音乐、舞蹈、焰火外，还有各种民族仪式的杂技、赛马，藏族舞童做了多次的精彩表演，可谓是统一的多民族国家的一次民族文化艺术的大交流。

六世班禅离开承德，抵达北京后，行宫设在五世达赖住过的黄寺。在京期间，六世班禅在皇六子的陪同下，参观了圆明园、南苑德寿寺；多次到香山昭庙巡礼、观瞻；并亲自主持香山觉卧拉康的开光祝赞、洒花雨、跳金刚舞等形式。乾隆帝遂赐宴，并向六世班禅赠黄金制成的如意及羊脂玉香炉、宝瓶、宝钵等礼品。为感谢乾隆的优遇和恩宠，六世班禅多次为乾隆、皇室等王公贵族讲经传法，并为百姓祈祷。班禅以格鲁派领袖的威望，通过祝寿和佛事活动，对将各地的蒙藏王公贵族团结在清中央政权周围，起到了特殊的作用和贡献。乾隆帝曾对六世班禅说：“满洲八大内旗、四十九外旗、黑哈七旗、伊犁、新疆、准噶尔等地，自佛入朝均皆安服，又值朕七十寿诞，有佛惠临，其兆甚佳。”①

六世班禅在京期间，清高宗亲赴黄寺看望班禅。10 月初一，在紫禁城保和殿设宴招待班禅。10 月 24 日，班禅感觉身体不适，不思饮食，腿部发现红疹，近侍堪布疑是天花，非常惊恐。清高宗亲临黄寺看望班禅，回宫后命御医前去诊治，断为天花。1780 年 11 月初二下午，六世班禅巴丹益西在北京黄寺逝世，享年 42 岁。清高宗亲率众臣到黄寺吊唁，并用 7000 两黄金制成灵塔，内供大师法体，派人护送至日喀则扎寺建塔供奉。

为了纪念六世班禅巴丹益西，清高宗又特地命人在他生前居住的黄寺西侧，建立了一座宏伟的“清净化城塔”；并筑了围墙，修了庙门、大殿、碑亭、僧房等，形成一座规模完整的庙宇，此庙亦称“西黄寺”。“清净化城塔”至今仍完好地保存着，属国家级重点文物保护单位寺内有清乾隆帝“御制”的用汉、满、蒙、藏四种文字写的碑文，象征着民族团结永世长存。

二、八世达赖喇嘛强白嘉措的政教活动

第八世达赖喇嘛强白嘉措，1758 年生于后藏南木林宗托杰拉日岗一个贵族的家中。1757 年，七世达赖喇嘛圆寂后，乾隆帝特从北京派章嘉呼图克图赴藏负责寻访七世达赖的转世灵童。章嘉呼图克图到藏后，会同六世班禅，摄政第穆呼图克图，噶伦多卡哇、诺

---

① 周润年：《六世班禅的驻锡之地——香山昭庙》，载《西藏民族宗教》1995 年第 1 期，第 14 页。

云公班第达等挑选了后藏、沃卡、康区的三个幼童，从中确定七世达赖的真正转世灵童。班禅初步认定后藏南木林宗出生的幼童是达赖喇嘛的转世灵童，西藏地方政府将情况禀奏乾隆皇帝，请求降旨同意。1760 年，章嘉呼图克图返回北京后，也将选认达赖喇嘛转世灵童的所有情况向乾隆皇帝做了详细的汇报。乾隆帝遂降旨敕谕："已确定后藏孩童为达赖喇嘛的转世，可请到布达拉宫附近，不准打扰，应谨慎行事，迎请坐床。"①

1761 年正月 11 日，噶厦迎请转世灵童到扎什伦布寺，由六世班禅剃度，并起法名为"杰增罗桑丹白旺觉强白嘉措贝桑布"。22 日，强白嘉措被迎往前藏聂塘德瓦坚寺暂住。5 月 22 日，驻藏大臣积福接到乾隆皇帝的金字圣旨和赏赐给转世灵童的贵重礼品。之后在德瓦坚寺由驻藏大臣积福、噶伦诺云公班第达分别用藏、汉语向转世灵童宣读了圣旨，敕谕：

奉天承运皇帝敕谕达赖喇嘛之呼毕勒罕：顷据遵旨往迎尔呼毕勒罕之驻藏办事大臣积福奏称，尔明慧超群，朕心甚悦。先世达赖喇嘛德才超人，且仰承朕意，广衍黄教，利乐卫藏众生，朕甚予嘉奖，不意圆寂，朕甚怜念。念已三载，呼毕勒罕之身即已明理，甚慰朕怀。尔呼毕勒罕扶持黄教，多闻勤思，苦修不懈，仰副朕怜爱之至意，嗣后仍享朕无穷之恩庇，望勤谨勿怠。兹为庆贺呼毕勒罕明现之喜，特赏上等哈达一方、无量寿金佛一尊、释迦牟尼玉佛一尊、宝石念珠一串，愿呼毕勒罕延年益寿，黄教兴隆。俟尔呼毕勒罕及岁坐床时，另行赏赐厚礼庆贺。特敕。②

经过乾隆皇帝的批准，1762 年，在布达拉宫举行隆重的八世达赖喇嘛坐床大典。六世班禅应噶厦之请，专程来拉萨主持了八世达赖的坐床仪式。1765 年，八世达赖强白嘉措拜六世班禅为师，受沙弥戒。1777 年，噶厦再次迎请班禅大师到拉萨，为八世达赖授比丘戒。八世达赖按传统习俗迎接了六世班禅，师徒相见，格外亲切。之后，在布达拉宫班禅为达赖喇嘛、活佛、格西一百余人讲授了《菩提道次第广论》。事后，六世班禅在大昭寺释迦牟尼佛像前为八世达赖授了比丘戒。

这一时期，乾隆帝在热河修建了布达拉寺，敕谕西藏地方必须选派贤正善良的格西和翁则担任热河布达拉寺的堪布。八世达赖遵旨旋即选派学问高深、严守教戒的下密院散居堪布·桑杰欧色和哲蚌寺洛萨林札仓饶强巴·洛桑格勒去任堪布，下密院比丘阿旺次青和比丘阿旺格丹去任领诵师，并"教诲他们弘扬释迦牟尼圣教和文殊怙主宗喀巴大师的清净教法，讲授吉祥利乐之教法，满足奉天承运大皇帝心愿，须实践显密教法，发扬光大"③。

八世达赖未成年以前，由执政佛第穆呼图克图与驻藏大臣联合掌管政权。1777 年，

---

① 陈庆英等译，西藏古籍出版社 1996 年。《多卡哇·次仁旺杰传》，第 107 页。转引自《西藏通史》第 1734 页恰白·次旦平措等著。

② 《八世达赖喇嘛传》，藏文木刻本，第 21—22 页。

③ 藏文《八世达赖喇嘛传》木刻本，第 64，198，199 页。

摄政第穆呼图克图逝世。乾隆帝派遣北京雍和宫住持阿旺楚臣继任摄政。阿旺楚臣在任期间修建策墨林寺,成为第一世策墨林活佛。

1781年,八世达赖强白嘉措,“完成闻思佛法”,乾隆皇帝降旨,命八世达赖亲政,掌管西藏政教事务。金册文是:“奉天承运皇帝制曰:咨尔达赖喇嘛之胡必勒汗:昨班禅额尔德尼来自后藏,庆祝朕七旬万寿,朕询及尔年岁学业,据奏:尔年已及岁,经文赅博,夙慧圆成,志心利益众生,继承法教,深惬朕怀。尔前身蒙圣祖恩眷,特封圆满教乘等引群生达赖喇嘛,今以尔慧性光明,赅洽经典,爰自龆龀,承袭法教,志心利益,坚持戒律,使群部皈依,朕甚嘉之。兹特依前七辈达赖喇嘛之例,封尔为‘西天大善自在佛所领天下释教普通瓦赤拉怛喇达赖喇嘛。’”①

八世达赖亲政后,乾隆皇帝仍命策墨林继续掌管商上事务,协助达赖办事。1786年,策墨林奉乾隆皇帝之命前往北京代替圆寂的章嘉活佛为国师,摄政遂由济咙呼图克图代理,继续掌管商上事务。不久,济咙奉清廷之命前往北京,乾隆帝钦命策墨林一世返藏,再次协助八世达赖办理西藏政教事务。

八世达赖亲政后,发生了廓尔喀人两次侵略西藏的事件。战争中,八世达赖表现出一个爱国、爱藏、爱教的西藏地方政教领袖人物应有的姿态。当入侵之敌气势汹汹向西藏进攻之时,他婉言拒绝了驻藏大臣让他和年幼的七世班禅“一起离开此地,共赴泰宁避难”的要求,不顾个人安危,坚决主张抗敌,决心与战乱中的西藏僧俗民众同呼吸共命运。当局势进一步紧张,驻藏大臣再次让达赖喇嘛赶快离开拉萨,八世达赖仍然坚持不走,他对驻藏大臣说:“对于走留之事,如若你们二位不能做主,就请向大皇帝禀报。”②

在达赖喇嘛坚决抗敌思想的影响下,三大寺僧人群情振奋,请求达赖喇嘛、班禅额尔德尼驻守拉萨,带领他们抗击敌寇,他们担心“如若二位佛爷不能留在此地,大部分拉萨百姓也必将尾随离开这里”。那时,拉萨将变成一座空城,更易被敌寇侵占。当达赖喇嘛在布达拉宫郑重宣布他绝不出走时,僧俗群众“欣喜若狂,欢声雷动。他们……面向布达拉宫虔诚地祈祷叩拜,社会秩序井井有条”③。八世达赖在大敌当前的形势下,不顾个人安危,坚决抗战,对于稳定民心、鼓舞僧俗民众的斗志起了重要作用。不久,乾隆皇帝降旨,特别赞扬了达赖喇嘛临危不惧的品德。

八世达赖喇嘛深知,西藏人民的安危及政治事业的发展离不开清朝中央政府的大力支持,对清朝皇帝动用巨大的人力物力驱逐入侵之敌,及时解救藏族人民之隆恩感戴不已。战后,他不仅派遣了江孜法王等人专程赴京向皇帝面谢深恩,而且还拨款重新修饰布置了萨松南杰大殿中供奉的大皇帝金刚比丘装身像,将皇帝身像庄重地供奉在一个纯金带顶的小佛殿中,并派专人管理。达赖喇嘛说:清朝皇帝“对全体雪域人民十分关怀,尤其对黄教特别推崇。近年来,宗喀巴大师之教义之所以得到弘扬,全都仰仗了大皇帝

---

① 《西藏地方是中国不可分割的一部分》,西藏人民出版社1986年版,第219页。

② 《八世达赖喇嘛传》,藏文木刻本,第64,198,199页。

③ 《八世达赖喇嘛传》,藏文木刻本,第64,198,199页。

的恩德,所以我们对其身像要特别圆满地供奉”①。

三、金瓶掣签制度的建立与实施

从乾隆后半期开始,清朝对蒙藏地方的统治已经稳定。清朝统治者决定授权达赖喇嘛管理西藏地方政务,推动“政教合一”政治体制的最终确立。与此同时,清朝提高了驻藏大臣的地位和权力,强化中央政权对西藏地方的治理,并加强对藏传佛教的管理,以杜绝各种流弊。这主要表现在金瓶掣签制度的建立。

活佛转世是藏传佛教特有的传承方式。在金瓶掣签制度建立之前,格鲁派的达赖、班禅及各大活佛逝世后,俱由拉穆、乃穷等寺的神汉(藏语称“曲均”或“吹忠”)作法降神指定。对此,清朝政府是十分清楚的。正如乾隆五十七年(1792年)十月二十三日,福康安奏:“查,达赖喇嘛、班禅额尔德尼为黄教之宗,自宗喀巴流传至今,凡达赖、班禅圆寂后不迷本性,俱有呼毕勒罕出世,以衍其教。向系令吹忠等作法降神,秉公指认,是以化身示现,僧俗人等悉皆信以为真。历辈以来,仰蒙天朝卫法兴教,恩礼尤隆,各蒙古部落,以及大小番族,俱凭吹忠作法指定,诚心敬奉,远近皈依。是达赖喇嘛、班禅额尔德尼转世之后,其实在根基,向来远近番民数万众总以吹忠作法降神为敬信,竟有牢不可破之势。”②

诚然,吹忠降神的方式初期阶段在像广大藏区这种笃信神灵的特殊地区是有助于达赖、班禅灵童顺利转世、和平交接权力的。但是,另一方面,天长日久,吹忠降神逐步变为西藏地方各种势力集团争权夺利的矛盾焦点,一些上层贵族或大喇嘛为操纵大权,暗中贿赂,“乃拉穆吹忠受嘱,任意妄指”,以致“藏内各呼图克图内,仲巴为前辈班禅之兄,哲布尊丹巴呼图克图为达赖喇嘛之侄,而丹津班珠尔之子即系三巴呼图克图之呼毕勒罕,族属姻娅,递相传袭,诚如圣谕,竟与世职无异”③。“如此谋利舞弊,则不但不能振兴黄教,而反至于坏其教”④。在“政教合一”的西藏社会,这不单纯是宗教问题,已严重影响西藏地方的社会稳定,如“红帽喇嘛沙玛尔巴垂涎扎什伦布财产,自谓与前辈班禅额尔德尼及仲巴呼图克图同系兄弟,皆属有分,唆使廓尔喀滋扰边界,抢掠后藏”,“即是不慎认呼毕勒罕之明证也”⑤。因此,借廓尔喀乱事之际,乾隆帝决定推行达赖、班禅及蒙藏地区格鲁派各地大活佛转世灵童“金瓶掣签”的认定制度。在1793年正式颁行的《钦定藏内善后章程二十九条》中明文规定:“嗣后认定转世灵童,先邀请四大护法神初选灵异幼童若干名,而后将灵童名字、出生年月日书于签牌,置于金瓶之内,由大德之活佛诵经祈祷七日后,再由各呼图克图暨驻藏大臣于大昭寺释迦佛尊前共同掣签认定。”⑥

---

① 《八世达赖喇嘛传》,藏文木刻本,第269页。

② 松筠:《卫藏通志》卷五,西藏人民出版社1982年版(以下均此版本),第263页。

③ 松筠:《卫藏通志》卷五,西藏人民出版社1982年版(以下均此版本),第263页。

④ 《番僧源流考》(吴丰培校订),西藏人民出版社版,1982年版,第38页。

⑤ 松筠:《卫藏通志》卷首,《高宗纯皇帝御制喇嘛说》。第150页。

⑥ 《钦定藏内善后章程二十九条》第一条,《元以来西藏地方与中央政府关系档案史料汇编》,中国藏学出版社1994年版,第825—826页。

关于金瓶掣签制,保存在大昭寺和扎什伦布寺内的藏文条例有更加详细的记载:“关于寻找活佛及呼图克图的灵童问题,依照藏人例俗,确认灵童必问卜于四大护法,这样就难免发生弊端。大皇帝求黄教得到兴隆,特赐一金瓶,今后遇到寻认灵童时,邀集四大护法,将灵童的名字及出生年月,用满、汉、藏三种文字写于牙签上,放进瓶内,选派真正有学问的活佛,祈祷七日,然后由各呼图克图和驻藏大臣在大昭寺释迦佛像前正式认定。假若找到的灵童仅一名,亦须将一个有灵童名字的牙签和一个没有名字的牙签,共同放进瓶内,假若抽出没有名字的牙签,就不能认定寻得的灵童,而要另外寻找。达赖喇嘛和班禅额尔德尼像父子一样相互认定他们的灵童时,亦须将他们的名字用满、汉、藏三种文字写在牙签上,同样进行,这些都是大皇帝为了黄教的兴隆,而不使护法弄假作弊。这个金瓶常放在宗喀巴佛像前,需要保护净洁,进行供养。”①清朝另设一金瓶于北京雍和宫内,“至各札萨克蒙古所奉之呼图克图,其呼毕勒罕将出世,亦报理藩院与驻京之章嘉呼图克图掣定”②。

金瓶掣签制颁行后,即在藏区局部范围进行了初步实践。1793 年 2 月驻藏大臣和琳等给皇帝的奏折中说:“兹有西宁送到逊巴呼图克图之呼毕勒罕,并年班回藏堪布囊素带有科尔沁地方达喇嘛四人之呼毕勒罕四人。兹有一人送到呼毕勒罕三名,又有三人每一人各送到一名。现在送到之呼毕勒罕,共计九名(应十名)。所有各呼毕勒罕俱非大呼图克图,向来转世,并不报明理藩院具奏,亦不由吹忠指认,惟将本处所出之呼毕勒罕名字,送交达赖喇嘛、班禅额尔德尼诵经指定,历来俱系如此办理。臣等伏思钦颁金本巴瓶今既供奉在藏,自应将送到之呼毕勒罕,各按名字人数,分别入瓶试掣,因先期令济咙呼图克图等,带同喇嘛于大昭宗喀巴前虔诚诵经。二月十一日,达赖喇嘛下山前至大昭,臣等亲往监视,写签入瓶,公同抽掣。查,逊巴呼图克图之呼毕勒罕送来者共有三名,掣得策旺哲布丹之子;又达喇嘛罗卜藏丹津、罗卜藏达布凯、伦珠布班珠尔三人之呼毕勒罕送来者每人只各一名,是以写名签三枝,分三次入卜抽掣。其达喇嘛罗卜藏丹津及罗卜藏达布凯之呼毕勒罕俱系掣得名签,准其指认。惟伦珠布班珠尔之呼毕勒罕掣空签,自非确实,应令该地方另行寻觅。”③金瓶掣签制建立后,得到了全面实施。达赖从第九世到十四世,班禅从第八世到十一世,都采用这一方式确认。其中也有免于掣签的,但是,这种“请免”与“准免”无疑都是以“金瓶掣签”制度的有效存在为前提的。“免”与“不免”的决定权掌握在中央政府手中。

“金瓶掣签”是清朝政府全面治藏政策的产物。这一制度革除“乃前妄指,私相传袭”的积弊,将转世灵童由拉穆吹忠降神指定为靠金瓶掣签决定,以此保持中央政府认定转世灵童的权力。这进一步体现在达赖、班禅等大活佛转世问题上的中央权威,从而把达赖、班禅各大呼图克图转世灵童的认定与中央政府治藏主权予以有机结合。

---

① 牙含章:《达赖喇嘛传》,第 62 页。

② 张其勤:《西藏宗教源流考》,西藏人民出版社 1982 年版,第 67 页。

③ 松筠:《卫藏通志》卷五,《喇嘛》。

第五节　九至十二世达赖喇嘛

一、第九世达赖喇嘛隆朵嘉措

第九世达赖喇嘛隆朵嘉措，1805 年生于四川甘孜金沙江边的邓柯地方，系四川藏区邓柯地方琼科寺附近土司之子，父名丹增曲窘，母名顿珠卓玛。

八世达赖喇嘛强白嘉措逝世后，噶厦政府和三大寺派出代表到各地寻访“转世灵童”。1807 年，派往四川藏区的代表报告说邓柯地方有一孩童具有数种奇相，于是噶厦派遣饶丹嘉措进京将此情况禀奏清朝皇帝；同年 9 月，噶厦及三大寺迎请邓柯灵童与其父等人至蔡贡塘寺，等候皇帝颁旨。根据乾隆帝制定的“金瓶掣签”制度，九世达赖的选定，必须经过“金瓶掣签”的手续。于是就由七世班禅、摄政达擦诺门罕、三大寺代表、全体噶伦联名，请驻藏大臣玉宁写了一道奏折，上奏皇帝，言邓柯地方的灵童“善辨佛像、器具，行为与众不同”，认为该灵童确系前辈达赖喇嘛的转世，请求“免于掣签”。

1808 年，嘉庆皇帝颁旨：“康巴垫曲科土司丹增曲结之子，确系第八世达赖喇嘛之呼毕勒罕，自幼会诵经，明辨佛像及用具等，无可怀疑。设当我皇考（乾隆帝）时，遇有此奏，必立时加恩，无须于金瓶掣签。盖不疑何卜，前志可稽，因即降旨，令其作为达赖喇嘛呼毕勒罕。并特赐呼毕勒罕哈达一个、无量寿佛像一尊、铃杵一份、灵珠记仿碧霞念球一挂；令成都将军博清额赍赴西藏颁发，此谕。”①

九世达赖被嘉庆皇帝批准认定为八世达赖转世灵童后，噶厦和驻藏大臣即派专人前往扎什伦布寺，邀请七世班禅前来拉萨，给九世达赖剪发并取法名。班禅即应邀前来与九世达赖会了面之后，给九世达赖剪发，取法名为罗桑丹白窘乃阿旺隆朵嘉措，简称隆朵嘉措，并给他换了法衣。尔后，由温·嘉赛活佛和第穆呼图克图晋迈嘉措担任九世达赖的经师，教授佛法。同年 9 月 22 日，在布达拉宫举行了九世达赖喇嘛坐床典礼。嘉庆皇帝特地从北京派遣都构郡王、噶勒丹锡勒呼图克图、工部侍郎庆惠、乾清门侍卫副都统隆福等人前来拉萨，“看视坐床”，赏白银一万两，并批准九世达赖可乘前世达赖乘坐的黄轿，启用前世达赖使用的金印。

隆朵嘉措 4 岁时入哲蚌寺学法。他虽然年幼，却勤奋好学，熟读《善缘庄严》和《现观庄严论》《对法本论》等经典，善于立宗答辩，批驳他宗。

当时，布达拉宫破损严重，西藏地方政府组织人力物力进行修复，修缮了长寿殿、夏居殿、寝殿、衣室楼和其他许多殿堂，以及附近的政府邸所舍室。1812 年噶厦又因拉萨大昭寺的木质飞檐和屋脊业已腐烂，更换成以金铜制的飞檐和屋脊，修复了大昭寺内破损的铜像。

---

① 第穆·图丹晋美嘉措《九世达赖喇嘛传》，藏文木刻本第 27 页。

1810 年,摄政达擦诺门罕丹贝贡波因病在功德林邸所逝世。翌年,清朝皇帝颁旨:委任九世达赖的经师第穆呼图克图晋迈嘉措为代理摄政。

1813 年,九世达赖隆朵嘉措到了受沙弥戒的年龄,噶厦特派卓尼·冲夏济仲和噶仲噶雪二人前去扎什伦布寺,邀请班禅前往拉萨。9 月 22 日,九世达赖从布达拉宫来到大昭寺,由七世班禅大师担任亲教师,在释迦牟尼佛像前,为达赖喇嘛传授了沙弥戒。

1815 年,九世达赖隆朵嘉措在布达拉宫暴亡,时年只有 11 岁。

九世达赖只活了 11 岁,使嘉庆帝深感意外,赏银五千两,“在灵前燃灯念佛”,由第穆呼图克图“领办达赖喇嘛事务”。摄政办理完达赖喇嘛的丧事,新建了金质灵塔。

二、第十世达赖喇嘛崔臣嘉措

第十世达赖崔臣嘉措,1816 年生于理塘雪周卓东地方。父亲罗桑年扎原是当地的头人,后随楚臣嘉措入藏,清朝照例封其为公爵,西藏地方政府也拨给了很多田庄和百姓,遂成西藏大贵族之一,即今之宇妥家庭。

九世达赖隆朵嘉措圆寂以后,噶厦和三大寺即派出代表寻访其转世灵童。结果在西康地方找到三个灵童,噶厦官员和三大寺代表向清朝上了一道奏折,认为三个灵童中唯有在理塘卓东地方出生的灵童,“经过先后考察,其身、语、意的行为举止等确实灵异,而且诸护法神所作指示都一致肯定此灵童,因此西藏僧俗大众一致信奉此灵童,故请不经金瓶掣签,按火兔年之例(即认定九世达赖之例)加以认定,特请恩准”[①]。摄政第穆呼图克图将此奏折,通过两位驻藏大臣上呈清朝皇帝。

对此,清嘉庆皇帝于“嘉庆二十四年(1819 年)三月戊申,谕军机大臣等:‘玉麟等奏藏中僧俗人等要求定达赖喇嘛呼毕勒罕一折,甚属非是。从前各处呈报呼毕勒罕出世,每多附会,争端渐起,疑窦丛生。皇考高宗纯皇帝洞烛其情,设金奔巴瓶缄名掣定之制,睿谋深远,自当万世遵行。今理塘所报幼孩,其所述灵异何足征言?若遽听其言,与从前指定一人者何异?玉麟等不严行驳饬,实为错误,著传旨申饬,此次理塘幼孩即作为入瓶掣签之一。俟续有报者,再得其二,方可将三人之名,一同缄封入瓶,照定制对众讽经掣签。著将此明白传谕第穆呼图克图,毋许再渎”[②]。

1820 年,嘉庆皇帝驾崩。翌年,道光皇帝继位后,仍坚持“金瓶掣签”认定达赖转世灵童。道光皇帝于道光元年(1821 年)九月辛亥,谕军机大臣“著照文干等所奏,将幼孩三名,令其亲属师傅等携带至前藏,文干等合同噶勒丹锡呼图萨玛第巴克什等确加试验,如均有灵异之性,即照例写签入瓶,对众讽经掣定,核实奏闻。若试验未确,仍令另行访查,俟灵异幼孩数足了人再行照例办理可也”。

此时,摄政第穆呼图克图因染上天花之疾,已于 1819 年病逝。清朝任命策墨林活佛阿旺江白楚臣嘉措继任摄政之职。按照皇帝的圣旨,摄政向全藏各个宗谿头人、官员等

---

① 《十世达赖喇嘛传》,藏文木刻版,第 36 页。

② 《清仁宗实录》卷 355,嘉庆二十四年三月戊申 16—17 页。

发出通知,要他们访查,将所有灵异幼童据实呈报。最后,决定将理塘、昌都(二名)呈报的三名灵异幼童作为灵童候选人,进行金瓶掣签。

金瓶掣签仪式定于1822年藏历正月十五日,在有皇帝御像的布达拉宫萨松南杰寝殿举行,由高僧大德诵经加持金瓶。关于金瓶掣签的具体情形,《十世达赖喇嘛传》中记载:"1822年即藏历第十四饶迥的水马年正月,当太阳出山之时,班禅大师从罗布林卡前往布达拉宫,僧俗官员等一起到皇帝御像前就座,不久两位驻藏大臣亦到达。当藏汉官员、喇嘛会齐后,由满文文书将3位幼童的名字用满文书写到三个名签上,然后由藏文文书在三个名签的另一面上用藏文书写三位幼童各自的名字,并共同看验核对无误。然后由灵(海)安班对金奔巴瓶磕头致礼三遍,再将三个名签放入金奔巴瓶中,然后和诵经师等一起念诵祈请三宝慈悲护佑的真言,三次猛力祈祷,然后由文(干)安班向金奔巴瓶跪拜三次,将金奔巴瓶中的三支名签摇动,然后掣出确定灵童名字的一支名签,看视后高声宣布是理塘出生的幼童,并将名签交给班禅额尔德尼、策墨林诺门罕和灵(海)安班等在场的汉藏官员、喇嘛、贵族僧俗人士看视。然后将名签插致放在金奔巴瓶上面的一个盛满青稞谷物的容器中……"①

十世达赖一旦确认,七世班禅在聂塘德哇坚寺为灵童剃度,换了僧衣,起法名为阿旺洛桑坚白崔臣嘉措,简称楚臣嘉措。同时给灵童授了近事戒和出家戒。

之后,西藏地方政府接到了清朝中央关于为灵童举行坐床仪式奏折的批复。四月间,七世班禅和摄政诺门罕、两位驻藏大臣等汉藏官员等一齐前往聂塘德哇坚寺。驻藏大臣宣读了批复诏书,由仲译玉康·坚白德勒用藏语翻译,诏书内容为:"道光二年四月七日上谕:文干所奏按旧例达赖喇嘛转世入金奔巴瓶掣签确定情形及坐床月日,及班禅额尔德尼可否返回后藏一折已览。据文干所奏寻认达赖喇嘛转世情形,三名幼童俱缄名入金奔巴瓶中掣签,掣出理塘藏民罗桑年扎之子格桑坚赞一名,经查该童灵异显著,为达赖喇嘛真实转世,黄帽教法之主持,大众欢悦崇信,出现多种吉相。览此奏折,朕心甚喜。此次赐呼毕勒罕哈达一条、无量寿佛画像一幅、金刚铃杵一套、珊瑚念珠一串,由文干递交。另给班禅额尔德尼、阿旺江白楚臣嘉措亦各赐哈达一条、无量寿佛画像一幅,亦同时递交。达赖喇嘛坐床于八月八日举行,朕派文干、成都副都统苏冲阿、章嘉呼图克图等共同看视尔坐床。章嘉呼图克图由北京派去,由广储司拨给银三百两供路途所需。所有颁赏达赖喇嘛之敕书、例赏等件,由理藩院派司员二人帮同照料。班禅额尔德尼已为达赖喇嘛剃发、传戒,而达赖喇嘛坐床尚有数月,故可准其返回后藏,坐床事务即交文干、宝昌、苏冲阿等合同办理。将此谕令如之。"②宣读诏书完毕后,达赖灵童和班禅大师、各大呼图克图及僧俗贵族人等,面向东方行跪拜大礼,向清朝皇帝谢恩。

同年八月八日,在布达拉宫举行了十世达赖的坐床典礼。七世班禅派他的哥哥康建堪布和卓尼多切两人为代表,前去拉萨参加坐床典礼,并向十世达赖祝贺。道光帝所派

---

① 恰白·次旦平措等著:《西藏通史》,陈庆英等译,西藏古籍出版社1996年,第809—810页。

② 格桑赤烈南杰:《十世达赖喇嘛传》,藏文木刻本,第77、141页。

成都副都统苏冲阿和章嘉呼图克图等亦抵达拉萨“看视坐床”；并带来圣谕“前世达赖喇嘛俱经赏用黄轿、黄缰、黄鞍坐，着加恩现在达赖喇嘛之呼毕勒罕仍准赏用”；又谕“赏给前世达赖喇嘛之金印，该呼毕勒罕坐床时现经捧用，坐床后著加恩折内仍前钤用”。

十世达赖坐床后，他的经师由摄政策墨林诺门罕阿旺绛白崔臣嘉措（正师傅）和卸任甘丹赤巴阿旺年扎，及荣增班智达三人担任。1829 年，十世达赖到哲蚌寺学经。

在十世达赖生活时期，通过金瓶掣签认定转世活佛的制度进一步得到贯彻实施。如 1824 年，为认定热振活佛的转世举行金瓶掣签，在达赖喇嘛和两位驻藏大臣及其他僧俗官员齐集于布达拉宫萨松南杰寝殿的皇帝的画像前，经过金瓶掣签，认定东欧珠顶出生的幼童为热振活佛①；同年，又为确定第穆活佛的转世举行金瓶掣签，认定在昌都出生的灵童为第穆活佛的转世。此外，在达赖喇嘛和两位驻藏大臣的共同主持下还先后举行了主巴檀杰钦巴、雅隆温珠、洛扎桑珠等活佛转世认定的金瓶掣签。

在十世达赖喇嘛时期，对布达拉宫红宫南面萨松南杰寝殿进行了维修。工程完毕后，将皇帝的画像和万岁牌仍然搬迁到萨松南杰寝殿中供奉。

1834 年，由七世班禅任亲教师，在布达拉宫西面的新大经堂的冲热拉康的主尊释迦牟尼像前，给十世达赖传授了比丘戒。清朝皇帝为达赖授比丘戒，专门发来了诏书并赐送了礼品。

1837 年，十世达赖崔臣嘉措在布达拉宫暴亡，时年 22 岁。到逝世为止，十世达赖一直没有亲政。道光皇帝命驻藏办事大臣关圣保往奠故达赖喇嘛，赏赉如例。

三、第十一世达赖喇嘛克珠嘉措

第十一世达赖克珠嘉措，1839 年生于康区木雅泰宁寺附近。其父名才旺顿珠，其母名雍仲布赤。克珠嘉措被选定为十一世达赖后，其父照例被封为公爵，遂成西藏大贵族之一。十世达赖崔臣嘉措逝世以后，又由噶厦和三大寺派出代表，前往藏区各地寻访十世达赖喇嘛转世灵童，在康区找到了 3 名被认为可能是达赖喇嘛转世灵童的幼童。1841 年，清宣宗下了谕旨，仍然通过“金瓶掣签”确定。

为按例规举行金瓶掣签仪式，3 名幼童被迎请到拉萨附近的德庆桑阿喀寺。班禅大师、两位驻藏大臣、摄政策墨林活佛、三大寺的讲经师、活佛、执事僧人以及噶伦官员贵族都前来德庆桑阿喀寺会见了灵童候选人，并将以前历辈达赖喇嘛供奉过的本尊佛像和用过的物品与相似的物件混杂在一起让灵童辨认，进行仔细考察。灵童都准确无误地认出了前辈的物品。同年，在布达拉宫萨松南杰寝殿皇帝牌位前，举行了“金瓶掣签”仪式，由驻藏大臣孟保和帮办大臣海朴执行。结果是泰宁地方的幼童被抽中，认定其为十世达赖喇嘛的转世。之后，由七世班禅丹白尼玛给灵童剃发，换僧衣，起法名为阿旺格桑丹贝仲美克珠嘉措贝桑布，简称克珠嘉措。道光帝御赐灵童吉祥长寿法衣、全套金刚铃杵、珊瑚念珠等礼物。

---

① 格桑赤烈南杰：《十世达赖喇嘛传》，藏文木刻本，第 77、141 页。

1842年,在布达拉宫举行了十一世达赖喇嘛坐床典礼,清道光皇帝特派成都副都统代蒙额和章嘉呼图克图到拉萨"看视坐床",并赏白银一万两,作为坐床的费用。

当时,正值驻藏大臣琦善与摄政策墨林诺门罕阿旺降白崔臣嘉措失和之际。驻藏大臣向道光皇帝参奏摄政"贪黩营私"。摄政策墨林诺门罕在任摄政二十五年后,被道光皇帝免去其摄政职务,下令将其解送内地,发往黑龙江安置,并没收其拉章和家藏白银14.4万两,分别赏给前后藏各寺庙,"以示优恤"。又没收大米、麦、豆、青稞等,著赏给前后藏的"番官兵丁,俾得均沾惠泽"。琦善又向道光帝建议:由七世班禅丹贝尼玛继任摄政,"奉旨商上事务照议准令班禅额尔德尼暂行兼管"。当时七世班禅业已63岁,不愿任摄政职,经过驻藏大臣再三劝说才答应。

1846年,十一世达赖即满9岁,拜七世班禅为师。在大昭寺释迦牟尼像前受了沙弥戒后,班禅坚决要求辞去摄政,回扎什伦布寺静养。扎什伦布寺的僧众代表,亦要求班禅仍回扎寺主持教务。鉴此要求,驻藏帮办大臣瑞元奏明道光帝,班禅久住拉萨,引起后藏僧俗人众心境不安,可否即让班禅大师返回扎寺,拟由热振阿齐图诺门罕接替摄政之位。不久,接到道光皇帝批准的回旨,命热振阿齐图诺门罕继任摄政。班禅返回扎什伦布寺。

1853年,七世班禅丹白尼玛因久病不愈,在扎什伦布寺拉章逝世。七世班禅丹白尼玛是西藏历史上著名的政教领袖。他所处的时期,正是扎什伦布寺自建寺以后遭遇到空前灾难的时期;廓尔喀人两次入侵西藏,扎什伦布寺被抢掠一空,寺院遭到严重破坏,扎寺所属百姓更遭到入侵者的残酷蹂躏。由于七世班禅的辛勤努力,再加上清朝中央的大力支援,到七世班禅晚年时,扎寺的实力及所属百姓的生活、生产,基本上恢复到乱前的水平。七世班禅一生经历了清高宗、清仁宗、清宣宗和清文宗四个皇帝的统治,和他共事的驻藏大臣前后有30余人。他始终服从清朝中央政府的领导,凡是扎寺的大事,都通过驻藏大臣请示皇帝;凡是清朝皇帝指示他办的,他都竭尽全力去办好。七世班禅在维护祖国统一和民族团结方面做出了重大贡献。七世班禅还十分注意维护西藏内部的团结。七世班禅是八世达赖的徒弟,又是九世、十世、十一世达赖的上师,他和这几代达赖的关系都处理得很好;并注重与达赖集团搞好关系,如1844年,道光帝令他任西藏摄政,起初他不愿担任,后因不能违抗"圣旨"而勉强担任,以后坚决辞去。这种明智的态度对巩固西藏内部的团结产生了重要的积极作用。七世班禅逝世后,十一世达赖、摄政、全体噶伦、三大寺均派代表前往扎什伦布寺致祭,同时让前后藏僧俗人民进行悼念,并奉献金银,以供建造灵塔之用。清咸丰皇帝"命驻藏帮办大臣谆龄往奠故后藏班禅额尔德尼茶酒,赏银五千两治丧"。

1852年至1856年,十一世达赖在哲蚌、色拉、甘丹三大寺闻思佛法,并按旧例开始参加巡回辩经的活动,由驻藏大臣陪同,从甘丹寺转赴圣母湖,到山南群科杰、桑耶等寺院朝礼。

1855年,清咸丰帝命令十一世达赖亲政,热振阿齐图诺门罕仍掌办商上事务。是年正月十三日达赖亲政,十二月十五日突然在布达拉宫暴亡,时年18岁。克珠嘉措逝世后,清朝命热振呼图克图继续担任摄政。

四、第十二世达赖喇嘛赤烈嘉措

第十二世达赖喇嘛赤烈嘉措，生于1856年，西藏山南桑日县沃卡曾其地方人。父名平措次旺，母名次仁玉珍。

十一世达赖克珠嘉措逝世后，噶厦和三大寺派出的代表，在前藏找到了十一世达赖转世的灵童3名。清咸丰帝批示："将此三幼童之名入瓶，敬谨掣定呼毕勒罕。"噶厦将三个幼童迎请到拉萨，于1858年正月十三日，在布达拉宫萨松朗杰殿皇帝画像前，由驻藏大臣满庆主持，举行了金瓶掣签仪式，抽定平措次旺之子明珠尔丹次加木措为十二世达赖喇嘛。随即由摄政热振呼图克图给灵童剪发，换僧衣，并取法名为阿旺洛桑丹贝坚赞赤烈嘉措，简称赤烈嘉措。1860年，赤烈嘉措被迎至布达拉宫举行了坐床典礼，清文宗特派理藩院二人将颁赐"敕书"，"赏赉等件"，"驻驿赉往"，赏白银一万两，为坐床费用；并著驻藏大臣满庆、恩庆"前往看视"。

清同治三年（公元1864年），第十二世达赖赤烈嘉措年满8岁。按照以往的例规，在拉萨大昭寺释迦牟尼佛像前出家受戒。对此，清朝降旨表示祝贺，谕旨说："本年四月十三日达赖喇嘛从伊正师傅受格隆小戒，实为吉祥之事，朕心实为喜悦。……着加恩赏给达赖喇嘛黄哈达一个、椰子念珠一册、玉碗一个、大荷包一对、小荷包一对。着满庆接奉此旨，谕知达赖喇嘛照数祗领。"

1870年，十二世达赖喇嘛先后到哲蚌寺和色拉寺参加辩经，并按照以前历辈达赖喇嘛的例规讲经传法，举行宗教活动。

1873年，摄政德柱呼图克图洛桑饶钦旺秋病逝，达赖喇嘛亲政。1875年，十二世达赖喇嘛赤烈嘉措在布达拉宫暴亡，时年20岁，亲政时间仅一年多。十二世达赖逝世后，清朝命济咙通善呼图克图担任摄政。

从九世达赖隆朵嘉措到十二世达赖赤烈嘉措，他们都在少年和青年时期夭折，而且死得很突然。对此，英德·L·马利克在其所著的《西藏的历代达赖喇嘛》一书中说："当接连四代达赖早夭时，人们的怀疑也就得到了证实。西藏史学家一般认为，这几位达赖喇嘛的早夭确切地证明，没有出现像五世达赖喇嘛那样的伟大人物。关于这些达赖被谋杀的方法，在西藏众说纷纭，没有定论，可能性最大的是在食物中放毒。因此，从十三世达赖喇嘛开始，达赖喇嘛吃的食物首先要由其亲信僧官先行品尝，因而十三世达赖喇嘛也就得以幸存，这是不无道理的。"[①]处于青少年时期的四辈达赖接连在布达拉宫突然逝世，至少可以从某个侧面反映当时西藏内部权势斗争的尖锐。

九世达赖至十二世达赖时期，是藏族社会动荡不宁的时期。地区性的暴乱不断，其中若以规模之大、时间之久和影响之深来说，则以在瞻对（今四川新龙县）连续爆发的一系列武装叛乱最为突出。藏族社会不宁也表现在格鲁派寺院内部斗争上。1835年至1852年间，乍丫（即察雅）两呼图克图为了争夺地盘，不服驻藏大臣和拉萨的调停，公开

① 〔印度〕英德·马利克著：《西藏的历代达赖喇嘛》，尹建新等译，中国藏学出版社。

内讧，一再发动大规模的械斗，使川藏道路为之阻断。在拉萨僧俗统治集团内部，也爆发了激烈的权力斗争，如1862年，有人控诉摄政热振呼图克图处理哲蚌寺堪布减放布施一案不公，引起风潮。当时，哲蚌寺联络甘丹寺及部分俗官与色拉寺进行公开械斗（因热振是色拉寺的大活佛），互相仇杀，在拉萨引起极大的混乱。最后，清政府根据驻藏大臣满庆、恩庆的意见，将热振革职，另委诺门罕协理西藏事务以结案[①]。十年之后，原属甘丹寺的达尔罕总堪布班丹顿珠又密谋夺权。他勾结甘丹寺上层及部分俗官，在暗害了身任噶伦、代本等要职的贵族6人之后，因被哲蚌寺僧人告发，逃往甘丹寺，策动公开的叛乱。当时在驻藏大臣的主持下，西藏政府动员了一万余兵力，围攻甘丹寺达半月之久，最后杀死祸首班丹顿珠，事件才告一段落[②]。

这些事件，一方面说明格鲁派上层僧人勾结俗官势力对行政权力分配的斗争趋向明朗化；另一方面，也是鸦片战争后清政府对全国统治力量的衰落在西藏的反映。

① 张其勤原稿、吴丰培增辑：《清代藏事辑要》卷21。
② 《藏族简史》，《藏族简史》编写组编，西藏人民出版社，1985年版，第293页。

第十九章　格鲁派稳步发展时期

18世纪中叶,清朝中央政府在西藏取消郡王掌政制度,授与七世达赖喇嘛掌握西藏地方政权;在西藏正式建立噶厦政府,噶厦额设噶伦四人,由三名俗官和一名僧官充任,秉承驻藏大臣和达赖喇嘛的指示共同处理藏政;在达赖喇嘛之下设立译仓(秘书处),内设僧官四人,噶厦的一切公文政会须经译仓审核钤印后才能生效。自此,格鲁派各大寺院上层僧侣直接进入政府各级机构,直接有效地保证了格鲁派在西藏各教派中的统治地位。

第一节　十三世达赖喇嘛

一、十三世达赖喇嘛的认定、坐床和宗教活动

十二世达赖喇嘛赤烈嘉措于1875年在布达拉宫圆寂后,光绪帝批准功德林阿旺班丹代理达赖喇嘛事务,负责寻访、认定达赖喇嘛转世灵童之事。

寻访转世灵童,首先要确定灵童诞生地的方位。为此,噶厦请八世班禅丹白旺秋及各大活佛打卦占卜,并请神汉降神,均言“灵童已临于东南”,或认为“若灵童转世于东南方,必利释教众生”,于是,噶厦决定向拉萨的东南方去寻访灵童。

寻访灵童的大致方位确定后,按照宗教惯例,还需进一步了解灵童出生地和家庭的某些特征。了解的方法有两种:一是请乃穷降神询问;一是到群科杰地方的拉姆拉措(圣母)湖去观看显影。当时,在请乃穷护法神降神时,卜示:“灵童出生之地,后山似华盖状,其前有净水长流。”接着,噶厦又派上密院卸职堪布洛桑达杰到群科杰的圣母湖观视显影。

洛桑达杰带领一班做佛事的僧人,从拉萨来到圣母湖附近,照例向湖中抛了哈达和宝瓶等物,进行诵经祈祷仪轨。然后观看湖内的显影,他们发现:“有一个村庄东西距离甚远,东部有众多田地,东北有一大古塔,附近有一幢三四层旧楼,塔与楼房间有一村庄。”某日黎明时刻,洛桑达杰梦见“在一村庄边上,一楼房朝南的廊檐里,一对夫妇抱一

小孩称:‘此为怙主大宝(指达赖喇嘛)’”[1]。与此同时,群科杰聂堆(地方官名)禀称:“拉萨东南方塔波朗敦村有一家,父名贡噶仁青,母名洛桑卓玛,于火鼠年五月五日日出时生了一个男孩。”[2]堪布听后,立即前往朗敦村暗查,发现该地之特征及父母姓名等均与湖中显影及神谕、梦中所见相符。贡噶仁青夫妇之子相貌气度与普通婴孩不同:额头饱满,头发乌黑,富具光泽,惟头顶有几茎白发直竖。其家庭虽不是贵族血统,但也非“杀生作恶”之类人。他到拉萨后将上述情况向噶厦做了汇报。摄政济咙通善呼图克图召集公职人员会议,一致认为塔波之幼童为真正转世灵童,又由八世班禅、摄政通善呼图克图为首之僧人占卜,也一致肯定塔波朗敦之幼童为前世达赖的转世灵童。

噶厦随即将寻访灵童情况通过驻藏大臣上奏清朝皇帝。清朝皇帝认为,达赖系宗喀巴之大弟子,执掌佛教,乃西藏之要,蒙藏人等尊崇佛教,是以达赖喇嘛之呼毕勒罕必须真实,方能倾服众心,兴隆黄教,因而光绪帝谕令西藏地方再行查核。

摄政王功德林活佛等亦认为事关重大,多次召请各大活佛及护法神打卦卜示。翌年,再次派遣堪布·洛桑达杰等人携带十二世达赖喇嘛之遗物,前往塔波朗敦村让候选灵童识别。洛桑达杰等人到达朗敦村后,代表噶厦先向候选灵童献了礼物。之后,取出十二世达赖生前用过的几种器物,和其他形、色相同物品混杂在一起,摆到幼童面前,让他随意拿取(按照格鲁派的规矩,幼儿若取了前世达赖的遗物,即说明他是前世达赖的转生),幼儿随手拿了一个小瓶,正是前世达赖生前用过的。于是,洛桑达杰告诫其父母,要精心抚育幼儿,尤以保持清洁为重要,并禁止外人与幼儿接触。该堪布在朗敦村又停留了四日,详细了解了候选灵童出生时的情况,又仔细观察了幼儿的举动,然后返回拉萨,向噶厦做了汇报。

至此,噶厦认为,塔波朗敦村之灵童已经有各方面的特征,可以肯定为转世正身,因为其他地区再未发现有同样的灵童。八世班禅、摄政王、三大寺、扎什伦布寺及全体僧俗官员联名向驻藏大臣淞桂递交呈示,要求转奏清朝皇帝,认为由“僧人占卜,诸护法神及历代怙主达赖喇嘛之护法神乃穷曲均降神明示灵童降生之方向、地方、父母名字,群科杰圣母湖显影授记,且经特派上密院卸职堪布洛桑达杰认真勘察验核,征光相符,塔波朗敦之灵童尤为灵异,……自当不宜列入金瓶掣签之列”[3]。驻藏大臣淞桂将详情上奏之后,光绪帝朱批谕旨:“贡噶仁青之子罗布藏塔布克甲木错即作为达赖喇嘛之转世灵童,毋庸掣瓶。”[4]

1877年,噶厦政府和三大寺派代表把灵童接到拉萨河南岸的公堂寺供养。在此,驻藏大臣宣读了光绪皇帝批准灵童继任十三世达赖喇嘛并免于金瓶掣签的圣旨。在接受圣旨时,灵童面向东方下跪,宣读圣旨完毕,灵童向东方行了三跪九叩礼,感谢皇恩。次

---

① 转引自郑堆:《略述达赖喇嘛转世制度》,载《中国藏学》1993年第4期。

② 转引自郑堆:《略述达赖喇嘛转世制度》,载《中国藏学》1993年第4期。

③ 西藏档案馆馆藏藏文档案光绪三年《西藏僧俗为请认定十二世达赖喇嘛转世灵童,免予金瓶掣签事致驻藏大臣淞桂文》。

④ 顾祖成主编:《清实录·藏族史料》,西藏人民出版社1982年版,第4416页。

年，八世班禅在摄政、驻藏大臣、全体噶伦、三大寺代表等多人陪同下，到达公堂寺，给达赖灵童换僧衣，剃发，敬定法名为阿旺洛桑土旦嘉措吉美旺久玛勒南巴杰哇贝桑布，简称土旦嘉措。

十三世达赖剪发并取法名后，在摄政通善呼图克图及各大活佛、僧俗官员等人的陪同下，由公堂寺移住到拉萨河北岸的日加桑丹林寺等候坐床。按照传统，灵童长到4岁才能正式举行坐床典礼，故土旦嘉措要在该寺居住一年多，等候选定吉日，举行坐床典礼。

达赖灵童移居日加桑丹林寺后，摄政王即向驻藏大臣报告：拟于藏历土兔年（1879年）举行达赖喇嘛坐床大典，请上奏皇帝。1879年5月，光绪帝的圣旨到达拉萨，内云："达赖喇嘛转世已经确定，今年六月十三日良辰吉时举行坐床，甚佳，朕深喜之！""以达赖喇嘛之呼毕勒罕坐床，赏赐黄哈达一方，佛一尊，铃杵一份，念珠一串，并赏给伊父贡噶仁青公爵。准达赖喇嘛之呼毕勒罕钤用金印及黄轿、黄车、黄鞍、黄缰并黄布绒。"批准十三世达赖之父"戴用宝石顶戴花翎"。并命四川总督丁宝桢从司库内提银一万两，作为达赖坐床的费用。贡噶仁青被封为公爵之后，噶厦政府按惯例拨给许多庄园和属民，遂成为西藏大贵族之一，称之为朗顿。

同年6月13日，噶厦为十三世达赖举行了隆重的坐床大典。按惯例举行盛大的出行仪式：十三世达赖喇嘛身穿黄色法衣，乘坐黄色大轿，前有经幡、宝盖、香炉、引路之仪仗队，后有摄政、佛师、甘丹赤巴、各大呼图克图及依次排列的大小僧俗官员、贵族、活佛等。达赖一行先来到大昭寺，向释迦牟尼佛像献了哈达，然后到布达拉宫，在日光大殿上又和驻藏大臣见面，彼此交换了哈达。接着在日光殿举行了坐床典礼。参加坐床典礼的有驻藏大臣、班禅的代表、噶厦官员、三大寺代表、各大呼图克图、活佛、各部落长、蒙古官员，此外，尼泊尔、克什米尔等近邻国家和地区代表也参加典礼祝贺。是日，拉萨各大寺院，在佛像前献上几千盏油灯及其他供品，诵经祈祷，百姓们也烧香拜佛，整个城区香烟缭绕。从西藏各地来的藏式腰鼓队和各地的藏戏班子，在布达拉宫广场，演出了精彩的节目。鼓声、钹声、号角声、歌唱声汇成一片，僧俗百姓沉浸在喜悦之中。随后，摄政王派人携带盖有达赖金印的奏折进京"上表谢恩"，并向清朝皇帝详细汇报转世灵童坐床的经过。

达赖坐床以后，开始学习经典。光绪帝批准摄政济咙通善呼图克图阿旺班丹曲结为达赖的正经师，普布觉夏仲·洛桑楚臣强巴嘉措为副经师。开卷所学的第一部是《般若心经》《施食法》《皈依经》，每天还要练习写字。他日夜攻读，勤习不怠，背诵了许多经典。土登嘉措还经常在文殊菩萨像前打坐参禅，呈献祭品。"他第一阶段打坐参禅的时候，还是一个幼童，除了他的佛师之外，任何人也不准见。参禅结束后，他登上宝座，为前来探望他的僧侣和官员一一摸顶祝福。"①

1882年，达赖喇嘛年满七周岁，到了受沙弥戒的年龄。按照惯例，沙弥戒应该由班禅

---

① 《第十三世达赖土登嘉措传》，藏文版上册，第245页。

大师亲自传授，但八世班禅丹白旺秋重病在身，不能传授沙弥戒，经清朝皇帝批准，改由摄政通善呼图克图给土登嘉措授沙弥戒。

同年7月22日，达赖收到扎什伦布寺关于八世班禅丹白旺秋圆寂的报告和草拟转世灵童尽早降生祷文的请求。噶厦会同摄政通善呼图克图商议，用达赖的名义写了一篇祈祷班禅早日转世的文告，颁发前后藏、阿里、康区各宗、各谿卡。在三大寺和布达拉宫的南杰扎仓，集合全体僧人诵经，祈祷班禅早日转世。又在大小昭寺和布达拉宫各佛堂中，作了盛大的供养。

1886年4月8日，摄政通善济咙呼图克图逝世。噶厦召集三大寺、上下密院的代表以及其他僧俗要员开会，商讨继任人选问题。会上一致推选第穆呼图克图继任摄政。噶厦派代表前往驻藏大臣衙门和布达拉宫报告，请求驻藏大臣向清朝皇帝转奏。在清朝皇帝的批示未到以前，按照旧例，第穆呼图克图可以先代行摄政职权。

9月，光绪皇帝批准第穆呼图克图继任摄政，圣旨云："仍饬第穆呼图克图再行掌办商上事务五年。钦此。"9月13日，在布达拉宫东侧曰乃贡色殿举行正式就任摄政的仪式，驻藏大臣将摄政王的大印当面交给了第穆呼图克图，第穆呼图克图自此正式继任摄政，掌办商上事务，总理西藏政教事务。

十三世达赖的少年时期，西藏社会动荡不安。当时，一切政务由摄政王和噶厦操持，而达赖喇嘛自己则从师专心修习佛法。他11岁时，开始学习因明学。13岁时，在哲蚌寺和色拉寺巡回辩经，加深对《现观庄严论》和《释量论》的理解；16岁时学完《现观庄严论》，开始学习《律经》。在他18岁那一年，应蒙古土尔扈特部落、夏鲁寺赤巴的启请，讲授《中观》《现观庄严论》《律经》《俱舍论》《释量论》等五大论。除修习显宗经论，他还学习各种密典。1895年，由佛师罗桑隆多丹增赤勒和珠康活佛罗桑阿旺丹增等人，为土登嘉措授了比丘戒。

对于修缮佛教殿堂庙宇，印制佛教经论疏等事，达赖给予格外的关注。1920年3月，他委派孜恰·洛桑克觉、工程祭祀堪布色拉寺杰扎仓的阿阇黎阿旺平措及石木工匠等人前往山南地区，修葺因年久失修破损的群科杰寺。同年5月，命负责修缮的官员，修复了坍塌的宗觉鲁颇章（六世达赖时建造），并修缮了佛堂、佛像等。12月，任命执事对大昭寺的内外转经道和回廊等处的壁画以及金顶下部、楼顶部的噶丹央则宫等进行修复扩建。又因小昭寺的几任执事和众选代表管理不善，致使寺庙受损，遭受水灾，达赖处罚了有关当事，罚金全部用于修缮寺庙，对所有腐烂的梁柱、椽子都做了更换，受损的墙壁和壁画也得到了修复，并扩建了寺门。大昭、小昭两寺修复工程当年动工，1922年竣工，历经3年。在工程进行期间，达赖曾多次亲临视察。还有布达拉宫、甘丹寺羊八井神殿、桑耶寺、桑浦内邬托寺都先后得到了修缮扩建。

达赖还十分重视藏经的印制，领导主持了有名的拉萨版《甘珠尔》大藏经的刻印工作。当时纳塘版已年久磨损，印刷困难，德格版大藏经在拉萨又很短缺，达赖决定在拉萨刻制藏文《甘珠尔》大藏经。拉萨版《大藏经》的刻印，由喜饶嘉措大师奉十三世达赖之命具体负责。该版以纳塘新版《甘珠尔》为底本，并参照德格等版校勘后刻印。该版校勘精确，是现存《甘珠尔》版本中的善本。十三世达赖还亲自委派人员先后重新刻印了《布顿·仁青珠大师全集》（共二十六函）、《五世达赖喇嘛文集》（共三十四卷）等重要论著。

十三世达赖在繁忙的政教事务中，仍抽空亲自撰写论著，他的著作有五部：《佛师普布觉传及建塔史略》《关于音韵学的注解》《关于僧众戒律问题》《佛教讲论经典的解释》《在蒙古、青海、西康各大寺及拉萨祈愿大法会上讲经说法的底稿》①。这五部著作在布达拉宫印经院均有木刻版本。

二、外寇入侵及西藏僧俗民众的抗敌斗争

十三世达赖喇嘛受比丘戒后，摄政第穆呼图克图因病多次请求辞职，并奏请达赖喇嘛掌管西藏政务，同时噶厦、三大寺的僧俗官员也一致要求达赖喇嘛亲政，他们认为："历代达赖喇嘛均在十八岁时亲政，现达赖喇嘛年已二十岁，超过了亲政的年龄，更应接受全藏人民的希望，为了全藏众生的福利，掌管西藏的政教事务。"②驻藏大臣奎焕就此事奏报清朝皇帝，朝廷批示云："谕军机大臣等，……第穆呼图克图既据奏称因病力求辞退，着即准其所请，所有藏番政教两务即归达赖喇嘛掌管。"③1895 年仲夏，在布达拉宫的司喜平措大殿上，隆重举行土旦嘉措亲政大典。

十三世达赖亲政后，西藏发生了"阴谋杀害达赖"的案件（1899 年 7 月）。根据藏文《十三世达赖喇嘛传》记载："摄政第穆呼图克图阿旺罗桑赤勒饶杰，自卸职以后，退居丹结林寺静修。第穆之弟罗布次仁和另一僧官顿丹勾结，共同掌握丹结林拉章大权。这两人阴险凶狠，虎狼成性，对达赖亲政表示不满，企图将达赖谋害杀死，然后仍拥第穆呼图克图为摄政王，彼等即可任所欲为。为了达此目的，将达赖生年月日，写在符咒上面，埋在布达拉宫四周，桑耶寺之海布山上，以及其他神地，进行诅咒。彼等又送达赖一双靴子，在靴底里面，缝了达赖生年月日之符咒。达赖穿了靴子以后，感到心神不安，饮食不进，乃请求乃穷降麻东益喜神，看出达赖靴底有可疑之处，拆开检查，发现符咒。根据这一线索进行追查，遂逮捕罗布次仁和顿丹，该二犯因见证据确凿，无可诡辩，全部供认不讳。此案发现以后，噶厦召集三大寺及全体僧俗官员开会，进行审讯处理。此时第穆呼图克图正在丹结林坐静，听到破案消息后，即于是晚暴病而死，时年四十五岁。"④

对于这件事，《西藏政教史略》有这样的论述：藏政府假护法神之口，诬藏王第穆呼图克图阿旺罗桑赤勒阴谋不轨，诅咒达赖，旋将第穆佛禁毙狱中，查抄阐宗寺财产。同时加罪丹结林之臣僚罗布顿朱等，先后被杀，达赖于是威服全藏，莫敢有违。第穆被杀后，达赖下令将第穆所属乃东、伦孜、则岗、江孜、策堆德、洛隆宗、塔波、蔡里、昂仁、墨竹、工卡等地的庄田、寺庙财产全部没收充公。又下令将第穆呼图克图的名号予以革除，禁止以后转世。并将处理经过请由当时的驻藏大臣裕钢转奏清朝皇帝。不论第穆呼图克图是

---

① 《十三世达赖喇嘛传》，藏文版，上册，第 255 页。
② 《十三世达赖喇嘛传》，藏文版，上册，第 255 页。
③ 《清德宗实录》卷 375，光绪二十一年八月丁酉。
④ 《第十三世达赖喇嘛传》，藏文版，上册，第 268 页。

否被杀,其内幕如何,有一点是可以肯定的,即第穆事件反映了西藏统治阶级内部的矛盾斗争①。自从打击了第穆呼图克图的势力之后,十三世达赖在西藏政教合一制政权中的实际领导地位基本上巩固了。

十三世达赖亲政之后,西藏局势风云多变,内忧外困,英、俄等帝国主义国家对西藏垂涎已久,早有侵占之意。18 世纪中叶,英国殖民势力在亚洲取代葡萄牙等国,一跃而占据统治地位。1764 年,被授权垄断东方贸易的英国东印度公司,成为榨取亚洲人民血汗和侵略中国的重要组织,而当时清朝政府对沿海厉行闭关的政策,堵绝了外国势力从海路入侵的可能。于是,如何越过喜马拉雅山、从我西藏地方打开一条直达我国腹地的通道,就成为英国殖民者长期策划的一个侵略步骤。

1772 年,东印度公司利用不丹同孟加拉北境库赤·白哈尔土邦的争执,侵入不丹国境,遭到不丹的坚决抵抗。六世班禅写信给东印度公司督办海斯汀司,反对英军进入不丹,表示愿出面为双方调解。东印度公司抓住这个机会,派遣代表波格尔进入后藏。波格尔到达日喀则后,企图利用六世班禅的宗教地位和影响,与噶厦签订商约,从而打开西藏的门户,被西藏地方政府断然拒绝。他转而想诱使班禅同东印度公司建立某种联系,作为打开通往全藏通道的第一步,同样遭到班禅的明确拒绝。六世班禅多次表示,西藏的一切无不听命于北京的中央朝廷。其实,波格尔入藏还有一个企图,就是伺机挑拨离间藏尼关系,从中渔利。所有这些打算,终因班禅的坚定立场而未能如愿。

1779 年,东印度公司发生财政恐慌。为了挽救该公司出现的经济危机,迫切需要以供销商品套取黄金的办法来摆脱困境。于是,1783 年东印度公司以庆贺七世班禅坐床的名义,再次派遣武官忒纳和桑德尔进入后藏活动。忒纳在后藏住了三个月,企图签订商约的事,但是毫无结果。临行前,后藏方面及噶厦官员再三声明,清朝中央及达赖喇嘛均无意让英人入藏通商,也不准外国人赴拉萨朝圣。

波格尔和忒纳前后两次入藏探查尽管失败了,但他们通过这两次入藏,却获得了大量有关西藏政治、经济、民族、宗教等方面的重要情报,非法绘制了入藏路线图,为英军后来侵藏提供了许多有价值的资料。

英殖民者在直接入藏不可能的情况下,采取先控制喜马拉雅山诸小国,以形成对中国西藏地区的包围,进而控制交通要道,打开在地理上直接进入西藏门户的措施。到 19 世纪,英国殖民势力扩展到整个喜马拉雅山南麓,它把目标指向尼泊尔,以打通北进西藏的障碍。1814 年,英军公然对尼泊尔发动战争,迫使尼泊尔与英签订和约,割让了库马翁等地;1826 年,英国出兵武装占领了不丹的几个具有重要战略地位的山口。1835 年,英人强租哲孟雄(锡金)南部山区"避暑"之地,此即其后来对我国西藏长期进行侵略的一个重要据点——大吉岭。与此同时,英国还不断向喜马拉雅山东段的我国珞瑜地区展开蚕食活动。到 1840 年前后,从西藏东南部的察隅到西北部的班公湖西端,所有邻国或地区都被英国殖民势力侵占或陷于其不同程度的控制之下。1861 年,英人又进一步攫取了在

① 牙含章:《达赖喇嘛传》,第 147 页。

哲孟雄自由行动的特权，至此，英殖民主义者控制了进入西藏最重要的通道。

在英殖民主义者对我国西藏展开包围之时，沙皇俄国也将侵略矛头指向我国新疆、西藏等地。19世纪后半期，俄国以“科学考察”名义，多次派遣“考察队”、“探险队”南下，深入我国青藏高原活动，从1870年开始至20世纪初，沙俄以西藏为目标总共进行了13次“考察”。沙俄考察队往往是由现役军人组成的，他们荷枪实弹地进入西藏，无视中国国家主权，欺侮藏族人民，为打通前进道路，甚至残暴地枪杀当地人民，多次制造血案。利用藏传佛教对西藏进行渗透，收买其信奉佛教的亚洲臣民潜入西藏活动，是沙俄侵略我国西藏的另一大特点。19世纪80年代后，进入拉萨的俄国籍布里亚特蒙古喇嘛德尔智积极钻营，打入西藏僧官系统，充当了十三世达赖喇嘛的侍读堪布，此人多年来活跃于西藏政治舞台，大肆鼓吹“联俄”，多次率“西藏代表团”，赴俄非法活动，策划“西藏独立”，为沙俄侵藏效力。

英殖民主义者在控制尼泊尔、不丹，并将哲孟雄置于直接统治之下后，以旅游、通商为借口要进入西藏，遭到噶厦、拉萨三大寺及西藏人民的坚决反对。他们从英国殖民主义者侵略印度、锡金、不丹等地的事件总结出：“凡是英人通商游历所在，将来即为英国之地。”指出英人所谓通商，其实是“志在土地”，“决非通商”，下令禁止百姓前去大吉岭通商。同时，西藏地方政府鉴于英人历次无端闯入边界的暴行，派兵在卓木（现称亚东）以南热纳宗的隆吐山设卡，以作防卫。英印政府借机制造事端，反诬西藏越界设卡，阻止通商，一面要挟清朝政府限期撤卡，一面调集军队，准备武装侵略西藏。

当时的驻藏大臣文硕认为，隆吐山乃是藏中门户，藏军并未越界，而是“自固疆域，理难勒令撤卡”，他提出朝廷应当向英人就边界方位处理力争的正确主张。他一面上书醇亲王，提出从速筹饷、筹兵、筹将的自维之计；一面督促西藏当局务需派遣高级官吏去前线指挥，并亲授应战机宜①。文硕的这些正确主张，却被清政府斥责为“识见乖谬，不顾大局”，遭到革职，由主张妥协退让的升泰帮办大臣接替驻藏大臣职位。

1888年2月初，英军悍然向隆吐山边卡发动进攻，守卡藏军人数较少，只有火绳枪、弓箭、刀矛和抛石器等极端落后的武器，但他们视死如归，奋勇抵抗，利用高地屏障，连续击退英军多次仰攻，沉重打击了敌人的气焰。2月中旬，英军援兵开到，以大炮猛轰藏军阵地，工事被毁，造成很大伤亡，藏军英勇顽强，坚守阵地，在一夜之间筑起一道四、五里长的墙垣，奋力抗击来犯的敌军。最后，藏军在敌人炮火的强大压力下，为保存有生力量，被迫撤退到亚东。西藏军民坚决支持抗英，工布、波密、边坝等地的援军纷纷开往前线，十三世达赖喇嘛亲自为每个战士摸顶祝福。到了8月，集结在亚东前线的藏族军民已达万余人，同集中在哲孟雄、不丹边境的英军形成对峙。

藏军为了收复失地，毫不气馁，重新部署兵力，多次组织向隆吐山反攻，终因英军炮火猛烈，未能取胜。此时，新到任的驻藏大臣升泰，奉旨“置兵定界”，多方阻止藏军继续抗击英军，对英人一味退让，息事求和，致使1888年的抗英斗争以失败告终。1890年，在

① 《藏族简史》编写组：《藏族简史》，第302页。

印度加尔各答签订《中英会议藏印条约》，条约规定“哲孟雄属英国保护，不得与任何外国交往”，根据英国片面提出的藏、哲分界线，中国失去了包括隆吐山在内的热纳宗及岗巴宗南部的大片牧场和险要地带。3 年后，在英国侵略者的压力下，清政府又和英国签订了《中英会议藏印续约》，开放亚东为商埠，免纳进口税，打开了英人入藏的门户。

自 19 世纪末至 20 世纪初，帝国主义列强疯狂进行分割或重新分割世界的角逐，英俄加紧了侵略中国西藏的活动。“与此同时，西藏僧俗上层对清政府的不满情绪，亦在急剧增长。他们感受最深的是从道光中叶以来，他们每次反对洋人以传教、游历、通商等各种名义入侵时，清政府不仅不予支持，反而总是站在洋人一边。数十年来，因为奉行清政府的命令，锡金、不丹先后不保，隆吐山抗英败绩，既丧权失地，又要开埠通商，事事依照了英人的意旨，而英人的苛求，还是有增无减，直接危害到他们本身的利益”①。

从十三达赖喇嘛个人的态度来说，他亲政伊始，就表现出坚定的抗英决心。1899 年，印度总督寇松无视清朝在西藏的主权，派人送信给十三世达赖，企图抛开清朝中央政府，与西藏地方政府单独谈判，订立一个“以西藏为突出的缔约一方”的条约，进而完成把西藏从中国领土上分裂出去的阴谋。十三世达赖断然拒绝了英人的要求，声明“此种问题须经中国驻藏大臣暨藏方各大臣、各喇嘛全体会议之讨论”②，表明了个人和西藏地方的态度，宣称了驻藏大臣的权力，维护了清中央朝廷的主权，信被原封不动地退回。寇松十分恼火，又通过不丹官员送了一封口气强硬的恐吓信，同样被十三世达赖原封不动地退回。冠松恼羞成怒，认为是“对他的一种人格侮辱”，气急败坏地要求英国派专使带兵打进拉萨，扬言要用武力强迫西藏“独立”。

1902 年夏，英国以西藏不履行 1890 年《藏印条约》，“侵犯了印度边境”为借口，派怀特带二百英兵，闯入西藏岗巴宗南甲岗地方，拆毁界石，并抢走当地牧民的几千只牛羊，肆意侵扰挑衅。次年，英印政府以谈判为名，派出三百名英军，再次侵入岗巴宗，当驻藏大臣派出的代表和西藏地方官员到达后，英方又借口我方谈判代表官位低，不配同他们谈判，借故在岗巴宗以南盘踞了几个月时间，其目的是为了掩盖他们真正的主攻方向，实施其声东击西的战略。这年冬季，英方派出一支三千人的侵略军，由荣赫鹏和麦克唐纳率领，越过则列拉山口，向疏于设防的亚东、帕里一线大举进攻，发动第二次侵藏战争。1904 年初，英军乘虚挺进到帕里以北的堆拉。

边事告急，十三世达赖喇嘛、噶厦官员迅速调集藏兵三千名开赴前线，杀敌卫国。1904 年 3 月底，由赖丁代本（团长）率领的一支一千余人的藏军，在江孜以南的曲米仙古地方和英军相遇。英军首领荣赫鹏玩弄诡计，以和平谈判来麻痹藏军，并提出“既然要议和，就要有和谈的条件，藏军熄灭火枪的点火绳，英方也会将子弹退出枪膛”，暗地里却部署英军偷偷地在藏军阵地周围架起了机枪大炮，突然以密集的火力向熄火待命的藏军发出猛烈攻击。在这次背信弃义的偷袭中，一千余名藏军士兵，连同谈判席上的赖丁代本

① 《藏族简史》编写组：《藏族简史》，第 302 页。

② ［英］荣赫鹏著：《英国侵略西藏史》，孙煦初译，西藏社会科学院资料情报研究所 1983 年重印本，第 56 页。

等4名军官代表全都惨遭屠杀。曲米仙古大屠杀激起了西藏人民无比的愤怒,点燃了他们坚决抗击入侵者的熊熊烈火。当英军向江孜进军的时候,处处遭到藏族军民的抵抗。他们拦截敌人的军火、粮食,切断敌军的交通运输,给入侵者以重大杀伤。

在这次战争中,十三世达赖自始至终力主抗英。早在1899年,在英国侵略军扬言要进军我西藏亚东、侵占藏地的严重情况下,西藏僧俗一方面作积极抵抗的准备,另一方面达赖喇嘛在得不到驻藏大臣支持的情况下,于1899年3月26日,通过外蒙古法王哲布尊丹巴活佛,向清光绪皇帝上了奏章,陈述驻藏大臣的积弊,要求不承认藏印条约、不承认哲孟雄(锡金)属于英国,并建议巩固西藏同尼泊尔、不丹的友谊,请求清政府帮助解决抗英所需的军火、财政,以备防卫和抵抗英国侵略军的入侵等爱国合理的建议和要求。但是,对这些建议和要求,清政府不但未予采纳和应允,反而逐条加以驳斥①。出于对清政府妥协投降政策的失望,十三世达赖喇嘛曾一度产生"联俄抗英"的倾向,《清季筹藏奏牍》跋语记,隆吐山战事"自文硕去职,达赖喇嘛谓中朝不知用人,无足依赖,遂谋联俄"②。

十三世达赖在驻藏大臣强迫他执行清政府"只能理阻,不能与英兵生事"旨令的艰难处境中,没有丧失抗击英国入侵者的勇气和信心。达赖喇嘛誓与入侵者血战到底的决心,极大地鼓舞了西藏人民的斗志。当1904年4月1日,英军侵占了西藏交通商业重镇江孜时,英勇的藏族军民为保卫江孜展开了殊死的斗争。5月4日,经过周密部署,西藏军民发动了强有力的反攻。一部分藏军在江孜以东、通往拉萨途中的卡罗拉岭,跨路筑墙,修建营垒,牵制敌军主力;另一部藏军则飞速南下,秘密夜入江孜,一夜之间克复宗山堡垒,突袭英军大本营,几乎将荣赫鹏及其留守英军全数消灭。6月5日之后,英军援军开进,疯狂反扑。7月5日,英军分三路向江孜城的制高点宗山发起进攻,保卫宗山的藏军遭到英军大炮猛烈轰击,水源又被切断,但仍顽强坚守,打退敌人多次进攻。次日下午,英军大炮轰开东围墙,火药库中弹爆炸。在弹尽粮绝的危境中,藏军仍浴血奋战,抱起巨石砸向冲上山来的敌人,又坚守了三昼夜,终因武器落后、敌我力量悬殊,江孜再度沦陷。

这次抗英斗争虽以失败告终,但西藏人民不畏强暴,靠火枪、大刀长矛、弓箭、抛石鞭等武器,同拥有大炮、机枪、新式步枪等现代化武器的英国侵略者进行英勇顽强的斗争,为保家卫国而舍生忘死的英雄业绩值得永远赞颂。

三、十三世达赖喇嘛东行

攻陷江孜后,英军向拉萨进发,而西藏军民的抵抗已基本停止。此时,十三世达赖怎能安居布达拉宫,况且英军早有与达赖订约之野心,荣赫鹏在渡江前夕给十三世达赖的信中就提到:"余奉命缔结之条约,一经达赖签字,即当立即撤出拉萨。"③当英军到达曲水

---

① 吴丰培辑:《清季筹藏奏牍》安成、裕钢卷,商务印书馆1938年版。

② 吴丰培辑:《清季筹藏奏牍》跋语。

③ 荣赫鹏:《英国侵略西藏史》,孙煦初译,第182页。

渡口时，达赖写信给跟随英军入藏的不丹人仲萨扎萨，望他转告英方："……英人提出要立即觐见我本人和'九条'意见，我无法做主，边界问题事关重大，须全藏大会讨论，并经驻藏大臣转呈中央政府才能予以答复。关于英军急于进驻拉萨之举，目前弊多益少，务以缓进为妥，望转告英方。"①而英军却断然拒绝道："我军已来到离拉萨咫尺之地，务必进驻拉萨同达赖喇嘛直接会谈，这是英王的旨意，岂能违抗！"②对此，十三世达赖的态度十分鲜明，他说："我与洋人的观点行为截然相异，实不能聚首会谈。"③

为不与英人"媾和结纳"，为能面见清朝皇帝全面商议抗英大事，十三世达赖决定离开拉萨。1904年7月26日（藏历六月十三日），达赖喇嘛在布达拉宫日光殿召见噶厦主要僧俗官员。他对甘丹赤巴洛桑坚赞说："我方与英国侵略军已进行过几次谈判，但都毫无成效，逼得我们不得不动武力予以还击，而我们的这些行为，均已向皇上禀奏过了，并恳请皇上：'英帝国主义对我西藏实行弱肉强食的政策，藏人实不能忍受，渴望皇上迅速派兵救助。'但所得到的却是驻藏大臣对我抗击英国侵略军的正义行为给了种种阻挠和刁难，强令撤除浪卡子至拉萨一线的所有武装部队。现在英军即将到拉萨，它将对我政教大业带来什么后果，我们中实无把握。如今，我已决定离藏，先去蒙古，再赴北京陛见皇太后和光绪皇帝。"④西藏代理摄政甘丹赤巴后来对清朝钦差大臣张荫棠也讲过："达赖濒行，曾言拟赴北京，呈请陛见，面陈西藏情形，恭请圣训，俾得有所遵循。"⑤

藏历六月十五日天亮前，达赖喇嘛率随从30余人，秘密地离开了拉萨。行至黑河住了一天，七月初三日越过唐古拉山，行进半月，到达青海柴达木盆地。当地蒙古桑青宰桑王爷，率部众前来欢迎，敬献很多酥油和骏马。此后，沿途都有蒙古王公百姓迎送。

驻藏大臣有泰对十三世达赖力主抗英十分不满。达赖离藏后，他给北京外务部打电报说："达赖于前月十五日昏夜潜逃，询及商上僧俗番众，佥云不知去向，查本年战争，该达赖实为罪魁，背旨丧师……乞代奏请旨，将达赖喇嘛名号，暂行褫革，以肃藩服，而谢邻封。"⑥清政府于7月25日复电给有泰："奉旨有泰电悉，着即将达赖喇嘛封号暂行革去，并委班禅额尔德尼暂摄，余著照所拟办理。钦此。"当达赖喇嘛封号被革的告示贴出后，引起了西藏僧俗的强烈反对。三大寺和噶厦全体官员联名向驻藏大臣上书，要求收回成命。当时，班禅考虑到西藏内部的团结问题，推故不到拉萨。

10月20日，十三世达赖一行抵达外蒙首府大库伦，受到钦差驻外蒙古大臣、外蒙古地方政府全体汉蒙官员及僧俗百姓的盛大欢迎。达赖到达库伦之后，清政府接到西宁办事大臣代奏的达赖出走的具体缘由的报告，立即采取措施加以安抚。11月1日令军机大臣派大员前往库伦迎护达赖并带去慈禧太后及光绪皇帝的优厚赏赐。次年8月，有泰在

---

① 西藏自治区政协文史资料研究委员会编：《西藏文史资料选辑》第七辑，1986年，第62、67—68、71页。

② 西藏自治区政协文史资料研究委员会编：《西藏文史资料选辑》第七辑，1986年，第62、67—68、71页。

③ 西藏自治区政协文史资料研究委员会编：《西藏文史资料选辑》第七辑，1986年，第62、67—68、71页。

④ 《西藏文史资料选辑》第七辑，第62、67—68页。

⑤ 吴丰培辑：《清季筹藏奏牍》第3册，《张荫棠奏牍》卷二，第34页。

⑥ 转引自牙含章编著：《达赖喇嘛传》，第177页。

西藏僧俗各界呈请的压力之下,不得不再次上奏,承认参革达赖名号为"一时权宜之计",请求开复达赖喇嘛名号。10月4日,清帝批复:"著候达赖喇嘛由库伦起程后,再降谕旨。"①

有人认为十三世达赖喇嘛出走蒙古库伦的目的是为了投靠俄国。这种说法是缺乏事实依据的。由于朝廷不支持抗英,驻藏大臣一味主张妥协退让,使达赖觉得对清朝的依靠落空而深感失望,致使其一度可能有联俄抗英的想法,但从其后来一系列的行动证明,他主要是对驻藏大臣不满,希望能直接向皇帝禀报藏情,取得清朝中央的理解与支持。他在出走库伦期间,始终公开表达出与清廷和解的强烈愿望,"在喀尔喀……乌里雅苏台来的中国官员在三音诺颜汗旗查问达赖喇嘛:'达赖喇嘛因何而来?从何处来?往何处去?有无放行公文?'达赖喇嘛回答他们,英军进了西藏,横行不法,惨无人道,中国办事大臣不能保护西藏不受外国侵犯,因此,他只好去库伦,亲自由库伦向中国禀报西藏遭受的灾难"②。

十三世达赖未到达库伦之前,就派人向清朝驻库伦大臣求助。《清实录》记载:"九月己亥谕军机大臣等,电寄库伦办事大臣德麟,电奏悉。达赖喇嘛被难逃出求救,请代奏等语。著德麟迅派员迎护到库伦优加安抚,以示朝廷德意。"③十三世达赖到达库伦后,即发表声明,说他之所以来库伦,是"为了联系方便,主要是便于和朝廷的联系"④。随即,又派出罗桑丹增及绛央顿珠两大喇嘛,径赴北京向理藩院呈述西藏情况。对清朝派大员对他进行照料和优抚,十三世达赖不胜感激,他在由库伦写给西藏甘丹赤巴及各噶伦的信中说:"现居库伦甘丹寺,经库伦大臣代奏,仰蒙皇太后大皇帝恩施赏赐名珍,钦派大臣看视。"⑤

十三世达赖在蒙古停留一年多的时间里,他时刻密切关注着西藏局势的发展,并同清朝中央保持紧密联系;与此同时,作为一个宗教领袖人物,他广泛举行结法缘活动,在不同的场合为众多的僧侣传授《大乘发心经》、《圣道三要经》等经论,多次为数以万计的僧俗民众传授长寿灌顶和发菩提心戒律,为数以千计的僧侣剃度和传授比丘戒,出席、观视多所寺院立宗辩论会等,"当地所有官民对达赖喇嘛勤恳侍奉,求授法缘,达赖喇嘛的功德和名望广泛流传"⑥。

达赖喇嘛的功德、名望和信徒们对他的虔诚敬仰,渐渐引起外蒙古最大活佛喀尔喀哲布尊丹巴的不悦。按照格鲁派的教阶,达赖喇嘛的宗教地位应在哲布尊丹巴活佛之上。两大活佛长驻一处,随从如云,在地位、供应等问题上势必引起两者之间的关系紧张。于是,噶厦于1905年底派人到库伦,迎请达赖喇嘛回藏。清政府亦于1906年初特派

---

① 《元以来西藏地方与中央政府关系档案史料汇编》,中国藏学出版社1994年版,第1477页。

② [俄]柏林:《阿旺德尔智堪布》,王远大译,《西藏民族学院学报》1985年第1期。

③ 《清德宗实录》卷535,光绪三十年九月己亥条。

④ [俄]列昂节夫:《外国在西藏的扩张》,民族出版社1960年版,第92页。

⑤ 吴丰培辑:《清季筹藏奏牍》有泰卷。

⑥ 《西藏文史资料选辑》第十一辑,第81、93—94页。

科尔沁辅国公博迪苏去库伦,以宣慰为名,送达赖喇嘛一行到塔尔寺,准备让他重返西藏。但英帝国主义坚决反对达赖返藏,要求清政府阻止达赖返藏。4月,达赖喇嘛由库伦起程,一路朝拜佛寺,讲经说法,渐次向甘肃方向移动。月底,清政府派钦差大臣郭左、理藩院大臣、笔贴式等官员到杂渊寺看望达赖喇嘛。5月27日,达赖由杂渊寺起身转赴甘丹格吉林寺,在那里熬茶、放布施、讲经。6月8日,又转赴三音诺颜部的甘丹蔡佩林寺。当地蒙古人民为了欢迎达赖,特举行了盛大的庙会,表演舞蹈、赛马、角力、射击等技艺,非常精彩。7月3日,达赖一行抵达甘肃平番县(今永登县),塔尔寺的丹东尔呼图克图、达隆呼图克图等人在此等候欢迎。陕甘总督升允奉清朝政府的命令,也到这里欢迎达赖,同来者还有西宁大臣、镇台、道台等人。9月12日,达赖到达西宁,受到隆重欢迎。13日,塔尔寺的东科呼图克图,郭密曲登寺的大雪佛,噶厦派往西宁的商官等人,特来向达赖献哈达,致慰问。14日,达赖应塔尔寺全体僧众之请,由西宁移往塔尔寺,在大经堂向全寺三千僧众讲经说法。从15日起,达赖开始给青海藏蒙僧俗民众"放头",前后不下数万人。随后依次接受东科尔呼图克图、色多活佛、阿拉夏第四代活佛楚臣和扎西平措等四人敬献的三佛田,并给他们摸顶加持①。

达赖喇嘛一行人马计划在塔尔寺做些休整之后进藏。然而,英印政府对达赖返藏一再提出异议,表示他们对达赖喇嘛重回西藏一事不能信任,并要伦敦政府一再向北京催问。这时,中、英政府关于追认"拉萨条约"的外交谈判正在进行,迫使清政府保证暂时不使达赖喇嘛回拉萨。清政府遂通过陕甘总督升允转达清帝的命令,要达赖喇嘛暂住塔尔寺,听候圣旨。于是,达赖喇嘛在塔尔寺停留了一年多。

1906年底,噶厦听到班禅向查办藏事大臣张荫棠提出赴京陛见要求,商议数日后,噶厦决定让达赖喇嘛先行入京朝觐。1907年元月26日,张荫棠代摄政甘丹赤巴转奏:"达赖濒行,曾言拟赴北京呈请陛见,面陈西藏情形,恭请圣训,俾得有所遵行等语,达赖现住西宁,商上等众议,令达赖就近吁恳陛见,乞据情代奏。"11月,清朝正式批准朝觐请求,先令达赖至五台山朝佛,作入觐准备。

12月27日,十三世达赖喇嘛从塔尔寺出发,经西安至华山,朝拜寺庙。1908年元月初六抵达太原,受到陕西巡抚的盛大欢迎和敬献的各种物品。五台山各寺庙大喇嘛提前至太原,欢迎达赖喇嘛,敬献哈达。

达赖到达五台山的消息传到北京后,西方资本主义国家驻京津使节、官员先后到五台山看望达赖。就在五台山,达赖开始了与外国人的直接联系。

7月27日,清朝政府派军机大臣和山西巡抚到五台山,邀请达赖喇嘛立即动身赴京陛见,当日,在五台山札萨等官员和寺院执事们的欢送下,达赖离开五台山。到春户改乘火车,抵达保定府附近,万余名地方骑兵和步兵官兵致敬欢迎。8月3日,达赖所乘列车到达北京车站。清政府派拉中堂、理藩院部堂及青海东科尔呼图克图、北京各座寺庙的札萨、大喇嘛等人,赴车站迎接。达赖喇嘛下火车后乘坐黄轿,自北城门到黄寺大门口,

① 《西藏文史资料选辑》第11辑,第81、93—94页。

受到等候在那里的数千僧人的欢迎，下榻于北京黄寺。清廷举行盛大的欢迎宴会，并定于8月6日觐见皇帝。达赖在京期间的接待事务，由理藩部侍郎达寿和外务部右丞张荫棠负责。

在达赖觐见光绪皇帝和慈禧太后的礼节问题上，双方发生了争执，觐见日期只得向后推延。据《英国侵略西藏史》记载："清帝接见藩臣，例须行三跪九叩首礼，达赖只愿屈膝，不甘叩首，此自吾人视之，似不过繁琐无谓之礼仪，惟清廷对此极端重视，因此项问题争持不决，致朝见愆期至八日之久。卒之决定达赖须备四十七种贡品，下跪而不叩头，清皇赐宴时，并须跪迎跪送。"

8月20日，十三世达赖喇乘上黄色大轿，在军机大臣、理藩院大臣陪同下，在午门下轿，进入紫禁城。在仁寿殿觐见慈禧太后，献哈达，献如来佛像一尊。皇太后回敬哈达，赐座。皇太后垂询达赖喇嘛离藏多久，沿途辛苦劳顿否，达赖喇嘛一一奏对，慈禧太后赏达赖喇嘛宝石念珠一串，达赖喇嘛谢恩告退。休息片刻后，达赖再进仁寿殿觐见光绪皇帝。达赖献哈达、佛像，皇帝回敬黄色哈达。皇帝和皇太后赏赐达赖喇嘛黄色图龙缎的长顶尖帽一顶、五色彩缎长袍一件、上等绸缎制作的四季服饰一套，以及珊瑚和琥珀念珠、各种玉器、绫罗绸缎等。皇帝和皇太后还许诺每年赏给达赖喇嘛廪饩银一万两，由四川藩库按时拨付，开复了达赖的名号。

9月，达赖喇嘛朝拜北京各寺院。初一日往雍和宫礼佛上供，并在法会上讲授佛法。次日，又赴麻哈噶里庙、嵩祝寺、惠衣寺（均藏文译音）、白塔寺礼佛上供。在京期间，向雍和宫等23所寺院发放布施，作为僧饷基金；还向8座和尚庙捐赠僧饷，向很多乞丐布施财物。除修行诵经外，达赖的大部分时间用来接见数以万计的僧俗信徒和进行各种结法缘活动。

初六日，光绪皇帝在中南海宴请达赖喇嘛，应邀陪同的有青海东科尔呼图克图、拉萨功德林札萨喇嘛、达赖的随从堪布及蒙古王公、贝勒、贝子等多人。适逢慈禧太后寿辰，初九日，十三世达赖喇嘛进贡祝寿，在勤政殿亲递贡物，献黄色哈达、长寿瓶等大量物品，向皇太后念诵长寿永生经。皇太后赏赐上等哈达、珍珠念珠、黄绫大伞、太后亲笔匾、珊瑚如意等珍贵物品。

在京期间，达赖喇嘛希望皇帝在便殿接见，以便"面陈藏事"。据藏文《十三世达赖喇嘛》记载：在北京期间，"慈禧太后和光绪皇帝曾数次召见达赖喇嘛，除了谈论佛教经典之外，达赖曾向慈禧太后和光绪皇帝提出：现在有些外道国家心怀不良，时常想要攫夺西藏地方，进行侵略。中央政府为了保护黄教和西藏众生安全，应帮助西藏进行抵抗，保全藏地。盖释迦牟尼所创的佛教，和宗喀巴所阐明之显密二宗教律，为汉蒙藏三族人民所信奉，保教即所以安民护国，此为历代大皇帝所奉行不移之政策，请太后皇上仍然贯彻列祖列宗政策，保护佛教圣地"①。光绪皇帝和慈禧太后答应了达赖喇嘛的这一请求。

达赖喇嘛又向慈禧太后和光绪皇帝提出："西藏事务重大，事事都要通过驻藏大臣，

---

① 牙含章：《达赖喇嘛传》，第216页。

每多误事。今后遇事可否由达赖直接向清朝皇帝上奏,勿须通过驻藏大臣,如此对汉藏双方同心协力保护藏地将有裨益。"[①]对这个问题,当时未作答复。后来,由理藩院以书面通知达赖:"奉上谕,达赖喇嘛亦于万寿节,执礼甚恭,殊堪嘉奖。回藏之后,更望恪遵主国典章,所有事务,勿庸直接奏明皇帝,具报驻藏大臣请其代奏,静候敕裁,钦此!"[②]对此回复,达赖深感失望。

清政府在拒绝达赖提出的要求时,对其赏赉依然优隆,颁赐达赖金册一份,册封其为"诚顺赞化西天大善自在佛"。赏赐绣有十六尊佛像的绣像一幅、如意一柄、白玉瓶一对、白玉碟一对、云纹缎四匹等丰厚礼品,对达赖随从也给予赏赐。达赖喇嘛向皇帝和皇太后敬献了贵重礼品,并作诗赞颂皇帝功德。

达赖在京期间,欧洲列强俄、法、德等国都派人拉拢达赖。英国更是不甘落后,派遣熟悉中国国情的庄思敦、印度负责西藏事务的鄂康纳、精通藏语文的印度人达斯配合英国驻华公使朱尔典,诱使十三世达赖喇嘛及其亲随改变他们对洋人的态度,并以此为不再阻挠他们返回西藏的先决条件。他们的劝诱活动对达赖等人产生了一定的影响。10月20日,英驻华公使在雍和宫与达赖晤面。谈及藏印关系时,达赖说:"过去发生不幸之事变,并非本人初意,深望今后藏印两方永保和平友好之精神,请朱(尔典)将此意代转英皇。"[③]据此材料看,达赖在北京时,对英帝的态度有所改变。

10月18日,光绪皇帝驾崩,20日慈禧太后驾崩,达赖在御体前祈愿超度亡灵,在雍和宫供设五种供坛,对北京各寺院的僧众进行布施供养,同时进行诵经和回向等佛事。

此时,噶厦派了噶伦强金巴和布达拉宫南杰扎仓的曲杰来京,敦请达赖喇嘛早日返藏。达赖看到清政府忙于治丧,再留无益,遂提出返藏要求。清政府批准达赖喇嘛返藏,给沿途各省下了命令,转饬所属州县,做好接待工作,并派兵士担任警卫。1908年11月28日,十三世达赖喇嘛离京返藏。

第二节　辛亥革命前后十三世达赖喇嘛的主要活动和影响

一、十三世达赖喇嘛出走印度及其原因

在十三世达赖喇嘛出走及赴京期间,清政府迫于国内舆论的强烈指责和资产阶级改良派的巨大压力,为挽救西藏危急,在西藏推行振兴藏务的"新政"措施。1906年派赴美归来的张荫棠"领副都统"衔,以驻藏帮办大臣身份进藏"查办藏事"。张荫棠奉命入藏。他经过调查,揭发了驻藏官员的一些贪劣不法的积弊,将丧权辱国的有泰等人革职查办,获得西藏僧俗民众的拥护。

---

① 牙含章:《达赖喇嘛传》,第216页。
② 《元以来西藏地方与中央政府档案史料汇编》,第1488页。
③ 荣赫鹏:《英国侵略西藏史》,孙煦初译,第59页。

1907年初,张荫棠向清朝中央外务部提出"新治藏政策大纲"十九条,其中建议"达赖班禅优加封号,厚给岁俸,如印度各藩王之制,照旧制复立藏王体制,代达赖专管商上事,而以汉官监之"①。他主张推行"政教分离",收回政权,提出"所有内政外交以及新政,由国家简员经理",认为"西藏密迩印度,边患交涉与行省不同……惟整顿西藏,非收回政权不可"。以往,十三世达赖掌握西藏政教大权,是藏中的政教首领。现将失去世俗政治权力,自然引起他的不安和惊恐。后来,联豫继任驻藏大臣,基本上沿袭了张荫棠"政教分离"的政策。与此同时,川滇边务大臣赵尔丰在打箭炉、理塘、巴塘、德格等藏族地区,用武力推行"改土归流"政策,使藏汉民族间的矛盾加剧。

在达赖准备离京返藏的时候,清政府对西藏采取了两项重要措施:一是任命赵尔丰为驻藏大臣;一是从四川陆军中挑选精兵二千人,由知府钟颖统率进驻西藏。赵尔丰兼任驻藏大臣和川军入藏,导致清政府与西藏上层的关系发展到尖锐的对立状态。"赵尔丰之入藏,无异宣布西藏将实行改土归流,这就意味着不仅要剥夺西藏贵族的权利,剥夺西藏各大寺庙的权利,还要剥夺达赖的统治权利,因而引起了西藏上层的一致反对"②。清朝政府置西藏上层的抗议于不顾,下令川军于1909年6月自四川出发进藏。川军军纪败坏,沿途对藏族人民苦虐不堪,乱杀无辜,强夺民财,对僧侣尤为仇视。

在川军由川藏道进藏之时,十三世达赖也正由青藏道进藏。十三世达赖自1908年11月28日离京,12月29日抵达青海塔尔寺;1909年4月15日又自塔尔寺启程,8月12日到达藏北重镇那曲,受到僧俗群众热烈欢迎。九世班禅曲吉尼玛从后藏扎什伦布寺远道前来那曲,欢迎达赖喇嘛回藏。

十三世达赖在那曲停留了近一个半月,指令噶厦调集数千人于恩达阻击川军,被川军击溃。当川军、藏军在察木多、思达一线相持时,十三达赖向清朝理藩院发电,"要求撤退川军";同时,向英俄各国公使请求"尽力为之声援"。后来当他行到达隆寺时,又派专人从海道前往北京,请求撤回川军。此时,协同甘丹赤巴办理商上事务的夏扎·边觉多吉等人奉达赖之命,以"西藏公会"的名义从印度致电清中央政府,要求撤回川军,电文称"如政府不将联(豫)赵(尔丰)及其兵士(川军)即行撤回,藏众必将反叛",又言"若召新兵入藏,本会必失其权力,达赖喇嘛必受其苦,西藏为佛教昌盛之地,若西藏现行之法律一经改变,佛教必随之而亡,藏众视佛教较性命为重"③,决意维护政教合一制。

达赖喇嘛于10月30日抵达拉萨,受到拉萨僧俗民众的盛大欢迎。这一天,达赖和驻藏大臣联豫发生了摩擦,达赖回藏,驻藏大臣联豫率部吏迎札什城之东郊,达赖不理,目若无见,联豫甚愤,即言达赖私运俄国军械,亲赴布达拉宫检查未获,又派人往黑河查验达赖之行李,未获枪械,而各物被检验军队乘机携去者颇多。达赖遂下令停止对驻藏大臣衙门的粮食、夫役、柴草等的供应,断绝驿站交通,双方关系陷入僵局。

达赖到达拉萨后,再次下令工布藏军在江达一带阻挡川军,又被击溃,川军直向拉萨

---

① 吴丰培辑:《清季筹藏奏牍》张荫棠奏牍,卷二,第39页。

② 牙含章:《达赖喇嘛传》,第224页。

③ 《元以来西藏地方与中央政府关系档案史料汇编》,第1596页。

进发。在此形势下，为缓和与驻藏大臣的关系，1910年2月8日，十三世达赖请尼泊尔驻藏代表出面斡旋，邀请驻藏帮办大臣温宗尧前往布达拉宫面谈。达赖主动提出改善双方关系的请求，“达赖面允三事：（一）将各处阻兵番众，立刻撤回；（二）谢贺朝廷封赏，咨请奏；（三）仍尊重联豫大臣，一切供应照常恢复。温宗尧欲安其心，亦允以四事：（一）川兵到日，自必申明纪律，维持安定秩序，不至骚扰地方；（二）诸事均和平处理；（三）达赖固有教权，不加侵害；（四）决不杀害喇嘛，以昭信守”。议定后，达赖以“口说无凭，请彼此对换公文，互昭信守”[①]，温宗尧请联豫盖章，联删去“诸事和平办理一条”，并拒绝盖印。温宗尧只得“单衔译咨达赖”，达赖当晚复文，仍“允照办”[②]。可以看出，此时达赖并无逃亡印度的决心。

2月12日，川军先遣部队进抵拉萨。当时正值藏历正月，拉萨大昭寺举行传召大法会，云集僧侣两万余人。川军骑兵入市，即引起冲突。关于当时的情形，《西藏六十年大事记》云：“川军前队到拉萨，联豫派卫队欢迎之，卫队归途开枪，击毙巡警一名，大昭寺之济仲大喇嘛，于琉璃桥畔饮弹而亡，卫队又向布达拉宫开枪乱击，僧众亦有带伤者，一时全城震动，人心不安。达赖恐遭危险，即挈其左右，逃往印度，联豫电告政府，有旨设法追回。”

关于这一事件，温宗尧在事发第二天（2月13日）致电军机处，请代奏皇帝之疏中说：“（正月）初三日……川兵马队四十余名抵藏，联豫派其卫队数十人及新军一队出发先导。……藏人并未抗拒，马队亦守纪律。惟派出之新军中有一人放枪，击毙藏人一名。达赖闻川兵入藏，时值传召，喇嘛众多，恐滋事端，派一台吉到街上弹压，（联豫）卫队以其不下马让避为由，以刺刀推之落马，掠去其翎顶、珍珠耳坠，刺伤其臂，拿送联豫。联豫略加讯问，即将该台吉释放。惟达赖闻耗，恐祸及己身，仓皇失措，即晚传集公所，开大会议，众情疑惧，决计私逃。”[③]

当夜，十三世达赖在布达拉宫召集官员召开紧急会议，命甘丹寺赤巴策墨林呼图克图任摄政，代理政教事务，并告诉他，本人为势所迫，不得不暂往他处避难。达赖在天未亮前，从热马岗乘皮船渡过拉萨河，然后沿拉萨河急驶而下，到甲三木拉寺后，略事休息。驻藏大臣联豫得知达赖出走后，派百余骑兵追赶。当骑兵赶到曲水时，达赖一行方才过江，“隔江抵抗，将追赶的汉军用火枪击毙十余名，因而阻止了汉军过江，达赖乘机走脱”[④]，出走印度。

十三世达赖逃亡印度后，清朝政府宣布革除其“达赖喇嘛”名号，并要驻藏大臣另外寻访灵童代替。此命令一宣布，不仅在西藏引起极大的震动，遭到西藏僧俗民众一致强

---

① 《川边历史资料汇编》第二卷（稿本），转引自泽旺多吉《论清末川军入藏和十三世达赖外逃》，载《藏族史论文集》，四川民族出版社1988年版，第73页。

② 《川边历史资料汇编》第二卷（稿本），转引自泽旺多吉《论清末川军入藏和十三世达赖外逃》，载《藏族史论文集》，四川民族出版社1988年版，第73页。

③ 《川边历史资料汇编》第二卷（稿本）。转引自泽旺多吉《论清末川军入藏和十三世达赖外逃》，载《藏族史论文集》。

④ 牙含章：《达赖喇嘛传》，第227页。

烈反对,而且在内外蒙古、青海、甘肃、云南、新疆等地笃信藏传佛教的蒙藏群众中引起强烈的反感。为了缓和西藏人民的对立情绪,清政府改变了若干错误的决定,将赵尔丰调为四川总督,停止了进藏;同时停止寻访灵童、另选达赖的工作。

达赖进入印度境内以后,先在噶伦堡住了7天。之后,接受印度驻哲孟雄(锡金)行政官柏尔的邀请,前往大吉岭。3月14日,达赖随同柏尔前往加尔各答,与印度总督民托会晤,达赖"对印度政府的关怀和给予衣食方便感激至深"①。提出了希望英国政府帮助他们反对清政府的请求,望印度当局对"1908年的《英藏通商条约》给予承认","保护西藏应得权益"②。表示他要保持在西藏地方的政教共主地位,"如当年五世达赖喇嘛及上世历辈所处之地位,立即将汉兵驱逐出西藏"。印度总督说:"此次见到达赖喇嘛很高兴,达赖所云各项,将转呈英政府,听候答复。"③

此时,英国既已控制达赖,乃改变过去用武力压服的办法,采取拉拢达赖、策划西藏独立、脱离中国的手法,以便使其成为它事实上的保护国。达赖与印度总督会晤以后,英帝国主义者即以达赖的保护者的面目出现。同年6月,英方调派步兵两纵队、大炮四尊、工兵若干开到印藏边境朗塘。6月19日通知清外务部,声言中国派兵进藏,英印政府考虑其商务卫队将被袭击,已派兵驻扎朗塘,以保卫在藏商民。若达赖回藏,发生变乱,使英商民生命陷入危险境遇,则英军将入藏加以保护等。显然,这是在为达赖喇嘛撑腰,威胁在藏川军,以支持达赖回藏,策动西藏脱离中国。英方官员亦自供:"自从达赖离藏以后,常密使西藏脱离中国,达到自由独立目的……"④英印政府给达赖随从配备武装,准备随时打回西藏。这期间,英国豢养了以达桑占堆为首的一批亲英分子。

当年8月,清朝政府令驻藏大臣联豫派人前去印度,劝说十三世达赖返回西藏。联豫即派左参赞罗长琦于8月12日前往印度大吉岭。9月18日下午罗长琦与达赖会面,据联豫奏折记:"……达赖言谈狡狯,谓番众欲拒川军,而彼禁之;番众欲投英国,而彼阻之。所以来大吉岭者,初意欲航海赴北京耳。名号既革,无颜前去。现承劝我回藏,固所甚愿,但藏中政教两端,更改之事,必须仍复旧观,今宜一一提议,叙入正式公文,作为善后办法。"⑤达赖喇嘛并表示,"汉藏双方如无英政府在中间作保立约,不好返回"⑥。10月6日,清外务部电示,达赖既不受劝,即可饬罗转道回藏。

罗长琦去大吉岭劝说十三世达赖喇嘛回藏未成,联豫即下令通缉逃亡印度的西藏官员,派员接管西藏军械厂、造币厂,派官员分驻前、后藏要地,准备接收财政、司法大权。又上奏清中央政府,提议由九世班禅"暂摄藏事",以代替达赖,得到清廷的批准。这些做法,除了扩大达赖、班禅已经十分严重的裂痕外,又进一步加深了达赖和清政府之间的矛

---

① 《十三世达赖喇嘛年谱》,载《西藏文史资料选辑》第十一辑,第119页等。

② 《十三世达赖喇嘛年谱》,载《西藏文史资料选辑》第十一辑,第119页等。

③ 《十三世达赖喇嘛年谱》,载《西藏文史资料选辑》第十一辑,第119页等。

④ [英]麦克唐纳:《旅藏二十年》,孙梅生、黄次书译,上海商务印书馆1936年版。

⑤ 《联豫驻藏奏稿》,吴丰培主编,西藏人民出版社1979年版,第154—158页。

⑥ 《联豫驻藏奏稿》,吴丰培主编,西藏人民出版社1979年版,第154—158页。

盾。

1911年，辛亥革命发生后，英印总督民托专程来大吉岭，会晤达赖①，密谈甚久。会谈后，达赖即派达桑占堆返回西藏，组织各地的驱汉暴动。

当辛亥革命的消息传到西藏时，清朝驻藏军队发生哗变。有的拥戴帝制，有的主张共和，分成几派，自立山头，相互火并，纪律败坏，骚扰地方。《西藏六十年大事记》载："九月……时内地革命大作，钟颖遂组织勤王军，以联豫为元帅，向商上勒索饷银十万两，牛马五千匹，定期回川。商上见汉兵势盛，不敢抗议，即交银六万两，夫马如之。联豫受银之后，按兵不动，而汉兵得饷过多，大肆淫赌，转瞬用尽，随即掳掠妇女，抢劫商贾，而大昭寺周围之房屋，亦被川军焚毁殆尽矣。"1912年3月，"川兵以色拉寺富裕，乃驱兵围攻三日未克，寺僧数千人猛出逆袭，川兵大败，寺僧乘势攻陷札什城（川军兵营），焚其官署街市，并毁城垣。时商上以川军杀戮过甚，招募士兵万余，……并用达赖喇嘛名义，通告全藏之营官喇嘛攻击各地汉军"②。

驻藏川军的种种劣行，给西藏社会造成很大混乱和破坏，从而激起了藏人对汉人乃至清朝统治的仇视和反抗情绪。噶厦迅速召集起的万余名西藏民军，由达桑占堆任总司令，围攻拉萨、日喀则和江孜的川军。

值此时机，达赖决定返藏。5月10日，达赖自噶伦堡起程，当地英国官员举行了隆重的欢送仪式。离开噶伦堡之前，达赖请锡金总督贝尔转交英印总督一封盖有印章的信，内言："……在汉藏双方尚未消除隔阂之前，希望英国方面多予斡旋，并望发展印藏之间的宗教、文化和商务等方面的友好往来。"③

达赖返回拉萨途中，驻于浪卡子宗桑顶寺，联豫和钟颖捎信给达赖，请达赖派代表到拉萨进行谈判。达赖乃派伦钦·强金巴、色拉寺擦哇赤巴佛、仔卓尼·丹增坚赞等三人为代表，赴拉萨和谈。在拉萨，"由廓尔喀驻藏文官噶卜典居间调停停战，缔结媾和条约四款，其文如下：（一）川军枪弹交廓人手，封藏藏中，后无汉、廓、藏三面人齐，不得擅取。（二）陆军全行退伍，由印度回国，其钦差、粮台、夷情各官，仍照旧驻藏。（三）钦差准留枪三十枝，统领准留枪六十枝。（四）汉兵出关后，所有前次兵变损失财产房屋，须照实议赔"④。拉萨停战协议签订后，驻藏汉军多数于9月1日由拉萨经印度回国。

达赖于12月16日回到拉萨，对在他流亡印度期间服从联豫、钟颖并同他们共事的僧俗上层及寺院进行严厉惩办。曾经数辈出任西藏地方摄政的第穆呼图克图的主寺丹结林因公开支持联豫、钟颖，其所在寺产被没收，僧侣被遣散。这个著名的拉萨四大林之一的古寺沦为废墟。哲蚌寺规模最大的罗萨林扎仓遭毁，大堪布云丹因尽忠联豫而被暗杀。俗官噶伦大贵族擦绒·旺久结布因同联豫、钟颖的关系密切，父子两人同被色拉寺僧人杀害，其庄园被没收。其他受到牵连和迫害的人为数尚多。与此同时，达赖奖赏提

---

① 《十三世达赖喇嘛年谱》，载《西藏文史资料选辑》第十一辑，第120、123页。

② 朱绣：《西藏六十年大事记》。1925年刊印本。转引自牙含章《达赖喇嘛传》第240页。

③ 《十三世达赖喇嘛年谱》，载《西藏文史资料选辑》第十一辑，第125页。

④ 朱绣：《西藏六十年大事记》，转引自牙含章《达赖喇嘛传》第244页。

拔在护卫达赖和驱逐汉军中打头阵的人员。达赖重赏卫藏民军总司令达桑占堆，使其由平民一跃而为札萨衔的贵族；擦绒·旺久结布噶伦的庄园属民全部归达桑占堆所有，从此名列贵胄，人称擦绒·达桑占堆。两年后，达赖又任命其担任噶伦要职；重赏摄政策默林活佛阿旺洛桑丹巴坚赞，因其在达赖离藏期间处理西藏事务，甚合达赖意图，故赏赐他与功德林呼图克图等同的衽席地位，封其为“夏金德格克切”（蒙语“弘扬圣教者”），并赐予印鉴、堪布金套、服饰及多处庄园；色拉寺拉吉因组织僧兵抵抗川兵有功，特赐封为当雄八部总指挥，赐吉热拉谿卡（庄园）作为该寺院的固定基金；甘丹寺拉吉因功，被授予措那宗宗本权。

二、以达赖喇嘛为首的噶厦地方政府与中央政府的关系

1913年，十三世达赖喇嘛下令召开了一次各地官员头人代表会议，征询各方代表对西藏今后内政外交方针的意见。会上，不少代表指出，隔断与中央的联系将会产生严重的后果，主张与中央政权维持历史上的悠久关系。这些意见促使十三达赖喇嘛等从最初的报复心理状态中渐渐转变过来。当时，在西藏僧俗官员群众中赞成与中央政权保持关系的人为数不少。

从中央政权方面来说，中华民国初建时就申明了五族共和、坚持国家统一、领土完整的建国原则。1912年1月1日，孙中山在南京就任临时大总统，发表了《中华民国临时大总统宣言书》，提出：“国家之本，在于人民，合汉、满、回、藏诸地为一国，则合汉、满、蒙、回、藏诸族为一人，是曰民族之统一。武昌首义，十数行省先后独立，所谓独立，对于清廷为脱离，对于各省为联合，蒙古、西藏意亦同此，行动既一，决无歧趋，枢机成于中央，斯经纬周于四至，是曰领土之统一。”①4月，袁世凯继任临时大总统后宣布：“现在五族共和，凡蒙、藏、回疆各地方，同为我中华民国领土，则蒙藏回疆各民族，即同为我中华民国国民。……国民政府于理藩不设专部，原系视蒙藏回疆与内地各省平等，将来各该地方一切政治，具属内务行政范围。现在统一政府业已成立，其理藩院事务，着即内务部接管。”②7月19日，在中央设立蒙藏事务局③。

民国北京政府多方设法打通同达赖喇嘛为首的西藏上层的关系，以解决西藏问题。是年6月，特派杨芬、姚锡光等人为宣慰员，去做达赖喇嘛的工作。杨芬到达印度后，由于英印插手西藏政局，进藏遭到无理阻挠，但他设法多次致函达赖，宣谕中央政府主张五族共和之政策。十三世达赖也有信件给杨芬。10月28日，袁世凯发布了恢复达赖喇嘛封号令，言：“现在共和成立，五族一家，前达赖喇嘛诚心内德，从前误解自应捐释，应即复封为‘诚顺赞化西天大善自在佛’，以其维持黄教，赞翊民国，同我太平。”在复封十三世达赖喇嘛名号之后，也加封九世班禅“致忠阐化班禅额尔德尼”名号。

十三世达赖收到“开复”名号的电令后，通过在印度的护理驻藏办事长官陆兴祺，给

---

① 中华民国临时政府公报一号（1912年1月）。

② 《东方杂志》第八卷十二号。

③ 1914年5月，改设蒙藏院，直隶于民国大总统，以加强对蒙藏等新疆地区的管理。

民国北京政府总统袁世凯复电，表示推崇民国大总统，并望北京政府尽快派代表前来协商西藏善后事宜。九世班禅接到加封后，也向袁世凯写信表示感谢。

北京政府希望通过恢复达赖喇嘛名号，同西藏上层直接联系，消除隔阂。1912 年下半年，选派姚宝来、马吉符为册封使，持册取道印度入藏，因英使馆拒绝签证，未能进藏。后又派温宗尧等为西藏宣抚使，拟由海道经印度赴藏，也因英印政府阻挠而未能入藏。英帝国主义多次阻挠西藏地方政府和北京中央政府发生直接关系，其心态正如英人柏尔所说："吾等实不宜承认中国有管理西藏内政之权，于是决定于必要时，运用压力，不准中国官吏经过锡金而入藏。"其目的在于使西藏地方脱离中国，由英人来控制西藏的内政外交大权。

尽管英国政府一再阻挠北京与西藏政教上层直接对话，北京政府仍想方设法派人疏通与西藏地方政府的关系。1916 年 7 月任命王鉴清为西藏副宣抚使，从川边进藏执行任务。王鉴清到达昌都后，多次写信给达赖和噶厦，邀请噶厦从速派代表赴昌都谈判，终因英人横加干涉，民国北京政府和西藏地方的昌都谈判未能实现。

这一时期，英国政府为了达到其分裂中国、攫取西藏的罪恶目的，在中央政府和西藏地方政府协商处理西藏善后事宜的问题上大做文章，蛮横地提出，必须举行中、英、藏三方会谈，由英国做调解人，否则，英国就不会承认中华民国新政府，并断绝经由印度去西藏的道路；并扬言在印度召开的三方会议上，若中国不派人到会，英国将与西藏订约，中国不能享有条约的一切规定。

1913 年 10 月 13 日，中印藏三方会议在印度北部英印政府夏季办公地点西姆拉举行，至 1914 年 7 月 3 日谈判破裂，历时 8 个月。西姆拉会议是由英人精心策划、一手把持的，以中国政府拒绝条约签字而宣告破裂。未经中国中央政府承认的"西姆拉条约"纯属非法，是不具任何法律效力的一纸空文。

从西姆拉会议上麦克马洪提出的印藏边界问题，使达赖预感到："对西藏事业，英国政府今后自要尽一切可能帮助"①一事，将要"和平自主"的西藏付出极大的代价。他表示"绝不能把西藏领土让给任何人"②。他还指示司伦朗顿·衮噶旺秋："你要好好工作，特别是边境问题，要细心钻研，慎重处理，和外国人来往要加倍警惕。有关西藏边境，不能随意让给别的国家，不然就会给后人造成麻烦。"③达赖这一维护中国西藏领土、反对外国侵略的主张，一直坚持到其晚年。

1919 年 9 月 5 日，北京政府以向各有关省、区征求意见为名，公布了西姆拉会议的一部分内容，引起国内一致强烈反对。四川、云南、甘肃、青海等地纷纷通电谴责，组织游行

---

① 见 1959 年 9 月 16 日《人民日报》，9 月 15 日新华社拉萨电。转引自汤池安《第十三世达赖喇嘛土登嘉措"遗嘱"辨析》，载《中国藏学》1989 年第 4 期。

② 见 1959 年 9 月 16 日《人民日报》，9 月 15 日新华社拉萨电。转引自汤池安《第十三世达赖喇嘛土登嘉措"遗嘱"辨析》，载《中国藏学》1989 年第 4 期。

③ 见 1959 年 9 月 16 日《人民日报》，9 月 15 日新华社拉萨电。转引自汤池安《第十三世达赖喇嘛土登嘉措"遗嘱"辨析》，载《中国藏学》1989 年第 4 期。

示威，坚决主张西藏问题是中国内政，不容任何外国干涉。全国人民抗议的浪潮，促使北京政府停止与英国有关“西藏悬案”的交涉，多方设法恢复与西藏地方的直接联系。1919年8月，北京政府指令甘肃督军派员入藏，会晤达赖、班禅，“联络感情”，协商藏务。为此，张广建特派甘肃军事咨议李仲莲、军事参事朱绣、管理玉树三十六族大喇嘛拉卡尖贡仓等入藏。

11月24日，李仲莲、朱绣一行抵达拉萨，在拉萨会见了十三世达赖喇嘛。达赖喇嘛和噶厦以事关重大，特派官员、三大寺代表与李仲莲、朱绣等人多次开会磋商，以至双方感情渐趋融洽。

次年4月上旬，当李仲莲、朱绣一行临离开拉萨时，达赖喇嘛设宴饯行。达赖表示："余亲英非出本心，因钦差逼迫过甚，不得已为之。此次贵代表等来藏，余甚感激，惟望大总统从速特派全权代表，解决悬案，余誓倾心内向，同谋五族幸福。至西姆拉会议草案亦可修改。"十三世达赖还通过李仲莲、朱绣等人向甘肃总督赠送礼品。此次李仲莲、朱绣等人的西藏之行，使西藏地方和中央政府的关系得到显著改善。

1924年，由英帝国主义大力扶持的西藏亲英少壮派军人发动的一次未遂政变，促使十三世达赖坚定了内向中央的决心。这一事件的组织者是主持藏军的亲英分子擦绒·达桑占堆噶伦。在英人的授意下，他们策划政变，准备推翻噶厦。这些亲英分子事先组织了一个称为“贵族军营”的军事小集团，伺机下手。是年10月，该秘密团体中的一名青年军官向达赖告发了英国人扶持亲英分子阴谋发动政变的隐情，达赖深为震惊。他下令封闭了英国人在江孜主办的军官训练学校，解散“贵族军营”，罢免了擦绒的藏军总司令职务，凡参加小团体的青年军官一律予以革职。事发后，英国要求派代表面晤达赖进行解释，遭到严词拒绝。此事使达赖认识到英帝国主义的罪恶阴谋，转而向祖国内地寻求支持。

1927年4月，国民政府在南京建立后，十三世达赖连续派员与之联系。1928年冬，十三世达赖指示西藏驻五台山寺院的堪布·罗桑巴桑赴南京谒见蒋介石，面陈藏事。蒋介石通过罗桑巴桑致函十三世达赖喇嘛，说："……西藏为我中华民族之一，政府正督饬蒙藏委员会调查实际，用资建设。执事适派代表罗桑巴桑到京备述一切，藉悉法座高瞻远瞩，……藏卫接壤强邻，帝国主义者所压迫久矣，幸赖法座深明大义，内向情殷，此后愈当并力一心，修内政而御外侮。"①

次年8月，达赖派驻雍和宫堪布·贡觉仲尼②、西藏特派驻京罗藏娃·楚称丹增等人，前往山西太原拜见蒙藏委员会委员长阎锡山，说："近接达赖函，令伊声明三事：(一)达赖并无联英之事，其与英国发生关系，不过系英藏壤地毗连，不能不与之略事敷衍耳；(二)达赖仇华亦属误传，民六、民九、民十三达赖有派员来华，并发有护照，内中言明中藏亲睦，现有护照可证；(三)达赖班禅感情素惬，其始之发生误会，并非达赖所逼。"③9月，

① 《西藏地方是中国不可分割的一部分》(史料选辑)，第485—486、487、490页。

② 《蒙藏委员会档案》称作“棍却仲尼”。

③ 《西藏地方是中国不可分割的一部分史料选辑》，第485—486、487、490页。

贡觉仲尼等在南京谒见蒋介石时，转达了十三世达赖“不亲英人，不背中央，愿迎班禅回藏”的声明[①]，蒋介石表示欢迎达赖的声明。

同时，国民政府决定派贡觉仲尼入藏，并带回与贡觉仲尼商定、经政府认可的向西藏地方政府提出的八个问题，其问题为：“（一）中央与西藏之关系应如何恢复；（二）中央对西藏之统治权如何行使；（三）西藏地方自治权如何规定，范围如何；（四）达赖班禅加入中国国民党；（五）达赖班禅在西藏政教之地位与权限一律照旧，抑或另有规定；（六）班禅回藏，达赖如何欢迎，中央如何欢送；（七）达赖是否在京设立办公处，以便随时接洽，至于经费，可由中央发给；（八）西藏对于中央有无其他希望”[②]。蒋介石再次给达赖致书，交贡觉仲尼转交。

达赖表示欢迎中央政府所派代表。当贡觉仲尼于12月21日行抵噶伦堡时，接达赖电谕：“札萨克棍却仲尼，尔奉国民政府委派，自应从速来藏”[③]，电促中央政府代表从速进藏。贡觉仲尼一行于1930年2月抵达拉萨，“当日达赖命令西藏文武官员率领马步军队到坚赞鲁顶迎接”[④]，以接待中央特派大员的规格郊迎。当贡觉仲尼转呈蒋介石致达赖信函及礼品时，达赖“甚欣悦”，起立顶礼。

对国民政府提出的八大问题，西藏地方政府一一作了答复。如对“中央与西藏关系如何恢复”，噶厦答称：“照前至诚有信之待遇，而西藏以系至诚相见，现在更要竭力拥护中央。”关于“西藏地方自治权如何规定，范围如何”，噶厦答复：“诚意谋西藏安全，其范围自应照旧，若原系西藏地方，刻下未在西藏治下者，自应仍归西藏范围，久后必安。”对“中央对于西藏统治权应如何行使”，答复为“西藏政教谋根本安定之法，商洽立约后，必更稳妥”。关于达赖班禅加入国民党的问题，答称：“达赖喇嘛现在年高，加之政教事务甚繁，又因三大寺及上下居巴僧俗官员未经同意之前，不能来京。至班禅现在内地，除扎什伦布庙宇教务外，素无其他政务可管，自应就近加入国民党，但素无解决藏事之发言权。”对“达赖班禅在西藏政教上地位与权限一律照旧”一事，噶厦答复曰：“……若照以前旧规办理，西藏人民无不悦服。”对达赖在京设立办公处问题，噶厦意见为“先设办公处于南京、北平、西康三处，以后若有加添之处，再当陈请”。关于“西藏对于中央有无其它希望”，噶厦提出：“为防侵略守土之故，目前只希望中央接济军械，以后谋地方安全，再当陈请。”关于班禅返藏问题，噶厦答称，在班禅“未声明逃奔理由之前，西藏碍难欢迎”[⑤]。1930年8月，贡觉仲尼带着噶厦的答复返回南京，向国民政府做了详细汇报。

9月22日，达赖复电蒋介石：“南京国民政府蒋主席钧鉴：接元电雍札棍却仲尼转递函品，并面陈详情，彼此均感。我亦祝祷世界和平，中藏终须联络，特诵平安经典。藏事

---

① 《西藏地方是中国不可分割的一部分史料选辑》，第485—486、487、490页。
② 《西藏地方是中国不可分割的一部分史料选辑》，第485—486、487、490页。
③ 《西藏地方是中国不可分割的一部分史料选辑》，第485—486、487、490页。
④ 《西藏地方是中国不可分割的一部分史料选辑》，第485—486、487、490页。
⑤ 牙含章：《达赖喇嘛传》，第278—279页。

已蒙委蒙藏委员马福祥代理，欢慰我怀，达赖喇嘛叩养印。”①

国民政府在派遣贡觉仲尼进藏之时，又派在文官处供职的刘曼卿以文官处书记的身份取道西康进藏，做西藏政教上层的工作（刘曼卿系西康藏族，生于拉萨，通晓藏语文）。她于 1930 年 3 月抵达拉萨，在拉萨停留了 3 个月，期间曾两次得到达赖喇嘛的接见。第一次接见时，达赖没有表示任何态度。在刘曼卿即将离藏返回内地时，十三世达赖第二次接见了她，回答了她提出的问题。十三世达赖说：“汝之好意吾早领之，吾不背中央前已言之……吾所最希求者即中国之真正和平统一，前偶闻某某先后叛起，吾日诵经持咒以祝其平复，君等此次亦在三大寺念经礼佛，于中国不无益处。至于西康事件，请转告政府，勿遣暴厉军人，重苦吾民，可派一清廉文官接收。吾随时可以撤回防军，都是中国领土，何分尔我，倘武力相持，藏军素彪悍，吾决无法制止其冲突。兄弟阋墙，甚为不值。”又说：“英国人对吾确有诱惑之念，但吾知主权不可失。性质习惯两不容，故彼来均虚以周旋，未尝与以分厘权利。中国只须内部巩固，康藏问题，不难定于樽俎。”②

在亲英分子的控制下的藏军曾于 1917 年与昌都边军发生冲突。到 1930 年，藏军借口甘孜地区的大金、白利两地方封建主发生纠纷，趁川、康军阀混战之际，进军协助大金寺，占据了甘孜等地区。所谓“西康事件”就是指此次藏军进犯西康之事。

同年 8 月，十三世达赖致国民政府驻藏办事长官陆兴祺函，表示“敝处遵即承认中藏一家，恢复旧制，以副尊嘱”。

1931 年初，噶厦正式委派楚臣丹增等人到达南京，于 3 月 21 日组建了“西藏驻京办事处”。该处受蒙藏委员会监督指导，办理有关西藏在京应行接洽事宜。自此，西藏地方政府与中央政府之间的关系日趋密切。

同年 5 月，国民政府召开国民会议，西藏地方以贡觉仲尼、楚臣丹增、阿旺坚赞等 6 人为正式代表，崔臣尼玛、罗桑桑结等 3 人为列席代表；班禅方面派罗桑崔臣、罗桑坚赞、王乐阶等四人为正式代表，邵章、金孝志、海涛等五人为列席代表。此后，国民政府召开的历次全国性政治会议，西藏地方均有代表参加。

与此同时，在英帝国主义的煽动下，1931 年，藏军又东犯青海的玉树地区，也是借口玉树地区的苏莽部落封建主之间的纠纷，占据了苏莽囊谦等地。此举遭全国舆论的抨击，也引起了藏族僧俗群众的强烈不满，拉萨三大寺力主息战。

1933 年 12 月 17 日，十三世达赖喇嘛土登嘉措圆寂。20 日，噶厦电告西藏驻京代表：“达赖佛座于藏历亥月三十日下午七时半圆寂，藏中事务暂由噶伦及噶厦负责处理，希安心供职，并呈报中央，详情容后另电知照。”③贡却仲尼当即向蒙藏委员会呈报，并请转报行政院。国民政府得到报告后，复电致信，赠以赙金，并追封十三世达赖喇嘛为“护国宏化普慈圆觉大师”，特派黄慕松为专使，进藏册封、致祭，批准由热振活佛暂代达赖政教职

① 引自牙含章：《班禅额尔德尼传》，第 246 页。

② 刘曼卿：《康藏轺征》，商务印书馆 1933 年出版。

③ 《十三世达赖圆寂致祭和十四世达赖转世坐床档案选编》，中国藏学研究中心、中国第二历史档案馆合编，中国藏学出版社 1990 年版，第 3、4 页。

权。

十三世达赖喇嘛是历辈达赖喇嘛中掌政时期最长的一个。“他的一生正值祖国多难之秋和英帝国主义加紧侵略西藏日益严重的时期，他能够保全西藏地方不为列强所支配并能保持了自己的权威，这说明他是有抱负、有事业心的政治家。由于他所处的地位、环境和历史的局限性，他对内维护了西藏三大领主的利益，对外采取了动摇和妥协的政策。结果是在辛亥革命以后曾经受英帝国主义的威胁和利诱，一度与民国政府疏远，并给西藏内部的团结带来了严重损失，这诚然是他的过失。然而，从他所处的时代背景来通观他毕生的作为，他始则终以坚决抗英，直到兵临拉萨城下，仍北上希求得到清朝中央的了解和支持；中间虽一度投奔国外，驱逐清朝官员离藏和阻止民国官员驻藏，但他仍指派代表先是驻北京雍和宫参加参众两院议会，后是驻南京办事处和参加国民议会等，以抒内向之诚意；尤其是在他的晚年，明确要求国民政府遴选大员赴藏，以解决西藏问题。这是他从极端困难和复杂的经历中总结出来的，只有投靠祖国才是唯一的道路这一真理。……他在关键的历史阶段，处理关键的重大问题上，还是稳妥和具有远见的”①。

1934 年 8 月 8 日黄慕松一行抵达拉萨时，西藏地方依照清朝时迎接钦差大臣旧例，举行了极为隆重的欢迎仪式。黄慕松于 9 月 23 日在布达拉宫正殿举行册封大典，追封十三世达赖喇嘛为“护国宏化普慈圆觉大师”，在达赖喇嘛座前代表中央颁发玉册、玉印。10 月 1 日在布达拉宫达赖喇嘛灵堂举行庄严肃穆的致祭仪式。黄慕松参加致祭活动时，与西藏地方经过商谈，决定筹设蒙藏委员会驻藏办事处。1940 年 4 月 1 日，蒙藏委员会驻藏办事处在拉萨正式成立。

1934 年 1 月，热振活佛出任摄政后，即着手进行寻访十三世达赖转世灵童的工作。在他的主持下，噶厦分派三路人马，往藏南、青海、西康等地寻访。在此三地共访获 3 名灵童。1938 年 12 月，热振向国民政府呈报，主动提出依照历史定制，“三灵儿迎到后举行掣签典礼之际，为昭大信、悦遐迩计，中央应当派员参加”②。鉴于事关中央对西藏的主权问题，国民政府特派蒙藏委员会委员长吴忠信入藏，会同热振呼图克图主持第十四辈达赖转世事宜。

1940 年 1 月 15 日，吴忠信到达拉萨，受到自清末以来从未有过的盛大欢迎和隆重接待。这时，三个灵童只剩下一个，这就是青海湟中县祁家川祁却才让之子拉木登珠。西藏方面认为，“青海灵儿，灵异卓著”，不必再举行掣签。此事关系到中央政府在达赖转世灵童认定上的最高权威问题，吴忠信据理力争，以“体制攸关”为理由，坚持照历史定制办理。经双方一再派员磋商，议定在西藏地方接受吴忠信事先查看灵童是否确属灵异的意见；由摄政热振正式具文呈请中央免除抽签手续的情况下，中央方能同意免除掣签仪式。

1940 年 2 月 5 日，国民政府根据吴忠信的报告，特发布命令：“青海灵童拉木登珠，慧性湛深，灵异特著，查系第十三辈达赖喇嘛转世，应即免于抽签，特准继任为第十四辈达

---

① 《藏族简史》，第 389—390 页。

② 《十三世达赖圆寂致祭和十四世达赖转世坐床档案选编》，第 158、290—291 页。

赖喇嘛。”同时批准其坐床大典经费，着由行政院转饬财政部拨发40万元，以示优异[①]。2月22日，十四世达赖喇嘛丹增嘉措坐床大典在布达拉宫隆重举行。3月8日，噶厦致电国民政府，表示“承中央特派代表蒙藏委员会委员长亲临，并赠赐礼品，祥瑞十分，感戴无际”[②]。

三、十三世达赖喇嘛整顿格鲁派

随着格鲁派在西藏政教两界统治地位的确立、巩固，格鲁派中一些僧人不守戒律、违犯教规、养尊处优、追求世俗享乐的事时有发生。早在19世纪末，就出现过寺院僧侣时常违犯四根本戒的情况，如“喝酒、吸烟、下棋，夏日逛林卡，冬日与浪人结伙，身穿奇装异服，游荡于各个村庄，蹂躏贫苦百姓等”[③]。针对这种情况，十三世达赖于1894年命大卓尼召集三大寺轨范师、铁棒喇嘛、哲蚌寺甘丹颇章、色拉寺寝宫管家和甘丹寺赤巴管家等，传达达赖喇嘛的严明训示：寺庙之各项教规戒律，本应遵照历世佛宝之规定实施，不能违犯。今后对违犯戒律之人须严加管理，不能再放任自流，一定要严守戒规。如再有违犯戒律放纵不羁之事，不仅要惩罚违犯之人及其保人，而且要追究寺院各级负责人，加以严惩。[④] 1913年，达赖喇嘛颁布了《关于西藏全体僧俗民众取舍条例》，其中第一、第二条仍是关于遵守寺院院规戒律的，如不分教派，所有寺院均应齐心协力，善从传统供礼和庙宇管理，切勿松懈；所有寺院的僧人均应发扬各自信奉的显密新旧诸宗派先哲们开创的遗风，潜心修习佛法，恪守寺院清规戒律等。

当时贪污受贿、卖官鬻爵之风从西藏政界传入教界。1918年冬，达赖风闻各大寺院堪布多为贿买，经典学问一无足取，特召上密院堪布绛央云登到布达拉宫日光寝殿，由达赖亲自出题考问，结果不能对答。达赖立即下令革除其堪布职务，并令今后不得再任上密院堪布之职[⑤]。同时，因上密院喇嘛乌则、噶厦多康·阿旺楚臣对显密二教的修习俱差，亦被免职。

一个时期以来，在授予格西学位上同样存在徇私受贿买放的现象。十三世达赖认为，此歪风蔓延，不仅有损寺院名望，且败坏经典学问传授。为杜绝此弊端，1923年，他亲自召集在这一年传昭大法会上立宗辩论、考取拉然巴格西学位的人，由精通五部大论的学者监考。结果很多人经典学问太差，根本不够考取拉然巴的资格。对此，达赖除把那些不够资格的拉然巴候选人斥逐之外，并给各大寺受贿堪布以应有的惩处。此后，历年的拉然巴格西学位考试均由十三世达赖亲自主持。通过上述措施，保证了格西的质量。

与此同时，加强了对拉萨僧官学校的管理，严明校纪校规。达赖亲自主持僧官学校的考试并查阅学僧试卷，奖优罚劣，鼓励学僧积极上进。

---

① 《十三世达赖圆寂致祭和十四世达赖转世坐床档案选编》，第158、290—291页。

② 《十三世达赖圆寂致祭和十四世达赖转世坐床档案选编》，第158、290—291页。

③ 《西藏文史资料选辑》第十一辑，第34页。

④ 《西藏文史资料选辑》第十一辑，第34页。

⑤ 《西藏文史资料选辑》第11辑，第146页。

1924 年 3 月,鉴于三大寺一度盛行养花种草、喂养骡马、玩狗戏猫、不讲卫生等恶习,达赖颁布严禁上述恶习的命令,要求僧人静心念佛,同时派人前往各寺庙督察。

十三世达赖还时常亲自过问寺院的收支情况,对僧官贪污腐化的行为给予严惩。1930 年春,达赖发现小昭寺管庙僧人有严重的贪污行为,把噶厦拨给该寺经常在释迦牟尼像前点灯上供的油钱,大部分装进私囊,而未按政府规定上供。达赖即指派协尔帮(法院)和上密院堪布负责认真查处此事,清算账目,追退赃款,并给当事人以严厉处分①。

据藏文《十三世达赖喇嘛传》记载:当时达赖喇嘛得知甘丹寺有许多僧人离开寺院,背了经卷,到乡下去念经乞食,很不满意。他希望众僧能在寺院内静坐参禅,诵经辩道。事出何因?经调查了解到,由于甘丹寺僧数目不断增加,口粮、茶水银均入不敷出,僧人只得外出化缘。达赖向噶厦下令,甘丹寺所有短缺粮银之数,由噶厦津贴补足;外出乞食的僧人,派人找回寺院。达赖并以他自己的名义,做了化缘簿,派官员前往西藏各地募化,所得粮银交甘丹寺作为基金,放债收息,以供养僧众。

十三世达赖从青年时期就开始整顿格鲁派。他采取多种措施,力图转变格鲁派内部存在的种种不正之风,以维护其政教合一制的统治。然而,由于阶级和历史的局限,他不可能触及问题的根本,而只是进行一些表面性的整顿,所以也就不可能取得显著成效。到十三世达赖喇嘛晚年,格鲁派僧人不守戒律的事情普遍发生。达赖喇嘛不得不再次下达整顿教律教规的命令。1931 年,他向全藏格鲁派寺院发布命令,严禁僧众喝酒、赌博、打架等恶劣行为。僧人不能参加一切世俗活动,只能在寺院内静坐参禅,诵经辩道。如有违犯,即以破坏教律教义治罪。针对当时三大寺僧众视有无布施来决定是否参加各寺大经堂的例行集会的情况,"命令"强调这是违反教规的行为,"以后每逢例会集会,不论有无布施,僧众均须参加,翁则应严格执行此项命令",并规定"今后噶厦、贵族、商人向三大寺施放布施时,除按原先规定的等级和倍数外,不准随便增加或减少,不准看人戴帽"②。

戒律松弛、教规败坏的现象长期得不到扭转,说明了格鲁派的黄金时代已经过去,正在趋向衰败。

四、十四世达赖的寻访、认定、坐床

十三世达赖喇嘛逝世后,噶厦根据"十三世达赖圆寂时面向东;乃琼降神,谓达赖将转生东北汉人地方"③等所示,派出三路人马,分赴青海、西康、藏南等地寻认转世灵童。

赴青海的纪仓佛等一行人马做了长达二年多的寻访工作,最后于 1938 年初步认定湟中县祁家川一藏族农民祁却才让之子拉木登珠为十三达赖喇嘛的转世。这时,噶厦派往西康、西藏南部的寻访人员也分别各寻得一名灵童。三名灵童中究竟哪一个是真正的转世灵童?西藏地方内部意见不一。以摄政佛热振呼图克图为首的一派认为,青海灵童

① 牙含章:《达赖喇嘛传》,第 304、305 页。

② 牙含章:《达赖喇嘛传》,第 304、305 页。

③ 朱少逸著:《拉萨见闻记》,载《开发西北》1934 年 2 卷 1 期,1934 年 7 月。

是真正的转世灵童。在此种情况下，依照历史惯例和定制，通过由中央政府代表主持下的“金瓶掣签”来确认。于是，主持西藏地方政教要务的摄政热振呼图克图向国民党中央政府呈报，主动提出依照历来的规定“三灵儿迎到后，举行掣签典礼之际，为昭大信，悦遐尔计，中央应派大员参加。但目前有中央驻藏长官张咨议在此可以参加，抑或另行派员入藏，二者孰是，可于届时再行呈报相商”。① 同时“恳请先将在青之灵儿，饬令青海政府催促纪仓佛，随同启程进藏为感。特电奉复，敬候示遵”。②

根据西藏摄政热振呼图克图的请求，国民政府特令青海省政府主席马步芳派兵护送拉木登珠入藏。马步芳遵命，派马源海师长率一营骑兵护送青海灵童进藏。于1939年7月1日自西宁出发，8月至藏北，青海骑兵返回。纪仓佛及青海灵童等于10月初安全抵达拉萨，受到拉萨僧俗民众的隆重欢迎。拉木登珠被安排在达赖喇嘛夏宫罗布林卡格桑颇章宫殿住锡。

国民政府方面接到西藏地方的报告后，认为主持认定转世灵童的掣签典礼，事关中央对西藏之主权的重大问题，于是“特派蒙藏委员会委员长吴忠信会同热振呼图克图主持第十四辈达赖喇嘛转世事宜”。③ 随即，吴忠信经香港取道印度进藏，于1940年1月15日抵达拉萨，受到了噶厦和西藏僧俗民众的盛大欢迎和隆重接待。

然而吴忠信到达拉萨不久，发现西藏地方原来向国民政府报告寻访到三个灵童的情况有了变化。在拉萨只有一个灵童，即在青海寻访到的拉木登珠。而此时，西藏地方内部认为青海灵童是真正的转世灵童的意见占优势地位，不愿再进行掣签认定。吴忠信感到，此事关系到国家主权问题，不能迁就。他坚持要亲自“看视”灵童，考察灵童是否确系灵异。如确系灵异、聪慧，方能上报国民政府，经中央批准后才能免予抽签。经会商，西藏地方接受了吴忠信的意见，同意他当面考查拉木登珠。

1月31日清晨，吴忠信与青海灵童在罗布林卡荷花亭内见面。吴忠信与灵童谈话、合影，并送了四种礼物给灵童。看视灵童后，吴忠信向国民政府蒙藏委员呈递了一份报告，言：“忠信复查所述灵异各节，均属确实，拟请转呈国府命令，准以该灵童拉木登珠继任第十四辈达赖，俾得及时准备坐床典礼，以昭郑重。”④

国民政府根据吴忠信的报告，于2月5日特发布主席令：“青海灵童拉木登珠慧性湛深，灵异特著，查系第十三辈达赖转世，应即免予抽签，特准继任第十四辈达赖喇嘛。……拉木登珠业经明令继任第十四辈达赖喇嘛，其坐床大典所需经费，由行政院转饬财政部拨发四十万元，以示优异。”⑤十四世达赖的认定经国民政府批准，才未进行抽签。对中央批准“免予抽签”的命令，热振呼图克图2月17日专门致电国民政府表示叩谢。

---

① 《热振为中央应当派员参加掣签典礼致吴忠信电（1938年12月2日）》，《十三世达赖圆寂致祭和十四世达赖转世坐床档案选编》，中国藏学研究中心中国第二历史档案馆合编，第158、164页。

② 《热振为中央应当派员参加掣签典礼致吴忠信电（1938年12月2日）》，《十三世达赖圆寂致祭和十四世达赖转世坐床档案选编》，中国藏学研究中心中国第二历史档案馆合编，第158、164页。

③ 《十三世达赖圆寂致祭和十四世达赖转世坐床档案选编》，第158、164页。

④ 《十三世达赖圆寂致祭和十四世达赖转世坐床档案选编》，第294、298、321页。

⑤ 《十三世达赖圆寂致祭和十四世达赖转世坐床档案选编》，第294、298、321页。

吴忠信到达拉萨不久，英国也派出了以驻哲孟雄（今锡金）行政长官古德为首的十多人组成的“观礼”团赶到拉萨，监视吴忠信的活动。他们挑拨西藏地方与国民政府的关系，唆使噶厦中少数人在达赖坐床典礼中就吴忠信的座位问题大作文章。噶厦起初打算将吴忠信的座位设在热振呼图克图对面，高低则与司伦相等。吴忠信坚持声明本人代表国民政府主持达赖坐床大典，体制攸关，不可妥协。他主张至少应照清朝驻藏大臣之例设座。几经交涉，噶厦同意遵办。

2月22日凌晨5时，十四世达赖丹增嘉措的坐床大典在布达拉宫隆重举行，噶厦依照清朝驻藏大臣之例为吴忠信设座，其座位与达赖的座位并排，面对僧俗官员。坐床大典圆满完成之后，噶厦致电国民政府：“承中央特派代表蒙委员会吴委员长亲临，并赠赐礼品，祥瑞十分，感戴无际。”[①]

十四世达赖丹增嘉措坐床后，援上辈达赖在宗教上的修习程序诵习佛教经典、受戒等。

第三节　九世班禅出走内地

一、九世班禅的早期活动

九世班禅罗桑图丹曲吉尼玛格勒朗杰贝桑布，是前藏塔波地方噶厦村人，生于1883年藏历正月十二日。母名当琼措姆，因“班禅生而母哑”[②]，他是在外祖父家里长大的。

1882年5月八世班禅丹白旺秋去世以后，次年3月，扎什伦布寺派苏东堪布旺加、大卓尼达娃二人到拉萨，向十三世达赖喇嘛请示寻访八世班禅的转世灵童的方向问题。4月10日，达赖在布达拉宫吉祥天女像前问卜，随后扎什伦布寺派代表分赴卫藏各地寻访，最后寻获聪颖幼童3名。按照定制，须将这3名幼童置于金奔巴瓶内唪经，经掣签确定一名班禅转世灵童。

1888年正月14日，在布达拉宫萨松南杰殿内皇帝的牌位前，举行了九世班禅灵童的金瓶掣签仪式。驻藏大臣文硕亲自前往布达拉宫看视，达赖喇嘛、摄政第穆呼图克图、扎什伦布寺的札萨克诺门汗罗桑敦珠率领僧众一齐唪经，经金瓶掣签，掣出塔波地区的幼童仓珠嘉措为转世灵童。15日，在布达拉宫日光殿上，九世班禅拜十三世达赖土登嘉措为师，由十三世达赖给九世班禅灵童剃发，并取法名为罗桑图丹曲吉尼玛格勒朗杰贝桑布，简称曲吉尼玛。

光绪皇帝对班禅转世灵童的认定表示祝贺，赏给班禅灵童大哈达一方，珊瑚念珠一串、玉如意一柄。1892年正月初三日，九世班禅灵童被迎至扎什伦布寺坐床。清朝政府特派新驻藏大臣升泰前来主持。十三世达赖和噶厦也派摄政第穆呼图克图作代表，前往

① 《十三世达赖圆寂致祭和十四世达赖转世坐床档案选编》，第294、298、321页。
② 刘家驹：《班禅大师全集》，班禅堪布会议厅1943年铅印本。

致贺。九世班禅坐床大典举行以后,由摄政第穆呼图克图担任授戒堪布,给九世班禅授了沙弥戒。1902年,九世班禅前往拉萨布达拉宫拜会达赖,请达赖传授比丘戒。

九世班禅曲吉尼玛从出生到受比丘戒的这一时期,正是英帝国主义者向西藏地区进行军事侵略的时期,也是西藏人民进行英勇的抗英战争时期。在抗英战争中,九世班禅十分关注战局的发展,破例主动向达赖喇嘛提出班禅拉章承担四分之一的抗英军费,并多次向驻藏大臣有泰提出相应的对策,但遭到拒绝。藏军前线总指挥宇妥噶伦秉承达赖喇嘛的旨意,下令组建僧军参战。日喀则地区包括班禅管理辖区的各寺,在僧徒中挑选丁壮,配备武器,组成近200人的僧军。这支僧兵义无反顾地开赴前线,英勇参战,九世班禅所派代表苏康努森本堪布与噶厦所派拉丁色代本在曲米仙古并肩指挥作战,不幸以身殉职。

战后,噶厦与九世班禅对在抗英战争中英勇牺牲和作出特殊贡献的各级指挥官分别作了升级、晋爵、奖赏和免税等决定。班禅大师根据苏康努森本堪布的功绩,赐给他家琪比地区苏努庄园的继承权;同时给立了战功的汝本、甲本以及僧兵和其他下级指挥员,每人奖赏白银一百两等。

十三世达赖喇嘛出走以后,驻藏大臣有泰提出起用九世班禅接替达赖喇嘛、执掌藏中政教事务大权的意见,得到清中央政府的允准。然而,九世班禅是有政治远见、顾全大局的人。他考虑到十三世达赖离藏期间,由他代理达赖的职权,只会增加他们之间的隔阂,将对团结产生不利影响。因此,九世班禅接到有泰的通知后,致函有泰,略称:"钦奉恩命,自应谨慎,曷敢妄渎。唯查后藏为紧要之区,地方公事需人料理,且后藏距江孜仅仅二日程,英人出没靡常,尤宜严密防范,若分身前往,西藏恐有顾此失彼之虞。"没有接受让他代理达赖职权的要求。

英帝国主义者乘十三世达赖远走内地,企图对九世班禅进行拉拢收买,制造西藏地方与中央政府之间和西藏内部的分裂,以攫取更大利益。1905年10月22日,英方留驻江孜的商务代表鄂康诺大佐受荣赫鹏之命,率英军50余人,到日喀则扎什伦布寺,声称不久将要回国,特来向九世班禅告辞。在会见过程中,鄂康诺突然以与英国皇太子会晤为由,要九世班禅赴印度。九世班禅当即回答:"我往印不难,但须禀陈钦宪,奏知大皇帝朱批照准,方可起程。否则难以从命。"鄂康诺回答:"不日印度有书前来,不去不行,请细思之等语"①。对英国强逼班禅赴印之事,清廷外务部于10月9日致电有泰,嘱其阻止班禅赴印,电报说:"闻印政府乘达赖未回,遣人入藏诱班禅来印,借迎英储为名,实密谋废达赖图藏。此事藏中有无消息,希密探动静,设法防范阻止。"②

然而,英帝为实现其培植亲英势力,制造西藏内部分裂,进而达到把西藏从我国分裂出去的阴谋,不惜采用软硬兼施、恐吓威胁的手段,逼迫班禅赴印。当时"鄂康诺以国书挟制,以兵威迫胁,番情震恐,遂逼班禅于10月12日由后藏起程,前赴印度"③。班禅在

---

① 《元以来西藏地方与中央政府关系档案史料汇编》,第1504、1502、1525、1510页。
② 《元以来西藏地方与中央政府关系档案史料汇编》,第1504、1502、1525、1510页。
③ 《元以来西藏地方与中央政府关系档案史料汇编》,第1504、1502、1525、1510页。

给驻藏大臣有泰的信中，亦反映了英员威逼这一情况："奈伊逞其兵威，甚属紧迫，暂时不从英国之意行事，不但有烦大皇帝圣聪，且与全藏教局有损，至于扎什伦布寺院及佛尊经卷僧人并炭藏大众安危，不知出何利害，实属心中难担，只得不顾性命，暂行前赴加尔各答，随伊之意，面晤太子，不得不允迅速前往，并非有意违背此情，务望大人迅速妥为具奏文殊菩萨大皇帝圣聪。"

九世班禅在英兵的挟持下，于10月27日抵达印度。当班禅与英皇太子会晤时，鄂康诺竟狂妄地欲使班禅行跪拜礼，班禅当即断然拒绝：我只在大皇帝面前跪拜，其余不行，仍行执手常礼，保持了民族气节。在双方会谈时，班禅绝不涉及西藏政治问题。驻藏大臣有泰在《奏班禅额尔德尼在印情形篇》中亦说："据后藏粮务密禀：……见英储时，班禅不从，与之抗礼，未稍屈节，英人亦无可奈何。班禅与英储、印督会晤，问答之词均系酬应，未尝一言提及藏事。英人无机可乘，其谋不遂，仍令送还。"①

九世班禅于1906年1月11日自加尔各答动身返藏，2月9日抵达扎什伦布寺，先后在印度逗留十来天。可以看出，班禅在印度期间，虽然处境艰难，但仍与英人周旋，坚持爱国立场，使帝国主义者的阴谋难以得逞。九世班禅赴印期间，清朝政府外务部"已电达驻印钦使及印督等，班禅来印赴会则可，若逼令干预藏事，即令班禅亲自画押，盖用印信，均作为废纸"。由于清政府的交涉，英人未敢轻举妄动。

1910年正月初三，川军进入拉萨。达赖为势所迫，出走印度，驻藏大臣联豫又奏请清廷，革除达赖名号，将班禅移驻拉萨，暂掌教务，准备让班禅代替达赖的职务。1911年1月，班禅被请到拉萨，开始住在大昭寺，后来搬到罗布林卡，在达赖的座位上处理事务。这引起了拉萨官员和达赖属下的不满。班禅为了西藏内部的团结，没有接受清中央政府封予他的藏王职务，于同年夏天返回了扎什伦布寺。然而，班禅停留拉萨，还是加深了达赖喇嘛对他的猜疑和怨恨，扩大了他们之间的裂痕。

二、班禅出走内地及其活动

英帝国主义在积极拉拢九世班禅的阴谋失败后，遂又转而拉拢十三世达赖，挑拨离间西藏上层内部的关系，终于奏效。当1912年5月10日，十三世达赖自印度噶伦堡返回拉萨，途经热隆寺时，班禅从扎什伦布寺专程赶来欢迎达赖，谋求团结；但达赖"恶其助汉"，对班禅的态度十分冷淡。

达赖返回拉萨后，积极推行"新政"。英帝指使上层亲英分子竭力散布班禅是潜在的隐患，以加深达赖对班禅的猜忌。噶厦利用驻藏大臣撤销之机，在政治上、经济上对班禅施加压力，迫使班禅服从达赖的统治。按照清朝中央政府明文规定，班禅额尔德尼和达赖喇嘛在宗教上、政治上都是平等的，由清朝皇帝直接领导，班禅额尔德尼辖区也归驻藏大臣直接监督，这种历史传统多年来一直沿袭不变。十三世达赖不顾历史定制和师徒情谊，于1914年在日喀则设立基宗，强行管辖扎什伦布寺所属的四个宗豁，强派和征收新

---

① 《元以来西藏地方与中央政府关系档案史料汇编》，第1504、1502、1525、1510页。

加各种赋税，干涉扎什伦布寺内部事务，而扎什伦布寺则沿袭过去旧例，不愿交纳各项税收。

1916年6月，班禅给达赖写信，请求免征，提出基宗不应干涉扎什伦布寺内部事务，并要求与十三世达赖面谈，协商解决一切悬案。十三世达赖给九世班禅回复一信，对他要求来拉萨面谈表示赞同，但又说他现在公务很忙，提议到次年会晤，班禅只好服从。到了第二年，十三世达赖突然宣布他要“闭关静坐”三年，在此期间，谢绝一切来访的人，班禅也不例外。

1919年春，经达赖同意，班禅前去拉萨与达赖面谈。这次会谈的结果如何，在达赖和班禅的传记中均无记载，但在英人麦克唐纳所著的《旅藏二十年》中，有一些记载可供参考。“1919年初，接到班禅大师一封信，说他将赴拉萨……。班禅由拉萨返回路过江孜的第二天早晨，到了英国驻江孜商务委员公署，与我在私人会客室内举行了会谈。从他的谈话当中，得知他对自己的前途毫无把握。拉萨政府极力用税务一事压迫他，他们认为班禅欠拉萨政府的税太多了。班禅说达赖喇嘛的大臣将对他很不利，这次他到拉萨，和拉萨政府之间，只能得到问题的暂时解决。这时，他似乎很觉失望，我也没法安慰他。他表示他绝无力量可以供给拉萨政府所苛索的税，因为他管理的藏省，断难筹出这样的款项。……”①

1921年，噶厦成立军粮局，给扎什伦布寺分配了全藏应纳额四分之一的军粮，约为28万斤；又要扎什伦布寺所属庄园牧场援抗英战争时的先例，承担军费的百分之二十五，共计银10余万两，这是班禅辖区僧俗民众所无力负担的，遭到班禅及其拉章的坚决抵制。1923年11月，十三世达赖命令扎什伦布寺派官员到拉萨就军费一事同噶厦进行协商，扎什伦布寺派出4名官员到拉萨后，除一人外，其余都被拘捕入狱，他们的侍从逃回扎什伦布寺向九世班禅作了如实汇报。九世班禅感到：这是一种灾难将至的先兆，若不及时采取措施，不仅固有地位和职权无法保持，自己的生命安全也有危险。他当即作出决定，出走内地，遂于1923年11月15日夜率领重要侍从和护卫，离开扎什伦布寺前往青海。

刘家驹所著《班禅大师全集》详细记载了班禅离开西藏的情形：“民国十二年（公元1923年）十一月十五日夜，班禅知难相容，密率僧侣上差十五人，乘黑夜赴纳当，涉藏青大河，经节耶而入旷野草地。此路平常商人需一月之程，佛等星夜遄行，仅七日七夜即到，时藏中尚无人知觉。是月十八日，班禅之苏本堪布罗桑坚赞、曲本堪布旺堆诺布、森本堪布甘丹饶杰、古觉堪布罗桑般丹、罗桑昂嘉、仲译钦布王杰东、大卓尼钟苏郎、德强巴夏慈仁、僧纲桑杰嘉措、苏德巴罗桑图丹……，及随从念经喇嘛等共百余人，乘夜逃出，追赶大师，过藏青大河，几遭灭顶，……疾行五日五夜，得晤大师，咸庆脱险，向南再走三日，可合大路，佛忽致而北驰，众随之，过后始知若南去恰遇追兵，共仰大师之神异。从此力避大路，涉江踏云，曲入山道，苦行三日，至于聪草坝，遇孝珠堪布回脚骆驼百头，于是得借骆

---

① ［英］麦克唐纳《旅藏二十年》转引牙含章：《班禅额尔德尼传》，第236—237页。

驼千里足，送佛莅中原。”

班禅一行人马离藏出走数日以后，才被噶厦派驻日喀则的基宗发现。他当即通过英国在江孜办的邮电局，向噶厦报告了班禅出走的情况。十三世达赖命令仔本龙厦、代本崔科率领骑兵一千人，向北疾驰追捕班禅，一直追至唐古拉山，正遇大雪封山，只得空手而归。班禅离藏后，噶厦发表声明，言班禅离藏完全出于自愿。同时，十三世达赖喇嘛派古觉大堪布·罗桑丹增为扎什伦布寺的札萨喇嘛，代理班禅的职务。班禅所属各宗豁的宗本、豁本，全由噶厦派去的官员接任。于是，班禅辖区完全被置于噶厦的直接统治之下。

1925年2月，班禅大师一行到达京城，受到民国政府代表和黄寺、雍和宫等数万人的隆重欢迎。同年8月，民国政府册封九世班禅“宣诚济世”封号，并颁给金册、金印，对他倾心向内、热爱祖国、弘法济世的举动给予高度赞扬。

班禅大师初到内地，时值国内南北军阀混战，内讧不息。中央政府顾不上解决班禅与达赖之间的分歧，班禅就在内蒙、华北各地辗转流离，所到之处受到各阶层人士的热情接待。与此同时，班禅组成了“班禅堪布会议厅”，办理各项政教事务。

1927年4月南京国民政府成立之后，班禅派代表前往南京祝贺。1929年2月，班禅请求国民政府批准，在南京设立办事处，并发表宣言，强调“征诸历史与地理之关系，西藏欲舍中国而谋自主，实不可能。反之，中国失去西藏，亦犹车之失辅。故中藏关系，合则两益，分则俱伤，此一定之道也”。这一宣言阐述了西藏与内地唇齿相依的亲密关系，表达了维护祖国统一的严正立场。

同年末，发生了在英帝的唆使下尼泊尔再次悍然侵略西藏的事件。班禅大师义愤填膺，向国民党政府提出要求：“尼泊尔大举攻藏，乞准组织卫队入藏，发给枪械五千支，弹二百五十万发，军装五千套，月发饷十万元，如一时不能筹发，拟请准予自行设法办理，俾便保护原有领土，抵抗帝国主义。”①班禅大师的这些要求虽然未能得到国民政府的批准，但却表达了他热爱祖国、坚决抵抗外族侵略的坚定信念。

1930年7月23日，班禅致函国民政府，请求帮助他返回西藏，治理边陲，并一针见血地指出：“藏事起因，即由于内部之不团结，一不团结，不但不能抵御外侮，且有媚外以迫内者。目下藏民，如居水火，救之宜急，不宜再事因循，盖藏与祖国，唇齿相依，实西南屏蔽，藏事一日不决，亦即西南国防未巩固……”②尽管班禅多次上书要求国民政府帮助他返藏，但因当时国民政府内部派系纷争不止，自顾不暇，因此，返藏一事依然未能如愿。

班禅大师逗留内地期间做了许多有益于民族团结、促进祖国统一的事情。

1931年，国民党政府在南京召开国民会议，邀请达赖方面6人、班禅方面4人参加。1931年5月4日，班禅自沈阳来南京出席国民会议。在南京出席的一系列大会上，班禅为数万人做了多种题目、内容广泛的演讲。在西藏是不是中国领土这一当时为英帝及其

---

① 洪涤尘著：《西藏史地大纲》，正中书局1936年出版。

② 刘家驹：《班禅大师全集》，第175页。

西藏少数上层分子大做文章的原则性问题上，班禅大师理直气壮、实事求是地说："西藏是祖国的领土。"

5月16日，班禅向国民政府提出解决西藏问题意见书。意见书从内政、外交方面阐述了解决西藏问题的具体措施。在内政方面，意见书指出："民国成立，虽亦有办事长官，然承川军败衄之后，权势陵替，长官至累年不至拉萨一次，迁延既久，中国声威扫地殆尽。今既重订西藏地方制度，自宜参照前清成案，特派熟悉边情、著有声望之大员二人，一驻前藏，一驻后藏，凡练兵制械，与夫用人行政，均须与长官会商而行，有大事则请命于政府。权限既明，西藏自无侵欺之患。"在外交方面，意见书指出："今政府既拟解决藏务，但确守中英条约，不准其他外国干涉藏政。至中藏主权，领土之关系，则由政府依法订定地方行政制度，英国实无过问之权。而此后西藏对内、对外交涉，当然由国民政府办理，更不待言。"①

6月，班禅为表达期望民族团结的良好祝愿，特命属下用白银制成一对以著名藏族动物故事——大象、猴子，兔子、鹧鸪"和睦四兄弟"为题材的四和宝像赠送给国民政府，并提交了解决藏事各案。大师还拜谒了南京中山陵，敬献了银质大神鹏鸟一对，表达他对孙中山先生由衷的敬仰之情。同年，国民政府因班禅"志行精诚，翊赞和平统一，勤劳彪著"，特加封"护国宣化广慧大师"名号，颁给玉印、玉册②。翌年4月14日，国民政府颁布命令，委任九世班禅为"西陲宣化使"。

1931年9月18日，国民政府参谋本部在南京召开有四川、云南、青海、甘肃、陕西五省军事代表参加的"西防会议"，班禅向会议提出了解决西藏问题的12条办法。

1933年1月12日，班禅在南京城东之护国圣化隆昌寺为五百余僧众举行灌顶三日。当时，国民党以达赖的代表贡觉仲尼、阿旺扎巴、阿旺坚赞、曲扎图丹等人均在南京，是商讨西藏问题的好机会，要求达赖、班禅方面均以书面形式提出解决西藏问题的意见，以便会商讨论。3月，班禅方面提出了解决西藏问题的16条意见和3条先决条件。这些意见充分反映了班禅坚持西藏是中国领土、反对帝国主义侵略、维护国家领土主权完整的坚定立场。他维护中央政府权威，吁请中央整顿边政的态度和原则。

早在1928年，应蒙古诸旗代表的邀请，班禅先后两次赴蒙古，在诸旗绘坛，为众僧徒启建时轮金刚法会，普施时轮金刚大灌顶，参加人数多达20余万。1929年，班禅大师再次应蒙古十旗代表的虔诚恳求，为蒙古诸部佛僧教徒启建了第三四次时轮金刚法会。在弘宣佛法之际，他总是哮经祈祷祖国和平、繁荣昌盛，宣讲民族团结等。1932年7月，班禅大师又先后在内蒙古贝勒庙和北平故宫太和殿，为僧徒启建了第五六次时轮金刚法会，广祝国运昌盛、世界和平，参加者达数10万人之多。

1933年12月，十三世达赖喇嘛于拉萨圆寂。班禅得知尤感悲伤，当即亲撰祈祷灵慧重来之赞文，派遣各级堪布、各办公处处长，分往青康蒙藏各大寺院及各王公名刹诵经追

---

① 《九世班禅内地活动及返藏受阻档案选编》，中国第二历史档案馆、中国藏学研究会合编，中国藏学出版社1992年版，第176页。

② 国庆：《维护祖国统一，民族团结的楷模——九世班禅生平简述》，载《西藏研究》，1987年第4期。

荐，拨供养金十万元，同时电请中央从优追封达赖大师，隆典致祭。……所有这些，表现了九世班禅视祖国利益高于一切、不咎个人恩怨、团结前藏僧俗同胞一致对外的博大胸怀。1934 年 4 月，班禅赴杭州启建了第七次时轮金刚法会。7 月，在上海有 30 多万人参加的各界欢迎会上，班禅当众演讲了佛法的平等观和孙中山的遗教。他说：孙中山创行的三民主义纲领内容中，人与人、民族、国家间的平等与佛教一致，我们应追随总理的遗愿，为人民救苦救难，为国家效忠①。

1935 年 5 月，班禅大师一行返藏途中，驻锡塔尔寺时，启建了第八次时轮金刚法会，蒙古王公千百户僧俗民众前来集会，听经者不下 10 万余人。大师借此时机，"向各王公蒙番僧俗等宣示中央德意，阐发尽详，听众振服，收西陲宣化上之宏果"②。1936 年 6 月，应甘肃拉卜楞寺代表邀请，班禅赴该地为僧俗民众启建了他一生最后一次时轮金刚法会，参加法会的蒙藏群众有 6 万余人，盛况一如塔尔寺法会情形③。

20 世纪 30 年代，日本帝国主义者为了摆脱经济危机的困扰，企图侵占我国东北，于 1931 年 9 月 18 日，命令东北的日军炸毁了南满铁路柳条湖路轨，反诬中国军队破坏，并以此为借口，炮轰东北军驻地，攻占沈阳。由于蒋介石的不抵抗政策，不到半年，东北三省全部落入日军手中。在此期间，九世班禅正在黑龙江呼伦贝尔盟等地讲经传法，目击日寇的暴行，义愤填膺，呼吁团结一心，共同抗击日本侵略者。

1932 年 3 月，班禅应乌兰察布盟盟长云王之请，前往绥远省贝勒庙（即百灵寺）。次年 3 月 16 日，班禅从贝勒庙发出了声讨日本帝国主义侵略我国，致国民政府、军事委员会等的电报，内称："近闻暴日不顾公理，蔑视盟约，仗其武力，攻我热榆，揆彼用心，无非欲实现其大陆政策之阴谋。现我军民时至忍无可忍，官兵义师前赴后继，为自卫而抵抗，为正义而舍身，救国热忱，中外咸钦！班禅目击时艰，忧愤无已，虽身属空门，而于救国图存之道，何敢后人，除召集当地蒙藏僧人千余，自 3 月 1 日起，在百灵庙虔诵藏经，广施供养，建立法坛，祈祷和平，并追荐前方阵亡将士，藉佛力之加被，弭战祸于无形。"④这篇电稿，充分表现了班禅抗日救国的一片热忱。

1937 年 7 月 7 日，日军进攻宛平城外的卢沟桥。中国军队奋起抵抗，全国抗日战争拉开了序幕。事变的第二天，中国共产党发表了抗日通电，号召中华民族团结起来，国共两党亲密合作，建立抗日民族统一战线，把日本侵略者赶出中国去。8 月 13 日，日本侵略军大举进攻上海，国民党被迫实行抗战。九世班禅在青海发表《告西陲民众书》，他呼吁西部边疆各族的民众同仇敌忾，团结一致抗战，有钱的出钱，有力的出力，加紧生产，发展经济，做前方将士的坚强后盾。《告西陲民众书》还着重指出，"大家要知道此次战争，不比以前的局部内战……，只要大家努力，最后胜利必然属于我们，这是毫无疑义的。……

---

① 参阅国庆：《维护国家统一，民族团结的楷模——九世班禅生平简述》，《西藏研究》，1987 年第 4 期；《九世班禅内地活动及返藏受阻档案选编》，第 477、479、481 页。

② 《九世班禅内地活动及返藏受阻档案选编》，第 481 页。

③ 《九世班禅内地活动及返藏受阻档案选编》，第 481 页。

④ 《九世班禅内地活动及返藏受阻档案选编》，第 57 页。

望我西陲蒙藏各界僧俗同胞,在此非常时期,本着国民爱国爱教之立场,万不可听信日本的反宣传……而陷我中华民族于万劫不复之苦海……”①

班禅还宣谕蒙古诸旗军队严守疆土,密防敌人之奸细,誓愿执戈报国,共驱倭寇②。当班禅闻听上海一战中,抗日将士伤亡惨重的不幸消息,心情十分沉痛,立即奉上大洋一千元。他在青海玉树举行法会,祈祷抗战早日胜利,诵经追荐为国牺牲将士之忠魂。

是年11月,班禅不幸身患疾病。在他重病卧床之时,依然时时关注遭受日寇侵略的祖国的前途和命运,经常收听抗战消息。此时,日军已侵占了北京、天津、上海等大城市,抗战形势日趋严重。班禅大师即从玉树捐款5万元,购公债2万元,并动员行辕全体同仁捐款,汇集前方,作为救援伤兵难民之用。他还致电敦促蒙古诸旗听命中央,紧密团结,共同抵御外族侵略。

三、班禅返藏

到1934年,九世班禅出走内地已长达十余年之久。随着岁月的流逝,班禅返归西藏的心情更加迫切,他曾数次致函中央政府请求帮助返回西藏。此时,西藏及其他各藏区广大僧俗群众,也殷切期盼班禅大师早日返藏治理政教事务。

1934年5月15日,扎什伦布寺各级僧侣官员暨全体僧俗民众联名致呈国民政府主席,推派代表欢迎班禅回藏。呈称:“……此次蒙派安钦呼图克图、王乐阶秘书长代表回藏,民等欣慰之余,满望班禅佛座跟即回藏,与达赖佛座欢聚一堂,使藏众蒙福。不幸代表尚未离藏,而达赖佛座已告圆寂。藏众比如婴孩,常以达赖、班禅两佛座为父母,今既决达赖,而班禅仍不回藏,是犹失父母之孤子。且恐天降灾疫,人事兵祸不常,陷藏众于水火之中,莫能自拔。为此,民等后藏全体僧俗官兵推派丁吉呼图克图、四品官德饶巴、卓毅崔康巴、生噶觉尼仔中奔畅巴、雪中丁巴、昂加哇、德龙巴等为欢迎代表,务恳主席迅予赞助班禅大师于木狗(甲戌)年内回到藏土,俾西藏政教得以继续维持,而全藏人民亦得永久安定,民等更当矢志报效国家。”③还在1933年4月,安钦呼图克图等抵达拉萨时,十三世达赖亲自接见,优礼相待,也当面表示切望班禅早日返藏。次年2月间,被派往西藏的安钦呼图克图、王乐阶及后藏僧俗代表等一行56人从西藏返回南京,向班禅报告说:噶厦欢迎班禅早日回藏,并答应班禅回藏后,将扎什伦布寺的政教大权仍交回班禅管理。7月,噶厦决定派绛巴曲旺为西藏地方政府代表、“三大寺”派一堪布为代表,往内地欢迎班禅回藏。

1935年4月20日,班禅及其侍从堪布等人自宁夏乘飞机抵达兰州,甘肃省主席朱绍良及蒙藩王公头目等人亲自到机场迎接。5月11日,班禅一行由兰州飞抵西宁,青海省主席马麟、军长马步芳率汉、蒙、藏、回各界领袖、民众及各学校、团体夹道欢迎。在西宁期间,班禅与马步芳商谈了在青照料及入藏时之护送问题,马步芳表示竭诚负责。14日

① 刘家驹:《班禅大师全集》,第167—169页。

② 招待班禅同人编:《班禅东来记》,上海世界书局1925年版。

③ 《九世班禅内地活动及返藏受阻档案选编》,第245页。

移驻塔尔寺,受到蒙藏僧俗民众数万人的隆重欢迎。在此,打买粮秣,购置马匹装备,筹措各入藏事宜,并启建了第八次时轮金刚法会。

6月18日,国民党政府决议拨发班禅回藏经费100万元,准带卫队官兵500人,并同意派得力大员护送。8月15日,国民政府批准成立护送专使行署。

为了确保班禅的人身安全,国民党中央特派专使赵守钰和300名仪仗队前往护送。然而,西藏地方政府在英帝国主义者的操纵指使下,蓄意刁难九世班禅返藏。他们一面遣使表示欢迎,一面却宣布要求他轻骑回藏,以不带一个"汉族官兵"入藏为条件,否则坚决予以拒绝。班禅闻此,愤怒异常,严词驳斥:"中央为尊重西藏宗教,故派队送余,尔等既欢迎余回藏,应敬重中央德意及尊严,何得妄议及此。"[①]噶厦当局阻挠,英帝国主义者也公开出面诱骗班禅取海道回藏,欲使班禅脱离与中央政府的关系,遭班禅拒绝。

噶厦当局阻挠九世班禅入藏毫无道理,蒙藏委员会多次给予驳斥。1936年1月12日,班禅致电蒙藏委员会委员长黄慕松,表示不顾阻挠,"仍拟照原定计划,开春入藏,望中央一秉成案,以期贯彻"[②]。蒙藏委员会回电表示同意。

6月,九世班禅移驻甘南拉卜楞寺。8月21日,班禅大师自拉卜楞寺起程,踏上了多年来梦寐以求的回归故乡的征途。他一路上宣化强调加强民族团结的重要性。12月18日抵达玉树,行辕设在玉树寺的甲拉颇章内,准备在此作短暂休整后进藏。但是,由于西藏当局的反对,英国的干涉,国民党政府的让步,班禅一行未能按计划在翌年开春入藏。

1937年7月抗战爆发。国民政府有赖于美、英的援助和支持,不敢得罪英国,因此,蒋介石对英国无理干涉班禅返藏采取了容忍的态度。8月19日,国民政府行政院电令:"抗战期间,班禅应暂缓入藏,先暂住政府指定地点。"9月25日,噶厦复电,声称:"限中央护送官兵到藏后一二月内,即由海道全体撤回",并须班禅"签字承认今后服从前藏政府命令"。这实际上是拒绝班禅回藏。对此,九世班禅表示,"决不舍中央护送官兵与仪仗队而入藏,尤不愿入藏后受拉萨政府限制而与中央疏远"。遂决定接受中央决定,暂缓回藏[③]。班禅回藏一事,终因英帝国主义和亲英分裂势力的百般阻挠而半途废止。

班禅回藏受阻以后,患了重病,于1937年12月1日在青海玉树甲拉颇章宫中圆寂,享年55岁。

1937年12月23日,国民政府追赠九世班禅"护国宣化广慧圆觉大师"的封号,命令曰:"国民政府委员西陲宣化使护国宣化广慧大师班禅额尔德尼,觉性圆明,志行精卓,早岁翊赞统一,懋著功勋,此年阐教西陲,勤宣德化,边民感戴,称颂翕然。方期兼程回藏,振导祥和,永资矜式。乃以忧国积劳,遽尔圆寂,眷怀勋勚,震悼弥深!应予特令褒扬,追赠护国宣化广慧圆觉大师封号,并着给治丧费一万元,特派考试院院长戴传贤前往康定致祭,用示国家笃念殊勋之至意。此令。"

班禅行辕堪布会议厅接到命令后,于12月25日从玉树将九世班禅的遗体移往西康

---

① 黄奋生:《边疆人物志》,第20页。

② 《九世班禅内地活动及返藏受阻档案选编》,第245页。

③ 江平、李佐民等:《第九世班禅额尔德尼曲吉尼玛评传》,载《中国藏学》1997年第3期。

甘孜。翌年8月18日，国民政府特派致祭专使戴传贤，代表国民政府致祭，向堪布会议厅全体人员表示慰问。

按照惯例，九世班禅的法体应盛入金塔，在扎什伦布寺长期供养。但是，由于当时噶厦阻挠班禅回藏，如何对待其遗体是个问题。于是，班禅堪布会议厅请求国民政府与噶厦协商，允许九世班禅的遗体运回扎什伦布寺。1940年3月，蒙藏委员会委员长吴忠信利用在拉萨主持十四世达赖喇嘛坐床典礼的机会，与噶厦交涉九世班禅灵柩运回西藏问题，噶厦表示同意。11月9日班禅灵柩自玉树启运，护送回藏，第二年2月4日抵达扎什伦布寺。自此，班禅大师的法体，得以永资供养。

九世班禅自1923年11月15日离开西藏至1937年12月1日圆寂，长期在内地生活，为"陈述藏情，倾心祖国"，远离西藏，"入锡中土，三莅首都"。抗日战争爆发后，"跋涉宣化，不辞劳苦，边疆人民，感戴备至"。他早年与十三世达赖共同组织和领导抗英斗争，晚年积极从事抗日救国活动，是一位英勇的反对帝国主义的战士。他为了维护祖国统一和民族团结，坚持中央政府对西藏地方的主权管辖，反对西藏独立和民族分裂，进行了坚持不懈的斗争。他是西藏近代史上一位杰出的爱国领袖。

九世班禅逝世后，班禅堪布会议厅的札萨·罗桑坚赞、唐曲雅丕堪布等，着手寻访九世班禅的转世灵童。他们在青海、西康、西藏各地访得了9名灵童，经过班禅堪布会议厅进行占卜、降神、辨认前世班禅用过的东西等宗教手续，认为1938年初出生于青海省循化县文都沟的贡保慈丹是九世班禅的转世灵童，1943年将其接到青海塔尔寺供养，并以班禅堪布会议厅札萨喇嘛罗桑坚赞的名义报告国民党政府，请求批准。

1949年6月3日，国民政府代总统李宗仁颁布命令，批准贡保慈丹为班禅转世灵童，并免予金瓶掣签。命令全文如下："青海灵童贡保慈丹，慧性澄圆，灵异夙著，查系第九世班禅额尔德尼转世，应即免予掣鉴，特准继任为第十世班禅额尔德尼。"之后，按宗教惯例，举行剃度、受戒等仪式，取法名为罗桑赤烈伦珠确吉坚赞，简称确吉坚赞。同年8月10日，国民政府特派蒙藏委员会委员关吉玉为专使，青海省政府主席马步芳为副专使，在塔尔寺举行了十世班禅的坐床典礼；同时，颁发用藏、汉文刻制的"西藏班禅行辕堪布会议厅"印鉴。这样，确吉坚赞正式继承了历世班禅的合法地位和职权。

第四节　其他活佛系统及甘丹赤巴

一、其他活佛系统

除达赖、班禅两大系统外，格鲁派在拉萨有著名的四大林活佛，在昌都地区还有帕巴拉活佛系统、察雅洛丹西饶活佛系统。

（一）拉萨四大林活佛系统

拉萨四大林指丹结林、功德林、策墨林、喜德林，都是清朝时期形成的。

丹结林位于拉萨大昭寺西南一侧，由第穆活佛系统的第六世阿旺绛白德勒加措主持修建。1757年，七世达赖喇嘛圆寂，西藏地方政府一时无人主持。清朝乾隆皇帝唯恐噶伦等人“擅权滋事”，因此，应西藏僧俗及驻藏大臣之请求，任命格鲁派高僧第穆·绛白德勒加措担任摄政，在达赖喇嘛转世灵童未寻获及未成年之前，代行达赖喇嘛职权。在西藏建立摄政办理藏务制度，是清朝加强西藏治理的又一个重要措施，是乾隆帝根据当时西藏的局势做出的正确决策。其目的是加强僧官权力，限制削弱世俗贵族势力。摄政的宗教地位仅次于达赖喇嘛和班禅，位高权重，由具有相当影响的高僧担任，于达赖喇嘛圆寂后由哲蚌、色拉、甘丹三大寺及四大林以内推定摄政候选人，由驻藏大臣奏请中央政府任命。

第穆·绛白德勒加措于1723年出生在工布地区，13岁来拉萨，在七世达赖喇嘛座前出家，在哲蚌寺完成学业。1757年七世达赖喇嘛圆寂，乾隆帝赐予他“总理藏务掌管黄教吉祥诺门汉”之银印，任命为摄政，长达20年。1762年修建了丹结林寺，乾隆帝赐汉藏满蒙四种文字的匾额，寺院规模居四大林之首。他还维修了大昭寺、色拉寺、桑耶寺等，1777年去世。第七世第穆活佛洛桑绛央班觉加措顿珠，曾任九世达赖喇嘛经师，1810至1819年间担任摄政，为第四任西藏地方政府摄政王。第九世第穆活佛阿旺洛桑赤列在1886至1895年间担任摄政期间还担任十三世达赖喇嘛的经师。清朝赏赐“靖善禅师”名号。1890年因涉嫌指使人用邪咒谋害达赖喇嘛生命，其名号被革除，寺院被查抄。

功德林活佛称为达察济咙，简称为达察活佛或济咙活佛。达察活佛最初的驻锡寺院是昌都八宿境内的桑珠德青林寺（简称八宿寺或同卡寺）。1674年，第六世济咙·阿旺贡觉尼玛在拉萨传召法会上崭露头角，引起第五世达赖喇嘛的注意，并有意培养，悉心教导。1703年，八宿寺及济咙活佛受到康熙帝的册封，逐渐形成了八宿政教合一的八宿“拉章”机构。1747年，第七世济咙·洛桑班丹坚参奉旨前往北京雍和宫出任堪布，1758年在北京圆寂。次年，乾隆帝下诏赐封济咙活佛为“慧通禅师”名号，赏给其弟阿旺罗布“札萨克喇嘛”名号。八世济咙·洛桑益西丹贝贡布（1760—1810年）是西藏历史上著名人物。1771年，八世济咙奉旨进京朝见乾隆帝，1789年再次奉旨进京，授为掌印喇嘛。1791年，乾隆帝令济咙活佛赴藏协同八世达赖喇嘛掌办商上事务，进藏后与八世达赖喇嘛共同掌政，期间于1792年开始兴建功德林寺以及格萨尔殿及关公殿，寺院建成后皇帝钦敕“卫藏永安寺”，藏名“功德林”，意为驱逐廓尔喀侵略军，卫藏永安（功德）。颁汉、蒙、满、藏四种文字匾额。1804年，八世达赖喇嘛圆寂，他又继续任摄政。他前后担任摄政达20年。随着达察活佛的影响和地位的上升，逐渐将驻锡地移至拉萨功德林，而八宿桑珠德青林寺也随之成为功德林的一座属寺。第九世济咙活佛阿旺洛桑丹贝尼玛（1811—1848年）曾担任第十一世达赖喇嘛的经师。第十世济咙·阿旺班丹曲吉坚参（1859—1886年）在26—37岁间担任西藏摄政王，寻找认定十三世达赖喇嘛并担任其经师。第十一世济咙·阿旺班丹从1875年到1886年间担任摄政，光绪帝赐“通善”名号，从此达察济咙呼图克图被称为“通善呼图克图”。

策墨林活佛系统兴起比较晚，但影响相当大，很快跻身于拉萨四大林之中。其驻锡地策墨林寺位于拉萨小昭寺西面,坐北朝南。策墨林活佛共传四世。第一世阿旺崔陈于1721年出生在多麦卓尼,在色拉寺完成显教学业,获得拉然巴格西学位,在上密院完成密教学业,并担任密院堪布。1762年担任甘丹寺夏孜扎仓法王不久,遵照达赖喇嘛和班禅的指示前往北京担任雍和宫喇嘛和堪布16年。1777年西藏摄政王第穆仁波且逝世,乾隆帝任命阿旺崔陈出任摄政,1778年出任甘丹赤巴,1786年,章嘉·瑞贝多吉圆寂,乾隆帝下诏阿旺崔陈入京代替章嘉活佛的职位。1790年返藏,再次担任摄政职务。1792年去世。担任八世达赖喇嘛和七世班禅的经师。被认定为策墨林一世活佛。第二世策墨林·阿旺绛白崔陈加措(1792—1862年)出生在卓尼,1795年被认定为二世策墨林活佛,在色拉寺完成五部大论等显教经论的学习,获得头名拉然巴格西学位。在上密院完成密教学习,并担任该院堪布和甘丹寺夏孜扎仓法王,修建了策墨林寺。1819年,乾隆帝任命为西藏地方政府摄政,任职时间长达26年。次年,嘉庆帝敕封为"甘丹室利图三摩地禅师",道光帝赐"尊胜策墨林"匾,从此,寺院和寺院主持都称为"策墨林"。1837年出任甘丹赤巴。1845年因与驻藏大臣间发生矛盾,废黜呼图克图名号,晚年在卓尼寺居住。第三世策墨林·阿旺洛桑丹贝坚参(1863—1920年)出生在多麦卓尼,他出生后被认定为三世策墨林活佛,但只是一般活佛,没有呼图克图头衔。在色拉寺完成了显教的学习,获得拉然巴格西学位,在上密院完成了密法学习,并担任密院堪布和甘丹寺夏孜扎仓法王,1907年出任甘丹赤巴,任期7年。1910年,川军进驻拉萨,破坏寺院,杀烧抢掠。十三世达赖喇嘛出走印度,阿旺罗桑丹贝坚参出任摄政4年。1913年,达赖喇嘛回藏,为平息骚乱中有功的寺院、活佛、官员予以赏赐,恢复了策墨林呼图克图的名号,并赐予多处地方的田庄。

喜德林位于拉萨小昭寺西南,修建于吐蕃赞普赤热巴坚时期。18世纪,二世热振活佛丹巴绕杰维修扩建喜德林寺,并称为喜德林寺主持,从此喜德林寺成为热振活佛在拉萨的驻锡地。一世热振活佛是第五十四任甘丹赤巴阿旺乔丹,于1677年出生在多麦尖扎地方,在色拉寺完成显教学业,获得拉然巴格西学位。在扎什伦布寺从班禅洛桑益西接受比丘戒。在下密院完成密法学习,考取阿然巴密教学位。1710年被西藏地方政府派遣到阿里担任托林寺主持。1719年担任下密院堪布,建立了胜乐金刚修供仪轨,1728年应邀担任七世达赖喇嘛的经师,1734年,雍正帝赏给"广衍黄法阿齐图诺门罕"名号,1739年出任甘丹赤巴。任期满后住在布达拉宫,后获得达赖喇嘛允许,移居热振寺,形成了热振活佛系统。1751年在热振寺去世。热振寺原本是属于西藏地方政府的寺院,1739年,七世达赖喇嘛把热振寺赠送给阿旺乔丹。1815年,清朝嘉庆帝又确定热振寺为历辈热振呼图克图私属寺院。三世热振活佛阿旺益西崔陈于1846年至1862年间担任摄政。他亲近祖国,维护团结,治理藏政有功,多次受到清朝皇帝嘉奖。当时,卸任的噶伦谢扎哇·旺秋杰布欲夺摄政之职,因此,于1862年发生了"热振事件"。热振活佛逃往北京,在北京圆寂。第十一世热振活佛绛白益西于1934年出任摄政,共摄政7年,后被亲英分子害死。

(二)帕巴拉活佛系统

帕巴拉活佛是昌都强巴林寺最大活佛，形成于16世纪。昌都为西藏康区的重镇，昌都的土地、人民都是皇帝封赐给帕巴拉的采邑，帕巴拉活佛集宗教、行政二权于一身，他既是强巴林寺最高宗教领袖，又是昌都宗的最高行政长官，拥有全宗的土地和农奴。帕巴拉活佛现传到十一世，第一世帕巴拉·绛白(1439—1487年)是位获得成就者。第二世帕巴拉·桑杰(1507—1566年)在甘丹寺出家。第三世帕巴拉·通瓦顿丹(1567—1604年)于1594年出任强巴林寺主持。第四世帕巴拉·曲吉杰布(1605—1643年)于1620年出任强巴林寺堪布。第五世帕巴拉·杰瓦加措(1644—1713年)由四世班禅·洛桑曲吉坚参认定为帕巴拉活佛转世灵童，在哲蚌寺从五世达赖喇嘛·阿旺洛桑嘉措出家。1652年前往强巴林寺。第六世帕巴拉·晋美丹贝加措(1714—1754年)，由五世班禅·洛桑益西认定为帕巴拉活佛转世灵童，在七世达赖喇嘛·格桑嘉措尊前出家。康熙帝曾派遣有关人员为西藏测量地形，路经昌都时，昌都强巴林寺积极支差，并提供食宿等便利条件。康熙帝得知后甚为高兴，于1719年颁发藏文诏书，正式册封帕巴拉活佛为“额尔德尼那门汗”。第七世帕巴拉·晋美丹贝贡布(1755—1794年)，在六世班禅·罗桑丹贝益西尊前出家。1791年，在清朝反击廓尔喀侵略军的战争中，帕巴拉活佛积极支差，供给粮草，出力颇多。乾隆帝下令将“从前赏给前辈帕巴拉呼图克图之铜印更换为银印”。第八世帕巴拉·罗桑晋美班典丹贝尼玛(1795—1847年)，通过金瓶掣签认定。第九世帕巴拉·克珠阿旺罗桑晋美丹贝坚参(1849—1900年)出生在理塘，通过金瓶掣签认定。1900年去世。第十世帕巴拉·罗桑土丹米旁崔陈坚参(1901—1937年)出生在芒康，通过金瓶掣签认定。十一世帕巴拉·洛桑丹增格列朗杰于1939年出生。

二、甘丹赤巴

“赤巴”，有首席、首座等意思，如首席堪布叫堪布赤巴，首席噶伦叫噶伦赤巴，在宗教上，“赤巴”意为法台或主持，“甘丹赤巴”就是甘丹寺的主持，宗喀巴为第一任主持。之后由其大弟子贾曹杰·达玛仁钦和克珠杰·格勒白桑担任甘丹寺赤巴。

由于甘丹寺是格鲁派始祖宗喀巴亲自奠基建成的第一座格鲁派寺院，宗教地位很高，所以，甘丹赤巴也具有很高的社会地位，其职位仅次于达赖喇嘛和班禅，出行时享有喝道、擎黄伞盖等礼遇。在格鲁派中，甘丹赤巴也是宗教意义上的教主，是教徒们终生苦修渴望得到的最高职位，政治上时常参与地方政府的决策或出任西藏摄政。

从1409年至1964年，共有九十六位甘丹赤巴，他们在西藏宗教史甚至在西藏政治史上都起到过举足轻重的作用，他们当中有的人担任过西藏地方政府的摄政，主持西藏地方政府工作，有的担任过达赖喇嘛的经师，负责达赖喇嘛的学习，很多人因为影响大，学识高，被认定为大活佛，形成了著名的活佛转世系统。

第四任甘丹赤巴夏鲁瓦·勒巴监参(1375—1450年)出生在后藏夏鲁地方，故名夏鲁瓦。从小在夏鲁寺出家，后追随宗喀巴学习显密。克珠杰圆寂后出任甘丹赤巴。

第五任甘丹赤巴洛追曲迥(1389—1466年)出生在藏绒雅德地方。1450年出任甘丹赤巴。后来形成木里觉贡活佛转世系统。

第六任甘丹赤巴拔苏·曲吉坚参(1402—1474年)是克著杰的弟弟。在宗喀巴师徒前出家学佛。1463年出任甘丹赤巴。后传出达擦活佛系统。

第七任甘丹赤巴洛追丹巴(1402—1478年)曾在乃宁寺学习,曾任甘丹寺绛孜扎仓轨范师。1473年出任甘丹赤巴。

第八任甘丹赤巴门朗白瓦(1414—1491年)出生在咒师家族,在根顿珠座前学习五部大论1480年出任甘丹赤巴。

第久任甘丹赤巴吉温·洛桑尼玛(1439—1492年)是宗喀巴家族中人。曾任桑浦寺堪布。1490年出任甘丹赤巴。

第十任甘丹赤巴益西桑布(1415—1498年)在哲蚌寺完成显教学业。曾任甘丹寺夏孜扎仓法王。1493年出任甘丹赤巴。

第十一任甘丹赤巴达尔顿·洛桑扎巴(1429—1511年)是后藏人,曾任甘丹寺夏巴扎仓法王。1500年出任甘丹赤巴。

第十二任甘丹赤巴绛央西饶勒贝洛追(1450—1518年)出生在山南艾地方,曾任甘丹寺绛孜扎仓法王。1511年出任甘丹赤巴。

第十三任甘丹赤巴曲吉西年(1453—1540年)是堆龙人,在哲蚌和甘丹寺完成学业。曾任甘丹寺夏孜扎仓法王。1516年至1522年间担任甘丹赤巴。

第十四任甘丹赤巴仁钦沃色(1453—1540年)亦是堆龙人,在哲蚌寺完成显教学业1522年出任甘丹赤巴。著有《教历》。

第十五任甘丹赤巴班钦·索朗扎巴(1478—1592年)出生在泽当地方。在泽当寺出家学习。后在色拉寺和上密院等学习。1528年出任甘丹赤巴。著有《新旧噶当教史》、《新红史》等很多佛学著作。圆寂时身体缩小成一肘高,留下很多传奇故事。后传出阿里仁波切活佛系统。

第十六任甘丹赤巴甲热·曲迥加措(1473—1539年)从小学习隆钦饶绛巴的娘提教法。后在哲蚌寺和下密院完成显密学业。1535年出任甘丹赤巴。留有《集密生起次第和圆满次第》等著作。

第十七任甘丹赤巴多吉桑布(1491—1554年)是木雅地方人,在色拉寺完成学业。1539年出任甘丹赤巴。

第十八任甘丹赤巴坚参桑布(1473—1543年)澎域地方人,出任甘丹赤巴的年代不详。

第十九任甘丹赤巴阿旺曲扎(1501—1551年)出生在堆龙地方,在哲蚌寺完成显教学业。曾任上密院和甘丹寺夏巴扎仓堪布。1548年出任甘丹赤巴。

第二十任甘丹赤巴曲扎桑布(1493—1559年)从小在达普寺出家完成显教学业,后任下密院和甘丹寺绛孜扎仓堪布,1552年出任甘丹赤巴。

第二十一任甘丹赤巴德瓦坚巴·格列白桑(1505—1567年)出生在沃卡地方,在根敦嘉措和班钦·索朗扎巴座前完成学业,1558年出任甘丹赤巴。三世达赖喇嘛·索朗嘉措曾在此赤巴前接受比丘戒,聆听很多显密教法。

第二十二任甘丹赤巴根顿丹巴达杰(1493—1568年)是澎波地方人,在色拉寺完成显教学业1564年出任甘丹赤巴。

第二十三任甘丹赤巴次丹加措(1520—1576年)出生在山南泽当,母亲叫他认真学习,将来登上甘丹赤巴位。按照三世达赖喇嘛的指示,在甘丹寺内修建新僧院。1568年出任甘丹赤巴。三世达赖喇嘛前往蒙古地区时担任拉萨传召大法会的主持。

第二十四任甘丹赤巴强巴加措(1516—1590年)是澎波地方人,1575年出任甘丹赤巴。

第二十五任甘丹赤巴杰康孜巴·班觉加措(1526—1599年)出生在堆龙,在根敦嘉措座前接受居士戒,后在桑浦寺出家,在哲蚌和扎什伦布等寺里学习,担任过上密院和甘丹寺夏巴扎仓堪布。1582年出任甘丹赤巴。

第二十六任甘丹赤巴当曲白拔(1523—1599年)是热振上师,1589年出任甘丹赤巴。

第二十七任甘丹赤巴桑杰仁钦(1540—1612年)出生在墨竹地方,1596年出任甘丹赤巴。他是达赖喇嘛·云丹嘉措的出家堪布。

第二十八任甘丹赤巴根敦嘉措(1532—1607年)出生在拉萨,曾任下密院和甘丹寺绛孜扎仓堪布。1603年出任甘丹赤巴。

第二十九任甘小年扎巴(或名曲年扎巴,1546—1618年)是多麦卓尼地方人,据说是热穷巴的转世。1607年出任甘丹赤巴。

第三十任甘丹赤巴达隆扎巴·洛珠加措(1546—1618年)出生在堆龙下部的达隆扎地方,他曾重建甘丹寺绛孜扎仓,改名推桑林(闻思洲)。1615年年出任甘丹赤巴。

第三十一任甘丹赤巴当曲白桑(1546—1620年)出生在多麦绛晓地方,1618年出任甘丹赤巴。

第三十二任甘丹赤巴绛洛坚巴·崔陈群培(1561—1623年)出生在后藏仲孜地方,在色拉寺完成学业,未曾担任甘丹寺厦孜绛孜扎仓法王,1620年直接出任甘丹赤巴,与四世班禅一起调解藏巴汗和蒙古军队之间的纠纷。

第三十三任甘丹赤巴扎巴加措(1555—1623年)出生在杰日堆地方,在昂仁寺考取绕绛格西学位,曾主持日沃德钦寺,1623年出任甘丹赤巴不久逝世。

第三十四任甘丹赤巴阿旺曲吉坚参(1575—? 年)出生在澎域地方,曾任下密院和甘丹寺绛孜扎仓主持,1627年出任甘丹赤巴,三年后卸任。

第三十五任甘丹赤巴贡觉群培(1573—1646年)出生在扎囊,在泽当寺考取绕绛格西,1626年出任甘丹赤巴,九年后卸任,担任五世达赖喇嘛的经师。他曾解救即将被蒙古军队杀头的藏巴汗兵。

第三十六任甘丹赤巴丹增雷谢是工布地区扎西绕丹地方人,生卒年不详。在达普谢珠林寺完成了五部大论的学习 ,于1632年出任甘丹赤巴,1638年因内部纷争,被迫逃到康区边坝地方。从此,西藏地方政府规定甘丹赤巴任期七年,必须先担任上下密院的堪布。

第三十七任甘丹赤巴根敦仁钦是汉藏交接的绛地方人,先后主持上密院和甘丹寺夏孜扎仓,1638 年出任甘丹赤巴,1642 年逝世。其生年不详。《东噶藏学大辞典》说:“1644 年出任甘丹赤巴,1648 年逝世。”

第三十八任甘丹赤巴丹巴坚参是达域卓达地方人,曾担任下密院和甘丹寺绛孜扎仓堪布,1643 年出任甘丹赤巴。《东噶藏学大辞典》说:“1648 年出任甘丹赤巴,有说任期七年,有说出任赤巴当年逝世。后者正确。”

第三十九任甘丹赤巴贡觉曲桑出生在堆龙曲桑地方,在哲蚌寺完成学业,担任上密院堪布,1648 年出任甘丹赤巴。任期七年。据说世寿八十七年。生卒年不详。

第四十任甘丹赤巴班典加措是阿里壁底地方人,1654 年出任甘丹赤巴,任期七年。项智多杰著《藏传佛教格鲁派》说:“1651—1657 年在任。赤巴退位后任热振寺主持。”①

第四十一任甘丹赤巴洛桑坚参(1599—1672 年)出生在山南泽当,1662 年出任甘丹赤巴。《藏传佛教格鲁派》说:“1658—1664 年在任。”

第四十二任甘丹赤巴洛桑顿悦南达多吉(1602—1678 年)出生在澎域,在色拉寺和下密院完成学业,1668 年出任甘丹赤巴,任期七年。根据《藏传佛教格鲁派》说,其任期为 1665—1671 年。

第四十三任甘丹赤巴强巴扎西(1618—1784 年)出生在达布杰地方,1675 年出任甘丹赤巴,任期七年。《藏传佛教格鲁派》说:“1672—1678 年在任”。他在甘丹寺内修建五世达赖喇嘛灵塔。

第四十四任甘丹赤巴加那巴·洛珠加措(1635—1688 年)出生在安多达秋地方,在哲蚌寺学习,先后担任过哲蚌寺德央扎仓、果芒扎仓、下密院、甘丹寺绛孜扎仓的主持,1682 年出任甘丹赤巴。根据清康熙帝要求,五世达赖喇嘛派遣洛珠加措前往内地,康熙帝很赏识其学识,因多年住内地,故称加那巴即汉地人。

第四十五任甘丹赤巴绛央崔陈达杰(1632—1692 年)出生在卓尼,在色拉寺和上密院学习,1685 年出任甘丹赤巴,担任过六世达赖喇嘛的经师。

第四十六任甘丹赤巴金巴加措(又名阿旺白桑,1641—1695 年)出生在安多文都,在哲蚌寺完成了学业。从五世达赖喇嘛聆听了菩提道次第等许多教法传承,经过下密院和绛孜扎仓于 1692 年出任甘丹赤巴。曾担任六世达赖喇嘛的经师。

第四十七任甘丹赤巴央邓巴·罗桑群培出生在多麦地区,从小出家,在甘丹寺夏孜扎仓学习,后在色拉寺完成五部大论的学习,在上密院完成了续部教法的学习。1691 年出任上密院主持,还担任过阿里托林寺主持及甘丹寺夏巴扎仓法王。1695 年前任甘丹赤巴去世后,该轮到这位尊者出任甘丹赤巴,但他在阿里,没有按时回来,直到 1699 年出任甘丹赤巴,1701 年去世。生年不详。

第四十八任甘丹赤巴顿珠加措(1655—1727 年)出生在支那仓地区,在哲蚌寺完成了五部大论的学习,1680 年考取头名拉然巴格西,在下密院完成了密教学习,1695 年开始兼任下密院和甘丹寺绛孜扎仓主持。1702 年出任甘丹赤巴同时担任六世达赖喇嘛的经

① 项智多杰:《藏传佛教格鲁派》,西藏人民出版社 2007 年。

师。七年后卸任赤巴位,移居甲域寺。被认定为一世林仓活佛。

第四十九任甘丹赤巴罗桑达杰(1662—1723年)出生在多麦卓尼地区,在色拉寺完成了五部大论的学习,获得拉然巴格西学位,在上密院完成密续学习,并担任堪布,1706年担任甘丹寺夏巴法王,1708年出任甘丹赤巴,任期满后担任七世达赖喇嘛的经师。他以后形成的活佛转世系统叫达巴赤钦仁波且。

第五十任甘丹赤巴根顿平措(1648—1725年)出生在多麦瓦虚地方,在哲蚌寺完成了五部大论等显教经论的学习,获得拉然巴格西学位,在下密院完成密教学业并担任下密院堪布,担任甘丹寺绛孜扎仓的主持,1712年出任甘丹赤巴。卸任后主持蔡贡塘等寺院,形成贡塘活佛系统。

第五十一任甘丹赤巴班丹扎巴出生在多麦霍尔仓地方,出生年代不详。在哲蚌寺完成五部大论的学习,获得拉然巴格西学位。在上密院完成了密续的学习,并担任该院堪布,期间在耶尔巴修建了供上密院僧人夏居的僧舍、密院等建筑。1719年出任甘丹赤巴。1725年卸任后担任七世达赖喇嘛的经师。1729年去世。他以后形成的活佛转世系统称为霍尔仓赤珠。

第五十二任甘丹赤巴达布次培(1668—1734年)出生在塔波地区,在达布寺完成了显教理论的学习,在下密院完成了密教学习,并担任该院堪布和甘丹寺绛孜扎仓法王。1725年出任甘丹赤巴,1731年卸。

第五十三任甘丹赤巴坚参僧格(1678—1756年)出生在多麦答泊地方,在哲蚌寺完成显教理论的学习,获得拉然巴格西学位,在上密院完成密法学习后担任该院堪布,1732年出任甘丹赤巴。曾在安多地区修建甘丹谢珠林等寺院。去世后形成活佛转世系统。

第五十四任甘丹赤巴阿旺乔丹卸任后移居热振寺,被追认为一世热振活佛,他去世后形成了热振活佛系统。

第五十五任甘丹赤巴南卡桑布(1685—1750年)出生在多麦那仓地方,在哲蚌寺和上密院完成学业,并先后担任上密院和甘丹寺夏巴扎仓的堪布。1746年出任甘丹赤巴。郡王久美朗杰(汉文史书作珠尔默特那木札勒)让南卡桑布实施诛法灭在阿里的兄长,南卡桑布不从。1750年久美朗杰不经达赖喇嘛,将南卡桑布革职。当年去世。形成的活佛系统称为桑擦赤钦。

第五十六任甘丹赤巴洛桑直美出生在理塘,生卒年代不详。在哲蚌和下密院完成了学业。先后担任密院堪布和甘丹寺绛孜扎仓法王,于1750年出任甘丹赤巴。七年后去世。

第五十七任甘丹赤巴桑丹平措(1703—1770年)出生在卫堆帕姆雪地方,在哲蚌寺完成显教学业,考取拉然巴格西学位,在上密院完成了密教学业,担任上密院的堪布和甘丹寺夏孜扎仓法王,1757年出任甘丹赤巴。任期满后移居卫堆帕姆寺。

第五十八任甘丹赤巴阿旺曲扎(1707—1779年)出生在多麦夏琼地区,在色拉寺完成显教学业并获得拉然巴格西学位,在下密院完成密教学业,前后担任下密院堪布和甘丹寺绛孜扎仓法王,于1764年出任甘丹赤巴,任期满后卸任,担任八世达赖喇嘛的经师。

第五十九任甘丹赤巴曲桑巴·阿旺曲扎(1710—1772年)出生在堆龙曲桑地方,在色拉寺完成显教学业,获得拉然巴格西学位,在上密院完成密教学业,先后担任上密院堪布和甘丹寺夏孜扎仓法王,于1771年出任甘丹赤巴。

第六十任甘丹赤巴罗桑丹巴(1710—1781年)出生在多麦擦瓦绒地方,在色拉寺完成显教学业,获得拉然巴格西学位,在下密院完成密教学业,按规定担任密院堪布和绛孜扎仓法王后于1772年出任甘丹赤巴。担任过八世达赖喇嘛的经师。

第六十一任甘丹赤巴阿旺崔陈被认定为策墨林一世活佛。其历史见上。

第六十二任甘丹赤巴罗桑门朗(1729—1798年)出生在多麦嘉绒地区,在哲蚌寺完成学业,1785年出任甘丹赤巴。

第六十三任甘丹赤巴罗桑克巧(1736—1792年)出生在澎域,在色拉寺完成学业,1792年出任甘丹赤巴,六个月后去世。罗桑门朗再次出任甘丹赤巴一年多。

第六四任甘丹赤巴罗桑扎西(1739—1801年)出生在康区朱诿,在色拉寺完成学业,在下密院完成密教学业,担任下密院堪布和甘丹寺绛孜扎仓法王,1794年出任甘丹赤巴。

第六十五任甘丹赤巴根顿措陈(1744—1807年)出生多康结汤(中甸),在色拉寺完成了五部大论等显教经论的学习,获得拉然巴格西学位,在上密院完成密教学习,并担任该院堪布。1792年西藏地方政府派遣到北京雍和宫担任堪布。1801年出任甘丹赤巴。

第六十六任甘丹赤巴阿旺年扎(1746—1824年)出生在多麦夏琼地区,在色拉寺完成了显教学习,获得拉然巴格西学位。在下密院完成了密教学业,并担任该院堪布,后任绛孜法王,1807年出任甘丹赤巴,担任过九世和十世达赖喇嘛经师。

第六十七任甘丹赤巴绛央门朗(1750—1814年)出生在多康木里,在哲蚌寺完成显教学业,获得拉然巴格西学位,在上密院完成密教学习,并担任该院堪布。根据西藏地方政府的指示,前往北京任职。1814年出任甘丹赤巴,三个月后去世。

第六十八任甘丹赤巴罗桑格勒(1757—1816年)出生在澎波甲拉康寺附近,在色拉寺完成学业,获得拉然巴格西学位,在密院完成密教学业并获得阿然巴密咒格西学位,担任下密院堪布。1808年应邀担任第二世策墨林呼图克图的经师,后担任甘丹寺绛孜扎仓法王。1814年出任甘丹赤巴。

第六十九任甘丹赤巴绛秋群培(1756—1838年)出生在多康恰城地区,在甘丹寺学习显密教法,获得拉然巴格西学位,在上密院继续学习密法并担任堪布,确立了现在仍在实行的寺院章程。担任夏孜扎仓法王,还担任九世达赖喇嘛的经师,1815年出任甘丹赤巴,任期满后辞去经师职位,移居曲桑山岭寺。被认定为一世赤绛活佛。

第七十任甘丹赤巴阿旺群培(1760—1839年)出生在拉萨北当奎玛江,在哲蚌寺完成显教学业,在八世达赖喇嘛前接受比丘戒,获得拉然巴格西学位,在下密院完成密教学习,获得阿然巴学位,担任下密院堪布,兼任功德林呼图克图经师,1822年出任甘丹赤巴,六年后应邀担任十世达赖喇嘛的经师。修建了达龙扎山岭寺院,被认定为一世达扎活佛。

第七一任甘丹赤巴益西塔多(1756—1829年)出生在工布主拉地方,在色拉寺完成显教学业，获得拉然巴格西学位，在上密院完成了密教学习，先后担任密院堪布和夏孜扎仓法王，1828年出任甘丹赤巴。

第七十二任甘丹赤巴绛白崔陈出生在后藏托杰，生卒年代不详。在色拉寺和下密院完成显密经论的学习，次第担任密院堪布和绛孜法王后于1830年出任甘丹赤巴，七年后去世。

第七十三任甘丹赤巴阿旺绛白崔陈被认定为二世策墨林活佛，其历史见上。

第七十四任甘丹赤巴罗桑伦珠（1781—1847年）出生在嘉绒卓尼，在色拉寺完成显教学业，获得拉然巴格西学位，在下密院学习密法并担任堪布，担任绛孜扎仓法王，1843年出任甘丹赤巴。次年担任十一世达赖喇嘛的经师。

第七十五任甘丹赤巴林珠·阿旺龙多云丹加措出生在多麦林地方，在哲蚌寺完成学业，获得拉然巴格西学位，在上密院学习密法并担任堪布，担任夏孜法王，1847年出任甘丹赤巴，担任过十一世达赖喇嘛的经师。生卒年代不详。

第七十六任甘丹赤巴钦绕旺秋出生在嘉绒地区，在哲蚌寺完成显教学业，获得拉然巴格西学位，在下密院完成密法学习，担任密院堪布和绛孜扎仓法王，1853年出任甘丹赤巴，七年任期满后担任十二世达赖喇嘛的经师。1864年开始担任摄政，1872年去世。他是一世德珠活佛，此后形成德珠呼图克图系统。

第七十七任甘丹赤巴崔陈达杰出生于1859年，出任甘丹赤巴，其他情况不详。

第七十八任甘丹赤巴绛央当曲系康嘉绒地方人，在哲蚌寺完成学业，获得拉然巴格西学位，在下密院学习密教，担任密院堪布和绛孜扎仓法王，1861年出任甘丹赤巴。七年后去世。生卒年不详。

第七十九任甘丹赤巴罗桑金巴出生在巴塘，在甘丹寺和上密院完成显密学业，并担任密院堪布和夏孜扎仓法王，1867年出任甘丹赤巴。四年后去世。生卒年不详。

第八十任甘丹赤巴扎巴顿珠出生在安多地区，在哲蚌寺完成显教学业，在下密院完成密法学习，担任密院堪布和绛孜扎仓法王，1870年出任甘丹赤巴，期间担任十二世达赖喇嘛的经师。生卒年不详。

第八十一任甘丹赤巴阿旺罗布出生在多麦松潘，在哲蚌寺完成显教学业，考取拉然巴格西学位，在上密院学习密法，担任密院堪布和下孜扎仓法王，1876年出任甘丹赤巴。1880年去世。他以后形成活佛转世系统。

第八十二任甘丹赤巴益西群培出生在打箭炉（康定），在哲蚌寺完成了显教学业，获得拉然巴格西学位，在下密院学习密法，担任密院堪布和绛孜扎仓法王，1880年出任甘丹赤巴。任期七年。生卒年不详。

第八十三任甘丹赤巴绛秋南卡出生在嘉绒，在色拉寺完成显教学业，在下密院学习密教，担任密院堪布和夏孜扎仓法王，1886年出任甘丹赤巴。五年后去世。生卒年不详。

第八十四任甘丹赤巴罗桑崔陈系嘉绒地区人，在色拉寺完成显教学业，获得拉然巴格西学位，在下密院学习密教，担任下密院堪布和绛孜法王，1890年出任甘丹赤巴。任期七年。生卒年不详。

第八十五任甘丹赤巴崔陈阿旺（1839—1900年）出生在堆龙热郭地方，他是赤绛二世活佛。在甘丹寺和上密院完成显密经教的学习，担任密院堪布和夏孜扎仓法王，1896年出任甘丹赤巴。

第八十六任甘丹赤巴罗桑坚参出生后藏托杰地方，在色拉寺完成显间理论的学业，获得拉然巴格西学位，在下密院完成了密教的学习，担任密院堪布和绛孜扎仓法王，于1907年出任甘丹赤巴，1904年英国侵入西藏，十三世达赖喇嘛赴北京之前命令罗桑坚参担任摄政主持西藏地方政府工作，甘丹赤巴任期满后，专事摄政，担任摄政七年。其生卒年不详。

第八十七任甘丹赤巴阿旺罗桑丹贝坚参出生后被认定为三世策墨林活佛。

第八十八任甘丹赤巴钦绕云丹出生在卫对直贡地方，称为“江角赤钦”，在哲蚌寺完成显教学业，获得拉然巴格西学位，在下密院完成密教学习，担任密院堪布和绛孜扎仓法王，1914年出任甘丹赤巴，1919年去世。

第八十九任甘丹赤巴罗桑土丹年扎出生在察雅，先后在甘丹夏孜扎仓和上密院学习显密教法，并担任密院堪布和夏孜扎仓法王，1919年出任甘丹赤巴，1920年去世。传出甘丹娘热赤珠活佛系统。

第九十任甘丹赤巴强巴曲扎出生在多康朱诿地区，在哲蚌寺完成显教学业，获得拉然巴格西学位，在下密院学习密法，担任密院堪布和绛孜扎仓法王，于1921年出任甘丹赤巴，按照达赖喇嘛的命令，前往尼泊尔参加大佛塔的维修和开光活动。根据东噶仁波且的推断，他的生卒年应是1850至1937年。

第九十一任甘丹赤巴罗桑坚参出生在多康牙热地方，在色拉寺完成显教学习，获得拉然巴格西学位，在上密院学习密法，担任密院堪布和夏孜扎仓法王，1927年出任甘丹赤巴，1932年去世。

第九十二任甘丹赤巴土丹尼结是后藏地区人，在哲蚌寺完成显教学业，获得拉然巴格西学位，在下密院完成密法学习，担任密院堪布和绛孜扎仓法王，1932年出任甘丹赤巴，1933年去世。其转世灵童形成藏巴赤珠活佛系统。

第九十三任甘丹赤巴益西旺丹出生在多康木雅地区，在哲蚌寺完成显教学业，获得拉然巴格西学位，在上密院学习密法，担任密院堪布和夏孜扎仓法王，1933至1939年间担任甘丹赤巴，1943年后去世。

第九十四任甘丹赤巴伦珠尊追出生绒和雅德交界处，在色拉寺完成显教五部大论学习，获得拉然巴格西学位，在下密院学习密续，担任密院堪布和绛孜扎仓的法王，1940年出任甘丹赤巴，1949年去世。临终留遗嘱，说自己不转世，不要寻找转世灵童。

第九十五任甘丹赤巴扎西东堆出生在多康木雅地区，在哲蚌寺完成显教学业，获得头名拉然巴格西学位，在上密院学习密法，担任密院堪布和夏孜扎仓法王，1947年出任甘丹赤巴，1953年卸任。生卒年代不详。

第九十六任甘丹赤巴土丹贡噶系拉萨，在色拉寺完成显教学业，担任密院堪布和绛孜扎仓法王，1954年出任甘丹赤巴，兼任中国佛教协会西藏分会主任，1964年去世。

从1409年至1964年半个多世纪，共有九十六位甘丹赤巴，他们在西藏宗教史甚至在西藏政治史上都起到过举足轻重的作用，他们当中有的人担任过西藏地方政府的摄政，主持西藏地方政府工作，有的担任过达赖喇嘛的经师，负责达赖喇嘛的学习，很多人因为影响大，学识高，被认定为大活佛，形成了著名的活佛转世系统。

第五节 格鲁派寺院

一、甘丹寺

甘丹寺，藏语全称为“甘丹强巴杰维林”，直译为兜率弥勒尊胜洲，它是西藏格鲁派四大寺院中修建最早、宗教地位最高的一座寺院。它位于拉萨市东郊约六十公里的达孜县境内，修建在海拔3800余米的旺固尔山卓日窝切的山坳及至山顶处。殿堂林立，鎏金屋顶高耸，灵塔、坛城宏伟壮观，僧舍密布，各种建筑依山层叠，是一组规模宏大、气势雄伟的寺院建筑群。

1409年初，宗喀巴在拉萨大昭寺前成功地举办了传召大法会。大会期间，宗喀巴的徒众和施主恳求建造一座主业之寺，并且奉献了许多旧居和土地。传召法会后，宗喀巴师徒九人到卓山勘察建寺地址。宗喀巴大师亲自加持地基之后，命大弟子贾曹杰·达玛仁钦和堆增·扎巴坚参主持其事。贾曹杰二人率徒众及百姓于当年底建成宗喀巴寝殿、大经堂及僧舍70余间。第二年年初，宗喀巴大师亲自到寺内主持盛大开光仪式。此后，宗喀巴师徒便长住于甘丹寺，传法修行。

宗喀巴大师圆寂之后，其弟子达玛仁青继任为法王，藏文谓之“贾曹曲杰”，亦称“甘丹赤巴”。达玛仁青主持该寺13年。1431年，由克珠·格勒贝桑出任甘丹寺赤巴，主持该寺8年。自法主宗喀巴·洛桑扎巴开始，共有96任甘丹赤巴主持过甘丹寺。

1.甘丹寺的组织机构及执事人员

(1)甘丹赤巴和赤多康

“赤巴”意为法台，甘丹赤巴就是甘丹寺的寺主。宗喀巴为第一任甘丹赤巴。

由于甘丹寺是格鲁派始祖宗喀巴亲自奠基建成的第一座格鲁派大寺，宗教地位较高，甘丹赤巴也就具有很高的社会地位，其职位仅次于达赖和班禅。甘丹赤巴出行时享有喝道、擎黄伞盖等礼遇。在格鲁派中，甘丹赤巴也是宗教意义上的教主，是教徒们终生苦修渴望得到的最高职位，政治上时常参与地方政府的决策或出任摄政。

甘丹赤巴作为宗喀巴大师法位的继承者，和别的寺院的法台职位有所不同，对其在学法修行上有更严格的要求。担任甘丹赤巴者要精通显密经论，要掌握讲、辩、著等学识，正如《黄琉璃——格鲁派教法史》所记载的：“登上依怙法王的过程，与修法证果的十地的形式相同，首先要成为我等众人的教法之宝，即出家为僧，发愿努力学法，遵守教规，进入法苑中学习，然后广泛听闻各部大论，巡回辩经，达到合格，然后进入观修，步入贤哲的行列，再进入上、下密院讲习密法，逐步升上甘丹赤巴的金座。”

甘丹赤巴的任期开始没有规定，藏巴汗时规定任期为7年。甘丹赤巴任期结束后，即从该寺两个扎仓法王中选一名继任，并报达赖喇嘛批准。

赤多康是甘丹赤巴的寝殿，寺庙初建成时宗喀巴住在这里，后来历任甘丹赤巴都居住于此。该处事务由赤多康管家负责，管理属于甘丹赤巴的布施和经济收入，处理属于赤多康的豁卡和百姓事务，并参与寺庙事务的决策。

(2)拉吉委员会

甘丹寺的拉吉委员会有大、中、小会议之分。拉吉小会议有拉吉的两个布巴（大管家）、措钦翁则一人、拉吉委员会仲译（秘书）一人、两个扎仓的堪布共6人参加。此6人是拉吉委员会的常务委员。

拉吉中型会议除上述6人外，还有赤多康管家、拉吉大管家的4个助手、甲崔德巴（寺所属豁卡和百姓的总管理者）、赫东格根共13人参加。这个会议，通常只研究布施基金、放高利贷收入的管理和对僧众发放布施问题。

拉吉大会议除上述13人外，加上措钦协敖两人，康村格贵23人，共38人参加。

(3)扎仓及扎仓会议

甘丹寺有两大扎仓，即绛孜扎仓（意为北顶僧院）、夏孜扎仓（意为东顶僧院）。绛孜扎仓的创造者是宗喀巴的亲传弟子霍尔敦·南喀贝桑布，此后的法座是塔波钦·波贡噶扎西、曲杰洛追丹巴等人。夏孜扎仓的创建者是宗喀巴的亲传弟子夏尔巴仁钦坚赞，其后的法座有温·达哇扎巴、尼玛扎等人。

扎仓的最高负责人是扎仓曲结。两个扎仓曲结轮流出任甘丹赤巴。绛孜扎仓曲结升任甘丹赤巴后，其遗缺通常由拉萨下密院的堪布升任；夏孜扎仓曲结升任甘丹赤巴后，其遗缺通常由拉萨上密院的堪布升任，报请经达赖喇嘛批准委任。

扎仓曲结常驻拉萨，扎仓事务通常由扎仓堪布管理，并主持召开扎仓会议。绛孜扎仓会议有扎仓堪布、堪布管家、扎仓吉索、扎仓聚会翁则（领经师）、扎仓格贵（扎仓铁棒喇嘛）、赫东格根共9人参加。如果开扎仓扩大会议，扎仓下属的各康村的格根也参加。夏孜扎仓会议原同绛孜扎仓。1947年，夏孜扎仓仿照寺拉吉会议，设立了4个布巴，并改设大、中、小会议。如此，扎仓堪布除参加扎仓聚会念经、全寺性的大聚会等宗教方面的事务外，不再参与其他具体事务的管理。夏孜扎仓处理日常事务的小会议由四个布巴和扎仓仲译（秘书）组成；中会议再加堪布、扎仓翁则和格贵共8人参加；大会议再吸收扎仓所属各个康村格根参加。

(4)康村

康村是寺院中大体依僧徒来源地区划分而成的僧团单位，若干康村共同组成一个扎仓。绛孜扎仓下辖12个康村，僧人来自前藏、后藏、内外蒙古、青海、阿里、西康、珞渝、中原汉族地区、不丹、尼泊尔等地。

夏孜扎仓下辖11个康村，僧人来自前藏、后藏、西康、青海、阿里等地。

2.甘丹寺的建筑与文物

甘丹寺的建筑有大殿、扎仓、康村、米村以及佛堂僧舍等。

措钦大殿规模宏大,由108根大柱组成,占地约1600平方米,于1409年建成。据载,可容纳3500名僧侣在殿内诵经。殿内主供的是未来佛强巴(即弥勒佛),后增供宗喀巴等鎏金铜像,殿内各种佛像造型优美,体态端庄。殿中置有五只金狮承抬的法座名“甘丹斯赤”,即宗喀巴大师及后来继任甘丹赤巴的法座。殿后左侧有一小殿,内有宗喀巴经常静坐的禅床及纯金汁书写的全套《甘珠尔》和《丹珠尔》藏文大藏经,殿内设置、供器、装饰等物多为明代文物。

赤多康是宗喀巴和历任甘丹赤巴的寝殿,是甘丹寺最早修建的殿堂之一。殿内主供文殊菩萨及尊胜佛母、大白伞盖佛母的鎏金铜造像。另外,还设有修习密法的本尊坛城,并保存有宗喀巴及历任甘丹赤巴使用过的衣物,因此也叫存衣殿。

羊八井经院在措钦大殿的左侧,始建于1415年。由72根大木柱组成,面积约800多平方米。1610年,四世班禅加盖了金顶。殿内后墙有巨石一块,据传是由印度羊八井地方飞来,故此殿名羊八井。此殿是该寺的主要护法神殿。

在羊八井经院的高处,依山势修建的“司东康”是宗喀巴及历代甘丹赤巴的灵塔殿。宗喀巴圆寂后,其弟子达玛仁钦等修建了这座灵塔殿,并用九百余两白银修建了一座银塔,安放宗喀巴大师的肉身;后来,第十任甘丹赤巴益西桑布时,用黄金包裹于灵塔塔身外层,并饰以各种名贵珠宝,使其成为一座极其富丽的金塔。1921年,十三世达赖再次对塔殿加以修葺,使其外表更为华丽。

理玛神殿中,主供佛像是乃东法王扎巴坚赞敬献给宗喀巴大师的精制响铜能仁降魔像,另供有宗喀巴的本尊像等。

释迦能仁殿是第五代甘丹赤巴·洛卓曲迥所建,主供释迦牟尼佛、弥勒佛、文殊菩萨和宗喀巴等像。

上师殿中供有宗喀巴、贾曹杰、克珠杰三师徒为主的鎏金铜佛上师像10多尊,并供有十六罗汉刺绣唐卡像。

五供神殿中藏有宗喀巴的牙齿、天然的文殊菩萨像、增生舍利、法主本人的本尊白伞盖佛母的大唐卡像、克珠杰亲手塑造的宗喀巴像等。

夏孜扎仓,其殿堂由88根大柱组成,面积近1000平方米,其教学经论是宗喀巴三师徒的论著。绛孜扎仓,其殿堂用84根大柱组成,面积约930余平方米,该扎仓教学宗喀巴师徒三人和帕索·曲吉坚赞的论著。两个扎仓分别可容1500名僧人同时念经。

扎仓下设康村,甘丹寺共有23个康村,每个康村都有一个小经堂,大多为二层楼的建筑,面积均在400平方米以上。康村下设米村。此外,还有修建甘丹寺的主要施主达孜宗本在甘丹寺修建的高达九层的宫宇,以及数以千计的僧舍和九个辩经场所,构成别具风格的高原古刹。

甘丹寺保存有包括宗喀巴灵塔在内的大量珍贵文物和许多版本可靠的经典,具有极高的历史、艺术和文化价值。如羊八井神殿里珍藏着一套盔甲,是清高宗的御用盔甲。乾隆二十二年(1757年,藏历火牛年)遣使送到西藏,作为对佛的供奉,盔甲上书有汉、藏、满、蒙四种文字的说明。制作工艺相当精致,其头盔部分由金银珠宝组成的九条龙松嵌而成,前方嵌一明珠,是全国稀有的文物珍品。司东康内珍藏有明永乐皇帝赐给大慈法王的释迦牟尼、十六罗汉、四大天王等十分精致的锦缎丝绣唐卡27幅,大慈法王返藏后立即转奉给其上师宗喀巴。宗喀巴非常珍视大明皇帝的这套御赐,特别创立了“甘丹绣唐”节,规定每年藏历六月十五日开始,将十六罗汉等27幅甘丹绣唐先后在措钦大殿、赤多康、司东康各展出7天,共21天。节日期间,拉萨及区内外各地僧侣信徒前往瞻拜甘丹绣唐,成为甘丹寺经久不衰的一个宗教节日。《明实录》载:“永乐十四年五月辛丑……释迦益希辞归,御制赞赐之,并赐佛像,佛经,法器,衣服文绮,金银器皿。”之后,又遣使赐“释迦益希等佛像、法器、袈裟、禅衣及绒棉,彩币表里有差,盖答谢其遣使朝贡之诚也”。这些赐品,大都保存在甘丹寺。据说甘丹寺赤巴法座后竖立的锦缎伞盖,也是永乐皇帝赐予的。后来释迦益希创建并主持色拉寺,皇室赐品也多放在格鲁派首寺甘丹寺供养。

每年藏历10月25日,是宗喀巴的忌日。白天展佛,晚上燃灯,称“甘丹阿曲”。

甘丹寺定编住寺僧人为3300名,实际多时达5000至6000人。甘丹寺具有很高的历史和文化价值,国务院将其列为全国重点文物保护单位①。

二、哲蚌寺

哲蚌寺藏文全称可译为“贝曲哲蚌确唐门杰勒朗巴杰瓦林”,“吉祥米聚十万尊胜洲”,“哲蚌”,意为“堆积大米”,因全寺建筑以白色为主调,远远望去,该寺建筑群如大米堆积山腰,故名。旧译别蚌寺、布赍绷等,系宗喀巴的著名弟子绛央曲结扎西贝丹于1416年创建。该寺位于西藏拉萨西北5公里的根培乌孜山南麓。

1.哲蚌寺的历史

哲蚌寺的创建者绛央曲结扎西贝丹于1378年出生于西藏山南桑耶地方一个富豪家庭。幼年在泽当寺出家,以后到桑浦寺、觉摩垅等寺学法,返回泽当寺后,担任掌管寺内排定座次的职务。后来,他追随了宗喀巴大师,并从其师受了比丘戒。

绛央曲结是一个“记忆力殊胜”的人。宗喀巴曾让他背诵百部经论,绛央曲结能背诵显密经论108部的文字和义理。凡讲演辩论,不需经本,便能随口引用经文,深得宗喀巴的赏识。绛央曲结创建哲蚌寺时得到当地官商大户的大力资助和支持,南喀桑波是修建哲蚌寺的主要施主,帕珠地方政权属下的贵族朗氏家族也都出资赞助,拨出土地农户作为寺产,并送子弟到哲蚌寺学经。由于哲蚌寺一开始筹建就和世俗封建领主结合得相当紧密,所以该寺发展很快,创建第二年就有寺僧2000余人,不久之后就成立了七个扎仓;同时,也使哲蚌寺与帕珠地方政权保持着比其他格鲁派寺院更为密切的关系,哲蚌寺的声望和实力逐渐超过甘丹、色拉两寺,格鲁派中学问高深的僧人也多集中哲蚌寺来深造,寺院僧侣人数迅速增加。五世达赖喇嘛时期整顿寺院,规定该寺院常住僧人人数为7700

---

① “甘丹寺”主要参考资料:肖洛德:《黄教寺院与寺院领主——甘丹寺调查记》,载《西藏民族学院学报》1983年第2期;强巴洛卓:《甘丹寺及其创建者宗喀巴》,载《西藏研究》1982年第2期;王家凤:《格鲁派首寺——甘丹寺》,载《文物天地》1987年第6期;欧彤:《噶丹寺》,载《西藏科技报》1982年5月1日。

人，到解放前夕，该寺院常住僧人多达一万多人，成为西藏地区规模最大、僧人最多的寺院集团。在国内外的属寺共有3305座。民主改革前占有庄园185个、土地51000亩、牧场300个。

哲蚌寺建成后，绛央曲结扎西贝丹当了该寺的寺主，主持开设了7个扎仓，即以讲中观、般若为主的果芒扎仓、洛萨林扎仓、推散林扎仓、夏廓扎仓；以修习戒律为主的都哇扎仓；以学习因明为主的德央扎仓；以修集密、大威德等密法为主的阿巴扎仓。分别任命他的7大弟子为各扎仓的堪布。他本人在各个学期都为众僧宣讲经论。之后，由贝丹僧格、仁钦绛曲等人次第担任哲蚌寺住持。随着哲蚌寺的发展，寺院扎仓进行了归并调整，原来的7个扎仓并为4个扎仓，即洛萨林扎仓、果芒扎仓、德央扎仓、阿巴扎仓。

哲蚌寺的扎仓比其他寺院的扎仓大，而洛萨林扎仓是全寺最大的扎仓，僧人数量最多。据1959年哲蚌寺民管会统计资料记载，当时洛萨林扎仓的僧侣人数已达4373名之多，共有高、中、初级活佛51名，扎仓所属的大小庄园和牧场在西藏各地共有19个。该扎仓的僧人主要来自四川、西康、云南、昌都地区。按不同地区的僧籍，下面共设有23个康村。

果芒扎仓，是哲蚌寺第二大扎仓。该扎仓主要接纳来自内蒙、青海、那曲等地的僧人。该扎仓共设有16个康村。有的大康村下面再分设米村，如安多康村下就设有4个米村。

洛萨林和果芒扎仓都是专学显宗的五部大论的扎仓。但是，在有关学经的“见地”方面又各有侧重，洛萨林扎仓的学僧侧重于中观自续派见地，而果芒扎仓的则侧重于中观应成派见地。

德央扎仓，该扎仓主要接纳来自山南、拉萨等地的僧人，他们显密均学，但侧重于文艺，如跳绳、藏戏等。

阿巴扎仓，是哲蚌寺的密宗学院。哲蚌寺原来按宗喀巴主张的先显后密的学经程序规定，僧人要先在本寺其他扎仓学完显宗五大部经论，经过考核选拔才有资格进入阿巴扎仓修习密法。不过，自从宗喀巴的弟子喜饶僧格兴建下密院、贡噶顿珠创办上密院后，各寺僧人学完显宗，优秀者便可进入上、下密院修习密法。这样，阿巴扎仓的僧侣成员就不再是从本寺内其他扎仓选来，而是各个地区的僧人都可以到这里修习密法。

哲蚌寺的寺院组织机构自上而下分为三级：拉吉、扎仓、康村。

2.哲蚌寺的建筑与文物

哲蚌寺三面环山，南面是一片慢坡地，前临拉萨河及开阔的谷地平川，整个寺庙依山势逐级修建佛殿经堂、扎仓僧舍，群楼耸峙，错落有致，规模宏大，雄伟壮观。主要建筑有措钦大殿、甘丹颇章、四大扎仓及康村、僧舍等。各个建筑单位之间既相互联系，又自成体系。大殿和主要经堂均覆以金顶，加有相轮、宝幢、八宝等佛教色彩浓重的装饰，多姿多彩的装饰与高耸的殿堂楼宇交相辉映，巧妙地形成藏传佛教寺院奇特庄严且富丽堂皇的景象。其内部分为三个层面，即院落、经堂和佛殿，形成由大门到佛殿逐步升高的格局。

(1)措钦大殿

措钦大殿位于哲蚌寺建筑群的中心，该殿由 183 根木柱支撑，占地面积近 4500 平方米。大殿前有一个 2000 余平方米的石铺广场，登上 17 级宽广的石阶，是 8 根列柱的明廊。大殿的经堂规模宏大，面积 1857.4 平方米。经堂内雕梁画栋，幢幔交织，五光十色。龛上佛像满座，座前油灯长明。正中的文殊菩萨及大白伞盖佛母像高大而精致，佛像的背光周围的边饰和兽雕极为生动。

大殿后部是堆松拉康，意即三世佛殿。堆松拉康是哲蚌寺最早的拉康之一，系绛央曲结时所建，现有的建筑和塑像带有浓厚的早期色彩。拉康回廊北段保留有珍贵的早期壁画，两侧回廊出口存有清朝同治年御笔匾额一方，匾长 3 米，宽 1.2 米，厚 0.4 米，书“输诚向化”四字。堆松拉康三进三间，高达二层楼，正中供现在佛释迦佛和阿难、迦叶，佛龛为 3 座镀金铜塔，左右两侧为过去佛和未来佛，佛龛式样独特罕见。靠边两侧是高达丈余的八大弟子塑像，其神态形象娴雅。

堆松拉康的左侧是弥旺拉康，这里供有一座高大的镀金铜弥勒佛像，比例匀称，雕刻细腻，身坐在一层，头部却达于二楼。这尊佛像，是由一个叫达孜弥旺（达孜地方头人）的人出资塑造的，因而称“弥旺强巴”。该配殿也叫“弥旺拉康”。

堆松拉康的右前侧是伦崩拉康，拉康内并列供有 3 座银塔，束腰中心为三世达赖灵塔，高 6.16 米；北侧为四世达赖灵塔，高 5.57 米，加上一米高木制法座，通高 6.57 米；南侧为摄政王灵塔，通高 4.16 米，明显缩小。灵塔制作精致豪华。

措钦大殿二楼东侧有一配殿称甘珠尔拉康，内存《甘珠尔》经典。原有 3 部珍贵藏本，其一为明朝后期云南沐天王为表示他对佛教的虔诚和敬重，特派人用金字抄录全部《甘珠尔》经文，共 170 多部，送到西藏；其二为清朝康熙时木刻经文；其三是康熙十四年（1675 年）第巴·洛桑图道为给五世达赖祝寿，选派专人用一幅特别长纸，用金字抄录的《甘珠尔》经文。

措钦三楼西北角有一小殿叫强巴通真拉康（弥勒见解脱殿），里面供有一尊巨型的弥勒佛铜像。拉康门上悬挂着一块汉文横匾，上写：“穆隆元善”。匾上刻有椭圆形篆字图章一枚，文为“大清道光丙午年孟秋印”；后有图章两枚，一枚刻着“铁穆氏”三字，另一枚刻着“琦善之印”四字。此匾是时任驻藏大臣的琦善在他任满调离西藏的道光二十年（1840 年）七月刻制奉献的。殿内主供强巴通真佛的鎏金巨像。据佛教中传说，强巴通真是未来佛弥勒 8 岁时的等身像。殿内还供有一个该寺的镇寺宝物——白色海螺，据藏史记述：“宗喀巴授意扎西贝丹兴建哲蚌寺时，以廓布山法库中掘出的一只白色法螺相赠，预祝他建寺圆满成功，并以此地弘扬佛法，遍地建寺，使格鲁派的教法长远流行。”故僧俗信众都视它为宣扬教法的镇寺法宝。

(2)扎仓建筑

大殿四楼为释迦佛殿，据说佛尊是以五百两银子制成的。两旁置银塔 13 座。释迦佛堂顶部建有一金顶，为歇山形式，金顶下有华丽的斗拱，是借鉴内地建筑式样的明显印迹。洛萨林是全寺最大的扎仓，占地面积约合 1800 多平方米。该扎仓的建筑主要由经堂和佛殿两部分组成。经堂由108根圆木组成,面积约1100多平方米,面阔十三间,进深十间。经堂两边经架壁立,经架总长度约60多米,上面摆满各种经典。经堂后面是强巴佛殿,佛殿后部供满了各种名目的佛尊。该扎仓的僧侣除在措钦大殿活动外,都在扎仓经堂诵习经典和进行佛事活动。

果芒扎仓,是哲蚌寺第二大扎仓,也分为经堂和佛殿两部分。其经堂由102根大圆木柱组成,面积985平方米,经堂后部分为三个拉康,即吉巴拉康、敏主拉康和卓玛拉康。

德央扎仓,该扎仓在哲蚌寺四大扎仓中建筑面积最小,主经堂由62根大圆木柱组成,面积500多平方米,经堂主佛名维色强巴佛。

阿巴扎仓位于措钦大殿右后侧,其建筑方式较特殊,最前部是一封闭式的庭院,庭院四周是僧房,庭院后部为经堂,经堂由48根大圆木柱组成,经堂四壁遍绘密宗题材壁画。经堂后是大威德怖畏金刚殿。

甘丹颇章,位于哲蚌寺前部左侧,是一个完全独立的建筑单元。颇章四周围墙高耸,呈现一种古城堡的建筑风格。哲蚌寺第十任堪布(第二世达赖喇嘛)根敦嘉措于1530年兴建了甘丹颇章,此后三、四、五世达赖都住在此处。1645年重修布达拉宫以后,达赖喇嘛才从这里移住布达拉宫。17世纪中叶,五世达赖在厄鲁特蒙古固始汗的支持下,建立了强有力的西藏地方政权,因权力机构设在该颇章内,故被称为甘丹颇章政权。

甘丹颇章的建筑也是逐层升高的,从平面上可分为三层:步入前门是一范围不小的院落,入院上27级石阶,登临该颇章大院内,大院内左右和前部都是上下两层的明廊建筑和一些住房,后部是颇章的主体大楼,高三层;第二层是原达赖处理政教事务的办公场所;二层上边一侧有一经室,其中心靠后安放五世达赖喇嘛的宝座,其制作工艺精致非凡,花纹繁丽细腻,经室内佛龛经架齐备,幢幡唐卡遍悬,气氛神秘肃穆;第三层是达赖生活起居的寝宫。

哲蚌寺是拉萨市乃至全藏规模最大的寺院,其珍藏品数量颇丰,其中:历代瓷器,寺内珍藏甚多。瓷器年代早至宋代,而以明清特别是清代的居多,种类多属压口杯、小碗等;各类唐卡有数百幅,多为明清时代之物,尤其是该寺措钦大殿悬挂四幅一组的以文房四宝为内容的唐卡,清雅别致;各种经书,数量种类均极丰富;铜造像,寺内所藏可移动的估约千数,种类甚多,最多的是佛、菩萨和各祖师造像,密宗造像也占相当比例,其中明永乐年朝廷赏赐的鎏金铜菩萨像非常精致,且有明确年款,尤为珍贵;古代兵器铠甲,为数不少。哲蚌寺的建筑和珍贵的历史文物,对研究西藏的建筑艺术及宗教历史、宗教艺术都有较高的价值,因而得到国家的高度重视[①] 1982年定为全国重点文物保护单位。

三、色拉寺

色拉寺的藏语全称为"色拉泰钦林",意为色拉大乘洲。"色拉",藏语意为野玫瑰。

---

① "哲蚌寺"参考资料:《拉萨文物志》,西藏自治区文物管理委员会编;欧朝贵、余长安:《拉萨哲蚌寺》,载《文物天地》1983年第4期;省然:《格鲁派古刹哲蚌寺》,载《西藏民族宗教》1994年春季号。

据说原来此地漫山遍野长满野玫瑰,寺建成后因以命名。该寺创建于明永乐十七年(1419 年),创始人如是宗喀巴的亲传弟子释迦益希。

1.色拉寺历史

在释迦益希主持色拉寺期间,该寺建立了堆巴、麦巴、甲、仲堆等 4 个讲修佛法的扎仓。在释迦益希的亲传弟子噶居玛哇·达吉桑波担任该寺第二任法台时,聚集了很多僧人。之后,第三任法台贡如坚赞桑波任命了 4 个扎仓讲经师。以后,甲扎仓和仲堆扎仓均并入堆巴扎仓。

色拉寺堆巴扎仓的历任讲经师,从钦波喜饶嘉措到 17 世纪末第巴·桑结嘉措写作《黄琉璃》时在任的拉萨哇·洛桑南喀,共有 32 任。麦巴扎仓的历任讲经师,从钦波绛奔巴到 17 世纪末在任的却多楚臣达结至,共有 41 任。

色拉寺后来又增设一个杰巴扎仓。该扎仓是由穆散巴·仁钦僧格从哲蚌寺来色拉寺时的追随者一百余人组建的。仁钦僧格生于拉堆绛地方一个由密宗得道者的后裔家中。他师从宗喀巴,广闻显密二宗,拜遍智根敦珠巴和大慈法王为根本经师,遍学一切教理明经,特别精于《中观》《因明》。他驻锡哲蚌寺之苏康讲闻,因有人与之作对,乃率随从一百余人前往色拉寺,受到色拉寺堪布僧众的欢迎。色拉寺甲扎仓、仲堆扎仓、堆巴扎仓的各地来听经的僧人聚集起来,听仁钦僧格广说佛法,由此产生了色拉寺的杰巴扎仓。杰巴扎仓的第二任讲经师是贝丹洛追,至桑结嘉措写作《黄琉璃》,计有 19 任讲经师。

色拉寺的组织机构分为三级:拉吉、扎仓、康村。杰巴扎仓下辖有 11 个康村,麦巴扎仓下辖有 13 个康村。

色拉寺还有众多的下属寺院,分布在卫藏各地。著名的热振寺、喜德林、帕邦卡等都是色拉寺的属寺。仅在色拉寺周围的修行寺就有 7 个。据 1959 年调查统计,色拉寺的属寺(主要是宗教联系,少数有经济联系)共有 338 个,其中西藏地区有 223 个,青海 32 个,四川 42 个,云南 9 个,蒙古地区 10 个,地区不明者 22 个。

色拉寺拥有大量的寺产。据 1958 年统计,色拉寺占有庄园 81 个,其中属拉吉的有 28 个,属杰巴扎仓的 16 个,麦巴扎仓 10 个,阿巴扎仓 6 个,康村 21 个。全寺占有土地 50673 亩,属民 13042 人;占有牧场 81 处,拥有牛 2077 头,羊 27587 只,骡马 1122 匹,牧民 12645 人;高利贷粮食 406102 克(内不包括拉吉和当基数字);高利贷藏银 491941 藏秤;商业资本 47352 藏秤(内不包括阿巴扎仓数字)。

2.色拉寺的建筑与文物

色拉寺是拉萨三大寺中最后修建的一座大寺,与甘丹寺、哲蚌寺不同,寺庙不是兴建在山上,而是建在拉萨北郊的乌孜山下。该寺建筑鳞次栉比,雄伟壮观,法定僧人 5500 名,最多时近万名。

寺内建筑主要有措钦大殿、麦巴扎仓、杰巴扎仓、阿巴扎仓以及康村等。

措钦意为集会殿,是全寺的正殿,也是该寺的活动中心。措钦大殿建于清康熙四十八年(1709 年),为固始汗后裔拉藏汗主持修建。大殿面积为 1092 平方米,共四层。措钦大殿由殿前广场、经堂和五个拉康组成。殿前广场遍铺片石,近 2000 平方米。殿内壁画、幢幡琳琅满目。正殿堂主供强巴佛和色拉寺创始人释迦益希像。

经堂后部为三座佛殿，强巴殿居中，内供措钦大殿主尊强巴佛，佛像形体高约六米，身体在一层，头部在二层强巴面容佛殿，全身造型完美。五佛冠上的五部佛系以蓝宝石白海螺、琥珀、珊瑚等多种珍宝制成，装藏有宗喀巴大师师徒等人的头发、法身舍利子等。强巴佛像两侧是彩塑菩提八大随佛弟子和二忿怒神像，靠南墙高大的经架上珍放着明成祖赠送释迦益希的永乐八年版《甘珠尔》经书。

强巴佛殿西侧是"乃丹拉康"（罗汉殿），正中供释迦牟尼像，两侧为十六罗汉和四大天王像，均为泥塑彩绘。十六罗汉像腹内装藏有大慈法王释迦益希从内地带来的白旃檀制的十六罗汉像，泥塑像基本保留了明代塑像风格；土其拉康，主供十一面千手观音像，殿内珍藏有金汁书写的手抄《甘珠尔》《丹珠尔》共200多函。

措钦大殿内各个经堂中都绘有各种精致的壁画，其中有释迦益希两次到内地受到明朝皇帝封赐及其主要活动的画面。殿内设有堪布、活佛、格西、翁则的座次。各柱之间饰以珍贵的幢、幡、宝盖等装饰。据说，5500名僧众在殿里面从事诵经、静坐等佛事活动。

麦巴扎仓，为色拉寺的最早建筑，始建于明成祖永乐十七年（1419年），为该寺创建人释迦益希所建。据说原来的殿堂毁于雷击，清乾隆二十六年（1761年）曲贡钦·强曲彭巴进行了重建。麦巴扎仓的面积为896平方米，主体建筑共四层，由75根大柱组成。该扎仓经堂主供释迦牟尼铜像，两侧有未来佛、无量寿、药师佛、妙音菩萨、宗喀巴师徒三人、七世达赖等的铜像。麦巴扎仓共有五个拉康。这里是色拉寺专门从事学习显教五大部经论的扎仓。学僧们依次学完五部大论并在扎仓、措钦立宗答辩获胜后，方能参加拉萨大昭寺祈愿大法会的格西考试，同时也才具备学习密法的条件。

阿巴扎仓是色拉寺的学修密宗的处所。始建于1419年，是该寺的早期建筑之一。当时是色拉寺的措钦大殿。1709年，拉藏汗主持建成新措钦大殿后，原措钦大殿改为阿巴扎仓。阿巴扎仓所修习的主要密宗仪轨和尊奉的本尊是集密金刚、胜乐金刚、大威德金刚。

色拉寺的几个扎仓中，阿巴扎仓的规模最小，其主体建筑高三层，由经堂和四个拉康组成。经堂内主要供奉释迦益希像，这是经堂最早的塑像，后又添加了贡如坚赞桑波、赤庆丹巴让吉、宗喀巴师徒三尊、十三世达赖喇嘛等的塑像。经堂四壁绘有以释迦牟尼传记、六庄严、密集金刚、西方极乐世界等为题材的壁画。

色拉寺珍藏有大量的文物珍品，有各类塑像、铜像、唐卡、经书、法器、供器等，其中以保存在措钦大殿中的永乐八年朱砂版《甘珠尔》大藏经最为珍贵。这部经书原为108函，现存105函，每函护以朱漆加金线图案的木夹板，附有永乐皇帝的御制经赞。经书正文全系藏文，在边框外附汉文篇目名，装帧精美，在我国版本学、印刷史的研究上均有很高价值。

色拉寺原珍藏一幅珍贵的缂丝唐卡，用多彩丝线绣着释迦益希的真容。虽经五百多年时光，但色泽依旧鲜艳光亮，在像上角织有楷体汉字释迦益希封号全文"万行妙明真如上胜清净般若弘照普应辅国显教至善大慈法王西天正觉如来自在大圆通佛"。此唐卡现保存在西藏自治区文管会。

色拉寺主供的马头明王像非常著名,每日朝拜者络绎不绝,每年藏历12月27日的“色拉普节”,即拜朝色拉寺马头明王之金刚橛,吸引大量信徒,成为拉萨地区的主要宗教节日之一。

色拉寺在西藏宗教、历史、政治等方面均占有重要的地位,1963年被列为西藏自治区级重点文物保护单位。国家和自治区政府历年来对色拉寺多次进行维护整修,它至今仍然是广大僧侣进行宗教活动和人民群众参观游览的圣地①。

四、扎什伦布寺

扎什伦布寺位于西藏自治区日喀则市西南部尼玛山的南坡上。寺院层楼高耸,大强巴佛殿和展佛台左右矗立,红白相衬,巍峨庄严,阳光下的殿堂金顶熠熠发光,更显气宇非凡。

1.扎什伦布寺历史

扎什伦布寺原名“康建曲培”,意为“雪域兴佛”。寺庙建成后,改名为“扎什伦巴吉德钦却唐皆南巴杰哇林”意为“吉祥须弥山大寺胜诸方洲”,简称“扎什伦布寺”,意为吉祥须弥山,简称“扎寺”。

据藏文史料记载,扎什伦布寺是由宗喀巴的大弟子根敦珠巴于1447年创建的。当时,根敦珠巴为了纪念去世的经师喜饶僧格,特地招聘西藏、尼泊尔的工匠在日喀则精心塑造了一尊高2.7米的释迦牟尼镀金铜佛像。为了安放这尊大佛像,根敦珠巴多方筹资建寺。当地的穷雄达杰巴·索朗白桑和涅莫吞白恰多把他们的土地捐献给根敦珠巴用于建寺。此外,穷雄达杰巴还捐献了价值昂贵的两件金饰品:金“格乌”和金“扎恰”,许多贵族也纷纷捐资捐物。扎什伦布寺刚落成时,规模不大,仅有两间神殿和一间供十几个僧人诵经的“独康”。

1601年,四世班禅洛桑曲吉坚赞成为该寺十六任堪布,自此,扎什伦布寺即成为班禅活佛的驻锡地。经过历世班禅不断扩建,尤为第四、五、六世班禅时期增建最多,遂形成目前的规模。

扎什伦布寺内设有教学、教仪、教务、杂务四大部。僧人入寺拜师学经,规定要学七级,每级一年或三年,整个学程需15年至20年左右。学业结束,方可申请考格西学位。全寺僧侣自下而上受康村、扎仓、措钦三级组织管理。

扎什伦布寺在其发展过程中,随着清朝中央政府对历世班禅的册封,其政治地位不断提高,加之寺院经济的不断扩展,该寺逐渐出现了一种与宗教同步的世俗政治生活。

在四世班禅后期,在扎什伦布寺内修建了一座供班禅居住的“拉章”。“拉章”作为活佛居住地,它本身没有任何政治色彩,但是班禅“拉章”后来逐渐发展成为该寺内部的权

① “色拉寺”主要参考资料:《拉萨文物志》,西藏自治区文物管理委员会编,1985年8月版;宋赞良:《色拉寺调查》,载《中国藏学》1992年第1期;通真:《色拉寺》,载《西藏民族宗教》1993年第2期;恰白·次旦平措等著:《西藏通史》(陈庆英等译)。

力象征。“拉章”依照噶厦的建制，内设孜、雪、涅仓三个机构。“孜”为该寺最高的政教共管的机构，其标志为班禅；“雪”是“孜”的代言机构，由该寺推选的札萨喇嘛主管；“涅仓”管理该寺的经济。可见，扎什伦布寺的班禅拉章不仅管理该寺内部的一切宗教活动，还管理僧人的生活以及属民们的支差等。

五世班禅时期，扎什伦布寺拉章内又增设了三个行政单位：译仓（相当于秘书处）、奇热（管理饲料、燃料等）、罗顶（管理手工业）。

到七世班禅时期，扎什伦布寺第一次出现了代表政教两方面、权限分明的机构。其宗教方面的组织机构有四大扎仓，这四大扎仓为：脱赛林扎仓，有执事僧人 26 名；吉康扎仓，有执事僧人 18 名；夏孜扎仓，有 16 名僧人为其办具体事务；阿巴扎仓。另有一处不归这四大扎仓管辖的机构孜贡康，此处专门存放历辈班禅阅诵的经文，由一名僧官负责，属下有 3 名叫“穷昂”的僧人经办具体事务。代表班禅拉章施政的有冈钦曲热，这是拉章内地位最高、权力最大的行政机构，统管一切行政事务，其负责人员均由四品以上的僧俗官员担任。译仓负责管理全寺的一切文书、印鉴，其官员称仲意钦波。十世班禅时期，在译仓内设大、小仲意，分别掌管政、教文书。涅仓列空，掌管存放收上来的实物及银元，同时按照“孜”的规定，定时给僧人和官员发放生活费及行政酬劳。岗孜康（后改名为措康列空），主管寺院所属庄园的差民普查登记。强佐康，掌管寺庙经济收支，包括百姓供奉给寺庙的财物及化缘所得收入，并安排这些财物在寺内宗教仪式活动中的使用。强佐康内还设有一个叫德穷巴的职僧，专管寺院所属差民交纳的氆氇、酥油以及牲畜税，再由堪穷把这部分收入用于佛事活动。以上机构均隶属于拉章，这些机构的设置运转，使扎什伦布寺从纯宗教系统逐渐转变成政教合一制的特殊寺院体制①。

2.扎什伦布寺的建筑与文物

扎什伦布寺占地面积约 20 余公顷，由措钦、扎仓、康村、佛殿、内地殿、灵塔殿、拉章、展佛台等主要建筑组成。

扎什伦布寺最早的建筑为措钦大殿，殿堂由 48 根柱子组成，面阔九间，进深七间。该大殿是众僧听经和集会的主要场所，班禅讲经时的宝座就安放在殿堂中央。殿堂四壁绘有各种壁画，内容有四大天王、宗喀巴及礼佛图、弥勒像和十八罗汉像等，殿堂内挂满了唐卡。殿内北部并列三室，正室是释迦牟尼殿，在释迦牟尼雕像两旁，分立着他的八大弟子，东西为药王塑像和无量寿佛塑像，中间端坐着宗喀巴三师徒；左室为弥勒殿，供有弥勒佛像，高约 10 米；右室为度母殿，殿中部安放着两米多高的白度母铜像，两侧有白度母、绿度母泥塑各一尊。殿西为护法神殿。正殿是集会活动的大经堂。

措钦大殿之东是一个宽敞的大院，面积约 600 余平方米，地面用石板铺成，又称石板大院，院内四壁为石板雕千佛像，这里是班禅对全寺僧人讲经和僧众辩经的场所。

措钦下设扎仓，扎寺有四大扎仓，其中脱赛林扎仓、夏孜扎仓、吉康扎仓均为显宗扎仓，阿巴扎仓为密宗扎仓。各扎仓一般由扎仓佛殿、经堂、囊谦（活佛办公及住宅）、僧舍、

---

① 次仁央宗：《扎什伦布寺原堪厅组织的形成与演变》，载《西藏研究》1995 年第 2 期。

大厨房、辩经场等组成。

在现今的四世班禅灵塔殿西侧，有七世班禅在乾隆年间所建的甲纳拉康，意即"汉佛堂"或"内地殿"，殿内专设一室供奉清朝皇帝画像，像前有一牌位，上书"道光皇帝万岁万岁万万岁"。此室屋顶覆以金顶，以示其之重要。

在扎什伦布寺的众佛殿中，以强巴佛殿最为显著。强巴佛殿高近30米，始建于1914年，由九世班禅曲吉尼玛主持修建。殿内供奉着一尊极为高大的镀金强巴佛铜坐像。强巴佛殿系藏式风格的石木建筑，整个殿堂共有78根柱子，面积约862平方米。为了突出强巴佛像的几个部位和便于朝拜，大殿分为五层：一层为莲座殿，二层为腰部殿，三层为胸部殿，四层为面部殿，五层为冠部殿，可由木梯拾级而上。

强巴（即弥勒佛）佛镀金铜坐像总高26.2米，其中莲花座高3.8米，像高22.4米。佛像手掌宽约1.6米，耳长2.8米，面部约4.2米，肩宽11.4米，中指长约1.6米，脚底长约4.2米，鼻孔内可容下一人。大佛头部镶嵌着许多珍珠宝石。强巴佛是佛教三时佛的未来时佛，很受善男信女的崇敬。这尊大铜佛比例协调，工艺精巧，面容慈和端祥，造型极为生动，并以其高大居全国同类佛像之首而驰名中外，体现了藏族人民高度的智慧和创造才能。

扎寺建筑群的东北部，矗立着高大的展佛台。台基以上高35米，台宽40余米，全部用石块砌筑而成，始建于1468年。它是为纪念释迦牟尼诞生、成佛、涅槃而筑造的。每年藏历四月十五日，展佛台上都要悬挂巨大的卷画佛像，供僧俗信徒们瞻仰。

扎什伦布寺内建有四至十世班禅的灵塔及灵塔殿。最早的灵塔殿是安放四世班禅洛桑曲吉坚赞灵塔的曲康夏殿，其灵塔高约11米。四世班禅的遗体安放在塔瓶之中，塔瓶门内有用白银22斤和黄金89钱制成的四世班禅等身像。灵塔的外面覆以白银，制成天降塔的形式，塔的表面镶嵌有钻石、珍珠、蓝宝石、猫眼石、猫眼水晶、珊瑚、玛瑙、松耳石、青金石等各种珠宝7700多颗。灵塔内还有佛及高僧大德的舍利子、显密经典等，特别是有上千年历史的《般若八千颂》的手抄本，及印度高僧慧鹃亲手书写的梵文经卷。灵殿内挂满各色绸缎制成的华盖、幡、幢等，殿顶为镀金铜瓦盖的金顶，上面安设镀金铜经幢、镀金法轮及雌雄祥麟等。

六世班禅巴丹益希于1780年亲赴承德为乾隆皇帝祝寿，是年11月2日，因出痘病逝于北京黄寺。对于六世班禅的祭仪，乾隆皇帝办得十分隆重。11月16日纪念六世班禅诞辰，乾隆帝准备了大量赏赐物品，作为祭礼陈列灵前。据《六世班禅传》记载，所送礼单即达数十叶之多，乾隆赐7000两黄金制作安放六世班禅遗体的金塔。次年8月，载有六世班禅遗体的金塔到达扎什伦布寺。扎寺为六世班禅遗体修建了大银塔和灵塔殿。金塔运到后，扎寺僧众诵经供养，然后将金塔移入大银塔之中。银塔塔瓶的门上，有用白银840两建造的六世班禅等身像；供僧俗瞻礼。六世班禅的灵塔最为宏大华贵，仅大银塔表面镶嵌的珠宝就有：金刚钻石419颗，大小珍珠85000多粒，其他宝石88000多粒。该灵塔殿名为"曲康鲁"（西灵塔祀殿）。

十世班禅确吉坚赞，藏历第十六饶迥土虎年（1938年）正月初三，出生于青海省循化县文都乡。1989年1月28日,逝世于日喀则市他的新宫德庆格桑颇章,终年51岁。十世班禅大师生前,曾任全国人大常委会副委员长、全国佛协名誉会长,是伟大的爱国主义者和社会活动家。为了弘扬十世班禅大师不朽的业绩,中共中央、国务院决定由国家拨专款,修建一座金灵塔,总投资为6406万元。十世班禅的灵塔祀殿基本上采用班禅东陵扎什南捷原的设计方案。灵塔祀殿总高33米,整个建筑以西藏古代宗教建筑风格为主,吸收了唐、清建筑艺术特色和整个佛教灵塔的建筑形式。灵塔祀殿由紫红色和棕色两大建筑部分组成。在灵殿的顶端,覆盖着具有民族特色的金顶,加上一排经幢,金光闪闪,雄伟壮丽,其内部则依照佛教密宗坛城形式建成。灵塔高约11.52米,塔体用黄金包裹,灵塔正面的金制花纹中镶嵌着质地上好的珠宝,有猫眼玛瑙、个大色艳的松耳石和硕大的琥珀、珊瑚等。灵塔正面安放了352个宝石袋,左右两侧各安放了212个宝石袋,背面放置232个宝石袋,共计有1018个宝石袋。

按照惯例,藏传佛教高僧活佛的肉身塔分塔座(又派须弥座)、塔瓶(又称塔腹)及相轮三部分。十世班禅大师的塔瓶又分三个层次:塔瓶底层主要装藏青稞等五种谷物及珍宝、药物等;中层主要装藏《甘珠尔》《丹珠尔》等藏经;灵塔上层的佛龛内安放着十世班禅大师的法体。大师法体端坐在一米多高的法台上,头戴尖顶黄帽,身披绸缎法衣,右手持金刚杵,左手持金刚铃,法体外有玻璃护室,供人们瞻仰。

为修建十世班禅灵塔祀殿,国家共拨给600多公斤黄金、500多公斤白银。这种高33米的华丽灵塔祀殿和镶有各种珠宝的全金色灵塔,是20世纪50年代以来,国家投资最多、建筑规模最大的灵塔祀殿。藏族人民无不称赞国家为班禅大师立下了一座不朽的丰碑。灵塔将成为世代信民对十世班禅大师顶礼膜拜的最好场所。

扎什伦布寺还珍藏有大量有价值的文物,如清朝皇帝敕封的金册金印、玉册玉印,早期佛像,宋元明清时的名贵瓷器、贝叶经卷,元明时期的织锦卷画佛像、法器、古经典等。

扎什伦布寺是全国重点文物保护单位,受到党和国家的重视。自西藏民主改革以来,扎寺的维修工作不断进行。到目前为止,主要建筑及一万多座大小佛像、佛塔修复完毕,所有经堂、佛殿的壁画焕然一新①,属全国重点文物保护单位。

五、昌都强巴林寺

昌都强巴林寺是由宗喀巴的亲教弟子麦·喜饶桑布建立的。1437年,他在昂曲(怒江)和杂曲(澜沧江)两江会合的河谷口之处建成了昌都强巴林寺,内供弥勒大佛像,故名为“昌都强巴林”。这是康区第一座格鲁派寺院。

昌都强巴林寺建成后,麦·喜饶桑布成为该寺的第一任堪布,收徒三千余众②,成为该地区的主要宗教势力。麦·喜饶桑布圆寂后,宗喀巴的另一个弟子沃丹多吉的门徒帕

---

① “扎什伦布寺”主要参考资料:西藏自治区文物管理委员会编写:《扎什伦布寺》,载《文物》1981年第11期;西藏人民出版社编:《西藏风物志·扎什伦布寺》,西藏人民出版社1985年版;宁世群:《修建在扎寺的班禅灵塔祀殿》,载《雪域文化》1993年春季号;杨克林:《日喀则的扎什伦布寺》,载《旅游》1984年第4期。

② 参见李安宅:《藏地宗教之实地研究》,中国藏学出版社1989年版,第114页。

巴拉曾任寺主,后来成为该寺四大转世活佛(其余三大转世活佛为:希瓦桑布,是帕巴拉弟子,昌都寺的第二位大活佛;甲热朱古,帕巴拉弟子转世,昌都寺活佛;嘉热朱古,帕巴拉弟子转世,昌都寺活佛)之首。

昌都强巴林寺培养出一大批学识渊博、严持戒律的佛教大德,在康区广泛弘扬格鲁派教法。有些僧侣学成后回到自己的家乡,网罗弟子,建立寺院。经过如此不断发展,强巴林拥有了众多的子寺,在康区形成一个寺院网络。

昌都地区的宗教首领自明朝中叶以后实行转世制度备案。1719年,康熙帝颁给昌都强巴林寺帕巴拉呼图克图敕书印信,印兜呈四方形,上刻有满、汉、藏三种文字,其文为“昌都大呼图克图帕巴拉额尔德尼罗门罕活佛用印”①。印兜在昌都解放时仍保存于帕巴拉活佛手中。清乾隆时,皇帝又御赐朝珠、鼻烟瓶、如意、白玉八仙和玉雕葡萄等珍品,另赐“福寿康宁”匾额一块。皇帝待之如师,尤加关照,从四川、云南两省调拨制兵132名驻扎昌都,一方面保护帕巴拉活佛和庙宇,另一方面守护清朝在该地所设粮台。此后,帕巴拉活佛始终和清朝中央保持着密切的关系,每隔几年遣使往北京向清朝皇帝进贡一次,表示忠顺之忱②。

从昌都强巴林寺建成至昌都解放,历时五百余年,共有十一世帕巴拉呼图克图。帕巴拉呼图克图是强巴林寺最高宗教领袖,也是昌都宗的最高行政首领。昌都宗是高度政教合一的地区,政令皆出于昌都强巴林寺。1906年,清朝所派官员张其勤入藏,路过昌都驻五日,曾记述昌都强巴林寺盛况:“金碧辉煌,广大罕与伦比,居高御下……况番官仓储巴,即该寺喇嘛兼充,是为僧官。富既甲于一方,权势又足以压众庶,无怪乎官商兵民俱受其挟制也。”③在世俗行政事务和宗教事务管理方面,在帕巴拉呼图克图之下各有分工系统和组织机构,通过拉吉委员会管理寺内宗教事务,通过拉章府管理昌都全宗世俗事务,拉章府主要官员均由僧人担任。

昌都强巴林寺是昌都地区最大的寺院。其组织机构既与拉萨三大寺大同小异,又有地区特点。机构分为两级(拉萨三大寺分为三级):拉吉和扎仓。拉吉相当于寺院管理委员会,由各扎仓的堪布推举出一名首席堪布负责,称赤巴堪布,管理以措钦为中心的各项宗教事务。拉吉会议讨论和决定全寺宗教事务,会议组成人员中有各扎仓的堪布④。

扎仓是昌都强巴林寺的重要组成部分,但又相对独立。扎仓有自己的经堂、扎仓会议和独立的宗教活动,有属于扎仓的土地、山林、牧场和属民。昌都寺初建时有5个扎仓,后发展为11个扎仓,即:专司乐器仪仗的郎堆扎仓,主修密集金刚的桑堆扎仓,主修时轮金刚的堆科扎仓,主修大威德金刚的纪吉扎仓,主修胜乐金刚的德丘扎仓,主修欢喜金刚的杰多扎仓,主修大如来金刚的古诺扎仓,主修大轮金刚的科金扎仓,专供辩经的江若扎仓,主习法相学的彩尼扎仓,还有受过比丘戒僧人学习场所格隆扎仓。

---

① 见昌都宗教局、昌都行署1951年编《昌都地区情况调查》。

② 《藏族社会历史调查》之四,西藏社会历史调查资料丛刊编辑组编,西藏人民出版社1988年版,第7页。

③ 吴丰培辑:《川藏游踪汇编》,四川民族出版社1985年版,第398页。

④ 多杰才旦主编:《西藏封建农奴制社会形态》,第217页。

各扎仓由堪布主持。扎仓里也有与拉萨“三大寺”的协敖职责相同的僧职古格，主管本扎仓僧人的纪律，掌管僧人名册，登记入寺、离寺和死亡等事务。对来寺进香的俗人和出寺的僧人，也有若干规定。寺庙内不许拴牛马，任何人不准带酒进寺庙。僧人外出时必须向古格请假，经批准后出寺；返寺时，更换僧衣方能入寺。俗人请僧人念经，也必须向古格提出请求，然后由古格派人去念经。

帕巴拉呼图克图通过拉章府管理全宗的世俗事务。拉章直接经营差地，同时具有行政、司法权力。对寺庙的土地收入，拉章不能干涉，昌都寺各扎仓、活佛的土地，各自派人经营管理。

六、上、下密院

1.上、下密院的历史

下密院，藏语称为“举麦扎仓”，意为下部地区弘传密法之所。始建于公元1433年，早于上密院，系宗喀巴八大弟子之一的杰尊·喜饶僧格所建。

杰尊·喜饶僧格于1382年出生在后藏古尔马地方。他幼年入纳塘寺，依珠巴·喜饶堪钦为师，受沙弥戒，修学各派教法，佛学造诣很深。1401年，他游学各地，来到前藏，在色拉曲顶与宗喀巴相识，遂被收为弟子，听宗喀巴讲授显、密教法。1419年秋天，宗喀巴在色拉曲顶召集众弟子讲授密法。会上，大师询问众弟子：“吾之密法谁能继承弘扬之?”一时他人无应者，唯杰尊·喜饶僧格起立恭答：“大师之密法，弟子能继承发扬!”大师甚喜，当即赐予各种法器、经书，并以“弘扬佛法，益济众生勖勉焉”，勉励其精勤弘扬。杰尊·喜饶僧格遵循宗喀巴的旨意，先以山南的那饶达布扎仓为基地弘传密法，以后与师兄根敦珠巴结伴去后藏强钦、纳塘、达那等处，传授显宗经论。五、六年后，他返回前藏，开设续部讲听班，收授徒众，广传佛法。他在夏季讲授《集密续释》，秋季讲授《圆满五次第》《六支瑜伽》《那若六法》等，同时讲授中观和《菩提道次第论》。1433年，他在拉萨兴建密宗院。

杰尊·喜饶僧格创建下密院后，从学僧侣甚众。他晚年着重著书立说，其中较著名的有《集量释》《见导引》《根本疏续》等。1445年5月，杰尊·喜饶僧格圆寂于甘丹居康。

在17世纪90年代，桑结嘉措撰写《黄琉璃》时期，下密院常住僧人约300人，由顿珠嘉措主讲《五次第明灯》《生起次第成就海》等密法。下密院额定僧员为500人，下设5个康村，有下属小寺6座，有寺属庄园28座。

下密院院址位于今拉萨市内，东与墨如寺相连。主要建筑包括经堂、佛殿、僧舍、辩经场、印经房等，占地面积约2100多平方米。主厅设在密院中央，坐北朝南，高四层。一层南部即大经堂，北部为供佛大殿。经堂总占地面积约882平方米，四壁皆有壁画，内容多为佛教故事。供佛大殿面积约415平方米，殿内供有宗喀巴师徒三尊，高约十米，左右为护法神殿。二、三、四楼皆为神殿僧舍。

上密院，藏语“举堆扎仓”，属格鲁派最高密宗学府之一。其名称约始于1485年。据藏文史料记载：这一年，拉萨上游吉曲河洪水泛滥，危及拉萨民众生命财产安全。当时，帕珠地方政权的萨温·达隆巴邀请声望很高的密宗法师杰·贡嘎顿珠治水。杰·贡嘎顿珠来到吉曲河边做法事,祈祷治水,洪水迅速下降,为拉萨民众免除了一场水灾。为奖励他治水之功,萨温·达隆巴颁发封文执照,并将小昭寺封赐给他作为修行之所。杰·贡嘎顿珠得小昭寺后,即以其为弘传密法的基地。因他原在拉萨河上游弘传密教,便称其为“举堆扎仓”(意即上部地区的密教传承之所)。

杰·贡嘎顿珠1419年生于后藏乃宁地方,幼年到纳塘寺随杰·贡巴顿珠出家,受沙弥戒,习学《释量论》。后来,他到拉萨哲蚌根培林听杰尊·喜饶僧格讲授《秘密根本七法》,进入下密院修习密法。1464年,他带领六弟子来到卫堆穷木达的塞哇山洞静修密法,成就显著,并加以弘传,同时撰写《宗喀巴大师传》和《杰尊·喜饶僧格大师传》。1487年2月,杰·贡嘎顿珠于卫堆强巴林圆寂,终年68岁。

小昭寺增名上密院后,逐渐形成定制,规定僧员为500人,设堪布一人,统管全寺政教事务;设喇嘛翁,则即领经师一人;设格贵一人,负责管理教规寺规的执行;设强佐六人,分管寺属庄园及僧众的生活供需。上密院设有5个康村,所属分寺有7座,拥有寺院庄园29座。

2.上、下密院的僧侣来源、修行特点及其他

下密院和上密院是格鲁派专门修习密教的场所,是两个级别相同的密宗学院。上、下密院僧侣的来源有两种:一种是经过勤学,精通显宗五部大论、经律论三藏,并已在三大寺考取拉然巴格西学位的僧人,称作佐仁巴(修圆满次第者);另一种是从拉萨三大寺或其他格鲁派寺院来的僧人,他们虽然学过显宗,但没有取得格西学位,称作吉仁巴(修生起次第者)。

一个获得拉然巴格西学位的僧人,若有志于登上甘丹寺法台的要位,就必须进上密院或下密院修习密宗并通过密宗立论考试。只有获得拉然巴格西学位的僧人,才能在上、下密院中按年资升迁。首先担任密院的格贵,其职责主要是管理、督察密院教规寺规的执行情况,任期一年。期满后升任强佐,管理寺院和寺院所属曲豁的经济收支,任期一般为四年。强佐期满后,升任喇嘛翁则,其职责主要是管理僧人念经、祈祷等佛事活动。喇嘛翁则任期三年,之后升任堪布,职责主要是掌管本寺院之政教等一切重大事宜。堪布(一律任期三年)任期满后转为堪苏,意即卸任堪布。之后,下密院的堪苏则按照年资,候缺升补甘丹寺绛孜扎仓的曲结,上密院的堪苏则按照年资,候缺升补甘丹寺夏孜扎仓的曲结,这两个曲结可轮流递补甘丹寺的首席法台即甘丹赤巴一职。上、下密院的堪布升任夏孜、绛孜扎仓的曲结,都必须经达赖或摄政的批准委任。所以在西藏,上、下密院的社会地位,仅次于色拉、甘丹、哲蚌、扎什伦布寺,其堪布能登上甘丹赤巴的宝座,而甘丹赤巴的地位又仅次于达赖和班禅。

在上、下密院学习密法的吉仁巴,由于没有取得格西地位,地位低下,他们最高只能升任为“强真”(领腔师),此职由堪布任命。

上、下密院修行制度,以严格著称,其修行方法带有苦行僧与行脚僧的特色。根据上、下密院规定,有格西学位的学僧要上殿堂苦修一年,没有学位的吉仁巴上殿堂苦修九年。他们每天要上殿堂四次，第一次殿堂从半夜两点开始，无论盛夏寒冬都一律光着脚，坐在用鹅卵石铺成的固定位置上修炼，遵行僧人过午不食的戒律。僧员要出外游居，每年按规定日程，到指定地点，修某一种法。出外时，列队集体行动，自背行李。除堪布能骑马外，一律步行，风雨无阻，游居地点，近者如大昭寺、布达拉宫、三大寺等，远者达200里外。出外游居期限，佐仁巴为一年，吉仁巴要连续九年。上、下密院的僧人，生活艰苦，修行制度严格，深受民众的敬仰，被藏族人民誉为“居巴喇嘛”，即密教僧人，在社会上享有很高声誉。

上、下密院主要修习密教无上瑜伽部的集密、胜乐、大威德等本尊的生起次第和圆满次第。

七、布达拉宫

布达拉宫屹立于西藏自治区拉萨市内的玛布日山上。它不仅是西藏地区现存最大最完整的宫堡式建筑群，也是西藏闻名于世的标志性建筑群。“布达拉”系梵语，与汉文的“普陀山”同出一源，意为系舟岛，是观音菩萨的刹土。历代达赖喇嘛自称是观世音的化身，布达拉宫被誉为观世音菩萨的第二刹土。

1.布达拉宫的历史

布达拉宫始建于公元7世纪。唐贞观十五年(公元641年)，吐蕃赞普松赞干布派遣大论禄东赞赴长安请婚，禄东赞以自己的聪明才智五破唐皇帝的难题，请出了文成公主。松赞干布在亲迎文成公主回吐蕃后，表示“当为公主筑一城，以夸示后代”。[①] 于是，“以无量酒食招致众民，请命于王，建一广大城堡，于乙未年奠基，高达三十围墙，既高且阔。每边约一里余。大门南向、红宫九百、合顶上之王宫，共一千间。一切宫檐，以宝为饰，走廊台阁，铃铎泠然，堂皇美丽”。[②] 这就是最初的布达拉宫。可惜，松赞干布时期修建的布达拉宫没有完全保留下来。布达拉宫先是在赤松德赞时(754—797年)遭受雷击，引起火灾，继而在吐蕃王朝末期朗达玛时毁于兵乱。仅存一处观世音堂。在大昭寺、罗布林卡新宫等的壁画上可见当时布达拉宫的形象和规模。现在的布达拉宫是17世纪以来在被毁宫堡的遗址上重新修建的。

1642年，五世达赖喇嘛阿旺洛桑嘉措得到蒙古固始汗的武力扶持，建立起甘丹颇章地方政权，使拉萨再度成为西藏的政治中心。为表示对松赞干布的崇敬，亦以示自己是松赞干布的后任、观世音菩萨的化身，五世达赖执掌政教大权后，于1645年命第巴·索朗热登重建布达拉宫。当时，在红山宫殿的遗址上，以原有观音堂为中心修建了白宫。1682年，五世达赖圆寂。摄政第巴·桑结嘉措于1690年在白宫的西面加建红宫，存放五世达赖的灵塔。在修建红宫时，动用了各类工匠7000余人，耗银213.4万两。清康熙皇帝专门派114名汉族和满族工匠进藏参加建筑工程，尼泊尔也派了一些工匠援助修建。

---

① 引《旧唐书》卷196《上吐蕃上》。

② 引索朗坚参著：《西藏王朝记》，王沂暖译，商务印书馆年版，第37页。

以后，又经历代达赖喇嘛整修，尤其是十三世达赖喇嘛土登嘉措的扩建，遂有今日之规模。

从17世纪中叶至1959年以前，布达拉宫一直作为历代达赖喇嘛的冬宫，曾是西藏地方政教合一的统治权力的中心。

2.布达拉宫建筑和文物

布达拉宫起基于拉萨市玛布日山山腰，依山势修筑到山顶。它是由一组组华丽的大、小经堂、灵塔殿、佛堂及地方行政办公室、住房和寺院等组成的建筑群体。布达拉宫的主体建筑东西宽360余米，南北长约140米，建筑面积90000平方米；加上山前城廓以内和山后龙王潭范围，占地面积达41公顷。其外观13层，最高处达115.4米。宫墙全部用花岗石砌筑，部分墙体的夹层内灌注了铁汁，以增强建筑的整体性和抗震能力；同时，配合金顶、金幡、金幢等宗教装饰，巧妙地解决了古代高层建筑防雷导电的作用。建筑内部空间充分利用地形，分层合筑，层层套接，错综复杂。白宫外墙刷白色，红宫外墙刷赭红色。红宫中央采用上下贯通七层的竖向大窗格，与其余部分和白宫的较小窗户以及细长狭小的通气孔窗形成强烈对比。平顶女儿墙上采用具有栽绒般质感的绛红色“巴喀”草，将红宫、白宫连成一气。坚实的石墙与精美的金顶相结合，使建筑型体高低错落，形成明暗、虚实和色彩上的对比，突出了中心主体建筑，使建筑造型雄伟、庄重，达到了高度的统一和谐。

布达拉宫前有一城廓，即现称为“雪”的地方。城廓北面依山，其余三面围以高大城墙。城墙高6米，底宽4.4米，顶宽2.8米，顶部外侧起砌女儿墙。城内是纵横交错的低层碉房，除部分为居民住房外，大部分为布达拉宫所属的各类作坊、仓库、马厩、监狱、印经院等。

布达拉宫正面山下，可沿“之”字形铺石大阶梯通道蜿蜒而上。阶梯最宽处达10余米，通往布达拉宫东、西两大门。东大门名平措多朗，是入宫主要通道，入口门厅有4根亚字形雕花大红木柱，两壁绘有四大天王的神像，门楣上饰有一排狮头座雕像。西大门名强清塔朗，门厅装饰、布局与东大门相仿。通过幽暗的复道，可直达白宫正门外的大平台——德阳夏。德阳夏位于高达70余米的半山上，面积约2000平方米，地面用藏族特有的建筑材料“阿嘎土”夯筑，光洁平整。这里是喜庆节日专供达赖喇嘛及高级僧俗官员赏玩歌舞跳神表演的场所。平台两面正对白宫大门，门厅设4根亚字形大木柱，雕梁画栋，门廊四周遍绘壁画，有7世纪修建大昭寺的场面，有7世纪布达拉宫的规模和唐皇五试婚使、文成公主进藏的故事等，特别是南壁上还写着盖有五世达赖手掌印的诰令。

布达拉宫的主体建筑，就其功能主要分两大部分：一是达赖喇嘛生活起居和政治活动的地方；一是历代达赖的灵塔殿和各类佛殿。第一部分主要集中在白宫。东大殿(藏名措钦厦)为白宫最大的殿堂，用44柱建成，是达赖喇嘛举行坐床、亲政大典等重大宗教、政治活动的场所。白宫之巅有两套寝宫，终日阳光普照。西边的名西日光殿(藏名尼悦索朗列吉)，是十三世达赖喇嘛的寝宫；东边的名东日光殿(藏名甘丹朗色)，是十四世达赖喇嘛的寝宫，里面珠宝玉玩，陈设豪华。

第二部分主要集中在红宫。主体建筑是历代达赖喇嘛的灵塔殿,其中以五世达赖喇嘛的灵塔殿最为考究,是第一座也是最大的一座,建于1690年。高14.85米,基本为方座圆身,分塔座、塔瓶、塔刹三部分。达赖的遗体用香料红花等保存在塔瓶内。塔座、塔瓶用金箔包裹,共用黄金11万余两,并镶嵌1500余颗金刚钻石、红、绿宝石、翡翠、珍珠、玛瑙等珠宝。殿内有16根粗壮高大的方木柱,上直接承托大斗和双层十字斗拱、梁头斗拱精雕细刻,沥粉描花,顶棚悬挂着丝绸的帷幔、华盖,地面遍铺毛织藏毯。塔前陈设金灯金碗、明清珐琅、瓷器,各式法器、祭器等。殿上冠以金顶,光彩夺目,富丽辉煌。

司西平措又称西大殿,为五世达赖喇嘛灵塔殿的享堂,是红宫中最大的殿堂,由48根方柱组成,净高6米余,建筑面积680多平方米。殿内悬挂有乾隆二十五年御赐匾额"涌莲初池"。门楣上部,殿堂四周和内院回廊遍绘壁画,其中以1652年五世达赖喇嘛赴北京朝见清顺治皇帝的壁画为最著名。大殿四周除五世达赖喇嘛灵塔殿外,尚有南佛堂、北佛堂、东佛堂三座配殿。

可以与五世达赖喇嘛灵塔殿的宏大规模比拟的,是十三世达赖喇嘛的灵塔殿——格来顿觉。该殿建于1934年,是红宫的最晚建筑,殿内灵塔高14米,形制与其他灵塔相似,塔身用590公斤的纯金箔包裹,錾刻各种装饰图案,镶嵌大量钻石、珍珠、珊瑚、松耳石、玛瑙等珠宝。这些宝石的价格相当于黄金的十倍以上,为八座灵塔中价值最高的一座。殿内最引人注目的陈设是用2万余颗珍珠和珊瑚以金丝串缀而成的"曼扎"。殿堂壁画中绘有十三世达赖的传记,其中有他1908年去北京拜见慈禧太后和光绪皇帝的情景连续图卷。其余六座灵塔为七世——十二世达赖喇嘛所享,规模略小,而形制相似。殿上均冠以金顶,形成布达拉宫之极。

布达拉宫庞大的建筑群中,吐蕃时期保留下来的建筑只有曲结哲布和帕巴拉康。曲结哲布意为法王洞,为一狭窄的崖洞佛堂,为公元7世纪布达拉宫唯一幸存的遗址,相传藏王松赞干布和唐朝文成公主在这里住过。殿内有松赞干布、文成公主、尼泊尔尺尊公主以及大臣禄东赞、吞米桑布扎等的泥塑重彩。这些泥塑造形生动、逼真、古朴,是吐蕃时代早期的作品。曲结哲布的楼上是帕巴拉康,也是布达拉宫的早期建筑之一,但历经维修已失原貌。门上悬挂着同治皇帝御赐匾额,上书"福田妙果"。其内主供史称"旃檀四观音"之一的洛迦夏惹像,传为松赞干布所供的本尊佛像,亦是布达拉宫的主供神之一。

布达拉宫最高的宫殿是萨松朗杰(意为胜三界),建于1690年,里面供有清乾隆皇帝画像和汉藏满蒙四种文字的"当今皇帝万岁万万岁"的长生禄位。在清朝,历代达赖喇嘛每年要定期到这里向皇帝的画像和禄位进行朝拜。

布达拉宫的建筑,主要是藏族传统的石木结构碉楼形式,同时吸取中原汉式殿堂建筑中的梁架、斗拱、藻井、歇山屋顶以及屋脊上的装饰、仙人走兽和鳌首等特点,并融汇印度、尼泊尔等富有宗教特点的祭坛式入口和装饰,如宝轮、金幢、莲座、卧鹿及梵文经文等装饰,形成了独具一格的藏族建筑风格。其艺术造型最大的特点是:主殿拔地凌空,巍峨高耸,依山叠砌,气势雄伟。在空间的组合上,院落重叠,回廊曲槛,因地制宜,主次分明。

这种组合既突出了主体建筑，又协调了附属的各组建筑。建筑由山顶向山下蜿蜒重叠，上下错层跌落六、七层，前后参差附岩凹凸达四、五重。自然形成较丰富的空间层次，具有韵律、节奏美感。它还巧妙地利用对比手法，如山岩的通气假窗和高墙对比，夸大了建筑尺度；运用高、低、错、落的建筑群体，与周围的雪山、蓝天和山后的龙王潭公园遥相呼应。布达拉宫气势磅礴，庄严雄伟，与大自然融为一体，似从岩石中长出来一般，是我国古代高层建筑的范例。

布达拉宫建筑艺术的重要组成部分是绘画艺术，主要表现为壁画、彩画、唐卡画、木刻版画等装饰画。布达拉宫的大小殿堂、门厅、回廊……无不绘有壁画，题材多样，画面生动，色彩艳丽。其中以司西平措二楼画廊最为突出，共绘有698幅壁画，由前后藏400余名著名画师精心绘制而成。壁画的内容大多是宗教题材，具有浓厚的神学色彩和神秘气氛；还有一些取材于历史和生活习俗等。壁画大多采用俯视散点透视的画法，笔画有力，线条均匀，在布局的空间上生动而不乱，发挥了古代鸟瞰视法的长处。它的构图、设色、勾线等受到汉画勾勒、白描、平涂的影响，而人物舞蹈形态活泼、婀娜多姿则吸收了尼泊尔、印度画的特点。布达拉宫壁画无论在人物的刻画、景物的配置、色彩的浓厚、技法的纯熟方面，都足以代表西藏绘画艺术的全貌。

布达拉宫的雕塑艺术是西藏佛教艺术另一个重要的组成部分。它融合了汉族和印度、尼泊尔等佛教艺术技法，具有独特的民族风格。宫内集中了大量的雕塑珍品，有泥塑重彩、木雕、石刻和金、银、铜、铁等金属制品，分为圆雕、浮雕、线刻、泥塑、镂雕等等。作品造型精美，刻画细致，形态传神，高大者可达十余米，小者如拇指大，尚有如麦粒状小巧玲珑者，可谓开创了西藏雕塑艺术的新篇章，是早期遗存的高度艺术精品。

布达拉宫的八座金顶以及屋脊、檐口、殿宇、佛像都雕刻镀金，在阳光下闪闪发光，光彩夺目。藏族的鎏金技术有着悠久的历史，从唐朝开始出现在寺院宫殿中，其传统的工艺流程包括造型、出垢、成型、出光、鎏金、抛光有独到之处。鎏金技术世代相传，凭匠师的经验掌握火候，镀层的厚薄亦根据使用对象要求而定。较大的构件鎏金常在现场制作，镀层牢固，色泽光艳，华丽耐久。此外，印铸技术工艺亦是藏族的特长。布达拉宫内设有专门的印刻场，能浇铸各种型式的佛像、曼荼罗。

布达拉宫作为藏民族文化艺术宝库的另一特征，是藏有数以万计的珍贵历史文物。除上面所涉及的历史壁画、达赖喇嘛灵塔、雕像，还收藏有释迦牟尼的舍利子、隋朝和唐朝的释迦牟尼木雕像、明朝的金制释迦牟尼像和银制的莲花生大师和宗喀巴像、贝叶经、大藏经，特别是乾隆年间用金粉书写的大藏经。各类文物中值得重视的是：明、清以来中央政府各种封敕，包括清朝册封达赖喇嘛的金册、金印、玉册，以及乾隆皇帝御赐为挑选达赖灵童时用的金本巴瓶。宫中还珍藏着松赞干布的盔甲、历代唐卡画和各种稀有珍宝、珍珠塔曼陀罗、珍珠玛瑙杯、羊脂玉盘、犀角佛像，以及明清各色锦缎、瓷器、珐琅器、玉器等等。

1961年，布达拉宫被国家列为第一批全国重点文物保护单位之一。1989年，中央拨专款对布达拉宫进行维修。1994年，布达拉宫被联合国教科文组织列入世界文化遗产。

第六节　格鲁派的佛学思想

一、“缘起性空”的宇宙认识论

格鲁派的理论基础是“缘起自性空”。它是宗喀巴大师对中观学派“缘起性空”思想的进一步发挥,作为格鲁派的指导思想贯彻始终。

“缘起性空”最早是中观学派的基本理论。“缘起”是佛教所说的“缘”和“起”的合称,“缘”是结果所赖以生起的条件;“起”是生起的意思。大小乘佛教对“缘起”的解释虽不尽相同,但都认为一切现象是待缘而起,互相联系,互为条件。缘起论是佛教全部理论的基础。《杂阿含经》说:“此有故彼有,此生故彼生。”这是佛教经典对“缘起”的最早解释,是原始佛教的缘起观,被称为“业感缘起”。它强调事物之间的联系和互相依存的特殊关系。大乘佛教的缘起观具有代表性的有两家:以无著、世亲兄弟两人为代表的唯识瑜伽行派倡导“自性缘起”说;以龙树、提婆师徒为代表的中观学派则提倡“中道缘起论”,包括受用缘起和八不缘起。从思想史方面说,龙树论师提出“空”的目的是试图消除部派佛教学者对“法”的执著,即消除“法我执”。部派佛教认为,不管是物质现象还是精神现象,各有其独立的性质;彼此之间有联系,存在着因果关系。中观学派则把一切现象的独立性看成是妄心的结果,是主观经验的实体化,其本身并没有独立的实体,而是处于“缘起”状态。为了彻底否定,中观学派进而提出了“空性”。《中论》说:“众因缘生法,我说即是空,亦为是假名,亦是中道义。”(《观四谛品》)并且以“不生亦不灭,不常亦不断,不一亦不异,不去亦不来”的八不缘起的哲学方法,从实体、时间、空间、运动等各个方面论证客观事物的毕竟空。为了防止发生误解,中观学派强调指出,人的语言、概念等无法达到认识客观世界的目的,凡是通过语言、概念、范畴去认识世界的都是“戏论”。无论是物质现象还是精神现象,都是由内在的“因”和外在的“缘”和合而生起,没有永恒、独立不变的实体。

中观学派发展到晚期,出现了以清辨为代表的中观自续派和以佛护、月称为代表的中观应成派。两派的思想被译传进西藏后,立即受到普遍重视,尤其是中观应成派“只破不立”的方法和“缘起性空”的思想,对格鲁派佛学理论的产生有很大影响,颇受宗喀巴的推崇。

应成派又译“随应破派”,意思是随他人的观点而破,在破斥的过程中表述自己的看法,即“就敌论随言出过”,自己不首先立宗。《入中论》说:“无宗者是说自宗能破所破,俱许无性,尔许因果性有故,以正论推察微破因能生果与否,故其能破不于我转,未许能堪观察,故非说有自宗。”①宗喀巴通过全面分析应成派的思想、方法,给应成派下了这样

① 月称著:《入中论》,藏文本,,四川民族出版社1988年版。

的定义："中观师者，唯破他许余无自宗"。"应成中观者，作如是说随依胜义及依名言，虽于名言自宗无许，老有彼宗亦须有能立因喻成自续派，故应成派全无自宗。"[①]应成派"只破不立"的方法最先由佛护提出，后来月称进行了发挥，他认为诸法本无独立的实体，也没有任何连续性，在名言中应该承认认识的对象。因为，因缘所生诸法都是空性法。"尊许若时见，空即缘起义，空性与所成，作所作无违"。《入中论》认为，缘起是永断一切烦恼戏论系缚的妙门，能妥善解决一切法自性空。《入中论》说："诸余有性，由依因缘执有自性，故成系缚，诸善巧者，即依彼因遮止有所生，于无自性，发决定智，能断一切边执网缚，故缘起因，成无自性，是极希有。"宗喀巴把中观应成派的观点概括为八点，即：不许有阿赖耶识；不许诸法自相；允许有离心的外境，但非实有的自相；不许自续宗因，许用他比量；不许自证分；许二乘圣者通过法无自性方能得解脱，否则难以解脱；二障之差别；世俗谛之理。还有学者归纳为十六条或二十种。

格鲁派根据龙树提出的"八不缘起"说，进一步把"缘起"分成两种：一种是有为法缘起（物质现象缘起），另一种是无为法缘起（精神现象缘起）。这两种的提出，是为"性空"服务的。从认识论来说，"缘起"和"性空"，一个有，一个无，是截然不同的两个概念。格鲁派不这样认为，他们把"缘起"和"性空"并非看成单纯意义上的有或无，而是两者的统一。"缘起"即"自性空"，"自性空"即"缘起"，两者有机地调合在一起，互为条件。《辨了义不了义论》说："若自性不空，生灭缘起皆不得成，一切建立悉不应理，自性空宗，如是一切则皆应理，说空性义，即缘起义。"土观也说："于是知性空与缘起，二者更互相成。此甚深法旨，乃宗喀巴大师文殊菩萨之力，始证得，明示后学，除大师外，此藏地昔贤，从未有能如实抉择而宣说者也。"[②]格鲁派对"缘起"与"自性空"关系的看法是对"缘起性空"的更进一步发挥。他们用"自性空"和"唯名安立"来否定宇宙的形成、发展和事物之间相互联系变化的规律，从根本上否定了物质世界的客观实在性。根敦珠巴说："诸有为法的自体'有法'，在自（芽）未生时，于缘（种子）等中应非有，因为尔时未现见故。若许自未来时于缘中非有，则他生应非有自性，因为自（芽）未生时于缘（种）等中自体非有故。又彼（芽）未生时于缘（种）未成时，于缘等中应非有；若在彼缘中有（芽），应成无因故。若许未成时缘中无有芽，则不从缘而生有自性的他法，在缘等未成时自性非有，是故破他生并不违佛义。"[③]

所谓"自性空"，指任何事物的本体从人的认识上来说"不可得"，当体即空。《七十空性论》说："由一切诸法，皆是自性空，故无等如来，说诸法缘起；唯彼即胜义。"[④]宗喀巴对其做了更彻底的阐述，说："诸缘起法其性非有，无自性故。何故无性？待因缘起。若法有性，则无因缘亦应恒有。……如是我语亦是缘起，故无自性，无自性故说空应理。"[⑤]

① 宗喀巴：《菩提道次第广论》，法尊译，武汉印书馆 1936 年版。
② 土观·善慧法日：《宗教流派镜史》，刘立千译，第 176 页。
③ 根敦珠著：《中观根本慧论文句释宝鬘论》，简称《中论文句释》，拉萨木刻本。
④ 龙树著：《七十空性论》，载《大正新修大藏经》卷 30。
⑤ 宗喀巴著：《菩提道次第广论》，法尊译。

一切现象之所以没有独立的性质，因为它们都是待因缘而起。倘若承认诸法实有自性，就不可能是因缘法。《中论广释》明确指出："诸法自性空，不能引入他相，自性无死，寻者于一切法不得自他自性，唯惟分别，故能证达诸法自性空义，亦可得解脱。"[①]显然，"自性空"的提出，是为宗教实践和实相涅槃的目的服务的。在思想上达到"诸法自性空"的认识，就与"实相涅槃"的境界相契合。因为，"实相涅槃"无形相，无生死，所以它们不能认识分别和用语言概念来表述。与"实相涅槃"相对应的客观事物在世俗世界范围内，由因缘聚散而生灭，自然是流转生死的，"实相涅槃"则已经超出了生死流转的范围。格鲁派的这种思想和所运用的方法并非从肯定的方面讨论事物的存在，而是从否定的方面讨论事物的不存在，把人的感性认识看成是孤立的，强调感性认识方面的事物现象是零碎的，用来证明认识是不存在的，诸法空无自性。

既然诸法性空，为什么还要提出法呢？格鲁派认为，"法"的存在和"自性空"并不矛盾。"法"的安立是佛陀为众生讲解世间道理的需要，是假施于名言之上，其本身没有独立性，虚幻不实。《缘起颂》说："诸法自性空，诸法即缘起，如来无等故，亲自示正法；世尊薄伽梵，能依世名言，正加各种名。"《中论广释》也说："缘起自性空故，生等一切唯由名言增上力安立。""名言"，指概念；"唯名安立"是指方便施设于名言的一切。只有承认诸法自性空，才能证得现象世界和人的生命是变易无常、充满痛苦的。同样，只有了解"缘起自性空"的道理，才能比较容易地懂得诸法是因观待而有，唯名安立。如果不依观待，诸法不可能成立；如果承认缘起自性空的道理，佛陀所讲的四谛、解脱等教义和一切能作、所作、能生、所生、能见、所见、能相、所相、能量、所量、因、果、取舍等才能成立。所以，性空义即是离自在之性，并非全无作用之事，缘起因能够破除自性。"若见世出世诸法，因果毕竟无欺诳，然所缘处偏空寂，彼入胜者欢喜道，彼缘起及实体性，非于世俗毕竟无，亦非可执自性所有"[②]。

中观学派用二谛来论证缘起性空，从根本上断除人们的"无明"执著。二谛，指世俗谛和胜义谛，是佛教用来解释和论证的方法。他们认为，世俗谛法是宣说种种缘设缘生法；胜义谛"唯是一切缘起诸法自性本空"。宗喀巴基于"缘起自性空"的理论，也提出了建立二谛的重要性。他认为，证达缘起性空，求得解脱，故必须建立二谛说。

世俗谛的"世俗"是对事物的执著，即增益无明。它对任何人来说都是存在的，关键在于"谛"。《入中论释》说："此色心等，由有与所摄染污无明增上之力安立世俗谛，若已断染污无明，已见诸法如影像等的声闻、独觉、菩萨之前，唯是假法，全无谛实，以无实执故。因此，惟是欺诳凡夫，于圣者前则如幻事，是缘起性，见唯世俗。"[③]这种由于无明烦恼妄执世俗谛为实有的所执境是名言中没有的，是世俗心，并非名言中有的名言，即名言量或名言识。"谛"是由于受无明影响，把世间的一切都看成是真实存在，即凡夫由染污无明执诸法为真实有，是"真实义"。因此，世俗谛的"谛"义，只是在"无明世俗"面前的谛

---

① 宗喀巴著：《中论广释》四川德格印经院藏文木刻本。

② 宗喀巴著：《缘起颂》，法尊法师译。

③ 月称著：《入中论释》，四川德格印经院藏文木刻本。

实，并非于“名言中”谛实。按照格鲁派的观点，安立世俗谛应具备一定的条件，着重就名言识、名言量和观真实量而说。在他们看来，了解世俗谛相，必须依赖观察真理的“现智”和观见缘起诸法（一切现象通过相互观待缘而存在的）的“名言识”两种智的力量，名言识于境，只随所现而转，不再推求其境是否有自性。作为世俗谛法，必须是这种名言识所承认的。但是，应该明白，这并不是从一般意义上所说的客观存在，而是无明凡夫所认识的实有。就世俗谛的体性说，指虚妄境识所缘的体，是就名言识说的。《入中论释》说：“内外诸法之体性有二，谓世俗与胜义，此即说明诸法各有二体，其中胜义谛体是见真实义智所缘之体性；世俗谛体是见虚妄境识所缘之体性。”以谷芽为喻，它也有见真实义的理智所缘的谷芽体和见虚妄境的名言所缘的谷芽体，前者是谷芽的胜义谛体，后者是谷芽的世俗谛体。严格讲来，具有获得中观真实义的圣人用他们的智慧针对谷芽的法性论证二谛的体性，而无明凡夫则针对谷芽的颜色谈论二谛的体性。这样以来，谷芽的法性是谷芽的胜义谛体，谷芽的颜色是谷芽的世俗谛体，两者之间是有区别的。

胜义谛，又称“真谛”。格鲁派认为，“胜”和“义”是针对所缘境说的；“谛”是不虚诳之义，由世间名言安立为有。世俗谛和胜义谛之“谛”，虽然都是不虚诳义，即谛实。但是，两者之间有着明显的差别。胜义谛的“谛”义是“真实义智”面前谛实，世俗谛的“谛”只是在实执面前谛实，前者是圣人的现观，后者是无明凡夫看法。胜义谛的体性是现见真实义智所得的体性，空无自性。两者是对认识和所认识的客观事物及其联系加以规定，把人们所认识的物质世界的客观性看成是人们对外界事物的“妄见”。至于名言中所施设的假有，其目的是论证缘起自性空的绝对性，显示胜义谛的绝对真理。

胜义谛和世俗谛之间是一种互为关系，“不依世俗谛即不能说胜义谛，若不能通达胜义谛则不能证得涅槃”①。世俗谛的建立是为胜义谛服务的，胜义谛的成立则以世俗谛为基础，两者互为条件，相辅相成。只有把握二谛之间的这种特殊关系，才能理解“缘起自性空”的道理，从而达到客观统一于主观，物质统一于精神，从根本上否定物质世界的客观实在性。

在联系到有无和有无法之间的关系时，格鲁派诸位学者做了深刻阐述，尤其是宗喀巴在他的《中论广释》《菩提道次第广论》等论著中有精辟的论述。宗喀巴认为，如果不了解有无和有无法之间的关系，就会堕入“常”和“断”二见之中。《中论广释》说：“谓以若无自性则无法，于性空之空，全无安立因果之处，故堕断边。若许有法，则须许有自性，则不能因果如幻，实无自性，现似有性。故堕常边。”《因缘品》针对格鲁派的这种观点，个别人认为，如果承认一切事物没有独立性，就不会有物质世界，这样势必在性空的“空”上否认有因果的立足处；如果承认事物的真实性，那么也就承认了事物可以不借助因缘而独立存在和发展，因此就不能按照佛教教义去宣传因果法如幻如虚，会堕入“常”“断”二见中。格鲁派强调说，既然否定事物的本性，当然也不能承认事物的自相，在名言范围内不允许有自性和自相，只承认世俗法、能生心、所生境等一切作用。倘若肯定了事物的自

---

① 宗喀巴著：《宗喀巴全集》，四川德格印经院藏文木刻本。

相,“无漏根本智”就会成为破坏事物存在的主因。因此,不应该承认名言中诸法自相,把它们纳入“缘起自性空”条件下加以论证,弄清世俗的一切作用只不过是名言假有而已。这种观点割断了事物之间彼此相联系和发展变化的规律。

总而言之,缘起自性空是宗喀巴全部思想的理论基础,缘起论是其哲学的最根本的立足点和出发点。如果离开缘起论,就无从谈论格鲁派的佛学思想。

二、“止观双运”的实践方法

“止观双运”是格鲁派一种特殊的修行方法。他们认为,“三乘一切功德皆是止观之果,大小乘一切三摩地皆于止观中摄”。“止”和“观”本来是两个截然对立的概念,然而格鲁派把它们调和在一起,让它们互相配合,互相补充,以达到理论和实践的完美结合。

所谓“止”,“谓内正住已,即于如是善思维修,作意思惟,令此作意内心相续。如是正行多安住故,起身轻安及心轻安,是名为止”[①]。若要使心入静达到“定”的状态,首先必须起身轻安和心轻安,即身心轻安。不但要做到行动上出家,脱离凡俗,而且思想上要舍弃一切俗心杂念。

修止的方法,首先选择师友,远离喧闹。要求抛弃对凡事的恋念,以粗劣饮食保护身体,严格恪守戒律,这些是修止者必须具备的条件(资粮)。然后,“于安乐座端身正坐,足结跏趺,双手定印,先调息等”,以慈悲为怀,胸怀普度众生的宏愿。这也就是格鲁派修行过程中的重要步骤,即出离心和菩提心,通过正修获得。正修阶段分两步进行:第一步清楚住心的所缘(对象),第二步如何修住心。住心的所缘,有周遍所缘、净行所缘、善巧所缘和净惑所缘。通过四种所缘解决诸法实相、诸法本性和五蕴、十八界、十二因缘等重大理论问题,消除一切烦恼,使心轻安。“唯应于一根本所缘令心不动”,专于修住心。

修习住心的方法,由断除五种过失而修八种对治行。第一,用所依(希求三摩地的欲心)、能依(精进)、所因(见三摩地的功德之信)、能果(轻安)等四法对治懈怠。“由依净信引生希欲,依止希欲发生精进,依精进故引生轻安”[②]。

第二,以正念对治忘失教授。

第三,以正知对治掉举。产生掉举的原因有一般原因和个别原因两种,一般原因是“不护根门,食不知量,不修初夜后夜觉悟瑜伽,不正知住”;个别原因是“重睡眠,心于所缘力太缓放,止观不均,偏修寂止,心相黑暗,不乐缘境”。过于贪恋世俗,追求过甚,不努力修行,导致心散乱。在这种情况下,应该修风心知虚空相合的教授,“意想自身脐轮间有一块形似雀卵的白点,从顶端涌现和虚空相合,这时必须使心安住于相合点上。接着一呼一吸合为一息,在五息中持心不散而修,直至心保持安静”。或者“上风白色,由鼻孔入,渐向下压。下风黄色渐向上提,于脐间相合,修瓶相风”,使心入定。

第四,以作行功用之思对治沉掉生时不无间即断。

---

① 宗喀巴著:《菩提道次第略论》卷第六,大勇法师译,上海佛学书局1991年版(后注均为此版本),第144页。

② 宗喀巴著:《菩提道次第略论》,大勇法师译,第150—151、152、144页。

第五，以不作行安住于舍对治心定相续转时出现的功用作行。

在修定时，用听闻力、思惟力、念力、正知力、精进力成办九住心中的前八种心，即内住心、等住心、安住心、近住心、调伏心、寂静心、最极寂静心和专住一趣心；用串习成办第九等持住心，使身心轻安。初得禅定时，“即生微细少分，后渐增盛，便成轻安与心一境性之奢摩他（止），将发众相圆满易见轻安之前相，谓于顶上似重而起，非损恼相。此起无间，心粗重性即得除灭，能对治彼心轻安性即先生起。依此轻安生起之力，次有随顺身轻安诸风大种来入身中，由此风大遍身转故，身粗重性皆得除灭，能对治彼身轻安性即得生起”①。由此，使身极度快乐，心专住对境，远离喜动不寂静性，获得正奢摩他。不管怎样，对于格鲁派来说，修习佛法首先要具有出离心和菩提心，然后依靠禅定，通达无我义，确立空性的世界观，证得解脱一切种智。

“观”，梵文名称为“毗婆奢那”，表面的意思是“观察”或“观择”。格鲁派重点讲慧观。《菩提道次第略论》说：“经说彼由获得身心轻安为所依故，舍离心相，即于如是善思惟法内三摩地所行影像，观察胜解，即于如是胜三摩地所行影像所知义中，能正思择，最极思择，因遍寻思，周遍伺察，若忍、若乐、若觉、若见、若观，是名为观。”②概括起来说，在禅定中，通过对对象的观察引发智慧。格鲁派随顺应成派之见，在“缘起自性空”理论的指导下，探讨无明出现的根源和消除无明的方法，从而证达人无我和法无我，即主客观是否有独立发展变化的特性。

“无明”是十二因缘之一，佛教经典多有解释。《佛说稻杆经》说：“云何名无明，无明者，于六界中生一想，聚想常想不动想不坏想内生平想众生想寿命想人想我想我所想。生如是种种众多想，是名无明。”一般佛教把它看成是“痴”，实指不明佛法，是一切烦恼的根源。格鲁派把无明分为无执之无明，执世间实有之无明，迷惑法我之无明和补特伽罗无明，其中无执的无明是迷惑因果关系的无明。由自相安立的“我”中有俱生无明（无明我执萨迦耶见俱生）和补特伽罗我两种，俱生无明能于生死缚一切有情众生。《菩提道次第广论》说：“俱生无明，分别所破，亦以彼为根本，唯是增益，故根识等无分别识，一切行相终非正理之所能破。故正理所破之因，唯属于分别意识，后以二种我执或于我执所计之境，增益差别诸分别心，非谓一切分别心。”③很清楚，俱生无明属于分别意识，导致分别意识的根源是萨迦耶见俱生。《入中论》说：“慧见烦恼诸过患，皆从萨迦耶见生，由了知我是彼境，故瑜伽师先破我。”④因为有萨迦耶见无明才有了人我执和法我执的愚痴，反过来说人法二我执都是生死根本。所以，要断除生死根本，必须懂得“缘起自性空”的道理，证达法无我慧。那么，怎样才能证达法无我慧呢？

从人法二我执生起的次序来说，人我执是从法我执上生起的。但是在修行过程中，首先应该修人无我，然后修法无我，否定人法的主体。格鲁派的人法二无我是建立在缘

---

① 宗喀巴著：《菩提道次第略论》，大勇法师译，第150—151、152、144页。

② 宗喀巴著：《菩提道次第略论》，大勇法师译，第150—151、152、144页。

③ 宗喀巴著：《菩提道次第广论》卷22，法尊译。

④ 月称著：《入中论》，藏文本。四川民族出版社。

起论基础上的，人无我是对由五蕴和合而成的人来说，自己不能主宰自己；法无我就因缘和合而成的法来说，没有常恒不变的实体。这里在否定人的认识能力、思维功能等精神的同时，否定物质的客观实在性，彻底否定了人们能够认识世界和改造世界的能力，即人的精神主体，为论证"缘起自性空"所要达到的最终目的"实相涅槃"境界找到了理论依据。

为了进一步说明这个道理，格鲁派从蕴与我的关系和诸法无自生、他生以及因果关系等方面进行阐述。格鲁派认为，蕴与我既不是一性，也非异性，因为在缘起自性空的条件下，蕴与我都是假名，根本不存在一性或异性等问题。如果说两者是一性，应该有生灭变化，这样势必造成三种错误：第一，如果说"我"刹那生灭，"我"的生灭变化应该有自性，前后一切"我"的自相应有性别之分，其结果堕入"常边"；第二，如果承认"我"自相刹那生灭，前我作业，后我受果报，这样会使作业失坏；第三，如果承认蕴我一体，就会产生未作曾遇之过，诸法则不可能是聚合体。实际上，龙树和月称两位中观学派论师对这些问题早就作过深刻的论述，格鲁派则作了进一步发挥。《中论》说："离于所取蕴，别无能取我，计蕴即是我，汝我成无用。"《入中论》也说："若蕴即是我，蕴多我应多"；"若蕴即是我，我应有生灭"。假施设的名言概念没有本性。

既然蕴我非一体，也非异性。如果是异性，就会堕入断见，这样事物则无变化。《菩提道次第广论》卷二二说："若我自性异蕴而有，应不具蕴生住灭相，如马异牛不具牛相。"这里采取否认的方式表达本派的基本观点，通过破斥他人之见建立本宗，并不是明确肯定，破的中心是语言、概念，即人的认识，彻底否定了语言、概念在认识过程中的功能，大力宣传通过般若慧与对象直接交涉的直观法。宗喀巴说："善得人无我见时，虽无俱生我执所执之我，但为果所依之我则非全无。如幻师所变象马，虽无象马之体，然有象马之相。如果现在彼我，本无自性现有自相，唯由分别假立之我，即能作善恶业，受苦乐果，一切缘起作用皆应理、自性虽空非毕竟无，故非断见。"①蕴与我的提出，也正是为了证无生和不生以及因果关系问题的。

法无我，"法"者，是补特伽罗（人）假设事，为五蕴、地等六界，眼等六处。它们空无自性，名叫法无我。其中包括有为法无自性和无为法无自性两种，有为法中又包括色法和心法。格鲁派以应成的方式，破自生、他生、俱生、自然生等四生来抉择诸法无自性。自生是围绕有、无相等讨论因果一性生问题，清辨和月称两位中观学者提出后加以讨论。格鲁派创始人宗喀巴在两人观点的基础上作了进一步发挥，他认为客观事物没有独立存在的性质，也没有相对的稳定性，一切能生、所生等都没有自性，它们只不过是相互观待假立为有。同样，因果也是名言假有，非一性生。格鲁派强调说，如果因果一性生，生衍下去会成为无穷无尽，何况一切事物没有独立的实体，怎能有自生的功能。

他生，是因果异性生。既然因果没有一性生，也就不会有异性生。道理很简单，如果自性有他生，果必须存在于自生之前，因为他生之"他"是由自性所成，并非名言上假立的

---

① 宗喀巴著：《菩提道次第略论》，大勇法师译，第156—157页。

“他”。然而,在“缘起自性空”的前提条件下,任何事物现象必须托因缘而生起。他生也一样,如果有因果异性生,缘起就失去了意义。因此,在“缘起自性空”的条件下,假设有世俗法的作用,假设的法无自生、他生的能力。

俱生,也叫“共生”,是由“自性”与“他性”共同作用而生。格鲁派反对俱生说,认为它们也是破的范畴,所以“若破自性他性,即破共义”。根据这个道理,也不可能有自然生(无因生)。假若承认自然生,必须承认某一时空存在的东西,在一切时空都存在。格鲁派的回答非常明确:在相对意义上,存在特定的时空现象的作用,它有生灭变化,而在终极意义上,一切现象如幻如化,虚妄不实。所以,不存在无因生。如果承认无因生,就会破坏佛教的因果报应论和因缘性空论等,最后导致佛教理论的混乱。

格鲁派坚持的基本原则是“缘起自性空”。只有在承认诸法无自性的前提下,方能成立因果关系。如果在因缘之前就已经有果,再也没有必要提出“缘起”;如果果存在于因缘之中,就不需要再生,再生会成无穷无尽。上面从因、果两方面已经破除了能生、所生的自性,明白因果只是被作为假名相依而有,其本身并没有质的规定性,因此不能区分因果的先后。很明显,格鲁派所讨论的缘起因果是抛开客观世界,仅从主观意识方面去论证因果之间的相互关系,否定了因果关系在事物的相互作用中可以互相转化的客观联系性,把两者看成是一种对立的联系。

从上面所说的止观所修的内容不难看出,在缘起性空理论的指导下,格鲁派对止观之间的关系所赋予的新的内涵和特殊规定。修“止”是为了“观”的需要,修“观”则是指导修“止”,两者相辅相成,互为作用。只有在修好“止”和“观”以后,才可以止观双运修。“若未先得止观,则无止观双运之事,故修双运必须先得止观”。止观俱修,“如夜间观画,须灯明亮,复无风动,方能明了见诸色相。随缺其一便不明显,如是观甚深空性,亦须无倒了解真实之慧及随欲安生之止,方能明了见真实义”[①]。显然,从认识论说,格鲁派把截然对立的两个方面有机地调和起来,使两者相互配合、互相补充,从而达到理论和实践的紧密结合。

---

① 宗喀巴著:《菩提道次第略论》,大勇法师译,第144页。

第二十章　西藏佛教的各种制度

就历史上西藏的制度来说,有政治、经济、文化方面的各种制度,其中政教合一制度和活佛转世制度被视作是藏传佛教不同于其他任何宗教的两大特点。它们长期以来受到国内外学术界和宗教界的广泛关注。从西藏社会发展的历史来看,"政教合一"这种集政权和教权于一体的统治机制,是在西藏特定社会历史条件下形成并发展完善起来的。同样,活佛转世作为藏传佛教的一个显著特征,是以一定的社会基础和佛教理论为依据而出现的,并成为一种基本的宗教制度形式。这里,我们把政教合一制度、活佛转世制度和寺院学经制度这些属于精神层面的制度,作为一种文化进行研究。

第一节　寺院组织制度和学经制度

一、寺院组织制度

15 世纪初,宗喀巴通过"宗教改革"建立起格鲁派,标志着西藏佛教发展到一个新阶段。格鲁派是集一切教派之大成的教派。西藏佛教的组织和制度,以格鲁派最为完善和典型。

藏传佛教由母子寺院关系形成遍布各地的寺院网络。格鲁派崛起后,组成了以卫藏四大寺为中心的寺院网络,每个主寺属下均有若干属寺,主寺对属寺有委派"堪布"的权力。堪布代表主寺负责管理属寺一切事务。

格鲁派寺院的组织机构大同小异,其中最完整最典型的是拉萨"三大寺"(即甘丹寺、哲蚌寺、色拉寺)。如果我们对这"三大寺"的组织机构有一个比较清楚的了解,便对格鲁派的一般寺院的组织机构也就能有一个大概的认识。"三大寺"是掌管原西藏地方政权的格鲁派寺院集团的根本寺院,其上层僧人直接进入西藏地方政府的僧官系统和议政决策机构。"三大寺"拥有众多的庄园、牧场和属民。

"三大寺"内部组织机构分为三级:拉吉、扎仓、康村。较大属寺的组织结构与主寺大致相同。拉吉、扎仓和康村都采取类似委员会的组织形式,各有若干常务人员。兹以拉萨三大寺之一的色拉寺为例，简述格鲁派寺院组织结构。

1.拉吉

拉吉是全寺最高管理委员会，它管理有关全寺的事务，对外代表寺庙。色拉寺拉吉委员会的常务人员计有10人：堪布4人(杰、麦、阿巴、堆巴四个扎仓的堪布)，协敖2人，措钦翁则1人，森康代巴1人，吉索2人。一般是从4个堪布中推出年资最高的一位做首席堪布，即赤巴堪布(又称法台)。

拉吉常务人员的职责分别是：

吉索：管理全寺总务。在色拉寺从杰、麦两个扎仓的堪布中推荐，再由噶厦正式任命，任期7年。这是个十分重要的职位，负责管理全寺的庄园、牧场、属民、经商、房产等事务。吉索属下有豁堆、协达等具体办事人员。

措钦翁则：在措钦大殿(即全寺的大经堂)上带领僧众念经的僧人。措钦翁则由一般僧人充任，但必须是经典学问好、嗓音洪亮的僧人方可，任期无规定，也可终身任职。

措钦协敖：是全寺性的执法僧(俗称铁棒喇嘛)，管理全寺僧众的纪律，审理全寺僧人、属民的重大案件，权力很大。该职一般是一年一任，任职者由拉吉委员会推荐，上报噶厦批准任命。措钦协敖属下有跟随协敖维持纪律的措钦恰布日、有检查措钦供给“东廓”情况的甲玛等具体办事人员。在三大寺中尤以哲蚌寺的协敖权力为最大，历史上，在每年历时一个月的拉萨传召大法会期间，例由哲蚌寺的大铁棒喇嘛接管拉萨市政大权，维护社会秩序。

森康代巴：负责执法、传达地方政府的命令及对外联络。森康代巴先由扎仓会议提出候选人，再由拉吉报达赖喇嘛批准。任期三年。

2.扎仓。

扎仓是寺院的二级组织机构，是僧众教育单位。扎仓有自己的经堂、佛像、僧众等，还有由扎仓管理的土地、房产、属民等，有一定的独立性和自主性。格鲁派寺院的扎仓数量多少不等，有些小寺院仅一个扎仓，而像拉萨三大寺这样的大寺院，则是由几个扎仓联合组成的。扎仓有大有小，地位高低亦有所不同。

扎仓的主持称作“堪布”。三大寺中，主要扎仓的堪布地位都是很显赫的，主管整个扎仓乃至整个寺院的学经、行政、财务等事务，并且具备转世的资格。三大寺的堪布，向例要代表寺院出席噶厦的重要会议。堪布虽然不是正式的僧官，但实际上他能参与原西藏地方政府的各项决策，是格鲁派干预政治的重要代表人物。扎仓堪布产生的办法是，由寺院提出候选人，报达赖喇嘛批准。

色拉寺杰扎仓的领导机构由扎仓堪布、扎仓翁则、格贵、拉章强佐、聂仓、扎仓康尼、扎仓仲译等僧职人员组成，管理扎仓一切事务。

除堪布以外，杰扎仓僧职人员的具体职责如下：

拉章强佐：是堪布的总管，由他率领强佐若干人，具体管理扎仓财产、属民、对外事物的联系及接待来扎仓的施主等。拉章强佐由堪布任命，与堪布同进退。

格贵：扎仓的执法僧。负责维持扎仓僧众的纪律，检查犯戒的行为，处理僧人之间的一般纠纷。僧人入寺、离寺、死亡,由格贵进行登记。格贵的任期为半年(分冬、夏两季格贵),夏季格贵必须由格西担任,卸任后可做堪布的候选人,冬季格贵由卸任强佐或格西担任,卸任后可充任协敖、吉索、森康代巴或所属小寺的堪布。

扎仓翁则:扎仓僧人念经时的领经人。由扎仓会议任命,一般任期为3年。

聂仓:管理扎仓的一部分庄园、高利贷和商业。由扎仓会议任命,任期3年。卸职后可充任吉索、协敖、森康代巴。

康尼:房管员。除管理房屋外,还可以参加扎仓会议,系杰扎仓11名高级执事人员之一。康尼卸职后可充任聂仓。

3.康村

康村是寺院的第三级组织,大体上是以地域划分的组织。凡一个扎仓内来自同一地区或有关的若干地区的僧众均归入一个康村,康村是僧人食宿起居生活作息的地方,是僧人之家。康村有大小之别,如色拉寺的哈尔东康村有僧人1500多人,而波窝康村只有30人。大一点的康村还设若干个米村,也有扎仓因为太小,下面不设康村。

杰扎仓所属11个康村的名称、僧人原籍及人数如下:

(据1958年统计)①

名　称	僧人原籍	人数
甲折康村	青海、甘肃、阿坝	300人
拉瓦康村	云南	190人
哈尔东康村	内蒙、汉地、康区、卫藏	1580人
桑洛康村	外蒙、青海	120人
巴第康村	不丹、锡金、门隅	286人
察瓦康村	昌都、察瓦	303人
洛巴康村	昌都、康定	278人
折窝康村	甘孜	435人
登麻康村	甘孜、康定	200人
白度康村	阿里、拉达克	174人
贡德康村	昌都	280人

康村委员会由康村格根、欧聂、拉岗巴、卡太格根、措都瓦、巴夏哇等僧职人员组成,其职责分别是:

康村格根:主持康村的一切事务②。

① 参见宋赞良:《色拉寺调查》,载《中国藏学》1991年第2期。

② 在色拉寺,有少数康村设一名吉根,由康村中资历最深或最有势力的僧人担任,出席康村会议,监督康村、格根、欧聂工作,其地位比康村格根略高,是康村的实权分子。

欧聂:管理康村财务。

拉岗巴:负责添置什物和对外应酬等。

卡太格根:新僧入寺担保师傅。

措都瓦:会议审查员。

巴夏哇:主要管理各个僧舍的纪律。

康村的重要事务均通过康村会议商讨做出决策。在色拉寺,凡担任过康村格根、欧聂以上职务的僧人都可以参加康村会议。

有些康村制定有适合本康村情况的法规。僧人在寺院里的言行举止,首先受康村组织的严格控制。僧人的住房、卫生、查房、休假、学经、烧茶、挑水、离寺请假,以及寺内各种杂务差事,都是康村管理的范围。

二、学经制度

在西藏,寺院具有多重功能。它既是宗教、政治、经济中心,同时也是文化教育中心。8世纪,随着西藏第一所寺院桑耶寺的建立,开始了佛法教育。当时,寺院设有修行班和学经班,上师(教师)教授什么,学徒学什么,尚无严格规定。赤热巴巾王时期,命令属民广行布施,兴建寺庙,规定每户派一人剃度为僧。开设了律仪学院、讲学学院和修行学院。律仪学院专习说一切有部的戒律条规;讲学学院相当于显宗学院,学习中观学派和唯识学派的诸论;修行学院重点修炼事、行、瑜伽部,限制无上瑜伽部密法流传。这些专门的教育机构重点培养僧人的讲、辩、著和闻、思、修的能力,以丰富佛法知识,掌握教理和修行方法。当时,在课程设置、学位等级、学制等方面没有规定,谈不上什么制度。

进入封建农奴制社会以后,教派、学派相继创立,寺院林立,僧人众多,佛教深入民心。一座大型寺院犹如一所大学或者专门学校,寺院的佛法教育因各派教旨、寺院规模和社会背景的不同而有差异。严格地讲,格鲁派兴起之前,每个教派虽然建立了各自的核心教法,但经法教育制度尚不完备。噶当派是创立最早的一个宗派,由于当时西藏社会的特殊性和出于纯洁佛法的目的,该派既重视理论修养,又注重密法修炼,内容涉及大小乘佛教的各个方面。仲敦巴说:"知将一切佛教以四方道贯之者,乃为吾师。且大瑜伽师能把握教授者,非谓其仅得如掌心般小之秘诀。乃谓其能了解一切佛语,并皆归纳为教授也"①。他们把一切佛典都视为修行成佛的助缘,规定所学的六大教典为:《菩萨地论》《大乘庄严经论》《集菩萨学论》《入菩萨行论》《本生论》《集法句论》,后来加上《菩提道炬论》,基本包容了大小乘佛教、中观唯识的全部内容。但没有规定每部经典要学的具体年限,也没有学位晋升制度。

宁玛派作为一个宗派虽然创立较晚,但其教法从吐蕃时期就已经开始流传,判为三根九乘,显密兼备。早期的宁玛派僧人主修经、幻、心三部密法,不太重视理论修养。学僧绝大多数散居寺外,或隐居山林修行,居寺学法者极少,学经方面谈不上有什么制度。

---

① 土观·善慧法日:《宗教流派镜史》,刘立千译,第46页。

15世纪以后，由于受格鲁派的支持，相继建立了敏珠林、多吉扎等一批大型寺院，加强了寺院管理和组织建设，学经逐渐走向正轨。一般寺院设学经院和续部院，教授显教理论和密法。学经院也是显宗学院，所学经论主要有《别解脱戒经》，功德光的《戒律本论》，世亲论师的《阿毗达磨俱舍论》，无著论师的《大乘阿毗达磨集论》，龙树论师的《中观论》，月称论师的《入中论》，提婆论师的《四百论》，寂天论师的《入菩萨行论》，弥勒的《现观庄严论》《辨中边论》《辨法法性论》《究竟一乘宝性论》和《大乘经庄严论》。由于各寺情况不同，有些寺院在规定的时间内专门学习十三部大论，有些寺院不一定全部学习，通常只学习隆庆饶绛巴的《七宝藏论》。学僧先在学经院或教学院学习五六年或更长时间，学完规定的全部课程后，根据辩论才能确定成绩。最优秀者，授予"饶绛巴"（rab vbyams pa 意为博学者，相当于博士）头衔，而且得到金刚杵等奖品。凡考试不及格者，给予适当的处罚。从学经院毕业后，才有资格进入密修院（或训练学院、续部院），但并非每个人都有深造的机会。密修院以教授密教理论、修炼密法为主。根据成绩好坏，可以得到"自善喇嘛"和"善教喇嘛"等头衔，学完全部课程、考试成绩优异者，得到堪布头衔，有权向他人授法传戒，或者担任其他寺院的住持。

萨迦派以传道果教授而闻名，创立初期以《喜金刚根本续第二品》《桑布扎续》《金刚鬘》《现观庄严论》《量决定论》和《量理宝藏》等为主修教材。1287年，萨迦东院弟子帝师绛央仁钦坚参首次制定学经条例，规定每日诵经五次，各次都有所诵的经典。萨班·贡噶坚参的《量理宝藏论》被定为逻辑方面的主修教材。14世纪，大元国师贡噶仁钦进一步规范学经制度，规定早会诵《喜金刚本续》，午诵《俱舍论》等，晚诵《释量论》等。以后，受格鲁派的影响，性相学院（或显宗学院）学习《现观庄严论》《量决定论》《俱舍论》《入菩萨行论》等十三部大论。凡学完龙树的《中观论》等以后，经过辩论考试通过者，授予"噶希巴"学位；在此基础上继续深造逻辑学（或因明学），精通《量决定论》等因明论著，在辩论中能够回答别人提问，并能指出对方逻辑错误者，授予"噶阿巴"；获得"噶阿巴"学位以后，继续钻研十部大论、通过辩论考试者，得到"噶居巴"学位。"饶绛巴"是第四级学位，相当于博士。获得此学位者不但精通十五部大论，而且要有自己的学术专著。萨迦派的最高学位或荣誉是"班智达"，获此殊荣者既通显密教法，而且在天文历算、文学艺术、医药卫生、工艺技术等方面都具有很深造诣。概而言之，要想获得"班智达"称号，必须掌握大小五明，通过辩论考试。萨迦第四祖贡噶坚参是萨迦派中唯一一位获此殊荣者。

萨迦派密修院僧人的学程较严。入寺后剃度受戒，礼拜本尊神，学习各种仪式，然后学习《喜金刚本续第二品》及《胜乐》《时轮》等无上瑜伽部密典，在上师的严格指导下静坐修炼。学完第五学程的全部课程，通过考试者，可以作为本寺或他寺的"金刚教师"（金刚轨范师）。一般每年举行冬、春、夏三季法会，冬季法会上由全寺堪布或翁则讲授《大乘阿毗达磨集论》，春季法会讲《俱舍论》和《中论》，夏季法会讲戒律经论。总之，萨迦派的经法教育比起噶当派、宁玛派和噶举派来要严格，规定习法者首先必须掌握一定的佛法理论，然后才有资格进修密法。特别是像萨迦寺、那烂陀寺和艾旺寺等大型寺院，都有一整套教育制度，体制完善。

大手印法是噶举派的核心教法，摄取了《胜乐根本续》《集密根本续》《大手印明点续》《喜金刚本续》《金刚四座续》《桑布扎本续》等经续的精华。因此，这些经续自然也就成了噶举派僧人的主修教材。由于噶举派支系繁多，经典学习上各有侧重。大多数寺院以修炼密法为重点，没有先显后密的严格规定，允许初入学者在上师的指导下直接修炼密法。一般初学者学习藏文读写，掌握基本仪式，这些人称为“扎巴”。其次是“觉本”。堪布是寺院中最有学问者。完成3年密法修炼者称为“喇嘛”（上师），其中又有自善喇嘛（修行上师）、金刚喇嘛和善教喇嘛之分。

觉囊派的寺院教育与萨迦派相似，师徒之间采取言传方式授法。一般寺内设闻思院和密修院，闻思院重点学习《现观庄严论》《入中论》《俱舍论》和《量决定论》等显教经论；密修院以学习《时轮根本略续》和《时轮根本略续无垢光疏》为主，要求凡修“六支瑜伽”密法者必须隐修一段时间，成绩特别突出者授予“金刚上师”称号，负责传授密法。17世纪，觉囊派在西藏绝传后，四川的觉囊派寺院的经法教育深受格鲁派的影响，在修“六支瑜伽”法之前，必须学习因明，掌握中观教理。

总的来说，这一时期西藏佛教尚处于初建阶段，各种体制不健全，学习方面全凭个人兴趣，存在着很大的盲从性，以修炼密法为荣；没有先显后密，先理论后实践，戒、定、慧三学并修的规定，尚未形成比较统一的、切实可行的教育制度。组织涣散，纪律松懈，体制不健全，导致佛法废颓，僧侣队伍不纯洁，在社会上造成了极坏的影响。另一方面，值得肯定的是，中世纪西藏佛学界百家争鸣，百花齐放，各种学术观点并存，这对格鲁派佛学思想和寺院教育制度的形成产生了极大影响。如果没有其他教派的寺院经法教育做基础，就不可能形成格鲁派完备的教育制度。

格鲁派是西藏佛教诸派中最晚形成的一个大型宗派。它的创立，标志着具有藏民族文化、地方特色的藏传佛教完全形成，同时也标志着历经数百年的学术争论宣告结束和新的寺院管理体制的建立。格鲁派的寺院教育在诸如教师、所学经典、学制、学习年限、升留级、学位、考试等方面都有非常严格的制度。在学程方面，按照宗喀巴的佛学体系而制定，先显后密，按部就班。一般规模较大的寺院都设有显宗学院和密宗学院。如哲蚌寺初建时设七个扎仓（学院或僧院），后来合并为果芒、洛萨林、德央、阿巴四个扎仓，其中前三个是显宗扎仓，后一个是密宗扎仓。色拉寺初建时设五个扎仓，后并成杰、麦和阿巴三大扎仓，前两个是显宗扎仓，后一个是密宗扎仓。扎什伦布寺的情况基本上与前两所寺院相同。在四大扎仓中，吉康、脱赛林和夏孜是显宗扎仓，阿巴是密宗扎仓。一个学僧先入显宗学院（或因明学院、性相学院）研习，主修《释量论》《现观庄严论》《中观论》（或《入中论》）《俱舍论》《戒律本论》等五部大论，其内容涉及逻辑学、般若学、中观学、对法和律学。按照正常学程，要经过10—15个班级的学习，时间大约15年，甚至更长。

以哲蚌寺为例，因明部主修法称的《释量论》，设五个班，各学一年。每年都要经过严格的考试，方能升级。凡考试不及格者，以留级或降级办法处罚。般若部以慈氏的《现观庄严论》为主修教材，设六个班，前五个班学制各一年，后一个班学制两年；中观部主修龙树论师的《中观论》和月称论师的《入中论》，设两个班各学两年；俱舍部主修唯识派论师世亲的《阿毗达磨俱舍论》，学制四年；戒律部以唯识派论师功德光的《戒律本论》为主修教材，没有规定学习年限①。

色拉寺全寺设13个班，前七个班各学一年，第八至十三班学制12年。所学课程与哲蚌寺基本相同。按照格鲁派规定，《释量论》等五部大论是显宗学院僧人的必修书，辅助教材因寺而异，没有硬性规定。

辩论是藏传佛教一种主要的学习方法和考试方法。各寺每天都有固定的辩论时间，另有法会辩论和过关升级辩论。辩经院辩论是最为普遍的一种。这种辩论先在同年级内进行，立宗提问者席地而坐，答辩者立于前不断地击掌回答并反问。也有不同年级之间的辩论。凡是升级者都必须通过辩论考试。出于辩论和升学的需要，要求显宗学院的学僧对所学经论必须牢记于心，深解词义，这样“才能在辩论场上或者考取学位的答辩中，达到左右逢源、口若悬河的效果”。由于这方面的要求较严格，过去有不少高僧能背诵数十部，甚至上百部经典。

格鲁派的学位考试制度极为严格。“格西”（意为善知识）是总的学位名称，也是甘丹、哲蚌、色拉等三大寺的学位，共分四个等级：第一级拉然巴，第二级磋然巴，第三级朵然巴，第四级林赛。拉然巴是最高学位，它与磋然巴须经噶厦政府审批。朵然巴和林赛格西不必经噶厦政府审批，只需各寺扎仓通过。每年的名额分配：拉然巴16名，磋然巴12名，朵然巴和林赛35名，共63名。除特殊情况，一般不得超过此定额。

第一级“拉然巴格西”要经过复杂的考试。一般在够格学僧中先由经师推荐，本人申请，春季法会要过扎仓考试，秋季法会过全寺法会考试，第二年五月份（又说十月份）西藏地方政府组织在罗布林卡或布达拉宫考试，最后参加拉萨正月大祈愿法会的辩经考试。各次考试通过者，最终才能获得“拉然巴格西”学位。但是，在封建社会里，由于僧侣之间的等级差别，贫苦学僧很少有机会参加格西考试，而那些上层僧人包括活佛因地位尊崇、经济实力雄厚，具有优先参加格西学位的权力。也有通过贿赂，在极短时间获得格西学位者。仅次于拉然巴格西学位的磋然巴学位，要经过经师推荐，扎仓、全寺和小昭寺法会的考试才能获得。

扎什伦布寺的格西学位与三大寺不同，一级为“噶钦”，每年取6名，相当于拉然巴学位；二级为“噶居”，相当于朵然巴和林赛学位，颇似萨迦派。格鲁派的密法学位、医学学位和历算学位基本一致，分别是“阿然巴”、“曼然巴”和“孜然巴”。除上述学位外，每寺各有学位，像色拉寺各显宗扎仓第四班学习结束后，通过辩论考试，成绩优秀者授予“日穷”学位；第十二班结束后，经过辩论考试授予“日钦”学位。结束第十三班的学习，成绩最佳者选出编入“名达僧扎”班，作为拉然巴学位的后备人员，深造六、七年，准备报考格西学位。无论获得哪一级的学位，都要向众僧发放布施，像“日穷”和“日钦”学位获得者大约需要15秤和34秤藏银物品的布施。据统计，考一个拉然巴学位需四、五万两藏银。由此可见，格西学位不是每个人都可以考取的。如果一个僧人考取了“拉然巴格西”学

---

① 孙雨志、刘洪记：《藏传佛教学经僧考取学位简析》，载《藏学研究》，天津古籍出版社1990年版。

位，就可以得到功名，有资格出任某寺住持，或进入上下密院深造。上下密院的僧规制度十分严格，其修行的艰苦是一般人受不了的。

在格鲁派寺院中，学僧的学业名义上是由扎仓主持，但扎仓当局除了对他学习的课程、年限等有一般性的规定外，既不供给师资，亦不加以督促或考核，基本上由学僧自理。其所投上师地位的高低，直接影响学僧的前程。学经时间每年分上下两个学期，颇似现在的学校教育。具体时间因寺而异，如色拉寺上学期从正月二十六日开始至六月中旬止，休息一月，下学期从八月初开始。甘丹和哲蚌两寺从二月初三开始，七月休假，八月初三下学期开学。在上下两个学期的开坛期间，每天上午扎仓堪布要来法园讲经，结束后学僧回到自己的康村自行学习。每天早晨必须上早殿诵经，上午到法园辩经，晚读时间也有规定，要求非常严格。

西藏寺院教育的内容不仅限于佛法，而且涉及语言文字、医药卫生、天文历法、工艺美术、文学舞蹈等各个方面。一个熟谙佛法知识的高僧，同时也可能是思想家、文学家、历史学家或天文学家、医学家。因此，要一分为二地看待寺院教育，既批判它的消极面，也应肯定其成绩，不能全盘否定。

第二节　政教合一制度

一、政教合一制度产生的原因及其雏形

政教合一制度是宗教和政治结合最密切的一种政治制度。解放前的西藏地区盛行政教合一制度，以其组织系统之完备、统治时间之长久而著称。关于西藏政教合一制度，藏学界众说纷纭，莫衷一是。有一种观点认为，“在西藏，佛教从它刚传入起，就是同当时的政治相结合而发展起来的，不是脱离政治单独盛行起来的”①。宗教反映一定阶级的政治，宗教利用政权维护神权，政权利用神权强化统治，政教两权相互利用，就是政教合一制度。还有一种观点否认西藏存在政教合一制度，认为“只有当政教二者的首领都是一个人时，才是政教合一”②。总之，政教二权合而为一，在“处理政治、经济、社会、军事、法律以及民间事务都以佛教的教义为基本准则。并把服从宗教领袖、遵循佛教教义，当作是最高的原则”③，这就是西藏佛教史上最为典型、独特的政教合一制度。它是伴随着西藏封建制度的形成而走上历史舞台的，也是伴随着西藏封建制度的灭亡而走下历史舞台的，经过了雏形、确立、发展、衰亡四个阶段。

佛教自吐蕃时代传入西藏，不可避免地和藏民族固有的宗教——苯教发生两种文化的冲撞。佛教一度曾受王室的推崇，具体表现在“僧人（钵阐本）参政”、“七户平民供养

① 东噶·洛桑赤列：《论西藏政教合一制度》，郭冠忠、王玉平译，第3页。
② 东噶·洛桑赤列：《论西藏政教合一制度》，郭冠忠、王玉平译，第3页。
③ 多杰才旦主编：《西藏封建农奴制社会形态》，第333、332页。

一僧”等方面。但无论是“佛教僧侣集团或苯教僧侣,都是在以赞普为首的世俗统治集团的支配下进行活动”①。教权受控于君权,佛教和苯教的某些教义也是依据吐蕃统治集团的政治要求进行修改的。随着朗达玛的灭佛,吐蕃王朝的崩溃,佛教不得不转入边远地区,在民间暗自传继。经过数百年的分裂、割据、纷争,西藏社会完成了从奴隶制向封建制的过渡,确立了封建经济体制,形成了一大批新兴的、割据一方的、互不统属的地方势力。很显然,“重鬼右巫”、杀牲献祭、没有成文经典和系统理论的古老宗教——苯教,已不能适应封建农奴主阶级的需要。为了巩固自己的政权,于是他们迫不及待地寻找或创造一种与经济基础相适应的意识形态;再说,饱尝战争、自然灾害之苦的劳苦大众迫切渴望和平安定,这无疑为佛教的再次复兴创造了条件。10 世纪后半期,佛教通过“上路弘传”与“下路弘传”,在西藏复兴,这在西藏佛教史上称为“后弘期”。文化是随着社会制度和经济体制的变革而不断发生变化的。这时候,佛教改变了前弘期仅仅局限在上层活动,开始深入民间为群众行医治病,为生产祈福、禳祓,加上佛教的人生无常、追求来世、众生平等、大慈大悲、和平反战等一套说教,对苦海无边、归宿渺茫的劳苦大众显得特别有说服力,得到强烈的共鸣与同情,于是佛教在民间树立了牢固和广泛的信仰基础。佛教还注重和藏族土著信仰相结合,把苯教的某些内容经过改造吸收进来,把苯教的很多古老仪式如“占卜推行祈福、禳祓等术”,也吸收进佛教,以佛教的观点加以解释和指导;早期苯教最突出的特点之一“杀牲祭献”这类“有害”仪轨,经过一番改头换面后也出现在佛教之中,用糌粑或酥油制成的人和动物染成红色代替过去的活人祭和活的动物殉葬,消除了西藏土著对佛教的陌生感。作为佛教文化与苯教文化从相互排斥、斗争走向相互影响、融合,形成了别具一格的藏传佛教,以它优于苯教的理论、教义、思辨等方面深得封建统治者的青睐,成为西藏社会占统治地位的意识形态。

公元 8 世纪,西藏有了第一个正规寺院桑耶寺。据史料记载,当时出家的僧人前后共约三百余人。当时僧人的生活主要依靠王库供给。“到了赞普赤热巴巾时期,开始给堆垅粗朴地方的寺院、拉萨周围的四个小寺院的僧人赐给了有自主经营权的土地、牧场、牲畜、奴隶等,这些僧人的生活不必再由政府直接供给”②。公元 10 世纪后半期,阿里古格王拉德为奖励仁钦桑波译经传法有功,把普尔的协尔地区作为封地划给他以作为寺院庄园。因此,僧人中由原来靠布施、薪俸过活的人,一转成为掌握一定生产资料的披着袈裟的封建农奴主阶级。随着僧人人数的不断增加,寺院不断增多,组织日趋健全,僧人的社会地位日益提高,自然就产生了为维护和扩大其经济基础而力图掌握政权的动机和欲望,这就为政教合一制度的产生奠定了基础。

当印度佛教遭受伊斯兰教的打击趋向衰亡之时,佛教在西藏处于恢复时期,一批印僧为躲避战争之苦而逃进西藏。“佛教后弘期,也就是分裂割据时期来藏班智达 66 名,比前弘期多出 44 名,按比例算是前弘期的 3 倍”③。如萨迦班钦的上师喀且班钦释迦室

---

① 多杰才旦主编:《西藏封建农奴制社会形态》,第 332 页。
② 东噶·洛桑赤列:《论西藏政教合一制度》,陈庆英译,第 80 页。
③ 恰白·次旦平措等:《西藏通史》,陈庆英等译,第 261 页。

利就是这一时期逃到西藏的印度佛教高僧之一。西藏阿里、雅隆和桑耶等地的吐蕃王室后裔,也大力资助一些僧人到内地、印度、克什米尔等地拜佛学法,据不完全统计,"仅在西藏分割时期,涌现的译师多达122位,比前弘期多两倍"①。这些人学成后返回西藏,结合西藏的实际情况和西藏社会的发展,通过学经、译经和亲自修证,逐渐形成完整的思想理论体系和完善的实践方法,成为系统掌握经典或自成修法体系的大师。他们利用世俗领主的政治经济势力,在农业发达、人口稠密的地区兴建寺院,授徒传法,各立门户。于是,西藏各地方各种教派和寺院如雨后春笋,竞相屹立,他们或者得到封建主赠予的庄园、农奴,或者以其掌握的知识或巫术聚敛财富,或者凭借社会影响变成了统治一方的首领。寺院及其宗教组织在西藏社会获得极大发展,造就了一批德高望重的教派领袖和宗教上层人士,他们的学识和声望受到藏族人民的普遍爱戴和衷心信奉。寺院不仅传授佛学经典,还传授医药、历算、雕塑、绘画等各种知识。寺院垄断了西藏的文化教育,"舍寺院外无学校,舍喇嘛外无教师"。藏族民众认为只有进入寺院,才能学到高深的文化;只有当僧人,才能享受崇高的地位和特权,于是家家都乐意送子女入寺做僧人。

相比高僧大德显赫的地位和让人羡慕的特权,世俗领主"除西部阿里各地是由吐蕃赞普的后裔们分割统治外,其余的卫、藏、多康地区没有统一的法度和政权,在这些地方的往昔的赞普后裔和贵族后代成为或大或小的地方首领,凭藉自己的力量或群众的拥戴,掌管着一些部落或村庄,但各主要的世俗政权都处于衰微之中"②。可见,世俗领主们无力与大德高僧相抗衡,更无力驾驭他们。为了谋求自己的利益,为了能直接控制佛教势力,他们或派遣贵族子弟入寺为僧,或世俗首领如阿里古格王朝的首领益希沃自己出家为僧,身兼政教两权。这样既巩固了统治权力,又使自己披上僧侣的外衣,获得民众的爱戴和拥护;宗教首领对世俗领主双手奉送的政权暗自喜悦,当仁不让。于是,宗教同政权二者相互为用,紧密结合,互相渗透,形成僧俗一体、政教不分的局面。"宗教掌握人心到如此程度,贵族们不得不披上僧侣的外衣来追求自己的威望,由此奠定了寺院主持王朝的基础。这些僧侣要求掌握世俗和宗教双重权力,既把寺院精舍变成堡垒和王宫,又集政权和教权于一身"③。例如,由昆氏家族开创和控制的萨迦派,其创始人昆·贡却杰波并未出家,故从萨迦派的创立伊始就是僧俗不分的。家族与寺院紧密地结合在一起,有血统和法统两支传承,该教派的教主由家族世代相承,不准娶妻和生儿育女。贡却杰波之后,由其子孙贡噶娘波、索朗孜摩、扎巴坚参、萨班·贡噶坚参次第相承教主法位。经过以上四代人的艰苦努力,萨迦政教合一体制得到迅速发展,成为威及全藏的一支举足轻重的地方割据势力。由朗氏家族控制的帕珠噶举派,其创始人为塔波拉杰最著名的弟子帕木珠巴。他于1158年在前藏帕木珠地方建丹萨梯寺传法,寺主由豪族朗氏家族袭任,教派与家族紧密结合,融为一体。由蔡地噶尔家族支持建立的蔡巴噶举派,其创始人为塔波拉杰的弟子向蔡巴。他于1175年得到拉萨蔡谿卡一个有势力的家族——噶尔

① 恰白·次旦平措等:《西藏通史》,陈庆英等译,第270、306页。

② 恰白·次旦平措等:《西藏通史》,陈庆英等译,第270、306页。

③ 《西藏政教合一制形成原因再探》,《西藏民族学院学报》,1998年第1期,第45页。

家族的支持，建蔡巴寺传法。后来，噶尔家族直接控制了蔡巴噶举派，与蔡巴噶举派融为一体。直贡噶举派和夏鲁派也类似萨迦派的政教合一体。

这些教派既在宗教上各树一帜，又是社会上割据一方的僧俗封建领主集团。伴随着西藏社会封建制度的形成，依靠世俗领主的支持，以弘扬教法为重，西藏各地出现了政教合一制的雏形。此时，各教派和教派支系的势力大体相当，彼此保持均衡发展，任何一派都很难仅凭自身的势力来冲破这种均衡和稳定。这一时期出现的地方封建割据势力，都是互不统属、各据一方的小政权，尚未发展成为全西藏范围内相对统一的地方政权。其所实行的制度虽具有政教合一的性质，但无论在形式上还是在内容上都显得粗糙，未臻完备，所以我们把它称之为西藏政教合一制度的雏形或萌芽阶段。

二、政教合一制度的确立与发展

1.昆氏家族控制下的萨迦政教合一制

13 世纪，蒙古人迅速崛起，打破了西藏社会的平静。1240 年多达那波率蒙古大军进入西藏后，经过调查给西京王阔端报告："在边地西藏，僧伽组织以噶当派的最大，顾惜脸面以达垅噶举派的领袖最甚，排场华丽以直贡噶举派的京俄为最，教法以萨迦班智达最精通"[①]。于是，阔端邀请萨班来凉州会见，商讨西藏统一于蒙古汗国的事宜。1247 年，阔端和萨班会见，议妥了西藏地方归顺蒙古汗国的具体条件，由萨班写了一封致卫、藏、阿里各僧俗首领的长信，劝喻各地封建势力归顺蒙古汗国。此信得到藏族僧俗各界的欢迎和遵行，随后西藏地方被纳入新建的大元帝国的版图。同时，萨班也使萨迦派一跃成为西藏各地方势力之首领。1251 年，阔端与萨班先后去世，八思巴成了萨迦派的领袖。

八思巴沿着萨班、阔端奠定的西藏地方纳入蒙古政权管辖的历史轨迹，竭力推进与蒙古统治集团的政治关系。蒙哥继承大汗位后，于 1252 年遣使进藏，在萨迦派的协助下清查户口，划定地界，在西藏推行分封制。"蒙可汗管领直贡派；忽必烈管领蔡巴噶举；王子旭烈兀管理帕木竹巴派；王子阿里不哥管领达垅噶举派"[②]，且分别赐给土地人户。这使得西藏地方政教势力为保持和发展其势力，求得更大的政治、军事势力的支持，打破各教派以往依靠单一地区的单一"施主"的局面，纷纷向蒙古地区和内地发展，主动争取蒙古王室的支持。

1260 年元世祖忽必烈继大汗位后，继续阔端对西藏地方的策略，除按其传统办法把旧属吐蕃的藏族地区划为王子奥鲁赤的封地外，在中央设置了统管西藏事务和全国佛教的总制院，封八思巴为"帝至自和林，驻跸燕京近郊，始制祭享太庙祭器、法服，以梵僧八思巴为国师，授以玉印，统释教"[③]，令其兼领总制院事。后又命八思巴和恰那多吉回到西藏，安排西藏地方的行政机构，组建萨迦地方政权。返藏三年后，白兰王恰那多吉去世，由八思巴举荐，忽必烈任命曾代摄萨迦法位的释迦桑波为萨迦本钦，即西藏第一位行政

① 五世达赖喇嘛：《西藏王臣记》，郭和卿译，第 88—89 页。
② 赞拉·阿旺：《朗氏家族》，佘万治译，西藏人民出版社 1988 年版，第 75 页。
③ 《元史·世祖本纪》卷 4，燕京即中都。

官员。1269年初，八思巴完成在西藏建立新的行政体制的重任后重返大都，不久受封为帝师。1288年，忽必烈将总制院改名为宣政院；由帝师兼领宣政院；又在宣政院下设乌思藏纳里速古鲁孙等三路宣慰使司都元帅府，命八思巴举荐萨迦派官员担任“本钦”，协助宣慰使司治理西藏。元制“帝师之命，与诏敕并行于西土”，即委托帝师代表皇帝行使最高权力。作为“皇天之下，大地之上”的帝师，其地位无比尊崇。“皇帝向上师八思巴请教佛法之事，自不必多说，就是俗世之大方面，也时常与上师八思巴商议”①。但帝师的法旨，都必须以“奉皇帝圣旨”开头，即帝师的法旨是根据皇帝的授权发布的。

帝师由于是宣政院的官员和京城众多佛事活动的主持者，必须常驻大都。在萨迦地方坐镇的，实际上是萨迦寺的历任座主和萨迦本钦。萨迦座主是僧人，实行伯侄绍继的制度，由长子出家为僧，继任座主之位；幼子在家娶妻繁衍后代；如有数子，也只留幼子在家娶妻生子，其他儿子皆出家为僧。从萨迦派创立到元末，共13任座主握有政教实权。但还是比较纯粹的佛教徒，以宗教为主，行政事务由萨迦本钦总管。由此，帝师和本钦分别代表的宗教、行政两大权力系统形成。《新红史》云：“薛禅汗向喇嘛八思巴献了西藏三区，以作灌顶之赏赐。并颁布蒙文诏书，其诏文是：‘鉴于喇嘛管理喇嘛事务，心意至善尤佳，故今西藏诸僧各持其教。’再者，所委任之诸本钦，他们管理世俗事务。”②

本钦是萨迦派在行政上的负责人，又是元朝授权管理西藏诸万户的地方官员。一般由帝师或萨迦座主提名，大多为萨迦大喇嘛的近侍或亲信，由元朝中央政府任命。本钦除代表元朝行使权力之外，还必须积极为萨迦派的宗教利益服务，秉承帝师和萨迦座主的意旨行事，以博取欢心，巩固自己的地位。“他们依照上师（指帝师或萨迦座主）的法旨和皇帝的圣旨，从政教两方面护持，使得国土安宁、教法兴隆”③。

帝师是西藏各教派势力在元朝的总代表，是西藏地方的最高中央长官，拥有举荐万户以上重要官员的权力。“八思巴是当时西藏三大领主的总首领，在他下面不仅设有代表三大领主利益的行政官员本钦、万户长、千户长、宗本、庄主等不同级别的官吏和行政机构，而且还设有此前的宗教上层没有过的索本、森本、却本、仲涅、仲译、强左、麻钦、格本、丹涅、康涅、骑本、格巴、阿仲等私人侍从官员十三人。在宗教和政治两方面进行统治的制度和组织系统比较全面地建立起来了”④。

这样，在元朝时期，以萨迦教派势力为基础的西藏的政教合一制度被正式确立下来。萨迦派之所以能超越其他教派之上，在西藏建立政教合一制度的地方政权，除了得到强有力的酋豪的支持或是二者直接融为一体之外，根本的原因还是得到元朝中央政权的册封和支持。如萨迦派和直贡派之间的直贡寺“林洛之变”，萨迦派就是依靠元朝中央政府派遣大军的支持，打败直贡派的。一旦元朝政府对它的支持减弱或终止，萨迦政权必然趋于瓦解，它所实行的政治制度——萨迦政教合一制度自然结束。

---

① 达仓宗巴·班觉桑布：《汉藏史集》，陈庆英译，第176、362页。

② 班钦·索南查巴：《新红史》，黄颢译，第55页。

③ 达仓宗巴·班觉桑布：《汉藏史集》，陈庆英译，第176、362页。

④ 东噶·洛桑赤列：《论西藏政教合一制度》，陈庆英译，第41页。

2.朗氏家族控制下的帕珠政教合一制

1368年,朱元璋的军队攻入元朝大都,取代元朝,建立明朝。明朝继承了元朝中央对藏族地区的统治权,基本上承袭了元朝在西藏的一套制度,但也作了一些变动。首先,废除了元朝帝师、宣政院的管理体制,设置乌思藏都指挥使司和俄力思军民元帅府管理西藏;其次,放弃了元朝在西藏所实行的单纯扶持萨迦派势力,将其作为自己统治和管理西藏的代理人的做法,实行"多封众建"的政策,对各教派一律平等相待。通过对西藏各主要教派和地方势力首领的分封、袭职、替职和例贡等形式,使他们各自均直通中央,以利用宗教领袖的影响来巩固和保持明朝对西藏的主权地位。明朝在藏区先后敕封三大法王和五大王。

法王是僧官职位中的最高者,明朝授予主要教派的领袖。第一个受封的法王是大宝法王,系元朝封给萨迦八思巴的封号,明朝将此名号封给噶玛巴德行协巴,表明当时噶玛噶举派的势力已压倒萨迦派,雄踞各教派之首;其门徒被明朝封为大国师、国师等。第二个法王是大乘法王,地位略低于大宝法王,明朝把此封号封给了在政治上虽丧失优势,但宗教上仍拥有相当影响、偏安一隅的萨迦派贡噶扎西。第三个法王是大慈法王,明朝把此封号封给了格鲁派宗喀巴的弟子释迦益希。王的地位低于法王,高于大国师、国师。五大王是阐化王、赞善王、护教王、阐教王、辅教王,其中阐化王为五大王之首,是封给帕珠地方政权第五代第悉扎巴坚参的封号。

帕珠万户是元朝在卫藏地区划分的十三万户之一,其万户长最初由丹萨梯寺座主推荐、宣政院任命,一般由朗氏家族以外的一个比较有能力的人担任。扎巴仁钦时,由帕珠噶举丹萨梯寺住持兼任,称为"喇本"。至此,在帕珠万户的辖区内,出现了由中央正式任命的集政教两权于一身的官员。

入元以来,"各万户乃多诉诸实力,仍沿袭割据自雄之旧贯"[①]。14世纪中期,帕珠万户的势力崛起,利用元朝中央政权的日趋衰败和萨迦政权内讧之际,凭借实力接连兼并了前藏几个万户,最后打败萨迦,结束了萨迦在西藏的统治,建立起统治西藏的第悉帕木珠巴地方政权,设首府于乃东,自称"第悉"。

"第悉",意为执掌政务的官员,是对帕珠政权行政首脑的称呼。绛曲坚参派出使者去大都向元顺帝请封,进入晚期的元朝中央不得不承认既成的事实,封绛曲坚参为"大司徒",命他掌管西藏地方政务并赐印,令其子孙世袭。绛曲坚参打破旧有的"万户制",在前后藏推行宗豀制度,设置十三个宗,宗的长官为宗本,宗本由他任命。到其侄子释迦坚参时,被元、明两朝先后封为"灌顶国师",命其管理西藏十三万户。到扎巴坚参时,鉴于帕珠集团已经取得卫藏大部分地区的统治权,明成祖于永乐四年封其为灌顶国师、阐化王,并加赐玉印。由他所任命的各地的宗本,也都得到了明朝的承认并封为都指挥使司佥事。这实际上承认了朗氏家族控制的政教合一政权对西藏大部分地区的统治,帕珠才取得其权威地位。

---

① 王森:《西藏佛教发展史略》,第226页。

从绛曲坚参到扎巴坚参时代，为帕珠政权兴盛时期。此后，历任第悉均被明朝中央政权敕封为“灌顶国师、阐化王”。帕珠噶举派主寺有两个，即丹萨梯寺和泽当寺，由此帕珠政权的宗教首领也有两个，但是丹萨梯寺京俄大多是由第悉卸职后转任的，影响较大，年龄较大，而泽当寺座主是自小出家后担任的，年龄偏小，故从发挥的实际作用看，丹萨梯寺京俄以长老和顾问身份发挥更大的作用。无论是丹萨梯寺京俄还是泽当寺座主，自从1208年扎巴迥乃担任丹萨梯寺京俄之后，二寺座主均来自朗氏家族。帕珠万户期间，虽由其他家族人来做万户长，但必须依靠朗氏家族的支持，朗氏家族对于帕珠万户长之任、免，实能上下其手①。从绛曲坚参自任万户长后，以后历任第悉，皆来自朗氏家族。这样一来朗氏家族“既享有宗教的权威，又握政治的权力，遂君临当时的西藏”②。其政教合一制直接由朗氏家族操纵。15世纪中叶以后，扎巴坚参改变了大司徒绛曲坚参的以宗本为流官的制度，使地方贵族势力逐渐强大起来，朗氏家族趋向衰微，造成统治权被属臣窃夺。

以上介绍的无论是昆氏家族控制下的萨迦政教合一政权，还是朗氏家族控制下的帕珠政教合一政权，其政教合一制都是在家族的操纵下，宗教与血统相联，家族兴，其教派、寺院则兴；家族衰，其教派、寺院则衰。一个家族盛衰的历史，就是一个寺院、一个教派，甚至一个政权的一部盛衰史。它们都接受当时中央政权的册封，成为全西藏范围内相对统一的地方政权，使政教合一制度日益向组织完备、范围广泛的方向发展。这是西藏政教合一制度发展的一个重要阶段。17世纪中叶，格鲁派取得了在西藏地区的统治权，其政教两权集中在一个人身上，权力传承是建立在活佛转世基础上的，这就使西藏政教合一政权的首领从一个家族内的选择发展为跨地区、跨民族范围内的选择，比家族式的政教合一制更具有生命力，使政教合一制度更健全，组织更完善。

三、政教合一制度的完善与衰亡

1.清初格鲁派政教合一制度的建立

17世纪初，帕珠首领任命的仁蚌宗本举兵推翻了帕珠地方政权，在日喀则建立起第悉藏巴地方政权。仁蚌宗本尊崇噶玛噶举派，排斥由帕珠政权扶持起来的格鲁派。格鲁派自创立以来在政治上一直是以帕珠政权为依托而获得发展的，这一时期，虽然寺院经济雄厚，政治势力却比较薄弱。帕珠政权消亡后，尚没有一种能与第悉藏巴汗政权相抗衡的政治力量，藏巴汗及噶玛噶举派与青海的却图汗和康区的白利土司三方很快结成反对格鲁派的联盟，使格鲁派集团在东、西、北三个方向均处于敌对势力的包围之中③。因此，格鲁派在存亡危急之时只好向外寻求蒙古势力的援助。

固始汗领兵消灭藏巴汗后，随即迎请五世达赖到日喀则，将西藏全部地方和从藏巴汗日喀则宫殿中获得的大量财宝献给五世达赖，同时将卫藏地方的赋税作为格鲁派的供

① 王森：《西藏佛教发展史略》，第131页。

② ［日］佐藤长：《帕木珠巴王朝的衰颓过程》，邓锐龄译，载《民族史译文集》第14集。

③ 东噶·洛桑赤列：《论西藏政教合一制度》，陈庆英译，第55页。

养;又把后藏的数十个谿卡,全部献给班禅主持的扎什伦布寺,赠以四世班禅"班禅博克多"的尊号。在他精心的策划和安排下,一个统治全藏的以格鲁派领袖达赖喇嘛为首的西藏地方政府在拉萨建立。由于这个政权最初是在哲蚌寺甘丹颇章宫宣告成立的,故又称"甘丹颇章政权",固始汗本人只抓军队和官吏的任免,委任达赖的第巴协助达赖管理行政事务。这样,就形成固始汗与五世达赖联合实施西藏地方政权的局面。

1644年,清灭明、建立中央政权后,为了便利对西藏地方的治理,借鉴"因俗而治"、"以僧俗化导"的历史经验,"兴黄教即所以安众蒙古",实行独尊格鲁派的政策。1653年,清朝在邀请五世达赖等人进京返藏途中,以金册金印封他为"西天大善自在佛所领天下释教普通瓦赤喇怛喇达赖喇嘛"。从这时起,达赖喇嘛的地位得到清政府的正式确认,而且此后历世达赖喇嘛都必须经过中央政权册封,成为定制。同时,清政府也承认固始汗在西藏的统治权,册封固始汗为"遵行文义敏慧顾实汗",命他"作朕屏辅,辑乃封圻"[①],赐给金册金印。将统管藏传佛教的宗教权力和西藏世俗大权交由其两人分别执掌。五世达赖凭借中央政府的支持,固始汗的尊信,以掌握卫藏地区的全部税收和格鲁派寺院作为支柱,加上具体办理西藏地区行政事务的第巴又是自己的亲信,在政治上更具有号召力。他借鉴萨迦派八思巴设置的"十三种侍从"的制度,沿袭帕珠时期委派宗谿宗本的制度,迅速建立起政教合一的组织机构。1681年第巴·桑结嘉措对第一任第巴索朗群培制定的《十三法典》进行完善,制定出《各级官员办事条例二十一则》,以法律的形式,明确规定了各级官员的选拔。任用标准和职责权限,在地方继续推行宗本流官制度,确立了格鲁派政教合一制度。

2.清乾隆年间格鲁派政教合一制度进一步完善

1705年,固始汗的后代拉藏汗与甘丹颇章政权的第巴·桑结嘉措之间发生火并。桑结嘉措兵败被戕,拉藏汗独揽了西藏的政务,甘丹颇章政权初期建立的政教合一体制崩溃。1717年准噶尔部突然进入藏北,占领拉萨,杀掉拉藏汗,控制了西藏。

1718年、1720年清朝两次派大军入藏,在西藏地方官员康济鼐的配合下,经过多次作战,最后驱除了准噶尔军,收复了拉萨。1721年,清朝废除了第巴一职,在西藏设四名噶伦共管政务,以康济鼐为首席噶伦。1727年,西藏发生阿尔布巴伙同隆布鼐、扎尔鼐戕害首席噶伦康济鼐的严重内讧事件,雍正皇帝决定派遣驻藏大臣僧格、玛拉驻藏办事,任期三年;封颇罗鼐为"贝子"头衔,总理全藏政务,后又晋封为"多罗郡王";将七世达赖由拉萨移驻理塘惠远寺,将其权力和活动局限于宗教事务方面,任用藏族世俗领袖管理西藏。颇罗鼐病逝后,其子珠尔默特那木扎勒袭父郡王爵位,管理藏政,但他阴谋叛乱。在七世达赖喇嘛大力协助下,清朝平息了这场暴乱。通过这件事,清朝认识到"在西藏这样一个以宗教作为社会基本凝聚核心的社会中,世俗贵族政治具有很大的游离性和不稳定性,同时它也本能地具有对宗教力量及宗教权威的排斥性倾向"[②]。于是对西藏行政体制

---

① 《清世祖世录》卷74,顺治十年四月丁巳。

② 石硕:《西藏文明东向发展史》,四川人民出版社1994年版,第397页。

加以重大调整,使西藏"俗官统治的王朝已成为历史"①。1751年清朝颁布了《钦定西藏善后章程》十三款:废除封授郡王制度,正式建立噶厦政府,内设一僧三俗四位噶伦;放弃了以往将达赖喇嘛的权力局限于宗教事务方面的政策,授权七世达赖喇嘛格桑嘉措亲政,与驻藏大臣共同领导处理地方各项事务。凡重大事务噶厦须"禀报达赖喇嘛,并驻藏大臣酌定,俟奉有达赖喇嘛并钦差大臣印信文书遵行"。这说明清朝恢复了西藏政教合一的制度。从此,西藏的教权和政权集中于达赖一人之身,他既是西藏宗教领袖又是政治领袖。僧侣上层和世俗贵族在政治上实现高度的统一,西藏政教合一制度达到完善和统一的地步。

达赖喇嘛作为格鲁派的首领,由清朝中央政权册封,使其成为西藏政府的最高首脑。当其圆寂、禅榻空位或达赖灵童年幼不能理政时期,乾隆皇帝根据西藏的实际需要设了由格鲁派的高僧担任"执政佛",摄政总理西藏事务。摄政只有地位仅次于达赖、班禅的四大林活佛才最具候选资格,清朝对历任摄政封赐"诺门汗"之封号,还领赐银印。摄政权力很大,但毕竟属于代理性质。

噶厦地方政府是西藏政教合一的最高行政机关。官员为俗官、僧官两大类,僧俗官员人数大体相等,但地位上僧侣集团占有绝对优势,这就使世俗贵族拼命向上层僧侣集团内部渗透。三大寺堪布直接参加噶厦扩大会议,政府最高终决权行使者护法僧由僧人掌握。1752年,新设了一个重要的机构"译仓",形式上隶属于噶厦,实际上受达赖直接领导,设僧官四人,管理全藏寺院,并负责僧官的升迁任免。噶厦的一切公文、政令,须经译仓审核钤印后才能生效。八世达赖强白嘉措时还设基巧堪布一职,为三品僧官,是达赖的近侍之臣私人管家,协助达赖处理一切大小事务,有权参与噶伦会议。除了管理内侍系统,还主管译仓及布达拉宫的库务工作,并负责僧侣的升迁任免。各级政府机构都由僧人任主要职务。这样,政府成为为宗教服务的工具,形成"在西藏处理政治、经济、社会、军事、法律以及民间事务都以佛教的教义为基本原则,并把服从宗教领袖,遵循佛教教义当作是最高的原则"②。公元1792年,乾隆皇帝在派遣官兵入藏,取得驱逐廓尔喀入侵胜利后,进藏官员会同达赖、班禅方面的负责官员,共同议定了善后章程。经清朝中央审定后,1793年正式颁布了《钦定藏内善后章程二十九条》。它对西藏的政制、吏治、军事、贸易、司法、寺庙管理、财务稽核、庄园租赋等各方面作了许多明文规定。自那以后,西藏从达赖喇嘛、班禅额尔德尼和驻藏大臣起,以下各级官员都将其奉为永为遵行的法规。它标志着西藏地方和中央政权的政治关系在制度上最终趋于定型和强化,使原西藏地方政府的各项制度达到了完善。

3.格鲁派政教合一制度下的班禅系统及其他政教系统

西藏政教合一制度系宗教统率政治。作为格鲁派的宗教领袖,除达赖外,还有班禅,分别为格鲁派创始人宗喀巴的两大弟子根敦珠和克珠杰的转世,在藏族民众心中具有至

---

① 毕达克:《十八世纪前期的中原和西藏》,周秋有译,西藏人民出版社1995年版,第274页。

② 多杰才旦主编:《西藏封建农奴制社会形态》,第333页。

高无上的地位。

1642年,固始汗消灭藏巴汗后,为了稳定对甘青康区的统治,采取尊崇达赖、班禅,扶植格鲁派的政策。他把西藏的全部赋税赠给达赖喇嘛,同时为了表示对四世班禅的敬仰,赠给"班禅博克多"的尊号,并把后藏的"谢通门豁卡"、"兰伦热布杰豁卡"、"托豁卡"、"绒措哇"、"阿巴喇嘛曲豁"、"安贡哇"、"扎云哇"、"岗巴哇"、"杰龙哇"等豁卡划归班禅管辖,以作僧众供养。这是达赖、班禅分治前藏、后藏的开端。当三世达赖圆寂后,四世班禅执掌西藏政教十数年,成为格鲁派的实际领袖。由于四世班禅罗桑却吉坚赞的苦心经营,扎什伦布寺"已有僧侣五千余人,楼房三千余间,属寺五十一处,……形成了自己的一套完整的学经系统,取得了与拉萨三大寺同等的地位"①,成为格鲁派在后藏的最大寺庙。随着该寺经济的不断发展,扎什伦布寺内修建了一座大厦供班禅居住,称为班禅"囊玛岗",即班禅拉章。它不仅管理寺内的一切宗教活动,还管理僧人的生活、豁卡的收入及属民们的支差。扎什伦布寺"拉章"以噶厦为体例,内设"孜""雪""涅仓"三个权限不等的机构,除此三机构外,还设置四个"深穷"专门供奉班禅喇嘛。五世班禅时,拉藏汗将后藏"达那仁钦孜"的全部牧场、"立普"全部农牧区、"业日帕庄"的全部农区等一些豁卡赠送给扎什伦布寺。清顺治时,先"秘谕达赖、班禅主持两方佛教,互为师徒",后封达赖"所领天下释教"的首领。与此同时,1713年清朝政府封五世班禅为"班禅额尔德尼",并颁金册金印,还传谕命他协助管理西藏的政教事务。从此,"班禅额尔德尼"这个称号和班禅在西藏的政教地位正式确立下来。1728年,雍正皇帝把扎什伦布寺以西一直到阿里地区全部划归为班禅管辖,但是,班禅当时只接受了拉孜、昂仁、彭措林三个宗。清高宗时规定班禅与达赖在西藏地位平等,册封六世班禅掌管扎什伦布寺政教事务。清宣宗令七世班禅暂行兼管西藏的整个政教事务,由班禅充任摄政;扎什伦布寺拉章此时第一次出现了代表政教两方面、权限分明的机构②。其中,代表宗教方面的最高机构有四大扎仓。这四大扎仓均修建于四世班禅时期,只是到了七世班禅时期,才形成为代表教权的机构体系。这四大扎仓为"脱赛林扎仓""吉康扎仓""夏孜扎仓""阿巴扎仓"。这四大扎仓均由拉章四品以上的僧官负责管理,统管扎什伦布寺及所属寺庙的寺规、教礼等。扎什伦布寺拉章内地位最高、权力最大的行政机构是"冈钦曲热",它统管拉章内的一切行政事务,其负责人员均由四品以上的僧俗官员担任。在五世班禅时期,扎什伦布寺拉章内又增设了三个行政单位:"译仓""奇热""罗顶";此时"译仓"统管拉章包括扎什伦布寺内的一切文书、印鉴,其负责人为"仲译钦波",相当于四品官。这样,"扎什伦布寺从纯宗教系统逐渐转变成政教合一的特殊寺院体制"③。

九世班禅时,达赖喇嘛和班禅失和。班禅被迫出走北上,西藏地方政府强行接管了班禅辖区内的宗、豁及其属民的管辖权。九世班禅曾在内地组建了班禅行辕,即后来称的"班禅堪布会议厅",接替了原班禅拉章中的囊玛岗办事机构,成为班禅召集随从人员

---

① 牙含章:《班禅额尔德尼传》,第52—53页。

② 多杰才旦主编:《西藏封建农奴制社会形态》,第208、209页。

③ 多杰才旦主编:《西藏封建农奴制社会形态》,第208、209页。

决策议事的权力机构。1793年，清朝颁行的《钦定藏内善后章程二十九条》中指出：“驻藏大臣督办藏内事务，应与达赖喇嘛、班禅额尔德尼平等，共同协商处理政事”。[①] 民国时期，袁世凯恢复十三世达赖喇嘛名号的同时，对格鲁派的另一位领袖九世班禅也一视同仁。1913年，中华民国加封班禅为“致忠阐化名号，以彰民国优待忠勋、尊崇黄教之意”[②]。并照达赖喇嘛为例，加给岁金。1927年成立的以蒋介石为首的南京国民政府，1928年7月组建管理蒙藏等少数民族事务的蒙藏委员会，在提出解决西藏问题的若干意见里，仍宣称中央以达赖、班禅为西藏政教之首领，其二人之权限一切如前[③]。国民政府还在拉萨设立了办事处，由清朝设置的噶厦地方政府和达赖喇嘛和班禅额尔德尼的称号，也一直沿袭下来，没有任何改变。自九世班禅于1923年被迫离开扎什伦布寺20余年，直到1952年在中国共产党和中央人民政府的领导下，十世班禅才安全返回扎什伦布寺。十三世达赖和九世班禅失和问题得到圆满解决。噶厦地方政府派驻扎什伦布寺所属各宗、各谿卡的官员全部撤回，其职权交给班禅及堪布会议厅接管。1952年经政务院批准，在原拉章政权的基础上，保留了在内地时的“堪厅”体制，使其变成为扎什伦布寺的正式行使政、教权力的机构，历代班禅固有的地位职权得到恢复。“孜”作为班禅权力的象征，凌驾于扎什伦布寺政教之上。相对“孜”的就是“雪”，“雪”分为两部分：一部分是以“堪厅”为中心的政权系统，下设译仓、涅仓、囊习康、奇热等；另一部分是以“永增岗”为中心的教权系统，下设阿巴扎仓、脱赛林扎仓、夏孜扎仓、郎莎康等。政教系统不仅管理扎什伦布寺贵族官员们的任命、升迁、革职，而且管理着扎什伦布寺所属宗谿的大小事务，总之，管理着班禅所属管辖内的一切事情。随着历史车轮的前进，1961年7月9日，经国务院批准，扎什伦布寺班禅堪布会议厅以完成其历史使命而告结束，并把统权印鉴交给了西藏自治区筹备委员会。

除达赖、班禅两大系统外，在昌都地区还有帕巴拉活佛政教系统、察雅洛丹喜饶活佛政教系统、类乌齐庞球活佛和八宿济咙活佛政教系统等。

昌都为西藏康区的重镇。昌都宗是高度政教合一的地区，昌都宗土地、人民都是皇帝封赐给帕巴拉的采邑。帕巴拉活佛集宗教、行政二权于一身，他既是强巴林寺最高宗教领袖，又是昌都宗的最高行政长官，拥有全宗的土地和农奴。帕巴拉活佛政教系统以强巴林寺为主。他通过拉章府管理行政、财政、司法及昌都镇汉民，在乡下辖五小宗十八行政村，宗设宗本，乡政村设甲本。通过拉基管理寺内宗教事务，拉基以下设若干管理宗教事务的僧职人员。

察雅洛丹喜饶活佛并非某一活佛个人的名字，而是察雅最大寺院扎西央切寺（俗称玛贡，意为母寺）最高的活佛转世系统的尊号，其知名度在康区仅次于帕巴拉活佛系统。察雅政教系统分为两支，即玛贡（意为母寺）、卜贡（意为子寺）。玛贡最高统治者为洛丹喜饶活佛，下设强佐一人总管一切政教事务，听命于罗登协绕活佛，为拉章的最高政教长

---

① 牙含章：《达赖喇嘛传》，第66页。

② 《民国政府国务院秘书厅致蒙藏事务局公函》1913年4月1日。

③ 转引黄玉生、车明怀等编著：《西藏地方与中央政府关系史》，西藏人民出版社1995年版，第232页。

官;拉章管理行政、财政、司法事务,下设佐涅一人主管财粮,伦钦一人协助佐涅,仲译钦波一人草拟文牍、管理印章案卷,伦穷九人;与拉章平行的管理宗教的机构即拉吉,管理宗教事务,下设扎仓,由堪布主持,设仁本、东本、曲本等神职人员,扎仓下为康村。

类乌齐庞球活佛属噶举派。虽然格鲁派势力在全藏区占优势,但类乌齐宗噶举派的历史悠久,故噶举派政教势力还是居于主导地位。庞球活佛通过扬贡寺即类乌寺拉章施政,拉章设强佐,下辖三个头人,二僧一俗,再下辖十七村。

八宿是拉萨功德林济咙活佛的采邑地。济咙活佛本人常住拉萨,派一强佐带若干随从去八宿管理寺院和拉章,拉章仍管全宗的行政事务。

4.西藏政教合一制度的衰亡

伴随着西藏封建制度的形成,西藏政教合一制度走上历史舞台。由西藏封建割据局面派生出西藏独特的不同势力范围和不同派系的政教合一制度,其创始人本身就是新兴贵族,他们常一人兼领政教二职,集政教二权于豪族一门,这就构成政教合一的雏形。此时各教派的政教合一体,主要依靠地方领主的支持,以弘扬教法为己任,领主势力的盛衰影响和制约着各教派的发展。到元朝的萨迦、明朝的帕珠,都以法王身份兼领政治,建立起卫藏政教合一的政权。元朝先后封萨迦派领袖八思巴为国师、帝师、大宝法王,设置宣政院管理西藏政教事务,由帝师兼领,帝师之命在西藏得与诏敕并行;明朝采取"多封众建"政策,封噶举、萨迦、格鲁三大教派的领袖为法王,封帕珠噶举政权首领为阐化王的同时,还封有另外四王,各领所辖,并统归中央管制;清初独尊格鲁派,第五世达赖虽以法王兼摄政治,而统治权操纵在世俗藏王和硕特蒙古统治者手里。清朝中央对西藏地方先后实行汗王制、郡王制、噶伦制。1750年取消世俗藏王制度,政务直接统于达赖,分由四噶伦秉承处理。1793年颁行"藏内善后章程",规定达赖在与驻藏大臣平等的地位关系上总摄政教两权,政务由其属下噶伦分理。当达赖圆寂后,到转世亲政这段时间里由摄政执掌西藏政教大权,从第八世达赖到十二世达赖,即18世纪后半期到19世纪,都采取摄政制。

19世纪中叶,西方资本主义列强用炮舰撞开了中国东南门户,发动了侵略中国的鸦片战争。由于清政府的腐败无能,中国一步步地沦为半殖民地半封建社会。近代西藏同祖国内地一样,也未能摆脱西方列强的觊觎和蹂躏,未能抵挡住西方列强洋枪洋炮的威胁。1888年,英国发动了第一次武装侵略西藏的战争,遭到西藏各族僧俗人民的坚决抵抗。1903年至1904年,英国再次发动大规模的侵藏战争,攻入拉萨,胁迫西藏地方当局直接与英国签订了非法的《拉萨条约》,使民众愤怒,朝野震惊。各地报刊纷纷谴责英帝国主义的野蛮侵略和驻藏大臣有泰的昏庸误国的罪行,强烈要求保卫国家领土,维护对西藏的主权,查办有泰,不承认非法的《拉萨条约》。清政府在举国上下愤怒抨击和强大的压力下,不得不派出唐绍仪、张荫棠等赴印谈判修订条约。挽回主权的同时,为挽回清廷的声誉,张荫棠于1905年元月提出《请速整顿藏政收回政权》建议后,决定就全国推行新政之时,在西藏整顿藏政,实行新政。他向清朝条陈《治藏刍议十九条》,同年颁布《传谕善后问题二十四条》,向社会颁发《训俗浅言》《藏俗改良》等小册子,亲自演说,宣扬维新思想。张荫棠后因受到清朝某些官员的诬告,被排挤出藏,由驻藏大臣联豫主持西藏政局。他在张荫棠新政的基础上加以调整,并付诸实践,将全藏政权收至驻藏大臣衙门系统,“其达赖班禅等,使为藏中主教,不令干预政治”。张荫棠、联豫在西藏实行新政,巩固了中国政府对西藏的主权,但因缺乏社会基础,脱离西藏实际,急于求成,其结果反而欲速则不达。1909 年,清政府决定派二千名精锐川军入藏,以资震慑,作为联豫新政措施的后盾,川军逼近拉萨之时,达赖恐遭不测,加之英帝国主义作祟,十三世达赖率左右逃往印度。达赖逃出后,清政府宣布革去其“达赖”的名号。总之,帝国主义的侵略和清朝的新政改革,给沉睡百年的西藏社会政教合一政权和农奴制社会及意识形态以强烈的冲击。

1912 年,辛亥革命结束了清朝封建专制统治,取而代之的是以孙中山为首的革命党人组建的中华民国。孙中山发布了汉、满、蒙、回、藏五族共和宣言,主持制订并公布了《中华民国临时约法》,规定:“中华民国领土,为二十二行省、内外蒙古、西藏、青海。”表明中华民国取代清朝政府在西藏行使主权。不久,袁世凯接替民国大总统职位后,就立即以总统名义下达《劝谕蒙藏令》,告知达赖、班禅额尔德尼等蒙藏地方宗教首领,现在国家政体改革,是为共和,五大民族均归平等,重申蒙、藏、回疆各地方,同为我中华民国领土,蒙、藏、回疆各民族,即同为我中华民国国民。并在北京设立了中央专门管理蒙藏一切政治行政事务的机构——蒙藏事务局。袁世凯还接受十三世达赖喇嘛的申请,恢复其名号,命令说:“现在共和成立,五族一家,前达赖喇嘛诚心内向,从前误解自应捐释,应即复封为诚顺赞化西天大善自在佛,以期维持黄教,赞翊民国,同我太平。”[①]又下令设立中央驻藏办事处,命钟颖为驻藏办事长官,接替尚在拉萨滞留的清朝最后一位驻藏大臣联豫。

这段时间里,西藏地方的政局随着祖国内地的整个形势变化不定。西藏政教合一政权受到英帝国主义的染指和中央政府对藏政整顿的内外两方面的强烈冲击,但西藏仍是祖国大家庭的一员,达赖仍称达赖,噶厦政府仍称噶厦政府,达赖的权力只有在取得中央政权的册封下才能获得政治地位,才能超越其他教派,建立政教合一制度的地方政权。

1933 年 12 月 17 日十三世达赖喇嘛土旦嘉措圆寂,噶厦政府按以往的惯例,向中央电告噩耗。蒋介石、林森、蒙藏委员会委员长石青阳等人都向西藏发去唁电,表示沉痛哀悼,并派专使黄慕松入藏祭吊。

达赖圆寂后,由热振呼图克图土登坚贝益西丹白坚赞摄政。1940 年 1 月 26 日,热振摄政向蒙藏委员会委员长吴忠信上交了关于寻访十三世达赖喇嘛转世灵童拉木登珠的经过和请求中央免于掣签的报告。吴忠信将热振的长篇报告要旨电达中央,认为热振报告“所述灵童各节,均属确实,拟请转呈国民政府颁布命令,准以该灵童拉木登珠继任第十四辈达赖,俾得及时筹备坐床典礼,以昭郑重”。行政院审核并同意了吴忠信的报告,国民政府颁布“府字第八九八号”令:

---

① 转引黄玉生、车明怀等编著:《西藏地方与中央政府关系史》,第 217 页。

青海灵童拉木登珠,慧性湛深,灵异特著,查系第十三辈达赖喇嘛转世,应即免予抽签,特准继任为第十四辈达赖喇嘛。此令。

中华民国二十九年二月五日

1940年蒙藏委员会委员长吴忠信主持了十四世达赖喇嘛的坐床大典。

1937年12月1日九世班禅圆寂。国民政府在1949年中国人民解放军的强大攻势下南迁广州。继续维持残局情况下,国民政府代总统李宗仁发布命令:

青海灵童官保慈丹慧性澄圆,灵异夙著,查系第九世班禅额尔德尼转世,应即免于掣签,特准继任为第十世班禅额尔德尼。

中华民国三十九年六月三日

行政院指派蒙藏委员会委员长关吉玉、青海省主席马步芳为正副专使,参加并主持第十世班禅坐床大典。

1949年,中国人民解放事业取得胜利。1951年5月23日,中央人民政府和西藏地方政府签订了《关于和平解放西藏办法的协议》,西藏和平解放。1956年西藏自治区筹备委员会成立。1959年西藏地方政府和上层反动集团公然发动武装叛乱,中央人民政府命令人民解放军平息叛乱,宣布解散原西藏地方政府,彻底推翻西藏封建农奴制社会。西藏政教合一制随着封建农奴制的形成而形成,发展而发展,也必然随着封建农奴制的衰亡而衰亡。1965年西藏自治区人民政府正式成立,西藏进入社会主义建设的新的历史时期。

宗教和政治结合最密切的政治形式就是西藏的政教合一制,它是在佛教西藏化漫长过程中逐渐形成的一种独特制度。萨迦派、帕珠噶举派、格鲁派在元、明、清不同时期各领风骚,藏传佛教寺院组织从和西藏某一个或几个贵族家族结合,发展为由格鲁派达赖喇嘛系统和班禅系统与全体贵族统治整个西藏的格局。特别是1751年,清朝正式任命七世达赖格桑嘉措掌管西藏地方政权,格鲁派各大寺院上层僧侣直接进入地方政府各级机构,形成政府内的僧官系统。他们以政府法令的形式多次提高寺院组织的地位,使格鲁派寺院系统成为具有行政、民事、军事、司法、经济管理职能的自上而下的独立体系。他们规定世俗贵族参政必须信奉格鲁派,还广建若干属寺,对其赐予土地、农奴,并令各寺按量长期供给格鲁派寺院宗教活动费用,对僧人免除一切差税。许多佛寺还拥有僧人武装,往往以军事力量干预社会政治生活。文化教育上,"舍寺院外无学校、舍喇嘛外无教师",寺院组织几乎长期垄断了西藏的教育,这样从精神上控制了西藏人民,对藏民族心理和性格的形成产生巨大的作用。

经济上,到20世纪中期,西藏共有大小寺院2670多座,住寺僧尼人数12万,占总人口10%以上，僧人占社会男性人口1/5多[①]。寺院占有大量牧场、牲畜和农奴，支取乌拉差役，收缴实物，放债数目大，利率高；还拥有垄断性商业机构；无偿接受信徒施舍或有偿受礼（含防风、求雨、防雹、念平安经等），因此寺院和上层僧侣集中了大量的财富。这些财富均以宗教消费和上层僧侣生活享用为目的，因此极大地影响了财富的增值，从社会财富分配上也极大影响了生产者的积极性，造成西藏社会生产滞后和政治黑暗。农奴是皮鞭下的奴隶，又是宗教枷锁桎梏下的奴隶。封建农奴制社会固有的社会矛盾和阶级矛盾的激化，最终导致封建农奴制的衰亡，也导致西藏政教合一制的衰亡。

第三节　活佛转世制度

一、活佛转世制度产生的原因

活佛转世制度是西藏佛教不同于其他任何佛教的重要特点之一。“活佛”一词，最初见于元世祖忽必烈对八思巴的封号。元代诗人韩邦靖《宫女行》：“更宠番僧取活佛，似欲清净超西天。”[②]可见，元时对西藏高级僧侣已经尊称“活佛”了。汉语俗称“活佛”，从字面上给人们感觉似乎是“活着的佛”，有所欠妥。藏语叫“朱古”，原意为化身或自在转生者、乘愿再来者。“化身”是大乘佛教所说的三身——法身、报身、化身之一。佛教显密经典对其有多种解释。《金光明经》说：“善男子，诸佛之化身者，与诸佛同行。”这说明化身的所有行动、做法和佛相同。按照佛典解释，“朱古”是佛的化身即佛在人世间的化身，有殊胜化身、事业化身、受生化身。转世活佛中，除佛、菩萨的“朱古”外，尚有“赤朱”——甘丹寺赤巴等特大寺庙法台转世和“让炯朱古”——获大成就者的转世。“所谓活佛转世，即是某位大德喇嘛在佛教教理和实践方面取得了很高的成就，证得菩萨地之后，便下凡救渡众生，这便是活佛。他在有情世界的不断化现，就是活佛转世”[③]。佛有化身，菩萨也可以化身。大德高僧圆寂后，可随其愿力转生于人中，通过特定的转世程序和方法，被确定的灵童就是转世活佛，为前一个人身的转世，和前一个人身属于同一个佛身。“本性不迷，业力自如者，应劫化现，乘愿再来，普度众生”。经过一定的培养和训练，灵童成年之后，以前世的名号，再在人间弘法利生。

活佛转世制度是把佛教的基本教义、仪轨和西藏社会错综复杂的政治经济宗教因素协调起来，通过佛教徒特定的宗教修持实践，来解决宗教领袖的地位以及政治、经济权力的传承和延续问题而独创的方法和制度。它始于13世纪噶玛噶举派的高僧噶玛拔希，兴盛于15世纪的格鲁派，以后又影响并发展到整个蒙藏地区。一时间，不少寺院有德行、声望的高僧，都争取效仿开始转世，出现了众多的大小活佛。西藏佛教传入蒙古地区

---

① 转引多杰才旦主编：《西藏封建农奴制社会形态》，第260页。

② 见翟灏《通俗篇》二十“释道活佛”。

③ 见诺布旺丹著：《生命之轮——藏传佛教活佛转世》，青海人民出版社1996年版，第1页。

后,“朱古”一词在蒙古语中称“呼毕勒罕”,即为转世之义。1793年,清中央政府颁发金瓶掣签制后,把活佛转世置于中央政府的监督下,体现了西藏地方隶属于中央政府管辖的历史事实,使活佛转世进一步制度化。

1.政治经济原因

公元7世纪前后,佛教分别从祖国内地和印度传入西藏。在吐蕃王朝大力扶持和寂护、莲花生等一大批印藏僧人的努力下,得到迅速发展,以致被奉为国教。到公元9世纪中叶,朗达玛为了打击佛教寺院经济势力,巩固自己的统治,大肆灭佛,使佛教几乎灭绝,导致“卫藏无法”的局面。随着西藏历史的发展,封建经济制度的确立,农牧、手工业、商业都有了较大的发展。各地封建割据势力为了巩固自己的地位和权力,急需寻找出一种与经济基础相适应的意识形态,于是重新选择佛教为思想统治工具。佛教通过“下路弘传”和“上部律传”两条道路又在西藏迅速发展起来。

10世纪后半期,新兴的封建地方势力积极资助和选派年轻人去多康、印度求学,以促进佛教的发展,其中著名的有仁钦桑波、卓弥·释迦益希、玛尔巴、桂·库巴拉孜、俄·洛丹喜饶等。一批学法归来的学子,在农业发达、人口稠密的地区建寺收徒弘法,形成了一个个具有一定地域范围的文化圈。这种文化圈促成了教派的产生,先后出现了代表各地方封建主利益的20余个教派和教派支系,其中影响较大的教派有噶当派、萨迦派、噶举派、觉囊派以及格鲁派等。

从经济方面说,公元8世纪,僧人的生活主要依靠王库供给。公元9世纪,赤热巴巾拨给僧人土地、牲畜、奴隶,使寺院经济势力极度膨胀,结果导致朗达玛灭佛。公元10世纪后半期,阿里古格王拉德用心扶持佛教发展,为奖励仁青桑波译经传法有功,把普兰的协尔地区作为封地划给他,以作为寺院庄园。从此,佛教僧人个人可直接控制和管理自己的庄园。在封建地方势力的扶持下,为了将自己的教法推广到全西藏,一些大德高僧纷纷前往各地讲经弘法,招收僧徒,广建寺院,呈现一派百花齐放、百家争鸣的局面。随着僧人人数的日益增加,寺院不断增多,组织日趋健全,僧人的社会地位得到提高。在这种情况下,政府把一定的生产资料作为固定寺产交给僧人。因此,僧人中由原来靠布施、薪俸过活的人,一转成为掌握一定生产资料的披着袈裟的封建领主;而一些封建领主又把持着寺院的宗教领导权,这就形成僧俗一体、联合行施政教权力,“教依政而行,政恃教而立”。

随着寺院权力的扩大,各教派为了土地、草场、水源、属民人户和教派是否正宗等问题产生矛盾,进而互相争战。其中影响最大的一次争战,发生在萨迦派与直贡派之间。公元13世纪前叶,元朝统一中国。为了统治的需要,元朝皇帝以“行其教以利其政”的办法,大力提倡奉佛,优崇西藏佛教萨迦派领袖,厚封八思巴为帝师,命其领宣政院,主管全国的各种宗教,并管理西藏政教事务。势力与之相当的直贡派出于政治、经济、教派利益的需要,力图与之分庭抗礼。直贡派企图借助西蒙古军队的力量,推翻萨迦派在西藏的统治地位,但被忽必烈派来的元朝军队和萨迦派联军打败,直贡替寺被烧毁。“直贡地区的大多数俗人流浪他乡,房屋遭到破坏。所有土地上长满高高的茅草,直贡四周修建了许多碉堡”①。直贡派属地塔波、工布、埃等大部分为萨迦派攘夺。

各教派为了保持和发展自己的经济势力，为了在同其他教派的竞争中立于不败之地，对财产和权力的承继问题极其重视，这就为活佛转世创造了条件。

2.理论基础

活佛转世不仅有着复杂的社会背景，而且也有其深刻的佛教理论基础。化身思想一经传入西藏，很快受到重视，其中一个很重要的原因，就是它和古代藏族信奉的苯教灵魂不灭有许多相似之处。

古代藏族信奉的是以崇祀鬼神、祈祷占卜为内容的苯教。它是一种信仰万物有灵的原始宗教，认为每个人肉体可以死亡，灵魂永远不灭。藏文史籍记载：“聂墀赞普时期有一个叫策米先吉木嘉的人传入了苯教，……他认为人死以后转生为鬼或神，而神鬼死后也转生为人，因而承认有先世和后世。”②聂墀赞普到赤德赞普之间历代赞普都用苯教治理王政，使苯教“传播诸方，盛极一时”③。“当时的苯教，只有下方作镇压鬼神，上方作供祀天神，中间作兴旺人家的法事而已”④，所谓以苯教护持王政，主要指通过宰杀大量牲畜的祭祀活动为赞普服务，宣扬赞普为天神之子。“圣神赞普鹘提悉补野自天地浑成，入主人间，为大蕃之首领。于雪山高耸之中央，大河奔流之源头，高国洁地，以天神而为人主，伟烈丰功，建万世不拔之基业焉”⑤。“在神子赞普如同苍天覆盖的统治之下，上天赐予了无数子民”⑥。这种古老、玄远的灵魂不灭、君权神授的影响渗透了藏民族的思想，为藏民族接受佛教奠定了基础。

（1）小乘佛教的业报轮回——精神永恒性为活佛转世的基本理论之一

佛教创始人释迦牟尼通过亲身的修持证悟，揭示了世界上的一切事物都由各种因素和条件缘生缘灭的规律。佛教认为一切事物都是因，又都是果，因果相续；生命现象也如此，人的生命起源是由十二因缘互为因果，彼此依存而造成的。“世出世间之事，不出因果二字”⑦。“行恶得恶，如种苦种。恶自受罪，善自受福。习善得善，亦如种甜，自利利人，益而不费”⑧。“一切世间之所有，种种果报各不同，莫不皆由业力成，若灭于业彼皆尽”⑨。可以看出，果报是由人们所造“业”决定的。业，梵经曰羯磨，意为造作，泛指众生有意识的一切活动。有业的存在，必有力用的显示。故业力，指善恶业所具生善恶果报、造作一切的力用。实际上，业与业力，义同而名异。由于业的不同，众生承受的果报也不同。小乘唯以身口之发动为业，大乘唯识学谓业为经心所法中的“思”发动而起的活动，

---

① 直贡·丹增白玛坚参：《直贡法嗣》，克珠群佩译，第108页。
② 东噶·洛桑赤列：《论西藏政教合一制度》，陈庆英译，第5页。
③ 《土观宗派源流》，刘立千译，第194、196页。
④ 《土观宗派源流》，刘立千译，第194、196页。
⑤ 王尧辑《吐蕃金石录》，文物出版社1987年版，第43页。
⑥ 《土观宗派源流》，刘立千译，第194、196页。
⑦ 《印光法师文钞菁华录》，陈兵编：《佛教格言》，巴蜀书社1994年版，第87、195页。
⑧ 《法句经》。
⑨ 《华严经·十回向品》。

分身、口、意三业。思“谓令心造作为性,于善品等役心为业”。“一切众生所作业,纵经百劫亦不亡,因缘和合于一时,果报随应自当受”①。其业力力量不可思议,世界中无比。业分三种:有漏业、无漏业、非漏业无漏业。有漏业指凡夫由无明烦恼心所造的业,分善、恶、无记三种。无漏业指人乘圣者以无漏(烦恼)心为本所作的业,此类业超出了三界有漏因果的范围,感得方便有余土的果报,与前一类有漏业有质的不同。非漏业无漏业指大乘菩萨以超越世间、出世间,从而既出世间又入世间的菩提心为本所作的业,离真烦恼而出世间故非有漏业,以大悲心为本深入世间,方便智慧双运故非无漏业,此类业感得实报土之果报。业因果报,贯通过去世、现在世、未来世,当人的生命其肉体复归四大自然要素时,其个体的“业”即精神是唯一的永恒,“有情轮回生六道,犹如车轮无始终”②。世上一切重苦,莫过于生死,生死不了,生死死生,生生死死,苦不堪言。故众生生命过程中的“业”在业报轮回中是永恒的、不灭的,只有求自己的清净,才能利乐一身;只有以小乘佛教为基础,才能发菩提心、慈悲心,实现神通、形体显示,来延续精神,达到清净众生,利乐一切。

(2)大乘佛教菩萨十地的理论,为活佛转世的基本理论之二

大乘以菩提心为根本。菩提为梵语,旧译为道,新译为觉,即“大彻大悟”求真道、正觉之心。它最基本的思想是普度众生,《涅槃经》卷十一讲“三世诸世尊,大悲为根本”。《光明菩萨经》还讲“大悲是一切诸佛菩萨功德之根本,是般若波罗蜜之母,诸佛之祖母”。《华严经普贤行愿品》也说:“诸佛如来以大悲心而为体故,因于众生而起大悲,因于大悲生菩提心,因菩提心成等正觉。一切众生而为树根,诸佛菩萨而为华果,以大悲水饶益众生,则能成就诸佛菩萨智慧华果。是故菩提属于众生,若无众生,一切菩萨终不能成无上正觉。”故一切菩萨发“众生无边誓愿度、烦恼无尽誓愿断、法门无量誓愿学、佛道无边誓愿成”四大宏愿,再通过艰辛的修持方法——十度,即布施度、持戒度、安忍度、精进度、禅定度、般若度、方便度、愿度、力度、智度,才能转识成智、由凡成圣,达到菩萨十地。由十度依次形成菩萨十地,即大乘菩萨行者见道、修道的十个阶位:

初地,欢喜地,见道,断见惑,证我法二空性,生大欢喜。

二地,离垢地,永离任何犯戒垢,身心清净无瑕。

三地,发光地,成就殊胜之禅定,得五神通,发出智慧之光。

四地,焰慧地,智慧增盛,断微细身见等。

五地,难胜地,俗智与真智相合,通达一切世间学问技术等利益众生的方便。

六地,现前地,无分别智增长,最胜般若现前,入灭尽定。

七地,运行地,住于无相行,智慧超胜一切世间及二乘。

八地,不动地,无分别智任运相续,断俱生烦恼障,不为一切事缘所动,得无生法忍。

九地,善慧地,成就四无碍解,具十力,能遍行十方说法度众生。

---

① 引《光明童子因缘经》。

② 《印光法师文钞菁华录》,陈兵编:《佛教格言》,巴蜀书社 1994 年版,第 87、195 页。

十地,法云地,成就大法智,具足无边功德,法身如虚空,智慧如大云。

十地所证功德,初地有能见百佛、知百佛加持、住百佛刹、照了百佛刹、震动百佛刹、住寿百劫、见过去未来百劫、入异类百三摩地、成熟百众生、变化百身等功德,如是功德,二地有千,三地十万,四地百亿,五地千亿,六地百千亿,七地百千那由他亿,八地佛刹极微尘数,九地百万佛刹极微尘数,十地不可说不可说佛刹极微尘数[①]。自创立大乘佛教后,佛教中涌现了众多的如来佛和即将成佛的菩萨。只有菩萨十地,才能实现慈悲、神通、形体显示、延续精神,永离生死超脱轮回、常乐我净,才能按照实际需要随心所欲转生为各种各样的人。"十地菩萨,其功德是难以用语言来表述的,如果非要论说的话,菩萨的功德就像世上的尘粒一样多"[②]。因此,基于发菩萨愿而非基于个体续有的再生观,以及实现菩萨慈悲、神通和形体显示现象的菩萨乘十地理论,为活佛转世提供了理论基础。

(3)重建释迦牟尼佛及其转世结构为佛教的最高理想

释迦牟尼佛证得法身,但为超度有情识的生命体才以应身法下界,显其十二事业,教化众生。菩萨和如来都是佛陀神化后在范围上的进一步扩大。从此,应身法不仅仅局限于佛陀一人,人人都可证得涅槃。同时,证得涅槃后都有责任和义务以应身法下界救众生。《文殊般若泥洹经》说:文殊住三昧力,能于十方世界,化现诸形,教化众生。菩萨是佛的前生,经过发展,无数菩萨便成为与其相对应的佛。"化身说"实际就是追慕佛的功德力信仰的教徒们的产物。"化身"代佛弘扬佛法,替佛显身说法。释迦牟尼涅槃以后,随着大乘佛教的兴起,尤其是密教的盛兴,把重建释迦牟尼佛及其转世结构作为头等重要的大事加以对待。西藏佛教将这种理论进一步发挥,在原来的基础上进行再创造,使之更加完善,把本来在遥远的未来才能实现的重建释迦牟尼佛及其转世结构的理论提前实现了。

西藏被认为是观世音菩萨的教化地。在《西藏王臣记》《王统世系明鉴》《汉藏史集》等文献都记载:松赞干布为观世音菩萨的化身,赤松德赞为文殊菩萨的化身,赤热巴巾为金刚手的化身。月称《入中论》讲:"人身的手孔是无数的,菩萨的数量恰如同一毛孔中又有无数菩萨,(无数的)佛就是与这些菩萨一起出现的。"故西藏有大大小小众多的转世活佛出现。

总之,虽然转世观念见于世界各地,但是将此观念系统完整地总结为一套理论的是佛教,又将转世理论付诸实践并得以成功者仅西藏佛教。活佛转世,除有佛教深奥的理论依据外,还有适合这个理论应用推广的社会历史环境。

3.噶玛拔希的宗教实践

后弘期佛教的特点:一是由于分散的封建割据势力,形成诸多教派,纷纷建寺收徒,虽然各教派在形式上互不相容,但根本教义是一致的,都有其侧重的密宗教法;二是密法之盛是前弘期无法相比的,特别是无上瑜伽密法。后弘期初期,西藏佛教界重密轻显,修

---

① 陈兵:《新编佛教辞典》,中国世界语出版社,2007年版,第213—214页。

② 月称:《入中论》。

习次第混乱。印度著名佛学大师阿底峡的入藏传法,改变了重密轻显现象。阿底峡主张显密贯通,强调以实修为主,规定修行次第,并著《菩提道炬论》进行论述。他认为,修行的阶梯有下士、中士、上士三个,即“三士道”。具体地说,下士道,是要人们皈依佛、法、僧“三宝”,达到今生今世的快乐;中士道,是要人们持守戒、定、慧“三学”,达到涅槃境界;上士道,是要人们按“六度”的规定去做,不但自我成佛,还要普度众生,帮助别人脱离六道轮回之苦,达到成佛的境界。《菩提道炬论》强调了善恶报应、业报轮回、超脱六道轮回的深层原理,给佛教徒们艰辛漫长的苦修无疑注入了一剂强心针,故后弘期西藏佛教得大成就的高僧大德辈出。当他们行至暮年,面临继承权问题时,不同教派采取了不同的继承法。

从十二、三世纪开始,西藏的政治经济宗教紧密结合,政教合二为一。政教合一制度的建立者——萨迦昆氏家族,为牢牢掌握统治权力,让家族中的长子出家为僧,掌握宗教权力;次子娶妻生子繁衍后代,保持家族的血脉相传,掌握世俗权力;寺院住持则采用伯侄相传。这样,政教大权永远掌握在昆氏家族手里,家族的命运就是教派的命运,家族兴则教派兴,家族衰则教派衰。政教合一如此密切的萨迦派没有产生出活佛转世,证明家族统治之下产生不了活佛转世,因为不需要。

宁玛派采取以父子兄弟相传的家族世袭做法。夏鲁派采取由杰家族聘请著名高僧大德来担任寺院住持。塔波噶举分成四大支派八小支派,其中帕珠噶举派类似萨迦派的传承;蔡巴噶举派多由噶尔家族的万户长兼任住持,或者先当万户长,后改任住持;直贡噶举派一直由居热氏家族成员担任。上述教派,宗教领袖继承问题在其内部就已经解决。唯独噶玛噶举派开活佛转世之先河,这是由其特殊地位决定的,关键是噶玛拔希的宗教实践。

噶玛噶举是噶举派四大支系影响最大、流传最广的一个支系,其创始人是塔波拉杰的心传弟子堆松钦巴(1110—1193),他30岁时从塔波拉杰学法,学习了噶当派和噶举派教法,还兼学了萨迦派的“道果”教授和宁玛派的“大圆满”法,尤其得到塔波拉杰根据噶当派的《菩提道炬论》和米拉日巴的《大手印教授》开创的《大印俱生和合》法。传说他在岗波寺苦修“拙火定”三年,手中撒上尘土可以九天不落毫分;还说他练就通行岩石无阻的神通,故有“有岩上师”的美称。他最初以康区为活动中心。由于他在宗教上的名声,逐渐向乌思藏发展。1187年他在堆龙德庆建楚布寺后,才在乌思藏发展起来。“但在噶玛巴背后从来就没有一个固定的施主家族为其作坚强后盾,对噶玛巴的发展带来了一定困难”①,“他的实力是以在康藏各个地方政权辖区内所建立的属寺和吸引的信徒为基础的”②。因没有强大的政治靠山,噶玛噶举派要想在乌思藏站稳脚跟,只有依靠自己在宗教方面的影响;也正因为无法实现政教密切结合,才使宗教能自由灵活地发展。

堆松钦巴80余岁在楚布寺圆寂。11年后,噶玛拔希(1204—1283)诞生在康区一个

---

① 《元朝噶玛巴研究二题》,《中国藏学》1989年第4期,第74页。

② 王森:《西藏佛教发展史略》,第109页。

贵族家庭。相传他5岁左右就能读写藏文,10岁前后对所有佛经仅念诵一遍就能心领。11岁从都松钦巴的再传弟子奔扎巴学法10年,无间断地密修,使其功夫高深莫测。后到西康弘法,聚众已达五百人。噶玛拔希是西藏佛教史上仅次于莲花生大师颇具“神通”的人物,史书称之为“朱钦”,意为得大成就者。他通过潜心修证《脐轮火》《幻身》《光明》《大手印》等噶举派密法,获得大成就,拥有各种神通。“譬如鸟无翅不能高翔,菩萨无神通不能随意教化众生”①。噶玛拔希以其神通降伏和役使西藏各地的鬼神和精灵。1247年,噶玛拔希回到楚布寺,此时噶玛噶举在康藏地区盛行。由于噶玛拔希声名远近遐迩,1253年当忽必烈亲征云南路过康地时,特召见噶玛拔希,请他留在自己身边,但遭到拒绝。1256年噶玛拔希被元宪宗蒙哥汗召见并封为国师,还赐金边黑帽一顶和金印,后世故称其教派为噶玛黑帽派。1259年蒙哥汗死,王子兄弟相争,忽必烈获胜。受人挑拨,忽必烈将噶玛拔希监禁起来,百般加害。《红史》记载:“故忽必烈下令对他施行火烧、抛入水中、用兵器砍、喂毒、头上钉铁钉等刑罚,并派人分三班轮流看守,七天不准进食。”但这丝毫损伤不了噶玛拔希。忽必烈感叹他的神变奇迹,考虑到噶玛噶举派在各地的势力和影响,终于将他放回西藏自由传教。

噶玛拔希虽一度受到王朝的冷遇,但其教派的势力并未受到严重损伤。他一路讲经传法,在甘、宁、青一带传教八年之久。史载:“大成就者噶玛巴什抵达当(雄)久孜拉,是时住在卫藏地区的蒙藏官员、喇嘛上师、本禅、宣慰司之长官及万户长等所有一切人,逐一献茶,迎接供奉。(噶玛拔希)举行佛经大会,又做了黑帽颂,其时一切人生起坚定信仰,并称其名为唯一大成就者。”②在早期噶玛噶举历史上,未见噶玛巴参与过西藏地区的政治或军事斗争,相反却看到噶玛拔希苦口婆心调停于诸教派的纠纷争斗之中,使自己在宗教界的影响颇大。

到噶玛拔希晚年时,他不得不考虑继承人的问题。他深知“在群雄竞争,互相攻伐,彼此兼并的形势下,一个集团是否具有杰出的、有号召力、相对稳定的领袖人物和领导核心,对这一集团(派别、部落、教派等等)的兴亡,具有重要意义”③。噶玛拔希既无子嗣,又无权势,不可能像萨迦、帕珠、蔡巴靠世袭传承,也不可能像夏鲁派那样由其施主聘请高僧来主持;而他的弟子或者别人,都没有他那样的能力和威望,显然师徒传承无法采取。于是,噶玛拔希利用自己在宗教界的威望和影响,以及自己修行的高深莫测,独创了活佛转世传承法。

据《贤者喜宴》《红史》等史料记载,噶玛拔希圆寂时对弟子邬坚巴授记:“我之身躯请放七天。不要动。”圆寂后其灵识“前往兜率天及所有一切天”。这样过了八天,当他念起众徒,前来楚布,想使灵识再入躯体时,躯体已被焚化。于是,他想用夺舍法,再来人间作利生事。他看到楚布帕尔仓地方有个刚死的3岁男孩尸体,就立马进入其尸体,并转动眼睛。其母看到这情景怕是邪兆,就用针扎破了小孩的眼睛。噶玛拔希觉得没有眼睛

① 《摩诃般若经·必定品》。

② 《贤者喜宴》(四),黄颢译注,《西藏民族学院学报》1987年第2期。

③ 降边嘉措:《班禅大师》,东方出版社1989年版,第183页。

难作利生事。因此再去寻找新的尸体,但没有找到,甚为灰心,准备融入法界。守护地方的二十五空行母前来力陈六道众生之种种痛苦,劝他转生人间,普度众生,并给他加持,授记他将在贡塘地方降生。

“夺舍法”是噶举派方便道“那若六法”之一——迁识法的分支,属无上瑜伽部密法,是玛尔巴亲自从印度求取的。玛尔巴讲:“自身如若已经到时限,找到具相殊胜之他身,中间字母风息之乘马,用以缘起风息之转轮,舍弃自身如同舍空室。他身成为化身之自性,此名夺舍之教授。”①也就是让灵识进入任何完整的尸体,使尸体复有生命的一种密法。玛尔巴曾数次在大弟子们面前实施过夺舍法。作为噶举派的一个重要密法,噶玛拔希肯定学修过,其修行成就绝不亚于玛尔巴。他能够自主地控制知识和气脉。对他来说,使用夺舍法不会是什么难事。然而,“夺舍法”的条件不成熟,噶玛拔希采取了投胎转生的方法,即实施“迁识法”。

其认定过程,噶举派一章有详细描述,在此不赘述。总之,经过反复寻问观察和核对,其弟子邬坚巴对转世灵童就是噶玛拔希深信不疑,于是给他受戒,并把噶玛拔希的秘密名号让迥多吉赐给他。这在西藏佛教史上第一次确认一个幼童为一个教派的领袖,至此,西藏佛教活佛转世制度正式开始。

二、活佛转世制度的发展

让迥多吉被确认为噶玛拔希转世后,从小受到严格的宗教训练。他不仅学会了噶玛噶举派的各种显密教法,而且还学习了宁玛派、息结派等派的教法,承袭了噶玛拔希的流风余绪,因此其宗教影响较之先世有增无减。后追认堆松钦巴为噶玛巴活佛一世,噶玛拔希为第二世,让迥多吉为第三世,至今传十七世。第三、四世活佛曾得到元帝诏请,多次进京觐见,同元朝皇帝关系密切。到明朝时,噶玛噶举教派势力扶摇直上。明永乐帝封赐黑帽系第五世转世活佛名号为“万行具足十方最胜圆觉妙智慧善普应佑国演教如来大宝法王西天大善自在佛领天下释教”(简称“大宝法王”),“赐印、诰及金、银、钞、彩币、织金、珠、袈(裟)、金银器皿、鞍马”。他的三个徒弟也先后被封为国师、大国师,并赐印诰及大量金银财宝。到帕珠王朝后期,噶玛噶举派成为藏区宗教之首,它同仁蚌地方势力联合起来,建立了藏巴汗政权,实为噶玛王朝。十七世伍金赤列是西藏和平解放后第一位经国务院宗教事务局批准坐床的活佛。继噶玛噶举黑帽系之后,噶玛噶举教派内相继还建立了红帽系、司徒活佛、杰曹活佛、巴俄活佛转世系统。到后来,整个噶举派普遍采用了活佛转世制度。就连萨迦派一方面在萨迦法王家族内部保持本派传统的世袭传承制,另一方面也开始采用活佛转世制度;宁玛派大体上也采用了活佛转世制度。但作为一种宗教制度,广泛地在西藏各寺庙沿袭传承,是在 15 世纪。13 世纪以后,西藏佛教各派因戒律废弛,呈现“颓废萎靡之相”。到 14 世纪末、15 世纪初,宗喀巴在噶当派教义基础上,大胆改革,建立严格的学经制度,要求僧众严持戒律、学行并举、显密兼重,创立了

---

① 《贤者喜宴》(六),黄颢译注,《西藏民族学院学报》1987 年第 4 期。

新噶当派。此时“政教合一”制益日臻完备，寺院财富极大扩大。16世纪中叶，宗喀巴创立的格鲁派寺院集团形成。随着它的政治、宗教、经济势力迅速发展，为了保护自己的优越地位，急需有一个稳定的能够长期维持的领袖人物选拔制度。由于禁止僧人结婚，于是一方面采用甘丹法王制，即通过对一般僧人的升级考取格西制；另一方面采用噶玛噶举黑帽派的做法，采取活佛转世相承的办法，出现了达赖、班禅两大活佛系统。

一世达赖根敦珠巴示寂后的第四年，格鲁派宣称后藏达纳地方出生的一名男孩是根敦珠巴的转世，他就是二世达赖根敦嘉措。明嘉靖二十一年（1542年），根敦嘉措圆寂，哲蚌寺正式寻访他的转世灵童，3岁的索朗嘉措被确定为第三世达赖，“这也就是《明神宗实录》首次记载的‘师僧活佛’，是格鲁派采用活佛转世制度的正式开始”①。1576年，蒙古土默特首领俺答汗，迎请索朗嘉措到青海传教，并赠尊号“圣识一切瓦齐尔达赖喇嘛”以示敬重，从此开始有了达赖喇嘛的名号。到五世达赖时，公元1652年，洛桑嘉措应清顺治皇帝邀请到北京，受封为“西天大善自在佛所领天下释教普通瓦赤喇怛喇达赖喇嘛”，并赐金册金印。从此，达赖喇嘛的政教地位得到清朝中央政府的正式确认，历世达赖喇嘛转世灵童，必须经中央批准、册封，成为一项定制。

与此同时，班禅转世系统也逐渐形成。1566年，藏安贡寺的三世安贡活佛逝世后，1570年生于兰伦热布的曲吉巴丹桑布被认定为其转世灵童，迎入安贡寺，取法名罗桑却吉坚赞，成为四世安贡活佛。1601年出任扎什伦布寺第16任赤巴，获班禅（班钦）称号。1645年固始汗赠“班禅博克多”尊号。清康熙元年（1662年），四世班禅洛桑曲吉坚赞圆寂后，后藏托布加谿卡的一个幼童被认定为他的转世灵童。康熙五十二年（1713年），康熙帝册封五世班禅为“班禅额尔德尼”，并赐金册金印。从此有了班禅活佛的转世系统，标志着班禅额尔德尼活佛转世系统取得了与达赖喇嘛转世系统平等的地位。在宗教上则根据“化身理论”，把达赖喇嘛说成是观世音菩萨的化身，把班禅额尔德尼说成是无量光佛的化身。

西藏佛教活佛转世制度，经噶玛噶举派首创，格鲁派袭用后，使格鲁派击败了强大对手，重振雄风，取得了西藏政教的霸主地位。格鲁派建立活佛转世制度后，使这一制度更加完善，也使各教派普遍采用。除达赖、班禅被推崇为“天上有太阳、月亮，人间有达赖、班禅”外，在蒙藏地区形成了哲布尊丹巴、章嘉、嘉木样等活佛系统各教派的大小活佛约四千余名。其中在理藩院正式注册的大活佛，在清朝乾隆年间为148名，到清末民初增为160余名。其分布是：西藏35名，内蒙57名，外蒙19名，青海、甘肃等地35名，常驻北京的14名。西藏主要的活佛除达赖喇嘛、班禅额尔德尼外，还有策墨林活佛、功德林活佛、丹结林活佛、喜德林活佛等。

三、确认转世灵童的传统做法

西藏佛教转世活佛不是用选举或指定的办法产生，而是用寻访的方法产生的。活佛

① 蔡志纯、黄颢：《活佛转世》，中国社会科学出版社1992年版，第20页。

转世灵童的认选办法，历经几百年的演变，由简到繁，由松到严，形成了一整套的传统做法和制度。活佛因经济、政治、寺院规模的不相同，分成不同等级，故转世程序也各不相同。一般中小活佛圆寂后，由寺庙与拉章的亲近弟子寻访灵童候选人，然后报经上级活佛确认，在所属寺庙斋僧布施，举行一定的仪式即可。如果经理藩院注册的呼图克图以上的大活佛及各教派领袖人物转世灵童的认选，则需按传统的办法和制度规定来确定，其具体传统做法如下：

1.根据生前的遗嘱或预言寻访

即前世生前遗嘱或预言暗示他转世的地点、时间、环境、出生时的自然景象等。其形式多种多样，有遗嘱、有梦示，或者对某一地方的赞誉，或以诗和书面委婉预示等。如首创转世传承的噶玛拔希在临终前传位于弟子邬坚巴并为他授记说："从远方拉堆方面，必出一继承黑帽法统的人，在他未来以前，汝当作为佛的代理！"①遂将金边黑帽戴在邬坚巴头上，安详示寂。后来邬坚巴根据其授记方位，在上部米拉日巴的故乡寻找到噶玛拔希的转世灵童让迥多吉。据说三世达赖索朗嘉措曾立遗嘱转世于蒙古，四世达赖云丹嘉措果然是蒙古土默特部俺答汗的后裔。六世达赖仓央嘉措生前做诗给弟子，云："吾欲高飞一远游，敢从白鹤假双翼，行程远不过理塘，仍将由彼归故里。"这预示在理塘地方转世，七世达赖格桑嘉措就是在理塘寻获的。三世班禅洛桑顿珠示寂前，向大弟子克珠桑结益希预言他很快降生在拜哇地方，果然在后藏的竹拜哇村寻获四世班禅洛桑曲吉坚赞。六世班禅离开后藏进京觐见皇帝，离藏前对俗家弟子班丹顿珠说："我会年轻轻地回来，到时请安排住宅"，预言他将在自己的家转世。又如十六世噶玛巴·日贝多吉示寂前，将遗嘱留在护身符中，预示在叫"巴果"的地方转世，父亲名叫顿珠，母亲名叫洛嘎。十年后，果然在"巴果"地方寻获顿珠和洛嘎夫妇1985年出生的儿子，他就是十七世噶玛巴·伍金赤列。

2.根据征兆寻访

有的活佛圆寂时，未留下遗嘱或预言，那么可根据征兆、祥瑞或生时虹见于屋上来确定。如七世达赖格桑嘉措在1708年理塘出生之际，彩云呈祥；十世达赖崔臣嘉措1816年也在理塘转世，记载说祥云聚于屋顶外，诞生屋的木柱流乳，房内突有丸药撒地。十一世达赖克珠嘉措于1838年在噶达转世，诞生之前青黄花在冬天不萎，诞生时自早晨起祥云聚成幡幢等形。十二世达赖赤烈嘉措于1856年转世，是年冬天墙院内树木突生，上有五朵花枝。十三世达赖土旦嘉措入寂时，遗体面南而坐，坐龛时发现脸已转向东北方，弟子们扶正后，不久又转向东北方，示意转生灵童可在东北方位寻找，同时，临圆寂时，东北方向的天空出现奇异吉祥的云彩。再如八世班禅丹白旺秋的母亲能说会道，常干预政教事务，班禅祈祷来世的生母应寡言，九世班禅曲吉尼玛于1883年转世，生时其母即哑。又如三世章嘉活佛若必多吉出生之前，传说其母怀胎时多次梦见自己的身体变成金身，腹中怀着一座金山，在其降生的白崖附近出现彩虹。当彩虹消失时，石崖上出现一座门，听

① 《土观宗派源流》，刘立千译，第65页。

到有声音说："弥勒佛将从这座门里出来。"这些征兆、祥瑞是真是假，要经寻访人员的查证。

3.神谕

西藏佛教能预知吉凶祸福的护法神有四位，即乃穷、拉穆、噶东、桑耶四寺的四大护法神。护法神藏语叫曲均。而降这类护法神，或者说神灵附体，传达这些护法神旨意的神职人员也叫曲均，可译为神汉。神汉是充当护法神和人世间的中介人，做护法神的代言人。通过降神做法，为人们预测未来，判断是非，这就是神谕。神谕在转世活佛的寻访和认定过程中起着很关键的作用。居四大护法神之首是全藏闻名的乃穷护法，供奉在乃穷寺，其代言人曲均亦驻锡在乃穷寺。乃穷护法既是保卫佛教的神，也是预卜吉凶的神。在有些时代，他甚至参与或决策西藏政治生活和宗教生活，能预示达赖喇嘛或者班禅的转世，人们都需要听从他的神谕。

有关乃穷神汉降神，据《番僧源流考》记载：护法喇嘛顶盔甲、戴套头，坐在中间，众喇嘛绕转念经请神，念至应入之神附体，护法喇嘛狂跳，取刀旋转舞蹈，口中念念有词，其言含混不清，大致为所求何事，或是或非、或凶或吉，言毕双手拧刀，将刀弯至三四卷，甩卫坠地，护法喇嘛亦仰卧于地，众喇嘛复念经焚香虔拜，送神完毕[①]。凡达赖、班禅等大活佛的转世，都要护法降神，如寻访七世达赖灵童，护法降神时，只击锣一下，别无他说，后经高僧解释，锣质为"理玛"，锣击声是"塘"，合称理塘。这与六世达赖仓央嘉措生前作诗预示的正好相同。后来，果然在理塘寻访到七世达赖格桑嘉措。又如五世班禅圆寂，扎什伦布寺派人在后藏寻访到一名男孩。七世达赖喇嘛请曲均降神，曲均降神确认就是四世班禅的转世灵童。于是，七世达赖喇嘛写信正式通知扎什伦布寺，寻获的男孩为六世班禅。《西藏宗教源流考》附录一指出："或受贿恣意舞弊，或偏庇亲戚妄指，或达赖喇嘛、班禅额尔德尼暗中授意，令其指谁，此等皆有之事。"[②]由于曲均护法降神营私舞弊，因此，历史上有很多活佛都出自达赖、班禅的亲属及世家之内，相习相沿。清乾隆皇帝鉴于曲均护法降神舞弊，为"去转生一族之私"、"以辑藏安边"，遂决定实行金瓶掣签制，加强了对大活佛转世的控制。

4.观湖显现幻景来确定寻访灵童方位

乃穷护法降神后，就指定专人去观看拉姆拉措圣湖。此湖在山南地区加查县境内，意译为圣母湖。神话传说是吉祥天女的道场。从二世达赖喇嘛开始，定为神湖。该湖四周多森林山峦，湖面平静，圣湖正中出现许多倒影，神湖显影有时就成为寻访转世灵童的关键。它可以把寻访地方形象化、具体化。因此，凡有重大事情，都请神湖显灵。如十二世达赖赤烈嘉措圆寂后，特派拉萨上密院卸职堪布罗桑达结到拉姆拉措湖边，向湖中抛了哈达、宝瓶、药材等供物。诵经祈祷后，罗桑达结看到湖中幻境获知，拉萨东南达布地区的朗敦村一家出生了一个男孩，便去查访。在朗敦村看到的情况和他在湖中所见的幻

---

① 吴丰培校订：《西藏宗教源流考·番僧源流考》，第41、38页。

② 《西藏宗教源流考·番僧源流考》，第41、38页。

景完全相似。后来这个男孩被认定为十三世达赖土旦嘉措。十三世达赖圆寂,湖中显现的幻景是藏文字母的“阿、嘎、玛”,后经热振摄政活佛解释为:“阿”即安多,“嘎、玛”即灵童出生的地方。又湖中幻影现出一家农户院子的景象和一对夫妻影像,后来寻访者在安多地区的嘎玛夏宗日措附近的农民家中找到了幻景中的那对夫妻和灵童。又如寻访六世热振活佛的转世灵童,他的经师前往湖边观看湖中幻景时,湖面显出了一座城市中居民家院子内的景象,后来在拉萨城内找到了与湖影相同的房屋,找寻到了热振活佛的灵童。

5.秘密寻访

按照遗嘱预言、征兆、神谕、湖中幻景等线索,由活佛世系所在寺庙和地方政府,选派德高望重的高僧、堪布和活佛生前的近侍弟子,进行“闭关入定静修”观察后,化妆成各种不同身份的人,分赴各地秘密寻访,最终目的是找到真正的灵童。

第一,观察灵童的体相、举止言谈等,找出与前世活佛相像或与众不同的特性。

第二,灵童出生时所出现的各种奇异的征兆和梦。

第三,遗物辨认。佛教认为,灵童既然是前世的再生,他出世后,应能记忆其前世的一切,也可认出前世用过的物品。一般把前世喜爱的法器和遗物,与同样的复制品放在一起,让灵童辨认,以准确率最高的入选。再让灵童辨认前世近侍人员,进行筛选淘汰。如寻访六世班禅转世灵童时,让四个灵童辨认前世班禅曾用过的茶杯、铃杵、念珠等,只有日喀则白朗宗吉雄谿卡的灵童拿的东西全是六世班禅的,于是肯定这个小孩是六世班禅的转世灵童。

6.占卜

占卜是一种很古老的宗教活动,产生于古代苯教。格鲁派兴起后,成为活佛转世过程中比较普遍的一种形式,有时在降神前进行,有时在降神后进行。寻访转世灵童前,根据前世活佛圆寂的年月日和时辰,推算下一世转世灵童的年庚生辰。转世的时间大约上下相距一年,也有相差二至三年,甚至更长,但最长不得超过七年。如十二世达赖赤烈嘉措圆寂一年后,请八世班禅丹白旺秋打卦问卜。八世班禅圆寂后,十三世达赖喇嘛在布达拉宫吉祥天母像前打卦问卜。

7.金瓶掣签

经过遗物和人员辨认,如果有数个灵童,可经由驻藏大臣与寻访负责人上报中央政府请求准予金瓶掣签,最后决定人选。第一个经金瓶掣签认定的是第十世达赖喇嘛。有关金瓶掣签的内容前面已详述,在此不赘述。

8.批准继位

掣签后,由驻藏大臣和寻访灵童的负责人及参加掣签的各大活佛、堪布,分别由汉藏两种文字将掣签情况及掣定灵童的名字、预选的正副经师和拟定坐床的良辰吉日,报中央政府,请求批准继位。如六世至十三世达赖是报请清廷批准册封的,十四世达赖是国民政府批准册封的;五至九世班禅是报请清朝中央批准册封的。由于特殊的历史条件及其他诸多因素,九世班禅转世灵童是免于掣签确认的,但仍是经中央政府特许的。自清王朝颁行金瓶掣签法规之后，随着历史的发展演变，沿袭于民国而至今。中华人民共和国成立后首次进行金瓶掣签的是第五世嘉木样转世灵童。影响最大的一次是国务院批准册封的第十世班禅转世灵童坚赞诺布为十一世班禅。国务院《关于特准经金瓶掣签认定的坚赞诺布继任为第十一世班禅额尔德尼的批复》，全文如下：

西藏自治区人民政府：

你区1995年11月29日关于《请国务院批准经金瓶掣签认定的坚赞诺布继任为第十一世班禅额尔德尼的请示》悉。国务院特准经金瓶掣签认定的1990年2月13日(藏历第十七饶迴土蛇年十二月十九日)出生的西藏自治区嘉黎县坚赞诺布第十世班禅额尔德尼转世灵童，继任为第十一世班禅额尔德尼。

9.剃度和坐床典礼

剃度是藏传佛教僧侣入佛门的第一步。每一位出家为僧者，首先都要接受剃度。转世灵童在认定后举行剃度仪式，即削发为僧。要做一名活佛，首先要做一名僧侣，受沙弥戒，并取一法名。坐床是对活佛地位的认可。经中央政府批准的转世灵童，举行坐床典礼，正式承继前世法统。十一世班禅坐床典礼上，李铁映以国务院代表的名义，向十一世班禅额尔德尼颁授金册，册文如下：

授第十一世班禅额尔德尼金册

国务院特准经金瓶掣签认定的第十世班禅额尔德尼确吉坚赞转世灵童坚赞诺布继任为第十一世班禅额尔德尼。盖历任班禅额尔德尼，皆倾心内向，捍卫国家统一，维护民族团结，潜修内典，明心见性，为佛门众望之所归，为世人之所崇敬。今班禅转世业已法定，特依历史定制，为第十一世班禅额尔德尼举行坐床典礼，并授汉藏两体文金印金册，用示荣褒，以期继续发扬爱国爱教之历史传统，广结善缘，以利西藏发展进步，人民富裕幸福，国家繁荣昌盛。

公元一九九五年十一月二十九日

中华人民共和国国务院颁

从此以后，灵童以新的一世身份开始宗教活动。原则上离开父母和家庭，由寺院和拉章负责照料起居，接受经师教授经典，并受僧俗信众的朝拜，为他们摸顶祝福。典礼结束后，达赖常住布达拉宫；班禅则住日喀则的德庆颇章宫。到了法定年令，由摄政交还政权，举行亲政仪式。

四、金瓶掣签制及其意义

活佛转世发展为一种宗教制度，使西藏出现了不可胜数的大大小小的转世活佛，为了自身利益，与封建贵族紧密结合，聚集了惊人的社会财富，控制着大量的生产资料。在蒙族势力的支持下，格鲁派终于登上了西藏社会舞台，由于达赖、班禅力挽狂澜，挽救了面临绝境的格鲁派，使动荡的西藏社会再次得到了统一和安宁，在西藏社会奠定了达赖、班禅的历史地位，使其成为西藏佛教的最高领袖。17世纪，格鲁派建立了甘丹颇革政权，西藏封建经济得到前所未有的发展，处于鼎盛时期。清朝中央清醒地认识到，要治理藏蒙两地，只有扶持有强大势力的格鲁派。“蒙古素崇拜佛教，有达赖之名皆皈向之，……[①]乾隆皇帝说：“盖中外黄教总司此二人，各部蒙古一心归之，兴者教即所以安众蒙古，所系非小，故不可不保护之”。[②] 说明达赖和班禅喇嘛在蒙古广大信徒心目中威望之高，地位之高，故其转世重之又重慎之又慎。

活佛转世制度形成初期，蒙藏地区的大喇嘛圆寂之后，继承其宗教权力的转世活佛，往往是由“远近番民数万众，总以吹忠作法，降神为敬信，竟有牢不可破之势”。清朝大将福康安在给乾隆皇帝奏折中说：“曾亲见吹忠降神驱祟，一至街市，万众围观，有长跪递送哈达者，有免冠叩求摩顶者，排比竟进，奔走若狂。……臣等以其过于信奉，当使大喇嘛及番目等将吹忠荒唐之处详切开导，而喇嘛番目等相视乍舌，不敢答言，惟恐罪过。观其如此倾心信奉，竟非言语所能譬解。”[③]行之既久，弊病丛生，曲均“或受贿恣意舞弊，或偏庇亲属妄指，或达赖喇嘛、班禅额尔德尼暗中授意，令其指谁，此等皆有之事”[④]。如“藏内各呼图克图内，仲巴为前辈班禅之兄，哲布尊丹巴呼图克图为达赖喇嘛之侄，而丹津班珠尔之子，即系三巴呼图克图之呼毕勒罕，族属姻娅递相传袭”[⑤]。“或出自族属姻娅，或出自蒙古汗王公等家，意与蒙古王公、八旗世职官袭替相似”[⑥]；“所生之呼毕勒罕，率出一族，斯则与世袭爵禄何异”[⑦]。更有“哲布尊丹巴示寂，适土舍图汗之福晋妊，众即指为呼毕勒罕，乃弥月竟生一女，尤贻口实，渐损蒙古之敬信”[⑧]。由于曲均护法降神营私舞弊，“然转生之呼毕勒罕，出于一族，是乃为私，佛岂有私？故不可不禁”[⑨]。清政府不能“听其仍前任意妄指，私相传袭”。乾隆皇帝借口“去转生一族之私”，“护卫黄教”、“整治流弊”，实为担心蒙藏上层贵族利用活佛转世之机夺取宗教权力和大喇嘛与蒙古世俗势力结合，对清政府不利，于是加强对大喇嘛的管理，规定了大活佛转世灵童的认定办法，即实行金瓶掣签制。金瓶掣签，藏语有两种译法，一称“塞朋达杰择”即“金瓶鉴别”；二称“塞朋珠襄”即“摇金瓶”。金瓶掣签也称“金本巴掣签”，藏语“本巴”意为瓶。

1792年，乾隆皇帝派遣官员入藏驱逐入侵的廓尔喀兵后，清朝中央政府正式颁行《钦定善后章程》共二十九条，第一条就是设置金瓶掣签。其条文为：“关于寻找活佛及呼图

---

① 引《皇朝潘部安略》卷11,13页。

② 引《清安录·藏族史料》第七集，第3552页。

③ 转引张云等著：《从灵童到领袖》，海南出版社1996年版，第 页。

④ 《西藏宗教源流考·番僧源流考》，西藏人民出版社1982年版，第28页。

⑤ 《清高宗实录》卷1427，乾隆五十八年四月辛巳。

⑥ 《清高宗实录》卷1424乾隆五十八年三月戊申。

⑦ 引松筠撰《西藏通志》卷五第263页。转引《西藏研究》1984年第4期，韩宫却加文注[17]、[18]。

⑧ 《清高宗实录》卷1424乾隆五十八年三月戊申。

⑨ 《清高宗实录》卷1427，乾隆五十八年四月辛巳。

克图的灵童问题，依照藏人例俗，确认灵童必须问卜于四大护法，这样就难免发生弊端。大皇帝为求黄教得到兴隆，特赐一金瓶，今后遇到寻认灵童时，邀集四大护法，将灵童的名字及出生年月，用满、汉、藏三种文字写于签牌上，放进瓶内，选派真正有学问的活佛，祈祷七日，然后由各呼图克图和驻藏大臣在大昭寺释迦佛像前正式认定。假若找到灵童只有一名，亦须将灵童的名字的签牌和一个没有名字的签牌，共同放进瓶内，假若抽出没有名字的签牌，就不能认定已寻找到的儿童，而要另外寻找。达赖喇嘛和班禅额尔德尼像父子一样，认定他们的灵童时，亦须将他们的名字用满、汉、藏三种文字写在签牌上，同样进行。这些都是大皇帝为了黄教兴隆和不使护法弄虚作弊。这个金瓶平时放在宗喀巴像前，需要保持净洁，进行奉养。”[①]章程开宗明义，以法律形式将活佛转世的金瓶掣签制度肯定下来，纳入国家典章法规范围，由中央认定批准大活佛的转世。乾隆皇帝还亲自撰写《御制喇嘛论》，“恐将来达赖喇嘛、班禅额尔德尼之呼毕勒罕，若亦指认未真，于事殊有关系”，“余制一金瓶，送往西藏，于凡转世之呼毕勒罕，众所举数人，各书其名置瓶中，掣签认定，虽不能尽去其弊，较之从前一人之授意者，或略公矣”，“对众拈定，实足以防弊窦，而惬众心”。[②]《御制喇嘛论》用藏、蒙、满、汉四体文字刻于石碑上，立于北京雍和宫内，以谕旨的形式，阐述“金瓶掣签”制度的重要意义，以使这项具有最高法律效力的制度“万世遵循”。

“金瓶掣签”制度一经颁布，即得到达赖、班禅额尔德尼及各呼图克图、僧众的衷心拥护。乾隆五十七年（公元1792年）金本巴瓶制成后，送往拉萨时，迎接的场面十分隆重。据福康安等奏称：“臣等率同官员官兵，及济咙呼图克图率领各寺呼图克图大喇嘛，及噶布伦以下番目，远出祇迎。达赖喇嘛感激圣恩，先期下山，在大昭等候，派喇嘛等各执香花幡幢导引。臣等与惠伦等恭送金本巴瓶于向来讽诵伊罗尔经之大昭佛楼上宗喀巴前，敬谨供奉，达赖喇嘛率领僧众梵呗齐喧，极为诚肃，……呈递谢恩哈达一方、佛一尊，济咙呼图克图呈送谢恩哈达一方，佛一尊。”[③]八世达赖喇嘛说：“特颁金本巴瓶，钦差御前侍卫等赍送，护卫佛门，实已无微不至，我实感戴难名。嗣后唯有钦遵圣训，指认呼毕勒罕时虔诚诵经，于大众前秉公拈定，庶使化身正确，宣扬正法，远近信心，阖藏僧俗顶戴天恩，无不感激。”七世班禅丹贝尼玛上书表示谢恩：“我蒙大皇帝高厚隆恩，有加无已，此次钦差大人远送金本巴瓶来藏，全为保护黄教，又蒙特赏哈达，传旨赐问，实在感谢天恩，无可图报，惟有率领众喇嘛，虔诵万寿经，祝延圣寿。”[④]并呈献了哈达一方、佛像一尊。乾隆皇帝还降谕曰：西藏呼图克图之呼毕勒罕掣签时，只须“由驻藏大臣就所报之人，查其略有家世及素有声望之户所报幼孩，择其福相聪慧数人，将生年月日归瓶掣签，微贱户属及相貌陋劣者，原可量加删汰，无庸一并签掣”[⑤]。乾隆还降旨谕：“凡蒙古番子部落呈报呼图

① 牙含章：《达赖喇嘛传》，第62页。

② 松筠：《西藏志·卫藏通志》，1982年，第263、150、264—265页。

③ 松筠：《西藏志·卫藏通志》，1982年，第263、150、264—265页。

④ 《清高宗实录》卷1424，乾隆五十八年三月辛丑。

⑤ 《清高宗实录》卷1424，乾隆五十八年三月辛丑。

克图大喇嘛之呼毕勒罕出世,准于闲散台吉或属于人等及唐古特平人之嗣内指认,其达赖喇嘛、班禅额尔德尼之亲,及各蒙古汗王贝勒、贝子、公、扎萨克、台吉之子孙,均禁止指认呼毕勒罕。凡各处之呼图克图及旧有之大喇嘛等圆寂后,始准寻认呼毕勒罕。其无名小庙坐床,从前并未出有呼毕勒罕之寻常喇嘛已故后,不准寻认呼毕勒罕。”又谕:“各蒙古地方所出之呼毕勒罕,俱有雍和宫设立之金本巴瓶内抽掣,此数呼毕勒罕既送到藏内,臣等遵即试掣。嗣后西宁地方距藏较近,将所出之呼毕勒罕就近送藏,入瓶抽掣。此外,各蒙古地方所出之呼毕勒罕俱应由理藩院行文,令其将名字送京在雍和宫金本巴瓶内签掣,以别真伪。”①后历代中央政府沿袭这一制度,不过在具体实施时其形式或细节有所变通。九世班禅曾致书当时的中华民国总统说:“蒙大总统加封致忠阐化名号,谨在扎什伦布寺内,恭设香案,敬叩祗领跪谢。”1940 年国民党政府派蒙藏委员会委员长吴忠信入藏主持十四世达赖坐床典礼,1949 年还派关吉玉到青海塔尔寺主持了第十世班禅坐床典礼。十世班禅更是“金瓶掣签”制度的坚定拥护者。他在圆寂前四天曾言及“我想到在世尊释迦牟尼跟前,采取金瓶掣签的办法,来确定(灵童)是最好的”。十世班禅圆寂后,国务院决定:“由扎什伦布寺民主管理委员会负责,并请中国佛教协会、佛协西藏分会协助办理第十世班禅额尔德尼确吉坚赞转世灵童认定等事宜,报国务院批准。”1995 年 11 月 29 日,国务院代表、国务委员罗干,国务院特派专员、西藏自治区政府主席江村罗布,国务院特派专员、国务院宗教事务局局长叶小文共同主持了金瓶掣签盛典,并报国务院批准。

也有一些活佛停止转生,其主要原因有三:第一,政治原因。清朝政府对投敌反清的活佛停止转世。如噶玛噶举派十世红帽系活佛曲珠嘉措因勾结廓尔喀军队入侵后藏,被停止转世,从此红帽系活佛断绝;第二,经济原因。因寺院经济困难,连寺院都难以存在,何来经费寻找新的转世者,活佛只好停止转世;第三,一些佛学造诣极深、德高望重的僧人,被尊崇为活佛,可世世转生,但自己遗嘱其徒,绝不转世。如拉卜楞寺的拉科仓·久美成来加措,曾为第九世、十世班禅,第五世嘉木样和十四世达赖喇嘛等传过法,被尊为拉科仓活佛,他临终时,就留下遗嘱,不再转世。

总之,活佛转世制自噶玛噶举开创,到清朝通过金瓶掣签制度以法律形式肯定下来,七百多年来,对蒙藏社会的政治、宗教、文化、伦理道德及风俗习惯等各方面产生了重大影响,意义深远。在政治上,它进一步体现并强调了中央的权威。西藏自 13 世纪正式归入中国元朝的版图以来,就一直置于中央政府的治理之下。“转世”活佛们逐渐成为历届中央政府行使主权的一种体现。作为活佛转世,尤其是达赖、班禅等大活佛的转世,无论是掣签还是免于掣签,其决定权都在中央政府,必须经中央政府批准,否则,就视为非法。在宗教上,金瓶掣签的实施完全按照佛教仪轨进行,符合西藏佛教的教义。它有别于封建农奴制下以血脉为根据的世袭传承制,既可避免血统世系传承中的亲人之间血腥屠杀,也使入选的灵童在思维能力和身体素质上的先天条件优越,入选后受到良好的教育,这无疑有助于佛教的发展。另外,中央政府在达赖喇嘛、班禅额尔德尼等大活佛转世问

① 《理藩部则例》卷 58。

题上的绝对权力,防止了蒙藏上层贵族夺取宗教权力,强化了政教合一制度;避免了历史上教派内部、教派与世俗贵族势力之间争夺转世活佛的矛盾斗争,甚至战争,有利于蒙藏社会的相对稳定,安定了边域,巩固了边防,维护了国家的统一。

第二十一章　西藏佛教文化

西藏佛教文化是在佛教文化与西藏本土文化和苯教文化相互交融的基础上形成的。它是西藏封建农奴制社会占统治地位的文化，也是西藏传统文化重要的组成部分。在西藏宗教历史上，一般把苯教的产生看成是第一次宗教文化融汇的结果，即原始社会文化向奴隶制文化的转型；藏传佛教的形成，是第二次宗教文化融汇，即佛苯两种文化交融的结果，也是奴隶制文化向封建农奴制社会文化的转型。西藏佛教文化的形成是以藏传佛教的形成为标志的。西藏佛教文化的内容十分丰富，这里只涉及医药学、因明学、天文历算、佛教史籍、佛教文学、佛教艺术和大藏经，实际上主要讨论佛教对医药学、文学、艺术、天文历算、因明等的影响和相互之间的关系。如藏医学体系和藏历基本上形成于译经活动开始的借鉴和发展时期，并伴随着佛教的发展而兴盛。佛经中蕴藏着许多医书、历教书，而绝大部分藏文医书和历算典籍是以佛教经典的形式保存和流传的，寺院和僧侣在这一过程中起了相当重要的作用。文学和佛教的关系更为密切，译经工作实际上就是文学创作，译文本身也就是文学作品；佛典的翻译和流传过程，也是藏族作家文学创作产生和发展的过程，同时极大地促进了民间文学的发展。因此，我们通过下面的论述，摸清医药学、文学、艺术、天文历算、因明学和史籍等西藏佛教文化的来龙去脉，以期加深对西藏佛教文化实质及特点的理解和认识。

第一节　西藏佛教与西藏医药学

一、藏医药学体系的形成

藏医药学是祖国医学中璀璨夺目的瑰宝，同时也是世界医学中的一颗明珠。很早以前，勤劳勇敢的藏族人民在长期的生产斗争和社会实践过程中，逐步总结出与疾病斗争的经验。随着社会的不断发展，藏医在吸收周边其他民族医学知识的同时，逐渐形成具有本民族特色的医学——藏族医药学。后来，许多医药学工作者根据本地条件、药物资源，以及临床实验进行再总结，使藏医药学成为具有严谨完整的理论体系、丰富的临床诊疗经验和独特的药物种类以及配制方法的传统医药学。

藏医药学和其他任何一门学科一样，是劳动人民在长期的生产生活过程中总结出来的经验，是智慧的结晶。历史悠久，渊远流长。据藏文文献记载，早在三千多年前，苯教创始人辛饶弥吾且从象雄来到工布地区的苯布日山，因误食东西导致中毒死亡，说明这时候已经有了简单的病理纪录。拉脱脱日年赞时期(相当于公元4世纪)，从印度来了几名医师传播《脉经》《药物经》《治伤经》等五部医典，并巡诊各地，为人治病。但这段记载只能说明印度医师最早来吐蕃的年代，尚不能说明藏医药的起源问题。藏文创制于公元7世纪，之前人们只能采取一些简单的土办法记事，因此而造成了历史模糊，知识失传，诊治疾病的方法和药物配制等也不能留于史册。不过，种种迹象表明，藏医药的起源很早。

从拉脱脱日年赞开始，由于与周边国家和地区有了往来，文化交流日益频繁。到了拉脱脱日年赞之子墀聂松赞王，由东格托日觉坚担任御医，其子洛追钦巴任第二十九代王没庐年德茹的御医。没庐年德茹王娶朗县琼氏鲁嘉恩姆措为王妃。据载，她貌似天女，但是没几年就变得十分苍老憔悴。赞普问她是不是得了什么病。王妃回答说，我的故乡有一种食物，而这里没有，可能是不吃这种食物的关系。在赞普的同意下，王妃派婢女取回蛤蟆，用酥油炸好后密藏在库房中。王妃每天秘密地取食，皮肤变得和当初一样柔嫩光滑。赞普十分高兴，自己也想食用。一天，他趁王妃不在，悄悄地进入仓库，发现口袋中装的全是用酥油炸过的蛤蟆。不久，他身患麻风病。他与王妃所生的王子也变成瞎子。为了杜绝传染，赞普和王妃被活埋在雅隆香达地方。科学研究证明，蛤蟆背上的疙瘩中有毒腺，叫做蟾酥，是一种分泌物，适当剂量能镇痛、止血、强心。当时，已经患有麻风病的王妃食用酥油炸过的蛤蟆，起到了暂时的缓解作用。当时没有文字，加上医药知识贫乏，不知道所患疾病，也没有治疗办法。但是，人们从王子眼瞎这一点上意识到麻风病的传染性。达布聂斯继位后，按照父王的遗嘱，派人从吐谷浑请来了良医，治愈了失明的双目。据载，洛追钦巴之子洛泽饶协是达布聂斯的御医。

从文献记载来看，达布聂斯时期虽然社会经济有了一定的发展，发明了制造秤、斗等度量衡具的技术，但医疗水平仍然非常低下。达布聂斯之子囊日松赞从祖父母的患病和父亲的两目失明中，产生了发展医疗的迫切心理。在他执政期间，设法从汉地引进医药和历算，以丰富藏族医药学。7世纪，松赞干布接替父王囊日松赞执政，建立统一的吐蕃王朝。在与周边国家和地区的交往中，松赞干布越来越感到文字是加强联系的重要桥梁和工具，于是，派吞弥桑布扎前往印度学习，回藏后创制了藏文，建立了吐蕃的行政体制，制定了一系列法律文书和规约。由于有了本民族的文字，解决了文化交往中的许多困难，吐蕃的医疗事业随之得到较好的发展。文献记载说，641年，文成公主进藏时带来一部分医药理论书籍和“治疗四百零八种病的药物和医方一百种，诊断法五种，医疗器械六件，配药法四部”，以及“八观察法”“六拔除法”等。其中的医药理论书籍《医学大全》(《曼杰钦莫》)等四种，被随公主进藏的汉族和尚摩诃德瓦和达摩郭迦等人翻译成藏文，取名《医史廓部》。不久，松赞干布派遣特使去唐朝请来医师韩文海，从印度请进巴惹达札，从大食(阿拉伯帝国)请来迦勒那医师。他们根据各自国家的医学特点，共同编著了

《无畏的武器》。这部七卷本的综合性医学巨著的问世,无疑推进了吐蕃医学的发展,奠定了藏学理论的基础。

8世纪是藏医药学发展的黄金时代,也是藏医理论体系和诊治方法等基本形成的时代。710年,唐朝第二位王室宗女金城公主进藏,继文成公主第一次带入大量医典和医疗器械之后,又一次把大批的医务人员和医学书籍带进西藏,进一步丰富和发展了藏医药学。在随行的医务人员中,和尚摩诃金达、贾伦噶堪比较有名,他俩和藏族医师穷布孜孜、穷布达木索、觉拉曼巴等28人合作将《索玛拉扎》(《月王药珍》)等医著翻译成藏文,并加以推广使用。以后又进行重译,最后由和尚摩诃衍那和著名译师贝若杂纳(遍照护)第三次翻译定稿,增加了许多西藏民间医学临床经验,取名为《医术月王论》,全书共150品。

赤松德赞执政后,把吐蕃医学事业推向高峰。被誉为"三大神医"的汉族医师摩诃金达、哈密医师藏巴希拉诃和印度医师达摩罗扎在藏编译和撰写了多部医学著作,并培养了一批医学人才。其中哈密医师藏巴希拉诃的医著最多,他先后编著了《活体测量》《展体图鉴》《黄色函》《昌鉴续五十章》等,带出了像顿波梅宝、章底·嘉娘喀浦、尚·拉摩索斯这样的名医。这时期,外地名医不断应邀进藏传授医术,藏族的许多年轻学者也被派往汉地、印度、迦湿弥罗(今克什米尔)等地深造。著名佛经翻译家兼医学家贝若杂纳在留学迦湿弥罗期间,向达俄医师学习了《甘露精义八克秘诀》,并译成藏文流传,还翻译撰写了《药诊诸种草木要诀》和《赞木央本草》《四续释难明灯》《词义注释》等。从此,一些具有浓郁宗教色彩的医疗医法和医著不断传进吐蕃,并翻译使用。

为了活跃学术气氛,繁荣和推动吐蕃的医学事业,赤松德赞派人从唐朝请来了东松岗瓦、摩诃波罗、尚底巴达;从印度请来娑罗迦巴;从迦湿弥罗请来格哈巴扎;从大食请来哈罗娑罗;从突厥请来僧多俄青;从德地请来乔玛茹孜;从尼泊尔请来达摩希罗斯等人。让他们在吐蕃充分发挥智慧。在赞普的安排下,他们和藏族御医宇妥·云丹贡波讨论医学疑难问题。关于这次辩论的主要内容,藏文文献有所记载。在争辩过程中,九大名医就吐蕃医学的发展史和主要特点向宇妥进行提问。东松岗瓦提问吐蕃医生的情况;印度医师提问印、汉、尼、吐蕃医学的讲授情况;尼泊尔医师提问各大名医的医疗风格。宇妥分别作了明确的回答,并就尼泊尔医师的提问结合吐蕃的实际情况,讲述了传自象雄的治疗下泻病的《下泻续》、雍仲苯教所传的《病愈罨、罨浴、涂擦疗法续》、高昌传的《小便法则清凉月续》和吐蕃传的《病愈——四种对治续》等,各国名医无不赞叹。同时,他们对吐蕃医学也做出了突出贡献。他们用集体智慧编译了《紫色五相保健经》,主要叙述解剖测量、药物配方等,藏史称他们九人为"四方九名医"。其中的东松岗瓦,又叫"苏陀",或"韩文海",被视为诸圣医之首。由于他对吐蕃医学做出了特殊贡献,赤松德赞破例在西藏南部的措美县境内的约兑给他划拨了一片土地作为封地。

"四方九名医"培养出来的藏族九大名医是宇妥·云丹贡波、曲结秋宝、欧巴曲桑、贝吉勒贡、弥聂仲吉、章底·结桑、聂巴·曲桑、塔宇达玛、东巴扎杰。其中宇妥·云丹贡波最负盛名,史称"老宇妥"。他的父亲宇妥·穷波多吉是都松芒波杰王的御医。他出生在堆隆吉那,即今堆隆德庆县的邱桑。关于他的出生年代有708年、729年和768年三种说法。学术界一般认为是729年。他3岁随父学习藏文读写,听讲医学理论,才思敏捷。宇妥·穷波多吉发现他学习非常勤奋,富有创造力,便让他试诊疾病,派门徒格哇多吉做他的副手。云丹贡波没有辜负父亲的厚望,医治好了不少病人,被誉为"第二神医云丹贡波"。赤德祖赞当政期间,他被召进桑耶扎玛宫中,同御医章底·嘉娘喀浦等名医就医学理论进行辩论,并当场献技。云丹贡波面对众多名医的提问,沉着冷静。他对医学理论发表了自己的见解,医治好久未治愈的肺痨病患者和藏王的眼病、牙病。通过了各方面的测试,云丹贡波被委任为御医,得到了马匹等赏赐。赤松德赞嗣继王位后,他继续以御医的身份和应邀进藏的"四方九名医"讨论医学理论,学习他们的医疗技术。为了完善吐蕃医学理论,提高医疗水平,他带着积攒的黄金前后三次去印度学医,历时9年。他从尼泊尔医师巴纳室利罗哈和印度医师班钦旃扎第瓦、迈旺等一百多位名医学习医学知识,掌握了《治疗秘法量门》《气、胎脏、休养口诀》《续补遗宝匣》《真指体日空秋分》等医典的全部内容。据传,他还到过汉地的五台山,得到僧人相赠的医书。回藏后,他在认真分析研究《无畏的武器》《月王药珍》《国王神义光》《神术书寿世纪》《紫色王朝保健经》等著名医学典籍的基础上,根据自己的临床经验,完成了藏医药学史上第一部具有系统理论和本民族特点的巨著《四部医典》,为吐蕃医学的发展作出了巨大贡献。《四部医典》,或《医方四续》,是在《甘露要义密诀窍续》的基础上补充完成的。医学界对这部医学巨著有多种说法,也有人认为它是云丹贡波在贝若杂纳翻译的基础上补足和注释成的,并非他个人的著述。

宇妥·云丹贡波在55岁那年带领众弟子前往工布地区,传播医学。经过10年的努力,他在曼隆地方(今米林县那玉普)建立了一座专门培养医学人才的医药寺院,招收三百人。该医药寺院讲授《甘露要义密诀窍续》和其他医学名著。同时,根据所学的内容和学生掌握的程度制定学位制度,分别设本姆热姆巴——相当于藏医主任医师;饶绛巴——相当于主治医师;噶居巴——相当于医师和都热巴——相当于医士等四级学位,并针对各级的具体情况规定学习内容和培养标准。在上千名学生中,当时获得本姆热姆巴学位者50人,饶绛巴学位者50人,噶居巴学位者100人,其余都得到都热巴学位。

宇妥·云丹贡波在教学当中,既抓学生的理论修养,也重视临床实践,更注重医德医风的培养。他每年都抽出几个月的时间外出行医,采集药材,足迹遍及藏南各地及康区、西部阿里、尼泊尔等地。

宇妥·云丹贡波作为赤松德赞时期吐蕃九大御医之首,其主要贡献在于:第一,在继承吐蕃传统医学的基础上,广泛吸收其他民族的优秀医学知识,创立了藏族医药学的理论体系,总结出了藏医的临床实践经验和医疗方法,加强了对藏医人员的医德医风培养;第二,创建了藏族第一个培养医疗人才的机构——藏医寺院,普及了医学知识,推动了藏医药学的发展;第三,建立了比较合理的医学体制,规定了学位制度,明确了培养目标。

宇妥·云丹贡波去世后,他的儿子布桑、怀布、岗岗承其学说,继续藏医的宣传普及工作。另外,当时西藏比较著名的医师有狂犬病专家米莫、喀·卓玛、伦珠多吉、喀姆松斯伦等。喀·卓玛是一个女医生,她长期为群众治病,获得了大量的临床经验和资料,编著了专门反映医治狂犬病的著作《狂犬病治法·其玛热决经》。该书详细地阐述了如何治疗狂犬病的方法,并作了理论分析。

二、藏医药学的中期发展

随着吐蕃王朝的崩溃,西藏社会进入了一个长期的分裂状态,这导致文化萎缩,同样医学也受到严重打击。宇妥·云丹贡波开创的医学由宇妥强巴、贡却德勒、强巴德勒、小宇妥·云丹贡波等人代代相传。他们重点解释、补充和翻译《四部医典》及印度、汉地的医书,没有撰写比较有分量的医药学著作。

10世纪,遭受朗达玛打击的佛教分别从上部阿里和下部多康地区开始恢复,逐渐向西藏中部地区推进。在统治阶级的支持和资助下,不少人外出留学,通过翻译把印度、尼泊尔、迦湿弥罗等国的优秀文化介绍到西藏。在医学方面,出现了以翻译名著为主的译介高潮。阿里的穷·柯热、班智达达玛希罗玛和宁波·尤格仁钦等名医译出了印度著名学者马鸣论师的《医学八支论本注》,并进行了研究。大译师仁青桑波从小刻苦学习,成年后被古格王派往印度、迦湿弥罗深造,译出了有关佛学、语言学、逻辑学、医学等方面的经典上百部,马鸣论师的《医疗八支心要略论》(又称《八支精义八十章》)和月喜的《医疗八支心要略释句义详解月光论》《医疗八支药名品来》就是他翻译的。

扎巴恩协(1012—1091),本名阿旺秋巴,西藏扎囊人,宁玛派著名的掘藏师。他早年去迦湿弥罗跟随班智达达哇贡波学医,掌握了许多医术。回藏后从事行医,他根据《莲花遗教》所记,于1038年在萨木嘉沃孜发现了宇妥·云丹贡波的《四部医典》手稿。他传讲其中的《秘诀学识续部》,在卫藏地区影响极大。传世医著有三部,其中《扎囊医典》最有名。晚年,他把《四部医典》全部传给热贡·贡却嘉(又说他传给卫巴·达扎,由达扎传给热贡),宇妥·云丹贡波的第十三代世孙小宇妥·云丹贡波知道这件事后,用良马和雕鞍从热贡·贡却嘉手中换回《四部医典》手稿。

小宇妥·云丹贡波(1118—?)是一个在医学方面很有造诣的学者。他年轻时去印度、斯里兰卡、金岛(今印度尼西亚的苏门答腊岛)等国学习,回藏后专心行医。他花费心血修改和补充《四部医典》,在《根本心蕴续》中增加了章节;在《述说身体续部》中增加了茶药、食药等章节;在《最后事业续部》中增加吐蕃时期翻译的《月王药珍》的部分内容及其遗漏的脉诊、子母生克等部分,成为该续部的精华,受到后世的重视。除此之外,他还撰写了《四续亲阅》《宇妥药诊十八支》《草药大全》和《诀窍精义十万拳头》等医著,受到医学界的普遍关注。从小宇妥·云丹贡波所做的工作可以看出,他吸收其他民族的医学精华进行补充《四部医典》,使宇妥·云丹贡波开创的医学理论更加完善,内容更加丰富,是藏医学史上一个承前启后的人物。

小宇妥吸取先祖的优良传统和做法,重视对人才的培养。他的门徒遍及前后藏各地,成为振兴藏医学的关键力量。像江曼·勒赛、贝曼·尼玛本、杂·益希松、顿巴·阿茨、夏热巴·尼玛本、宇妥·本增、索朗僧格、格敦·益希松、格西饶窘等人,除了宣传医学知识,大部分时间深入民间为群众治病。这时候,噶当派、萨迦派、宁玛派、噶举派等佛教宗派相继形成,各派的一些上层僧人既通佛学知识,又兼习医术。他们根据密教经典所载有关医学知识,对传统藏医理论进行再研究,使文化出现了兴旺局面。学术自由,是这一时期的最大特点。像宁玛派创始人素尔·释迦窘乃、喜饶扎巴、卓浦巴·释迦僧格,噶举派的塔波拉杰、噶玛·让迥多吉等人,既是佛教高僧,又是著名的医师。

随着萨迦地方政权的建立,基本上结束了西藏长期分裂割据的局面。文化随之进入一个新的发展时期。尤其是八思巴时期,社会稳定,文化繁荣,加深了与其他民族的交往。在医学界人才济济,章底·贝丹措协(1207—1266)就是其中之一。他的父亲是绛贝桑波,这个家族世代行医,出现了不少医学奇才。绛贝桑波自幼出家为僧,长期跟随兄长嘉瓦桑波和帕顿·释迦贡波学习《四部医典》及其释著等。他几乎翻阅了当时所有的医学著作,由于医术高明,任八思巴的太医。他的医著有18部,其中《医学纲要·知识明论》《本续释·三理明论》《本经释·日光论》《水经释·词义明论如意宝》《大仙故事》《玛拉雅释难》《脉——天女修法》《汤药粉释》《后续药方表》等,在医学界影响极大。《后续药方表》一书填补了藏医药学的空白。塔尔巴·尼玛坚参译师译出了龙树论师的《配方百论》和塘那贝的《药名合音决定论》等。1355年,贡却德勒著成《吉德堆孜三弟巴》,主要讨论临床配方。

值得说明的是,10世纪以后,西藏的医学人才基本上在僧人中产生。一个佛学知识渊博的僧人,同时也是医药历算的精通者。随着寺院的增加,寺院规模日趋扩大,医学越来越受到僧人的重视,开设了专门学习研究医药学的扎仓(医药学院)。他们把佛学知识和医学知识结合起来,以诵咒为辅助为人诊治疾病,以佛学带动医学的发展。格鲁派创立以后,这种发展势头日趋强大,凡是稍有规模的寺院相继增设了曼巴扎仓,或其他形式的学习机构。由于医疗队伍庞大,思想理论和医疗方法相异,15世纪出现了南北两大医学派别。

北派以强巴·朗杰扎桑为代表。强巴·朗杰扎桑(1395—1475),出生于后藏昂仁的王族家庭。他自幼聪慧,10岁起先后在珀东·乔来朗杰、班觉喜饶、僧格坚参、仁青贝桑和印度班智达森宝、印度金刚座住持室利普扎等名师门下学习。他刻苦钻研《长寿幻轮》《瓜教诫风合》等医学知识及时轮历,被誉为医学历算神通。他奉珀东·乔来朗杰为根本上师,整理出《珀东全集》百部。1434年,他在昂仁始建金铜质弥勒大佛像。他的著作内容涉及非常广,有内明(佛学)、工艺学、历算、故事等,其中医学著作最多,影响巨大,如《医学八支要义如意宝一百二十章》《根本心蕴续之释·续明义灯论》《身体注释续广疏甘露长流》《最后事业续释难·诸事如意源流》《学药宝画》《四续释难·除暗》《医方三百六十种辨别论》等。强巴·朗杰扎桑一贯坚持理论和实践相结合,长期深入群众了解病情,上山采集药材,并且根据西藏北部的气候状况、地理环境和人们的生活习性进行药物配方,开创了一条具有北方地方特色的医药学发展路子。

强巴·朗杰扎桑的弟子强巴·贡觉仁钦继承了其医学遗产。他是吐蕃王室后裔,父亲名叫索朗多吉,从小跟随印度班智达森宝和藏族学者索朗嘉措、强巴·朗杰扎桑学习佛学和医学,认真钻研《四部医典》和其他译论著,一生行医治病,济世扶贫,撰写了《四部医典注释》《四部医典释难》《庄严四论》《脉学注释》《玛拉雅教释如意广略论》《医术王论》等,将北方派医学发扬光大。其子拉尊·扎西白桑承其医业,写出了《述说身体续部释难·格言宝珠》《最后事业续释·读后知全》和《四部医典释论》等,代代相传。扎西巴桑之子索朗益希坚参聪明好学,在父亲的严格教育下掌握了北方派医学。

强巴·朗杰扎桑的另一个弟子本底·杜孜久迈(洛追贝巴)从小习医,承强巴之医业,开始了北方派本底家族传承。杜孜之后的传承为本底·喜饶贝丹、本底·格玛、丹巴达结、索朗群佩、杜孜晋美、朗杰多吉,子孙相传,都是西藏的名医。

南方派的代表人物是苏喀·年姆尼多吉(1439—1475),生于西藏塔波地区(今林芝地区)拉脱苏喀地方。他早年跟随父亲和夏热饶绛巴、曼顿·旺秋桑波等人学习藏文和其他知识,尤其热衷于医学,和北方派医师进行长达几年的讨论。他从 16 岁开始撰写《宇妥精髓上师修消除苦暗大悲日光补足》《吉祥四部医典广释》《续部释难·银色镜千万舍利》《格音日光》《给诸方医师书》等,在欧噶寺汇集山南、聂、觉热、夏域、艾拉嘉日、娘波贡堆、工布、林芝等地方的所有名医编纂《珠宝生喻》(《医药明论》)《药味铁鬘》《甘露宝库》《甘露池塘》《后续药性明论·甘露灯》《医药全书》。这些医书详细地记载了药物味道、功能和主治疾病,奠定了南方派医学理论的基础。

苏喀·年姆尼多吉虽然只活了短短的 37 年,但培养出 60 多名弟子,如茨旺、察本·索朗扎西、措曼堪钦、嘉尔布班钦、弥觉茨旦、茨本多吉、白玛觉等。他们的医术极高,为藏医药学做出了突出贡献。次旺一直跟随苏喀学医,撰写了《四部医典释》。察本·索朗扎西虽然没有留下比较有价值的学术著作,但行医治病,拯救了不少生命,他的弟子措曼堪钦著有《医学总诀·银鉴》。

嘉尔布班钦(1447—1506)是藏南嘉尔域地方人,从小学医,著有《四部医典释》《医药纲要·格言金德》《千万舍利目录》等医著,大力宣传南方派医学,培养出琼结·措协贡噶多吉等名医。

这一时期,南方学派的大家要推苏喀·洛追嘉措(1509—?)。他和苏喀·年姆尼多吉同族,噶玛程勒巴为他剃度授戒,取名贝丹顿珠朗杰。他曾跟随朗布曲杰和强巴·扎西巴桑等名医学医,苦钻医著。在苏喀·年姆尼多吉的医学理论指导下,他研究《四部医典》,并解释本续、注释续、后续之水经以前的部分,撰写出《本续释·祖先亲教》《后续脉水·祖先亲教》。这两部是他花了 4 年时间完成的,简称《祖先口述》,在藏族医学史上占有重要地位。另有《除暗明灯·答北方派马尿泡》《药味性能药效对照表》《月精日光海论》《开水总说》等。他历经艰辛,发现了小宇妥·云丹贡波的手书《四部亲阅》(或《四部金释》)等,在山南扎塘地方行政官雅尔嘉巴的资助下木刻印刷,称为《扎塘居悉》,即扎塘版《四部医典》。

在后藏萨迦一带,当时活跃着一批医务人员。贡曼·贡觉德勒是萨迦人,曾依止章底·曲杰扎西等名师学医,几乎阅读了西藏所有的医学名著。他编著了《口诀红函》《黑函》《花函》《后续释难·诸处明灯》《传承记》《药名》《续难解黄书》等七部。弟子贡曼·

贡觉盘达尔(1511—1576)也是萨迦人。他从9岁开始跟随舅舅贡觉德勒学医,由于勤奋刻苦,很快就掌握了医术。1535年,母亲去世,他进入结曼坚参的寺院出家,抽时间去萨迦曼仲向章底·曲杰扎西学习《八支》《口诀金升》《口诀银升》《甘露宝瓶》等。舅舅去世后,他做了第斯僧格孜的太医。卸任后,他回到拉堆行医,培养出不少门徒,在卫藏地区影响很大。他的医著有《四部医典本续释明见镜》《医学如意宝鬘》《经验百句》《医学所需摄义》《见镜明论》等。继承医术的弟子有阿里巴·德钦、芒康·德林巴、尼玛卓等,从学弟子超过四百人。

苏喀·洛追嘉措去世后,南方学派涌现出一大批医学专家,其中扎西达吉、章松·图旦多吉、巴俄·祖拉陈瓦、措希·洛追丹巴、噶玛贡盘、强俄·索朗达结等人影响比较大。强俄·索朗达结是五世达赖喇嘛洛桑嘉措的保健医生。

三、格鲁派时期的藏医学

16—17世纪是藏医药学发展的又一个黄金时代。1662年,在五世达赖喇嘛的亲自关心下,整理刻板印刷了老宇妥·云丹贡波的名著《四部医典》《宇妥药诊八支》和南方派名医苏喀·洛追嘉措的《祖先口述》。1676年,建立了医学研究所"索日卓盘林"(医学利乐众生洲),先后由藏族名医仲钦洛桑嘉措和强俄·索朗达结负责管理。不久,在日喀则的桑珠则建立了第二个医学研究所"章松都贝林",由察绒哇管理。这两个医学研究机构是格鲁派得势后第一次创建的医学研究机构,由于社会动荡不定,很快就解散了,但医学研究并没有就此而中断。

晚生于五世达赖喇嘛一年的弥旁·格勒朗杰(1618—1678)是噶举派著名的学者,被尊称为"藏族贤哲"。他不仅精通诗词,而且苦修医学,尤其研究苏喀和主巴·白玛噶波的医著,撰写出《药味功效释说·琉璃镜》《问答·格言珠宝新明镜》《身体精髓月宝》等。

和格勒朗杰同时代的达尔莫曼然巴洛桑曲扎(1638—?)是位医学博士。他生于山南东部的达尔莫地方,始初求学于拉萨鲁布林,后来转入哲蚌寺西宫的索日卓盘林,就读于尼塘活佛洛桑嘉措和章松·丹增达结等十余名医门下。他通过了全部课程的考试答辩,获得"曼然巴"医学博士学位,出任五世达赖的"神医",负责管理布达拉宫拉旺觉或夏尔钦觉医明学校,并担任轨范师讲授《四部医典》。洛桑曲扎除了精通藏医外,特别擅长于眼科。他认真研究并掌握了印度医师玛纳霍的医眼技术,1675年医治好了五世达赖喇嘛的眼病。另外,他在骨科方面也创造出一套医治方法。他平生把主要精力放在讲授《四部医典》上,抽时间撰写了不少著作和论文,主要有《雪域医药口诀集·秘笈》《口诀续广释·格言金饰》(《医学释难·正诠金饰》)《注释续·铺根格言金粉》《美丽金库》《医学难题·金刚结开》《取汁救死甘露如意喜生发笑宝库》《仁青昌觉明论·长寿甘露》《补遗辨别绝秘药》《老新宇妥·云丹贡波传》。他的著作对藏区的临床实践、药物辨别、配方剂量、加工等大有裨益。医学博士洛追群佩就出自他的门下。

五世达赖时期,聚集西藏的著名画家,根据《四部医典》编制了一套完整的医学彩色挂图,共79幅,约一千张,分人体解剖、药物、器械、尿诊、脉诊及饮食、卫生防疫等七大部分。另外，他们根据《晶珠本草》绘制了药物彩色挂图。

第斯·桑结嘉措多才多艺。他在医学方面有深厚的造诣，成绩卓著。他从小学医，年轻时以强俄·索朗达结、达尔莫·洛桑曲扎、聂·朗杰多吉等名医为师，深入研究印度医学和《四部医典》《四续亲阅》；并以此为基础校订苏喀·洛追嘉措的《扎塘居悉》，对其中的疑难作了解释。1687 年完成了《四部医典释·蓝琉璃》该书的《补遗斩断时死亡羁索之利剑》；1691 年以后，撰写了《医学至论》《与罕德·拉杰多结之问答》《医世之要》《精义八支秘诀·金钥匙》《门林茨江增俄巴体温质疑的答复》《寄给藏族学者弥旁·格勒朗杰驳医学历算之错误》《医圣四部医典蓝琉璃本论详析》《要诀补足》等。为使这些医学理论得以发扬，1696 年创建了药王山琉璃卓盘达那欧擦日介林藏医学校，配合教学专门制作了 80 幅医药唐卡。第斯·桑结嘉措不仅从理论上进行探讨，而且亲自实践。"目前，国内外声誉卓著的西藏藏医院对于知识的实践、讲解、听取、继承等做法，都如'水源在雪'的谚语一样，与这位学者巨擘的业绩是分不开的。后来，西藏地区靠自力培养出的大量医学、历算博士、副博士，也与传授、学习这些典籍的优良传统有着密切的关系"①。

随着医疗事业的不断发展，在藏区建立了不少医疗研究机构，医学队伍逐渐壮大。藏曼·益希桑波是药王山医学卓盘林学校的名医之一，他自幼习医，年 18 岁进入药王山医药学校，教授《四部医典》18 年，并进行药物实践和配制，被尊为"善知识"。37 岁那年，受七世达赖格桑嘉措和郡王颇罗鼐·索朗多杰之命来到青海做亲王丹津旺秋的神医，培养出了一批蒙古族医疗人才。其后，莅居拉卜楞寺，创建了曼巴扎仓（医药学院），多吉饶绛巴和蒙古族迈尔罕艾木旗洛桑达结等名医都出自他的门下。他的医学著作有《药物配制摄喜论》《北方普域明点本释》《时轮行动消除上四百零四种病魔"察"十万光》《银水浴洗珍珠丸之药授实践》《饮水之好坏分辨笔记》《词句传承秘密药甘露复生法》等，在甘青藏区开创了《四部医典》讲授和药物辨别、临床实践之医规。

第邬玛尔格西·丹增平措（1725—？）也是一位著名医师，生于昌都廓觉色噶宗，早年就读于江达孜噶尔寺，8 岁始习医学和历算，先后从师噶玛丹佩和贡噶丹增，由于成绩优秀，得到了"第邬玛尔班钦"称号，创建了第邬玛尔桑结曲林寺。后来，移居德格拉脱地区，遭到拉脱王的责难，书籍手稿被焚毁，他被迫前往印度游学，回藏后入住色拉寺，专门教授医学，医著有《甘露药物分别、性能、名称广说晶鬘》《实践选编》《药物精华配制业仪轨·普明藏》《医学律颂》《针灸及剖刺百例》等。

丹增平措是一位著名的药物和临床配方专家，其名著《甘露药物分别、性能、名称广说·晶鬘》简称《晶珠本草》，内收药物 2294 种，是藏医名著中收集药物种类最多的一本书，既有药物学价值，也有植物学方面的价值。由于他们的积极宣传，康区的藏医学有了进一步发展。他的弟子噶玛司徒除了其他方面的著述外，医学著作有《药物汇编》。

噶玛·俄勒丹增（1813—1899）年轻时拜协钦班钦·晋美图多那嘉、八蚌司徒·白玛尼协旺波和绛央钦孜旺波为师学习佛学、因明学和医学，是近代藏族著名学者之一。他

① 恰贝·次旦平措等著：《西藏通史》，陈庆英等译，第 604 页。

一生著作等身，涉及内容非常广泛，医学方面有《金叶甘露宝瓶札记》《札记集要甘露之滴》《札记美饰甘露药库》《水银炮制》等，成为多康地区的著名医学家。

居弥旁·绛央朗杰嘉措（1846—1912）不仅是一位佛学家，而且也是一位藏医、天文学家，7岁从父亲和舅舅学习藏文和基本佛法以及汉地和印度的历算。1857年，在桑阿曲林寺出家，先后事师绛央钦孜旺波、旺钦结饶多吉、久迈曲旺、格西·阿旺窘乃、洛德旺波等人攻读十明学，撰写了不少学术论著，其中医学著作有《札曲豆嘎药物配方》《体需入时》《医诀集要》《疾病真言汇编》《本草》《汤药大全》等。同一时期，绛边丹巴拉杰著有《医学总论》《药物识别》《常需青莲花束》《预防传染病九药方》；丹增程勒著《医诀汇编·珍宝之源》；益希桑波写了《医药汇编》；察哈尔格西撰写了《药物鉴别》《诊脉法》；青海隆务寺的多格著《散药》《制药法三种》《本草》等。

近代西藏著名的藏医学家钦饶罗布（1883—1962），由于天资聪颖，记忆超群，在同龄人中成绩优异，被选送到药王山藏医学校，在德庆林药师阿旺曲丹和十三世达赖喇嘛的保健医生俄希巴·强巴图旺、嘉布巴·当曲贝丹等名医的亲自指导下学医。废寝忘食，夜以继日，刻苦攻读。因此，被俄希当·强巴图旺选为特别培养的三个对象之一。1910年，他被委任为哲蚌寺药师，边诊治病人，边研究医典，撰写了《医学海洋之要点》《草药标本·希贵金穗》《婴儿接生法·益民月镜》《人体线条·月亮宝镜》等著作。1913年，他被选派到印度，医治好许多人的病，使藏医学在国外传开。1916年，十三世达赖喇嘛在布达拉宫创建了“集藏医教学、诊治疾病、配制药物、推算藏历，兼学文化于一体的利众藏医历算学校”，他被委任为孜仲勒参，兼任药王山藏医历算学校校长和曼巴扎仓导师。在他的领导下，绘制了第斯·桑结嘉措制作的彩色挂图的遗失部分；藏医学校扩大了招生范围，学员除了西藏本地之外，还有来自青海、四川、甘肃以及不丹、锡金、克什米尔、库伦等地。1918年，他被委任为十三世达赖喇嘛的副保健医生，后来受到迫害。十三世达赖去世，热振活佛摄政期间，他被委任为地方政府的堪穷；1957年封为十四世达赖喇嘛的侍从达尔罕堪布。1961年，任拉萨藏医历算学院院长。他一生辛勤耕耘，对藏医药事业做出了卓越贡献。他的医著还有《显明四续之程序·母虎锐气》《广释评解论的明月宝镜》《疾病名称简述》《阐明医学原本总纲·要义之钥匙》《后续血脉之补充》《剖刺脉道结论》《治疗儿病之经验》《南药及甲骨金石药材形状·如意宝镜》《详解草药形状·医生之宝物》《简述草药形状·稀奇金穗》《配方功效汇总》《配方·甘露宝瓶》《药味配制图表》等。他培养出来的学生遍布藏区和蒙古族地区。

西藏解放后，广大医学工作者积极挖掘和整理医学遗产，出版了《四部医典》《藏药本草》《藏药炮制规范》《藏药验方选编》《常用藏药知识》《藏医临床杂记》《医宝集要》等著作，还编辑出版了《赤脚医生藏药配方新编》《西藏常用草药》《青藏高原药物图鉴》《藏药标准》。各藏区相继建立了藏医院、藏药厂和藏医药研究机构，极大地促进了藏医药学的发展。

藏医具有一整套理论体系和临床经验。《四部医典》是反映藏医理论思想的权威性著作，被奉为藏医药学的圣典，最早由老宇妥编著，后来经过几代医学家的整理和注释，增加了不少内容，日趋完整。在所有的注释中，小宇妥和第斯·桑结嘉措的解释最有价值。小宇妥·云丹贡波广泛吸收《月王药珍》等医学名著的精华，对《四部医典》作了进一步的充实。第斯·桑结嘉措进行了修订，并根据内容绘制了彩色挂图。

四、藏医药学的特点

《四部医典》是由《根本心蕴续》《述说身体续说》《秘诀学识续部》和《最后事业续部》四部分组成。全书共 157 章，其中第一部共 6 章，概括介绍人体的生理、病理、诊断、治疗等知识，附有彩色挂图 4 幅；第二部 31 章，介绍人体生理构造、疾病初发的原因和规律，以及卫生保健知识、药物性能、诊断方法、治疗原则等，附有彩色挂图 35 幅；第三部 92 章，论述各种疾病的诊断和治疗，内有彩色挂图 16 幅。第四部 28 章，介绍脉诊及尿诊，还有各种方剂的配制方法、功效、用途、治疗方法，附彩色挂图 24 幅。

藏医重视人体的生理功能，把它概括为"隆"（气、风）、"赤巴"（火）、"培根"（黏液），如果这些失调就会导致疾病。"隆"又分为"持命气"、"下泻气"、"上行气"、"平行气"和"通行气"。气的主要功能是维持人的生命。赤巴，一般分为消化赤巴、容光赤巴、行动赤巴、视力赤巴和增色赤巴。显然，它能产生和调节气温，帮助消化，保持气色等。培根，分根基培根、研磨培根、尝味培根、餍足培根和粘合培根，其主要功能是供给营养，调节肤色。

采用望、摸、问方法诊断疾病，重视"尿诊"是藏医的特点。一般使用药物，除植物外，还大量使用矿物和动物等药物，配制极为讲究。关于服药方法，《四部医典》等医著中都有明确记载，概括起来有空腹服用法、饭前服用法、食时服用法、饭后服用法、药食交错服用法、多次进食服用法、不定时服用法、饮食中加药服用法、药夹食服用法和临睡前服用法。这些方法是根据不同病情规定的，具有一定的科学性。

藏医的有些研究要早于其他地区，如免疫学和胚胎学的研究从很早以前就开始了。成书于公元 8 世纪的《莲花遗教》中就有胚胎方面的记载，《四部医典》中也有描述。第斯·桑结嘉措的《蓝琉璃》在解释《四部医典》的胚胎学时，把胎儿分成鱼期、龟期和猪期，鱼期相当于胚胎发育的第五周至第九周，这期间胚胎形成长条状，心脏和肝脏的血脉以及眼、头部的血管形成；龟期，相当于第十周至二十六周，胎儿四肢长出，分显头部，形状似龟；猪期，相当于第七个月。这期间胎儿进一步发育，各器官逐渐凸起，并且能从母体吸取营养。密教经典中有大量关于人体生理机能和胚胎发育的记载。这些带有神秘宗教色彩的医学知识传入西藏后，极大地丰富和充实了藏医学。

另外，藏医学工作者在长期的实践过程中，形成了一整套医疗道德规范，老宇妥的《四部医典》，小宇妥的《扎塘居悉》中都辟有专章讲述，内容包括医生对待病人的态度、医生的医德修养、医生的医疗技术、医生之间应做之事等。这些医疗规范在很大程度上受了佛教戒律思想的影响，甚至在有些方面超越佛教戒律，这与藏医学者大多出自佛门有关。其中既有精华，也有糟粕，有些值得发扬光大，如《四部医典》所说的"对病人要有同情心；不要把病人的排泄物视为污秽；一个好的医生对学生不要保留任何知识；要通晓所有医学知识，精通医学，仁慈为怀；要互相协作，互相帮助；不要偷懒，不应有自私心；对病人要给予很好的照顾”等等。

总而言之，藏医药学是藏族文化的重要组成部分，在发展过程中吸收了其他民族的文化精华。藏医药学既有完整的理论体系和医疗方法，也有一套医疗道德规范，深受国内外医学界的重视。由于它是伴随着佛教的发展而兴盛的，所以受佛教的影响十分深厚。格鲁派创立以后，一些有规模的寺院先后设立了医药学院，培养专门人才。除了个别医师外，大多数名医出自佛门寺院，这无疑给藏医披上了一层宗教外衣。其实只要剥去这层薄纱，藏医药的特点就一目了然。

第二节　藏传因明

一、因明论著的译传

因明是古印度梵文“Hetuvidyā”的意译，“因”是成立宗的根据、理由；“明”即知识、智慧。通过佛教所说的宗、因、喻所组成的三支法，进行推理的学问或知识叫做因明，它包括逻辑学和认识论两部分。佛教所倡导的因明是在正理学派推理原则的基础上逐渐发展起来的。按照藏文的说法，大乘佛教瑜伽唯识学派的创始人无著、世亲两位论师出于辩论的需要，吸取并发展正理派等所创立的“古因明”，撰文进行探讨。无著的《阿毗达摩集论》中已经讲到“七因明”，世亲将其进一步深化和发展，专门著作《论轨》《论式》和《论心》进行阐述。西藏学者认为，《成诤论》也是世亲之作，汉文译名为《成质难论》。这方面也有异议，有的观点认为《成诤论》的作者为大仙世亲，与无著之弟世亲是两个人。不论怎样，《成诤论》被看成是“新因明”的最早论著。

世亲的弟子南印度的陈那论师（450—520）广泛阅读大小乘佛教经论，在唯识方面提出有相唯识。他在因明学上的成绩十分突出。他首次在无著、世亲提出的立破的基础上，把因明贯串到佛学中，创立了“量论”，即佛家认识论。他在这方面的论著有《集量论》《集量论本注》《观所缘论》《观所缘注释》《因明入正理门论》《观三时论》等。

陈那之后，因明学方面比较有影响的是法称论师（620—680），他通过陈那门下接受陈那的因明学，发展了陈那的量学，改革了一些推理格式，解决了陈那未能解决的一些问题。他的因明论著《释量论》《定量论》《正理一滴论》《因滴论》《关系论》（《观相属论》）《悟他论》（《成他相续论》）和《诤理论》（《诤辩正理论》），藏文总称《因明七论》或《七部量理论》。法称的弟子天自在慧，再传弟子释迦慧、炭天、慧源等人对《因明七论》作了全面解释。据吕澂先生统计有15家，著作凡21部，这足见法称思想在当时印度佛学界的影响。慧源的弟子有胜者、雅玛惹、日隐，各述已见，自成一派。之后，有寂护、莲花戒、法胜、赞扎廓弥、遍知成就、不空成就、孜达惹、宝源寂、慧源隐、杂纳弥扎等人。他们各有著述，在印度各地传讲。

公元7世纪，随着吞弥桑布扎创制藏文，《宝云经》《宝箧经》等被翻译过来，从此拉开了佛典翻译的序幕。8世纪，赤松德赞执政后制定了一系列抑苯兴佛措施，先后几次派遣好学青年往印度、尼泊尔、迦湿弥罗等地留学。著名译师噶瓦贝孜（吉祥积）译出陈那的《观所缘论》，法称的《因滴论》《成他相续论》，莲花戒的《正理滴前宗略论》，律天的《因滴论疏》《成他相续论释》，善护的《成就外义颂》《成就一切智论》；益希德（智军）译出了律天的《利众门人正理滴论释》，杂纳弥扎的《正理滴论略义》等；占巴南喀（念虚空）翻译了法称的《观相属论》和律天的《观相属论广释》。寂护、莲花戒等人进藏后，在传法的同时撰写了《量真实性略颂》《量真实性论略广释》《正理一滴前宗略论》等，使因明学这门特殊的学科逐渐被西藏学者接受并传播开来。这一时期，翻译因明著述较多的人还有释迦沃，他译出了辛底巴的《内周遍论》，智吉祥的《成就因果论》和泽达日的《择抉法及有法论》《显示因真实性论》，但这几部论著对藏传因明并未产生多大影响。

后弘期初期，遭受朗达玛打击的佛教分别从下部多康地区和上部阿里地区逐渐兴起，向西藏中部地区传播，在很短时间内各地建立了不少寺院，僧尼人数急剧增加。著名译师玛·格卫洛追（1044—？）译出法称的《释量论》中的《释量论词句章》，迦湿弥罗班智达具缘王（噶丹杰波）和西藏著名译师俄·洛丹喜饶在印度无喻城之东的一个小镇进行修改，后来由译师贡噶坚参贝桑波重译定稿；他又独立译出释迦慧的《释量论广释》（即自释和天自在慧的论著解说）共六十三卷；翻译天自在慧的《释量论后三品释》共四十卷一万两千颂和《释量论初品释》；译出法称的《诤辩正理论》后，由年·达玛扎校订。史称玛·格卫洛追及其以前所译传的因明学为“旧因明”。《布顿佛教史》指出，欧德摄政期间，派人请来苏纳益希，其子孜德请来迦湿弥罗的杂纳希，由穷波·曲吉尊追担任翻译译出《量决定论》《量决定论精髓释》等论典。《量决定论精髓释》，全称《量抉择论释智称遍海》，实指《量决定论广释》，由智吉祥（杂纳希）所著。此外，又请进珍扎惹呼那大师，由定贤做翻译，译出《集量论》等论著。

11世纪和12世纪，藏族译经达到高潮。一大批学者前往印度、尼泊尔、迦湿弥罗等地求取真经，译传各种教法。俄·洛丹喜饶（1059—1109）在尼泊尔、迦湿弥罗留学17年，回藏后翻译了很多经典和有关因明论著。他在桑浦寺讲授，因此这所寺院成为藏区因明之发源地。他翻译的因明论著有法称的《定量论》（《量决定论》）《理滴论》；慧源隐（智作护）的《释量庄严论》（《释量论后三品释》）六十卷，由比丘帕巴喜饶修订；在无喻城译出法胜的《量决定论具理广释》（包括杂玛惹的八十二卷《释量庄严论第四品释》）一万二千四百六十三颂，以及《观量广论》《观量略论》《破他论》《成就刹那灭论》等；善护的《观闻论词句章》《观破他论词句章》《成就自在灭词句章》；婆罗门香迦惹难达的《成就破他论》等。在翻译的同时，洛丹喜饶按照梵文原本对前译因明诸论详加校订。他的译著在藏传因明史上影响巨大，促成并推动了藏传因明学。

不久，僧格坚参译出《集量论》，拉曲吉仁青译出《因明入正理门论》，曲吉尊追译出智吉祥的《量决定论广释》。萨迦班智达在迦湿弥罗班智达释迦室利跟前受比丘戒后，学习《释量论》，并进行校正。13世纪，邦·洛追丹巴（1276—1342）译出天自在的《集量论释》。至此，印度两位著名的因明论师陈那、法称的著述及其他论师的释著基本译齐。

从上述译师和他们所译的因明论典分析，凡是参加翻译的人基本上都在印度、尼泊尔、迦湿弥罗等佛教圣地学习过，甚至有一部分人留学时间长达十几、二十几年。这样，他们对于当地的社会状况、风土人情和文化有较全面的了解，他们又精通梵文和古印度其他语言，直接用印度人的思维方式接受指导。所以，所译论典忠实原文，具有真实、可靠等特点，词不达意的现象非常少。从所译传的内容分析，虽然各人基于不同的理论，侧重点相异，但在对因明典籍的翻译方面尽量保持原貌，采取了极大的宽容性。像俄·洛丹喜饶就是直接在印度导师的指导下翻译的，从而保证了译文质量的准确性。

二、藏传因明的形成和发展

藏传因明是西藏学者根据印度因明论著、结合本民族的文化特点和逻辑思维方式而形成的。它具有独特的推理方式和内容。印度佛教衰亡以后，它作为东方遗留的最重要的逻辑学派，颇受学术界重视，为世界所瞩目。上面谈到，因明是8世纪伴随着佛教的广泛传入吐蕃而被引进的，但由于受各方面因素的制约，当时只是在很狭小的范围内宣讲，尚未传播开来。10世纪，佛教余烬复燃，原来的寺院逐渐得到恢复和修缮，不少青年学子怀着对知识的渴求，抱着求取佛法真经的强烈愿望，通过各种渠道外出深造。他们在修正原译经籍的同时，把大量的佛典译传进来。作为佛家因明的论著也被翻译过来，受到普遍重视。一般藏史根据前后弘期和新旧密法之分，把因明也分成旧因明和新因明，认为俄·洛丹喜饶之前译传的因明叫做“旧因明”，之后为“新因明”。也有以宗喀巴为界进行区分的，把宗喀巴之前的因明称为“旧量论”，之后则是“新量论”。不管怎样，这里的首要任务是搞清楚藏传因明的形成年代及其背景。

到12世纪，以译经为主的佛教介绍工作基本结束。人们开始转向对所译经典的解释，并从理论高度进行论述，佛家因明逻辑成为学习和研究的重要内容。1073年，俄·勒丹喜饶遵照阿底峡的指示，在今拉萨市所辖堆龙德庆县境内的聂塘创建了桑浦内邬托寺。他死后，由其侄子俄·洛丹喜饶继任桑浦寺堪布，负责重点讲授由他本人翻译的因明论著，使桑浦寺成为西藏第一所开讲因明逻辑学之场所。除此之外，他还在拉萨、桑耶等地寺院说法，随听弟子上万人。《青史》说，在他的弟子中讲说《量庄严论》和法上部经典的人55人，讲说《量决定论》的法师约280人。他逝世后，曲吉喇嘛、卓隆巴·洛追窘乃、仁青扎、喜饶贝等四大弟子继续弘扬因明。曲吉喇嘛作为桑浦寺法座的继承人，仍然保持本寺的传法特色，把因明放在头等重要的位置上。俄译师的再传弟子香耶巴·曼兰次程家境富裕，他利用丰富的资财到处求学，尤其深入研究因明学，撰写了《明义释》和《量决定论释》等。

恰巴·曲吉僧格(1109—1169)是桑浦寺第五任堪布(也说第六任)，被尊为藏传因明的创始人。他曾就学于卓隆巴和嘉玛哇·绛曲扎等名师门下，专攻中观、般若，尤其擅长因明。他著有《量决定论广释》《量论摄义颂》《量论摄义颂本注》和《破心暗论》。其中《量论摄义颂》一书系统地阐述了因明学的内容，提出了通过辩论入学因明的新方法，成为以后的必修书和著书立说的根据之一。因此,藏史以恰巴·曲吉僧格为藏传因明独特风格的创始人。虽然这个问题有待进一步研究,但毫无疑问,恰巴·曲吉僧格开创的因明辩论方法被作为藏传因明的主要方法加以推广和应用,可以说明藏传因明正式形成于12世纪。这一时期学习和注释因明论著达到高潮。仅从桑浦寺系统来看,恰巴的弟子玛嘉·绛曲尊追和恩帕巴·玛卫僧格精通因明,熟练地掌握了其辩论方法。他们根据中观宗义,分别著有《推理锤释论》和《量论摄义》。恰巴的上首弟子藏纳巴·尊追僧格特别崇拜月称论师,他曾这样说:“这样的胜士夫将来恐难出现。”他的因明论著《量决定论疏》,吸收了月称的论理。噶举派的噶玛·堆松钦巴也在恰巴门下学习过因明,撰写了不少学术论文和著作。

在桑浦寺系统之外,当时因明学方面的大家要推萨班·贡噶坚参(1182—1251)。他以辩论而著称,曾在今吉隆县和五名印度外道师进行辩论,使他们折服而归奉。他的《量理藏论》,也叫《量理宝藏》,是藏传因明的名著之一。书中汇总七部量论要义,依理偏论断所知(客观)事物及训释能知量之本性两面立论。全书分《本论》和《自注》两部分,《本论》用颂体写成,共十一品,分别为论外境、论内心、论总别、论直观分辩、论所诠能诠、论关系、论矛盾、论性相、论现前、论自比量、论他比量。《自注》部分对十一品进行阐述。萨班的弟子伍由巴·热贝僧格,在萨班的亲自指导下刻苦钻研《量决定论》及其注释,他的《释量论广疏》在西藏评价极高。据《萨迦世系史》记载,萨班去世后,传承和弘扬其因明学说的寺院有那烂陀、色多坚、吉蔡、图旦朗杰、图旦岗坚、卫·泽当、绛·昂仁、萨迦等。虽然其中的个别寺院是萨班去世后很长时间才修建的,但足以说明萨班因明思想在西藏所产生的影响,无疑推动了藏传因明的发展。在萨班师徒和桑浦寺的带动下,已经成为西藏地方特色的因明——藏传因明被各教派所接受,并把它作为初学佛法者必修的课程和提高逻辑思辨能力的方法加以重视。布顿大师应邀担任夏鲁寺堪布以后,专门设立讲经院讲授《量决定论》,并撰写了《量决定论释词义明论》。与布顿同时代的著名学者笃补巴·喜饶坚参早年在萨迦寺学过因明。他接管觉囊寺后,把《量决定论》作为重点讲授,并把它定为觉囊派僧人的必修课。他的弟子中有不少人在因明方面很有成就。噶举派的噶玛·堆松钦巴出自藏传因明发祥地桑浦寺的上师恰巴·曲吉僧格门下,他对因明研究颇深,在楚布寺开设因明课程。其他一些寺院相继设立了因明课程。

14世纪,萨迦派的仁达哇·循努洛追(1349—1412)一反萨迦派的传统思想理论,以中观应成派“缘起性空”的思想为指导,撰写因明论著,运用新方法,探讨陈那的逻辑体系,试图从总体上进行把握。虽然他的讨论没有引起更多人的注意,也没有产生太大的影响,但从萨迦派内部来说是个创新。宗喀巴就是从仁达哇那里接受了中观应成派的缘起性空思想,在这种理论指导下,他写了一篇题名为《法称因明七论入门》,或名《因明七论入门·除暗论》(《七部量理概论》)的短文,概述法称的因明七论的主要内容,提出了学习方法和步骤。他的弟子贾曹杰、克珠杰和根敦珠巴在因明方面造诣非常深厚,尤其是贾曹杰和克珠杰在师事宗喀巴之前已经在萨迦向仁达哇学习因明,在后藏地区参加辩经,无人匹敌。他俩跟随宗喀巴后继续钻研,分别著有《释量论广释·解脱道明论》、《随顺天自在慧之释量论释章节疏》和《释量论释四品广释·正理海》、《因明七论除暗庄严疏》、《量果广疏》等。第一世达赖喇嘛根敦珠巴著有《量理庄严论》,解释《释量论》。宗喀巴师徒几人的因明论著奠定了格鲁派所传因明学的基础,明确了方向。从此,凡是格鲁派寺院都开因明课程,稍有规模的寺院专设因明学院,使用的讲义除了《释量论》外,还有由各寺或扎仓中的高僧大德编著的。如后藏的扎什伦布寺使用的讲义有推散林班钦·索朗朗杰的《释量论四品总义及辨析》,推散林·桑杰贝吉仁青的《释量论宝藏》,绛顿·洛追嘉措的《释量论见镜》、《释量论初品辨析格言束》,贡钦·曲觉贝桑的《释量论·智者顶饰及辨析》,智迈协涅的《释量论·如意宝》,洛桑协涅的《量理庄严论》,格敦桑珠的《释量论·智慧文》,格敦洛桑的《释量论四品辨析》;夏尔孜扎仓以贡钦勒贝顿珠的《释量论疏》为主要讲本,学制六年,学完后通过辩论考试授予学位。

哲蚌寺各扎仓讲义不尽相同,洛萨林扎仓使用班钦的《释量论广释》等;果芒扎仓把第一世嘉央协贝多吉的《释量论第一品辨析》《释量论第二品辨析》《慧悟理论》《因理论》《慧理论释》《摄类学辨析·入理之舟》《三因差别》和阿旺扎西的《摄类学论一百三十五颂》等作为主要课本使用;德央扎仓以绛巴·贡钦却拉欧色的《释量论第一品释·宝束百颂》《释量论第二品释·教理源流宝库三十三颂》《释量论第三品释·教理百门》《第四品释·解脱道明论心法庄严论》,贡却群佩的《释量论诸品单分奇异摄论》,扎穷巴·云丹嘉措的《释量论·日光》等为教材。

色拉寺每个扎仓都有各自所使用的教材,如结扎仓使用贡钦·群觉贝桑的《释量论四品释》等。甘丹寺主要采用班钦·索朗扎巴的《释量论广释》等。除此之外,格鲁派的其他寺院,甚至萨迦、噶举、宁玛、觉囊等教派的主要寺院都仿照格鲁派的做法,成立了讲经院,专门讲授因明和显教经典,时间上有严格的限定。像格鲁派扎仓对因明的研习大概需要四年,一般要熟练地背诵《释量论》二千颂,在此基础上学习其他教义。

通过上述可以看出,12 世纪恰巴·曲吉僧格在桑浦内邬托寺创立独特的因明思辨方法,标志着藏传因明的正式形成。这一时期,著述因明的人特别多,萨班·贡噶坚参坚持以瑜伽唯识学派的思想为指导,撰写《量理宝藏》阐述法称的因明七论,形成了萨迦派的风格。从此以后,萨迦派所属的一些寺院,如萨迦寺、那烂陀寺、色多坚寺、昂仁寺等把因明当作主课修习。《知识总汇》对萨班以后的传承作了介绍,指出萨班的弟子传讲因明的可分为东传、西传和南传,东传以喜饶窘乃和多吉欧色为代表;西传以伍由巴·热贝僧格为代表;南传的代表人物是贡钦·仁钦贝。其中以伍由巴·热贝僧格最为著名。他从萨班听讲《量决定论》等,坚持讲授多年。他的《释量论广释》被萨迦派僧人作为名著加以学习。他的弟子有嘉央杰波、娘译师、曲吉喇嘛达巴、娘温·贡噶贝。尤其是娘温精通因明,他培养了弥旁曲吉喇嘛;曲吉喇嘛的承法者是绒敦等;绒敦的弟子是顿月贝哇。又,喇嘛达巴的弟子是大译师绛曲孜摩,其传大译师扎巴;扎巴传珀东·贡钦久扎,他著《因明理明论》。伍由巴的另一位大弟子香·多德巴传给诺桑贝;其传娘温·贡噶贝;娘温传仁达哇·循努洛追。宗喀巴师事仁达哇,确立了自己的思想理论。

14 世纪,宗喀巴师徒使因明学发展达到鼎盛,格鲁派的各大寺院都相继建立了因明学院,制定了学习制度,并定期举行辩论法会,胜者授予学位。格鲁派的做法带动了其他教派,他们把因明作为入修显密经论、教法的阶梯和基础,集中时间学习,并以辩论的方式进行考核,形成了不同的风格。

三、藏传因明的特点

因明学是五大明处之一。因明学自从传进西藏以后,经过历代高僧大德的阐释发挥,成为藏民族文化的重要组成部分。其独特的风格和所具有的逻辑规律,被国内外学术界所关注。如前所述,由于各人所基于的理论不同,藏传因明内部也有差别,俄·洛丹喜饶是以翻译《般若经》等而著称的,他主要坚持无自性说中观,他所译传的因明也带有这种思想。萨班是以瑜伽行中观思想为基础、阐释陈那、法称的因明论著的,故称"萨派"(萨迦派传规)。还有一种传规是行部中观见。贡钦索朗僧格总结说,陈那、法称两人的理论,被归总为上下七部说、印度注释说和自证说。萨班·贡噶坚参坚持第一种说,把《因明经》、法称的《七论》、《释量论第一品本释》等上下各零散部分归总在一起进行解说,其余大部分人选择释迦坚却等人的注释进行阐释,而贾曹杰和克珠杰则用自证方法阐释,因而形成了三种因明风格。其中萨班代表的萨迦派风格和贾曹杰、克珠杰代表的格鲁派风格具有代表性,得到了推广。

恰巴·曲吉僧格被誉为藏传因明独特风格的创始人。藏传因明被寺院作为主修课并以辩论方式学习提高的方法,是恰巴在桑浦寺首创的。虽然由于理论见地相异,恰巴思想受到萨迦班智达的强烈批判,但是他创立的风格得到了发扬。格鲁派创立后,在组织、课程设置、学习、辩论、考核、学位等方面形成了一整套制度。例如:甘丹、哲蚌、色拉、扎什伦布以及拉卜楞寺、塔尔寺等大型寺院把因明分为四级学习,每一级的主要学习内容分别是颜色、中时、大时、因理等,共需三年时间。学习方法一般采取暗诵和问答辩论等,辩论时必须以问答形式,解决所提出的问题。提问者跏趺坐于地垫,答辩者立于前面,辩论时间安排在早晨和下午。受此影响,其他各宗派的主要寺院也建立了因明学院或讲经院,开设因明课程并规定了相适应的学习教材和制度。法称的《释量论》被各派作为基础教材学习研究,相比之下陈那等其他论师的著作在藏传因明中的地位较低,这与藏传佛教所坚持的佛学思想及宗教信仰有关。

如上所述,藏传因明的摄类辩论风格是桑浦寺第六任堪布恰巴·曲吉僧格创立的,其内容包括十八类:红白颜色实有法与反法(质法与体法);相违与不相违,总与别;相属与不相属,异与非异;相等与非相等,因与果;前严、中严、后严之性相与所表;多因多后陈互破;直违、间违、平遍三类;证有、证无,证常、证物二类。隆朵·阿旺洛桑在《释量论等因明学名词》(简称《因明学名义略集》)中指出:从班钦·却拉欧色算起的达仓拉哇堆巴的第十四代喇嘛,澎域色康巴·达曲朗杰为赞波·阿旺程勒伦珠听讲的摄类十八类,迄今称为"赞波摄类",扩增为二十一类:红白颜色,成实(所量),认识转变、否定是非,其附属,是,非,小罪果,总别,质体,违联,证有无及其附中性相所表,因果轮等十二类,加上小摄类中的随因后遍与遣遍,及其所附析破析立,第六转声算法及其所属的一切摄类学所使用的答辩次序、破实算法、叙述提问，这四类属于中根学者所学的方法。上根(锐根)学者所学的六类是：应成次序、破他、入破入修、境有境、所表结合、因结合。有时，二十一类形式上，增加上述四类附属和大质体、大相违相属、大应成等七类，共计二十八类。这些逻辑推理方法是打开因明学宝库大门的钥匙，是藏传因明通用的方法，历代学者严格依照这些逻辑方法进行推理辩论。但是，在对于具体的问题进行推理时，以萨班·贡噶坚参为代表的萨迦派是从认识所知总体及能知量的体性进行抉择，归纳为二门论述。俄译师、恰巴·曲吉僧格以及格鲁派的大德所述内容的总体和印度因明学家法称等人基本相似，但在能诠方面略有所不同。无论如何，在充分运用比量、现量等方法时，宗、因、喻三支是必须遵守的，它是构成一个完整因明论式必不可少的。

第三节　西藏佛教与天文历算

一、吐蕃时期的天文历算

作为一种文化类型的藏族天文历算起源较早，它是勤劳勇敢的藏族人民在生产过程中逐渐创造出来的，并在发展过程中逐渐和宗教活动相联系，被作了宗教化的解释，赋予了更多的宗教内容。吐蕃王朝建立以后，随着和周边国家与地区的交往日益增多，有关天文历法方面的书籍传入西藏，特别是佛教的传入更加丰富了这门学科。

据藏文文献记载，从第一代王聂赤赞普起，苯教在西藏开始盛行，弥辛杰穆嘉创立"居苯"，史称"都苯"(白苯)，它是在总结原始宗教思想的基础上形成的，但尚未有较系统的理论。迄第八代王止贡赞普时期，辛饶弥吾切在吸收周边地区原始宗教思想的同时，根据象雄地区的宗教，创立了"恰苯"，它的仪式中就有卜卦、看圆光和卜算等。当时，劳动人民根据生产经验和苯教教义，总结出了测量天气变化的简易方法。最早的测法有三种：①天教的记法；②日影测法；③测水法。到了第九代王布德贡杰时期，史称藏族第一贤臣的茹勒杰发明了冶炼技术，从金属石块中提炼出金、银、铜、铁等，制造铁犁耕田，修渠灌溉，搭桥过河，生产技术的提高改进了对天气的测量方法。以后，拉布廓噶尔、赤多囊增等贤者陆续提出了"托"、"堆"等土地和牲畜的计算单位，制定了斗、秤等度量衡具，天文历算随之得到发展。

6世纪，松赞干布的父亲囊日松赞执政时期，随着与外界交往关系的加深，汉地的六十甲子和印度的十二缘起支、六日轮转等历算纪年法传入吐蕃。由于当时尚无文字，只能以师徒口头传授，结果没有传播开来。

藏历所行的主要是一种以阴阳合历，其闰月与大小月、节气安排的方法。松赞干布建立统一的吐蕃王朝以后，派遣以吞弥桑布扎为首的十几名青年去印度留学。吞弥桑布扎学成回藏后，按照梵文字母创制了藏文，为科学文化的传播和使用创造了良好的条件。松赞干布还娶唐朝的文成公主为妃，文成公主进藏时带来了大批的天文星算方面的书籍，如《博唐八十数理》《五行珍宝波罗》《密意根本之精髓》《珍宝之堆》《主于综述》等。随着两国的不断往来，藏王松赞干布派泽聂丹、朗措顿勒、恰迦东贡、达弥达喀（又说是益希嘉瓦、藏卧谢、卓聂旦巴和惹拉钦，可能是异名）四人，赐给他们八个银套金帕如，以及每人一个金帕如、盘缠沙金半升等去唐朝学习历算，以利于吐蕃社稷、国王。松赞干布对他们说："你们到唐朝去，学习对吐蕃有益的典籍。以前在吐蕃……印、汉的历法不盛行，故要获得测算生命、四季之算，必须接触汉地，你们要努力学习，一定给以重赏。"[①]泽聂丹等四人在唐朝向著名的历法专家嘉赤摩诃衍那学习了一年零七个月，学得《续明灯》《邦嘉上师》《天地追寻迹》《信弦图表》等卜算生命和四季的知识。他们回藏后，把它们翻译成藏文，并分别进行讲解表演，得到君臣的赞赏。"恰迦东贡精通汉族一切历算，其子名为恰迦嘉措，他们父子都作为赞普的卜算师。此乃吐蕃发展汉历之始"。[②] 也就是说，他们从唐朝带回《九部续》《三部释解》和《密国十五卷》等天文历算学典籍，翻译成藏文流传。从此，西藏开始使用汉族的五行、十二生肖、九宫等学说，尤以其中的五行计算的算学使用最广泛。五行中，金指西；木指东（也指中）；水代表北方，即龟尾；火表示南方，以龟头为代表。根据《吐蕃年鉴》记载，吐蕃王朝采用汉历，即动物纪年法是从公元 652—656 年之间开始的，从 650 年（或 651 年）起有了吐蕃王朝的大事记载。在之后的二百年中，十二生肖纪年法几乎是唯一的纪年法，甲子纪年法尚未公开使用。

赤德祖赞时期，金城公主进藏，把以《算学土续圣典》和《八支》等为重点的关于五曜、七曜（日、月、火、水、木、金、土）、八卦、九宫和二十八个恒星的书籍带入译成藏文。同时，还从其他地区传来了《暮人金算》《达那穷瓦多》《市算八十卷》《珠古地方的冬夏至图表》；从尼泊尔传入《嘎尼羊孜》等历书。这时候，西藏著名的天文学家桑结益希掌握了四曜的四个行速和日食、月食等天文现象，曾多次观测天象，研究日影的变化，发明了准确预测春分、夏至、秋分和冬至四曜的测量仪器，叫做"土赤普"。他的发明，对西藏天文学是个极大贡献，把藏族的天文学推向了一个更高的发展阶段。

朗措东亚是派往唐朝学习天文历算的青年之一。他的后裔木雅·坚参贝桑从小喜好天文历算，跟随许多天文学者学习藏译汉历五行，成年后经康区来到吐蕃政治文化中心山南，居住在玉波扎囊山洞，从事对天象的观测和对当地气象、地理的研究工作。他在吸取大量民间经验的基础上，撰写了有关天文历法方面的学术论著多部。

木雅·坚参贝桑的后代伦珠贝是一个很有成就的密咒师，对天文学研究颇深。他在总结前人研究经验的基础上，和当地其他天文学者一起推衍出一种具有一定特点的新算法——山洞算法。在此期间，唐朝天文学者土华那波（音译）两次进藏宣讲天文、历算。他第一次译传当时流行的普通历法，并且深入到西藏南部和北部牧区，对高原型气候和四季的变化进行详细考察，积累了不少资料。他根据记录的观测数据，撰写了《珍宝明灯》《冬夏至图表》《五行珍宝精明灯》《星算琉璃卷》《经典中心之意》《解释太阳之光》等

① 达仓宗巴·班觉桑布著：《汉藏史集》，原中央民族学院少数民族古籍整理出版规划领导小组的影印版。
② 达仓宗巴·班觉桑布著：《汉藏史集》，原中央民族学院少数民族古籍整理出版规划领导小组的影印版。

论著文，成为早期西藏天文星算方面的重要典籍。他的学生康巴、查邬、穷布·唐波把他的著作翻译成藏文流传。这一时期，西藏本土著名的天文学家有觉诺贝坚、拉隆益、蔡邦耶扎、那囊拉、那囊扎巴、雪布哇·拉钦、嘉耶顿巴和曲结仁青等。

9世纪初（据传是806年），一些苯教学者推出了一种名叫“吉孜”的测算方法，这种相当于十二宫的特殊算法是以太阳为主进行推算的，定一年为365天15小时32分。但是这种特殊算法，随着佛教的昌盛逐渐受到冷落。

二、佛教与藏族天文历算的密切关系

后弘期初期，翻译事业兴旺，内容涉及佛经、语言、文学、医药、天文历法、逻辑、工艺等。在历算方面，桂·库巴拉孜译出龙树的《缘起所生学术真实性论》；塔尔巴·尼玛坚参译出舍利子的《八种星算占卜术》和《战胜外道经论皇占卜》；扎觉喜饶译出《星曜合占星相术》等。《时轮根本略续》《胜乐金刚空行续》《韵律占星续》《十二眼经》《摩登伽经》（或《舍头谏太子二十八宿经》）《大集经·日藏品》等，被作为藏历所依据的根本经典而受到重视。特别是《时轮根本略续》的译传，奠定了藏历“饶迥”纪年法的基础。

《时轮经》被藏传佛教视为密教的最高经典。《时轮根本略续》是《时轮根本经》内容的概括总结。全经共分五品，其中第一品专门讲述大宇宙和小宇宙的构成及其相互之间的关系，藏文译本包括全译和节译本，总共大约有30余种。结觉·达哇欧色是第一个翻译这部经典的藏族学者，时间在1027年（也许1026年译出，1027年流行），因此藏族把这一年定为“饶迥”纪年的开始年，即第一饶迥的火兔年（丁卯年），习惯上称这种纪年法为时轮历。毫无疑问，“饶迥”纪年法是以汉历五行、十二地支属相为基础，吸取了佛教的历法知识而形成的。它的方法是以甲乙为木，丙丁为火，庚辛为金，壬癸为水，戊己为土，并以前字为阳，后字为阴，配到六十年为一周甲。至此，具有民族地方特征的西藏历法和计算方法完全形成，并作为藏族科学文化的重要组成部分受到国内外的广泛重视。11世纪以后，随着佛教宗派的陆续建立，天文历算法被寺院当作僧人学习的内容之一。

13世纪，萨迦派建立了政教合一的地方政权。作为元朝重臣、萨迦政权首领的八思巴极为重视文化建设，这使天文历法得到了进一步发展。著名的天文学家噶玛巴·让迥多吉以苯教推算法“吉孜”为基础，于1318年完成了《星算综合论述》一书，从理论上论证了星算推算方法，把西藏的天文历算抬到一个更高的层次。继他之后，这方面成绩比较突出的人要算布顿·仁青珠。他一生博览群书，勤于思考和著述，不仅具有较高的佛学造诣和密法实践经验，而且爱好天文历法。他深究《时轮根本略续》及其注疏，分别于1323年和1327年完成了《教历》和《算学·智者欢喜》，成为藏历的两部根本论著，具有很高价值。《教历》主要根据《时轮根本略续》等密典，叙述五曜的起源和推算方法。《算学·智者欢喜》，又叫《智者生悦论》，全名《吉祥时轮推算口诀智者生悦论》。全书共分六章，重点叙述日、月等诸星曜的构成变化、计算方法和由诸曜组成的自然界的变化规律，并就一些问题提出了自己的看法。后来，不少学者以他的这两部著作为基础开展研究。

雍顿·多吉贝桑是一个成绩卓著的天文学家。他从小学习钻研天文历法,阅读了大量的有关书籍,在广泛参考他人研究成果的基础上,提出地球左转、四季右转的看法。1425年,曲布哇根据“吉孜”法,开始以太阳为中心进行推算,并撰写《曲布哇历书》进行论证,创立了“曲布哇日算法”。强巴·朗杰扎桑著有《童子入乐》《成就历算广论》《日光如意宝鬘》和《持曜论难》等。

同一时期,在实际推算当中成绩比较突出的四人是山南地区的普巴·伦珠嘉措、藏穷·曲扎嘉措、克珠诺桑嘉措和扎穷·云丹嘉措。他们以木雅·坚参贝桑和伦珠贝等人创立的“山洞算法”为主,推算天气变化和日月运行的规律,编写了《白荷教诫》和《央恰释解》。克珠诺桑嘉措(1423—1513)是后藏达那人,曾在扎玛尔曲顶、扎什伦布等寺学习。他年轻时到前藏在甘丹和哲蚌等著名寺院从洛追曲窘和绒顿·洛桑扎巴等人学习《时轮》。他37岁那年,移居山南的沃喀进行修炼,著有《时轮总义无垢光庄严疏》和《白莲亲教母子摄集二次第释》,他利用“莎雄”计算盘推算星曜、时、辰、日、月、地的运动,开始了藏族天文历算方面的“普巴派”传承。这种方法在以后的星曜推算中应用非常广泛,一直沿用至今。

这一时期,天文历算之所以如此发达,除了其本身的重要性、实用性和其他诸多因素外,与格鲁派的积极推动是分不开的。格鲁派创立以后,在一些规模较大的寺院中专门开设天文历算课。噶厦政府设立专门机构进行研究,编纂《历书》。1624年,班觉程勒饶杰完成了他的算学名著《中印算学问答》。之后,东布·顿珠旺杰、达仓译师、班钦贡觉等人分别著《中印算学·合璧》、《镶嵌宝》和《补充星珠》等算学论著。1656年,五世达赖喇嘛洛桑嘉措完成了《算学问答·太阳之光》。从他们的著述不难看出,星算学的研究已经达到相当高的水平。旺扎多吉和洛桑云丹运用桑结益希的推算法,利用两个上下角点的关系推算日食、月食。旺扎多吉在学习推算过程中,掌握了1387—1687年近三百年之间的有关日食和月食图表以及推算数据,写出了《日月食算经验》一书。

第斯·桑结嘉措不仅是西藏政治活动家,而且也是博学多才的天文学家和历史学家、医学家。他在佛学、医学、天文学、建筑等方面具有很深的造诣,创立和发展了西藏文化理论。他先后撰写了《蓝琉璃》《医学概论》《白琉璃》《黄琉璃》等,具有较高的学术价值和史料价值,深受藏学界的重视。《白琉璃·智者心宝》和《白琉璃除锈》是西藏天文历算方面的重要著作,是两部具有创造性的研究成果。其中的《白琉璃·智者心宝》成书于1683年,共三十五章,分上下两卷,后附汉历法。上卷主要记录西藏历史上著名的天文学家的生平事迹和他们的著述;下卷纯系历法,参考了普巴派的观点和穷诺夏噶达的星算法。全书完成后,广泛征求天文学家们的意见。当时,山南地区的天文学者达洛译师和尊廓拉钦提出了208条意见,第斯·桑结嘉措于是专门写了《白琉璃除锈》一书,回答所提出的疑难。

敏珠林寺是宁玛派在西藏最大的一所寺院。它在创建和修建过程中,得到过五世达赖、七世达赖和郡王颇罗鼐等格鲁派上层人物的关心和支持。这所寺院除了以修炼密法为主外,还加强了天文历法和医学知识的传授,培养出一大批这方面的人才。近代西藏的历书,基本上都是由他们参与编制的。达摩室利(1654—1719)是敏珠林寺的学僧,本名叫勒贝顿珠,法号阿旺曲贝(或丹增嘉央旺波)。他早年在出生地达结林寺学习,依止德钦喇嘛、贡塘班钦等宁玛派高僧学习佛法、声明学知识,掌握了梵文的各种字体,被尊称为"译师"。他15岁从五世达赖喇嘛受出家戒和沙弥戒;17岁进入敏珠林寺跟随顿珠旺杰学习星算方面的《五明摄论》《五曜》《三昼分辨》和《时合》等。1714年,他按照师傅顿珠旺杰的主张写出了《日光论》一书,次年又著《日光·金质本疏》;还在敏珠林寺总管的主持组织下编纂了《敏珠林历书》。

同时代的拉尊·洛桑丹增坚参和东雪·阿旺曲扎著有《取舍光明论》和《算学基础新移》,专门讨论五曜。1735年,西藏琼结的莎增嘉措在大量资料的基础上研究完成了《算学·琉璃》。1796年,普巴地方阿旺弥旁达哇完成了《算学·智者珍宝论》。七世达赖格桑嘉措关心创建的布达拉宫俗人学校(色姆哇洛扎)专门培养语言、诗律、天文历算等方面的人才,这种做法反映了噶厦政府对这门学科高度重视的态度。随着噶厦地方政府机构的健全和完善,天文历算研究被纳入政府事务中,曼孜康是由政府设立的专门研究医学和天文历算的机构,也是培养这方面人才的专门机构。

钦饶罗布是西藏近代著名的医学家和天文学家。他出生于山南泽当,父亲是一位天文学家。他从14岁开始,钦饶罗布被派到拉嘉日卓盘林攻读医学和历法。由于他的考试成绩优秀,受到十三世达赖的护卫师强巴图旺的赏识。1916年,十三世达赖创立曼孜康(医药历算院)以后,他被委任为首任领导,负责对医药、历法的研究,实验并编写教材工作,为振兴西藏的医学、天文事业献出了毕生的精力。他的著述颇多,其中天文历算方面的著作有《具明心滴》等。

随着藏传佛教的向外传播,藏历和算学也被介绍出去,不少蒙古族僧人在留学西藏期间精心钻研这门学科,并带回去加以研究和推广。

总而言之,藏历星算是藏族科学文化的重要组成部分,是广大劳动人民在与自然界的长期斗争中总结出来的经验。概括起来,有纳孜(汉历算)、噶孜(印度历算)、央恰(长韵律占星)和迥孜(五行算)等四种推算方法,另外也有派系之分。6、7世纪,汉历传入之前,西藏有根据苯教教法和生产经验总结的历法和算式。从7世纪以后,一直以汉历为主。11世纪,时轮历传入后,藏族将汉历和时轮历结合,创立了自己独特的"饶迥"纪年法。从此,历代天文学家通过对《时轮经》的解释,研究历法星算,提出各自不同的看法。18世纪初,第斯·桑结嘉措的《白琉璃》问世,集前代研究之大成,基本上结束了争论。

第四节　西藏佛教史籍

一、前弘期时期的佛教史籍

藏族是一个具有悠久历史的民族。千百年来,勤劳勇敢的藏族人民在生产斗争和社会实践过程中谱写出了优秀的历史长卷,创造了灿烂的民族文化,为伟大祖国的文明史册增添了光辉而不朽的一页。自从7世纪佛教正式传入西藏以来,西藏文化有了突飞猛进的发展。在发展民族文化的过程中,寺院知识分子曾起过无与伦比的伟大作用。虽然他们是脱离凡俗的出家僧人,但是他们之中有政治家、思想家、教育家、文学家、历史学家、医学家、天文历算学家、佛经翻译家等。他们在接受外来文化的同时,创造出了具有本民族特色的文化,撰写编辑出了有关宗教历史、思想、文学、医学、逻辑等诸方面的巨著,留下了丰富的文化遗产,为藏民族文化的发展做出了卓越贡献。

近年来学术界的研究状况表明,从7世纪吞弥桑布扎创制藏文、编制文法和翻译佛典开始,陆续出现了许多由西藏学者自己撰写、编著的藏文文献。后弘期以后,藏文文献不断增加。随着印刷术的传入,大量的藏文文献被木刻印刷,有些则以手抄本流传。其中的许多珍贵文献流失到全世界十几个国家,被编集成文献丛书陆续出版。目前,保存国内的藏文档案文书3003卷,藏文古籍60万函,分布五大藏区和内蒙古等地。西藏所藏占其中的80%左右,大多保存在寺院之中。其中有各种史学著作,如王统记、教法史记、人物传记、教义释著、思想论著等,卷帙浩繁。虽然这些藏文文献中的一小部分已经有多种版本和文本,但是仍然很少被人们所了解。因此,这里对部分佛教史籍和学术巨著作个简单介绍。

1.《嘛呢全集》

《嘛呢全集》,又译《嘛呢宝训集》,藏族早期系统介绍观世音菩萨及其修行法的权威性著作。相传为松赞干布所著,又说是松赞干布口述,吞弥桑布扎记录的。史籍记载说,是12世纪由娘·尼玛欧色(1124—1192)从大悲观音佛殿马头金刚像的足下掘出的,也说由欧珠发掘于大昭寺,传给娘·尼玛欧色。德格印经院的藏文木刻本分上下两帙,上帙324叶,主要介绍观世音菩萨的修持方法。首先总述千佛的历史,然后分别叙述观世音菩萨的出世及立誓度脱六道众生的经过,花了一定的篇幅介绍观世音教化雪域众生,叙述了西藏民族的起源,观世音菩萨的化身松赞干布的生平事迹,以及他根据佛教戒律制定十善法,迎娶尼泊尔尺尊公主和唐文成公主,创建大小昭寺及十二镇魔寺的历史。同时,介绍了从印度、尼泊尔、唐朝请来多位班智达和吞弥桑布扎、达玛廓舍、拉隆贝吉多吉等藏族学者共同翻译显密经续以及松赞干布亲自修炼观世音菩萨法、六字陀罗尼咒的功德等。下帙共278叶,内容为遗教。比较详细地叙述了从金刚乘到声闻乘之间各乘的见、修、行和松赞干布对父母、两位王妃、王子公主、内外大相、蕃民的遗教,共一百五十余种,要求众人以佛教的戒律为准则,积极修炼慈悲心。全书实为一部系统介绍观世音菩萨的生平及其所修六字真言的佛教史籍,对深入研究六字真言和吐蕃历史大有裨益。

2.《五部遗教》

《五部遗教》,或译《五部遗训》,吐蕃重要的佛教史籍之一。相传是由公元8世纪进藏传法的邬仗那僧人莲花生大师所作。个别史籍认为,莲花生离藏前分别向吐蕃君臣、王妃、译师、班智达、高僧进行教诲,教导他们以后如何处理事务,如何对待佛法和进行取舍等,因此后人把它看成是莲花生的著作。从书的内容分析,很可能是后人根据莲花生的口述内容整理编辑的，成书的具体年代尚难确定。

这部著作成书后被作为“伏藏”埋藏起来。14世纪，扎囊十三位贤人之一的邬坚林巴·却珠杰波从桑耶寺的石塔发掘其中的《国王遗教》19章；从格结勒玛林寺发掘《译师、班智达遗教》35章；从雅隆协扎岩洞发掘《大臣遗教》32章；从桑耶寺康松桑康林寺发掘《王妃遗教》21章；从翁蔡色康林发掘《神鬼遗教》24章，合称《五部遗教》。德格印经院有木刻本，1986年民族出版社根据德格印经院木刻版整理铅印出版，按照《神鬼遗教》《国王遗教》《王妃遗教》《译师、班智达遗教》《大臣遗教》的结构排列。《五部遗教》既是一部反映西藏早期历史的书籍，也是一部佛教著述，内容涉及藏族人种起源，吐蕃王朝建立之前的氏族部落，吐蕃的政权制度，妇女问题和佛教的产生、流派、在吐蕃的传播过程以及苯教、天文历算、医药等学科，堪称一部小型百科全书，具有非常珍贵的史料价值，通过它可以了解吐蕃社会政治制度和吐蕃时期西藏佛教的特点。

3.《莲花遗教》

《莲花遗教》，全名《邬坚上师莲花生本生传》，是一部全面反映莲花生生平事迹的史籍。据传成书于公元8世纪，作为“伏藏”珍藏。14世纪由邬坚林巴和霍尔贡·释迦桑波从山南乃东的协扎山洞发掘，称为“协扎本”。有颂体和散文体两种，德格印经院有藏文木刻版。1987年，四川民族出版社根据德格木刻本整理铅印出版，近年又有洛追嘉措等人合译的汉译本。全书共108章，附录三种，前53章主要介绍莲花生的身世和在邬仗那、中印度、东印度的萨霍尔等地的活动情况，涉及因陀罗菩提和曼达拉瓦等与他关系比较密切的几位人物。从第54章开始着重介绍他在吐蕃伏魔传教，建寺译经的经过。为了便于了解他在吐蕃的活动和这一时期吐蕃历史情况，将这部分的章目翻译如下：第五十四章：赤松德赞诞生、执政；第五十五章：赞普下令纳谏；第五十六章：选择桑耶寺址；第五十七章：赞普遣使迎请菩提萨埵；第五十八章：菩提萨埵授记；第五十九章：会见藏王信使；第六十章：伏役西藏神魔；第六十一章：与藏王会晤；第六十二章：净化桑耶；第六十三章：迎请桑耶寺护法神；第六十四章：主持桑耶寺开光仪式；第六十五章：供养桑耶；第六十六章：请求两位轨范师留藏；第六十七章：藏王赤松德赞制定法规；第六十八章：三位译师授记，向藏王进谏；第六十九章：迎请遍照护；第七十章：寂护、莲花生与三位译师共译佛典；第七十一章：汇集一百零八位译师，派七觉士留学印度；第七十二章：遍照护留学印度，从师二十五位班智达；第七十三章：遍照护修炼神足；第七十四章：遍照护施神足进藏；第七十五章：遍照护说法招来诽谤；第七十六章：遍照护吟唱道歌；第七十七章：遍照护被逐至嘉摩擦瓦绒弘扬显密教法；第七十八章：派比丘留学印度，获得悉地；第七十九章：虚空藏被逐至洛扎喀尔曲；第八十章：迎请无垢友；第八十一章：无垢友显示神能；第八十二章：藏王派人去请印度一百零八名班智达进藏灭苯；第八十三章：宇扎娘波进藏，遍照护返藏；第八十四章：在翻译洲译经；第八十五章：校订经典；第八十六章：桑耶寺圣像本尊目录；第八十七章：法相乘的教典译目；第八十八章：内外秘典籍译目；第八十九章：有为法无常；第九十章：公主班玛萨授记；第九十一章：在藏伏藏；第九十二章：观地，预示发掘伏藏的时间。

4.《巴协》

《巴协》,又译《拔协》,全名《巴协——巴萨囊之说》,别名《桑耶寺目录志》。成书于公元8世纪,作者巴萨囊,又名巴·益希旺波,赤松德赞时的大臣,七觉士之一。他曾任芒域(今吉隆)地方总官,奉命从尼泊尔请进寂护。桑耶寺落成后,他首次和其他六人从寂护等人受戒出家,一心事师。寂护去世后,他出任桑耶寺住持,受到尊崇。后来,他向赞普建议,从尼泊尔请进莲花戒参加顿渐两派辩论,平息了佛教内部之争。

《巴协》是西藏古代历史名著。1980年民族出版社根据民族文化宫图书馆所藏手抄本整理出版,主要叙述桑耶寺的修建过程,赤松德赞时期的佛教发展情况,以及唐蕃、印藏交往关系,通过盟誓、译经等活动,反映了吐蕃社会的政治、经济、文化状况,被研究吐蕃史的学者作为重要资料加以引用。此外,尚有一种拉萨油印的增补本,1961年法国学者石泰安出了巴黎影印本,1968年印度达兰萨拉出版了《概述赞普赤松德赞及堪布莲花生大师之师显密二宗功业的巴协续本》,这三种都属于增补本。关于它的作者,有三种说法:一说是巴萨囊,另一说是桑希,还有一说是库敦·尊追雍仲。除上面介绍之外,增补的主要内容为牟尼赞普三均穷富,牟迪赞普被害,赤德松赞修建噶琼寺,赤热巴巾王建寺、译经、厘定译语等;另外还记述了朗达玛灭佛的经过和所造成的后果,概述了藏传佛教后弘期初期鲁梅等卫藏地区十人去多康学法,复回卫藏弘扬佛法以及阿底峡入藏弘扬佛法等史实。《巴协》语言简朴,叙事清楚,后世一些史籍多以之为范本。

《旁塘目录》是吐蕃时期编纂的三大佛经目录之一,也是西藏最早的一部佛典目录。“旁塘”是宫殿名称,位于今西藏自治区山南专区乃东县颇章乡,传说是赤德祖赞王为金城公主修建的。赤松德赞执政时期,命令著名译师噶瓦贝孜(柱德积)、曲杰娘波(法藏)和贝吉伦布等人始将存放于旁塘噶美宫殿的全部译经,按照八个音节为一颂,三百颂为一卷,修编《目录》,至牟迪赞普时期全部编完。由于据旁塘宫藏经编次,故名《旁塘目录》,可惜后来失传。

《钦浦目录》,是吐蕃三大佛经目录之一,成书于8世纪。最早由噶瓦贝孜奉赤松德赞之命,把存放在扎囊县桑耶区钦浦宫中所藏佛典和藏族学者的论著,一并整理编集成目录,取名叫《钦浦目录》,成为继《旁塘目录》之后的第二部藏文佛经目录。

《丹噶目录》,是吐蕃三大佛经目录之一。9世纪,著名佛经翻译家噶瓦贝孜和昆·鲁耶旺波等人奉赤热巴巾王之命,在《钦浦目录》的基础上,将东塘丹噶宫所藏译经,经校勘订正,编成一部佛经目录。它所收经目较《旁塘目录》和《钦浦目录》为多,编排方法正规。全目录共分十七类(也说十九类)。第一类:大乘经典,包括般若、华严、宝积及涅槃部经典;第二类:大乘经;第三类:秘密怛特罗;第四类至第七类:包括名号、赞颂、吉祥颂等;第八类:律藏;第九类:大乘经译;第十类:中观部分;第十一类:禅定部分;第十二类:唯识部分;第十三类:大乘论集部分;第十四类:小乘论,如《俱舍论本释》等;第十五类:因明部分;第十六类:西藏学者的撰述;第十七类:特考部分。由于诸多因素,相当一部分密典,尤其是无上瑜伽部密典未能收进去。这部目录成为以后编纂藏文大藏经的蓝本之一,具有相当高的价值。

二、后弘期时期的王统、宗教史籍

1.《娘氏教法源流》

《娘氏教法源流》是12世纪成书的一部重要的佛教历史著作。作者娘·尼玛欧色(1124—1192)是西藏洛扎泽萨色贡人,家族世奉旧传密法。他从小聪明好学,在父亲的亲自教导下,钻研教理,修炼密法,成为后弘期初期颇负盛名的学者。《娘氏教法源流》是他晚年的著作,也有人认为,是尼玛欧色去世后,由他人负责完成的。从成书年代说,它是迄今为止最早的一部藏文佛教史书,资料翔实,结构严谨,历史线索清楚。它是一部全面反映早期西藏佛教历史的名著。至今尚未见到这部史书的木刻本,1982年,西藏社会科学院藏文古籍出版社根据钦饶欧色的手抄本的复制本整理铅印出版。全书三编共28章,第一编:世界概述,共五章;第二编:印度王统,下设两章;第三编:西藏部分,共二十一章。

本书的最大特点是广泛运用佛教史、苯教史、各大上师的名言、稗史、王臣世系及吐蕃史料,较为详细地介绍了释迦牟尼的身世及其创立佛教的过程和西藏人种起源、王统世系、行政体制、法律制度、佛苯斗争、佛教顿渐之争以及兴佛措施、经典翻译等内容。它不仅是吐蕃佛教史方面的巨著,而且也是一部吐蕃王统世系史,书中的资料被后来许多史书反复引用。

2.《弟吴宗教源流》

《弟吴宗教源流》,本名《弟吴印藏教法源流广论》。作者署名弟吴贤者,弟吴系西藏一古老氏族名称,其本名及生平事迹不详。恰贝·次旦平措先生考证说,弟吴贤者即是宁玛派著名学者格西达顿觉奔,他生于1124年,卒于1174年,与《娘氏教法源流》的作者娘·尼玛欧色是同时代人。他一生苦读佛典,学习噶当派、噶举派和萨迦派的教法,奉娘·曲沃日和帕木珠巴为根本上师,熟谙宁玛派的摧坏金刚和金刚橛两种密法。由此推断《弟吴宗教源流》成书于12世纪。恰贝先生进一步认为,12世纪中期,弟吴贤者著《弟吴宗教源流》;13世纪早期,觉朗贤者作注释,同一时期的其他几位学者也作过注。

本书是西藏王统、佛教史方面最早的名著之一,史料翔实。它以瑜伽解神、赤铜行髻者、玛格孜坚、桑波廓欧坚、桑瓦恰嘉坚等吐蕃时期的五部史籍和11世纪中期由库敦·尊追雍仲撰写的《西藏历史广论》为根据,分别记述了佛教的兴起传播过程和吐蕃历代诸王及其兴佛措施,尤其对一些关注较多的问题,如聂赤赞普的身世、吐蕃王朝行政建制、军事组织、法律、风俗习惯、奴隶起义,以及佛苯斗争、佛教如何发展等记载,较其他史书详细。

全书除前言外,共分三编。前言部分概述佛法,认为一切佛理总摄于二谛、教证、经论之中,用五圆满讲经,用五种相头或四支解释法讲论。第一编提出了本书所要叙述的内容及其意义,即解释梵语名称,其中首先讲述赞颂的用义、摄义及词义,然后概述三时佛。第二编是本书的主要内容,分三章叙述,第一章讲三身的历史;第二章讲述千佛的故事;第三章记述释迦牟尼本生传,也就是印度佛教历史。第三编:后记。《第吴宗教源流》

只有一种手抄本。1987 年，西藏社会科学院藏文古籍出版社根据手抄本整理出版。

3.《布顿佛教史》

《布顿佛教史》，本名《佛教史·大宝藏论》，或《善逝佛教史》，西藏著名的佛教史籍之一，曾被译成几种外文出版，在国内外产生了很大影响，为中外学者所称道。作者是布顿·仁青珠（1290—1364），成书于 1322 年。全书摄略史料，叙述扼要，用精湛的笔墨和浅显易懂的语言表述深奥的佛教哲理和印藏佛教历史。藏文有德格印经院木刻版和拉萨木刻版，另有铅印本。郭和卿先生汉译本已由民族出版社出版。全书共有四章：第一章分述所讲正法和大乘教法的功德；第二章记述听讲之法，扼要解释佛教的一些名词概念以及十二分教、三藏等；第三章：叙述如何听讲修法的道理，其中涉及所说法的差别、轨范师说法的差别、弟子听法的差别和师徒如何修习佛法等；第四章是全书的重点，主要有三个方面的内容，第一，叙述释迦牟尼和佛教的创立以及大小乘佛教诸派的历史和基本教义；第二，分述西藏佛教历史，包括前弘期佛教和后弘期佛教，统计来藏弘法的外地著名学者和藏族译师，篇幅较少；第三，大藏经目录，是本书的附录，也是精华部分。作者把藏译佛教经籍目录总分为显教和密教两部分。显教部分又分为佛经类和论典类，前者包括戒律经典、初转四谛法轮经典、中转无相法轮类经典（如般若经）、末转抉择胜义法轮类经典以及大方广佛类、大宝积类、大乘诸经等；后者包括对上述诸经的释著、各大学派的主要论著及医方明、工巧明、星算占卜等。

密教部分划分为经和论。经典部分细分事续、行续、瑜伽续、大瑜伽续。事续部再分为“妙吉祥续”“观世音续”“金刚手续”“注释续”“不动金刚续”“明母续”“顶髻续”“一切续部”“各种小咒”等；行续部以《毗卢遮那现证菩提根本续》为根本经典；瑜伽续部以《吉祥根本略续》和《金刚顶经》为主要经典；大瑜伽续部细分为大瑜伽方便续、大瑜伽智慧续、方便智慧无二续。方便续包括集密和阎摩德迦两类，分别以《集密根本续》和《黑红阎摩德迦续》为根本经典。智慧续部的内容包括“呼金刚”、“胜乐金刚”、“胜乐惹里续”、“大手印明点”等，呼金刚类以《喜金刚续第二品》为根本经典；胜乐金刚类的主要经典是《胜乐根本续》；胜乐惹里续类的经典比较多，布顿列录了 32 种。“大手印明点”类以《大手印明点》和《智慧明点》为主要经典。无上续的根本经典是《时轮根本略续》。论典部分区分为各种密典的释论和共同密典释论中修行类著作。最后附列了赤松德赞和吉祥积、智军、龙幢、拉喇嘛绛曲欧、益希欧、寂光等人的著述。

布顿自述，他这个目录是根据《东塘宫丹噶目录》《钦浦目录》《旁塘目录》，在鲁梅·次程喜饶所著的《显密经典分类和并列目录》的基础上整理编成的，增补了各寺院所藏经籍中凡未被列入目录，而又符合条件的诸经目录，并对一些经典作了考证和说明，提出了哪些是伪经，哪些是疑经，成为以后编纂藏文《大藏经》的蓝本之一。

4.《红史》

《红史》，既是一部历史名著，又是一部佛教史书。作者蔡巴·贡噶多吉是噶举派一个非常著名的人物。他 20 岁担任蔡巴万户长，45 岁受比丘戒。1324 年他进京觐见，受到元泰定帝也孙铁木儿的封赏。他在任蔡巴万户长的 28 年中，出资修缮了蔡贡塘寺、大昭寺和布达拉宫；邀请布顿大师校勘《甘珠尔》，并用金银粉汁书写《甘珠尔》二百六十函，取名《蔡巴甘珠尔》，作为编纂《大藏经》的蓝本，受到重视。他的主要著述有《蔡巴甘珠尔目录——白史》《红史》《红史补遗贤者夺魂》《花史》《贡塘喇嘛向传》等。

《红史》始撰于1346年，1363年完成，有少量的手抄本流传。民族出版社根据北京民族文化宫图书馆和西藏自治区档案局收藏的手抄本整理出版。全书共分4大部分26章，前三部分分述印度古代王统及释迦世系，汉地历代王统，蒙古、西夏王统。第四部分讲述：吐蕃王统及佛法传播史。这是全书的重点，共分18章：第一章：吐蕃王统；第二章：后弘期佛教；第三章：阿里王系及佛教发展状况；第四章：萨迦世系；第五章：萨迦王史；第六章：付法及堪布传承，戒律传承；第七章：班钦释迦室利律传；第八章：噶当派传承；第九章：噶当派教典传承；第十章：噶当派口诀传承；第十一章：噶当派道次第传承；第十二章：桑浦寺法位传承；第十三章：噶举派概述；第十四章：塔波噶举派；第十五章：噶玛噶举派；第十六章：帕珠噶举派、直贡噶举派；第十七章：蔡巴噶举派；第十八章：元朝皇帝对西藏僧人的封赏。

《红史》是一部颇受藏族诸史家推崇的历史名著，虽然篇幅有限，却有较高的史料价值。它大量引用了八思巴时期被翻译成藏文的《唐书》吐蕃史料和其他汉文资料，叙述汉藏关系，简明扼要，重点突出，线索清楚。它对研究藏族史和汉藏民族、蒙藏民族关系史有极大的帮助。

5.《雅隆教法史》

《雅隆教法史》，亦叫《雅隆尊者教法史》，或《王统广史》，是继《红史》之后又一部历史名著。作者雅隆尊者释迦仁钦德，又叫拉尊次程桑波，系雅隆王室的子嗣，朗达玛之子欧松的第十四代世孙。本书成书于1376年，在编排方法上和撰写体例方面基本上与《红史》相同。它通过佛教发展史记述印度王统、汉地历代王统、吐蕃王统、蒙元王统及重大佛教事件、教派传承关系等。它运用了《唐书》吐蕃部分的藏文译文，并且把元朝发生的一些事件也收录进去。原文共116叶，无章节之分，王统和师承是独立成篇的，所以既是王统史，又是教法史。汤池安先生根据北京民族文化宫图书馆收藏的手抄本翻译的汉文本已由西藏人民出版社出版发行。该书的第一部分记述了世界形成、印度王统及释迦世系、释迦牟尼及其所创立的佛教；第二部分记述周秦汉、魏晋南北朝和唐等历朝的宗教发展情况，以及唐蕃交往史、五代、宋、西夏各朝代王统；第三部分吐蕃王统及云丹世系、欧松世系、雅泽世系、雅隆世系等分裂时期的各王系，叙述了佛教在西藏的初传和发展；第四部分蒙古王统及其版图扩张史。第五部分着重记述后弘期初期的佛教经典翻译和阿底峡进藏传法情况，比较详细地介绍了噶当派的创立史及热振寺传承、俄译师传承等；第六部分重点记述萨迦世系及萨迦派、萨迦东院、西院、上院各世系。附录部分介绍了大班智达释迦室利及其弟子的事迹和后弘期的几大戒律传承。虽然《雅隆教法史》的记述非常简单，但条理清楚，资料翔实，内容广泛，无疑在藏族早期的史学著作中占有重要的地位。

6.《王统世系明鉴》

《王统世系明鉴》,又称《西藏王统记》。它虽然是一部享誉国内外的藏族历史名著,却也涉及许多佛教内容。作者索朗坚参是萨迦派著名学者。《西藏王统记》是他于1388年撰写的,但也有其他不同的说法。书中主要介绍了世界的形成过程、人类的起源、佛教的创立和西藏人种、吐蕃王统,以及佛教在西藏的传播史,附带叙述了汉地佛教和蒙古世系等。德格印经院木刻本共分十八章,体例和《红史》《雅隆教法史》等基本相似,内容由印度、西藏、汉地等三部分组成。按照民族出版社的铅印本,印度部分有二章,汉地部分有一章,西藏部分是本书的重点,共有三十章。

本书在引用西藏早期史籍《赞普宝训》(《国王遗教》)《嘛呢全集》《五部遗教》和《雅隆教法史》等吐蕃史料的同时,把大量的民间传说和宗教故事掺杂进去,使历史的真实性受到影响。总之,它是一部带有浓郁宗教色彩的王统史,既有助于了解吐蕃史,也为研究藏传佛教史提供了帮助。

7.《隆庆教史》

《隆庆教史》,全称《教法源流宝藏明论·日光》。作者系宁玛派著名学者隆庆饶绛巴·智美欧色,1362年成书。最早由晋迈多吉的弟子至尊阿旺等人在后藏的仁蚌木刻,由于条件不成熟没有印刷。后来时局动荡,只好将刻好的板子埋藏起来,遗憾的是其中的三分之二佚失,只剩下六十二块。西北民族学院曾根据才旦夏茸教授提供的手抄本油印。1991年,西藏社会科学院藏文古籍出版社根据他的手抄本和西藏档案馆的原稿、医师白玛格桑的楷书体手抄本进行对校,整理出版。全书共分十章,全面系统地叙述了佛教的产生和在西藏的传播过程,以及未来佛教的命运等,特别记述了密教的形成及特点。概括起来有这样几点:第一,通过考证详细记载了藏译经籍的名称和作者;第二,译者姓名、翻译地点及卷帙数;第三,详细记述了大小乘佛教、显密教、前后弘期所译经典之间的区别及各自的特点;第四,介绍了莲花生、寂护等外地学者和藏族各大译师的生平事迹以及他们所译传的经典教法;第五,记述了吐蕃时期的政教关系和重大事件;第六,记录了朗达玛灭佛期间幸存的经典名称。

总而言之,《隆庆教史》不论在内容上抑或是撰写体例上都与其他史籍不同。它把重点放在对佛教思想和经典的介绍上。通过它,不仅能了解吐蕃佛教的历史、译经特点,而且能了解宁玛派的哲学思想及判教理论,是一部不可多得的关于吐蕃时期藏族佛教著作。

8.《青史》

《青史》是藏族史学名著之一,在国内外学术界有很大影响。作者廓洛·循努贝(1392—1481)一生勤奋好学,钻研佛教显密经论,精通梵文,译著甚丰。他既是闻名印度、尼泊尔、藏区的译师,也是知识渊博的著名学者。《青史》是他的代表作,成书于1476年,有拉萨功德林和安多贡噶曲科林的两种木刻本。1984年,四川民族出版社根据两种木刻本整理出版,郭和卿先生的汉译本于1983年由西藏人民出版社出版。全书共十五品:第一品:佛教起源、印藏历代王统、前弘期佛教;第二品:后弘期佛教;第三品:旧译密法;第四品:新密及道果教授;第五品:阿底峡传承;第六品:俄译师、巴操译师传承及中观、因明、慈氏法如何而来的情况；第七品：续部密法；第八品：大译师玛尔巴与塔波噶举派；第九品：廓扎巴和妮谷史传；第十品：时轮教法；第十一品：大手印法；第十二品：息结派；第十三品：觉域派和喀热传承；第十四品：大悲观音法和《金刚鬘》；第十五品：四部律和僧众来源、问答。

《青史》是西藏一部重要的历史文献。它运用大量的史料详细叙述了佛教的产生、吐蕃王统世系、前后弘期佛教、新旧密法和噶当派、噶举派、觉域派、息结派的历史渊源、传承关系、教理特征，对于一些有争议的历史年代作了认真的分析和考证，并且收录了其他有关说法。该书在资料运用上反复筛选、斟酌，力求客观、真实，可信度较高。在介绍教派时，该书抱着一视同仁的态度，客观地反映其本来面目，没有宗派偏见。

9.《汉藏史集》

《汉藏史集》，全名《汉藏史集·贤者喜乐赡部洲明鉴》，成书于1434年。作者系萨迦派僧人达仓宗巴·班觉桑布，梵名室利菩提跋陀罗。该书的木刻本流传下来的非常稀少。1983年，原中央民族学院少数民族古籍整理出版规划领导小组组织出版了影印本。1985年，四川民族出版社以王尧先生提供的底本为基础，按照陈践同志的校对和抄件排版铅印出版。在国外，最早利用《汉藏史集》史料的人是达斯先生。60年代，法国著名藏学家麦克唐纳先生在锡金首都甘托克发现了《汉藏史集》的手抄本，全书一卷，290余叶，每叶长47.5厘米，宽7.3厘米，用黑墨写在淡灰褐色的纸叶上，字体介于草书和印刷体之间，清晰易读。

《汉藏史集》的体例虽然和其他史书基本相同，但是章节不明确。1986年，西藏人民出版社出版了陈庆英的汉译本。全书分上下两篇。上篇分二十五节，内容包括佛教所说南赡部洲大部分王统、地域和民族类别；过去诸佛、释迦牟尼与佛教、教法传承，部派十八部的划分、佛纪年、阿育王以下各王统；印度、尼泊尔的形成及王统、汉地王统、西夏王统、吐蕃王统、蒙元王统；吐蕃佛教造像，前后弘期佛教，历算占卜，医药，茶树、碗、食盐、刀剑的传入及发展史，吐蕃七良臣的事迹等。扼要叙述了元朝在西藏清查户口，划分万户，建立军事设施，设立驿站，制定赋税和法律，委任本钦以及伯颜函相和桑哥丞相的历史等。下篇共二十三节，从萨迦世系开始，简要叙述了萨迦各院弟子，历任本钦、朗钦和与萨迦关系比较密切的夏鲁万户、江孜法王、达那宗巴、朗杰林巴家族的历史；接着记述了无上瑜伽密法在印藏的传布、西藏佛教后弘期的著名学者和寺院、下部戒律传承、噶当派传承、俄译师事迹、时轮教法的译传、迦湿弥罗班智达释迦室利的生平以及塔波噶举及其支派的创立发展史，息结派传承，香巴噶举派历史、业果等；介绍了八思巴的《彰所知论》上卷。近年来，这部史书越来越受到史学界的重视。一些研究蒙藏关系及元朝中央与西藏地方政府关系的学者大量采用《汉藏史集》的资料，由此可见其史料价值的珍贵。

10.《智者喜宴》

《智者喜宴》，又译《贤者喜宴》，别名《洛扎教法史》。作者巴俄·祖拉陈瓦是拉萨聂当人，5岁时被认定为第二世巴俄活佛，迎入洛扎的卓瓦寺坐床；后来师事噶玛巴第八世活佛弥觉多吉，深钻诸经，成为一个很有影响的人物。他从1545年开始撰写《智者喜宴》,历时 20 年,于 1564 年全部完成,由洛扎的拉隆寺木刻印刷。全书 791 叶,共 13 章,内容涉及印度王统、释迦世系、印度佛教史、雪域保护神观世音菩萨、吐蕃王统、经典源流及其译传,密法、教派传承史以及有关于阗、西夏、蒙汉等地佛教发展情况,扼要地介绍了十明学。其中的吐蕃王统一部分尤为世人所推崇。作者以严谨的治史态度,丰富的史料为证,客观公正地介绍和探讨吐蕃王统以及其他重大问题,详细地记述了吐蕃社会的政治、经济、军事、法律、宗教、文化、行政体制等,叙述了历代赞普的丰功伟绩。特别在对待聂赤赞普的来源问题上,作者完全抛开了民间传说和宗教渲染,实事求是地作出回答,得到史学界的认可和采纳。因此,这部著作成为颇受国内外藏学家推崇的重要历史文献,也是研究吐蕃史不可缺少的重要史籍。遗憾的是,如此重要的历史文献至今仍无汉译本,前几年黄颢先生译出了其中的一部分,在《西藏民族学院学报》上连载。

11.《达隆教史》

《达隆教史》,又作《达龙教史》,本名《传承如意宝之证奇异诠海》,简称《教法源流 · 奇异大海》,成书于 1609 年。作者达隆 · 阿旺朗杰是达隆寺第十七任堪布。他的主要著作有《杰瓦达隆巴大师传》《传记 · 圣道光明》《自传 · 贤劫意车》等。《教法源流 · 奇异大海》是其代表作。最初有手抄本长条,后来根据手抄本木刻,一部分珍藏在达隆寺。遗憾的是,该书遭到火灾,所剩部分也毁于“文化大革命”期间。前几年,西藏藏文古籍出版社搜集到原手抄本,由于年久失修,加上虫蛀鼠啃残缺不全,字体模糊。经过多方努力补齐,于 1992 年整理出版。全书由两部分组成,其中前十品是阿旺朗杰的原作,后两品由阿旺丹巴尼玛补作。阿旺朗杰的十品的前五品叙述印度佛教史。第六品记述吐蕃历代赞普的政教功绩,吐蕃社会的政治、经济、军事和佛教的传播过程,以及历代赞普所采取的兴佛措施等,扼要叙述了前后弘期的年代划分和后弘期的重大事件。第七品介绍了塔波噶举派的祖师玛尔巴、米拉日巴、塔波拉杰、帕木珠巴等人的历史。第八品是全书的重点,详细叙述达隆噶举派产生、发展、传承、特点,达隆寺历任住持的事迹,以及相关时期西藏的政治、经济、文化等。第九品分别叙述塔波噶举派及其各支派的创立和发展史。第十品主要介绍西藏佛教的一些重要教授法门,如幻变类法、经部法、心识法、金刚法、新旧密法等宁玛派的特有教授及噶当派、萨迦派、息结派、觉域派、香巴噶举派的历史,对于阗、汉地、西夏、蒙古等地的佛教也作了简单的叙述。

阿旺丹巴尼玛(又名扎西曲杰坚参)是 18 世纪人。他补著的两品共十一节,其中第一节记述阿旺朗杰晚年的生活及其主要弟子、施主的情况;从第二节到第七节分别叙述扎西贝珠、夏仲阿旺扎西曲杰、嘉贡阿旺程勒丹增、扎西绛边嘉措、扎西扎巴益希、贡钦久迈廓恰(扎西曲央伦珠)的历史和他们的弟子。最后四节介绍语言学、因明学、工艺学和医学。

《达隆教史》是目前唯一一部全面系统地反映达隆噶举派的重要文献,由于铅印本出版较晚,尚未有汉译本。

12.《主巴教史》

《主巴教史》,全名《佛教源流 · 莲日》,成书于 1981 年。作者系主巴 · 白玛噶波,故名。1992年，西藏藏文古籍出版社根据木刻本整理出版。本书的体例和其他史书基本相同，共分七章(品)。第一品介绍印度佛教；第二品记述于阗和汉地佛教；第三品记述果乘即秘密法在印度中部、东部和西藏、香拔拉的产生发展情况；第四品介绍十几位在密教方面很有成就的印度学者；第五品前弘期佛教，通过介绍吐蕃历代赞普，反映他们对引进和发展佛教所作出的贡献；第六品后弘期佛教，内容涉及佛教在下部多康和上部阿里的复兴以及在卫藏地区的弘扬；第七品：密法如何发展，通过对人物的介绍，叙述各教派发展的历史。

值得一提的是，《主巴教史》的作者虽然引用了一些历史传说和宗教故事，却清楚地勾勒出密教在印度产生、发展的线索和传入吐蕃的年代及主要内容。本书的特点是，对其他文献介绍比较少的谛洛巴、那若巴等印度佛教晚期的一些著名成就者详细地作了介绍。

13.《西藏王臣记》

《西藏王臣记》，本名《杜鹃歌咏》。这是一部研究藏学及其有关历史的珍贵文献，在国内外藏学界乃至史学界有一定影响，被广泛征引。作者是五世达赖喇嘛罗桑嘉措，据载是应固始汗的请求于1643年撰著的。藏文版本较多，有德格印经院和拉萨版木刻本。1958年和1981年，民族出版社前后两次根据木刻本整理出版，受到国内外读者的欢迎。60年代已有汉译本，在国外有英、法、日、俄、德等文译本。从书名看是一部王臣历史书籍，实际上是一部集宗教史和政治史为一体的珍贵文献。该书详细地记述了西藏有史以来至17世纪固始汗之间，历代王朝所有大事记和王嗣传统以及宗教历史。全书分为三部分：第一部分记述佛教的发生，西藏概貌和佛教初传西藏的缘起；第二部分叙述吐蕃王朝历代赞普事记，朗达玛后裔的活动及萨迦、蔡巴噶举、直贡噶举、帕珠噶举等地方政权的政教事记；第三部分分别介绍仁绷、固始汗等11位大臣的史实。该书史料翔实，内容丰富，语言优美，寓意深厚。它既是一部政治史，也是一部佛教史和文学佳作。

14.《奈巴教法史》

《奈巴教法史》，又名《奈巴班智达所著·古谭花鬘》，成书于1283年。王尧和陈践两位先生认为，作者系桑浦内邬托寺住持扎巴曼兰洛追。全书藏文手抄本共25页，1985年德国巴伐利亚州科学院中亚所所长伯赫博士根据印度达兰萨拉图书馆提供的手抄本影印单行出版，并译成德文流行。王尧和陈践两位先生根据伯赫的单行本和德译本翻译成汉文，发表在《中国藏学》1990年第1期上。该书虽然篇幅不长，内容却很丰富。全书共三品：第一品，古代吐蕃史，扼要介绍了吐蕃的疆域，行政划分，历代赞普传记和七良臣，并对赞普的生卒年代作了考证；第二品，吐蕃佛教弘传史，总分为前弘期佛教和后弘期佛教。前弘期佛教部分记载佛教初传吐蕃的年代和松赞干布及其以后历代赞普的兴佛措施、所建寺庙、迎请外僧、翻译经籍等；后弘期佛教部分叙述为复兴佛教作出突出贡献的早期六僧、喇钦·贡巴饶赛、六大圣哲、鲁梅等卫藏十二人的事迹以及阿里王益希沃迎请阿底峡进藏的经过，介绍了大手印法的兴起和传播；第三品，教法纪年的辨析。

15.《萨迦世系史》

《萨迦世系史》,原名《赡部洲北部执掌佛法之大德吉祥萨迦派殊胜世系·满足诸愿之奇异宝库》,成书于1629年。作者是达钦阿麦夏·阿旺贡噶索朗。据统计,有德格印经院木刻本、萨迦王室家藏写本和纳塘木刻本等,其中德格印经院木刻版本共334叶。1986年,民族出版社根据此版本整理出版。1989年西藏人民出版社出版了陈庆英、高禾福、周润年三位同志合译的汉文本。它是一部专述一个家族历史的重要文献,书中参考了贡觉伦珠的《萨迦世系史·贤者口饰》和萨迦派历辈祖师的传记以及塔巴贡噶扎、喜饶多吉、藏强巴·多吉坚参、曲杰尼德哇、达仓·扎巴喜饶等人所著的世系史,详细地叙述了萨迦派历辈高僧大德的身世和政教功绩,探讨了萨迦地方政权从兴盛走向衰亡的原因。它是研究萨迦家族、地方势力成长、鼎盛以至没落过程,以及萨迦派历史、西藏与元朝中央政府之间关系的重要著作。书中收录的诏文等十分重要。

全书共分五章:第一章追述光明天界世系,认为萨迦昆氏始出自光明天界;第二章叙述昆氏的起源,即昆氏在吐蕃王朝时期的情形;第三章记述昆氏家族的世系,即萨迦派的创始人昆·贡却杰波和萨迦五祖的身世;第四章介绍萨迦四大拉章的世系及兴衰史;第五章:其他部分,根据《萨迦世系史·贤者口饰》补充说明萨迦寺历任住持。书中在叙述家族史的同时,涉及许多佛学思想和修行内容,对研究萨迦派的佛学思想具有很大帮助。

16.《黄琉璃》

《黄琉璃》,亦称《格鲁派教法史》,是一部反映格鲁派早期历史的史学名著。作者系噶厦地方政府的第斯·桑结嘉措,成书于1692—1698年之间。拉萨木刻本419叶。书中首先叙述了宗喀巴的生平和创立格鲁派的经过,接着介绍三大寺的历史和历任堪布,记录了拉萨、山南、林芝、日喀则、阿里、昌都、那曲等地和青海、四川、甘肃等地的格鲁派寺院的分布,僧尼人数,各寺的兴建沿革和寺中主要活佛系统,最后专门介绍五世达赖喇嘛的生平事迹。通过这部著作,不仅能了解格鲁派的创建史,而且也能了解17世纪以前格鲁派寺庙在藏族地区的分布情况。

17.《宁玛教法源流》

《宁玛教法源流》,藏文原名《教藏旧译大秘甚深了义法明论格言·贤者喜乐奇语游戏海》。作者是第六世尼珠活佛图旦欧萨丹贝尼玛,生活在18世纪末19世纪早期。关于本书的写作年代,作者在结尾部分这样写道:受持明久迈丹巴之重托,于第十四饶迥的第一年火兔年(1807年)农历二月始写,由于受其他事务的干扰直到铁蛇年(1821年)之前才完成初稿,几年后补写了第六章和新密部分,校订了已经完成的部分,在尚宗欧色修行院木刻印刷。1992年西藏人民出版社根据木刻本整理出版,分上下两册,共1700页。该书全面系统地叙述了佛教产生和宁玛派的历史渊源、教理特点、著名人物、重要寺院等。上册有四章详细地叙述了释迦牟尼创教、佛教在印藏弘传及宁玛派上师传承和历代学者事迹;下册共五章,详细叙述了掘藏师中的几位活佛系统,与旧译密法相关的几种密法教授及其译传者,宁玛派的几所重要寺院,大圆满法在多康的传播,萨迦和噶举派的历史等。最后的一章介绍工艺学、医学、语言学、因明学、内明等大五明和小五明。该书资料翔实,叙事系统客观,对其他史籍很少涉及的伏藏、新旧密法等作了较全面的叙述,并就有些重大历史事件和年代进行了考证。是截至目前研究宁玛派历史和教义教法方面最全面、最具影响的一部巨著。至今尚无汉译本。

18.《洛绒教史》

《洛绒教史》,或名《正法史格言洛绒教法源流》《达察教法源流》。作者达察·次仁旺杰系15世纪人。他的家境富裕,条件优越,从小就有高僧指点攻读佛学,丹萨梯寺的京俄·索朗坚参、达隆·曲杰绛曲嘉措、宗喀巴·洛桑扎巴等著名学者都是他的上师。他一生为谿卡哈托拉康、噶玛、达隆、丹萨梯等寺院增制了不少佛像、佛塔和佛经,出资刻印了百帙噶举派高僧的著作和《甘珠尔》经。他还曾将达察庄园属寺和俄雪、查姆岗、巴雪俄、绒瓦、绒穷、雪巴多、贡耶等庄园划拨给类乌齐寺,作为香火田。1446年,他在洛绒达察岗庄园开始编著《洛绒教史》,次年完成编纂;1451年进行校订;1460年,在达隆寺抄写。1994年,西藏藏文古籍出版社根据达隆寺遗留的唯一一种手抄本整理出版。由于原文是行书,错误、遗漏之处较多。书中大量引用了京俄哇著的《教法源流开眼千光》和其他有关资料。该书通过介绍人物,全面系统地叙述了噶举派的历史和教法传承,年代明确,叙事客观。它是目前研究西藏文化和佛教史方面的一部重要历史文献。

根据西藏藏文古籍出版社的版本,这部著作分三部分:第一部分扼要介绍了释迦牟尼的十二宏化和阿罗汉所进行的三次结集;第二部分是本书的重点,介绍从噶举派的始祖玛尔巴的印度上师谛洛巴开始到堪布普巴等三百多位噶举派著名僧人的事迹,反映了噶举派近四百年的历史和各个时期西藏的政治、经济、文化、宗教等;第三部分对前后弘期的佛教作了简单的补充说明。

19.《噶当教史》

《噶当教史》,全名《善知识噶当派正法源流·善说奇异大海》。由萨迦派著名学者阿旺贡噶索朗扎巴坚参贝桑波著于萨迦细脱拉章,德格印经院有木刻本,共718叶。该书首先叙述了印度佛教史,探讨释迦牟尼的身世及其生卒年代,列录了西藏学者这方面的几种观点,接着介绍历次结集、大乘佛教的兴起及其主要经典,以及七代付法藏师、大乘佛教两大学派甚深见派与广大行派的师承、主要思想。书的后一部分专门叙述噶当派的师承关系和热振、桑浦等一些重要寺院的历史以及噶当派的主要文献。目前,这部史书尚无铅印本。

20.《印度佛教史》

《印度佛教史》是多罗那他的传世名著,一直被推崇为研究印度佛教历史的权威性著作,深受国内外学者的推崇。成书于1608年。目前不仅有汉译本,而且被翻译成英、俄、日、德等多种文字,广泛流传。关于这部史籍的内容,前章已经作了介绍。另外,还有其他一些史学名著,具有广泛的影响和价值。

上面介绍的只是众多史籍中深受西藏史学界的推崇的极少一部分。除此之外,有关思想史方面的学术论著浩如烟海,有些已被翻译成多种文字被广泛引用。下面就这方面的代表作进行简单介绍。

21.《菩提道炬论》

《菩提道炬论》,又译《菩提道灯论》,是噶当派的重要典籍,阿底峡见行思想的代表作。它成书于11世纪,据说是阿底峡专门为绛曲沃而作。原文为梵文梵体,由阿底峡和格卫洛追合译成藏文,共六十五颂半。解放前法尊法师从藏文译成汉文,共两千余字。该书主要阐述佛教修习次第,强调修习佛法要循序渐进,按照“三士道”逐渐修炼。为了避免死后堕入恶趣,在世时必须爱惜自身,敬奉佛法僧三宝,依照师长指导,严格按照戒、定、慧三学的规定刻苦修行,获得个人解脱。然后广发菩提心普度众生,实行六度,永离各种痛苦烦恼。该书特别强调,作为修行者只有圆满完成显教经论教理的学习后,方可按照程序进修密法。书中对下士道、中士道、上士道上的人及其所学的内容作了严格规定,指出下士道上的人唯于世间和生死上寻求快乐利益,追求个人解脱,不考虑众人利益。如说:“若以何方便,唯于生死乐,但求自利益,知为下士夫。”中士道仍然属于小乘类,“背弃三有乐,遮止诸恶业,但求自寂灭,彼名为中士”。上士道是三道的最高阶段,此道修行者不仅自求解脱,而且帮助众生解脱,具有自利利他的思想。如说:“若以自身苦,比他一切苦,欲求永尽苦,彼是上士夫。”14世纪末,宗喀巴根据这部著作完成了《菩提道次第论》广、中、略三部,成为格鲁派的根本典籍。

22.《噶当书》

《噶当书》,全名《噶当派师弟问道语录》,是《祖师问道语录》和《弟子问道语录》的合称。前者简称《父法》,收录了仲敦巴·杰哇窘乃向阿底峡问道的语录及广本、略本阿底峡传、噶当十六明点师承等。全书共26章。《弟子问道语录》,略称《子法》,或者《幻书》。其内容涉及阿底峡的弟子俄·勒贝喜饶请问阿底峡所说仲敦巴的历代身世,以及阿底峡之后仲敦巴如何创立噶当派的情形,有俄·勒贝喜饶请问的仲敦巴身世20章,俄氏传法20章,库·尊追雍仲请问法两章,库氏法两章,另补五章,共49章,实际为22章。德格印经院有木刻本,近年又出版了铅印本。它是一部系统反映噶当派教法的书籍,尤其是对于噶当派的一些特殊法门有详细的记载。

23.《蓝色手册》

《蓝色手册》,全名《噶当口诀蓝色手册》,是反映噶当派菩提道次第法的一部论著。它是由博多哇·仁青色(1031—1105)的八大弟子之一的格西多布·喜饶坚参根据博多哇的口授在噶丹群科林寺整理辑录的。后来,拉直岗巴根据上师格西多布的讲解进行注释。《噶当口诀蓝色手册注释》末尾写道:由熟谙菩提心之善知识多布所辑的摄集一切佛语要点的《蓝色手册》的殊胜口诀之释由轨范师觉沃所作,释迦比丘说法师洛桑格桑嘉措在讲修源地哲蚌大寺观喜园刻印。书后解释,轨范师觉沃即是拉直岗巴,没有记载具体的成书时间。1991年,民族出版社根据木刻本整理出版,作为中国藏语系高级佛学院的通用教材。

全书505页,其中博多哇的本论只有46页,拉直岗巴的《注释》417页,附有《蓝色手册名号疑难解说·消除疑虑黑暗》和《格西博多哇·仁青色传·菩萨行定》。《本论》全部由颂体写成,论述了善知识应修的内容、方法和次序等。《注释》共二十六章,其中第一章和第二十六章是前言和后记。从第二章到第二十章解释《蓝色手册》的内容,前四章的内容是寻找和依止善知识的方法，如何尊敬和学习善知识的方法，如何进修的方法，如何忆念佛法僧三宝；第六、七、八三章讲下士夫应学的佛法，包括如何修心、死无常和如何认识业果差别等；第九章讲中士夫在修心过程中如何修习四谛的方法；第十章讲修炼法，慈悲修法，如何发菩提心，学习六度的方法，修习无我的目的，方便智慧双修法，方便智慧双修所得的果，为了来世如何依修大乘顺缘，如何舍弃逆缘障碍，如何做利他之事，运用十法行必须积聚资粮的方法等。

24.《隆庆七藏》

《隆庆七藏》被称为宁玛派教法的宝库，又称为《隆庆七宝藏》。它由隆庆饶绛巴·智美欧色所著的《宗轮藏》《胜乘藏》《本性藏》《词义藏》《如意宝藏》《口诀藏》《法界藏》七部大论组成，其主要内容已在第六章第二节“绒·曲桑和隆庆饶绛巴对宁玛派的贡献”中介绍过。

25.《解脱道庄严论》等

噶举派和萨迦派也有本派所推崇的重要典籍，如塔波拉杰的《解脱道庄严论》(全名《正法如意末尼解脱大宝庄严大乘道次第》)，《萨迦五祖全集》《道果全书》等。《解脱道庄严论》融合了噶当派和噶举派的思想，深刻阐述了噶举派的大手印法，详见噶举派章节。《萨迦五祖全集》共二十函，其中萨钦贡噶娘布的两函，索朗孜摩的三函，扎巴坚参的四函，萨班贡噶坚参的三函，八思巴的三函，另外四函分别是《萨迦世系史》《金刚偈释》《集密正法源流》《吉祥萨迦父法精髓胜乐正法源流》等。其主要内容是解释萨迦派道果教授所依据的主要经典《喜金刚本续第二品》。《道果全书》共二十二函，内容涉及道果教授方面获得成就的著名人物传记、道果教授传承、《金刚偈释》等。这些论著基于不同的理论，深刻阐释了大手印、道果等不同教授，不仅作为各自教派的主修教材，而且也为研究他们的佛学思想和教理特点提供了珍贵资料。这方面也有其他高僧的学术论著，在学术界很有影响。

进入 14 世纪，西藏佛教在基本上结束翻译介绍后，把重点放在对佛典和佛学思想的探讨论述上，相继出现了一大批论著，如《菩提道次第广论》《密宗道次第广论》和其他高僧大德的全集有数千帙，学术价值极高。

26.《菩提道次第广论》

《菩提道次第广论》和《密宗道次第广论》是宗喀巴在总结前人学术成果的基础上完成的，集西藏佛教学术之大成，代表宗喀巴对佛教的完整看法和思想体系。这两部学术巨著不仅有多种藏文木刻本，而且法尊法师翻译的汉文本也先后出版，深受国内外藏学界的推崇。其中《菩提道次第广论》成书于 1402 年，在体例上完全按照阿底峡的《菩提道灯论》，并参考了莲花戒的《修习次第论》，卓隆巴·洛追窘乃的《教次第广论》与《道次第广论》等。论证方面以“出离心”“菩提心”和“清净见”为要点，深刻阐述了从初发心至证得无上菩提之间的修习次第、体性和修学方法，反映了宗喀巴坚持先显后密、止观双运、戒定慧三学并重的修习程序和缘起性空的理论思想。格鲁派和其他教派的著名学者对这部论著给予了很高评价，并积极撰文解释，进行大力宣传。

27.《密宗道次第广论》

《密宗道次第广论》成书于1406年，是宗喀巴在绛巴林寺撰写成的。全书分两部分：第一部分讲述学习佛法如何得到解脱；第二部分是本书的重点，讲述入修密法的不同法门，即修习次第方法、仪轨等。在探讨密法或金刚乘密法的起源之前，概述了佛教、大乘佛教般若乘和金刚乘之间异同以及密教的特点，然后按照事续、行续、瑜伽续、无上瑜伽续的顺序进行论述，由浅入深，从低级向高级深入。宗喀巴本人所作的内容提要指出：首先修习共同道，一切条件成熟以后，依赖甚深灌顶道修行，恪守三昧耶和戒律，用四段瑜伽，第一级修行能生起圆满次第之证，这时候继续修炼双运身，力求成佛解脱。克珠杰对这两部著作都作了注释。

28.《宗教流派镜史》

著名的《宗教流派镜史》，即《土观宗派源流》，是深受藏学界推崇的一部佛学名著。目前已经翻译成多种文字。它成书于1801年，既是一部佛教历史文献，也是一部思想史籍。国内除藏文木刻本和铅印本外，还有刘立千先生的汉译本。19世纪印度著名藏学家达斯曾英译刊印。本书内容涉及印度佛教、西藏佛教、中国内地佛教、蒙古地区佛教和于阗佛教，另外对西藏流传的苯教的起源、流派、教义等作了全面介绍。这部学术论著的最大特点是，作者在论述西藏佛教诸派历史的同时，对他们的宗义作了正反两方面的分析评论，阐发了自己的观点，具有较高的学术价值。该书是藏学界引用最广泛的著作之一。

29.《知识总汇》

近代著名的佛学家工珠·云丹嘉措（1813—1899）编纂的《知识总汇》，又叫《所知藏》，全名《乘门普摄经教宝藏三学善说论·知识总汇》，成书于1864年。德格印经院木刻本分上、中、下三卷，其中上卷记述了佛陀世系、佛教的创立和发展以及历代著名学者的事迹；中卷重点对戒律学和明乘作了论述；下卷论述了了义与不了义法的区分，四明、二谛及宗见以及止观、生圆双运等显密教法，尤其对西藏佛教各派的学术见解有较全面的介绍和评价。1982年，民族出版社根据木刻本整理出版，分上中下三册，受到学术界的欢迎。

30.《教派广论》

在论述印度佛教各派思想方面，比较全面系统且有影响的著作要数第一世嘉木央活佛的《教派广论》。全书共十三品，加上颂文，共十四品。该书不仅叙述了印度大小乘佛教各派的理论观点，而且详细地介绍了古印度几大哲学派别的思想。这十三品是：宗派总论品；破无二边品；破数论僧佉派的常边品；破梵天等四派之常边；破毗丑天和伺察派之常边品；破离系派之常边品；毗婆娑派（有部）之见品；经部之见品；吠陀之见品；中观自续派之见品；中观应成派之见品；决断果金刚乘之疑品。

第五节　西藏佛教文学

一、作家诗

虽然藏族文化不等于佛教文化,但佛教文化在藏族文化中占有举足轻重的位置;同样,藏族文学不等于佛教文学,但是佛教文学或者说僧侣文学在藏族文学中占有相当惊人的比重。藏传佛教在藏族历史上造就了一大批优秀的文化巨人和杰出的作家诗人,浩如烟海的佛教经籍又给藏族文学创作提供了丰富的素材。有些佛经的内容其本身就是具有艺术感染力的文学作品,而佛教思想又成为藏族文学创作思想的灵魂,成为通过作品中描写的社会生活所显示出来的贯穿全部作品的中心思想,成为作品的核心所在。它像一条红线似地贯穿于整个藏族古代文学的始终。从7世纪产生的传说故事,到19世纪以后出现的寓言体小说,无论是汗牛充栋的藏族作家名著,还是丰富多彩的藏族民间文学名篇,很多作品都在自觉不自觉地、有意识无意识地宣传佛教人生观、解脱观等思想,演绎佛教的基本教义。

由于佛教对藏族文学的影响是全方位的,而且从藏族文学的作家队伍看,许多人本身或是笃信佛教的信徒,或是对佛教有很深造诣的宗教理论家,或是有学有修的高僧大德;从藏族文学的创作思想看,又同佛教教义有着切不断割不开的联系。因此,对于藏族文学,可以区分为作家文学和民间文学,但却难以划分佛教或僧侣文学和世俗文学。僧侣文学与世俗文学水乳交融,难解难分。所以我们在介绍西藏佛教文学时只能是相对而言。

西藏佛教文学内容非常丰富,可分为作家诗、传记文学、佛经文学、历史文学、伏藏文学等。其中,《红史》《西藏王统记》《贤者喜宴》等历史文学作品和《嘛呢全集》《五部遗教》等伏藏文学作品已在“佛教经籍”中介绍过,在此从略。而作家诗、传记文学、佛经文学等也因篇幅所限,只能简介主要作品。

藏族作家诗的产生,最早可以追溯到吐蕃时期,即西藏佛教前弘期时期。从敦煌古藏文写卷和《五部遗教》《贤者喜宴》等一些后世文学著述中,可以看到吐蕃时期一些赞普和文臣武将吟唱的诗歌。这些诗歌或盟誓,或庆功,或酬宾,或颂赞,或哀悼,或告诫,即景生情,触兴而发,言志而抒情。这个时期的诗歌受佛教影响不深,不属于僧侣作家诗。

西藏僧侣作家诗的蓬勃兴起和发展,是在西藏佛教后弘期时期。这个时期出现了《米拉日巴道歌集》《萨迦格言》等,形成了不同流派。从它们所阐述的内容和运用的形式看,可以分为“道歌体”诗、“格言体”诗、“年阿体”诗和“四六体”诗等流派。

“道歌体”诗始于玛尔巴、米拉日巴和热穷巴三师徒。他们采用民歌的多段回环格律和自由体格律咏唱本教派的教义、观点、修法途径、修法感受、修法要诀等,劝世人抛却世俗名利,心向佛法。玛尔巴和热穷巴的道歌大多见于他们的传记;米拉日巴的道歌除载于他的传记外,当时就有弟子将部分集录起来。到15世纪时,主巴噶举派的僧人桑杰坚参(1452—1507)跑遍西藏各地,搜集流传在民间的米拉日巴道歌,编集成册,称为《米拉日巴道歌集》,共有五百余首。后世僧徒起而效仿,著有许多道歌集,其内容、格律及风格与《米拉日巴道歌集》大体一致,形成了一个著名的诗歌流派。

《米拉日巴道歌集》无疑是"道歌体"诗的代表作,共58节,内容包括三个部分:(1)降伏来犯鬼神(非人)使受佛法约束;(2)引导有缘弟子趋向成熟解脱道;(3)其他种种。道歌的思想内容主要是宣传演绎佛教教义的,也有歌颂自然风光的。如:

我等众生世间人,生老病死四河深,
人人难逃皆有份,轮回苦海不断根。
溺于苦海不自知,安乐幸福无一时,
怕苦反倒自作苦,祈福却做罪孽事。
要想解脱人间苦,恶行罪愆应戒除,
死时修法是正途。

《道歌》名曰"歌集",实际上是把诗歌咏唱与散文叙述交织起来的著作,是散韵结合的文体。在记录诗歌的同时,还把唱这首道歌时的前因后果、来龙去脉也一并加以详细记述,有头有尾组成章节段落,很多都非常富有故事情趣。另外,在诗歌中,除了米拉日巴所唱的歌外,还有他的弟子、信徒、论敌、施主和前来为害的鬼神等所唱的歌。道歌语言朴素无华,采用广大人民所喜闻乐见的"多段体"和"自由体"的民歌格律手法,深受藏族人民的喜爱。

"格言体"诗是文哲合璧的文学作品,为每首四句七言的哲理格律诗,内容深邃,令人警醒,形式简明,易于记诵。如:

愚者虽然身力壮,因为智少制于敌,
大象虽然身力强,却被金花鼠杀死。

在"格言体"诗中,以萨迦·贡噶坚参的《萨迦格言》为其先河和代表作。后世学者起而效仿,创作出《甘丹格言》《水树格言》等格言体哲理诗集,从而形成了诗歌创作的又一个流派。

《萨迦格言》共分九章,包括格言诗457首。第一章,观察学者品;第二章,观察贤者品;第三章,观察愚者品;第四章,观察贤愚间杂品;第五章,观察恶行品;第六章,观察正确处世方法品;第七章,观察不正确的处世方法品;第八章,观察事物品;第九章,观察教法品。格言诗以四句七言体的诗歌表达了作者的治国主张、处世哲学、道德观念和佛教教义等,主张以佛教治理国政,提倡政教合一制度;赞美好学不倦的精神,批评懒惰不学的行为；赞美谦虚谨慎，批评骄傲自满；赞美改过自新，批评文过饰非；颂扬临危不惧，坚定不移，贬斥动摇不定、反复无常。论述一分为二，富有辩证法思想①。

《甘丹格言》的作者索朗扎巴（1478—1554）是哲蚌寺的格西，曾担任过哲蚌寺和甘丹寺的法台，是三世达赖喇嘛索朗嘉措的老师。《甘丹格言》全书125首诗。它的内容都是辨别“智者与愚人”的论述，其区分智愚或好坏的标准以佛教教义为立足点。

《水树格言》与《教诫集》的作者贡唐·丹白准美（1762—1823）是甘肃拉卜楞寺贡唐仓第三世活佛，曾在哲蚌寺读格西学位。《水树格言》分为两部分，即《格言树之论述二规百枝叶》，有诗106首，以树作诗的比兴；《格言水之论述二规百波浪》有诗139首，以水作诗的比兴。《教诫集》共分六部分：《无常修习法教诫》《显密论理学习方法教诫》《意外紧记教诫》《戒律教诫》《二规教诫摄要》《观祝道歌》。此二部格言诗集的思想内容均为宣传佛教教义。

《国王修身论》的作者是弥旁·朗杰嘉措（1846—1912）。《国王修身论》共21章，内容包括三个方面：(1)治理国家应注意的事项；(2)国王自身之修养；(3)宣传佛教教义。

格言体诗都是四句七言的格律诗，一般是两句比兴两句本意，有的比兴在前，本意在后，有的本意在前，比兴在后。这是一般格言体诗所采用的形式。另外，许多格言体诗的比兴部分都是一个典故，是一则完整的故事。在《萨迦格言注释》《甘丹格言注释》等注释部分就是讲解这个典故。按修辞效果，这些故事可使格言里较为抽象的事理形象化具体化，使较深奥的道理说得浅显、明晰，使人读了容易理解。如：

愚者不听智者话，带来恶果真可怕；
不按天鹅吩咐办，乌龟高空坠地下。

这首格言诗的后两句是比兴，是个脍炙人口的动物寓言故事。这些故事除少量原本是藏族历史故事外，多数来源于佛经，另一部分来源于民间。

“年阿体”诗是《诗镜》翻译介绍到西藏后才形成的一个诗歌流派。这个流派影响深远。《诗镜》藏文是“年阿买隆”。“年阿”意为“雅语”或“美文”；“买隆”意思是“镜子”。内容除少数文艺理论外，主要是讨论文体、讲述修辞和写作知识，包括诗、散文和散韵合体三者。但以诗为重点，所以汉译为《诗镜》。

《诗镜》的作者檀丁是印度著名的宫廷诗人，约生活在7世纪。《诗镜》在吸收前人研究成果的基础上，总结了古代印度文学创作，特别是诗歌创作的经验。作者在前言里写道：“总结以前的论著，近世的运用，我尽所有的能力，阐述文章的性质。”该书对后世文学创作，尤其是诗歌创作，产生了重要影响。

最早把《诗镜》介绍到西藏的是萨迦·贡噶坚参。他用译述的方式把《诗镜》的大概内容作了介绍，纳入到他撰写的《学者入门》一书中。1260—1280年间，雄顿·多吉坚参

① 参见克珠群佩：《试论〈萨迦格言〉的辩证法思想》，《西藏民族学院学报》1985年第4期。

将《诗镜》全部译成藏文,名为《修辞论诗镜》。多吉坚参的弟子邦译师洛追丹巴即首先以此书授徒讲学,渐次传播开来。

《诗镜》共分三章,包括定义、对定义的解释和诗例,都以诗的形式写出。第一章叙述文章的体裁,有105首诗;第二章说明修辞方面的"意义修饰",有365首诗;第三章说明修辞方面的"文词修饰"、"隐语修饰"和"写作缺点",有186首诗。共计656首诗。

《诗镜》传入西藏后,很快引起了广大僧侣学者的注意,学习、研究和应用《诗镜》蔚然成风。首先,藏族学者纷纷注释《诗镜》,主要的有15世纪仁蚌巴著的《诗注无畏狮子吼》、17世纪五世达赖喇嘛洛桑嘉措写的《诗镜释难·妙音欢歌》。解放后,藏族僧侣学者才旦夏茸、东噶·洛桑赤列、赛仓·洛桑班丹先后撰写了《诗学概论》《诗学明鉴》《诗学修辞明鉴》等著作。总之,《诗镜》逐渐被藏族人吸收和消化,按照藏族的语言特点和写作实际,进行了补充、改造和创新,从而使它成为藏族自己的文学修辞著作。

其次,运用《诗镜》的文学理论和修辞手法进行文学创作的人与日俱增,形成了影响巨大的"年阿体"诗歌流派。藏族学者注释《诗镜》的论著中,所举的例子不仅有原文翻译的,而且有自己创作的。如东嘎活佛著的《诗学明鉴》中解释介绍《诗镜》中的各类修辞手法时往往举出三种诗例:第一种是原文翻译的,第二种是历代藏族学者创作的,第三种是出自自己手的诗作。像这样用来举例而创作的诗歌数量相当多。此外,用这种辞藻华丽的格律诗形式进行专门创作的诗人层出不穷,许多僧侣学者也非常喜爱这种"年阿体"创作手法。著名的佛学大师宗喀巴·洛桑扎巴是运用《诗镜》理论创作诗歌较早的一个诗人。他喜爱"年阿体",主张修辞,称:"分析理论的研究,依照教言的实行,雅善修饰的辞藻,乃是世间三种宝。"宗喀巴用"年阿体"创作的诗作很多,早期和中期的诗作在他60岁时汇集刊印成《诗文散集》,共收有130篇诗文,其中有120首诗。这些诗包括赞颂、祝愿、劝化等内容,其中以赞颂诗最多,也最有特色。赞颂诗代表著作有"宗喀巴四大赞歌"之称的《缘起赞》《弥勒赞》《文殊赞》《尊胜佛母赞》。著名的佛学大师珀东·乔来朗杰也精通《诗镜》中的各类修辞手法和写作技巧。史书上说,他善于词章之学,是一个诗人,曾作有《佛陀十二宏化赞》《文殊百颂》《妙音天女赞》等诗作;他在卫藏各地游学时,常在途中即兴作诗,歌颂名胜古迹和山水风光,并撰有《诗学论·心意之事》。

第三,藏族文人不仅创作出许多辞藻华丽、雕绘篆刻的诗歌作品,而且把这种唯美主义的文风带进了学术著作和其他文学作品的写作中。蔡巴·贡噶多吉著《红史》时,一开头就写了一首"年阿体"诗。以后著书人,都习惯用"年阿体"诗写开场白和一个章节、一大段落的起始文。此外,五世达赖喇嘛的历史文学名著《西藏王臣记》,次仁旺杰撰写的长篇小说《循努达美》和传记文学名著《颇罗鼐传》《噶伦传》等,都是采用"年阿体"散韵结合的著作。这样做的结果有两种:一种是用韵文撰写学术著作和佛学论著,讲究文章的修辞、韵律和节奏,将深奥的哲理、玄妙的教义,化作充满诗意的、明白晓畅的文学,而不是枯燥无味、令人生厌的说教;一种是如果读者没有掌握《诗镜》的修辞手法和写作技巧,在阅读这类采用"年阿体"散韵结合的著作时造成障碍,难以领会书中的意思。

《诗镜》传入西藏后,上层文人写作多追求典雅,反对俚俗,喜用藻饰堆砌,趋向华丽、繁缛。但是，此时，来自于“谐体”民歌形式的“四六体”形式受到另一部分学者的青睐，运用“四六体”创作的诗歌应运而生，形成了一个流派，其代表作应推《仓央嘉措情歌》。

仓央嘉措和米拉日巴的诗歌在藏语里都叫“古鲁”，没有爱情的意思。但是，一般认为米拉日巴的诗歌主要宣传“出世主义”的“成佛之道”，因此译成道歌；而仓央嘉措的诗歌主要宣扬“入世主义”的“男女之情”，所以译成情歌。从字面上看，仓央嘉措的诗歌确实是表达了真挚纯洁的爱情，如：

常想喇嘛尊容，从不显现心中；
未想姑娘之面，心头时现时隐。

但是，也有学者认为，理解仓央嘉措的诗不能停留在字面上，他的诗歌是政治抒情诗，也是宗教诗。

《仓央嘉措情歌》的作者是六世达赖喇嘛仓央嘉措。也有人认为，情歌不一定完全是仓央嘉措的作品，有些可能是仓央嘉措所写，有些可能是采录的民歌。集录成册的《情歌》有好几种版本，收录的诗歌数量也不一样，一般认为70首左右较为可信。

二、传记文学

传记文学是藏族古代文学中最具特色的一种文学形式，在整个藏族文学中占有很大的比重，而佛教传记文学又在整个传记文学中占有主导地位。传记文学最早产生于吐蕃时期，从早期的一些历史书籍中，就可以看到不少名臣将相的事迹的记录，这些记录可以看作是传记文学的先声。

真正大批产生佛教传记文学的是在佛教后弘期。如《玛尔巴译师传》《米拉日巴传》《布顿大师传》《萨迦班智达传》《热穷巴传》《唐东杰布传》《主巴衮勒传》《珀东班钦传》《宗喀巴传》等高僧大德的传记都是佛教后弘期时出现的传记文学名作。这些作品的基本主题是宣扬佛教的人生观、解脱观。作品通过描写多灾多难的现实生活，描绘不生不灭的佛教极乐世界，来规劝世人弃恶从善，抛弃现世的荣华富贵，消灭贪嗔痴，皈依佛法，以图得到解脱。这类传记文学作品的数量相当多。

1.《米拉日巴传》

《米拉日巴传》是藏族传记文学中最有影响、最具代表的名著。它不仅在藏族内部广为流传，影响深远，而且在国内受到重视，同时先后被译成德、日、英等国文字，在国际上为众多研究藏族历史、文化、宗教的专家学者所瞩目。它是一部具有世界意义的作品。

《米拉日巴传》全名《显示解脱和成佛道路瑜伽自在大士米拉日巴尊者传》。书中在叙述米拉日巴的一生事迹时，概括为两大类：(一)轮回世间大行之部，共三章。第一章，出生，命名米拉之由来及世系来历；第二章，幼年丧父，亲族结仇，丧失财产，亲身体验苦之真谛；第三章，奉母命修炼咒术，惩治仇人；(二)寂静涅槃大行之部，共九章。第一章，怀着厌离心和出离心寻访具足德相之师；第二章，谒见上师，遵命笃行，以痛苦和失望的折磨将罪障消除无遗;第三章,得师尊悲悯摄授,得到成熟解脱的教授;第四章,在上师身边观修,生出证验之苗;第五章,掌握教授,因梦兆启示得单传教授后离开上师回归家乡;第六章,借助外缘明白了轮回之义,发誓再次修行;第七章,为遵从师教,毕生勤奋精进,专一坐山修持;第八章,经山中修持,证悟增长,终于成功。遂以所得成果利益佛教和众生;第九章,完成解脱和化度事业,为劝众生归佛而将色身融归法界。

《米拉日巴传》的作者是《米拉日巴道歌集》的采录者桑杰坚参。他是后藏人,为主巴噶举派僧人,一向崇敬米拉日巴,以之为楷模,隐迹高山岩窟,潜心苦修。他获得正果后,遍游西藏各地。平日化缘度日,生活清贫,行为怪诞,异乎常人,因此获"藏宁"(后藏疯子)的名号。他又有乳贝坚金、查同杰布、黑如嘎等别名。他是著名的传记文学作家,除了成名作《米拉日巴传》外,还有《玛尔巴译师传》《藏宁黑如嘎传》等作品。

关于写作《米拉日巴传》的意图和目的,在《藏宁黑如嘎传》中云:桑杰坚参"为了对那些口说积聚福德,而实际上却不按正法行事的王者、大臣、宦门、豪吏以至平民百姓;那些虽按经教修法,但却不知实践深奥要义,而且满足于词语之泡沫者;以及那些虽获得即生成佛之法宝而到彼岸,但尚需使其善业清净之格西等,以尊者喜金刚(即米拉日巴)的传记作为楷模。对于那些贪求五欲和人生者,作为苦修的楷模。对于那些安于散逸者,作为专心修习的楷模。对于那些怀疑即生成佛的妙法,而不愿实行深奥之修行者,作为已经成功之范例,引之相信正法真谛。因此撰写这部《米拉日巴传》并付之印刷,广为散布和流传"。攘卓先生认为,乳贝坚金著《米拉日巴传》的目的,第一是"为了弘扬噶举派的教义";第二是"为了保存米拉事迹";第三是"为了使人们心向佛法"①。

西藏社会发展到15世纪,政教合一制度已经巩固。有些统治集团头目表面上是虔诚的佛教徒,实际所作所为却与佛教宗旨背道而驰;而一些纯粹的宗教徒,虽然也是无上正法的拥有者,但不能如法修行,贪图名利地位,整个佛教界呈现出"颓废萎靡"之相。因此,桑杰坚参创作《米拉日巴传》,塑造苦修密法、即身成佛的米拉日巴典型形象,为人们树立榜样。由于作品在情节、结构、语言、人物各方面取得了相当高的艺术成就,具有十分强烈的感染力,因此,作品一问世就引起了巨大反响,产生了深远的影响,达到了作者预期目的。

2.《玛尔巴译师传》

《玛尔巴译师传》是桑杰坚参撰写的又一部传记文学作品。《玛尔巴译师传》,十余万字,共五章,详细地记述玛尔巴一生之中三次前往印度学法的生动事迹,还记述了玛尔巴在去印度之前,向卓弥·释迦益希学习梵文及佛法的经过。作者在传记的最后特别说明:玛尔巴的生平事迹,最初是由玛尔巴的亲炙弟子米拉日巴和玛尔巴果勒二人口述给米拉日巴的弟子安宗顿巴;米拉日巴又讲给热穷巴。以后,热穷巴和安宗顿巴二人编写成传。桑杰坚参以此书为基础,又吸收玛尔巴其他弟子口传下来的记述,写成现在的传记。过去有四川德格印经院等处的藏文木刻版流传。1984年,四川民族出版社铅印出

① 见攘卓著:《〈米拉日巴传〉作者——乳贝坚金》,克珠群佩译,《西藏民族学院学报》1986年第1期。

版。1989年,西藏人民出版社出版汉译本。

3.《宗喀巴传》

宗喀巴作为西藏佛教界的一代宗师,其传记有30余种,详略各异,其中法王周加巷所著《宗喀巴传》最为详尽客观。作者周加巷是清嘉庆和道光年间人,生平事迹不详。《宗喀巴传》共三章。第一章,说明写作此传的原因;第二章,此传记的正文;第三章,以回向和发清净愿而作结束。重点在第二章,特别是第二章第三节详述宗喀巴大师一生事迹。

《宗喀巴传》藏文本于1981年由青海民族出版社出版,全书共648页。由郭和卿先生译成汉文,名曰《至尊宗喀巴大师传》,于1988年由青海人民出版社出版。关于《宗喀巴传》的特点,郭先生在"译者前言"中归纳为四点:(1)记载翔实,所有宗喀巴传记不下三十余种,无一有如此书广泛周密的;(2)本书所记宗喀巴大师的德行宗风,无一出自作者杜撰,全部史料都根据西藏诸大德的著述而来,可谓集一切宗喀巴传记之精华于此一书中;(3)本书除了引据本宗派克珠杰和多郭·绛贝嘉措的著述外,大多引据宁玛、萨迦、噶举等其他各派的领导人士所著论述或宗喀巴传中,对宗喀巴大师作出实际的最高评价等。这样,不仅避免了本宗派自赞之嫌,而且能杜绝其他宗派出于偏私嫉妒的动机,对宗喀巴妄作非议之口;(4)作者于散文断句处,增加中间赞颂,更使本书辞藻华丽,锦上添花,尤其是作者中间所作的议论,理论精湛,阐明显密教义之奥秘,确非一般佛教徒所能企及。

4.《珀东班钦传》

《珀东班钦传》是珀东·乔来朗杰的弟子白丹晋美榜于珀东大师圆寂三年后即公元1453年著成的。作者的生卒年代和生平事迹均不详,出版《珀东班钦传》的责任编辑格吉巴·旦增多吉先生在给这部书写的"内容提要"中云:"该传记的作者是一位精通显密教二次第的瑜伽师,其生平事迹不见文字记载。但是,从《珀东班钦传》的有关内容和后记看,可以肯定他是羊卓桑定寺的住持或者说桑定寺的创建人知一切珀东大师的明妃至尊曲吉珍美的办事人。"这就是说,《珀东班钦传》的作者是羊卓桑定寺第一世多吉帕姆曲吉珍美的弟子。《珀东班钦传》于1991年由西藏藏文古籍出版社出版,全书共有451页,用散韵相间的手法,从降生、在家、出家、闻思显教、听闻续部、学习大、小五明、护持戒律、平等八风、讲辩著、具备善知识德相、获得金刚持位、进入涅槃等十二个方面记述了珀东大师的生平事迹。

三、藏文佛经文学

藏文佛经文学主要是指藏文《大藏经》中具有文学性的著作。藏文《大藏经》由《甘珠尔》和《丹珠尔》两个部分组成,《甘珠尔》目录是由蔡巴·贡噶多吉编的;《丹珠尔》目录是由布顿·仁青珠编的。1411年才在南京刻印了藏文的《甘珠尔》部。1594年在北京又补刻了《丹珠尔》部,并颁发到藏区。从此,藏文《大藏经》有了木刻本传世。到了清代,又有纳塘、德格、卓尼、北京、拉萨等不同版本的藏文《大藏经》相继问世。

藏文《大藏经》中包含的佛经文学作品，就其体裁而言，有寓言、故事、叙事诗、格言诗、戏剧、历史传说等；其中佛经故事为最多，这类作品大都是民间文学作品结集，而叙事诗、格言诗、戏剧、历史传记等则是佛教徒中的诗人、戏剧家们的文学创作。

在佛经中有一类"本生经"，是释迦牟尼向弟子们讲述他前七世曾为国王、婆罗门、商人、女人乃至动物等行善、积德、修行的故事，阐明佛教济世度人的教义，介绍释迦牟尼经历了难行能行、难忍能忍的大无畏进取精神和而后证得佛果的全部过程。后由其弟子们记录整理汇集而成。"本生经"中的故事大致可分为两种：一种是为了宣传因果报应的观点而编写的，这类故事一般较短，内容格式大都雷同；一种是将民间故事和神话按照宗教观点改编而成的，大都保留了民间故事的完整情节。故事里的主要人物，除一小部分以动物形象出现外，多数是贵族（包括国王、王子、后妃、大臣等）、婆罗门、商人的形象，都是释迦牟尼前世身。故事涉及面很广，上自天空，下至海洋，神、龙、鬼、魔、怪、罗刹、夜叉，内容丰富多彩。

藏文《大藏经》中属于本生经一类的作品有两种，一种是包括几十个甚至一百多个故事的故事集，如《贤愚经》《本生论》《狮子师本生鬘》《百缘经》《撰集百缘经》等。一种是讲一个人的单一故事，如《圣者义成太子经》《佛说月光菩萨经》《金色王经》《金色童子因缘经》《鸠那罗因缘经》《善摩揭陀譬喻》，等等。

《贤愚经》是一部翻译较早的佛经文学名著。它是一部散文体的故事集，藏文译本共有十二卷五十一品，有近百个故事。这些故事有短到百把字的，也有长达近万字的，一般是三、四千字的。其内容除了讲述各类佛弟子及其信徒的前生故事外，还有不少佛本生故事（佛前生故事）和佛传故事（从诞生到成佛的故事）。9 世纪时由郭·法成译成藏文。

《本生论》是一部佛的本生故事集。全书共有十二卷三十四个故事，其中有十一个动物故事。主要内容是赞颂释迦牟尼成佛前历世修菩萨行的功德。此书的作者是圣勇，7 世纪人，9 世纪时由印度亲教师毗达耶伽罗悉达和藏族译师曼殊室利跋摩译成藏文。

《狮子师本生鬘》也是一部佛的本生故事集。全书共有四章三十五个故事。此书的作者是印度的僧格孝振巴王子，藏文译者是楚程迥乃白巴。

《圣者义成太子经》是释迦牟尼向弟子们讲述他本生的故事。内容是讲义成太子即释迦牟尼布施儿女和妻子的事。此书是从汉文《太子须大拏经》译成藏文的。

在《丹珠尔》的本生部里，还有一类是长篇叙事诗。这些叙事诗富有文采，讲究措词修饰，要求形式完整，是印度佛教徒的文学创作。属于这类作品的有马鸣的《佛所行赞》、格卫旺布的《菩萨本生·如意藤》。它们都是用诗的形式来写释迦牟尼的一生事迹和本生故事的。

《佛所行赞》又名《释迦牟尼赞》，其作者是马鸣菩萨，生活在一、二世纪。马鸣根据释迦牟尼一生的事迹，采集各种传说，写成《佛所行赞》。全书共 28 章，从释迦牟尼出生一直写到涅槃。全书以故事为主线，用传记形式来叙述，把宗教内容同当时已发展起来的反映最高文学水平的文学形式——叙事诗，巧妙地结合起来，达到了很高的水平。

《菩萨本生·如意藤》的作者格卫旺布是 12 世纪印度诗人。译者是《诗镜》的译者雄顿·多吉坚参,13 世纪人。《如意藤》全书共 108 品,都是有关释迦牟尼的本生故事,是作者集录其他经论中的本生故事,用诗体改写成的。108 品中有五分之三是讲释迦牟尼利益众生的故事,其余五分之二是讲释迦牟尼修"六度"行的故事。

在《丹珠尔》的经注的"声明"部分,还收有一部抒情诗《云使》。《云使》的作者纳摩阔,是印度梵语古典文学中获得世界声誉的杰出的大诗人、剧作家,约生活在 4–5 世纪笈多王朝时代。大约 14 世纪时译成藏文,译者是绛曲孜摩、南卡桑布和克什米尔的诗人苏摩那室利。

《云使》译成藏文后共有 117 节诗、468 句。《云使》描写的是一个被主人财神贬谪到南方山中的药叉托北上的空中雨云带信给妻子,叙述他的思念之情。在艺术成就上,该书是梵文古典诗歌中的一个杰作。它的藏译文也是一篇在运用修辞技巧上很高明、优美动人的诗篇,也是藏文《大藏经》中少有的没有宗教内容的世俗文学作品。

在《丹珠尔》的修身部里收集有印度的七部格言诗,它们是:(1)《百智论》,龙树著,白泽和萨尔伐耆那陀伐译。有格言九十八首。(2)《修身论智慧树》,龙树著,译者佚名。有格言二百六十一首。(3)《修身论·众生养育滴》,龙树著,益希德和尸兰陀罗菩提译。有格言八十六首。(4)《颂藏》,尼玛白巴著,白吉伦布德和耆里奈僧底译。有格言一百四十一首。(5)《遮那伽修身论》,遮那伽著,仁钦桑波和钵罗博伽罗室利弥多罗译。全书分八章,有格言二百五十四首。(6)《修身论》,摩苏罗刹著,释迦洛卓和达磨室利伐阇罗译。全书分七章,有格言一百三十一首。(7)《百句颂》,却色著,曲吉喜饶和毗那战陀罗译。有格言一百零六首。这七部格言诗总的内容都是在教导人们如何立身处世、修养德行,如何识别贤愚,以及劝人行善修法的。这些格言诗对藏族格言诗的产生和发展,起了重要作用。

在《丹珠尔》的赞颂部及其他秘密疏部里,收集了很多印度佛教大师们写的赞颂诗歌,有龙树的《法界赞》《三身赞》《八大圣地灵塔赞》《佛十二相成道赞》《圣文殊师利慈悲赞》《礼拜赞》等,有玛底其陀罗的《三宝吉祥赞》《正等觉相赞》《三十五善逝赞·名宝饰》;有却色的《大黑赞》《大黑天女赞》《行者赞》等,还有世亲的《三宝赞》,陈那的《杂赞》,无著的《法身位不共功德赞》,法称的《佛入涅槃赞》,寂护的《八如来赞》,马鸣的《一百五十赞》,阿底峡的《圣度母赞》,等等。其内容和格式大同小异,多是赞颂佛陀身语意功德的,此外是赞颂度母、妙音天女、大黑天等本尊、护法神的。

《丹珠尔》本生部中还收有两个剧本,一个叫《龙喜记》,一个叫《世喜记》。《龙喜记》的作者是白噶卫拉,13 世纪时由雄顿·多吉坚参和印度罗乞什弥迦罗译成藏文。《龙喜记》是六幕剧,内容是讲持明仙国的云乘王子恋爱结婚和舍身救龙,自愿喂大鹏,后来调伏了大鹏的故事。主要是宣扬佛教的慈悲为怀,舍身救众生的菩萨行的。是根据《如意藤》中云乘王子本生故事改编而成的。《世喜记》的作者是印度战陀罗拘弥,13 世纪时译者扎巴坚参和印度学者吉底战陀罗译成藏文。五幕剧,主题也是宣扬布施功德的,内容是讲祖那诺布国王以身肉饲罗刹,布施妻儿及"项髻宝"的故事。

四、佛教对藏族文学的影响

佛教渗透到藏族社会生活的各个层次，弥漫在每个角落，无处不在，无处不有。藏族人民的道德标准、心理状态、生活习惯等等无不与佛教有着密切的关系。作为反映藏族社会生活的文学创作，当然也就不只是受到一些影响，而是在作品的主题思想、人物塑造、情节结构等各方面，几乎都涂抹上厚厚的宗教色彩，渗漏出浓浓的佛教汁液。上述介绍的文学作品都出自西藏僧侣之手，或直接来源于佛教经籍，都属于佛教文学。不用说，这些文学作品所反映的主要是佛教内容。在这里，文学成了宣传佛教教义、为宗教服务的一个有力工具。不仅如此，即便那些出自世俗作家之手或表现世俗社会生活的世俗文学作品，也深受佛教影响。

1.《循努达美》

《循努达美》是藏族文学史上的第一部长篇小说，其作者朵噶·次仁旺杰（1697—1764）曾担任过宗本、孜本、噶伦等官职。根据内容，作品可分为两大段落：第一大段落的前半部分，作者以热情洋溢的笔调向读者介绍作品的主人公——文武全才、体貌伟俊、名震四海的某国王子循努达美和性情温柔、贤淑明慧、具有羞花闭月之貌的某国公主意翁玛，极力赞美他们的心地之纯正、志趣之清高、情感之真挚、外貌之俊美；后半部分描写这对青年男女追求幸福之艰辛，以及统治阶级为了一己之私欲，不顾百姓的死活，发动战争，杀人盈野，血流成河而毫不怜惜的残酷本性。前后形成鲜明对比。《循努达美》的第二大段，叙述循努达美放弃王位，离开父母，甚至抛弃自己运用各种方法（甚至战争），冒着生命危险所得到爱妻意翁玛。他视世间荣华富贵为虚无缥缈的烟雾，走入山林，潜心修炼，最后大彻大悟，练出神通，道行圆满。而且在他的感召下，大将斯巴循努和爱妻也悟出佛法真谛，并同他一起专心修道。

关于《循努达美》的主题思想，历来众说纷纭，莫衷一是。或曰：它歌颂了青年男女为追求幸福而艰苦斗争的反封建婚姻的战斗精神；或曰：它描写了一个动荡不安的年代，揭露和鞭挞统治阶级的残酷无情，批判了社会黑暗面。作者在作品中指出创作的意图为："以看破红尘和万物皆空为引子，中心内容是突出佛法和出离。"我们认为，作品通过描写现实生活，塑造人物形象，提炼情节，安排结构等技术手段，来表现佛教"四圣谛"这一主题①。

"四圣谛"是佛祖释迦牟尼初转法轮的中心内容，是佛教最根本的思想，包含着佛教的有关"苦"和"空"的所有内容。佛教的其他种种教义，可以说都是由此衍化而生。"四圣谛"的具体内容是苦、集、灭、道。"苦"是指生死轮回之苦，人生苦海，世事无常。"苦"有二苦、三苦、五苦、八苦乃至110种苦等无量诸苦。这是人生观的根本所在。"集"是集合的意思，是造成痛苦的原因，以善恶之诸业为主，贪嗔痴等烦恼为辅。此二谛是佛陀未出家前同现实社会生活接触时所认识和了悟的真理，是属于世间因果法。"灭"是指人生

---

① 参见克珠群佩：《佛教四圣谛与藏族古代文学》，《西藏民族学院学报》1989年第2期。

苦海的灭寂、解脱，指断绝业惑，灭尽贪欲，离生死之苦。“道”是指道路、途径、方法，就是引向灭除痛苦、证得涅槃的正道。此二谛是佛陀在宗教实践即修炼中所觉悟到的解脱世间生老病死等痛苦，消除造成痛苦的种种原因的妙法，是通向去除无明烦恼，到达不生不灭的涅槃境界之圣道，可称为出世因果法。总起来讲，前二谛的中心在“苦”，是佛教人生观的中心内容；后二谛的主旨在于“空”，是佛教解脱观的核心所在。

2.《颇罗鼐传》

朵噶·次仁旺杰的另一部名作是《颇罗鼐传》，主人公颇罗鼐·索朗多杰（1689—1747）和作者是同时代人。他们共同经历并参与了当时西藏地方发生的两次重大历史事件。颇罗鼐以其出类拔萃的才能成为战场上的良将、政坛中的能臣。他威震遐迩，堪称一代风流人物。

《颇罗鼐传》是一部以真人真事为题材的世俗人物传记。它详细地记述颇罗鼐一生的主要事迹。作品通过对颇罗鼐外抗准噶尔部族的侵扰，内平隆布鼐和阿尔布巴之乱等业绩的记述，形象生动地反映出18世纪前后西藏地区动荡不安的政治局面。同时，作品的字里行间弥漫着郁烈的宗教气息，渗漏出浓重的佛教色彩。如书中写道：“……这时，颇罗鼐台吉想道：哎呀，人世间不过是虚无梦幻，刹时即灭，无常、不定而多变。因此，一切事物的本性，就是在生的最后必然死亡。如今，我已临近死亡了。……无论是谁，没有不被死亡征服的，何独我一人！现在，再也没有什么可留恋的了。眷属亲友并非前生结交而同来。以前生生世世或生为神，或生为人，一切富贵享受，只能留下而投生今世。不但如此，就是同生的躯体也只能抛弃而独自死去。那么，为什么还要贪恋眼前的享受？！想到此，顿觉生老病死的苦轮，滚滚转动不已。本非实有，而认为真，实属非是。以此念为罪过，因知万物轮回涅槃，均系虚无梦幻。真正存在者，连微尘那么点的东西也没有。生起了这样对于空性的深刻信念……”作品时不时地插入宣传佛教的内容，使我们感觉到作者在记述和歌颂这位文武全才、有胆有识的英雄的时候，时刻不忘宣传宗教、诠释佛法的苦心。

3.藏戏

藏戏产生于14世纪，是一种广大藏族僧侣群众所喜闻乐见的文艺形式。藏戏经常演出的著名剧目有《汉妃尼妃》《朗萨雯波》《诺桑王子》《赤美更登》《卓娃桑姆》《苏吉尼玛》《顿月顿珠》《白玛文巴》等八大藏戏。另外还有《云乘王子》《热穷巴》《德巴登巴》《索白旺曲》《敬巴钦布》等。剧本的内容广泛，取材于历史传说、民间故事、佛经故事和社会事件等。其中取材于佛经故事的剧本为数最多。除《汉妃尼妃》的主题思想是赞美汉藏、尼藏的友谊，歌颂民族团结，其他剧本都是宣传佛教人生观、解脱观，演绎佛教哲学思想的。

我们不谈直接取材于佛经故事和描写宗教人物的剧本，光从学者们公认是描写社会现实斗争的《朗萨雯波》中，也不难看出藏族古代文学的基本主题——“四圣谛”。《朗萨雯波》的故事梗概是：后藏娘堆地方有一个平民姑娘，叫朗萨雯波。当地的统治者扎钦巴强娶她为儿媳。朗萨雯波嫁到扎钦巴家后，虽终日辛勤操劳，但却受尽欺凌虐待，最后被扎钦巴父子活活打死。朗萨雯波死后魂游地府，因生前善业之力得以还阳。朗萨雯波复活后深感世事无常、人生如苦海，遂遁入空门。最后，扎钦巴父子也受佛法教化，皈依正法。

乍看起来，此剧是反映封建农奴社会的黑暗面，揭露以扎钦巴父子为代表的农奴主的残暴专横。但我们透过描写社会黑暗和统治阶级蛮横强暴的重云浓雾，细细揣摩和领悟作者深层的意图及隐秘在现实生活的矛盾斗争表壳下的思想，就不难领会到剧本描写社会丑恶是为了达到使人感知现世可憎可恶、佛法可亲可敬，进而对现世产生厌离之心、转心向佛的目的。作者的真正创作意图是通过朗萨雯波其人，来宣传人生无常、轮回苦海的佛教“四真谛”的思想；通过主人公的遭遇和结局，来规劝人们信佛修法，并以扎钦巴父子也受到佛法感化、改恶从善、皈依正法的结局，来充分显示佛法的威力。

4.寓言体短篇小说

19世纪以来，高原上出现了一批以动物等的形象为比喻的寓言体短篇小说，如《猴鸟的故事》《白公鸡》《茶酒夸功》《牦牛、绵羊、山羊和猪的故事》《莲池歌舞》等等。这些作品一般篇幅短小精悍，语言简练形象，故事生动有趣，有其独特的艺术风格和较强的艺术感染力，为广大读者所喜爱。《莲池歌舞》讲这样一个故事：莲花园里，群蜂飞翔游戏。金蜂玉蜂夫妇俩在园中欢闹嬉戏。一天，金蜂在空中飞翔，玉蜂在花中饮甘浆，刹时乌云突起，莲花一齐闭缩，把玉蜂活活憋死在花蕊中。于是，金蜂万念俱灰，去山顶寻师学法，修炼菩提行。不言而喻，此篇寓言体小说的主题思想是通过玉蜂的不幸遭遇和金蜂的痛苦和觉悟，来宣传世事无常、人生如梦，指出惟有及时修法，才得解脱苦难的佛法“四圣谛”。

5.《格萨尔王传》

《格萨尔王传》是我国藏族人民集体创作的一部英雄史诗。它代表古代藏族文学的最高成就，是研究古代藏族社会的一部百科全书。“它通过对主人公格萨尔一生不畏强暴、不怕艰难险阻，以惊人的毅力和神奇的力量，征战四方、降伏妖魔、除暴安良、造福人民的英雄业绩的描写，热情讴歌了正义战胜邪恶、光明战胜黑暗的伟大斗争。这部史诗在广阔的背景下，以恢宏的气势，高度的艺术技巧，反映了古代藏族发展的重大历史阶段及其社会的基本结构形态，表达了人民群众的美好愿望和崇高理想；描述了纷繁复杂的民族关系及其逐渐走向统一的过程；揭示出社会历史发展的必然趋势；也反映了古代藏族人民的宗教信仰、风俗习惯和道德观念，具有鲜明的民族风格和地方特色”①。

《格萨尔王传》主要以民间说唱艺人的口头说唱形式在广大藏族群众中流传。从目前搜集整理的情况看，至少有一百部左右，约为一百万诗行、一千多万字。它是世界上最长的一部英雄史诗。《格萨尔王传》所反映的社会生活面极为广泛，思想内容异常丰富深厚。它从不同角度显示出多种多样的思想内容和社会意义，因而具有多方面的认识价值和美学价值。真、善、美与假、丑、恶之间的斗争，像一条红线贯穿全书；对真、善、美的热烈向往和执著追求，是整部史诗的主旋律。《格萨尔王传》在表现对真、善、美的执著追求

---

① 见《藏族文学史》，中央民族学院《藏族文学史》编写组编著，四川民族出版社1985年版，第176页。

的同时,热情讴歌了人的力量和智慧,描述了藏族先民同大自然所进行的伟大斗争;深刻地表达了藏族人民的社会理想,着意描绘了岭国这样一个藏族人民心中的理想王国。

《格萨尔王传》中反映的宗教内容也相当多。对于苯教,史诗一方面把苯教的创始人顿巴辛饶同释迦牟尼佛祖并列,并热情地讴歌;另一方面,又把苯教作为岭国的主要敌人——四大魔王信奉的宗教,加以贬斥和嘲讽。对于佛教,该书明显有崇敬倾向。格萨尔多次宣称,他来到世间就是为了弘扬佛法,降妖伏魔。“把魔地变为佛法昌盛的地区,把信奉苯教的众生教化成佛祖的信徒”。佛教里的佛、菩萨和神,是歌颂、祈祷、信奉的对象。史诗中还把莲花生大师放在突出的地位,说格萨尔是莲花生大师的化身,莲花生大师又是观世音菩萨的化身,因此格萨尔也是观世音菩萨的化身。

上面我们谈到藏族古代文学中相当一部分作品的基本主题思想是佛教的“四圣谛”。宋晓嵇先生在《循努达美》的“译者前言”中说:“总之,这是一部宗教文学著作。它明显地受到印度古文化的影响,主人公也具有释迦牟尼和阿育王、戒日王的某些影子。”其实,不仅仅是从循努达美的形象中可以明显地看到释迦牟尼的影子,许多藏族古代文学作品中的主要人物的性格发展和命运结局都与释迦牟尼相似。如郑宛达瓦、米拉日巴、朗萨姑娘、金蜂等等,都或显或隐、或强或弱地显示出释迦牟尼的影子。不管是王室公子还是农家贫女,不管是历史人物还是虚拟的形象,他们性格发展的总趋势相同——从热爱现世生活、追求和向往今生幸福,到厌恶尘世,断念出家,最后成为不为世间的喜怒哀乐和荣华富贵所左右,不为人类七情六欲等情感所支配的佛教人物。他们一生的遭遇和命运结局也基本相同——自小智慧超群,聪颖绝伦,心地纯正,温和善良,但在现世生活中遭到种种不幸,经受种种折磨,渐渐认识到现世生活之苦难,感到轮回世界之虚幻不实。于是,在入世和出世思想的分界河旁久久徘徊,苦苦求索。最后,为了灵魂解脱的永恒幸福,为了获得宇宙真谛,毅然抛却一切世间的荣华富贵,发愿出家,悉心向道,历尽艰苦修炼,终获无上正果。一个个在现世生活中充满悲剧色彩的世俗人物,霎时间脱胎换骨,突变为佛教世界中大圆满式的喜剧人物。

那么,是不是藏族先哲们对佛祖释迦牟尼怀有无限崇敬和思念而依样画葫芦地模仿他的一生,才塑造一个又一个艺术典型形象的呢?否也!在叙事性的文学作品中,描写人物性格,塑造艺术典型,是传达作者的创作意图和揭示作品主题思想的最重要手段。佛陀释迦牟尼的一生是认识和探寻佛教“四圣谛”、宣传和实践“四圣谛”的一生。以佛教“四圣谛”为基本主题而创作的藏族古代文学,其人物也是认识苦谛,了悟集谛,根据灭谛和道谛的修炼即宗教实践登上涅槃极位的艺术形象。这些人物虽然过于模式化、类型化,但他们仍然不失为典型化的艺术形象,因为他们代表着一大批藏族历史上的佛教高僧大德及政界和文化界的知名人士和智者学人。他们的遭遇是许许多多的人在生活道路上跋涉过后所留下来的共同轨迹。

作品的结构是表现作品的内容,显示作品主题思想的重要艺术手段。没有适当的结构方式就不能把丰富的生活内容和创作素材组合起来,形成完美的艺术作品。无论是洋洋数十万言的巨著,还是只有几千字的短篇,如果离开结构,都不可能称其为艺术作品。

因此,结构是文学作品形式构成的重要因素之一。在作品的结构里,凝结着作者的艺术匠心和创作才华,也最能体现民族特色和民族风格。我们研究藏族古代文学时发现,许多作品在总的情节结构方面都有惊人的相似之处。不管是人物众多、事件复杂的长篇小说,还是数量可观、独具特色的传记文学作品,不管是雅俗共赏、为广大藏族群众所喜闻乐见的藏戏,还是优美别致、短小精悍的寓言体短篇小说,在其情节和结构上有如下很明显的相同点:

第一,都可以分成两大段,而且前后段之间的转变很明显。前一段都以主人公所处的社会生活环境为背景,重点描写作为世俗的主人公在现世生活中的遭遇——悲欢离合和吉凶祸福。后一段则把视角从充满痛苦的繁闹杂乱的现世转向幽静宁谧的林中水旁、山间洞内,着重描写看破红尘遁入空门的主人公在证悟佛法要理,登上涅槃极果,到达彼岸世界的途中的艰辛和喜乐——忍辱负重和含辛茹苦以及灵魂解脱,进入极乐世界。

第二,表现人物命运历史的情节以及情节构成的基本要素的事件相同。许多作品在开端部分总是描述人物所生活的环境,描写主人公在某种神秘的气氛中诞生,并且具有一些超凡脱俗的特点。在发展部分总是描写主人公或遭到邪恶势力的虐待摧残而走投无路,或耳闻目睹了现世生活中的丑恶苦难而深感忧虑,或因天灾人祸而悲痛欲绝。在高潮部分,总是描写主人公领悟世事无常、人生乏味的道理,面对强大的恶势力,产生厌离之心,出世和入世思想激烈交锋,最后出世思想终占上风。在结尾部分,总是写主人公经过数年的艰苦修炼,道行圆满,或收徒建寺,讲经说法,或以佛法治理国政,国泰民安。

第三,都是大圆满式的结局。在结尾部分,总是描写经过数年艰苦修炼过的主人公了悟佛理,获得真知。他们通过法力征服邪恶或演说佛法,使本来处于劣势的正面力量扭转乾坤,代表邪恶势力的反面力量节节败退。最后,主人公或重登御座、执掌国政,或道行圆满飞往极乐世界,往生净土。

藏族古代文学的情节结构和人物形象之所以类同化、模式化,是因为藏族古代文学的主题思想相同,归根结底是由佛教“四圣谛”所制约和决定的。例如,一部作品的结构由色调截然不同的两个方面构成,因为前半部分所表现的中心内容是苦集二谛,是佛教的人生观,是世间因果法,着眼点在现世生活。而后半部分所演示的宗旨是灭道二谛,是佛教的解脱观,是出世因果法,着眼点在宗教实践上。又由于主人公是认识四谛、了悟四谛,根据四谛进行宗教实践并获得正果的佛教人物,因此,表现人物命运历史的情节也就相同。结尾之所以是圆满式的喜剧结构格调,也是由其主题思想决定的。

第六节　西藏佛教艺术

佛教艺术,顾名思义是随着佛教的兴起和发展而兴起、发展的。它促进佛教思想的传播,为宣传佛教教义服务。西藏佛教艺术也是与西藏佛教共生共荣、同步发展的,其内容、技法、颜色等无一不与佛教教义相联系。

吐蕃时期，佛教传入西藏。经过与西藏本土文化的相互斗争、吸收、融合，佛教终于立足于高原。随着大昭寺、小昭寺、桑耶寺为代表的西藏佛教寺院的兴建，佛像、壁画等佛教艺术也应运而生。当时，唐朝的两位公主带去内地的能工巧匠及各种技艺，极大地推动了西藏文化的发展，也推动了西藏佛教艺术的发展。与此同时，印度的大量佛经译成藏文，其中有专门讲授寺院和佛塔建筑、佛像造像规则与方法等的工艺经书《工巧明》，从而更加丰富了西藏佛教艺术的内容和技法。

10世纪后叶，西藏佛教进入了“后弘期”历史阶段。佛教再度在西藏蓬勃兴起，西藏佛教艺术也得以长足发展。这个时期，西藏佛教教派林立，形成不同教派分庭抗礼的局面。各教派与地方势力结成僧俗联盟统治，动用大量社会财富建造寺院，如萨迦寺、哲蚌寺、扎什伦布寺、夏鲁寺、楚布寺、白居寺等都是在这个时期修建的。这些寺院用不同风格的佛教艺术，宣扬本派理论。佛教艺术对应着佛教理论的“百家争鸣”，呈现出“百花齐放”的局面，制作的壁画、唐卡、佛像等工艺品不计其数。西藏佛教艺术的内容丰富，形式多样，这里简要地介绍建筑艺术、绘画艺术、雕塑艺术、舞蹈艺术。

一、建筑艺术

建筑艺术主要包括寺院建筑艺术和佛塔建筑艺术。西藏寺院星罗棋布，遍布西藏高原的每个角落，山崖边、峡谷里、平川上无处不有，形成一处处独特、耀眼、迷人的人文景观，与高原奇特、神秘的自然风光相映成趣。西藏寺院有着浓郁的民族风格和独特的艺术情调，每一座寺院相当于一个佛教艺术博物馆，里面珍藏着许多佛教艺术珍品。从寺院的外观上的色块、装饰物，到寺院内的壁画、唐卡、佛像、经幔以及各种工艺品，虽为崇佛、拜佛所用，但又都是独具风格的艺术品。在这里，神学和美学共存，崇佛和审美并行①。

桑耶寺是西藏佛教最早修建的寺院，由莲花生和寂护大师亲自设计，是以印度婆罗王朝高波罗王在摩揭陀所建的欧丹达菩提寺(飞行寺)为蓝本，其建筑布置和形式是按照佛教关于世界结构的理论为依据的。位于全寺中心的“乌孜”大殿，象征宇宙中心的须弥山；“乌孜”大殿四周各建一殿，象征四大部洲；四方各殿的附近，各有两座小殿，象征八小洲；主殿两旁又建两座小殿，象征日、月。这种按照佛教关于世界结构的理论或仿照密教曼荼罗建造的寺院结构，对后世西藏寺院建筑影响深远。可以说，这种以大殿为中心、其他建筑围绕中心而分布的格局，成为西藏寺院建筑的主要结构形式，一般称为藏式寺院建筑。这种寺院布局不像内地的宫殿式寺院在中轴线上安排主体建筑，层层深入，两侧有附属建筑，而是以佛殿或大经堂为中心建筑，各殿堂和僧院、活佛府、僧宅等建筑围绕这一中心而分布。

西藏还有一种寺院建筑，如布达拉宫、扎什伦布寺、大昭寺等，在主体藏式建筑物的

① 毛君周：《藏传佛教美术》，河南美术出版社1996年版，第45页。

最上端加上一层汉式的人字形大屋顶，建筑学上称为“歇山顶”。但这只是细部上的变通，主体结构仍然是藏式的。

藏汉结合式建筑也是西藏佛教寺院的主要形式之一，其建筑的主要特点是“运用汉族地区传统的木结构梁架，顶部也是‘歇山顶’式的大屋顶，但是将这个殿宇组合为一座相连的建筑，俗称为‘勾连塔’，在组合中又结合了许多藏式的特点，以适应藏传佛教宗教活动的需要”①。在这类藏汉结合式的殿宇布局上，较多地吸收了汉传佛教寺院中轴线布局，一般也有三门、天王殿、大雄殿等。这种寺院在西藏腹心地较少，在靠近汉区的西藏东部地方较为多见。

根据寺院建筑地理位置的不同，西藏寺院又可分为依山式或平川式建筑。哲蚌寺、甘丹寺等是典型的依山式建筑，而大昭寺、桑耶寺、萨迦南寺、夏鲁寺等是平川式建筑的代表。无论是依山式还是平川式，西藏寺院给人的感觉往往是坚实而稳固的。

佛塔建筑是西藏佛教建筑中的重要组成部分，有其独特的风格。据《西藏王臣记》等藏文典籍记载，当拉托托日年赞在位时，在雍布拉康王宫的屋顶上，从空中降下佛经、真言和金塔。这是关于佛塔在西藏的最早出现的记载。据《柱间史》等史料载，松赞干布时期在西藏正式修建了一些佛塔。到了8世纪时，西藏有了第一座正规的佛教寺院——桑耶寺，同时也兴建了许多佛塔。如桑耶寺西约15华里的松嘎尔地方修建了五塔，均为整块巨石雕刻而成，至今犹存。另外，在桑耶寺主殿四角修建了白、红、黑、绿四塔。白塔位于大殿东南角，形制与北京北海公园里的白塔相似，皆用石块、石板砌成，塔体为白色。红塔位于大殿西南角，塔身用砖石砌成，形方而实圆，状如覆钟。黑塔位于大殿的西北角，塔身如三叠覆钵，刹盘上托宝剑。塔身为条砖砌成，全为黑色。绿塔位于大殿东北角，平面呈四方多角形，塔身用绿色玻璃砖砌成，一、二层方形多角，三层如覆钵，上置相轮宝刹，塔色葱绿而富有光泽。在桑耶寺的围墙上，还有1008座小塔。

关于西藏佛塔的种类，杜齐在《西藏考古》中介绍佛塔时说：“在几个世纪的进程中，佛教逐渐改变了其教条主义的教法，从小乘佛教发展为大乘佛教，进一步又发展到在西藏居统治地位的密乘。因而塔的形式也随之逐渐演变。然而塔的演变仅仅局限在某些已被接受的格式之内。这些格式保持着相对的稳定，工艺水平则视修造者的技巧而异。”尽管布顿大师和第巴·桑结嘉措先后对西藏佛塔的具体格式作了规定，但基本上保持了印度佛塔的八种类型，即叠莲塔、菩提塔、和平塔、尊胜塔、涅槃塔、神变塔、天降塔、吉祥多门塔。这八种塔源于获得佛陀舍利的八组人所建造的原始佛塔，代表佛陀释迦牟尼一生中八个不同阶段或成就。在西藏常见的有菩提塔、天降塔和吉祥多门塔。

灵塔，是西藏佛塔的重要组成部分，产生于西藏佛教“后弘期”初期。塔内供养着活佛以及高僧大德的骨灰或遗体。它既是佛塔，同时又兼作陵寝，具有双重功能。灵塔的体积，可以根据客观条件有各种不同的规模，大到几十米高，小到仅有一米左右；其质地也可按照各自的条件分为简朴和华贵两种截然不同的风格。简单朴实的灵塔多以石砌

---

① 弘学主编：《藏传佛教》，四川人民出版社1996年版，第334页。

成，而且大多建造在小型寺院的周围或在某些天葬场周围。华丽贵重的灵塔主要以铁、铜、银等金属制作，也有用黄金装饰或包裹的。这类灵塔主要供奉在各大寺院里的某些殿堂内。灵塔的形制则采用上述如来八塔中的几种形式①。

灵塔在西藏有近千年的历史，其数目之多，难以记述。在布达拉宫的红宫内，供奉着五世达赖喇嘛以后的历世达赖喇嘛的灵塔。五世达赖喇嘛的灵塔建于1690年，塔高14.85米，由塔座、塔瓶、塔刹三部分组成。达赖喇嘛的遗体用香料红花等保存在塔瓶内。塔座、塔瓶用金皮包裹，共用黄金11万余两，并镶嵌1500余颗金刚钻石以及红、绿宝石，翡翠，珍珠，玛瑙等珠宝。可以与五世达赖喇嘛灵塔的规模比拟的，是十三世达赖喇嘛灵塔。“高14米，形制与其他灵塔相似，塔身用590公斤的纯金皮包裹，錾刻各种装饰图案，镶嵌大量钻石、珍珠、珊瑚、松耳石、玛瑙等珠宝，各种宝石的价格相当于黄金的10倍以上，为八座灵塔中价值最高的一座”②。一般灵塔由六部分组成，最下层的六型台基，表示坚固的“地基”；上面依次有塔基、塔瓶、塔顶和代表气息（风）和精神（灵）的月牙托日。每一部分都有所表示的具体含义。

位于西藏日喀则年楚河畔的江孜西端有一座巨塔，称为白居塔，1414年由宗喀巴的大弟子克珠杰主持设计，江孜法王饶丹贡桑帕动工兴建。“全塔高43米，塔座占地2200平方米，塔身呈八角形，红白染身，木石相衔，层层连结而上，再配以铜壳罩顶，幛帽围绕。塔瓶直径为20米，圆柱形，内设佛殿四间，13天采用早期喇嘛塔的做法，比较粗壮。全塔高九层。远望，塔顶金光闪闪，酷似缅甸的仰光大金塔；近看，塔的基座，像阶梯似地依次向上垒筑，又好像来到了埃及的金字塔前，十分华丽壮观”③。白居塔内设大门十二道、小门九十六道，共一百零八门。塔内有佛殿、经堂、龛室七十七门，其内都供有各类神佛像，据说多达10万，故白居塔又有“十万佛塔”和“塔中寺”之称。

在西藏还有一种“塔群”，它由108座相对独立、大小一样而样式各异的佛塔排列而成。在拉萨北郊约八公里的帕邦喀有一处宗喀巴的修行洞，“该洞西侧排列有108座土石建造的佛塔，为宗喀巴的弟子们所建，据传每座塔内藏有宗喀巴的念珠一颗”④。在山南地区乃东县境内有一处塔群，“排塔由塔墙和塔身两部分组成。塔墙残长360米，宽3米，高14米。塔墙上部置塔身。塔身方形，高低分为四个层次，逐层向上叠涩收缩。塔身高1.7米，每层高4公分，收缩一公分。塔身还有塔顶，今已无一存留。塔身尚存119座，各间距一米排布”⑤。这处塔群建于17世纪。

西藏佛塔不仅本身具有很高的艺术性和实用性，而且对西藏佛教整个建筑、绘画等艺术的发展产生过积极影响。杜齐说：“‘门塔’（即吉祥多门塔）不仅仅因为它们是西藏神圣建筑的典范，而且其壁龛中的装饰也使人颇感兴趣。这些装饰为西藏绘画在种种外

---

① 尕藏加：《藏式佛塔考述》，《中国藏学》1996年第3期。
② 《拉萨文物志》，西藏自治区文物管理委员会编，第16页。
③ 《中国古塔》，中国轻工业出版社1986年版，第159页。
④ 赤烈曲扎：《西藏风土志》，西藏人民出版社1985年版，第68页。
⑤ 《乃东县文物志》，西藏自治区文物管理委员会编，第49页。

来艺术影响下逐渐形成其统一风格的演变过程提供了极有价值的资料。逐渐地这种统一的风格在全西藏占据了统治地位。这种模式的叫法基于这样一个事实:在不同的层次上有若干内部相通的神龛。朝圣者可以爬到建筑物的顶部。建筑物的藻井上有最神秘的宗教神灵图像。神龛依层逐渐变小,壁墙上绘有各种神灵的壁画,最常见的是密宗教义的符号或神圣经文上所附的插图。绘画是不同派别的工匠之杰作。这些绘画在当时对于形成西藏传统的绘画风格起了一定的作用。"①

二、绘画艺术

西藏佛教绘画艺术在其发展过程中形成了许多流派,主要有门唐画派、噶尔画派等。

1.门唐画派

门唐画派分新派和旧派,其创始人是门拉顿珠嘉措。他是山南洛扎地区的门唐地方人,生活在15世纪。门拉顿珠嘉措自小喜爱绘画,成家不久因与妻子闹矛盾而离家出走,四处流浪。到羊卓达隆地方时,他偶尔捡到一套画笔和一本配有插图的书籍。这个发现,使他萌生了成为画家的愿望。于是,他来到萨迦等地寻师求艺。最后,受业于当时著名画师扎西杰布门下,终于成为一个技艺高超的艺术家。他在传统画法的基础上融进了自己独特的画法和创意,从而形成一个新的门派,称为门唐画派。"他的独特之处是在于表现各种显密神像,似喜似怒变化复杂微妙,佛像尺寸不瘦不胖比较匀称,画笔细腻柔和,衣着线条勾勒粗犷逼真,颜色则重淡雅。他的这种画法后来由他的儿子和徒弟们继承下来。他的最典型的作品是1447年新建扎什伦布寺时,门拉顿珠亲自在大殿经堂的墙上绘出了以金刚上师为主的八十位大圣、以释迦牟尼为主的八十尊佛像,以及宗喀巴师徒三人等一些壁画"②。

门拉顿珠嘉措还著有专著《造像量度·如意珠》。书中详细地论述了宗教绘画和雕塑艺术所涉及的七个方面内容:(1)解释造像量度;(2)指出并纠正了其他造像著作中的错误;(3)详尽地指出了不正确的造像量度引起的恶果;(4)论述了造像量度的有关问题并开列了参考书目;(5)列举了一些写作态度严谨的造像学著作;(6)解释艺术家和施主在精神上、宗教上的需要;(7)叙述绘画方法。

新门唐派是在旧门唐派的基础上产生的,其主要代表人物是藏巴·曲英嘉措。他起先遵从门拉顿珠嘉措画派的风格,后来自创新派,称新门唐派。其作品的主要风格是"欢喜佛像绘得高而瘦、忿怒佛像绘得表情激昂。强调肉体内外颜色即手背和手心的颜色有所差异,用毛笔勾画出的花草树叶又细又多,颜色艳丽。这个画派的典型作品就是德格嘎拖寺莲花生八尊的木刻板和现在西藏日喀则地区一些画家们画的唐卡"③。门唐画派的艺术活动中心在拉萨。

2.噶尔画派

---

① [意]杜齐:向红茄译,《西藏考古》,西藏人民出版社1987年版,第45页。

② 土登平措:《藏族绘画随谈》,《中国西藏》1997年第3期。

③ 土登平措:《藏族绘画随谈》,《中国西藏》1997年第3期。

噶尔画派也分新派和旧派。创建于14世纪,创始人是南喀扎西。南喀扎西出生在山南亚堆地方,自幼爱画画,投师于门唐画派大师艾巴·贡觉班丹门下,学习门唐派的绘画技艺。后来,他离开贡觉班丹,四处学艺。他临摹印度的合金塑像,钻研汉地的丝釉画艺,融合诸家技法,形成自己独特的艺术风格,开创了噶尔画派。

南喀扎西晚年广收弟子,其绘画艺术也随之得到传播。其弟子中最有成就的有曲吉扎西、噶雪噶玛扎西和扎巴扎西三人。弟子弥久多吉以南喀扎西的理论为基础,结合自己的美术创作实践,撰写了美术专著《线准太阳明镜》,为噶尔派奠定了理论基础。

第十世噶玛巴·曲英多吉早年就学于门唐画派艺术家洛扎次仁门下,后来又学习克什米尔艺术,并从师于噶尔画派的大师学习,致力于噶尔画派的创作研究,著有《噶尔画派艺术注释》等许多著作。他的绘画、雕塑、唐卡等作品被楚布寺收藏。拉萨罗布林卡和布达拉宫的一些壁画也出自噶尔画派画师之手。

新噶尔画派创始人是第八世司徒·曲吉迥乃。他吸取其他流派的艺术精华,进一步发展了噶尔画派的艺术,在原噶尔画派的基础上注入了自己的创新意识,创作出许多作品,人们称之为新噶尔画派。他亲自画了32幅释迦牟尼本生传的唐卡画,现藏于德格八邦寺。他自己认为,他作色、笔画等风格是模仿汉地的技法,风景、建筑物以及佛身上的装饰品画得非常逼真,他发扬了新旧唐派,群则、杰欧活佛以及噶尔画派的长处,"画技远远超过了所有前辈"①。

新噶尔画派作品最有代表性的,是西藏楚布寺的历代噶举派上师传承唐卡画和德格八邦寺所藏唐卡画。

西藏佛教绘画还有门、噶结合的画派,庆鲁画派,歧乌热画派,达热画派,尼泊尔画派,汉地画派等。

3.西藏佛教绘画艺术的理论依据

西藏佛教绘画艺术的基本理论依据是"三经一疏",即《佛身影像相》《绘画量度经》《身影量像相》三部经和《等觉佛所说身影量释》一部注疏,皆出自《大藏经·丹珠尔》。《佛身影像相》全名为《佛身影像相加尼枸卢纵广十广十卡度相称经》,亦译作《舍利佛问经》《十搩造像量手度经》等。该书是专门论述释迦牟尼身像的论著,是绘制释迦牟尼身像的依据和标准。

《绘画量度经》亦译作《画法论》《画论》《梵天定书》等,是一部以转轮王为例,讲述天神以及各类世俗人物画像的理论著作。全文开端有序,正文分三章。第一章"求画",讲述了赤降王那木扎晋图向造物主梵天求画的过程,表达了画像艺术"天降"的宗教观念;第二章"供画",讲述了画像规范世俗、教化众生的作用和供画的来源;第三章"量度",详细讲述了以转轮王为主和各类世俗人物身像各部位、各器官的形象、尺度、透视、色彩等技法。

《身影量像相》亦译作《造像量度经》,是讲述佛、菩萨、诸天神、大圣、罗汉和人等身像

① 土登平措:《藏族绘画随谈》,《中国西藏》1997年第3期。

的论著。全文共分六部分:"九卡量度像相"部分是专讲大圣、罗汉佛母等神形象的尺度和技法的;"八卡量度像相"是专讲以威怒为特征的各种护法神形象的尺度和技法的;"七卡量度像相"是专门讲述金刚力士等威严形象的尺度和技法的;"六卡量度像相"是专讲侏儒身像尺度和技法的;"十卡量度像相"是专讲佛陀、大梵天、天母等身像尺度和技法的;"迎送残旧身像之仪轨"对人物造像的审美要求,提出了具体标准,对新绘制佛像的不合格者,对断裂残破佛像处理前所应做的宗教仪轨进行了论述。

《等觉佛所说身影量释》是对《佛身影像相》的详细注释和补充。从总体上看,"三经一疏"相互补充,使身像理论更加全面、圆满,成为指导藏族身像造型艺术的一套完整的画论典籍。

在量度单位方面,"三经一疏"提出了以人们常见的微尘、发尖、虮子、虱子、青稞、手指、卡等作为量度人体各部位、各器官的单位,它们依次为八进位。但较常用的只有青稞和手指两种。

4.西藏壁画

在西藏寺院各殿里,没有一块墙面是空的。目之所及,墙壁上都画满了壁画。壁画的内容丰富多彩,涉及宗教、政治、历史、经济、文化和社会生活诸领域,从佛经、教义、神话传说、历史故事、生活场景,到山水风景、翎毛花卉、图案、装饰,几乎无所不包。

神佛偶像是西藏寺院壁画的主要内容之一,其中佛像是寺院殿堂供奉的主尊,也是壁画中出现最多、占比例最大的形象。西藏壁画里的佛像主要是释迦牟尼佛,还有燃灯佛、药师佛、毗卢遮那佛、不空成就佛、不动佛、无量寿佛等。弥勒佛亦出现得较多,画得也比较大。名称各异的佛像之间,无论面部造型还是身体姿态都无明显区别,只是在手势、所执法器、头饰上略有不同。西藏寺院壁画中常见的菩萨有文殊菩萨、观世音菩萨、金刚手菩萨,有时还以他们所执的宝剑、莲花、金刚三种物象来分别代表三个人物。度母是西藏壁画偶像中最动人的形象。她们眉毛修长,高鼻秀口,双目顾盼,容貌妖艳,神态妩媚。度母有二十余种变化,其中白度母、绿度母、蓝度母、红度母出现较多。度母有时为殿室的主尊,有时为菩萨或佛的胁侍。西藏壁画中的罗汉和四大天王画像造型与内地佛教绘画相似。四大天王是佛教的护法神,被醒目地绘制在寺院山门和主要佛殿的门廊墙壁之上,高大而威严,挺拔又尊贵。在西藏寺院的密宗殿和护法殿里,还绘有时轮金刚、怖畏金刚、尊胜母、北天王、吉祥天母、空行母等西藏佛教密教的本尊和护法神。

西藏历史著名人物画像及西藏历史著名人物画传,也是西藏壁画所表现的主要内容之一。经常出现在壁画上的西藏历史人物,主要有松赞干布、赤松德赞、赤热巴巾等"崇佛三赞普"及莲花生、阿底峡,还有"萨迦五祖"、"格鲁派三祖"、五世达赖喇嘛、十三世达赖喇嘛、四世班禅等。现在能看到的西藏历史人物画传,有布达拉宫的《松赞干布传》、桑耶寺的《莲花生传》、白居寺的《八思巴业绩图》、夏鲁寺的《布顿业绩图》、色拉寺的《宗喀巴业绩图》,以及布达拉宫的《五世达赖喇嘛传》和《十三世达赖喇嘛传》。这些画传,史料性较强,反映了当时社会生活、宗教发展进程和社会现象。

在罗布林卡新宫二楼,有一幅巨制西藏政教史连环画,画满了四面墙壁。内容从古至今,自远古传说的罗刹女与神猴成婚、繁衍了西藏最早的人类开始画起,按顺序描述了雅隆部落的兴起;自上天迎请第一位吐蕃王朝赞普;松赞干布统一西藏;迎请尺尊公主和文成公主;大昭寺的兴建;金城公主进藏;桑耶寺兴建;莲花生入藏弘法;朗达玛灭佛;阿底峡入藏;佛教"后弘期"开始;萨迦王朝、噶玛王朝、帕珠王朝的兴衰;宗喀巴创立格鲁派;历届达赖喇嘛业绩……长达 301 幅。这种弘篇巨制的历史及传说故事画也为数不少。

除此,西藏佛寺壁画还有著名寺院、宫殿的画史,如桑耶寺画史、布达拉宫画史、大昭寺画史等;也有佛教名胜古迹的建筑风景画,有花卉动物画,有藏医图谱等。

5.唐卡

"唐卡"系藏语。它是用彩缎织物装裱成的卷轴画,又简称布画,是西藏佛教所特有的一种绘画艺术。"唐卡大多是在画布、画绢和画纸上进行彩绘。先勾勒轮廓,再用各种对比色填充和晕染。画人物、佛像,笔精而有神韵,形象栩栩如生;画走兽花鸟,则精于勾勒,注意设色,姿态生动,配奇石山景,峰峦峭拔,气势雄伟;画宫殿楼阁,则多运用界尺,加以衬染,格调稳重。唐卡取景布置视野广阔,运用鸟瞰全局和散点透视的手法,把远近景物组织在同一个画面里,而各组景物又都有它自己的透视关系。此外,还有许多刺绣、织锦、缂丝和贴花唐卡,构图严谨,花纹精致,色彩绚丽,富有强烈的装饰性"①。

根据扎雅活佛的《西藏宗教艺术》,唐卡又因所用的材料不同而分为"国唐"和"止唐"。"国唐"是丝绢唐卡,用丝绢制成。"止唐"就是绘画唐卡,用颜料绘制。"国唐"根据不同的材料和制作工艺,又分为"绣像"、"丝面"、"丝贴"、"手织"、"版印"等多种。布达拉宫中藏有一幅最大的"国唐",高 55.8 米,宽 46.81 米。此幅唐卡绘制的为无量光佛,往往在一些重大节日时才展出。"止唐"根据其所用颜料和不同颜色的背景,又分为彩唐、金唐、朱红唐、黑唐、版印止唐等多种。最大的"止唐"长 3 米,宽 2 米;最小的"止唐"仅长 30 公分,宽 20 公分②。还有用金属制品或珍珠直接镶嵌在画面上,如昌珠寺中藏有观音珍珠唐卡,非常珍贵。

唐卡作画之前,先用麻线穿缀底布的边沿,将其绷撑在特制的木架上;再用一种动物胶和滑石粉调合而成的糊状物涂抹底布,消除所有洞孔;抹匀后即用蚌片将糊状物刮平磨亮,待底布完全干燥后便可作画。作画时,画师用木炭条起稿,描绘出图像的轮廓。一般是先从中央图像开始,然后绘四周的佛像或景物,最后着色。使用的颜料都是不透明的矿物质和植物汁颜料,如石黄、石绿、石青、硃砂、金、银等,也有少数植物汁颜料。颜料内均需调入动物胶和牛胆汁,以保持色泽鲜艳,经久不退③。唐卡描绘完后还要裱制装璜,底布四周镶以锦缎,上下贯以木轴,以便张挂。

唐卡的题材与壁画一样非常广泛,有宗教内容,也有历史人物、民间风俗等。还有天文历算和藏医藏药的唐卡,实用性很强,很有特色,尤其是称为"曼唐"的医学挂图唐卡,

---

① 宁世群:《西藏唐嘎散论》,《西藏艺术研究》1991 年第 1 期。

② 扎雅:《西藏宗教艺术》,谢继胜译,西藏人民出版社 1989 年版,第 99 页。

③ 李冀诚、顾绶康编著:《西藏佛教密宗艺术》,商务印书馆香港分馆、北京外文出版社 1984 年版。

表现了人体解剖等几乎所有藏医内容。

一幅唐卡可以区分为三个部分:中央为主尊,以本尊为主,亦即信徒所供养的对象;主尊上方为"空界",为诸佛、菩萨;主尊下方为"地界",为空行、护法或僧侣。

按地理位置,西藏唐卡画派区分为"藏东"(康孜)、"藏中"(卫孜)及"藏西"(藏孜)三派。"藏东派"吸收了汉地的绘画风格与技巧。从纯艺术的角度看,这派绘画比较容易发挥艺术家个人的风格;但从宗教角度来衡量,这派绘画缺少宗教的严谨,有时稍嫌过于浪漫。"藏西派"的出现是由阿底峡入藏传法后开始。阿底峡因嫌"藏东画派"的唐卡欠缺庄严,便从尼泊尔邀请画师入西藏教授。这派绘画较多地吸收了尼泊尔、印度、克什米尔等地的绘画风格,取消了本地画法以山水树木作为背景的结构,代之以"坛城圣众"围绕本尊。"藏中派"恰好是"藏东"与"藏西"两派的融合。如果说"藏东派"有强烈的汉地画风,"藏西派"则受印度画法的影响,那么,"藏中派"便可以说是最富于西藏本土色彩的画派了①。

三、雕塑艺术

西藏佛教的雕塑艺术作品主要包括泥塑、泥质模压浮雕、金属铸雕、石雕、石刻、木雕等。泥塑佛像是西藏佛教中重要的造像形式之一。在西藏大大小小的寺院中,大多供有泥塑佛像。目前西藏保存较好的泥塑作品为布达拉宫的松赞干布、文成公主、尺尊公主塑像和大昭寺中的文成公主、松赞干布等的塑像。其他如江孜班根寺的"十六尊者"、夏鲁寺的布顿大师塑像、卓玛拉康的阿底峡塑像,以及白居寺、萨迦寺、扎什伦布寺中大量的泥塑作品都颇具特色。

在西藏泥塑作品中最有特色的是"擦擦"。"擦擦"是藏语音,即指泥制的各种小泥佛、小泥塔等,称为"脱模泥塑"或"泥质模压浮雕"。常见的有高浮雕、浅浮雕、圆雕。其制法是:选用无杂质的黄土碾成粉末,拌入少量细且短的植物纤维,用清水调稀和匀,成为具有韧性的坯泥,然后用木制或石制、铜制的印模压印成形,然后脱模晒干,有的再经烧制,或彩绘。其外形基本分为两类,一为带边沿的佛龛模样,一为无边沿的。带边沿的大多为长方形,约在长10公分、宽8公分之间;无边沿的多为桃形,重复圆弧形。还有一种是小佛塔。

在西藏,"擦擦"制作数量十分巨大,"擦擦"常出现在佛塔、圣山洞窟、神湖边、玛尼堆和转经路上。在西藏民间有一种专供乡民转经的擦康,一般多建在林头、路边、寺庙旁,草原上人多集聚的放牧场也有。这种擦康四周镶嵌玛尼石,有的安装转经筒。擦康中的擦擦一般是建造时放进去的,有的擦康是转经的人经常向里边添置,年长日久,越聚越多。

"擦擦"有等级。通常所见的属普通一种,这种擦擦用一般的泥土制作,所以在民间流传很广。还有一种擦擦是用活佛的法身血水与泥土掺混在一起制作而成的。西藏少

---

① 谈锡永:《唐卡部分图片总说》,见《西藏佛教密宗艺术》,第212页。

数大活佛圆寂后实行塔葬,塔葬前用盐巴、藏红花等各种名贵药物将体内血水吸干,将那些浸透活佛法身血水的盐巴或其他药物与泥土融合,制成擦擦。这是最为名贵的一种擦擦,主要用作护身符。历史上还有一种药物擦擦,其造型与普通的擦擦没有什么区别,只是颜色稍有不同。这种擦擦是用各种名贵药材合成制作,其中有珍珠、玛瑙、藏红花等,所以十分贵重。

擦擦最初的形式多以经文、佛塔的形象为主,是作为佛塔肚内的圣物。后来,佛、菩萨、本尊以及各类神祇应有尽有,成为一个微缩的佛教世界。擦擦的造型千变万化,有圆、方、三角等,画面构成规格不等,少则一尊佛,多则百余尊佛像。最小的擦擦直径只有1.5 厘米,最大的有 30 余厘米①。

在西藏,石质雕刻品相当多,几乎处处可见。寺院里的石佛、山崖上的浮雕神像、嘛呢堆石刻、在石板上的经文,以及园林门外的石狮,都是一件件石雕或石刻的艺术品。寺院里的石佛有圆雕,也有浮雕,还有一种镂空浮雕。山崖佛像和真言绝大部分刻在通往圣地、圣山、圣湖的道路两旁。

嘛呢(又作玛尼)石刻以其数量之巨,范围之广,引起世人的瞩目。玛尼石刻大多刻在片石、卵石上,因为许多石块上刻有"六字真言"(唵嘛呢叭咪吽),所以称为嘛呢石刻或嘛呢堆、嘛呢墙。《西藏宗教艺术》中说:"任何一块薄片石、圆石、石板、扁圆石的光滑表面都可以用作雕刻的材料。雕刻前先在石板平面上用粉笔或炭笔画上所刻神灵、佛塔和大的真言字母的轮廓线,然后开始雕刻。先用锤子和錾子錾出粗形,这样便在石板的表面留下不太凹深的刻痕。西藏有三种石刻法:第一种是浅刻,像我们上面提到的六字真言和经文的石刻多采用这种方法;第二种是在板石上的浮雕;第三种则是三维空间的立体雕刻法。这三种石刻作品一般都要彩绘装饰。"《西藏佛教美术》说:"玛尼墙上的石刻大多由民间艺人和僧人们完成。这些艺术家们以前生活地位不高,有的还到处漂流,在山脚下、街道旁,都可以看到埋头刻石的艺人。他们按照朝佛者的要求和财力,在石块上刻经文、六字真言和吉祥颂偈,如'百字明','长寿经'等。或者刻上佛像、护法神以及动物形象。在经文的雕刻中,有的文字只有一、二公分大小,宛如豆粒,有的竟有数十公分或一米多。"

西藏摩崖石刻艺术与嘛呢石刻艺术可称得上为姐妹艺术。西藏摩崖石刻较著名的有拉萨市的药王山石刻群。《西藏王臣记》云:"松赞干布来到红山,亲眼看见那里有自然现显的六字真言,他当即沐浴净身虔诚祈祷,感得以自然现起的六字真言放出五色灿烂的彩虹,辉映到对面岩石上(即药王山崖)自然现起的观世音菩萨、救度母、马头金刚等佛像上。……松赞王即请来尼泊尔的一些有精巧艺术的造像工人,依照自然现出的佛像那种庄严神采,而精细雕出很清晰的身之所依——佛菩萨像,及语之所依——六字真言等。"由此可见,药王山摩崖造像最早在吐蕃初期出现。此后一千多年,陆续有造像活动。时至今日,一些虔诚的佛教徒还常在此凿刻一些佛像、真言。

① 张鹰编著:《西藏脱模泥塑》,人民美术出版社 1995 年版。

在药王山东麓高距地面20余米处有一石窟，名叫查拉路甫石窟，与大门西向的大昭寺遥遥相对。查拉路甫石窟也开凿于松赞干布时期。《贤者喜宴》说：“茹雍妃在查拉路甫雕刻大梵天等佛像，……历时十三年圆满完成。”茹雍妃系松赞干布的一位王妃。查拉路甫石窟依山开凿，为支梯式窟，平面呈不规则长方形，面积约27平方米。窟内共有造像七十一尊，除两尊泥塑外，余皆为石刻像，分布在中心柱四面和石窟的南、西、北壁上[①]。

西藏的青铜雕刻是西藏佛教艺术中闪闪发光的部分。“从几十米高的铜佛到几厘米的小铜佛，造型复杂多变，数量难以统计。除佛像外，用青铜制作的佛塔(灵骨塔)、佛经护板、佛龛、护身佛盒也极为普遍；其次，寺庙建筑中的金顶、法轮、经幡、兽吻等也都属于青铜雕刻之列。制作大的金属佛像一般用打制成形的金属片分块铸造，然后拼接而成，要求艺人们掌握金属锻制、冷加工工艺。在打制金属板时，更要掌握均匀力度，佛像打制成形后，最后还要经过整修、抛光，有的还要镀金”[②]。在日喀则扎什伦布寺，有西藏最大的铜佛——强巴佛(弥勒佛)像，它是由九世班禅曲吉尼玛主持塑造，约在1904年前后完工。大佛像高达近30米，仅佛手就长3.2米，中指围粗1米，手宽1.6米，身高22.4米，面部4.2米，耳长2.8米，肩宽11.4米，鼻孔可容纳一人。塑造此尊佛像用去黄金558斤，紫铜23万斤，总重量达一百多吨。此外，还用去大量的宝石之类。在西藏极负盛名的还有拉萨大昭寺的“觉卧佛像”，此像是文成公主从长安带到拉萨的释迦牟尼12岁等身佛像，为鎏金铜佛。

西藏木刻的主要功能是用来雕刻印刷经文、书籍，其次是把木刻佛画拓印在画布上和雕刻佛像等，用来印刷唐卡、坛城、法轮图画以及宗教仪式和其他吉祥物品的图案。木刻版画的制作，一般先由画家画出素描稿，然后由刻工刻制，也有自画自刻的，多采用本地产的白桦木制作，也有采用印度进口的檀木、红檀木、银杏、梨木等的。在西藏随处可见的一串串、一丛丛、一片片印有经咒图像的各色小旗——风马旗，就是用木版印制的。风马旗藏语叫“隆达”，又译作“祭马”“禄马”“经幡”“祈愿幡”等。常见的风马旗的图像中心大多为一匹宝马，马背上驮着燃着火焰的宝贝；四角环刻着可以排除消极影响的四尊保护神，分别象征深刻圆满的金翅鸟，象征穿透力的龙，象征警戒状态的老虎和象征胜利的狮子；一段经咒散置其间，图文相映成趣。

四、舞蹈艺术

西藏佛教舞蹈艺术即指西藏佛教寺院舞蹈——羌姆。“羌姆”系藏语音，又称为“嘎尔羌姆”，类似的汉语音译还有“昌木”、“枪木”和“查玛”等，意为蹦跳，专指西藏寺院舞蹈。有关的汉文历史文献和汉族群众还将“羌姆”称为“打鬼”、“跳神”、“跳鬼”等。

“羌姆”是西藏佛教寺院中一种驱鬼酬神的宗教仪式舞蹈，是由鼓等乐器伴奏的面具舞蹈，其表演者基本上是僧侣。“羌姆”随着西藏佛教的第一座寺院桑耶寺的建立而产

---

① 参见《拉萨文物志》，第97页。
② 见《藏传佛教美术》，第104页。

生，至今已有一千多年的历史。正如西藏佛教是印度佛教和西藏本土宗教相互吸收、融合的产物一样，羌姆也是印度佛教金刚舞和西藏苯教拟兽的图腾面具舞相结合的产物。“一千多年来，随着佛教的流传发展，‘羌姆’的踪迹遍及我国西藏、青海、内蒙古，以及甘肃、北京、河北、山西、云南、四川等个别地区。此外，在与西藏毗邻的锡金、不丹、尼泊尔、印度北部、孟加拉国和苏联南亚部分，以及蒙古人民共和国的喇嘛教流行地区，都曾有‘羌姆’的舞姿。像‘羌姆’这样历经千载、足迹跨越国际而流传至今的宗教舞蹈，在我国舞蹈史上是颇为罕见的。它是一份珍贵的舞蹈艺术遗产”①。

在桑耶寺破土动工时，莲花生亲自主持了藏王赤松德赞参加的奠基仪式，并用印度大乘佛教密教无上瑜伽部的金刚舞降伏西藏本土的各类鬼神。如《西藏王臣记》载：“莲花生大师降伏了一切八部鬼神，令他们立下誓言，制定诸神所喜的祭祀物品，又说出了镇伏凶神的歌词，在虚空中作金刚舞，……”《莲花遗教》中也记载了莲花生常用一种金刚舞蹈来降魔伏妖。可见印度密教金刚舞作为密教咒术的一部分已被莲花生大师带入了西藏，它常与密教的其他咒术、法术一起出现在驱邪镇魔、酬神祈愿的场合。

关于桑耶寺落成开光典礼盛况，在西藏各类典籍中都有详略不一的记载。《贤者喜宴》载：盛装打扮的男女老少，人山人海，载歌载舞，不分昼夜，热闹之极。《西藏王统记》中也说：“童男童女，丽服执牛尾，击鼓歌且舞。戴牛熊虎面，龙和小狮舞，持华美鼓舞，来王前献供。”《五部遗教》中说，在庆祝桑耶寺落成的开光法会上，“莲花生为调伏恶鬼为所行仪轨率先应用了一种舞蹈”。尽管在桑耶寺落成开光大典上参加典礼的男女跳舞助兴，莲花生大师也跳舞降妖，但从记载看，这两种舞蹈都不是真正意义上的“羌姆”，前者是西藏民间舞蹈，表演者都是俗家子女，而后者仍是金刚舞。

桑耶寺建成后开展了轰轰烈烈的译经活动。在《莲花生传》中说：“译经师在桑耶寺慈氏洲译完经后，由长老手持经绕乌孜大殿三周，排列成形戴上假面具，击鼓跳舞，为所译经开光。”应该说，这时羌姆已成雏形。

如上所述，羌姆是印度密教金刚舞和西藏苯教拟兽面具舞相结合的产物。换句话说，羌姆是西藏化的金刚舞。但是，羌姆与金刚舞既有相同之处，又有区别。作为佛教金刚乘舞蹈，金刚舞和羌姆的主要功能是驱鬼酬神，而且所驱逐的鬼和所酬谢的神都是相同的。羌姆里面的诸神也是印度佛教中的护法神，表演者也都是宗教徒。其区别是，金刚舞不戴面具，而羌姆戴面具。另外，羌姆和苯教的拟兽面具舞，虽然都戴面具，而且都被当作巫术或咒术用来驱鬼酬神，但各自所驱的鬼和所酬的神完全不一样。这又是两者的本质区别②。

西藏最早的羌姆是宁玛派僧人古弱曲哇根据莲花生埋藏在山洞的伏藏编排的“古鲁衬节”羌姆。“直到古弱曲哇在德呷山洞中发现《喇嘛桑堆巴》经书，并按照经书中的《白玛嘎当》（即《莲花遗教》）部分，编排出宁玛派自己的，也是西藏藏传佛教最早的，表现佛

---

① 高力霆：《藏传佛教寺院舞蹈“羌姆”探源》，《舞蹈论丛》1985 年第 4 期。

② 参见高力霆：《藏传佛教寺院舞蹈“羌姆”探源》，《舞蹈论丛》1985 年第 4 期。

本身故事内容的第一个大型佛教舞蹈艺术珍品——‘古鲁衬节’羌姆”[①]。“古鲁”是梵语,是上师之义,专指莲花生大师。“衬节”是宁玛派对莲花生常用的八种别号,或者说是莲花生的八个化身的名称,即释迦狮子、莲花生、日光、狮子吼、忿怒金刚、莲花金刚、莲花王和爱慧。

“古鲁衬节”羌姆的内容单一,动作简单,时间也不长,就是表现莲花生大师的八个变化。舞蹈开始时,八个人一个人一个人单独表演,相互之间并不知道八个人都是莲花生所变。当莲花生的塑像出场后,八个人立刻围绕莲花生跳集体舞蹈。羌姆里没有佛教的说教。

“‘次旧羌姆’的出现,标志着古弱曲哇对佛教舞蹈‘羌姆’的卓越贡献。‘次旧’羌姆里固定了鼓、钗、长筒号、胫骨号、唢呐等伴奏乐器、活动仪式、每个节目诵颂的经文和曲调,以及独立的分场节目,加强了佛教的哲学思想——因果轮回的说教与宣传。内容连贯、深入浅出,再加上视觉形象,氛围突出,形成了宗教舞蹈一种新颖的神韵和风采”[②]。“次旧”是藏历的十日,恰逢莲花生大师生日。宁玛派每月十日都举行宗教活动,不但要念经,还要举行羌姆的表演活动,这天表演的羌姆叫“次旧羌姆”。“次旧羌姆”虽然仍以“古鲁衬节”羌姆为主,其主要歌颂对象仍是莲花生,但加强了佛教理论的宣传,而且各方面都趋于成熟。这是桑耶寺的“古鲁衬节”到“次旧”羌姆的发展和演变过程,也是西藏佛教寺院羌姆形成、发展、成熟的过程。

羌姆作为一种重要的驱鬼酬神的宗教活动,在西藏很多寺院都有,如萨迦寺、扎什伦布寺、布达拉宫、敏珠林寺、多吉扎寺、楚布寺、直贡替寺、夏鲁寺等。一个寺院里或一个教派里由于有许多护法神,也有与护法神相应的羌姆。如直贡派的第九代住持多结嘉布(1284—1350)时期,开始在直贡寺中流传八大法行善逝集等宁玛派的羌姆;到第二十四代住持贡觉陈烈桑布(1656—1718)时,“新创立了智慧护法神和祖母护法神主眷、护法紫黑姊妹、哈热、法主之四居士、梵天、唐拉天神、刹土神父母、白哈、红色夜叉等我(指直贡)传承所有护法神的嘎尔羌姆神舞。后来,在直贡替寺也建立了相同的嘎尔羌姆。从此,这种护法神嘎尔羌姆神舞在我传承的一些寺院中流传”[③]。这位住持曾多次亲自在五世达赖喇嘛面前表演各类羌姆,得到五世达赖喇嘛的赞许。

羌姆的舞姿和表情、声音等都有一定的要求,“诸如凶神的姿态、国王喜悦的神态、王妃婀娜的步态,以及娇媚、剽悍、威风、矫健、残暴、忿怒、慈善、文雅、神圣等,均应符合于舞蹈九技”[④]。“舞蹈九技”是指优美、英姿、丑态等三种身技即形态,凶猛、嬉笑、恐怖等三种口技即声态,悲悯、愤怒、和善等三种心技即情态。羌姆的步法和手势等都有固定的动作,配有口诀,学习羌姆首先要背熟口诀,如直贡派羌姆固定的步法有 31 种,头和手的动作有 15 种,都配有口诀。

---

① 李加平:《桑耶寺“羌姆”渊源考》,《西藏艺术研究》1989 年第 4 期。

② 参见高力霆:《藏传佛教寺院舞蹈“羌姆”探源》,《舞蹈论丛》1985 年第 4 期。

③ 《直贡法嗣》,克珠群佩译,第 229 页。

④ 丹增塔朗:《直贡嘎尔羌姆与西藏文化艺术》,《西藏艺术研究》(藏文版)1988 年第 7 期。

尽管羌姆的舞姿、表情等有较固定的规定和要求，但每种羌姆都有各自的特色。如关于直贡派各类羌姆的不同特征，在《直贡嘎尔羌姆与西藏文化艺术》中说，有游方僧羌姆、鼓羌姆、哑剧羌姆、音乐羌姆、艺术图案羌姆、风趣羌姆等六种形态。

在西藏佛教各派各寺中表演的羌姆，其主要区别在于所祈求酬谢的主尊神不同，如桑耶寺的宁玛派羌姆的主尊神是马头明王和金刚亥母夫妇，而流行在桑耶寺中的萨迦派羌姆的主尊神是金刚橛，夏鲁寺羌姆的主尊神是吉祥天女。

面具是用来区别不同神的主要标志。面具的制作和表演有着严格的规定和要求，各寺院都有专门制作面具的僧侣艺匠。但其制作工艺上的要求差别很大，大寺院的面具制作宫廷味浓厚，边远的小寺院面具制作简练、粗犷。

第七节　大　藏　经

一、大藏经概况

藏传佛教的经卷、典籍，卷帙浩繁，内容广博，教理玄奥深邃。藏文《大藏经》集藏传佛教经籍之大成，分为《甘珠尔》和《丹珠尔》两部分。

《甘珠尔》称为佛部，亦称正藏，包括经（佛一生的言教）、律（佛所制定的僧团戒律）、论（关于教理的解释和研究的论著）三藏和四续部，是佛祖释迦牟尼的言教，全书共约104或108函。其中，显乘收佛陀“三转法轮”所说的全部经典，密乘收密宗续部等，共收1108种，是研究藏传佛教的珍贵史料。

《丹珠尔》称为祖部，亦称续藏或副藏，或称注疏部。主要收集印度、西藏的佛教大师、学者、译师对《甘珠尔》的注释、论、赞颂，以及语言、哲学、文学、艺术、逻辑、天文、历算、医学、工艺、建筑等多学科的古代典籍全书共约218函左右。其中注释佛经的主要有三类：（1）释初转法轮的观、行二门中的论书。释观门的有《法蕴足论》《集异门足论》《施设足论》《识身足论》《品类足论》《界身足论》《发智论》，通称“毗昙七论”。释行门的有律经与律颂等论。（2）释中转法轮观、行二门的论书。释观门的有龙树的《七十空性论》《中论》《六十正理论》《回诤论》等一类；慈氏的《现观庄严论》一类；牙军的《十万般若论》一类和陈那《八千般若论》一类，通称“大乘四仪”。释行门的是寂天的《集菩萨学论》《入菩提行论》和莲花戒的《修行次第论》等。（3）释末转法轮观、行二门论书。释观门有慈氏的《大乘庄严经论》《辨中边论》《辨法法性论》《宝性论》等无著的《本地分》《摄抉择分》《摄事分》《摄异门分》《摄释分》（即通常所说的“瑜伽师地论五分”），以及《大乘阿毗达磨集论》和《摄大乘论》；世亲的《唯识三十论颂》《唯识二十论颂》《大乘庄严经论释》《辨中边论释》《缘起经释》等论。释行门的是《菩萨律仪二十颂》等。《丹珠尔》因其收集了多学科的古代典籍，是研究佛学、藏学、古代东方文化的珍贵资料。

自吐蕃时期以来，随着佛教文化的传播与发展，大量的经典被翻译成藏文。为了便于讽诵和检索，需要对已译的佛教经典进行分类整理和编排。1312年，在元王室的资助下，一个名叫觉丹热志的噶当教典派僧人，把噶当派所属纳塘寺保存的大量藏译佛经编订为正藏《甘珠尔》、副藏《丹珠尔》。这是第一部写本藏文《大藏经》。尔后，蔡巴噶举派僧人贡噶多吉和布顿·仁青珠合作校订，编纂了《甘珠尔》。布顿又据纳塘写本《丹珠尔》，鉴定分类，删重补遗，写为定本。

雕版印刷术传入藏族地区以后，藏文《大藏经》的刊印传播很快发展起来。明末清初，在西藏、云南、甘肃、四川等藏区先后出现了“纳塘版”、“理塘版”、“卓尼版”、“德格版”和“库伦版”等几种雕版大藏经。本世纪20至30年代，又有了“拉萨版”。据统计，历代官方和私家主持雕刻的《甘珠尔》木刻版本有7种，《丹珠尔》版本有4种。此外，在西藏、青海、甘肃尚存有元朝至清朝的写本珍本藏文《大藏经》。

二、大藏经版本

1.纳塘版《大藏经》

据东嘎先生在《西藏文献目录学》一书中记载，公元1312年，元朝仁宗皇帝邀请纳塘寺的嘉木格巴西到漠南蒙古传教。返藏后，嘉木格巴西送给其师傅觉丹热志论师一批从内地带回的笔墨纸张。此后不久，觉丹热志论师带领罗色绛曲益西等人，收集了当时藏区能找到的所有藏经，完成了《甘珠尔》和《丹珠尔》的汇集工作；用弟子所赠笔墨缮写，并把它们藏于噶当派的纳塘寺里。由僧伽嘉央于1320年按照《甘珠尔》《丹珠尔》的目录抄编了一套完整的《大藏经》，存放于纳塘寺里。这套《大藏经》虽不是刻版，但是，后来人们仍然习惯地称之为纳塘古版。纳塘古版是最早的一套完整的《大藏经》。众多藏文史籍认为，纳塘古版是后世《甘珠尔》各种刊印本之范本。纳塘古版久已湮灭，后来产生了纳塘新版。纳塘新版是七世达赖喇嘛格桑嘉措下令刊刻的，从清雍正八年（公元1730年）始刻，至乾隆七年（公元1742年）完成。新版以纳塘古版为底本，参照蔡巴·贡噶多吉和布顿《大藏经目录》，增补了一些经论，在后藏日喀则扎什伦布寺西南约六里的纳塘寺刊刻而成（包括《甘珠尔》和《丹珠尔》）。此版校勘精确，称为纳塘新版，又称官版。

2.蔡巴《大藏经》

此版由万户长蔡巴·贡噶多吉于1322—1348年间，仿照纳塘古版《甘珠尔》为样本，参照异本，用金银汁写了一套《甘珠尔》。写成后由布顿·仁青珠校正，世称“蔡巴甘珠尔”。它的影响也是非常大的。1410年，明成祖下诏所刻的永乐版《甘珠尔》就是以《蔡巴甘珠尔》为样本的。

3.永乐版《大藏经》

明朝永乐八年（公元1410年），明成祖朱棣派遣专使到西藏，将藏文《大藏经》手抄本带回南京，制成铜版印行。共105函，史称永乐版《大藏经》。现在山西省五台山寺还藏有永乐版《大藏经》。

4.万历版《大藏经》

明朝神宗万历三十三年（公元1605年），在北京以永乐版为底本重刻，42函，并增刻

《丹珠尔》。版本已毁失,印本亦很少。

5.理塘版《大藏经》

这是指明末清初在云南丽江土司木增主持雕刻的《甘珠尔》藏经,共有108函。后来因战乱,将雕版搬到理塘寺印刷,故称其为"理塘版"。理塘版是藏区雕版刊印的《甘珠尔》的最早版本。1908年原版毁于战乱之中,印本珍藏于拉萨哲蚌寺、大昭寺。

6.北京版《大藏经》

清朝康熙二十二年(公元1683年)至雍正二年(公元1724年)在北京刻成《甘珠尔》(107函,1055部)和《丹珠尔》(108函,699部),用朱砂印刷,故称赤字版。经版毁于光绪二十六年(公元1900年)入侵中国的八国联军之手。该版印本20世纪50年代由日本大谷大学影印传世。

北京版《西藏大藏经》总目如下:

部	名	起止卷数	连续卷数
1	甘珠尔般若部	一至十	12—21
2	甘珠尔宝积部	一至三	22—24
3	甘珠尔华严部	一至二	25—26
4	甘珠尔戒律部	一至十四	27—40
5	甘珠尔诸经部	一至五	41—45
1	丹珠尔赞颂部	一	46
2	丹珠尔秘密部	一至四十二	47—87
3	丹珠尔般若部	一至七	88—94
4	丹珠尔中观部	一至九	95—103
5	丹珠尔诸经疏部	一至四	104—107
6	丹珠尔唯识部	一至七	108—114
7	丹珠尔阿昆达摩部	一至五	115—119
8	丹珠尔律疏部	一至八	120—127
9	丹珠尔本生部	一至二	128—129
10	丹珠尔书翰部	一	129
11	丹珠尔因明部	一至十	130—139
12	丹珠尔声明部	一	140
13	丹珠尔医方明部	一至三	141—143
14	丹珠尔工巧明部	一	143
15	丹珠尔修身部	一	144
16	丹珠尔杂部	一至七	144—150
	总目索引	一	151

7.德格版《大藏经》

1730 年至 1737 年雕刻刊印。其中《甘珠尔》以理塘版为底本,《丹珠尔》以夏鲁寺金殿藏本为底本,依布顿目录增补,由西康德格土司丹巴次仁捐资付刻。德格版藏经共有 326 部,4569 种。其分类目录如下:

《甘珠尔》部分:(1)律部;(2)般若;(3)华严;(4)宝积;(5)经部;(6)续部;(7)总目录。

《丹珠尔》部分:(1)赞颂;(2)续部;(3)般若;(4)中观;(5)经疏;(6)唯识;(7)俱舍;(8)律部;(9)本生;(10)书翰;(11)因明;(12)声明;(13)医方明;(14)工巧明;(15)修身部;(16)杂部;(17)阿底峡小部集;(18)总目录。

德格版《大藏经》集佛教各教派各家之经典,内容丰富,编纂、校勘精确,雕刻、印刷十分精细,是诸本中之善本。此版现完整保存于德格印经院,至今仍可印行。

8.卓尼版《大藏经》

卓尼版有古版和新版两种,古版今已不存。新版是卓尼土司玛索贡保在 1716 年被康熙召见回来后,发愿下令刻印的。据史料载,在未刻印之前,卓尼土司曾召集人员将德格、理塘、北京、西藏四种版本的全文作了对照,1721 年正式刻印。其《丹珠尔》以德格本为底本,雕版文字秀丽,内容准确,独具风格,在藏文《大藏经》诸版中可称善本之一。该版共有 317 卷。卓尼新版《大藏经》的雕版因 20 世纪 40 年代卓尼寺失火被烧毁,印本现在亦很少见到。美国华盛顿国立图书馆现藏有一套卓尼新版《大藏经》。印本还藏于甘肃拉卜楞寺、山西五台山。

9.库伦版《大藏经》

1908 年,根据德格印本,在外蒙古库伦(今蒙古人民共和国首都乌兰巴托)大库伦寺刻制,故称库伦版。共 105 函,原版无存,印本尚存。

10.巴那克版《大藏经》

在不丹首都巴那克刻制,但是只刻有《甘珠尔》,而没有《丹珠尔》,版本现已失传。

11.拉加版《大藏经》

拉加版《大藏经·甘珠尔》雕刻于 1814 年,该版是德格版的翻刻,目录内容完全相同。印版原藏于青海省同德县拉加寺印经院,现已被毁。

12.拉萨版《大藏经》

喜饶嘉措大师奉第十三世达赖喇嘛之命令,于 1927 年,以纳塘新版《甘珠尔》为底本,并参照德格等版校勘后刻印,1933 年刻成开印。该版校勘精确,字体比较大,是现存《甘珠尔》版本中最优之版本。其印版原本放在拉萨市布达拉宫山下的“雪”印经院。1985 年,西藏自治区档案馆将印版移交给中国佛教协会西藏分会。之后,西藏自治区财政资助 50 万元,在拉萨市开办了“拉萨印经院”,十多年来已印出一千多部《甘珠尔》大藏经,在区内外流传。

1997 年,西藏自治区财政再次资助 50 万元,由中国佛教协会西藏分会负责组织刻制《丹珠尔》双面木刻版,以卓尼版为底本,参照其他经本进行刻制,共需刻制 76000 多块双面经版。此项工程已进行几年，不久的将来即可刻成付印，完成拉萨版的《丹珠尔》版本。

藏文《大藏经》除写本、木刻版之外，还有石刻《大藏经》。石刻藏经多见于甘肃、青海、四川、西藏交界区域的寺院。石刻藏经，一般内容不全，比较突出的有东吉多卡寺的石刻大藏经。东吉多卡寺位于青海西南部的果洛州甘德县境内。该寺已有四百多年的历史。寺院的佛像、经典都是用就地取材的薄青石板凿刻而成的。据调查，东吉多卡寺的藏经石片计有10万多块，大者有一米多见方，小的有二三十平方厘米，石片光滑轻便，经文字迹清晰。

藏文《大藏经》还有其他少数民族文字译本。随着藏传佛教在蒙古地区的传播，出现了蒙文大藏经。在1294—1307年期间，蒙古察哈尔部的林丹汗依据藏文《大藏经》版，将《甘珠尔》译成了蒙古文。到了清初，章嘉呼图克图将《丹珠尔》译为蒙古文，翻译完毕后即雕版印刷。1790年，又译出满文《大藏经》。

现存藏文《大藏经》所辑录的佛教经典、典籍的数量，比汉文《大藏经》多出三分之一以上，其中印度学者的论著比汉文多出一倍多。而在印度，因佛教中断七百多年之久，这些佛教典籍在兵燹中多被焚毁而所存甚少。由于藏文《大藏经》因其所辑录的典籍种类繁多，自成体系，独具特色，因而与汉文《大藏经》具有同等重要的地位，是《中华大藏经》不可分割的重要组成部分。国内外学术界一致认为，藏文《大藏经》是一部具有百科全书性质的藏文古籍，是佛学（尤其是藏传佛学）和藏学研究最重要、最基本的资料之一，是中华民族文化宝库中乃至世界文化宝库的宝贵财富。

第二十二章　当代西藏佛教概述

长期以来，西藏的信教人数一直占总人口的绝大多数。进入近代，西藏佛教加快了世俗化的进程，政治化趋向日益明显，因而放松了僧伽教育，出现了不少弊端，如教团组织不健全，制度废弛，教规被破坏，少数僧人追求权势，贪图享乐，背离了佛教基本教义，致使西藏佛教每况愈下。1959年，西藏上层反动集团发动武装叛乱，不少寺院成了叛匪的据点，僧尼参加叛乱的较多，寺庙因此也遭到不同程度的破坏。基于这样的情况，中央提前进行民主改革，废除了封建农奴制度，使政教彻底分离，实行宗教信仰自由政策。"文化大革命"开始后，在极"左"思想干扰下，党的宗教信仰自由政策遭到摧残，宗教爱国人士受到迫害，民主改革时保留下来的部分寺院被当作"四旧"和封建迷信活动场所受到破坏，寺藏文物和经书被盗被烧。十一届三中全会以后，我们党进行拨乱反正，恢复了宗教信仰自由政策，对藏传佛教事务的管理也日趋科学化、民主化和法制化。在政府拨款和信教群众的积极捐助下，被毁的大部分寺院得到了修复。目前4.6多万住寺僧尼在寺院自由地研习佛经教义，开展各种宗教活动。

第一节　西藏佛教发展的基本概况

西藏佛教发展进入近代，基本上形成格鲁派一统天下的格局。宁玛派、萨迦派和噶举派等其他各教派虽然拥有独立的宗教活动和寺院经济，但在政治上受由格鲁派执掌的噶厦政府的领导。由于特殊的地理环境、文化传统和社会制度以及其他诸多因素，从公元13世纪萨迦地方政权时期创立的"政教合一"体制，仍然被格鲁派作为唯一的政治制度，而且进一步深化。达赖喇嘛集政教权力于一身，享有崇高的地位；各级政府机构的首席官员基本上由僧人充任，"宗教不再是单纯的思想信仰问题，而是同封建领主专政结成一体"，寺庙在三大领主中享有特殊的权利。随着寺院特权的形成和加强，大批的良田被占有，剥削日益残酷，各种徭役不断增多，其结果导致农牧民更加贫困。为了完成政府的摊派，为了解决吃穿问题，又不负担繁重的徭役，出家为僧的人逐年增多。寺院成为绝大多数贫苦农牧民解决温饱、躲避徭役赋租的地方，实际上，他们把寺院当成了避难所。

一般说来，僧尼人数的多少，是衡量佛教盛衰的重要标志之一。但是，僧尼人数增加，寺院扩张并不说明僧尼素质就高，办教质量就高。相反，由于管理跟不上，寺多而混乱，僧多而涣散。在西藏近代，这种情况非常明显。这里不妨回顾一下西藏佛教发展史：自公元7世纪佛教正式传入西藏以来，僧尼人数从最初的“七觉士”、三百人，经历了13世纪的一个高潮；到17、18世纪，随着噶厦政府组织的建立和三大领主的出现，僧尼人数又达到一个高潮。每一次高潮或多或少带来一些弊端，出现一些矛盾，尤其格鲁派专政后宗教日益世俗化。

由于统治阶级内部的争权夺利，各派之间不断产生新的矛盾，一些寺院、高僧热衷于政治活动、世俗事务，以封建法律替代寺院戒律，放松了学经。东噶·洛桑赤列活佛在《论西藏政教合一制度》中总结说：“在政教合一制度下，一些从事宗教活动的寺院的戒律也发生了变化，即具有庄园和属民的寺院，形成了政教二法之主，一套以宗教自身的戒律为准则的处罚制度，成为历史文献徒具空名的空文，实际上实行的是封建衙门一套完整的处罚制度。对僧人不是按照教规进行处罚，而是以政府的法律进行惩办。”①

在这种状况下，寺院之间的贫富差别进一步拉大，甚至出现了弱肉强食的局面。那些失去了经济来源的弱小寺院逐渐被并入大寺院中，还有一部分自行倒闭。

据第斯·桑结嘉措于1694年的不完全统计，前后藏共有寺院1807座，僧尼人数97538人，其中格鲁派寺院就占534座，僧尼35087人。如果加上阿里、昌都、林芝和那曲地区的寺院，总数要超过2000座。又有资料说，1698年卫藏、阿里、塔波、工布、康区等地格鲁派寺院有452座、僧尼33250人，其中尼姑庙36座，尼姑1460人。

1733年，七世达赖喇嘛格桑嘉措时报理藩院的寺院总数为3477座、僧尼316230人，所属农奴128190户。其中属达赖喇嘛的寺院共有3150座，僧人数302560人；属于班禅管辖的寺院共有327座，僧尼人数13670人。40年间，新增寺院1777座，新增僧人221742人。有些史书记载，这些寺院只是格鲁派的，其他教派的寺院还没有统计进去。如果全部统计，当时西藏寺院要超过4000多座。

1932年调查，在西藏僧人五百人以上的寺院有25座，其中僧尼人数上千的寺院有14座。次年统计，住寺僧尼人数在一百人至五百人的寺院大约50余座。据1958年的不完全统计，民主改革以前西藏有寺院2676座，僧尼人数114900余人，各教派活佛1616人。这说明西藏佛教在经历几个不寻常的发展高潮之后，逐渐开始走下坡路。据1961年寺庙民主改革后的统计，西藏当时保留的开放寺院有553座（不包括神殿和山中小寺及因参与叛乱禁止开放，关门整顿，或由于经济困难，无法维持下去而自行关门的寺院），僧尼7000余人。

造成寺院和僧尼人数减少的原因，与1959年3月的叛乱有很大关系。当时不少寺院僧尼直接参与叛乱。据有关部门统计，1959年参加叛乱的寺院有1471座，达到寺院总数

① 见唐景福译，甘肃民族出版社1984年版，第67页。

的 49.7%；参加叛乱的僧尼达 68000 余人，占全部僧尼的近 60%。叛乱后，一部分僧尼追随达赖喇嘛出逃，一部分在执行宗教政策中自愿还俗回家。20 世纪 60 年代，“文化大革命”给中国造成了极大的损失，西藏的寺院也被当作“四旧”和封建迷信活动场所遭到严重破坏，有的被夷为平地，有的变成残垣断壁，有的被占用；僧人有些被迫害致死，有些被监禁，有的被迫回乡还俗。那时候，保存并开放的寺院只有 8 座，僧尼人数 978 人。

中共十一届三中全会以后，我们党进行拨乱反正，恢复了宗教信仰自由政策，修复维修了过去被破坏的部分寺院。以政府拨款为主、群众集资为辅开展的恢复寺院活动，在 1980 年至 1987 年之间处于高潮。这样，恢复了上千座寺院，这也是西藏和平解放以来佛教发展出现的第一个高潮。据不完全统计，1990 年全区宗教活动场所猛增到 1300 多个，僧尼人数 42000 余人，占全区总人口 218 万的 1.94%。1993 年，在 1300 多个的基础上增加了近 300 个，僧尼基本保持 1990 年的人数。1994 年，宗教活动场所在 1993 年的基础上又增加了 100 多个（包括寺院和神殿、山中小寺等），这里面不包括未经政府批准、由群众自行修建的宗教活动场所；僧尼人数增加了 500 多人，占全区总人口 218 万的 2%。1996 年，全区的寺庙总数达到 1700 余座，僧尼人数 46000 余人。

从宗派、地域分布情况看，格鲁派的势力最大，分布最为广泛。在拉萨地区，以哲蚌、色拉、甘丹等几所大型寺院为主，在各教派中居主导地位。另外，在日喀则、昌都也拥有一定的势力。仅次于格鲁派处于第二位的是噶举派，寺院主要分布在拉萨地区和昌都地区，拉萨地区以楚布寺、直贡替寺为主，昌都地区则以小而多为特点。萨迦派寺院主要分布在后藏和山南两地区。宁玛派虽然起源较早，但寺院规模相对较小，而且势力也不大，它的寺院主要分布在山南地区，以敏珠林寺和多吉扎寺为最，这两所寺院曾与格鲁派的关系甚密，其发展一直受到格鲁派的支持。据 1932 年调查，在寺僧尼人数五百人以上的大型寺院中，格鲁派占 19 座，噶举派占 3 座，萨迦派占 1 座；在百人以上、五百人以下的寺院中，格鲁派占 21 座，噶举派占 9 座，宁玛派占 3 座，这种以格鲁派寺院居多，其他宗派寺院稀少的状况一直保持到现在。

在地域分布方面，历史上昌都一直是宗教比较发达的地区，寺院多，僧尼人数多，活佛也多。20 世纪 50 年代，这一地区有寺院 576 座、僧尼 36546 人，绝大多数苯教寺院集中在这里。据几年连续调查统计，1990 年昌都地区有寺院 491 座（包括宗教活动点），僧尼 26724 人；1993 年寺院增加到 539 个，僧尼人数有所下降；1994 年宗教活动场所仍然保持 539 个，僧尼人数稍有回升，其中包括短期住寺僧尼和社会流动僧尼。

前藏地区（即拉萨和山南）历来是西藏的政治、经济、文化中心。历史上大型寺院多集中在这两个地区，如早期的桑耶寺、昌珠寺、大小昭寺和后来的楚布寺、直贡替寺、丹萨梯寺、热振寺、甘丹寺、哲蚌寺、色拉寺、敏珠林寺和多吉扎寺等，教派分布相对均衡。据不完全统计，西藏民主改革前，山南地区有寺院 582 座、僧尼 13500 人，“文化大革命”期间大部分寺院遭到了程度不同的破坏。由于深受政治的影响，这一地区的寺院僧人对世俗事务表现出极大的兴趣，中世纪以后的教派斗争多在这里发起。据最近几年的不完全统计，山南地区现有寺院（包括宗教活动点）近 300 个、僧尼人数 2000 余人，其中由政府部门批准开放的寺院有250余个，分属于格鲁、噶举、宁玛、萨迦派及珀东学派，格鲁派寺院最多，其次是宁玛派和萨迦派，噶举派居第三位。

拉萨市所辖区县的宗教发展速度现阶段在西藏自治区地、市中，继昌都之后位于第二位。宗教活动场所和僧尼人数从1990年的115个和4300多人分别增加到1994年的248个、9100多人，其中绝大多数属于格鲁派寺院，噶举派寺院次之。从中可以窥见，由于历史的原因，山南虽然是早期西藏佛教活动中心，但是随着政治、经济中心的转移，拉萨地区逐渐取代了山南的文化中心地位，佛教文化也随着政治、经济的中心转移而北迁，这就导致山南地区佛教发展相对滞后、拉萨地区发展迅猛的状况。从寺院所具规模说，山南地区除了桑耶寺、敏珠林寺、昌珠寺、泽当寺、丹萨梯寺等一些稍具规模的寺院拥有一定势力外，其他大多数寺院规模较小且分散，寺院经济相对落后。拉萨地区是西藏的政治、经济、文化中心，人口稠密，经济状况相对好于其他地区，再加上有大小昭寺、甘丹、色拉、哲蚌、楚布、直贡替、热振等大型寺院，使那些经济相对落后的偏远地方的贫困农牧民子女纷纷前来，选择其中的寺院出家为僧尼，导致拉萨地区寺院飞速增长，僧尼人数急剧上升。调查中还发现，凡是城镇所在地寺院，僧尼大多来自城镇附近的县乡和其他偏远贫困地区，城镇居民子女入寺者甚少。当然，也有其他诸多原因。

那曲地区是西藏的纯牧业地区，地广人稀，文化相对落后。历史上，这一地区佛教寺庙较少，主要分布在申扎、班戈、聂荣、比如、巴青等县。与昌都接壤的几个县虽然有不少寺院，但多为苯教寺院。据1932年调查，僧人在500人以上的苯教寺院就有好几座。最近几年的调查数据表明，那曲地区的僧尼人数占全区总人口的2%以下，处于继昌都、拉萨之后的第三位。其中，以苯教寺院和僧人为最多，其次是格鲁派。

日喀则地区曾以萨迦派势力为最。15世纪以后，随着格鲁派势力的介入，情况发生了根本性变化，原其他教派的寺院都纷纷改宗格鲁派，形成了以扎什伦布寺为中心的势力集团。宁玛派虽然起于这一地区，但并没有什么特别重要和颇具规模的寺院。噶举派也曾在这里盛兴过，但没有坚持多久。据《萨迦县文物志》记载，1959年萨迦县有寺庙共67座，其中萨迦派寺庙25座，格鲁派寺院11座，宁玛派寺庙22座，噶举派寺庙4座。从萨迦县的情形，我们可以窥知西藏民主改革以前日喀则地区的宗教状况。除了格鲁派，萨迦派的主寺萨迦寺在后藏拥有不少庄园、牧场和奴隶，属寺众多。中共十一届三中全会以后，虽然政府拨款，群众集资恢复了部分寺院，但是像萨迦北寺再也难显当时的宏伟风采。目前，日喀则地区僧尼人数基本控制在全区总人口的1%以下。就以历史上佛教相对比较发达的南木林县为例，现有佛教活动场所29所，僧尼630多人。由于多数寺院开展了以寺养寺的活动，到1993年底，全县寺院经济收入206698元，扣除其他开支，纯收入66126元。

林芝和阿里两个地区是全区宗教发展最缓慢的地区，其寺院少，僧尼人数不到全地区总人口的1%。特别是阿里地区，虽然是象雄文化的发源地、古格王朝的活动中心，但由于受诸多因素的制约，历史上寺院就非常稀少，加上中世纪以后这里战争频繁，经济落后，原有的部分寺院前后遭到毁坏，现在保存完好的没有几座，而且规模极小。

第二节　党的宗教政策在西藏的贯彻执行

一、和平解放前后的宗教政策

由于特殊的地理环境、文化传统和社会制度，民主改革前，西藏一直实行“政教合一”的政治制度，宗教领袖即是世俗政治领袖，集政教权利于一身，地方政府、上层僧侣和封建贵族联合专政。作为旧西藏三大领主之一的寺院领主，不仅掌握着司法大权；可以任意对农奴施行各种酷刑，而且直接参与政治、经济、文化生活，占有大量的土地、牧场和农奴。鉴于西藏的特殊性和宗教问题突出，从西藏和平解放到民主改革以前，中央采取不加干涉，信教自由的方针，对有些比较突出的宗教问题谨慎对待；从宽对待寺庙和上层僧人的财产，允许实行现行“政教合一”的政治制度和社会体制；采取耐心等待的态度，“和宗教界的代表人物反复协商，进行教育，争取用和平方式实行改革”。

我们党在宗教问题上的基本原则是政教分离，信仰自由。毛泽东主席早就指出：“共产党对宗教采取保护政策，对信仰宗教和不信仰宗教的人，以及信这种宗教和信别种宗教的人一律保护，并尊重他们的信仰；对宗教今天保护，将来仍然保护。”为了尊重广大僧侣的宗教感情，处理好民族与宗教的关系问题，1950 年 2 月 25 日，中央批复西南局，同意派佛教界志清法师（即密悟法师）入藏宣传党的民族宗教政策，劝说西藏当局和中央政府进行和平谈判。5 月 3 日，由青海省上层高僧组成的寺庙劝和团赴藏进行劝说工作，在那曲受到阻拦。西康省副主席，甘孜白利寺活佛格达（法名洛桑丹增·扎巴塔耶）赴藏劝和，不幸在昌都遇害。

为使解放西藏的工作顺利进行，中央在对待西藏的民族问题和宗教问题上慎之又慎，要求进藏部队忠实地正确地执行党的民族政策，尊重西藏人民的宗教信仰自由和风俗习惯，正确对待上层僧侣，争取采取和平解放西藏的方针。在分析了西藏现状后中央指出，我们方面可以承认西藏政治制度，宗教制度，连同达赖喇嘛地位在内。1950 年 5 月，邓小平主持拟定与西藏地方政府进行和平谈判的十项条件（亦称“十大政策”或“约法十章”）。十项条件中有关宗教问题的方针是：西藏现行各种政治制度维持原状概不更改；达赖活佛之地位及职权不予变更；各级官员照常供职；实行宗教信仰自由，保护喇嘛寺庙，尊重西藏人民的宗教信仰和风俗习惯，把宗教信仰自由政策贯穿其中。6 月 2 日，西南局发出《关于以十项条件为和平谈判及进军基础给西藏工委的指示》又对宗教政策作了严格而又具体的规定。昌都战役后，西南军政委员会和西南军区联合发出布告，宣布入藏部队为保障西藏人民的信教自由，必须切实保护各地寺庙。“未经寺庙主持人许可，不得在寺庙驻军。不得损毁寺庙内之一切建筑、佛典、佛像、法器等。不得干涉僧众举行宗教仪式。如有违反，严加惩处。”昌都解放后，积极吸收佛教高僧参加解放委员会，委任强巴林寺活佛帕巴拉(即现任全国人大常委会副委员长的帕巴拉·格列朗杰)和洛丹喜饶(又译罗登协绕)为解放委员会副主任,五名高僧为委员。1951年1月,人民解放军十八军政治部下达《进军守则》,对宗教政策再次作了详细规定。《守则》中关于政策方面的规定有9条,其中的8条是有关宗教方面的。规定凡是参观寺庙者,必须事先接洽,"参观时不得随意摸弄佛像,不得吐痰、放屁;不得在寺庙附近捕鱼、打猎、打鹰、宰杀牲畜;如有喇嘛要求参军,概不收留,并劝说其返回寺庙;不得在群众中宣传反迷信或对宗教不满言论"。人民解放军进入西藏后,坚决执行党的宗教政策,不干涉宗教活动,不住寺庙,尊重藏族人民的生活习惯,受到藏族群众的普遍称赞。

1951年5月23口,《中央人民政府和西藏地方政府关于和平解放西藏办法的协议》正式签订。协议共有十七条,其中涉及达赖、班禅的地位和宗教信仰自由方面的内容很多。如第四条规定:对于西藏现行政治制度,中央不予变更;达赖喇嘛的固有地位及职权,中央亦不予变更;各级官员照常供职。第五条规定:班禅额尔德尼的固有地位及职权,应予维持。第七条规定:实行中国人民政治协商会议共同纲领规定的宗教信仰自由政策;尊重西藏人民的宗教信仰和风俗习惯,保护喇嘛寺庙;寺庙的收入,中央不予变更。

为了更好地贯彻执行协议,在"政教合一"的政治制度不变的情况下,中央代表和进藏部队进驻拉萨后,先后拜访了宗教界上层人士和哲蚌寺、色拉寺、甘丹寺、大昭寺、小昭寺、上下密院和四大林,积极宣传宗教信仰自由政策,并发放布施,稳定僧俗民心。1952年至1957年间,先后组织13批西藏致敬团、参观团和观礼团赴内地各大城市参观游览、在1000多名各界人士中,宗教界人士就占了1/3。1953年4月,组成了由格鲁派、宁玛派、噶举派、萨迦派等教派高僧参加的西藏佛教代表团赴京出席中国佛教协会成立大会,代表团团长功德林·晋美吉村被选为中国佛协协会副会长,其他代表分别被选为常务理事和理事等。

为使宗教政策落到实处,1952年5月,西藏工委在哲蚌、色拉和甘丹三大格鲁派寺院开展统战工作,专门邀请青海塔尔寺总法台察汗呼图克图进藏介绍党的宗教政策及其在青海的执行情况。工委在分析了当时西藏佛教界的特殊情况后,拟定了初步工作计划上报中央。中央批示说:"我们的方针,不应该是组织下层去孤立上层当权分子,而应该是从上层着手,稳住和争取上层,达到顺利地逐步地巩固地团结群众的目的"。

这期间,中央在对待西藏问题上把着眼点放在宗教方面,充分运用宗教上层人士的影响和声望以团结大多数僧人和信教群众,稳定局势。在工作当中,采取非常谨慎的态度。1954年2月,中共西藏工委发出《关于执行宗教政策的指示》,规定:"在目前,主要宣传保护宗教信仰自由,不宜宣传改革宗教自由或不信教自由。任何对宗教感情有直接刺激性的语言、文词都需绝对避免"。"不得干涉和取笑任何宗教活动。被邀参加带有宗教形式的活动时,必须严肃,不得嬉笑取闹;遇有必要参加宗教活动(如朝佛),或参观寺庙时,应尊重宗教习俗。""对喇嘛教徒不得侮辱取笑,遇其念经作法时不得干扰。不得和喇嘛教徒举行科学与迷信的辩论。""对经幡、经文、转经筒、嘛呢堆等宗教设施,无论在城市、乡村或山野,均不得损毁涂污。如修公路必须搬移的,可商得当地寺庙或头人同意,根据藏族人民风俗念经后搬移。”“西藏教派复杂，互相间均有矛盾，遇有教派间纠纷需要调解时，应本着团结和互相尊重信仰的原则加以调解，以协商的方法，说服双方互让，求得合理解决，必要时应报工委，请示方针。”

另外，还规定了报刊、信件和宣传品等中严禁有直接刺激宗教的词句的条款。

1956年4月，西藏自治区筹备委员会成立，达赖和班禅分别担任正副主任委员。在51名委员中僧官和宗教人士占了21位；23名常委中，僧人有12位，一批宗教界上层人士也被安排在其他各部门，充分发挥他们的积极作用。为了更好地开展寺庙工作，设立了宗教事务委员会，正副委员都是宗教上层人士，其任务主要是加强和宗教界上层人士的联系。同年10月，成立了中国佛教协会西藏分会。鉴于西藏教派多的特点，正副会长由格鲁派、噶举派、萨迦派、宁玛派和苯教的著名活佛或堪布担任，这一联合和群众性团体的成立，极大地促进了宗教信仰自由政策在西藏的贯彻执行，协助政府做了大量工作。为使僧人掌握现代科学文化知识，在拉萨中学开办了喇嘛班。之后，统战部又资助银洋500元，宗教界自筹3000元，在拉萨开设“江阳医学院”和喇嘛针灸班，先后招收50名僧人参加学习。

1956年，随着达赖赴印度参加释迦牟尼涅槃2500周年纪念活动，帝国主义趁机加紧分裂西藏的活动。从次年开始，西藏叛乱分子以保护佛教为借口，先后成立了“卫教军”、“志愿队”、“敢死队”等叛乱组织，1959年3月公开发动武装叛乱。针对这一局势中央决定在宗教政策不变的情况下对西藏现行的政治制度和宗教体制进行改革。

二、西藏民主改革后的宗教政策

《十七条协议》明确规定，必须实行西藏各项改革，但中央政府不采取强迫的手段，西藏地方政府应自动进行改革。很清楚，民主改革前，中央对西藏宗教采取的是保护政策，允许暂时维持“政教合一”的政治制度，对寺庙上层僧人的财产、原有的政治地位和经济剥削，从宽对待让其维持现状。但是改革终究是要实行的，究竟采取什么样的方式改革，则由宗教上层人士和人民群众协商，等待时机成熟。然而，1959年3月，西藏地方政府和上层反动集团发起全面武装叛乱，公开撕毁《十七条协议》，叛乱失败后，以达赖为首的西藏反动上层人士逃亡境外，走上彻底背叛祖国的道路，促使西藏民主改革的时间提前了。1959年3月28日，国务院发布命令，解散原西藏地方政府，由西藏自治区筹备委员会行使西藏地方政府职权。1959年6月，班禅大师在西藏自治区筹备委员会第四次会议上对寺庙民主改革问题提出了五条建议，一是放弃剥削；二是宪法进寺庙门，执行政府法令；三是寺庙实行民主管理；四是参加劳动生产；五是老弱和专门念经僧尼的生活由政府养起来。这五条建议得到党中央、毛泽东的充分肯定。西藏寺庙民主改革的总要求是：坚持宗教信仰自由政策，保护爱国守法的寺庙和宗教界爱国人士，彻底肃清寺庙的叛乱，彻底废除寺庙的封建特权和剥削制度，建立寺庙民主管理制度，保护宗教文物古迹。寺庙民主改革的立足点是依靠贫苦僧尼，团结爱国守法的宗教人士，打击叛乱的和最反动的农奴主及其代理人。

1959年9月12日,西藏自治区筹备委员会在代理主任班禅额尔德尼的主持下,通过并颁布《关于西藏地区土地制度改革的实施办法》,对包括西藏寺庙在内的民主改革的有关问题作出规定。寺庙的民主改革,基本上都是和寺庙所在地农牧区的民主改革同步进行的。按照"边平叛边改革"的精神和"叛与未叛区别对待"的原则,叛乱寺庙的民主改革先于未叛寺庙的民主改革,农区寺庙的民主改革又先于牧区寺庙的民主改革。在组织形式、工作方法、改革内容、善后工作等方面均有所不同。

1959年3月30日,西藏工委、西藏军区联合组成的三个工作队分别进驻格鲁派三大寺——哲蚌、色拉和甘丹搜捕叛乱分子,清查武器。为了区别对待,西藏工委对参与叛乱的寺庙进行了标准划分,抓住时机在寺庙中开展反叛乱、反特权、反剥削的"三反"和算政治迫害账、等级压迫账、经济剥削账的"三算"运动。运动结束前,西藏工委向中央上报了《对三大寺若干问题的处理意见》的报告,宣布应公开废除的十条和保护、不加干涉的十条。必须公开宣布废除的十条是:(1)彻底摧毁一切叛乱组织和反革命组织(如"西藏独立国人民会议"、"西藏自由同盟"、"四水六岗"等);彻底肃清寺内的叛乱分子和反革命分子。(2)废除寺庙所有的高利贷和债务。(3)坚决废除寺庙各种封建特权。(4)依法没收三大寺所有的牧场、庄园及一切生产资料。(5)废除寺庙向群众派乌拉、派差役,对群众进行人身奴役的封建特权制度。(6)不准寺庙向群众敲诈勒索财物和强行摊派;取缔其非法工商业和强买强卖;严禁其投机倒把和偷税漏税行为。(7)废除寺庙向宗、谿、部落摊派群众当喇嘛的制度;严禁寺庙强迫群众当喇嘛。(8)废除寺庙内的封建统治和等级制度以及打罚制度。(9)废除寺庙间的封建统治的隶属关系。(10)废除寺庙利用宗教节日行使的一切封建特权。

公开宣布保护和不加干涉的十条是:(1)贯彻执行宗教信仰自由的政策,保护爱国守法的喇嘛寺庙。(2)保护喇嘛的政教权利。(3)保护文物古迹。(4)保护寺庙的建筑、佛经、宗教用具和陈列品。(5)保护喇嘛有生产劳动和参加政治学习的权利。(6)保护群众自愿当喇嘛和喇嘛自愿还俗的自由。(7)保护寺庙的正当商业、运输业和手工业。(3)不干涉群众自愿给寺庙放布施。(9)不干涉正常的宗教活动。但宗教活动不得妨碍生产建设和违反国家的政策、法令。(10)不干涉寺庙学经、辩经和确定宗教职务和考试制度。

从报告的题目看,"双十条"尽管是针对三大寺提出的,但实际上涉及西藏的每个寺院。

寺庙完成民主改革后,由所在寺庙的住寺僧尼,通过民主选举的办法,建立各寺的民主管理委员会(组),制定新的规章制度,在人民政府的领导下,管理寺庙的内部事务。在建立寺庙民主管理委员会及下属机构的基础上,妥善处理寺庙有关僧尼的去留问题、寺庙财务问题、寺庙的生产生活问题等,并对未参加叛乱的寺庙、牧区寺庙、边境寺庙进行民主改革。并于1959年和1963年制定颁布了《寺庙民主管理试行章程》,把寺庙民主管理逐步制度化、规范化。为了更有效地保护寺庙及其所代表的宗教文化,国务院于1961年确定大昭寺、甘丹寺、萨迦寺、扎什伦布寺、昌珠寺等为国家重点文物保护单位;1962年西藏自治区人民政府确定了热振寺等为自治区重点文物保护单位。同时,各地、市、县也确定了一批重点文物保护单位。寺庙民主改革的结果使政教分离,消除了寺庙的封建政治特权,寺庙领主由过去的剥削者变成了名副其实的宗教活动者。

1963年7月25日,西藏工委批准工委统战部的《全区统战工作座谈会纪要》。《纪要》指出,目前全区保留寺庙553座,基本上满足了僧尼宗教生活的需要;目前留寺僧尼7000余人,今后两三年内大体维持7000人左右。1963年9月29日,西藏工委又对继续贯彻执行宗教信仰自由政策作了若干规定,根据"政治统一,信仰自由,政教分开"的原则,就尊重信教群众的正常宗教活动,尊重住寺僧尼的正常宗教活动,正确对待僧尼离寺后的宗教活动,以及坚决打击披着宗教外衣的反动分子的反攻、复辟和其他破坏群众利益的活动等问题,做出了具体规定。

西藏民主改革后不久,"文化大革命"开始了,由于极"左"思潮的干扰,党的宗教信仰自由政策遭到摧残,同内地一样,西藏大批宗教爱国人士受到迫害,民主改革时保留下来的寺院(包括国家重点文物保护单位)或被毁坏、或被占用、关闭,胁迫教徒放弃宗教信仰;寺藏文物被盗,经典被焚毁,许多寺院财物被查抄。

三、十一届三中全会以来的宗教政策

文化大革命结束后,召开了党的十一届三中全会,实现了指导思想上的拨乱反正,宗教信仰自由政策得到重新恢复。1980年2月21日,中共西藏自治区委员会批准全区统战工作会议纪要。纪要要求全面地、正确地贯彻执行党的宗教信仰自由政策,做好宗教管理工作。1981年11月26日,西藏自治区党委发出《关于全面贯彻党的宗教信仰自由政策和加强对宗教活动管理的意见》。《意见》中说,必须正确地贯彻执行党的十一届六中全会通过的《关于建国以来若干历史问题的决议》中指出的"要继续贯彻执行宗教信仰自由的政策,坚持'四项基本原则'并不要求宗教信徒放弃他们的宗教信仰,只是要求他们不得进行反对马列主义、毛泽东思想的宣传,要求宗教不得干预政治和干预教育"的精神,"团结广大信教群众和宗教职业者,为建设团结、富裕、文明的社会主义新西藏努力作贡献。"1982年党中央制定《关于我国社会主义时期宗教问题的基本观点和基本政策》,系统总结了建国以来党在宗教方面正反两方面的经验,"科学地阐明了党对待社会主义时期宗教问题的基本观点和基本政策,成为指导宗教工作的纲领性文件"。文件指出:"尊重和保护宗教信仰自由,是党对宗教问题的基本政策。这是一项长期政策,是一直要贯彻执行到将来宗教自然消亡的时候为止的政策"。1982年5月15日,西藏自治区党委发出认真贯彻中央《关于我国社会主义时期宗教问题的基本观点和基本政策》的通知。《通知》说,中央《关于我国社会主义时期宗教问题的基本观点和基本政策》是党在社会主义时期进行宗教工作的纲领性文件,坚决执行这个文件对加强民族团结,巩固和发展安定团结的政治局面,进一步调动广大信教群众和宗教职业者的积极性,建设团结、富裕、文明的新西藏,具有特殊重要的意义。要求各级党委认真组织党员干部学习中央文件,各级领导要首先带头学好,把宗教工作逐步纳入正常轨道,各地要对宗教工作进行一次检查总结,从本地实际出发,既要克服"左"的倾向,又要防止右的倾向。

西藏自治区党委和人民政府根据文件精神，总结了以前对待宗教工作的经验，认真落实党的宗教政策，清退了“文化大革命”查抄的寺院财物5万余件，铜佛像、宗教法器等300多吨，1980-1989年清退专款累计达4500万元。恢复了“文化大革命”中一批受冤高僧的名誉，平反了在“文化大革命”中宗教界爱国人士的冤假错案，为迫害致死和病故的宗教界人士补开了追悼会，补发了停发和扣发的工资，基本上清退了在“文化大革命”中没收查抄的财产、房屋。同时把宗教界600多位著名人士安排在各级人大、政府、政协、佛协中工作，到1995年，当选为各级人大代表、政协委员、佛协理事以及在政府任职的约700人。为了更好地开展宗教政策的宣传工作和处理各种宗教事务，加强对宗教的管理，恢复了自治区宗教事务局，先后成立了各地(市)、县的宗教工作部门；恢复了中国佛教协会西藏分会，并相继成立了各地区佛协。1983年，按照中央有关文件精神，创办了西藏佛学院，专门培养宗教教职人员，除了佛学课程外，1992年增设了汉语文和英语课程。1986年恢复了拉萨传召祈愿大法会。

1984年，自治区把保存在西藏档案馆的拉萨版藏文《甘珠尔》拨给佛协西藏分会，资助50万元开办拉萨印经院。1990年，自治区政府又资助50万元刊刻拉萨版《甘珠尔》。

由于工作做得细致，使广大僧俗群众的疑虑逐渐消除，自1980年以后，“文化大革命”中受到迫害和遣送还俗的一部分年老僧人陆续回到寺院，要求出家的年轻人日益增多，致使1985年至1987年间，短短的几年里恢复开放的寺院超过千余座，另外还有一大批自行开放的寺庙，僧人达到数万人，几乎出现了失控的现象，因此造成了僧人队伍的混乱和整体素质的下降。为此，第十世班禅大师指出：“僧要像僧，寺要像寺，僧不在多而在精”。僧人素质的高低好坏，直接影响到寺院的生存和发展。1987年9月27日拉萨发生骚乱，同年11月9日西藏自治区人民政府批准试行《西藏自治区佛教寺庙民主管理章程》，但尚未在各寺院广为推行。此后，骚乱事件不断发生，拉萨的11座寺庙、4座经堂、1座佛学院的400名僧尼、学僧参与骚乱，寺院成为西藏局势不稳定的主要因素。根据当时的形势，1988年12月29日中央发出《当前西藏工作的几个问题》的指示，要求正确处理西藏改革、建设、稳定局势的关系，尤其要抓好稳定局势的工作。西藏自治区党委和人民政府于1989年9月21日发出《关于加强寺庙管理，进行寺庙整顿的意见》。《意见》明确指出了当时西藏寺庙存在的问题，决定对全区开放寺庙进行清理整顿，对僧尼进行爱国主义、反对分裂斗争教育和普法教育，并组成工作组进驻寺庙，帮助寺院建立健全教务、僧尼管理、财务、治安、文物管理等方面的制度，认真贯彻寺庙自养原则，实行分级管理全区的宗教活动场所，层层落实，责任到人，并加强了对寺庙民管会的领导，把宗教活动逐步纳入法制轨道。由于管理工作及时，1990年以后，寺院和僧人的发展速度适当得到控制，基本上趋于平稳，越来越多的寺院加强了内部管理，自觉开展以寺养寺活动，取得了明显成效。1991年12月9日西藏自治区人民政府颁布《西藏自治区宗教事务管理暂行办法》，在探索社会主义条件下的寺庙管理工作和依法管理全区宗教工作方面迈出了重要的一步。

由于众所周知的历史原因，西藏和平解放后几乎未曾顾及活佛转世工作。党的十一届三中全会以后，全面落实党的宗教政策。随着工作的日益深入，活佛转世工作摆上了议事日程。1989 年 11 月中共中央统战部和国家宗教局在《关于对藏传佛教活佛转世办法的暂行规定》征求意见的通知中指出，活佛转世灵童批准权限分中央和省区两级，凡需经中央审批的转世活佛，由各省区参照惯例和影响大小以及解放后的政治安排情况全面考虑，提出名单报国务院宗教局审定。1992 年 6 月 27 日经国务院宗教局批准的西藏佛教噶玛噶举派黑帽系的第十七世活佛在楚布寺举行认定仪式。这是西藏民主改革以后中央政府批准认定的第一个活佛。一个月后，在大昭寺举行剃度仪式。同年 9 月 27 日，在楚布寺举行坐床典礼。国务院宗教事务局局长任务之代表国务院宗教事务局向第十六世噶玛巴活佛的转世灵童伍金赤列颁发了中央政府的《批准继任书》，正式宣布批准他继任为第十七世噶玛巴活佛。

此后，西藏还成功地寻访、认定了琼布活佛和热振活佛的转世灵童。

经过反复讨论和多次修改，西藏自治区人民政府于 1999 年 10 月印发了《关于藏传佛教活佛转世管理暂行规定》，使新时期的活佛转世工作有法可依。

西藏和平解放后，中央和西藏自治区先后拨出巨款维修寺庙，十一届三中全会之前，投资修缮了被列为国家重点文物保护单位的布达拉宫、大昭寺、白居寺、桑耶寺和扎什伦布寺等。1961 年，用 3 个月时间对布达拉宫年久失修将要倒塌的 15 处地方进行修补，重新为壁画上色，粉刷了全部围墙，并对五世达赖喇嘛的灵塔进行了修缮；整理装帧了 1600 多部散乱经书。第二次维修是从 1962 年开始的，自治区人民政府拨款 11 万元，邀请各地能工巧匠，历时两年维修竣工。1963 年，维修了甘丹、色拉、哲蚌和大昭寺等。1972 年，首次拨款 70 多万元维修大昭寺，次年在周恩来总理的亲自指导下，政府再次拨款 300 万元抢修大昭寺北侧，对一些古老下沉的梁柱加以抬升和恢复原位，更换了一批柱子，对陈旧佛像、壁画进行涂饰，1975 年全部工程结束。1991 年又对大昭寺进行了近 300 年来规模最大的一次维修。1977 年，国家拨专款维修白居寺。另外，还修缮了其他一些著名寺院。

十一届三中全会以后，随着宗教信仰自由政策的恢复和落实，由中央、自治区人民政府拨款，群众捐资，多方筹资开展的寺院维修活动进入高潮。1979 年，国家拨出专款 70 多万元用于维修扎什伦布寺，对四世班禅灵塔和奇米拉康的 10000 多个大小佛像进行整治、涂金，并修缮了 5 个金顶和 20 多个大小经堂，重新描绘了 1000 多幅壁画。1983 年，国务院和当地政府拨款筹措 150 多种物资，维修建于 1914 年的扎什伦布寺强巴佛殿。1984 年，在原第四世班禅灵塔祀殿处，修建第五至九世班禅额尔德尼合葬灵塔和祀殿——班禅东陵扎什南捷。该工程总投资 782 万元，其中中央拨专款 67 万元，黄金 108 公斤，白银 1000 公斤，水银 665 公斤，铜 5600 余公斤。这是新中国成立以来，国家投资最多、建筑规模最大的一座寺庙灵塔。

从 1980 年至 1983 年的 4 年中，中央和西藏自治区政府共拨款 545 万元，修复西藏各地寺庙，仅修复甘丹寺经堂就用去 50 万元。

1986 年，政府资助专款 600 多万元，黄金 50407. 6 克维修西藏第一座佛教寺院桑耶寺，1989 年全部完工。工程总耗资 7000 多万元。

1985 年以后,投资比较大的新建、维修工程有十世班禅灵塔、布达拉宫、大昭寺和甘丹寺等。1989 年 1 月 28 日,十世班禅在日喀则扎什伦布寺圆寂后,国务院做出了“保护大师法体,修建灵塔祀殿,寻访转世灵童”三项重大决定。第二年,国家拨出专款 6406 万元,黄金 614 公斤,白银 275.022 公斤,以及其他所需材料,修建班禅灵塔, 1990 年 9 月 20 日奠基开工,经过 3 年的精心施工, 1993 年 9 月落成,取名为“释颂南捷”(意为尊胜三界)。大殿总建筑面积 1933 平方米,高为 35. 255 米,为钢筋水泥框架结构,用花岗岩石砌成。灵塔面积为 253 平方米,塔高 11.55 米,塔身全部用 0. 5-0.8 毫米厚,纯度为 99.01 的金皮包裹,遍镶珠宝,共有珠宝 6794 个,宝石袋 868 个。

布达拉宫维修是建国以来古建筑维修方面的最大工程,国家从 20 世纪 60 年代起先后拨款维修,1981 年至 1988 年,国家文物局从本单位和北京、河南、四川等 8 个省文物单位抽调高级工程师及技术人员共 34 名,协同西藏文物专家一起对布达拉宫进行详细勘察,形成了维修布达拉宫的总设计方案。1989 年,中央拨专款 3500 万元进行大规模的抢险维修(后又追加 2000 万元,总投资 5300 万元)。1989 年 10 月 25 日动工,分四期进行,1994 年全部工程竣工,完成维修项目 1111 个,超过原计划的 69.4%。这次维修是布达拉宫重建以来规模最大,最为彻底的维修工程。

甘丹寺是格鲁派的祖庭,从 1980 年开始国家拨出专款修复,在维修过程中,来自拉萨、四川、青海藏区的信教群众自发捐资捐工,工程进展顺利。1992 年,自治区又拨款 2600 万元,1993 年修复竣工 20 多幢佛堂及僧舍,1997 年底全部竣工。

据不完全统计,十一届三中全会以来,中央和自治区政府先后拨出 3. 4 亿元,维修修复了千余座寺庙,以及拉萨大小清真寺、芒康的天主教堂和一批苯教寺庙,受到了信教群众的称颂。继 20 世纪 60 年代由国务院和西藏自治区人民政府确定的国家和自治区重点文物保护单位后,1982 年至 1996 年间,国务院又确定了哲蚌寺、桑耶寺等为国家重点文物保护单位;1996 年,西藏自治区人民政府确定了第一批自治区重点文物保护单位,并组织寺庙对寺庙文物进行了全面清理、登记、拍照、编号,并建立档案。

第三节　第十世班禅额尔德尼转世灵童的寻访、认定和寺院爱国主义教育

一、第十世班禅额尔德尼转世灵童的寻访、认定

第十世班禅额尔德尼 · 确吉坚赞于 1989 年 1 月 28 日圆寂。班禅大师圆寂的第二天,中华人民共和国全国人民代表大会常务委员会向全国人民沉痛宣告:“我国伟大的爱国主义者、著名的国务活动家、中国共产党的忠诚朋友、中国藏传佛教的杰出领袖、第七届全国人民代表大会常务委员会副委员长、中国佛教协会名誉会长、第十世班禅额尔德尼 · 确吉坚赞,因心脏病突发,经多方紧急抢救无效,不幸于 1989 年 1 月 28 日 20 时 16

分在西藏自治区日喀则市他的行宫德虔格桑普彰逝世,终年51岁。”“班禅额尔德尼·确吉坚赞副委员长的逝世,使我们国家失去了一位伟大的爱国主义者和国务活动家,藏族人民失去了一位杰出的宗教领袖。这是我们国家的一个重大损失,是包括藏族人民在内的全国各族人民的一个重大损失”。班禅大师圆寂的第三天,即1989年1月30日,国务院发布公告,根据扎什伦布寺民主管理委员会和僧众的要求,并参照历史惯例,就第十世班禅转世问题决定:“由扎什伦布寺民主管理委员会负责,并视必要请中国佛教协会、佛协西藏分会协助,办理第十世班禅额尔德尼·确吉坚赞转世灵童的寻访、认定等事宜,报国务院批准”。1989年8月19日,国务院正式批复了扎什伦布寺通过西藏自治区人民政府转呈的《关于寻访认定第十世班禅额尔德尼·确吉坚赞转世灵童的请示》,批准成立了由第十世班禅的经师嘉雅活佛、扎什伦布寺民主管理委员会部分成员和主要活佛、堪布、高僧为主,吸收其他藏区知名大活佛参加的转世灵童寻访工作领导小组,由他们具体负责转世灵童的寻访工作。同时还组成了以中国佛教协会会长赵朴初和中国佛教协会副会长、佛教协会西藏分会名誉会长帕巴拉·格列朗杰为总顾问的顾问班子。国家拨出专款600万元作为寻访经费,西藏自治区人民政府在各方面提供了大力支持。

灵童寻访领导小组经过多次集体讨论和研究,制定了灵童寻访工作方案,使寻访工作严格按照宗教仪轨,有计划、有程序地进行。1994年2月24日,寻访领导小组首次派出了由高僧大德组成的3个寻访小组进行秘密寻访。寻访到了28名灵异的男童,并从中确定了7名候选人。寻访领导小组准备通过遗物验证,从中遴选3名灵童报请中央批准后,遵照第十世班禅圆寂前“我想在释迦牟尼像前,采取金瓶掣签的办法来确定”的遗愿,通过金瓶掣签来认定第十世班禅转世灵童的真身。

正当第十世班禅转世灵童寻访工作顺利进行之时,流亡国外的达赖却插手其间,对第十世班禅转世灵童的寻访、认定工作进行干扰和破坏。就在寻访领导小组第三次会议即将召开,班禅转世灵童真身行将最后决定的关键时刻,达赖眼看其阴谋将要彻底破产,便孤注一掷,铤而走险,突然于1995年5月14日在国外非法宣布西藏境内的一名男童为“班禅转世灵童”。这是达赖分裂主义集团破坏藏传佛教的宗教仪轨和历史定制,背离其先辈遗训,亵渎国内藏传佛教界的共同意愿,否定中央政府对班禅转世灵童的最后决定权的严重破坏行径。因而激起了包括藏族人民在内的全国各族人民和藏传佛教界的公愤和强烈谴责。

5月17日,国务院宗教事务局发言人发表谈话指出,达赖认定班禅灵童是非法的、无效的。全国人大常委会副委员长、西藏自治区政协主席、班禅转世灵童寻访领导小组总顾问帕巴拉·格列朗杰在5月18日拉萨召开的西藏自治区政协六届三次会议上发表谈话指出:“达赖单方面宣布十世班禅大师‘转世灵童’的做法是非法的、无效的。我们只能承认按照宗教仪轨和历史惯例进行寻访,并经中央批准的(第)十世班禅大师转世灵童。”同一天,全国政协副主席、中国佛教协会会长、班禅转世灵童寻访领导小组总顾问赵朴初发表谈话指出:“对达赖不顾历史定制破坏宗教仪轨、打乱寻访进程,特别是违反藏传佛教三昧耶戒的教义,在国外擅自宣布某个小孩是第十世班禅大师的‘转世灵童’,感到十分震惊和愤慨。”“这是在政治上搞分裂活动，是非法的、无效的。”

5月22日，中国佛教协会西藏分会郑重发表声明指出：藏传佛教格鲁派达赖和班禅额尔德尼的名号，是清朝中央政府册封的，历来认定达赖喇嘛和班禅的转世灵童均须报中央政府批准。按历史惯例和定制是寻访认定达赖、班禅转世灵童的惟一有效方式；达赖喇嘛在境外擅自宣布“十世班禅转世灵童”，违背了宗教仪轨和历史惯例，是非法的、无效的。我们坚决不予承认。我们相信，在党和政府的领导下，在藏传佛教界人士的共同努力下，一定能排除各种干扰，早日圆满完成第十世班禅大师转世灵童的寻访认定这一佛门盛事。

5月24日，西藏自治区第六届人民代表大会第三次会议通过了关于坚决反对达赖喇嘛擅自宣布班禅转世灵童的不法行为的决议。同一天，西藏自治区政协六届三次会议全体委员严正声明：对达赖集团的卑劣手段，我们表示强烈的愤慨。达赖认定的转世灵童是非法的、无效的，我们绝不承认。

1995年11月8日—11日，班禅转世灵童寻访领导小组在北京召开第三次工作会议。寻访工作领导小组成员和顾问小组成员参加，并邀请全国藏传佛教界主要的高僧大德和有关方面人员与会，共同就班禅转世灵童寻访认定中的一些重大问题认真严肃地进行充分讨论。中共中央政治局常委、全国政协主席李瑞环应邀在会上发表了重要讲话。

1995年11月25日，国务院批准了西藏自治区人民政府《关于确定三名男童为第十世班禅转世灵童金瓶掣签候选对象的请示》。批准书称：“国务院同意三名男童作为第十世班禅转世灵童候选对象，按历史定制，适时在拉萨大昭寺释迦牟尼像前，由国务院派员主持金瓶掣签，认定转世灵童真身一名，再报国务院批准，继任为第十一世班禅额尔德尼，以昭大信。”

1995年11月29日（藏历木猪年十月八日），认定第十世班禅转世灵童真身的金瓶掣签仪式在拉萨大昭寺释迦牟尼像前隆重举行。国务院代表、国务委员罗干，国务院特派专员、西藏自治区主席江村罗布，国务院特派专员、国务院宗教事务局局长叶小文共同主持了金瓶掣签盛典。班禅转世灵童寻访总顾问帕巴拉·格列朗杰，西藏自治区领导人，灵童寻访领导小组和顾问小组成员，来自各藏族地区的活佛、高僧，汉语系和巴利语系佛教代表以及信教群众代表数百人参加了盛典。

凌晨5时，国务委员罗干庄重地宣读了国务院对西藏自治区人民政府《关于确定三名男童为第十世班禅转世灵童金瓶掣签候选对象的请示》的批准书。诵经祈祷完毕后，由中国佛教协会西藏分会会长、寻访领导小组成员波米·强巴洛珠活佛掣签。从金瓶中掣出一签，交与主持仪式的江村罗布。江村罗布接过名签，取下绸袋，郑重宣布：“嘉黎县的坚赞诺布中签。”

当天下午，在拉萨班禅的行宫雪林·多吉颇章举行了隆重的册立典礼。典礼由国务院特派专员、西藏自治区主席江村罗布主持。国务院代表、国务委员罗干在庄严的国徽下宣读了国务院于当日发出的《国务院关于特准经金瓶掣签认定的坚赞诺布继任为第十一世班禅额尔德尼的批复》，批复全文如下：

西藏自治区人民政府：你区1995年11月29日关于《请国务院批准经金瓶掣签认定的坚赞诺布继任为第十一世班禅额尔德尼的请示》悉。国务院特批准经金瓶掣签认定的1990年2月13日（藏历第十七绕迥土蛇年十二月十九日）出生的西藏自治区嘉黎县坚赞诺布为第十世班禅额尔德尼转世灵童，继任为第十一世班禅额尔德尼。

中华人民共和国国务院

一九九五年十一月二十九日

罗干同时转达了江泽民、李鹏、乔石、李瑞环等中央领导获悉金瓶掣签圆满完成后所表示的祝贺。国务院特派专员、国务院宗教事务局局长叶小文代表国务院向第十一世班禅和他的父母赠送了礼金。当晚举行了盛大的庆祝宴会，西藏自治区人大常委会主任热地在会上致辞热烈祝贺。

1995年12月8日，第十一世班禅额尔德尼·确吉杰布坐床继位典礼在扎什伦布寺隆重举行。国务院代表、中共中央政治局委员、国务委员李铁映宣读了《国务院对西藏自治区人民政府〈关于举行第十一世班禅额尔德尼坐床典礼的请示〉的批复》。在热烈的掌声中，李铁映走到案桌前，代表国务院宣读册文，颁授金册。金册册文如下：

授第十一世班禅额尔德尼金册。国务院特批准经金瓶掣签认定的第十世班禅额尔德尼·确吉坚赞转世灵童坚赞诺布继任为第十一世班禅额尔德尼。盖历世班禅额尔德尼，皆倾心内向，捍卫国家统一，维护民族团结，潜修内典，明心见性，为佛门众望之所归，为世人之所崇敬。今班禅转世业已法定，特依历史定制，为第十一世班禅额尔德尼举行坐床典礼，并授汉藏两体文金印金册，用示荣褒，以期继续发扬爱国爱教之历史传统，广结善缘，以利西藏发展进步，人民富裕幸福，国家繁荣昌盛。

公元一九九五年十一月二十九日

中华人民共和国国务院颁

宣读完册文后，李铁映将金册授予第十一世班禅。接着，李铁映宣读了金印镌文："班禅额尔德尼之印"。印文以汉藏两体文字镌刻。李铁映将金印亲手交到了第十一世班禅手中。

授金印、金册完毕后，李铁映又宣读和展示了中华人民共和国主席江泽民亲笔题给扎什伦布寺的金字匾额："护国利民"。

按照历史惯例，达赖、班禅额尔德尼坐床后，都要差遣特派代表向中央政府献礼谢恩。第十一世班禅额尔德尼·确吉杰布坐床后不久，即亲自进京向中央致谢。1996年1月12日，国家主席江泽民等中央领导亲切接见了第十一世班禅额尔德尼和扎什伦布寺致谢团，对确吉杰布坐床继任为第十一世班禅额尔德尼表示热烈祝贺，勉励他继承和发扬他的前辈特别是第十世班禅大师爱国爱教的光荣传统。第十一世班禅额尔德尼·确吉杰布对中央给予他的深切关怀和殊荣表示衷心感谢,并表示一定要好好学习,做一个爱国爱教的好活佛,不辜负中央对他的厚望。

二、寺院爱国主义教育

寺庙爱国主义教育,又称寺庙教育、整顿。1996 年 5 月提出时,其全称为“在寺庙开展爱国主义教育和建立正常秩序工作”。1997 年 6 月后改称“在藏传佛教寺庙开展爱国主义教育,依法加强管理”,通称“寺教”。这次寺庙爱国主义教育,是在 20 世纪 80 年代末对一些寺庙进行政治清理和对重点寺庙进行整顿以后,在西藏寺庙开展的一次范围更广、内容更深刻的教育活动。

自 1987 年 9 月 27 日至 1988 年 9 月,在拉萨市发生的多次骚乱闹事事件中,有拉萨附近的许多寺庙和僧人参加,寺庙已成为西藏不安定的主要因素。根据中央领导的指示和中央批准区党委《关于对拉萨市参与骚乱事件的僧尼进行政治清理的指示》精神,自治区党委从各部门和拉萨市抽人组成政治清理办公室和工作组,于 1988 年 8 月下旬开始进驻寺庙,对参与骚乱闹事事件的僧尼进行政治清理。工作组进驻 16 座寺庙、经堂和佛学院后,根据中央批准的政策,结合各寺的实际情况,经过宣传教育、清查处理、总结提高三个阶段的工作,对参与闹事的僧尼逐个审查分别做出解脱、暂挂、清除出寺等处理。

1993 年后,由僧尼带头、群众参与的游行闹事事件仍时有发生,特别是 1996 年前几个月,分裂主义分子的破坏活动与日俱增,区党委领导在实地调查、全面分析寺庙现状和全区形势后,审时度势,做出决策,于 1996 年 5 月决定对全区寺庙进行爱国主义教育,用几年的时间,有准备、有步骤、全面、扎实地整顿寺庙混乱的秩序,清理鱼龙混杂、良莠不齐的僧尼队伍。

在认真分析和研究多年来反分裂斗争形势和全区寺庙存在的问题后,自治区认为:近年来,西藏自治区党委、人民政府带领全区各族人民,认真贯彻党中央的一系列指示精神,大力开展反分裂斗争,深入揭批达赖集团利用民族、宗教问题进行分裂祖国的政治图谋,为保持西藏社会稳定、加快经济发展作出了重要贡献。当前,影响西藏社会稳定的主要因素仍然是达赖集团的分裂活动。达赖集团在以美国为首的西方敌对势力的支持和怂恿下,加紧向我国藏区渗透,企图利用达赖的宗教影响,控制寺庙,插手和煽动骚乱,破坏西藏的社会稳定。因此,在西藏全区寺庙开展爱国主义教育和建立正常秩序的工作,对于稳定局势,深化改革,发展经济,改善人民生活,具有重要的意义。

自治区党委于 1996 年 5 月决定进一步深入贯彻中央第三次西藏工作座谈会精神,乘班禅转世工作圆满完成的有利时机,及时地在全区寺庙普遍进行爱国主义教育、清理整顿和建立正常宗教秩序的工作,从根本上消除西藏的不稳定隐患。

西藏寺庙爱国主义教育和清理整顿工作的主要目标是解决好四个方面的问题:一是清除达赖集团对寺庙的渗透,查清参加反动言传和反分裂活动的人和事,团结绝大多数人,打击少数分裂分子,清理不法僧尼;二是掌握寺庙领导权,使寺庙的领导权真正掌握在爱国爱教、守法遵规的僧尼手里；三是建立健全规范寺庙和僧尼行为的各项规章制度，使寺庙及僧尼在法律允许的范围内从事正常的宗教活动；四是对僧尼进行爱国主义教育，尽可能地提高僧尼的认识水平，使他们懂得自己不仅受佛经和寺规的约束，作为一个公民，同时也必须遵守国家法律和社会公德，站到爱国爱教的立场上来。

寺庙整顿工作的主要任务也有四项：一是按照自治区《佛教寺庙民主管理章程》对民管会（组）成员的要求，整顿寺庙民管会，这是核心的任务，要彻底改变少数寺庙受达赖集团控制的被动局面；二是对广大僧尼进行党的宗教政策和法律法规教育，让每个僧尼都知道什么是合法的，什么是违法的，使僧尼的社会行为同国家法律法规相适应；三是针对寺庙僧尼的不同情况区别对待，该支持的支持，该团结的团结，对坚持反动立场的进行严肃的教育，教育不改的进行清除，对证据确凿的违法犯罪分子坚决打击，绳之以法；四是帮助寺庙民管会与全寺僧众一起建立爱国公约和各项管理制度并使之严格付诸实施。

通过教育整顿，应使僧尼认识到："在我们国家，任何人、任何团体、包括任何宗教，都应当维护法律尊严、维护人民利益、维护民族团结、维护国家统一；在我们国家任何人、任何团体、包括任何宗教，都决不允许违犯国家法律，损害人民利益，制造民族分裂，破坏国家统一。"这是最基本的行为准则。

全区寺庙爱国主义教育和清理整顿的目标、任务以及原则的确立，为搞好这项工作奠定了坚实的基础。

为了搞好寺庙爱国主义教育，使广大僧尼了解和掌握有关国家法律法规以及政策原则等，自治区有关部门还专门结合实际编写了全区寺庙爱国主义教育材料，包括《西藏历史教育读本》、《反对分裂教育读本》、《法律知识教育读本》和《宗教问题教育读本》，供广大僧尼学习使用。

全区寺庙爱国主义教育从1996年下半年开始，在区、地（市）、县三级都进行了试点工作。首先由自治区领导亲自挂帅，在甘丹寺、哲蚌寺和色拉寺等进行了试点，并取得较好的效果。在总结经验的基础上，从1997年开始全面铺开，用3年的时间完成了这一工作。

通过对全区所有寺庙广泛进行的爱国主义教育和清理整顿，为全面贯彻党和国家的宗教信仰政策提供了保证，也为宗教活动的正常开展创造了基本条件。首先，彻底打击了寺庙中的分裂主义势力；其次，对僧尼队伍进行了清理；再次，改选了寺庙民主管理委员会；第四，进行了寺庙建章立制工作；第五，满足了信教群众开展正常宗教生活的要求。

为了巩固开展寺庙爱国主义教育和建立正常秩序的成果，1999年6月，西藏自治区又对此项工作进行了全面复查，对少数未达到标准的寺庙进行了教育补课。

半个世纪以来的实践证明，中国共产党在西藏的宗教政策是正确的，是逐渐完善和成熟的，体现了中国特色社会主义在宗教问题上的基本理论和对宗教工作的本质要求。努力实现宗教与社会主义社会相适应，是西藏宗教工作的重要指导方针，也是构建和谐西藏社会的重要组成部分。

（说明：本章写作过程中主要参考了《西藏党史资料》中的部分文章和西藏自治区民宗委宗教志编纂委员会编纂的《西藏自治区志·宗教志》）。

附录一 《菩提道炬论》

阿底峡·燃灯·吉祥智著
法尊译

敬礼曼殊宝利童子菩萨

敬礼三世一切佛　及彼正法与众僧
应贤弟子菩提光　劝请善显觉道灯

由下中及士　应知有三士　当书彼等相　各各之差别
若以何方便　唯于生死乐　但求自利益　知为下士夫
背弃三有乐　遮止诸恶业　但求自寂灭　彼名为中士
若以自身苦　比他一切苦　欲求永尽者　彼是上士夫
为诸胜有情　求大菩提者　当说诸师长　所示正方便
对佛画像等　及诸灵塔前　以花得等物　尽所有供养
亦以普贤行　所说七支供　以至菩提藏　不退转之心
信仰三宝尊　双膝着于地　恭敬合掌已　先三遍皈依
次一切有情　以慈心为先　观恶趣生等　及死殁等苦
无余诸众生　为苦所苦恼　从苦及苦因　欲度脱众生
立誓永不退　当发菩提心　如是发愿心　所生诸功德
如华严经中　弥勒广宣说
或读彼经或师闻　了知正等菩提心
功德无边为因缘　如是数数发其心
勇施请问经　亦广说此福　彼略揖三颂　今此当摘录
菩提心福德　假使有色者　充满虚空界　其福犹有余
若人以宝珍　福满恒沙数　一切佛世界　供献于诸佛
若有人合掌　心敬大菩提　此供最殊胜　其福无边际
既发菩提愿心已　应多励力偏增长
此为余生掌忆念　如说学处当偏护
除行心体诸律仪　非能增长正愿心
由欲增长菩提愿　故当励力受此律
若常具余七　别解脱律仪　乃有菩萨律　善报余非有
七众别解脱　如来所宣说　梵行为最胜　是比丘律仪

当以菩萨地　戒品所说轨　从具德相师　受持彼律仪
善巧律仪轨　自安住律仪　堪传律具悲　当知是良师
若努力寻求　不得如是师　当宣说其余　受律仪轨则
如昔妙吉祥　为虚空王时　所发菩提心　如妙祥庄严
佛土经所说　如是此当书　于诸依怙前　发大菩提心
请一切众生　度彼出生死　损害心忿心　悭吝与嫉妒
从今至证道　此等终不起　当修行梵行　当断罪及欲
爱乐戒律仪　当随诸佛学　不乐为自己　速得大菩提
为一有情因　住到最后际　当严净无量　不思议佛土
意业亦清净　不作不善业
自身语心清净因　谓住行心体律仪
由善学习三戒学　于三戒学起敬重
如是勤清净　菩萨诸律仪　便当能圆满　大菩提资粮
福智为自性　资粮圆满因　一切佛共许　为引发神通
如鸟未生翼　不能腾虚空　若离神通力　不能利有情
具通者日夜　所修诸福德　诸离神通者　百生不能集
若欲速圆满　大菩提资粮　要勤修神通　方成非懈怠
若未成就止　不能起神通　为修成止故　应数数策励
止支若失坏　即使勤修习　纵然经千载　亦不能得定
故当善安住　定资粮品中　所说诸支会　于随一所缘
意安住于善　瑜伽若成止　神通亦当成　离慧度瑜伽
不能尽诸障　为无余断除　烦恼所知障　故应具方便
修慧度瑜伽　般若离方便　方便离般若　俱说为系缚
故二不应离　何慧何方便　为除诸疑故　当明诸方全
与般若差别　除般若度外　施波罗密等　一切善资粮
佛说为方便　若修方便力　自善修般若　彼速证菩提
非单修无我　遍达蕴处界　皆悉无有生　了知自性空
说名为般若　有则生非理　无亦如空花　俱则犯俱过
故俱亦不生　诸法不自生　亦非他及共　亦非无因生
故无体自性　又一切诸法　用一异观察　自性不可得
定知无自性　七十空性理　及本中论等　亦成立诸法
自性之空性　由恐文太繁　故此不广说　仅就已成宗
为修故而说　故无余诸法　自性不可得　所有修无我
即是修般若　以慧观诸法　都不见自性　亦了彼慧性
无分别修彼　三有分别生　分别为体性　故断诸分别
是最生涅槃　如世尊说云　分别大无明　能堕生死海

住无分别定　无分别如空
入无分别陀罗尼亦云
佛子于此法　若思无分别　越分别险阻　渐得无分别
由圣教正理　定解一切法　无生无自性　当修无分别
如是修真性　渐得暖等已　当得极喜等　佛菩提非遥
由咒力成就　静增等事业　及修宝瓶等　八大悉地力
欲安乐圆满　大菩提资粮　若有欲修习　事行等续部
所说诸密咒
为求师长灌顶故　当以承事宝等施
依教行等一切事　使良师长心欢喜
由于师长心喜故　圆满传授师灌顶
清净诸罪为体性　是修悉地善根者
初佛大续中　极力遮止故　密与慧灌顶　梵行者勿受
倘持彼灌顶　安住梵行者　违犯所遮故　失坏彼律仪
其持禁行者　则犯他胜罪　定当堕恶趣　亦无所成就
若听讲诸续　护摩祠祀等　得师灌顶者　知真实无过
燃灯智上座　见经法等说　由菩提光请　略说菩提道
菩提道炬　大阿遮利耶吉祥燃灯智造论圆满

附录二 《缘起赞》

由说甚深缘起门中称赞无上大师世尊善说心藏。略名缘起赞五十八颂。
宗喀巴大师造 比丘释法尊谨译

敬礼尊重妙音菩萨

由见说何法 智说成无上 胜者见缘起 垂教我敬礼
世所有衰损 其根为无明 见何能还灭 是故说缘起
而时具慧者 如何不了知 尊圣教心要 即诸缘起道
如是于依怙 希有称赞门 除说缘起外 谁能得余者
由彼彼依缘 说彼彼性空 离此更何有 希有善教诲
愚者执何法 坚固边执缚 智善彼即是 戏网尽断门
此教于余未能见 故唯称尊为大师
外道窃名以饰赞 如于野犴呼狮子
希有大师希有依 希有胜说希有怙
极善宣说缘起教 于彼大师我敬礼
恒作饶益者 为益众生故 说教藏空性 无比决定因
谓缘起道理 见相违不成 于此尊教法 如何能了知
尊许若时见 空即缘起义 性空与成立 作所作无违
若见反彼者 空则用不成 有用则无空 堕苦恼险处
是故于尊教 极赞见缘起 彼亦非皆无 及以自性有
无待如空花 故无依非有 若性有彼生 待因缘相违
是故除缘起 更无有少法 故说离性空 亦无有少法
若法有自性 则说无涅槃 及无戏论灭 自性无灭故
故于智众中 发大狮子吼 数唱离自性 善说谁能难
况无少自性 及依此此生 建立皆成立 二不违随顺
即由缘起因 说不依边见 此善说即是 尊无上说因
此皆自性空 缘此此果起 二决定更互 无障为助伴
除此更有何 为甚奇希有 以此理赞尊 成赞非由余
若有为愚使 与尊作仇隙 彼不忍无性 妙声有何奇
若受行尊语 珍藏缘起法 不忍空性吼 我说此为奇
缘起是无性 无上引导门 若即由彼名 反执有自性
今有何方便 道彼众生趣 胜圣善行阶 无比尊喜道

自性无作待　缘起有待作　何能于一事　二无违和顺
故说缘起法　虽自性本离　然似彼显现　此皆如幻事
说如尊所教　无有少敌者　能如法求过　善达即由此
何故由说此　于见不见事　远离增益执　及损减过故
缘起道因相　见尊说无比　由此证余语　是量起决定
见如义善说　有随尊学者　衰损皆远离　灭众过根故
由背尊圣教　虽久依疲苦　后后过如呼　我见坚固故
希有诸智者　善达此二别　而时于圣尊　岂不从髓敬
纵于一分义　得少许决定　尚与彼胜乐　况尊众多说
噫愚坏我慧　于如此德聚　谁曾久皈依　未知德少分
然幸将近终　命相续未没　于尊略生信　想此亦善根
说中缘起说　慧中缘起智　二如世胜王　尊善知非余
尽尊所垂教　依缘起性转　彼为涅槃故　尊无不趣寂
美哉尊圣教　随至谁耳道　彼皆趣寂故　尊教谁不持
能降诸怨敌　离前后相违　与众生二利　此教我生喜
尊为求此故　经于无量劫　数舍诸身命　爱亲受用等
由见何法德　如钩钓诸鱼　能引尊意法　未亲从尊闻
自恨善根劣　由彼忧恼力　我意终不舍　如母意随子
于此思尊说　相好胜晃曜　光网遍围绕　大师妙梵音
此作如是说　能仁妙显像　显现于意中　如月治热恼
于此奇胜教　诸不智众生　周遍起纠诤　如拔马兰草
由见如是相　故我多励力　随顺智者行　数求尊密意
次于自他宗　修学众教时　后反以疑网　遍烧恼我意
尊授记龙猛　释无上乘法　远离有无边　教轨夜开圆
无垢智轮满　无碍游虚空　除边执心暗　映邪说星宿
吉祥月善说　白光鬘照显　由师恩见时　我意获安息
一切佛事中　语事为第一　彼复因此故　智由此念佛
随彼大师正出家　修学胜教未退劣　勤瑜伽行一比丘
于彼大仙如是敬　遇此无上大师教　皆由尊重深恩故
此善回施诸众生　成善知识摄受因　愿利者教尽有际
不遭恶分别风动　达圣教理于大师　获得信忍常充满
愿一切生舍身命　住持能仁妙教法　光显甚深缘起性
虽刹那顷不慢缓　愿胜导者无量难　般重唯心所成办
由何方便令此增　昼夜专注恒思察　净胜意乐勤彼时
梵王帝释护世间　妙黑天等护法众　恒为助伴无暂舍

由说甚深缘起门中称赞无上大师世尊善说心藏。

多闻比丘善慧名称吉祥著于雪山聚中，大雪山王窝得公家旁侧喇顶静处，又名尊胜洲，书者求寂虚空吉祥。

民国十九年全月十夜译于甘孜札迦山林避嚣茅室。

附录三　西藏佛教史大事年表

公元5世纪　拉脱脱日年赞在位时，有印度僧人带来《诸佛菩萨名称经》、《宝箧经》等佛教经典和佛塔等，因吐蕃人不识其意，将其作为玄秘神物供奉起来。

617年　藏历火牛年　松赞干布生，文成公主与尺尊公主分别出生于汉地和尼泊尔。

629年　藏历土牛年　松赞干布即王位。

633年　藏历水蛇年　吞米桑布扎创制藏文始译佛经。

640年　藏历金鼠年　松赞干布派噶尔东赞赴唐请婚，唐太宗以宗室女文成公主许嫁松赞干布。

641年　藏历金牛年　文成公主到吐蕃。

643年　藏历水兔年　由尺尊公主主持，在松赞干布和文成公主的协助下始建拉萨大昭寺。同时文成公主建拉萨小昭寺，寺内供奉文成公主带到吐蕃来的释迦牟尼佛像。之后，由松赞干布主持修建了昌珠寺等十二镇魔寺。

650年　藏历金狗年　松赞干布逝世，其孙芒松芒赞嗣王位。

676年　藏历火鸡年　赞普芒松芒赞死，都松芒波杰嗣位。

704年　藏历木龙年　赞普都松芒波杰远征南诏阵亡。其子赤德祖赞即位，祖母墀玛伦主政，向唐朝请婚。

710年　藏历金狗年　唐蕃大臣在长安梨园亭比赛马球。金城公主出嫁吐蕃赞普，唐中宗遣使送至始平，诏改始平县为金城县。

729年　藏历土蛇年　宇妥·云丹贡波生。

745年　藏历木鸡年　赤德祖赞派遣以汉人巴德武为首的使团，前往印度迎请高僧来蕃弘法。

754年　藏历木马年赤德祖赞去世，其子赤松德赞即位，大臣玛祥·仲巴杰左右朝政，禁传佛教。

761年　藏历金牛年　赤松德赞取消禁佛令，派人去印度迎请高僧。

744年　藏历木虎年　寂护、莲花生来蕃传法，剃度吐蕃七试人出家，并为桑耶寺奠基。牟尼赞普出生。

779年　藏历土羊年　桑耶寺建成，开始举行讲经说法活动，建立译场。

781年　藏历金鸡年　吐蕃攻陷沙州。汉僧摩诃衍那应邀来蕃。

792年　藏历水猴年　摩诃衍那与莲花戒在桑耶寺辩论顿悟与渐悟的是非，结果汉僧失败，摩诃衍那返回汉地；赤松德赞下令禁止传播禅宗顿门派教法。

796年　藏历火鼠年　牟尼赞普即位。

797年　藏历火牛年　赤松德赞去世。

798 年　藏历土虎年　牟尼赞普之弟赤德松赞继位,采取一些新的措施来扶植佛教,信用娘·定艾增桑布,继续以佛治国。

约 810 年　藏历金虎年　赤德松赞兴建甲德噶琼寺,召集吐蕃王妃、小邦王子、大臣等盟誓兴佛,委任高僧为钵阐布,掌管国政。

814 年　藏历木马年　赤德松赞迎请印度、尼泊尔、西域、汉地的佛教高僧进藏翻译佛经。厘定文字,统一语词,修定佛经目录,明确翻译对象。

815 年　藏历木羊年　赤德松赞去世,由其子赤祖德赞即王位。

828 年　藏历土猴年　赤祖德赞下令,编纂译经目录。规定"七户养僧"制。

841 年　藏历金鸡年　以宰相韦·达纳坚为首的反佛势力缢杀赤祖德赞,拥立朗达玛继为王。

843 年　藏历水猪年　朗达玛下令灭佛,焚毁寺院、佛经、佛像,强迫僧人还俗,杀害反抗的高级僧人,造成"卫藏无法"一百余年的局面。

846 年　藏历火虎年　赞普朗达玛被拉隆·贝吉多吉暗杀。

860 年　藏历金龙年　王子云丹和欧松争夺王位,发生战争。

895 年　藏历木兔年　朗达玛曾孙尼玛衮退居后藏西部和阿里,其后裔在阿里和拉达克建立古格王朝、拉达克王朝。

911 年　藏历金羊年　喇钦·贡巴饶赛在青海化隆县境内创建丹底寺,摄徒弘法,使丹底成为安多地区早期的佛教中心。

928 年　藏历土鼠年　谛洛巴生。

956 年　藏历火龙年　那若巴生。

958 年　藏历土马年　大译师仁钦桑波生。

974 年　藏历木狗年　仁钦桑波留学印度。

975 年　藏历木猪年　喇钦·贡巴饶赛圆寂。鲁梅·次程喜饶等"卫藏十人"在丹底寺跟从喇钦·贡巴饶赛的弟子学习律藏和经论,然后返回西藏传法,所传佛法为"下路宏传"。

978 年　藏历土虎年　鲁梅·次程喜饶等人在卫藏授徒传法,使佛教再度在西藏地区传播。一般以此年作为西藏佛教后弘期的开端。

982 年　藏历水马年　阿底峡在东印度出生。

990 年　藏历金虎年　克珠·琼波南交生。后创建香巴噶举派。

993 年　藏历水蛇年　卓弥·释迦益希生。后成为西藏佛教后弘期初著名的佛经翻译家。

997 年　藏历火鸡年　玛尔巴生。

1002 年　藏历水虎年　大素尔·释迦窘乃生。

1005 年　藏历木蛇年　仲敦巴生。

1011 年　藏历金猪年　那措·次程杰哇生。

1012 年　藏历水鼠年　尚那囊·多吉旺秋建杰拉康寺。

1014年　藏历木虎年　小素尔·喜饶扎巴生。他协助大素尔·释迦穹乃设计修建了邬巴隆寺和卓浦寺,单独建造了空行寺。

1015年　藏历木兔年　南交钦波生。

1016年　藏历火龙年　贡巴哇生,建热振上寺。

1017年　藏历火蛇年　主梅·次程穹乃建塘波且寺。

1027年　藏历第一饶迥火兔年　《时轮根本略续》传入西藏,结贡·达哇欧色是第一个翻译此经典的藏族学者。以此年为藏历第一饶迥纪年的开始。

约1030年　藏历第一饶迥金马年　阿里古格王益希沃修建托林寺,供大译师仁钦桑波驻锡,并赐庄园,以作供养。

1036年　藏历第一饶迥火鼠年　阿里古格王益希沃为迎请阿底峡卒于葛逻禄国狱中。玛尔巴"四柱"弟子中之南柱俄·曲格多吉出生,谛洛巴圆寂。

1037年　藏历第一饶迥火牛年　那措译师去印度迎请阿底峡。

1038年　藏历第一饶迥土虎年　宁玛派掘藏师扎巴恩协在萨木嘉沃孜发现宇妥·云丹贡波的《四部医典》手稿。

1040年　藏历第一饶迥金龙年　阿底峡经尼泊尔进藏。米拉日巴生。那若巴圆寂。

1042年　藏历第一饶迥水马年　阿底峡抵达阿里。结·喜饶穹乃建夏鲁色康。

1043年　藏历第一饶迥水羊年　卓弥·释迦益希建牛姑隆寺。

1044年　藏历第一饶迥木猴年　阿底峡著《菩提道炬论》。

1045年　藏历第一饶迥木鸡年　仲敦巴在阿里布让拜阿底峡为师,并邀请阿底峡到卫藏弘法。

1046年　藏历第一饶迥火狗年　阿底峡到聂塘授徒传法。

1054年　藏历第一饶迥木马年　阿底峡于聂塘圆寂。

1055年　藏历第一饶迥木羊年　仲敦巴在聂塘举行法会追悼阿底峡圆寂一周年,并为阿底峡塑像、建塔,兴建聂塘卓玛拉康寺。

1056年　藏历第一饶迥火猴年　仲敦巴建热振寺,开创噶当派。

1059年　藏历第一饶迥土猪年　俄·洛丹喜饶生。他曾留学尼泊尔、迦湿弥罗十七年,回藏后翻译了很多有关因明的论著。

1064年　藏历第一饶迥木龙年　仲敦巴、那措·次程杰哇圆寂。

1065年　藏历第一饶迥木蛇年　南交钦波担任热振寺法台。

1071年　藏历第一饶迥金猪年　著名女尼玛吉拉仲和姐姐进入扎塘寺从学于扎巴恩协。

1073年　藏历第一饶迥水牛年　俄·勒贝喜饶建桑浦内邬托寺。昆·贡却杰波在本波日山坡修建萨迦寺,创立萨迦派。

1074年　藏历第一饶迥木虎年　卓弥·释迦益希逝世。

1076年　藏历第一饶迥火龙年　孜德在托林寺举办了"火龙年法会"。俄·洛丹喜饶赴尼泊尔、印度、克什米尔等地留学。

1077年　藏历第一饶迥火蛇年　米拉日巴拜玛尔巴为师，按照玛尔巴之意创建色卡古托寺，继承了玛尔巴的修持传规，成为玛尔巴之北柱弟子。

1091年　藏历第二饶迥金羊年　当巴桑结在孜德王资助下建立定日朗果寺，由此传出西藏佛教的息结派和觉域派。

1092年　藏历第二饶迥水猴年　贡噶娘布生，为萨迦派五祖之始祖。玛吉拉仲创建桑日卡玛当寺，专心传讲觉域派，开创西藏佛教的女尼制，开始了觉域派女传。

1094年　藏历第二饶迥木狗年　热穷巴拜米拉日巴为师。

1100年　藏历第二饶迥金龙年　塔波拉杰拜米拉日巴为师。

1101年　藏历第二饶迥金蛇年　甲·怯喀巴生。

1109年　藏历第二饶迥土牛年　恰巴·曲吉僧格生，他擅长因明，著有《量论摄义颂》等书，被尊为藏传因明的创始人。

1111年　藏历第二饶迥金兔年　萨钦·贡噶娘布就任萨迦寺住持。

1117年　藏历第二饶迥火鸡年　塔波拉杰修建塔拉岗布寺，创立了噶当派道次第和噶举派大手印相结合的塔波噶举派。

1122年　藏历第二饶迥水虎年　噶当巴·德协喜巴生，曾建噶托寺，以传“南藏”伏藏法为主，兼授《秘密藏续》等幻变、集经类密法，传出康派大圆满。

1123年　藏历第二饶迥水兔年　米拉日巴圆寂。

1124年　藏历第二饶迥木龙年　娘·尼玛欧色和弟吴贤者生。

1127年　藏历第二饶迥火羊年　释迦室利生。

1128年　藏历第二饶迥土猴年　堆松钦巴从康区前往卫地学法。

1131年　藏历第二饶迥金猪年　帕木珠巴从康区到前藏学习佛法。

1139年　藏历第二饶迥土羊年　堆松钦巴来到塔拉岗布寺，拜塔波拉杰为师学法。

1140年　藏历第二饶迥金猴年　克珠·琼波南交圆寂。

1151年　藏历第三饶迥金羊年　帕珠·多吉杰布和向蔡巴·尊追扎巴到岗布寺拜谒塔波拉杰，多吉杰布成为塔波拉杰的付法弟子，尊追扎巴成为塔波拉杰的再传弟子。

1153年　藏历第三饶迥水鸡年　塔波拉杰圆寂。其弟子拔绒·达玛旺久在拔绒兴建了拔绒曲科林寺，开创拔绒噶举。董敦创建纳塘寺，此寺为噶当派著名律宗道场。

1158年　藏历第三饶迥土虎年　帕珠·多吉杰布创建丹萨梯寺，开创帕珠噶举派。香·尼玛奔出生，承其父嘉哇香顿法钵，著《词义广论》，阐释娘提教法。

1164年　藏历第三饶迥木猴年　堆松钦巴来到西康冈布，兴建冈布乃囊寺。

1165年　藏历第三饶迥木鸡年　达隆塘巴·扎西贝从康区来到卫地，师事帕木珠巴。主巴噶举的创建者藏巴嘉热·益希多吉的师父林热·白玛多吉也在此年拜谒帕木珠巴·多吉杰布。

1166年　藏历第三饶迥火狗年　董敦圆寂。

1167年　藏历第三饶迥火猪年　直贡·仁钦贝从康区来到丹萨梯寺，拜帕木珠巴·多吉杰布为师。帕珠·多吉杰布的弟子玛仓·喜饶僧格在今昌都察雅县境内修建肖贡寺，由此寺传出玛仓噶举派。

1169年 藏历第三饶迥土牛年 堆松钦巴修建稻城邦普寺。

1170年 藏历第三饶迥金虎年 多吉杰布在丹萨梯寺圆寂。

1171年 藏历第三饶迥金兔年 嘉擦·仁钦贡在绰浦修建寺院，开创绰浦噶举派。

1175年 藏历第三饶迥木羊年 向蔡巴·尊追扎巴在拉萨东南蔡巴地方修建杨贡寺（通称蔡巴寺），创蔡巴噶举派。

1177年 藏历第三饶迥火鸡年 直贡·仁钦贝受沙弥戒和比丘戒，就任丹萨梯寺住持。

1178年 藏历第三饶迥土狗年 达隆塘巴·扎西贝在拉萨北面兴建达隆寺。由此传出达隆噶举派。

1179年 藏历第三饶迥土猪年 直贡·仁钦贝杰修建直贡替寺，开创直贡噶举派。

1181年 藏历第三饶迥金牛年 帕珠·多吉杰布的弟子次程僧格建修赛寺，创修赛噶举派。

1182年 藏历第三饶迥水虎年 萨班·贡噶坚参出生。由于他在因明学、工巧明、医方明、内明方面的极深造诣，被誉为“班智达”，所著《量理宝藏论》为藏传因明名著之一。

1185年 藏历第三饶迥木蛇年 堆松钦巴建噶玛寺。

1186年 藏历第三饶迥火马年 尊追僧格生于后藏，22岁时主持尼多寺。

1187年 藏历第三饶迥火羊年 向蔡巴·尊追扎巴在拉萨东南建贡塘寺，并造大佛像。

1188年 藏历第三饶迥土猴年 藏巴嘉热·益希多吉在拉萨附近修建隆多寺。

1189年 藏历第三饶迥土鸡年 堆松钦巴在今堆龙德庆县那嘎地方修建楚布寺，成为噶玛噶举黑帽系主寺。

1193年 藏历第三饶迥水牛年 堆松钦巴圆寂。塞·基布巴新建怯喀寺，即基布寺。

1195年 藏历第三饶迥木兔年 绰浦译师前往尼泊尔学法。

1198年 藏历第三饶迥土马年 直贡·仁钦贝和达隆塘巴共同兴建丹萨梯寺大佛殿。绰浦译师次程喜饶延请弥陀罗交格（量友）到绰浦寺，共同翻译《心性安息论》等。

1200年 藏历第三饶迥金猴年 绰浦译师次程喜饶迎请班智达佛陀室利进藏。

1204年 藏历第三饶迥木鼠年 绰浦译师邀请释迦室利进藏，宏传根本说一切有部的戒律，成为西藏佛教一大律仪传承系统。洛热巴·旺久尊追拜藏巴嘉热·益希多吉为师，得到藏巴嘉热的密法。噶玛拔希生。

1205年 藏历第三饶迥木牛年 藏巴嘉热·益希多吉在拉萨河下游的朗木修建主寺，创主巴噶举派。由嘉热氏族传出的主巴称中主巴。

1206年 藏历第三饶迥火虎年 帕珠·多吉杰布的徒孙曲门朗在雅桑修建寺院，由此兴盛发展起来的教派称为雅桑噶举派。

1207 年　藏历第四饶迥火兔年　喀且班钦·释加室利在塘波且著《佛教大事记》。郭仓巴在热隆寺拜谒藏巴嘉热·益希多吉。

1208 年　藏历第四饶迥土龙年　京俄·扎巴迥乃就任丹萨梯寺法座，这是朗氏家族主持帕珠噶举派之始。

1212 年　藏历第四饶迥水猴年　绰浦译师次程喜饶在绰浦寺建造了弥勒佛大像，释迦室利主持开光仪式。古茹曲吉旺秋生。

1213 年　藏历第四饶迥水鸡年　喀且班钦·释迦室利经阿里返回印度。噶玛拔希从堆松钦巴的再传弟子崩扎巴出家学法。

1225 年　藏历第四饶迥木鸡年　萨迦·释迦僧格建昂仁曲德寺。

1233 年　藏历第四饶迥水蛇年　古茹曲吉旺秋掘出伏藏，被尊为宁玛派下掘藏师。

1234 年　藏历第四饶迥木马年　帕珠朗氏家族的京俄·扎巴迥乃出任直贡替寺住持。

1235 年　藏历第四饶迥木羊年　八思巴·洛追坚参生。

1239 年　藏历第四饶迥土猪年　阔端派部将多达那波率兵进藏。八思巴之弟恰那多吉出生。

1240 年　藏历第四饶迥金鼠年　蒙古军队到达西藏，焚毁热振寺。

1241 年　藏历第四饶迥金牛年　洛热巴·旺久尊追建噶布曲隆寺，形成下主巴噶举派。

1244 年　藏历第四饶迥木龙年　萨班·贡噶坚参接到阔端的邀请书，年底动身前往凉州会见阔端。八思巴和恰那多吉随行。

1246 年　藏历第四饶迥火马年　萨班·贡噶坚参与侄儿八思巴·洛追坚参、恰那多吉抵达凉州。

1247 年　藏历第四饶迥火羊年　萨班·贡噶坚参在凉州与阔端会晤，双方议定西藏归附蒙古的各项事宜。

1251 年　藏历第四饶迥金猪年　萨班·贡噶坚参在凉州去世，临终时传衣钵给八思巴，八思巴继任为萨迦派教主，被视为第五代祖师。

1253 年　藏历第四饶迥水牛年　忽必烈从八思巴接受灌顶，奉八思巴为应供上师。忽必烈进兵大理，八思巴动身返回萨迦。噶玛拔希应忽必烈之邀前往内地，在绒域色迪与忽必烈相见。

1254 年　藏历第四饶迥木虎年　噶玛拔希离开忽必烈，先后在今四川、宁夏、甘肃、蒙古等地区传教，新建和维修了武威幻化寺等许多寺庙。

1255 年　藏历第四饶迥木兔年　扎喀哇·扎巴僧格生，后建觉囊派扎喀寺。

1256 年　藏历第四饶迥火龙年　噶玛拔希谒见蒙哥汗，被封为国师，赐金缘黑帽和金印，开创黑帽系。

1258 年　藏历第四饶迥土马年　忽必烈奉蒙哥汗之命，在开平召集释道辩论“化胡经”真伪，八思巴作为佛教首领参加，为佛教取得胜利起了重要作用。

1260年　藏历第四饶迥金猴年　忽必烈即蒙古大汗位，封八思巴为国师，并赐玉印。噶玛拔希因有支持阿里不哥与忽必烈争夺汗位的嫌疑而被监禁。

1264年　藏历第四饶迥木鼠年　噶玛拔希获忽必烈恩准，动身返藏。忽必烈迁都北京，设置总制院，命八思巴以国师身份兼理总制院事，赐给珍珠诏书。是年，八思巴与白兰王恰那多吉进藏。

1265年　藏历第四饶迥木牛年　八思巴兄弟抵萨迦，组建了萨迦地方政府，划分卫藏十三万户，以萨迦本钦总领。

1266年　藏历第四饶迥火虎年　估玛惹杂生。

1267年　藏历第五饶迥火兔年　恰那多吉去世，八思巴奉诏回京。卫藏各地首领到当雄为八思巴送行，八思巴设立宗教首领侍从官制。

1268年　藏历第五饶迥土龙年　萨迦派第一任本钦释迦桑布负责兴建萨迦南寺拉康钦波。八思巴在玉树称多建噶赤都顿程桑木旦群林寺(简称东程寺)，成为称多第二大萨迦派寺院。

1270年　藏历第五饶迥金马年　八思巴奉命创制蒙古新字，即“八思巴文”。忽必烈封八思巴为大元帝师并赐玉印。

1272年　藏历第五饶迥水猴年　八思巴离京到临洮居住，建临洮寺。并命弟子建卓尼寺。

1274年　藏历第五饶迥木狗年　八思巴从临洮动身回藏。

1276年　藏历第五饶迥火鼠年　八思巴在太子真金护送下抵达萨迦。桑杰温在昌都类乌齐建寺，形成达隆噶举玛塘系统。

1277年　藏历第五饶迥火牛年　八思巴在后藏曲米举行法会，来自康藏的七万僧人参加。

1278年　藏历第五饶迥土虎年　噶玛拔希与八思巴相见在楚布寺。

1280年　藏历第五饶迥金龙年　八思巴在萨迦南寺圆寂。达摩波罗继任萨迦寺法座。雍顿巴·多吉贝生，他是宁玛派高僧中第一位奉诏进京觐见皇帝的人。

1281年　藏历第五饶迥金蛇年　达摩波罗进京觐谒元世祖忽必烈，受到敕封。

1283年　藏历第五饶迥水羊年　噶玛拔希在楚布寺圆寂。扎巴曼兰洛追撰《奈巴教法史》。贡邦·曲扎贝生。

1284年　藏历第五饶迥木猴年　噶玛·让迥多吉生。

1285年　藏历第五饶迥木鸡年　娘温·贡噶贝生。晚年创建孜钦寺，撰有《释量论广释》《现观庄严论广释》。邬坚林巴从山南协扎山洞发掘《莲花遗教》。

1287年　藏历第五饶迥火猪年　达摩波罗返藏途中去世。嘉央仁钦坚参出任萨迦寺住持，他首次制定学经条例。萨迦派僧人益希仁钦被元朝封为帝师。

1288年　藏历第五饶迥吉土鼠年　邬坚巴在楚布寺主持认定噶玛巴·让迥多吉为噶玛拔希的转世灵童，这是西藏佛教活佛转世之始。元朝改总制院为宣政院，掌管全国佛教及藏族地区行政事务。

1290 年　藏历第五饶迥金虎年　镇西武靖王铁木耳奉命领兵进藏,与萨迦本钦合并攻入直贡寺,直贡替寺被烧毁,史称“直贡林洛事件”。布顿·仁青珠出生。

1291 年　藏历第五饶迥金兔年　觉囊寺第四任堪布笃补巴·喜饶坚参生。

1292 年　藏历第五饶迥水龙年　噶玛拔希的传法大弟子邬坚巴以 63 岁高龄亲赴元朝为忽必烈治病,被赐以“上师法王水晶”印并赐大量金银财宝。

1293 年　藏历第五饶迥水蛇年　绛贡邦·托杰尊追创建觉摩囊寺(简称觉囊寺),觉囊派因此寺而得名。

1295 年　藏历第五饶迥木羊年　达尼钦波和萨迦本钦·阿迦仑修建萨迦南寺的大围墙等。

1298 年　藏历第五饶迥土狗年　达尼钦波·桑波贝获准返回萨迦。承认他拥有萨迦昆氏家族的血统。

13 世纪中期　元世祖忽必烈派使臣进藏封释迦沃为“巴希”(法师),宁玛派和元朝中央政府正式建立关系。

1302 年　藏历第五饶迥水虎年　大司徒·绛曲坚参生。

1303 年　藏历第五饶迥水兔年　曲杰平措贝生。邦译师的侄子著名译师绛曲孜摩生。

1304 年　藏历第五饶迥木龙年　萨迦派僧人嘉央仁钦坚参应诏入京,被封为帝师。

1305 年　藏历第五饶迥木蛇年　元朝封萨迦派僧人桑结贝为帝师。

1306 年　藏历第五饶迥火马年　达尼钦波·桑波贝正式接管萨迦寺。觉囊·乔来朗杰生。

1308 年　藏历第五饶迥土猴年　隆庆饶绛巴·智美欧色生。

1309 年　藏历第五饶迥土鸡年　蔡巴·贡嘎多吉生。

1311 年　藏历第五饶迥金猪年　杰巴钦波·循努嘉却生。

1312 年　藏历第五饶迥水鼠年　萨迦·索朗坚参生。他在道果教授上道诣深厚,创建桑丹林,开出道果耳传桑丹林派。噶当派僧人觉丹热智及弟子洛色绛曲益西把属纳塘寺保存的大量藏译佛经,编订为正藏《甘珠尔》、副藏《丹珠尔》,是为第一部写本藏文《大藏经》。

1313 年　藏历第五饶迥水牛年　噶玛·让迥多吉到杂日圣地修建楚布德庆寺。

1314 年　藏历第五饶迥木虎年　贡噶洛追贝桑波被元朝封为帝师。

1318 年　藏历第五饶迥土马年　噶玛巴·让迥多吉完成《星算综合论述》一书,为建立藏历理论体系奠定了基础。

1320 年　藏历第五饶迥金猴年　觉丹热智(佛剑)搜集纳塘寺的所有经典编辑目录,为最早的大藏经目录,史称旧藏本。扎巴坚参请来布顿担任夏鲁寺堪布,用金汁抄写《甘珠尔》、《八千般若颂》共一百零八部。

1321 年　藏历第五饶迥金鸡年　大司徒·绛曲坚参出任帕珠万户长。

1322 年　藏历第五饶迥水狗年　布顿·仁青珠完成《布顿佛教史》,贡噶洛追贝桑波返回西藏受比丘戒，用金汁书写藏文《甘珠尔》，组织翻译印度学者的论著，在萨迦寺设立期供。

1323年　藏历第五饶迥水猪年　布顿·仁青珠完成《旦孜》（即《教历》）。蔡巴·贡噶多吉编成《蔡巴甘珠尔目录》。

1324年　藏历第五饶迥木鼠年　达尼钦波·桑波贝去世。其子贡噶洛追贝桑波为防止兄弟内讧，将萨迦昆氏家族划分为四个拉章。

1326年　藏历第五饶迥火虎年　南喀坚参生。他是宗喀巴四大根本上师之一。

1327年　藏历第六饶迥火兔年　贡噶洛追贝桑波在北京圆寂，由其弟克尊钦波·南喀勒贝坚参贝桑波继任萨迦寺座主。蔡巴·贡噶多吉任蔡巴万户长。布顿·仁青珠完成《算学智者欢喜》。

1328年　藏历第六饶迥土龙年　萨迦派丹巴·索朗坚赞开始撰写《西藏王统世系明鉴》。笃补巴·喜饶坚参出任觉囊寺堪布，主持修建大佛塔。

1329年　藏历第六饶迥土蛇年　元明宗封克尊钦波·南喀勒贝坚参贝桑波为“灌顶国师”，并赐水晶大印。敕封贡噶勒贝窘乃坚参贝桑波为帝师，并赐玉印。

1331年　藏历第六饶迥金羊年　噶玛巴·让迥多吉应元朝邀请前往大都传法。嘉央顿月坚参被元朝封为“大元国师”。

1333年　藏历第六饶迥水鸡年　红帽系第一世活佛扎巴僧格修建乃囊寺，后来成为巴俄活佛的驻锡地。

1334年　藏历第六饶迥木狗年　噶玛巴·让迥多吉返藏，元朝敕封他为“晓悟一切空性噶玛佛”，并赐敕书、国师印、水晶印盒和金字牌符。萨桑玛底班钦和洛追贝受笃补巴指示，校订旧译《时轮根本略续》和白莲花王著的《时轮根本略续·无垢光疏》。

1336年　藏历第六饶迥火鼠年　噶玛巴·让迥多吉应邀再次进京。

1337年　藏历第六饶迥火牛年　噶玛巴·让迥多吉到达大都。仁增廓德欧珠坚参生，他创建了扎桑寺，收集刻印所掘的全部伏藏，为“北藏”。

1339年　藏历第六饶迥土兔年　噶玛巴·让迥多吉在大都圆寂。

1340年　藏历第六饶迥金龙年　噶玛巴·乳贝多吉出生。

1341年　藏历第六饶迥金蛇年　蔡门巴·索朗桑波出生。

1344年　藏历第六饶迥木猴年　元顺帝遣使进藏请布顿进京传教，被谢绝。元朝使臣在藏期间，布顿补译完成了《声明集分论注疏》，撰写了《声明集分论注疏广释》。

1346年　藏历第六饶迥火狗年　蔡巴·贡噶多吉完成《红史》。

1348年　藏历第六饶迥土鼠年　蔡巴·贡噶多吉出资编纂藏文大藏经。

1349年　藏历第六饶迥土牛年　帕珠·绛曲坚赞始建泽当寺，被元朝封为大司徒。仁达哇·循努洛追生，他是萨迦派弘扬集密教法和中观应成派思想的第一人。

1351年　藏历第六饶迥金兔年　布顿去卫地调解雅桑万户和帕珠万户之间的冲突。泽当寺建成。此寺为帕珠噶举研习显教的主要寺院。

1352年　藏历第六饶迥木龙年　黑帽系第四世乳贝多吉被迎请到楚布寺。布顿主持在日浦兴建十万佛塔——托卓钦摩。

1353年　藏历第六饶迥水蛇年　蒙古王子金箫王来藏,布顿传授了时轮等无上密法及灌顶,金箫王赦免了上万名在押囚犯作为酬谢。

1354年　藏历第六饶迥木马年　帕珠噶举派打败并推翻了萨迦派地方政权,建立帕珠地方政权。

1355年　藏历第六饶迥木羊年　觉囊·乔来朗杰出任觉囊寺堪布。隆庆饶绛巴在不丹境内建塔尔巴林寺。

1356年　藏历第六饶迥火猴年　大元国师曲结坚参贝桑波抵京,被封为"中兴释教大元国师",并赐玉印。

1357年　藏历第六饶迥火鸡年　宗喀巴·洛桑扎巴生。

1358年　藏历第六饶迥土狗年　噶玛巴·乳贝多吉应召进京。

1360年　藏历第六饶迥金鼠年　乳贝多吉抵达大都皇宫,受赐"持律兴教大元国师"之水晶印。

1361年　藏历第六饶迥金牛年　唐东杰布在后藏出生。

1362年　藏历第六饶迥水虎年　宗喀巴在青海夏琼寺受沙弥戒,依止顿珠仁钦大师学习显密教法。宁玛派学者隆庆饶降巴·智美欧色完成《隆庆教史》。噶玛巴·乳贝多吉回藏。

1364年　藏历第六饶迥木龙年　布顿·仁青珠在夏鲁日浦圆寂。大司徒·绛曲坚参圆寂。宗喀巴的上首弟子贾曹杰生。桑结林巴第一次从布日普姆切掘出《上师密意集经》和《大悲观音法典》,得到"掘藏宝师"的称号。他创建了涅浦德庆桑珠寺,结合医药知识,修炼甘露成就法,制出巨毒药丸"桑结林巴黑药"。

1367年　藏历第六饶迥火羊年　杰巴钦波·循努嘉却在仁蚌第巴的资助下创建了绛钦曲德寺,寺内的弥勒大佛像在藏区影响颇大。

1372年　藏历第六饶迥水鼠年　宗喀巴从夏琼寺动身进藏学法。

1373年　藏历第六饶迥水牛年　宗喀巴到达直贡替寺,拜见京俄·曲吉扎巴。

1374年　藏历第六饶迥木虎年　帕珠第斯·释迦坚赞的侄子扎巴绛曲以丹萨梯寺的京俄兼任帕珠第斯。

1375年　藏历第六饶迥木兔年　宗喀巴在桑浦寺以《现观庄严论》立宗答辩。之后去夏鲁、纳塘、萨迦等地学法,拜著名学者仁达哇·循努洛追学习了《俱舍论》《入中论》等。

1376年　藏历第六饶迥火龙年　珀东·乔来朗杰生。他修建拜摩曲顶等寺,创立珀东噶举派。释迦仁钦德完成《雅隆教法史》。

1381年　藏历第六饶迥金鸡年　宗喀巴受比丘戒。

1383年　藏历第六饶迥水猪年　噶玛巴·乳贝多吉圆寂。

1384年　藏历第六饶迥水鼠年　噶玛巴·德行协巴出生。

1385年　藏历第六饶迥木牛年　克珠杰生。

1388 年　藏历第七饶迥土龙年　明朝封帕珠第斯·扎巴坚赞为灌顶国师。宗喀巴撰写《现观庄严释·善说金鬘》,改带黄色桃形僧帽。

1391 年　藏历第七饶迥金羊年　根敦珠巴出生。

1392 年　藏历第七饶迥水猴年　郭译师循努贝生。

1401 年　藏历第七饶迥金蛇年　宗喀巴在热振寺撰写《菩提道次第广论》。

1402 年　藏历第七饶迥水马年　宗喀巴完成《菩提道次第广论》。直贡寺的第十一任住持顿珠杰布被明朝封为灌顶大国师。

1405 年　藏历第七饶迥木鸡年　宗喀巴在强巴林寺著《密宗道次第广论》。

1406 年　藏历第七饶迥火狗年　香顿嘉沃·索朗扎建贝当寺,撰写《时轮根本略续无垢光疏释难》等。明成祖召请黑帽系第五世德行协巴。帕珠第斯·扎巴坚赞受封为阐化王,得诏书、玉印等。宗喀巴完成《密宗道次第广论》。

1407 年　藏历第七饶迥火猪年　德行协巴到达南京,被封为"万行具足十方最胜圆觉妙智慧善普应佑国演教如来大宝法王西天大善自在佛领天下释教",简称大宝法王。贡觉·南卡欧色被明朝封为护教王。灵藏巴被封为赞善王。曲吉坚参随德行协巴入京,受封大司徒名号,不久又加封为灌顶国师。克珠杰拜宗喀巴为师。

1408 年　藏历第七饶迥土鼠年　噶玛·德行协巴从南京动身返藏。宗喀巴著《中论广释》《辨了不了义论》。

1409 年　藏历第七饶迥土牛年　由阐化王扎巴坚赞资助,宗喀巴在大昭寺亲自主持了有万余人参加的大型祈愿法会。是年,在拉萨东北建甘丹寺,标志着格鲁派正式创立。

1410 年　藏历第七饶迥土金虎年　在南京始刻藏文《甘珠尔》,为我国第一部木刻版藏文《大藏经》,史称永乐版《大藏经》。甘丹寺建成,宗喀巴主持开光仪式,为僧众讲《菩提道次第广论》等,撰写《集密四天女请问经释》、《智慧金刚经集释》等著作。

1413 年　藏历第七饶迥水蛇年　萨迦派首领贡噶扎西坚参贝桑波到南京朝觐,被封为"万行圆融妙法最胜真如慧智弘慈广济护国演教正觉大乘法王西天上善金刚普应大光明佛",简称大乘法王,并赐金册。明成祖还封萨迦派僧人南喀勒贝坚参为辅教王,封直贡寺第十二任住持仁钦旺杰为阐教王。

1414 年　藏历第七饶迥木马年　释迦益希代表宗喀巴进京。明朝永乐帝封释迦益希为西天佛子大国师,并赐玉印。

1415 年　藏历第七饶迥木羊年　根敦珠巴拜师宗喀巴。宗喀巴在甘丹寺修建羊八坚佛殿。噶玛·德行协巴圆寂。

1416 年　藏历第七饶迥水猴年　宗喀巴的弟子扎西贝丹在拉萨西部建立哲蚌寺。噶玛·通哇敦丹生。

1418 年　藏历第七饶迥土狗年　宗喀巴的弟子释迦益希在拉萨北部建立色拉寺。

1419 年　藏历第七饶迥土猪年　宗喀巴在甘丹寺圆寂。贾曹杰·达玛仁青继任甘丹赤巴。

1429 年　藏历第七饶迥土鸡年　俄尔钦·贡噶桑波建俄尔艾旺曲德寺,作为萨迦派在后藏的重要密教道场,俄尔学派的主寺。

1430 年　藏历第七饶迥金狗年　唐东杰布在拉萨河上建铁索桥。为筹集架桥资金,唐东杰布邀请山南琼结县境内的七姐妹组成歌舞演出团,募化资金,藏戏由此产生,唐东杰布被认为是藏戏的祖师。

1431 年　藏历第七饶迥金猪年　贾曹杰请克珠杰担任甘丹寺法台。

1432 年　藏历第七饶迥水鼠年　贾曹杰在布达拉宫圆寂。阐化王扎巴坚赞去世,其侄子扎巴迥乃继任帕珠第斯。

1433 年　藏历第七饶迥水牛年　喜饶僧格在拉萨创建下密院,成为格鲁派僧人修习密法的最重要场所。

1434 年　藏历第七饶迥木虎年　京俄·索朗坚赞去世,扎巴迥乃之父图谋取代儿子出任帕珠第斯,造成帕珠政权混乱。明宣宗封释迦益希为“万行妙明真如上胜清净般若弘照普慧辅国显教至善大慈法王西天正觉如来自在大圆通佛”,简称大慈法王。克珠杰著《时轮大疏无垢光明》。萨迦派僧人达仓宗巴·班觉桑布撰《汉藏史集》。

1437 年　藏历第七饶迥火蛇年　由释迦贝哇资助,根敦珠在绛钦修建了特钦颇章静修院,完成了《因明正理庄严论》。

1438 年　藏历第七饶迥土马年　克珠杰在甘丹寺圆寂。

1440 年　藏历第七饶迥金猴年　帕珠第斯·扎巴迥乃继任阐化王。羊卓万户长南卡坚参资助,珀东·乔来朗杰和一世多吉帕姆曲吉珍美兴建羊卓桑定寺,开创多吉帕姆女活佛系统。喜饶僧格和根敦珠一起回到后藏传法讲经。

1444 年　藏历第七饶迥木鼠年　宗喀巴的弟子麦·喜饶桑布创建昌都强巴林寺。喜饶僧格和根敦珠再次到前藏主持下密院的宗教活动。

1445 年　藏历第七饶迥木牛年　帕珠第斯阐化王扎巴迥乃去世。

1446 年　藏历第七饶迥火虎年　达察·次旺杰开始撰写《洛绒教史》。

1447 年　藏历第八饶迥火兔年　根敦珠在日喀则兴建扎什伦布寺,自任赤巴。嘉尔布班钦生。

1448 年　藏历第八饶迥土龙年　强钦饶绛巴·桑结佩带领弟子在印藏交界的不丹传教。从此有“饶绛巴”称号。

1449 年　藏历第八饶迥土蛇年　强钦饶绛巴·桑结佩建哲域(锡金)结蔡寺。

1451 年　藏历第八饶迥金羊年　珀东·乔来朗杰圆寂。

1452 年　藏历第八饶迥水猴年　主巴噶举派僧人桑杰坚参生。

1453 年　藏历第八饶迥水鸡年　白丹晋美著《珀东班钦传》。

1454 年　藏历第八饶迥木狗年　噶玛·通哇敦丹去世。

1455 年　藏历第八饶迥木猪年　七世噶玛·曲扎嘉措生。

1456 年　藏历第八饶迥火鼠年　唐东杰布兴建迥日沃且十万大佛塔,用金汁墨汁写造大藏经《甘珠尔》18 部,《丹珠尔》15 部。

1464 年　藏历第八饶迥木猴年　根敦珠邀请各地书法家,抄写藏文大藏经《甘珠尔》。贡噶朗杰创建多吉丹寺(也称贡噶曲扎寺),为萨迦派贡噶学派的重要道场,主传萨迦派嫡传道果教授。

1469年　藏历第八饶迥土牛年　班钦·释迦却丹修建图旦色多坚寺。

1472年　藏历第八饶迥水龙年　吐米·伦珠扎西建扎囊强巴林寺。

1473年　藏历第八饶迥水蛇年　廓吾饶绛巴·索朗僧格在今谢通门县境内创建达那图旦朗杰寺,开设显密课程。

1474年　藏历第八饶迥木马年　根敦珠在扎什伦布寺圆寂。班青·桑布扎西继任扎什伦布寺法台。贡噶顿珠建拉萨上密院。

1475年　藏历第八饶迥木羊年　根敦嘉措生。

1476年　藏历第八饶迥火猴年　廓洛·循努贝始撰写《青史》。

1480年　藏历第八饶迥金鼠年　仁蚌巴·顿月多吉利用帕珠家族内讧,进兵乃东,篡夺帕珠政权。

1481年　藏历第八饶迥金牛年　红帽系第四世曲扎益希在仁蚌巴·顿月多吉的资助下于拉萨北面兴建羊八井寺。

1486年　藏历第八饶迥火马年　根敦嘉措被认定为根敦珠的转世,迎请到扎什伦布寺。

1489年　藏历第八饶迥土鸡年　嘉哇邦查松巴在藏堆·索朗坚参的资助下修建吉祥年裕恰廓雄寺(亦称珀东恰廓雄寺),为萨迦派名副其实的教理大寺。

1494年　藏历第八饶迥木虎年　贡噶坚赞著《噶当派教法史》。萨迦擦尔钦学派创始人洛萨嘉措生。

1495年　藏历第八饶迥木兔年　桑杰坚参著《米拉日巴传》,刻写《米拉日巴道歌》。

1498年　藏历第八饶迥土马年　仁蚌巴禁止哲蚌、色拉寺僧人参加一年一度的祈愿大法会,长达二十年之久。

1503年　藏历第八饶迥水猪年　仁蚌·顿月多吉按噶玛派黑帽第七世活佛曲扎嘉措和红帽四世曲扎益希的意愿,在拉萨兴建噶玛派新寺土丹曲科寺,旨在遏制格鲁派。

1504年　藏历第八饶迥木鼠年　根敦嘉措完成了《文殊菩萨名称经释》。噶玛派第二世巴俄活佛祖拉陈瓦生。

1509年　藏历第九饶迥土蛇年　根敦嘉措在山南建群科杰梅朵塘寺。

1510年　藏历第九饶迥金马年　扎什伦布寺上层迎请根敦嘉措就任扎什伦布寺的第五任法台。

1512年　藏历第九饶迥水猴年　明朝封阿旺扎西扎巴为阐化王。

1515年　藏历第九饶迥木猪年　帕珠第斯·阿旺扎西扎巴为首的前藏地方首领和以仁蚌巴为首的后藏地方首领之间的斗争开始。

1517年　藏历第九饶迥火牛年　根敦嘉措任哲蚌寺第十任堪布。帕珠政权的势力在拉萨逐渐恢复,阿旺扎西扎巴下令恢复格鲁派僧人主持拉萨正月大祈愿法会的权利。是年,参加大法会的哲蚌寺僧人1500人,色拉寺僧人约300人。

1524 年　藏历第九饶迥木猴年　噶玛派红帽系第四世活佛曲扎益希去世，帕珠第斯·阿旺扎西扎巴的幼子扎巴迥乃出任丹萨梯寺京俄。

1526 年　藏历第九饶迥火狗年　根敦嘉措任色拉寺堪布。

1528 年　藏历第九饶迥土鼠年　直贡替寺第十六任住持仁钦平措被明朝封为阐教王。

1529 年　藏历第九饶迥土牛年　班钦·索朗扎巴出任甘丹寺住持，并著《新旧噶当派教法史》(《即格鲁派教法史》)。

1530 年　藏历第九饶迥金虎年　根敦嘉措在帕珠贡玛钦波的资助下，在哲蚌寺南角修建甘丹颇章宫。

1531 年　藏历第九饶迥金兔年　帕·当巴桑结在工布兴建扎西盘德寺。

1538 年　藏历第九饶迥土狗年　班钦·索朗扎巴著《新红史》。

1542 年　藏历第九饶迥水虎年　根敦嘉措在哲蚌寺圆寂。

1543 年　藏历第九饶迥水兔年　三世达赖喇嘛·索朗嘉措生。

1545 年　藏历第九饶迥木龙年　巴俄·祖拉陈瓦始著《贤者喜宴》(又称《洛扎教法史》)。

1546 年　藏历第九饶迥木蛇年　索朗嘉措被迎接到哲蚌寺甘丹颇章坐床。

1553 年　藏历第九饶迥水牛年　索朗嘉措被拥立为哲蚌寺第十二任赤巴，并主持当年举行的拉萨祈愿大法会，讲授《佛本生经》。

1565 年　藏历第九饶迥木牛年　帕珠政权第九任第斯·阿旺扎西扎巴被明朝封为阐化王、灌顶国师法王。辛夏巴利用仁蚌巴属民的不满情绪，发动起义，推翻了仁蚌家族统治，控制了仁蚌所辖后藏大部分地区。

1567 年　藏历第十饶迥火兔年　四世班禅·洛桑曲吉坚赞生。

1570 年　藏历第十饶迥金马年　直贡派与达隆之间发生战事，史称"直达战乱"。

1575 年　藏历第十饶迥木猪年　多罗那他生。

1578 年　藏历第十饶迥土虎年　索朗嘉措应邀在青海湖畔与俺答汗会晤，俺答汗赠给索朗嘉措"圣识一切瓦齐瓦达喇达赖喇嘛"的尊号，为达赖喇嘛名号的开端。修建恰卜恰大乘法轮寺，达赖剃度100多名蒙古与藏族人出家为僧，并给俺答汗王授《喜金刚》灌顶，赠给"大梵法王"的尊号，劝说俺答汗回内蒙古。是年冬，索朗嘉措到达甘肃，向明朝上奏章，受到封赏。

1579 年　藏历第十饶迥土兔年　俺答汗率大部回内蒙古，索朗嘉措特派青海东科尔寺呼图克图云丹嘉措随俺答汗去内蒙古讲经传法，自己动身返藏。

1580 年　藏历第十饶迥金龙年　索朗嘉措到西康理塘主持修建理塘寺。主巴噶举派活佛白玛噶波著《主巴教史》。多罗那他进入达日朗寺学经。

1583 年　藏历第十饶迥水羊年　索朗嘉措应土默特部的邀请前往内蒙古参加俺答汗的葬礼，在青海宗喀巴诞生之地，兴建"衮本强巴林"即塔尔寺。

1584 年　藏历第十饶迥木猴年　索朗嘉措北去门源的仙米授记建寺，赐寺名"噶丹达吉林”(又称仙米寺)。

1586年 藏历第十饶迴火狗年 索朗嘉措一行到达内蒙,为俺答汗的逝世举行了隆重的祈祷仪式,并建立锡热图召寺。

1588年 藏历第十饶迴土鼠年 应土默特部顺义王奢力克的请求,明朝派使臣到土默特封索朗喜措为“朵儿只唱”,并邀他进京。索朗嘉措动身进京,途中在卡欧吐密地方圆寂。

1589年 藏历第十饶迴土牛年 四世班禅·洛桑曲吉坚赞受比丘戒。阿巴岱汗修建额尔德尼昭,为漠北喀尔喀部第一座格鲁派寺院。云丹嘉措生。

1592年 藏历第十饶迴水龙年 认定云丹嘉措为三世达赖索朗嘉措的转世灵童。

1594年 藏历第十饶迴木马年 在北京刻印《藏文大藏经》,称万历版《大藏经》。

1598年 藏历第十饶迴土狗年 宁玛派伏藏师之一的绛达·扎西多吉创建桑阿塔却林寺(秘密胜乘洲),即多吉扎寺,专门弘传“北藏”系统的密法教典。

1601年 藏历第十饶迴金牛年 四世班禅·洛桑曲吉坚赞担任扎什伦布寺第十六任法台,创立祈愿大法会。

1603年 藏历第十饶迴水兔年 四世达赖·云丹嘉措到达西藏,在热振寺举行了坐床典礼,然后到哲蚌寺居住学经,以甘丹赤巴为师,出家受沙弥戒。九世噶玛·旺久多吉圆寂。

1604年 藏历第十饶迴木龙年 按照索朗嘉措的授记,四世班禅派使者去青海今互助县五十乡建郭隆寺,清赐名佑宁寺。十世噶玛·曲英多吉生。

1605年 藏历第十饶迴木蛇年 辛夏巴·次旦多吉联合直贡噶举派打败了在经济上支持格鲁派的第巴吉雪巴,控制了拉萨地区。

1606年 藏历第十饶迴火马年 固始汗被喀尔喀汗王授予大国师之印。

1608年 藏历第十饶迴土猴年 多罗那他著《印度佛教史》。

1609年 藏历第十饶迴土鸡年 噶玛噶举派红帽系第六世活佛曲吉旺久首次将藏文《甘珠尔》全部刻版付印,成为西藏宗教及印刷史上划时代的一件大事。达隆寺第十七任住持晓仲·阿旺朗杰编著成《达隆教史》。四世班禅·洛桑曲吉坚赞在扎什伦布寺建密宗学院。

1614年 藏历第十饶迴木虎年 四世达赖·云丹嘉措师从四世班禅受比丘戒,继任哲蚌寺第十三任赤巴、色拉寺第十五任赤巴。

1615年 藏历第十饶迴木兔年 多罗那他修建达丹丹曲林寺。

1616年 藏历第十饶迴火龙年 明朝使臣封四世达赖·云丹嘉措为“普持金刚佛”,并邀他进京。云丹嘉措允诺,但不幸于年底在哲蚌寺圆寂。

1617年 藏历第十饶迴火蛇年 蒙古喀尔喀部图蒙肯率军进藏,向辛夏巴·平措朗杰发起进攻。五世达赖喇嘛·阿旺洛桑嘉措在山南琼结出生。四世班禅·洛桑曲吉坚赞出任哲蚌、色拉二寺法台,达十五年之久。

1618年 藏历第十饶迴土马年 噶玛丹迥旺布制定《法典十六条》。辛夏巴家族势力推翻帕珠地方政权，建立第斯藏巴政权。辛夏巴·平措朗杰率兵攻破哲蚌、色拉二寺，血洗寺院，哲蚌、色拉二寺僧人被迫向藏巴汗缴纳大量罚金。第斯藏巴下令禁止达赖喇嘛转世。

1619 年　藏历第十饶迥土羊年　多罗那他召集 180 位学者整理校订《甘珠尔》170 多部，其他典籍 200 多部。

1621 年　藏历第十饶迥金鸡年　青海土默特蒙古拉善穷哇、罗桑丹增、古如洪台吉的军队，在拉萨大败第斯藏巴的军队，经四世班禅出面调停，第斯藏巴同意交还以前抢占的哲蚌、色拉两寺的庄园、属民等，准许达赖喇嘛转世。藏巴汗平措朗杰病逝，其子丹迥旺布承其位。

1622 年　藏历第十饶迥水狗年　四世班禅和蒙古贵族代表拉善穷哇和吉如洪台吉共同主持认定阿旺洛桑嘉措为五世达赖喇嘛，接到哲蚌寺坐床，授沙弥戒。

1623 年　藏历第十饶迥水猪年　仙米寺建成。

1629 年　藏历第十一饶迥土蛇年　达钦·麦夏阿旺贡噶索朗著《萨迦世系史》。

1630 年　藏历第十一饶迥金马年　固始汗继汗位。

1634 年　藏历第十一饶迥木狗年　多罗那他在达丹丹曲林寺圆寂。四世班禅和五世达赖派使者和固始汗取得联系。四世班禅建甘丹寺大殿金顶。

1636　藏历第十一饶迥火鼠年　信奉格鲁派的卫拉特蒙古和硕特部首领固始汗应格鲁派的请求，率部众进入青海，一举消灭却图汗。固始汗化装成香客到拉萨会见五世达赖、四世班禅，双方互赠名号。

1638 年　藏历第十一饶迥土虎年　达尔莫曼热巴·洛桑曲扎生，他通过考试答辩，获“曼热巴”医学博士学位，为五世达赖的神医。四世班禅为五世达赖喇嘛授比丘戒。

1640 年　藏历第十一饶迥金龙年　固始汗消灭白利土司顿月多吉。第斯·桑结嘉措生。

1641 年　藏历第十一饶迥金蛇年　固始汗率大军进攻藏巴汗。藏巴汗被处死。

1642 年　藏历第十一饶迥水马年　五世达赖喇嘛和蒙古和硕特部联合建立甘丹颇章政权。固始汗将前后藏献给五世达赖。

1643 年　藏历第十一饶迥水羊年　五世达赖撰写《西藏王臣记》，修缮扩建布达拉宫，从哲蚌寺移到布达拉宫，使布达拉宫成为格鲁派的政教首脑机关。黑帽系第十世活佛曲英多吉被迫出走云南丽江。

1645 年　藏历第十一饶迥木鸡年　固始汗依照俺答汗赠给索朗嘉措“达赖喇嘛”尊号的先例，赠给洛桑曲吉坚赞“班禅博克多”的尊号。

1647 年　藏历第十一饶迥火猪年　清顺治帝封给洛桑曲吉坚赞“金刚上师”名号。五世达赖喇嘛·阿旺洛桑嘉措著《诗镜论释难》。

1652 年　藏历第十一饶迥水龙年　五世达赖喇嘛·阿旺洛桑嘉措应清顺治帝之邀进京，驻锡北京黄寺。

1653 年　藏历第十一饶迥水蛇年　五世达赖喇嘛离京返藏，行至代噶，顺治帝遣使册封为“西天大善自在佛所领天下释教普通瓦赤喇怛喇达赖喇嘛”，并赐金册金印。同年又册封固始汗为“遵行文义敏慧固始汗”，也赐金册金印。信奉噶玛噶举的却图汗征服土默特部众，成为青海王，藏巴汗与之结成联盟。却图汗遣其子阿尔萨兰率军入藏，围攻格鲁派。

1654年　藏历第十一饶迥木马年　固始汗病逝于拉萨。

1658年　藏历第十一饶迥土狗年　固始汗之子达延汗继汗位。

1659年　藏历第十一饶迥土猪年　十世噶玛巴黑帽系活佛曲英多吉从云南丽江派人到北京，向清顺治帝进贡。

1660年　藏历第十一饶迥金鼠年　达延汗任命成烈嘉措为第巴。

1662年　藏历第十一饶迥水虎年　四世班禅圆寂，五世达赖喇嘛主持选定转世灵童。五世班禅在五世达赖喇嘛亲自关心下，整理刻印老宇妥·云丹贡波的《四部医典》《宇妥药诊八支》和南方派苏喀·洛追杰波的《祖先口述》。

1668年　藏历第十一饶迥土猴年　达延汗和第巴·成烈嘉措先后去世。

1669年　藏历第十一饶迥土鸡年　五世达赖喇嘛任命内务侍从曲本·罗桑图道为第巴。

1671年　藏历第十一饶迥金猪年　达赖汗到拉萨承汗位。

1673年　藏历第十一饶迥水牛年　五世达赖喇嘛著《受法录·恒河水流》《尺牍指南明镜》。

1674年　藏历第十一饶迥木虎年　五世达赖喇嘛著《珍珠树格言》。噶玛·曲英多吉圆寂。

1676年　藏历第十一饶迥火龙年　德达林巴在五世达赖喇嘛的资助下，在山南扎囊县创建敏珠林寺。格鲁派建医学研究所“索日卓盘林”，委任名医仲钦·洛桑嘉措、强俄·索朗达结负责管理。不久，在日喀则的桑则珠建第二个医学研究所“章松都贝林”，由察绒哇管理。第十一世噶玛巴生。

1679年　藏历第十一饶迥土羊年　五世达赖喇嘛任命仲麦巴·桑结嘉措为第巴。西藏与拉达克发生战争。

1682年　藏历第十一饶迥水狗年　五世达赖喇嘛在布达拉宫圆寂。第巴·桑结嘉措决定匿丧，总理一切政教事务。

1683年　藏历第十一饶迥水猪年　六世达赖·仓央嘉措在门达旺出生。第巴·桑结嘉措完成《白琉璃·智者心宝》。康熙皇帝下令在北京刻印《藏文大藏经·甘珠尔》。

1687年　藏历第十二饶迥火兔年　第巴·桑结嘉措完成《四部医典释·蓝琉璃》，命洛扎·诺布嘉措等人将《蓝琉璃》的内容绘成60幅唐卡画。

1688年　藏历第十二饶迥土龙年　第巴·桑结嘉措认定仓央嘉措为五世达赖的转世，安置在错那宗学经。

1690年　藏历第十二饶迥金马年　第巴·桑结嘉措亲自主持修缮五世达赖灵塔和布达拉宫红宫。

1691年　藏历第十二饶迥金羊年　第巴·桑结嘉措撰写《医学至论》等。

1693年　藏历第十二饶迥水鸡年　第巴·桑结嘉措以五世达赖喇嘛名义向康熙帝上书请求封王,被封为"掌瓦赤喇怛喇达赖喇嘛教弘宣佛法王布忒达阿白迪",赐金印。

1696年　藏历第十二饶迥火鼠年　第巴·桑结嘉措创建药王山琉璃卓盘达那欧擦日介林藏医学校,配合教学专门制作了80幅医药唐卡。康熙帝率大军亲征噶尔丹,从被俘的藏人口中得知五世达赖喇嘛已圆寂多年。第巴·桑结嘉措为五世达赖喇嘛公开发丧,补奏寻找五世达赖喇嘛转世灵童之事,康熙帝同意六世达赖转世。

1697年　藏历第十二饶迥火牛年　第巴·桑结嘉措把仓央嘉措从门隅迎到拉萨,途经浪卡子宗时,由五世班禅传授居士、出家、沙弥戒后,在布达拉宫举行坐床典礼。康熙帝特派二世章嘉活佛进藏参加坐床典礼,赏赐许多珍贵礼品。

1698年　藏历第十二饶迥土虎年　第巴·桑结嘉措著《格鲁派教法史·黄琉璃》。

1701年　藏历第十二饶迥金蛇年　达赖汗去世,其子拉藏汗继承汗位。

1702年　藏历第十二饶迥水马年　第十一世噶玛·益希多吉圆寂。

1705年　藏历第十二饶迥木鸡年　第巴·桑结嘉措与拉藏汗发生冲突,经三大寺扎仓堪布出面调解,达成桑结嘉措让出第巴职务给自己的儿子阿旺仁钦,离开拉萨,退回山南贡噶庄园,拉藏汗离藏返回青海协议。但双方都未认真履行,召部下再战,桑结嘉措兵败被杀。六世达赖仓央嘉措被废黜,解送北京。

1706年　藏历第十二饶迥火狗年　六世达赖喇嘛仓央嘉措在青海湖边去世。

1707年　藏历第十二饶迥火猪年　拉藏汗另立阿旺益希嘉措为六世达赖喇嘛。

1708年　藏历第十二饶迥土鼠年　七世达赖喇嘛格桑嘉措生。

1710年　藏历第十二饶迥金虎年　清朝册封益希嘉措为"六世达赖喇嘛",并赐印册。

1713年　藏历第十二饶迥水蛇年　清朝册封五世班禅·洛桑益希为"班禅额尔德尼",并赐金册金印。

1714年　藏历第十二饶迥木马年　青海蒙古众首领向康熙皇帝上奏,声称在理塘找到六世达赖的转世灵童,请求批准承认;并把理塘灵童转移到西康北部的德格,请在1716年3月令将其送往西宁塔尔寺居住。敏珠林寺的学僧达摩室利写出历算专著《日光论》。

1716年　藏历第十二饶迥火猴年　格桑嘉措被青海丹津亲王迎接到塔尔寺。卓尼土司下令刻印卓尼版《大藏经》。达摩室利著《日光论·金质本疏》,在敏珠林寺总管的支持组织下编纂了《敏珠林历书》。

1717年　藏历第十二饶迥火鸡年　卫拉特蒙古噶尔部首领策旺阿拉布坦与拉藏汗联姻,派兵以送女婿、女儿赴藏为名,偷袭西藏,并以送真达赖喇嘛进藏为号召,鼓动西藏僧俗反对拉藏汗。准噶尔军攻破拉萨,拉藏汗被杀,多吉扎、敏珠林等寺被焚毁,僧俗遭杀戮。

1718年　藏历第十二饶迥土狗年　清朝第一次派兵进藏驱逐准噶尔军,行至藏北那曲与准噶尔军交战,全军覆没。朵喀夏仲·次仁旺杰著《循努达美》。

1720年　藏历第十二饶迥金鼠年　康熙帝派皇十四子到青海塔尔寺，封格桑嘉措为七世达赖喇嘛。在青海蒙古各部的配合护送下，七世达赖喇嘛到拉萨坐床，由五世班禅授沙弥戒。

1721年　藏历第十二饶迥金牛年　清军抵拉萨，康熙皇帝封康济鼐为贝子，与阿尔布巴、隆布鼐共同掌管西藏政务。

1724年　藏历第十二饶迥木龙年　雍正皇帝赐给七世达赖喇嘛金册、金印，封颇罗鼐、扎尔鼐为台吉，封七世达赖喇嘛之父为公爵。在北京刻印藏文《甘珠尔》，和康熙时刻的《甘珠尔》合称为北京版《西藏大藏经》。

1725年　藏历第十二饶迥木蛇年　第邬玛尔格西·丹增平措生。他创建了第邬玛尔桑结曲林寺。

1726年　藏历第十二饶迥火马年　七世达赖喇嘛由班禅授比丘戒。

1727年　藏历第十二饶迥火羊年　司徒·曲吉迥乃著《司徒文法广释》。在德格修建八蚌寺，为司徒系的根本道场，曲吉迥乃被奉为八蚌司徒一世活佛，著有《星算学》一书，主持编写了《德格历书》。

1728年　藏历第十二饶迥土猴年　雍正皇帝下令七世达赖喇嘛移居康区，驻锡于泰宁惠远寺。

1729年　藏历第十二饶迥土鸡年　德格土司丹巴泽仁建德格印经院，刻印《藏文大藏经·甘珠尔》。

1732年　藏历第十二饶迥水鼠年　第十二世噶玛·强久多吉圆寂。

1734年　藏历第十二饶迥木虎年　雍正皇帝派果亲王允礼和章嘉活佛若贝多吉到泰宁惠远寺看望七世达赖喇嘛。

1735年　藏历第十二饶迥木兔年　章嘉活佛若贝多吉等奉旨护送七世达赖喇嘛返回拉萨。

1736年　藏历第十二饶迥火龙年　七世达赖喇嘛去扎什伦布寺拜访五世班禅。

1737年　藏历第十二饶迥火蛇年　德格王主持刻印德格版《大藏经》。

1738年　藏历第十二饶迥土马年　六世班禅·巴丹益希生。

1741年　藏历第十二饶迥金鸡年　颇罗鼐出资在纳塘寺刻印《丹珠尔》。六世班禅在扎什伦布寺坐床。

1744年　藏历第十二饶迥木鼠年　乾隆帝将雍王府改建为“噶丹钦悟林”（今雍和宫），七世达赖喇嘛奉旨从西藏选派高僧四人赴京任“噶丹钦悟林”四大扎仓堪布。

1746年　藏历第十二饶迥火虎年　发生了所谓达赖喇嘛的膳食堪布扎巴塔业指使仲译仓吉诅咒颇罗鼐的事。

1748年　藏历第十三饶迥土龙年　松巴堪布在青海佑宁寺著《如意宝树史》。

1754年　藏历第十三饶迥木狗年　西藏地方政府成立僧官学校。修建罗布林卡格桑颇章。

1757年　藏历第十三饶迥火牛年　七世达赖喇嘛圆寂。第穆活佛绛白德勒加措奉命摄政，主持修建丹结林。六世班禅受比丘戒。

1758 年　藏历第十三饶迥土虎年　八世达赖喇嘛·强白嘉措生。

1759 年　藏历第十三饶迥土兔年　六世班禅同章嘉活佛主持完成了七世达赖喇嘛转世灵童的寻访认定工作。

1760 年　藏历第十三饶迥金龙年　在卓尼寺刻印《甘珠尔》。

1762 年　藏历第十三饶迥水马年　八世达赖喇嘛·强白嘉措在布达拉宫坐床。

1765 年　藏历第十三饶迥木鸡年　八世达赖喇嘛·强白嘉措拜六世班禅为师，受沙弥戒。

1777 年　藏历第十三饶迥火鸡年　第一世策墨活佛阿旺崔陈主持修建策墨林。摄政第穆活佛圆寂，策墨林代理摄政职务。六世班禅为八世达赖喇嘛授比丘戒。

1779 年　藏历第十三饶迥土猪年　六世班禅在承德朝觐乾隆皇帝并向他祝寿。

1780 年　藏历第十三饶迥金鼠年　六世班禅·巴丹益西在北京黄寺圆寂。

1782 年　藏历第十三饶迥水虎年　七世班禅·丹白尼玛出生。

1784 年　藏历第十三饶迥木龙年　七世班禅在扎什伦布坐床。

1791 年　藏历第十三饶迥金猪年　廓尔喀再度侵藏，抢掠扎什伦布寺。

1792 年　藏历第十三饶迥水鼠年　福康安率六路大军入藏，驱逐了廓尔喀军，廓军惨败乞降。福康安拟定处理藏事善后办法。

1797 年　藏历第十三饶迥火蛇年　八世济咙活佛主持兴建功德林。第十三世噶玛·都堆多吉圆寂。

1800 年　藏历第十三饶迥金猴年　直贡寺第二十八任住持旦增班玛坚参完成《直贡法嗣》。

1801 年　藏历第十三饶迥金鸡年　土观·洛桑却吉尼玛著《土观宗派源流》。

1804 年　藏历第十三饶迥木鼠年　八世达赖喇嘛·强白嘉措圆寂。

1805 年　藏历第十三饶迥木牛年　九世达赖喇嘛·隆朵嘉措出生。

1807 年　藏历第十四饶迥火兔年　第六世尼珠活佛图旦欧萨丹贝尼玛始写《宁玛教法源流》。

1809 年　藏历第十四饶迥土蛇年　九世达赖喇嘛·隆朵嘉措在布达拉宫坐床。

1811 年　藏历第十四饶迥金羊年　英人曼宁在拉萨谒见第九世达赖喇嘛。

1813 年　藏历第十四饶迥水鸡年　第一世工珠·云丹嘉措出生。他编撰和发掘了“五大库”即《宝藏库》《教诫库》《噶举密咒库》《所知库》《不共秘密库》等。其中《所知库》（又叫《知识总汇》）是藏族文化的一部百科全书。

1815 年　藏历第十四饶迥木猪年　九世达赖喇嘛在布达拉宫暴亡，时年 11 岁。

1816 年　藏历第十四饶迥火鼠年　十世达赖喇嘛·崔臣嘉措生。

1822 年　藏历第十四饶迥水马年　十世达赖喇嘛·崔臣嘉措在布达拉宫坐床。

1837 年　藏历第十四饶迥火鸡年　十世达赖喇嘛在布达拉宫暴亡。

1839 年　藏历第十四饶迥土狗年　第十一世达赖喇嘛·克珠嘉措生于康区木雅泰

宁寺附近。

1841 年　藏历第十四饶迥金牛年　认定克珠嘉措为十世达赖的转世灵童,班禅为其剃度。

1842 年　藏历第十四饶迥水虎年　在布达拉宫举行了十一世达赖喇嘛坐床大典。

1843 年　藏历第十四饶迥水兔年　周加巷·赤烈朗杰著《至尊宗喀巴大师传》。

1844 年　藏历第十四饶迥木龙年　七世班禅奉命摄理西藏地方政府政务。

1851 年　藏历第十四饶迥金猪年　噶伦夏扎·旺秋杰波主持修缮桑耶寺。

1853 年　藏历第十四饶迥水牛年　七世班禅·丹白尼玛在扎什伦布寺圆寂。

1855 年　藏历第十四饶迥木兔年　年初,十一世达赖喇嘛亲政,热振阿齐图诺门罕仍掌办商上事务。年底,十一世达赖喇嘛在布达拉宫暴亡,热振活佛代理摄政职务。八世班禅·丹白旺秋出生。

1856 年　藏历第十四饶迥火龙年　十二世达赖喇嘛·赤烈嘉措生。

1858 年　藏历第十四饶迥土马年　八世班禅坐床。

1860 年　藏历第十四饶迥金猴年　十二世达赖喇嘛在布达拉宫坐床。

1865 年　藏历第十四饶迥木牛年　扎贡巴·贡却丹巴饶吉著《安多政教史》。

1868 年　藏历第十五饶迥土龙年　第十四世噶玛·塔却多吉圆寂。

1873 年　藏历第十五饶迥水鸡年　十二世达赖喇嘛亲政。

1875 年　藏历第十五饶迥木猪年　十二世达赖喇嘛暴亡。

1876 年　藏历第十五饶迥火鼠年　十三世达赖喇嘛·土旦嘉措出生于下塔波(今朗县)地区。

1877 年　藏历第十五饶迥火牛年　光绪皇帝批准十二世达赖喇嘛的转世灵童免予金瓶掣签。

1879 年　藏历第十五饶迥土兔年　十三世达赖喇嘛在布达拉宫坐床。

1882 年　藏历第十五饶迥水马年　十三世达赖喇嘛受沙弥戒。

1883 年　藏历第十五饶迥水羊年　九世班禅·曲吉尼玛生。

1886 年　藏历第十五饶迥火狗年　摄政通善济咙活佛圆寂。由第穆活佛代行摄政职务。

1888 年　藏历第十五饶迥土鼠年　金瓶掣签出生于塔波地方的灵童为九世班禅。

1892 年　藏历第十五饶迥水龙年　九世班禅到扎什伦布寺坐床。

1895 年　藏历第十五饶迥木羊年　十三世达赖喇嘛受比丘戒。在布达拉宫司西彭措举行亲政大典。

1899 年　藏历第十五饶迥土猪年　摄政第穆活佛暴病身亡。

1902 年　藏历第十五饶迥水虎年　九世班禅·曲吉尼玛受居士戒、沙弥戒等。

1904 年　藏历第十五饶迥木龙年　英军武装侵略西藏,西藏军民在江孜英勇抵抗,结果失败。十三世达赖喇嘛出走蒙古库伦。九世班禅·曲吉尼玛主持塑造西藏最大的铜佛——扎什伦布寺的强巴佛像。

1905 年　藏历第十五饶迥木蛇年　清政府决定西藏地方的战争赔款“着即由国家代付，以示体恤”。噶厦政府派人到库伦，迎请十三世达赖喇嘛返藏。

1906 年　藏历第十五饶迥火马年　十三世达赖喇嘛·土旦嘉措从蒙古回藏，行至青海塔尔寺奉旨停止，等候进京。

1908 年　藏历第十五饶迥土猴年　十三世达赖喇嘛·土旦嘉措进京朝觐光绪皇帝和慈禧太后，被册封为“诚顺赞化西天大善自在佛”，并赐金册等物。达赖喇嘛朝拜五台山，撰写了《文殊五部礼赞》、《圣地清凉山礼赞》。

1909 年　藏历第十五饶迥土鸡年　十三世达赖喇嘛·土旦嘉措回到拉萨。钟颖率川军进藏。

1910 年　藏历第十五饶迥金狗年　川军抵达拉萨。十三世达赖喇嘛·土登旦措出走印度。藏医学家钦饶罗布被委任为哲蚌寺药师，撰写《医学海洋之要点》等著作。

1912 年　藏历第十五饶迥水鼠年　十三世达赖喇嘛·土旦嘉措回到拉萨。

1913 年　藏历第十五饶迥水牛年　十三世达赖喇嘛颁布《关于西藏全体僧俗民众取舍条例》。

1916 年　藏历第十五饶迥火龙年　十三世达赖喇嘛在布达拉宫创建了集藏医教学、诊治疾病、配制药物、推算藏历兼学文化于一体的“利众藏医历算学校”。

1919 年　藏历第十五饶迥土羊年　北洋政府派朱绣等人入藏。会见十三世达赖喇嘛。九世班禅到拉萨与十三世达赖喇嘛见面。

1923 年　藏历第十五饶迥水猪年　九世班禅·曲吉尼玛从日喀则出走，次年抵甘肃，再到北京、东北、蒙古等地传法。

1924 年　藏历第十五饶迥木鼠年　在拉萨成立“利益雪域宝库印书院”。第十五世噶玛·喀却多吉去世。

1925 年　藏历第十五饶迥木牛年　乌仲·多吉次旺画师完成布达拉宫和大昭寺壁画。

1928 年　藏历第十六饶迥土龙年　国民党南京国民政府成立，设立蒙藏委员会。次年，班禅驻京办事处成立。

1931 年　藏历第十六饶迥金羊年　喜饶嘉措大师奉十三世达赖喇嘛之命，以纳塘新版《甘珠尔》为底本，参照德格版，编纂完成《甘珠尔》，称拉萨版《大藏经》。

1933 年　藏历第十六饶迥水鸡年　十三世达赖喇嘛·土旦嘉措圆寂。拉萨版《大藏经》开印。

1934 年　藏历第十六饶迥木狗年　国民政府派黄慕松进藏致祭十三世达赖喇嘛，设立蒙藏委员会驻拉萨办事处。热振活佛任摄政。

1935 年　藏历第十六饶迥木猪年　第十四世达赖·丹增嘉措生。

1936 年　藏历第十六饶迥火鼠年　国民党派赵守钰为专使护送九世班禅回藏。

1937 年　藏历第十六饶迥火牛年　九世班禅·曲吉尼玛在青海玉树圆寂。

1938 年　藏历第十六饶迥土虎年　十世班禅·确吉坚赞生。

1939 年　藏历第十六饶迥土兔年　在青海出生的十三世达赖喇嘛的转世灵童到达拉萨。

1940 年　藏历第十六饶迥金龙年　十四世达赖·丹增嘉措在布达拉宫坐床，国民政府派蒙藏委员会委员长吴忠信入藏主持坐床大典。

1941 年　藏历第十六饶迥金蛇年　摄政热振活佛辞职，达札活佛代理摄政职务。

1947 年　藏历第十六饶迥火猪年　热振活佛被噶厦逮捕，死在狱中。

1949 年　藏历第十六饶迥土牛年　8 月十世班禅在塔尔寺坐床。10 月 1 日中华人民共和国成立。十世班禅当天即致电毛泽东主席和朱德副主席，要求解放西藏。

1951 年　藏历第十六饶迥金兔年　5 月西藏和平解放。同年底，十世班禅·确吉坚赞从青海启程进藏。

1952 年　藏历第十六饶迥水龙年　十世班禅到达拉萨，与十四世达赖喇嘛在布达拉宫会晤。6 月回到扎什伦布寺，举行升座典礼。

1953 年　藏历第十六饶迥水蛇年　以格鲁派、宁玛派、噶举派、萨迦派、苯教等教派高僧参加的西藏佛教代表团赴京出席中国佛教协会成立大会，代表团团长功德林·晋美吉村被选为中国佛协副会长，其他代表分别被选为常务理事和理事等。

1956 年　藏历第十六饶迥火猴年　西藏自治区筹备委员会成立，达赖喇嘛、班禅分别担任正副主任委员。中国佛教协会西藏分会成立。达赖喇嘛、班禅应邀赴印度参加释迦牟尼涅槃 2500 周年纪念大会。

1959 年　藏历第十六饶迥土猪年　西藏地方政府和上层反动集团在拉萨公开发动武装叛乱，十四世达赖喇嘛·丹增嘉措逃离西藏。

1961 年　藏历第十六饶迥金龙年　西藏自治区人民政府拨款第一次维修布达拉宫。

1962 年　藏历第十六饶迥水虎年　西藏自治区人民政府拨款第二次维修布达拉宫。

1972 年　藏历第十六饶迥水鼠年　首次维修大昭寺。

1977 年　藏历第十六饶迥火蛇年　国家拨专款维修白居寺。

1979 年　藏历第十六饶迥土羊年　国家拨专款 70 多万元维修扎什伦布寺。

1980 年　藏历第十六饶迥金猴年　中央拨款、黄金、白银等修复五世至九世班禅合葬灵塔。

1981 年　藏历第十六饶迥金鸡年　第十六世噶玛·日贝多吉圆寂。

1983 年　藏历第十六饶迥水猪年　西藏佛学院创办。国务院和西藏自治区人民政府拨款，筹措 150 多种物品，维修扎什伦布寺强巴佛殿。

1984 年　藏历第十六饶迥木鼠年　维修西藏第一座佛教寺院桑耶寺。

1985 年　藏历第十六饶迥木牛年　第十七世噶玛·赤烈多吉生。

1989 年　藏历第十七饶迥土蛇年　十世班禅在扎什伦布寺圆寂。中央拨专款维修布达拉宫，是布达拉宫重建以来规模最大、最为彻底的维修工程。

1990 年　藏历第十七饶迥金马年　十一世班禅在西藏嘉黎县出生。

1992 年　藏历第十七饶迥水猴年　国务院宗教局批准赤烈多吉为第十七世噶玛活

佛。这是西藏民主改革后由国务院认定批准的第一位西藏佛教活佛转世灵童。

1995 年　藏历第十七饶迥木猪年　第十一世班禅额尔德尼坐床,国务院代表、国务委员李铁映宣读国务院金册册文,颁授金册。

1996 年　藏历第十七饶迥火鼠年　江泽民题写“护国利民”金匾,扎什伦布寺举行挂牌仪式。

1996 年　藏历第十七饶迥火鼠年　开始进行寺庙爱国主义教育。

附录四　主要名词汉藏对照

（一）　人名

A

阿底峡 ཇོ་བོ་རྗེ་དཔལ་ལྡན་ཨ་ཏི་ཤ།

阿阇黎・无支金刚 སློབ་དཔོན་ཡན་ལག་མེད་པའི་རྡོ་རྗེ།

阿阇黎・阿旺平措 སློབ་དཔོན་ངག་དབང་ཕུན་ཚོགས།

阿阇黎・洛珠僧格 སློབ་དཔོན་བློ་གྲོས་སེང་གེ

阿阇黎・旺久循努 སློབ་དཔོན་དབང་ཕྱུག་གཞོན་ནུ།

阿阇黎・藏噶尔瓦 སློབ་དཔོན་གཙང་དཀར་བ།

阿阇黎恰・僧格扎 སློབ་དཔོན་ཆག་སེང་གེ་གྲགས།

阿阇黎・海生金刚 སློབ་དཔོན་མཚོ་སྐྱེས་རྡོ་རྗེ།

阿阇黎・云丹贝 སློབ་དཔོན་ཡོན་ཏན་དཔལ།

阿旺乔丹 ངག་དབང་མཆོག་ལྡན།

阿旺扎西贝桑 ངག་དབང་བཀྲིས་དཔལ་བཟང་།

阿旺扎西曲杰 ངག་དབང་བཀྲིས་ཆོས་རྒྱལ།

阿旺扎西扎巴 ངག་དབང་བཀྲིས་གྲགས་པ།

阿旺益希珠巴 ངག་དབང་ཡེ་ཤེས་གྲུབ་པ།

阿旺诺布 ངག་དབང་ནོར་བུ།

阿旺贡噶索朗扎西坚参 ངག་དབང་ཀུན་དགའ་བསོད་ནམས་བཀྲིས་རྒྱལ་མཚན།

阿旺索朗扎巴坚参 ངག་དབང་བསོད་ནམས་གྲགས་པ་རྒྱལ་མཚན།

阿旺桑结丹增 ངག་དབང་སངས་རྒྱས་བསྟན་འཛིན།

阿旺年扎 ངག་དབང་སྙན་གྲགས།

阿旺班丹 ངག་དབང་དཔལ་ལྡན།

阿旺扎巴 ངག་དབང་གྲགས་པ།

阿旺坚赞 ངག་དབང་རྒྱལ་མཚན།

阿旺曲丹 ངག་དབང་ཆོས་ལྡན།

阿旺罗布 ངག་དབང་ནོར་བུ།

阿旺绛白崔陈 ངག་དབང་འཇམ་དཔལ་ཚུལ་ཁྲིམས།

阿旺曲吉坚参 ངག་དབང་ཆོས་ཀྱི་རྒྱལ་མཚན།

阿弥协尊 ཨ་མི་ཤེར་བརྩོན།

阿强・扎巴洛追坚参贝桑波 ཐུགས་འཆང་གྲགས་པ་བློ་གྲོས་རྒྱལ་མཚན་དཔལ་བཟང་པོ།

阿强・索朗群佩 ཐུགས་འཆང་བསོད་ནམས་ཆོས་འཕེལ།

阿里瓦・喜饶宁布 མངའ་རིས་པ་ཤེས་རབ་སྙིང་པོ།

昂布译师 ཨོང་པོ་ལོ་ཙཱ་བ།

昂宗热巴 ངན་རྫོང་རས་པ།

昂支萨勒・喜饶旺久 ངམ་གྲི་ས་ལེ་ཤེས་རབ་དབང་ཕྱུག

昂支・鲁耶坚参 ངམ་འགྲི་ཀླུའི་རྒྱལ་མཚན།

B

巴俄・曲旺伦珠 དཔའ་བོ་ཆོས་དབང་ལྷུན་གྲུབ།

巴俄・祖拉陈瓦 དཔའ་བོ་གཙུག་ལག་ཕྲེང་བ།

巴俄・祖拉赤烈嘉措 དཔའ་བོ་གཙུག་ལག་འཕྲིན་ལས་རྒྱ་མཚོ།

巴俄・祖拉顿珠 དཔའ་བོ་གཙུག་ལག་དོན་གྲུབ།

巴俄・祖拉噶瓦 དཔའ་བོ་གཙུག་ལག་དགའ་བ།

巴俄・祖拉曲杰 དཔའ་བོ་གཙུག་ལག་ཆོས་རྒྱལ།

巴俄・祖拉尼结 དཔའ་བོ་གཙུག་ལག་ཉེར་བརྒྱད།

巴俄・祖拉玛瓦 དཔའ་བོ་གཙུག་ལག་སྨྲ་བ།

巴操・尼玛扎 པ་ཚབ་ཉི་མ་གྲགས།

巴操贡巴 པ་ཚབ་སྒོམ་པ།

巴浦瓦 པར་ཕུ་བ།

巴桑达杰 པ་སངས་དར་རྒྱས།

巴希释迦沃 པག་ཤི་ཤཱཀྱ་འོད།

巴日・仁青扎 བ་རི་རིན་ཆེན་གྲགས།

八思巴・洛追坚参 འཕགས་པ་བློ་གྲོས་རྒྱལ་མཚན།

拔・塞囊 སྦ་གསལ་སྣང་།

拔苏・曲吉坚参 བ་སོ་ཆོས་ཀྱི་རྒྱལ་མཚན།

拔绒・达玛旺久 འབའ་རོམ་དར་མ་དབང་ཕྱུག

拔绒・南卡坚参 འབའ་རོམ་ནམ་མཁའ་རྒྱལ་མཚན།

拔绒・扎巴喜饶强久 འབའ་རོམ་གྲགས་པ་ཤེས་རབ་བྱང་ཆུབ།

拔绒・旺久坚参 འབའ་རོམ་དབང་ཕྱུག་རྒྱལ་མཚན།

拔绒・克巴钦巴 འབའ་རོམ་མཁས་པ་ཆེན་པོ།

白巴南交 སྦས་པའི་རྣལ་འབྱོར།

白地・旺久次程 སྦལ་ཏིས་དབང་ཕྱུག་ཚུལ་ཁྲིམས།

白玛卫色 པདྨ་འོད་ཟེར།
白玛格桑 པདྨ་སྐལ་བཟང་།
白兰王贡噶勒贝窘乃坚参贝桑布 པའི་ལིན་དབང་ཀུན་དགའ་ལེགས་པའི་འབྱུང་གནས་རྒྱལ་མཚན་དཔལ་བཟང་པོ།
白兰王扎巴坚参 པའི་ལིན་དབང་གྲགས་པ་རྒྱལ་མཚན།
白兰王索朗桑波 པའི་ལིན་དབང་བསོད་ནམས་བཟང་པོ།
白觉喜饶 དཔལ་འབྱོར་ཤེས་རབ།
班丹扎巴 དཔལ་ལྡན་གྲགས་པ།
班钦·释迦却丹 པཎ་ཆེན་ཤཱཀྱ་མཆོག་ལྡན།
班钦·欧珠贝巴尔 པཎ་ཆེན་དངོས་གྲུབ་དཔལ་འབར།
班钦·桑波扎西 པཎ་ཆེན་བཟང་པོ་བཀྲིས།
班钦·益希孜摩 པཎ་ཆེན་ཡེ་ཤེས་རྩེ་མོ།
班钦·索朗扎巴 པཎ་ཆེན་བསོད་ནམས་གྲགས་པ།
班钦·旃扎第瓦 པཎ་ཆེན་ཙན་དྲ་དེ་བ།
班钦·扎巴坚参 པཎ་ཆེན་གྲགས་པ་རྒྱལ་མཚན།
班禅额尔德尼·克珠杰 པཎ་ཆེན་ཨེར་ཏེ་ནི་མཁས་གྲུབ་རྗེ།
班禅额尔德尼·索朗乔巴 པཎ་ཆེན་ཨེར་ཏེ་ནི་བསོད་ནམས་མཆོག་པ།
班禅额尔德尼·洛桑顿珠 པཎ་ཆེན་ཨེར་ཏེ་ནི་བློ་བཟང་དོན་གྲུབ།
班禅额尔德尼·洛桑曲吉坚赞 པཎ་ཆེན་ཨེར་ཏེ་ནི་བློ་བཟང་ཆོས་ཀྱི་རྒྱལ་མཚན།
班禅额尔德尼·洛桑益希 པཎ་ཆེན་ཨེར་ཏེ་ནི་བློ་བཟང་ཡེ་ཤེས།
班禅额尔德尼·巴丹益希 པཎ་ཆེན་ཨེར་ཏེ་ནི་དཔལ་ལྡན་ཡེ་ཤེས།
班禅额尔德尼·丹白尼玛 པཎ་ཆེན་ཨེར་ཏེ་ནི་བསྟན་པའི་ཉི་མ།
班禅额尔德尼·丹白旺秋 པཎ་ཆེན་ཨེར་ཏེ་ནི་བསྟན་པའི་དབང་ཕྱུག
班禅额尔德尼·曲吉尼玛 པཎ་ཆེན་ཨེར་ཏེ་ནི་ཆོས་ཀྱི་ཉི་མ།
班禅额尔德尼·曲吉坚赞 པཎ་ཆེན་ཨེར་ཏེ་ནི་ཆོས་ཀྱི་རྒྱལ་མཚན།
班第协尼扎 བན་དེ་བཤེས་གཉེན་གྲགས།
班玛旺杰 པདྨ་དབང་རྒྱལ།
班觉坚参 དཔལ་འབྱོར་རྒྱལ་མཚན།
班觉伦珠 དཔལ་འབྱོར་ལྷུན་གྲུབ།
邦·洛追丹巴 དཔང་བློ་གྲོས་བརྟན་པ།
邦顿·噶玛谷茹 དཔང་སྟོན་ཀརྨ་གུ་རུ།
邦摩虚哇·循努欧 བང་མོ་ཞུ་བ་གཞོན་ནུ་འོད།
宝金刚 རིན་ཆེན་རྡོ་རྗེ།
贝丹强巴岭巴 དཔལ་ལྡན་བྱམས་པ་གླིང་པ།
贝丹桑布 དཔལ་ལྡན་བཟང་པོ།
贝德 དཔལ་ལྡེ།
贝吉云丹（阐卡贝云） དཔལ་གྱི་ཡོན་ཏན།（ཟན་ཀ་དཔལ་ཡོན།）
贝若杂纳（遍照护） བཻ་རོ་ཙ་ན།
贝丹洛追 དཔལ་ལྡན་བློ་གྲོས།
贝丹僧格 དཔལ་ལྡན་སེང་གེ
贝擦达德哇 འབལ་ཚ་སྟག་དེལ་བ།
贝钦欧波 དཔལ་ཆེན་འོད་པོ།
本钦·阿迦伦 དཔོན་ཆེན་ཨ་གླིང་།
本钦·释迦桑波 དཔོན་ཆེན་ཤཱཀྱ་བཟང་པོ།
本钦·绛曲多吉 དཔོན་ཆེན་བྱང་ཆུབ་རྡོ་རྗེ།
本达瓦 སྤེན་ཧྥ་བ།
绷贝尔 འབུམ་འབར།
比玛拉米扎（无垢友） བི་མ་ལ་མི་ཏྲ།（དྲི་མེད་བཤེས་གཉེན།）
禅呷·木勒果夏 ཟན་མོ་ཀ་མུ་ལེ་ཀྱ་ཁ།
波窝薄·洛桑群佩 སྤོ་བོ་བློ་བཟང་ཆོས་འཕེལ།
博德哇·仁钦色 སྤོ་ཏོ་བ་རིན་ཆེན་གསལ།
布顿·仁青珠 བུ་སྟོན་རིན་ཆེན་གྲུབ།
布查松巴 འབུམ་ཕྲག་གསུམ་པ།
布欧·益希本 བུ་འོད་ཡེ་ཤེས་འབུམ།
布尚洛穷 སྦུ་ཧྲངས་ལོ་ཆུང་།

C

擦尔钦·洛萨嘉措 ཚར་ཆེན་བློ་གསལ་རྒྱ་མཚོ།
擦尔喀瑜伽士 ཚར་ཁའི་རྣལ་འབྱོར་པ།
蔡巴·尊追扎巴 ཚལ་པ་བརྩོན་འགྲུས་གྲགས་པ།
蔡巴·贡噶多吉 ཚལ་པ་ཀུན་དགའ་རྡོ་རྗེ།

蔡门巴·索朗桑波 མཚན་མིན་པ་བསོད་ནམས་བཟང་པོ།

蔡尔当巴 མཚར་སྡིངས་པ།

蔡邦·拉桑鲁贝 ཚེ་སྤོང་ལྷ་བཟང་ཀླུ་དཔལ།

蔡邦·达桑热朵 ཚེ་སྤོང་སྟག་བཟང་ར་འདོད།

才旦夏茸 ཚེ་བརྟན་ཞབས་དྲུང་།

仓解巴·扎巴索朗 མཚམས་བཅད་པ་གྲགས་པ་བསོད་ནམས།

次旺饶丹（策旺阿拉布坦）ཚེ་དབང་རབ་བརྟན།

策细萨玛·扎巴绛曲 ཚེས་བཞི་གསར་མ་གྲགས་པ་བྱང་ཆུབ།

策墨林·阿旺崔陈 ཚེ་སྨོན་གླིང་ངག་དབང་ཚུལ་ཁྲིམས།

策墨林·阿旺绛白崔陈加措 ཚེ་སྨོན་གླིང་ངག་དབང་ཚུལ་ཁྲིམས་རྒྱ་མཚོ།

策墨林·阿旺洛桑丹贝坚参 ཚེ་སྨོན་གླིང་ངག་དབང་བློ་བཟང་བསྟན་པའི་རྒྱལ་མཚན།

查拉让波 ཕྲ་ལ་རིང་པོ།

禅化王贡噶勒巴 དབང་ཀུན་དགའ་ལེགས་པ།

禅化王扎巴坚参 དབང་གྲགས་པ་རྒྱལ་མཚན།

昌底希拉哇玛 བྲང་ཏི་ཤི་ལ་ཝ་རྨ།

陈那 ཕྱོགས་གླང་།

赤尊公主 བལ་བཟའ་ཁྲི་བཙུན་ཀོང་ཇོ།

赤德祖赞（梅阿聪）ཁྲི་ལྡེ་གཙུག་བཙན།（མེས་ཨག་ཚོམ།）

赤松德赞 ཁྲི་སྲོང་ལྡེ་བཙན།

赤德松赞（赛那勒江云）ཁྲི་ལྡེ་སྲོང་བཙན།（སད་ན་ལེགས་མཇང་ཡོན།）

赤祖德赞热巴坚 ཁྲི་གཙུག་ལྡེ་བཙན་རལ་པ་ཅན།

赤烈伦珠 འཕྲིན་ལས་ལྷུན་གྲུབ།

赤烈丹增朗杰 འཕྲིན་ལས་བསྟན་འཛིན་རྣམ་རྒྱལ།

冲协钦波·仁钦僧格 ཁྲོམ་ཞེར་ཆེན་པོ་རིན་ཆེན་སེང་གེ

楚敦·旺俄多吉 ཚུལ་སྟོན་དབང་ངེ་རྡོ་རྗེ།

绰浦·索朗僧格 ཁྲོ་ཕུ་བསོད་ནམས་སེང་གེ

绰浦译师次程喜饶 ཁྲོ་ཕུ་ལོ་ཙཱ་ཚུལ་ཁྲིམས་ཤེས་རབ།

次程坚参 ཚུལ་ཁྲིམས་རྒྱལ་མཚན།

次程杰哇 ཚུལ་ཁྲིམས་རྒྱལ་བ།

次程仁钦 ཚུལ་ཁྲིམས་རིན་ཆེན།

次丹加措 ཚེ་བརྟན་རྒྱ་མཚོ།

次旺诺结 ཚེ་དབང་ནོར་རྒྱས།

次旺扎巴 ཚེ་དབང་གྲགས་པ།

崔臣尼玛 ཚུལ་ཁྲིམས་ཉི་མ།

崔臣丹增 ཚུལ་ཁྲིམས་བསྟན་འཛིན།

崔陈达杰 ཚུལ་ཁྲིམས་དར་རྒྱས།

崔陈阿旺 ཚུལ་ཁྲིམས་ངག་དབང་།

D

达布聂斯 སྟག་བུ་གཉན་གཟིགས།

达罗·循努尊追 སྟག་བློ་གཞོན་ནུ་བརྩོན་འགྲུས།

达·释迦佩 མདའ་ཤཱཀྱ་འཕེལ།

达喇班玛底 སྟག་བླ་པདྨ་ཏི།

达顿·曲结丹增 དྭགས་སྟོན་ཆོས་རྒྱལ་བསྟན་འཛིན།

达顿·觉沃益希 དྭགས་སྟོན་ཇོ་བོ་ཡེ་ཤེས།

达波嘉热 དྭགས་པོ་རྒྱ་རས།

达纳·祖多旺秋 གདའ་ནག་གཙུག་ཏོར་དབང་ཕྱུག

达扎·阿旺松饶 སྟག་བྲག་ངག་དབང་གསུང་རབ།

达仓宗巴·班觉桑布 སྟག་ཚང་རྫོང་པ་དཔལ་འབྱོར་བཟང་པོ།

达隆塘巴·扎西贝 སྟག་ལུང་ཐང་པ་བཀྲིས་དཔལ།

达那巴·协贡惹波 རྟ་ནག་པ་གཤེན་སྒོམ་རོག་པོ།

达哇扎巴 ཟླ་བ་གྲགས་པ།

达哇贡波 ཟླ་བ་མགོན་པོ།

达钦·阿旺扎巴坚参贝桑波 བདག་ཆེན་ངག་དབང་གྲགས་པ་རྒྱལ་མཚན་དཔལ་བཟང་པོ།

达尼钦波桑波贝 བདག་ཉིད་ཆེན་པོ་བཟང་པོ་དཔལ།

达玛僧格 དར་མ་སེང་གེ

达玛多吉 དྷརྨ་རྡོ་རྗེ།

达果法王 རྟ་མགོ་ཆོས་རྗེ།

达摩室利 དྷརྨ་ཤི་རི།

达哇坚参 ཟླ་བ་རྒྱལ་མཚན།

达钦·曲吉坚参 བདག་ཆེན་ཆོས་ཀྱི་རྒྱལ་མཚན།

达钦·南喀坚参 བདག་ཆེན་ནམ་མཁའ་རྒྱལ་མཚན།

达钦夏鲁哇 བདག་ཆེན་ཞྭ་ལུ་བ།

达钦·洛追坚参 བདག་ཆེན་བློ་གྲོས་རྒྱལ་མཚན།

达钦曲米巴·洛追旺秋 བདག་ཆེན་ཆུ་མིག་པ་བློ་གྲོས་དབང་ཕྱུག

达赖喇嘛·根敦珠巴 ཏཱ་ལའི་བླ་མ་དགེ་འདུན་གྲུབ་པ།

达赖喇嘛·根敦嘉措 ཏཱ་ལའི་བླ་མ་དགེ་འདུན་རྒྱ་མཚོ

达赖喇嘛·索朗嘉措 ཏཱ་ལའི་བླ་མ་བསོད་ནམས་རྒྱ་མཚོ།

达赖喇嘛·云丹嘉措 ཏཱ་ལའི་བླ་མ་ཡོན་ཏན་རྒྱ་མཚོ།

达赖喇嘛·阿旺洛桑嘉措 ཏཱ་ལའི་བླ་མ་ངག་དབང་བློ་བཟང་རྒྱ་མཚོ།

达赖喇嘛·仓央嘉措 ཏཱ་ལའི་བླ་མ་ཚངས་དབྱངས་རྒྱ་མཚོ།

达赖喇嘛·格桑嘉措 ཏཱ་ལའི་བླ་མ་སྐལ་བཟང་རྒྱ་མཚོ

达赖喇嘛·强白嘉措 ཏཱ་ལའི་བླ་མ་འཇམ་དཔལ་རྒྱ་མཚོ།

达赖喇嘛·隆朵嘉措 ཏཱ་ལའི་བླ་མ་ལུང་རྟོགས་རྒྱ་མཚོ

达赖喇嘛·崔臣嘉措 ཏཱ་ལའི་བླ་མ་ཚུལ་ཁྲིམས་རྒྱ་མཚོ

达赖喇嘛·克珠嘉措 ཏཱ་ལའི་བླ་མ་མཁས་གྲུབ་རྒྱ་མཚོ

达赖喇嘛·赤烈嘉措 ཏཱ་ལའི་བླ་མ་འཕྲིན་ལས་རྒྱ་མཚོ

达赖喇嘛·土旦嘉措 ཏཱ་ལའི་བླ་མ་ཐུབ་བསྟན་རྒྱ་མཚོ

达赖喇嘛·丹增嘉措 ཏཱ་ལའི་བླ་མ་བསྟན་འཛིན་རྒྱ་མཚོ།

达隆巴·多吉朗杰 དར་ལུང་པ་རྡོ་རྗེ་རྣམ་རྒྱལ།

达那卓玛哇·桑珠多吉 རྟ་ནག་སྒྲོལ་མ་བ་བསམ་གྲུབ་རྡོ་རྗེ།

达扎禄恭 སྟག་སྒྲ་ཀླུ་ཁོང་།

大司徒·绛曲坚参 ཏཱ་སི་ཏུ་བྱང་ཆུབ་རྒྱལ་མཚན།

大司徒·曲吉仁钦 ཏཱ་སི་ཏུ་ཆོས་ཀྱི་རིན་ཆེན།

大司徒·拉赞觉 ཏཱ་སི་ཏུ་ལྷ་བཙན་སྐྱབས།

大宝法王德行协巴 རིན་ཆེན་ཆོས་རྒྱལ་དེ་བཞིན་གཤེགས་པ།

大乘法王贡噶扎西坚参 ཐེག་ཆེན་ཆོས་རྒྱལ་ཀུན་དགའ་བཀྲིས་རྒྱལ་མཚན།

大慈法王释迦益希 བྱམས་ཆེན་ཆོས་རྒྱལ་ཤཱཀྱ་ཡེ་ཤེས།

大元帝师贡噶仁钦 ཏཱ་དབེན་ཏི་ཤྲ་ཀུན་དགའ་རིན་ཆེན།

大元帝师贡噶坚参 ཏཱ་དབེན་ཏི་ཤི་རི་ཀུན་དགའ་རྒྱལ་མཚན།

大元国师贡噶尼玛坚参 ཏཱ་དབེན་གོ་ཤི་རི་ཀུན་དགའ་ཉི་མ་རྒྱལ་མཚན།

大元国师嘉央顿珠坚参 ཏཱ་དབེན་གོ་ཤི་རི་འཇམ་དབྱངས་དོན་གྲུབ་རྒྱལ་མཚན།

大元国师曲吉坚参贝桑波 ཏཱ་དབེན་གོ་ཤི་རི་ཆོས་ཀྱི་རྒྱལ་མཚན་དཔལ་བཟང་པོ།

大元国说洛追坚参贝桑波 ཏཱ་དབེན་གོ་ཤི་རི་བློ་གྲོས་རྒྱལ་མཚན་དཔལ་བཟང་པོ།

大素尔·释迦窘乃 ཟུར་པོ་ཆེ་ཤཱཀྱ་འབྱུང་གནས།

丹增旺杰 བསྟན་འཛིན་དབང་རྒྱལ།

丹增年扎 བསྟན་འཛིན་སྙན་གྲགས།

丹增索朗坚参 བསྟན་འཛིན་བསོད་ནམས་རྒྱལ་མཚན།

丹增益希伦珠 བསྟན་འཛིན་ཡེ་ཤེས་ལྷུན་གྲུབ།

丹增朗杰 བསྟན་འཛིན་རྣམ་རྒྱལ།

丹增程勒朗杰 བསྟན་འཛིན་འཕྲིན་ལས་རྣམ་རྒྱལ།

丹增雷谢 བསྟན་འཛིན་ལེགས་བཤད།

丹巴·索朗坚参 བསྟན་པ་བསོད་ནམས་རྒྱལ་མཚན།

丹巴坚参 བསྟན་པ་རྒྱལ་མཚན།

丹巴达喀哇 དམ་པ་སྟབས་ཁ་བ།

丹拔·玛哇僧格 དན་བག་སྨྲ་བའི་སེང་གེ

丹玛·伦珠坚参 ལྡང་མ་ལྷུན་གྲུབ་རྒྱལ་མཚན།

当巴奔芒 དམ་པ་སྦོར་མང་།

当曲白拔 དམ་ཆོས་དཔལ་འབར།

当巴恰尔钦 དམ་པ་ཕྱར་ཆེན།

当巴恰尔穷 དམ་པ་ཕྱར་ཆུང་།

道丹贡杰哇 རྟོགས་ལྡན་མགོན་རྒྱལ་བ།

道丹益杰哇 རྟོགས་ལྡན་ཡེ་རྒྱལ་བ།

道丹蔡巴 རྟོགས་ལྡན་ཚལ་པ།

德祖衮 ལྡེ་གཙུག་མགོན།

德敦饶强巴·旺久坚参 སྡེ་བདུན་རབ་འབྱམས་པ་དབང་ཕྱུག་རྒྱལ་མཚན།

德琼桑杰 ལྡེ་ཆུང་སངས་རྒྱས།

德顿·贡却扎 ལྡེ་སྟོན་དཀོན་མཆོག་གྲགས།

德庆智迈林巴 བདེ་ཆེན་དྲི་མེད་གླིང་པ།

德达林巴 གཏེར་བདག་གླིང་པ།

德瓦坚巴·格列白桑 བདེ་བ་ཅན་པ་དགེ་ལེགས་དཔལ་བཟང་།

谛洛巴 ཏི་ལོ་པ།

帝师热巴·喜饶僧格 ཏི་ཤི་རི་རས་པ་ཤེས་རབ་སེང་གེ

帝师仁钦坚参 ཏི་ཤྲི་རི་རིན་ཆེན་རྒྱལ་མཚན།
帝师益希仁钦 ཏི་ཤྲི་རི་ཡེ་ཤེས་རིན་ཆེན།
帝师扎巴俄色 ཏི་ཤྲི་རི་གྲགས་པ་འོད་ཟེར།
帝师桑结贝 ཏི་ཤྲི་རི་སངས་རྒྱས་དཔལ།
帝师贡噶洛追贝桑波 ཏི་ཤྲི་རི་ཀུན་དགའ་བློ་གྲོས་དཔལ་བཟང་པོ།
帝师绛央仁钦坚参 ཏི་ཤྲི་རི་འཇམ་དབྱངས་རིན་ཆེན་རྒྱལ་མཚན།
帝师贡噶坚参 ཏི་ཤྲི་རི་ཀུན་དགའ་རྒྱལ་མཚན།
帝师喇钦・索朗洛追 ཏི་ཤྲི་རི་བླ་ཆེན་བསོད་ནམས་བློ་གྲོས།
第巴・桑结嘉措 སྡེ་པ་སངས་རྒྱས་རྒྱ་མཚོ།
第巴・索朗饶丹 སྡེ་པ་བསོད་ནམས་རབ་བརྟན།
第巴・阿旺仁钦 སྡེ་པ་ངག་དབང་རིན་ཆེན།
第穆・阿旺绛白德勒加措 དེ་མོ་ངག་དབང་འཇམ་དཔལ་བདེ་ལེགས་རྒྱ་མཚོ།
第穆・阿旺洛桑赤烈绕结 དེ་མོ་ངག་དབང་བློ་བཟང་འཕྲིན་ལས་རབ་རྒྱས།
第穆・洛桑图旦晋迈加措 དེ་མོ་བློ་བཟང་ཐུབ་བསྟན་འཇིགས་མེད་རྒྱ་མཚོ།
第穆・绛央班觉加措顿珠 དེ་མོ་འཇམ་དབྱངས་དཔལ་འབྱོར་རྒྱ་མཚོ་དོན་གྲུབ།
第穆・阿旺洛桑赤列 དེ་མོ་ངག་དབང་བློ་བཟང་འཕྲིན་ལས།
第邬玛尔格西・丹增平措 དེའུ་དམར་དགེ་བཤེས་བསྟན་འཛིན་ཕུན་ཚོགས།
东噶・洛桑赤列 དུང་དཀར་བློ་བཟང་འཕྲིན་ལས།
东松岗瓦 སྟོང་གསུམ་གང་བ།
董敦・洛追扎巴（纳那塘巴・曲隆古谢） གདུམ་སྟོན་བློ་གྲོས་གྲགས་པ།（སྣར་ཐང་པ་ཆོས་ལུང་སྐུ་གཤེགས།）
都松芒波杰 འདུས་སྲོང་མང་པོ་རྗེ།
笃巴旺杰 དོལ་པ་དབང་རྒྱལ།
笃补巴・喜饶坚参 དོལ་པོ་པ་ཤེས་རབ་རྒྱལ་མཚན།
杜孜久迈 བདུད་རྩི་འགྱུར་མེད།
堆龙巴钦波・仁钦娘波 སྟོད་ལུང་པ་ཆེན་པོ་རིན་ཆེན་སྙིང་པོ།
堆・喜饶桑波 སྟོད་ཤེས་རབ་བཟང་པོ།
堆贡・绛曲喜饶 སྟོད་སྒོམ་བྱང་ཆུབ་ཤེས་རབ།
堆增・扎巴坚参 འདུལ་འཛིན་གྲགས་པ་རྒྱལ་མཚན།
堆布・坚参扎巴 དོལ་པོ་རྒྱལ་མཚན་གྲགས་པ།
堆考晓巴・释迦旺久 དུས་འཁོར་ཞབས་པ་ཤཱཀྱ་དབང་ཕྱུག
堆姆・多吉措 སྟོད་མོ་རྡོ་རྗེ་མཚོ།
堆藏索活佛塘穷哇 སྟོད་གཙང་སོའི་སྤྲུལ་སྐུ་ཐང་ཆུང་བ།
顿巴次程 སྟོན་པ་ཚུལ་ཁྲིམས།
顿巴拉嘉 སྟོན་པ་བླ་སྐྱབས།
顿巴旺觉 སྟོན་པ་དབང་འབྱོར།
顿珠桑波 དོན་གྲུབ་བཟང་པོ།
顿珠仁钦 དོན་གྲུབ་རིན་ཆེན།
顿珠欧色 དོན་གྲུབ་འོད་ཟེར།
顿巴・益希班觉 སྟོན་པ་ཡེ་ཤེས་དཔལ་འབྱོར།
敦格日巴・杂隆巴 དུམ་གུ་རི་པ་ཛ་ལུང་པ།
多罗那他 རྗེ་བཙུན་ཏཱ་ར་ནཱ་ཐ།
多达那波 ཏོར་དོར་ཏ་ནག་པོ།
多麦南喀哇・阿僧 མདོ་སྨད་ནམ་མཁའ་བ་ཨ་སེང་།
多尔增・洛桑丹贝坚参 རྡོར་འཛིན་བློ་བཟང་བསྟན་པའི་རྒྱལ་མཚན།
多尔增・朗杰嘉措 རྡོར་འཛིན་རྣམ་རྒྱལ་རྒྱ་མཚོ།
多洛巴・释迦绛曲 མདོག་ལོ་པ་ཤཱཀྱ་བྱང་ཆུབ།
多吉央 རྡོ་རྗེ་དབྱངས།
多吉旺秋 རྡོ་རྗེ་དབང་ཕྱུག
多吉欧色 རྡོ་རྗེ་འོད་ཟེར།
多吉仁钦坚参 རྡོ་རྗེ་རིན་ཆེན་རྒྱལ་མཚན།
多吉贝 རྡོ་རྗེ་དཔལ།
多吉僧格 རྡོ་རྗེ་སེང་གེ
多吉扎・白玛程勒 རྡོ་རྗེ་བྲག་པདྨ་འཕྲིན་ལས།
多吉林巴 རྡོ་རྗེ་གླིང་པ།
多吉仁钦 རྡོ་རྗེ་རིན་ཆེན།
多吉杰布 རྡོ་རྗེ་རྒྱལ་པོ།
多吉坚参 རྡོ་རྗེ་རྒྱལ་མཚན།
多吉帕姆・曲吉珍美 རྡོ་རྗེ་ཕག་མོ་ཆོས་ཀྱི་སྒྲོན་མེ།
多吉帕姆・贡噶桑姆 རྡོ་རྗེ་ཕག་མོ་ཀུན་དགའ་བཟང་མོ།
多吉帕姆・伍金坐姆 རྡོ་རྗེ་ཕག་མོ་ཨོ་རྒྱན་གཙོ་མོ།

多吉帕姆·卡居白姆 རྡོ་རྗེ་ཕག་མོ་མཁའ་སྤྱོད་དཔལ་མོ།
多吉帕姆·陈烈措姆 རྡོ་རྗེ་ཕག་མོ་འཕྲིན་ལས་མཚོ་མོ།
多吉帕姆·曲珍旺姆 རྡོ་རྗེ་ཕག་མོ་ཆོས་སྒྲོན་དབང་མོ།
多吉帕姆·德庆旺姆 རྡོ་རྗེ་ཕག་མོ་བདེ་ཆེན་དབང་མོ།
多吉帕姆·德庆措姆 རྡོ་རྗེ་ཕག་མོ་བདེ་ཆེན་མཚོ་མོ།
多吉帕姆·贡桑旺姆 རྡོ་རྗེ་ཕག་མོ་ཀུན་བཟང་དབང་མོ།
多吉帕姆·曲英白姆 རྡོ་རྗེ་ཕག་མོ་ཆོས་དབྱིངས་པད་མོ།
多吉帕姆·德庆曲珍 རྡོ་རྗེ་ཕག་མོ་བདེ་ཆེན་ཆོས་སྒྲོན།
朵喀·次仁旺杰 མདོ་མཁར་ཚེ་རིང་དབང་རྒྱལ།

E

俄·勒贝喜饶 རྔོག་ལེགས་པའི་ཤེས་རབ།
俄·洛丹喜饶 རྔོག་བློ་ལྡན་ཤེས་རབ།
俄·曲格多吉 རྔོག་ཆོས་སྐུ་རྡོ་རྗེ།
俄堪布·贡却坚参 ངོར་མཁན་པོ་དཀོན་མཆོག་རྒྱལ་མཚན།
俄·绛曲贝 རྔོག་བྱང་ཆུབ་དཔལ།
俄希巴·强巴图旺 དངོས་བཞི་པ་བྱམས་པ་ཐུབ་དབང
俄顿·仁旺 རྔུལ་སྟོན་རིན་དབང་།
俄尔钦·贡噶桑波 ངོར་ཆེན་ཀུན་དགའ་བཟང་པོ།
俄·觉色热摩 རྔོག་ཇོ་སྲས་ར་མོ།
恩塘·绛曲坚参 ངན་ཐང་བྱང་ཆུབ་རྒྱལ་མཚན།

F

法胜 ཆོས་ཀྱི་མཆོག
法护 ཆོས་སྐྱོང་།
辅教王南喀坚参贝桑波 ཏུ་ཀྱུ་ཤང་ནམ་མཁའ་རྒྱལ་མཚན་དཔལ་བཟང་པོ།
辅教王南喀勒贝坚参 ཏུ་ཀྱུ་ཤང་ནམ་མཁའ་ལེགས་པའི་རྒྱལ་མཚན།

G

噶尔·东赞宇松 མགར་སྟོང་བཙན་ཡུལ་སྲུང་།
噶尔·旺珠 འགར་དབང་གྲུབ།
噶尔贡噶布 འགར་སྒོམ་དཀར་པོ།
噶尔顿·次程桑波 འགར་སྟོན་ཚུལ་ཁྲིམས་བཟང་པོ།
噶瓦贝孜 ཀ་བ་དཔལ་རྩེག
噶阿巴·班觉喜饶 བཀའ་ལྔ་པ་དཔལ་འབྱོར་ཤེས་རབ
噶久巴·南卡白桑 བཀའ་བཅུ་པ་ནམ་མཁའ་དཔལ་བཟང་།
噶久巴·循努僧格洛追 བཀའ་བཅུ་པ་གཞོན་ནུ་སེང་གེ་བློ་གྲོས།
噶托巴·强巴崩 ཀ་ཐོག་པ་བྱམས་པ་འབུམ།
噶玛贡钦·强白桑布 ཀརྨ་སྒོམ་ཆེན་འཇམ་དཔལ་བཟང་པོ།
噶玛赤烈 ཀརྨ་འཕྲིན་ལས།
噶玛·堆松钦巴 ཀརྨ་དུས་གསུམ་མཁྱེན་པ།
噶玛拔希·曲吉喇嘛 ཀརྨ་པཀ་ཤི་ཆོས་ཀྱི་བླ་མ།
噶玛·让迥多吉 ཀརྨ་རང་བྱུང་རྡོ་རྗེ།
噶玛·乳贝多吉 ཀརྨ་རོལ་པའི་རྡོ་རྗེ།
噶玛·德行协巴 ཀརྨ་དེ་བཞིན་གཤེགས་པ།
噶玛·通哇敦丹 ཀརྨ་མཐོང་བ་དོན་ལྡན།
噶玛·曲扎嘉措 ཀརྨ་ཆོས་གྲགས་རྒྱ་མཚོ།
噶玛·弥觉多吉 ཀརྨ་མི་འགྱུར་རྡོ་རྗེ།
噶玛·旺久多吉 ཀརྨ་དབང་ཕྱུག་རྡོ་རྗེ།
噶玛·曲英多吉 ཀརྨ་ཆོས་དབྱིངས་རྡོ་རྗེ།
噶玛·都堆多吉 ཀརྨ་བདུད་འདུལ་རྡོ་རྗེ།
噶玛·塔却多吉 ཀརྨ་ཐེག་མཆོག་རྡོ་རྗེ།
噶玛·喀却多吉 ཀརྨ་མཁའ་སྤྱོད་རྡོ་རྗེ།
噶玛·让迥日贝多吉 ཀརྨ་རང་བྱུང་རིག་པའི་རྡོ་རྗེ།
噶玛·赤烈多吉 ཀརྨ་འཕྲིན་ལས་རྡོ་རྗེ།
噶当巴·喜饶僧格 ཀ་དམ་པ་ཤེས་རབ་སེང་གེ
迦绒哇·拉耶坚参 གླ་རུང་བ་ལྷའི་རྒྱལ་མཚན།
盖盖·霍尔扎巴 གེ་གེ་ཧོར་གྲགས་པ།
岗木·益希坚参 སྒམ་ཡེ་ཤེས་རྒྱལ་མཚན།
格卫旺布 དགེ་བའི་དབང་པོ།
格西·穷波扎赛 དགེ་བཤེས་ཁྱུང་པོ་གྲགས་སེ།
格西·阿旺窘乃 དགེ་བཤེས་ངག་དབང་འབྱུང་གནས།
格西·丹增平措 དགེ་བཤེས་བསྟན་འཛིན་ཕུན་ཚོགས།
格西·结巴 དགེ་བཤེས་སྐྱེ་པ།
格西·杰甘绷巴 དགེ་བཤེས་རྗེ་རྒན་འབུམ་པ།
格西·尤摩哇 དགེ་བཤེས་ཡོལ་མོ་བ།
格西·扎巴 དགེ་བཤེས་གྲྭ་པ།
格西昆 དགེ་བཤེས་འཁུན།
格敦·扎西班觉 དགེ་འདུན་བཀྲིས་དཔལ་འབྱོར།
格隆·绛央扎巴 དགེ་སློང་འཇམ་དབྱངས་གྲགས་པ།

格勒多吉 དགེ་ལེགས་རྡོ་རྗེ།
格勒坚参 དགེ་ལེགས་རྒྱལ་མཚན།
根顿平措 དགེ་འདུན་ཕུན་ཚོགས།
根顿丹巴达杰 དགེ་འདུན་བསྟན་པ་དར་རྒྱས།
功德光 ཡོན་ཏན་འོད།
工布贾琼 ཀོང་པོ་འཇག་ཆུང་།
工布恰穷巴 ཀོང་པོ་བྱ་ཁྱུང་པ།
工珠·云丹嘉措 ཀོང་སྤྲུལ་ཡོན་ཏན་རྒྱ་མཚོ།
工珠·贝丹钦孜卫色 ཀོང་སྤྲུལ་དཔལ་ལྡན་མཁྱེན་བརྩེ་འོད་ཟེར།
工珠·洛追曲吉僧格 ཀོང་སྤྲུལ་བློ་གྲོས་ཆོས་ཀྱི་སེང་གེ
贡巴·贡布坚参 གོང་པ་མགོན་པོ་རྒྱལ་མཚན།
贡巴·贡却松 སྒོམ་པ་དཀོན་མཆོག་བསྐྱངས།
贡巴·吉拔尔瓦 སྒོམ་པ་སྐྱི་འབར་བ།
贡邦·曲扎贝 ཀུན་སྤངས་ཆོས་གྲགས་དཔལ།
贡邦·仁钦坚参 ཀུན་སྤངས་རིན་ཆེན་རྒྱལ་མཚན།
贡邦·托杰尊追 ཀུན་སྤངས་ཐུགས་རྗེ་བརྩོན་འགྲུས།
贡松贡赞 གུང་སྲོང་གུང་བཙན།
贡丹热巴 ཀུན་ལྡན་རས་པ།
贡增·喜饶益希 ཀོང་བཙུན་ཤེས་རབ་ཡེ་ཤེས།
贡塘·丹白准美 གུང་ཐང་བསྟན་པའི་སྒྲོན་མེ།
贡塘巴·白觉洛追 གུང་ཐང་པ་དཔལ་འབྱོར་བློ་གྲོས།
贡顿·多吉坚参 དགོན་སྟོན་རྡོ་རྗེ་རྒྱལ་མཚན།
贡堆·洛追旺秋 གུང་སྟོད་བློ་གྲོས་དབང་ཕྱུག
贡却培 དཀོན་མཆོག་འཕེལ།
贡钦·曲格欧色 ཀུན་མཁྱེན་ཆོས་སྐུ་འོད་ཟེར།
贡钦觉囊巴·喜饶坚参 སྒོམ་ཆེན་ཇོ་ནང་པ་ཤེས་རབ་རྒྱལ་མཚན་
贡钦·次程扎巴 སྒོམ་ཆེན་ཚུལ་ཁྲིམས་གྲགས་པ།
贡钦·晋美林巴 སྒོམ་ཆེན་འཇིགས་མེད་གླིང་པ།
贡钦·曼兰拔尔 སྒོམ་ཆེན་སྨོན་ལམ་འབར།
贡钦·扎西朗杰 སྒོམ་ཆེན་བཀྲིས་རྣམ་རྒྱལ།
贡噶多吉 ཀུན་དགའ་རྡོ་རྗེ།
贡噶扎巴 ཀུན་དགའ་གྲགས་པ།
贡噶本巴 ཀུན་དགའ་འབུམ་པ།
贡噶欧色 ཀུན་དགའ་འོད་ཟེར།
贡噶白久 ཀུན་དགའ་དཔལ་འབྱོར།
贡噶扎西 ཀུན་དགའ་བཀྲིས།
贡噶仁钦贝桑布 ཀུན་དགའ་རིན་ཆེན་དཔལ་བཟང་པོ
贡噶次程多吉 ཀུན་དགའ་ཚུལ་ཁྲིམས་རྡོ་རྗེ།
贡噶洛追 ཀུན་དགའ་བློ་གྲོས།
贡噶洛追坚参贝桑波 ཀུན་དགའ་བློ་གྲོས་རྒྱལ་མཚན་དཔལ་བཟང་པོ།
贡噶娘波 ཀུན་དགའ་སྙིང་པོ།
贡噶索朗 ཀུན་དགའ་བསོད་ནམས།
贡噶旺秋 ཀུན་དགའ་དབང་ཕྱུག
贡噶周却 ཀུན་དགའ་གྲོལ་མཆོག
贡噶仁钦扎西扎巴坚参 ཀུན་དགའ་རིན་ཆེན་བཀྲིས་གྲགས་པ་རྒྱལ་མཚན།
贡觉桑波 དཀོན་མཆོག་བཟང་པོ།
贡觉班觉 དཀོན་མཆོག་དཔལ་འབྱོར།
贡觉平措 དཀོན་མཆོག་ཕུན་ཚོགས།
贡觉仁钦 དཀོན་མཆོག་རིན་ཆེན།
贡觉群培 དཀོན་མཆོག་ཆོས་འཕེལ།
贡觉程勒桑布 དཀོན་མཆོག་འཕྲིན་ལས་བཟང་པོ།
贡觉程勒顿珠 དཀོན་མཆོག་འཕྲིན་ལས་དོན་གྲུབ།
贡觉坚参 དཀོན་མཆོག་རྒྱལ་མཚན།
贡觉·南卡欧色 གོ་འཇོ་ནམ་མཁའ་འོད་ཟེར།
古叶·仁钦贡布 སྐུ་ཡལ་རིན་ཆེན་མགོན་པོ།
古格·阿旺扎巴 གུ་གེ་ངག་དབང་གྲགས་པ།
古茹觉贝 མགུལ་རུ་ཇོ་འབེར།
估玛惹杂 ཀུ་མཱ་རཱ་ཛ།
姑萨梨 ཀུ་སཱ་ལི།
固始汗 བསྟན་འཛིན་ཆོས་རྒྱལ་གུ་ཤྲཱི་ཧན།
灌顶国师洛追桑布 ཀླན་ཏིང་གོ་ཤྲཱི་བློ་གྲོས་བཟང་པོ
灌顶国师扎西坚参 ཀླན་ཏིང་གོ་ཤྲཱི་བཀྲིས་རྒྱལ་མཚན།
轨范师阿里巴 སློབ་དཔོན་མངའ་རིས་པ།
桂·达尔玛 འགོས་དར་མ།
桂译师达摩波罗 འགོས་ལོ་དྷརྨ་པཱ་ལ།
郭仓巴·贡布多吉 རྒོད་ཚང་པ་མགོན་པོ་རྡོ་རྗེ།
国师班久顿珠 གོ་ཤྲཱི་དཔལ་འབྱོར་དོན་གྲུབ།
国师贡噶杰布 གོ་ཤྲཱི་ཀུན་དགའ་རྒྱལ་པོ།
国师南喀勒贝坚参贝桑波 གོ་ཤྲཱི་ནམ་མཁའ་ལེགས་པའི་རྒྱལ་མཚན་དཔལ་བཟང་པོ།

H

黑行者 ནག་པོ་སྤྱོད་པ།
红阿阇黎 ཨ་ཙ་རྱ་དམར་པོ།
红帽扎巴僧格 ཞྭ་དམར་གྲགས་པ་སེང་གེ
红帽喀觉旺布 ཞྭ་དམར་མཁའ་སྤྱོད་དབང་པོ།
红帽曲贝益希 ཞྭ་དམར་ཆོས་དཔལ་ཡེ་ཤེས།
红帽曲扎益希 ཞྭ་དམར་ཆོས་གྲགས་ཡེ་ཤེས།
红帽贡觉延拉 ཞྭ་དམར་དཀོན་མཆོག་ཡན་ལག
红帽曲吉旺久 ཞྭ་དམར་ཆོས་ཀྱི་དབང་ཕྱུག
红帽益希娘布 ཞྭ་དམར་ཡེ་ཤེས་སྙིང་པོ།
红帽曲吉顿珠 ཞྭ་དམར་ཆོས་ཀྱི་དོན་གྲུབ།
红帽格卫迥乃 ཞྭ་དམར་དགེ་བའི་འབྱུང་གནས།
红帽曲珠嘉措 ཞྭ་དམར་ཆོས་གྲུབ་རྒྱ་མཚོ།
慧贤 ཤེས་རབ་བཟང་པོ།
慧源 ཤེར་འབྱུང་།
慧生寂 ཤེས་རབ་འབྱུང་གནས་དབེན་པ།
霍尔敦·南喀贝桑布 ཧོར་སྟོན་ནམ་མཁའ་དཔལ་བཟང་པོ།

J

基特巴 སྤྱི་ཐེར་པ།
基德 སྐྱིད་ལྡེ།
吉曲巴 སྐྱིད་ཆུ་པ།
吉迈香 སྐྱི་མེད་ཤང་།
吉仓雪波 ཀྱི་ཚང་ཞིག་པོ།
吉·曲吉僧格 སྐྱི་ཆོས་ཀྱི་སེང་གེ
吉布哇·措贡贡噶贝 སྐྱིར་བུ་བ་ཚོགས་སྒོམ་ཀུན་དགའ་དཔལ།
吉温·洛桑尼玛 རྗེ་དཔོན་བློ་བཟང་ཉི་མ།
济咙·阿旺贡觉尼玛 རྗེ་དྲུང་ངག་དབང་དཀོན་མཆོག་ཉི་མ།
济咙·洛桑班丹坚参 རྗེ་དྲུང་བློ་བཟང་དཔལ་ལྡན་རྒྱལ་མཚན།
济咙·洛桑益西班丹贡布 རྗེ་དྲུང་བློ་བཟང་ཡེ་ཤེས་དཔལ་ལྡན་མགོན་པོ།
济咙·阿旺班丹曲吉坚参 རྗེ་དྲུང་ངག་དབང་དཔལ་ལྡན་ཆོས་ཀྱི་རྒྱལ་མཚན།
加那巴·洛珠加措 རྒྱ་ནག་པ་བློ་གྲོས་རྒྱ་མཚོ།
嘉琛 རྒྱ་མཆིང་།
嘉·益希贡波 རྒྱ་ཡེ་ཤེས་མགོན་པོ།
嘉·尊追僧格 རྒྱ་བརྩོན་འགྲུས་སེང་གེ
嘉·达结僧格 རྒྱ་དར་རྒྱས་སེང་གེ
嘉·娘穷 རྒྱ་སྙོན་ཆུང་།
嘉顿·南喀杰波 རྒྱ་སྟོན་ནམ་མཁའ་རྒྱལ་པོ།
嘉顿·多吉贡布 རྒྱ་སྟོན་རྡོ་རྗེ་མགོན་པོ།
嘉顿·桑结 རྒྱ་སྟོན་སངས་རྒྱས།
嘉顿·循努僧格 རྒྱ་སྟོན་གཞོན་ནུ་སེང་གེ
嘉玛哇·绛曲扎 རྒྱ་མ་བ་བྱང་ཆུབ་གྲགས།
嘉同·喜饶坚参 རྒྱ་ཐུང་ཤེས་རབ་རྒྱལ་མཚན།
嘉色·尼玛桑布 རྒྱལ་སྲས་ཉི་མ་བཟང་པོ།
嘉哇央贡·坚参贝 རྒྱལ་བ་ཡང་དགོན་རྒྱལ་མཚན་དཔལ།
嘉擦·仁钦贡 རྒྱལ་ཚ་རིན་ཆེན་མགོན།
嘉哇·邦查松巴 རྒྱལ་བ་འབུམ་ཕྲག་གསུམ་པ།
嘉哇德乃 རྒྱལ་བ་ཏེ་ནེ།
嘉哇娘波 རྒྱལ་བ་སྙིང་པོ།
嘉布巴·当曲贝丹 བྱ་ཕྱུག་པ་དམ་ཆོས་དཔལ་ལྡན།
嘉噶·喜饶坚参 བྱ་དཀར་ཤེས་རབ་རྒྱལ་མཚན།
嘉木·喜饶喇嘛 རྒྱམས་ཤེས་རབ་བླ་མ།
嘉央贡噶曲桑 འཇམ་དབྱངས་ཀུན་དགའ་ཆོས་བཟང་།
嘉央次旦扎西 འཇམ་དབྱངས་ཚེ་བརྟན་བཀྲིས།
嘉央贡却桑波 འཇམ་དབྱངས་དཀོན་མཆོག་བཟང་པོ།
嘉央钦孜旺波 འཇམ་དབྱངས་མཁྱེན་བརྩེ་དབང་པོ།
嘉央协贝多吉 འཇམ་དབྱངས་བཞད་པའི་རྡོ་རྗེ།
嘉央贡噶索浪扎巴坚参 འཇམ་དབྱངས་ཀུན་དགའ་བསོད་ནམས་གྲགས་པ་རྒྱལ་མཚན།
嘉央阿旺贡噶旺杰 འཇམ་དབྱངས་ངག་དབང་ཀུན་དགའ་དབང་རྒྱལ།
嘉央乔来朗杰 ཇམ་དབྱངས་མཆོག་ལས་རྣམ་རྒྱལ།
甲却喀巴·益希多吉 བྱ་འཆད་ཁ་པ་ཡེ་ཤེས་རྡོ་རྗེ།
甲域哇·循努沃 བྱ་ཡུལ་བ་གཞོན་ནུ་འོད།
甲·堆瓦增巴钦布 བྱ་འདུལ་བ་འཛིན་པ་ཆེན་པོ།
甲域噶摩 བྱ་ཡུལ་དཀར་མོ།
甲热·曲迥加措 རྒྱ་ར་ཆོས་སྐྱོང་རྒྱ་མཚོ།
贾珠格堪（桑喜） རྒྱ་ཕྲུག་གར་མཁན།
贾曹杰·达玛仁钦 རྒྱལ་ཚབ་རྗེ་དར་མ་རིན་ཆེན།
坚参觉 རྒྱལ་མཚན་སྐྱབས།
坚参桑布 རྒྱལ་མཚན་བཟང་པོ།

坚参僧格 རྒྱལ་མཚན་སེང་གེ
坚萨哇·喜饶欧色 འཇམ་གསར་བ་ཤེས་རབ་འོད་ཟེར།
绛则乃 འཇམ་རྩེ་ནེ།
绛巴本 བྱམས་པ་འབུམ།
绛白崔陈 འཇམ་དཔལ་ཚུལ་ཁྲིམས།
绛秋群培 བྱང་ཆུབ་ཆོས་འཕེལ།
绛曲洛追 བྱང་ཆུབ་བློ་གྲོས།
绛曲僧格 བྱང་ཆུབ་སེང་གེ
绛曲沃 བྱང་ཆུབ་འོད།
绛曲嘉措贝桑布 བྱང་ཆུབ་རྒྱ་མཚོ་དཔལ་བཟང་པོ།
绛曲赛巴贡噶 བྱང་ཆུབ་སེམས་དཔའ་ཀུན་དགའ།
绛曲贝 བྱང་ཆུབ་དཔལ།
绛曲赛巴达 བྱང་ཆུབ་སེམས་དཔའ་སྟག
绛顿·洛追嘉措 བྱང་སྟོན་བློ་གྲོས་རྒྱ་མཚོ།
绛巴·仁增阿旺 བྱང་པ་རིག་འཛིན་ངག་དབང་།
绛赛·杰哇益希 བྱང་སེམས་རྒྱལ་བ་ཡེ་ཤེས།
绛赛·达哇坚参 བྱང་སེམས་ཟླ་བ་རྒྱལ་མཚན།
绛央贡噶僧格 འཇམ་དབྱངས་ཀུན་དགའ་སེང་གེ
绛央贡布 འཇམ་དབྱངས་མགོན་པོ།
绛央门朗 འཇམ་དབྱངས་སྨོན་ལམ།
绛央崔陈达杰 འཇམ་དབྱངས་ཚུལ་ཁྲིམས་དར་རྒྱས།
绛央曲多哇 འཇམ་དབྱངས་ཆོས་རྡོར་བ།
绛央曲结·扎西贝丹 འཇམ་དབྱངས་ཆོས་རྒྱལ་བཀྲིས་དཔལ་ལྡན།
绛洛坚巴·崔陈群培 ལྗང་ལོ་ཅན་པ་ཚུལ་ཁྲིམས་ཆོས་འཕེལ།
杰·娘波 རྗེ་ཉང་པོ།
杰·贡噶顿珠 རྗེ་ཀུན་དགའ་དོན་གྲུབ།
杰尊·喜饶僧格 རྗེ་བཙུན་ཤེས་རབ་སེང་གེ
杰尊·僧格旺秋 རྗེ་བཙུན་སེང་གེ་དབང་ཕྱུག
杰尊·米居贝仲 རྗེ་བཙུན་མི་སྐྱོད་དཔལ་སྒྲོན།
杰赛·托迈巴 རྒྱལ་སྲས་ཐོགས་མེད་པ།
杰赛·丹贝尼玛 རྒྱལ་སྲས་བསྟན་པའི་ཉི་མ།
杰哇云丹 རྒྱལ་བ་ཡོན་ཏན།
杰哇香顿·扎西多吉 རྒྱལ་བ་ཞང་སྟོན་བཀྲིས་རྡོ་རྗེ།
杰曹·班丹顿珠 རྒྱལ་ཚབ་དཔལ་ལྡན་དོན་གྲུབ།
杰曹·扎西朗杰 རྒྱལ་ཚབ་བཀྲིས་རྣམ་རྒྱལ།
杰曹·扎西班觉 རྒྱལ་ཚབ་བཀྲིས་དཔལ་འབྱོར།
杰曹·扎巴顿珠 རྒྱལ་ཚབ་གྲགས་པ་དོན་གྲུབ།
杰曹·扎巴曲央 རྒྱལ་ཚབ་གྲགས་པ་ཆོས་དབྱངས།
杰曹·罗布桑布 རྒྱལ་ཚབ་ནོར་བུ་བཟང་པོ།
杰曹·贡觉卫色 རྒྱལ་ཚབ་དཀོན་མཆོག་འོད་ཟེར།
杰曹·曲贝桑布 རྒྱལ་ཚབ་ཆོས་དཔལ་བཟང་པོ།
杰曹·益希桑布 རྒྱལ་ཚབ་ཡེ་ཤེས་བཟང་པོ།
杰曹·丹巴尼玛 རྒྱལ་ཚབ་བསྟན་པའི་ཉི་མ།
杰曹·扎巴嘉措 རྒྱལ་ཚབ་གྲགས་པ་རྒྱ་མཚོ།
杰哇·尊追僧格 རྒྱལ་བ་བརྩོན་འགྲུས་སེང་གེ
杰康孜巴·班觉加措 རྒྱལ་ཁང་རྩེ་པ་དཔལ་འབྱོར་རྒྱ་མཚོ།
解脱军 རྣམ་གྲོལ་སྡེ།
结贡色沃 དགྱེར་སྒོམ་སེ་པོ།
结贡钦布·次程僧格 གྱེར་སྒོམ་ཆེན་པོ་ཚུལ་ཁྲིམས་སེང་གེ
结贡钦布·循努扎巴 སྐྱེར་སྒོམ་ཆེན་པོ་གཞོན་ནུ་གྲགས་པ།
结·喜饶窘乃 བཅེ་ཤེས་རབ་འབྱུང་གནས།
结纳 སྐྱིལ་ནག
结贡宗哇·喜饶多吉 ལྕེ་སྒོམ་རྫོང་པ་ཤེས་རབ་རྡོ་རྗེ།
结顿·嘉纳 ལྕེ་སྟོན་རྒྱ་ནག
结顿·觉松 ལྕེ་སྟོན་ཇོ་བསྲུངས།
结曼巴·桑结扎 རྒྱས་སྨན་པ་སངས་རྒྱས་གྲགས།
金成公主 གྱིམ་ཤིང་ཀོང་ཇོ།
金巴加措 སྦྱིན་པ་རྒྱ་མཚོ།
金洲大师 གསེར་གླིང་པ།
晋美扎 འཇིགས་མེད་གྲགས།
晋美嘉措 འཇིགས་མེད་རྒྱ་མཚོ།
晋美·曲吉僧格 འཇིགས་མེད་ཆོས་ཀྱི་སེང་གེ
京俄·仁钦丹 སྤྱན་སྔ་རིན་ཆེན་ལྡན།
京俄·释迦坚参 སྤྱན་སྔ་ཤཱཀྱ་རྒྱལ་མཚན།
京俄·芒普哇 སྤྱན་སྔ་མང་ཕུ་བ།
京俄·次程拔 སྤྱན་སྔ་ཚུལ་ཁྲིམས་འབར།
京俄·扎巴迥乃 སྤྱན་སྔ་གྲགས་པ་འབྱུང་གནས།
京俄·索朗本巴 སྤྱན་སྔ་བསོད་ནམས་འབུམ་པ།
京俄·谢迥 སྤྱན་སྔ་ཤེར་འབྱུང་།
久若拉略 ཅོག་རོ་ལྷ་ལོད།

久美朗杰（珠尔默特那木扎勒）འགྱུར་མེད་རྣམ་རྒྱལ།
迥・多吉扎巴 གཅུང་རྡོ་རྗེ་གྲགས་པ།
居尼宁玛・仁钦多吉 བཅུ་གཉིས་རྙིང་མ་རིན་ཆེན་རྡོ་རྗེ།
居尼萨玛・扎巴喜饶 བཅུ་གཉིས་གསར་མ་གྲགས་པ་ཤེས་རབ།
居弥旁・绛央朗杰嘉措 འཇུ་མི་ཕམ་འཇམ་དབྱངས་རྣམ་རྒྱལ་རྒྱ་མཚོ།
觉顿・释迦益希 སྐྱོ་སྟོན་ཤཱཀྱ་ཡེ་ཤེས།
觉顿仁波且・绛曲仁钦 སྐྱོ་སྟོན་རིན་པོ་ཆེ་བྱང་ཆུབ་རིན་ཆེན།
觉顿・索朗喇嘛 སྐྱོ་སྟོན་བསོད་ནམས་བླ་མ།
觉顿・仁钦扎西 སྐྱོགས་སྟོན་རིན་ཆེན་བཀྲིས།
觉丹热智 བཅོམ་ལྡན་རལ་གྲི
觉摩娘姆 ཇོ་མོ་སྨྱང་མོ།
觉依巴・多吉益希 ཇོ་ནུབ་པ་རྡོ་རྗེ་ཡེ་ཤེས།
觉囊・乔来朗杰 ཇོ་ནང་ཕྱོགས་ལས་རྣམ་རྒྱལ།
觉隆・央康喇嘛 སྐྱིད་ལུང་ཡང་ཁང་བླ་མ།
觉贡桑旦 སྐྱོག་སྒོམ་བསམ་གཏན།
觉赛格哇坚参 ཇོ་སྲས་དགེ་བ་རྒྱལ་མཚན།
觉热氏妃贝吉却乃玛 ཅོག་རོ་བཟའ་དཔལ་གྱི་མཆོད་གནས་མ།
掘藏师德钦林巴 གཏེར་སྟོན་བདེ་ཆེན་གླིང་པ།
掘藏师都堆多吉 གཏེར་སྟོན་བདུད་འདུལ་རྡོ་རྗེ།
掘藏师古茹曲旺 གཏེར་སྟོན་གུ་རུ་ཆོས་དབང་།
掘藏师邬坚林巴 གཏེར་སྟོན་ཨོ་རྒྱན་གླིང་པ།
掘藏师穷波贝格 གཏེར་སྟོན་ཁྱུང་པོ་དཔལ་དགེ
掘藏师热特纳林巴 གཏེར་སྟོན་རད་ན་གླིང་པ།
掘藏师仁青林巴 གཏེར་སྟོན་རིན་ཆེན་གླིང་པ།
掘藏师雪波林巴 གཏེར་སྟོན་ཞིག་པོ་གླིང་པ།
掘藏师桑结喇嘛 གཏེར་སྟོན་སངས་རྒྱས་བླ་མ།
掘藏师温赛穷托 གཏེར་སྟོན་དབོན་གསས་ཁྱུང་ཐོག
掘藏师喜饶欧色 གཏེར་སྟོན་ཤེས་རབ་འོད་གསལ།
掘藏师仁增廓德 གཏེར་སྟོན་རིག་འཛིན་རྒོད་ལྡེམ།
掘藏师邬坚贡窘林巴 གཏེར་སྟོན་ཨོ་རྒྱན་ཀུན་སྐྱོང་གླིང་པ།
掘藏师娘・尼玛欧色 གཏེར་སྟོན་ཉང་ཉི་མ་འོད་ཟེར།
掘藏师绛达・扎西多杰 གཏེར་སྟོན་བྱང་བདག་བཀྲིས་སྟོབས་རྒྱལ།
掘藏师喜饶欧色勒丹多吉 གཏེར་སྟོན་ཤེས་རབ་འོད་ཟེར་ལེགས་ལྡན་རྡོ་རྗེ།

K

喀且衮巴哇 ཁ་ཆེ་དགོན་པ་བ།
喀且班钦・释迦室利 ཁ་ཆེ་པཎ་ཆེན་ཤཱཀྱ་ཤི་རི།
喀热贡穷哇・旺秋洛追 ཁ་རག་སྒོམ་ཆུང་བ་དབང་ཕྱུག་བློ་གྲོས།
喀热巴・堆瓦沃 ཁ་རག་པ་འདུལ་བ་འོད།
喀尔钦・贝吉旺秋 མཁར་ཆེ་དཔལ་གྱི་དབང་ཕྱུག
卡妥巴・仁钦僧格 ཁ་ཐོག་པ་རིན་ཆེ་སེང་གེ
堪布・绛央云丹 མཁན་པོ་འཇམ་དབྱངས་ཡོན་ཏན།
堪布・罗桑班丹 མཁན་པོ་བློ་བཟང་དཔལ་ལྡན།
堪布・桑杰欧色 མཁན་པོ་སངས་རྒྱས་འོད་ཟེར།
堪布・旺堆诺布 མཁན་པོ་དབང་འདུས་ནོར་བུ།
堪布・扎西僧格 མཁན་པོ་བཀྲིས་སེང་གེ
堪钦古热瓦 མཁན་ཆེན་ཀུ་ར་བ།
堪钦・顿珠贝 མཁན་ཆེན་དོན་གྲུབ་དཔལ།
堪钦・桑波贝 མཁན་ཆེན་བཟང་པོ་དཔལ།
堪钦・释迦扎巴 མཁན་ཆེན་ཤཱཀྱ་གྲགས་པ།
康巴・阿僧 ཁམས་པ་ཨ་འཛིན།
康巴・擦洛 ཁམས་པ་གྲ་ལོ།
康巴・东松贡钦牟尼 ཁམས་པ་སྟོང་གསུམ་སྒོམ་ཆེན་མུ་ནི།
柯日 འཁོར་རེ།
克巴觉南 མཁས་པ་ཇོ་ནན།
克尊・云丹嘉措 མཁས་བཙུན་ཡོན་ཏན་རྒྱ་མཚོ།
克却・托杰贝巴 མཁས་མཆོག་ཐོག་རྒྱལ་དཔལ་འབར།
克却・扎巴桑波 མཁས་མཆོག་གྲགས་པ་བཟང་པོ།
克旺・尊追贝 མཁས་དབང་བརྩོན་འགྲུས་དཔལ།
克珠・贝巴尔坚参 མཁས་གྲུབ་དཔལ་འབར་རྒྱལ་མཚན།
克珠・达玛坚参 མཁས་གྲུབ་དར་མ་རྒྱལ་མཚན།
克珠・格勒白桑 མཁས་གྲུབ་དགེ་ལེགས་དཔལ་བཟང་།
克珠・桑结益希 མཁས་གྲུབ་སངས་རྒྱས་ཡེ་ཤེས།
克珠・琼波南交 མཁས་གྲུབ་ཁྱུང་པོ་ཡེ་ཤེས།
克珠・嘉哇参坚 མཁས་གྲུབ་རྒྱལ་བ་ཡེ་ཤེས།

克尊钦波·南喀勒贝洛追坚参贝桑波 མཁས་གྲུབ་ཆེན་པོ་ནམ་མཁའ་ལེགས་པའི་བློ་གྲོས་རྒྱལ་མཚན་དཔལ་བཟང་པོ།
枯·觉色尼措 ཁོན་ཇོ་སྲས་ཉེ་ཚོ།
枯敦·尊追雍仲 ཁུ་སྟོན་བརྩོན་འགྲུས་གཡུང་དྲུང་།
库布·工贡 ཁུ་བུ་ཀོང་སྒོམ།
库贡觉噶 ཁུ་སྒོམ་ཇོ་དགའ།
奎布噶 ཁོལ་པོ་དགའ།
昆·格嘉 འཁོན་དགའ་སྐྱབས།
昆·贡却杰波 འཁོན་དཀོན་མཆོག་རྒྱལ་པོ།
昆·鲁耶旺波 འཁོན་ཀླུ་ཡི་དབང་པོ།
昆·贝波且 འཁོན་དཔལ་པོ་ཆེ།
昆·多吉仁钦 འཁོན་རྡོ་རྗེ་རིན་ཆེན།
昆·祖多喜饶 འཁོན་གཙུག་གཏོར་ཤེས་རབ།
昆若·喜饶次程 འཁོན་རོ་ཤེས་རབ་ཚུལ་ཁྲིམས།
昆孜央温巴·旺秋多吉 འཁུན་འཛི་ཡང་དབེན་པ་དབང་ཕྱུག་རྡོ་རྗེ།
廓洛·循努贝 འགོས་ལོ་གཞོན་ནུ་དཔལ།
廓吾绕绛巴·喜饶贝 གོ་བོ་རབ་འབྱམས་པ་ཤེས་རབ་དཔལ།
廓吾绕绛巴·索朗僧格 གོ་བོ་རབ་འབྱམས་པ་བསོད་ནམས་སེང་གེ
廓扎巴·索朗坚参 ཀོ་བྲག་པ་བསོད་ནམས་རྒྱལ་མཚན།

L

拉德 ལྷ་སྡེ།
拉堆·贡觉喀尔 ལ་སྟོད་དཀོན་མཆོག་མཁར།
拉堆·旺杰 ལ་སྟོད་དབང་རྒྱལ།
拉隆·贝吉多吉 ལྷ་ལུང་དཔལ་གྱི་རྡོ་རྗེ།
拉·隆格旺秋 ལྷ་ལུང་གི་དབང་ཕྱུག
拉·卓微贡波 ལྷ་འགྲོ་བའི་མགོན་པོ།
拉脱脱日年赞 ལྷ་ཐོ་ཐོ་རི་གཉན་བཙན།
拉曲喀瓦·尼达沃 ལྷ་ཕྱུག་མཁར་བ་ཉི་ཟླ་འོད།
拉结哄穷 ལྷ་རྗེ་ཧུང་ཆུང་།
拉雅觉色 ལ་ཡག་ཇོ་སྲས།
拉·曲吉仁青 ལྷ་ཆོས་ཀྱི་རིན་ཆེན།
拉吉普尔顿让摩 ལྷ་རྗེ་ཕུར་སྟོན་རིང་མོ།
拉萨哇·洛桑南喀 ལྷ་ས་བ་བློ་བཟང་ནམ་མཁའ།
拉旺洛追 ལྷ་དབང་བློ་གྲོས།
拉日巴·南卡沃 ལྷ་རི་པ་ནམ་མཁའ་འོད།
拉杰·兰娘擦瓦 ལྷ་རྗེ་སྣན་ཉ་ཚལ་བ།
拉泽玛贡巴 ལྷ་བྲིས་མ་གོང་པ།
拉尊·次程桑波 ལྷ་བཙུན་ཚུལ་ཁྲིམས་བཟང་པོ།
拉尊·洛桑丹增坚参 ལྷ་བཙུན་བློ་བཟང་བསྟན་འཛིན་རྒྱལ་མཚན།
拉尊·扎西白桑 ལྷ་བཙུན་བཀྲིས་དཔལ་བཟང་།
拉尊迦勒 ལྷ་བཙུན་ཀ་ལི།
喇嘛孜 བླ་མ་རྩེགས།
喇嘛遂 བླ་མ་སྲོས།
喇嘛·云丹贡波 བླ་མ་ཡོན་ཏན་མགོན་པོ།
喇嘛·定增桑波 བླ་མ་ཏིང་འཛིན་བཟང་པོ།
喇嘛·益希坚参 བླ་མ་ཡེ་ཤེས་རྒྱལ་མཚན།
喇嘛丹巴·索朗坚参 བླ་མ་དམ་པ་བསོད་ནམས་རྒྱལ་མཚན།
喇嘛廓隆巴 བླ་མ་སྒོག་ལུང་པ།
喇嘛郭扎巴 བླ་མ་ཀོ་བྲག་པ།
喇嘛拔朗巴 བླ་མ་བ་ལམ་པ།
喇嘛吉顿巴 བླ་མ་སྐྱི་སྟོན་པ།
喇嘛洛穷巴 བླ་མ་སློབ་ཆུང་པ།
喇嘛年顿 བླ་མ་གཉན་སྟོན།
喇嘛桑定巴 བླ་མ་བསམ་སྡིངས་པ།
喇嘛桑波哇 བླ་མ་བཟང་པོ་བ།
喇嘛追琼巴 བླ་མ་དྲིད་ཆུང་པ།
喇嘛钦波·云丹松 བླ་མ་ཆེན་པོ་ཡོན་ཏན་གཟུངས།
喇嘛沃卡瓦·追贡 བླ་མ་འོལ་ཁ་བ་གྲོལ་སྒོམ།
喇钦·贡巴饶赛 བླ་ཆེན་དགོངས་པ་རབ་གསལ།
喇钦·贡噶坚参 བླ་ཆེན་ཀུན་དགའ་རྒྱལ་མཚན།
喇钦·桑结赛 བླ་ཆེན་སངས་རྒྱས་སྲས།
喇穷·欧色 བླ་ཆུང་འོད་ཟེར།
兰·扎布 ལྷན་དྲག་པོ།
兰·次程绛曲 རླན་ཚུལ་ཁྲིམས་བྱང་ཆུབ།
兰娘蔡哇·索朗贡布 སྣན་ཉ་ཚལ་བ་བསོད་ནམས་མགོན་པོ།
朗达玛·邬都赞 གླང་དར་མ་ཨུ་དུམ་བཙན།
朗日塘巴·多吉僧格 གླང་རི་ཐང་པ་རྡོ་རྗེ་སེང་གེ
朗拉·绛曲多吉 རླང་ལྷ་བྱང་ཆུབ་རྡོ་རྗེ།

朗龙巴·尊追循努 གླང་ལུང་པ་བརྩོན་འགྲུས་གཞོན་ནུ།

朗杰扎巴贝桑 རྣམ་རྒྱལ་གྲགས་པ་དཔལ་བཟང་།

朗杰扎西 རྣམ་རྒྱལ་བཀྲིས།

莲花戒（迦玛拉希拉） པདྨའི་ངང་ཚུལ།（ཀ་མ་ལ་ཤི་ལ།）

莲花生 སློབ་དཔོན་པད་མ་འབྱུང་གནས།

莲花金刚 པདྨ་བན་ཛྲ།

列杜赞 ལེགས་སྡུག་བཙན།

林热·白玛多吉 གླིང་རས་པདྨ་རྡོ་རྗེ།

龙树 སློབ་དཔོན་ཀླུ་སྒྲུབ།

龙变瑜伽母 ཀླུའི་རྣལ་འབྱོར་མ།

隆朵·阿旺洛桑 ཀླུང་རྟོགས་ངག་དབང་བློ་བཟང་།

隆庆饶绛巴·智美欧色 ཀློང་ཆེན་རབ་འབྱམས་པ་དྲི་མེད་འོད་ཟེར།

律天 འདུལ་བ་ལྷ།

绿裙班智达 པཎ་ཌི་ཏ་ཤམ་ཐབས་སྔོན་པོ་ཅན།

鲁梅·次程喜饶 ཀླུ་མེད་ཚུལ་ཁྲིམས་ཤེས་རབ།

伦·释迦欧 གླན་ཤཱཀྱ་འོད།

伦·索朗 གླན་བསོད་ནམས།

珞巴阁森 ལྷོ་པ་སློག་ཟན།

珞巴·达尔贡 ལྷོ་པ་དར་སློམ།

洛钦·托杰贝哇 ལོ་ཆེན་ཐུགས་རྗེ་དཔལ་བ།

洛敦·多吉旺秋 ལོ་སྟོན་རྡོ་རྗེ་དབང་ཕྱུག

洛·贝吉洛追 ལོ་དཔལ་གྱི་བློ་གྲོས།

洛·尊穷 ལོ་བཙོན་ཆུང་།

洛·贝哇贡桑 ལོ་དཔལ་བ་ཀུན་བཟང་།

洛追贝 བློ་གྲོས་དཔལ།

洛追僧格 བློ་གྲོས་སེང་གེ

洛追多吉 བློ་གྲོས་རྡོ་རྗེ།

洛追坚参 བློ་གྲོས་རྒྱལ་མཚན།

洛追丹巴 བློ་གྲོས་དམ་པ།

洛桑格列 བློ་བཟང་དགེ་ལེགས།

洛桑崔陈 བློ་བཟང་ཚུལ་ཁྲིམས།

洛桑金巴 བློ་བཟང་སྦྱིན་པ།

洛桑坚参 བློ་བཟང་རྒྱལ་མཚན།

洛桑土丹年扎 བློ་བཟང་ཐུབ་བསྟན་སྙན་གྲགས།

洛桑伦珠 བློ་བཟང་ལྷུན་གྲུབ།

洛桑门朗 བློ་བཟང་སྨོན་ལམ།

洛桑克巧 བློ་བཟང་མཁས་མཆོག

洛桑丹巴 བློ་བཟང་བསྟན་པ།

洛桑扎西 བློ་བཟང་བཀྲ་ཤིས།

洛桑直美 བློ་བཟང་དྲི་མེད།

洛桑群培 བློ་བཟང་ཆོས་འཕེལ།

洛桑达杰 བློ་བཟང་དར་རྒྱས།

洛布译师喜饶仁青 གློ་བོ་ལོ་ཙཱ་བ་ཤེས་རབ་རིན་ཆེན།

洛扎大成就师南喀坚参 ལྷོ་བྲག་གྲུབ་ཆེན་ནམ་མཁའ་རྒྱལ་མཚན།

罗瓦巴 ལ་བ་པ།

M

马鸣 རྟ་དབྱངས།

玛当格 མ་ཏང་གི།

玛哈伦波 མ་ཧཱ་ལྷུན་པོ།

玛祥·仲巴杰 མ་ཞང་གྲོམ་པ་སྐྱེས།

玛吉拉仲 མ་ཅིག་ལབ་སྒྲོན།

玛吉夏玛 མ་ཅིག་ཞ་མ།

玛珠·丹贝尼玛 མ་སྒྲུལ་བསྟན་པའི་ཉི་མ།

玛尔巴·曲吉洛追 མར་པ་ཆོས་ཀྱི་བློ་གྲོས།

玛尔巴·曲吉杰布 མར་པ་ཆོས་ཀྱི་རྒྱལ་པོ།

玛·释迦牟尼 དམར་ཤཱཀྱ་མུ་ནི།

玛·曲吉喜饶 རྨ་ཆོས་ཀྱི་ཤེས་རབ།

玛·曲吉杰布 དམར་ཆོས་ཀྱི་རྒྱལ་པོ།

玛·仁青却 རྨ་རིན་ཆེན་མཆོག

玛·格卫洛追 རྨ་དགེ་བའི་བློ་གྲོས།

玛甲·卓巴僧格 རྨ་བྱ་རྩོད་པའི་སེང་གེ

玛顿·曲吉杰哇 དམར་སྟོན་ཆོས་ཀྱི་རྒྱལ་བ།

玛卫僧格 སྨྲ་བའི་སེང་གེ

玛仓·喜饶僧格 སྨར་ཚང་ཤེས་རབ་སེང་གེ

迈旺 མེ་དབང་།

迈隆多吉 མེ་ལོང་རྡོ་རྗེ།

麦·喜饶桑布 སྨད་ཤེས་རབ་བཟང་པོ།

曼曲喀哇·洛追坚参 སྨན་ཆུ་ཁ་བ་བློ་གྲོས་རྒྱ་མཚན།

曼曲哇·南喀仁青 སྨན་ཆུ་བ་ནམ་མཁའ་རིན་ཆེན།

曼然巴·洛桑曲扎 སྨན་རམས་པ་བློ་བཟང་ཆོས་གྲགས།

曼孜哇·桑珠杰波 སྨན་རྩེ་བ་བསམ་གྲུབ་རྒྱལ་པོ།

曼隆巴·释迦欧 སྨན་ལུང་པ་ཤཱཀྱ་འོད།
芒松芒赞 མང་སྲོང་མང་བཙན།
芒穷玛 མང་ཆུང་མ།
芒堆·鲁珠嘉措 མང་ཐོས་ཀླུ་སྒྲུབ་རྒྱ་མཚོ།
芒妃墀江 མོང་བཟའ་ཁྲི་ལྕམ།
门格吉江结 མོད་དགུའི་ཀྱི་ཀྱུང་བསྐྱེལ།
门朗白瓦 སྨོན་ལམ་དཔལ་བ།
弥陀罗交格 མི་ཏྲ་ཛོ་ཀི།
弥止巴 མི་ཏྲི་པ།
弥底 སྨྲྀ་ཏི།
弥旁·格勒朗杰 མི་ཕམ་དགེ་ལེགས་རྣམ་རྒྱལ།
米拉日巴 མི་ལ་རས་པ།
米拉·喜饶坚参 མི་ལ་ཤེས་རབ་རྒྱལ་མཚན།
米久仁钦桑布 མི་འགྱུར་རིན་ཆེན་བཟང་པོ།
米邬顿巴 མེའུ་སྟོན་པ།
摩诃札那 མ་ཧཱ་ཛ་ན།
没庐氏墀玛伦 འབྲོ་བཟའ་ཁྲི་མ་ལོད།
莫觉巴·仁钦尊追 སྨོག་ལྕོགས་པ་རིན་ཆེན་བརྩོན་འགྲུས།
墨叶尔巴瓦 མེལ་ཡེར་པ་བ།
牟尼赞普 མུ་ནེ་བཙན་པོ།
穆钦·贡却坚参 མུས་ཆེན་དཀོན་མཆོག་རྒྱལ་མཚན།
穆顿·多吉贝桑波 སྨོག་སྟོན་རྡོ་རྗེ་དཔལ་བཟང་པོ།
木雅·坚参贝桑 མི་ཉག་རྒྱལ་མཚན་དཔལ་བཟང་།
木雅·饶绛巴贡布贝 མི་ཉག་རབ་འབྱམས་པ་མགོན་པོ་དཔལ།

N

纳摩阔 ནག་མོལ་ཁོལ།
纳贡·索朗坚参 ནག་སྒོམ་བསོད་ནམས་རྒྱལ་མཚན།
纳塘巴·喜饶僧格 སྣར་ཐང་པ་ཤེས་རབ་སེང་གེ
纳塘巴·桑杰贡巴 སྣར་ཐང་པ་སངས་རྒྱས་སྒོམ་པ།
那若巴 ནཱ་རོ་པ།
那若班第 ནཱ་རོ་བན་དེ།
那摩觉·释迦 ནག་མོ་ཇོ་ཤཱཀྱ།
那措译师次程杰哇 ནག་ཚོ་ལོ་ཙཱ་བ་ཚུལ་ཁྲིམས་རྒྱལ་བ།
那囊·多吉都觉 སྣ་ནམ་རྡོ་རྗེ་བདུད་འཇོམས།
那囊·喜饶次程 སྣ་ནམ་ཤེས་རབ་ཚུལ་ཁྲིམས།
那萨哇·索朗贝 ན་བཟའ་བ་བསོད་ནམས་དཔལ།
乃蔡·贝顿 ནེ་ཚེ་སྤས་སྟོན།
南卡桑布 ནམ་མཁའ་བཟང་པོ།
南喀德 ནམ་མཁའ་ལྡེབ།
南喀娘波 ནམ་མཁའི་སྙིང་པོ།
南喀贝桑 ནམ་མཁའ་དཔལ་བཟང་།
南喀扎西 ནམ་མཁའ་བཀྲིས།
南喀贝央 ནམ་མཁའ་དཔལ་གཡང་།
南喀欧色 ནམ་མཁའ་འོད་ཟེར།
南喀僧格 ནམ་མཁའ་སེང་གེ
南喀班觉 ནམ་མཁའ་དཔལ་འབྱོར།
南喀仁钦坚参贝桑波 ནམ་མཁའ་རིན་ཆེན་རྒྱལ་མཚན་དཔལ་བཟང་པོ།
南喀扎西坚参 ནམ་མཁའ་བཀྲིས་རྒྱལ་མཚན།
南觉钦波 རྣལ་འབྱོར་ཆེན་པོ།
南觉·喜饶多吉 རྣལ་འབྱོར་ཤེས་རབ་རྡོ་རྗེ།
囊日松赞 གནམ་རི་སྲོང་བཙན།
囊顿贡波 ནང་སྟོན་མགོན་པོ།
囊顿觉恰 ནང་སྟོན་ཇོ་འཁྱམས།
囊贡热巴 སྣང་སྒོམ་རས་པ།
囊萨仁波且·阿旺益希珠巴 སྣང་གསལ་རིན་པོ་ཆེ་ངག་དབང་ཡེ་ཤེས་གྲུབ་པ།
内邬素巴·益希拔 སྣེའུ་ཟུར་པ་ཡེ་ཤེས་འབར།
尼玛衮 ཉི་མ་མགོན།
尼玛贝 ཉི་མ་དཔལ།
尼玛坚参 ཉི་མ་རྒྱལ་མཚན།
尼玛僧格 ཉི་མ་སེང་གེ
尼涅巴·曲吉杰布 ཉེར་གཉིས་པ་ཆོས་ཀྱི་རྒྱལ་པོ།
尼麦堆增 ཉི་མལ་འདུལ་འཛིན།
年噶穷贝尔 གཉལ་དགའ་ཆུང་འབར།
年·沃松贡波 གཉན་འོད་སྲུང་མགོན་པོ།
年·贝央 གཉན་དཔལ་དབྱངས།
年波哇·索朗丹巴 ཉན་པོ་བ་བསོད་ནམས་བརྟན་པ།
年·次程坚参 ཉན་ཚུལ་ཁྲིམས་རྒྱལ་མཚན།
年班·修芒隆巴钦波 ཉན་པན་ཤུ་མངས་ལུང་པ་ཆེན་པོ།
娘曼·释迦益希 མཉམ་མེད་ཤཱཀྱ་ཡེ་ཤེས།
娘曼钦波 མཉམ་མེད་ཆེན་པོ།

娘堆结顿·释迦坚参 ཉང་སྟོད་ལྗེ་སྟོན་ཤཱཀྱ་རྒྱལ་མཚན།
娘那·旺格喜饶 ཉང་ན་དབང་གི་ཤེས་རབ།
娘热色顿·赤杰 ཉང་རོ་སེ་སྟོན་ཁྲི་རྒྱལ།
娘·喜饶窘乃 ཉང་ཤེས་རབ་འབྱུང་གནས།
娘·喜饶却 ཉང་ཤེས་རབ་མཆོག
娘占·曲吉僧格 ཉང་བྲན་ཆོས་ཀྱི་སེང་གེ
娘温·贡噶贝 ཉང་དགོན་ཀུན་དགའ་དཔལ།
娘堆·嘉泽果哇 མྱང་སྟོད་རྒྱ་ཚ་སྒོར་བ།
娘·益希循努 ཉང་ཡེ་ཤེས་གཞོན་ནུ།
娘纳·多波 མྱང་ནག་མདོ་པོ།
娘顿·多巴 མྱང་སྟོན་དོ་པ།
娘·达玛僧格 མྱང་དར་མ་སེང་གེ
娘·定艾增 མྱང་ཏིང་ངེ་འཛིན།
涅巴·云丹僧格 གཉལ་པ་ཡོན་ཏན་སེང་གེ
涅巴·达巴桑波 གཉལ་པ་དད་པ་བཟང་པོ།
涅顿·尼玛多吉 སྙེ་སྟོན་ཉི་མ་རྡོ་རྗེ།
涅顿·曲吉僧格 ཉེ་སྟོན་ཆོས་ཀྱི་སེང་གེ
涅·杂纳估玛惹 གཉགས་ཛྙཱ་ན་ཀུ་མཱ་ར།
聂钦布·杰哇拉囊巴 མཉོན་ཆེན་པོ་རྒྱལ་བ་ལྷ་ནང་པ།
聂·达赞东斯 གཉེར་སྟག་བཙན་གདོང་གཟིགས།
宁茹巴 སྙུག་རུམ་པ།
努·桑杰益希 གནུབས་སངས་རྒྱས་ཡེ་ཤེས།
努·贝丹 གནུབས་དཔལ་ལྡན།
虐·觉色贝钦 གཉོས་ཇོ་སྲས་དཔལ་ཆེན།
虐顿喇嘛 གཉོས་སྟོན་བླ་མ།
虐·曲沃日巴 གཉོས་ཆུ་བོ་རི་པ།
虐顿·尼玛多吉 སྨྱོས་སྟོན་ཉི་མ་རྡོ་རྗེ།
虐·厅玛哇 སྨྱོས་མཐིང་མ་བ།
诺布扎巴 ནོར་བུ་གྲགས་པ།
诺布嘉措 ནོར་བུ་རྒྱ་མཚོ།
诺布雍扎 ནོར་བུ་ཡོངས་གྲགས།
诺桑贝 ནོར་བཟང་དཔལ།

O

欧松 འོད་སྲུངས།
欧德 འོད་ལྡེ།
欧色贡波 འོད་ཟེར་མགོན་པོ།
欧占·贝吉循努 འོ་བྲན་དཔལ་གྱི་གཞོན་ནུ།

P

帕巴贝桑波 འཕགས་པ་དཔལ་བཟང་པོ།
帕巴拉·绛白 འཕགས་པ་ལྷ་འཇམ་དཔལ།
帕巴拉·桑杰 འཕགས་པ་ལྷ་སངས་རྒྱས།
帕巴拉·通瓦顿丹 འཕགས་པ་ལྷ་མཐོང་བ་དོན་ལྡན།
帕巴拉·曲吉杰布 འཕགས་པ་ལྷ་ཆོས་ཀྱི་རྒྱལ་པོ།
帕巴拉·杰瓦加措 འཕགས་པ་ལྷ་རྒྱལ་བ་རྒྱ་མཚོ།
帕巴拉·晋美丹贝加措 འཕགས་པ་ལྷ་འཇིགས་མེད་བསྟན་པའི་རྒྱ་མཚོ།
帕巴拉·晋美丹贝贡布 འཕགས་པ་ལྷ་འཇིགས་མེད་བསྟན་པའི་མགོན་པོ།
帕巴拉·洛桑晋美班典丹贝尼玛 འཕགས་པ་ལྷ་བློ་བཟང་འཇིགས་མེད་དཔལ་ལྡན་བསྟན་པའི་ཉི་མ།
帕巴拉·洛桑土丹米旁崔陈坚参 འཕགས་པ་ལྷ་བློ་བཟང་ཐུབ་བསྟན་མི་ཕམ་ཚུལ་ཁྲིམས་རྒྱལ་མཚན།
帕巴拉·洛桑丹增格列朗杰 འཕགས་པ་ལྷ་བློ་བཟང་བསྟན་འཛིན་དགེ་ལེགས་རྣམ་རྒྱལ།
帕巴喜饶 འཕགས་པ་ཤེས་རབ།
帕·当巴桑杰 འཕགས་དམ་པ་སངས་རྒྱས།
帕珠·多吉杰布 ཕག་གྲུ་རྡོ་རྗེ་རྒྱལ་པོ།
帕珠·扎巴仁钦 ཕག་གྲུ་གྲགས་པ་རིན་ཆེན།
帕翁喀巴·班觉参坚 ཕ་བོང་ཁ་པ་དཔལ་འབྱོར་མཚན་ཅན།
旁町巴 ཕམ་མཐིང་པ།
旁·绛曲尊追 འཕངས་བྱང་ཆུབ་བརྩོན་འགྲུས།
澎域巴·卫巴仲波且 འཕན་ཡུལ་པ་དབུས་པ་གྲོང་པོ་ཆེ།
毗哇巴(达摩菠萝) རྣལ་འབྱོར་གྱི་དབང་ཕྱུག་བིར་ཝ་པ།
平措扎西贝桑布 ཕུན་ཚོགས་བཀྲིས་དཔལ་བཟང་པོ།
婆罗门李勤 བྲམ་ཟེ་ལི་བྱིན།
珀东巴·仁钦僧格 བུ་དོང་པ་རིན་ཆེན་སེང་གེ
珀东·乔来朗杰 བོ་དོང་ཕྱོགས་ལས་རྣམ་རྒྱལ།
颇罗鼐·索朗多杰 ཕོ་ལྷ་བསོད་ནམས་སྟོབས་རྒྱལ།
普·达尔贡 ཕུ་དར་དཀོན།
普巴·伦珠嘉措 ཕུག་པ་ལྷུན་གྲུབ་རྒྱ་མཚོ།
普穷哇·循努坚参 ཕུ་ཆུང་བ་གཞོན་ནུ་རྒྱལ་མཚན།

浦玛尔哇 ཕུལ་དམར་བ།
菩提贤 བྱང་ཆུབ་བཟང་པོ།
菩提米扎 བོ་དྷི་མི་ཏྲ།

Q

其美珠巴 ཆི་མེད་གྲུབ་པ།
奇日热巴 འཁྲི་ར་རས་པ།
恰茹巴·僧格贝 ཕྱ་རུ་པ་སེང་གེ་དཔལ།
恰巴·曲吉僧格 ཕྱ་པ་ཆོས་ཀྱི་སེང་གེ
恰那多吉 ཕྱག་ན་རྡོ་རྗེ།
恰札玛尔哇 ཆག་བྲག་དམར་བ།
钦饶罗布 མཁྱེན་རབ་ནོར་བུ།
钦·南喀扎 མཆིམས་ནམ་མཁའ་གྲགས།
钦则旺布 མཁྱེན་རྩེ་དབང་པོ།
钦则诺布 མཁྱེན་རྩེ་ནོར་བུ།
强钦饶绛巴·桑结佩 བྱམས་ཆེན་རབ་འབྱམས་པ་སངས་རྒྱས་འཕེལ།
强巴索朗 བྱམས་པ་བསོད་ནམས།
强巴扎西 བྱམས་པ་བཀྲ་ཤིས།
强巴加措 བྱམས་པ་རྒྱ་མཚོ།
强巴·朗杰扎桑 བྱམས་པ་རྣམ་རྒྱལ་བཀྲ་བཟང་།
强巴·贡觉仁钦 བྱམས་པ་དཀོན་མཆོག་རིན་ཆེན།
强巴·程勒云丹 བྱམས་པ་འཕྲིན་ལས་ཡོན་ཏན།
强俄·索朗达结 བྱང་ངོས་བསོད་ནམས་དར་རྒྱས།
强久贝桑布 བྱང་ཆུབ་དཔལ་བཟང་པོ།
强佐·索朗饶丹 ཕྱག་མཛོད་བསོད་ནམས་རབ་བརྟན།
切姆南喀 འཆད་མོ་ནམ་མཁའ།
清辨 ལེགས་ལྡན་འབྱེད།
穷·仁钦扎 ཁྱུང་རིན་ཆེན་གྲགས།
穷仓巴·洛追贝丹 ཁྱུང་ཚངས་པ་བློ་གྲོས་དཔལ་ལྡན།
穷波·扎巴僧格 ཁྱུང་པོ་གྲགས་པ་སེང་གེ
穷纳·释迦达尔 ཁྱུང་ནག་ཤཱཀྱ་དར།
曲本·益希次程 ཆོས་དཔོན་ཡེ་ཤེས་ཚུལ་ཁྲིམས།
曲本·洛桑图道 ཆོས་དཔོན་བློ་བཟང་མཐུ་སྟོབས།
曲杰·平措贝 ཆོས་རྒྱལ་ཕུན་ཚོགས་དཔལ།
曲杰·洛追丹巴 ཆོས་རྒྱལ་བློ་གྲོས་བརྟན་པ།
曲杰·仁青次程 ཆོས་རྒྱལ་རིན་ཆེན་ཚུལ་ཁྲིམས།
曲吉贡布 ཆོས་ཀྱི་མགོན་པོ།
曲吉坚参 ཆོས་ཀྱི་རྒྱལ་མཚན།
曲吉喇嘛 ཆོས་ཀྱི་བླ་མ།
曲吉洛珠 ཆོས་ཀྱི་བློ་གྲོས།
曲吉西年 ཆོས་ཀྱི་བཤེས་གཉེན།
曲吉尊追 ཆོས་ཀྱི་བརྩོན་འགྲུས།
曲扎图旦 ཆོས་གྲགས་ཐུབ་བསྟན།
曲扎桑布 ཆོས་གྲགས་བཟང་པོ།
曲珠僧格 ཆོས་གྲུབ་སེང་གེ
曲布·释迦桑波 ཆུ་པོ་ཤཱཀྱ་བཟང་པོ།
曲米巴·僧格贝 ཆུ་མིག་པ་སེང་གེ་དཔལ།
曲巴·达结尊追 འཆུས་པ་དར་རྒྱས་བརྩོན་འགྲུས།
曲巴·尊追僧格 འཆུས་པ་བརྩོན་འགྲུས་སེང་གེ

R

然丁巴·迥尼多吉 རམ་སྡིང་པ་བཅུ་གཉིས་རྡོ་རྗེ།
壤尼哇·曲吉雍仲 རབ་ཉི་བ་ཆོས་ཀྱི་གཡུང་དྲུང་།
让周尼达桑结 རང་གྲོལ་ཉི་ཟླ་སངས་རྒྱས།
饶丹嘉措 རབ་བརྟན་རྒྱ་མཚོ།
饶绛巴·洛桑尼玛 རབ་འབྱམས་པ་བློ་བཟང་ཉི་མ།
饶绛巴·扎巴群培 རབ་འབྱམས་པ་གྲགས་པ་ཆོས་འཕེལ།
饶玛须哇 རོག་དམར་ཞུར་བ།
饶冈巴·尼玛喜饶 རོ་སྐམ་པ་ཉི་མ་ཤེས་རབ།
惹顿·赞波 རོག་སྟོན་བཙན་པོ།
惹·喜饶欧 རོག་ཤེས་རབ་འོད།
惹通·喜饶次程 ར་ཐུབ་ཤེས་རབ་ཚུལ་ཁྲིམས།
热·释迦窘乃 རོག་ཤཱཀྱ་འབྱུང་གནས།
热穷·多吉扎巴 རས་ཆུང་རྡོ་རྗེ་གྲགས་པ།
热巴·达玛旺久 རས་པ་དར་མ་དབང་ཕྱུག
热巴·多吉旺久 རས་པ་རྡོ་རྗེ་དབང་ཕྱུག
热巴·拉日巴 རས་པ་ལྷ་རི་པ།
热巴·萨雷沃 རས་པ་ས་ལེགས་འོད།
热巴·桑杰觉 རས་པ་སངས་རྒྱས་སྐྱབས།
热隆巴·贡噶白觉 ར་ལུང་པ་ཀུན་དགའ་དཔལ་འབྱོར།
热振·绛白益希 རྭ་སྒྲེང་འཇམ་དཔལ་ཡེ་ཤེས།
热振·土旦群培 རྭ་སྒྲེང་ཐུབ་བསྟན་ཆོས་འཕེལ།
热振·阿旺益希崔陈坚参 རྭ་སྒྲེང་ངག་དབང་ཡེ་ཤེས་ཚུལ་ཁྲིམས་རྒྱལ་མཚན།
热振贡钦 རྭ་སྒྲེང་སྒོམ་ཆེན།

仁钦桑波 ལོ་ཆེན་རིན་ཆེན་བཟང་པོ།

仁钦旺杰 རིན་ཆེན་དབང་རྒྱལ།

仁钦朗杰 རིན་ཆེན་རྣམ་རྒྱལ།

仁钦喜饶 རིན་ཆེན་ཤེས་རབ།

仁钦贝桑 རིན་ཆེ་དཔལ་བཟང་།

仁钦益希 རིན་ཆེན་ཡེ་ཤེས།

仁钦坚参 རིན་ཆེན་རྒྱལ་མཚན།

仁钦娘波 རིན་ཆེན་སྙིང་པོ།

仁钦曲吉坚参 རིན་ཆེན་ཆོས་ཀྱི་རྒྱལ་མཚན།

仁钦平措曲吉杰布 རིན་ཆེན་ཕུན་ཚོགས་ཆོས་ཀྱི་རྒྱལ་པོ།

仁钦喇嘛绛央 རིན་ཆེན་བླ་མ་འཇམ་དབྱངས།

仁钦觉 རིན་ཆེན་སྐྱབས།

仁钦扎 རིན་ཆེན་གྲགས།

仁达哇·循努洛追 རེད་མདའ་བ་གཞོན་ནུ་བློ་གྲོས།

仁蚌·措杰多吉 རིན་སྤུངས་མཚོ་རྒྱལ་རྡོ་རྗེ།

仁蚌·顿月多吉 རིན་སྤུངས་དོན་ཡོད་རྡོ་རྗེ།

仁波且·强久贝桑 རིན་པོ་ཆེ་བྱང་ཆུབ་དཔལ་བཟང་།

仁波且·顿朗巴 རིན་པོ་ཆེ་སྟོན་ནམ་པ།

仁波且·多吉 རིན་པོ་ཆེ་རྡོ་རྗེ།

仁波且·觉巴贝 རིན་པོ་ཆེ་སྐྱབས་པ་དཔལ།

仁增措杰 རིག་འཛིན་མཚོ་རྒྱལ།

仁增塔却多吉 རིག་འཛིན་ཐེག་མཆོག་རྡོ་རྗེ།

仁增扎 རིག་འཛིན་གྲགས།

仁增朗杰 རིག་འཛིན་རྣམ་རྒྱལ།

日巴衮 རིག་པ་མགོན།

日松贡布 རིགས་གསུམ་མགོན་པོ།

日隐 ཉི་མ་སྦས་པ།

日超巴·洛追丹巴 རི་ཁྲོད་པ་བློ་གྲོས་བརྟན་པ།

绒巴甲索哇 རོང་པོ་ཕྱུག་སོར་བ།

绒穷热巴 རོང་ཆུང་རས་པ།

绒·曲桑 རོང་ཆོས་བཟང་།

绒顿·西恰贡日 རོང་སྟོན་ཤེས་བྱ་ཀུན་རིག

绒顿·释迦坚参（绒顿·玛哇僧格）རོང་སྟོན་ཤཱཀྱ་རྒྱལ་མཚན། （རོང་སྟོན་སྨྲ་བའི་སེང་གེ）

绒顿·洛桑扎巴 རོང་སྟོན་བློ་བཟང་གྲགས་པ།

绒顿·曲吉尼玛 རོང་སྟོན་ཆོས་ཀྱི་ཉི་མ།

绒巴·喜饶僧格 རོང་པ་ཤེས་རབ་སེང་གེ

绒章·普布贡 རོང་སྣངས་ཕུར་བུ་མགོན།

绒穷·喜饶贝 རོང་ཆུང་ཤེས་རབ་དཔལ།

绒·僧格坚赞 རོང་སེང་གེ་རྒྱལ་མཚན།

绒班·仁青次程 རོང་པན་རིན་ཆེན་ཚུལ་ཁྲིམས།

S

萨乐和 ས་ར་ཧ།

萨钦·贡噶娘布 ས་ཆེན་ཀུན་དགའ་སྙིང་པོ།

萨班·贡噶坚参 ས་པཎ་ཀུན་དགའ་རྒྱལ་མཚན།

萨迦·释迦僧格 ས་སྐྱ་ཤཱཀྱ་སེང་གེ

萨迦达钦·贡噶桑珠 ས་སྐྱ་བདག་ཆེན་ཀུན་དགའ་བསམ་གྲུབ།

萨迦达钦·阿格旺布 ས་སྐྱ་བདག་ཆེན་ངག་གི་དབང་པོ།

萨桑玛底班钦 ས་བཟང་མ་ཏི་པཎ་ཆེན།

赛强 གསལ་བྱང་།

赛益 གསལ་ཡེས།

赛东秀日 གསལ་སྟོང་ཤོར་ར།

赛仓·洛桑班丹 སེ་ཚང་བློ་བཟང་དཔལ་ལྡན།

赛顿·洛追扎 སྲས་སྟོན་བློ་གྲོས་གྲགས།

赛定巴·循努欧 གསེར་སྡིངས་པ་གཞོན་ནུ་འོད།

赛摩切哇·南喀坚参 སེ་མ་ཆེ་བ་ནམ་མཁའ་རྒྱལ་མཚན།

赛尊·旺秋循努 སེ་བཙུན་དབང་ཕྱུག་གཞོན་ནུ།

赛基布巴·曲吉坚参 སེ་སྤྱིལ་བུ་པ་ཆོས་ཀྱི་རྒྱལ་མཚན།

桑巴·达玛沃 བཟང་པ་དར་མ་འོད།

桑巴·顿珠 བཟང་པ་དོན་གྲུབ།

桑顿·霍尔扎 བཟང་སྟོན་ཧོར་གྲགས།

桑擦·索朗坚参 ཟངས་ཚ་བསོད་ནམས་རྒྱལ་མཚན།

桑仁 བཟང་རིང་།

桑日卓热 ཟངས་རི་འབྲོ་རས།

桑达·赤烈伦珠 གསང་བདག་འཕྲིན་ལས་ལྷུན་གྲུབ།

桑珠仁青 བསམ་གྲུབ་རིན་ཆེན།

桑珠多吉 བསམ་གྲུབ་རྡོ་རྗེ།

桑丹嘉措 བསམ་གཏན་རྒྱ་མཚོ།

桑姆贡乃 བཟང་མོ་དཀོན་ནེ།

桑杰坚参 སངས་རྒྱས་རྒྱལ་མཚན།

桑杰桑哇（佛密） སངས་རྒྱས་གསང་བ།

桑杰希哇（佛寂）སངས་རྒྱས་ཞི་བ།
桑杰雅俊 སངས་རྒྱས་ཡར་སྐྱོན།
桑杰贝桑 སངས་རྒྱས་དཔལ་བཟང་།
桑杰温 སངས་རྒྱས་དབོན།
桑杰娘布 སངས་རྒྱས་སྙིང་པོ།
桑杰循努 སངས་རྒྱས་གཞོན་ནུ།
桑杰仁钦 སངས་རྒྱས་རིན་ཆེན།
桑杰温敦 སངས་རྒྱས་དབོན་སྟོན།
桑杰益希 སངས་རྒྱས་ཡེ་ཤེས།
桑杰久赛 སངས་རྒྱས་རྗེ་སྲས།
桑杰拉格 སངས་རྒྱས་ལྷ་དགེ
桑杰欧珠 སངས་རྒྱས་དངོས་གྲུབ།
桑杰扎巴 སངས་རྒྱས་གྲགས་པ།
桑杰年巴 སངས་རྒྱས་མཉན་པ།
色顿贡热 སེ་སྟོན་ཀུན་རིག
色林巴・扎西贝 གསེར་གླིང་པ་བཀྲིས་དཔལ།
色贡・益希娘布 གསེར་སྒོམ་ཡེ་ཤེས་སྙིང་པོ།
色林巴钦布 གསེར་གླིང་པ་ཆེན་པོ།
色都尔隆巴 སེ་དུར་ལུང་པ།
僧格仁钦 སེང་གེ་རིན་ཆེན།
僧格杰布 སེང་གེ་རྒྱལ་པོ།
僧格坚参 སེང་གེ་རྒྱལ་མཚན།
僧格贝瓦 སེང་གེ་དཔལ་བ།
僧锌・益希娘布 ཟིམ་ཤིང་ཡེ་ཤེས་སྙིང་པོ།
善缘空行母 མཁའ་འགྲོ་མ་བསྐལ་བ་བཟང་མོ།
商羯罗 བདེ་བྱེད།
尚蔡邦・却吉多吉 ཞང་ཚེ་སྤོང་ཆོས་ཀྱི་ཀྱི་རྡོ་རྗེ།
尚卓垅巴・洛追迥乃 ཞང་གྲོ་ལུང་པ་བློ་གྲོས་འབྱུང་གནས།
尚・门那巴 ཞང་སྨན་ནག་པ།
尚・尼雅桑 ཞང་ཉ་བཟང་།
圣天 ཨཱརྱ་དེ་བ།
圣勇 འཕགས་པ་དཔའ་བོ།
释迦光 ཤཱཀྱ་འོད།
释迦循努 ཤཱཀྱ་གཞོན་ནུ།
释迦旺秋 ཤཱཀྱ་དབང་ཕྱུག
释迦益希 ཤཱཀྱ་ཡེ་ཤེས།
释迦却丹 ཤཱཀྱ་ཆོས་ལྡན།
释迦桑布 ཤཱཀྱ་བཟང་པོ།
释迦坚参 ཤཱཀྱ་རྒྱལ་མཚན།
释迦慧 ཤཱཀྱ་ཤེས་རབ།
世亲 དབྱིག་གཉེན།
斯吉贝尔 གཟི་བརྗིད་འབར།
斯般热巴 སེ་བན་རས་པ།
司徒・曲吉坚参 སི་ཏུ་ཆོས་ཀྱི་རྒྱལ་མཚན།
司徒・扎西朗杰 སི་ཏུ་བཀྲིས་རྣམ་རྒྱལ།
司徒・扎西班觉 སི་ཏུ་བཀྲིས་དཔལ་འབྱོར།
司徒・曲吉郭恰 སི་ཏུ་ཆོས་ཀྱི་གོ་ཆ།
司徒・曲吉格勒 སི་ཏུ་ཆོས་ཀྱི་དགེ་ལེགས།
司徒・米旁赤烈饶丹 སི་ཏུ་མི་ཕམ་འཕྲིན་ལས་རབ་བརྟན།
司徒・勒协玛沃尼玛 སི་ཏུ་ལེགས་བཤད་སྨྲ་བའི་ཉི་མ།
司徒・曲吉迥乃 སི་ཏུ་ཆོས་ཀྱི་འབྱུང་གནས།
司徒・白玛益希 སི་ཏུ་པདྨ་ཡེ་ཤེས།
司徒・白玛格桑 སི་ཏུ་པདྨ་སྐལ་བཟང་།
司徒・白玛旺久 སི་ཏུ་པདྨ་དབང་ཕྱུག
司徒・白玛云丹 སི་ཏུ་པདྨ་ཡོན་ཏན།
松艾 སྲོང་ངེ་།
松让 གཟུངས་རིང་།
松尊穷哇 སུམ་བཙུན་ཆུང་བ།
松赞干布 སྲོང་བཙན་སྒམ་པོ།
苏喀悉地 སུ་ཁ་སིདྡྷི། （བདེ་བའི་དངོས་གྲུབ།）
苏喀・年姆尼多吉 ཟུར་མཁར་མཉམ་ཉིད་རྡོ་རྗེ།
苏喀・洛追嘉措 ཟུར་མཁར་བློ་གྲོས་རྒྱ་མཚོ།
苏浦・曲吉绛曲 ཟུར་ཕུ་ཆོས་ཀྱི་བྱང་ཆུབ།
素尔・释迦僧格 ཟུར་ཤཱཀྱ་སེང་གེ（གསང་བདག་སྒྲོལ་ཕུབ་པ།）
素尔・尼玛僧格 ཟུར་ཉི་མ་སེང་གེ
素尔・桑波贝 ཟུར་བཟང་པོ་དཔལ།
素尔・强巴僧格 ཟུར་བྱམས་པ་སེང་གེ
素尔・释迦迥乃 ཟུར་ཤཱཀྱ་འབྱུང་གནས།
素尔・格敦本 ཟུར་དགེ་འདུན་འབུམ།
素尔钦・曲英让周 ཟུར་ཆེན་ཆོས་དབྱིངས་རང་གྲོལ།
素尔钦・循努鸥珠 ཟུར་ཆེན་གཞོན་ནུ་དངོས་གྲུབ།
素尔顿・释迦协尼 ཟུར་སྟོན་ཤཱཀྱ་བཤེས་གཉེན།

素尔纳·科洛 ཟུར་ནག་འཁོར་ལོ།
索朗孜摩 བསོད་ནམས་རྩེ་མོ།
索朗扎巴 བསོད་ནམས་གྲགས་པ།
索朗贝桑 བསོད་ནམས་དཔལ་བཟང་།
索朗桑波 བསོད་ནམས་བཟང་པོ།
索朗贝宗 བསོད་ནམས་དཔལ་འཛོམ།
索朗喜饶 བསོད་ནམས་ཤེས་རབ།
索朗多吉 བསོད་ནམས་རྡོ་རྗེ།
索朗旺布扎巴坚参贝桑波 བསོད་ནམས་དབང་པོ་གྲགས་པ་རྒྱལ་མཚན་དཔལ་བཟང་པོ།
索朗伦珠勒贝窘乃坚参贝桑波 བསོད་ནམས་ལྷུན་གྲུབ་ལེགས་པའི་འབྱུང་གནས་རྒྱལ་མཚན་དཔལ་བཟང་པོ།
索朗益希坚参 བསོད་ནམས་ཡེ་ཤེས་རྒྱལ་མཚན།
索朗贝吉嘉措 བསོད་ནམས་དཔལ་གྱི་རྒྱ་མཚོ།
索穷·格敦贝尔 སོ་ཆུང་དགེ་འདུན་འབར།
索波多德 སོག་པོ་མདོ་སྡེ།
索波·贝吉益希 སོག་པོ་དཔལ་སྐྱིད་ཡེ་ཤེས།
索·益希旺秋 སོག་ཡེ་ཤེས་དབང་ཕྱུག

T

塔波拉杰·索朗仁钦 དྭགས་པོ་ལྷ་རྗེ་བསོད་ནམས་རིན་ཆེན།
塔波·次培 དྭགས་པོ་ཚེ་འཕེལ།
塔波贡巴·次程娘布 དྭགས་པོ་སྒོམ་པ་ཚུལ་ཁྲིམས་སྙིང་པོ།
塔波·堆增 དྭགས་པོ་འདུལ་འཛིན།
塔波·桑结贡拉哇 དྭགས་པོ་སངས་རྒྱས་སྒང་ལ་བ།
塔波钦波·贡噶扎西 དྭགས་པོ་ཆེན་པོ་ཀུན་དགའ་བཀྲིས།
塔耶扎巴 མཐའ་ཡས་གྲགས་པ།
唐东杰布 ཐང་སྟོང་རྒྱལ་པོ།
塘波且·贡噶奔 ཐང་པོ་ཆེ་ཀུན་དགའ་འབུམ།
塘顿穷哇·洛追贝 ཐང་སྟོན་ཆུང་བ་བློ་གྲོས་དཔལ།
塘甘巴·喜次 ཐིང་གང་པ་ཤེས་ཚུལ།
土观·洛桑却吉尼玛 ཐུའུ་ཀྭན་བློ་བཟང་ཆོས་ཀྱི་ཉི་མ།
吞米桑布扎 ཐུ་མི་སམ་བྷོ་ཊ།
吞顿·贡噶朗杰 ཐོན་སྟོན་ཀུན་དགའ་རྣམ་རྒྱལ།

W

旺秋贝哇 དབང་ཕྱུག་དཔལ་བ།
旺秋扎巴 དབང་ཕྱུག་གྲགས་པ།
旺秋尊追 དབང་ཕྱུག་བརྩོན་འགྲུས།
旺扎多吉 དབང་གྲགས་རྡོ་རྗེ།
旺波益希 དབང་པོ་ཡེ་ཤེས།
韦·达纳坚 དབའས་སྟག་ན་ཅན།
韦·廓谢来丁 དབའས་ཁོ་བཞེར་ལེགས་སྟེང་།
韦·洛波洛琼 དབའས་ལོ་བོ་ལོ་ཆུང་།
卫德巴·桑结本 དབུས་སྡེ་པ་སངས་རྒྱས་འབུམ།
卫巴·觉索 དབུས་པ་ཇོ་བསོད།
卫堆喇嘛擦尔顿 དབུས་སྟོད་བླ་མ་འཚར་སྟོན།
温波·觉贡 དབོན་པོ་ཇོ་དཀོན།
温·达娃扎巴 དབོན་ཟླ་བ་གྲགས་པ།
温·喜饶迥乃 དབོན་ཤེས་རབ་འབྱུང་གནས།
温·释迦本巴 དབོན་ཤཱཀྱ་འབུམ་པ།
温布·循努僧格 དབོན་པོ་གཞོན་ནུ་སེང་གེ
温布·尼玛僧格 དབོན་པོ་ཉི་མ་སེང་གེ
温顿杰岗巴 དབོན་སྟོན་སྐྱེར་སྒང་པ།
温顿·索朗扎巴 དབོན་སྟོན་བསོད་ནམས་གྲགས་པ།
温热·达玛僧格 དབོན་རས་དར་མ་སེང་གེ
温·桑阿林巴 དབོན་གསང་སྔགས་གླིང་པ།
文成公主 རྒྱ་བཟའ་ཨུན་ཤིང་ཀོང་ཇོ།
邬坚贡布 ཨུ་རྒྱན་མགོན་པོ།
邬坚巴·僧格贝 ཨུ་རྒྱན་པ་སེང་གེ་དཔལ།
邬坚群佩 ཨུ་རྒྱན་ཆོས་འཕེལ།
邬坚曲扎 ཨུ་རྒྱན་ཆོས་གྲགས།
邬坚格桑 ཨུ་རྒྱན་སྐལ་བཟང་།
无敌月 མི་ཐུབ་ཟླ་བ།
无著 ཐོགས་མེད།
无喻护 དཔེ་མེད་འཚོ།
伍由·雅布哇 འུ་ཡུག་གཡར་སྦྲ་བ།
伍由巴·索朗僧格 འུ་ཡུག་བསོད་ནམས་སེང་གེ

X

喜饶坚参 ཤེས་རབ་རྒྱལ་མཚན།
喜饶迥乃 ཤེས་རབ་འབྱུང་གནས།
喜饶僧格 ཤེས་རབ་སེང་གེ
喜饶喇嘛 ཤེས་རབ་བླ་མ།
喜饶益希 ཤེས་རབ་ཡེ་ཤེས།

喜饶贡布 ཤེས་རབ་མགོན་པོ།
喜饶旺布 ཤེས་རབ་དབང་པོ།
喜饶嘉措 ཤེས་རབ་རྒྱ་མཚོ།
喜饶欧 ཤེས་རབ་འོད།
喜饶贝哇 ཤེས་རབ་དཔལ་བ།
喜饶多吉 ཤེས་རབ་རྡོ་རྗེ།
喜饶迈穷巴 ཤེས་རབ་མེ་ཆུང་པ།
夏布岗巴 ཤ་བུ་སྒང་པ།
夏姆江吉 ཤབ་མོ་ལྕམ་ཅིག
夏扎哇·旺秋杰波 བཤད་པ་དབང་ཕྱུག་རྒྱལ་པོ།
夏尔哇巴·云丹扎 ཤར་པ་ཡོན་ཏན་གྲགས།
夏玛贡觉 ཞ་མ་དཀོན་མཆོག
夏鲁巴·噶居哇 ཞ་ལུ་པ་བཀའ་བཅུ་པ།
夏鲁·循努尊追 ཞ་ལུ་གཞོན་ནུ་བརྩོན་འགྲུས།
夏尔巴·益希仁钦 ཤར་པ་ཡེ་ཤེས་རིན་ཆེན།
夏尔巴·嘉央仁钦坚参 ཤར་པ་འཇམ་དབྱངས་རིན་ཆེན་རྒྱལ་མཚན།
香松妥巴 ཞང་སུམ་ཐོག་པ།
香顿·曲贝尔 ཞང་སྟོན་ཆོས་འབར།
香·贡却贝 ཞང་དཀོན་མཆོག་དཔལ།
香·尼玛本 ཞང་ཉི་མ་འབུམ།
香·噶丹巴 ཞང་དགའ་ལྡན་པ།
香·旺秋坚参 ཞང་དབང་ཕྱུག་རྒྱལ་མཚན།
香顿·觉布 ཞང་སྟོན་ཇོ་སྦུ།
香顿·喜饶 ཞང་སྟོན་ཤེས་རབ།
香顿·贡噶 ཞང་སྟོན་ཀུན་དགའ།
香·多吉林巴多吉仁波切 ཞང་རྡོ་རྗེ་གླིང་པ་རྡོ་རྗེ་རིན་པོ་ཆེ།
香喀尔哇·索朗桑波 ཞང་མཁར་བ་བསོད་ནམས་བཟང་པོ།
祥·格瓦 ཞང་དགེ་བ།
祥贡·曲僧 ཞང་སྒོམ་ཆོས་སེང་།
象雄妃黎娣缅 ཞང་ཞུང་བཟའ་ལི་ཐིག་སྨན།
象雄·云丹扎 ཞང་ཞུང་ཡོན་ཏན་གྲགས།
象雄巴·多吉欧色 ཞང་ཞུང་པ་རྡོ་རྗེ་འོད་ཟེར།
小素尔·喜饶扎巴 ཟུར་ཆུང་ཤེས་རབ་གྲགས་པ།
晓仲·阿旺朗杰 ཞབས་དྲུང་ངག་དབང་རྣམ་རྒྱལ།
辛夏巴·次旦多吉 ཞིང་ཤག་པ་ཚེ་བརྟན་རྡོ་རྗེ།
辛夏巴·平措朗杰 ཞིང་ཤག་པ་ཕུན་ཚོགས་རྣམ་རྒྱལ།
辛饶米吾且 གཤེན་རབ་མི་བོ་ཆེ།
辛底巴（寂静） ཤཱན་ཏི་པ།
辛贡热巴 གཤེན་སྒོམ་རས་པ།
辛·多吉桑波 གཤན་རྡོ་རྗེ་བཟང་པོ།
辛顿·南喀 གཤན་སྟོན་ནམ་མཁའ།
辛顿·多吉坚参 གཤེན་སྟོན་རྡོ་རྗེ་རྒྱལ་མཚན།
修赛日巴 ཤུག་གསེབ་རི་པ།
修·扎玛尔哇 ཞུ་བྲག་དམར་བ།
虚浦·贝吉僧格 ཤུད་ཕུ་དཔལ་གྱི་སེང་གེ
虚浦·迈察杰波 ཤུད་ཕུ་མེས་ཚལ་རྒྱལ་པོ།
虚浦·齐图坚 ཤུད་ཕུ་ཁྲི་ཐུལ་ཅན།
雪绒帕巴 ཤོ་རོམ་འཕགས་པ།
雪波·尼玛僧格 ཞིག་པོ་ཉི་མ་སེང་གེ
循努达美 གཞོན་ནུ་ཟླ་མེད།
循努仁青 གཞོན་ནུ་རིན་ཆེན།
循努杰布 གཞོན་ནུ་རྒྱལ་པོ།
循努绛曲 གཞོན་ནུ་བྱང་ཆུབ།
循努索朗多吉 གཞོན་ནུ་བསོད་ནམས་རྡོ་རྗེ།
循努顿珠 གཞོན་ནུ་དོན་གྲུབ།
循努嘉却 གཞོན་ནུ་རྒྱལ་མཆོག
循努坚参 གཞོན་ནུ་རྒྱལ་མཚན།

Y

雅那 གཉགས་ནག
雅玛布 ཉགས་དམར་པོ།
雅楚·桑结贝 གཡག་ཕྲུག་སངས་རྒྱས་དཔལ།
雅德班钦 གཡག་སྡེ་པན་ཆེན།
雅德·米旁贡 གཡག་སྡེ་མི་ཕམ་མགོན།
雅曲欧珠 ཡམ་ཆོས་དངོས་གྲུབ།
雅桑·曲吉门朗 གཡའ་བཟང་ཆོས་ཀྱི་སྨོན་ལམ།
雅隆尊者释迦仁钦德 ཡར་ཀླུངས་རྗེ་ཤཱཀྱ་རིན་ཆེན་སྡེ
雅隆哇·芒惹色波 ཡར་ཀླུངས་པ་སྨང་ར་སེར་པོ།
羊孜巴·仁钦僧格 ཡང་རྩེ་པ་རིན་ཆེན་སེང་གེ
央切喇嘛 ཡང་ཕྱིད་བླ་མ།
叶桑孜巴 ཡིད་བཟང་རྩེ་པ།
益西桑布 ཡེ་ཤེས་བཟང་པོ།
益希措杰 ཡེ་ཤེས་མཚོ་རྒྱལ།
益希旺波 ཡེ་ཤེས་དབང་པོ།

益希坚参 ཡེ་ཤེས་རྒྱལ་མཚན།
益希沃 ཡེ་ཤེས་འོད།
益希曲珠 ཡེ་ཤེས་ཆོས་གྲུབ།
益希仁钦 ཡེ་ཤེས་རིན་ཆེན།
益希嘉措 ཡེ་ཤེས་རྒྱ་མཚོ།
益希旺久 ཡེ་ཤེས་དབང་ཕྱུག
益希僧格 ཡེ་ཤེས་སེང་གེ
益希德（智军）ཡེ་ཤེས་སྡེ།
因陀罗菩提王 ཆོས་རྒྱལ་ཨིན་དྲ་བོ་དི།
饮月王 རྒྱལ་པོ་ཟླ་བ་རོལ་པ།
印度觉斯 རྒྱ་གར་ཇོ་སྲས།
雍顿·濯杰 གཡུང་སྟོན་ཁྲོ་རྒྱལ།
雍顿巴·多吉贝 གཡུང་སྟོན་པ་རྡོ་རྗེ་དཔལ།
雍仲·多吉贝 གཡུང་དྲུང་རྡོ་རྗེ་དཔལ།
永曲贡 གཡུང་ཆོས་མགོན།
永丹 ཡུམ་བརྟན།
域摩·弥觉多吉 ཡུ་མོ་མི་བསྐྱོད་རྡོ་རྗེ།
宇扎娘波 གཡུ་སྒྲ་སྙིང་པོ།
宇妥·云丹贡波 གཡུ་ཐོག་ཡོན་ཏན་མགོན་པོ།
语自在称 ངག་གི་དབང་ཕྱུག་གྲགས་པ།
约波·加母且 གཡོར་པོ་རྒྱ་མོ་ཆེ།
月称 ཟླ་གྲགས་པ།
云丹扎巴 ཡོན་ཏན་གྲགས་པ།
云丹窘乃 ཡོན་ཏན་འབྱུང་གནས།
云丹仁钦 ཡོན་ཏན་རིན་ཆེན།

Z

杂贡·贡邦 ཛ་དགོན་ཀུན་སྤངས།
咱热耶巴 ཙརྻ་པ།
咱米译师桑杰扎巴 ཙ་མི་ལོ་ཙཱ་བ་སངས་རྒྱས་གྲགས་པ།
咱德京俄·南喀多吉 ཙ་སྡེ་སྤྱན་ལྔ་ནམ་མཁའ་རྡོ་རྗེ།
藏绒·梅敦村布 གཙང་རོང་མེས་སྟོན་ཚོམ་པ།
藏·惹赛 གཙང་རབ་གསལ།
藏巴·曲英嘉措 གཙང་པ་ཆོས་དབྱིངས་རྒྱ་མཚོ།
藏巴嘉热·益希多吉 གཙང་པ་རྒྱ་རས་ཡེ་ཤེས་རྡོ་རྗེ།
藏那巴·尊追僧格 གཙང་ནག་པ་བརྩོན་འགྲུས་སེང་གེ
藏巴觉色仁波且·多吉弥觉 གཙང་པ་ཇོ་སྲས་རིན་པོ་ཆེ་རྡོ་རྗེ་མི་འགྱུར།
藏巴·绛曲僧格 གཙང་པ་བྱང་ཆུབ་སེང་གེ
藏巴切顿 གཙང་པ་བྱེ་སྟོན།
藏巴·洛桑 གཙང་པ་བློ་བཟང་།
藏巴主古瓦 གཙང་པ་གྲུ་གུ་བ།
藏纳·沃拔尔 གཙང་ནག་འོད་འབར།
藏堆·索朗坚参 གཙང་སྟོད་བསོད་ནམས་རྒྱལ་མཚན།
藏曼·益希桑波 གཙང་སྨན་ཡེ་ཤེས་བཟང་པོ།
藏布哇·喜饶欧色 གཙང་པོ་བ་ཤེས་རབ་འོད་ཟེར།
藏玛 རྒྱལ་སྲས་གཙང་མ།
泽东达钦·贡噶桑珠 རྩེ་གདོང་བདག་ཆེན་ཀུན་དགའ་བསམ་གྲུབ།
泽当·桑结伦珠 རྩེ་ཐང་སངས་རྒྱས་ལྷུན་གྲུབ།
扎巴加措 གྲགས་པ་རྒྱ་མཚོ།
扎巴·恩谢巴 གྲགས་པ་མངོན་ཤེས་འབར།
扎巴益希 གྲགས་པ་ཡེ་ཤེས།
扎巴尊追 གྲགས་པ་བརྩོན་འགྲུས།
扎巴欧色 གྲགས་པ་འོད་ཟེར།
扎巴坚参 གྲགས་པ་རྒྱལ་མཚན།
扎巴仁钦 གྲགས་པ་རིན་ཆེན།
扎巴参坚 གྲགས་པ་མཚན་ཅན།
扎西德衮 བཀྲིས་ལྡེ་མགོན།
扎西孜巴 བཀྲིས་བརྩེགས་པ།
扎西喇嘛 བཀྲིས་བླ་མ།
扎西嘉措 བཀྲིས་རྒྱ་མཚོ།
扎西贝孜 བཀྲིས་དཔལ་བརྩེགས།
扎西贝珠 བཀྲིས་དཔལ་གྲུབ།
扎西群佩 བཀྲིས་ཆོས་འཕེལ།
扎西伦珠 བཀྲིས་ལྷུན་གྲུབ།
扎西贝丹 བཀྲིས་དཔལ་ལྡན།
扎西贝 བཀྲིས་དཔལ།
扎西平措扎巴坚参 བཀྲིས་ཕུན་ཚོགས་གྲགས་པ་རྒྱལ་མཚན།
扎西白卫桑布 བཀྲིས་དཔལ་འོད་བཟང་པོ།
扎西强巴嘉措 བཀྲིས་བྱམས་པ་རྒྱ་མཚོ།
扎西格勒桑布 བཀྲིས་དགེ་ལེགས་བཟང་པོ།
扎西扎巴益希 བཀྲིས་གྲགས་པ་ཡེ་ཤེས།
扎嘎·达孜哇 བྲག་དཀར་སྟག་རྩེ་བ།

扎叶尔巴 གྲགས་ཡེར་པ།
扎那法王 བྲག་ནག་ཆོས་རྗེ།
扎普巴·本巴沃色 བྲག་ཕུག་པ་འབུམ་པ་འོད་ཟེར།
扎·益格曲尊 དབྲ་ཡེ་དགེ་ཆོས་བརྩོན།
扎哇噶当巴 བྲ་བ་བཀའ་གདམས་པ།
扎布且瓦·多吉贝 བྲག་པོ་ཆེ་བ་རྡོ་རྗེ་དཔལ།
扎布瓦·仁青奔 བྲག་འབུར་བ་རིན་ཆེན་འབུམ།
扎喀哇·扎巴僧格 བྲག་ཁ་བ་གྲགས་པ་སེང་གེ
占巴南喀 དྲན་པ་ནམ་མཁའ།
章嘉·乳贝多吉 ལྕང་སྐྱ་རོལ་པའི་རྡོ་རྗེ།
章松·图旦多吉 དྲང་སྲོང་ཐུབ་བསྟན་རྡོ་རྗེ།
章底·达玛娘布 བྲང་ཏི་དར་མ་སྙིང་པོ།
哲布尊丹巴 རྗེ་བཙུན་དམ་པ།
直贡热巴 འབྲི་སྒོམ་རས་པ།
直·喜饶贝 བྲི་ཤེས་རབ་དཔལ།
止布顿巴 འགྲི་བུ་གདོང་པ།
智藏 ཡེ་ཤེས་སྙིང་པོ།
智慧空行母妮谷玛 ཡེ་ཤེས་ཀྱི་མཁའ་འགྲོ་ནི་གུ་མ།
仲比巴 ཧྲོམ་པི་པ།
仲敦巴·杰哇窘乃 འབྲོམ་སྟོན་རྒྱལ་བའི་འབྱུང་གནས
仲·仁青贝尔 འབྲོ་རིན་ཆེན་འབར།
仲·益希坚参 འབྲོམ་ཡེ་ཤེས་རྒྱལ་མཚན།
仲·托杰益希 འབྲོམ་ཐུགས་རྗེ་ཡེ་ཤེས།
仲·垛哇顿穷 འབྲོམ་དོ་བ་སྟོན་ཆུང་།
仲巴·贡噶扎巴 དྲུང་པ་ཀུན་དགའ་གྲགས་པ།
仲巴·贡却仁钦 དྲུང་པ་དཀོན་མཆོག་རིན་ཆེན།
珠托·云丹贝桑 གྲུབ་ཐོབ་ཡོན་ཏན་དཔལ་བཟང་།
珠托·欧珠 གྲུབ་ཐོབ་དངོས་གྲུབ།
珠擦岗巴 འབྲུ་ཚ་སྒང་པ།
主巴·衮勒 འབྲུག་པ་ཀུན་ལེགས།
主巴·白玛噶波 འབྲུག་པ་པདྨ་དཀར་པོ།
主巴夏仲·弥旁曲杰 འབྲུག་པ་ཞབས་དྲུང་མི་ཕམ་ཆོས་རྒྱལ།
主夏·贡却僧格 བྲུ་ཤ་དཀོན་མཆོག་སེང་གེ
主梅·次程窘乃 གྲུ་མེར་ཚུལ་ཁྲིམས་འབྱུང་གནས།
卓达僧 སྒྲོ་དར་སེང་།
卓钦·桑结仁青 སྒྲོལ་ཆེན་སངས་རྒྱས་རིན་ཆེན།
卓弥·释迦益希 འབྲོག་མི་ཤཱཀྱ་ཡེ་ཤེས།
卓娃桑姆 འགྲོ་བ་བཟང་མོ།
卓钦·曲本 བྲོའི་ཆེན་ཆོས་འབུམ།
卓贡热钦 འགྲོ་མགོན་རས་ཆེན།
卓顿·贝丹扎 གྲོ་སྟོན་དཔལ་ལྡན་གྲགས།
卓尼·洛桑尊追 མགྲོན་གཉེར་བློ་བཟང་བརྩོན་འགྲུས།
卓贡·多吉娘波 འགྲོ་མགོན་རྡོ་རྗེ་སྙིང་པོ།
卓贡·赤烈朗杰 འགྲོ་མགོན་འཕྲིན་ལས་རྣམ་རྒྱལ།
卓·曲吉尊追 སྒྲོ་ཆོས་ཀྱི་བརྩོན་འགྲུས།
孜德 རྩེ་ལྡེ།
孜纳米札（胜友） ཛི་ན་མི་ཏྲ།
尊追僧格 བརྩོན་འགྲུས་སེང་གེ

（二）书名　专用名

A

阿巴（咒师） སྔགས་པ།
阿然巴 སྔགས་རམས་པ།
阿赖耶识 ཀུན་གཞིའི་རྣམ་ཤེས།
阿阇黎（轨范师）སློབ་དཔོན།
《阿毗达摩俱舍论》ཆོས་མངོན་པའི་མཛོད་ཀྱི་བཤད་པ།
《阿毗达摩集论》ཆོས་མངོན་པ་ཀུན་ལས་བཏུས་པ།
《阿强全集》སྔགས་འཆང་བཀའ་འབུམ།
《艾旺全集》ཨེ་ཝཾ་བཀའ་འབུམ།
《安多政教史》མདོ་སྨད་ཆོས་འབྱུང་།

B

八十四成就者 གྲུབ་ཐོབ་བརྒྱད་ཅུ་རྩ་བཞི།
八大导引 ཁྲིད་ཆེན་བརྒྱད།
八地煞 ས་དགྲ་བརྒྱད།
八供 མཆོད་བརྒྱད།
八部教授、八大法行 （文殊身、莲花语、真实意、甘露功德、金刚橛事业、差遣非人、猛咒诅詈、供赞世神）སྒྲུབ་པ་བཀའ་བརྒྱད།（འཇམ་དཔལ་སྐུ། པདྨ་གསུང་། ཡང་དག་ཐུགས། བདུད་རྩི་ཡོན་ཏན། ཕུར་པ་འཕྲིན་ལས། མ་མོ་རྦོད་གཏོང་། དམོད་པ་དྲག་སྔགས། འཇིག་རྟེན་མཆོད་བསྟོད། ）
八种塔（善逝塔、菩提塔、法轮塔、神变塔、天降塔、和好塔、尊胜塔、涅槃塔）མཆོད་རྟེན་བརྒྱད།（བདེ་གཤེགས་མཆོད་རྟེན། བྱང་ཆུབ་མཆོད་རྟེན། ཆོས་འཁོར་མཆོད་རྟེན། ཆོ་འཕྲུལ་མཆོད་རྟེན། ལྷ་བབས་

རྒྱལ་མཚོད་རྟེན། སྐུ་འདས་མཆོད་རྟེན།)
《八支集要》ཡན་ལག་བརྒྱད་པའི་སྙིང་པོ་བསྡུས་པ།
拔绒噶举 འབའ་རོམ་བཀའ་བརྒྱུད།
《拔协》སྦ་བཞེད།
《拔协补遗》སྦ་བཞེད་ཁ་སྐོང་ཅན།
《白玛文巴》པདྨ་འོད་འབར་གྱི་རྣམ་ཐར།
《白史》དེབ་ཐེར་དཀར་པོ།
《白琉璃》བཻཌཱུརྱ་དཀར་པོ།
《白荷教诫》པད་དཀར་ཞལ་ལུང་།
白哈王 པེ་ཧར་རྒྱལ་པོ།
白度母 སྒྲོལ་དཀར།
白伞盖佛母 གདུགས་དཀར།
白色马头金刚 རྟ་མགྲིན་དཀར་པོ།
百字明 ཡི་གེ་བརྒྱ་པ།
《宝积经》དཀོན་བརྩེགས།
《宝箧经》མདོ་ཟ་མ་ཏོག
《宝云经》མདོ་སྡེ་དཀོན་མཆོག་སྤྲིན།
《宝积陀罗尼经》འདུས་པ་རིན་པོ་ཆེའི་མདོ།
《宝性论广释》རྒྱུད་བླ་མའི་ཊཱི་ཀཱ།
《宝藏库》རིན་ཆེན་གཏེར་མཛོད།
宝生 རིན་ཆེན་འབྱུང་གནས།
本尊神 ཡིད་དམ་ལྷ།
本钦 དཔོན་ཆེན།
《本生论》སྐྱེས་པའི་རབས་ཀྱི་རྒྱུད།
《本续释・祖先亲教》རྩ་རྒྱུད་ཀྱི་བཤད་པ་མེས་པོའི་ཞལ་ལུང་།
钵阐布 བན་དེ་ཆེན་པོ།
苯教 བོན་པོ།
北藏 གཏེར་མ་བྱང་རྒྱུད།
北俱卢洲 བྱང་སྒྲ་མི་སྙན་གླིང་།
《遍集明续》རྒྱུད་ཀུན་འདུས་རིག་པ།
别解脱戒 སོ་ཐར་གྱི་སྡོམ་པ།
般若佛母 ཤེར་ཕྱིན་མ།
《般若十万颂》ཡུམ་འབུམ་པ།
博唐（五行算） སྤོར་ཐང་།
布禄金刚 གནོད་སྦྱིན་ཛམ་བྷ་ལ།
《布顿全集》བུ་སྟོན་བཀའ་འབུམ།
《布顿佛教史》བུ་སྟོན་ཆོས་འབྱུང་རིན་པོ་ཆེའི་མཛོད།
不空绢索 དོན་ཞགས།
《不空绢索心咒大乘经》དོན་ཡོད་ཞགས་པའི་སྙིང་པོ།
《不共秘密库》མཐུན་མིན་གསང་བའི་མཛོད།
补特迦罗 གང་ཟག
补特迦罗耳传承 གང་ཟག་སྙན་རྒྱུད།
不动明王 མི་གཡོ་བ།

C

蔡巴噶举 ཚལ་པ་བཀའ་བརྒྱུད།
财神 ཛམ་བྷ་ལ།
《彩色手册》བེའུ་བུམ་ཁྲ་བོ།
《仓央嘉措情歌》ཚངས་དབྱངས་རྒྱ་མཚོའི་མགུལ་གླུ།
《草药标本・希贵金穗》སྔོ་སྨན་འབྲུངས་དཔེ་བསྡུས་པ་ངོ་མཚར་གསེར་གྱི་སྙེ་མ།
《铲除分别论》རྟོག་པ་འབུར་འཇོམས།
长寿三尊 ཚེ་ལྷ་རྣམ་གསུམ།
长寿五姊妹 ཚེ་རིང་མཆེད་ལྔ།
《长养真谛第十》འཚོ་བའི་དེ་ཁོ་ན་ཉིད་བཅུ་པ།
《唱修金刚歌》གྱེས་སྒོམ་རྡོ་རྗེའི་གླུ།
赤巴 ཁྲི་པ།
《赤铜洲遗教》ཟངས་གླིང་བཀའ་ཐང་།
《赤美更登》རྒྱལ་པོ་དྲི་མེད་ཀུན་ལྡན་གྱི་རྣམ་ཐར།
持明语传承 རིག་འཛིན་བརྡ་བརྒྱུད།
《出世间经》འཇིག་རྟེན་ལས་འདས་པའི་མདོ།
除益障 སྒྲིག་པ་རྣམ་སེལ།
除忧度母 མྱ་ངན་ལས་སེལ་བའི་སྒྲོལ་མ།
传召大法会 སྨོན་ལམ་ཆེན་མོ།
《春明点续》དཔྱིད་ཐིག
绰浦噶举 ཁྲོ་ཕུ་བཀའ་བརྒྱུད།
《慈氏五论》（《现观庄严论》、《大乘庄严经论》、《辨中边论》、《辨法法性论》、《究竟一乘宝性论》）བྱམས་ཆོས་སྡེ་ལྔ། （མངོན་རྟོགས་རྒྱན། དབུས་མཐའ་རྣམ་འབྱེད། ཆོས་དང་ཆོས་ཉིད་རྣམ་འབྱེད། རྒྱུད་བླ་མ།）
磋然巴格西 ཚོགས་རམས་པའི་དགེ་བཤེས།

D

大手印 ཕྱག་རྒྱ་ཆེན་པོ།
大手印四瑜伽（专注、离戏、一味、无修）

ཕྱག་ཆེན་ལམ་གྱི་རྣལ་འབྱོར་བཞི།（རྩེ་གཅིག སྤྲོད་བྲལ། རོ་གཅིག སྒོམ་མེད།）
《大手印命咒》ཕྱག་རྒྱ་ཆེན་པོའི་སྲོག་སྔགས།
大五明（工巧明、医方明、声明、因明、内明）རིག་གནས་ཆེ་བ་ལྔ། （སྒྲ་རིག་པ། ཚད་མ་རིག་པ། བཟོ་རིག་པ། གསོ་བ་རིག་པ། ནང་རིག་པ།）
大寂静度母 ཞི་བ་ཆེན་མོའི་སྒྲོལ་མ།
大元国师 ཏཱ་དབེན་གུ་ཤྲི་རི།
大威德 འཇིགས་བྱེད།
大密九尊马头明王 རྟ་མགྲིན་ཡང་གསང་ལྷ་དགུ
大圆满 རྫོགས་ཆེན།
《大圆满见修口诀》རྫོགས་པ་ཆེན་པོའི་ལྟ་སྒོམ་ངན་ངག
《大法轮现观论》འཁོར་ལོ་ཆེན་པོའི་མངོན་རྟོགས།
《大乘佛法心要》ཐེག་ཆེན་བསྟན་སྙིང་དགོངས་པ་གཅིག་པ།
《大般若经》ཡུམ་རྒྱས་པ།
《大成就修证十六法》གྲུབ་ཐོབ་ཉམས་ཀྱི་ཆོས་སྡེ་བཅུ་དྲུག་པ།
《大发心》སེམས་བསྐྱེད་ཆེན་མོ།
《大幻化》（《摩诃摩耶》）སྒྱུ་འཕྲུལ་ཆེན་མོ།（མ་ཧཱ་མ་ཡཱ།）
达隆噶举 སྟག་ལུང་བཀའ་བརྒྱུད།
《达隆教史》སྟག་ལུང་ཆོས་འབྱུང་ངོ་མཚར་རྒྱ་མཚོ།
《丹珠尔》བསྟན་འགྱུར།
《丹噶目录》དཀར་ཆག་ལྡན་དཀར་མ།
道果九道 ལམ་འབྲས་ལམ་སྐོར་དགུ
道果会众派 ལམ་འབྲས་ཚོགས་བཤད།
道果弟子派 ལམ་འབྲས་སློབ་བཤད།
《道果概论》 ལམ་འབྲས་དོན་བསྡུས་མ།
《道果讲义》ལམ་འབྲས་ཁྲིད་ཡིག
《道果传承祈词》ལམ་འབྲས་བརྒྱུད་པའི་སྨོན་ལམ།
《道庄严论》ལམ་རྣམ་པར་བཀོད་པ།
《道炬论本释》ལམ་སྒྲོན་རྩ་འགྲེལ།
道歌 མགུལ་གླུ།
《道歌集》དོ་ཧ་མཛོད།
《等虚空界续》ནམ་མཁའ་དང་མཉམ་པའི་རྒྱུད།
帝释天 བརྒྱ་བྱིན།
第斯 སྡེ་སྲིད།
第巴 སྡེ་པ།
第四结集 བཀའ་བསྡུ་བཞི་པ།
地藏 ས་ཡི་སྙིང་པོ།
《弟吴教法源流》ལྡེའུའི་ཆོས་འབྱུང་།
顶髻尊胜度母 གཙུག་གཏོར་རྣམ་རྒྱལ་མ།
东胜身洲 ཤར་ལུས་འཕགས་པའི་གླིང་།
东岱 སྟོང་སྡེ།
独髻母 རལ་གཅིག་མ།
杜康 འདུ་ཁང་།
度母 སྒྲོལ་མ།
度母破阵法 སྒྲོལ་མ་གཡུལ་བཟློག
都热巴 སྨན་པ་བསྡུས་ར་བ།
顿门派 སྟོན་མིན།
顿渐之争 སྟོན་རྩེན་གྱི་རྩོད་པ།
《顿月顿珠》གཞོན་ནུ་དོན་ཡོད་དོན་གྲུབ་སྐུ་མཆེད་གཉིས་ཀྱི་རྣམ་ཐར།
《敦煌本藏文文献》ཏུན་ཧོང་ནས་ཐོན་པའི་གནའ་བོའི་བོད་ཡིག་ཤོག་སྲིལ།
朵然巴格西 རྡོ་རམས་པ་དགེ་བཤེས།
多闻子 རྣམ་ཐོས་སྲས།
夺舍法 གྲོང་འཇུག

E

额达赤巴 མངའ་བདག་ཁྲི་པ།
朵玛食子 གཏོར་མ།
俄氏七曼荼罗（《喜金刚九尊法》、《无我十五天女》、《四座多尊》、《智慧自在天母》、《摩诃摩耶五尊》、《金刚帐》、《文殊具密》）རྔོག་དཀྱིལ་བདུན།（དགྱེས་རྡོར་ལྷ་དགུ བདག་མེད་ལྷ་མོ་བཅོ་ལྔ། གདན་བཞི་ལྷ་མང་། ཡེ་ཤེས་དབང་ཕྱུག་མ། མ་ཧཱ་མ་ཡཱ་ལྷ་ལྔ། གུར་རིགས། འཇམ་དཔལ་གསང་ལྡན།）
耳传 སྙན་རྒྱུད།
二谛（世俗谛、胜义谛）བདེན་གཉིས།（ཀུན་རྫོབ་བདེན་པ་དང་དོན་དམ་བདེན་པ།）
二次第（生起次第、圆满次第）རིམ་གཉིས། （བསྐྱེད་རིམ་དང་རྫོགས་རིམ།）
二资粮（福德资粮、智慧资粮）ཚོགས་གཉིས། （རྒྱུ་བསོད་ནམས་ཀྱི་ཚོགས་དང་འབྲས་བུ་ཡེ་ཤེས་ཀྱི་ཚོགས）

《二资粮圆满摩尼修》ཚོགས་གཉིས་རྫོགས་པའི་ནོར་སྒྲུབ།

《二十曼荼罗》དཀྱིལ་ཆོག་ཉི་ཤུ་པ།

二十一度母 སྒྲོལ་མ་ཉི་ཤུ་རྩ་གཅིག

F

《发菩提心论》སེམས་བསྐྱེད།

《法鼓经》རྔ་བོ་ཆེའི་མདོ།

法身 ཆོས་སྐུ།

《凡夫顺行论》བྱིས་པ་བདེ་བླག་ཏུ་འཇུག་པ།

《吠陀》རིག་བྱེད།

《分别三议律论》བསྟན་བཅོས་སྡོམ་གསུམ་གྱི་རབ་ཏུ་དབྱེ་བ།

《分别遍主大金刚持的道次第秘密诸要点》རྒྱལ་བ་ཁྱབ་བདག་རྡོ་རྗེ་འཆང་ཆེན་པོའི་ལམ་གྱི་རིམ་པ་གསང་བ་ཀུན་གྱི་གནད་རྣམ་པར་ཕྱེ་བ་ཞེས་བཞུགས་སོ།

忿怒明王 ཁྲོ་རྒྱལ།

《忿怒霹雳火轮》དྲག་པོ་གནམ་ལྕགས་མེའི་འཁོར་ལོ།

《风心无别》རླུང་སེམས་དབྱེར་མེད།

《佛所行赞》སངས་རྒྱས་ཀྱི་སྤྱོད་པ་ཞེས་བྱ་བའི་སྙན་ངག་ཆེན་མོ།

《佛说稻秆经》ས་ལུ་ལྗང་པའི་མདོ།

《佛平等加行经》སངས་རྒྱས་མཉམ་སྦྱོར།

《佛说密意集经》ཚེ་སྒྲུབ་རྒྱལ་བ་འདུས་པ།

《佛百行传》སྟོན་པའི་སྐྱེས་རབས།

《佛陀十二宏化颂》ཐུབ་པའི་དབང་པོར་མཛད་པ་བཅུ་གཉིས་ཀྱི་སྒོ་ནས་བསྟོད་པ།

《佛法总论》བསྟན་པ་སྤྱི་འགྲེལ།

伏藏 གཏེར་མ།

父续 ཕ་རྒྱུད།

G

嘎尔举 དཀར་བརྒྱུད།

噶举派 བཀའ་བརྒྱུད་པ།

《噶举派史略》གངས་ཅན་རིག་བརྒྱའི་སྒོ་འབྱེད་ལྡེ་མིག（དེབ་བཅུ་གསུམ་པ）བཀའ་བརྒྱུད་པའི་གྲུབ་མཐའ།

《噶举密咒库》བཀའ་བརྒྱུད་སྔགས་མཛོད།

《噶尔舞九姿》གར་གྱི་ཉམས་དགུ

噶尔羌母 གར་འཆམ།

噶当派 བཀའ་གདམས་པ།

《噶当书》བཀའ་གདམས་གླེགས་བམ།

《噶当六论》（《大乘庄严经论》、《菩萨地论》、《集菩萨行论》、《入菩萨行论》、《本生论》、《法句论》）བཀའ་གདམས་གཞུང་དྲུག（མདོ་སྡེ་རྒྱན། བྱང་ས། བསླབ་བཏུས། སྤྱོད་འཇུག སྐྱེས་རབས་སོ་བཞི་པ། ཆེད་དུ་བརྗོད་པའི་ཚོམས།）

《噶当师徒问道语录》བཀའ་གདམས་ཕ་ཆོས་བུ་ཆོས

噶当七宝（释迦牟尼、观世音菩萨、度母、不动明王四本尊和经、律、论三藏）བཀའ་གདམས་ལྷ་ཆོས་བདུན།（ཐུབ་དབང་། སྤྱན་རས་གཟིགས། སྒྲོལ་མ། མི་གཡོ་སྟེ་ལྷ་བཞི་དང་། མདོ་སྡེ། འདུལ་བ། མངོན་པ་བཅས་སྡེ་སྣོད་གསུམ།）

《噶希哇世系传》དགའ་བཞིའི་འབྱུང་བ་བརྗོད་པ་ཟོལ་མེད་གཏམ་གྱི་རོལ་མོ།

噶论 བཀའ་བློན།

噶厦 བཀའ་ཤག

噶希巴 བཀའ་བཞི་པ།

噶居巴 བཀའ་བཅུ་པ།

噶玛噶举 ཀརྨ་བཀའ་བརྒྱུད།

甘丹颇章 དགའ་ལྡན་ཕོ་བྲང་།

甘丹赤巴 དགའ་ལྡན་ཁྲི་པ།

《甘珠尔》བཀའ་འགྱུར།

《甘丹格言》དགའ་ལྡན་ལེགས་བཤད།

《甘露法》བདུད་རྩི།

《甘露要义秘密诀窍论》བདུད་རྩི་སྙིང་པོ་གསང་བ་མན་ངག་གི་རྒྱུད།

甘露饮血明王 བདུད་རྩི་ཁྲག་འཐུང་།

格鲁派 དགེ་ལུགས་པ།

格贵 དགེ་སྐོས།

格西 དགེ་བཤེས།

《格萨尔王传》གླིང་གེ་སར་རྒྱལ་པོའི་སྒྲུང་།

《格言日光论》ལེགས་བཤད་ཉི་མ་འོད་ཟེར།

根本上师 རྩ་བའི་བླ་མ།

《功德藏本注》ཡོན་ཏན་མཛོད་རྩ་འགྲེལ།

《皈依发心》སྐྱབས་འགྲོ་སེམས་བསྐྱེད།

《规矩养生论》ལུགས་ཀྱི་བསྟན་བཅོས་སྐྱེ་བོ་གསོ་ཐིག

观世音菩萨 སྤྱན་རས་གཟིགས།

《观世音菩萨二十一部经续》སྤྱན་རས་གཟིགས་

གྱི་མདོ་རྒྱུད་ཉི་ཤུ་རྩ་གཅིག
《观三时论》དུས་གསུམ་བརྟག་པ།
《观所缘论》དམིགས་པ་བརྟག་པ།
《观所缘本注》དམིགས་པ་བརྟག་པ་རྩ་འགྲེལ།
灌顶 དབང་བསྐུར།
《灌顶总论》དབང་མདོར་བསྟན།
《灌顶义概论摄要》དབང་མདོར་བསྟན་པའི་རྣམ་བཤད་བསྡུས་པའི་སྙིང་པོ།
果乘 འབྲས་བུ་སྔགས་ཀྱི་ཐེག་པ།
《国王修身论》རྒྱལ་པོ་ལུགས་ཀྱི་བསྟན་བཅོས།
《国王神义光》 རྒྱལ་པོའི་བློ་ཡིག་འོད་འབར།
《国王善行宝鬘》 རྒྱལ་པོ་བདེ་སྤྱོད་བཟང་པོ་ལ་གཏམ་དུ་བྱ་བ་རིན་པོ་ཆེའི་ཕྲེང་བ།

H

寒林（尸林） དུར་ཁྲོད།
《汉藏史集》རྒྱ་བོད་ཡིག་ཚང་མཁས་པའི་དགའ་བྱེད།
和睦四兄弟 མཐུན་པ་སྤུན་བཞི།
《嘿如迦集续》ཧེ་རུ་ཀ་འདུས་པའི་རྒྱུད།
《嘿如迦重要经》ཧེ་རུ་ཀ་གལ་པོ་ཆེ།
《红史》དེབ་ཐེར་དམར་པོ།
红色金刚亥母 ཕག་མོ་དམར་པོ།
红黑面曜 གཟའ་གདོང་དམར་ནག
后弘期 བསྟན་པ་ཕྱི་དར།
《后藏志》མྱང་ཆོས་འབྱུང་།
《后续脉水之补充》ཕྱི་རྒྱུད་རྩ་ཆུའི་ལྷན་ཐབས།
《后续脉水・祖先亲教》ཕྱིས་རྒྱུད་རྩ་ཆུའི་མེས་པོའི་ཞལ་ལུང་།
《后续药性明论・甘露灯》ཕྱི་རྒྱུད་སྨན་ངོ་གསལ་བྱེད་བདུད་རྩིའི་སྒྲོན་མེ།
呼图克图 ཧོ་ཐོག་ཐུ།
护摩 སྦྱིན་བསྲེག
护法神 སྲུང་མ།
《秘言传》རྣམ་ཐར་བཙོག་རྣམ།
《华严经》ཕལ་མོ་ཆེ།
《幻网天女续》ལྷ་མོ་སྒྱུ་འཕྲུལ།
《幻变八十颂》སྒྱུ་འཕྲུལ་བརྒྱད་ཅུ་པ།
《黄琉璃》བེ་ཌཱུརྻ་སེར་པོ།
活佛（化身） སྤྲུལ་པའི་སྐུ།
火龙年法会 མེ་འབྲུག་ཆོས་འཁོར།

J

基巧堪布 སྤྱི་ཁྱབ་མཁན་པོ།
基道果 གཞི་ལམ་འབྲས་གསུམ།
《基道果之总义》གཞི་ལམ་འབྲས་གསུམ་གྱི་སྟོང་ཐུན།
《积分论》ཀཱ་ལ་པ།
吉祥天女 དཔལ་ལྡན་ལྷ་མོ།
《吉祥功德赞》དཔལ་ལྡན་ཡོན་ཏན་མའི་བསྔགས་བརྗོད།
《吉祥智慧四臂护法仪轨曼荼罗》དཔལ་ཡེ་ཤེས་མགོན་པོ་ཕྱག་བཞི་པའི་སྒྲུབ་དཀྱིལ།
集密金刚 གསང་འདུས།
《集密根本续》གསང་འདུས་རྩ་རྒྱུད།
《集密不动金刚》གསང་འདུས་མི་སྐྱོད་པ།
《集密五次第论》གསང་འདུས་རིམ་ལྔ་པ།
《集密五次第明灯论》རིམ་ལྔ་གསལ་སྒྲོན།
《集论》མདོར་བྱས།
《集量论》ཚད་མ་ཀུན་འདུས།
《集量论本注》ཚད་མ་ཀུན་འདུས་རྩ་འགྲེལ།
《集经释・黑暗之铠甲》མདོའི་འགྲེལ་པ་མུན་པའི་གོ་ཆ།
极乐世界 བདེ་བ་ཅན།
寂静处 དབེན་གནས།
迦那迦牟尼佛 གསེར་ཐུབ།
迦叶佛 འོད་སྲུང་།
《迦叶经》འོད་སྲུང་གིས་ཞུས་པའི་མདོ།
甲三巴 ལྕགས་ཟམ་པ།
渐门派 རྩེན་མིན་པ།
教典派 བཀའ་གདམས་གཞུང་པ་བ།
教诫派 བཀའ་གདམས་གདམས་ངག་པ།
教授派 བཀའ་གདམས་མན་ངག་པ།
《教言集》གཏམ་ཚོགས།
《教诫集》གུང་ཐང་བསྟན་པའི་སྒྲོན་མེའི་བསླབ་བྱ།
《教诫库》གདམས་ངག་མཛོད།
《教派广论》གྲུབ་མཐའ་ཆེན་མོ།
《教历》བསྟན་རྩིས།
《教历・日光论》བསྟན་རྩིས་ཉི་མའི་འོད་ཟེར།
《杰协》རྒྱལ་བཞེད།

《羯磨集》ལས་ཚོགས།
《解脱道庄严论》དམ་ཆོས་ཡིད་བཞིན་ནོར་བུ་ཐར་པ་རིན་པོ་ཆེའི་རྒྱན།
《诫王书》བཤེས་སྤྲིངས།
金刚萨缍 རྡོ་རྗེ་སེམས་དཔའ།
金刚座 རྡོ་རྗེ་གདན།
金刚座主 རྡོ་རྗེ་གདན་པ།
金刚上师 རྡོ་རྗེ་སློབ་དཔོན།
金刚持 རྡོ་རྗེ་འཆང་།
金刚手 ཕྱག་ན་རྡོ་རྗེ།
金刚亥母 རྡོ་རྗེ་ཕག་མོ།
金刚三昆季 རྡོ་རྗེ་མཆེད་གསུམ།
金刚铃 རྡོ་རྗེ་དྲིལ་བུ།
金刚杵 རྡོ་རྗེ།
金刚橛 རྡོ་རྗེ་ཕུར་པ།
金刚跏趺坐 རྡོ་རྗེ་སྐྱིལ་ཀྲུང་།
金刚摧坏 རྡོ་རྗེ་རྣམ་འཇོམས།
《金刚偈》རྡོ་རྗེ་ཚིག་རྐང་།
《金刚鬘》རྡོར་ཕྲེང་།
《金刚身隐论》རྡོ་རྗེ་ལུས་ཀྱི་སྦས་བཤད།
《金刚亥母密修》རྡོ་རྗེ་ཕག་མོའི་གསང་སྒྲུབ།
《金刚橛现观论》རྡོ་རྗེ་ཕུར་པའི་མངོན་རྟོགས།
《金刚帐续》རྡོ་རྗེ་རྒྱུད་གུར།
《金光明经》རྡོ་རྗེ་གསེར་འོད་དམ་པ།
金瓶掣签 གསེར་བུམ་སྐྲུག་པ།
近事男 དགེ་བསྙེན།
《晶珠草本》ཤེལ་གོང་ཤེལ་ཕྲེང་།
经师 ཡོངས་འཛིན།
经、幻、心三部 མདོ་སྒྱུ་སེམས་གསུམ།
经藏供养 མདོ་སྡེ་མཆོད་པ།
《敬信命轮》མོས་གུས་སྲོག་འཁོར།
净土 དག་ཞིང་།
《净治恶趣论》ངན་སོང་སྦྱོང་རྒྱུད།
《究竟一乘宝性论注疏》རྒྱུད་བླ་མའི་ཊཱི་ཀཱ།
九大明灯教授 སྒྲོན་མེ་དགུ་སྐོར་གྱི་གདམས་ངག
旧密 གསང་སྔགས་རྙིང་མ།
救八难度母 སྒྲོལ་མ་འཇིགས་པ་བརྒྱད་སྐྱོབ།
拘留孙佛 འཁོར་བ་འཇིགས།
居惹 སྐྱུ་ར།
《居悉》(《四部医典》) རྒྱུད་བཞི།
具光佛母 འོད་ཟེར་ཅན་མ།
《俱生和合》ལྷན་ཅིག་སྐྱེས་སྦྱོར།
《俱生和合引导次第》ཁྲིད་རིམ་ལྷན་ཅིག་སྐྱེས་སྦྱོར།
《决断生死轮回续》འཁོར་བ་ཐང་གཅོད་ཀྱི་རྒྱུད།
觉域派 གཅོད་ཡུལ་པ། (སྤྱོད་ཡུལ་པ།)
觉囊派 ཇོ་ནང་པ།
《觉囊派教法史》ཇོ་ནང་ཆོས་འབྱུང་།

K

《喀热三类法》ཁ་རག་སྐོར་གསུམ།
堪布 མཁན་པོ།
康村 ཁམས་ཚན།
康区强敦摩崖石刻 ཁམས་ཀྱི་བྱམས་མདུན་བྲག་བརྐོས་ཡི་གེ།
空行母 མཁའ་འགྲོ་མ།
空行刹土 མཁའ་སྤྱོད་གནས།
空行娘提 མཁའ་འགྲོ་སྙིང་ཐིག
《孔雀化毒论》རྨ་བྱ་དུག་འཇོམས།

L

拉吉 བླ་སྤྱི།
拉章 བླ་བྲང་།
《拉协》བླ་བཞེད།
喇本 བླ་དཔོན།
《蓝琉璃》བེ་ཌཱུར་སྔོན་པོ།
《蓝色手册》བེའུ་བུམ་སྔོན་པོ།
《朗氏家族》རླངས་ཀྱི་པོ་ཏི་བསེ་རུ་རྒྱས་པ།
《朗萨雯波》སྣང་བཟའ་འོད་འབུམ་གྱི་ལོ་རྒྱུས།
乐空无别 བདེ་སྟོང་དབྱེར་མེད།
利钝二根 དབང་པོ་རྣོ་རྟུལ་གཉིས།
《莲花生传》པདྨ་འབྱུང་གནས་ཀྱི་རྣམ་ཐར་ཡིད་ཆེས་གསུམ་ལྡན།
《莲花遗教》པདྨ་བཀའ་ཐང་།
《莲池歌舞》པདྨའི་ཚལ་གྱི་ཟློས་གར།
《量抉择论》ཚད་མ་རྣམ་ངེས།
六告身 ཡིག་ཚངས་དྲུག
六贤门 མཁས་པ་སྒོ་དྲུག
六字真言 སྙིང་པོ་ཡི་གེ་དྲུག

六道众生(天、人、阿修罗三善趣，地狱、恶鬼、畜生三恶趣) འགྲོ་བ་རིགས་དྲུག（ལྷ། མི། ལྷ་མིན་བཅས་བདེ་འགྲོ་གསུམ། དམྱལ་བ། ཡི་དྭགས། དུད་འགྲོ་གསུམ་བཅས་ངན་འགྲོ་གསུམ།）

《六种一味法》རོ་སྙོམས་སྐོར་དྲུག

《六支瑜珈本疏》སྦྱོར་དྲུག་རྩ་འགྲེལ།

《六十正理论释》རིགས་པ་དྲུག་ཅུ་པའི་ཏི་ཀཱ།

《六支瑜珈》（《六加行》：收摄、禅定、运气、持风、随念、三摩地）སྦྱོར་བ་ཡན་ལག་དྲུག（སོར་སྡུད། བསམ་གཏན། སྲོག་རྩོལ། འཛིན་པ། རྗེས་དྲན། ཏིང་ངེ་འཛིན།）

《龙喜记》ཀླུ་ཀུན་ཏུ་དགའ་བའི་ཟློས་གར།

《隆庆全集》ཀློང་ཆེན་བཀའ་འབུམ།

《隆庆娘提伏藏法论》ཀློང་ཆེན་སྙིང་ཐིག་གི་གཏེར་ཆོས།

《隆庆七宝藏》（《如意宝藏》、《口诀宝藏》、《本性宝藏》、《宗派宝藏》、《胜乘宝藏》、《词义宝藏》、《法界宝藏》）ཀློང་ཆེན་མཛོད་ཆེན་བདུན།（ཡིད་བཞིན་མཛོད། མན་ངག་མཛོད། གནས་ལུགས་མཛོད། གྲུབ་མཐའ་མཛོད། ཐེག་མཆོག་མཛོད། ཚིག་དོན་མཛོད། ཆོས་དབྱིངས་མཛོད།）

律藏供养 འདུལ་བའི་མཆོད་པ།

绿度母 སྒྲོལ་ལྗང་།

《律仪轨则》སྡོམ་པའི་ཆོ་ག

论藏供养 མངོན་པའི་མཆོད་པ།

罗刹 སྲིན་པོ།

罗刹女 སྲིན་མོ།

罗刹王 སྲིན་པོ་དབང་།

《洛绒教史》ལྷོ་རོང་ཆོས་འབྱུང་ཐུབ་བསྟན་གསལ་བྱེད

M

嘛呢堆 མ་ཎིའི་རྡོ་ཕུང་།

《嘛呢全集》མ་ཎི་བཀའ་འབུམ།

马头明王 རྟ་མགྲིན།

《马头金刚伏藏龙续》རྟ་མགྲིན་ནཱ་ག་ཀླུ་འདུལ།

《玛尔巴译师传》མར་པ་ལོ་ཙྪའི་རྣམ་ཐར།

《玛拉雅教释如意广略论》མ་ལ་ཡའི་བཀའ་འགྲེལ་འདོད་འཇོ་ཆེ་ཆུང་།

《脉风明点建立》རྩ་རླུང་ཐིག་ལེའི་རྣམ་བཞག

《满足有情颂文》སེམས་ཅན་མགུ་བའི་ཚིག་བཅད།

曼然巴 སྨན་རམས་པ།

曼荼罗 དཀྱིལ་འཁོར།

曼札 མཎ་ཌལ།

猛厉咒 དྲག་སྔགས།

蒙古新字 ཧོར་ཡིག་གསར་མ།

《梦幻修三种》རྨི་ལམ་འཁྲུལ་བ་གསུམ་ལྡན།

《梦境如意宝论》རྨི་ལམ་ཡིད་བཞིན་ནོར་བུའི་གཏམ།

弥勒佛 རྒྱལ་བ་བྱམས་པ།

《米拉日巴传》མི་ལ་རས་པའི་རྣམ་ཐར།

米拉日巴道歌集》མི་ལ་རས་པའི་མགུར་འབུམ།

《米达惹百法》མི་ཏྲ་བརྒྱ་རྩ།

密教大手印 སྔགས་ལུགས་ཀྱི་ཕྱག་རྒྱ་ཆེན་པོ།

《密咒十二颂》མན་ངག་ཚིགས་སུ་བཅད་པ་བཅུ་གཉིས་པ།

《密意本解脱》དགོངས་པ་རང་གྲོལ།

《密意集经》མདོ་དགོངས་པ་འདུས་པ།

《密意集经广疏》དགོངས་འདུས་རྣམ་བཤད།

《密宗道次第广论》རྒྱལ་བ་ཁྱབ་བདག་རྡོ་རྗེ་འཆང་ཆེན་ཆོའི་ལམ་གྱི་རིམ་པ།

《秘密藏续》གསང་བ་སྙིང་པོའི་རྒྱུད།

《秘密藏续广释·明镜》གསང་སྙིང་གི་ཏི་ཀ་གསལ་བྱེད་མེ་ལོང་།

《秘密藏续释·消十方黑暗》སྙིང་པོའི་འགྲེལ་པ་ཕྱོགས་བཅུ་མུན་སེལ།

《妙音天女颂》དབྱངས་ཅན་ལྷ་མོའི་བསྟོད་པ་བྱུང་བའི་སྒྲ་དབྱངས།

《妙吉祥真言义》འཇམ་དཔལ་སྔགས་དོན།

灭法 བསྟན་པ་བསྣུབ་པ།

明空无执 གསལ་སྟོང་འཛིན་མེད།

母续 མ་རྒྱུད།

N

《那若六法》（拙火、幻身、梦境、光明、中阴、迁识） ནཱ་རོ་ཆོས་དྲུག（གཏུམ་མོ། སྒྱུ་ལུས། རྨི་ལམ། འོད་ཟེར། བར་དོ། འཕོ་བ།）

《纳塘百法》སྣར་ཐང་བརྒྱ་རྩ།

《奈巴教史》ནེ་པ་ཆོས་འབྱུང་།

南藏 གཏེར་མ་ལྷོ་རྒྱུད།

南赡部洲 ལྷོ་འཛམ་བུ་གླིང་།
囊论 ནང་བློན།
囊索 ནང་སོ།
《能断金刚般若波罗密多经》ཤེས་རབ་ཀྱི་ཕ་རོལ་ཏུ་ཕྱིན་པ་རྡོ་རྗེ་གཅོད་པ།
《能仁誓句三庄严》ཐུབ་པ་དམ་ཚིག་གསུམ་བཀོད།
《妮谷六法》ནི་གུ་ཆོས་དྲུག
《妮谷五金法》(如树根的《妮谷六法》；如树干的《大手印》；如枝桠的《三转道用》；如花朵的《红面空行母法》；如果实的《无死无错误教授》) ནི་གུའི་གསེར་ཆོས་ལྔ། (རྩ་བ་ནི་གུ་ཆོས་དྲུག སྡོང་པོ་ཕྱག་རྒྱ་ཆེན་པོ། ཡལ་ག་ལམ་འཁྱེར་རྣམ་གསུམ། མེ་ཏོག་མཁའ་སྤྱོད་དཀར་དམར། འབྲས་བུ་འཆི་མེད་འཁྲུལ་མེད།)
年波桑哇（玄秘神物） གཉན་པོ་གསང་བ།
《娘氏教法源流》ཉང་རལ་ཆོས་འབྱུང་།
娘提 སྙིང་ཐིག
《涅槃经》མྱང་ངན་ལས་འདས་པའི་མདོ།
聂巴 གཉེར་པ།
宁玛派 རྙིང་མ་བ།
《宁玛教法源流》གསང་ཆེན་སྔ་འགྱུར་ངེས་དོན་ཟབ་མོའི་ཆོས་འབྱུང་།
《宁玛教派史略》གངས་ཅན་རིག་བརྒྱའི་སྒོ་འབྱེད་ལྡེ་མིག (དེབ་གཉིས་པ) རྙིང་མ་བའི་གྲུབ་མཐའ།
《宁玛续集》རྙིང་མ་རྒྱུད་འབུམ།
《宁玛续集释源》རྙིང་མ་རྒྱུད་འབུམ་གྱི་རྟོགས་བརྗོད།
宁玛九乘（声闻乘、独觉乘、菩萨乘、事部、行部、瑜珈部、生起次第玛哈瑜珈、圆满次第阿努瑜珈、大圆满阿底瑜珈）རྙིང་མ་བའི་ཐེག་པ་རིམ་པ་དགུ (ཉན་ཐོས། རང་རྒྱལ། བྱང་སེམས། ཀྲི་ཡ། ཨུ་བ། ཡོ་ག མ་ཧཱ། ཨ་ནུ། ཨ་ཏི།)
《诺桑王子》ནོར་བཟང་གི་རྣམ་ཐར།
女巫 མོ་མ།

P

帕珠噶举 ཕག་གྲུ་བཀའ་བརྒྱུད།
《旁塘目录》དཀར་ཆག་འཕང་ཐང་མ།
《配方功效汇总》སྨན་སྦྱོར་ནུས་པ་ཕྱོགས་བསྡུས།
《配方・甘露宝瓶》སྨན་སྦྱོར་བདུད་རྩི་བུམ་བཟང་།
毗婆尸佛 སངས་རྒྱས་རྣམ་པར་གཟིགས།
毗舍浮佛 ཐམས་ཅད་སྐྱོབ།
毗卢七法 རྣང་སྣམ་གྱི་ཁྱད་ཆོས་བདུན།
纰论 ཕྱི་བློན།
颦眉度母 ཁྲོ་གཉེར་གཡོ་བའི་སྒྲོལ་མ།
《珀东班钦传》བོ་དོང་པཎ་ཆེན་གྱི་རྣམ་ཐར་ངོ་མཚར་དགའ་སྟོན།
《颇罗鼐传》མི་དབང་རྟོགས་བརྗོད།
《剖刺脉道结论》གཏར་ཙའི་སྡོམས་ཚིག་གཞོན་ནུའི་ངག་རྒྱན།
菩提心 བྱང་ཆུབ་སེམས།
《菩提资粮》བྱང་ཆུབ་ཀྱི་ཚོགས།
《菩提心释》བྱང་ཆུབ་སེམས་འགྲེལ།
《菩提道炬论》བྱང་ཆུབ་ལམ་གྱི་སྒྲོན་མ།
《菩提次第论》སེམས་དཔའི་རིམ་པ།
《菩提道次第广论》བྱང་ཆུབ་ལམ་རིམ་ཆེན་མོ།
菩萨戒 བྱང་སེམས་ཀྱི་སྡོམ་པ།
菩萨十地 བྱང་ཆུབ་སེམས་དཔའི་ས་བཅུ།
《菩萨说相经》མཚན་བརྗོད།
《菩萨十地经》འཕགས་པ་ས་བཅུ་པ།
《菩萨本生・如意藤》བྱང་ཆུབ་སེམས་དཔའི་རྟོགས་པ་བརྗོད་པའི་དཔག་བསམ་གྱི་འཁྲི་ཤིང་།
普贤 ཀུན་ཏུ་བཟང་པོ།
《普集明王》ཀུན་གྱི་རྒྱལ་པོ།

Q

七觉士 སད་མི་བདུན།
七曜 གཟའ་བདུན།
《七义修菩提心法》བློ་སྦྱོང་དོན་བདུན།
《七系付法传》བཀའ་བབས་བདུན་ལྡན་གྱི་བརྒྱུད་པའི་རྣམ་ཐར་རིན་པོ་ཆེའི་འབྱུང་གནས།
七觉支（念、择法、精进、喜、轻安、定、舍）བྱང་ཆུབ་ཡན་ལག་བདུན། (དྲན་པ། ཆོས་རབ་ཏུ་རྣམ་འབྱེད། བརྩོན་འགྲུས། དགའ་བ། ཤིན་ཏུ་སྦྱངས། ཏིང་ངེ་འཛིན། བཏང་སྙོམས།)
《棋盘香论》མིག་མངས་རིས་ཀྱི་སྦྱོར་བ།
骑虎护法 མགོན་པོ་སྟག་བཞོན་མ།
《气、胎脏、修养口诀》ཛམ་ཏུམ་ཧེའི་མན་ངག
前弘期 བསྟན་པ་སྔ་དར།

强佐 ཕྱག་མཛོད།
亲教师 མཁན་པོ།
《钦浦目录》དཀར་ཆག་མཆིམས་ཕུ་མ།
《青史》དེབ་ཐེར་སྔོན་པོ།
琼结墓碑 འཕྱོངས་རྒྱས་བང་སོའི་རྡོ་རིང་།
曲本 ཆོས་དཔོན།
曲米法会 ཆུ་མིག་ཆོས་འཁོར།
却豁 ཆོས་གཞི།

R

饶迥 རབ་བྱུང་།
饶绛巴 རབ་འབྱམས་པ།
《热琼瓦传》རྗེ་བཙུན་རས་ཆུང་པའི་རྣམ་ཐར།
《仁蚌巴世系》རིན་སྤུངས་པའི་གདུང་རབས།
《日光论》ཉིན་བྱེད་སྣང་བ།
《融迁小道》བསྲེ་འཕོ་གསེབ་ལམ།
茹 རུ།
如来 དེ་བཞིན་གཤེགས་པ།
如来藏 བདེ་གཤེགས་སྙིང་པོ།
《如来藏经》བདེ་གཤེགས་པའི་སྙིང་པོའི་མདོ།
《如意宝树史》ཆོས་འབྱུང་དཔག་བསམ་ལྗོན་བཟང་།
《如意六臂怙主成就法》ཡིད་བཞིན་གྱི་མགོན་པོ་ཕྱག་དྲུག
《入瑜伽》རྣལ་འབྱོར་འཇུག་པ།
《入行论》སྤྱོད་འཇུག
《入行论大疏》སྤྱོད་འཇུག་འགྲེལ་ཆེན།
《入行论释》སྤྱོད་འཇུག་གི་ཊཱི་ཀ།
《入法门论》ཆོས་ལ་འཇུག་པའི་སྒོ
《入二谛论》བདེན་གཉིས་ལ་འཇུག་པ།

S

萨迦派 ས་སྐྱ་པ།
萨迦五祖 ས་སྐྱ་གོང་མ་ལྔ།
萨迦十三金法 ས་སྐྱ་གསེར་ཆོས་བཅུ་གསུམ།
《萨迦全集》ས་སྐྱ་བཀའ་འབུམ།
《萨迦格言》ས་སྐྱ་ལེགས་བཤད།
《萨迦世系史》ས་སྐྱའི་གདུང་རབས་ངོ་མཚར་བང་མཛོད།
《萨迦五祖文集》ས་སྐྱ་གོང་མ་ལྔའི་གསུང་འབུམ།
三衣 ཆོས་གོས་གསུམ།
三根本（上师、本尊、空行）རྩ་བ་གསུམ།（བླ་མ། ཡི་དམ། མཁའ་འགྲོ ）
三脉（左右中脉）རྩ་གསུམ། （རོ་རྐྱང་དབུ་མ།）
三士 སྐྱེས་བུ་གསུམ།
三十二相 མཚན་བཟང་པོ་སུམ་ཅུ་སོ་གཉིས།
三十七道品 བྱང་ཕྱོགས་སོ་བདུན།
三昧耶戒 སྔགས་ཀྱི་སྡོམ་པ།
三摩地 ཏིང་ངེ་འཛིན།
三常念 རྒྱུན་ཆགས་གསུམ།
三种道情歌 དོ་ཧ་སྐོར་གསུམ།
三世佛 དུས་གསུམ་སངས་རྒྱས།
《三士道次第》སྐྱེས་བུ་གསུམ་གྱི་ལམ་གྱི་རིམ་པ།
《三律议论》སྡོམ་གསུམ་རབ་དབྱེ།
《三摩地经》ཏིང་ངེ་འཛིན་གྱི་མདོ།
《三摩地王经》མདོ་ཏིང་ངེ་འཛིན་གྱི་རྒྱལ་པོ།
《三昧耶广论》དམ་ཚིག་མདོ་རྒྱས།
《三十九本事》རྣམ་ཐར་སོ་དགུ།
《三戒一要》སྡོམ་གསུམ་གནད་གཅིག
《桑布扎广注・精华明义》དཔལ་སམ་བུ་ཊའི་འགྲེལ་པ་སྙིང་པོའི་དེ་ཁོ་ན་ཉིད་གསལ་བར་བྱེད་པ།
《桑布扎续释・明要》སམ་བུ་ཊའི་འགྲེལ་པ་གནད་ཀྱི་གསལ་བྱེད།
《扫除本性垢障》ངོ་བོའི་གད་དར།
森本 གཟིམ་དཔོན།
山居噶丹派 རི་བོ་དགའ་ལྡན་པ།
《山法了义海论》རི་ཆོས་ངེས་དོན་རྒྱ་མཚོ།
善知识 དགེ་བའི་བཤེས་གཉེན།
尚论 ཞང་བློན།
上主巴 སྟོད་འབྲུག
上士 སྐྱེས་བུ་མཆོག
上路宏传（上部律学）སྟོད་འདུལ།
《上师二颂》བླ་མ་གཉིས།
《续部师传承史》བླ་མ་རྒྱུད་པའི་ལོ་རྒྱུས།
《摄大乘论》ཐེག་བསྡུས།
《摄行炬论》སྤྱོད་བསྡུས་སྒྲོན་མེ།
《摄真实论》དཔལ་དེ་ཉིད་འདུས་པ།
《身业・藏不死金刚歌》སྐུའི་མཛོད་འཆི་མེད་རྡོ་རྗེའི་གླུ།

《身语意大手印修法》སྐུ་གསུང་ཐུགས་ཡིད་ལ་མི་བྱེད་པའི་ཕྱག་རྒྱ་ཆེན་པོ།

《甚深道上师瑜伽》ཟབ་ལམ་བླ་མའི་རྣལ་འབྱོར།

《甚深心法本释》ཟབ་མོ་ནང་དོན་རྩ་འགྲེལ།

《声律学・宝生论》སྙེབ་སྦྱོར་གྱི་བསྟན་བཅོས་རིན་ཆེན་འབྱུང་གནས།

《生圆次第秘诀笔记》བསྐྱེད་རྫོགས་ཀྱི་མན་ངག་ཟིན་བྲིས།

生死涅槃无别 འཁོར་འདས་དབྱེར་མེད།

胜者意趣传承 རྒྱལ་བ་དགོངས་བརྒྱུད།

胜乐金刚 བདེ་མཆོག

《胜乐根本续》བདེ་མཆོག་རྩ་རྒྱུད།

《胜乐根本略续》བདེ་མཆོག་ཉུང་ངུའི་རྒྱུད།

《胜乐独雄金刚》བདེ་མཆོག་དཔའ་བོ་གཅིག་པ།

《胜乐五尊》བདེ་མཆོག་ལྷ་ལྔ།

《胜乐曼荼罗仪轨》བདེ་མཆོག་གི་དཀྱིལ་འཁོར་ཆོ་ག

《胜乐轮大结》འཁོར་ལོ་སྡོམ་ཆེན།

《胜乐隐义善明论》བདེ་མཆོག་སྦས་དོན་ཀུན་གསལ།

《胜乐续释》དཔལ་འཁོར་ལོ་བདེ་མཆོག་རྒྱུད་ཀྱི་འགྲེལ་པ།

《胜鬘狮子吼经》དཔལ་ཕྲེང་སེང་གེའི་ང་རོའི་མདོ།

《诗镜论》སྙན་ངག་མེ་ལོང་།

《释量论》ཚད་མ་རྣམ་འགྲེལ།

《释量论广疏》ཚད་མ་རྣམ་འགྲེལ་གྱི་ཊཱི་ཀ་རྒྱས་པ།

《尸林杜鹃游戏经》དུར་ཁྲོད་ཁུ་བྱུག་རོལ་པའི་མདོ།

释迦牟尼 ཤཱཀྱ་ཐུབ་པ།

释迦不动金刚 ཛོ་བོ་མི་སྐྱོད་རྡོ་རྗེ།

狮面空行母 སེང་གདོང་ལྷ་མོ།

尸弃佛 གཙུག་གཏོར་ཅན།

十善 དགེ་བ་བཅུ།

十恶 མི་དགེ་བ་བཅུ།

十度 ཕ་རོལ་ཏུ་ཕྱིན་པ་བཅུ།

十二胜义 བདེན་དོན་རྣམ་པ་བཅུ་གཉིས།

十二丹玛女神 བརྟན་མ་བཅུ་གཉིས།

十二因缘 རྟེན་འབྲེལ་ཡན་ལག་བཅུ་གཉིས།

十二大苦行 དཀའ་བ་ཆེན་མོ་བཅུ་གཉིས།

十六罗汉 གནས་བརྟན་བཅུ་དྲུག

十六明点 ཐིག་ལེ་བཅུ་དྲུག

十八不共佛法 མ་འདྲེས་པའི་ཆོས་བཅོ་བརྒྱད།

十八界 ཁམས་བཅོ་བརྒྱད།

十一面观世音菩萨 འཕགས་པ་བཅུ་གཅིག་ཞལ།

十三万户 ཁྲི་སྐོར་བཅུ་གསུམ།

《十善经》དགེ་བ་བཅུའི་མདོ།

《时轮外义》དུས་འཁོར་ཕྱི་དོན།

《时轮摄义・无垢光饰》དཔལ་དུས་ཀྱི་འཁོར་ལོའི་བསྡུས་དོན་དྲི་མེད་འོད་ཀྱི་རྒྱན།

《时轮讲解・定义法穗》དཔལ་དུས་ཀྱི་འཁོར་ལོའི་བཤད་ཐབས་ངེས་དོན་སྙེ་མ།

《时轮坛城仪轨・功德源》དཔལ་དུས་ཀྱི་འཁོར་ལོའི་དཀྱིལ་ཆོག་ཡོན་ཏན་ཀུན་འབྱུང་།

世间八风 འཇིག་རྟེན་ཆོས་བརྒྱད།

《世喜记》འཇིག་རྟེན་ཀུན་ཏུ་དགའ་བའི་ཟློས་གར།

授记 ལུང་བསྟན།

《水树格言》ཆུ་ཤིང་བསྟན་བཅོས།

四臂护法 མགོན་པོ་ཕྱག་བཞི་པ།

四喜 དགའ་བ་བཞི།

四业 འཕྲིན་ལས་རྣམ་བཞི།

四大 འབྱུང་བཞི།

四大洲 གླིང་ཆེན་བཞི།

四无量 ཚད་མེད་བཞི།

四大天王 རྒྱལ་ཆེན་རིགས་བཞི།

四大供养 མཆོད་པ་ཆེན་པོ་བཞི།

四宗（有部、经部、唯识、中观）གྲུབ་མཐའ་བཞི།（བྱེ་བྲག་སྨྲ་བ། མདོ་སྡེ་པ། སེམས་ཙམ་པ། དབུ་མ་བ།）

四续部（事部、行部、瑜伽部、无上瑜伽部）རྒྱུད་སྡེ་བཞི།（བྱ་བའི་རྒྱུད། སྤྱོད་པའི་རྒྱུད། རྣལ་འབྱོར་རྒྱུད། རྣལ་འབྱོར་བླ་ན་མེད་པའི་རྒྱུད།）

《四部医典》རྒྱུད་བཞི།

《四部毗奈耶》འདུལ་བ་ལུང་སྡེ་བཞི།

《四座》（自座、他座、行座、密座）གདན་བཞི།（རང་གི་གདན། གཞན་གདན། སྦྱོར་བའི་གདན། གསང་བའི་གདན།）

《四座本续》གདན་བཞི་རྩ་རྒྱུད།

《四续释》རྣམ་བཞི་རྒྱུད་འགྲེལ།

《四面金刚亥母》ཕག་མོ་ཞལ་བཞི་མ།

《苏吉尼玛》དྲང་སྲོང་གི་བུ་མོ་བྲམ་ཟེ་གཟུགས་ཀྱི་ཉི་མའི་རྣམ་ཐར།

随许 རྗེས་གནང་།

《算学・智者生悦》རྩིས་ཀྱི་བསྟན་བཅོས་མཁས་པ་དགའ་བྱེད།

《算学・急需宝瓶》ཉེར་མཁོ་བུམ་བཟང་།

索本 གསོལ་དཔོན།

T

塔波噶举 དྭགས་པོ་བཀའ་བརྒྱུད།

《塔波文集》དྭགས་པོ་བཀའ་འབུམ།

《塔波拾零集》དྭགས་པོའི་གསུང་འཐོར་འབུམ།

唐休 ཐང་ཞུ།

《唐东杰布传》ཐང་སྟོང་རྒྱལ་པོའི་རྣམ་ཐར་ནོར་བུའི་མེ་ལོང་།

铁索桥 ལྕགས་ཟམ།

《吐蕃金石录》བོད་ཀྱི་རྡོ་རིང་ཡི་གེ་དང་དྲིལ་བུའི་ཁ་བྱང་།

《土观宗派源流》ཐུབ་ཀྭན་གྲུབ་མཐའ།

瓦都体字 ཕ་ཏུ།

外道 ཕྱི་རོལ་པ།

万户 ཁྲི་སྐོ།

卫藏十人 དབུས་གཙང་མི་བཅུ།

卫藏战争 དབུས་གཙང་སྡེ་གཟར།

《卫藏道场圣迹志》དབུས་གཙང་གནས་ཡིག

卫堆夏拉康碑 དབུར་སྟོད་ཞྭ་ལྷ་ཁང་གི་རྡོ་རིང་།

闻思修 ཐོས་བསམ་སྒོམ།

文殊 འཇམ་དཔལ་དབྱངས།

《文殊百颂》འཇམ་དཔལ་གྱི་བསྟོད་པ་བརྒྱ་པ།

翁则 དབུ་མཛད།

乌约之战 དབུ་གཡོར་འཁྲུག་སློང་།

乌鸦面羯摩护法 ལས་མགོན་བྱ་རོག་གདོང་ཅན།

邬摩天女 ལྷ་མོ་ཨུ་མ།

无量光佛 འོད་དཔག་མེད།

无量寿佛 ཚེ་དཔག་མེད།

《无身空行九密法》ལུས་མེད་མཁའ་འགྲོའི་ཆོས་སྐོར་དགུ

《无增减经》འཕེལ་བ་འགྲིབ་པ་མེད་པ་བསྟན་པའི་མདོ།

《无戏论金刚颂译解》སྤྲོད་མེད་རྡོ་རྗེའི་ཚིག་གི་རྣམ་བཤད།

《五随念》ཉམས་ལེན་རྗེས་དྲན་ལྔ།

五蕴 ཕུང་པོ་ལྔ།

五位天成 རང་བྱུང་ལྔ་ལྡན།

五个茹 རུ་ཆེན་ལྔ།

五根（信根、精进根、念根、定根、慧根）རྣམ་བྱང་དབང་པོ་ལྔ།（དད་པ། བརྩོན་འགྲུས། དྲན་པ། ཏིང་ངེ་འཛིན། ཤེས་རབ།）

五道（资粮道、加行道、见道、修道、无修道）ལམ་ལྔ།（ཚོགས་ལམ། སྦྱོར་ལམ། མཐོང་ལམ། སྒོམ་ལམ། མི་སློབ་ལམ།）

五大脉轮（顶轮、喉轮、心轮、脐轮、密轮）གནས་འཁོར་ལོ་ལྔ།（སྤྱི་བོ། མགྲིན་པ། སྙིང་ག ལྟེ་བ། གསང་གནས།）

X

息结派 ཞི་བྱེད་པ།

《息灭护摩轮》ཞི་བའི་སྦྱིན་སྲེག

西牛货洲 ནུབ་བ་གླང་སྤྱོད་ཀྱི་གླིང་།

西藏原始六氏族 མིའུ་གདུང་དྲུག

《西藏王臣记》བོད་ཀྱི་དེབ་ཐེར་དཔྱིད་ཀྱི་རྒྱལ་མོའི་གླུ་དབྱངས།

《西藏王统世系明鉴》（《西藏王统记》）རྒྱལ་རབས་གསལ་བའི་མེ་ལོང་།

《西藏通史》བོད་ཀྱི་ལོ་རྒྱུས་རགས་རིམ་གཡུ་ཡི་ཕྲེང་བ།

喜金刚（呼金刚）དགྱེས་པ་རྡོ་རྗེ། （ཀྱཻ་རྡོ་རྗེ།）

《喜金刚续第二品》ཀྱཻ་རྡོར་རྒྱུད་ཀྱི་བརྟག་པ་གཉིས་པ།

《喜金刚续第二品正释》དཔལ་དགྱེས་པ་རྡོ་རྗེའི་རྩ་རྒྱུད་ཀྱི་ཏི་ཀ།

《喜金刚续第二品释难》དཔལ་རྒྱུད་པ་རྡོ་རྗེའི་རྩ་རྒྱུད་ཀྱི་དཀའ་འགྲེལ།

《喜金刚续第二品词文》བརྟག་གཉིས་ཀྱི་ས་བཅད།

《喜金刚续详注》དགྱེས་པ་རྡོ་རྗེའི་རྩ་རྒྱུད་ཀྱི་འགྲེལ་པ་རྒྱས་པ།

《喜金刚现观广论》དཔལ་དགྱེས་པ་རྡོ་རྗེའི་མངོན་རྟོགས་རྒྱས་པ།

夏鲁派 ཞ་ལུ་པ།
下主巴 སྨད་འབྲུག
《下泻续》ནད་ཐུར་དུ་སྦྱོང་བ་བཤལ་གྱི་རྒྱུད།
下士 སྐྱེས་བུ་དམན་པ།
显密 མདོ་སྔགས།
显教大手印 མདོ་ལུགས་ཀྱི་ཕྱག་རྒྱ་ཆེན་པོ།
《显明四续之程序・母虎锐气》རྒྱུད་ཀྱི་ས་བཅད་སྟག་མོའི་ཇམས་ཐབས།
《贤愚经》མཛངས་བླུན་ཞེས་བྱ་བའི་མདོ།
《贤者喜宴》ཆོས་འབྱུང་མཁས་པའི་དགའ་སྟོན།
《现观庄严论》མངོན་རྟོགས་རྒྱན།
《现观庄严论广注》མངོན་རྟོགས་རྒྱན་གྱི་ཏི་ཀ་རྒྱས་པ།
香巴噶举 ཤངས་པ་བཀའ་རྒྱུད།
《详解草药形状・医生之宝物》བདུད་རྩི་སྔོའི་འཁྲུངས་དཔེ་རྒྱས་པ་འཚོ་བྱེད་གཞོན་ནུའི་སྙིང་ནོར།
相士 ལྟས་མཁན།
《小便法则・清凉月续》ཆུ་དཔྱད་ཟླ་བསིལ་གྱི་རྒྱུད།
小五明（历算、诗歌、词藻、音韵、戏曲）རིག་གནས་ཆུང་བ་ལྔ།（སྐར་རྩིས། སྙན་ངག མངོན་བརྗོད། སྡེབ་སྦྱོར། ཟློས་གར།）
《新红史》དེབ་ཐེར་དམར་པོ་གསར་མ།
《新旧字的区别・丁香帐》བརྡ་གསར་རྙིང་གི་ཁྱད་པར་སྟོན་པ་ལི་ཤིའི་གུར་ཁང་།
《心金刚赞》སེམས་ཀྱི་རྡོ་རྗེའི་བསྟོད་པ།
《心宗广大心教经》སེམས་ལུང་ཆེན་པོའི་མདོ།
《星算综合论述》རྩིས་ཀུན་བསྡུས་པ།
修赛噶举 ཤུག་གསེབ་བཀའ་རྒྱུད།
《修习次第论》སྒོམ་རིམ།
《修菩提心论》བྱང་ཆུབ་སེམས་སྦྱོང་།
《修心八颂》བློ་སྦྱོང་ཚིག་བརྒྱད་མ།
《修心日光论》བློ་སྦྱོང་ཉི་མའི་འོད་ཟེར།
《修心剑轮论》བློ་སྦྱོང་མཚོན་ཆ་འཁོར་ལོ།
《修心八坐法》བློ་སྦྱོང་མཐུན་བརྒྱད་མ།
《修心普讲文》བློ་སྦྱོང་ཚོགས་བཤད་མ།
须弥山 རི་རབ་ལྷུན་པོ།
虚空藏菩萨 ནམ་མཁའི་སྙིང་པོ།
《续部总集》རྒྱུད་ཀུན་ལས་བཏུས་པ།
《续部总论》རྒྱུད་སྡེ་སྤྱིའི་རྣམ་བཞག
《续部安立》རྒྱུད་སྡེ་རྣམ་བཤད།
《循努达美》གཞོན་ནུ་ཟླ་མེད་ཀྱི་གཏམ་རྒྱུད།
巡回辩经 གྲྭ་སྐོར།

Y

雅桑噶举 གཡའ་བཟང་བཀའ་རྒྱུད།
《雅言传》རྣམ་ཐར་གཙང་རྣམ།
《雅氏大疏》གཡའ་ཏི་ཀ་ཆེན་མོ།
《雅隆尊者教法史》ཡར་ལུང་ཇོ་བོའི་ཆོས་འབྱུང་།
阎摩德迦 གཤིན་རྗེ་གཤེད།
《雅摩德迦黑敌续》གཤིན་རྗེ་དགྲ་རྒྱུད།
仰卧之罗刹女 སྲིན་མོ་གན་རྐྱལ།
药师佛 སངས་རྒྱས་སྨན་བླ།
《药味配制图表》སྨན་སྦྱོར་བདུད་རྩི་བུམ་བཟང་།
叶巴噶举 ཡེལ་པ་བཀའ་བརྒྱུད།
夜叉 གནོད་སྦྱིན།
《一百剂》སྦྱོར་བ་བརྒྱ་པ།
《一百智论》ཤེས་རབ་བརྒྱ་པ།
《医术王论》གསོ་དཔྱད་ཀྱི་རྒྱལ་པོ།
《医学・海洋之要点》གསོ་རིག་རྒྱ་མཚོའི་སྙིང་པོ།
《遗教广史》བཀའ་ཆེམས་ཀྱི་ལོ་རྒྱུས་ཆེན་མོ།
《意业藏・无生金刚歌》ཐུགས་ཀྱི་བརྗོད་སྐྱེ་མེད་རྡོ་རྗེའི་གླུ
义成金刚亥母 ཕག་མོ་དོན་གྲུབ་མ།
因乘 རྒྱུ་མཚན་ཉིད་ཀྱི་ཐེག་པ།
《因明七论》(《释量论》、《定量论》、《正理一滴论》、《因滴论》、《关系论》、《悟他论》、《诤理论》) ཚད་མ་སྡེ་བདུན།（ཚད་མ་རྣམ་འགྲེལ། ཚད་མ་རྣམ་ངེས། ཚད་མ་རིགས་ཐིགས། གཏན་ཚིགས་ཐིགས་པ་འབྲེལ་བ་བརྟག་པ། རྒྱུད་གཞན་སྒྲུབ་པ། རྩོད་པའི་རིགས་པ།）
《印度佛教史》རྒྱ་གར་ཆོས་འབྱུང་།
《婴儿接生法・益民月镜》བྱིས་པ་བཙའ་ཐབས་ཀུན་ཕན་ཟླ་བའི་མེ་ལོང་།
雍仲 གཡུང་དྲུང་།
瑜伽行者 རྣལ་འབྱོར་པ།
《瑜伽师地论》ས་སྡེ་ལྔ།
《语业藏・文殊金刚歌》གསུང་གི་མཛོད་འཇམ་

དཔལ་རྡོ་རྗེའི་སྒྲ
《语言门论》སྒྲ་སྒོ
《语合二章》སྒྲ་སྦྱོར་བམ་གཉིས།
《喻法略论》དཔེ་ཆོས་བསྡུས་པ།
《喻法中论・聚宝》དཔེ་ཆོས་རིན་ཆེན་སྤུངས་པ།
《喻法详论》དཔེ་ཆོས་རྒྱས་པ།
《缘起赞》རྟེན་འབྲེལ་ལ་བསྟོད་པ།
《缘起真实论经》རྟེན་ཅིང་འབྲེལ་བར་འབྱུང་བའི་གཙུག་ལག་གི་དེ་ཁོ་ན་ཉིད།
《圆满时轮金刚曼陀罗》དུས་འཁོར་གྱི་དཀྱིལ་འཁོར་ཡོངས་རྫོགས།
原始俱生智慧 གཉུག་མ་ལྷན་གཅིག་སྐྱེས་པའི་ཡེ་ཤེས།
《月王药诊》སྨན་དཔྱད་ཟླ་བའི་རྒྱལ་པོ།
《月光隐微语诀》ཀུ་སུ་ཏི་ཡན་ལག་ཕྲ་མོའི་མན་ངག
《云使》སྤྲིན་གྱི་ཕོ་ཉ།

Z

《杂论》མདོར་བསྡུ།
赞蒙 བཙན་མོ།
藏堆杰布 གཙང་སྟོད་རྒྱལ་པོ།
《藏族历史年鉴》བསྟན་རྩིས་ཀུན་ལས་བཏུས་པ།
《藏密气功典籍选编》གསང་ཆེན་ཐབས་ལམ་ཉེར་མཁོ་རྣལ་འབྱོར་སྙིང་ནོར།
《藏宁黑如嘎传》གཙང་སྨྱོན་ཧེ་རུ་ཀའི་རྣམ་ཐར།
增盛度母 སྒྲོན་མ་རབ་རྒྱས་མ།
扎仓 གྲྭ་ཚང་།
《扎塘居悉》གྲྭ་ཐང་རྒྱུད་བཞི།
札萨 ཛ་སག་པ།（སྤྱི་དཔོན།）
《斋居法》སྨྱུང་བར་གནས་པ།
旃檀四观音 འཕགས་པ་མཆེད་བཞི།
占卜者 ཕྱྭ་མཁན།
帐怙主 གུར་མགོན།
诏书 བཀའ་གཙིགས།
《真实名称经》མཚན་བརྗོད་གསེར་གྱི་ཐུར་མ།
《正法白莲经》དམ་པའི་ཆོས་པདྨ་དཀར་པོ།
《正法摄集经》ཆོས་ཡང་དག་པར་བསྡུས་པའི་མདོ།
《正法一密意趣・金刚语》དམ་ཆོས་དགོངས་པ་གཅིག་པ་རྡོ་རྗེའི་གསུང་།
《正说中观》དབུ་མ་ཡང་དག་པར་བརྗོད་པ།
政教合 ཆོས་སྲིད་ཟུང་འབྲེལ།
《知识总汇》ཤེས་བྱ་ཀུན་ཁྱབ།
止观双运 ཞི་ལྷག་ཟུང་འབྲེལ།
直贡噶举 འབྲི་གུང་བཀའ་བརྒྱུད།
直贡寺乱 འབྲི་གུང་གླིང་ལོག
直达战乱 འབྲི་སྟག་གི་སྡེ་གཟར།
《直贡法嗣》འབྲི་གུང་གདན་རབས་གསེར་ཕྲེང་།
《智者入门》མཁས་འཇུག
《智光庄严论》ཡེ་ཤེས་སྣ་རྒྱན་གྱི་མདོ།
《治疗秘法量门》མན་ངག་ཚད་པ་སྒོ་བཅོས།
《治疗儿病之经验》བྱིས་པའི་ནད་རིགས་བཅོས་པའི་ཉམས་ཡིག
《中观根本智论》དབུ་མ་རྩ་བའི་ཤེས་རབ།
《中观要门论》དབུ་མའི་མན་ངག
中观他空见 དབུ་མ་གཞན་སྟོང་།
中观应成派 དབུ་མ་ཐལ་འགྱུར་བ།
中观自续派 དབུ་མ་རང་རྒྱུད་པ།
《中观要门论本释》དབུ་མའི་མན་ངག་རྩ་འགྲེལ།
《中观理聚六论》（《中论》、《七十空性论》、《六十如理论》、《回诤论》、《细研磨论》、《宝鬘论》） དབུ་མའི་རིགས་ཚོགས་དྲུག（དབུ་མ་རྩ་བ་ཤེས་རབ། སྟོང་ཉིད་བདུན་ཅུ། རིགས་པ་དྲུག་ཅུ། རྩོད་བཟློག ཞིབ་མོ་རྣམ་འཐག རིན་ཆེན་ཕྲེང་བ།）
中士 སྐྱེས་བུ་འབྲིང་བ།
仲译 དྲུང་ཡིག
《诸佛菩萨名称经》སྤང་སྐོང་ཕྱག་བརྒྱ་མ།
《诸佛密意集经》སངས་རྒྱས་ཐམས་ཅད་ཀྱི་དགོངས་པ་འདུས་པའི་མདོ།
主巴噶举 འབྲུག་པ་བཀའ་བརྒྱུད།
《主巴教史》འབྲུག་པའི་ཆོས་འབྱུང་།
《主巴衮勒传》འབྲུག་པ་ཀུན་ལེགས་ཀྱི་རྣམ་ཐར།
《注释续》རྒྱུད་འགྲེལ།
驻藏大臣 ཨམ་བན།
卓尼 མགྲོན་གཉེར།
《卓娃桑姆》མཁའ་འགྲོ་འགྲོ་བ་བཟང་མོའི་རྣམ་ཐར།
孜然巴 རྩིས་རམས་པ།
《字序七十颂》ཨང་ཡིག་བདུན་ཅུ་པ།
《自加持次第》རང་བྱིན་གྱིས་བརླབས་པའི་རིམ་པ།

《宗喀巴传》ཙོང་ཁ་པ་ཆེན་པོའི་རྣམ་ཐར།

《宗昌耳传法》རྫོང་འཕྲང་སྙན་རྒྱུད།

（三）地名、寺名

A

阿里 མངའ་རིས།

阿里三围 མངའ་རིས་སྐོར་གསུམ།

安多 ཨ་མདོ།

昂曲 ངམ་ཤོད།

昂仁 ངམ་རིང་།

B

八蚌寺 དཔལ་སྤུངས་དགོན་པ།

拔绒寺 འབའ་རོམ་དགོན་པ།

拔卓多吉林寺 བར་འབྲོག་རྡོ་རྗེ་གླིང་དགོན་པ།

邦雄寺 སྤང་གཞུང་དགོན་པ།

白居寺 ཆོས་གྲྭ་ཆེན་མོ་དཔལ་འཁོར་བདེ་ཆེན།

白朗 པ་སྣམ།

白朗噶瓦顿寺 པ་སྣམ་དགའ་བ་གདོང་དགོན་པ།

拜摩曲顶寺 དཔལ་མོ་ཆོས་སྡིངས་དགོན་པ།

崩扎寺 སྤུང་ཏྲ་དགོན་པ།

奔日 སྤུང་རི།

贝年裕香寺 དཔལ་གཉན་ཡོད་ཤངས་ཆོས་སྡེ།

波密 སྤོ་བོ།

布达拉宫 པོ་ཏ་ལ་པོ་ཏ་ལ།

布让（普兰）སྤུ་རངས་（སྤུ་ཧྲེང་།）

C

蔡巴寺 ཚལ་པ་དགོན་པ།

仓谷寺 མཚམས་ཁུང་དགོན་པ།

查拉路甫 བྲག་ལྷ་ཀླུ་ཕུག

查日 ཁྲ་རི།

察雅 བྲག་གཡབ།

禅院 སྒོམ་གྲྭ

昌都 ཆབ་མདོ།

昌都寺 ཆབ་མདོ་བྱམས་པ་གླིང་།

超岩寺 བི་ཀྲ་མ་ཤཱ་ལ།

绰浦寺 ཁྲོ་ཕུ་དགོན་པ།

楚布寺 མཚུར་ཕུ་དགོན་པ།

措美 མཚོ་སྨད།

错那 མཚོ་སྣ།

D

达那 རྟ་ནག

达那乃萨 རྟ་ནག་གནས་གསར།

达那寺 རྟ་ན་དགོན་པ།

达隆寺 སྟག་ལུང་དགོན་པ།

达拉雄寺 དྭངས་ལ་གསོངས་ཀྱི་གཙུག་ལག་ཁང་།

达丹丹曲寺 རྟག་བརྟན་བསྟན་ཆོས་དགོན་པ།

达噶寺 རྟ་སྒའི་དགོན་པ།

达杰曲林寺 དར་རྒྱས་ཆོས་གླིང་དགོན་པ།

达孜朗杰寺 སྟག་རྩེ་རྣམ་རྒྱལ་དགོན་པ།

达那图旦朗杰寺 རྟ་ནག་ཐུབ་བསྟན་རྣམ་རྒྱལ་དགོན་པ།

达仓宗 སྟག་ཚང་རྫོང་།

大食 ཏ་ཟིག

大昭寺（四喜幻化寺） གཙུག་ལག་ཁང་།（དགའ་བཞི་འཕྲུལ་གྱི་ལྷ་ཁང་།）

丹底寺 དན་ཏིག་དགོན་པ།

当雄 འདམ་གཞུང་།

德瓦坚寺 བདེ་བ་ཅན་དགོན་པ།

德庆登寺 བདེ་ཆེན་སྟེངས་དགོན་པ།

登卓寺 སྟེང་གྲོ་དགོན་པ།

邓柯 འདན་མ།

丁玛寺 སྡིང་མ་དགོན།

顶布且寺 ལྡིང་པོ་ཆེ་དགོན་པ།

定日 དིང་རི།

堆龙德庆 སྟོད་ལུང་བདེ་ཆེན།

顿嘎宗 གདོང་དཀའ་རྫོང་།

多麦 མདོ་སྨད།

多吉丹寺 རྡོ་རྗེ་གདན་དགོན་པ།

多吉扎寺 རྡོ་རྗེ་བྲག་དགོན་པ།

E

俄尔艾旺曲德寺 ངོར་ཨེ་ཝཾ་ཆོས་སྡེ་དགོན།

G

噶琼寺 སྐར་ཆུང་གཙུག་ལག་ཁང་།

噶布曲隆寺 དཀར་པོ་ཆོས་ལུང་དགོན་པ།

噶玛姆寺 དགའ་མ་མོའི་དགོན་པ།

噶玛丹萨寺 ཀརྨ་གདན་ས་དགོན་པ།

噶曲 ཀ་ཆུ།

葛逻禄 གར་ལོག
甘丹颇章 དགའ་ལྡན་ཕོ་བྲང་།
甘丹寺 དགའ་ལྡན་དགོན་པ།
冈底斯山 གངས་ཏི་སེ།
冈布寺 སྒང་བུ་དགོན་པ།
冈布乃囊寺 སྒམ་པོ་གནས་ནང་དགོན་པ།
岗布寺 སྒམ་པོ་དགོན་པ།
岗岗寺 ཀང་ཀང་དགོན་པ།
岗布达日山 སྒམ་པོ་གདར་རི་བོ།
工布 ཀོང་པོ།
贡布日山 མགོན་པོ་རི།（ཀོང་བུ་རི།）
贡塘喀尔 གུང་ཐང་མཁར།
贡塘寺 གུང་ཐང་དགོན་པ།
贡噶 གོང་དཀར།
贡噶山 གངས་དཀར་རི་བོ།
贡噶寺 གངས་དཀར་དགོན་པ།
贡觉 གོ་འཇོ།
古格 གུ་གེ
古隆寺 སྐུགས་ལུང་དགོན་པ།
古茹隆寺 ཀུ་རུ་ལུང་དགོན་པ།
古绒森吉嘎尔布颇章 སྒོ་རུམ་གཟིམས་སྤྱིལ་དཀར་པོའི་ཕོ་བྲང་།
廓尔喀 གོར་ཁ།
廓扎寺 ཀོ་བྲག་དགོན་པ།

H

恒河 གང་གཱ
后藏 གཙང་།
幻化寺 འཕྲུལ་སྣང་སྤྲུལ་པའི་ལྷ་ཁང་།

J

基布寺 སྤྱིལ་བུ་དགོན་པ།
吉如拉康 ཀེ་རུ་ལྷ་ཁང་།
吉祥山 དཔལ་རི།
吉续 སྐྱིད་ཤོད།
吉隆 སྐྱིད་གྲོང་།
吉喀拉康 སྐྱིད་མཁར་ལྷ་ཁང་།
吉如 དཀྱིལ་རུ།
加吉寺 ལྕགས་སྤྱིལ་དགོན་པ།
加查 རྒྱ་ཚ།
迦湿弥罗（克什米尔） ཁ་ཆེ།
嘉玛寺 རྒྱ་དམར་དགོན་པ།
嘉黎 ལྷ་རི།
嘉莫热卡 རྒྱ་མོ་རབ་ཁ།
嘉摩擦瓦绒 རྒྱལ་མོ་ཚ་བ་རོང་།
甲木桑丹林寺 གྱམ་བསམ་གཏན་གླིང་དགོན་པ།
甲域寺 བྱ་ཡུལ་དགོན་པ།
坚叶寺 སྤྱན་གཡས་དགོན་པ།
绛曲塔尔巴林寺 བྱང་ཆུབ་ཐར་པ་གླིང་།
绛曲隆寺 བྱང་ཆུབ་ལུང་དགོན་པ།
绛钦曲德寺 བྱམས་ཆེན་ཆོས་སྡེ།
江孜 རྒྱལ་རྩེ།
杰拉康寺 རྒྱལ་ལུགས་ལྷས་ཀྱི་ལྷ་ཁང་།
杰岗寺 སྐྱེར་སྒང་དགོན་པ།
久普寺 འཇུ་ཕུ་དགོན་པ།
迥日沃且 གཅུང་རི་བོ་ཆེ།
觉囊寺 ཇོ་ནང་དགོན་པ།
觉卧吾杰塘 ཇོ་བོ་འོ་བརྒྱལ་ཐང་།

K

喀尔曲 མཁར་ཆུ།
喀卓宗 མཁའ་འགྲོ་རྫོང་།
喀热 ཁ་རག
喀热日贡寺 ཁ་རག་རི་དགོན།
喀瓦噶尔布 ཁ་བ་དཀར་པོ།
卡尔扎寺 མཁར་བྲག་ལྷ་ཁང་།
卡玛当寺 འཁར་མ་སྟེང་དགོན་པ།
康玛 ཁང་དམར།
科热 འཁོར་རེ།
空行寺 མཁའ་འགྲོ་ལྷ་ཁང་།

L

拉萨 ལྷ་ས།
拉萨河 སྐྱིད་ཆུ།
拉萨四大林（丹结林、策墨林、功德林、喜德林）ལྷ་སའི་གླིང་བཞི།（བསྟན་རྒྱས་གླིང་། ཚེ་སྨོན་གླིང་། ཀུན་བདེ་གླིང་། ཞི་བདེ་གླིང་། ）
拉曲寺 ལྷ་ཕྲུག་དགོན་པ།
拉卜楞寺 བླ་བྲང་བཀྲིས་འཁྱིལ།
拉东寺 ལྷ་གདོང་དགོན་པ།

拉隆 ལྷ་ལུང་།
拉隆寺 ལྷ་ལུང་དགོན་པ།
拉赤寺 ལྷ་ཁྲི་དགོན་པ།
拉姆拉措湖 ལྷ་མོའི་བླ་མཚོ།
拉齐雪岭 ལ་ཕྱི་གངས་ཀྱི་ར་བ།
拉堆 ལ་སྟོད།
拉堆绛 ལ་སྟོད་བྱང་།
拉堆洛 ལ་སྟོད་ལྷོ།
拉达克 ལ་དྭགས།
拉孜 ལྷ་རྩེ།
朗热岗 སྣང་ར་སྒང་།
朗塘寺 གླང་ཐང་དགོན་པ།
朗考寺 གླང་འཁོར་དགོན་པ།
朗钦藏布（狮泉河） གླང་ཆེན་གཙང་པོ།
浪卡子 སྣ་དཀར་རྩེ།
类乌齐寺 རི་བོ་ཆེ་དགོན་པ།
林周 ལྷུན་གྲུབ།
隆子 ལྷུན་རྩེ།
隆多寺 ལུང་རྟོགས་དགོན།
龙王潭 རྫོང་རྒྱབ་ཀླུ་ཁང་།
伦珠颇章寺 ལྷུན་གྲུབ་ཕོ་བྲང་དགོན།
逻些 ལྷ་ས།
罗布林卡 ནོར་བུ་གླིང་ཁ།
洛寺 ལོ་དགོན།
洛扎 ལྷོ་བྲག

M

玛庞雍措湖 མ་ཕམ་གཡུ་མཚོ།
玛撒巩寺 མ་ས་གོང་ལྷ་ཁང་།
曼措达蔡寺 སྨོན་ཁྲོ་སྟག་ཚལ་གྱི་ལྷ་ཁང་།
曼孜嘉修行院 སྨད་ཙེ་རྒྱལ་སྒོམ་ཁང་།
芒域 མང་ཡུལ།
芒康 སྨར་ཁང་།
梅域麦垅塘寺 དམས་ཡུལ་མེ་ལོང་ཐང་ལྷ་ཁང་།
梅多热哇 མེ་ཏོག་ར་བ།
门域 མོན་ཡུལ།
米林 སྨན་གླིང་།
敏珠林寺 སྨིན་གྲོལ་གླིང་དགོན་པ།
墨竹工卡 མལ་གྲོ་གུང་དཀར།
墨竹香巴宫 མལ་གྲོ་ཞམ་པའི་ཕོ་བྲང་།
木雅（西夏）མི་ཉག

N

那烂陀寺 ནཱ་ལེན་དྲ་དགོན་པ།
那隆绒 སྣར་ལུངས་རོང་།
那曲 ནག་ཆུ།
纳塘寺 སྣར་ཐང་དགོན།
纳热寺 ནམ་རལ་ལྷ་ཁང་།
乃囊寺 གནས་ནང་དགོན་པ།
乃穷寺 གནས་ཆུང་དགོན་པ།
乃宁寺 གནས་རྙིང་དགོན་པ།
乃让僧格宗 ནེ་རིང་སེང་གེ་རྫོང་།
南木林 རྣམ་གླིང་།
南诏 འཇང་ཡུལ།
囊谦 ནང་ཆེན།
内邬素 སྣེའུ་ཟུར།
尼木 སྙེ་མོ།
尼泊尔 བལ་ཡུལ།
念青唐古拉 གཉན་ཆེན་ཐང་ལྷ།
娘堆 ཉང་སྟོད།
娘麦 ཉང་སྨད།
聂拉木 གཉའ་ལམ།
聂塘寺 སྙེ་ཐང་དགོན་པ།
涅曼格日扎 གཉལ་སྨན་དགེ་རི་བྲག
牛古龙寺 སྨྱུ་གུ་ལུང་དགོན་པ།
牛绒寺 སྨྱུག་རུམ་དགོན་པ།
诺布尔寺 ནོར་བུ་གླིང་དགོན་པ།

P

帕邦喀 ཕ་བོང་ཁ།
帕珠丹萨梯寺 ཕག་གྲུ་གདན་ས་མཐིལ་དགོན་པ།
澎域 འཕན་ཡུལ།
珀东艾寺 བོ་དོང་ཨེའི་ཆོས་སྡེ།
普波切寺 ཕུག་པ་ཆེའི་ལྷ་ཁང་།
普芒岗寺 ཕུར་མོ་སྒང་དགོན་པ།

Q

恰廓雄寺 བྱ་རྐོད་གཤོང་དགོན་པ།
羌塘 བྱང་ཐང་།
强林寺 བྱང་གླིང་དགོན་པ།

强久寺 བྱང་ཆུབ་དགོན་པ།
怯喀寺 འཆད་ཁ་དགོན་པ།
且嘎尔寺 འཆད་དཀར་དགོན་པ།
秦瓦达则 འཕྱིང་བ་སྟག་རྩེ།
钦浦 མཆིམས་ཕུ།
琼结 འཕྱོངས་རྒྱས།
琼结贝日寺 འཕྱོངས་རྒྱས་དཔལ་རི་དགོན་པ།
琼嘎尔寺 ཁྱུང་དཀར་དགོན་པ།
曲松 ཆུ་གསུམ།
曲水 ཆུ་ཤུར།
曲米 ཆུ་མིག
曲米嘎姆寺 ཆུ་མིག་དཀར་མོ་དགོན།
曲科伦布寺 ཆོས་འཁོར་ལྷུན་པོ་དགོན།
曲科林寺 ཆོས་འཁོར་གླིང་དགོན་པ།
曲隆寺 ཆོས་ལུང་དགོན་པ།

R

饶冈寺 རོ་སྐམ་དགོན་པ།
热振寺 ར་སྒྲེང་དགོན་པ།
热隆寺 ར་ལུང་དགོན་པ།
仁钦岗寺 རིན་ཆེན་སྒང་དགོན་པ།
仁蚌 རིན་སྤུངས།
日喀则 གཞིས་ཀ་རྩེ།
日土 རུ་ཐོག
日贡寺 རི་གུང་དགོན་པ།
日麦寺 རི་མེར་དགོན་པ།
绒域色迪 རོང་ཡུལ་གསེར་སྟོད།
绒布寺 རོང་ཕུ་དགོན།
茹妥寺 རུ་ཐོག་དགོན་པ།

S

萨迦 ས་སྐྱ།
萨迦寺 ས་སྐྱ་དགོན་པ།
萨迦四大拉章（细脱、仁钦岗、拉康、都却）
ས་སྐྱའི་བླ་བྲང་བཞི།（གཞི་ཐོག རིན་ཆེན་སྒང་། ལྷ་ཁང་། དུས་མཆོད།）
萨噶 ས་དགའ།
萨霍尔 ཟ་ཧོར།
桑耶寺 བསམ་ཡས་དགོན་པ།
桑定寺 བསམ་སྡིང་དགོན་པ།
桑丹林寺 བསམ་གཏན་གླིང་།
桑浦内邬托寺 གསང་ཕུ་སྣེའུ་ཐོག
桑阿塔却林寺 གསང་སྔགས་ཐེག་མཆོག་གླིང་དགོན་པ
桑阿德庆林寺 གསང་སྔགས་བདེ་ཆེན་གླིང་།
桑阿林寺 གསང་སྔགས་གླིང་དགོན་པ།
桑结林寺 སངས་རྒྱས་གླིང་དགོན་པ།
色拉寺 སེ་ར་དགོན་པ།
色扎寺 སེ་སྦྲག་དགོན་པ།
色喀古托寺 སྲས་མཁར་དགུ་ཐོག
色多坚寺 གསེར་མདོག་ཅན་དགོན་པ།
色塘嘉祖拉康 གཟད་ཐང་སྐྱུའི་གཙུག་ལག་ཁང་།
四镇肢寺（昌珠、噶蔡、藏章、仲巴江）
མཐའ་འདུལ་གཙུག་ལག་ཁང་བཞི།（ཁྲ་འབྲུག ཀ་ཚལ། གཙམ་འགྲམ། གྲོམ་པ་རྒྱང་།）
四镇节寺（布曲、科厅、强真格杰、扎顿孜）
ཡང་འདུལ་གཙུག་ལག་ཁང་བཞི།（བུ་ཆུ། ཁོ་མཐིང་། བྱམས་སྦྲིན་དགེ་རྒྱས། སྤྲ་དུན་རྩེ།）
四镇边寺（隆塘卓玛、杰曲、蔡日卓玛、隆嫩）
རུ་གནོན་གཙུག་ལག་ཁང་བཞི།（ཀློང་ཐང་སྒྲོལ་མ། སྐྱེར་ཆུ། མཚལ་རིགས་སྒྲོལ་མ། ཀླུང་གནོན།）
上密院 རྒྱུད་སྟོད་གྲྭ་ཚང་།
室利南定寺 ཤྲི་རི་གནམ་སྡིངས་ཀྱི་དགོན་པ།
苏毗 སུམ་པ།
苏朴江布园 ཟུར་ཕུད་རྒྱང་བུ་ཚལ།
苏普寺 ཟུར་ཕུའི་གཙུག་ལག་ཁང་།

T

塔尔寺 སྐུ་འབུམ་བྱམས་པ་གླིང་།
塔尔巴林寺 ཐར་པ་གླིང་།
泰哺果寺 ཐེམ་བུ་སྐོག་གི་ལྷ་ཁང་།
唐波且寺 ཐང་པོ་ཆེ་དགོན་པ།
唐伽寺 ཐང་སྐྱ་དགོན་པ།
天竺（印度） རྒྱ་གར།
吐谷浑 འ་ཞ།
图旦曲科寺 ཐུབ་བསྟན་ཆོས་འཁོར་དགོན་པ།
图旦格佩寺 ཐུབ་བསྟན་དགེ་འཕེལ་དགོན་པ།
图旦拉钦寺 ཐུབ་བསྟན་ལྷ་ཆེན་དགོན་པ།
图旦朗杰寺 ཐུབ་བསྟན་རྣམ་རྒྱལ་དགོན་པ།
图旦色多坚寺 ཐུབ་བསྟན་གསེར་ཧོག་ཅན་དགོན་པ།

托林寺（托定寺）མཐོ་གླིང་དགོན་པ། （མཐོ་ལྡིང་དགོན་པ།）

托杰拉日岗 ཐོག་རྒྱལ་ལྷ་རི་སྒང་།

W

卫藏 དབུས་གཙང་།

温江岛 འུ་ཤང་རྡོ།

卧塘 འོ་ཐང་།

沃卡 འོལ་ཁ།

沃代贡杰山 འོ་དེ་གུང་རྒྱལ།

乌茹 དབུ་རུ།

邬日拉寺 དབུ་རི་ལ་དགོན་པ།

邬巴隆寺 འུག་པ་ལུང་གི་ལྷ་ཁང་།

邬甘寺 འུག་སྐང་དགོན་པ།

邬都强钦寺 འུ་དུ་བྱམས་ཆེན་གཙུག་ལག་ཁང་།

X

西扎山 ཤེལ་བྲག་རི་བོ།

夏鲁寺 ཞ་ལུ་དགོན་པ།

夏拉康 དབུ་རུ་ཞའི་ལྷ་ཁང་།

下密院 རྒྱུད་སྨད་གྲྭ་ཚང་།

象雄（羊同） ཞང་ཞུང་།

小昭寺 ར་མོ་ཆེ་གཙུག་ལག་ཁང་།

协噶尔 ཤེལ་དཀར།

谢通门 བཞད་མཐོང་སྨོན།

星干寺 ཤིང་སྐམ་དགོན་པ།

修赛寺 ཤུག་གསེབ་དགོན་པ།

雄雄寺 ཞང་ཞོང་དགོན་པ།

Y

雅隆 ཡར་ཀླུངས།

雅鲁藏布江 ཡར་ཀླུངས་གཙང་པོ།

雅拉香波山 ཡར་ལྷ་ཤམ་པོ།

雅钦寺 ཡར་ཆེན་དགོན་པ།

雅桑寺 གཡའ་བཟང་དགོན་པ།

雅堆 ཡར་སྟོད།

亚东（卓木） གྲོ་མོ།

羊噶尔 ཡང་དཀར།

羊卓雍措湖 ཡར་འབྲོག་གཡུ་མཚོ།

羊巴井寺 ཡངས་པ་ཅན་དགོན་པ།

杨日噶尔寺 ཡངས་རི་སྒར་དགོན་པ།

药王山 ལྕགས་པོ་རི།

叶浦寺 ཡེལ་ཕུག་དགོན་པ།

叶尔巴寺 ཡེར་པ་དགོན་པ།

叶茹 གཡས་རུ།

雍布拉康 ཡུམ་བུ་བླ་སྒང་། （ཡུམ་བུ་ལྷ་མཁར།）

于阗（黎域） ལི་ཡུལ།

玉茹寺 གཡུ་རུ་དགོན་པ།

约茹 གཡོ་རུ།

Z

杂日山 ཙ་རི།

杂贡寺 རྫ་མགོན་དགོན་པ།

赞卓寺 ཙན་གྲོ་དགོན་པ།

赞塘玉拉康 བཙན་ཐང་གཡུའི་ལྷ་ཁང་།

藏堆 གཙང་སྟོད།

泽当 རྩེ་ཐང་།

泽当寺 རྩེ་ཐང་དགོན་པ།

增期寺 རྫིང་ཕྱི་དགོན་པ།

札达 རྩ་མདའ།

扎嘉窝寺 བྲག་རྒྱ་བོ་དགོན་པ།

扎塘寺 གྲྭ་ཐང་དགོན་པ།

扎什伦布寺 བཀྲིས་ལྷུན་པོ།

扎纳寺 བྲག་ནག་དགོན་པ།

扎贡寺 བྲག་དགོན་དགོན་པ།

扎喀尔寺 བྲག་མཁར་དགོན་པ།

扎囊 གྲྭ་ནང་།

扎其 གྲྭ་ཕྱི།

哲蚌寺 འབྲས་སྤུངས་དགོན་པ།

哲域结蔡寺 འབྲས་ཡུལ་སྐྱེས་ཚལ་དགོན་པ།

枕桑寺 མགྲིན་བཟང་དགོན་པ།

止拉康 འབྲི་ལྷ་ཁང་།

直贡替寺 འབྲི་གུང་མཐིལ་དགོན་པ།

仲巴 འབྲོང་པ།

珠虚 གྲུ་ཤུལ།

珠西寺 གྲུ་གཞིའི་དགོན་པ།

卓浦寺 སྒྲོ་ཕུག་དགོན་པ།

卓窝隆寺 གྲོ་བོ་ལུང་དགོན་པ།

孜东寺 རྩེ་གདོང་དགོན་པ།

孜东平措林 རྩེ་གདོང་ཕུན་ཚོགས་གླིང་།

附录五　主要参考文献

一、书　　目

（一）汉　　文

《旧唐书》，刘煦等撰，中华书局 1975 年版。

《新唐书》，欧阳修、宋祁等撰，中华书局 1975 年版。

《〈册府元龟〉吐蕃史料校证》，苏晋仁、萧子校证，四川民族出版社 1981 年版。

《通鉴吐蕃史料》，苏晋仁编，西藏人民出版社 1982 年版。

《〈明实录〉藏族史料》，西藏人民出版社 1982 年版。

《明史》，张廷玉等撰，中华书局 1976 年版。

《〈清实录〉藏族史料》，顾祖成主编，西藏人民出版社 1982 年版。

《藏族史料集》（一）（二），陈燮章、索文清、陈乃文辑，四川民族出版社 1982、1983 年版。

《清代藏事辑要》，张其勤原稿，吴丰培增辑，西藏人民出版社 1983 年版。

《清代藏事辑要续编》，吴丰培辑，西藏人民出版社 1984 年版。

《民元藏事电稿 · 藏乱始末见闻记四种》，西藏人民出版社 1982 年版。

《西藏图考 · 西招图略》，西藏人民出版社 1982 年版。

《元史》，宋濂等撰，中华书局 1976 年版。

《元朝史》，韩儒林主编，人民出版社 1986 年版。

《赵尔丰川边奏牍》，吴丰培编，四川民族出版社 1984 年版。

《西藏宗教源流考 · 番僧源流考》，张其勤撰，吴丰培校订，西藏人民出版社 1982 年版。

《西藏志 · 卫藏通志》，西藏人民出版社 1982 年版。

《康藏轺证》，刘曼卿著，民族出版社 1998 年版。

《密乘法海》，多觉觉达格西撰，新文丰出版公司印行。

《圣武记》，[清]魏源撰，中华书局 1984 年版。

《吐蕃金石录》，王尧编著，文物出版社 1982 年版。

《吐蕃简牍综录》，王尧、陈践编著，文物出版社 1985 年版。

《敦煌本吐蕃历史文书》，王尧、陈践译注，民族出版社 1992 年版。

《敦煌吐蕃文书论文集》，王尧、陈践编注，四川民族出版社 1988 年版。

《敦煌本吐蕃医学文献选编》，罗秉芬、黄布凡编译，强巴赤列审订，民族出版社 1993 年版。

《敦煌吐蕃文献选》,王尧、陈践译注,四川民族出版社 1983 年版。

《拔协》,拔·赛囊著,佟锦华、黄布凡译注,四川民族出版社 1990 年版。

《莲花生本生传》,邬坚林巴发掘,洛珠加措、俄东瓦拉译,青海人民出版社 1990 年版。

《青史》,廓诺·迅鲁伯著,郭和卿译注,西藏人民出版社 1985 年版。

《王统世系明鉴》,萨迦·索南坚赞著,陈庆英、仁庆扎西译注,辽宁人民出版社 1985 年版。

《西藏王统记》,索南坚赞著,刘立千译注,西藏人民出版社 1985 年版。

《西藏王臣记》,五世达赖喇嘛著,刘立千译,西藏人民出版社 1991 年版。

《西藏王臣记》,五世达赖喇嘛著,郭和卿译注,民族出版社 1983 年版。

《续藏史鉴》,刘立千译,华西边疆研究所 1945 年版。

《佛教史大宝藏论》,布顿·仁青珠著,郭和卿译注,民族出版社 1986 年版。

《雅隆尊者教法史》,释迦·仁钦德著,汤池安译注,西藏人民出版社 1989 年版。

《土观宗派源流》,土观·罗桑却吉尼玛著,刘立千译注,西藏人民出版社 1984 年版。

《宗教流派镜史》,土观·善慧法日著,刘立千译,西北民族学院研究所 1980 年印行。

《如意宝树史》,松巴堪钦·益西班觉著,蒲文成、才让译,甘肃民族出版社 1994 年版。

《阿底峡尊者传》,段克兴译,西北民族学院研究所印行。

《红史》,蔡巴·贡噶多吉著,陈庆英、周润年译,西藏人民出版社 1988 年版。

《玛尔巴译师传》,张天锁、申新泰等译,西藏人民出版社 1989 年版。

《直贡法嗣》,直贡·丹增白玛坚参著,克珠群佩译,西藏人民出版社 1995 年版。

《觉囊派教法史》,阿旺洛追扎巴著,许德存译,西藏人民出版社 1993 年版。

《朗氏家族》,赞拉·阿旺著,佘万治译,西藏人民出版社 1988 年版。

《安多政教史》,智观巴·贡却乎丹巴绕吉著,吴均、毛继祖、马世林译,甘肃民放出版社 1989 年版。

《卫藏道场圣迹志》,钦则旺布著,刘立千译注,西藏人民出版社 1987 年版。

《后藏志》,多罗那他著,佘万治译,西藏人民出版社 1994 年版。

《印度佛教史》,多罗那他著,张建木译,四川民族出版社 1988 年版。

《汉藏史集》,达仓宗巴·班觉桑布著,陈庆英译,西藏人民出版社 1986 年版。

《萨迦世系史》,阿旺贡噶索南著,陈庆英等译,西藏人民出版社 1989 年版。

《新红史》班钦·索南查巴著,黄颢译注,西藏人民出版社 1985 年版。

《贤者喜宴》,巴卧·祖拉陈瓦著　黄颢译注,《西藏民族学院学报》。

《米拉日巴传》,桑杰坚赞著,刘立千译,四川民族出版社 1986 年版。

《日琼巴师徒简传》,嘎玛·弥觉多吉著,张新安译,西藏人民出版社 1991 年版。

《至尊宗喀巴大师传》,法王周加巷著,郭和卿译,青海人民出版社 1988 年版。

《三世达赖喇嘛索南嘉措传》,五世达赖喇嘛阿旺罗桑嘉措著,陈庆英、马连龙译,全国图书馆文献缩微复制中心 1992 年版。

《四世达赖喇嘛云丹嘉措传》，五世达赖喇嘛阿旺罗桑嘉措著，陈庆英、马连龙译，全国图书馆文献缩微复制中心 1992 年版。

《雪域神功》，洛桑・伦巴著　逸夫编译　中国卓越出版公司 1990 年版。

《七系付法传》，多罗那他著，郭元兴译。

《大乘要道密集》，八思巴等著，持咒沙门莎南屹罗集译，台湾密乘出版社 1984 年版。

《菩提道次第略论》，宗喀巴著，大勇法师译，上海佛学书局 1991 年版。

《菩提道次第广论》，宗喀巴著，法尊法师译，福建莆田广化寺 1991 年版。

《密宗道次第广论》，宗喀巴著，法尊法师译，上海佛学书局 1993 年版。

《缘起赞》，宗喀巴著，法尊法师译。

《弥陀长寿合修法流通集》，上海佛学书局 1934 年版。

《中有教授听闻解脱密法》，上海佛学书局 1994 年版。

《班禅东来记》，上海世界书局 1925 年版。

《仓央嘉措情歌及秘传》，庄晶译，民族出版社 1981 年版。

《那洛空行母生起次第导引・金刚空行母众心明点》，尼梅巴・德钦黑鲁嘎著，法护译，台湾南天书局有限公司 1997 年版。

《论西藏政教合一制度》，东噶・洛桑赤列著，郭冠忠、王玉平译，中国社会科学院民族研究所民族学研究室 1983 年铅印本。

《论西藏政教合一制度》，东噶・洛桑赤列著，陈庆英译，民族出版社 1985 年版。

《论西藏政教合一制度》，东噶・洛桑赤列著，唐景福译，甘肃民族出版社 1984 年版。

《藏密脉气学初探》，东秀・多丹赛盖著，东堪岗巴・扎西才让译，甘肃民族出版社 1997 年版。

《噶伦传》，多喀尔・策仁旺杰著，周秋有译，西藏人民出版社 1986 年版。

《青海史》，松巴堪布・益西班觉著，黄颢译，《西北民族文化》1983 年第 3 期。

《七世达赖喇嘛传》，章嘉・若贝多杰著，蒲文成译，西藏人民出版社 1989 年版。

《西藏宗教艺术》，扎雅著，谢继胜译，西藏人民出版社 1989 年版。

《西藏通史》，恰白・次旦平措等著，陈庆英等译，西藏古籍出版社等 1996 年版。

《更敦群佩文集精要》，格桑曲批译，中国藏学出版社 1996 年版。

《西藏佛教发展史略》，王森著，中国社会科学出版社 1987 年版。

《西藏佛教史略》，王辅仁著，青海人民出版社 1982 年版。

《西藏佛教密宗艺术》，李冀诚、顾绶康编著，商务印书馆香港分馆北京外文出版社 1984 年版。

《西藏民族政教史》，法尊著，青海民族学院刻印本。

《藏传佛教》，弘学主编，四川人民出版社 1996 年版。

《藏传佛教思想史纲》，班班多杰著，上海三联书店 1992 年版。

《西藏宗教概说》，彭英全编著，西藏人民出版社 1983 年版。

《藏族史略》，黄奋生编著，民族出版社1985年版。
《西藏佛教诸派宗义》，李冀诚、许德存编著，今日中国出版社1995年版。
《西藏风土志》，赤烈曲扎著，西藏人民出版社1985年版。
《佛教密宗百问》，李冀诚、丁明夷著，中国建设出版社1989年版。
《佛教密宗仪轨窥秘》，李冀诚著，大连出版社1991年版。
《佛教与藏族文学》，丹珠昂奔著，中央民族学院出版社1988年版。
《藏族宗教史之实地研究》，李宅安著，中国藏学出版社1989年版。
《元朝帝师八思巴》，陈庆英著，中国藏学出版社1992年版。
《藏传因明学》，杨化群著，西藏人民出版社1990年版。
《藏密法要》，胡之真著，台湾新文丰出版公司。
《活佛转世揭秘》，周炜著，中国藏学出版社1994年版。
《从灵童到领袖》，张云等著，海南出版社1996年版。
《清代驻藏大臣传略》，吴丰培、曾国庆编著，西藏人民出版社1996年版。
《吐谷浑史》，周伟洲著，宁夏人民出版社1984年版。
《藏族文学史略》，王沂暖、唐景福著，青海民族出版社1988年版。
《吐蕃文化》，王尧著，吉林教育出版社1989年版。
《宗喀巴评传》，王尧、褚俊杰著，南京大学出版社1995年版。
《作为哲学家的宗喀巴和宗喀巴的中观哲学》，王尧、褚俊杰著，中国藏学出版社1996年版。
《英俄侵略我国西藏史略》，周伟洲著，陕西人民出版社1984年版。
《蒙藏民族关系史略》，王辅仁、陈庆英著，中国社会科学出版社1985年版。
《中国藏传佛教名僧录》，唐景福著，甘肃民族出版社1991年版。
《班禅大师》，降边嘉措著，东方出版社1989年版。
《藏传佛教美术》，毛君周著，河南美术出版社1996年版。
《藏族文学史》，中央民族学院《藏族文学史》编写组编著，四川民族出版社1985年版。
《藏密大圆满心髓探奥》，邱陵编撰，煤炭工业出版社1983年版。
《佛光西渐》，黄维忠著，青海人民出版社1997年版。
《生命之轮——藏传佛教活佛转世》，诺布旺丹著，青海人民出版社1996年版。
《西藏历史地位辨》，王贵、喜饶尼玛、唐家卫著，民族出版社1995年版。
《西藏货币史》，肖怀远著，民族出版社1987年版。
《西藏封建农奴制社会形态》，多杰才旦主编，中国藏学出版社1996年版。
《西藏脱模泥塑》，张鹰编著，人民美术出版社1995年版。
《麝香之路上的西藏宗教文化》，常霞青著，浙江人民出版社1988年版。
《佛界》，杨辉麟编著，青海人民出版社1997年版。
《藏族神灵论》，丹珠昂奔著，中国社会科学出版社1990年版。
《藏密六成就法诠释》，邱陵编撰，北京工业大学出版社1994年版。

《达赖喇嘛传》牙含章编著，人民出版社 1984 年版。

《班禅额尔德尼传》，牙含章编著，西藏人民出版社 1987 年版。

《活佛转世》，蔡志纯、黄颢著，中国社会科学出版社 1982 年版。

《班禅大师全集》，刘家驹编，班禅堪布会议厅 1943 年铅印。

《十三世达赖喇嘛》，吴伟、降边嘉措著，中国文联出版社 1985 年版。

《佛教禅学与东方文明》，陈兵著，上海人民出版社 1992 年版。

《西藏地方与中央政府关系史》，黄玉生、车明怀等著　西藏人民出版社 1995 年版。

《西藏文明东向发展史》，石硕著，西藏人民出版社 1994 年版。

《安多藏族史略》，黎宗华、李延恺著，青海民族出版社 1992 年版。

《印度哲学史》，黄心川著，商务印书馆 1989 年版。

《吐蕃王国的兴衰》，薛宗正著，民族出版社 1997 年版。

《印度佛教史》，圣严法师编述，福建莆田广化寺。

《中国佛教史》，任继愈主编，中国社会科学出版社 1981 年版。

《中国佛教史》第二卷，任继愈主编，中国社会科学出版社 1985 年版。

《佛教气功百问》，陈兵著，中国建设出版社 1989 年版。

《世界十大宗教》，黄心川主编，东方出版社 1988 年版。

《佛教格言》，陈兵编，巴蜀书社 1994 年版。

《佛教文化》，张治江主编，长春出版社 1992 年版。

《中国佛教思想资料选编》(第一卷)、(第二卷)、(第三卷)，石峻、楼宇烈、方占天、许抗生等编，中华书局 1981 年版。

《藏族历史宗教研究》(第一辑)，陈庆英主编，中国藏学出版社 1996 年版。

《黄慕松、吴忠信、赵守钰、戴传贤奉使办理藏事报告书》，中国藏学出版社 1992 年版。

《西藏封建农奴制研究论文选》，中国藏学出版社 1991 年版。

《中国西藏地方的涉外问题》，杨公素著，党史资料征集委员会 1985 年编印。

《九世班禅内地活动及返藏受阻档案选》，中国藏学出版社 1992 年版。

《九世班禅圆寂致祭和十世班禅转世坐床档案选编》，中国藏学出版社 1990 年版。

《藏事论文选·宗教集》，西藏人民出版社 1985 年版。

《西藏地方是中国不可分割的一部分》(史料选辑)，西藏人民出版社 1986 年版。

《藏族原始宗教》(资料汇编)，周锡银主编，四川藏学研究所 1991 年版。

《仓央嘉措及其情歌研究》，黄颢、吴碧云汇编，西藏人民出版社 1985 年版。

《元以来西藏地方与中央政府关系档案史料汇编》，中国藏学出版社 1994 年版。

《藏族学术讨论会论文集》，西藏人民出版社 1984 年版。

《藏族史论文集》，四川民族出版社 1988 年版。

《法尊法师佛学论文集》，吕铁纲、胡和平编，中国佛教协会、佛教文化教育基金委员会 1990 年印行。

《西藏自治区概况》，西藏人民出版社 1984 年版。

《西藏文史资料选辑》,西藏自治区政协文史资料委员会编。

《佛经故事选》,罗秉芬等选译,江西人民出版社 1985 年版。

《宗教经籍选编》,罗竹凤主编,华东师范大学出版社 1992 年版。

《佛教经籍选编》,任继愈选编,中国社会科学出版社 1985 年版。

《藏汉大辞典》,孙怡荪主编,民族出版社 1986 年版。

《佛光大辞典》,慈怡主编　台湾书目文献出版社 1989 年版。

《新编佛教辞典》,陈兵编著,中国世界语出版社 1994 年版。

《西藏历史文化辞典》,王尧、陈庆英主编,西藏人民出版社,浙江人民出版社 1998 年版。

《藏汉对照常用合称词词典》,贺文宣、窦存琦编,青海民族出版社 1987 年版。

《西藏佛教史考》,[日]矢崎正见著,石硕、张建世译,西藏人民出版社 1990 年版。

《西藏考古》,[意]图齐著,向红茄译,西藏人民出版社 1987 年版。

《西藏佛教密宗》,[英]约翰·布洛菲尔德著,耿昇译,西藏人民出版社 1985 年版。

《西藏的宗教》,霍夫曼著,李有义译,中国社会科学出版社 1965 年版。

《西藏中世纪史》,[意]杜齐著,李有义、邓锐龄译,中国社会科学院民族研究所 1980 年铅印本。

《西藏历世达赖喇嘛》,[印]英德尔·马利克著,王德华译,上海经济文化促进会 1992 年版。

《西藏历世达赖喇嘛》,[印]英德尔·马利克著,尹新建等译,中国藏学出版社 1991 年版。

《印度佛教史》,[英]渥德尔著,王世安译,商务印书馆 1987 年版。

《吐蕃僧诤论》,[法]戴密微著,耿昇译注,甘肃人民出版社 1984 年版。

《刺刀指向拉萨》P·弗莱明著　向红茄等译　西藏人民出版社 1987 年版。

《喇嘛王国的覆灭》,[美]梅·戈尔斯坦著,杜永彬译,时事出版社 1994 年版。

《英国侵略西藏史》,[英]荣赫鹏著,孙煦初译,西藏社会科学院资料情报研究所 1988 年重印本。

《十三世达赖喇嘛传》,[英]查尔斯·贝尔著,冯其友等译,西藏社会科学院西藏学汉文文献编辑室 1985 年铅印书。

《东北藏族古代民间故事》,[英]托马斯著,李有义、王青山译,四川民族出版社 1986 年版。

《西藏和蒙古的宗教》,[意]图齐[西德]海西希著,耿昇译,天津古籍出版社 1989 年版。

《西藏的文明》,[法]石泰安著,耿昇译,西藏社会科学院西藏学汉文文献编辑室 1985 年编印。

《西藏——历史·宗教·人民》,土登晋美诺布、柯林·特尼布尔著,陈永国、张晓明译,西藏社会科学院资料情报研究所 1983 年编印。

《印度民间故事与神话传说》,[印度]苏德欣·高士著,张青译,贵州人民出版社 1986 年版。

《西藏的神灵和鬼怪》,[奥地利]勒内·德·内贝斯基·沃杰科维茨著,谢继胜译,西藏人民出版社 1993 年版。

《国外藏学研究译文集》(1、2、3、4、5、6),王尧主编,西藏人民出版社。

《藏传佛教寺院考古》,宿白著,文物出版社 1996 年版。

《萨迦、谢通门县文物志》,索朗旺堆主编,西藏人民出版社 1993 年版。

《错那、隆子、加查、曲松县文物志》,索朗旺堆主编,西藏人民出版社 1993 年版。

《桑日县文物志》,土登朗嘎、强巴次仁主编,成都科技大学出版社 1992 年版。

《亚东、康马、岗巴、定结县文物志》,索朗旺堆主编,西藏人民出版社 1993 年版。

《乃东县文物志》,索朗旺堆、张仲立主编,陕西省印刷厂 1986 年印刷。

《拉萨文物志》,西藏自治区文物管理委员会编,陕西咸阳印刷厂 1985 年印刷。

《阿里地区文物志》,索朗旺堆主编,西藏人民出版社 1993 年版。

《琼结县文物志》,索朗旺堆、康乐主编,陕西省印刷厂 1986 年印刷。

《扎囊县文物志》,索朗旺堆、何周德主编,陕西省印刷厂 1986 年印刷。

《拉卜楞概况》,苗滋庶等编,甘肃民族出版社 1987 年版。

《藏传佛教寺院资料选编》,周锡银、冉光荣主编,四川省民族研究所资料本。

(二)藏　　文

《莲花遗教》,邬坚林巴发掘,四川民族出版社 1987 年版。

《五部遗教》,民族出版社 1986 年版。

《嘛呢全集》(《嘛呢宝训》),四川德格印经院版。

《青史》,廓洛·循努贝著,四川民族出版社 1984 年版。

《贤者喜宴》,巴卧·祖拉陈瓦著,民族出版社 1986 年版。

《知识总汇》,工珠·云丹嘉措著,民族出版社 1982 年版。

《西藏王臣记》,阿旺洛桑嘉措著,民族出版社 1981 年版。

《西藏王统记》,萨迦·索朗坚赞著,民族出版社 1981 年版。

《娘氏教法源流》,娘·尼玛欧色著,西藏人民出版社 1988 年版。

《第吴宗教源流》,弟吴贤者著,西藏人民出版社 1987 年版。

《雅隆觉沃教法史》,释迦·仁钦德著,西藏人民出版社 1989 年版。

《红史》,蔡巴·贡噶多吉著,民族出版社 1981 年版。

《郭扎佛教史》,郭若扎西著,中国藏学出版社 1990 年版。

《布顿佛教史·佛教史大宝藏论》,布顿·仁青珠著,中国藏学出版社 1989 年版。

《隆庆教史》,隆庆·智美欧色著,西藏藏文古籍出版社 1991 年版。

《汉藏史集》,达仓宗巴·班觉桑布著,原中央民族学院油印本。

《达隆教史》,达隆·阿旺曲杰著,西藏藏文古籍出版社 1992 年版。

《洛绒教史》,达擦·次仁旺杰著,西藏藏文古籍出版社 1994 年版。

《土观宗教源流》,土观·洛桑却吉尼玛著,甘肃民族出版社 1984 年版。

《萨迦世系史》,阿旺贡噶索朗著,民族出版社 1985 年版。
《萨迦世系史》,原中央民族学院油印书。
《觉囊派教法史》,阿旺洛追扎巴著,四川中壤塘寺印经院木刻本。
《噶当派教法史》,阿旺贡噶索朗扎巴坚赞贝桑波著,德格印经院木刻本。
《直贡法嗣》,直贡·旦增白玛坚参著,西藏人民出版社 1989 年版。
《主巴教史》,主巴·白玛噶波著,西藏藏文古籍出版社 1992 年版。
《后藏志》,多罗那他著,西藏人民出版社 1983 年版。
《格鲁派教法史·黄琉璃》,第斯·桑结嘉措著,中国藏学出版社 1989 年版。
《朗氏家族》,大司徒·绛曲坚参著,西藏人民出版社 1986 年版。
《安多政教史》,智观巴·贡却乎丹巴绕吉著,甘肃民族出版社 1982 年版。
《宗教流派论》,章嘉·乳贝多吉著,中国藏学出版社 1989 年版。
《苯教源流·宏扬明灯》,巴·丹杰桑布著,中国藏学出版社 1991 年版。
《解脱道庄严论》,塔波·索朗仁青著,四川民族出版社 1990 年版。
《辨了不了义论释难》,久美丹却嘉措著,中国藏学出版社 1999 年版。
《法要导读——普贤上师言教》,巴竹·吉美却旺著,四川民族出版社 1989 年版。
《历算·智者生悦》,布顿·仁青珠著,西藏人民出版社 1986 年版。
《智者入门》,萨班·贡噶坚参著,民族出版社 1981 年版。
《入菩萨行论》,静命著,青海民族出版社 1989 年版。
《智者启蒙》,居米旁·嘉央朗杰嘉措著,青海民族出版社 1988 年版。
《山法了义海论》,笃补巴·喜饶坚参著,四川中壤塘寺印经院木刻本。
《蓝色手册本注》,格西·博多瓦等著,民族出版社 1993 年版。
《菩提道次第广论》,宗喀巴著,青海民族出版社 1985 年版。
《密宗道次第广论》,宗喀巴著,德格印经院木刻本。
《入中论》,月称著,四川民族出版社 1998 年版。
《藏密气功》,玛尔巴译师等著,土旦平措编,四川民族出版社 1995 年版。
《那若空行母修法与生起次第析解》,西藏人民出版社 1993 年版。
《藏文文选(十七)——喻法论·聚宝及其注释》,民族出版社 1991 年版。
《藏密气功典籍选编》、多识选编,民族出版社 1991 年版。
《龙朵阿旺洛桑全集》,恰白·次旦平措主编,西藏藏文古籍出版社 1991 年版。
《宗喀巴传》,周加巷著,青海民族出版社 1981 年版。
《谛洛巴和那若巴传略》,仁钦朗杰、格日多匹,青海民族出版社 1992 年版。
《当巴桑结和玛吉拉仲传》,确吉桑格、刚巴合著,青海民族出版社 1992 年版。
《珀东班钦传》,西藏藏文古籍出版社 1991 年版。
《萨班传》,仁蚌·阿旺晋扎著,四川民族出版社 1985 年版。
《岗波哇传》,索朗伦珠著,青海民族出版社 1993 年版。
《八十四成就者传》,青海民族出版社 1996 年版。

《唐东杰布传》,久美德庆著,四川民族出版社 1982 年版。
《米拉日巴传及其道歌》,乳毕坚金著,青海民族出版社 1981 年版。
《新老宇妥·云丹贡布传》,觉吾·伦珠扎西、达姆门然巴·洛桑曲扎著,民族出版社 1982 年版。
《颇罗鼐传》,多卡瓦·策仁旺杰著,四川民族出版社 1981 年版。
《雪域历史人物简介》,顿多、旦增曲扎汇编,西藏人民出版社 1993 年版。
《颂词汇编》,青海民族出版社 1989 年版。
《藏文典籍目录》(1),四川民族出版社 1984 年版。
《藏文典籍目录》(3),民族出版社 1997 年版。
《德格印经院目录大全》(一),文集类,中国藏学出版社 1994 年版。
《德格印经院目录大全》(二),伏藏典籍,中国藏学出版社 2000 年版。
《藏传佛教各教派综述及其注释》,四川省藏文学校编,民族出版社 2000 年版。
《教派源流》,西藏自治区文管会编译小组编著,西藏人民出版社 1984 年版。
《仓央嘉措情歌》,青海民族出版社 1980 年版。
《西藏历史档案公文选·水晶明鉴》,扎西旺堆编,民族出版社 1989 年版。
《西藏文史资料选编》,西藏自治区政协文史资料研究委员会编。
《敦煌本藏文文献》,陈践、王尧编注,民族出版社 1983 年版。
《吐蕃啤刻钟铭选》,陈践注释,民族出版社 1984 年版。
《因明学入门》,毛尔盖·桑木旦著,青海民族出版社 1981 年版。
《宁玛教派源流》,土登维色旦白尼玛著,西藏人民出版社 1992 年版。
《宁玛教派史略》,措如·次朗著,民族出版社 1989 年版。
《噶举派史略》,措如·次朗著,民族出版社 1989 年版。
《格鲁派史略》,赛仓·洛桑白丹著,民族出版社 1989 年版。
《萨迦派史略》,贝瓦尔·却美多吉著,民族出版社 1989 年版。
《藏族历史年鉴》,才旦夏茸著,青海民族出版社 1982 年版。
《西藏历史年鉴》,平措次仁编著,民族出版社 1988 年版。
《藏史明镜》,平措次仁编著,西藏人民出版社 1987 年版。
《诗学明鉴》,东噶·洛桑赤列著,青海民族出版社 1982 年版。
《四大寺及上下密院史》,普乔·阿旺强巴著,西藏人民出版社 1989 年版。

二、报　　刊

《中国藏学》(汉藏文)
《西藏研究》(汉藏文)
《西藏科技报》
《西藏艺术研究》
《中国西藏》

《藏学研究论丛》
《舞蹈论丛》
《西藏日报》(汉藏文)
《法音》
《西藏民族学院学报》
《西藏统一战线》
《西藏民族宗教》
《西藏佛教》(藏文)
《边疆人物志》
《人民日报》
《东方杂志》
《文物天地》
《文物》
《雪域文化》
《旅游》
《世界宗教研究》
《佛教文化》

后　记

《西藏佛教史》是我在西藏民族学院民族研究所担任所长时主持完成的一个集体课题。1995 年，我和索南才让赴西藏考察。1996 年，我们制定写作提纲。1998 年年底，完成全书。先由索南才让统稿，然后由我本人作修改并最后定稿，1999 年 8 月交给了上海人民出版社。之后，我按照上海人民出版社的要求进行了多次修改。编写之初因为对体例没有提出具体明确的要求，大家按照内容撰写，没有或很少照顾到体例，因此体例上存在诸多问题。为此，本人首先在体例方面作了大修改，把原有的三十二章修改成二十二章。其次，因为是多人撰写，在内容方面也存在重复或遗漏的问题，本人作了必要而适当的增减。在写作风格方面，我也进行了统一，包括遣词造句。本书写作中引用了大量的藏汉文史料，使用藏文史料方面又存在安多和卫藏等不同的方言，加上已翻译过的藏文史籍在翻译藏族人名方面比较混乱，因此在人名、地名等方面很不统一。为此，本人以卫藏方言统一了人名和地名。再则，根据上海人民出版社提出的“应该附主要名词汉藏对照”的要求，本人翻阅了大量的藏文史料，对人名、地名包括寺庙名、书籍名、专用术语等方面进行了全面的校勘，最后以卫藏方言统一了人名，形成了《附录四·主要名词汉藏对照》。这每一次修改，耗时半年以上。

2003 年，本人又按照国家宗教事务局的审查意见，参照有关最新材料，重新编写了第二十二章“西藏当代佛教概况”。2004 年，我根据中央统战部的审查意见做了全面修改，重点修改了当代部分，因为当代部分虽然是概况，但所涉及重大事件多，政策性强。在这方面，中央统战部的审读意见中提出了非常中肯的修改意见。本人在修改的同时，对整部书稿重新过滤了一遍。2005 年，获得中央统战部的审批，在中央统战部宣传办发给新闻出版总署的函里充分肯定了本书的价值，认为该书“有填补空白之意义”。同时提出还存在的问题。为此，本人专程赴上海作了最后的修改。但终究未能在上海人民出版社出版。2008 年，我又通篇看了一遍，并补写了第十九章的第四节。

四川大学博士生导师陈兵教授在百忙中为本书作了序；时任西藏民族学院院长[次旺俊美]先生为本书的编写给予了大力支持；在西藏实地考察时还得到了西藏自治区民族宗教事务委员会、西藏自治区党委统战部、山南地区民族宗教事务委员会、地委统战部、地区文物管局等有关部门和单位的支持，使我们获得了许多第一手资料；堪珠·贡觉丹增仁波且也一直关心本书出版并题写了藏文书名；为本书的出版费心费力过的还有我的同事次仁罗布啦和我的朋友郑堆啦、刘元春和施东颖等等。在此，我谨代表全体编写人员，向编写和出版本书中给予关怀、支持和帮助的单位、领导和朋友，表示衷心的感谢。

《西藏佛教史》的具体编写分工是：史工会编写了第一章、第二章、第三章；董莉英编写了第四章、第五章，第十九章第五节的第七，第二十章的第二节、第三节，提供了附录一、附录二，编写了附录三、附录五；索南才让编写了第六章、第七章、第八章、第九章、第十五章、第十六章，第十九章的第六节，第二十章第一节的第二，第二十一章的第一节、第二节、第三节、第四节；宋秀芳编写了第十七章、第十八章，第十九章的第一节、第二节、第三节，第十九章第五节的第一、二、三、四、五、六，第二十章第一节的第一，第二十一章的第七节；我本人编写了绪论、第十章、第十一章、第十二章、第十三章、第十四章，第十九章的第四节，第二十一章的第五节、第六节，附录四。第二十二章是由我和索南才让合写的。

在《西藏佛教史》编写之初，本人提出了“全面、客观、准确地介绍西藏佛教的方方面面”的写作宗旨。但是，现在回过头来看，离这个要求尚有很大的距离，尤其是本人回到西藏工作以后，经过数年的实地接触和考察西藏佛教，才深深地感觉到，介绍西藏佛教的方方面面谈何容易！这是第一。第二，由于本人及编写人员的马克思主义理论水平和宗教学方面的修养低，本书在理论研究和概括方面还很欠缺。第三，由于编写人员对西藏佛教的认识和理解程度以及所掌握的资料不同，叙述时的侧重点也有所不同，如有的章节过于注重宗教人物历史，有的章节偏重于政治史。另外，由于本书是部地方佛教史，因此，从整个藏传佛教角度讲，很多内容显得有头无尾，留下许多有待弥补的缺憾。

由于我们的水平有限，加上我本人欠缺驾驭和统领能力，本书中不当甚至错误之处在所难免。敬请方家指点，以便将来作进一步修改完善。

克珠群佩

2009 年 5 月 26 日于圣城拉萨

修订版后记

《西藏佛教史》曾在宗教文化出版社出版,现在由西藏人民出版社出版修订版。非常感谢西藏人民出版社的李海平总编、原总编旦杰、刚组副总编等诸位领导;尤其感谢汉编室的计美旺扎主任和格藏才让编辑,他们为拙著费心费力。

图书在版编目(CIP)数据

西藏佛教史/克珠群佩编著. -拉萨:西藏人民出版社,2018. 10(2024.11 重印)

ISBN 978-7-223-05981-7

I. ①西... II. ①克... III. ①佛教史-西藏 IV. ①B949. 2

中国版本图书馆 CIP 数据核字(2018)第 153684 号

西藏佛教史

主　　编:	克珠群佩
责任编辑:	计美旺扎
封面设计:	格罗
责任印制:	卓玛次仁
出版发行:	西藏人民出版社(拉萨市林廓北路 20 号)
印　　刷:	西藏新华印刷有限公司
开　　本:	787×1092　1/16
印　　张:	50. 625
字　　数:	960 千
版　　次:	2019 年 5 月第 1 版
印　　次:	2024 年 11 月第 3 次印刷
印　　数:	4,001-5,400
书　　号:	ISBN 978-7-223-05981-7
定　　价:	108. 00 元